중남미 문학과 문화

스페인어권
용어사전

2

중남미 문학과 문화

스페인어권 용어사전

2

정경원 · 김수진 · 나송주
윤용욱 · 이은해 · 김유진
지 음

머
리
말

이전까지 스페인·라틴아메리카 관련 연구는 대부분 논문 형태로 출간되어 있을 뿐만 아니라, 전문성이 결여된 타 분야 일부 연구자들이 낸 파편적이고 비효율적이며 비전문적인 연구 결과들과 인터넷 등지에 떠도는 출처 불명의 신뢰할 수 없는 정보들이 대부분을 차지하고 있었다. 따라서 학생이나 일반인은 물론이고 전문 연구자들조차도 스페인어 문화권의 인문학 및 문화 자료에 쉽고 정확하게 접근할 수 있는 기본 토대를 지니지 못한 것이 작금의 실정이다. 이에 본 저자들은 스페인어 문화권의 인문학 및 문화에 대한 기초 자료를 종합적으로 수집·조사·분석하고 체계화함으로써, 구체적인 출전(出典)이 없거나 비전공자들에 의해 제공되는 정보가 아닌, 구체적이고도 신뢰할 수 있는 토대 자료를 마련하였다. 아울러 용어의 정확성, 통일성, 개념의 표준화를 이루고, 자료의 실용성 및 가용성을 확장시키는 동시에, 스페인어 문화권인 스페인과 라틴아메리카의 역사, 문학, 종교, 사상 등 인문학과 문화에 대한 기초 정보와 연구 자료를 체계적으로 수집·정리하여 스페인어 문화권에 대한 본격적인 연구와 교육에 수월성을 제공함으로서, 궁극적으로는 미약하나마 한국 인문학 발전에 기여하는 것을 목적으로 본 저서를 집필하였다.

본 저서에 수록된 용어들은 문화 및 인문학의 학제 간 연구의 장점을 최대한 활용하여 스페인어 문화권의 인문학 및 문화 연구에 필요한 각 분야(문학, 역사, 사상, 종교 등)에서 고르게 선정하여, 저자들의 전공 분야에 따라 '스페인 문학과 문화', '중남미 문학과 문화', '스페인어권 역사'라는 세 가지 부문으로 나누어 집필하였다. 그러나 실로 광대한 영역을 아우르는 스페인어 문화권의 방대한 인문학·문화 관련 용어들을 본 저서에서 빠짐없이 다루기에는 아직 역부족인 게 사실이다. 부족한 설명과 오류, 그리고 누락된 주요 용어들에 대한 문제는 향후 보다 철저한 조사와 연구를 통하여 수정·보완하도록 하겠다. 아무쪼록 본 저서가 스페인어 문화권의 문화와 역사 및 문학 등에 호기심을 가진 여러 독자들과 각 분야의 연구자들에게 미약하나마 도움이 되길 희망한다. 석사학위 논문 준비 중임에도 불구하고 끝까지 성실하게 원고의 정리와 교정을 도맡아 수고해준 손소담 학생에게 고마움을 전하고, 무엇보다도 출판계의 극심한 불황 속에서도 본 저서의 출판을 흔쾌히 허락해주신 한국학술정보(주)의 이담북스 출판사에 심심한 감사의 마음을 전하는 바이다.

2015년 이문동 캠퍼스에서

저자 일동

일러두기

- 용어 가운데 주요한 것은 *로 표시하였다.
- 용어와 관련이 있는 또 다른 용어는 ⇒ 로 표시하여 참조할 수 있도록 하였다.
- 본 책에 사용된 기호의 의미는 다음과 같다.

  『 』: 소설, 시, 극작품 등의 작품명에 사용

  「 」: 영화, 노래, 그림, 논문 등의 작품명에 사용

  < >: 신문, 잡지명에 사용

  ' ', " ": 강조되는 문구, 단어에 사용

- 작품명의 원어표기는 이탤릭체로 하였다.
- 스페인어에서는 뒤집은 느낌표를 한 문장의 맨 앞에 두며, 문장의 맨 끝에 보통 느낌표를 둔다. 이것은 의문문, 즉 물음표에서도 마찬가지다.

  예시: ¿Estás loco? ¡Casi la mataste! (너 미쳤니?! 넌 하마터면 그녀를 죽일 뻔했어!)

A propósito de un olor (어떤 냄새)　　아르헨티나의 소설가 아돌포 비오이 카사레스 (Adolfo Bioy Cásares, 1914~1999)의 단편. 1991년 작으로 단편집『*Una muñeca rusa*』에 속한 이야기이다. 아파트 내의 알 수 없는 이상한 냄새 때문에 한 사람이 정신병자로 몰리게 되었다가, 그것이 성관계를 통해 사라지거나 옮겨갈 수 있다는 것을 알게 되면서 일어나는 이야기를 그린 작품이다.

Abanderado (아반데라도)　　한국의 중학교 1학년과 고등학교 3학년 사이의 학년에 해당하는 학생들을 대상으로, 투표를 통해 성적 우수자 중에서 1명을 각 학년의 아반데라도로 뽑는다. 투표 참가자는 같은 학년 학생들과 담임교사들이다. 이들은 2명의 '에스콜타 (escolta)'와 함께 국기를 들고 학교의 모든 행사에 참가한다.

Abasto (아바스토 백화점)　　1984년까지 수산물 시장이었던 건물을 재건하여 1998년부터 백화점이 된 곳이다. 부에노스아이레스 코리엔테스(Corrientes)가에 위치하고 있으며 다양한 문화생활을 즐길 수 있는 멀티 플라자이다. 축음기 모양의 건물 전면이 특징이며 역사적으로 탱고의 유서가 깊은 곳에 위치해 있다. 이곳에 아르헨티나를 대표하는 탱고 예술가 카를로스 가르델(Carlos Gardel) 동상이 있다. ➡ Tango(탱고)

Abipones (아비포네스)　　아르헨티나 구아이쿠루(Guaycurú) 가족군의 민족으로 토바(Toba) 족, 모코비(Mocoví)족, 므바야(Mbayá)족 등과 유사하다. 차코(Chaco) 지역에서 살았던 이 민족은 17세기 스페인 침략으로 남쪽으로 이주해 마타라에스(Mataráes) 지역을 차지했다.

Abraham Ángel (아브라함 앙헬)　　(1905~1924) 단명한 멕시코의 화가이다. 아버지는 여행가였는데 그 영향으로 서민들의 생활에 대해 아주 깊숙한 면까지 배웠다고 한다. 이는 미겔 로드리게스 로사노(Manuel Rodríguez Lozano)가 제시한 새로운 경향에 잘 맞았으며 프로테스탄트 정신까지도 창작 표현으로 직결되어, 짧은 생이었지만 많은 작품을 남겼다. 아브라함 앙헬은 성이 포함되지 않은 이름인데 이는 형 아돌포(Adolfo)가 16살이 채 되기도 전에 그를 가문에서 쫓아냈기 때문이라고 한다.

Abreu, Mario (마리오 아브레우)　　(1919~) 베네수엘라의 화가이다. 1952년 유럽으로 건너가 파리에 1961년까지 파리에 거주했다. 작품은 끊임없는 탐구와 재료와 형태에 대한 실험으로 특징지어지며 전위주의 운동, 특히 다다이즘과 초현실주의에서 영향을 받았다. 1965년 작품「*Objetos Mágicos*」를 카라카스 순수 미술 뮤지엄(El Museo de Bellas Artes de Caracas)에서 열린 전시회에 출품하였다.

Abril de Vivero, Pablo (파블로 아브릴 데 비베로)　　(1897~1987) 페루 시인이자 작가이며

외교관이다. <Colónida>라는 잡지에 『*Las voces múltiples*』(1916)라는 제목으로 여러 편의 시를 실었다. 1919년에 외교관 활동을 시작했으며, 1929년에는 타의에 의해 영사관 활동이 일시적으로 중단되기도 했다. 『*Las alas rotas*』(1917)와 『*Ausencia*』(1927)를 출판했다.

Abril de Vivero, Xavier (하비에르 아브릴 데 비베로)　　(1905~1990) 페루의 수필가, 문학비평가이자 대표 시인 중 하나이다. 남미 전위주의의 대표 작가이며, 페루에 초현실주의를 도입한 작가로 언급된다. 대표작품으로는 『*Hollywood*』(1931), 『*Difícil trabajo*』(1935), 『*La rosa escrita*』(1987) 등이 있다.

Abya-Yala (압야 얄라)　　현재의 파나마에 거주하고 있던 쿠나(Kuna)족이, 그들이 아는 모든 땅을 지칭하는 용어로, 오늘날의 아메리카 대륙을 가리킨다.

Academia de Lenguas Mayas de Guatemala (과테말라 마야어 학술원)　　1990년 10월 18일 과테말라 국회에 의해 정식으로 설립된 마야어 연구기관이다. 20가지 이상의 마야어 사용법, 문자를 규정하고 있으며 마야어와 마야 문화 진흥에도 힘쓰는 기관으로서 마야어의 알파벳 표기법을 표준화하고 있다.

Academia Mexicana de la Lengua (멕시코 학술원)　　스페인 한림원(Real Academia Española)에 의해 1835년 멕시코시티에 설립된 기관이다. 멕시코 스페인어 단어·숙어집과 관용 표현집을 출판하였으며, 뛰어난 문법학자와 연구자, 문학자들을 다수 배출하였다.

Academia Nacional de Periodismo (국립 언론 아카데미)　　Academia Argentina de Periodismo라는 이름으로 1987년 창설된 언론인 협회로 아르헨티나 문화 교육부 산하 기관이다. 정직한 보도와 언론의 자유를 지향하는 목적성을 가지고 있으며 장학 재단을 운영하고 공모전 등을 시행하며 국가의 교육에 이바지하고 있다.

Academicismo uruguayo* (우루과이 아카데미즘)　　원래 아카데미아(Academia)라는 말은 플라톤이 제자들을 가르치던 장소, 즉 아카데무스의 정원에서 나왔으나 점차 그 의미가 확장되어 예술을 가르치는 다양한 지성들과 예술가들의 집단을 포괄적으로 아우르는 용어로 변모했고, 그 아카데미아의 규범을 준수하는 작품들을 '아카데믹'하다고 한다. 통상 예술에서는 어떤 작품 속에서 기존의 '고전성'이 발견되는 경우 아카데미즘이라 칭한다. 예술 사조에서 말하는 아카데미즘은 구체적으로는 19세기 프랑스에서 촉발된 예술 사조를 가리킨다. 이 사조는 파리 예술아카데미의 규범을 준수하며, 아카데미가 지향하는 다소 부르주아적인 성향과 맥을 같이 했다. 즉 고전주의의 유산인 셈이다. 동시에 당대의 아카데미즘은 자연주의적 리얼리즘이라는 명칭하에 사실주의의 불편함과 불쾌함을 피해가는 양상을 드러냈다. 문제는 아카데미가 정한 규범만을 정확히 준수하여 그림을 그리고, 조각을 하면서 예술에서 가장 정수라고 할 수 있는 덕목, 즉 자연스러움과 감정, 창의성 등이 작품에서 철저히 배제되어버린 것이다. 결국 과도한 아카데미즘이 예술가의 창의성을 억누르는 장해물로 작용하게 된 것이다. 아카데미즘적 작품들은 기법 면에서는 타의 추종을 불허할 만큼 빼어나지만 정형화된 아름다움만이 존재할 뿐, 감정도 없고 영혼도 없는 작품만이 덩그러니 남게 된 셈이다. 아카데미즘을 지향하는 예술의 주제는 신화적이고 영웅적이며, 고전 시대의 알레고리와 성서 속 장면들로 넘쳐났다. 성인들의 모범적인 삶을 그리는 것도 주요 주제 중의 하나였다. 한마디로 아카데미즘은 가장 도덕적이고 모범적인 삶의 형상을 제시함으로써 사람들에게 교훈을 남기고자 했던 것이다. 라틴아메리카의 대표적 아카데미즘 예술가로는 우루과이 출신의 후안 마누엘 블라네스

(Juan Manuel Blanes)를 들 수 있다. 그는 1830년 우루과이 몬테비데오에서 태어나 1901년 이탈리아의 피사에서 영면했다. 원래 우루과이 태생의 화가였지만, 실제로는 역사적 주제를 다루는 역사화 화가로 아르헨티나에서 훨씬 유명세를 떨친 바 있다. 그는 우루과이가 주권국가로 탄생하기 한 달 전인 1830년 6월에 태어났다. 어린 시절을 조국의 고향땅에서 보낼 수 있었던 것은 그에게는 큰 복인 셈이었다. 동향 사람들 속에서 성장하면서 예술적 감성을 마음껏 키워나갔고 동시에 조국에 대한 애정과 사명감을 갖게 되었으며, 독립을 쟁취하고 자유를 숨 쉬며 사는 것이 얼마나 아름답고 멋진 일인지를 피부로 느낄 수 있었기 때문이다. 그는 조국의 역사를 화폭에 담아내고, 그림을 통해 끝없이 사람들에게 교훈적 이야기를 들려주었다. 그런 공로를 인정받아 남아메리카 전역에서도 가장 추앙받는 예술가로 우뚝 섰으며, 후대에 이르러서는 주요 거리명과 주요 건물들에 그의 이름을 붙이기도 했다.

Acateco (아카테코)　과테말라의 우에우에테낭고(Huehuetenango) 지역의 산 미겔 아카탄 (San Miguel Acatán)에서 기원한 마야 부족의 한 분파다. 멕시코의 치아파스(Chiapas) 에도 분포하고 있으며 주로 철강과 구리 산업에 종사하고 있다.

Acción Democrática (민주 운동당)　베네수엘라의 정당 중 하나. 사회민주 계열이며 사회주의 인터내셔널(Socialist International)에 소속되어 있다. 1941년 설립되었으며, 전신은 콜롬비아 바랑키야(Barranquilla)에서 로물로 에르네스토 베탕쿠르 베요(Rómulo Ernesto Betancourt Bello, 1908~1981)를 비롯한 정치인들에 의해 설립되었다가 베네수엘라로 들어왔다.

Acción Nacional Conservadora(ANC) (보수 국민행동당)　보수적 사상을 가지고 있는 니카라과의 우익 정당으로 1956년에 설립되었다. 1970년대 지도자 중 하나인 페드로 호아킨 차모로(Pedro Joaquín Chamorro) 박사가 살해된 적이 있다. 전국야권연합(UNO)을 형성한 14개 정당 중 하나로 1990년 2월 25일 대선에 비올레타 차모로를 대통령 후보로 내세워 승리하였다.

Achí (아치)　과테말라의 바하 베라파스(Baja Verapaz)를 포함한 여러 지역에 걸쳐 분포한 마야 부족의 한 계통이다. 이들은 마야어족의 계통인 아치어(idioma achí)를 구사하며 약 20만 이상의 인구를 구성하고 있다.

Achuar (아추아르) 에콰도르에서는 'Achuara', 페루에서는 'Achual'이라 알려진 민족이다. 그들은 스스로 'achu shuar'라 부르며 jíbara 계통의 언어를 사용하고 약 6,000명의 인구가 있다. 수아르(Shuar)민족과 마찬가지로 이들도 식민지 시대 당시 그들의 땅을 지켰지만 1940년대 고무 붐이 일어나면서 많은 타격을 받았다.

Acllahuasi (아크야우아시)　잉카 제국의 아크야(Acllas) 그룹이 지내는 곳을 말한다. Religión del Imperio inca(잉카 제국의 종교)

Acllas (아크야스)　잉카 제국에서 잉카 또는 태양의 신을 모시기 위해 여러 지역에서 선택된 여성들이다.

Acosta, Agustín (아구스틴 아코스타)　(1886~1976) 쿠바의 시인이자 정치인이다. 쿠바의 후기모데르니스모 운동 초기부터 관여했다. 작품은 광대한 사회 불안의 다양함에 대한 깊이 있는 연구를 높은 어조로 다루고 있으며 쿠바 문단사에서 사회시의 첫 번째 대표자로 여겨진다. 대표작품으로는 『*Hermanita. Poemas*』(1923), 『*La zafra*』(1926) 등이 있다.

Acosta, Óscar (오스카르 아코스타)　(1933~) 온두라스의 50세대(generación de los 50)

에 속하는 시인, 기자, 작가다. 여러 문학상을 수상했으며, 그중에서 루벤 다리오 시 상 (Premio de Poesía Rubén Darío)을 수상했다. 작품으로는 『*Responso al cuerpo presente de Jose Trinidad Reyes*』(1953), 『*Tiempo detenido*』(1962) 등이 있다.

Acuerdo de Cartagena (카르타헤나 협정)　1969년 5월 26일 콜롬비아의 카르타헤나 데 인디아스(Cartagena de Indias)에서 맺어진 협정으로 이로 인해 안데스 그룹이 생겼다. 공동 시장을 운영하고 동맹국의 경제 발전을 위해 협력하는 목적을 가지고 있다.

Aculturación (아쿨투라시온 혹은 문화변용)　한 개인이나 그룹이 새로운 문화를 취득하는 과정의 결과를 의미한다. 일반적으로는 뜻하지 않게, 무의식중에 받아들인 문화를 의미한다. 이러한 문화 요소 수용의 이유 중 하나는 식민지화다. 아쿨투라시온에는 다른 문화와의 접촉을 통한 서로 다른 수준의 토착 문화의 파괴, 생존, 지배, 저항, 수정 그리고 적응이 나타난다. 이러한 현상으로 인해 기존의 관습이 사라지기도 하며, 스페인 사람들이 아메리카 대륙을 침략하면서 대부분의 아메리카 토착민 마을은 문화변용을 겪었다.

Acuña Gatillon, Luis Alberto (루이스 알베르토 아쿠냐 가티욘)　(1927~2005) 칠레에서 태어났으며 국가기술대학교(Universidad Técnica del Estado)의 응용화학과 교수직을 역임했다. 생전에 5권의 단편소설을 출간했고, 여러 차례 칠레 문학상을 수상을 하였다. 생전에 『*La revancha*』(1960), 『*Contrabando*』(1962), 『*La noche larga*』(1967), 『*Jarrón de porcelana china*』(1979), 『*Carmelo se fue a la guerra*』(1995) 등의 단편을 발표했으며, 사후에는 『*Escultor del tiempo(Poemas anticuados)*』(2012) 등이 출간되었다.

Adelita (아델리타)　멕시코 혁명에 참가한 한 여전사를 지칭한다. 사실상 음식 조리나 부상자 간호를 담당했지만 정부군에 대항해 싸우기도 했다.

Afro colombiano (아프로콜롬비아인)　노역을 위해 끌려온 흑인 노예들의 후손인 콜롬비아인을 일컫는 표현으로 1851년 노예법 폐지로 자유를 얻었다. 호세 프루덴시오 파디야 (José Prudencio Padilla)와 같이 콜롬비아 독립을 위해 싸운 이도 있으며 자신만의 독특한 방언과 문화를 유지하고 있다.

Afrocubanismo (아프로쿠바니즘)　아프로쿠바인(Afro-cubano)들에 의해 1920년대와 1930년대에 꽃을 피운 문화운동이며 오늘날 쿠바의 문화 정체성을 형성했다. 유럽 문화를 계승했던 쿠바의 기존 문화와 아프리카 문화의 혼합으로 종교, 음악, 춤, 언어, 예술, 문학 등에서 그 흔적을 찾아볼 수 있다. 손(son), 룸바(rumba), 소셜클럽(Buena Vista Social Club) 등의 유산을 남겼다.

Agresti, Alejandro (알레한드로 아그레스티)　(1961~) 아르헨티나의 영화감독. 단편영화로 시작하여 80년대 중후반 「*El Amor es una mujer gorda*」(1987)로 이름을 알렸다. 이후 「*Valentín*」(2002)로 미국에서 인정받아 할리우드 영화에도 참여하는 모습을 보인다.

Agua quemada (아구아 케마다)　멕시코의 작가 카를로스 푸엔테스(1928~2012)의 소설. 1981년 작으로 네 개의 서술 단락으로 구분되는 각기 다른 환경과 등장인물들이 내적 연관관계를 보인다. 혁명이 만들어낸 인물, 사회의 외부에서 사는 인물, 장애아, 딸을 잃은 어머니 등이 등장한다. ➡ Carlos Fuentes(카를로스 푸엔테스)

Aguacateco (아구아카테코)　마야에 기원을 둔 원주민 부족으로 과테말라의 우에우에테낭고(Huehuetenango)에 주로 거주하며 멕시코에도 아주 적은 숫자가 살고 있다. 이들은 소수만이 스페인어를 구사하고 대부분은 아구아카테코어(語)를 구사하며 가톨릭, 프로테스탄트, 원주민 종교와 선조 숭배 의식이 혼합된 종교를 믿는다.

Aguas abajo (강 아래쪽)   아르헨티나 80세대 일원으로 알려진 에두아르도 와일드(Eduardo Wild, 1844~1913)의 작품. 자전적인 작품으로 1800년대 후반 세기말의 아르헨티나를 잘 그려내고 있다는 평을 받는다.

Aguateca (아구아테카)   과테말라의 우수마신타 강(Río Usumacinta) 유역에 위치한 마야 문명 유적으로 대략 750~800년대의 도스 필라스(Dos Pilas)가 있었던 곳에 위치한다. 페텍스바툰(Petexbatún)의 왕궁이 위치한 이곳의 광장(La Plaza)은 자연적으로 훼손되었다. 이 유적 또한 동일 지역의 다른 유적과 마찬가지로 마야 문명의 붕괴로 인해 버려졌다가 이후 발견되었다.

Aguilar Chávez, Manuel (마누엘 아길라르 차베스)   (1913~1957) 엘살바도르 태생의 작가이자 정치인이었다. 작가로서 20세기 초기 엘살바도르 문화 배경에 많은 영향을 끼쳤다. 20대에 들어서자 크리스톨(Cristol) 문학 그룹의 일원이 되고 이후 엘살바도르 대표 신문 <Diario de Occidente>와 <La Tribuna>에서 활동했다. 여러 작품을 발표했지만 그중에서 특별히 『La escuela que soñó José Antonio』와 『Viaje al infierno pasando por Pespire』가 대표작품으로 꼽힌다.

Aguilera Malta, Demetrio (데메트리오 아귀레라 말타)   (1909~1981) 에콰도르 과야킬 출생의 작가, 미술가, 외교관이었다. 작품들은 사회현실주의를 그리고 있으며 1930년 이후의 에콰도르 설화소설을 발전시킨 사람이다. 에콰도르 문화센터(Casa de la Cultura Ecuatoriana) 설립자 중 한 명이고 구아야킬 그룹(Grupode Guayaquil)의 일원이었다. 과야킬 그룹의 호아킹 가예고스 라라(Joaquín Gallegos Lara), 엔리케 힐베르트(Enrique Gil Gilbert)와 함께 1930년에 『Los que se van』을 출간하였다. 1981년 에우헤니오 에스페호(Eugenio Espejo)상을 수상했으며 중남미 설화소설의 선구자였다.

Aguirre Carbo, Juan Bautista (후안 바우티스타 아기레 카르보)   (1725~1786) 에콰도르 시인이다. 15살 때 예수회에 가입하고 토마스 카를로스(Tomás Carlos)에서 후안 바우티스타로 개명하였다. 1765년 예수회 추방령으로 인해 이탈리아에 망명했다. 1773년 로마에 정착하였고 사제와 성직자들의 좋은 평가를 받고 그들에게 신학과 철학 관련 조언을 했다. 1781년 티볼리(Tívoli)로 자리를 옮겨 그곳에서 그레고리오 바르나바(Gregorio Barnaba) 주교의 존경을 받게 되어 이후 그가 교황이 되자 후안 바우티스타를 그의 조언자로 세웠다. 대표적인 작품 중에는 『Carta a Lizardo』가 있으며 삶의 시작이 곧 죽음의 시작이라는 내용을 담고 있다.

Agustini, Delmira (델미라 아구스티니)   (1886~1914) 우루과이의 여성 시인으로 히스패닉 아메리카의 모데르니스모 계열 시인들 중에서 가장 뛰어난 인물들 중 하나로 여겨진다. 가정사로 인한 비극적 죽음을 맞이했다. 작품은 방대하지 않지만 독창적 상상력으로 가득 차 있고 특별한 의미를 가지고 있다. 첫 번째 작품 『El libro blanco』가 1907년에 출판되었으며, 사후에 부에노스아이레스에서 작품 전집이 출간되었다. ➡ La literatura uruguaya del siglo 20(20세기 우루과이 문학)

Ah Puch (아 푸치)   마야 신화에 따르면 자하세계의 신이다. 몸은 해골로 묘사되고 얼굴은 종으로 장식된 표범의 모습이라고 전해진다. ➡ Concepción del mundo de los mayas (마야인의 우주관)

Aia Paec (아이아 파에크)   페루 모체(Moche)족의 신으로, 고양이와 사람의 모습을 하고 있다. 음식과 물 그리고 전쟁의 신이며, 사람들은 이 신을 위해 많은 신전을 지어 젊은 청년들을 제물로 바쳤다.

Aiapaec (아이아파엑)　모치카 문명(Cultura Mochica)으로 그들이 가장 두려워하고 높이 받들었던 신이다. 이 신은 모치카를 창조, 보호하고 물과 식량을 제공하고 전투의 승리를 허락했다고 한다. 아이아파엑의 모습은 태양과 달의 우아카(Huacas del Sol y la Luna)에서 확인할 수 있으며 이름의 뜻은 모치카 언어로 '행하는 자'라는 의미를 가진다.

Aido pai(Secoya) [아이도 파이(세코야)]　에콰도르와 페루 아마존 지역에 살고 있는 인디언 민족이다. 파이 코카(Pai Coca) 언어를 사용하며 인구는 약 1,100명에 달한다. 400명은 에콰도르 지역에 있고 700명은 페루 지역에서 생활하고 있다. 이들은 몇백 년간 나포와 푸타마요 지역에서 생활했지만 1930년부터 시작된 아마존 개발 사업들로 인해 많은 타격을 받아 거주지를 이동하는 일들이 발생하였다.

Aimara (아이마라)　스페인 정복자들의 도착 이전부터 안데스 고원지대에서 문명을 꽃피웠던 부족으로 현 볼리비아 서부, 페루 남부, 칠레와 아르헨티나 북부지역의 원주민들이다. 아이마라어를 사용하며 국기와 고유 종교가 있으며 아이마라력을 사용한다. 현재 약 16만 명이 하카루(Jacaru), 카우키(Cauqui) 일대에 살고 있다.

Aínsa, Fernando (페르난도 아인사)　(1937~) 우루과이의 작가로 그의 유토피아에 관한 연구는 많은 나라에서 출판되었다. 몬테비데오(Montevideo)에 정착하여 언론인, 비평가, 수필가로 주요한 업적을 이루었다. 『El testigo』(1964), 『Con acento extranjero』(1984) 등의 소설을 썼으며 수필로는 『Las trampas de Onetti』(1970), 『Extraterritorialidad y Patria Literaria』(1986) 등이 있다. ➡ La literatura uruguaya del siglo 20(20세기 우루과이 문학)

Alacalufe (알라칼루페)　아메리카 대륙 가장 남쪽에 살아가는 민족이며 남쪽 지역에서 가장 오래된 부족일 것으로 추정된다. 타이타오 반도와 티에라 델 푸에고에 거주하고 있었으며 바다 사냥에 종사했다. 창과 작살을 주 무기로 사용하였다. 유럽 탐험가들과 함께 접하게 된 질병들로 인해 추운 날씨를 견딜 수 없어 수가 급격하게 줄어들고 20세기에 멸종한 것으로 추정된다.

Alarcón de Folgar, Romelia (로멜리아 알라르콘 데 폴가르)　(1900~1971) 과테말라 출신의 작가이자 저널리스트였다. 20세기 중반의 가장 뛰어난 시인 중 한 명으로 선정되었고 과테말라 작가 협회와 저널리스트 협회의 일원이었다. 대표작으로 『El gusano de luz』, 『Más allá de la voz』, 『El Vendedor de trinos』 등이 있다.

Alarcón, Daniel (다니엘 알라르콘)　(1977~) 페루 리마(Lima) 출신의 작가이다. 어린 나이에 미국으로 이민을 가게 됐고 이후 콜롬비아대학에서 인류학을 공부했다. 최근에 아메리카 젊은 작가 21인 중 한 명으로 꼽혀 공로상을 수상했다. 대표작으로 『Guerra en las penumbras』와 『El rey siempre está por encima del pueblo』가 있다.

Albéniz (알베니스)　아르헨티나의 영화감독 루이스 세사르 아마도리(Luis César Amadori, 1902~1977)의 1947년 작품. 스페인의 작곡가 겸 피아니스트인 이사악 알베니스(Isaac Albéniz 1860~1909)의 삶을 소재로 한 영화로 1948년 콘도르 데 플라타상(Premio Cóndor de Plata)을 수상했다.

Alberdi, Juan Bautista (후안 바우티스타 알베르디)　아르헨티나의 법조인, 정치인, 문인으로 1810년 독립 전쟁이 발발하던 해에 투쿠만(Tucuman)에서 출생했다. 명망 있는 가문 출신으로 일찌감치 수도로 가서 학문을 했으며 37세대의 일원이기도 했다. 1938년에는 후안 마누엘 데 로사스(Juan Manuel de Rosas) 정권을 지지하지 않은 죄로 몬테비데오 (Montevideio)로 망명을 떠났다가 해외 국가들의 헌법에 대해 공부하게 되고 1853년 아르헨티나 헌법을 제정한다. 1884년 프랑스에서 생을 마감했다. ➡ La Generación del 37(Argentina)[37세대(아르헨티나)]

Alberto Lamata, Luis (루이스 알베르토 라마타) (1959~) 베네수엘라의 영화감독, 작가. 카라카스(Caracas) 출신으로 주요작품으로는 「*Jericó*」(1991), 「*Bolívar, el hombre de las dificultades*」(2013) 등이 있다.

Alcedo y Bejarano, Antonio de (안토니오 데 알세도 이 베하라노) (1734~1812) 에콰 도르 역사, 지리학자. 아메리카 대륙의 역사, 지리에 관한 작품 『*Diccionario Geográfico e Histórico de las Indias Orientales o América*』를 썼고 아메리카에 관한 글을 쓴 작가들에 관 한 『*Biblioteca Americana*』도 선보였다.

Aleandro, Norma (노르마 알레안드로) 아르헨티나 배우, 작가이다. 「*La historia oficial*」 (1985)에 출현했으며, 그 역할로 칸 영화제에서 여배우상을 수상했으며, 1987년에 여배 우 오스카상 후보자에 이름을 올렸다. 그 외에도 아르헨티나, 프랑스, 스페인에서 여러 차례 상을 받았다. 문학작품으로는 『*Poemas y cuentos de Atenazor*』(1986)와 『*El diario íntimo*』(1993)를 출판했다.

Alegría Vides, Clara Isabel (클라라 이사벨 알레그리아 비데스) (1924~) 엘살바도르 의 시인이자 소설가, 수필가, 번역가이다. 미국인 남편 작가 다윈 플래콜(Darwin J. Flakoll)과 공동 집필한 『*Las cenizas de Izalco*』(1966)로 잘 알려져 있다. 서정적 재능이 압도적인 그녀의 대표작으로는 『*Acuario*』(1955), 『*Aprendizaje*』(1970) 등이 있으며 특히 『*Sobrevivo*』(1978)를 통해 정점에 이루었다.

Alegría, Fernando (페르난도 알레그리아) (1918~2005) 칠레의 작가. 라틴아메리카 사회 에 대한 사회적 관점의 시선과 진지한 연구자로서의 자세를 가지고 있다. 거의 모든 문 학 장르에서 활동하였으며 대표작으로 『*Amérika, Amérikka, Amérikkka*』(1954), 『*Caballo de copas*』(1957) 등이 있다. ➡ La literatura chilena del siglo 20(20세기 칠레 문학)

Alejandro Bueno, Rodrigo (로드리고 알레한드로 부에노) 1991년에 데뷔한 아르헨티나 쿠아르테토(Cuarteto) 가수이다. 1973년 아르헨티나 코르도바 주에서 태어나고 2000년 도에 부에노스아이레스에서 차사고로 죽었다. 그는 'Rodrigo' 혹은 'El Potro'라고 알려 졌으며, 1995년부터 알려지기 시작했다. 그가 삶을 마감한 고속도로에는 그를 기념하는 성지가 지어졌다. 대표곡으로는 「*Amor clasificado*」, 「*Un largo camino al cielo*」, 「*¿Cómo le digo?*」, 「*Soy cordobes*」 등이 있다.

Alemán, José María (호세 마리아 알레만) (1830~1887)은 파나마 출신의 시인, 저널리스 트, 정치인이었다. 파나마에 대한 여러 가치관들로 인해 정치에 참여하게 되었고 당시 낭만주의 사상을 앞세워 여러 문학작품을 발표했다. 어린 시절부터 문학과 정치에 많은 관심을 가져 이후 의원과 국가연방 장관의 자리를 더불어 여러 중요한 직책을 수행했다. 그는 문학가로서도 뛰어나 1851년부터 작품 발표를 시작했고 1870년 『*El Crepúsculo*』를 설립하였고 현재 파나마 문학과 문학 비평의 중심이 되는 곳이다. 대표작은 『*Recuerdos de juventud*』, 『*Amor y Suicidio*』, 『*Crepúsculos de la tarde*』 등이 있다.

Alfaro Delgado, Eloy(Viejo Luchador) (엘로이 알파로 델가도) (1842~1912) 에콰 도르 출생으로 1897년에서 1901년까지, 1906년에서 1911년까지 에콰도르 대통령직을

수행한다. 1895년부터 에콰도르의 장군이 되었고 자유주의 혁명군의 지도자를 역임하였다. 1860년대부터 천주교 보수주의에 반항하였고 이후엔 가브리엘 가르시아 모레노(Gabriel García Moreno)와 맞서게 된다. 30여 년간 자유주의 혁명을 이끌었으며 쿠데타로 정권을 잡게 되어 1895년 스스로를 독재자로 칭하며 1897년 대통령으로 취임한다. 대통령 기간 동안 언론의 자유와 민법상 결혼과 이혼을 법으로 통과시켰다.

Alfonsín, Raúl (라울 알폰신)　　(1927~2009) 본명은 라울 리카르도 알폰신(Raúl Ricardo Alfonsín)이다. 독재정권 후 처음으로 당선된 민간 대통령이다. 1983년부터 1989년까지 대통령직에 있었으며, 경제안정 실패를 이유로 국민투표에 의해 사임하였다.

Alfonso Munio (알폰소 무니오)　　19세기 쿠바의 극작가이자 소설가인 헤르트루디스 고메스 데 아베야네다 이 아르테가(Gertrudis Gómez de Avellaneda y Artega, 1814~1873)의 극작품. 1844년 초연되었으며 뛰어난 시작 기교와 심오한 비극적 감정을 드러낸다는 평을 받고 있다. 작가는 처음에 이 작품을 '비극(tragedia)'이라고 칭했다가 나중에 '비극적 극작품(drama trágico)'으로 불렀다. 중세적 주제를 바탕으로 고전주의 극 구조를 따른 작품이다.

Alfredo Cardona, Peña (페냐 알프레도 카르도나)　　(1917~1995) 코스타리카의 시인이다. 시집으로는 『*Poemas numerales*』, 『*Poesía de pie*』 등이 있다. 특히 1964년에 『*Cosecha mayor*』라는 시선집을 펴냈는데 이를 통해 작품형식을 다루는 능력, 풍부한 상상력과 그의 문학 세계의 발전 단계를 한눈에 알 수 있다.

Alfredo Pareja Díez Canseco (알프레도 파레하 디에스 카세코)　　(1908~1993) 20세기 중남미 소설의 혁신자로 알려져 있다. 에콰도르 과야킬 출신 소설가, 수필가, 저널리스트, 역사학자이며 외교관으로 활동하고 이후에는 외교부 장관 자리도 맡았다. 작가로서 생활하면서 구아야킬 그룹(Grupo de Guayaquil)의 일원으로 많은 작품들을 발표하였다. 작품들은 역사적이고 민족적인 관점을 고려하여 민감하고 비평적인 시각을 가지고 있으며 자신의 소설 환경을 시골에서 도시로 옮겼다. 살아생전 여러 상도 받았으며 대표적으로 1979년에 에우헤니오 에스페호(Eugenio Espejo)상을 수상했다.

Alianza Popular Conservadora(APC) (보수인민연맹)　　니카라과의 우익 정당. 1984년 미리암 아르구에요(Miriam Argüello) 박사가 니카라과 민주보수당(PCDN)에서 나와 설립한 당으로 1989년에 정당 지위를 취득하였다.

Alias Gardelito (알리아스 가르델리토)　　아르헨티나의 영화감독 라우타로 무루아(Lautaro Murúa, 1927~1995)의 1961년 작품. 카를로스 가르델(Carlos Gardel, ?~1935)의 탱고와 범죄 세계 사이에서 갈등하는 하층민 강도의 이야기를 보여주는 작품으로 1962년 콘도르 데 플라타상(Premio Cóndor de Plata)을 수상했다. ➡ El cine argentino(아르헨티나 영화)

Alicanto (알리칸토)　　칠레 북부지역 신화에 등장하는 새이다. 해변에서 잠을 자는 새로, 황금알과 은알을 낳는다. 누군가 알리칸토가 깨어나기 전에 잡는다면 알리칸토는 그를 주인으로 인식하여 황금알이 있는 곳을 알려주지만, 잡기 전에 깨어나면 그 자는 여생을 장님으로 살게 된다고 한다. 이 신화는 여러 버전으로 존재한다.

Allende Gossens, Salvador (살바도르 아옌데)　　1908년 6월 26일에 태어나 1973년 9월 11일에 사망하였다. 칠레의 정치가로 사회당을 이끌었으며, 남아메리카 최초의 선거를 통한 사회주의 정권 대통령으로 사회주의 개혁정치를 펼쳤다. 1973년 군부 쿠데타

때 저항하다가 자살한 것으로 알려져 있으나, 군부에 의한 타살 의혹이 제기되고 있다.
→ Nueva canción latinoamericana(라틴아메리카 누에바 칸시온)

Allende, Isabel* (이사벨 아옌데)　칠레 태생의 작가이며, 2004년에는 미국 문학예술 아카데
미의 회원이 되었다. 2010년에는 칠레문학상을 수상했으며, 전 세계적인 베스트셀러 작
가로 지금까지 전 세계 35개국 언어로 번역 출간되어 약 6,000만 부의 판매고를 기록하
고 있다. 이는 현존하는 스페인어권 작가 중 최고의 기록이다. 그녀는 고백을 통해, 글을
쓰기 시작할 때에는 먼저 장소와 시대를 설정하고, 그 후에 인물들이 살아 움직이면서
절로 이야기를 풀어나가도록 한다고 한다. 즉 모든 행위들에 대해 당초부터 짜인 계획이
나 대본이 있지는 않다는 것이다. 그녀의 작품은 일부 학자들이 극 신소설로 분류하고
있지만 보편적으로는 포스트 붐 문학으로 분류된다. 포스트 붐은 메타문학과 같은 새로
운 유형의 글쓰기 방식 창출에 대한 고민을 떨쳐버린 채 사실주의로의 복귀를 시도하고,
플롯과 지역 문화를 강조하는 문예사조이다. 작가는 기록적인 판매부수를 자랑하지만,
한편으로는 신랄한 비평의 대상이 되기도 하고, 하위 문학이라거나 오로지 상업적이기만
한 소설, 가브리엘 가르시아 마르케스(Gabriel García Márquez) 베끼기와 같은 불명예
를 안기도 한다. 미국의 비평가 헤럴드 블룸(Harold Bloom)은 이사벨 아옌데를 일컬어
"그저 시대를 반영하는 형편없는 작가"라고 독설을 퍼부었다. 멕시코의 비평가 엘레나
포니아토브스카(Elena Poniatowska)는 이사벨 아옌데를 일컬어 "앙헬레스 마스트레타
(Ángeles Mastretta)와 라우라 에스키벨(Laura Esquivel)류의 작가로 놀라운 상업성을
문학으로 끌어들여 여성문학을 양산해낸다"고 비판했다. 같은 칠레 작가인 로베르토 볼
라뇨(Roberto Bolaño) 역시 "그녀는 한 마디로 나쁜 작가다. 그녀에게 작가라는 이름을
붙이는 건 난센스로, 그녀는 작가가 아니라 그냥 서기라고 보는 게 낫다"고 쓴소리를 내
뱉었다. 매우 역설적인 평가도 있다. 2011년 카밀로 마르크스는 이사벨 아옌데의 작품을
읽은 데는 두 가지 방법이 있다면서 "첫째는 그녀의 작품 속의 허점들을 철저히 조사하
고, 모조리 들춰낸 뒤, 유죄 판결과 함께 지옥 불에 던져 넣는 것이다. 둘째는 그녀의 소
설을 읽으며 즐거운 시간을 보내는 것이다. 일단 그녀의 책은 대중의 이목을 끌며 까다
로운 독자들의 입맛도 충족시킬 수 있을 만큼 재미있기 때문이다. 이 두 방법의 접점을
찾기는 쉽지 않을 것이다. 앞으로도 그녀의 작품에 대한 평가는 증오 혹은 열광, 둘 중의
하나로 나뉠 것이기 때문이다"고 주장한 바 있다. 이는 이사벨 아옌데 작품의 양면성을
잘 드러낸 평가로 보인다.

Alma de niña (알마 데 니냐)　아르헨티나의 자연주의 소설가 마누엘 T. 포데스타(Manuel
T. Podestá, 1853~1918)의 작품. 낭만주의적 감상 요소가 결말 부분에 이르러 자연주
의의 서술기법과 섞여 나타난다. 주인공의 자살 이유가 절망적 자살이 아닌 유전적 히스
테리 때문에 나타난다는 사실이 색다르다.

Alma en pena(La Calchona) (슬픈 영혼)　칠레 중부지방의 신화이다. 두 아이를 가진 한
부부가 평범한 삶을 살고 있었다. 그러나 그 가정의 아내는 마녀였으며, 그것을 아무도
몰랐다. 마녀는 매일 밤 몸에 어떤 크림을 바른 뒤 원하는 동물로 변신을 했으며, 들판에
서 다음 날 아침까지 돌아다니다 같은 크림을 발라 아내의 모습으로 되돌아갔다. 그런데
어느 날 아이들이 그 크림을 발견하게 되었으며, 여러 동물의 모습으로 변신하며 놀았다.
그러나 아이들은 원래의 모습으로 되돌아갈 줄을 몰라서 울음에 터뜨리고 말았다. 아버
지는 그 울음소리에 깨어나, 아이들을 발견하고 본래의 모습으로 되돌아가게 한 후 그

크림을 강에 버렸다. 그러자 들판에서 돌아온 아내는 다시 사람의 모습으로 되돌아가지 못하고 영원히 양의 모습으로 살게 되었다. 그 후 양 울음소리를 들을 때마다 그 여인이라는 것을 알고 사람들은 음식을 밖에 내놓았다는 이야기이다. 신화가 주는 교훈은 '항상 우리 행위의 결과를 생각하고 행동하라'이다.

Almafuerte* (알마푸에르테)　　아르헨티나의 시인 페드로 보니파시오 팔라시오스(Pedro Bonifacio Palacios, 1854~1917)는 알마푸에르테라는 필명으로 널리 알려져 있다. 부에노스아이레스 산 후스토(San Justo) 태생으로 평범한 중산층 가정에서 태어났다. 어린 시절에 어머니를 여의고 아버지마저 훌쩍 떠나버려 친척들 손에 자라야 했다. 평생 여러 개의 필명을 사용했는데, 그중에서도 알마푸에르테라는 필명으로 가장 큰 대중적 인기를 얻었다. 그가 제일 먼저 접한 예술 분야는 미술이었다. 그러나 유럽 유학을 위해 장학금을 신청했다 거부당하자 방향을 바꿔 문학을 공부하기로 한다. 처음에는 피에다드 이 발바네라(La Piedad y Balvanera) 학교에서 수학했고, 후에 메르세데스(Mercedes), 살토(Salto), 추카부코(Chacabuco) 등지에서 교편을 잡았다. 추카부코에서 교사생활을 하던 중 전직 대통령이었던 도밍고 파우스티노 사르미엔토(Domingo Faustino Sarmiento)를 알게 되었다. 그런데 얼마 후, 제대로 학위를 받지 않았다는 이유로 교직에서 파면 당하는데, 실은 자격이 문제가 아니라 그가 쓴 시들이 정부에 대한 강력한 비판을 담고 있었기 때문이었다. 교직에도 몸담았지만 동시에 지역 카우디요 사회와 갈등을 일으키며 강력한 문제를 제기하는 신랄한 저널리스트로도 이름 높았다. 교편을 내려놓은 후에는 부에노스아이레스 의회에 일자리를 얻었으며, 더 후에는 도서관 사서로, 통역사로 일했다. 1887년 라 플라타로 이주한 뒤 일간지 <El Pueblo>에 기자로 취업했다. 1894년에는 다시 트렝케 라우켄(Trenque Lauquen)의 학교에서 교편생활을 시작했지만 이번에도 불과 2년 만에 정치적인 문제로 퇴직해야 했다. 20세기 초반에는 정치에도 참여했지만 그리 두각을 드러내지 못한 데다 경제적인 어려움까지 겹쳐 적극적인 활동을 하지는 못했다. 말년에 이르러서야 아르헨티나 의회가 오로지 시인으로서의 삶을 살아갈 수 있도록 그에게 종신 연금을 지급키로 했다. 그러나 연금 혜택을 그리 오래 받지 못하고 1917년 2월 28일 부에노스아이레스에서 향년 62세의 나이로 사망했다.

Almafuerte(película) [알마푸에르테(영화)]　　아르헨티나 영화감독 루이스 세사르 아마도리(Luis César Amadori, 1902~1977)의 1949년 작품. 'Almafuerte'라는 가명을 쓰는 아르헨티나의 시인 페드로 보니파시오 팔라시오스(Pedro Bonifacio Palacios, 1854~1917)의 삶을 소재로 한 영화다. 1950년 콘도르 데 플라타상(Premio Cóndor de Plata)을 수상했다.

Alocución a la poesía (알로쿠시온 아 라 포에시아)　　시인이자 철학자, 언어학자 등 여러 방면에 뛰어난 면모를 보인 안드레스 베요(Andrés Bello, 1781~1865)의 작품. 독립 전쟁에서 활약했던 국민들을 찬미하는 시로, 1823년 출판되었다. 800여 행의 분량이 27편으로 나뉘어 있으며, 라틴아메리카의 문화, 자연, 사상 등을 엿볼 수 있는 작품이다.

Alonso, Dora (도라 알론소)　　(1910~) 쿠바의 소설가, 시인, 언론인이다. 20세기 쿠바 지성계에서 가장 두드러지는 목소리들 중 하나로 여겨진다. 쿠바에서 중요한 상들을 수상하였으며 대중들에게도 인정받는 작가이다. 대표적인 소설작품으로 『Tierra adentro』(1944), 『Tierra inerme』(1961)가 있다. 아동 문학의 영역에서도 많은 활동을 했다. ⇒ La literatura cubana del siglo 20(20세기 쿠바 문학)

Alta Verapaz (알타 베라파스)   과테말라의 북쪽에 위치한 지방이다. 수도는 코반(Cobán)이 며 남쪽으로 바하베라파스(Baja Verapaz)가 있다. 과테말라에서 풍부한 자연 경관을 볼 수 있는 지방 중 하나로 세묵 참페이(Semuc Champey)가 이 지방에 위치해 있다. 스페 인인들이 무력을 동원하지 않고 이 지역을 점령했기 때문에 '진정한 평화(Verdadera Paz)'라는 단어에서 지명이 비롯되었다고 한다. 이 지역에서는 스페인어 말고도 원주민 언어인 켁치어(Idioma quekchí), 아치어(Idioma achí)가 쓰인다.

Altamirano, Ignacio Manuel (이그나시오 마누엘 알타미라노)   멕시코 출신의 순수 원주 민 혈통 작가로, 1834년에 출생하여 1893년에 사망하였다. 14세가 될 때까지 스페인어 를 하지 못했으나, 14세가 되던 1848년에 아버지가 틱스틀라(Tixtla)의 시장으로 선출되 면서 학교에 갈 기회를 얻게 된다. 이후 장학금을 받아 공부를 계속하였고, 조국에 대한 애정이 담긴 많은 작품을 남겼다. 주요작으로는 『Clemencia』, 『El zarco』가 있다.

Altazor (알타소르)   칠레의 시인 비센테 우이도브로(Vicente Huidobro, 1893~1948)의 작 품집. 유럽식 전위주의를 따른 시인으로 작품 내에서 초현실주의적 면모, 무의미한 언어 의 유희, 시어의 자유로운 사용을 보이고 있다. ➡ La literatura chilena del siglo 20(20 세기 칠레 문학)

Álvarez Bravo, Manuel (마누엘 알바레스 브라보)   (1902~2002) 멕시코시티 출생으로 멕시코 최초의 사진예술가이자 20세기 라틴아메리카 근대 사진 예술을 대표하는 사진가 이다. 사진작업 초기에는 유럽의 영향을 많이 받았으나 멕시코 벽화운동과 정치, 문화적 영향을 받아 멕시코의 정체성을 재정립하는 경향을 띠게 되었다.

Álvarez Lleras, Antonio (안토니오 알바레스 예라스)   (1892~1956) 콜롬비아의 극작가로 콜롬비아 현대 연극의 기초를 세운 인물이다. 필명 호아킨 술루아가(Joaquín Zuluaga)로 모든 작품을 썼다. 1912년 콜롬비아 작가 연합 콩쿠르에서 첫 번째 상을 받았으며 문화 부의 황금메달을 수상했다. 대표작으로 『Víboras sociales』(1911), 『Los mercenarios』(1924), 『Almas de ahora』(1945) 등이 있으며 후속 세대에 문화적 기여를 했다.

Amador, Graciela (그라시엘라 아마도르)   시케이로스의 아내로 SOTPE의 선언문인 『El machete』를 작명했다. 마체테라는 이름은 원래 대지주에 맞서 봉기한 농촌 노동자들의 손 에 쥔 붉은 핏빛의 긴 벌목도에서 착안해 명명한 것으로, 『El machete』가 구현하려는 바 와 잘 맞아떨어졌다.

Amadori Ricciotti, Luis César (루이스 세사르 아마도리 릭시오티)   (1903~1977) 아 르헨티나의 영화감독. 1936년 「Puerto Nuevo」를 공동 감독하며 데뷔하였다. 이후 스페인 으로 건너가 「La violetera」(1958) 등을 감독하며 계속 작품활동을 하다가 스페인에서 추 방당했다.

Amahuaca (아마우아카)   페루의 마드레 데 디오스(Madre de Dios)와 우카얄리(Ucayali) 지역에 분포한 원주민 부족. 스스로는 요라(yora)라고 부르며, 파노어족(Lenguas pano) 에 속한 언어를 쓴다. 현재 약 250명 정도가 남아 있다.

Amalia (아말리아)   1851년에 출판된 아르헨티나 작가 호세 마르몰(José Mármol)의 작품이 다. 대중적으로 성공한 낭만주의 작품으로, 아르헨티나 최초의 소설로 여겨진다. 많은 문 법적 오류에도 불구하고, 연재소설 기법을 활용하여 흥미를 지속시키는 방식으로 대중적 인 성공을 거두었다. ➡ La Generación del 37(Argentina)[37세대(아르헨티나)]

Amarakaeri (아마라카에리어)   페루에서 사용되는 원주민 언어로 아라크음붓(Harákmbut)어군에 속해 있는 언어다. 키삼바에리(Kisambaeri)를 문어로 사용하고 사용자는 약 1,000명이다.

Amarú (아마루)　페루에서 널리 알려진 케추아족 신화이다. 아마루는 호수 밑에 잠겨 있는 물의 신이다. 신의 모습은 야마의 머리, 보라색 눈, 뱀의 몸, 막으로 된 날개, 강력한 발과 물고기의 고리로 묘사된다. 이는 호수 밑에서 큰 구름을 보면 뛰쳐나와 우박이 쏟아지게 하여 농사를 망치게 만든다고 한다. 우박이 쏟아지게 할 때 아마루의 힘이 약해지기 때문에 그때 천둥과 산지의 바람이 함께 힘을 합쳐야 아마루를 다시 호수 깊숙이 감금시킬 수 있다고 한다.

Amat, Carlos Oquendo de (카를로스 오켄도 데 아마트)　(1906~1936) 쿠바에서 가장 중요한 전위주의 작가로 꼽힌다. 시작품들에는 1920년대의 다양한 경향들이 한데 녹아 있다. 토착성과 연결된 실험적인 시에서 필체와 활자를 자유롭게 활용했다.

Amauta (아마우타)　케추아어로 성인 또는 현자를 뜻하는데, 잉카 귀족의 자제들을 교육시키는 사람들을 일컫는다. 고대 잉카 시대의 교육제도는 높은 계급과 일반 사람들이 분리되어 있었다. 왕족의 자제들은 아마우타로 일컫는 현자들에 의해 교육을 받았던 반면, 일반 사람들은 가족 내에서 대대로 전해오는 관습으로 교육을 받았다.

Amauta(Revista Peruana) (아마우타)　1926년에 호세 카를로스 마리아테기(José Carlos Mariátegui)가 발간한 잡지로 국내외에 큰 영향을 미쳤다. 페루에 나타나는 유럽 문학운동에 관한 글, 마리아테기가 유럽에서 얻게 된 정치적 사상, 페루 젊은이들 사이에서 일어나는 운동에 관한 글 등을 실었다. 그 외에도 보르헤스(Borges), 우나무노(Unamuno), 브레톤(Breton)과 알베르토 이달고(Alberto Hidalgo)가 이 잡지에 글을 실었다.

Ambrogi, Arturo (아르투로 암브로히)　(1875~1936) 엘살바도르의 시인, 소설가, 언론인, 정치인이다. 문학인으로 둘러싸인 환경에서 자라났다. 20세기 초반 중앙아메리카에서 가장 뛰어난 인물 중 하나로 여겨진다. 모데르니스모(Modernismo) 계열의 시인들과 교류하며 시작품을 썼으며 루벤 다리오(Rubén Darío)의 잡지 <Azul>에서 초기 작품을 출판했다. 대표 시로 『Bibelots』(1893), 『Al agua fuerte』(1901), 『El Jetón』(1936) 등이 있다.

Amecameca (아메카메카)　공식적으로는 아메카메카 데 후아레스(Amecameca de Juárez)라고 불리는 멕시코의 마을. 멕시코시티와 네바다 산맥의 이스탁시우아틀(Iztaccíhuatl), 포포카테페틀(Popocatépetl) 사이에 위치하고 있다. 지명은 나우아틀(Nahuatl)어에서 유래되었다. 번역하면 '의식적으로 사용된 종이'라는 뜻이다.

Amerindio (아메리카 인디오)　유럽인들이 아메리카에 도착하기 이전에 대륙 곳곳에 자신만의 문화를 일구며 살고 있었던 아메리카 원주민들을 일컫는 말이다.

Amor, Guadalupe (과달루페 아모르)　(1920~) 멕시코의 시인. 인간 삶의 난해함과 죽음에 대한 노래를 통해 비관주의적 면모를 보여주는 비극적 작품을 썼다. 대표작으로 『Poesías completas』(1951), 『Jaime Sabines』(1962) 등이 있다. ⇒ La literatura mexicana del siglo 20(20세기 멕시코 문학)

Amorim, Enrique (엔리케 아모림)　(1900~1960) 부르주아 계급 출신의 우루과이 작가이다. 유럽과 다른 히스패닉아메리카로의 여행을 통해 여타의 중요한 작가들과 친분을 쌓았다. 좌파 이데올로기적 성향은 1947년에 그를 공산당에 가입하도록 했다. 거의 모든 장르의 문학활동을 했으며 단편 소설 작가로서 매우 뛰어난 재능을 보여주었다. 대표작으로는 『Amorim』(1923), 『Horizontes y bocacalles』(1926), 『Tráfico』(1927), 『La trampa del *pajonal*』(1928), 『*Del 1 al 6*』(1932), 『*La plaza de las carretas*』(1937), 『*Después del temporal*』(1953) 등이 있다.

Anales de los Cakchiqueles (칵치켈 연대기)　사힐 연대기(Anales de los Xahil), 텍판 아티트란의 비망록(Memorial de Tecpán-Atitlán) 또는 솔롤라의 비망록(Memorial de Sololá)이라고도 알려져 있다. 칵치켈 부족이 쓴 부족의 연대기로 칵치켈어로 쓰여 있으며 솔롤라(Sololá) 시에 보관되어 있다가 샤를르 에티엔느 브라쇠르(Charles Etienne Brasseur)에 의해 번역되었다. 칵치켈 부족의 역사와 신화를 다루고 있으며 몇 세기 동안 구전되어 오다가 문서로 작성되었다. ➡ Literatura del Imperio maya(마야 제국의 문학)

Anastasio Somoza Debayle (아나스타시오 소모사 데바일레)　(1925~1980) 레온(León)에서 태어나 미 육군사관학교를 졸업하였다. 1967년 형 루이스 소모사(Luis Somoza)가 사망하자 대통령에 취임한 뒤 친미 독재정치를 펼쳤다. 1972년 임기가 끝났으나 마나구아 대지진 이후 계엄을 선포하고 국가 비상대책위 위원장직을 맡아 권력을 강화한 뒤 1974년 헌법을 개정하여 다시 대통령직에 올랐다. 산디니스타 민족해방전선(FSLN)이 독재정권에 저항 운동을 벌였으며, 1979년 대통령직 사임 뒤 1980년 파라과이에서 산디니스타 단원들에 의해 암살되었다.

Andahazi, Federico (페데리코 안다아시)　(1963~) 아르헨티나 시인이자 작가이다. 부에노스아이레스 대학교(Universidad de Buenos Aires)에서 심리학을 전공했지만, 몇년 동안만 심리학자로 일했다. 청소년 대회에서 1등상을 두 차례 수상하였으며, 그중 두 번째 작품인 『*El anatomista*』(1997)는 베스트셀러가 되어 30여 개 언어로 번역됐다. 그 외에도 『*El Libro de los Placeres Prohibidos*』(2012), 『*Pecadores y Pecadoras*』(2010) 등의 작품이 있다. ➡ El libro de los placeres prohibidos(금지된 쾌락의 책)

Anderson Imbert, Enrique (엔리케 안데르손 임베르트)　(1910~2000) 아르헨티나의 소설가, 문학비평가. 1978년 아르헨티나 한림원의 멤버로 임명되었으며 1994년 세르반테스상(El premio Cervantes)의 최종 후보자에 올랐다. 그의 작품들 중 『*Historia de la literatura hispanoamericana*』(1961)는 가장 많이 언급되는 작품이자, 가장 중요한 텍스트들 중 하나이다. 소설뿐만 아니라 문학 비평과 연구에서도 『*La crítica literaria contemporánea*』 (1957), 『*La originalidad de Rubén Darío*』(1967)와 같이 뛰어난 저작물을 남겼다. ➡ La literatura argentina a mediados del siglo 20(20세기 중반 아르헨티나 문학)

Andreve, Guillermo (기예르모 안드레베)　(1879~1940) 파나마의 작가, 언론인, 정치인. 파나마 문화를 전파하기 위해 노력했었으며 1900년대 초반 파나마의 중요한 지식인 중 하나로 손꼽힌다. 모데르니스모 경향을 띠는 소설들을 주로 발표했으며 『*El poema del Pacífico*』(1925), 『*Una punta del velo*』(1929) 등이 있다.

Angel María, Céspedes (세스페데스 앙헬 마리아)　(1893~1956) 콜롬비아 출신의 작가이다. 콜롬비아 극문학에 있어서 이제까지 시적인 연극 혹은 시화된 연극이라고 언급해 온 것과 유사한, 짙은 서정적 가치를 지닌 연극의 도입자로 인정받는다. 대표작으로 『*Las alas*』와 『*La comedia de disfraces*』 등이 있다.

Ángel Vallejo, Félix (펠릭스 앙헬 바예호)　(1903~1996) 콜롬비아 출신의 작가이자 정치인으로 활동했다. 정치활동 중에서는 여성 투표권을 부각시켰고 국회의원으로 활동했다. 작가로서는 <El Colombiano> 신문에서 활동하고 잡지 <Tradición>의 창설자 중 한 명

이다. 대표작으로 『*Retrato vivo de Fernando González*』, 『*El secreto de Borges*』, 『*Micaela*』 등이 있다.

Angloamericanismo (앙글로아메리카니스모)　라틴아메리카 스페인어에서 영어 어휘를 차용할 때 영어 단어의 수정 없이 그대로 쓰거나 의미에 맞게 스페인어로 옮기는 것을 말한다.

Animax (애니맥스)　1996년에 시작된 로코모션(Locomotion) 채널을 전신으로 하는 애니메이션 전문 채널로, 2005년에 개국했다. 현재에도 라틴아메리카, 스페인, 브라질, 미국, 일본, 동남아, 대한민국, 홍콩과 중국에서 방송되고 있다.

Anitua, Fanny (파니 아니투아)　(1887~1969) 멕시코 가수. 멕시코시티와 로마를 다니면서 음악을 공부했으며 로마에서 데뷔, 이탈리아와 라틴아메리카에서도 공연을 하며 명성을 높여갔다. 바스콘셀로스가 자신의 교육캠페인에서 아르테 포폴라르를 홍보수단으로 이용할 때 고전음악과 멕시코 노래를 조합해 음악에서 아르테 포폴라르를 찾아냈다.

Aniversario de Tampico (아니베르사리오 데 탐피코)　멕시코의 시인 프란시스코 오르테가(Francisco Ortega, 1793~1849)의 작품. 정치시이자 서정시로 분류된다.

Antara (안타라)　팬파이프 종류의 악기로 페루 원주민들의 전통 악기 중 하나이다. 일반적으로 부들나무로 제작되었으며 3개에서 14개의 관을 가지고 있다. ➡ Pintura, musica y danza del Imperio Inca(잉카 제국의 미술, 음악과 춤)

Anteojito (안테오히토)　만화가인 마누엘 가르시아 페레(Manuel García Ferré)의 작품이다. 어린이 잡지의 주인공이었으며, 같은 이름의 잡지가 1364부터 2001년까지 출판되었다. 잡지뿐만 아니라 텔레비전에서도 「*Anteojito y antifaz: mil inventos y un invento*」라는 만화가 방송이 됐으며, 국제상을 받은 아르헨티나의 첫 장편 만화영화이다.

Anticucho (안티쿠초)　페루의 대표적 음식이다. 주로 거리에서 먹는 고기 꼬치로, 원래는 야마(llama)의 고기를 재료로 했으나 요즘에는 소고기를 쓴다. 야채나 주식인 옥수수를 곁들여 먹으며, 식민 이전부터 있었던 요리다.

Antigua Guatemala (안티구아 과테말라)　과테말라의 중심부 사카테페케스(Sacatepéquez) 지방 해발 약 1,600m에 위치한 도시이다. 과테말라의 옛 수도로 16세기에 건설된 식민지 양식의 도시로 모습이 잘 보존되어 있으며 아구아 화산(Volcán de Agua), 푸에고 화산(Volcán de Fuego)이 둘러싸고 있다. 약 200년간 수도로서 역할을 하다가 1773년 큰 지진이 일어나 정부에서 지금의 과테말라시티로 수도를 옮겼다. 현재 세계에서 가장 유명한 커피 생산지 중 하나로 꼽힌다.

Antín, Manuel (마누엘 안틴)　(1926~) 아르헨티나의 영화감독이다. 주로 훌리오 코르타사르(1914~1984), 아우구스토 로아 바스토스(Augusto Roa Bastos, 1917~2005) 등의 작품을 영화화하였다. 「*La cifra impar*」(1962), 「*Don Segundo Sombra*」(1969) 등의 작품이 있다. ➡ Julio Cortázar(훌리오 코르타사르)

Antognazzi, Carlos O. (카를로스 안토그나시)　(1963~) 아르헨티나 작가, 기자이다. 잡지 <El Grillo>와 <Gaceta Literaria>와 <La Capital>, <La voz del interior>의 신문에도 기사를 실었다. 베네수엘라 <Revista de Literatura Hispanoamericana>라는 잡지에 기고했으며, 작품으로는 『*Historia de hombress solos*』(1983), 『*Ciudad*』(1987) 등이 있다. 국립 단편소설상(Nacional de cuento), 펠리스베르토 에르난데즈(Felisberto Hernández) 상 등의 문학상을 수상했다.

Antúnez, Nemesio (네메시오 안투네스)　(1918~1993) 로베르토 마타와 함께 칠레의 대표적인 초현실주의 화가이다. 그의 그림을 초현실주의라고 간주하는 데는 논란이 있으나 적어도 환상적이라는 점은 인정되고 있는데, 이를 통해 현실과 순수한 상상력의 세계 간의 경계가 없어지곤 한다.

Aparaín, Mario Delgado (마리오 델가도 아파라인)　(1949~) 우루과이의 언론인이자 작가이다. 대표작으로는『*Estado de gracia*』(1983),『*El día del cometa*』(1985),『*La balada de Johnny Sosa*』(1995)가 있다.

Apo(Apu) [아포(아푸)]　잉카족의 산의 신이다. 잉카족은 몇몇 산들을 신으로 삼았으며, 그 산에서는 아포신이 계신다고 믿고 그곳은 성스러운 장소로 여겨졌다. 아포신과 소통을 하려면 의식을 통해 성스러운 기도와 공물을 바쳐야만 한다.

Aquiminzaque (아키민자케)　운자(Hunza)의 마지막 사케였다. 무이스카족(Muiscas)의 마지막 지도자로 뛰어난 통치력을 가졌지만 스페인 침공으로 영향력을 잃게 된다. 초기에 스페인의 요구에 따라 가톨릭으로 개종을 하지만 이후 반란을 일으킨다. 그러나 반란에 실패하고 참수당하면서 무이스카 문화는 막을 내린다.

Arahuaco (아라우아코)　현재는 사라진 앤틸리스 제도의 언어. 콜럼버스가 처음으로 발견한 섬이 앤틸리스 제도에 있었기에 여러 토착 언어 중 스페인어 어휘에 가장 많은 영향을 끼쳤다. 예) batata, tabaco, tiburón, maíz 등

Arana, Facundo (파쿤도 아라나)　1972년에 아르헨티나 부에노스아이레스 주에서 태어난 배우 겸 가수이다. 1993년에 데뷔를 했지만, 1997년에「*Chiquititas*」에서 이름을 널리 알렸다. 2009년에「*Vidas robadas*」라는 작품으로 한국 서울드라마어워드 대상 후보에 오르기도 했다. 그 외 작품에는「*Muñeca Brava*」,「*099 Central*」,「*Padre Coraje*」등이 있다.

Araucanización (아라우카화)　16세기부터 시작된 마푸체(Mapuche)족의 영향이 다른 주변 민족에 닿아 관습, 종교, 의식, 언어 등 요소들이 마푸체족과 비슷해지는 현상을 말한다.

Araucano (아라우카노)　'마푸체(Mapuche)어'라고도 한다. 칠레와 아르헨티나 일부 지역에서 사용되는 언어이다. 스페인어에 들어온 어휘로는 gaucho, poncho, chope 등이 있다.

Arauco domado (길들여진 아라우코)　칠레의 신학자이자 시인이었던 페드로 데 오냐 (Pedro de Oña, 1570~1643)의 영웅 서사시. 당시 스페인인들로부터 아라우코(arauco) 라고 불렸던 마푸체(Mapuche)족의 투쟁을 그리고 있는 작품이다.

Arbeleche, Jorge (호르헤 아르벨레체)　(1943~) 우루과이 몬테비데오(Montevideo) 출신의 작가이다. 어문학 교수로 활동 중이며 우루과이 한림원(Academia Nacional de Letras del Uruguay)의 일원이다. 1999년에 우루과이 문학상(Premio Nacional de Literatura de Uruguay)을 수상했다. 대표작으로『*Los instantes*』와『*Ágape*』가 있다.

Arboleda, Julio (훌리오 아르볼레다)　(1817~1862) 콜롬비아의 정치가, 군인이자 시인. 유복한 집에서 태어나 유럽에서 대학 및 대학원을 다녔으며, 대통령으로 당선되었으나 사망하는 바람에 임무를 수행하지는 못했다. 주요작품으로『*Escenas democráticas*』,『*Estoy en la cárcel*』,『*Al Congreso de Nueva España*』등이 있다.

Arcor (아르코르)　1951년 풀비오 살바도르 파가니(Fulvio Salvador Pagani)가 세운 기업으로 라틴아메리카뿐 아니라 전 세계 수출을 자랑하는 제과 생산 기업이며 Arcor, Bagley, La Campagnola, Cartocor, Converflex 등의 계열 회사로 이루어져 있다. 남미에 40개의 생산라인을 가지고 있으며 장학재단 및 교육기관을 설립하는 등 복지활동도 꾸준히 하고 있다.

Arenal Bastar, Luis (루이스 아레날 바스타르)　　(1908~1985) 멕시코의 화가이자 조각가
이다. 혁명문인예술가연맹(LEAR: Liga de Escritores y Artistas Revolucionarios)의
창립멤버로 이름을 널리 알렸다. 멕시코시티에 많은 벽화와 기념비를 세웠다.

Arenas, Reinaldo (레이날도 아레나스)　　(1943~1990) 쿠바의 소설가이자 시인이다. 작품
들은 검열에 의해 온전하지 않은 텍스트로 출판되었다. 파디야 사건에 의해 반혁명분자
로 고발당하고 정권에 의해 재교육을 받아야 했다. 그 후 비밀리에 작품을 써서 외국에
서 출판했다. 초기 작품은 데뷔작 『Celestino antes del alba』(1967)와 『El mundo alucinante』
(1969)가 있다. 1980년 미국으로 망명해서 작품활동을 이어나갔으나 1990년 뉴욕에서
자살로 생을 마감했다.

Arepa (아레파)　　옥수수 가루 또는 밀가루를 평평하게 하여 만든 음식으로 콜롬비아와 베네
수엘라에서 흔히 볼 수 있고 파나마, 푸에르토리코, 도미니카 공화국과 카나리아스 제도
에서도 볼 수 있다. 구운 것, 찐 것, 튀긴 것 등 다양한 요리 방법이 있으며 고기나 달걀,
야채를 올려서 먹거나 재료를 속으로 만들어 안에 넣어 요리하기도 한다.

Arévalo Martínez, Rafael (라파엘 아레발로 마르티네스)　　(1884~1975) 과테말라의 시
인이자 단편작가, 소설가이다. 현대인의 심오하고 복잡한 심리 세계의 발견을 주제로 상
징주의적 기법을 적용시키면서 '심리적'이고 '환상적'인 경향을 도입한 선구자로 알려져
있다. 대표작으로는 『Por un camino así』가 있다. ➡ La literatura guatemalteca del siglo
20(20세기 과테말라 문학)

Argentina (아르헨티나)　　남미 국가로 라틴어 'argentum'이라는 단어에서 파생된 이름이다.
은(銀)이라는 뜻이다. 아메리카를 발견했을 당시 현재 아르헨티나 지역에서 은이 많이
발견되었기 때문에 아르헨티나라고 지역의 이름을 지었다.

Argento (아르헨토)　　사람 성이다. 하지만 '아르헨티나 사람'의 의미로서 이 단어를 사용한
다. 원래 남자는 아르헨티노, 여자는 아르헨티나라고 부르지만, 줄여서 아르헨타와 아르
헨타라고 한다.

Argía (아르히아)　　아르헨티나의 시인 후안 크루스 바렐라(Juan Cruz Varela, 1794~1839)의 극작
품. 1824년 작품으로 이탈리아의 극작가 비토리오 알피에리(Vittorio Alfieri, 1749~1803)의 비
극 『Polinice』와 『Antígona』에 기반을 두고 있다. 극 중 인물의 상징성에 강조점을 두어
인간성이 배제되는 모습이 보인다.

Arguedas, Alcides (알시데스 아르게다스)　　(1897~1946) 볼리비아 정치가, 역사가이자
작가이다. 볼리비아의 라 파스에 위치한 산 안드레스 대학교 법학과, 정치학과를 졸업했
다. 파리, 런던 그리고 마드리드에서 대사로 근무했다. 문학 사조인 '코리엔테 인디헤니
스타(Corriente indigenista)'의 대표 작가 중 한 명으로, 작품의 주된 주제는 사회정체
성, 혼혈 그리고 당시 원주민들이 사회에서 겪는 어려움이다. 그가 출판한 『Raza de
Bronce』(1919)가 볼리비아 대표작품으로 꼽히며, 그 외 『Pisagua』 (1903), 『Wata-Wara』
(1904), 『Vida criolla』(1912), 『Pueblo enfermo』 (1909) 등의 작품들이 있다.

Argüello Mora, Manuel (마누엘 아르구에요 모라)　　(1834~1902) 코스타리카의 작가, 변
호사 및 정치인으로 코스타리카 최초의 소설 『Luisa』(1857)의 저자이다. 역사소설과 단
편들로 유명하다. 초창기에는 정치적 활동을 하다가 은퇴 후 책방을 운영하며 집필활동
에 집중했다.

Argueta, Manlio (만리오 아르게타)　　(1935~) 엘살바도르의 시인, 소설가. 사르트르의 영

향을 받은 참여세대(Generación Comprometida) 구성원 중 하나이다. 대학시절 주로 시를 쓰며 활동했고 『Un hombre por la patria』(1968) 등이 있다. 1960년대부터는 소설에 몰두하기 시작하여, 1980년 출판된 『Un día en la vida』로 잘 알려져 있다.

Arhuaco (아르우아코)　콜롬비아 인디오 사람들. 시에라 네바다 데 산타 말타(Sierra Nevada de Santa Marta) 북부에 생활하고 있으며 인구는 27,000명에 이른다. 이들은 타이로나 문화(Cutura Tairona)를 이어 받았다.

Arias Moreira, Sergio (세르히오 아리아스 모레이라)　　(1965~) 우루과이의 시인이다. 1992년에 『Tiempo de amor y lucha』를, 1998년에는 『Una botella al mar』를 출판하였다. 2001년에는 『Del sagrado rito』를 발표하였다. ⇒ La literatura uruguaya del siglo 20(20세기 우루과이 문학)

Arias, Arturo (아르투로 아리아스)　　(1950~) 과테말라의 소설가. 사실주의 전통을 잇는 매우 뛰어나고 풍부한 작품을 썼다. 과테말라의 대중적 언어와 삶의 형식, 인물들, 분위기를 완벽하게 재창조한 새로운 세계를 소설 속에서 창조해냈다. 동시에 과테말라의 부르주아 사회와 그 사회를 구성하는 상류사회의 젊은이들이 가진 불안과 문제를 특별한 방식으로 옮겨 왔다. 1980년대 초반 새로운 히스패닉아메리카 소설계에서 가장 인상적인 목소리를 가진 작가 중 한 명이다. 대표작으로 『En la ciudad y en las montañas』 (1970), 『Después de las bombas』(1972), 『Itzam Na』(1981) 등이 있다. ⇒ La literatura guatemalteca del siglo 20(20세기 과테말라 문학)

Arias, Augusto Sacoto (아우구스토 사코노 아리아스)　　(1907~1979) 에콰도르의 작가이다. 네오상징주의 작가들의 그룹인 "Grupo de Elan"의 일원이었다. 시의 순수성으로 주목 받았으며 대표작으로 『El porvenir del humo』(1935)가 있다.

Aríbalo incaico (아리발로 잉카이오)　잉카 도자기 중 가장 대표적인 방식이다. 항아리 모양을 가지고 있으며 나팔형의 구와 긴 목, 양감 있는 형태를 가지고 있다. 작은 것부터 사람 키만한 것까지 다양한 크기로 만들어졌으며 스페인들이 아리발로라는 이름을 붙였다. 특징으로는 긴 목과 원뿔 모양의 밑 부분이다. 균형을 유지하기 위해 땅에 흠을 파서 세워 두어야 한다. 또한 사각형, 삼각형 같은 도형의 무늬를 가지고 있고 가끔 새나 식물 무늬를 가진 것들도 있다. 용도는 물을 뜨고 음식을 저장하기 위한 것으로 보인다.

Aridjis, Homero (오메로 아리드히스)　　(1940~) 멕시코의 시인, 소설가, 외교관, 대학 교수이다. 관능을 탐구하고 에로티즘을 찬미하며 먼 시대로 거스르는 신화로 특징지어지는 서정적이고 뛰어난 작품의 작가이다. 20세기 멕시코 문단에서 산문시와 시적 산문을 가장 대표하는 작가 중 하나로 꼽힌다. 많은 상을 받았는데 60년대 중반 시집 『Mirándola dormir』를 통해 하비에르 비야우루티아상(El Premio Xavier Villaurrutia)을 수상하기도 했다. 시는 기독교 전통과 고전 문화에 영향을 받았으며 고전 신화를 현대화하는 데에도 큰 관심을 가지고 있는 작가이다. ⇒ La literatura mexicana del siglo 20(20세기 멕시코 문학)

Ariel (아리엘)　우루과이 출신 작가 호세 엔리케 로도(José Enrique Rodó, 1871~1917)가 1900년에 발표한 에세이로, 셰익스피어의 소설 『The Tempest』의 등장인물인 아리엘과 칼리반을 이분법적 모델로 단순화시켜 이상적인 민주주의를 위해 조화를 중시하고 실용주의로 인한 부패를 경계할 것을 주장한다. ⇒ Arielismo(아리엘리스모)

Ariel Dorfman* (아리엘 도르프만)　　(1942~) 칠레 작가이자 문학 평론가이다. 부에노스아이레스에서 태어나 뉴욕에서 어린 시절을 보냈다. 이후 1954년부터 칠레에 거주하며 칠레를 자신의 고국으로 택했다. 칠레에서 고등교육을 마치고 칠레대학교에서 교수를 역임했다. 급진주의적 성향이 강했던 도르프만은 피노체트 군사 쿠데타가 발생하여 살바도르 아옌데(Salvador Allende) 정권이 무너지자 망명길에 올랐다. 유럽으로 건너가 파리 소르본대학교에서 잠시 강의를 하였다. 칠레에서의 도르프만의 인지도는 격한 지적 분위기를 드러내는 그의 작품에서 비롯된 것이다. 그는 디즈니 만화로 가장한 미국 제국주의의 야만적 행위를 비판하는 비평서 『Para leer el pato Donald』(1970)를 발표하였다. 이 비평서는 같은 해 등장한 에두아르도 갈레아노(Eduardo Galeano)의 『Las venas abiertas de América Latina』와 같이 라틴아메리카 국민에게 제국주의의 경각심을 일깨워주는 작품으로 부각되었다. 그런데 놀라운 사실은 미국의 제국주의를 비판하던 그가 1980년대 워싱턴에서 공부할 수 있는 장학금을 받고 미국의 여러 대학에서 객원교수를 역임하고 미국에서 거주하게 되었다는 것이다. 현재 듀크대학에서 칠레 정책의 영향력 있는 대변자의 역할을 하면서 중요한 직책을 맡고 있다. 그는 상당히 활발한 작품활동을 하는 작가로 칠레의 독재정권 시절에 발생한 망명자, 실종자, 사상자 등의 문제를 끊임없이 다룬다. 안토니오 스카르메타(Antonio Skármeta)와 마찬가지로 창작작품은 모두 망명을 통해 얻어진 결과물들이다. 1981년에 발표한 『Viudas』는 망명 주제를 잘 드러내고 있다. 1987년 연극으로 각색된 『Viudas』는 아무도 돌보지 않는 사상자들을 돌보는 그리스의 작은 마을의 한 과부의 삶을 그린다. 도르프만은 로사리오 페레(Rosario Ferré)와 마찬가지로 이중 언어 작가로 활동하고 있다. 자신의 작품 『Máscaras』(1988)를 스페인어로 옮기면서 이중 언어 작가의 길을 걷게 되었다. 이후 정치 망명자를 다룬 소설 『Konfidenz』(1995)를 발표한다. 도르프만은 1992년 부에노스아이레스에서 극작품 『La muerte y la doncella』를 발표하는데, 이 작품은 같은 해 『Death and the Maiden』의 제목으로 영문본으로도 출간되어 브로드웨이에서 공연된다. 또한 로만 폴란스키(Roman Polanski) 감독에 의해 영화로도 만들어지면서 그는 국제적으로 알려지는 계기가 되었다. 현재 미국에서 교수로 활동하고 있어 영어와 스페인어로 작품을 쓸 수 있는 이중 문학의 여건이 용이해 『La nana y el iceberg』를 비롯해 영어로 소설을 쓰고 직접 작품을 번역한다. 그 밖에 『El absurdo entre cuatro paredes: teatro de Harold Pinter』(1968), 『Imaginación y violencia en América』(1970), 『Hacia la liberación del lector latinoamericano』(1984), 『La última canción de Manuel Sendero』(1983), 『Rumbo al sur, deseando el norte: romance bilingüe』(1998), 『Terapia』 등의 작품이 있다.

Arielismo* (아리엘리스모)　　우루과이의 사상가 호세 엔리케 로도(José Enrique Rodó Piñeyro, 1871~1917)의 저작 『Ariel』에서 나온 아리엘리스모는 정신적 고양을 지향하는 라틴아메리카 문화의 이상적 비전을 지칭한다. 로도가 주창한 아리엘리스모는 엘리트주의에 기반하고 있으며, 소수의 엘리트가 사리사욕이 개입되지 않은 이상을 지향하며 헌신적으로 사회를 이끌어간다면 궁극적으로 라틴아메리카의 대통합을 이루어낼 수 있을 것임을 주창하고 있다. 또한 로도는 라틴아메리카는 고유의 정신문화를 통해 라틴아메리카 특유의 정신적 가치를 발전시켜나가야 한다고 힘주어 말한다. 또한 그가 주창하는 이러한 정신문화는 기본적으로 그리스-라틴 문화의 '미(美)'와 기독교 문화의 '사랑'에 그 뿌리를 두고 있으며, 이 두 가지 덕목은 쾌락과 감각주의에서 탈피한 근대적이고 가치 있는 사회를 만들어가기 위한 필수 요소임을 지적한다. 그러나 이러한 사회를 만들어 나가기 위해서는 무엇보다 민주주의적 시스템의 완비가 선결조건이다. 민주주의적 시스템만이 엘리트들이 지도자로 기능할 수 있도록 해줄 수 있으며, 엘리트들이 전면에 나서야만 더 나은 문화로의 도약이 가능하기 때문이다. 로도는 민주주의가 기능할 때라야 더 나은 삶이 가능하며 만인이 평등한 교육의 기회를 향유할 수 있을 거라며, 반대로 물질적 가치만을 숭상하는 사회는 결과적으로 용렬함을 떨쳐내지 못할 것이라 주장한다. 로도는 1871년 우루과이 몬테비데오에서 태어나 1917년 이탈리아 팔레르모에서 생을 마감했다. 평생을 정치가이자 작가로 살았으며, 자국의 정치 무대에서 역동적으로 활동한 우루과이의 대표적 지성이다. 그의 저작들은 모데르니스모의 전형으로, 라틴아메리카의 세기말적 병증들을 섬세하고 시적인 필치로 묘사하고 있다. 아울러 그가 꿈꾸어온 이상들은 기본적으로 그리스-라틴 전통이 지닌 가치에서 출발하고 있다.

Aristarain, Adolfo (아돌포 아리스타라인)　(1943~) 아르헨티나의 영화감독이자 시나리오 작가. 작품에서 주로 사회적, 정치적 주제를 다룬다. 1978년 『La parte del león』으로 데뷔하였으며 감독 이외에도 여러 작품에 참여했다. 1982년, 1983년, 1993년, 1998년, 2005년 콘도르 데 플라타상(Premio Cóndor de Plata) 감독상을 수상했다. ➡ El cine argentino(아르헨티나 영화)

Arjona, Ricardo (리카르도 아르호나)　본명은 에드가 리카르도 아르호나 모랄레스(Edgar Ricardo Arjona Morales, 1964~)이다. 과테말라의 호코테낭고(Jocotenango)에서 태어나 전직 농구선수, 교사였으며 라틴아메리카에서 가장 크게 성공한 가수 중 하나로 2006년 베스트 남성 팝 보컬 앨범 부문과 2007년 베스트 라틴 팝 앨범 부문에서 그래미상(Premios Grammy)을 받았다.

Arlt, Roberto Godofredo Christophersen (로베르토 고도프레도 크리스토펠센 아를트) 아르헨티나 작가이자 기자로, 로베르토 아를트(1900~1942)라는 이름으로 알려져 있다. <Crítica>와 <El mundo>에 기사를 실었으며, <El mundo> 신문사에서 일하면서 스페인과 아프리카에 출장을 다녀오게 된다. <Aguafuertes porteñas> 신문에 여행에서 겪은 일화를 칼럼으로 실었으며, 신문과 같은 이름으로 대표작품을 출판했다. ➡ La literatura argentina a principios del siglo 20(20세기 초 아르헨티나 문학)

Armada de la República de Colombia (콜롬비아공화국 해군)　콜롬비아공화국 해군은 줄여서 ARC라고도 불리며, 콜롬비아의 공식 해군의 명칭이다. 18세기까지 그 역사가 거슬러 올라가며 태평양과 대서양 영해를 약 3만 5천의 병력으로 수호한다.

Armijo, Roberto (로베르토 아르미호)　(1937~1997) 엘살바도르의 시인, 수필가, 극작가. 사르트르의 영향을 받은 참여세대(Generación Comprometida) 구성원 중 하나이다. 엘살바도르 군사정부 시절 국외 추방을 당했다. 수필 『Rubén Darío y su intuición del mundo』 (1968)로 잘 알려져 있으며 시 『La Noche ciega al corazón que canta』(1959), 『Jugando a la Gallina Ciega』(1970) 등을 썼다.

Arosemena de Tejeira, Otilia (오틸리아 아로세메나 데 테헤이라)　파나마 출신의 작가이다. 1905년에 출생했고 20세기 말에 세상을 떠났다. 파나마에서 교직과정을 이수하고 미국 콜롬비아 대학원에서 공부를 마쳤다. 파나마로 돌아와 여성 인권과 교육 부분에서 투쟁했다. 유네스코 집행위원회원이며 아메리카의 여성(Mujer de America)으로 선정되었다. 대표작으로는 『La Escuela Nueva』, 『La Mujer en la vida panameña』, 『Aritmética del niño』 등이 있다.

Arosemena, Justo (후스토 아로세메나)　(1817∼1896) 콜롬비아의 작가, 정치가. 페루로 건너가 기자로 활동했으며 1850년 누에바 그라나다 의회(Congreso de Nueva Granada) 의 의장을 맡았으며, 파나마 제1공화국 대통령직을 수행하기도 했다.

Arquitectura brutalista en Latinoamérica (중남미의 야수주의 건축)　매끄럽고 깊이 없는 커튼 월에 반대하여 강렬한 형태와 거친 표면을 강조하는 근대 건축의 한 조류이다. 1990년대 중남미에서는 1960년대 유럽의 야수주의의 영향을 받은 벽돌 건축이 유행하였다. 특히 철근 기술은 빠른 시공과 보존에 있어서 장점도 있었지만 비싼 비용 때문에 변형되었다.

Arquitectura del Imperio Inca* (잉카 제국의 건축)　잉카 제국의 수도였던 쿠스코에서 당대의 가장 대표적인 건축물들을 만나볼 수 있다. 일례로 사크사이와만(Sacsayhuamán) 이 있는데, 흔히들 요새라고 부르지만 사실은 지그재그 형태로 된 세 겹의 성벽으로 둘러싸인 신전이며, 지금까지도 매우 양호한 상태로 보존되어 있다. 쿠스코 외에도 파삭(Písac), 올란타이탐보(Ollantaytambo), 마추픽추(Machu Picchu) 등지에서도 잉카 문명의 흔적이 고스란히 배어 있는 유적들을 발견할 수 있다. 1911년에 마추픽추 성곽을 처음 발견한 사람은 미국인 하이람 빙햄(Hiram Bingham)이었다. 마추픽추는 아마존 쪽 안데스산맥 고지대에 위치하고 있는데, 정확히 쿠스코 부속도시인 우루밤바(Urubamba) 지방 산악의 해발 2,400m 부근이다. 성곽이라 하지만 궁성과 군용 망루인 순투르와시(Sunturhuasis), 늙은 봉우리인 마추픽추 봉우리와 젊은 봉우리인 와이나 픽추(Huayna Picchu) 사이에 자리 잡은 관망대 등이 복합적으로 어우러진 공간이다. 21세기에 보아도 놀라운, 세계적 수준의 토목 공법이 적용된 듯한 대단한 건축물이다. 더욱이 주변의 자연 경관과 적절하게 조화를 이루는 이런 건축물은 오늘날에도 그 유례를 찾아보기 힘들 정도이다. 다양한 가능성들을 모아 추정해보건대, 마추픽추가 건설된 것은 15세기 파차쿠텍 왕(Pachacútec) 재임 시절일 가능성이 높다. 마추픽추는 현재도 전 세계적으로 가장 불가사의한 경이로운 건축물로 여겨지고 있으며, 페루의 주요 관광지이자, 1983년에는 유네스코의 세계문화유산으로 등재되어 그 가치를 인정받고 있다. 잉카 문명이 남긴 유적 중에서도 가장 유명한 것들을 꼽자면 티티카카 호수 위 섬에 있는 카사 델 솔(Casa del Sol)과 쿠스코에 있는 태양신의 신전 코리칸차(Coricancha), 마추픽추의 트레스 벤타나스(Tres Ventanas) 사원 등을 들 수 있다. 사원뿐 아니라 궁도 유명한데 마추픽추의 뉴스타스(Ñustas) 궁, 쿠스코의 아마루칸차(Amarucancha) 궁, 콜캄파타(Colcampata) 궁 등이 있다. 그런가 하면, 피스코(Pisco)의 유적인 탐보 콜로라도(Tambo Colorado)와 친차(Chinca)에 남아 있는 라 센티넬라(La Centinela) 유적지 등은 잉카 문명의 건축양식을 고스란히 담아내고 있는 대표적 유물이다. 실제로 잉카 문명은 건축양식에서 매우 발달된 모습을 보여줬는데, 특히 공간 활용 기법이나 석공 기술은 매우 뛰어났던 것으로 확인된다. 도시의 경우, 둥근 중앙 광장에서 사방으로 길어 뻗어 나가는 형태로 개발을 했고, 그 광장과 도로를 중심으로 각종 건물과 사원들이 세워졌으며, 건축재로는 주로 벽돌과 짚을 사용했다. 쿠스코의 사크사이와만 요새는 대표적 대형 건조물로, 당대의 종교상과 과학의 발달상을 한눈에 확인할 수 있는 유적이다. 쿠스코의 태양신전도 그렇지만, 석공 양식으로 지은 이 거대한 건조물들은 회반죽을 쓰지 않고도 돌 모서리들이 정교하게 맞물리는 건축양식을 보여줘 놀라움을 주고 있다. 건물 외에도 잉카인들은 현수교 양식의 다리를 많이 놓았는데, 그중 일부는 100m가 넘는 길이를 자랑하며, 안데스 각지를 연결시키는 널찍한 돌길과 관개용 물길과 수도교 역시 감탄을 자아낸다.

Arráiz, Antonio (안토니오 아라이스)　　(1903~1962) 베네수엘라의 시인, 소설가, 수필가이다. 젊은 시절 미국을 잠시 방문하였고 돌아와서 정치적 이유로 1928년 감옥에 수감된다. 후에 베네수엘라에서 추방되어 후안 비센테 고메스(Juan Vicente Gómez)가 사망하는 1935년까지 고국으로 돌아오지 못했다. 나이에도 불구하고 베네수엘라의 18세대(la generación del 18)로 분류되지 않는 작가인데 당대 작가들과 달리 미국에 거주하며 영향을 받았기 때문이다. 첫 번째 시집『*Áspero*』(1935)는 날이 선 정확한 언어의 사용을 보여주고 있다. 베네수엘라 시 문단의 단일한 성격과는 다른 그의 문학 세계는 어떤 경향이나 세대에도 속하지 않는다.

Arráncame la vida (내 생명 앗아가 주오)　　멕시코 작가 앙헬레스 마스트레타(Angeles Mastretta)가 1985년 발표한 소설로, '카탈리나'라는 15살 소녀가 30세의 장군과 결혼하며 접하게 되는 정계의 상황과 멕시코의 1930~1940년대 풍경을 1인칭으로 서술하며 2008년 동명의 영화로도 제작돼 화제가 됐다.

Arredondo, Inés (이네스 아레돈도)　　(1928~1989) 멕시코의 소설가이자 수필가이다. 1960년대부터 문학과 출판활동을 시작하려는 젊은 작가 그룹에 속해 있었으며 그 작가 그룹에는 살바도르 엘리손도(Salvador Elizondo)와 세르히오 피톨(Sergio Pitol)도 포함되어 있다. 여러 잡지에서도 활동하였다. 문학작품은 매우 간결하며 두 개의 책『*La señal*』(1965)과『*Río subterráneo*』(1979)가 대표적이다.『*Río subterráneo*』를 통해 하비에르 비야우루티아상(El prestigioso Premio Xavier Villaurrutia)을 수상했다. 또한 "현대인 그룹(los Contemporáneos)"에 속하는 호르헤 쿠에스타(Jorge Cuesta)의 작품에 대해 연구하여 재평가가 이루어지게 했다.

Arregui, Mario (마리오 아레귀)　　(1917~1985) 우루과이의 작가로 소설과 수필 분야에서 활동했다. 다양한 소설집을 출판하였는데 전원의 풍경이 중심이 되었지만 향토주의(criollismo) 작가들처럼 받아들인 것은 아니었다. 대표작으로는『*Noche de San Juan y otros cuentos*』(1956),『*El gato*』(1967),『*El narrador*』(1972) 등이 있으며 1985년 수필집『*Ramos generales*』가 사후에 출판되었다. ➡ La literatura uruguaya del siglo 20(20세기 우루과이 문학)

Arreola, Juan José (후안 호세 아레올라)　　멕시코 출신의 배우이자 극작가 겸 작가이다. 1918년 멕시코의 구스만(Guzmán) 시에서 태어나 2001년 생을 마감하였다. 자국에서 "Poesía en voz alta" 연극회의 회원이었으며 프랑스의 코메디 프랑세즈(Comédie Française)에서 연기활동을 하기도 했다. 후안 룰포(Juan Rulfo)와 잡지 제작을 맡기도 했으며 저술활동도 활발히 했다. 라틴아메리카 문화계의 권위 있는 후안 룰포상, 국립예술원상(Instituto Nacional de Bellas Artes, INBA) 등을 수상했으며 남미에서 가장 창의적인 인물로 꼽히기도 한다. ➡ Premio de Literatura Juan Rulfo o Premio de Literatura Latinoamericana y del Caribe Juan Rulfo(후안 룰포 문학상)

Artesanías y Cerámica del Imperio maya* (마야 문명의 수공예품과 도자기)　　메소아메리카 지역은 습윤한 지역인 탓에 샌들, 직물, 바구니 등 고대 문명의 유물들이 제대로 보존되지 못했다. 반대로 안데스 산악지대에서는 건조한 기후 덕에 섬유나 샌들을 비롯해 부패 가능한 원재료로 만들어진 다양한 공예품들이 잘 보존되어 있다. 조각이나 회화 등의 예술품들은 그 존재 여부만 간접적 증거들을 통해 확인할 수 있을 뿐이다. 다양한 증거들로 유추해볼 때, 당대의 공예 수준은 매우 발달하여, 다양한 공예품들이 선보였을 것으로 추정된다. 특히 섬유 예술 부문은 놀랄 만큼 발달된 양상을 보였으며, 그 때문에 에르난 코르테스(Hernán Cortés)가 원주민들에게 조세를 부담하면서 직조한 망토를 세금 대신 받아쳤다는 일화가 남아 있는 것이다. 도자기 역시 다양한 디자인의 컵이나 접시로 남아 있다. 상당수 유물들에는 간혹 동물 형상들도 담겨 있지만, 대부분에는 기하학적 무늬가 그려져 있는 것을 볼 수 있다. 도자기의 벽은 매우 얇았고, 형태는 상호대칭을 이루었으며, 석회토를 기본으로 했지만 광택을 입히기도 했다. 다양한 채색을 입혔고, 빼어난 수채화 기법으로 마감을 한 것이 돋보이기도 한다. 모든 도자기들은 노천 용광로에서 800도 온도로 구워졌다. 장식을 보면 마야어로 쓰인 글귀도 남아 있고, 전투 장면 같은 귀족들을 위한 그림이 그려진 것들도 있다. 물론 초자연적인 존재들을 그림으로 담아낸 경우도 있다. 이런 모든 특성들로 미루어 보아, 마야 문명의 도자기를 만든 사람은 귀족계층이었을 것으로 추정된다.

Artigas, José (호세 아르티가스)   본명은 호세 헤르바시오 아르티가스 아르날(José Gervasio Artigas Arnal)이다. 1764년 우루과이에서 태어나 1850년에 사망했으며, 우루과이 독립의 아버지라고 불린다. 1977년 그의 장례기념물이 세워지기도 했다.

Arturo, Borja (보르하 아르투로)   (1892~1912) 에콰도르의 시인으로 반체제적이며 낭만주의적 기질을 가졌었다. 사후에 출간된 『La flauta de ónix』라는 책에 30편의 작품이 남겨져 있으며 20세기 시를 개혁한 새로운 흐름에 정통한 인물이라는 평을 받는다.

Asbaje y Ramírez de Santillana, Juana de (후아나 데 아스바헤 이 라미레스 데 산티야나)   후아나 이네스 데 라크루스 수녀(Sor Juana Inés de la Cruz, 1651~1659)가 산 헤로니모(San Jerónimo) 수도원의 수녀가 되기 전까지의 이름이다.

Ascásubi, Hilario (일라리오 아스카수비)   아르헨티나 출신의 시인으로, 1807년에 출생하여 1875년에 사망했다. 파울리노 루세노(Paulino Lucero)라는 필명으로 로사스(Rosas) 정권에 반대하는 작품활동을 했다. 대표적인 작품으로는 1872년에 출간된 시집 『Santos Vega』가 있다. ➠ Literatura Gauchesca(가우초 문학)

Ascencio Segura, Manuel (마누엘 아센시오 세구라)   (1805~1871) 페루의 풍속주의 극작가. 당대의 군부 독재와 내전 등을 경험하며 군부에 대한 비판적 극작품과 정치 테마들이 드러난 작품을 다수 썼다. 『El Sargento Canuto』(1839)와 『Nadie me la pega y Un juguete』(1858)가 있으며 후자는 당대 페루 극작품 중 가장 성숙한 것으로 꼽히곤 한다.

Asociación de Cronistas Cinematográficos de la Argentina (아르헨티나 영화기자 연합)   아르헨티나의 비정부기구, 비영리단체. 1942년 영화 분야 전문기자들이 모여 만든 단체이다. 아르헨티나 영화상 중 가장 권위 있는 상 중 하나인 콘도르 데 플라타상(Premio Cóndor de Plata)을 매년 수여한다.

Áspero (아스페로)   페루에 위치한 지역으로 카랄 지역(Caral) 외 여러 지역과 함께 페루 문명이 시작된 지역이다. 여러 개의 피라미드로 구성되어 있고 당시 시대와 지역만의 특성을 살려 지어졌다. 층으로 쌓아올린 형태를 취하고 중간에 외부 공간과 이어주는 계단이 있다. 계단 앞에는 원형의 광장이 설치되어 있다. 아스페로 알토(Áspero Alto), 아스페로 바호(Áspero Bajo) 그리고 토토랄(Totoral) 3개의 지역으로 나뉘며 아스페로 알토에 중심이 되는 피라미드가 위치하고 있다.

Asturias, Miguel Ángel* (미겔 앙헬 아스투리아스)   (1899~1974) 1967년 노벨 문학상을

수상한 과테말라 작가이자 신문기자이다. 자국의 전설과 신화에 많은 관심을 보이며 가난한 자들의 권리와 필요 보장을 위해 참여 문학에 많은 노력을 기울였다. 아스투리아스의 문학작품 세계는 파리 소르본대학교에서의 학업 과정, 조지 레이노드(Georges Raynaud)와 과테말라 키체족의 성서인 포폴 부흐(Popol Vuh) 번역을 함께한 멕시코 작가 곤살레스 데 멘도사(González de Mendoza)와의 친분으로 초현실주의와 과테말라 전설의 마술적 세계의 영향으로 결정된다. 아스투리아스는 훌륭한 시인이기도 했으며, 극작가와 수필가로도 활동하면서 많은 저작을 남겼지만 늘 소설로 높은 인정을 받았다. 1946년 아주 유명한 작품인 『El Señor Presidente』를 발표하면서 명성을 누렸다. 이런 이유로 1967년 노벨 문학상을 수상했을 때 그의 업적은 소설에 더 치중되었다. 『El Señor Presidente』는 과테말라 정치 현실과 독재정권을 소재로 한 작품으로 20세기 초반 과테말라 독재자 마누엘 에스트라다 카브레라(Estrada Cabrera)가 실각하고 잇따라 호세 마리아 오레야나(José María Orellana)가 정권을 잡게 되면서 비롯된 정치적 환멸과 관련이 있다. 이 작품은 공포, 흉악함, 죽음을 주제로 독재정권을 묘사한다. 아스투리아스는 "공포는 이 작품을 특징짓는 요소이며 공포는 문학의 산물이 아닌 인간의 것이고 현실에서 비롯된 것"이라고 말한다. 이후 과테말라 인디오의 세계관을 보여주는 마야 신화와 인디오 민간 설화에 바탕을 둔 소설 『Hombres de maíz』(1949)를 발표한다. 이 외에도 주요작품에는 『Sien de alondra』(1948), 『Viento fuerte』(1950), 『El papa verde』(1953), 『Week end en Guatemala』(1956), 『Los ojos de los enterrados』(1960) 등이 있다. 1960년대 이후 아스투리아스는 4개의 작품을 발표한다. 『El alhajadito』(1961), 『Mulata de tal』(1963), 『El espejo de Lida Sal』(1967), 역사소설 『Malandrón』(1969)이다. 이 작품에서는 망명의 시절과 미국의 대과테말라 개입 등과 같은 트라우마적인 순간들을 극복하고 민족의 마음과 생각을 표현하는 데 매진한다. 아스투리아스의 이런 사회주의적 휴머니즘은 노벨 문학상을 수상하기 이전 1966년에 레닌상 수상을 가능하게 했다.

Ataque 77 (아타케 세텐타 이 시에테)   1987년에 언더그라운드 활동을 시작한 펑크록 밴드로 아르헨티나 부에노스아이레스 주에서 형성되었다. 본격적인 활동은 1989년에 시작되었으며, 2013년 현재까지 20년 이상 활동 중이다. 몇몇의 멤버가 교체되었지만, 인기는 여전하다. 대표곡으로는 「Trapos」, 「Amateur」, 「Antihumano」, 「Karmagedon」 등이 있다.

Aub, Max (막스 아우브)   (1903～1972) 독일인 아버지와 프랑스인 어머니 사이에서 출생하여 11살에 스페인 국적을 취득하고 이후 멕시코에 정착하였다. 제1차 세계대전 이후 아방가르드 문학 운동에 참가하였다. 주요작품으로는 희곡 『Narciso』(1928), 소설 『Jusep Torres Camplas』(1958) 등이 있다.

Augusto Roa Bastos* (아우구스토 로아 바스토스)   (1917～2005) 파라과이 시인이자 소설가이다. 그의 역작 『Yo, el supremo』(1974)는 의심할 여지없이 라틴아메리카 문학작품을 대표하는 소설로 평가된다. 작가는 『Yo, el supremo』로 1989년 스페인의 세르반테스 문학상을 수상하였다. 또한 『El trueno entre las hojas』(1953)와 『Hijo de hombre』(1960)는 그의 대표작으로 꼽힌다. 1952년 가브리엘 카사시아(Gabriel Casaccia)가 『La Babosa』를 발표하면서 파라과이 문학계에 엄청난 파문이 일었다. 이 작품은 파라과이가 차코 전쟁으로 앓고 있던 오랜 문화 혼수상태에서 국가를 깨워준 첫 번째 증거로 평가된다. 이듬해 로아 바스토스는 『El trueno entre las hojas』를 발표한다. 카사시아의 비교적 수동적인 태도와 '좌절감'이라는 테마의 강조와는 달리 로아 바스토스는 처음부터 파라과이를 지배하는 사회적 폭력과 부정을 고발한다. 이런 이유로 1947년 망명길에 오르게 된다. 17개의 단편으로 구성된 이 극적인 이야기는 순전히 기록적인이 것에 머물지 않게 하기 위해서 노력을 기울인 흔적이 보인다. 저명한 비평가 로드리게스 알칼라(Rodríguez Alcalá)는 로아 바스토스의 저항에 대한 신랄한 비판 외에도 그의 실험주의적인 창작 기법을 강조한다. 1960년에는 『Hijo de hombre』를 발표한다. 이 소설은 신화, 전설, 상징, 자연 등을 이야기의 중심으로 옮겨놓으면서 아주 오랜 시간 파라과이의 역사 속으로 여행한다. 이후 1794년에 『Yo, el supremo』를 발표하면서 로아 바스토스는 세계적인 작가 반열에 오르게 된다. 아울러 비교적 원숙한 모습으로 『Yo, el supremo』에서는 사실적인 것의 환상성을 전하기 위해 자신의 능력을 파괴하는 반어적인 문학 형식을 보여준다. 로아 바스토스의 말을 빌리면, 이야기를 특정한 역사적 시대의 틀에 가두어놓지 않기 위해 연대순으로 이야기를 이끌지 않고 시공간의 경계를 무너뜨리면서 독자가 이야기를 접하는 시점까지 그 의미가 미칠 수 있도록 하였다. 이런 의미에서 『Yo, el supremo』는 3가지 목적을 충족하고 있다. 파라과이의 영구적인 내적 역사 내에서 1756년에서 1840년까지 파라과이를 독재 통치한 호세 프란시스코 로드리게스 프란시아(José Francisco Rodríguez Francia) 체제의 특성을 탐색하는 것, 소설의 가능성에 대한 재탐색 또는 소설의 한계를 뛰어넘어 소설에 대한 가능성의 확장을 재탐구하는 것, 독자들의 참여를 최대한 이끌어낼 수 있도록 독재자의 주장, 모순, 역설, 망언을 통해 언어 자체가 갖는 표현의 가능성을 질문하는 것이다.

Augusto, Céspedes (세스페데스 아우구스토)　(1904~1997) 볼리비아의 작가이다. 1946년 발표된 걸작 『Metal del diablo: la vida de un rey del estaño』와 『El dictator suicida: 40 años de historia de Bolivia』는 볼리비아의 정치적, 사회적 흐름에 대한 나름대로의 해석을 제시한다.

Auqui (아우키)　왕위를 이어 받을 잉카 왕자를 가리킬 때 쓰는 용어로 장자보다는 왕위를 이을 가능성 있는 왕자를 뜻한다. 아우키의 문화는 유판키(Yupanqui) 시대부터 시작되었다. ➡ Jerarquía imperial del Imperio Inca(잉카 제국의 계층 구조)

Autodefensa Espiritual (신앙고백)　『Autodefensa Espiritual』(1681)은 후아나 이네스 데 라 크루스 수녀(Sor Juana Inés de la Cruz)가 자신의 죄를 사면 받기 위해 종교재판소에 제출한 서한이다.

Autonomismo (자치권 획득 운동)　1960년대에 일어난 좌익 성향의 마르크스주의 운동으로, 좌익 정당들의 역할과 그들의 존재 의미에 대해 의문을 제기했다. 1980년대에는 라틴아메리카 학생들에게 영향을 미치면서 이들이 라틴아메리카의 군부 독재에 대하여 대항 세력이 되는 데 일조하였다.

Avá guaraní (아바 구아라니)　볼리비아 남쪽의 구아라니 계열의 민족이다. 잉카들은 아바 구아라니를 치리구아노(Chriguano)라고 부르기도 했다. 이 민족은 스페인 식민지 당시에 스페인들을 경계하는데 성공해 19세기에는 독립 전쟁에도 참여하였다.

Avenida 9 de julio (7월 9일로)　아르헨티나 부에노스아이레스 시 중심지에 위치한 대로로, 세계에서 가장 넓은 대로 중 하나이며 140m의 폭을 자랑한다. 1980년 개통되었으며 도로변에 콜론 극장, 오벨리스크, 사회발전부, 콘스티투시온 역 등이 있으며 레티로(Retiro), 산 니콜라스(San Nicolas), 몬세라트(Monserrat), 콘스티투숀(Constitucion) 등 4개의 구를 통과한다.

Avenida Once de Septiembre (9월 11일 거리)　　이 대로는 1973년 9월 11일은 칠레에서 피노체트가 군사 쿠데타를 일으켜 아옌데의 민주주의 정권을 무너뜨린 날을 기념하기 위해 붙여진 이름이다.

Aves sin nido (아베스 신 니도)　　페루의 작가 클로린다 마토 데 투르네르(Clorinda Matto de Turner, 1854~1909)의 작품으로 1889년 출판되었다. 작가의 가장 성공적이었던 소설 중 하나로, 시인이자 정치가였던 곤살레스 프라다(Gónzalez Prada, 1844~1918)의 사상에 직접적 영향을 받았다. 사상은 크게 원주민의 복권과 스페인 역사, 전통에 관련된 모든 요소를 추방하자는 주장을 담고 있다.

Avilés Fabila, René (레네 아빌레스 파빌라)　　(1940~) 멕시코의 소설가. 1967년 작 『*Los juegos*』를 통해 소설가로 데뷔했다. 이어서 『*El gran solitario de Palacio*』(1971), 『*Tantadel*』(1975)과 같은 작품들을 발표하였다. 작품에는 멕시코 현실에 대한 비판적 태도가 있으며 아이러니를 사용한다. 시스템화된 정치 부패처럼 멕시코에 만연한 부정적 측면을 고발하는 작품 『*Pueblo en sombras*』(1978) 등이 대표작이다. ➡ La literatura mexicana del siglo 20(20세기 멕시코 문학)

Ayacucho, batalla de (아야쿠초 전투)　　1824년 페루 부왕(virrey)과 콜롬비아와 베네수엘라인으로 구성된 독립군 사이에 발발한 전투다. 이로 인해 페루의 독립이 확정되었으며 동시에 중남미 내륙의 독립이 완성되었다. 아야쿠초는 케추아어로 "죽은 자들의 모퉁이(rincón de los muertos)"라는 뜻이다. ➡ Simón Bolivar(시몬 볼리바르)

Ayala, Eusebio (에우세비오 아얄라)　　(1875~1942) 파라과이의 정치가. 1932년부터 1936년까지 파라과이 대통령직을 수행했다. 재임 기간 중 볼리비아와 차코 전쟁(Guerra del Chaco)을 치렀으며, 1936년 라파엘 프랑코(Rafael Franco, 1900~1973)가 일으킨 군사 쿠데타로 직위를 내놓고 아르헨티나로 망명한다.

Ayala, Fernando (페르난도 아얄라)　　(1920~1997) 아르헨티나의 영화감독. 두 편의 단편 영화를 찍었으며 첫 장편영화 「*Ayer fue primavera*」(1954)에는 낭만주의적 감성이 풍부하게 드러나 있다. 1960~1980년대 아르헨티나 영화 산업을 대표하는 인물 중 하나이다. ➡ El cine argentino(아르헨티나 영화)

Ayllu (아이유)　　잉카 제국 행정관리의 기본 틀이다. 토지, 가축 및 곡식 등의 공동 소유를 통해 집단생활을 원활하게 하는 사회제도이다. 정부는 아이유를 통해 시민들에게 필요한 토지를 대여해 주고 사용 후에는 세금을 납부하게 하였다. ➡ Jerarquía imperial del Imperio Inca(잉카 제국의 계층 구조)

Azócar, Rubén (루벤 아소카르)　　(1901~1965) 칠레 아라우코(Arauco) 출신의 작가이다. 1937년에 'ZigZag' 출판사의 상을 수상한 작가로 대표작으로 『*La puerta*』, 『*Gente en la isla*』 등이 있다. ➡ La literatura chilena del siglo 20(20세기 칠레 문학)

Azuela, Arturo (아르투로 아수엘라)　　(1938~) 멕시코의 소설가이다. 미국에서 수학을 공부하고 멕시코 국립대학에서 수학과 과학사 교수로 역임했다. 작품 『*Manifestación de silencio*』를 통해 1980년 국가 소설상(El Premio Nacional de Novela)을 수상했다. 1982년에는 라틴아메리카 작가 연합의 의장으로 임명되고 1985년 멕시코 한림원의 일원이 되었다. 그 외에도 많은 상을 수상했으며 대표작으로는 『*El tamaño del infierno*』(1973), 『*Un tal José Salomé*』(1973) 등이 있다. ➡ La literatura mexicana del siglo 20(20세기 멕시코 문학)

Azuela, Mariano (마리아노 아수엘라)　(1873~1952) 멕시코 혁명소설의 창시자이며 실제로 혁명에 적극적으로 참여했다. 때문에 혁명의 전개와 변질 과정을 정확하고 객관적으로 파악할 수 있었다. 대표작인 『*Los de abajo*』(1916)는 농민반란군에서 혁명군의 장군까지 올라간 데메트리오 마시아스라는 극 중 인물을 통해 혁명의 야만성과 위선을 염세적인 시각으로 폭로하고 있다.

Azul (푸름)　니카라과 시인 루벤 다리오(Rubén Darío)의 시와 단편 소설을 담은 책이다. 현대문학에서 가장 뛰어난 작품 중 하나로 인정되며 1888년에 출간되었고 2년 후 과테말라에서 두 번째판이 나왔다. 그리스 신화와 요정 이야기의 요소들도 등장하며 자연주의 내용들도 포함한다.

B

Babasonicos (바바소니코스) 1991년 데뷔한 아르헨티나 록 밴드이다. 여러 밴드들과 비슷한 시기에 데뷔했지만 이 밴드는 새로운 아르헨티나만의 록스타일을 보였다. 아르헨티나 Premio Gardel상을 한 해에 7개 종목에서 받게 되었으며, 그중 하나는 최고의 상인 Gardel de Oro이다. 또한 2008년 라틴 MTV 어워드에서 베스트 그룹상을 받았다. 대표 앨범으로는 『Jessico』와 『Infame』가 있다.

Bacardi (바카르디) 산티아고 데 쿠바(Santiago de Cuba)에서 시작된 술로, 창업자는 1862년 와인 상인이었던 카탈루냐(Cataluña) 태생의 스페인 이민자 돈 파쿤도 바카르디 마소(Don Facundo Bardí Massó)이다. 쿠바 정부가 주류 회사를 국유화하자 푸에르토리코(Puerto Rico)로 회사를 옮겼다.

Bacardí Moreau, Emilio (에밀리오 바카르디 모레아우) (1844~1922) 쿠바 출신의 작가이자 정치인이었다. 정치적인 활동 중에는 독립을 주도하는 정당과 함께했고 이로 인해 쿠바의 초기 애국자 중 한 명으로 불린다. 문학에서 픽션을 주로 창작했으며 대표작으로는 『De Cuba a Chafarinas』와 『El denunciante de Pintó』가 있다.

Baccarat (바카라) 파라과이 모데르니스모 작가 라파엘 바렛(Rafael Barrett, 1876~1910)의 작품. 카지노에서 하룻밤 동안 바카라라는 카드 게임을 하는 사람들에 대한 묘사가 주를 이루는 작품이다. 모데르니스모 작품들 중 사실주의적 사회상 고발 형식이 드러나는 작품의 하나이다.

Baccino Ponce de León, Napoleón (나폴레온 바치노 폰세 데 레온) (1947~) 우루과이의 소설가이며 20세기 마지막 분기의 가장 뛰어난 소설 중 하나인 『Maluco: La novela de los descubridores』(1989)의 작가이다. 이 첫 소설을 내놓자마자 같은 해 아메리카의 집 상(El prestigioso premio Casa de las Américas)을 수상하게 된다. 그리고 붐(Boom) 이후 출판계에서 대성공을 거둔 작가들 중 한 명이 되었다. 역사소설인 『Maluco』는 마젤란의 모험을 다루고 있다.

Bahía de Caraquez (카라케스 만) 에콰도르 마나비(Manabí)에 위치한다. 기원전 1,500년에 카라족(Caras)의 정착으로 시작된 이곳은 1534년에 스페인 침략을 받았고 1624년 San Antonio de Caráquez의 이름으로 스페인령 도시가 세워졌다. 이후 독립운동과 1820년 10월 9일 혁명(Revolución del 9 de Octubre de 1820)에도 기여한 장소다.

Baire (바이레) 쿠바의 도시로 산티아고 데 쿠바(Santiago de Cuba)에 위치하고 있으며 5,000명이 거주한다. 이곳에서 1895~1898년 일어난 독립 전쟁의 봉기가 시작되었다.

Baja Verapaz (바하 베라파스) 과테말라의 수도 과테말라시티의 북쪽에 위치한 지방으로 수도는 살라마(Salamá)이다. 알타베라파스(Alta Verapaz)와 북쪽으로 경계를 두고 있으며 스페인의 침략 이전 명칭은 투쿠루탄(Tucurután)이었으나 이후 베라파스(Verapaz)로 명칭이 변경되었다가 1877년 두 개의 베라파스로 나누어졌다. 이 지역에서는 스페인어뿐 아니라 키체(Quiché)어, 켁치(Quekchí)어, 아치(Achí)어 등의 원주민 언어가 쓰인다.

Bajarlía, Juan Jacobo (후안 하코보 바하를리아)   (1914~2005) 아르헨티나 시인, 소설가, 극작가이자 수필가이며, 전위주의를 아르헨티나에 도입한 작가 중 한 명이다. 1962년에 "아르헨티나 작가 연합(Sociedad Argentina de Escritores)"과 1984년에 "코넥스 플라티나(Konex de Platino)"상을 수상했으며 그 외에도 여러 문학상과 연극상을 받았다. 대표작품은 독일어로 번역된 『*La gorgona*』(1953)가 있으며 그 외 작품으로는 『*Los robots*』(1963), 『*Historias de monstruos*』(1972) 등이 있다.

Bajo el agua (물 아래에서)   아르헨티나의 소설가 아돌포 비오이 카사레스(Adolfo Bioy Cásares, 1914~1999)의 단편. 1991년 작으로 단편집 『*Una muñeca rusa*』에 속한 이야기이다. 친구 소유의 호수 근처 한 호텔에서 요양하면서 만나게 되는 여인과 사랑에 빠지게 되면서 일어나는 이야기를 그린 작품으로, 환상문학 장르에 속한다.

Ballivián Segurola, José (호세 바이비안 세구롤라)   (1805~1852) 볼리비아의 군인, 정치인. 1841년 잉가비 전투(Batalla de Ingavi)에서 페루를 상대로 승리한 후 대통령이 되어 1847년까지 역임했다. 전제정치적 정권이기는 했으나 기술의 발전을 중시한 인물로서 당시 볼리비아의 발전에 기여하였다.

Balseiro, José Agustín (아구스틴 호세 발세이로)   (1900~?) 푸에르토리코의 문학비평가이자 수필가, 소설가, 시인이다. 매우 이른 시기부터 인문주의적 소양을 깨달았으며 다양한 장르의 문학창작 활동을 하면서 히스패닉 언어를 연구했다. 언어학자로서 라몬 메넨데스 피달(Ramón Menéndez Pidal)의 직속 제자였다. 푸에르토리코에서는 안티야스 제도 작가들의 작품에 대한 의미 있는 비평을 한 비평가로 잘 알려져 있다. 대표작품으로는 시집 『*La copa de Anacreonte*』(1924), 수필집 『*El Quijote de la España contemporánea*』(1935), 『*Cuatro individualidades de España*』(1949), 그리고 『*Expresión de Hispanoamérica*』(1960) 등이 있다.

Baltasar (발타사르)   19세기 쿠바의 극작가이자 소설가인 헤르트루디스 고메스 데 아베야네다 이 아르테가(Gertrudis Gómez de Avellaneda y Artega, 1814~1873)의 극작품. 1858년 초연되어 성공을 거두었다. 성서에서 약간의 소재를 차용하였으며 낭만주의적 이상이 드러나는 비극이다. 심리 전개가 뛰어나다는 평을 받는다.

Bandeja paisa (반데하 파이사)   콜롬비아의 대표적 음식. 콜롬비아의 안티오키아(Antioquia) 지방 파이사(Paisa) 지역에서 유래한 것으로, 삶은 강낭콩과 돼지고기, 쌀, 돼지껍데기를 튀긴 것(chicharrón), 계란 프라이, 초리소(chorizo) 등을 비롯해 여러 가지 재료를 쟁반(bandeja)에 담아 내놓는다.

Bandoneón (반도네온)   독일에서 최초로 제조된 반도네온 관악기는 탱고의 주된 악기이다. 아코디언과 소리는 매우 다르지만, 모양이 흡사하다. 처음에는 종교 음악을 연주하기 위한 휴대형 악기로 사용했다. 이 악기를 만든 발명가에 대해서는 알려진 바가 없으며, 또한 이 악기를 라틴아메리카로 가져간 사람에 대해서도 의문점으로 남아 있다.

Bandurria (반두리아)   페루 서해안 반두리아 지역의 유적지이다. 피라미드(Pirámides de Bandurria)로 구성되어 있고 약 5,000년 전에 만들어졌다. 높이는 10m, 넓이는 세로 80,

가로 60m에 달한다. 중간에는 정상으로 가는 계단이 설치되어 있고 정면으로는 원형 광장이 있다. 계단형 피라미드, 중앙 계단과 원형 광장은 기원전 3000년에서 1800년 사이에 페루 북서 해안가에서 발달한 양식이다.

Baquerizo Moreno, Alfredo (알프레도 바케리소 모레노) (1859∼1951) 에콰도르 출신으로 대통령을 역임한 저명한 정치가이자 외국 문학에 깊은 조예를 가진 인물이다. 대표작으로는 『*Tierra adentro*』, 『*Titania*』, 『*Luz*』 등이 있으며 가장 훌륭한 작품으로는 『*Sonata en prosa*』가 꼽힌다.

Baquero, Gastón (가스톤 바케로) (1918∼1997) 쿠바의 시인이자 수필가이다. 언론계에서 오랫동안 종사하였으며 시인으로서 많은 상을 받았다. 1959년에 망명하여 마드리드에 정착한다. 이후에도 언론인으로서의 직업을 버리지 않고 문학활동을 이어나간다. 그의 시 『*Fruto de la libertad interior, recóndita y absoluta*』에서는 추방의 이야기를 다루고 있다. 대표시집으로는 『*Poemas*』(1942), 『*Poemas escritos en España*』(1960), 『*Magias e invenciones*』(1984) 등이 있다. ➡ La literatura cubana del siglo 20(20세기 쿠바 문학)

Baquíjano de Beascoa y Carrillo, José Javier Leandro (호세 하비에르 레안드로 바키하노 데 베아스코아 이 카리요) (1751∼1817) 페루의 정치인, 작가. 계몽주의 시대의 중요 인물 중 하나로 꼽히며 페루 독립의 선구자로 여겨진다. 정치 고문으로 활동하며 페루 독립에 관해 저술하였으나 독립운동에는 참가하지 않았다.

Baralt, Rafael María (라파엘 마리아 바랄트) (1819∼1860) 베네수엘라의 역사가이자 작가. 유년기와 청년기에 독립 전쟁을 경험했으며 역사가로 경력을 시작했다. 베네수엘라의 지리 요약에 관한 프로젝트에 참여하였다. 스페인 작가들과 어울리며 공적인 정치활동에 개입하기도 했다. 스페인어 연구에 매진하여 여러 사전 편찬에 참여했으며 스페인 한림원은 1853년 그를 한림원 일원으로 선출했다.

Barbacoa (바르바코아) 여러 종류의 고기(소, 양, 염소, 닭, 생선, 사슴, 이구아나)를 전통적인 방식으로 쪄서 만드는 요리를 뜻한다.

Barine (바리네) 베네수엘라 서쪽 지역에서부터 부는 강풍이다.

Barletta, Leónidas (레오니다스 바를레타) (1902∼1975) 아르헨티나의 소설가이자 수필가, 문학비평가이다. 방대한 수필 작품을 남겼다. 소위 "Grupo de Boedo"라고 불리는 문학 그룹에 참여했다. 도시의 취약 계층의 소외화에 대해 투쟁했고 이념적으로 좌파 쪽에 위치했다. 대표작으로 『*Cuentos realistas*』(1923) 등이 있다.

Barnet, Miguel (미겔 바르넷) (1940∼) 쿠바의 시인이자 소설가, 민족학자이다. 60년대에 시인으로 알려지기 시작하였는데 첫 시집은 『*La piedrafina y el pavorreal*』(1963)이다. 고고학적 에세이와 많은 훌륭한 산문을 남겼으며 영화 다큐멘터리의 시나리오를 쓰기도 했다. 학자로서 전 세계의 학회와 문학 세미나에도 참여했다. 2006년에는 단편소설 부문의 후안 룰포상(El premio Juan Rulfo)을 받았다. ➡ La literatura cubana del siglo 20(20세기 쿠바 문학)

Barra, Eduardo de la (에두아르도 데 라 바라) (1839∼1900)는 칠레 산티아고(Santiago)에서 출생한 작가이다. 칠레에서 여러 직책을 수행했고 1886년 왕립스페인어학술원(Real Academia Española)의 회원이 된다. 가장 중요한 시들을 『*Rimas Chilenas*』시집에 모두 수록하였고, 그 외에도 『*Poesías Líricas*』, 『*Poesías*』가 있으며, 자유주의 사상을 앞세워 쓴 『*El radicalismo chileno*』도 있다.

Barrio gris (바리오 그리스)　아르헨티나의 영화감독 마리오 소피시(Mario Soffici, 1900~
1977)의 1954년 작품. 농촌을 떠나 도시로 이주해 온 하위 계층 노동자들을 주제로 하
는 영화로 1955년 콘도르 데 플라타상(Premio Cóndor de Plata)을 수상했다.

Barrios, Eduardo (에두아르도 바리오스)　(1884~1963)는 칠레 출신의 작가이다. 리마에
서 교육 받고 칠레 육군사관학교에서 교육을 마쳤다. 이후 국립도서관과 여러 신문사에
서 일을 하게 되고 이와 함께 동화와 여러 개의 소설을 발표하게 된다. 작품들을 모두
풍속 묘사를 특징으로 하고 있으며 대표작으로 『*Un Perdido*』와 『*Páginas de un Pobre
Diablo*』가 있다

Basadre, Jorge (호르헤 바사드레)　(1903~1980) 페루의 역사가이자 수필가. 페루 근현대
사 연구에 있어 영예로운 업적을 남겼으며 후에 교육부 장관을 역임하였다. 『*La multitud,
la ciudad y el campo en la historia de Perú*』(1929)와 『*Perú: problema y posibilidad*』(1931)가
대표적 저서이다.

Batabanó (바타바노)　쿠바의 도시이다. 아바나(La Habana) 지방에 위치하고 있으며 23,000
명이 거주한다. 도시와 이름이 같은 만이 있으며 퀴비칸(Quivicán) 강, 산타 바르바라
(Santa Bárbara) 강, 산 펠리페(San Felipe) 강과 접해 있다. 사탕수수, 콩과 곡물이 주
재배식물이다. 농업과 어업에 중요한 도시이다.

Batalla de Cagancha (카간차 전투)　1839년 우루과이 산 호세(San José) 지역에서 프룩
투오소 리베라(Fructuoso Rivera, 1784~1854) 장군이 이끄는 적색당(Partido Colorado)
군과 파스쿠알 에차구에(Pascual Echagüe, 1797~1867) 장군이 이끄는 백색군(Rebeldes
blanco) 사이에 일어난 전투이다. 적색군의 승리로 끝났으며 백색군은 엔트레리오스
(Entre Ríos)로 회군했다.

Batalla de Callao (카야오 전투)　1866년 페루의 카야오 항구에서 일어난 전투로 스페인의
카스토 멘데스 누녜스(Casteo Méndez Núñez, 1824~1869) 장군과 페루의 마리아노
이그나시오 프라도(Mariano Ignacio Prado, 1826~1901)가 이끄는 부대 사이에서 일어
난 전투이다. 스페인은 과학적 연구를 명목으로 왔었으나 당시 긴장 상태에 있던 두 지
역 간에 있었던 갈등으로 빚어진 것으로 보인다.

Batalla de Chacabuco (차카부코 전투)　1817년 2월 12일 칠레 산티아고(Santiago)에 위
치한 차카부코에서 일어난 전투. 스페인군에 연승하던 칠레 독립군과 스페인 왕국군이
대립하였으며 칠레군은 리오 데 라 플라타 연방(Provincias Unidas del Río de la Plata)
의 도움을 받아 승리하며, 사실상 군사 대립에 종지부를 찍은 전투로 알려져 있다. ➡
José de San Martín(호세 데 산 마르틴)

Batalla de Chascomús (차스코무스 전투)　1839년 아르헨티나의 차스코무스 지역에서 일
어난 전투. 후안 마누엘 데 로사스(Juan Manuel de Rosas, 1793~1877) 정부군에 대항
했던 리브레스 델 수르(Libres del Sur)가 일으킨 봉기로 정부군이 승리하여 당시 반군
에 큰 타격을 입혔다.

Batalla de Guaqui (구아키 전투)　1811년 페루의 호세 마누엘 고예네체 이 바레다(José
Manuel Goyeneche y Barreda, 1776~1846)와 아르헨티나의 안토니오 곤살레스 데 발
카르세(Antonio González de Balcarce, 1774~1819) 간에 구아키에서 일어난 전투. 아
르헨티나가 페루에 행한 첫 번째 침략으로 호세 마누엘 장군이 승리한 이후 이 지역 백
작 지위를 받았다.

Batalla de India Muerta (인디아 무에르타 전투)   1845년 3월 우루과이의 로차(Rocha) 지역에서 일어난 전투. 국민당(Partido Nacional)의 마누엘 오리베(Manuel Oribe) 장군과 적색당(Partido Colorado)의 프룩투오소 리베라(Fructuoso Rivera, 1784~1854) 장군이 접전하였으며 국민당의 승리로 끝났다. 우루과이 대전(Guerra Grande)으로 기록된 가장 중요한 전투 중 하나로 꼽힌다.

Batalla de Ingavi (잉가비 전투)   1841년 볼리비아의 팜파스(Pampas) 지역에서 페루군과 볼리비아군 사이에서 일어난 전투로 양국 간 전쟁의 마침표를 찍었다. 볼리비아의 승리로 호세 바이비안 세구롤라(José Ballivián Segurola, 1805~1852)가 대통령으로 추대되었으며 페루는 1845년까지 무정부 상태의 혼란이 지속되었다.

Batalla de Lircay (리르카이 전투)   1830년 칠레 리르카이 강에서 일어난 전투. 라몬 프레이레 이 세라노(Ramón Freire y Serrano, 1788~1851) 반란군과 호아킨 프리에토 비알(Joaquín Prieto Vial, 1786~1854)의 정부군이 격돌하였다. 프리에토군의 승리로 정치적 무정부 상태가 끝날 토대를 마련했으며 칠레 보수주의 정부의 시발점이 되었다.

Batalla de Masoller (마소예르 전투)   1904년 9월 1일 우루과이의 호세 바트예 이 오르도녜스(José Batlle y Ordoñez, 1856~1929)가 이끄는 적색당(Partido Colorado)과 아파리시오 사라비아(Aparicio Saravia, 1856~1904)가 이끄는 국민당(Partido Nacional) 사이에 일어난 전투. 적색당의 승리로 끝을 맺었으며 아파리시오 사라비아는 이후 브라질로 도피했으나 사망하였다.

Batalla de Pichincha (피친차 전투)   1822년 5월 24일 에콰도르 피친차에서 일어난 전투. 안토니오 호세 데 수크레(Antonio José de Sucre) 지휘 아래 있는 독립군과 멜초르 데 아이메리츠(Melchor de Aymerich) 지휘 아래 있는 스페인군 사이에 일어난 것이다. 수크레가 지휘하는 3,000명은 군사를 피친차 화산에서 공격을 개시하여 결정적인 지시를 하게 된다. 이 전투에서 스페인군이 패배하게 되어 키토(Quito)가 독립에 이르렀고 에콰도르 공화국이 세워질 수 있었던 결정적인 전투였다.

Batalla de Rancagua (랑카구아 전투)   1814년 칠레의 랑카구아에서 칠레와 스페인 군대 사이에 일어난 전투이다. 스페인 군대의 승리로 인해 칠레의 당시까지 잔존하고 있었던 정치 체계가 끝을 맞게 된다.

Batalla de Santa Inés (산타 이네스 전투)   1859년 베네수엘라의 산타 이네스(Santa Inés)에서 연방군과 정부군이 벌인 전투. 발렌시아(Valencia)에서 협약한 중앙집권적 정부 설립에 반대하는 연방주의자들에 의해 발발한 전투로, 당시 있었던 사태들 중 첫 번째 발생한 것이다.

Batalla de Urica (우리카 전투)   1814년 베네수엘라의 우리카에서 베네수엘라의 공화국군과 스페인의 왕실군 사이에 일어난 전투이다. 공화국군은 패배하였고 수많은 사상자를 남겼으며, 스페인군 수장 호세 토마스 보베스(Jose Tomás Boves, 1783~1814)도 전사하였다. 이 전투는 독립 전쟁 중 가장 처참히 패배한 전투로 기록된다.

Batalla de Viluma(Batalla de Sipe Sipe) [빌루마 전투(시페시페 전투)]   1815년 11월 호아킨 데 페수엘라(Joaquín de la Pezuela, 1761~1830) 장군이 이끄는 스페인 왕국군과 호세 론데아우(José Rondeau, 1775~1844) 장군이 이끄는 리오 데 라 플라타(Río de la Plata) 지역 연합군 간 일어난 전투. 왕국군의 승리로 끝을 맺었으며 이 전투를 계기로 연합군은 알토 페루(Alto Perú) 지역을 잃게 된다.

Batalla de Yeruá (예루아 전투)   1839년 9월 22일 아르헨티나의 엔트레리오스 지방(La Provincia de Entre Ríos)에서 후안 라바예(Juan Lavalle, 1797~1841) 장군이 이끄는 아르헨티나 통일주의자들과 해당 지역 민병대 사이에 일어난 전투. 수적으로 열세했으나 전투 훈련에서 우위를 점했던 라바예 장군의 군대가 승리하였다.

Batalla de Yungay (융가이 전투)   1839년 페루 융가이에서 페루-볼리비아 연방과 칠레군 사이에 일어난 전투. 칠레가 1838년 선전포고를 하면서 시작되었으며, 이 전투로 연방이 분할되고 볼리비아 정부가 무너지는 계기가 되었다.

Batista, Tomás (토마스 바티스타)   (1935~) 푸에르토리코의 조각가. 1955년 스페인 예술 가 앙헬 보테요 바로스(Ángel Botello Barros)와 일하면서 나무 다루는 능력을 발견했 다. 바로스의 지도 아래 여러 기법을 훈련하고 이 경험으로 1957년 첫 작품 「Crucifixión」 을 제작했다. 이후 국내외의 많은 상을 받았다. 푸에르토리코적인 테마를 정력적으로 형 상화하는 인물로 작품들은 뉴욕, 워싱턴 등 여러 미술관에 소장되어 있다.

Batistuta, Gabriel Omar (가브리엘 오마르 바티스투타)   1969년 2월 1일에 아르헨티나 산 타페(Santa Fe) 주에서 태어났다. "El Bati(엘 바티)"로 알려진 아르헨티나 축구대표팀 선수였으며, 78개 경기에 뛰었고 총 56개의 골을 넣었다. 아르헨티나의 Newell's Old Boys, River Plate와 Boca Juniors 축구팀에서 뛰었으며, 유럽 이탈리아 축구팀에서 2005년까지 활동하였다. 현재는 Club Atlético Colón 축구팀의 매니저이다.

Batlle y Ordóñez, José (호세 바트예 이 오르도녜스)   (1856~1929) 우루과이의 정 치인. 본명은 호세 파블로 토르쿠아토 바트예 오르도녜스(José Pablo Torcuato Batlle Ordóñez)이다. 1903년부터 1907년까지, 1911년부터 1915까지 우루과이 대통령을 역임 했다. 바트이스모(Batllismo)로 일컬어지는 국가 경제 관리를 주창했다.

Batllismo (바트이스모)   우루과이 적색당(Partido Colorado)에서 생성된 정치주의 중 하나. 호세 바트예 이 오르도녜스(José Batlle y Ordoñez, 1856~1929)가 주창하였으며 주 골자는 국가가 경제 발전에 기본이 되는 요소를 관리해야 한다는 것이었다.

Battista, Vicente (비센테 바티스타)   (1940~) 아르헨티나 작가이다. 잡지 <El escarabajo de oro>의 편집 부서에서 일했으며, 마리오 골로보프(Mario Goloboff)와 함께 잡지 <Nuevos Aires>를 창립했다. 여러 문학상을 수상했으며 그중 1967년에 "아메리카 가 족(Premio Casa de las Américas)상"과 1995년에 "유성(El planeta)" 출판사상이 있다. 첫 단편소설 작품은 『Los muertos』(1967)이며 그 외에도 『Como tanta gente que anda por ahí』(1975), 『Sucesos argentinos』(1995) 등의 작품을 썼다.

Batungasta (바툰가스타)   아르헨티나 티노가스타(Tinogasta)에 위치한 고적이다. 1,000년이 넘은 유적지로 벨렌 문화(cultura Belén)에 속한다. 이 지역의 사람들은 특히 점토 사용 에 뛰어나 도자기와 벽돌 수출로 무역관계를 유지했다.

Bauta (바우타)   쿠바의 도시이다. 아바나(La Habana) 지방에 위치하고 있으며 33,000명이 거주한다. 하이마니타스(Jaimanitas) 강, 산타 아나(Santa Ana) 강 등 여러 강과 접하고 있다. 담배와 사탕수수를 재배하고 목축업을 한다. 쿠바에서 섬유 생산의 제1도시이다.

Bautista Stagnaro, Juan (후안 바우티스타 스타그나로)   (1945~) 아르헨티나의 영화감독. 단편영화를 주로 제작하다가 「Camila」(1984)의 시나리오를 써 오스카상에 노미네이트되 기도 했으며 「Casas de fuego」(1995)로 콘도르 데 플라타상(Premio Cóndor de Plata)을 비롯해 여러 상을 수상했다.

Bayamo (바야모) 쿠바의 시에라 마에스트라(Sierra Maestra) 지역에서 부는 강풍으로 이 지역에서 일어나는 열대성 폭풍의 원인이 되는 바람이다.

Bayly, Jaime (하이메 바일리) 페루 리마 출신의 작가이다. 2005년 플라네타상(Premio Planeta)를 수상했다. 불경스럽고 자극적인 작품을 발표함으로써 많은 관심을 받게 되었다. 첫 작품 『*No se lo digas a nadie*』는 동성애를 다룬 내용으로 인기 도서로 남아 있으며 그 이후로도 관계에 관한 작품들을 발표하였고 2005년에 『*Y de repente un ángel*』을 발표하였다.

Bazán, Ciro Alegría (시로 알레그리아 바산) 시로 알레그리아(1909~1967)로 알려진 페루 작가이자 정치가로, 기자활동도 했다. 작품의 주된 주제는 당시 원주민들의 상황이며 '코리엔테 인디헤니스타(Corriente indigenista)'의 대표 작가 중 한 명이다. 트루히요 (Trujillo)에서 공부했고 세사르 바예호(Cesar Vallejo)의 제자이다. 작품의 내용 때문에 1934년에 칠레로 추방당했지만 이후 다시 돌아왔다. 『*El mundo es ancho y ajeno*』(1941) 로 뉴욕의 출판사인 Farrar & Rinheart상을 받았으며, 그 외에도 『*La serpiente de oro*』 (1935), 『*Los perros hambrientos*』(1939) 등이 있다.

Beatriz Mariana Torres Iriart (베아트리스 마리아나 토레스 이리아르테) (1929~ 2002) 롤리타 토레스(Lolita Torres)라는 가명으로 알려진 아르헨티나의 가수이자 배우 이다. 라디오, 영화, 연극과 텔레비전에서 활동했으며, 라틴아메리카 외에도 아시아와 유럽에서도 알려졌다. 대표작품으로는 『*La danza de la fortuna*』(1944), 『*Ritmo, sal y pimienta*』(1951) 등이 있다.

Becerra, José Carlos (호세 카를로스 베세라) (1937~1970) 멕시코의 시인으로 1969년 구겐하임(Geggenheim) 기금을 받았다. 시는 그보다 훨씬 이전 세대의 작가인 카를로스 페이세르(Carlos Pellicer)와 호세 레사마 리마(José Lezama Lima)에게서 배운 글쓰기 방법을 통한 집중과 영향의 산물이다. 대표작으로는 『*Oscura Palabra*』(1965), 그다음 연달아 나온 작품인 『*Corona de hierro*』(1966), 그리고 『*Relación de los hechos*』(1967)가 있다.

Bejucal (베후칼) 쿠바의 도시이다. 아바나(La Habana) 지방에 위치하고 있으며 15,000명이 거주한다. 고베아(Govea) 강, 퀴비칸(Quivicán) 강과 접해 있다. 곡물, 콩, 담배, 사탕수수 등을 재배하며 목축업 또한 행해진다. 1713년에 세워졌다.

Belén Silvera (벨렌 실베라) 베네수엘라의 여류시인인 그람코(Ida Gramcko, 1924~ 1994)의 희곡. 상징적 성격의 연극으로 부제는 『*Auto sacramental*』이다. 독창적이고 도발적인 이미지로 심층적 자연을 표현한 극작품으로 평가된다. 극적인 표현보다는 시적 표현이 많이 드러난다.

Belgrano, Manuel (마누엘 벨그라노) (1770~1820)는 부에노스아이레스에서 태어나 마드리드에서 법학 공부를 마쳤다. 이후 다시 돌아와 1806년 영국군이 수도를 점령하자 민병으로 참여하게 되고 그중에서도 뛰어난 전략가로 인정을 받게 된다. 1810년에는 파라과이군 장군으로 자리 잡았다. 1812년 아르헨티나를 지키기 위해 돌아왔고 그가 만든 흰색과 하늘색의 깃발은 현재의 깃발로 발전하게 되었다. 아르헨티나 독립을 위해 스페인과 협상도 시도하지만 성공하지는 못했다.

Belli, Gioconda (지오콘다 벨리) (1948~) 니카라과 출신의 소설가이자 시인이다. 20세기 중반 중미 작가 중 뛰어난 작품들을 남겼다. 작품 특징으로는 육욕과 선정적인 쾌락을 주제로 한다. 대표작으로 『*La mujer habitada*』, 『*Sobre la grama*』, 『*Línea de fuego*』 등이 있

다. ⇒ Literatura nicaragüense(니카라과 문학)

Bello, Andrés (안드레스 베요) 철학자, 언어학자, 교육가, 비평가, 법학자, 시인 및 작가이다. 1781년에 베네수엘라의 수도 카라카스(Caracas)에서 태어나 1865년에 사망했다. 19세기 라틴아메리카의 대표적인 인문주의자로, 특히 문학사와 문학 분야의 대가였다. 신고전주의자였지만 낭만주의 역시 아울렀으며, 라틴아메리카 문학을 세계적으로 알리기 위해 노력했다. ⇒ Canones en America Latina(라틴아메리카의 정전)

Belmar, Daniel (다니엘 벨마르) (1906~1991) 칠레의 작가이다. 아르헨티나에서 태어났으나 칠레로 귀화했다. 안데스 너머의 칠레 이주민의 삶을 서사시적인 어조로 그려낸 작가이다. 대표작으로는 『Roble huacho』(1947), 『Desembocadura』(1954) 등이 있다. ⇒ La literatura chilena del siglo 20(20세기 칠레 문학)

Beltrán, Neftalí (네프탈리 벨트란) (1916~) 멕시코 시인으로 젊어서부터 문학에 소명을 가졌으며 채 20살이 되었을 때 시집 『Veintiún poemas』(1936)로 멕시코 문화계에 틈입해 독자와 비평가들을 놀라게 했다. 후에 그가 속한 젊은 작가 그룹인 "Grupo Taller"에서의 활동이 두드러졌으며 20세기 전반 멕시코 문단에 개혁의 숨을 불어넣었다. 청년 그룹인 "Grupo Taller"에서는 유희로서의 문학과 사회정의와 30년대 구대륙의 전체주의적 움직임에 대한 그들의 확실한 반대를 표현하기 위한 사회적 저항으로서의 문학 사이의 결합을 수용하였다. ⇒ La literatura mexicana del siglo 20(20세기 멕시코 문학)

Benavides, Washington (워싱턴 베나비데스) (1930~) 우루과이의 시인, 문학비평가이다. 우루과이의 다양한 잡지에 기고했다. 대중가요에 관심을 가져 왔으며 몇 개의 노래들을 작곡하기까지 했다. 대표 시집으로는 『Tata Vizcacha』(1955), 『El poeta』(1959), 『Poesía』(1963), 『Poemas de la ciega』(1968), 『Hokusai』(1975), 『Murciélagos』(1981), 『Finisterre』(1986)가 있다. ⇒ La literatura uruguaya del siglo 20(20세기 우루과이 문학)

Benedetti, Mario (마리오 베네데티) (1920~2009) 우루과이 출신 작가이다. 후안 카를로스 오네티(Juan Carlos Onetti)와 함께 우루과이 20세기 중반의 뛰어난 시인, 소설가로 이름을 알렸다. 작품들은 초기와 후기 단계로 분류된다. 초기에는 우루과이 관료정치에 대한 내용을, 후기에는 빈곤 사회계층의 탈출에 관한 내용을 다루었다. 대표작으로는 『La muerte y otras sorpresas』(1968), 『El cumpleaños de Juan Ángel』(1971)이 있다. ⇒ La literatura uruguaya del siglo 20(20세기 우루과이 문학)

Bermejo, Edgardo (에드가르도 베르메호) (1967~) 멕시코의 작가이다. 신진 멕시코 소설가들의 선집 『Dispersión multitudinaria』에 참여하였다. 잡지 <El Nacional>의 "강좌(Lectura)" 부문의 부장을 맡고 있다. 대표작으로는 『Marco's fashion』(1997)이 있다. ⇒ La literatura mexicana del siglo 20(20세기 멕시코 문학)

Bernardez, Francisco Luis (프란시스코 루이스 베르난데스) (1900~1978) 아르헨티나 출신의 시인이다. 1920년부터 1924년까지 스페인에서 생활하여 당시 모더니즘이 초기 작품에 많은 영향을 주었다. 본국으로 돌아와 아르헨티나 문학에서 중요한 역할을 한 <Martín Fierro> 잡지에 합류하게 되고 이후 여러 신문사에 도움을 주게 된다. 대표작으로는 『Orto』, 『Alcándara』, 『El buque』, 『El ruiseñor』 등이 있다.

Bersuit Vergarabat (베르수이트 베르가라바트) 라 베르수이트(La Bersuit)로 불리는 아르헨티나 록 밴드이다. 1987년에 데뷔했지만 첫 앨범은 1992년에 발매되었다. 라틴아메리카의 경쾌한 리듬(cumbia, tango, murga, candombe)을 섞으며, 정치와 사회를 비판하는 가사들로 유명해졌다. 밴드의 멤버들은 시간이 흐르면서 교체되었지만 인기는 여전하다. 대표곡으로는 『El tiempo no para』, 『La argentinidad al palo』, 『Un pacto, La soledad』 등이 있다.

Berti, Eduardo (에두아르도 베르티)　　(1964년~) 아르헨티나 작가이다. 서술력이 뛰어난 것으로 알려져 있다. 『Agua』(1997)은 프랑스어로 번역되었다. 작품으로는 『Los pájaros』 (1994), 『La mujer de Wakefield』(1999) 등이 있다.

Betances, Ramón Emeterio (라몬 에메테리오 베탄세스)　　(1827~1898) 푸에르토리코의 작가이자 의사, 정치인이다. 프랑스에서 고등교육을 받고 프랑스어로 문학작품을 썼으며 20세기 앤티야스 제도권의 지성을 대표하는 인물 중 하나이다. 푸에르토리코 첫 번째 임시 독립 정부의 대통령직을 역임했다. 카리브 지역의 진보적 정치인과 지성인들에게 많은 영향을 주었으며 그들에게 라몬 에메테리오는 베네수엘라의 시몬 로드리게스 (Simón Rodríguez)와 쿠바의 호세 마르티(José Martí)라는 민족주의의 두 인물 사이의 사상적 연결 고리로 자리 잡고 있다.

Betancourt Bello, Rómulo Ernesto (로물로 에르네스토 베탕쿠르 베요)　　(1908~1981) 베네수엘라의 제33대 대통령. 20세기 베네수엘라 정치인 중 가장 중요한 인물 중 하나로 꼽힌다. 1928년 대학생 시절 당시 독재자 후안 비센테 고메스(Juan Vicente Gómez, 1857~1935)에 항거한 것을 시작으로 정치생활을 시작하였으며, 1941년에는 민주 운동 당(Acción Democrática)을 설립하였다.

Betún y sangre (베툰 이 상그레)　　니카라과의 모데르니스모 작가 루벤 다리오(Rubén Darío, 1867~1916)의 작품. 할머니와 함께 사는 구두닦이 소년을 주인공으로 한 단편소설로 할머니에 의해 착취와 학대를 당하는 모습을 보인다. 당시 근대화로 물들어가던 중남미에서 사회 고발적 면모를 드러낸다.

Bianco, José (호세 비안코)　　(1908~1986) 아르헨티나 수필가, 번역가이자 작가이다. 잡지 <Sur>의 기고자로 시작했으며 편집장까지 승진했다. 호르헤 루이스 보르헤스(Jorge Luis Borges)는 호세 비안코를 아르헨티나 최고의 작가 중 한 명으로 언급했으며, 그가 무명인 이유는 명성에 신경 쓰지 않고 편안한 삶과 좋은 인간관계를 선택했기 때문이라고 말했다. 대표작으로 『La pequeña Gyaros』(1932), 『La pérdida del reino』(1972) 등이 있다. ➡ La literatura argentina a principios del siglo 20(20세기 초 아르헨티나 문학)

Biblioteca Americana (아메리카 도서관)　　아르헨티나 산마르틴가 336번지에 위치한 미트레 박물관 내부에 있는 도서관으로 아르헨티나의 역사, 사회, 문학 분야의 6만여 권의 도서와 잡지 및 시청각 자료를 소장하고 있다.

Bielinsky, Fabián (파비안 비엘린스키)　　(1959~2006) 아르헨티나의 영화감독. 고등학교 때부터 영화를 제작하기 시작하였으며 1983년 보르헤스의 소설을 바탕으로 한 『La Espera』를 제작, 감독하여 데뷔하였다. 2000년 『Nueve reinas』로 콘도르 데 플라타상 (Premio Cóndor de Plata)을 받았다.

Bilingüismo literario* (이중언어 문학)　　오늘날 스페인어가 아닌 영어로 주로 쓰인 스페인어권 문학이 존재한다. 이런 현상은 작가들의 정치적 망명과 관련이 있다. 이외에도 경제적인 이유, 내전이나 사회적 혼란, 또는 보다 나은 교육이나 문화를 접하기 위해서 고국을 떠나 타국에서 외국인 커뮤니티를 형성하며 거주하게 된다. 예를 들어, 로스앤젤레스와 텍사스 주의 멕시코인 커뮤니티, 마이애미의 쿠바인 커뮤니티, 뉴욕과 뉴저지의 푸에르토리코와 도미니카인 커뮤니티 등을 꼽을 수 있다. 아르헨티나인들과 칠레인들은 대부분 멕시코나 스페인으로 디아스포라가 이루어졌기 때문에 언어적인 문제가 발생하지 않았지만 프랑스, 독일 또는 북유럽 국가로 건너간 이주자들은 다르다. 라틴아메리카인들의 디아스포라 현상은 두 가지 특징을 보인다. 라틴아메리카인들이 다른 국가로 이동하면서 이들은 이주한 국가의 문화와 가치를 자연스럽게 접하고 받아들이게 된다. 아울러 라틴아메리카인들을 수용한 국가들 또한 이들이 지닌 문화의 영향을 받게 된다. 이런 과정에서 이주자들의 고유문화와 새로운 문화가 만나 서로 교류하게 된다. 지리, 문화, 언어 등이 확장된 또 다른 라틴아메리카 문화가 생성되며 라틴아메리카적이지만 라틴아메리카의 고유문화가 아닌 새롭게 이식된 라틴아메리카 문화가 만들어지는 것이다. 플로리다의 쿠바인들과 뉴욕 외곽의 푸에르토리코인들은 미국과 섬나라의 사고방식을 동시에 지니고 있다. 이렇게 이식된 문화는 새로운 문화를 만들어내고 새로운 라틴아메리카 문학 형태를 낳았다. 미국 남부와 서부로 이주한 멕시코인들의 "치카나 문학"이 대표적이다. 치카나 문학은 영어, 스페인어, 스페인어식 영어인 스팽글리쉬로 쓰인다. 이중 언어 문학에서 두드러지는 특징을 단순하게 표현하기에는 어려움이 있다. 일례로 『The Mambo Kings Play Songs of Love』(1989)의 저자 오스카르 이후엘로스(Óscar Hijuelos)는 영어로 작품활동을 하지만 작가의 상상의 세계는 쿠바 현실에 뿌리를 두고 있다. 또한 영어로 쓰인 그의 작품은 스페인어권 독자들에게 읽혀지기 위해 스페인어로 번역되어 출판된다. 고국의 문화가 고국이 아닌 외국에서, 자국어가 아닌 외국어로 표현되어 발표된 문학작품을 어떤 방식으로 이해하고 연구하느냐는 결코 쉽게 해결할 수 없는 문제이다. 다만 문학 연구자들이 할 수 있는 것은 라틴아메리카 현지에서 쓰인 문학과 이중 언어 문학이 갖고 있는 유사성과 차이점의 연구일 것이다.

Billiken (비이켄)　아르헨티나 <Anteojito> 잡지와 경쟁을 하던 어린이 주간지이다. 1919년에 첫 발행을 했으며, 우루과이 신문기자 콘스탄시오 비힐(Constancio C. Vigil)이 창간했다. 여러 라틴아메리카 국가에서도 발행되었다. 아르헨티나 군사 독재 기간 동안 몇몇의 주제 때문에 논란의 중심에 있기도 했지만, 2010년까지 발행을 했다.

Bioy Casares, Adolfo Vicente Perfecto (아돌포 비센테 페르펙토 비오이 카사레스) (1914~1999) 아르헨티나 부에노스아이레스(Buenos Aires)에서 태어난 작가이다. 젊은 나이에 글을 쓰기 시작해 13살 때 첫 작품 『Vanidad』를 발간했다. 1932년 호르헤 루이스 보르헤스(Jorge Luis Borges)와 만나게 되고 이후 더욱 문학에 집중하게 된다. 대표작으로는 1940년에 발표된 『La invención de Morel』이 있다. 이 작품은 특히 보르헤스가 완벽하다고 평가한 작품이다. ➡ La literatura argentina a mediados del siglo 20(20세기 중반 아르헨티나 문학)

Birimbao (비림바오)　중남미 현악기이다. 휘어진 나무 중간에 둥근 모양으로 뚫린 호박을 나무 양쪽 끝에다가 철사를 묶어 만들었다. 왼손으로 철사를 잡으며 돌이나 동전으로 철사를 눌러서 소리를 내며 오른손으로는 다른 나무로 철사를 쳐서 소리를 낸다.

Blanco (블랑코)　멕시코의 시인이자 수필가인 옥타비오 파스(Octavio Paz, 1914~1998)의 시 작품. 1966년 작으로 타자성과의 대립을 상징하는 두 단으로 구성되어 있으며, 라틴아메리카의 시 역사에 한 획을 그은 작품으로 평가받는다.

Blanco, Andrés Eloy (안드레스 엘로이 블랑코)　(1879~1955) 베네수엘라의 작가이자 정치가. 사회과학과 정치학 박사이며 후안 비센테 고메스(Juan Vicente Gómez) 장군의 독재기간에 저항 운동을 통해 정치를 시작했다. 국회 의장, 외교부 장관까지 역임하였다. 베네수엘라의 18세대(La generación del 18)를 형성하는 인물 중 하나이다. 모데르니스모 형식에 민속적이고 대중적인 요소를 함께 사용하는 그의 문학작품은 사회적 의미를 심화시킨다. 대표작으로는 『Tierras que me oyeron』(1921), 『Poda』(1934) 등이 있다.

Blanco, Guillermo (기예르모 블랑코)　(1926~2010) 칠레의 작가이다. 60년대 초에 카를로스 루이스-타글레(Carlos Ruiz-Tagle)와 함께 실리에 우테르눗(Sillie Utternut)이라는 필명 아래에서 『Revolución en Chile』(1962)를 처음 출판했다. 『Gracia y el forastero』(1965) 로 인해 이름을 알린 이후에도 다작하며 활발히 활동했다. 언론에도 많은 기고를 했으며 수많은 국내외의 상을 받았다. ➡ La literatura chilena del siglo 20(20세기 칠레 문학)

Blanco-Fombona, Rufino (루피노 블랑코 폼보나)　(1874~1944) 베네수엘라 출신으로 모데르니스모의 비평가이자 정치가, 역사가이다. 광범위한 문학작품과 아메리카 문화 창달을 위한 활동으로 베네수엘라에서 노벨상 후보로 선정되기도 하였다. 대표작으로 『El modernismo y los poetas modernistas』(1922)가 있다.

Blest Gana, Alberto (알베르토 블레스트 가나)　(1830~1920) 칠레의 작가로, 그로 인해 중남미 사실주의 작품이 탄생되었으며 단순한 풍속화에서 진정한 소설로 격상되었다고 평가된다. 주요작품으로는 『Martín Rivas』(1862), 『Durante la Reconquista』(1897) 등이 있다. 프랑스풍의 경향에 맞서 자신을 둘러싸고 있는 칠레의 현실에서 영감을 찾았으며 이것을 객관적인 방법으로 묘사하려고 시도하였다.

Bocas del tiempo (시간의 목소리)　우루과이의 작가 에두아르도 갈레아노(1940~)의 단편집. 2004년 출판되었으며 333개의 단편으로 구성되어 있다. 동화 같은 이야기에서부터 사회적 의식을 드러내는 작품까지 포괄하며, 숨겨져 있는 목소리들을 대변한다는 평을 받기도 했다. ➡ Eduardo Galeano(에두아르도 갈레아노)

Bocca, Julio (훌리오 보카)　(1967~) 아르헨티나 발레 무용수이다. 영국, 모스크바, 밀란, 마드리드, 프랑스 등지에서 공연을 했다. 1982년부터 외국활동을 시작했으며, 3년 후 모스크바 국제발레대회에서 금메달을 목에 걸었다. 2006년 38세에 은퇴를 했다. 그 뒤로 부에노스아이레스 주에 있는 오벨리스크(Obelisco)에서 무료로 공연을 연출했다. 2013년 현재 우루과이에서 거주하며, 우루과이 문화예술부(SORDE) 장관이다.

Bodenstedt, Eva (에바 보덴스테드트)　(1967~) 멕시코의 언론인이자 작가이다. 영화와 소설을 결합하는 시도를 했다. 대표작으로는 1997년에 출판된 『Café reencuentro』가 있다. ➡ La literatura mexicana del siglo 20(20세기 멕시코 문학)

Boero Rojo, Hugo (우고 보에로 로호)　(1929~1997) 볼리비아 근대문학 작가, 영화인, 백과사전 집필자이다. 칠레 가톨릭대학교(Universidad Católica de Chile)에서 정밀과학을 전공했으며, 볼리비아 산시몬마요르대학교(Universidad Mayor de San Simon, UMSS) 에서 법학을 전공했다. 여러 신문사에서 기자활동을 했으며, 교수도 역임했다. 소설작품으로는 『La telaraña』(1973)와 『El valle de cuarto menguante』(1974)가 있다.

Bogotazo (보고타소)　1948년 4월 9일 콜롬비아의 산타페 데 보고타(Santafé de Bogotá)에서 정치인 호르헤 엘리에세르 가이탄의 암살로 인해 일어난 대중 시위. 시위자들은 도시 중심을 점령하고 방화와 강도를 일삼았다. 4일 뒤 마리아노 오스피나의 보수 정부가 상황을 진압하고 질서를 바로잡았다.

Bohán (보안)　남미 우루과이와 아르헨티나에서 발전한 민족. 야로(Yaro)와 차루아(Charrúa)

민족과 관련이 있다. 보안들도 차루아와 동맹을 맺어 몬테비데오(Montevideo) 설립 이후 북쪽으로 이동했으나 모두 살해당하고 말았다.

Bolaños, Orlando Aníbal (오를란도 아니발 볼라뇨스)　　(1932~1965) 엘살바도르의 시인. 오를란도 프레세도(Orlando Fresedo)를 필명으로 활동하였다. 보헤미아적 삶을 살았으며 그로 인해 알코올 중독과 사망에까지 이른다. 『*La bomba de hidrógeno*』(1950)로 유명해졌으며, 종종 기자로 활동하기도 하였다.

Boleadoras (볼레아도라스)　　아르헨티나 팜파스(Pampas)와 파타고니아(Patagonia) 원주민들이 사냥하기 위해 사용되었던 기구다. 지름 10cm인 2~3개의 원형 돌을 가죽 끈으로 묶어 만든 것이다. 스페인 식민지가 시작될 때 헷(Het)족, 마푸체(Mapuche)족 등을 포함한 아르헨티나 지역의 민족들이 사용하고 있었다.

Bolet Peraza, Nicanor (니카노르 볼렛 페라사)　　(1838~1906)는 베네수엘라 출신의 저술가, 각본가, 저널리스트, 정치인, 외교관이었다. 부유한 가정에서 태어나 아버지의 도움으로 작은 출판사를 설립해 글을 쓰기 시작했다. 이후 <Las Tres Américas> 잡지를 만들고 1896년에 『*Metencardiasis*』를 발표하면서 베네수엘라 문학에 기여했다.

Bollo, Sarah (사라 보요)　　(1904~) 우루과이의 시인이다. 20년대와 30년대에 정신적 숭고함을 형상화함으로써 그녀의 뮤즈를 찾아냈다. 첫 번째 책 『*Diálogo de las luces perdidas*』(1927)는 이어서 나올 작품들의 전주에 해당하는 작품이었다. 다른 대표작으로 『*Ciprés de púrpura*』(1944), 『*Espirituales*』(1963) 등이 있다. ⇒ La literatura uruguaya del siglo 20(20세기 우루과이 문학)

Bomarzo (보르마소)　　아르헨티나 작가 마누엘 무히카 라이네스(Manuel Mujica Láinez)의 대표작이다. 16세기의 이탈리아 귀족 피에르 프란시스코 오르시니(Pier Francesco Orsini)가 이탈리아 르네상스를 서술하는 내용의 소설이다.

Bombacha (봄바차)　　폴롤로(Pololo)라고 불리기도 한다. 예전에는 여자들만 입었으나 요즘엔 남자들도 입는다. 가우초가 주로 입는, 발목까지 내려오는 길고 주름 잡힌 윗옷을 지칭한다.

Bombal, María Luisa (마리아 루이사 봄발)　　(1910~1980) 칠레 소설가다. 큰 유명세를 타지는 못했지만 많은 영향을 미치고 전위적이었다. 환상적 사실주의 형식을 취했으며 작품들은 여성 주인공들이 현실에서 내부세계로 도망가는 내용을 담고 있다. 대표작으로는 『*La última niebla*』와 『*La amortajada*』가 있다. ⇒ La literatura chilena del siglo 20(20세기 칠레 문학)

Bombilla (봄비야)　　마테차를 마시기 위한 쇠로 된 빨대이다. 남미에서는 마테차를 티백으로 우려내 마시지 않고 마테 가루를 마테 전용 컵에 따라서 마신다. 그러나 가루를 먹지 않기 때문에 일반 스트로와 달리 끝이 막혀 있다. 하지만 작은 구멍들이 뚫려있기 때문에 마테 가루를 거르고 마실 수 있게 되어 있다.

Bombonera (봄보네라)　　세계적으로 알려진 알베르토 아르만도(Alberto J. Armando) 축구장의 별명이다. Club Atlético Boca Juniors의 축구 경기장이며, 아르헨티나 부에노스아이레스 주 라 보카(La Boca) 항구 지역에 위치한다. 1940년에 설립되었으며, 4만 9천 명의 관객이 들어갈 수 있다. 이곳에서 마라도나가 아르헨티나 축구대표팀 선수로 데뷔를 했다.

Bonavita, María Adela (마리아 아델라 보나비타)　　(1900~1934) 우루과이의 여성작가이다.

심오한 것, 멜랑콜리와 관련 있는 작품을 쓴 대표 작가 중 하나이다. 『*Conciencia del canto sufriente*』(1928)와 같은 뛰어난 재능을 보여주는 작품을 썼으나 이른 나이에 생을 마감하였다. ➡ La literatura uruguaya del siglo 20(20세기 우루과이 문학)

Bonfil Batalla, Guillermo (기예르모 본필 바타야)　　(1935~1991) 1970년대부터 1980년대까지 라틴아메리카에서 토착주의라는 용어를 대중적으로 사용하게 만든 인물이다. 지식 문화만을 강조하는 사상을 비판하면서 "아르테 포풀라르와 아르테사니아(Artesanía, 수공예)는 메스티소 멕시코의 특수성을 긍정하기 위한 상징적 역할을 수행하고 있으므로 바로 이 점에 가치가 있다"고 언급했다.

Bongo (봉고)　　원통형의 나무 몸통에 염소 가죽을 씌운 두 개의 드럼이 붙어 있는 막울림 악기이다. 두 개의 북은 4도 음정 간격으로 조율하며, 연주자의 무릎 사이에 놓고 연주한다. 손가락과 손바닥을 사용하여 연주하며 다양한 소리와 리듬을 낼 수 있다.

Bonifaz Nuño, Rubén (루벤 보니파스 누뇨)　　(1923~2013) 멕시코의 시인. 평생 인문학 연구자와 교수로 재직했다. 그가 번역한 그리스 고전들은 매우 중요한데 그중에서도 베르길리우스(Virgilio)의 아이네이스(Aeneis)는 금세기 라틴어를 스페인어로 번역한 판본들 중 가장 뛰어나다. 그리스라틴 문화와 히스패닉 이전의 문화에 대한 작가의 선호는 그의 서정적 작품에서 중심을 차지하고 있다. 대표 저작으로는 『*Imágenes*』(1953), 『*Siete de espadas*』(1966), 『*De otro modo lo mismo*』(1986) 등이 있다. ➡ La literatura mexicana del siglo 20(20세기 멕시코 문학)

Boom* (붐)　　라틴아메리카 현대소설은 흔히 '붐소설'이라는 이름으로 널리 알려져 있다. '붐'이라는 용어는 일반적으로 소비사회에서 특정 상품의 폭발적인 판매 신장을 가리키기 위한 근대 마케팅 어휘에 기원을 두고 있다. 오랜 세월 주변부에 머물러 있던 라틴아메리카 문학이 1960년대에 들어 대량생산과 대량소비의 '붐'을 일으킴으로써 세계 문단에 큰 영향을 미치게 된 것이다. 1940년대까지만 해도 라틴아메리카 문단은 유럽에서 건너온 전위주의의 영향으로 시가 강세를 보였으나 1960년대 이후로는 소설이 주도하게 된다. 이렇게 된 데에는 몇 가지 요인이 존재한다. 이 시기에 집중적으로 등장한 젊은 소설가들이 활발하게 창작활동을 전개하고 이들의 작품을 수용할 광범위한 독자층이 형성되었다는 것이다. 스페인 내전으로 스페인의 수많은 지식인이 라틴아메리카로 유입되고, 제2차 세계대전 이후 냉전체제가 붕괴되었으며, 라틴아메리카의 산업 발달로 도시들이 크게 성장함으로써 한층 두터워진 독자층이 책을 대량으로 소비하게 된 것이다. 물론, 유럽과 미국의 출판 자본이 라틴아메리카 문학에 개입해 문학 시장 자체가 커진 것도 중요한 요인이다. 1960년대 초반 이후 라틴아메리카에서는 대중의 새로운 요구에 따라 유럽이나 미국의 주간지, 월간지를 모방한 잡지들이 발행된다. 이들 잡지의 편집인들은 라틴아메리카의 젊은 작가들에게 관심을 기울이게 되고, 이들을 정치·스포츠계의 대중 스타를 평가하는 기준으로 평가하게 된다. 이렇게 해서 제한된 지식 계층의 독자를 겨냥한 전문화된 출판물보다는 대중적인 출판물이 주목을 받게 되고, 대중의 기호와 요구에 부합하는 경향이 주된 흐름으로 등장하게 된다. 이런 변화는 당연히, 엘리트적인 장르인 시보다는 대중적인 장르인 소설에서 두드러졌기 때문에 일반적으로 붐세대 작가는 소설가로서 작품의 대중성을 확보하고, 일정한 문학적 능력을 소유하고 있어야 했다. 구아테말라의 소설가 미겔 앙헬 아스투리아스(Miguel Angel Asturias)가 1967년에 노벨 문학상을 수상하고, 같은 해 콜롬비아의 소설가 가브리엘 가르시아 마르케스(Gabriel García

Márquez)가 '마술적 사실주의(Realismo mágico)적인' 소설 『Cien años de soledad』를 출간해 세계적으로 유명해지면서 이런 경향은 더욱 가속화된다. 엄격한 의미에서 '붐소설가'라는 말은 매우 제한된 일부 작가들에게게만 적용된다. 카를로스 푸엔테스(Carlos Fuentes, 멕시코), 훌리오 코르타사르(Julio Cortázar, 아르헨티나), 마리오 바르가스 요사(Mario Vargas Llosa, 페루), 가브리엘 가르시아 마르케스를 흔히 '붐소설 4인방'이라 불리는데, 호세 도노소(José Donoso, 칠레), 기예르모 카브레라 인판테(Cabrera Guillermo Infante, 쿠바) 등이 포함된다. 이 작가들의 뛰어난 필력과 상업적인 성공을 목도한 구미 출판사들은 계속해서 새로운 작가를 발굴함으로써 라틴아메리카 소설의 '붐'을 지속시키고자 한다. 그 결과 당시 소수 독자들에게만 읽히던 호르헤 루이스 보르헤스(Jorge Luis Borges, 아르헨티나), 후안 룰포(Juan Rulfo, 멕시코), 알레호 카르펜티에르(Alejo Carpentier, 쿠바) 등의 작가들이 발굴되는데, 사실 이들은 붐소설의 주역들에게 영향을 끼쳤던 작가들이었다. 이렇듯 붐소설은 1960년대와 70년대에 라틴아메리카를 휩쓴 문학적 조류였던 것이다. 물론, 붐에 관해서는 다양한 견해가 존재한다. 마리오 바르가스 요사는 붐이 무엇인지 정확하게 모르지만, 대중의 확대 과정에서 일어난 역사적 사건(accidente histórico)이라고 언급하면서 이런 역사적 사건은 잡지뿐만 아니라 텔레비전, 광고, 영화 등 대중매체의 발달과 인구 증가, 제2차 세계대전 이후 라틴아메리카의 산업화, 중고등 교육의 비약적인 발전에 따른 변혁의 소용돌이에서 비롯된 것이라고 분석한다. 붐소설 대다수가 예술적으로 높이 평가받을 만한 가치가 있다는 데는 의심의 여지가 없다. 그러나 붐소설에 대한 비판적인 견해도 존재한다. 과도한 엘리트주의에 빠져 있고, 형식에 대한 강박관념을 가지고 있으며, 라틴아메리카 현실을 무시하고, 지나치게 상업주의적인 성격을 띠고 있다는 것이다. 어찌 되었든, 붐세대 작가들이 라틴아메리카 문학, 아니 세계 문학에 끼친 공로는 형식, 내용, 언어, 주제 등 소설에 관한 전방위적인 실험을 통해 '고갈'된 문학을 '소생'시키는 데 일정한 역할을 했다는 것이다.

Boquitas pintadas (조그만 입술)　아르헨티나의 작가 마누엘 푸익(1932~1990)의 소설. 1969년 작으로 연재소설(folletín) 형식을 취하는 이 작품은 영화 같은 사랑을 꿈꾸는 주인공들이 그와는 반대되는 현실을 살아가는 모습을 담고 있다. 각 장마다 1930~1940년대 유행한 아르헨티나의 탱고 가사를 사용하고 있다. ➡ Manuel Puig(마누엘 푸익)

Borges, Jacobo (하코보 보르헤스)　(1931~) 베네수엘라의 가난한 집안 출신으로 현대 회화의 거장이 된 화가이다. 1970년대 이후로는 표현주의 경향을 지양하고 팝 아트에 관심을 보였으며 고야나 벨라스케스 등의 스페인 화가들을 다시 공부하였다. 작품세계는 저항적 성향에서 명상적인 성향으로 선회하고 있다고 평가된다.

Borja de Ycaza, Rosa (로사 보르하 데 이카사)　(1889~1964) 에콰도르 극작가, 수필가, 철학자, 사회학자, 시인이자 소설가이다. 모든 문학 영역에서 활동했다. 작품으로는 『El Álbum de Música』, 『El espíritu manda』 등이 있다.

Borja, César (세사르 보르하)　(1852~1910) 에콰도르의 작가이다. 에콰도르에 모데르니스모(Modernismo) 소설의 선구자적인 인물이다. 낭만주의의 타성 아래에서 파르나소주의(Parnassism)의 섬광을 보여주었다.

Bórquez Solar, Antonio (안토니오 보르케스 솔라르)　(1874~1938) 칠레의 작가이다. 주로 시 작품을 썼다. 칠레에서 모데르니스모(Modernismo)를 선도한 작가들 중 하나이다. 대표작으로 『Campo lírico』(1900), 『Amorosa vendimia』(1901) 등이 있다.

bostero(fútbol) (보스테로) 아르헨티나 Club Atlético Boca Juniors 축구팀의 응원자들을 부르는 호칭이다. 이 축구팀의 이름은 부에노스아이레스의 라 보카(La Boca) 구에서 얻었으며, 라 보카에는 항구가 있다. 축구팀의 티셔츠 색을 정하기 위해 라 보카 항구에 들어오는 첫 배의 색깔을 티셔츠의 색으로 결정하기로 했다. 그래서 그들의 티가 파랑과 노란색으로 되어 있다.

Boterismo (보테리즘) 콜롬비아의 예술가 페르난도 보테로(Fernando Botero)가 인류, 여성, 감정, 전설, 역사, 정치 등의 주제를 재해석한 스타일을 일컫는 표현이며, 그의 작품 애호가들에 의해 보테리즘이라는 이름이 붙여질 정도로 특색이 있고 마니아들의 주목을 받는 스타일이다.

Botero, Fernando (페르난도 보테로) 콜롬비아 메데인(Medellin)에서 1932년 출생한 예술가로 라틴아메리카를 대표하는 조각가로 꼽히며 세계적인 명성을 자랑하는 예술인이다. 세계 곳곳에 예술 활동의 장려를 위해 박물관 설립 기부 및 작품 기부를 하는 등 행동하는 예술인으로 평가받으며 그만의 독특한 작품 스타일로 유명하다. 모나리자를 패러디한 작품과 동물을 조각한 작품들이 대표적이다.

Boti, Regino Eladio (레히노 엘라디오 보티) (1878~1958) 쿠바의 시인이자 수필가이다. 루벤 다리오의 모데르니스모를 이어받았으며 뛰어난 고답파적 시풍으로 특징지어지는 작품을 남겼다. 아구스틴 아코스타(Agustín Acosta)와 호세 마누엘 포베다(José Manuel Poveda)와 함께 시 혁신의 위대한 선구자들 중 하나로 여겨진다. 작품집으로 『*Arabescos mentales*』(1913), 『*El mar y la montaña*』(1921) 등이 있다. ➡ La literatura cubana del siglo 20(20세기 쿠바 문학)

Bravo, Claudio (클라우디오 브라보) (1936~2011) 칠레의 사실주의 화가로 전통적인 방식으로 정물화와 풍경화를 그렸으며, 카라바지오 수르바란 등 바로크 미술 거장들의 인물화를 훌륭하게 모방하기도 했다.

Brenes Mesén, Roberto (로베르토 브레네스 메센) (1874~1947) 코스타리카의 무정부주의자 작가 및 기자. 올림포 세대의 일원이며 미국에서 코스타리카 대사로 있었으며 뉴욕 콜롬비아대학 교수직을 지내기도 했다. 진보적 성향으로 그의 저술은 모순된 점이 없지 않지만 『*En el silencio*』, 『*Hacia nuevos umbrales*』, 『*Voces del Angelus*』, 『*Pastorales y Jacintos*』, 『*Los dioses vuelven*』, 『*Poemas de amor y muerte*』 등의 작품을 남겼다.

Briante, Miguel (미겔 브리안테) (1944~1995) 아르헨티나 예술가, 기자, 작가이다. 잡지 <El escarabajo de oro>에서 주최한 글쓰기 대회에서 『*Kincón*』으로 2등상을 수상했다. 작품으로는 『*Las hamacas voladoras*』(1964), 『*Ley del juego*』(1983) 등이 있다.

Brieba, Liborio (리보리오 브리에바) (1841~1897) 칠레 출신의 작가다. 『*Los anteojos de Satanás*』와 같은 대중소설과 『*Las camisas de Lucifer*』와 같은 풍속소설을 발표하였다.

Brunet, Marta (마르타 브루넷) (1901~1967) 칠레의 작가. 유년 시절 아버지를 따라간 유럽 여행에서 시대를 바꾸는 위대한 작가들에 눈을 떴으며 후에 고향으로 돌아와 청소년들로 이루어진 문학 그룹을 형성했다. 후에 첫 번째 소설이며 중요한 사실주의 작품인 『*Montaña adentro*』(1923)를 출판한다. 방대한 작품을 남겼으며 특히 묘사에 있어서 독창적이고 뛰어난 서술 능력을 보여주었다. 1961년 국가 문학상(El Premio Nacional de Literatura)을 받았으며 칠레 펜클럽 회장, 작가협회 의장 등을 역임했다. ➡ La literatura chilena del siglo 20(20세기 칠레 문학)

Bryce Echenique, Alfredo (알프레도 브라이스 에체니케)   (1939~) 페루의 작가이다. 리마의 오래된 과두 재벌 가문의 집안에서 태어났다. 1964년 프랑스로 유학 간 이후 고향으로 돌아오지 않고 현재 스페인에 거주하고 있다. 초기 작품은 리마의 상류사회를 잘 묘사하면서 그 세계의 불합리와 몰락을 작품에서 일관되게 나타나는 다정함과 유머와 함께 보여주고 있다. 고국을 떠난 이후에는 노스탤지어가 담긴 작품을 썼다. 꾸준한 작품활동을 하였으며 2002년에는 플라네타상(El Premio Planeta)을 받았으나 2009년 표절 행위로 4만 유로의 벌금을 물기도 했다. ➡ La narrativa peruana del siglo 20(20세기 페루 소설)

Bucaram, Abdalá (압달라 부카람)   에콰도르의 정치가로, 전 정권의 부패문제를 비판하면서 대통령으로 당선되었으나, 고위 관료 및 장관직은 친인척 및 가신들에게 맡겨 불법적 부를 축적하게 하였고, 전기, 전화, 가스, 수도세 등 기초생활 관련 비용을 인상하면서 민심을 잃고 임기 전에 퇴진하여 현재는 파나마에 거주 중이다.

Buena vista Social Club (부에나 비스타 소셜 클럽)   1968년 쿠바의 대규모 문화 탄압 이후로 뜸해졌던 사교 클럽 활동이 1990년대에 재등장하게 되는데, 그중 아프로쿠바니즘의 영향을 받은 재즈 음악의 탄생을 알린 것이 바로 부에나 비스타 소셜 클럽이다. 과거 이 장르 음악의 클럽 활동이 절정기 때 활동했던 멤버들이 다시 모여 연주하는 음악이 유명세를 타기 시작해, 미국 카네기홀 콘서트를 열기에 이르렀으며 이 사건은 1999년 장편 다큐로 만들어져 오스카상 후보에 오르기도 했다.

Buenaventura, Enrique (엔리케 부에나벤투라)   (1925~2003) 콜롬비아의 극작가, 연출가, 작가이다. 라틴아메리카 연극 발전의 위대한 공헌자이다. 1980년의 아메리카의 집상(El premio Casa de las Américas)을 비롯하여 수많은 상을 받았다. 새로운 대중과 새로운 관계를 맺는 신연극(Nuevo Teatro)의 아버지로 여겨진다. 콜롬비아 상황에 맞게 베르톨트 브레히트(Bertold Brecht)의 이론을 수용해 재창조했다. 1963년부터 죽는 날까지 칼리 실험 극장(El Teatro Experimental de Cali)의 설립자이자 감독으로 일했다.

Buenos Aires viceversa (부에노스아이레스 비세베르사)   아르헨티나의 영화감독 알레한드로 아그레스티(Alejandro Agresti, 1961~)의 1996년 작품. 부에노스아이레스 젊은이들의 문제적 삶을 에피소드 형식으로 그려낸 영화이다. 1998년 콘도르 데 플라타상(Premio Cóndor de Plata)과 마르 델 플라타 영화제(Festival de Cine de Mar del Plata)상을 수상했다.

Buitrago, Fanny (파니 부이트라고)   (1943~) 콜롬비아의 작가이다. 작품은 정치적 투쟁과 경제 권력에 대해서 다루고 있는데 가족과 사회의 심리적이고 경제적인 면을 서술하고 있다. 여러 많은 상을 수상하였으며 다양한 언어로 작품이 번역되었다. 대표작으로는 소설 『El hostigante verano de los dioses』(1963), 극작품 『Bahía Sonora』(1975), 『Final del Ave María』(1991) 등이 있다.

Burel, Hugo (우고 부렐)   (1951~) 우루과이의 작가이다. 우루과이 경계를 넘어 국제적인 명성을 가지고 있다. 많은 상을 수상했는데 후안 룰포(Juan Rulfo) 소설상 등을 받았다. 단편작품으로 『La pianista y otros cuentos』, 『El vendedor de sueños』, 『Los dados de Dios』 등의 작품이 대표적이다.

Burgos, Julia de (훌리아 데 부르고스)   (1914~1953) 푸에르토리코의 시인, 극작가, 교육자이다. 시 작품은 당시 여성들의 문제를 반영하기 위한 그녀의 독특한 재능으로 특징지어지며 진실성과 깊이를 엿볼 수 있다. 20세기 전반 푸에르토리코 지성계에서뿐만 아니라 현대 히스패닉아메리카 문학 전체에서도 가장 매혹적인 인물들 중 하나이다.

Bustamante y Rivero, José Luis (호세 루이스 부스타멘테 이 리베로)　　(1894~1989) 페루의 정치인이자 법조인이다. 1945년 국가 민주 전선의 대표로 대통령 선거에 출마하여 대통령직에 선출되었다. 그러나 1948년 군부에 의해 자리에서 물러나게 되며 스위스 제네바에서 1956년까지 망명길에 오른다. 페루로 돌아와서는 프라도(Prado) 정권을 도왔으며 1961년 헤이그 국제사법재판소의 판사로 임명되었다.

Bustamante, Alicia (알리시아 부스타만테)　　페루 인디헤니스타 화가이자 수집가로 활동했다. 활동할 당시 페루에서는 아르테 포풀라르의 국제전을 준비하고 있었는데 페루 북부에 위치한 아야쿠초에서 산 마르코스 성당을 발견하면서 식민지 이후부터 당대까지 종교적인 주제의 반복을 미적 가치로 평가하면서 아르테 포풀라르에 큰 의미를 부여했다.

Bustamante, Ricardo José (리카르도 호세 부스타만테)　　볼리비아 최초 낭만주의 시인으로 평가되며 1821년에 출생하여 1886년에 사망하였다. 주 브라질 및 주 페루 영사로 활동하기도 하였으며, 정치적 이유로 망명생활을 하기도 했다. 주요작품으로는 『*A Bolívar*』, 『*Plegaria*』, 『*Preludio al Mamoré*』 등이 있다.

Bustillo Oro, Juan (후안 부스티요 오로)　　(1904~1989) 농업, 정치, 법률문제 등의 세 가지 주제를 주로 다룬 멕시코 출신의 작가이다. 대표작으로 『*Los que vuelven*』, 『*Masas*』, 『*Justicia S.A*』가 있는데 이 중에서도 심리적인 면과 극적 긴장감이 가장 훌륭한 작품으로는 『*Justicia S.A*』가 꼽힌다.

Bustos, Juan Bautista (후안 바우티스타 부스토스)　　(1779~1830) 아르헨티나의 군인으로 부에노스아이레스를 침략한 영국에 대항하여 싸웠으며 후에 1810년 5월 혁명(La Revolución de Mayo)에도 참여하였다. 마누엘 벨그라노(Manuel Belgrano)의 명령 아래에 독립 군대를 이끌기도 했다.

C

Cabaiguán (카바이구안) 쿠바의 도시이다. 상티 스피리투스(Sancti Spiritus) 지방에 위치하고 있으며 67,199명이 거주하고 있다. 597km²의 면적을 가지고 있다. 여러 역사적 사건과 밀접한 관련이 있는 도시이며 독립 전쟁에서 전략적 요충지였다. 담배와 사탕수수를 주로 경작하며 목축업 또한 행해진다.

Caballero, Bernardino (베르나르디노 카바예로) (1839～1912) 파라과이의 군인, 정치가. 3국 동맹(Triple Alianza) 이전에 입대하여 여러 전투에서 승리를 거둔 공로로 장군으로 진급하였다. 1874년 혁명을 주도했으며 1880년부터 1886년까지 대통령직을 역임하기도 했다.

Caballero, Luis (루이스 카바예로) (1943～) 콜롬비아 출신으로, 아일랜드 화가인 프란시스 베이컨(1909~1992)에게서 절대적인 영향을 받은 화가이다. 주로 극도의 긴장 상태에 있는 젊은 남성의 누드를 통해 자신의 동성애주의, 종교적 감정 그리고 난무하는 정치폭력에 대한 공포를 드러냈다.

Caballero, Teresa (테레사 카바예로) (1932～) 아르헨티나 기자이자 작가이다. 1970년에 『*Cuentos y una invitación*』을 출판했으며 아르헨티나 작가 연합(Sociedad Argentina de Escritores)상을 수상했다. 부에노스아이레스의 신문 <La Prensa>에서 편집 업무를 하였으며, 스페인과 멕시코에서 출판했다. 작품으로는 『*La telaraña*』(1976), 『*El cuarto hostil*』(1995) 등이 있다.

Caballito criollo (카발리토 크리올요) 아르헨티나 영화감독 랄프 파피에르(Ralph Pappier, 1914~1998)의 1953년 작품. 노장 군인의 이야기를 그린 작품으로 1954년 콘도르 데 플라타상(Premio Cóndor de Plata)을 수상했다.

Caballos Salvajes (카발요스 살바헤스) 1995년에 개봉된 마르셀로 피녜이로(Marcelo Piñeyro, 1953~) 감독의 아르헨티나 영화작품이다. 한 노인이 자신의 삶에 염증을 느끼고 금융업자를 찾아가 자신이 원래 받아야 했으나 받지 못한 거금을 주지 않으면 자살한다고 협박하는 데서 이야기가 시작된다. 결국 둘이 같이 돈을 들고 도망가는 처지가 되며 둘은 곧 아르헨티나에서 범죄 스타로 탈바꿈한다.

Cabasa(Afuche) [카바사(아푸체)] 나무로 제조된 타악기이다. 라틴재즈에서 사용되는 악기며 보사노바에서 주로 사용되는 악기이기도 하다. 강철 구슬을 망으로 싼 마라카스(Maracas)의 모양이다. 그러나 안에 철로 된 탬버린이 들어 있다.

Cabecita negra (검은 머리) 아르헨티나에서 피부와 머리색이 검은 사람들을 지칭할 때 쓰이는 인종 차별적 표현이다. 농촌에서 부에노스아이레스(Buenos Aires)로 이주해 간 사람들(특히 아르헨티나 북쪽 토착인), 하급 계층 사람들을 비하하면서 부르는 표현이다. 1940년쯤에 아르헨티나 수도인 부에노스아이레스가 산업화되면서 많은 북쪽 토착인이 수도권으로 이주해 간 현상으로 인해 생긴 표현이다.

Cabello de Carbonera, Mercedes (메르세데스 카베요 데 카르보네라) (1847~1909) 페루 출신으로 자유로운 정신의 소유자이다. 당대 사회를 지배하는 사회·정치·종교·윤리적 편견에 대해 개방적으로 작품 속에 반영했다. 또한 단도직입적인 사실 묘사가 특징으로, 대표작인 『Blanca Sol』을 썼다.

Caberetera (카베레테라) 영화의 한 장르를 지칭하는 용어로 나이트클럽, 사창가, 카바레 등을 배경으로 한 장르를 뜻한다. 이러한 장르는 혁명과 도시 중심의 근대화에 의해 사회체제와 전통이 붕괴된 멕시코에서 새로운 시대에 대한 기대와 불안을 동시에 표현하였다. 아구스틴 라라(Agustín Lara)와 페드로 인판테(Pedro Infante)가 이 시대의 유명한 가수 겸 배우로 카베레테라 영화에 주로 출현했다.

Cablín (카블린) 1988년에 방송 된 VCC 케이블 텔레비전회사(현 Cablevisión)의 자치 방송 채널로, 아르헨티나의 첫 어린이 채널이다. 라틴아메리카 어린이 채널의 선구자 역할을 한 것으로 평가된다.

Cabral, Manuel del (마누엘 델 카브랄) (1907~1999) 도미니카공화국의 시인이다. 현대 도미니카의 가장 명성이 높은 시인들 중 하나로 여겨진다. 특히 흑인시를 통해 명예의 숭고한 감정과 영웅성을 표현했다. 또한 사랑의 감정과 실존, 인간의 운명에 대한 주제를 정치 및 사회질서의 불안과 연결 지어 다루었다. 대표작으로는 시집 『Trópico negro』 (1941), 『Antología tierra』(1949), 시문집 『Pedrada planetaria』(1958) 등이 있다.

Cacán (카칸) 디아구이타 문화(Diaguitas)와 칼차키 문화(Calchaquí)에서 사용한 언어다. 1535년 스페인들이 도착할 당시 아르헨티나의 살타(Salta), 투쿠만(Tucumán), 카타마르카(Catamarca) 외 칠레를 포함한 여러 지역에서 사용되고 있었다. 디아구이타의 소멸과 함께 18세기에 없어진 것으로 보인다.

Cáceres Lara, Victor (빅토르 카세레스 라라) (1915~) 온두라스 출신 작가이다. 원래 교수였으나 의회에도 진출했으며 대사직과 온두라스 언론 협회장을 맡기도 했다. 작품들 가운데 시집 『Arcilla』(1941)와 단편집 『Humus』(1952)가 대표적이며 『El Lepasil』에서는 고통스런 환경 속에 뿌리내리고 사는 인간들이라는 지역주의적 주제를 다루었다.

Cacerolazo (카세롤라소) 집에 있는 냄비를 길거리로 들고 나와 두드리며 하는 냄비시위를 일컫는 말로, 1971년 칠레 사람들이 살바도르 아옌데의 정책에 반대하기 위해 냄비를 들고 나와 거리에서 두드리면서 시작되었다. 이후 라틴아메리카 및 유럽에도 전파되었다.

Cacique (족장/추장) 아메리카 대륙의 원주민어로 16세기에 스페인어로 유입되었으며 원래는 부족의 지도자를 의미했다. 아메리카 대륙에서 스페인의 식민지화가 진행되면서 고유의 명명법이나 원주민 정치체제의 다양성과는 상관없이 아메리카 대륙 원주민들의 정치적 권력자를 가리키는 의미로 정복자들에 의해 사용되었다. ➡ Imperio azteca(아스테카 제국)

Cadejo, El (엘 카데호 전설) 멕시코와 중미의 전설이다. 국가와 지역별로 이야기가 조금씩 다르지만 큰 개가 술 취한 사람을 지킨다는 내용이다. 어느 지역에서는 불꽃같은 두 눈동자를 가진 크고 선한 검은 개라고 하며, 다른 지역에서는 선한 흰색 개와 악한 검은색의 개가 함께 다닌다고 한다. 흰색 개는 취한 사람을 집으로 돌아가는 길에 보살펴준다고 하지만, 검은 개가 그 사람을 핥으면 며칠 동안 그를 따라다니면서 들볶는다고 한다. 개는 악한 신부, 젊은 술꾼의 원혼 혹은 초자연적인 존재로 국가별로 다르게 알려져 있다.

Cae la noche tropical (카에 라 노체 트로피컬) 아르헨티나의 작가 마누엘 푸익(1932~1990)의 소설. 1988년 작이자 작가의 마지막 작품으로 브라질을 배경으로 한다. 대중문화에 길들여진 노년의 두 자매가 나누는 대화를 중심으로 사건이 전개된다. ➡ Manuel Puig (마누엘 푸익)

Cahuachi (카우아치) 나스카 문화(Cultura Nasca)의 의식이 치러지던 장소를 뜻하며 기원전 200년에서 기원후 200년 사이에 건축된 것으로 추정된다.

Caimanera (카이마네라) 쿠바의 도시로 관타나모(Guantánamo) 만에 위치해 있다. 10,000여 명의 거주자가 있다. 쿠바에서 가장 중요한 항구 중 하나를 가지고 있으며 쿠바 설탕의 약 3%의 수출을 담당하고 있다. 커피와 카카오를 주로 생산한다.

Cajamarca (카하마르카) 페루 북쪽 지방에 위치한 도시로 기원전부터 인류의 해택을 받은 땅이며 1300년대부터 잉카 점령을 받은 곳이다. 아타우알파(Atahualpa)가 죽은 도시이기도 하다.

Cajamarca(Perú) (카하마르카) 페루 북쪽 지방에 위치한 도시다. 기원전 2세기부터 카하마르카 문화가 발전했으며 특히 도예 부분에서 많은 발전을 보였다. 이들은 1460년 잉카 침략 이전까지 유지됐으며 이후에는 키토(Quito)와 함께 쿠스코(Cuzco)를 이어주는 중요한 도시로 변하게 된다. 잉카 마지막 지도자 아타우알파(Atahualpa)가 체포되고 처형당한 곳이다.

Calcaño, Eduardo (에두아르도 칼카뇨) (1841~1904) 베네수엘라 출신으로 시인이자 극작가였다. 또한 기민한 신문기자였고 뛰어난 정치인으로서 상·하원 의원, 스페인 주재 전권공사, 재무 장관, 내무 장관, 외무부 장관을 지냈다. 대표작으로『En pos de la gloria』가 있다.

Calcaño, José Antonio (호세 안토니오 칼카뇨) (1827~1897) 콜롬비아 출신으로 자신만의 시 감각을 다듬어 아주 단순하면서도 우아한 시를 썼다. 오랜 유럽생활로 낭만주의를 잘 알았지만 고전주의적 성향이 더 강한 작가로 대표작은『En la orilla del mar』와『El ciprés』가 있다.

Calchaquí (칼차키) 남미 디아구이타(Diaguita) 그룹의 부족으로 아르헨티나 북쪽을 차지했던 민족이다. 칼차키들은 카칸(Cacán)어의 사용자였고 동으로 만든 기구를 이용한 문명이었다.

Caldas, Francisco José de (프란시스코 호세 데 칼다스) (1768~1816) 콜롬비아 출신으로 18세기 라틴아메리카 사상 발전에 가장 중요한 영향을 미친 계몽주의를 다룬 작가이다. 크리오요들의 정치·경제적 자유에 대한 열망과 원주민의 수탈당한 토지의 회복, 대중주권론, 국가독립 실현을 향한 염원을 작품에 표현하였다.

Calderón, Fernando (페르난도 칼데론) (1809~1845) 멕시코 출신으로 탁월한 서정 시인이었다. 하지만 연극에서 더욱 출중했는데 극작품들은 매혹적인 상황을 추구하면서 흥미를 적절히 조절할 줄 아는 그의 능력 때문에 당시의 전통주의를 답습했음에도 불구하고 긍정적인 평가를 받고 있다. 대표적인 낭만주의 극작품은『El torneo』이 있다.

Calle, Manuel de Jesús (마누엘 데 헤수스 카예) (1866~1918) 에콰도르의 작가, 비평가, 기자이자 정치인. 기자로서 잘 알려져 있으며 해당 분야에서 가장 위대한 인물 중 하나로 꼽히기도 한다. 에르네스토 모라(Ernesto Mora)와 엔리케 라스티그낙(Enrique de Rastignac)이라는 가명으로 기사를 주로 썼다. 1909년 아메리카 독립 백주년 행사에서 황금펜(La Pluma de Oro)을 수상했다.

Caloi (칼로이)   본명은 'Carlos Loiseau'이며 1948년 아르헨티나 살타(Salta) 주에서 출생했다. 만화가이자 작가였던 그는 1966년 <Tia Vicenta>라는 잡지에 연재를 시작했으며 대표작으로는 "부에노스아이레스 시 문화유산"으로 선정된 『Clemente』가 있다. 2004년 "아르헨티나 문화를 대표하는 인물"로 뽑혔으며 2009년에는 "부에노스아이레스를 대표하는 시민"으로 뽑혔다.

Calvar y Odoardo, Jesús (헤수스 칼바르 오도아르도)   (1832~1895) 쿠바의 군인이자 정치인이다. 쿠바의 십 년 전쟁(Guerra de los Diez Años)에 참가했으며 티타 칼바르(Titá Calvar)라는 별명으로 더 알려져 있다. 쿠바 독립 전쟁을 일으킨 일원 중 하나다.

Calvo Soriano, César (세사르 칼보 소리아노)   (1940~2000) 페루 출신의 작가, 저술가, 저널리스트, 수필가로 활동했다. 20세기 중반 페루 문화의 핵심인물 중 한 명으로 뽑히는 작가이다. 22살 때 <Expreso>라는 신문을 창설하고 이후 <El Comercio>를 설립했고 이 외에도 여러 신문사를 운영하게 된다. 대표작으로는 첫 작품인 『Carta para el tiempo』, 『Ausencias y Retardos』, 『José Santos Chocano』 등이 있으며 여러 작품을 통해 다양한 상도 수상했다.

Camajuaní (카마후아니)   쿠바의 도시로 비야 클라라(La Villa Clara) 지방에 위치하고 있다. 62,000명이 살고 있으며 카마후아니(Camajuaní) 강과 사구아 라 치카(El Sagua la Chica) 강과 접해 있다. 사탕수수와 과일, 담배 등을 주로 생산하며 농어업이 중심이다. 목축업도 행해진다.

Camargo, Edmundo (에드문도 카마르고)   (1936~1964) 볼리비아의 작가이다. 사후에 한 권의 책 『Del tiempo de la muerte』(1965)가 출판되었다. 작품과 삶에서 죽음과 에로티즘, 육체가 강박적으로 나타나 있다. 볼리비아 시문학에서 가장 초현실주의적 분위기를 잘 이미지화하는 작가로 여겨진다. 매우 이른 시기에 사망했다.

Cambaceres, Eugenio (에우헤니오 캄바세레스)   (1843~1888) 아르헨티나의 작가로 자연주의를 실제 작품에 적용하였다. 대표작품으로는 『Potpurri』, 『Música sentimental』, 『Sin rumbo』, 『En la sangre』 등이 있다.

Cambalache (캄발라체)   아르헨티나의 작곡가 엔리케 산토스 디세폴로(Enrique Santos Discépolo, 1901~1951)의 탱고 곡. 1934년 영화 『El alma del bandoneón』의 배경음악으로 쓰기 위해 작곡한 곡으로 영화음악으로는 그의 첫 곡이다.

Camila (카밀라)   원제는 『La Camila, o La patriota de Sudamérica』로 카밀로 엔리케스(Camilo Enriques, 1769~1825) 신부의 작품이다. 4막으로 구성된 연극으로 작가의 연극에 대한 무지와 의례적 소재를 사용하였다는 미숙함, 인간 심리에 대한 전반적인 무지와 스페인인들에 대한 무조건적 증오만을 불러일으킨다는 평을 받고 있다.

Camila Vallejo* (카밀라 바예호)   "공교육의 변화"를 기치로 내건 대규모 학생 시위를 주도하고 있는 칠레의 학생 지도자로 2011년 한해의 인물로 선정된 바 있다. 대학에서 지리학을 전공한 23세의 카밀라 바예호는 칠레 공산당 당원으로 '칠레 대학생 협의회' 회장을 역임한 바 있고, 2011년 현재는 부회장직을 맡고 있으며, 1990년 아우구스토 피노체트 독재정권이 종식되고 민주주의가 열린 이래 가장 큰 대규모 학생 시위를 주도해왔다.

미모의 학생운동가로 알려지기 시작한 그녀는 최근 적극적인 저작활동을 병행하기 시작했다. 『*Podemos cambiar el mundo*』에서는 교육 불평등 문제를 공개적으로 언급하면서 호아킨 라빈 전 교육부 장관의 교육정책 실패를 비판하며, 현 학생운동과 정당과의 관계에 대해서도 언급한다. 또한 일개 지리 학도였던 나이 어린 여학생이 칠레와 전 세계의 소통과 정치의 화두가 되게 된 과정에 대해서도 설명하고 있다. 『*Podemos cambiar el mundo*』는 2012 1월 7일, 매년 열리는 칠레 공산당 주관의 전통행사인 '허그 축제'에서 처음 소개되었으며, 카밀라 바예호가 지금까지 썼던 글들과 인터뷰 글을 한데 모은 책이다. "칠레의 신화는 하루하루 금가고 깨져가고 있습니다. 전 국민적인 합의도 과거처럼 견고하지 않습니다. 물론 칠레 국민은 독재 시대 칠레와는 다른 칠레가 가능함을 믿고 있습니다. 또한 그동안 진실이라고 믿어왔던 모든 것이 그저 하나의 '신화'에 불과하다는 것도 깨닫고 있습니다. 그 신화의 이름이 '신자유주의'라는 것도요"라고 목소리를 드높이는 작가는 이 책이 향후 평범한 대중들의 투쟁의 목소리를 하나로 아우르는 데 기여할 수 있기 바란다며, 오늘의 투쟁이 전방위로 확산되기랄 바란다고 말한다. 또한 자신의 도전은 젊은이들만의 전유물이나 책임이 아닌, 모든 사회단체들, 정치조직들, 노조들과 다양한 세대를 아우르는 모든 이들의 도전이 되어야 한다는 말도 잊지 않는다. 2012년 현재 칠레 대학생들은 '양질의 무료 공교육 시행'을 요구하며 산티아고 시내에서 40여 차례의 가두행진을 벌인 것은 물론, 수백여 차례의 대학 캠퍼스 점거 등을 통해 시위를 지속하고 있다.

Caminito (카미니토)　　아르헨티나 부에노스아이레스 시의 라 보카(La Boca)에 위치한 작은 길의 이름이다. 탱고, 예술, 음악의 거리로 유명하며 역사적, 관광적 가치를 가진다. 아르헨티나 탱고 작곡가로 유명한 후안 데 디오스 필리베르토(Juan de Dios Filiberto)의 대표작 「*Caminito*」(1926)의 모티브가 된 곳이기도 하다.

Campo, Estanislao del (에스타니슬라오 델 캄포)　　본명은 로무날도 그레고리오 에스타니슬라오 델 캄포(Romunaldo Gregorio Estanislao del Campo)이다. 아르헨티나 출신의 군인, 정치가, 시인으로, 1834년에 출생하여 1880년에 사망했다. 주요 저작으로는 1866년에 출간한 『*Coreo del Domingo*』가 있으며, 특히 『*Fausto*』가 많은 사랑을 받았다.

Campos, José Antonio (호세 안토니오 캄포스)　　(1805~1884) 에콰도르 출신으로 '잭'이란 가명으로 더욱 유명한 작가이다. 자신의 작품 『*Dos amores*』와 『*Fuegos fatuos*』 등에서 유머와 실없는 말투를 통해 초월적인 성향을 가진 다른 소설가들에 비해 더 실감나는 효과를 창출했다.

Cañari (카냐리)　　잉카 제국 이전의 에콰도르 지역에 위치한 문명이다. 이들은 에콰도르 남쪽에서 기원전 약 500년부터 잉카 제국 침략 전까지 번성한 부족으로 추정된다. 침보라소, 카냐르, 아수아이 지역에서도 이들의 행적을 찾을 수 있다. 옥수수, 콩, 과일 등의 농산물로 생활한다. 고유한 언어와 민족성을 가지고 있는 부족이었다.

Canaro, Francisco (프란시스코 카나로)　　(1888~1964) 아르헨티나의 작곡가. 1920년대와 1930년대 아르헨티나 재즈의 선구자로 여겨지며 탱고 장르의 곡을 주로 작곡하였다.

Cañas, Juan José (호세 후안 카냐스)　　(1826~1918) 엘살바도르의 시인이자 군인, 정치가, 외교관이다. 출판된 작품 중 어느 것도 전해지고 있지 않으나 군인이자 외교관으로서 그가 수행한 것의 중요성과 시 작품의 역사적 가치로 인해 19세기 중앙아메리카에서 가장 뛰어난 인물 중 하나로 여겨진다. 젊은 루벤 다리오(Rubén Darío)를 만나 그에게 문학적 조언을 해준 것으로도 알려져 있다.

Canción de cuna (자장가)　　아이들을 재우기 위한 자장가. 라틴아메리카에는 흑인, 인디오 출신 가정에서 입에서 입으로 전해지는 무명의 자장가가 많이 있는데 그 가사를 살펴보면 삶의 애환과 백인을 향한 원망, 가난과 그들이 매일 마주쳐야만 하는 현실에 대한 내용이 많다. 'Duerme negrito'가 가장 대표적인 예이다.

Canción Nacional (국민가)　　후기 전위주의의 소위 40세대(Generación del 40)의 일원인 니카라과의 시인이자 성직자이기도 한 에르네스토 카르데날(Ernesto Cardenal, 1925~)의 시집. 라틴아메리카의 당시 현실을 토대로 구체적이고 역사적인 사실들을 담았다는 평을 받는다.

Cancuén (칸쿠엔)　　마야 시대의 중요 유적 중 하나로 과테말라의 페텡(Petén)에 있는 사약스체(Sayaxché) 남부에 위치해 있다. 770년경 타악찬(T'ah 'ak' Cha'an) 왕이 건설한 궁전이 위치해 있는 도시였으며 7세기에 전성기를 맞이하였다.

Candileja, La (라 칸딜레하)　　콜롬비아 전설에 등장하는 귀신이다. 촉수 같은 팔이 달려 있으며, 꽃병이 깨지는 소리를 내고 타오르는 동그란 불꽃의 모습을 하고 있다고 한다. 술주정뱅이, 불륜남과 가족을 보살피지 않는 무책임한 아비를 쫓는다고 한다.

Candombe (칸돔베)　　아프리카 반투족에서 유래한 힘찬 리듬의 춤이며, 춤을 추는 장소도 칸돔베라고 불린다. 라틴아메리카 식민지 시대에 아프리카 사람들이 노예로 우루과이 수도 몬테비데오(Montevideo)에 정착했을 때 종교적인 의식을 치르는 수단이었으며, 춤을 추며 서로 간 소통을 이루는 수단이었다. 우루과이에 많은 영향을 미쳤으며, 현재에도 카니발 기간 동안 이 춤을 춘다. 유네스코 인류세계유산으로 등재되었다. ⇒ Salvador Elizondo(살바도르 엘리손도)

Cané, Miguel (미겔 카네)　　(1851~1905) 아르헨티나 정치가, 작가이다. 유럽 전역에서 외교관 생활을 하는 동안에도 꾸준히 글을 썼다. 주요작품으로는 『*En viaje*』, 『*Prosa ligera*』 등이 있다.

Canones en America Latina* (라틴아메리카의 정전)　　정전은 특정 시공간의 상황에 따라 확립되는 과정을 거치기 때문에 국가적 상황, 정치적 관심, 문화적 전략 등 다양한 요소를 품고 있다. 라틴아메리카의 정전은 라틴아메리카 국가들이 독립하기 시작한 19세기부터 형성과정이 이루어진다. 스페인으로부터의 독립은 곧 라틴아메리카 작가들이 과거로 회귀하여 라틴아메리카 고유의 문화로 눈을 돌려 프랑스나 영국과 같은 다른 국가들에서 새로운 모델을 찾는 것을 의미했다. 이러한 노력은 헤게모니 질서로 인해 소외된 스페인 정복 이전의 아메리카의 문화를 되찾게 만들었다. 네사우알코요틀(Nezahualcóyotl) 시 또는 잉카 가르실라소 데 라 베가(Inca Garcilaso de la Vega)의 『*Los comentarios reales*』으로 나타났다. 새로운 주제를 도입하고 스페인이 아닌 다른 유럽 국가들의 모델을 수용하며 낭만주의 작가들은 독자들이 스페인에 대해 반감을 갖는데 유리한 상황을 형성하였다. 호르헤 루이스 보르헤스(Jorge Luis Borges)에 따르면, 라틴아메리카의 첫 문법서는 베네수엘라 시인이자 정치가인 안드레스 베요(Andrés Bello)가 1847년 칠레에서 출간한 『*Gramática de la lengua castellana destinada al uso de los americanos y los esclavos españoles*』이다. 한편 전통적인 것과 현대적인 것을 사이에 두고 논의된 도밍고 파우스티노 사르미엔토(Domingo Faustino Sarmiento)의 『*Civilización y barbarie*』는 1929년 로물로 가예고스(Rómulo Gallegos)의 작품 『*Doña Barbaba*』와 함께 라틴아메리카 문학에 오랜 기간 동안 영향을 미친다. 정치적 낭만주의 단편소설에서는 에스테반 에체베리아(Esteban Echeberría)의 『El matadero』와 호르헤 이삭스(Jorge Isaacs)의 감상소설 『María』는 19세기 라틴아메리카 문학의 고전으로 남는다. 1960년대 라틴아메리카 신소설이 번영을 구가하기 전까지 소수의 작품만이 국제적으로 알려졌다. 소르 후아나 이네스 데 라 크루스(Sor Juana Inés de la Cruz)의 작품이 바로크적 미학의 거부로 국제적으로 인정을 받기까지 2세기가 걸렸다. 또한 라틴아메리카 붐세대 작가들은 모두 남성, 백인, 문화인이다. 세계주의와 지역주의 또는 유럽 모델과 신인디헤니스모(neo-indigenismo)의 대립은 호세 마리아 아르게다스(José María Arguedas)와 알레호 카르펜티에르(Alejo Carpentier) 또는 훌리오 코르타사르(Julio Cortázar)의 작품들을 통해 나타난다. 이후 세대에서 가장 논쟁적인 사안은 대중문화 또는 하위문학의 고유 요소들을 작품에 편입시킨 마누엘 푸익(Manuel Puig)의 정전 확립 과정이다. 이에 대한 논쟁은 정전의 확장 문제로 이어진다. 1970년대 남아메리카 국가에서는 독재와 망명을 다루는 소설들이 등장한다. 이후 1980년대는 여성, 성소수자, 소수민족 등 소외된 분야의 글쓰기가 꽃을 피우며 대부분의 라틴아메리카 국가 문학과 문학 비평에 많은 영향을 미친다. 한편 20세기 후반에는 출판사들이 국내외적으로 문학상과 마케팅 전략을 수립하면서 독자들이 역사소설을 선호하는 경향이 나타난다. 또한 문화와 포스트식민주의 연구가 활발하게 진행되면서 소르 후아나 이네스 델 라 크루수의 사랑시와 사회시, '아메리카의 어머니'로 불리는 노벨 문학상 수상 작가 가브리엘라 미스트랄(Grabriela Mistral)의 시 등 정전 다시 읽기 움직임이 일어났다. 아울러 멕시코 시의 핵심인물이자 1990년 노벨 문학상 수상작가인 옥타비오 파스(Octavio Paz)가 정전으로 확립되었다. 옥타비오 파스는 멕시코에서 정전 시 『Piedra del sol』보다는 국가 정체성에 대한 연구서인 『El Laberinto del sol』로 더 유명하다. 라틴아메리카에서 노벨 문학상을 수상한 작가는 가브리엘라 미스트랄 외에도 칠레 시인 파블로 네루다(Pablo Neruda), 과테말라 소설가 미겔 앙헬 아스투리아스(Miguel Angel Asturias), 콜롬비아 소설가 가브리엘 가르시아 마르케스(Gabriel García Márquez), 페루 소설가 마리오 바르가스 요사(Mario Vargas Llosa)가 있다.

Cantamarca (칸타마르카)　칸타족(Canta) 추장의 주 거주지였다. 페루 치욘 강(río Chillón) 근처에 위치하고 있고 주 특징으로는 돌로 세워진 원형의 건물과 구 중간에 위치한 돌기둥이다. 이 양식은 주변 지역에서도 확인되어 칸타 양식의 기준으로 남아 있다.

Canto general (노래)　칠레의 시인 파블로 네루다(1904~1973)의 작품. 스페인 내전 이후 참여시 경향을 띠게 된 작가의 작품 중 하나로 이후 그는 라틴아메리카인들의 목소리를 대변하는 시인으로 문단에 서게 된다. 라틴아메리카 대륙의 역사와 지리적 특성을 연대기적으로 표현하였으며 시인의 자전적 요소 또한 드러나는 작품집이다. ➡ Pablo Neruda(파블로 네루다)

Cantos de vida y esperanza (삶과 희망의 찬가)　루벤 다리오의 시집(1905)으로 이전의 수사적 경향보다는 더 내밀하고 심오한 차원을 보여준다. 여기에는 시간의 흐름에 대한 강박관념, 종교적인 주제, 형이상학적 고뇌가 드러나 있다. 또한 이전의 코스모폴리탄적 시각에서 벗어나, 『A Roosevelt』, 『Cyrano en España』, 『Letanía de nuestro señor Don Quijot』 등의 시에서 볼 수 있듯이, 스페인어를 쓰는 아메리카인으로서의 존재를 의식하기 시작한다.

Cantos del hogar (가정의 노래)   1800년대 말 라틴아메리카와 스페인에서 인기를 누렸던 시인 후안 데 디오스 페사(Juan de Dios Peza)의 작품. 다작 시인이었던 페사의 작품 중 가장 뛰어난 것으로 꼽힌다.

Capac cocha (카팍 코차)   카팍 우차(Quapac Hucha)라고도 하며, 잉카들의 중요한 의식 중 하나이다. 4월과 6월 사이에 비라코차(Viracocha) 신에게 바쳐진 의식이다. 의식 중 에는 여러 개의 존경과 감사의 제물이 받쳐졌고 어린 아이들 또한 제물이었다. 의식은 잉카 제국 곳곳에 있는 신전과 우슈누(Ushnu)에서 이루어졌다. ➡ Religión del Imperio inca(잉카 제국의 종교)

Capac Raymi (카팍 라이미)   잉카족의 종교적인 행사로 태양의 신에게 바치는 축제이다. 12월에 열렸으며 동물 제사도 함께 드렸다. 잉카 달력의 첫째 날에 행해진다.

Capanahua (카파나우아)   페루의 로레토(Loreto) 지역에 거주하는 원주민 부족. 스스로는 누켄카이보(nuquencaibo)라 부르며, 파노어족(Lenguas pano)에 속하는 언어를 사용한 다. 현재 300명 정도가 남아 있어 페루의 인구 구성 비율 중 가장 적은 부분을 차지한다.

Caparrós, Ernesto (에르네스토 카파로스)   (1907~1992) 쿠바의 영화감독이다. 최초의 드라마 영화인 『La serpiente roja』(1937)를 만들었으며, 쿠바 영화관 설립의 선구자였다. 또한 쿠바에서 추방당한 첫 번째 영화감독이기도 하다. 1940년 추방당한 이후로 다시 쿠바로 돌아가지 않았다. 그러나 특정 세대의 쿠바인들은 그를 진정한 의미에서 최초의 영화감독으로 본다.

Caparrós, Martín (마르틴 카파로스)   (1957~) 아르헨티나 기자, 작가이다. <Noticias> 신문에서 활동을 시작했으며, 현재 아메리카와 유럽의 신문과 잡지에서 찾아볼 수 있다. 작품으로는 『La noche anterior』(1990), 『La historia』(1999) 등이 있다.

Cara(Quitus) (카라)   스페인의 식민지 이전의 에콰도르 피친차(Pichincha)와 임바부라 (Imbabura) 지역의 문명이다. 현재는 존재하지 않으며 키투스(Quitus)로도 알려져 있다. 이들은 해안에서 올라와 키토(Quito)를 점령하고 이후에 키토 왕국(Reino de Quito)을 세운다.

Caracas (카라카스)   베네수엘라의 수도로 해발 900m에 위치해 있다. 1548년 스페인 점령이 시작되었다. 18세기 말부터 이데올로기적, 문화적 운동의 중심지 역할을 수행했으며 페 르난도 7세(Fernando VII)의 몰락을 틈타 청년 독립운동가들에 의해 1811년에 자유를 얻었다.

Carancho (카란초)   아르헨티나 영화감독 파블로 트라페로(Pablo Trapero, 1971~)의 2010 년 작품. 자동차 사고를 당한 주인공의 이야기를 통해 아르헨티나 사회의 부정부패가 드 러나는 영화이다. 2011년 콘도르 데 플라타상(Premio Cóndor de Plata)을 수상했다.

Caranqui (카란키)   에콰도르 이바라(Ibarra) 지역에서 2.5km 떨어진 곳에 위치한 민족이다. 카란키에서 마지막 잉카 지도자인 아타우알파(Atahualpa)가 태어난 것으로 추정되며 이 를 기념하여 1564년에 태양의 신전(Templo del Sol)이 세워졌다.

Cardenal, Ernesto (에르네스토 카르데날)   (1925~) 니카라과의 천주교 신부이자 정치인, 시인이다. 유명한 해방 신학자이며, 사제의 신분으로 산디니스타(Sandinista) 혁명에 참 가하여 소모사(Luis Somoza Debayle) 정권을 무너뜨리고 산디니스타 정권에서 문화 장 관을 지냈다. 그의 외향주의(exteriorismo) 시는 외부 세계의 요소들로 이루어진 시로서 사건, 인물, 사물들의 조합이며 일회적이고 일상적인 구체적 현실을 대상으로 삼고 있다.

Cárdenas, Lázaro (라사로 카르데나스)　　(1895~1970) 멕시코의 제도혁명당(Partido Revolucionario Institucional, PRI) 일당통치체제하에서 1934년부터 1940년까지 대통령으로 지냈다. 석유를 국영화하고, 정부지원 아래 에히도스(ejidos)라 알려진 각종 토지공동체 프로젝트를 마련, 농업개혁을 추진했다. ⇒ Revolución mexicana(멕시코 혁명)

Cardona, Jenaro (헤나로 카르도나)　　(18633~1930) 코스타리카의 시인이자 작가이다. 20세기 초 히스패닉아메리카의 내러티브의 파노라마에 있어서 가장 두드러진 목소리들 사이에 위치하는 뛰어난 문학작품들을 만들었다. 호아킨 가르시아 몽헤(Joaquín García Monge), 클라우디오 곤살레스 루카바도(Claudio González Rucavado)와 함께 코스타리카 소설 장르의 선구자들 중 하나로 여겨진다. 대표작으로는 『*La esfinge del sendero*』(1916), 신문과 잡지에 기고한 글을 모은 『*Del calor hogareño*』(1929)가 있다.

Cardoza y Aragón, Luis (루이스 카르도사 이 아라곤)　　(1901~1992) 과테말라 출신으로 현대 과테말라 시단의 주요 인물 중 한 명이다. 시인이자 예술비평가였고 훌륭한 수필가였던 그는 『*Las lineas de su mano*』를 통해 내적 성찰, 삶에 대한 질문들, 인간의 운명 같은 생리학적 주제들을 고독과 아름다움의 상징으로 바라보고 은유로 표현했다.

Caribe (카리베)　　앤틸리스 제도, 베네수엘라, 브라질 등지에서 사용된 토착어. 스페인어에 들어온 어휘로는 butaca, loro, colibrí, curare 등이 있다.

Carlos Fuentes* (카를로스 푸엔테스)　　(1928~2012) 노벨 문학상의 유력한 후보로 자주 거론되며 라틴아메리카를 대표하는 최고의 작가군에 속한다. '붐 세대'의 선구자로 평가받는 멕시코 작가이다. 외교관인 아버지를 따라 파나마, 에콰도르, 브라질, 칠레, 아르헨티나, 미국 등 아메리카 대륙 전역을 옮겨 다니며 유년기와 청소년기를 보냈다. 1947년 미국에서 멕시코로 돌아간 뒤 얼마 되지 않아 스위스 제네바에서 외교관으로 활동했다. 멕시코 자치대학에서 법학 공부를 하였고 다양한 잡지에 글을 기고하였다. 1955년 대학 졸업 후에는 엠마누엘 카르바요(Emmanuel Carballo)와 함께 <Revista Mexicana de Literatura>를 창설하였다. 1974년에서 1977년 주 프랑스 대사를 역임하였고 미국의 유수 대학에서 강의를 하였다. 푸엔테스는 현대 라틴아메리카 작가들 중 왕성한 필력을 보이며 굵직한 업적을 남겼다. 멕시코의 정체성 추구를 뛰어 넘어 라틴아메리카 전반에 걸친 정치와 문화적 사안에도 중요한 목소리를 내는 그는 다양한 장르를 넘나들었다. 주요 작품으로는 현실과 환상이 뒤섞인 단편집 『*Los días enmascarados*』(1954), 멕시코의 수도를 광의적으로 그려낸 『*La región más transparente*』(1958), 숨 막히는 종교적 위선과 도덕적 퇴폐가 감도는 이메 사바요스의 부르주아 이야기인 『*Las buenas conciencias*』(1959), 서술적 연보와 주인공의 내적 독백이 병행하며 진행되는 작품 『*La muerte de Artemio Cruz*』(1962), 『*Aura*』(1963), 『*Cantar de ciegos*』(1964), 『*Zona sagrada*』(1966), 『*Cambio de piel*』(1967), 『*Cumpleaños*』(1969), 『*Terra nostra*』(1975), 『*Una familia lejana*』(1980), 『*Agua quemada*』(1981), 『*Gringo viejo*』(1985) 등이 있다. 소설 외에도 『*Todos los gatos son pardos*』(1970), 『*El tuerto es rey*』(1974), 『*Orquídeas a la luz de la luna*』(1982) 등 희곡작품을 남겼고, 『*La nueva novela hispanoamericana*』(1969), 『*Casa con dos puertas*』(1970), 『*Tiempo mexicano*』(1971), 『*Cervantes o la crítica de la lectura*』(1976), 카를로스 푸엔테스가 "나의 문화 일대기"라고 말하는 『*El espejo enterrado*』(1992), 『*Geografía de la novela*』(1993) 등 많은 에세이를 발표했다. 2002년에는 프랑스 출판사 그라세(Grasset)에서 『*En esto creo*』

을 발간한다. 2004년 스페인 한림원상을 수상한 이 작품은 다양한 소설 장르와 함께 지식, 미학, 문학 사상을 담아 카르롤스 푸엔테스 개인과 가족의 존재를 비롯해 정치, 사상, 문학을 고찰하는 데 버팀목이 되어준다. 푸엔테스의 최근 작품으로는 『La voluntad y la fortuna』(2008), 『Adán en Edén』(2009), 『Vlad』(2010), 8개의 단편이 수록된 『Carolina Grau』(2010), 에세이 『La gran novela latinoamericana』(2011) 등이 있다.

Carlos Germán Belli (카를로스 헤르만 벨리)   (1927) 페루 리마(Lima)에서 태어난 작가다. 비관적인 관점으로 중산층의 한 사람이 험하고 강자만이 살아남는 세상에서 살아남기 위해 몸부림치는 모습을 보여준다. 대표작으로는 『Poemas』(1958), 『Dentro & Fuera』(1960) 등이 있다

Carlos Gorostiza (카를로스 고로스티사)   (1920~) 아르헨티나의 극작가로 인간사와 관련된 문제를 두 가지 형식을 통해 심층적으로 고려했다. 첫 번째 양식은 아동극 또는 인형극으로 『La clave encantada』가 대표적이다. 두 번째는 사실주의와 심오함이 배어나는 진정한 극으로 『El puente』가 있다.

Carlos María Ramírez Alvarez y Obes (카를로스 마리아 라미레스)   (1847~1989) 브라질에서 태어난 우루과이 수필가, 저술가 겸 정치인이었다. 초기 활동을 <El Siglo> 신문과 함께 시작했다. 우루과이 창의 혁명(Revolución de las Lanzas)이 발달하자 콜로라도 정당(Partido Colorado) 편에 서게 되지만 여러 실망스러운 일이 일어나자 새로운 정당 창설을 시도했다. 또한 자신의 정치사상을 모아 『La guerra civil y los partidos políticos del Uruguay』를 발표했다. 이 외에도 대표작으로 『Los Palmáres』와 『Los amores de Marta』가 있다.

Carlos María, Ocantos (오칸토스 카를로스 마리아)   (1860~1949) 19세기 말 20세기 초 대표적인 아르헨티나의 소설가이다. 줄곧 사실주의 계열 내에서 머무르며 그것을 자신의 작품의 가장 큰 특징으로 삼고 있다. 대표작으로는 『La cruz de la falta』, 『Don Perfecto』 등이 있다.

Carlos Pezoa, Véliz (벨리스 카를로스 페소아)   (1879~1908) 칠레의 시인으로서 라틴아메리카의 다른 모데르니스타들과 마찬가지로 백조, 공주, 고답파적 상징을 버리고 새로운 이미지를 통해 존재로서의 감상과 민족의 풍경을 담아냈다. 사후에 출판된 『Alma chilena』(1911)와 『Las campanas de oro』(1920)는 그의 세대와 다음 세대 칠레 시인들을 연결하는 가교 역할을 했다. ➡ La literatura chilena del siglo 20(20세기 칠레 문학)

Carlos Salem* (카를로스 살렘)   1959년 부에노스아이레스에서 태어났다. <El Faro de Ceuta>, <El Telegrama>, <El Faro de Melilla> 같은 신문을 발행했었고, 『Te he pedido amablemente que te mueras』(1986)와 『Foto borrosa con mochila』(2005) 등 시집도 두 권 펴낸 바 있다. 소설로는 2007년에 출간된 『Camino de ida』와 『Matar y guardar la ropa』가 2007년에 히혼 블랙위크 동안에 스페인어로 쓰인 최고의 추리소설에 수여되는 실베리오 카냐다 추모상(El Memorial Silverio Cañada)의 수상작으로 선정되었다. 2006년부터 카를로스 살렘은 마드리드에서 문학클럽 '부코브스키 클럽(Bukowski club)'을 운영했고, 이네스 프라디아(Inés Pradilla)와 더불어 문학선집 『Bukowski Club 06-08』을 펴내기도 했다. 또한 『Pero sigo siendo el rey』(2009)를 통해 그의 문학적 지평이 훨씬 넓어졌다는 평이다. 이 작품은 주인공들이 플롯 속에서 움직이고 있음에도 불구하고 마치 부수적인 인물 같은 느낌을 풍긴다는 특징이 있다. 비평가 필라르 카스트로(Pilar Castro)에 따

르면 카를로스 살렘은 미처 예상치 못했던, 기존의 방식과는 전혀 다른 작법으로 낯선 플롯에 호감을 느끼는 추리소설 마니아들을 매료시키는 작가다. 또한 2010년에는 소설 『Cracovia sin ti』로 세세냐 국제 연애소설상(Premio internacional de novela romántica de Seseña)을 수상하기도 했다. 이 작품에서 살렘은 기존의 아이러니와 초현실주의적 에로티시즘이라는 키워드는 그대로 유지한 채 기존의 추리소설에서 몇 걸음 떨어진 색다른 기법을 선보임으로써 마드리드라는 도시가 제3의 주인공으로 기능하는 그야말로 도시형 코미디를 내놓았다.

Carmen Posadas* (카르멘 포사다스) 1953년 우루과이 몬테비데오에서 태어난 여류작가로 현재 스페인 국적을 취득하고 스페인에서 거주하면서 활발한 작품활동을 하고 있다. 외교관인 부친과 예술품 복원기술자 모친 사이에서 네 형제 중 맏딸로 태어나 12세까지 우루과이에서 살았으나 부친의 직업상 아르헨티나, 스페인, 영국, 러시아 등지에서 청소년기를 보냈다. 영국 옥스퍼드대학에 진학했으나 대학 1학년 시절에 자퇴를 하고 라파엘 루이스 데 쿠에토(Rafael Ruiz de Cueto)와 결혼했다. 첫 번째 결혼에서 두 딸을 두었지만 이혼하고 마리아노 루비오(Mariano Rubio)와 재혼한 그녀는 1985년에 우루과이와 스페인의 이중 국적을 취득했다. 작가로의 길은 1980년에 아동문학과 함께 시작해 1987년까지 주로 동화를 썼고, 1984년에 발표한 『El señor Viento Norte』로 전국 문학상을 수상하기도 했다. 이듬해에는 소설 『El síndrome de Rebeca』를 발표했고, 이를 출발점으로 아동용 단편소설과 장편소설 영역을 넘나들기 시작했다. 1991년에는 수필집 『¡Quién te ha visto y quién te ve!』를, 1995년에는 『Cinco moscas azules』를 내놓았다. 1997년에는 단편집 『Nada』를 발표했고, 1998년에는 『Pequeñas infamias』로 플라네타상을 수상하기도 했다. 그러다 1999년, 부친과 남편이 세상을 떠나면서 큰 충격으로 작가의 길을 접는 듯 했으나, 결국 2001년에 『La Bella Otero』로 돌아왔고, 이 작품은 곧바로 영화화되어 대중과 만났다. 급기야 2002년에 <뉴스위크>는 그녀를 '이 시대 최고의 라틴아메리카 여류작가 중 하나'로 꼽기에 이르렀다. 같은 해, 그동안 딸 소피아와 함께 쓴 기고문들을 모아 『La hernia de Viriato: Recetario para hipocondríacos』을 펴냈고, 2003년에는 『El buen sirviente』, 2004년에는 소피 쿠르종(Sophie Courgeon)과 공동으로 『A la sombra de Lilith』를 발표했다. 그녀의 작품들은 이미 23개 언어로 번역 출간되었다. 마드리드의 유럽대학의 교수이자 기자로 활동하고 있는 모이세스 루이스(Moisés Ruiz)가 쓴 그녀의 전기도 『Carmen Pasadas』라는 제목으로 출간되었는데, 이 책 속에는 그녀의 출생에서 현재까지의 모든 이야기들이 담겨 있다. 스스로가 주인공이 된 최초의 책이 나온 셈이다. '아드아라(Adhara)' 출판사에서 2007년 2월에 나온 이 전기에서 독자들은 지금까지 알지 못했던 그녀의 삶의 다양한 면면들을 발견할 수 있다. 그 외에도 주요작품으로 『Juego de niños』(2006), 『Literatura, adulterio y una tarjeta Visa Platino』(2007), 동생 헤르바시오 포사다스 마녜(Gervasio Posadas Mañé)와 함께 쓴 『Hoy caviar, mañana sardinas』(2008), 『La cinta roja』(2008), 『El testigo invisible』(2013) 등이 있다.

Carnaval de Barranquilla (바란키야 축제) 콜롬비아 바란키아에서 사순절이 시작되는 시점인 재의 수요일 이후에 열리는 축제다. 이 지역에 도착한 유럽인들에게는 매우 중요한 축제로 자리를 잡게 되었고 1876년 공식적인 축제로 인정이 되었다. 축제 중에는 쿰비아, 콩고의 춤 같은 전통적인 춤과 즐거운 이야기들을 나눈다.

Carnaval de Negros y Blancos (흑과 백 카니발) 콜롬비아 남부지방의 가장 중요하고 규모 있는 축제다. 매년 1월 2일부터 7일까지 개최되며 2009년에는 유네스코 인류무형 유산으로 지정되었다. 6일간의 축제는 날마다 다른 형태를 취한다. 어린이 축제, 카스타 녜다(Castañeda) 가족 도착, 흑인의 날, 백인의 날 등이 있다.

Carnaval de Oruro (오루로 축제) 볼리비아의 축제. 오루로의 광부 수호성녀와 '광산의 왕 (Rey de las minas)'에게 바쳐지는 종교 의식 축제이다. 춤과 음악으로 널리 알려져 있 으며 유네스코 인류무형문화유산으로 등록되어 있다.

Carnavalón (카르나발론) 칠레의 축제로, 2월에 아사파(Azapa)의 산 미겔(San Miguel), 푸 트레(Putre), 소코로마(Socoroma)에서 열리는 축제. 환희와 풍요 그리고 행운의 상징으 로 여겨지는 뇨카르나발론(Ñocarnavalón)을 추모하기 위해 열리며, 볼리비아의 알티플 라노 지역 거주자 수천 명이 참가한다.

Caro, José Eusebio (호세 에우세비오 카로) (1817~1853) 콜롬비아 오카냐(Ocaña)에서 태어나 콜롬비아 독립 시대 이전의 작가, 시인이었다. 또한 사상가였으며 콜롬비아 보수 당을 창설했다. 이 외에도 여러 개의 신문사를 차리곤 했지만 정치 이념으로 인해 1850 년 감옥에 들어가게 되고 이후에는 콜롬비아에서 추방당한다. 작품에 관해서는 19세기 의 가장 뛰어난 콜롬비아 정치문학으로 꼽히며 대표작으로는 『Carta al señor José Rafael Mosquera sobre los principios generales de organización social que conviene adoptar en la nueva Constitución de la República』(1842)와 『El partido conservador y su nombre』(1847) 등 두 개 의 수필을 남겼다.

Caro, Miguel Antonio (미겔 안토니오 카로) (1843~1909) 콜롬비아 출신으로 세 권에 걸쳐 모든 종류의 시를 다루면서 깊이 있는 고전주의 정신이 돋보이는 작가이다. 시는 우아하고 정확하며 표현 방식이 풍부하지만 다소 사상적이라는 비판을 받는다. 대표작으 로는 『Horas de amor』가 있다.

Carpentier, Alejo* (알레호 카르펜티에르) (1904~1980) 쿠바 작가이다. 프랑스계 건축가 인 아버지와 러시아계 교사인 어머니 사이에서 태어났다. 1921년 건축 공부를 시작했지 만 쿠바의 정치적 상황 때문에 학업을 중단했다. <La discusión>에 다양한 글을 기고하 였고 1924년 헤라르도 마차도 모랄레스(Gerardo Machado Morales) 독재정권에 맞서 는 잡지 <Carteles>를 운영하였다. 1927년 '소수자 그룹(Grupo minorista)' 창설 멤버 로 활동하면서 정치적 이유로 투옥되었다. 같은 해 라틴아메리카의 마술적 리얼리즘에 엄청난 영향을 미치게 될 보다 진보된 문학적 기법을 선보인 '마누엘 아스나스에게 보내 는 공개편지(Carta abierta a Manuel Aznar)'라는 글을 <Diario de la Marina>에 실었 다. 카르펜티에르는 1928년 파리에 거주하면서 초현실주의 운동을 접하게 되었고, 콜럼 버스의 아메리카 대륙 이전의 문학과 더불어 콜럼버스와 19세기 작가들의 서신을 통해 서 아메리카 대륙의 역사를 연구했다. 파리에서 잡지 <Imán>의 편집장으로 활동하였고 초현주의 혁명에 가담하였다. 카르펜티에르는 소설 『El reino de este mundo』(1949)를 통 해 '경이로운 현실(real maravilloso)'을 주창하였다. 경이로운 현실은 라틴아메리카의 현실을 묘사하는 '신화적 사실'과 유사하다. 현실과 꿈, 이성과 공상, 역사와 허구, 삶과 죽음은 마술적이고 비유적이고 개념적인 이야기를 만들어내는 연결 고리가 되어준다. 카 르펜티에르가 소설을 통해 보여주고자 했던 것 중 하나는 흑과 백이라는 두 가지의 사고 를 대비시키는 것이었다. 이런 방법으로 신비롭지만 자연스러운 원시적 가치를 부당하게 짓누르는 그 모든 것들에 항의하고자 했다. 카르펜티에르는 이를 통해 이 땅의 대부분의 부를 차지하고 생태계를 파괴하고 라틴아메리카의 가장 취약한 주민들의 삶과 죽음을 이용해 이익을 취하는 다국적 가치에 냉정하고 신랄한 고발을 한다고 믿었다. 카르펜티에르는 1933년 첫 소설 『*Ecué Yamba-O!*』를 출간하였다. 이 작품은 기록과 문체론적 가치에 있어서 순수소설을 뛰어넘는 모습을 보이며, 원주민 문화의 회복과 다국적 대기업의 경제적 제국주의 고발이라는 두 가지의 목소리가 지배하고 있다. 카르펜티에르는 파리에서 미겔 앙헬 아스투리아스(Miguel Angel Asturias)와 함께 초현실주의 작가와 화가들과 자주 만났다. 이렇게 아스투리아스와 마찬가지로 초현실주의의 마술적 요소로 라틴아메리카의 '경이로운 현실'을 발견하는 데 많은 도움을 받는다. 카르펜티에르는 초현실주의의 마술적 요소와 결합시킬 카리브 해의 마술적 요소를 찾아 나서게 되면서 도미니카 공화국을 방문하게 된다. 이렇게 산토도밍고 혁명에서 발생한 사건을 근거로 역사와 상상을 결합시키고 이에 자유와 정의를 향한 열망을 담아 아프리카계 서인도 제도의 마술적 신념을 가미하여 탄생한 소설이 『*El reino de este mundo*』다. 1953년에는 다수의 비평가들이 카르펜티에르의 최고의 작품으로 꼽는 『*Los pasos perdidos*』를 비롯 『*El acoso*』(1956), 3편의 단편이 수록된 『*Guerra del tiempo*』(1958), 『*El derecho de asilo*』(1972), 그리고 『*Concierto barroco*』(1974), 『*El recurso del método*』(1974), 『*La consagración de la primavera*』(1978), 『*El arpa y las sombra*』 등을 발표했다.

Carpio, Manuel (마누엘 카르피오)　　(1791~1860) 멕시코 작가. 내용상으로는 고전주의, 표현과 분위기는 낭만주의적인 색채를 띠고 있는 작가이다. 뒤늦게 40세가 되어서야 시를 쓰기 시작했다. 주요작품으로는 『*El turco*』가 있다.

Carrasquilla, Tomás (토마스 카라스키야)　　(1858~1940) 사실주의에 입각한 가장 뛰어난 콜롬비아 소설 작가이다. 작품 구조가 비교적 미흡하지만 인물 유형의 설정이나 장면과 장소의 묘사에 있어서는 단연 최고로 손꼽힌다. 대표작으로는 『*Frutos de mi tierra*』이 있다.

Carreño, María Teresa (마리아 테레사 카레뇨)　　(1853~1917) 베네수엘라의 피아니스트이자 작곡가. 쿠바에 체류하며 미국의 에이브러햄 링컨 대통령을 위해 연주회를 열었으며, 이후 파리에서 거주하다가 베네수엘라로 돌아와 안토니오 구스만 블랑코(Antonio Guzmán Blanco, 1829~1899) 대통령의 지시로 오페라 공연을 기획했으나 실패로 돌아갔다.

Carrera Andrade, Jorge (호르헤 카레라 안드라데)　　(1903~1978) 에콰도르 키토(Quito) 출신의 시인이자 외교관이었고 에콰도르에서 가장 중요한 시인 중 한 명이다. 스페인, 프랑스, 독일과 영국에서 공부를 이어갔고 모국으로 돌아와 정치활동을 시작했다. 작품 특징은 유럽 문화와 에콰도르 원주민 문화가 융합되어 있는 깊은 서정성이다. 대표작으로 『*Estanque inefable*』, 『*Lugar de origen*』이 있고 그중에서도 『*La tierra siempre verde*』가 가장 완벽한 작품이다.

Carrera, Margarita (마르가리타 카레라)　　(1929~) 과테말라 출신의 작가다. 카레라는 과테말라 산 카를로스대학(Universidad de San Carlos de Guatemala) 문학과를 졸업한 첫 여성이며 과테말라 한림원(Academia Guatemalteca de la Lengua)의 첫 여성 일원이기도 한다. 대표작으로 『*Mujer y Soledades*』와 『*El desafío del psicoanálisis freudiano*』가 있다.

Carrera, Rafael (라파엘 카레라)　　(1814~1865) 과테말라 출신의 정치인이자 장군이었고 1844년부터 1848년과 1851부터 1865년까지 국가 원수의 직위를 수행했다. 20세에 군

입대를 하여 1826년부터 시작된 내전에 참전해 보수적인 사상을 받아들였다. 이후 지속적인 정치적 불안 가운데 1838년 지방 군대 지휘권을 받고 1844년 국가원수로 임명받는다. 카레라를 견제했던 진보 세력은 반란군과 함께 그를 추방했지만 국가의 문제들에 대한 해결책을 찾지 못하자 1849년 카레라가 돌아와 보수 세력과 함께 다시 정권을 잡게 되고 1865년까지 독재했다.

Carreras, Enrique (엔리케 카레라스)   (1925~1995) 아르헨티나의 영화감독. 총 103편의 영화를 감독했으며, 『Los evadidos』(1964)와 『La valija』(1971) 등의 영화로 콘도르 데 플라타상(Premio Cóndor de Plata)을 두 차례 수상했다. ➡ El cine argentino(아르헨티나 영화)

Carreras, Roberto de las (로베르토 데 라스 카레라스)   (1875~1963) 우루과이의 외교관이자 작가이다. 우루과이 모데르니스모(Modernismo)에서 가장 분류하기 어려운 작가로 종종 여겨지곤 한다. 자유연애의 수호자이자 아나키스트였다. 대표작으로는 『Sueño de Oriente』(1900), 『Salmo a Venus Cavalieri』(1905), 『En onda azul』(1906) 등이 있다. ➡ La literatura uruguaya del siglo 20(20세기 우루과이 문학)

Carretera panamericana (전미 고속도로)   알래스카부터 티에라 델 푸에고(Tierra del Fuego)까지 이르는 26,000km의 육상 교통로. 카라카스, 라파스, 아순시온, 리우데자네이루, 부에노스아이레스, 파타고니아 등의 도시를 연결하며, 총 길이는 48,000km, 18개 국가에 걸쳐 있다.

Carriego, Evaristo (에바리스토 카리에고)   (1883~1912) 아르헨티나의 시인으로 요절했다. 보르헤스(Borges)가 가장 많이 언급하는 인물 중 하나이다. 대표작품으로는 『Misas herejes』, 『El alma del suburbio』 등이 있다.

Carril, Hugo del (우고 델 카릴)   (1912~1989) 아르헨티나의 영화 제작사 및 감독, 본명은 피에로 브루노 우고 폰타나(Piero Bruno Hugo Fontana)이며, 가수 및 작가로도 활동했다. 『En la luz de una estrella』(1941) 등 다수의 영화를 감독했다.

Carrillo Puerto, Felipe (펠리페 카리요 푸에르토)   (1874~1924) 멕시코 유카탄에서 태어났으며 마야 문명의 후손이라는 소문이 있다. 유카탄의 주지사이면서 사회주의자로 활동했다. 토지 재분배, 여성의 고통 그리고 마야인들의 권리에 초점을 맞추었다. 전도 유망한 젊은 미국 기자와 결혼을 하루 앞두고 있었는데 우에르타가 일으킨 군부 쿠데타에 의해 잔인하게 암살당했다.

Carrión Mora, Manuel Benjamín (마누엘 벤하민 카리온 모라)   (1897~1979) 에콰도르 로하에서 태어나 작가, 외교관 그리고 문화 발기인으로 활동했다. 뿐만 아니라 에콰도르 중앙대학교 교수, 교육부 장관 이후에는 멕시코와 칠레로 대사로 파견 받았다. 그가 남긴 업적 중에는 사회주의 관점의 신문 <El Sol>을 발간하였고 1944년에는 에콰도르 문화센터(Casa de la Cultura Ecuatoriana)를 설립하였고 1947년에 공식 개회식을 가졌으며 지금은 키토를 대표하는 문화의 심장으로 남아 있다. 문학적인 재주는 문학과 역사를 비판하는 가치관 속에 들어나 대표작으로는 『Algunas opiniones sobre los creadores de la nueva América』(1928), 『Atahualpa』(1934), 이 외에도 여러 작품이 있으며 1968년에 멕시코의 베니토 후아레스(Benito Juárez)상을 수여하였고 1975년 키토 문화 부문 에우헤니오 에스페호(Eugenio Espejo)상을 수여하였다.

Carrión, Alejandro (알레한드로 카리온)   (1915~1991) 에콰도르 시인, 저술가, 문학비평가,

저널리스트로 활동하였다. 여러 장르의 문학을 연습하였고 그를 에콰도르 20세기 문학에 두드러진 인물로 남게 해준 흥미로운 작품들을 남겼다. 어릴 때부터 인문학에 대한 관심을 가져 고등교육을 받기 위해 키토(Quito)로 올라가게 된다. 수도에 정착한 후 첫 시집 『Luz del nuevo paisaje』를 발표하게 되고 뜨거운 반응을 보였다. 이후에 지속적으로 작품을 발표하였고 그중에서도 『La noche oscura』가 있다. 노년기 때는 저널리스트로 주 활동하게 되었고 <La Calle> 잡지를 창설했다.

Carrión, Alejandro (알레한드로 카리온)　(1915~1991) 에콰도르의 작가이다. 네오상징주의 작가들의 그룹인 "Grupo de Elan"의 일원이었다. 방대한 문화적 저작을 남겼으며 다양한 문학 장르에서 두각을 나타냈다. 완벽한 서정시의 표본인 『Luz del nuevo paisaje』(1937), 『¡Aquí, España nuestra!』(1938)와 같은 작품들을 남겼다.

Carta del país azul (카르타 델 파이스 아술)　니카라과의 모데르니스모 작가 루벤 다리오(Rubén Darío, 1867~1916)의 작품. 단편소설로 예술 애호적인 주인공 시인과 천상의 공간 같은 분위기의 배경 묘사가 드러나는 작품이다.

Carta sobre Emilia (에밀리아에 관한 편지)　아르헨티나의 소설가 아돌포 비오이 카사레스(Adolfo Bioy Cásares, 1914~1999)의 단편. 주인공은 화가이며 에밀리아라는 모델을 사랑하게 되면서 일어나는 일에 대해 묘사하고 있다. 에밀리아와 자신의 관계 속에서 남녀의 모습이 뒤바뀌게 되는 과정과 에밀리아의 외도가 맞물림이 암시된다.

Cartagena de Indias (카르타헤나 데 인디아스)　콜롬비아(Colombia)의 도시로 카리브(Caribe) 해안에 위치해 있다. 1533년 페드로 데 에레디아(Pedro de Heredia)에 의해 건립되었으며 유럽 해적들의 숱한 공격과 약탈에 시달렸다. 군사적 요충지였던 이곳은 현재 유네스코 인류문화유산으로 등재되어 있다.

Cartas de relación sobre el descubrimiento y la conquista de la Nueva España (누에바 에스파냐 발견과 정복에 관한 편지들)　스페인의 식민지 시대 정복자 에르난 코르테스(Hernán Cortés, 1485~1547)에 의해 쓰인 연대기. 카를로스 5세(Carlos V)에게 바치는 편지들로 1519년부터 1526년까지의 정복활동 중 발생했던 이야기들을 담고 있다.

Cartas quillotanas (키요탄의 편지)　아르헨티나의 변호사, 외교관, 정치가이자 작가였던 후안 바우티스타 알베르디(Juan Bautista Alverdi, 1810~1884)의 작품. 아르헨티나 역대 대통령이기도 한 작가 도밍고 파우스티노 사르미엔토(Domingo Faustino Sarmiento, 1811~1888)의 『Campaña en el ejército grande』의 첫 부분 발표 이후 두 인물 간에 일어난 논쟁에서 자신의 의견을 개진하는 작품이다. 이후 사르미엔토는 『101 Ciento y una』로 이에 대응한다. ☞ La Generación del 37(Argentina)[37세대(아르헨티나)]

Cartoneros (카르토네로스)　카르토네로 운동을 하는 사람들을 지칭하는 용어로, 주로 부에노스아이레스 변방에 거주한다. 도시 중심으로 이동하여 재활용품 등을 찾으며, 정부는 이들로 인해 교통체증이 생기지 않게 하기 위해 형광 가슴 덮개를 나눠주고, 전염병 예방을 위해 예방 주사를 놓아준다.

Casa de las Americas en Cuba (카사 데 라스 아메리카스 엔 쿠바)　1959년 쿠바 정부에 의해 설립된 기관. 라틴아메리카, 카리브해의 나라, 그 나머지 국가들과 사회적, 문화적 관계를 확장시키고 개발할 목적으로 쿠바 혁명이 이후 만들어졌다. ☞ Sergio Ramírez (세르히오 라미레스)

Casa rosada (카사 로사다) 아르헨티나의 대통령 관저로 외관을 칠한 페인트에 황소의 피를 섞어 분홍색을 띠기 때문에 이러한 명칭이 붙여졌다. 1594년 초건 후 재건을 거듭하며 1942년 국가의 문화유산으로 지정되었다. 고풍스러운 외관으로 해마다 수많은 관광객이 찾는 곳이기도 하다.

Casa tomada (점거된 집) 아르헨티나의 작가 훌리오 코르타사르가 1951년 발표한 소설로 그의 환상적 서술 기법이 잘 드러나 있다. 집을 지키기 위해 결혼도 마다한 채 살던 두 형제가 초자연적인 일련의 사건들을 계기로 집을 떠난다는 내용으로 혹자에 의해 아르헨티나의 페론(Peron) 정부에 대한 풍자소설로 평가받기도 한다. ➡ Julio Cortázar(훌리오 코르타사르)

Casaccia, Gabriel (가브리엘 카삭시아) (1907~1980) 파라과이의 작가. 도스토예프스키와 프루스트, 오르테가 이 가셋의 영향을 받았다. 대표 소설로는 『*Hombres, mujeres y fantoches*』 (1927)가 있으며 극작품으로는 라몬 델 바예-인클란(Ramón del Valle-Inclán)의 영향을 받은 『*El bandolero*』(1932)가 있다. 차코 전쟁(La guerra del Chaco) 이후 아르헨티나에 정착하여 계속 문학활동을 했다. 파라과이 사회에 대한 일련의 풍자가 담긴 1952년 작 『*La babosa*』는 파라과이 현대 소설계에서 기초가 되는 소설로 여겨진다. ➡ Literatura del Paraguay(파라과이 문학)

Casal, Junlián del (훌리안 데 카살) (1863~1893) 쿠바 출신으로 어머니의 죽음에서 오는 죄책감과 우울한 성향으로 인해 내성적이고 회의적인 성격을 가졌다. 『*Nihilismo*』라는 시에서 삶에 대한 비관주의적 입장을 정의하였고 비록 요절했지만 평론가들과 현대의 독자들에게 가장 아름다운 모데르니스모 언어의 표본으로 알려지고 있다.

Casas de fuego (카사스 데 푸에고) 아르헨티나의 영화감독 후안 바우티스타 스타그나로 (Juan Bautista Stagnaro, 1945~)의 1995년 작품. 샤가스(Chagas)병에 걸린 빈민들과 이를 구제하기 위한 아르헨티나 의사 살바도르 마사(Salvador Mazza, 1886~1946)의 사회적 투쟁을 그린 영화로 1996년 콘도르 데 플라타상(Premio Cóndor de Plata)을 수상했다.

Casi el Paraíso (낙원 가까이) 멕시코의 작가 루이스 스포타(Luis Spota, 1925~1985)의 소설로 1956년 출간되었다. 작중 인물들이 한 장에서는 이탈리아의 어린 아이 이야기였다가 다음 장에서는 왕자 이야기가 나오는 등 역동적인 줄거리를 담고 있으며 사치와 권력에 대한 사회적 비판을 담고 있다.

Caso Padilla, El (파디야 사건) 1971년 쿠바의 시인 에베르토 파디야(Heberto Padilla)가 쿠바 혁명에 회의를 느끼고 피델 카스트로(Fidel Castro)의 정권을 비판하자, 정부에서 그를 혁명 정신이 부족하다는 이유로 투옥한 사건이다. 예술에 대한 정부의 탄압이 정점에 달했음을 보여주었고 국제적으로 큰 파장을 불러일으켰다.

Castañeda, Ricardo Chávez (리카르도 차베스 카스타녜다) (1961~) 멕시코의 작가이다. 1993년 데뷔작 『*Los ensebados*』를 출판했다. 이때부터 일곱 개의 책을 출판하였으며 대부분 소설집과 장편소설이다. 가장 최근 작품으로는 1998년 작 『*Las montañas azules*』가 있다. ➡ La literatura mexicana del siglo 20(20세기 멕시코 문학)

Castas (카스트 제도) 중세 식민지 시대에 존재하던 인종 차별 형태로 백인 엘리트층 밑으로, 크리오요(Criollo), 메스티소(Mestizo), 원주민, 잠보(Zambo) 그리고 흑인의 순서로 인권과 자유에 대한 개념이 다르게 적용됐다. 이는 특히 크리오요층이 독립운동을 일으키는 빌미를 제공했다.

Castellanos, Rosario (로사리오 카스테야노스)　　(1925~1973) 멕시코의 작가, 사상가, 여성 운동의 선구자이다. 1962년 하비에르 비야우루티아상(El Premio Xavier Villaurrutia)을 비롯하여 많은 상을 수상했다. 1971년에는 이스라엘 주재 멕시코 대사로 임명되었다. 그녀의 작품은 여러 언어로 번역되었으며 다양한 선집에 포함되어 있다. 시집으로는 『*Poemas 1953~1955*』(1957), 극작품으로는 『*Judith y Salomé*』(1959), 소설로는 『*Los convidados de agosto y Era*』(1974) 등이 있다. ➡ La literatura mexicana del siglo 20(20세기 멕시코 문학)

Castellanos, Rosario (로사리오 카스테야노스)　　(1925~1974) 멕시코 출신의 시인, 소설가다. 그녀의 작품 속에는 여성 인권 보호를 강력하게 부각시키며 이로 인해 중남미 여성주의의 아이콘으로 남아 있다. 대표작 중에는 『*Balún Canán*』와 『*Oficio de tinieblas*』가 있다. ➡ La literatura mexicana del siglo 20(20세기 멕시코 문학)

Castillo y Guevara, Francisca Josefa del (프란시스카 호세파 델 카스티요 이 게바라)　　1671년 10월 6일 콜롬비아에서 태어난 바로크 산문의 대표적인 여류작가이다. 수녀원에서 생활하면서 예수의 사랑을 추구한 많은 작품들을 썼다. 대표적인 작품에는 『*Afectos o sentimientos espirituales*』가 있다.

Castillo y Lanzas, Joaquín María del (호아킨 마리아 델 카스티요 이 란사스)　　(1801~1878) 멕시코 출신으로 <El mercurio>라는 신문을 편집할 때부터 상냥하지만 엄격한 문체를 특징으로 한 작가이다. 그의 문체적 특징이 잘 드러난 작품으로 『*La victoria de Tamaulipas*』가 있다.

Castillo, Abelardo (아벨라르도 카스티요)　　(1935~) 아르헨티나 극작가이자 소설작가이다. 1959년경에 작가로 활동을 시작했다. 문학잡지 <El grillo de Papel>을 창간했으며, <El escarabajo de oro>와 <El ornitorrinco> 잡지를 경영했다. 대표작품은 『*Las otras puertas*』(1961), 『*El que tiene sed*』(1985)가 있다.

Castro, Carlos (카를로스 카스트로)　　(1944~) 엘살바도르의 소설가이다. 1997년에 첫 작품 『*Los desvaríos del general*』로 두각을 나타냈다.

Catedral de San Agustín Acolman (산 아구스틴 아콜만 성당)　　멕시코에 위치해 있으며 정면의 은세공식 장식, 르네상스 양식의 기둥 그리고 뾰족 아치형의 창문들이 일품이다. 바로크 양식이 아메리카 대륙을 휩쓸기 전 식민지 건축을 특징짓는 건축양식이었다.

Catedral de Santo Domingo (산토도밍고 대성당)　　1523년 아메리카 대륙에서 가장 먼저 세워진 대성당으로 페루에 있다. 이 대성당은 내부를 장식하고 있는 고딕 말기 양식과 르네상스적 요소들이 복합적으로 혼합되어 있으며 둥근 지붕, 아치 그리고 뾰족아치 모양의 창문을 지탱하고 있는 기둥들의 구도와 위치가 장관이다.

Catedral del Cuzco (쿠스코 대성당)　　페루 쿠스코에 위치한 대성당이다. 1560년에 건축이 시작되었으며 사각형 모양에 14개의 기둥이 있다. 성당을 구성하는 돌은 안데스 화산암이며 잉카 비라코차 궁 위에 세워졌다. 1649년에 쿠스코 성당으로 이름을 받고 1664년에 완공되었다.

Catequilla (카테키야)　　에콰도르 산 안토니오(San Antonio) 지역에 위치한 유적지다. 잉카 시대 이전부터 존재하며 천문대로 사용 되었을 것으로 추정된다. 해발 2,638m에 위치하며 360도 시야를 통해 주변 25개의 마을까지 볼 수 있다. 107m에 달하는 외벽을 가지고 있다.

Catón (카토) 　아르헨티나의 소설가 아돌포 비오이 카사레스(Adolfo Bioy Cásares, 1914~1999)의 단편. 1991년 작으로 단편집 『*Una muñeca rusa*』에 속한 이야기이다. 카토라는 고대 로마의 정치가에 대해 연기하는 배우로 인해 정부에 대한 거국적 시위가 일어나게 되고, 이후 정권이 바뀐 뒤에도 연기를 계속하는 배우의 운명에 대해 쓴 이야기로서, 현실과 연극이 모호해지는 양상을 작품 내에서 볼 수 있다.

Cavallo, Domingo Felipe (도밍고 펠리페 카바요) 　아르헨티나의 대통령이었던 카를로스 메넴(Carlos Menem)이 기용한 경제학자로, 경제부 장관을 지냈다. 해외 투자를 유치하기 위해 고정환율제를 도입했으며, 일시적이나마 환율 안정으로 인해 외국자본의 투자가 증가하였다.

Cea, José Roberto (호세 로베르토 세아) 　(1939~) 엘살바도르의 시인이자 소설가, 드라마 작가이자 편집자이다. 'Generación Comprometida'로 알려진 문학 그룹의 일원으로 잘 알려져 있다. 창조적인 작품의 깊이와 그 넓이로 잘 알려져 있으며 잡지활동도 활발히 했다. 20세기 후반 중앙아메리카 문단에서 가장 중요한 인물 중 하나로 여겨진다.

Cecina (세시나) 　가늘게 말린 고기. 일반적으로 소고기를 뜻한다.

Ceibal (세이발) 　과테말라의 페텐(Petén)의 라 파시온 강(Río La Pasión) 유역에 위치한 마야 문명 유적으로 이 강 유역의 유적들 중 가장 크다. 기원전 약 400년부터 기원후 약 900년대까지의 역사를 담고 있는 유적으로 멕시코 고대 문명의 영향을 보여주며 약 1만 명의 원주민이 거주하고 있었다. 마야 시대의 구조물과 기념비 등을 다수 볼 수 있다.
　➡ Cultura maya(마야 문명)

Ceibo(Seibo) (세이보) 　아르헨티나와 우루과이의 국화이다. 높지는 않지만 폭이 넓으며, 통나무는 비틀어져 있다. 빨간색인 꽃은 칼집 모양이다. 꽃의 씨는 칼집 안에 있으며, 파라나 해안과 아르헨티나 라 플라타 강에서 자란다. 하지만 강가 주변, 늪 그리고 늪지에서도 찾아볼 수 있다.

CELACP (Antonio C. Polar 문학연구센터) 　페루 출신의 작가 안토니오 코르네호 폴라르(Antonio Cornejo Polar)가 창단한 연구 센터이며 페루 국립 도서관과 페루 국립 문화 아카데미의 승인을 받은 비영리단체이다. 1965년 페루 작가 모임을 기반으로 시작되었으며 창단자의 이념을 계승하고 페루 문학 및 라틴아메리카의 문학 유산을 알리는 것을 목적으로 한다.

Celos (셀로스) 　아르헨티나의 영화감독 마리오 소피시(Mario Soffici, 1900~1977)의 1946년 작품이다. 'El infierno de los celos'라고도 알려져 있으며 톨스토이(Leo Tolstoy, 1828~1910)의 소설 『*La sonata a Kreutzer*』(1890)를 영화화한 것으로 1947년 콘도르데 플라타상(Premio Cóndor de Plata)을 수상했다.

Cenote (세노테) 　멕시코 동남부의 유카탄(Yucatán) 반도에 위치한 천연 지하 샘을 일컫는 말. 유카탄 반도는 석회암층과 산호초로 형성되어 있는데, 수분을 흡수하는 석회암층의 성질로 인해, 물이 땅의 표면에 고이지 못하고 지하로 빠져 들어가 세노테가 형성되었다. 관광 명소로 각광받는다.

Cepeda Samudio, Álvaro (알바로 세페다 사무디오) 　(1926~1972) 콜롬비아의 작가이자 언론인이다. 바랑키야 그룹(El Grupo de Barranquilla)에 참여했으며 스포츠와 영화, 스페인 문학의 열렬한 팬이었다. 극작품을 썼으며 배우로 활동하기도 했다. 대표작으로는 『*La casa grande*』(1962), 『*Todos estábamos a la espera*』(1954), 그리고 사후 출판된 『*En el margen de la ruta*』(1985)가 있다. ➡ La literatura colombiana del siglo 20(20세기 콜롬비아 문학)

Cerda, Carlos (카를로스 세르다)　(1941~2001) 칠레의 작가이다. 1973년 쿠데타 이후 베를린으로 망명하여 1985년까지 거주하였다. 다양한 장르에서 작품활동을 했다. 대표작으로 『*El leninismo y la Victoria Popular*』(1971), 『*Por culpa de nadie*』(1986) 등이 있다. ➡ La literatura chilena del siglo 20(20세기 칠레 문학)

Cerro Chuscha (추스차 산)　아르헨티나 살타(Salta) 지역에 위치하고 안데스 산맥의 일부를 구성하고 있다. 추스차에 전형적인 고산지대 잉카 신전이 있다. 이곳은 의식과 장작 저장소 그리고 제사를 위한 처형장 모두 갖추고 있다.

Cerro de la Cruz(Guatemala) [세로 데 라 크루스(과테말라)]　안티구아 과테말라의 북쪽에 있는 언덕이다. 십자가가 있어 십자가 언덕이라고 부르며 안티구아의 수호성인인 산티아고(Santiago)의 동상이 있다. 안티구아 과테말라의 전경을 볼 수 있다.

Cerro de la Cruz(México) [세로 데 라 크루스(멕시코)]　멕시코 테픽(Tepic) 시에 위치한 언덕이다. 언덕 정상에는 작은 평지가 있고 그곳에 십자가 3개가 세워져 있다. 가장 큰 십자가는 예수의 모형을 가지고 있고 다른 두 개는 비교적 작다.

Cerruto, Óscar (오스카르 세루토)　(1912~1981) 볼리비아 라파스에서 출생하여 작가, 시인, 저널리스트와 외교관으로 활동하였다. 볼리비아 20세기 작가 중에 손꼽히는 5인 안에 포함되며 볼리비아의 가장 중요한 역사 관련 사회소설의 작가이다. 1930년부터 문학과 관련된 기사와 시 또는 짧은 동화를 신문에 발표하였다. 1931년 외교관의 자격으로 칠레로 향하게 되었고 그곳에서 문학 토론회에서 우승을 하여 파블로 네루다(Pablo Neruda)와 빈센테 우이도브로(Vincente Huidobro)와 만나게 되었다. 이후 1932년 볼리비아와 파라과이 사이에 전쟁이 일어나 이에 기초하여 현재 볼리비아 전쟁소설을 대표하는 『*Aluvión de Fuego*』가 1935년에 출간되었다. 이 외에도 여러 역사소설을 썼으며 명성을 날렸다.

Cervantes, Francisco (프란시스코 세르반테스)　(1938~) 멕시코의 작가이자 언론인이다. 1977년에 포르투갈로 이주하여 구겐하임(Guggenheim) 기금을 받았으며 페르난도 페소아(Fernando Pessoa)와 다른 포르투갈 시인들과 몇몇 브라질 작가들의 작품을 번역하는 데 성공했다. 1982년 하비에르 비야우루티아상(El Premio Xavier Villaurrutia)을 비롯하여 많은 상을 수상했다. 대표작으로는 『*Heridas que se alternan*』(1985), 『*Regimiento de nieblas*』(1994) 등이 있다.

César Aira* (세사르 아이라)　1949년 아르헨티나 코고넬 프링글레스 태생의 소설가이자 극작가, 에세이작가, 번역가로 활동했다. 60권 이상의 작품을 썼는데, 주로 단편소설 위주의 작품활동을 했다. 부에노스아이레스 대학과 로사리오 대학에서 수학했으며, 프랑스와 영국, 이탈리아, 브라질, 스페인, 멕시코, 베네수엘라 등지를 다니면서 번역가 및 편집가로도 활동했다. 아르헨티나 작가로는 대표적인 다작 작가로 유명하며, 1998년에 스페인에서 발표한 『*Cómo me hice monja*』는 당시 스페인에서 출간된 10대 소설로 선정되기도 했다. 작품 속에서는 많은 경우 작가 스스로가 등장하여 스토리를 이끌어나가곤 하는데, 대표적인 예가 『*El congreso de literatura*』, 『*Las curas milagrosas del Doctor Aira*』, 『*Cómo me hice monja*』, 『*Cómo me reí*』, 『*El cerebro musical*』, 『*Cumpleaños*』, 『*Las conversaciones*』 등이다.

그런가 하면, 세사르 아이라는 만화, 장르문학 같은 대중적 분야에도 관심을 보여 『Las aventuras de Barbaverde』 같은 작품을 쓰기도 했고, 이국적인 동양 문화를 소재로 선택해 『Una novela china』, 『El volante』, 『El pequeño monje budista』 같은 작품을 발표하기도 했다. 그의 작품에 대한 에세이도 많이 등장하는데, 주로 아르헨티나의 베아트리스 비네르보 (Beatriz Viterbo) 출판사와 산드라 콘트레라스(Sandra Contreras) 출판사, 마리아노 가르시아(Mariano García) 출판사 등에서 나오고 있다. 알렉산드라 사아베드라 갈린도 (Alexandra Saavedra Galindo) 같은 학자는 아이라의 작품에 대한 연구논문을 발표하고 있으며, 스페인에서도 카르멘 데 모라(Carmen de Mora), 마노엘 알베르카(Manuel Alberca), 헤수스 몬토야 후아레스(Jesús Montoya Juárez) 같은 연구자들이 아이라의 작품에 대한 연구에 심혈을 기울이고 있다. 2011년에는 심지어 작가 아리엘 이데스 (Ariel Ídez)가 아이라를 주인공으로 한 『La última de César Aira』란 작품을 발표했으며, 푸에블라의 베네메리타 자치대학(Benemérita Universidad Autónoma de Puebla)에서는 세사르 아이라를 기리는 제5회 라틴아메리카 현대문학 국제학회가 열리기도 했다.

Céspedes Patzi, Augusto (아우구스토 세스페데스 팟시)　(1904~1997) 볼리비아 출생의 저널리스트, 작가, 정치인이었으며 차코 세대(Generación del Chaco)와 1952년 혁명 (Revolución de 1952)의 중요한 작가이다. 민족 혁명 운동(Movimiento Nacionalista Revolucionario)의 창설자 중 한 명이며 핵심 이론가 중 한 명이었다. 작품들을 통해 그의 정치적인 관념과 생각들을 펼쳤다.

Céspedes y Borja del Castillo, Carlos Manuel de (카를로스 마누엘 데 세스페데스 이 보르하 델 카스티요)　(1819~1874) 쿠바의 독립가, 정치인. 1868년 시작된 10년 전쟁(Guerra de los Diez Años) 초기인 1869년부터 지도자로 활약하였다. 쿠바 공화국의 첫 번째 대통령으로, 직책 수행 전부터 노예제도 폐지를 추진하였다.

Cesto (세스토)　막힌 버들가지 바구니에 씨앗들을 담아 소리를 내는 타악기다. 크기와 모양은 다양하다.

Ceviche (세비체)　seviche, cebiche, sebiche 등의 이름이 있으며, 멕시코, 과테말라, 니카라과 등 중미에서뿐 아니라 칠레, 페루, 콜롬비아 등 중남미 전 지역에 걸쳐 소비되는 음식이다. 토마토와 양파, 새우, 오징어 등을 넣어 비스킷과 같이 먹거나 튀긴 토스타다 (tostada)와 먹기도 하며, 스프 형식으로 먹기도 하는 등 재료와 형태가 다양하다.

Chachacha (차차차)　엔리케 호린(Enrique Jorrin)이라는 작곡가에 의해 만들어진 춤으로 춤을 출 때 발의 스텝에서 나는 소리에서 착안하여 이름을 '차차차'라고 만들었다고 한다. 제2차 세계대전 이후 쿠바 음악은 세계 무용계에 맘보, 잠보에서 차차차라는 새로운 장르를 도입하면서 많은 영향을 미친다. 이 춤곡은 구이로, 콩가, 팀발레스 등의 악기들을 주로 사용해서 연주한다. ➡ Salsa(살사)

Chaco Boreal (차코 보레알)　차코 지역의 북쪽 지역으로 차네스(Chanés)족, 이쉬르(yshyr) 족, 카우데보(Caudevos)족 등의 민족들이 거주했다. 16세기에 유럽인들이 들어오기 시작했고 차코 전투 이후에 유럽인과 일본인들이 들어오기 시작했다.

Chairo (차이로)　페루의 음식으로 말린 감자와 양고기, 말린 쇠고기를 넣어 끓인 스프이다. 아이마라(aimara)어로 스프라는 뜻이며, 안데스 지방에서 유래하여 아레키파(Arequipa) 지방에서 특히 많이 먹는다.

Chajchas (차흐차스)　안데스 고원에서 유래된 타악기. 안데스 부족의 민속 악기이며 축제와 의식에 사용된다. 양이나 라마와 같은 동물의 발굽을 천 조각에 꿰매어 소리를 낸다.

Chakán Putum (차칸 푸툼) 리가 데 마야판 붕괴 이후 유카탄 반도의 서남쪽에 위치한 마야 민족이다. 당시 8,000여 가구와 약 2,000대의 작은 카누 함대를 보유한 민족이었다.

Chalbaud, Román (로만 찰바우드) (1931~) 베네수엘라의 시인이자 극본가, 영화 및 연극, 텔레비전 드라마 감독. 청년기에는 시와 소설에서 문학활동을 시작하였으나 곧 연극과 영화로 전향하여 두각을 나타나게 된다. 극본은 드라마적 성격이 강한 주제들과 현대 베네수엘라의 사회적 현실의 긴급한 주제들을 다루고 있으며 주인공은 대부분 유머를 통한 사회 고발적 성격이 강한 아이러니로 특징지어지는 인물들이다. 대표 연극작품으로는 『Los adolescentes』(1951)가 있으며 다양한 작품을 통해 많은 상을 받았다. 영화작품으로는 「Manon」(1986), 「La oveja negra」(1987), 「Cuchillos de fuego」(1989) 등이 있다.

Chalcuchímac (찰쿠치막) 키스키스(Quizquiz)와 루미냐우이(Rumiñahui)와 함께 아타우알파(Atahualpa)의 3명의 장군 한 명이다. 찰쿠치막이 잉카 내전 중 우아스카르(Huáscar)를 생포해 아타우알파에게 승리를 허락한 장군이다.

Chamorro, Pedro Joaquín (페드로 호아킨 차모로) (1924~1978) 니카라과의 정치가이자 작가이다. 정치에서뿐만 아니라 문학에서도 중요한 인물이다. 소모사(Somoza) 독재 정권에 의해 암살당했다. 당시 대표작으로 『Estirpe sangrienta』(1958), 『Diario de un preso』(1952) 등이 있다.

Chamorro, Violeta (비올레타 차모로) 본명은 비올레타 바리오스 토레스 데 차모로(Violeta Barrios Torres de Chamorro)로 니카라과 최초의 여성 대통령이다. 저널리스트였던 남편 페드로 호아킨 차모로(Pedro Joaquín Chamorro)가 소모사(Somoza) 독재 정권에 투항하다 살해당하자 국민들의 열렬한 지지 속에서 당선되었다. 이로써 다니엘 오르테가(Daniel Ortega)가 이끄는 반미정권을 10년 만에 붕괴시키는 데 성공했다.

Chaná (차나) 차루아(Charrúa)들과 함께 우루과이 남쪽 지방과 아르헨티나에 거주하던 민족이다. 주로 어업에 종사했으며 공예에도 많은 발전을 보였다. 16세기 스페인인들이 도착할 당시 과라니(Guaraní)족들로부터 1차 침공을 받았다.

Chancho va (찬초 바) 라틴아메리카, 특히 아르헨티나에서 즐기는 트럼프 게임이다. 최소 3명에서 최대 4명까지 참여할 수 있다. 같은 숫자의 카드를 인원수만큼 나누어야 하며, 한 사람당 인원수만큼의 카드를 갖는다. 카드 1장씩 옆으로 건네야 하며, 건네면서 '찬초 바(chancho va)'라고 모두 외친다. 카드를 나눈 사람이 이동 방향을 정하고, 게임 중도에 방향을 바꿀 수 있다. 게임의 목표는 손 안에 있는 모든 카드의 숫자가 같아지도록 만드는 것이며, 성공한 사람은 상 중심으로 손등을 보이는 상태로 팔을 뻗고 '찬초(chancho)'라고 외치면 모든 인원이 같이 손을 뻗어야 한다. 마지막으로 손을 올린 사람이 지며, 'Chancho'의 한 글자를 획득한다. 먼저 '찬초'를 만드는 사람이 지는 게임이다. 게임 중에 블러핑을 할 수도 있다. '판초(pancho)'나 비슷한 단어를 외치고 손바닥이 보이는 상태로 팔을 뻗으면, 그 위에 손을 올리는 모든 사람은 'chancho'의 한 글자를 획득한다.

Chapulin Colorado (차풀린 콜로라도) 멕시코에서 1970년에 방송된, 코미디언 로베르토 고메스 볼라뇨스(Roberto Gómez Bolaños)의 코미디 채널이다. 주로 영웅을 풍자하는 내용으로 구성되어 있다.

Charango (차랑고) 안데스 산맥에서 사용하는 기타 모양의 현악기이다. 전통적으로는 아르마딜로(armadillo)의 등껍질을 사용했지만 현재는 동물 보호 차원에서 목재를 사용하여 만든다. 10개의 현으로 구성되어 있으며 각 2개의 현으로 짝을 이룬다. 볼리비아 차란고 축제 때 사용된다.

Charcas (차르카스)   멕시코의 도시로 비가 부족한 해발 2,057m의 산악지대에 위치해 있다. 은, 금, 안티몬, 구리 등의 금속이 풍부한 광산을 가지고 있어 스페인 정복자들의 착취를 경험했다.

Charrúa (차루아)   현재 우루과이와 아르헨티나에 살았던 여러 민족을 모아 뜻하는 말이다. 다른 원주민 언어와 분리된 차루아 계통 언어를 사용했고 푸엘체(Puelche), 토바(Toba) 등의 문화와 비슷한 점이 많으며 15세기에는 구아라니(Guarani) 문화의 영향을 받은 것 으로 보인다.

Chase, Alfonso (알폰소 차세)   (1944~) 코스타리카 출신으로 시인이자 수필가로 활동했 다. 1967년과 1995년에 국가 시인상(El premio nacional de poesía)을 1968년에는 국 가 소설상(El premio nacional de novela)을 수상하는 등 실력 있는 작가였다. 대표작으 로는 카를로스 데 라 오사와 공동으로 발표한 『*Cuerpos*』이 있다.

Chaullabamba (차우야밤바)   에콰도르 아수아이(Azuay) 지역에 위치한 고고학적인 유적지 다. 기원전 950년에서 기원전 750년 사이에 발달하게 되었으며 초레라(Chorrera) 문화 와 동시대일 것이라 추정된다. 특히 점토를 사용해 여러 장식품을 만들었다.

Chavero, Alfredo (알프레도 차베로)   (1841~1906) 멕시코의 극작가이자 역사가, 자유주 의 사상가이다. 극작가로서 희극과 비극, 사르수엘라(zarzuela)까지 전 장르에 걸친 작품 들을 집필했다. 대표작으로는 『*Xochitl*』(1877), 『*El paje de la virreina*』(1879) 등이 있다.

Chávez Careaga, Federico (페데리코 차베스 카레아가)   (1882~1979) 파라과이의 정 치인. 파라과이 적색당(Partido Colorado) 당원으로서 1950년 선거에서 승리하여 대통 령직을 수행하였다. 라틴아메리카 국가뿐 아니라 스페인과도 긴밀한 외교정책을 펼쳤으 나 1954년 알프레도 스트뢰스네르 마티우아다(Alfredo Stroessner Matiauda, 1912~ 2006) 장군이 일으킨 쿠데타로 강제 해임을 당하였다.

Chávez Castañeda, Ricardo (리카르도 차베스 카타녜다)   크랙 세대를 대표하는 멕시코 의 작가로 1961년 출생했다. 심리학을 전공한 그가 다룬 주요 주제는 사춘기와 언어, 어 른이 된다는 것의 저주, 자유 등이며 근대 라틴아메리카 문학 문체의 대표자로 꼽힌다. 현재 미국에 거주하며 대학에서 문학을 가르치고 있다. ➡ La literatura guatemalteca del siglo 20(20세기 과테말라 문학)

Chávez Velasco, Waldo (왈도 차베스 벨라스코)   (1933~2005) 엘살바도르의 시인, 극 작가, 언론인. 사르트르의 영향을 받은 참여세대(Generación Comprometida) 구성원 중 하나이다. 주간지 <Hogar y escuela>의 편집을 맡기도 하였으며 냉전 시대 엘살바도르 대표단으로 국제회의에 참가하기도 했다. 작품으로는 시 『*Canción de amor para la paz futura*』(1951), 극작품 『*Fábrica de sueños*』(1957) 등이 있다.

Chávez, Carlos (카를로스 차베스)   (1899~1978) 멕시코뿐만 아니라 중남미 현대 음악사 에서 가장 중요한 작곡가이자 지휘자로 꼽힌다. 고전음악에 대한 깊은 조예에도 불구하 고 항상 대중음악과 멕시코 원주민 음악에 대한 관심을 가졌다. 그러한 경향의 대표적인 작품으로는 『*El nuevo fuego*』(1921)를 들 수 있다.

Chavín de Huántar (차빈 데 우안타르)   페루에 위치한 고고학적 유적지다. 페루의 첫 거대 문명이었던 차빈 문명(Cultura Chavín)을 상징하는 곳이며 중심지였다. 여러 개의 건물들과 광장, 원형극장 등으로 구성되어 있으며 모두 바위 조각들로 건축되어 있다.

Chavo del 8 (차보 델 오초)   멕시코에서 1971년에 시작된 코미디언 로베르토 고메스 볼라뇨스(Roberto Gómez Bolaños)의 코미디 채널이다. 어른들을 위한 텔레비전 채널로 시작되었지만, 오히려 초등학생 사이에서 큰 인기를 얻게 되었다. 인기 덕에 1973년부터는 다른 라틴아메리카 국가에서도 방송되었으며, 30년이 지난 현재에도 애니메이션으로 만들어져 계속 방송되고 있다.

Chechehet (체체엣)   아르헨티나 헷(Het) 민족의 3개 분류 중 하나이다. 현재 부에노스아이레스(Buenos Aires) 주에서 발전했다. 북쪽은 케란디(Querandíes)족과 경계하고 푸엘체(Puelche)족과 경계하고 있었다.

Chibcha (칩차)   콜롬비아 쿤디나마르카와 보야카의 동부 산맥 고원에 살았던 원주민 인디오를 가리킨다. 지금은 사어인 콜롬비아 보고타와 툰하 지방의 고원에서 쓰이던 칩차족의 언어를 가리키기도 한다.

Chicha (치차)   중남미 지역에서 발효시켜 만든 음료수의 총칭이다. 다양한 종류가 있으며 알코올 도수가 높지 않은 것과 알코올이 함유되지 않은 것들도 있다. 옥수수 또는 다른 곡물을 발효시켜 만들거나 과일을 발효시켜 만들기도 한다.

Chicharrón (치차롱)   돼지비계를 주재료로 한 음식. 중남미 여러 국가들의 전통 음식이며 스페인의 안달루시아에서도 유명한 음식이다. 닭고기, 양고기, 소고기 등이 첨가되기도 한다.

Chichen Itza (치첸 이사)   고대 마야 문명이 번성했던 도시 중 하나로, 유카탄 반도의 북서부에 위치하고 있다. 600~900년경에 창설되어 900~1200년경 가장 번성하였으며 종교적, 군사적, 정치적, 상업의 중심지로 인구 3만 5천 명의 마야인이 거주했을 것이라 추정된다. 훌륭한 상태로 보존되어 있는 돌 건축물이 유명한데, '전사들의 신전', '대사장', '대경기장', '카라콜'이 그 예이다. 또한 인신공양을 할 때 사용되었던 차크몰과 세노테의 우물이 널리 알려져 있다. 현재에는 킨타나 로오(Quintana Roo) 주가 그곳에 자리잡고 있으며, 고고학적으로 중요한 의미를 가지고 있어 유네스코 세계유산 목록으로 지정되어 있다.

Chichicastenango (치치카스테낭고)   과테말라 키체(Quiché)에 있는 도시이다. 재래시장으로 유명하여 과테말라를 방문하는 여행객들의 필수 관광지 중 하나로 꼽힌다. 키체어를 사용하는 원주민을 포함하여 약 10만 명이 거주한다. ➡ Popol-Vuh(포폴 부)

Chilam Balam* (칠람 발람)   작가는 다양한 텍스트를 통해 독자가 상상하지 못했던 현실 또는 가상의 세계로 이를 안내한다. 한편 독자들이 전혀 알지 못하는 세계이지만 사실적인 사건들을 제공해주는 문학작품도 있는데 칠람 발람이 그중 하나이다. 중남미 원주민 문학에서 중요한 서적으로 평가되고 있으며, 마야의 삶과 깊이 관련된 신화와 종교적인 내용을 담고 있는 책이다. 칠람은 "예언을 하는 자"라는 뜻을 가지고 있는데, 칠람의 역할을 수행하는 사람은 고서적에서 예언적인 메시지를 간추려 해석하는 제사관들이었다. 마야인들은 우주의 주기가 반복된다는 시간적 개념을 가지고 있었기 때문에 예언술이 가능하다고 보았고 마야인들은 칠람이 신의 메시지를 전달한다고 생각했다. 한편 발람은 "재규어" 또는 "마술사"라는 뜻을 가지고 있다. 하지만 실제로는 사람의 성으로 알려져 있다. 칠람 발람은 스페인 정복 이전 당시 극작가였으며, "마니"라는 마을의 제사관으로 예언자로서는 높은 명성을 자랑했다고 한다. 또한 다른 제사관들과 함께 새로운 종교가 도래할 것이라고 예언했다고 한다. 이는 스페인의 아메리카 정복 이후 스페인인들과 가톨릭의 출현을 예고하는 것으로 해석되었다. 칠람 발람은 아메리카 대륙의 문화, 즉 스페인 정복 이전의 마야 문명을 깊이 알 수 있게 해준다. 이 서적은 포폴 보후(Popol Vuh)와 더불어 마야 문명의 신화를 담고 있으며 다양한 내용이 기록되어 있다. 19세기에 발견된 추마엘(Chumayel)이 가장 큰 중요성을 지니고 있는 것으로 평가받고 있다. 이외에도 티시민(Tizimín), 카우아(Kaua), 익실(Ixil), 테칵스(Tekax), 나(Nah), 투식(Tusik), 페레스 고문서(Códice Pérez) 등이 있다. 다양한 서적들이 있지만 크게 두 가지 종류로 압축해서 칠람 발람을 설명할 수 있는데 법률 서적과 스페인의 정복 이후 새롭게 편집된 성서이다. 법률 서적은 마야인들이 조상들로부터 물려받은 토지에 대한 소유권 증서로 활용되었을 뿐만 아니라 명문가의 혈통, 여러 마을에서 일어나는 중요한 사건들을 기록하는 것이었다. 하지만 저자는 스페인 성직자들의 가르침을 깨달았다는 것을 당국자들에게 보여주기 위해 마야인들의 역사를 빈번하게 왜곡시켰다. 이렇게 마야인들은 겉으로는 가톨릭을 받아들인 것으로 보인 것이다. 마야인들은 자신들의 종교, 전통, 전설 등을 기록해야 하는 필요에 의해 더 많은 칠람 발람 서적들이 탄생하였다. 이런 서적들은 스페인의 정복 기간 동안 금지되어 있었기 때문에 마야인들은 비밀 집회에서만 읽었다. 그렇기 때문에 마을 공동체의 특정 가문에서 이 서적을 관리했고 대대로 물려받게 되는 것이다. 이 칠람 발람은 제사관들에 의해 필사되었고 칠람 발람이란 이름과 함께 필사된 장소의 이름을 추가하게 된다. 칠람 발람이 티시민(Tizimín)이란 마을에서 필사되면 "티신민 칠람 발람(Chilam Balam de Tizimín)"이 되는 것이다. 종교적인 내용을 주로 담고 있는 칠람 발람은 유카탄 반도의 주요 부족들의 역사, 우주진화론적 전설, 제사 의례, 의학, 천문학, 스페인 정복으로 인한 황폐화 등을 다루고 있다. 정복 이후 작성된 칠람 발람은 유카탄의 마야 문명이 경험한 모든 문화적인 측면을 다루고 있다.

Chilca (칠카)　　페루 칠카(Chilca) 지역의 고고학적인 유적지를 말한다. 1963년에 최초로 발견되었다. 마을의 최초 문명은 기원전 3750년경에 나타나 약 1,200년간 생활하다 불명확한 이유로 이 지역을 떠난 것으로 추정한다.

Chile Relleno (칠레 레예노)　　멕시코의 도시 푸에블라(Puebla)에서 기원한 멕시코의 대표 음식 중 하나이다. 고추(Chile) 안에 다진 고기 또는 치즈 등을 넣고 튀긴 음식으로 여러 가지 소스를 뿌려 먹는다.

Chinchón(Conga 혹은 Porra) [친촌(콩가 혹은 포라)]　　스페인과 라틴아메리카에서 즐기는 트럼프 게임으로 지역에 따라 다르게 칭한다. 2명에서 5명까지 일곱 장의 카드를 들고, 남는 카드는 테이블 가운데 둔다. 순서대로 한 장씩 버리고 주울 수 있으며, 게임의 목표는 두 그룹의 카드를 만드는 것이다. 같은 숫자 3장을 두 개의 그룹으로 만들거나, 같은 그림의 사다리를 만들어야 한다. 최소 두 그룹을 만들 수 있는 사람이 카드를 공개할 수 있으며, 상대방도 같이 공개해야 한다. 상대방이 만든 카드 그룹 혹은 사다리에 짝 없는 자신의 카드를 넣을 수 있고 짝 없는 카드는 1점의 가치가 있으며, 점수가 높은 사람이 지는 방식으로 진행한다. 게임하기에 앞서 최대 점수를 정하며, 그 점수에 이르는 사람이 진다. 카드가 남지 않은 사람은 -10점을 벌며, 스페이드 사다리를 만든 사람은 자동으로 게임을 이긴다.

Chipá(chipa) (치파)　　과라니족에서 기원한 원주민 음식이다. 밀가루, 만디오카(madioca) 가루, 효모, 소금, 우유, 치즈를 섞고 반죽을 불에 굽는다. 모양은 5cm를 넘기지 않고 둥글며 도넛처럼 구멍이 뚫려 있기도 하다.

Chipa guazú (치파 구아수)　　파라과이의 대표 음식으로 옥수수 가루를 내어 만든 케이크다. 주로 아사도(asado)를 먹을 때 함께 먹으며 파라과이에서뿐 아니라 아르헨티나 북부지방에서도 먹는다. 이름은 과라니(guaraní)어에서 유래했다.

Chiquillán (치키얀)　　칠레 중앙 징역에서 생활했던 유목민족이다. 100명이 안 되는 작은 공동체를 이루어 살고 테우엘체(Tehuelche)과 팜파스의 민족들과 비슷한 문화를 보유하고 있었다. 페우엔체(Pehuenche)들과 가까이 위치하고 있었지만 마푸체(Mapuche)의 영향은 받지 않았다.

Chiriguano (치리구아노)　　볼리비아 투피 구아라니(Tupí-guaraní) 계열의 민족이다. 볼리비아 산타 크루스(Santa Cruz), 추키사카(Chuquisaca)와 타리하(Tarija) 지역에서 생활하였다. 그들의 수는 무려 200,000명 가까이 됐지만 차코 전쟁(Guerra del Chaco) 당시 파라과이와 아르헨티나로 흩어져 20세기 말에는 33,700명밖에 찾아볼 수 없었다.

Chocano, José Santos (호세 산토스 초카노)　　(1874~1942) 페루 출신의 페루 모데르니스모에 있어서 가장 중요한 시인이다. 작품을 통해 인간 본위의 우주적인 시각을 보여주었고 호전적이면서도 토착적인 이미지들을 창출해 낸 것으로 존경받는다. 『*El derrumbe*』 (1899)와 『*El canto del siglo*』(1901)가 대표작이다. ⇒ La literatura guatemalteca del siglo 20(20세기 과테말라 문학)

Chocolá (초콜라)　　스페인 정복 이전의 마야 유적지다. 가장 큰 전성기는 기원전 1000년에서 기원후 200년 사이였으며 마야 제국의 남쪽에 위치하고 있다.

Chocolatero(Viento, México) (초콜라테로)　　멕시코의 뜨거운 모래폭풍을 칭한다.

Cholo (촐로)　　스페인의 식민지 정복 과정에 나타난 혼혈 인종 중 하나로 메스티소(mestizo)와 인디언 여성 사이에 태어난 사람들을 일컫는다. ⇒ Mestizaje(혼혈)

Choquequirao (초케키라오)　　페루 남부에 위치한 잉카 고적. 여러 개의 건축물과 계단식 밭으로 구성되어 있다. 이곳은 지역의 문화와 종교적인 곳이었고 빌카밤바(Vilcabamba) 지역에 들어가기 위한 보초막으로 보이며 마추픽추와 유사하게 건축되었다.

Chorreadas(Costa Rica) (초레아다스)　　라틴아메리카식의 팬케이크이다. 옥수수 이삭, 밀가루, 우유, 설탕, 계란 등을 섞어서 굽는다. 특징은 설탕을 빼고 소금과 치즈로 짭짤하게 먹기도 한다는 것이다.

Chortí (초르티)　　초르티 민족이 쓰는 마야어 어군의 언어로 과테말라의 치키물라 주의 호코탄(Jocotán) 지역과 카모탄(Camotán) 지역, 온두라스 코판 주에서 사용된다. 과테말라의 초르티들은 약 55,000명이며 온두라스 초르티스들은 그들의 언어를 잃고 스페인어를 사용하고 있다.

Chortís (초르티스)　　과테말라와 온두라스에 거주하는 원주민으로 문화적, 정치적 중심지였던 코팡(Copán) 마야 문명의 후손들이다. 현재 6만 명이 생존해 있으며, 그중 5만 2천 명은 치키물라(Chiquimula) 주와 과테말라 주에 서식하고 있고 나머지 8천 명은 코팡 주, 오코테페케(Ocotepeque) 주, 코르테스(Cortés) 주와 산타 바르바라(Santa Bárbara) 주에 거주한다.

Christopherson, Alejandro (알레한드로 크리스토퍼슨)　　(1866~1946) 1920년대 전후 아르헨티나 건축의 중심적 지도자이다. 1888년 이후 부에노스아이레스에 정착하였으며

1900년대에 부에노스아이레스 대학의 건축학부를 창설했다.

Chubasco (추바스코)   짧고 강한 멕시코 강풍이다. 6월과 11월 사이에 일어난다.

Chuj (추흐)   과테말라 우에우에테낭고에 주로 거주하는 마야 원주민 부족 중 하나로 추흐어를 구사하며 약 6만 8천 명의 인구가 있다. 가톨릭을 믿지만 원주민 종교의 영향이 남아 있다.

Chuqui illa (추키 일라)   잉카 종교에서 존재하던 신이다. 비, 우박과 번개를 다스리는 신으로 코리칸차에 자리 잡고 있었다. 지정된 영토를 소유하고 있었으며 그를 섬기는 사제들이 있었다. 설에 의하면 천둥, 번개가 치는 날 아이가 태어나면 그 아이는 추키 일라로부터 선택 받은 자로 그를 섬겨야 했다.

Churajón (추라혼)   페루 케케냐(Quequeña) 지역에 위치한 고고학적 유적지이다. 푸키나(Puquina) 문화에 속해 있고 아직 주거 형태, 농업을 위한 수로와 공동묘지가 보존되어 있다. 건축 양식은 주로 미로와 같이 좁고 복잡한 거리와 집 내외부에 작은 마당이 있다.

Cien años de soledad (백년의 고독)   1982년 노벨 문학상을 수상한 가브리엘 가르시아 마르케스의 작품으로 부엔디아 가문의 역사를 통해 라틴아메리카의 고독을 그려냈다. '마술적 사실주의(Realismo mágico)'라는 평가를 받는데 일조했으며, 마술적 환상성 외에도 여러 소재의 신화적 원형들을 차용하여 라틴아메리카의 현실을 풀어내고 있다. ➡ Gabriel García Márquez(가브리엘 가르시아 마르케스)

Cierta enciclopedia china* (중국의 한 백과사전)   아르헨티나 작가 호르헤 루이스 보르헤스의 『El idioma analítico de John Wilkins』에서 언급된 허구의 저작명이다. 이 저작명이 인구에 회자되는 이유는 그 저작 속에 실려 있다는 동물 분류표 때문이다. 특히 임상 의학이나 정신병에 관한 역사적이고 사회적인 연구를 거쳐 르네상스 시대 이후의 근대 서구의 지(知)의 가능성에 관한 조건의 변동을 추적하고, 인간 개념의 종언을 선언하여 논의를 일으킨 바 있었던 현대 프랑스 철학자 미셸 푸코가 자신의 저작 『Les Mots et les choses』에서 직접적으로 그 문구를 인용하면서 더욱 널리 알려지게 되었다. 푸코는 각 시대의 이론의 고유한 배제(排除)의 체계를 갖고 있다고 주장하고, 서구사회에서는 이성과 광기, 진리와 허위를 분할하는 지(知)에 대한 의지가 권력 기구와 불가분의 관계에 있다는 관점을 지니고 있는데, 특히 『Les Mots et les choses』에서는 이 명저가 보르헤스의 한 작품에서 영감을 얻어 쓰인 것이라고 공공연히 밝힘으로써 많은 비평가들이 보르헤스 문학을 20세기 후반부에 전 세계를 풍미했던 포스트모더니즘의 출발점으로 간주하게 되는 계기가 되었다. 푸코는 『Les Mots et les choses』의 서문에서 보르헤스를 인용하면서 끝없는 당혹감을 느끼며 웃음을 터뜨리지 않을 수 없었다고 밝히고 있다. 이 석학의 웃음을 자아낸 부분은 앞서 언급한 동물 분류표였다. 보르헤스는 다음과 같이 동물을 분류하고 있다: a) 황제에 속하는 동물, b) 향료로 처리하여 박제로 보존된 동물, c) 사육동물, d) 젖을 빠는 돼지, e) 인어, f) 전설상의 동물, g) 주인 없는 개, h) 이 분류에 포함되는 동물, i) 광폭한 동물, j) 셀 수 없는 동물, k) 낙타털과 같이 미세한 털로 된 붓으로 그릴 수 있는 동물, l) 기타, m) 방금 물 항아리를 깨뜨린 동물, n) 멀리서 볼 때 파리같이 보이는 동물이 그것이다. 푸코는 이 분류표를 보면서 경탄과 더불어 '사고의 절대적 불가능성', 즉 도저히 있을 수 없을 것 같은 범주들의 병치가 별다른 거리 없이 근접하여 이루어지고 있음을 보았다고 한다. 말하자면, 근접이 이루어질 수 있는 공동의 공간이 붕괴되고 없다는 사실에서 기괴함이 느껴진다는 것이다. 실제로 이 '중국 백과사전'은

텍스트를 통해 보르헤스가 어떻게 자신의 혼재향적 비전을 드러내는지를 보여주고 있는 전형적인 예로 사료된다. 또한 푸코는 상기한 원문 때문에 한동안 웃음을 멈출 수 없었다고 밝히면서 이 웃음이 자신으로 하여금 '말과 사물'을 전개시킬 수 있는 출발점을 제공해주었다고 한다. 앞서 동물 분류에 대한 보르헤스의 글이 보여주는 것은, 정렬된 표층과 모든 평면, 혹은 말과 사물의 일대일 대응으로 표현되는 기존의 인식론의 해체였기 때문이다. 다시 말해, 동물들을 a, b, c, d 등의 알파벳순으로 묶어놓았을 뿐, 동물들을 구별하여 배치시킬 수 있는 공간이 없어졌기 때문이다. 보르헤스는 이 사전을 인용하면서, 서구 이성이 완벽하게 수립해놓았다는 분류방법과 가치체계 역시 임의적이고 자의적이라는 문제를 제기하고 있는 것이다. 이러한 분류체계와 관련하여, 푸코는 『El Otro』에서 보르헤스가 실현한 혼재적 파편화에 대해 "사물들이 워낙 서로 다른 장소들에 '배치되고', '놓이며', '정돈되어' 그들 모두의 기반으로서의 공통적인 장을 규정하거나 거처를 발견하기 불가능한 상태"라고 규정하기도 했다. 푸코는 기존의 정렬된 표층적 구조를 '유토피아(Utopía)'라고 상정하고, 이에 비유해 해체된 상태를 설명하면서 '헤테로토피아(Heterotopía)'라는 개념을 상정한다. 또한, 푸코는 '말과 사물'의 핵심을 이루는 수백 년 간 서구 사상을 지배해 온 '자아(Lo Mismo)'와 '타자(Lo Otro)'의 구분에 대한 문제를 언급하면서, 이러한 절대적 사고의 붕괴를 지적하고 있다. 푸코는 자타이분법을 몰락시키고 있는 보르헤스의 개념을 유토피아와 헤테로토피아의 개념을 들어 설명하고 있는 것이다.

Círculo de poetas turrialbeños (투리알바 시단)   1960년대 초반에 코스타리카의 투리알바 시의 시인들 호르헤 데브라보(Jorge Debravo), 마르코 아길라르(Marco Aguilar), 라우레아노 알반(Laureano Alban)이 창단한 모임이다. 후에 코스타리카 시단(Círculo de poetas costarricenses)으로 이름을 바꾸었으며 현재까지 그 활동을 이어오고 있다.

Cisneros(Colombia) (시스네로스)   콜롬비아 북서부에 있는 주인 안티오키아에 속한 자치 도시로 주도인 메데인에서 북동쪽으로 84km 떨어져 있으며 해발 1,050m에 위치해 있다. 산이 많고, 누스 강을 따라 늪이 형성되어 있으며 울퉁불퉁하고 험한 지형으로 사탕수수, 유카, 옥수수를 기본으로 하는 농업, 축산업 및 무역이 주요 경제 산업이다. 1910년 2월 3일 라몬 곤잘레스 발렌시아 대통령과 여러 장관들에 의해 마을의 철도가 개통되었으며, 도시의 이름은 안티오키아의 철도 기술자였던 프란시스코 하비에르 시스네로스의 이름에서 유래되었다. 키에브라 터널이 건설되기 전까지 시스네로스는 철도의 종착역의 역할을 하였다.

Cisneros, Luis Benjamín (루이스 벤하민 시스네로스)   (1837~1904) 페루 리마(Lima) 출신의 시인, 저술가, 연극 각본가, 외교관. 페루와 중남미 낭만주의 문학을 대표하는 작가다. 마드리드와 파리에 외교관으로 파견되었고 파리에서도 여러 작품을 발표했다. 대표작으로는 『Alfredo el Sevillano』와 『Julia o Escenas de la vida en Lima』가 있다.

Ciudad de Guatemala (과테말라시티)   과테말라의 수도이다. 공식 명칭은 누에바 과테말라 데 라 아순시온(Nueva Guatemala de la Asunción)으로 1776년 공식적으로 세워졌다. 원래 과테말라 수도는 현재의 안티구아 과테말라(Antigua Guatemala)였으나 1773년의 대지진으로 인해 좀 더 안전한 장소로 옮겼는데 그것이 현재의 과테말라시티이다. 25개의 소나(Zona)로 나누어져 있으며 소나 우노(Zona 1)에는 국립 고고학 박물관과 스페인 총독부가 있다.

Ciudad Oculta (시우닷 오쿨타)　　아르헨티나의 수도 부에노스아이레스의 빈민가. '비야 킨세(Villa 15)'로 알려져 있기도 하다. 1978년 아르헨티나 월드컵 당시 외국인들로부터 이 지역을 감추기 위해 오스발도 칵시아토레(Osvaldo Cacciatore, 1924~2007) 장군이 벽을 지었다. 이 지역을 소재로 한 동명의 영화도 만들어졌다.

Ciudad Vieja(Guatemala) [시우다드 비에하(과테말라)]　　과테말라 사카테페케스 주에 위치한 도시이다. 스페인 식민지 시대 당시 과테말라 왕국의 수도이다. 1527년에 시우다드 데 산티아고(Ciudad de Santiago)라는 이름으로 설립되었고, 1541년 아구아(Agua) 화산 폭발로 인해 용암에 잠기게 된다. 계속적인 지진과 화산 활동으로 인해 1773년 수도를 현재의 과테말라 시로 옮기게 된다.

Civale, Cristina (크리스티나 시발레)　　(1960~) 아르헨티나 감독, 기자, 교수, 시나리오 작가이자 소설가이다. 영화와 드라마, 시나리오 작가로 활동하고 있다. 작품으로는 『Hijos de mala madre』(1993), 『Chica Fácil』(1995년), 『Perra Virtual』(1998)이 있다.

Civilización incaica* (잉카 문명)　　케추아 문명이라고도 불리는 잉카 문명은 스페인의 신대륙 발견 이전에 찬란한 꽃을 피웠던 고대 문명으로, 스페인의 정복기를 거쳐 1533년에 페루 정복이 마무리될 때까지 존재했다. 잉카 제국은 주변 부족들의 다양한 문화적 요소들을 흡수 통합하며 그 세를 확장해온 제국으로 지리적 영역은 현재의 페루, 아르헨티나, 볼리비아, 칠레, 콜롬비아, 에콰도르를 아우르는 지역에 해당된다. 쿠스코라는 도시국가 시절, 케추아 부족은 선조들로부터 이어져 내려온 방대하고 심오한 예술, 과학, 기술적 지식을 모아 국가의 기틀을 공고히 했으며, 이런 기초 지식을 더욱 발전시키고 강화해 국력을 신장시켰다. 한때 타완틴수요라는 이름으로도 불렸던, 그러나 이제는 사라지고 없는 잉카 제국 당시의 일부 풍습과 전통들은 지금까지도 볼리비아와 에콰도르, 페루 등지에 일부 남아 있다. 1530년에서 1540년 사이에 프란시스코 피사로가 이끄는 스페인 정복군에 의해 페루가 정복되면서 잉카왕국은 제국의 명운을 다했으나, 실제로 빌카밤바(Vilcabamba) 잉카의 저항세력은 1572까지 저항운동을 지속하기도 했다. 잉카 제국의 경제는 기본적으로 영농에 근간한다. 잉카 제국의 영농기술은 매우 선진화되어 있어, 산 등성 등의 경사지에 소위 '안덴(anden)'이라 불리는 농지를 개간해 수확을 하곤 했다. 또한 잉카 제국 이전부터 전해 내려온 영농기술을 근간으로 관개시스템을 발전시켜 활용하기도 했다. 주로 생산되는 농작물로는 옥수수, 카사바, 감자, 콩, 면화, 코담배, 코카 등이 있었으며, 농지는 공동소유로 집단영농 체제를 운용했다. 또한 축산업도 발달하여 라마와 알파카를 키웠으며, 카 팍 냔(Cápac Ñan)이라는 잉카 문명 특유의 기발한 산길을 뚫어 태평양 바다에서 잡아 올린 해산물과 조개류로부터 소금, 내륙에서 생산되는 수공예품에 이르는 다양한 물품들의 운송로로 사용했다. 잉카 문명이 남긴 예술성이 빼어난 유적과 유물로는 사크사이와만(Sacsayhuaman), 코리칸차(Koricancha) 같은 사원, 궁성이 있고, 특히 전략적 차원에서 건축한 마추픽추, 올란타이탐보(Ollantaytambo), 피삭(Pisac) 등의 요새가 있다. 정치적, 경제적, 사회적 차별성이 매우 뚜렷하기 때문에 잉카 제국을 한 마디로 사회주의적 군주국으로 명명하기는 힘들지만, 경제적으로 매우 호혜적이고 상호보완적인 시스템을 구축, 운용했던 것만은 분명한 사실이다.

Claudia Piñeiro* (클라우디아 피녜이로)　　1960년 아르헨티나 부에노스아이레스에서 태어난 소설가이자 극작가, 드라마 시나리오작가이다. 다양한 그래픽매체와의 컬래버를 시도하기도 한다. 아울러 그간 발표한 소설, 극작품, 신문기사 등을 통해 국내외적으로 다양한 상을 수상한 바 있다. 대표 소설로는 우선 2005년 클라린상(Premio Clarín)을 수상한 『Las viudas de los jueves』, 2007년 알파과라(Alfaguara)에서 출간된 『Tuya』, 2010년 리베라투르프레이스상(Premio Liberaturpreis)을 수상한 『Elena sabe』, 2009년에 발표되어 2010년 소르 후아나 이네스 데 라 크루스상(Premio Sor Juana Inés de la Cruz)을 수상한 『Las grietas de Jara』 등을 들 수 있다. 뿐만 아니라 아동서에도 관심을 기울여 2005년에 발표한 『Un ladrón entre nosotros』으로 2005년 이베로아메리카 푼다렉투라-노르마상(Premio Iberoamericano Fundalectura-Norma)을 수상했고, 2011년에는 『Serafín, el escritor y la bruja』를 출간했다. 한편, 극작품 『Cuánto vale una heladera』는 '2004 정체성 연극제'에서 초연된 바 있으며, 후에 교육과학기술부 지원을 받아 책으로 출간되기에 이르렀다. 드라마 「Un mismo árbol verde」는 플로렌시오 산체스 이 마리아 게레로상(Los premios Florencio Sánchez y María Guerrero) 최종 후보로 노미네이트된 바 있으며, 2007년에는 같은 작품으로 '에이스상(El Premio ACE)'을 수상했다. 현재 그녀의 작품들은 다양한 언어로 번역되어 세계시장에 보급되어 전 세계 수많은 독자들에게 소개되고 있다. 특히 소설 『Las viudas de los jueves』 수십만 권이 판매되어 대중소설 분야의 고전이 되었을 뿐 아니라 영화로도 제작되기에 이르렀다.

Claves (클라베스)   쿠바 음악에 사용되는 타악기로, 한 짝의 막대기를 리듬에 맞게 친다. 일반적으로 전문 연주가들이 없을 경우에도 다른 연주가들이 대신 연주할 수 있을 정도로 일반화된 악기이다. 일반적으로 광택이 있는 두 개의 단단한 막대기로 연주하지만 여의치 않은 경우에는 드럼의 나무 테를 사용하기도 한다.

Clemencia (클레멘시아)   멕시코 출신의 순수 원주민 혈통 작가인 이그나시오 마누엘 알타미라노(Ignacio Manuel Altamirano)의 대표작으로, 1869년에 출간되었다. 낭만주의 소설로 분류되며, 내전 당시 과달라하라(Guadalajara)를 배경으로 전개되는 사랑 이야기이다.

Clemente (클레멘테)   1973년부터 아르헨티나의 신문 <El Clarin>에 발표되기 시작한 카를로스 루아조(Carlos Loiseau)의 만화로 주인공은 Clemente라는 이름의 오리이다. 만화가는 이 작품의 다양한 인물들을 통해 사회의 각 계층과 세대 등을 형상화했다. 아르헨티나인들에게 오랜 사랑을 받아왔으며 2004년에 Clemente 동상이 세워지기도 했다.

Clovis (클로비스)   뉴멕시코에 위치한 고고학적인 유적지다. 아메리카 대륙의 가장 오래된 문명 중 하나로 추정된다. 가장 특징적인 요소는 투창 끝에 달려있는 깎인 돌이다. 푼타스 데 클로비스(puntas de Clovis)로도 알려져 있는 이 돌은 오목한 끝 부분을 가졌고 신생대 후기 홍적세(Pleistocene)의 유물이다.

Cobán (코반)   과테말라의 알타베라파스(Alta Verapaz) 지방의 수도이다. 이름은 이 지역에서 사용되는 원주민 언어 중 하나인 켁치(Quekchi)어로 '구름 사이(Entre nubes)'라는 뜻이다. 도미니코회 수도사들에 의해 1543년 도시가 세워졌으며 매년 7월 말 마야 원주민 축제가 열리는 곳으로, 과테말라에서 유명한 커피 생산지 중 하나이기도 하다.

Cochasqui (코차스키)   키토에서 52km 떨어진 곳에 위치한 유적지다. 이곳에 위치한 피라미드는 태양 문화를 상징하며 잉카 문명 이전의 키투카라(Quitu-Cara) 문명의 흔적이다. 총 15개의 피라미드가 있는데 각각 다른 크기를 가지고 있으며 그중에는 태양력이 있다. 기원전 850년부터 1550년 사이에 건축되었을 것이라 추정한다.

Cochinita pibil (코치니타 피빌)   멕시코의 유카탄 반도 마야 문명에서 기원한 돼지고기 요리이다. 시큼한 과일 즙에 고기를 재운 뒤 아치오테(achiote) 씨앗으로 색을 내어 바나나

잎에 싸서 구워낸다. 코치니타는 '새끼 돼지'라는 뜻이다.

Coco Mama (코코마마) 잉카족의 건강과 행복의 여신이다. 난잡한 신으로 여겨진 이 여신은 따라다니는 남성들로 인해 몸이 반으로 갈렸다고 한다. 그리고 상체와 하체로 분리된 신의 몸이 코카잎으로 변했다고 전해진다.

Codera Zaidín, Francisco (프란시스코 코데라 사이딘) 1836년 우에스카(Huesca)에서 태어난 스페인 수필가(1836~1917)이다. 라틴어, 아랍어, 히브리어에 조예가 깊으며, 특히 아랍 역사 연구에 큰 공헌을 하였다. 대표적인 저서로는 『*Tratado de Numismática arábigoespannola*』(1879)가 있다.

Cofán(A'i) (코판) 콜롬비아와 에콰도르 경계선에 위치한 아메리카 토착민족이다. 약 2,100명으로 이루어진 민족이며 스페인 식민지 시대 당시 15,000명이 살았지만 스페인들이 가지고 있던 질병이 퍼져 350명으로 인구가 줄었다. 코판 언어를 사용하며, 보유한 땅은 과메스 강과 아구아리코 강 사이에 있지만 석유 발굴 사업으로 인해 많은 부분 훼손되었으며 이 또한 다시 그들의 건강과 안전을 침범하고 있다. 에콰도르 정부는 민족을 지키기 위해 Organización Indígena Nacionalidad Cofán del Ecuador를 설립했다.

Cohen, Marcelo (마르셀로 코엔) (1951~) 아르헨티나 번역가, 기자, 작가이다. 잡지 <El viejo topo>의 편집장이었으며, 아르헨티나와 스페인 신문사에서도 일했다. 작품으로는 『*El buitre en invierno*』(1984), 『*El fin de lo mismo*』(1992) 등이 있다.

Colcampata (콜캄파타) 쿠스코 지역의 가장 오래된 곳으로 추정되는 곳이다. 사크사이와만(Sacsayhuamán)에 위치하고 있으며, 만코 카팍이 자신의 첫 거처를 세운 곳이라고 한다. ⇒ Arquitectura del Imperio Inca(잉카 제국의 건축)

Colegio Nacional de Buenos Aires (부에노스아이레스 국립 중학교) Pellegrini 중학교, ILSE 중학교와 함께 아르헨티나에서 가장 인정받는 중등교육기관이다. 부에노스아이레스 시의 볼리바르(Bolívar)가 263번지에 위치하고 있으며 1863년 바르톨로메 미트레(Bartolomé Mitre)에 의해 건립되었다. 5년의 중등교육을 제공하는 이 학교는 노벨상 수상자와 수많은 예술가, 정치인, 작가, 기자 등을 배출했다.

Coloane, Francisco (프란시스코 콜로아네) (1910~2002) 칠레의 작가이다. 광활하고 황폐한 자연을 배경으로 불행한 인물들의 삶과 그들의 광기, 죽음을 보여주는 작품을 주로 썼다. 극사실주의의 영향을 받기도 했다. 대표작으로는 『*Cabo de Hornos*』, 『*Tierra del fuego*』 등이 있다. ⇒ La literatura chilena del siglo 20(20세기 칠레 문학)

Colombres, Adolfo (아돌포 콜롬브레스) (1944~) 아르헨티나의 인류학자로서 아르테 포풀라르를 새롭게 체계화하자는 제안을 했다. 원주민 문화가 이루어낸 의식적이고 신성한 형상화는 서구 예술 영역에서 이해되기 어려운 것이라는 이유였다. 서구 영역으로까지 아르테 포풀라르의 이해를 넓히려는 시도에서 높이 평가된다.

Colonia del Sacramento (콜로니아 델 사크라멘토) 우루과이 콜로니아(Colonia) 주에 위치한 도시다. 라플라타 강과 함께 있는 이 도시는 1680년부터 이 강을 점령하기 위해 스페인과 포르투갈 사이에 문제를 일으킨 지역이다.

Colónida (콜로니다) 작가 페드로 아브라함 발델로마르 핀토(Pedro Abraham Valdelomar Pinto)가 1915년에서 1916년 사이에 주창한 문학 운동이다. 페루 문학에 나타나는 엘리트주의와 식민지풍의 작품에 반감을 보이며, 히스패닉 형식주의와 단절하고 프랑스와 이탈리아의 문학 흐름을 지지하는 것이 특징이다.

Comechingón (코메친곤)　　아르헨티나 두 개의 문명을 뜻하는 말이다. 에니아(Hênîa)와 카미아레(Kâmîare)는 17세기 스페인인들이 도착할 때 중앙 팜파스 지역에서 생활하고 있었다. 이 두 민족은 섬유업과 공업 기술을 보유했고 다양한 농사도 했다. 약 30,000명이 민족을 이어가고 있고 개별적인 9개의 언어를 사용하고 있다.

Como agua para chocolate (달콤 쌉싸름한 초콜릿)　　1989년에 출판된 멕시코 작가 라우라 에스키벨(Laura Esquivel)의 소설이다. 환상적 사실주의를 이용해 초현실과 현실을 융합하고 있다. 1994년 미국 American Bookseller Book of the Year를 수상했다.

Comuna (코무나)　　토착 원주민의 공동체적 특성을 지닌 단체로, 원주민 사회를 연결시켜주는 조직이다. 물질적 영역뿐만 아니라 이념, 역사, 사회, 정치, 문화 등 정신적 영역까지 포함하는 집단적 토대이다.

Comunidades Eclesiais de Base (교회기초공동체)　　해방 신학, 즉 해방 그리스도교의 실천적 매개 중 가장 중요한 기초공동체이다. 주로 서민 지역, 빈민촌, 마을, 또는 가난한 농촌 지역에 속하는 민중들의 작은 공동체로, 정기적으로 모여 기도하고, 노래하고, 의례를 거행하며, 성서를 읽고, 논의한다. 라틴아메리카 민중운동, 사회운동의 실질적 기반이 되고 있다.

CONADEP(Comisión Nacional sobre la Desaparición de Personas) (실종자 진상 규명 위원회)　　1976~1983년 사이 아르헨티나를 공포로 몰아넣은 군부독재체제 중 발생한 실종자들의 생존 여부와 그들에게 일어난 진상을 규명하기 위해 1984년 라울 알폰신(Raúl Alfonsín) 대통령이 개설한 위원회로, 긴 독재 후 민주주의의 재구축을 위한 노력의 일환이었다. 위원회의 조사를 통해 수백 개에 달하는 비밀 감금지 및 고문지가 적발되었으며 당시 불법 납치, 고문, 살해 및 성범죄에 가담한 군인 및 정치인들이 법의 심판을 받기도 했다. 수백 명의 실종자들이 가족의 품으로 돌아갔으며 수천 건의 진상이 밝혀졌으나 자료 은폐로 인해 정확한 개수 파악은 불가능하며 수만 명의 피해자가 있었을 것으로 추정된다. 현재도 조사는 진행 중이다.

CONAIE (코나이에)　　1986년 창설된 에콰도르 전국 단위의 단일 원주민 운동 조직으로, 원주민 운동의 토대를 마련한 것으로 평가된다. 36개 원주민 조직이 통합되어 있으며, 정치적·사회적으로 주목할 활동을 전개하여 원주민 운동의 역사라고 불리기도 한다.

Concepción del mundo de los mayas* (마야인의 우주관)　　마야인들은 우주가 13계의 천계로 이루어져 있다고 생각했다. 하늘 아래 또 하나의 하늘이 있고, 그 아래 또 다른 하늘이 있는 식으로 이어지다가 제일 하단에 있는 계가 바로 우리가 살고 있는 지구라는 것이다. 각각의 천계는 옥스라운티쿠(Oxlahuntikú)라는 열세 신이 다스린다. 지상 세계 아래로도 또 다른 9계가 이어지는데, 이 9계를 다스리는 신은 볼롱티쿠(Bolontikú)라 불렀다. 이 9계 중에서 최하단에 위치한 계는 일명 미트날(Mitnal)이라는 계로, 이곳이 바로 마야인이 생각하는 지옥이었으며, 이곳을 다스리는 자는 죽음의 신인 아 푸크(Ah Puch)였다. 마야인들은 그들이 살고 있는 현세 이전에 또 다른 세계가 존재했으나 홍수로 멸망했다고 믿었다. 그리고 그들이 살고 있는 현세는 바카베스(Bacabes)라 불리는 4형제가 사방 한 군데씩에 지켜 서서 파수꾼 역할을 하고 있다고 했다. 마야 세계의 한가운데 중심부에는 약스체(Yaxché) 또는 카폭(Kapok)이라 불리는 성스러운 판야나무가 자라고 있는데, 이 나무의 가지는 그 상단이 하늘에 닿고 있으며, 그 뿌리는 지하세계를 관통하고 있다고 했다. 이러한 우주관을 지닌 마야인들에게 피라미드는 사원이었고, 독실하게 신을 숭배하는 자들은 피라미드 사원 하단과 정면 노천에서 열리는 각종 제의에 참석했다. 그들은 자신들이 숭배하는 신들에게 생명과 건강과 안녕을 기원했으며, 그러한 축복에 대한 감사의 표시로 공물을 바치거나 정화의식을 치렀다. 또한 마야인들은 신에 바치는 공물의 개념으로 치첸 이싸(Chichén Itzá)의 성스러운 우물 속으로 어린아이나 처녀, 황금 등을 던져 넣었다. 물론 자기 자신을 헌물로 바치기도 했지만, 바치는 방식이 다양해 보통은 뼈나 용설란 가시로 신체의 각 곳을 찔러 피를 뽑아낸 뒤 종이에 적셔 바치는 방식을 취했다.

Concha Castillo, Francisco (프란시스코 콘차 카스티요)　　(1855~1927) 칠레의 작가이다. 변호사로 일했으며 스페인 한림원과 공조하는 칠레 한림원의 일원이기도 했다. 몇 안 되는 저작으로는 『Al Vivir』(1923)와 『Escenas Líricas』(1927)가 있다. 모더니즘의 시대에 살았지만 고전적인 스타일의 글을 집필하였으며 종교적 색채와 표현에 주의를 기울였다.

Concha Gajardo, Manuel (마누엘 콘차 가하르도)　　(1834~1931) 칠레의 언론인, 작가이다. <La Semana>, <Correo de Ultramar>, <El Coquimbano>와 같은 언론에 글을 기고하였다. 작품 대부분은 언급한 잡지나 신문을 통해 출판되었다. 저작 가운데 언급될 만한 것은 짧은 각본 『María de Borgoña』(1856), 『Quien porfía, mucho alcanza』(1856), 『Lo que son las mujeres』(1858), 『Un terno』(1858)와 소설작품인 『Predestinación』(1858)과 『Manuscrito de un loco』(1860)가 있다.

Concha, Edmundo (에드문도 콘차)　　(1918~?) 칠레의 작가이자 언론인이다. 여러 언론과 잡지에 기고했다. 수필집으로 『Ahí va Pablo Neruda』(1969)와 『La novela latinoamericana de hoy』(1973)가 있으며, 소설로는 『Los gusanos』(1946)가 있다.

Concierto barroco (콘시에르토 바로코)　　쿠바 소설가 알레호 카르펜티에르(1904~1980)의 작품. 1947년 작으로 작품 내에서 음악이 큰 역할을 하며 음악적 요소 위에 치밀하게 조직된 소설 구조를 보인다. 음악의 전개 속도뿐 아니라 색깔에도 의미를 부여하였으며, 멕시코 역사의 해석 등을 통해 우화적인 라틴아메리카 또한 반영하고 있는 작품이다. ☞ Carpentier, Alejo(알레호 카르펜티에르)

Concordancia(Argentina) (콘코르단시아)　　아르헨티나의 비열한 시기(Década infame)인 1931년에 보수당, 사회당과 급진주의당이 맺은 정치적 협정이다. 정치적 부패가 일어났으며 비밀선거법을 위반하는 협정이었다. 아르헨티나는 산업 발전을 이 시기에 이루게 되며, 처음으로 산업이 육우 수출보다 더 많은 이익을 남긴다. 이 협약에 참여한 보수당, 사회당과 급진주의당은 1953년 모두 해산되었다.

Condestable Montmorency(Anne de Montmorenc) (몽모룽시 사령관)　　몽모룽시 사령관 혹은 안네 1세는 프랑스 샹티이(Chantilly)에서 태어나 1567년 11월 12일 파리에서 사망한 프랑스 군인 및 귀족이었다. 기니(Guinea) 반란을 진압하였으며, 프랑스 편에 서서 생캉탱 전투에 참여하였다. 1567년에 신교도들을 상대로 생드니(Saint-Denis, 프랑스에 위치)를 회복하기도 했다.

Confederación de Trabajadores de América Latina(CTAL) (라틴아메리카 노동자 연합)　　1938년 멕시코에서 창설된 노동자 연합. 라틴아메리카의 주요 노동조합들이 대거 연합하였으며 농지구조 개혁과 민주적 제도 도입을 지지하였다. 1965년 해산하였다.

Confederación de Trabajadores de México(CTM) (멕시코 노동자 연합)　　1936년

창설된 멕시코의 노동자 연합. 전 세계 노동자연맹에 속했다가 1948년 탈퇴하였다. 1960년부터는 제도혁명당(Partido Revolucionario Institucional)과 협력한다.

Confederación Obrera Mexicana(COM) (멕시코 노동조합)   1918년 창설된 멕시코의 노동조합. 멕시코 정부와 협력하며 세력을 키웠으며, 1955년에는 전국 노동자연합(Bloque Nacional de Trabajadores)에 속하게 된다.

Confederación Peruano-boliviana (페루-볼리비아 연방)   1836년부터 1839년까지 안드레스 데 산타 크루스(Andrés de Santa Cruz, ?~1865)가 주창하여 설립된 연방. 이 연방 사이의 전쟁은 칠레와 연방의 국가 간 전쟁으로 묘사되곤 하나 사실은 칠레가 지원한 북부와 중부 해변지역, 볼리비아가 지원한 남부지역의 전쟁이다. 1839년 융가이 전투(Batalla de Yungay)로 연방이 분할되었다.

CONFENIAE (콘페니아에)   에콰도르의 원주민 단체의 약자로, 콘페데라시온 데 나시오날리다데스 인디헤나스 데 라 아마소니아 에콰토리아나(Confederación de Nacionalidades Indígenas de la Amazonia Ecuatoriana)이며, 동부 아마존 지역을 중심으로 활동하고 있다.

Confieso Que He Vivido (나 살아온 것을 고백하네)   칠레 시인 파블로 네루다(1904~1973)에 관한 자서전적 작품. 네루다의 사망 이듬해인 1974년 아내 마틸데 우루티아(Matilde Urrutia)와 지인들이 발간한 추모집이다. ➡ Pablo Neruda(파블로 네루다)

Conga (콩가)   쿠바의 전통적인 음악으로, 아프리카 흑인 계열에 기원을 두고 있다. '콩가'는 쿠바의 음악을 일반적으로 지칭하는 표현으로 쓰이지만, 그 음악과 함께 추는 춤을 지칭하기도 하며, 콩가를 연주할 때 사용하는 타악기 또한 콩가라고 부른다.

Congrains Martín, Enrique (엔리케 콘그레인스 마르틴)   (1932~) 페루의 작가이다. 유일한 소설『No una, sino muchas muertes』(1958)는 거대 도시의 환경에서 소외화의 테마를 그린 첫 번째 소설이며, 그는 히스패닉아메리카 소설계에서 확고한 존경을 받아 왔다. 이 작품은 당시 대다수의 작가들이 취한 부정주의와 비관주의를 대신하여 희망의 메시지를 가지고 왔으며 새로운 소설의 파노라마 안에서 매우 특별하고 다소 고독한 위치를 차지하고 있다.

Congreso de Angostura (앙고스투라 의회)   1819년 그란 콜롬비아(Gran Colombia)의 헌법 제정을 위해 소집된 의회. 베네수엘라, 에콰도르, 누에바 그라나다(Nueva Granada)의 그란 콜롬비아 내에서의 연합을 공표했으며, 베네수엘라를 3개의 지역으로 나누었다.

Conjunciones y disyunciones (콘훈시오네스 이 디스윤시오네스)   멕시코의 시인이자 수필가인 옥타비오 파스(Octavio Paz, 1914~1998)의 수필. 1969년 작으로 육체의 가치를 재조명하는 데 있어 서양과 인도의 문화관점을 비교 대상으로 삼고 있다. 몸과 몸이 아닌 것을 나누는 것과 인간 문명 사이의 관계점을 파악하고 있다.

Cono Sur (코노 수르)   코노 수르 혹은 코니 술(포르투갈어: Cone Sul)은 남회귀선 아래, 남아메리카의 최남단 지역으로 구성된 지리적 영역을 가리키는 말이다. 아르헨티나, 칠레, 우루과이 전역과 파라과이의 일부, 그리고 브라질의 히우그란지두술 주, 산타카타리나 주, 파라나 주, 상파울루 주 등의 남부 일부를 포함한다.

Conquista del desierto (사막의 정복)   아직 식민지 시대였던 1875년에 아르헨티나의 파타고니아(Patagonia) 지역과 팜파(Pampas) 지역은 토착민들의 땅이었다. 이곳을 정복하려고 하는 스페인 사람들을 몰아내기 위해 1860년 파타고니아 지역 토착민들이 스페인 사람들의 농장과 시민을 덮치고 그들의 가축을 훔쳤다. 이렇게 여러 차례의 야전을 치르게 되었지만, 1879년에 마지막 대야전(大野戰)으로 결국 파타고니아와 팜파 지역은 스페인 사람들의 땅이 되었다. 그러나 몇몇의 학자들은 이 시기의 일어났던 사건을 대학살이라고 주장하고 있다.

Consistorio del Gay Saber (Gay Saber 문학 연구소)　　오라시오 키로가(Horacio Quiroga)가 귀국 당시 창단한 문학 연구소로, 니체의 『La gaya scienza』를 따라 이름 지어졌다. 시학을 논하고 다양한 모더니즘 문체를 실험하는 공간이었다. 오래 가지 않았지만 우루과이 몬테비데오(Montevideo)의 문학에 생명을 불어넣는 역할을 했다.

Conti, Haroldo (아롤도 콘티)　　(1925~1976) 아르헨티나 연기자, 교사, 강사, 기업가, 철학 교수이자 작가이다. 1966년 『Alrededor de la jaula』(1966)라는 작품으로 베라크루즈대학교(Universidad de Veracruz)에서 진행한 라틴아메리카 문학작품 대회에서 1등상을 수상했으며, 이는 「Crecer de golpe」(1977)라는 제목의 영화로 제작되었다. 그 외에도 아메리카 가족(Premio Casa de las Américas)상, <Life> 잡지 문학상을 수상했다. 1976년 아르헨티나 군사 독재 기간에 납치되어 오늘날까지 그를 찾지 못하고 있다. 이 밖에 작품으로는 『Sudeste』(1962), 『En vida』(1971) 등이 있다.

Contigo pan y cebolla (그대와 함께 양파를)　　19세기 스페인어권의 가장 뛰어난 극작가 중 하나로 평가받는 멕시코의 마누엘 에두아르도 데 고로스티사(Manuel Eduardo de Gorostiza, 1789~1851)의 작품. 낭만주의의 성공에 지대한 영향을 끼쳤던 이상주의 소설과 낭만적 감상주의에 대한 풍자를 담고 있다.

Contreras, Francisco (프란시스코 콘트레라스)　　(1877~1933) 칠레의 작가이자 문학비평가이다. 유럽의 새로운 미학을 받아들여 안토니오 보르케스 솔라르(Antonio Bórquez Solar)와 함께 데카당스 운동을 시작했다. 칠레 문학에 상징주의를 소개하기도 했으며 후에 새로운 문학 경향인 "Mundonovismo"를 창시하기도 했다. 작품으로는 『Esmaltines』(1898), 『Toisón』(1906) 등이 있다. ⇒ La literatura chilena del siglo 20(20세기 칠레 문학)

Convento de Santa Clara la Real (라 레알 산타 클라라 수도원)　　누에바 그라나다에 세워진 첫 수도원이다. 1571년 콜롬비아 툰자(Tunja)에 완공되었으며 내부에 8개의 화랑과 돌로 된 기둥으로 세워졌다. 신비주의 작가 프란시스카 호세파(Francisca Josefa de la Concepción)가 자신의 작품들을 적고 수도원 생활을 했던 곳이기도 하다.

Conversación en La Catedral (콘베르사시온 엔 라 카테드랄)　　페루의 작가 마리오 바르가스 요사(1936~)의 소설. 1969년 작으로 마누엘 아폴리나리오 오드리아(Manuel Apolinario Odría, 1896~1974) 장군의 독재기간 8년 동안 발생했던 신문기자, 창녀, 정치가, 군인들의 이야기를 써냈다. ⇒ Mario Vargas Llosa(마리오 바르가스 요사)

Córdoba(moneda de Nicaragua) [코르도바(니카라과 화폐)]　　니카라과의 화폐로 1코르도바는 100센타보(centavo)로 나뉜다. 1912년에 도입됐으며 "코르도바"라는 이름은 니카라과를 건설한 스페인 정복자 프란시스코 에르난데스 데 코르도바(Francisco Hernández de Córdoba)를 기념하기 위해 붙여진 이름이다.

Cordonazo (코르도나조)　　태풍과 같이 빠른 풍속을 가진 멕시코 서쪽 지역의 바람이다. 열대 기압과 관련된 바람이기에 풍속이 아주 강하다.

Coricancha (코리칸차)　　케추아어로 'Quri Kancha'이며, "금색 신전" 또는 "태양의 신전"이라는 의미를 뜻한다. 콘벤토 데 산토도밍고 위에 세워진 잉카 신전이다. 페루 쿠스코에서 가장 중요하고 존경받는 신전 중 하나이며, 잉카 제국의 가장 중요한 신전이다. ➡ Arquitectura del Imperio Inca(잉카 제국의 건축)

Cornejo Polar, Antonio (안토니오 코르네호 폴라르)　　페루 리마(Lima) 출신의 작가, 문학비평가, 교수(1936~1997)이다. 20세기 라틴아메리카의 지성으로 꼽히는 그는 생전 자국의 문학 발전을 위해 'A.C.Polar 문학연구센터(CELACP)'를 창설하는 등 많은 노력을 기울였다. 대표작으로 『*La novela peruana: siete estudios*』(1977), 『*Literatura y sociedad en el Perú: la novela indigenista*』(1980) 등이 있다.

Coro(Venezuela) (코로)　　베네수엘라 미란다(Miranda)에 위치한 도시다. 첫 거주자는 아라와코족(Arawaco)이었으며 이후 스페인들과 가톨릭 부부 왕으로부터 망명당한 유대인들이 큰 집단을 이룬 곳이다. 1527년 후안 데 암피에스(Juan de Ampiés)로 인해 세워졌으며 신대륙에 세워진 첫 도시기도 하다. 1806년에는 프란시스코 데 미란다(Francisco de Miranda)가 코로에서 베네수엘라 첫 독립 투쟁을 이끌며 베네수엘라 깃발을 올렸다.

Corona de sombras (그림자의 왕관)　　멕시코의 시인이자 극작가인 로돌포 우시글리(Rodolfo Usigli, 1905~1979)의 극작품. 우시글리의 작품 중 가장 중요한 작품으로 평가받는 것으로 잘 알려진 역사적 사건들을 재구성하고 뛰어난 극적 감각을 동원해 심리적 내면을 추론한다. 막시밀리아노 황제의 총살 이후의 멕시코 역사에 대한 해석을 다루는 이 작품은 멕시코 민족의 역사적 흐름과 삶, 심리에 대한 해석을 제시한다.

Coronda (코론다)　　아르헨티나 코론다 호수(Laguna Coronda) 주변에서 16세기 스페인 탐험가들로부터 발견된 민족. 차나팀부(Chaná-timbú) 군에 속해 있으며 아라왁(Arawak) 계열의 언어에 포함되어 있다.

Coropuna (코로푸나)　　해발 6,425m로 페루에서 세 번째로 가장 높은 산이다. 높은 산인만큼 봉우리는 여러 겹의 눈과 얼음으로 쌓여 있다. 코로푸나의 6,000m 지점에서는 잉카 전통 의상이 발견되어 잉카 의식이 행해지는 곳으로 추정되기도 한다.

Correa, Rafael (라파엘 코레아)　　에콰도르의 경제학자이자 정치가로, 2006년 10월 대통령에 당선되어 2012년 현재 재위 중이다. 그는 반미·좌파 정치인으로, 우고 차베스(Hugo Chavez), 에보 모랄레스(Evo Morales) 등과 함께 포퓰리스트 좌파로 분류된다.

Corretjer, Juan Antonio (후안 안토니오 코레체르)　　(1908~1985) 푸에르토리코의 정치활동가, 언론인, 수필가, 소설가, 시인이다. 열정적인 인문주의자이며 다재다능한 문학가이다. 취약한 사회계층에 대한 끊임없는 보호는 방대하고 다양한 문학작품에서뿐만 아니라 호전적인 정치활동에서도 나타난다. 생애 내내 견지한 열정은 그를 20세기 푸에르토리코 지식인층에서 유일무이한 인물들 중 하나로 만들었다. ➡ Literatura de Puerto Rico del Siglo XX y XXI[멕시코 정당 PRI(Partido Revolucionario Institucional)의 엠블럼]

Corrido (코리도)　　18세기 로망스에서 유래된 멕시코 음악 및 구전문학 장르 중 하나로 기타 연주와 함께 불린다. 의적이나 각 시대의 영웅상을 대변하는 인물의 일화를 내용으로 하며 교훈적 성격을 띠고 있다. 작가 미상의 작품이 대부분이며 60년대에 나르코코리도(narcocorrido)의 시초가 되기도 했다.

Corriente alterna (코리엔테 알테르나)　　멕시코의 시인이자 수필가인 옥타비오 파스(Octavio Paz, 1914~1998)의 수필. 1967년 작으로 아방가르드 운동 이후 시의 역할에 대해 이야기하고 있으며, 역사를 재조명하여 현대성의 위기의식을 드러낸다.

Cortázar [코르타사르(영화)]　　아르헨티나 영화감독 트리스탄 바우에르(Tristán Bauer, 1959~)의 1994년 작품. 아르헨티나 신환상 문학의 대표자 훌리오 코르타사르(1914~1984)의 삶에 관한 다큐멘터리 영화로 1995년 콘도르 데 플라타상(Premio Cóndor de Plata)을 수상했다.

Cortés, Alfonso (알폰소 코르테스)　　(1887~1969) 니카라과의 작가이다. 모데르니스모 (Modernismo)의 타성의 시기와 새로운 시 경향의 도래 사이의 시기에 작품활동을 했던 작가 중 하나이다. 작품 수는 적지만 복잡하고 밀도 있다. 대중적인 것, 종교적인 것과 자연에서 영감을 찾았다. 후에는 니카라과의 전위주의 시인이 된다. 대표작으로 『*Las siete antorchas del sol*』(1952) 등이 있다.

Cortés, Ana (아나 코르테스)　　(1895~1998) 칠레의 화가이다. 프랑스에서 거주하여 예술적 영향을 받았으며 이러한 이유로 당시의 전위주의 경향에 따라 칠레 예술을 선도하는 화가가 되었다. 후기인상주의부터 기하학적 추상까지 넓혀 나갔다. 칠레의 국가 예술상 (El Premio Nacional de Arte) 외에도 많은 상을 수상했다.

Cosío Villegas, Daniel (다니엘 코시오 비예가스)　　(1898~1976) 멕시코 출신의 역사학자이자 작가로 활동했다. 법학과 경제를 전공했으며 이후 세계연합의 사회경제 분야 멕시코 대표직을 수행했다. 대표작으로 『*Porfirio Díaz en la revuelta de La Noria*』, 『*El sistema político mexicano*』 등이 있다.

Cossa, Roberto (로베르토 코사)　　(1934~) "티토(Tito)"로 알려진 아르헨티나 기자이자 극작가, 소설가이다. <El Clarín>, <La opinión>, <Cronista Comercial>과 같은 신문에서 기자활동을 했다. 주된 작품은 아르헨티나의 모든 빈곤이 담겨 있다는 『*El viejo criado*』(1980)가 있다. 그 외에도 『*Nuestro fin de semana*』(1964), 『*Los años difíciles*』(1997), 『*Yepeto*』(1987) 등이 있다.

Costumbrismo* (풍속주의)　　사회상과 풍속 등을 예술 속에 용해시켜 드러내고자 하는 예술 경향 혹은 예술 운동을 의미한다.

1) 유럽의 풍속주의: 영국의 대표적 풍속주의 작가로는 풍속주의적 잡지 <The Tatler>를 펴낸 리처드 스틸(Richard Steele, 1672~1729)이 있다. 리처드 스틸과 함께 유럽 풍속주의적 색채가 가장 짙은 잡지인 <The Spectator>을 창간한 조지프 애디슨 (Joseph Addison, 1672~1719)이 있다. 두 사람은 풍속주의의 창시자로 여겨지고 있다. 프랑스에서는 피에르 드 마리보(1688~1763)의 작품과 루이 세바스티앙 메르시에의 에세이가 번역 소개된 이래로, 에티앙 드 주이(1764~1846)의 작품이 1811년에서 1817년 사이 <The Guardian>지에 실렸다. 주이의 작품들은 스페인의 풍속주의 작가 마리아노 호세 데 라라에게 큰 영향을 미친 바 있다. 한편 폴-루이 쿠리에 (1772~1825)는 스페인 작가들 사이에 널리 알려지지는 않았지만 주이만큼이나 풍속주의에서는 중요한 역할을 담당했다. 스페인에서 풍속주의가 대두된 것은 변화하는 사회상을 목도하고 증언하기 위해서였다. 특히 풍속주의 작가들은 스스로 사회의 검열관을 자처했기 때문에, 이를 위해서는 자연스럽게 사회의 변방이자 언저리로 어느 정도 물러나 관조할 수밖에 없었고, 불편부당하다고 판단되는 면에 대해서는 비판의 목소리를 높였다. 이런 과정을 위해 상당수 풍속주의 작가들은 필명을 따로 쓰면서 신분을 감추는 상황을 감내해야 했다. 스페인의 대표적 풍속주의 작가들을 연대순으

로 열거해보자면 라몬 데 메소네로 로마노스, 마리아노 호세 데 라라, 세라핀 에스테바네스 칼데론 등이 있다.

2) 페루의 풍속주의: 프랑스에서 스페인으로 유입된 풍속주의는 어느덧 하나의 문학사조로 자리 잡게 되었고, 해방된 페루로 건너와 19세기 중반까지 절정을 이루었다. 그 무렵, 페루에서는 보수주의자들과 자유주의자들 간에 팽팽한 정치적 대립 양상이 드러나고 있었는데, 그 와중에 풍속주의는 양대 진영 간의 이데올로기적 괴리와 논쟁을 충실히 반영했다. 그런가 하면 군부 집권하의 무정부 상태와 카우디요주의적 양상, 스페인 풍속주의 적 영향이 작품을 통해 그대로 배어나기도 했다.

Cotocollao (코토코야오) 에콰도르 피친차 화찬(volcán Pichincha) 북부에 위치한 고고학적인 유적지다. 오늘날 말라 있는 두 개의 내천 사이와 과야밤바 강(río Guayllabamba)이 흐르는 근처에 자리 잡고 있는 이 유적지는 아메리카 대륙의 형성기 중기(Formavito Medio)의 가장 중요한 유적지이며 코토코야오 문화가 발전한 곳이기도 하다.

Courtoisie, Rafael (라파엘 쿠르투아지) (1958~) 우루과이의 언론인, 작가, 여행작가이다. 1997년에 『*Vida de perro*』를 통해 로물로 가예고스상(el premio Rómulo Gallegos)에 노미네이트되었다. 1999년 『*Tajos*』를 발표하고 2001년에는 『*Caras extrañas*』를 발표했다.

Covarrubias, Miguel (미겔 코바루비아스) (1904~1957) 멕시코의 화가이자 캐리커처리스트, 역사가 그리고 민족학자로 활동했다. 고고학자인 알폰소와 함께 현대 미술에 남다른 관심을 보였으며 대표적인 캐리커처 책은 『*The Prince of Wales and Other Famous Americans*』가 있다.

Coya Raymi (코야 라이미) 잉카족이 달의 여신에게 바치는 축제이다. 매년 8월과 9월 사이에 보름달이 있는 밤에 올리며, "여왕의 축제"라는 뜻이다. 악한 영혼을 정화하고 물리치는 뜻으로 이 의식을 올렸다.

Crack* (크랙) '붐세대' 이후 처음으로 문학 세대에 붙혀진 이름이다. 크랙은 영어로 금, 부딪힘, 대화, 광기 등 다양한 뜻을 가지고 있지만 이 중에서 크랙에 내포된 의미는 폭발음을 내면서 새로운 것의 탄생을 알린다는 뜻을 지니고 있다. 일부 비평가들은 '전통의 단절'을 추구하는 그룹으로 평가한다. 한편 카를로스 푸엔테스는 멕시코에서 출현한 크랙 그룹은 "전통을 부인하기 위해서가 아닌 새로운 창작이 있음을 보여주기 위해 새로운 공간과 차이를 만들어냈다"고 말한다. 크랙 세대는 호르헤 볼피(Jorge Volpi), 잉나시오 파디야(Ignacio Padilla), 페드로 앙헬 팔로우(Pedro Ángel Palou), 엘로이 우로스(Eloy Urroz), 크리스티나 리베라 가르사(Cristina Rivera Garza), 하비에로 벨라스코(Xavier Velasco)와 같은 1960년 이후에 태어난 여섯 명의 작가들에 의해 시작된다. 크랙은 1990년대 중반에 마술적 리얼리즘에서 벗어나지 못하고 구태의연한 형식을 반복하던 멕시코 문학에 반기를 들며 새로운 형식의 문학을 도모하고자 결성되었던 것이다. 크랙은 새로운 미학적 운동이나 특정 세대를 형성하기 위해 만들어진 그룹이 아닌 서로 뜻이 맞는 작가들이 모여 유사한 주제를 다루면서 각자의 방식대로 글을 써 나간다. 크랙은 멕시코 정치에 특별한 관심을 기울이지도 않고 멕시코적인 주제를 다루지는 않으며 절대적 진리를 풍자한다는 이유로 비평계로부터 냉담한 반응을 일으킨다. 멕시코 비평계는 크랙 그룹에 대한 혹평을 멈추지 않았고 결국 일부 멤버들은 타국으로 건너가 작품활동을 이어나갔다. 이렇게 호르페 볼피는 대표작 『클링조를 찾아서』(1999)를, 파디야는 『암피트리온』(2000)을 탄생시킨다. 이들 작품들은 유럽에 크랙 그룹을 각인시키는 데 큰 역할을 했다. 시간이 흐르면서 크랙 그룹의 작품 세계와 방향도 변화하기 시작한다. 라틴아메리카의 역사적 현실에 관심을 기울이고 이와 결부된 주제를 자연스럽게 다루며 '붐 세대'와는 달리 정치적이고 사회적인 주제를 직접적으로 다루기보다는 은유적으로 이를 표출하면서 정치 및 사회에 참여하기에 이른다.

Creacionismo* (창조주의)   방과르디아(Vanguardia) 사조의 시 운동으로, 큐비즘, 미래주의, 다다이즘의 영향을 받았다. 창조주의는 1916년에 처음 등장해 1947년까지 지속되었으며, 처음 창조주의를 주창한 사람은 칠레 시인 비센테 우이도브로(Vicente Huidobro)였다. 창조주의 사조가 가장 잘 드러난 이정표적 작품으로 산티아고 데 칠레의 '아테네오'에서 낭독된 『Nom serviam』과 1616년에 출간된 <Arte poética>에 수록된 시 『Adán』을 들 수 있으며, 특히 『Adán』 속에 담긴 시론은 창조주의에 생명력을 불어 넣은 것으로 평가되고 있다. 비센테 우이도브로는 1916년에 프랑스 파리를 여행하면서 당시 유럽에서 전성기를 구가하고 있던 유럽 아방가르드 사조를 접하게 되고 아방가르드 시인들을 만나 친분을 쌓으며 그들의 영향을 받게 되었다. 1918년에는 스페인 마드리드를 찾아 스페인 시인들을 만나 자신의 시 철학을 대외적으로 설파하였으며, 당시 헤라르도 디에고, 후안 라레타 등의 시인들로부터 지지를 이끌어냈다. 창조주의는 시인을 하나의 '작은 조물주'로 만들고자 하며, 자연이 나무 한 그루를 탄생시키듯 시를 탄생시키고자 한다. 비센테 우이도브로는 모방주의적 시, 감상주의적 시, 색채파적 시를 거부하고 그만의 시 세계를 창조하고자 했다. 그가 주창한 시 세계 속에서는 언어를 통한 창조된 현실이 자리 잡고 있다. 그러나 이렇게 감정이 배제된 것으로 보이는 사조임에도 불구하고 우이도브로의 시는 점차 인간미를 풍기는 방향으로 나아가기에 그의 시 속에서는 여전히 실존주의적 고민이 존재하고 있다. 대표작으로 『Horizon carré』(1917), 『Tour Eiffel』(1918), 『Ecuatorial』(1918), 『Tout a coup』(1925), 『Altazor』(1931) 등이 있으며, 특히 『Altazor』는 인생이라는 대서사를 노래하는 7개의 노래로 구성되어 있으며, 10년이 넘는 긴 세월에 걸쳐 완성된 시다.

Crespo Toral, Remigio (레미히오 크레스포 토랄)   (1860~1936) 에콰도르의 작가이다. 서정-종교적인 경향의 "marianismo" 계열에 속한 작가이다. 대표작으로 『La leyenda de Hernán』이 있다.

Criollismo* (크리오요주의)   타 대륙 선조의 핏줄을 이어 받은 후손들의 정체성을 표현할 때 쓰는 용어다. 라틴아메리카의 경우, 스페인의 신대륙 정복이 이루어진 뒤 라틴아메리카 땅에서 스페인 혈통을 지니고 태어난 자손들을 일컬어 일명 '크리오요(criollo)'라고 불렀는데, 문제는 이 이름이 점차 스페인 본토의 스페인인들과 비교해 차별적으로 부르는 호칭으로 변질되었다는 것이다. 세월이 흐를수록 '크리오요주의'는 라틴아메리카에서 출생함으로써 스페인 본토보다는 신대륙 라틴아메리카와 태생적으로 훨씬 긴밀하게 연관되게 된 크리오요들의 사회적 조건을 함의한 용어가 되었고, 다소간의 연기(延期)를 내포함으로써 합법적 차별을 용인하게 되었다. 물론 '메스티소'라는 용어와 매우 유사한 면이 없지 않지만, '메스티소'가 인종 지향적인 표현이라면 '크리오요'는 문화지향적인 표현이다. 즉 동일한 인종임에도 불구하고 유럽 대륙의 스페인 사람과는 별개로 라틴아메리카에 속한 사람만이 지닐 수 있는 정서를 지닌 사람들만을 아우르게 된 것이다. 크리오요들은 일부 법령을 통해 다소간의 피해를 보기도 하고, 인디오 혈통만이 접할 수 있는 직업을 갖지 못하는 등 제한을 겪기도 했다. 하지만 본토 스페인 사람들이 정부 요직이나 교회의 고위직을 독점하는 사이, 크리오요들은 사회 경제적으로 막강한 세력을 형성해 나갔고, 그 결과 막대한 부를 축적하고 교육 체계나 군 조직을 배타적으로 운영할 수 있었다. 1591년부터는 관직의 매관매직이 허용되면서 시의원직에 진출이 가능해졌고, 1687년에는 법관으로도 진출할 수 있게 됨으로써 결국 사법부와 행정부 모두에서 목소리를 발할 수 있는 힘을 갖게 되었다. 17세기 전반부에 들면서는 크리오요 특유의 강력한 바로크 문화를 문학에 융해시키면서 은유와 과장의 진수를 선보였다. 멕시코의 소르 후아나 이네스 델 라 크루스와 카를로스 시구엔자 이 공고라, 페루의 페드로 페랄타 바르누에보 등이 대표적인 크리오요주의의 첫발을 뗀 작가로 손꼽힌다. 18세기에는 크리오요주의가 정치색을 띠기 시작하면서 '조국 아메리카'라는 이상을 중심으로 결집하게 되었다. 이런 새로운 이상은 크리오요들로 하여금 흥분과 회한의 감정을 동시에 맛보게 했다. 우선 그들은 스스로를 스페인 정복 이전부터 존재해온 인디오 전통의 일환이자 아메리카 신화의 한 부분으로 여김으로써 자기 자신에 대한 최상의 가치평가를 내렸고, 이를 통해 흥분을 경험할 수 있었다. 하지만 동시에 스스로 오늘날 현존하는 인디오주의에 거부의 손짓을 하고, 스페인 정복 이전의 라틴아메리카 역사를 이상화·신화화시킴으로써 쓰디쓴 회한의 감정 역시 느낄 수밖에 없는 것이다. 이처럼 크리오요주의는 시간의 흐름에 따라 지속적인 변신을 하고 있으며, 특히 백인 중심의 크리오요주의는 아프로아메리칸에 대한 고려가 거의 없었던 탓에 포괄적이고 완성된 크리오요주의로 취급될 수 없다는 문제점을 드러내고 있다.

Criollo (크리오요) 아메리카의 식민지화 때 생겨난 라틴아메리카 고유의 단어로 라틴아메리카에서 태어난 유럽계 혹은 아프리카계 사람을 지칭한다. 토착민과는 달리 아프리카계 혹은 유럽계 부모를 둔 아메리카에서 태어난 사람이며, 자식들도 크리오요라고 부른다. 18세기 중반에는 스페인 부모를 둔 크리오요들은 경제적인 지위는 얻었지만, 정치 참여에 있어서는 스페인 반도 출신 사람들처럼 주요직에는 오르지 못했다. ➡ Criollismo(크리오요주의)

Cristiani, Quirino (키리노 크리스티아니) (1896~1984) 아르헨티나의 만화영화 감독이자 만화가이다. 최초로 유성 만화영화를 만들었을 뿐만 아니라 세계에서 처음으로 두 편의 장편 만화영화를 제작하였다. 또한 최초로 골판지 컷 아웃(cardboard cutout) 기법을 사용하여 단독으로 만화영화를 만들 수 있는 사람이었다.

Cristóbal Nonato (크리스토발 노나토) 멕시코의 작가 카를로스 푸엔테스(1928~2012)의 소설. 1987년 작으로 크리스토발의 태내 착상에서부터 출생까지를 예정되어 있는 듯 묘사하고, 전지전능한 능력을 가진 크리스토발을 자신의 풍자적, 비관적 관점에서 그려낸다. ➡ Carlos Fuentes(카를로스 푸엔테스)

Crónica de un niño solo (크로니카 데 운 니뇨 솔로) 아르헨티나의 영화감독 레오나르도 파비오(Leonardo Favio, 1938~2012)의 1965년 작품. 빈곤 계층에서 태어나 소년원과 빈민가를 전전하는 소년의 이야기를 그린 작품으로 1966년 콘도르 데 플라타상(Premio Cóndor de Plata)을 수상했다.

Crónica de una fuga (크로니카 데 우나 푸가) 아르헨티나의 영화감독 아드리안 카에타노(Adrián Caetano, 1969~)의 2006년 작품. 1970년대 독재정부하 아르헨티나를 배경으로 정부에 의해 납치당한 축구팀 골키퍼의 이야기를 그린 영화이다. 2007년 콘도르 데 플라타상(Premio Cóndor de Plata)을 수상했다.

Crónica de una muerte anunciada (예고된 죽음의 연대기) 콜롬비아 작가 가브리엘 가르시아 마르케스의 소설로 1981년에 출판된 작품이다. 이 소설은 1951년에 일어난 범죄 사건의 실화로 추리 소설의 형태에 가깝다. ☞ Gabriel García Márquez(가브리엘 가르시아 마르케스)

Crónica latinoamericana (라틴아메리카 연대기 문학) 라틴아메리카 문학의 서막을 여는 연대기 문학을 통해 발견과 정복에 대한 직접적 증언을 확인할 수 있다. 이 작품들 속에는 원주민 본래의 역사 개념과는 다른 개념이 깔려 있는 것을 볼 수 있다. 두 문화, 즉 스페인 문화와 신대륙 원주민 문화 속에는 각자의 연대기 작가들과 역사가들이 있었다. 그런데 스페인 작가의 작품에서는 진보적 성향의 르네상스 정신, 신학문에 대한 낙관적인 태도, 그리고 수학, 화학, 자연에 있어서 위대한 발견에 대한 열망들이 꽃피었던 반면, 원주민들의 연대기 속에는 역사 속에서 위협받는 불길한 예언들로 가득 차 있었다. 스페인 연대기 작가들에게 있어서 신대륙 발견은 인류의 역사에 위대한 전망을 가져다주는 것이었던 반면, 원주민 연대기 작가들은 똑같은 발견의 역사를 하나의 재난으로 보면서 모든 자연 현상들이 그들 시대의 종말을 의미하는 것으로 해석했다.

Cross, Elsa (엘사 크로스) (1946~) 멕시코의 여성 시인이자 수필가이다. 매우 밀도 있는 시들로 이루어진 그녀의 시 세계는 영적인 활동이며 하이메 사비네스 국가상(El Premio Nacional de Poesía Jaime Sabines)과 같은 여러 상을 수상했다. 대표작으로는 『*Naxos*』(1966), 『*Amor más oscuro*』(1969), 『*Baniano*』(1986), 『*Jaguar*』(1991), 『*Urracas*』(1995) 등이 있다.

Cruces (크루세스) 쿠바의 도시로 시엔푸에고스(Cienfuegos) 지방에 위치하고 있다. 34,000여 명이 살고 있으며 이 지방에 살고 있는 사람들을 'cruceños'라고 부른다. 카우나오(Caunao) 강의 협곡이 위치한 곳이다. 설탕 산업의 중심지이며 목축업 또한 행해진다. 가죽 산업으로도 유명하다.

Cruchaga Santa María, Ángel (앙헬 크루차가 산타 마리아) (1893~1964) 칠레 산티아고(Santiago) 출신의 시인이다. 작품에서는 후반 낭만주의부터 모더니즘까지 진화과정이 드러나고 상징주의와 현실주의 요소들도 포함하고 있다. 대표작으로는 『*Los mástiles de oro*』, 『*Medianoche*』, 『*La ciudad invisible*』 등이 있다.

Cruz, Celia (셀리아 크루스) 1925년에 출생하여 2003년에 사망하였다. 20세기 최고의 살사 댄서 중 한 명으로, 살사의 여왕이라 불리기도 한다. 쿠바에서 태어났지만 주 활동무대는 미국이었다.

Cruzado (크루사도) 베네수엘라에서 먹는 수프의 한 종류. 감자와 유카 등의 야채를 넣고 닭고기와 소고기 등 두 가지 이상의 고기를 넣어 그것을 끓인 육수와 함께 먹는다.

Cuadra y Vargas, José de la (호세 데 라 쿠아드라 이 바르가스) (1903~1941) 에콰도르 과야킬 출생의 작가로 에콰도르 문학계의 거장 중 한 명이었다. 작가의 생활과 함께 교수, 외교관, 변호사로 일을 하였다. 이후에는 구아야킬 그룹(Grupo de Guayaquil)의 일원이 되었고 대표작으로 『*La tigra*』를 남겼다. 이 작품의 경우 영화로 제작되어 큰 흥행을 얻었다. 특히 『*La realidad y nada más que la realidad*』와 같은 현실주의에 입각한 작품들을 발표하여 어린 시절 감정에 따라 움직였던 자신의 모습에 대한 경시를 표현한 것으로 보인다. 1941년 37세로 운명하게 되었다.

Cuadrivio (쿠아드리비오) 멕시코의 시인, 수필가인 옥타비오 파스(Octavio Paz, 1914~

1998)의 평론집. 1965년 작으로 이베리아 반도와 중남미 대륙의 역사적 시인 4명에 대한 평론으로 스페인의 루이스 세르누다(Luis Cernuda, 1902~1963), 포르투갈의 페르난두 페소아(Fernando Pessoa, 1888~1935), 멕시코의 라몬 로페스 벨라르데(Ramón López Velarde, 1888~1921), 니카라과의 루벤 다리오(Rubén Darío, 1867~1916)를 다룬다.

Cuadro (콰드로)   아르헨티나에서 사용하는 용어이다. 대부분 "¿De qué cuadro sos?(데 케 콰드로 소스)"라는 질문은 "넌 어느 축구팀 응원자이야?"라는 뜻이다. 하지만 "¿De qué equipo (de fútbol) sos?[데 케 에키포 (데 풋볼) 소스]"라고도 물어볼 수 있다.

Cuando entonces (그 당시에)   우루과이의 작가 후안 카를로스 오네티(1909~1994)의 1987년 작품. 불분명한 줄거리를 제시하여 '타인'에 대한 투영 추구와 인간 영혼의 모호한 파편들을 계속해서 보여주는 작품이다. ➡ Juan Carlos Onetti(후안 카를로스 오네티)

Cuarteles de invierno (겨울의 병영)   아르헨티나의 소설가 오스발도 소리아노(Osvaldo Soriano, 1943~1997)의 소설. 1980년 출간되었으며 한 작은 마을을 배경으로 1976~1983년에 일어났던 아르헨티나의 독재 시기를 다루고 있다.

Cuarteto (콰르테토)   1940년쯤에 생긴 음악 장르이며, 아르헨티나 코르도바 주 하층민 사이에 즐겨 듣던 음악이다. 그러나 1990년쯤에 사회계층과 상관없이 대중들이 듣기 시작했다. 활기찬 리듬이며, 스페인과 이탈리아계 이민자들의 음악으로 시작이 되었다. 아르헨티나와 몇몇의 남미 국가에서 들을 수 있다.

Cuatro épocas (네 개의 시대)   아르헨티나의 정치가이자 역사가, 극작가인 바르톨로메 미트레(Bartolomé Mitre, 1821~1906)의 극작품. 아르헨티나 역사에서 브라질과의 전쟁 때부터 로사스의 독재 기간까지 각 5년간의 3개 시기를 표현하고자 하였으며 희생자로서 연인들을 등장시켰다.

Cuauhtemoc (쿠아우테목)   (1502~1525) 아스텍 마지막 황제다. 그가 황제가 되었을 당시 스페인군은 테노츠티틀란(Tenochtitlan)에서 물러난 상태였지만 공복과 함께 천연두가 퍼지고 있는 상황이었다. 1년 후 스페인인들은 다시 돌아왔고 1521년 코르테스(Cortés)에 의해 체포되었다.

Cuenca, Claudio Mamerto (클라우디오 마메르토 쿠엔카)   (1815~1852) 아르헨티나 출신으로 로사스(Rosas)의 의사이자 시인으로 활동했다. 대표작으로 풍자적 풍속주의의 흐름을 따른 『Don Tadeo』와 이완되고 밝은 시작법의 특징을 가진 『Muza』가 있다.

Cuentos de amor, de locura y de muerte (쿠엔토스 데 아모르, 데 로쿠라 이 데 무에르테)   우루과이의 작가 오라시오 키로가(Horacio Quiroga, 1878~1937)의 단편집. 1917년에 그동안 잡지를 통해 선보였던 단편들을 모아 출간한 것으로, 아메리카 최초의 단편모음집 가운데 하나로 인정되고 있다.

Cuentos de la Selva (밀림 이야기)   우루과이의 모데르니스모 작가 오라시오 키로가(Horacio Quiroga, 1878~1937)의 작품이다. 라틴아메리카 동화 사상 최고의 걸작으로 손꼽히는 작품 중 하나이며 동물들을 주인공으로 등장시켜 우화나 전설을 들려주는 방식으로 이야기가 전개된다. 동물들과 인간들 사이의 투쟁, 연대감, 도덕적 사색을 담고 있다.

Cuentos de muerte y de sangre (쿠엔토스 데 무에르테 이 데 상그레)   아르헨티나의 작가 리카르도 구이랄데스(Ricardo Güiraldes, 1886~1927)의 작품으로 1915년 출판되

었다. 작가의 첫 산문집으로 전원생활을 하면서 얻은 경험들과 관련된 시각들이 드러나 있으며, 이후 여러 작품에 모티브를 제공한다. ➡ La literatura argentina a principios del siglo 20(20세기 초 아르헨티나 문학)

Cuesta, Jorge (호르헤 쿠에스타) (1904~1942) 멕시코의 시인이자 수필가, 문학비평가이다. 짧은 생애에도 불구하고 뛰어난 비평과 창작물을 남겨 20세기 히스패닉아메리카의 위대한 작가들 중 그만의 자리에 위치하게 되었다. 청년 시절 소위 "현대인 그룹(los Contemporáneos)"의 멤버들과 교류하였다. 시 세계는 비관적이고 씁쓸한 어조를 가지고 있다. 대표적인 수필 저작으로는 『La poesía de Paul Éluard』(1929), 『Robert Desnos y el sobrerrealismo』(1930) 등이 있으며 일반적으로 그의 문학작품은 멕시코의 수필가이자 소설가인 이네스 아레돈도(Inés Arredondo)에 의해 중요한 재평가를 받았다. ➡ La literatura mexicana del siglo 20(20세기 멕시코 문학)

Cueva de las Manos (손의 동굴) 아르헨티나 산타 크루스(Santa Cruz) 지방 핀투라스 강(río Pinturas)에 위치한 암석 동굴. 벽면에 손바닥 모양이 여러 번 찍혀 있으며 남아 메리카 지역에서 가장 오래된 그림들 중 하나이다. 유네스코 세계문화유산에 등재되어 있다.

Cueva del Guitarrero (기타레로 동굴) 페루에 위치한 스페인 식민지 이전의 유적지다. 윤가이(Yungay) 도시 남쪽에 있는 동굴로 안데스 지역에서 가장 오래된 사람의 흔적들이 남아 있고 그들이 식량으로 사용했던 식물의 흔적도 남아 있다. 이 동굴을 발견한 토마스 린츠(Thomas Lynch)에 따르면 이 지역의 사람들이 우기를 위한 식량 창고로 이 동굴을 사용했다고 추정한다. 여러 조건으로 인해 다른 동굴보다 보존 능력이 뛰어나 다른 곳보다 흔적이 많이 남아 있는 것으로 추정된다.

Cueva, Amado de la (아마도 데 라쿠에바) (1891~1926) 과달라하라에서 태어난 멕시코 화가이다. 로마에서 미술을 공부했고 모든 작품은 디에고 리베라와 함께 만든 것이다. 1923년 고향으로 돌아가 시케이로스·오로스코와 함께 과달라하라 대학의 회의실 벽화를 작업했다.

Cuevas, José Luis (호세 루이스 쿠에바스) (1933~?) '단절(Ruptura)'의 창시자로서 멕시코 벽화미술이 예술을 정치의 희생물로 삼고 있다고 생각하고 다양한 선택의 폭을 가지고 있는 모더니즘 예술을 선호하였다. 카를로스 푸엔테스가 문학을 통해 표현했던 것처럼 미완의 멕시코 혁명 정신을 질타하기도 한다.

Culebrón(=Telenovela): Clasificación* (쿨레브론: 종류) 텔레노벨라는 스페인에서는 쿨레브론(역주: 거대한 뱀의 형상을 한 신화적 동물)이라는 이름으로도 불린다. 쿨레브론은 남아메리카의 신화 속에 나오는 동물을 지칭하기도 하지만, 일반적으로는 라틴아메리카에서 제작된 작품들로, 여러 회에 걸쳐 연속적으로 이어지고 멜로드라마적 성향이 짙은 캐릭터들이 등장하는 텔레노벨라와 동의어로 사용된다. 텔레노벨라의 종류는 일반적으로 어떤 시청자들을 대상으로 하는지, 방영 시간은 얼마나 되는지, 어떤 주제를 지니고 있는지 등에 따라 몇 가지로 나뉜다. 일반적으로 텔레노벨라는 멜로드라마적 요소가 강하지만, 90년대 중반 이래로, 특히 21세기 초반 들어서는 코미디 성격의 작품들로부터 스릴러 성향의 작품까지 매우 다양한 색채를 드러내게 되었다. 브라질의 경우에는 이러한 방향의 전환 현상이 이미 70년대부터 드러나기 시작했다. 시청자들이 드라마를 보면서 눈물 흘리고 마음 아파하기보다는 화면 앞에서 기분 좋은 휴식의 시간을 보내고 싶어

한다는 사실을 제작자들이 깨닫게 되었기 때문이다. 텔레노벨라는 주제에 따라 애정 문제를 다루는 텔레노벨라 로사와 그보다는 훨씬 더 현실적인 문제를 다루는 종류로 구분할 수 있다. 텔레노벨라 로사는 선한 주인공과 악한 주인공이 명확히 갈리고 그 주인공들과 그들이 속한 상황을 중심으로 흑백이 명확히 갈리는 스토리가 전개되는 데 비해, 현실적인 문제를 다루는 텔레노벨라들은 우리가 접하는 현실 속에서 만나게 되는 복잡한 심리의 등장인물의 내면을 좀 더 깊이 파고든다. 미국에서는 텔레노벨라와 유사한 숍 오페라(soap opera)가 있다. 주로 여성 시청자들을 겨냥해 낮 시간에 방송되며 기본 플롯에서 다양한 부차적 줄거리들이 무한히 파생되어 여러 해 동안 이어지기도 하는 연속극을 지칭하는데, 바로 이것이 숍 오페라와 텔레노벨라의 가장 큰 차이점이기도 하다. 라틴아메리카의 텔레노벨라는 주로 100회가 넘게 방송되기는 하지만 결국에는 100회를 전후해 마무리가 되고 주로 밤 시간에 방영되기 때문이다. 공통점을 찾자면, 미국의 주부 대상 연속극이 주 시청자인 주부들을 공략하기 위해 비누 회사들이 광고주로 뛰어 들어 결국에는 숍 오페라라는 이름을 얻게 된 것과 마찬가지로, 라틴아메리카에서도 텔레노벨라의 주 시청자인 주부들을 타깃으로 세제류를 생산하는 기업들이 스폰서로 대거 자리 잡고 있다는 점을 들 수 있다. 원래 텔레노벨라라는 명칭은 쿠바에서 라디오 연속극을 지칭하는 이름으로 처음 사용되었으며, 텔레비전을 가리키는 텔레와 문학 장르의 하나인 노벨라의 두 단어를 합쳐서 만든 합성어이다. 스페인에서는 총 러닝 타임이 길기 때문에 쿨레브론이라는 이름으로 불리지만, 라틴아메리카 내에서도 텔레노벨라를 지칭하는 명칭은 다양하다. 예로 쿠바에서는 텔레로만세(teleromance), 노벨라 데 TV(novela de TV), 노벨라(Novela) 등의 이름으로 불리고, 베네수엘라에서는 쿨레브론으로 부르며, 콜롬비아에서는 세리아도(seriado), 칠레와 페루, 볼리비아에서는 텔레세리에(teleserie), 우루과이에서는 코메디아(comedia)로 불린다.

Cultura Belén (벨렌 문화)　　아르헨티나 카타마르카(Catamarca)에서 1000년과 1450년 사이에 발전한 문명이다. 도예에 뛰어났고 대부분 뱀과 개구리의 형태의 도자기를 남겼다. 또한 동을 사용해 도끼 외 여러 가지의 도구를 만들어 사용했다. 이 문화는 이후 디아구이타(Diaguita) 문화의 기초가 되었다.

Cultura caral (카랄 문화)　　페루 북부지방에서 발전한 문화다. 기원전 3,000년에서 기원전 1,800년 사이에 발전했으며 페루에서 처음으로 뚜렷한 사회구조가 드러난 문화다. 아메리카 대륙의 형성기에 속해 있지만 도자기 생성은 이루지 못했다.

Cultura Chavín (챠빈 문명)　　잉카 이전 시대의 기원전 1000년경부터 기원후 200년경까지 페루 북부와 중부에 걸쳐 존재했던 문명으로 페루 북부 산악지역에서 싹튼 문명이다. 이 시기 건축의 특징은 돌을 사용한 피라미드다. 남쪽 티티카카 호수 부근의 티아우아니코(Tiahuanaco) 문명은 태양의 신전과 거석으로 만들어진 태양의 문을 남겼다. 이름은 안데스 동쪽 고지에 있는 대표적인 유적 '챠빈 데 우안타르(Chavín de Huantar)'에서 유래했다 기원전 500년경을 기점으로 쇠퇴했다

Cultura Chiguaza (치구아사 문화)　　에콰도르 아마존 지역에서 기원전 1,500년에서 기원전 1,000년 사이에 발달한 문화다. 에콰도르에 위치하지만 전통적인 에콰도르 문화보다는 페루 문화의 영향을 받았다. 도예 부분에서는 뱀, 원숭이 등과 같은 동물 형태를 취했다.

Cultura Chimú (치무 문화)　　페루 북부 해안지대에서 과거 모치카와 와리 문명을 계승하여 탄생하였다. 잉카 제국이 탄생하기 전까지 남미에 많은 영향을 끼쳤으며, 거대한 건축물

의 도시설계, 도자기, 금은세공술이 특징이다. 찬찬의 성채, 치무 성벽 등이 주요 유적으로 남아 있다. ⇒ Escultura y cerámica del Imperio Inca(잉카 제국의 조각과 도예)

Cultura Chinchorro (친초로 문화)　7,000년 전의 문화로 페루와 칠레 지역의 어부들로부터 남겨졌다. 이집트 미라보다 오래된 미라를 남겼고 이것으로 이후 세계에 대한 믿음과 의식을 치렀을 것이라 추정된다.

Cultura chiripa (치리파 문화)　볼리비아 코야오(Collao)의 가장 오래된 문화 중 하나다. 초기, 중기, 후기로 나뉘며 기원전 1,500년부터 기원전 100년까지 진행된다. 특기 이 문화의 가장 큰 발전이 있었던 후기는 티와나쿠(Tiwanaku) 시기와 겹쳐 진행되었다.

Cultura Chorrera (초레라 문화)　아메리카 대륙 형성기(Formativo)에 속해 있으며 기원전 1,500년에서 기원전 300년 사이에 에콰도르에서 발달한 문화다. 이 기간 동안 에콰도르 코스타(Costa) 지역과 시에라(Sierra) 지역에 퍼지게 되고 더 나아가 아마존에서도 이 문화의 흔적들이 남아 있다. 특징으로는 도예 물품들의 모양이 현실적인 모양을 취했다는 점과 식민지 이전의 시대의 도자기 중 가장 얇은 것들을 생산한 점이다.

Cultura cotocollao (코토코야오 문화)　에콰도르 키토 북부에서 기원전 1,500년에서 기원전 500년 사이에 발전한 문화다. 에콰도르 시에라(Sierra) 지역의 첫 문명이 코토코야오로 추정된다. 이 문화를 당시 다른 문화보다 구별 짓는 것은 뛰어난 수공업과 도자기다. 장식을 위한 도자기보다는 실생활에 필요한 도자기를 개발했다.

Cultura de Ansilta (안실타 문화)　아르헨티나 산 후안(San Juan) 지역에 기원전 1800년부터 500년까지 발전한 문화다. 2,000년이 넘는 문화로 식민지 이전의 문화 중에서도 장기간 동안 발전했다. 첫 민족은 북쪽에서 내려왔을 것으로 추정된다. 주로 사냥에 종사한 민족으로 농업은 날씨 환경으로 인해 드물었지만 500년이 지나는 시점으로 다른 문화의 영향으로 옥수수를 포함한 여러 농업을 시작했다.

Cultura Machalilla (마치리야 문화)　기원전 1,800년에서 기원전 1,500년 사이에 발달한 에콰도르 문화다. 발디비아 문화(Valdivia)의 일부라고 하는 의견도 있지만 라 카부야(La Cabuya)에 이 문화만의 유적지가 남아 있어 따로 분류된다. 발디비아보다 더 얇은 도자기를 생산했으며 흰색 위에 검은색을 입히는 기술과 함께 무늬를 새겼다.

Cultura maya* (마야 문명)　오늘날의 과테말라, 벨리즈, 온두라스, 엘살바도르, 그리고 캄페체, 치아파스, 킨타나 로오, 타바스코, 유카탄 등의 멕시코 5개 주에 이르는 메소아메리카 지역에서 꽃피웠던 문명으로, 약 삼천 년의 역사를 지니고 있다. 그 긴 역사 동안 수십 개의 방언이 등장했다 다시 사라지는 역사를 거듭했으며, 그것들이 44개 마야 언어의 근간이 되었다. 우리가 흔히 '고대 마야 문명'이라고 말하는 경우, 이 문명은 콜럼버스 이전에 존재했던 메소아메리카 문명을 지칭하는데, 과학과 천문학에 있어서 놀랄 만한 발전상을 보여주었던 매우 중요한 문명이다. 아울러, 통상적인 사람들의 생각과는 달리, 마야 문명은 결코 사라지지 않았음을 알아야 한다. 최소한 부분적으로나마 마야 문명은 여전히 후손들에 전해져 살아남았으며, 그들 중 상당수는 마야 언어의 영향이 남아 있는 가족어를 사용하고 있다. 마야 문학은 동시대 문화의 면면을 그대로 담아내고 있으며, 『Rabinal Achí』, 『Popol Vuh』, 『Libros del Chilam Balam』 같은 작품들이 그 예다. 스페인 사람들의 마야 정복이 이루어진 것은 타야살(Tayasal)과 마야의 수도 이사(Itzá), 오늘날의 과테말라 페텐(Petén)에 있었던 수도 코오이(Ko'woj)가 함락된 1697년의 일이다. 마야 제국의 마지막 도시가 사라진 것은 포르피리오 디아스(Porfirio Díaz)가 이끄는 멕시코 정부가 1901년에 게라 데 가스타스(Guerra de Castas)에 종지부를 찍으며 마야 최후의 수도 찬 산타 크루스(Chan Santa Cruz)를 함락시키면서부터였다. 페텐 북부의 쿠엔카 델 미라도르(Cuenca del Mirador)에 위치한 낙베(Nakbé), 엘 미라 도르(El Mirador), 산 바르톨로(Sam Bartolo), 시발(Cival), 티칼(Tikal), 키리과(Quiriguá) 등은 마야인들이 남긴 매우 유명한 대표적 대형 건축물이며, 이 중 티칼과 키리과는 각각 1979년과 1981년에 유네스코 세계문화유산으로 지정되었다. 이 밖에 팔렝케(Palenque), 코판(Copán), 리오 아술(Río Azul), 칼라크물(Calakmul), 구운 벽돌로 지은 코말칼코(Comalcalco), 세이발(Ceibal), 칸쿠엔(Cancuén), 마차키라(Machaquilá), 도스 필라스(Dos Pilas), 와샥크툰(Uaxactún), 알툰 아(Altún Ha), 피에드라스 네그라스(Piedras Negras) 등도 유명하다. 마야 문명은 제국으로 분류되기도 하지만, 실제로는 스페인 식민 당시 하나의 제국을 형성하고 있었는지, 혹은 농경과 교역을 근간으로 하는 독자적 도시와 주들의 연합이었는지는 확실치 않다.

Cultura Mochica (모치카 문명)　400년경부터 1000년경까지 페루 북부 해안에 존재한 문명. 이름은 현재의 트루히요(Trujillo) 시 근처에 흐르는 모체(Moche) 강에서 유래하였다. 토기에 생활상을 자세히 묘사한 것으로 유명하며, 많은 신전과 제사용 피라미드를 건축했다.

Cultura Mollo (모요 문화)　볼리비아 라 파스(La Paz)에서 발전한 문명이다. 잉카 이전의 문명으로 700년부터 시작해 1300년 또는 1400년까지 발전하고 잉카의 도착으로 모요 문화는 소멸하게 되었다. 대표 건축물로 이스칸와야(Iskanwaya)가 있다.

Cultura Narrío (나리오 문화)　에콰도르 시에라(Sierra) 지역 형성기를 대표하는 문화 중 하나다. 시에라 지역을 비롯하여 파스타사(Pastaza)와 파우테(Paute) 지역까지 퍼지게 되었다.

Cultura Nazca o Nasca (나스카 문화)　페루 나스카 강(el río Nazca) 주변으로 아메리카 형성기에 발전한 문화다. 특징으로는 나스카 라인(Líneas de Nazca)이 있고 모치카스(Mochicas) 예술품처럼 나스카 예술품도 고대 페루에서 가장 유명한 것들이다.

Cultura paracas (파라카스 문화)　아메리카 대륙 형성기에 발전한 문화다. 페루 남부 해안 지역에서 발달했다. 안데스의 여러 문화와 마찬가지로 차빈(Chavín) 문화의 영향을 받았다. 도자기, 옷감과 건축물에서 특징을 지었다. 특히 도자기는 주로 원형의 모양과 두 개의 반대되는 색으로 장식되어 있었다.

Cultura Recuay (레쿠아이 문화)　기원전 200년과 600년 사이 모체(Moche) 문화와 함께 페루에서 발전한 문화다. 이 문화의 특징으로는 여러 개의 지하 시설이 발견되었고 돌 조각술이 발달했다는 점이 있다.

Cultura Salinar (살리나르 문화)　페루 북부 해안 지역에 기원전 500년부터 300년까지 발전한 문화다. 차빈 문화(Chavín)가 쇠하자 작은 부족들이 모여 살리나르 문화를 이루게 된다. 살리나르 문화의 도자기는 기존의 검은색 도자기에서 붉은 색과 흰색으로 변하게 된다.

Cultura Sechín (세친 문화)　기원전 1800년부터 기원전 1200년까지 잉카 이전에 발전한 페루 문화다. 문화의 정확한 범위는 불명확하나 세친 지역에서 여러 유물이 발굴되었다.

Cultura Tiahuanaco (티아와나코)　3세기에서 9세기까지 볼리비아 일부 지역, 칠레 북부 지역과 페루 남부지역에서 생활한 원주민들의 문화이다. 지형의 특징상 여러 지역에서 나뉘어 생활했으며, 코야오 대지(Meseta del Collao)에 있던 한 마을은 티티카카 (Titicaca) 호수에서 가까웠기에 호수를 이용해서 감자, 안데스의 팽이 밥 등의 식물을 재배하기도 하였으나 목축업이 주된 경제활동이었다.

Cultura Vicús (비쿠스 문화)　　페루에서 기원전 100년에서 400년 사이에 발전한 문화다. 비쿠스라는 명칭은 이 문화의 최대 묘지가 비쿠스에 위치하기 때문이다. 은, 동과 같은 금속을 능통하게 다루었고 더 나아가 합금 제작 기술도 발전시켰다.

Cultura Wari(Huari) (와리족 문화)　　7세기 초와 12세기 사이에 볼리비아와 페루 사이에 위치했던 주민들의 문화이다. 특징은 돌의 조각과 도자기 다채색 장식 기술이었다. 멀리 떨어진 쿠스코와 아레키파 지역까지 정복할 정도로 큰 힘이 있었다.

Cumandá (쿠만다)　　에콰도르의 소설가 후안 레온 메라(Juan León Mera)의 작품으로 1879 년에 출간되었다. 이 작품은 밀림, 부족, 식민자들을 중심으로 사실주의적이고 낭만주의 적인 문체로 이야기가 전개된다.

Cumbia (쿰비아)　　라틴아메리카의 대중적인 춤과 노래로, 콜롬비아와 파나마에서 특히 성행 하였다. 아코디언, 탬버린 등의 타악기와 플루트 계열의 전통 악기로 주로 연주하며, 카 리브 해의 음악적 특징인 라틴 리듬을 강하게 가지고 있다. 1980~1990년대에 히스패닉 계 가수인 카를로스 비베스(Carlos Vives)와 글로리아 에스테판(Gloria Estefan)에 의해 전 세계에서 각광을 받기 시작하였다. ☞ Salsa(살사)

Cumbia villera (쿰비아 비예라)　　아르헨티나 쿰비아 하위 장르 중 하나로 90년대 후반 부에 노스아이레스 빈민촌을 중심으로 발생했다. 섹스, 마약, 술, 길거리의 폭력, 축구 등의 내 용을 다루며 대형 콘서트나 음반시장을 통해 전파되기 보단 각 동네의 작은 클럽이나 바 등에서 공연을 해 경제 위기에 따른 음반 시장 붕괴에도 오늘날까지 살아남았으며 그 시 장은 점점 성장하고 있다.

Cumpleaños (쿰플레아뇨스)　　멕시코의 작가 카를로스 푸엔테스(1928~2012)의 소설. 1969 년 작으로 푸엔테스가 주로 다루는 주제인 '타자(doble)'에 대한 소설이다. 18세기 이단 신학자가 현대 영국인 건축가로 부활한 뒤 전개되는 사건이 줄거리이다. ☞ Carlos Fuentes(카를로스 푸엔테스)

Curacazgo del Cuzco (쿠스코 왕국)　　12세기 페루에서 시작된 문명으로 잉카 제국의 시작 이었다. 망코 카팍(Manco Cápac)이 잉카 민족을 이끌고 다니다 1200년에 쿠스코에 정 착해서 시작된 쿠스코 왕국은 8명의 잉카 시대가 지나자 잉카 제국으로 건립되었다.

Curupí/Kurupí (쿠루피)　　과라니족의 신화이다. 악의 넘치는 키 작고 못생긴 사람이라고 하 며, 음경이 지나치게 긴 것이 특징이라고 한다. 쿠루피는 밤에 돌아다니는 사람, 특히 여 성을 납치하여 잡아먹거나 임신시킨다고 한다. 그에게서 도망치려면 음경을 잘라야만 한 다고 전해진다.

Cuzco (쿠스코)　　페루의 한 도시로 해발 3,360m에 위치하고 있다. 1990년 지정된 잉카 문화 보호 구역 중 하나로 유네스코에 등재되었다. 스페인 정복자들의 공격에서 살아남아 비 교적 잉카 문명의 건축물들이 잘 보존되어 있다. 페루 부왕령의 중심지로 숱한 전투의 현장이 되기도 했다.

D

D'Halmar, Augusto (아우구스토 달마르)　(1882~1950) 칠레 출신의 작가로 자연주의 경향의 작품인 『*Juana Lucero*』를 1903년 발표한다. 그 후 인도의 캘커타에서 영사생활을 거친 후 사실주의 경향의 문학을 포기하고 보다 영적이고 환상적인 작품의 세계로 빠져든다. 그러나 대표작은 칠레의 대표적인 모데르니스모 작품으로 꼽히는 『*Pasión y muerte del cura Deusto*』이다.

Dabove, Santiago (산티아고 다보베)　(1889~1952) 아르헨티나의 시인, 소설가, 수필가이다. 살아생전 단 한 권의 책도 출판하지 않고 사망했으나 경수필적 글을 묶은 짧지만 뛰어난 컬렉션을 남겼다. 이는 사후에 『*La muerte y su traje*』(1961)라는 제목으로 출판되었으며 이 책은 그를 현대 히스패닉아메리카 소설계의 뛰어나고 독창적인 목소리들 중 하나의 자리에 위치시켰다. 보르헤스(Borges)와 비오이 카사레스(Bioy Casares), 오캄포(Ocampo)가 출판한 『*Antología de la literatura fantástica*』(1940)에 다보베의 작품을 실음으로써 그를 환상 문학의 대가로 탈바꿈시키기도 했다.

Dailan Kifki (다일란 키프키)　작가 마리아 엘레나 왈쉬(María Elena Walsh)의 1996년 작품이며, 중요한 아동소설 작품 중 하나이다. 다일란 키프키(Dailan Kifki)로 불리는 코끼리가 부에노스아이레스 주에서 어느 젊은 아가씨의 집 문 앞에 버려졌다. 코끼리는 아가씨랑 같이 살게 되며, 그 일로 인해 현실과 공상이 섞인 여러 재미있는 사건들이 일어난다. ➡ Literatura juvenil latinoamericana(중남미 아동문학)

Dal Masetto, Antonio (안토니오 달 마세토)　(1938~) 아르헨티나 기자이자 작가이다. 이탈리아에서 태어났지만 1950년부터 아르헨티나에 정착하게 되었으며, 스페인어를 배우기 위해 독서를 시작했다. 처음에는 석공, 페인트공, 공무원이었으며 기자로서도 활동했다. 마흔이 넘은 늦은 나이에 작가활동을 시작했지만, "아메리카 가족(Premio Casa de las Américas)" 표창과 "(Premio Municipal)" 1등상과 2등상을 두 차례 수상했다. 작품으로는 『*Siete de oro*』(1963), 『*Oscuramente fuerte es la vida*』(1990) 등이 있다.

Dalton García, Roque (로케 달톤 가르시아)　(1935~1975) 엘살바도르의 시인이자 소설가, 드라마 작가, 수필가, 언론인이자 운동가이다. 가장 급진적인 사상과 미학의 독립성과 소외된 자들의 수호자로 살았던 그의 정치적 삶으로 인해 20세기 후반 히스패닉아메리카 문학계에서 가장 위대한 인물 중 하나로 여겨진다. 대표작으로는 『*El Salvador*』(1963), 『*El mar*』(1962) 등이 있다.

Dama de Cao (카오의 여왕)　모치카 문화(Mochica)의 지도자로서 페루 북부지방을 다스린 인물이다. 카오의 여왕의 미라가 발견된 후에 페루 지방의 여성도 높은 직책을 수행했다는 것이 알려졌다.

Darín, Ricardo (리카르도 다린) 아르헨티나 배우, 감독, 시나리오 작가이다. 1957년에 부에노스아이레스 주에서 태어났다. 2010년 아카데미상을 받은 영화 「*El secreto de sus ojos*」의 주인공이다. 1993년 아르헨티나 시트콤 「*Mi cuñado*」로 자신을 알렸다. 그 후 여러 작품을 했으며, 2000년에 영화 「*Nueve reinas*」로 이름을 해외에도 알렸다. 2011년 부에노스아이레스 시민상을 받았으며, 아르헨티나의 영화상인 Premios Cóndor de Plata를 받았으며, 스페인에서도 여러 차례 배우상을 수상을 했다.

Darío Herrera (다리오 에레라) (1870~1914) 파나마 시인, 기자, 작가이다. 아르헨티나와 멕시코에서 기자 활동을 했다. 루벤 다리오(Rubén Darío)의 영향을 받았으며, 서술에 뛰어난 능력을 보인다. 시작품으로 더 알려져 있다. 대표작품으로는 『*Horas lejanas*』 (1903), 『*Lejanías*』(1971) 등이 있다.

Darío, Rubén (루벤 다리오) (1867~1916) 니카라과의 시인으로 작품 『*Azul*』 등을 통하여 감상적 낭만파 시의 테두리를 벗어난 근대파 시인의 제1인자가 되었다. 라틴아메리카뿐 아니라 스페인의 98세대에 이르기까지 영향을 끼쳤다. 자연스럽게 스페인에서는 루벤다리오에 의한 모더니즘이 성행하게 되었는데 모더니즘 시라는 것은 형식이나 표현 방식에서 절대적 개인주의를 바탕으로, 시의 감각적 미와 색채감, 음악적 효과를 강조하는 미학적 문학 경향을 일컫는다. ➡ Literatura nicaragüense(니카라과 문학)

Darse cuenta (다르세 쿠엔타) 아르헨티나 영화감독 알레한드로 도리아(Alejandro Doria, 1936~2009)의 1984년 작품. 아르헨티나 국가재건 시대(Reorganización Nacional)를 배경으로 하며 교통사고를 당한 환자를 살리려는 의사의 이야기를 소재로 한 영화로 1985년 콘도르 데 플라타상(Premio Cóndor de Plata)을 수상했다.

Dávalos, Juan Carlos (후안 카를로스 다발로스) (1887~1959) 아르헨티나 출생의 시인이다. 자신의 작품을 지역주의 의식을 가지고 썼으며 작품 제목에서도 확인할 수 있다. 대표작으로 『*De mi vida y de mi tierra*』(1914)와 『*Cantos de la montaña*』(1921)가 있다.

Dávila Andrade, César (세사르 다빌라 안드라데) (1918~1967) 에콰도르의 시인이자 소설가이다. 작품은 풍경의 이상화에서 출발하여 초현실적인 이미지와 오컬트로 현혹된 신비주의로 나아갔다. 황폐함과 뿌리 없는 절멸에 사로 잡혀 자살로 생을 마감했다. 작품으로 시집 『*Oda al arquitecto*』(1946), 『*Arco de instantes*』(1959) 등과 소설 『*Abandonados en la tierra*』(1951), 『*Trece relatos*』(1955), 『*Cabeza de gallo*』(1966) 등이 있다.

Dávila Vázquez, Jorge (호르헤 다빌라 바스케스) (1947~) 에콰도르의 작가이다. 언어와 문학을 전공하고 프랑스에서 연극을 공부했다. 문학에서뿐만 아니라 연극 예술에서도 두각을 나타냈는데 극작가와 배우 모두로 활동했다. 대표적인 작품으로는 『*Nueva canción de Eurídice y Orfeo*』(1975), 『*María Joaquina en la vida y en la muerte*』가 있으며 이 작품으로 1976년 아우렐리오 에스피노사 폴릿 국가상(El Premio Nacional de Literatura Aurelio Espinosa Pólit)을 수상했다.

Dávila y Arrillaga, José Mariano (호세 마리아노 다빌라 이 아리야가) (1789~1870) 멕시코의 성직자, 의사이자 작가이다. 오랜 생애 동안 종교적인 주제에 대한 수필과 역사적 연구, 의술활동으로 빛을 발했다. 의미 있는 연구와 의학 저술은 예수회, 특히 예수회 집회에 대한 공격을 방어하는 것에 대한 그의 열정으로 인해 방해 받곤 했다. 대표 저작으로는 네 권으로 이루어진 『*Defensa de la Compañía de Jesús*』(1842~1843)와 두 권

으로 이루어진 『Continuación de la Historia de la Compañía de Jesús en Nueva España, del Padre Francisco Javier Alegre』(1888~1889)가 있다.

Dávila, Amparo (암파로 다빌라)　　멕시코의 작가(1928~)로 대표적인 작품으로는 『Música concreta』(1964), 『Tiempo destrozado』(1959), 그리고 『Árboles petrificados』(1977)가 있으며 이 작품으로 하비에르 비야우루티아 상(Premio Xavier Villaurrutia)을 수상했다.

Dávila, Chivirico (치비리코 다빌라)　　(1924~1994) 푸에르토리코의 가수로 라틴 음악, 특 히 볼레로(bolero), 구아라차(guaracha)의 뛰어난 음악가 중 하나로 잘 알려져 있다. 1940년에 카를로스 몰리나(Carlos Molina) 오케스트라의 보컬로 경력을 시작했으며 60 년대에는 「Alegre」라는 앨범을 통해 푸에르토리코 음악가들 중 가장 두드러진 인물이 되 었다. 분명한 예술적 재능에도 불구하고 오랫동안 상업적 성공을 이루지 못했으나 1960 년대에 앨범 「Cotique」가 백만 장 이상 팔렸다.

Dávila, Daniel (다니엘 다빌라)　　(1843~1924) 멕시코의 화가. 미술 학교를 마쳤으나 가난 으로 인해 오랜 시간 붓을 놓아야만 했다. 후에 미술에 대한 열정으로 다시 화가의 길을 걸었다. 그 시기 가장 잘 알려진 작품으로는 「Retrato de Dama」, 「Dice que me quiere o Indolencia」가 있다. 인물화에서 큰 두각과 성공을 이루었고 풍속화에서도 마찬가지였다. 1898~1900년 동안 열린 파리 만국박람회의 멕시코 측 위원회의 일원이기도 했다.

Dávila, José Antonio (호세 안토니오 다빌라)　　(1899~1941) 푸에르토리코의 의사, 번역 가, 전기 작가, 수필가, 시인. 모더니즘 시인 비르힐리오 다빌라(Virgilio Dávila, 1869~ 1943)의 아들이다. 짧지만 매우 흥미로운 작품을 썼으며 아버지로부터 물려받은 모데르 니스모 미학 경향에 참여하여 자신만의 스타일을 얻고 그 유산을 뛰어 넘은 인물이다. 살아생전 한 권의 책만을 출판하였는데 바로 『Vendimia』(1940)로 독자들과 평론가들의 만장일치로 찬사를 받을 만 했다. 사후에 몇 권의 책이 더 출판되었다.

Dávila, Juan Domingo (후안 도밍고 다빌라)　　(1946~) 칠레의 화가로 60~80년대 전위 주의 예술의 대표적 인물이다. 호주에서 경력 대부분을 발전시켰으며 보다 실제적인 문 제들에 대한 관심을 작품 속에 반영한다. 작품은 이미 존재하는 규칙에 대한 단절과 반 항 정신으로 특징지어지며 그러한 주제처럼 조형 언어를 통해 표현한다. 대표작으로는 「Rota」가 있으며 이 작품에서 동일성이나 혼종성과 같은 테마를 다루면서 현대와 전통의 요소를 뒤섞고 있다.

Dávila, Luis Pérez (루이스 페레스 다빌라)　　(1928~) 멕시코 출신의 댄서, 안무가, 무용 감독이다. 무용계에서는 Luisillo라는 이름으로 훨씬 더 잘 알려져 있다. 안무 중에서 가 장 특징적인 것은 「Don Quijote」(Moreno Torroba, 1981)의 새로운 버전으로 고전 전통 과 플라멩코에서 영향을 받은 것으로 1952년의 「Luna de sangre」처럼 그의 가장 중요한 안무들 중 하나이다. 베네치아 라 페니체 극장에서 수여하는 황금 메달상(La Medalla de Oro del Teatro La Fenice de Venecia)을 비롯하여 많은 상을 수상했다.

Dávila, Virgilio (비르힐리오 다빌라)　　(1869~1943) 푸에르토리코의 시인이다. 빅토르 위 고와 멕시코 작가 디아즈 미론(Díaz Mirón)의 낭만주의의 영향을 받았지만, 푸에르토리 코의 모더니즘 문학 경향의 주요한 대표적인 인물들 중 하나로 여겨진다. 그의 첫 시집 『Patria』(1903)는 푸에르토리코의 문화와 예술적 인물들에 대한 서정적인 초상을 그려냈 다. 또한 두 번째 작품 『Viviendo y amando』(1912)에서는 루벤 다리오에 의해 이루어진 모더니즘의 영향이 보인다.

De Galindo, Dolores Veintemilla (돌로레스 베인테미야 데 갈린도)   (1829~1857) 에 콰도르의 작가이다. 낭만주의 작가이며 위대한 초기 선구자들 중 하나로 여겨지지만 안타깝게도 전해져 내려오는 작품은 없다. 작품 대부분이 작가 자신에 의해 파괴된 것으로 전해지며 28살에 자살로 생을 마감했다.

De la Mora, Guillermo Schmidhuber (기예르모 슈미트후버 데 라 모라)   (1943~) 멕시코의 작가이다. 20세기 후반 가장 명성이 높은 극작가들 중 하나이다. 1994년에 여러 편의 작품들을 모아『Los entes teatrales』라는 이름으로 출판했다.

De la Vega, Daniel (다니엘 데 라 베가)   (1892~1971) 칠레 발파라이소에서 태어난 시인, 연대기 작가, 극작가, 소설가이다.『El bordado inconcluso』라는 코미디 연극작품으로 이름을 알리게 되었으며, 1953년에 전국문학상, 1962년에 전국 신문기자상을 수상했다. 대표작품으로는『La música que pasa』(1915),『Las instantáneas』(1927),『Fechas apuntadas en la pared』(1932) 등이 있다. 작가로서보다는 기자로서 더 역동적으로 활동했다. <La Mañana> 신문과 <Pluma y lápiz> 잡지를 통해 활동을 시작했으며, 그 외에도 <El Mercurio>와 <Las Últimas Noticias> 신문사에서도 활동했다. 1951년 주 브라질 칠레 대사관과 1953년 주 스페인 칠레 대사관에서 하급 외교관으로 활동하기도 했다.

De Miguel, María Esther (마리아 에스터르 데 미겔)   (1925~) 아르헨티나 교사, 기자이자 작가이다. 첫 작품인『La hora undécima』(1961)으로 에메세(Emecé) 출판사 문학상을 수상했다. 그 외에도 국민문학상(Premio Nacional de Literatura), 플라티나 코넥스(Konex de Platino)상과 같은 여러 문학상을 수상했다. 현재 <La Nación> 신문사에서 문학비평가로 활동하고 있다. 작품으로는『La amante del Restaurador』(1993),『El general, el pintor y la dama』(1996) 등이 있다.

De Santis, Pablo (파블로 데 산티스)   (1963~) 아르헨티나 시나리오 작가이자 소설가이다. 부에노스아이레스대학교(Universidad de Buenos Aires)에서 철학과 문학을 전공했다. 대다수의 작품은 청소년을 위한 소설이며, 만화비평가와 <Fierro> 잡지의 편집장이었다. 작품으로는『El palacio de la noche』(1987),『La traducción』(1998),『Filosofía y Letras』(1998) 등이 있다.

De Sigüenza y Góngora, Carlos (카를로스 데 시구엔사 이 공고라)   (1645~1700) 멕시코의 작가로 박학한 수준의 바로크 산문을 남겼다. 또한 수학, 천문학, 인종학, 지리학에 조예가 깊어 신대륙의 지식사회와 대학에 스콜라 철학으로 인해 형성되는 변화를 소개했다. 특히 전형적인 공고라풍의 작가로서 종교적 물음과 동시에 사회적 조건에 대해서도 관심을 가지고 있었으며 중남미 소설의 선구자로도 간주되고 있다.

De sobremesa (데 소브레메사)   콜롬비아의 모데르니스모 작가 호세 아순시온 실바(José Asunción Silva, 1865~1896)의 단편소설. 작가가 자살한 뒤 1925년에 처음으로 출판되었다. 작품 내 인물을 통해 구체적 경험과 상상적 경험을 비교하며, 현실의 지각에 대한 작가의 문제성을 드러내고 있다. ➡ La literatura colombiana del siglo 20(20세기 콜롬비아 문학)

Debravo, Jorge (호르헤 데브라보)   (1938~1967) 20세기 코스타리카에서 가장 중요한 사회 시인이다. 형식적인 새로움을 찾으면서 전원의 감정을 담은 여덟 권의 시집을 출판하여 미겔 에르난데스 힐라베르트(Miguel Hernández Gilabert)와 견줄 만한 작가가 되었다. 작품으로는『Milagro abierto』(1959),『Bestiecillas plásticas』(1960),『Consejos para Cristo *al empezar el año*(1960) 등이 있으며 사후에 『*Los despiertos*』(1972)가 출판되었다.

Década infame(Argentina) (비열한 시기) 아르헨티나 하원 선거 전날이었던 1930년 9월 6일에 일어난 군사 쿠데타가 시작된 시기를 칭한다. 호세 펠릭스 우리부루(José Félix Uriburu) 장군이 일으킨 쿠데타로 이폴리토 이리고옌(Hipólito Yrigoyen) 전 대통령의 정권을 빼앗았다. 쿠데타가 일어난 주된 이유는 이리고옌 전 대통령이 아르헨티나에 석유가 있을 시 그 석유를 사유화하지 않고 국유화해야 한다고 했기 때문이다. 신문 검열, 반대파 진압, 선거 부정행위, 모략 등의 부당한 행위가 일어난 이 사건은 1943년 6월 4일에 라몬 안토니오 카스티요(Ramón Antonio Castillo) 전 대통령에 대항하여 일어난 군사 쿠데타로 끝났다. 이 시기에는 아구스틴 후스토(Agustin P. Justo), 훌리오 아르헨티노 파스쿠알 로카(Julio Argentino Pascual Roca)와 안토니오 카스티요(Antonio Castillo) 3명의 대통령이 부정선거를 통해 권력을 쥐었다.

Decena Trágica (슬픔의 10일) 멕시코 혁명을 통해 정권을 잡은 프란시스코 마데로(Francisco Madero, 1873~1913)가 경제 및 사회적 개혁을 향한 민중의 염원을 저버리자 노동자와 농민들은 마데로 정권에 등을 돌리기 시작했다. 1913년 2월 9일, 반(反)혁명세력이 반란을 일으켰고, 이에 마데로는 자신의 호위 책임자인 빅토리아노 우에르타(Victoriano Huerta, 1850~1916)에게 진압을 명했다. 하지만 우에르타는 반란군과 결탁하여 총부리를 대통령 궁으로 돌리고 같은 해 2월 18일 마데로는 반혁명군에 의해 암살당했다. 이 같은 불미스러운 일이 열흘간에 걸쳐 이루어졌다하여 슬픔의 10일이라 부르며 멕시코 국치의 사건으로 여겨진다. ➡ Revolución mexicana(멕시코 혁명)

Dejemos hablar al viento (데헤모스 아블라르 알 비엔토) 우루과이의 소설가 후안 카를로스 오네티(1909~1994)의 작품. 1979년 작으로 오네티 작품의 특징인 완만한 전개, 소설 안에서 드러나는 사건에 대한 화자의 짐작, 정보의 은폐가 잘 드러나는 작품이다. ➡ Juan Carlos Onetti(후안 카를로스 오네티)

Del amor y otros demonios (사랑과 다른 악마들) 콜롬비아의 소설가 가브리엘 가르시아 마르케스(1927~)의 소설. 1994년 작으로 18세기 말 콜롬비아를 배경으로 하며, 금지된 사랑을 모티브로 하는 이야기가 펼쳐진다. 소녀와 신부의 사랑을 당시 사회 분위기와 결합시켜 이야기를 전개시키는 작품이다. ➡ Gabriel García Márquez(가브리엘 가르시아 마르케스)

Del brazo y por la calle (델 브라소 이 포르 라 카예) 아르헨티나의 영화감독 엔리케 카레라스(Enrique Carreras, 1925~1995)의 1966년 작품. 자신의 부를 뒤로하고 사랑하는 예술가를 따라 살게 되는 여인의 이야기로 1967년 콘도르 데 플라타상(Premio Cóndor de Plata)을 수상했다.

Del Rosario Arcal de Gorodischer, Angélica Beatriz (앙헬리카 베아트리즈 델 로사리오 아르칼 데 고로디스체르) 앙헬리카 고로디스체르(Angélica Gorodischer, 1928~)로 알려진 아르헨티나 근대문학 작가 중 한 명이며, 공상과학소설 여성 작가 중 상위권에 속한다. 영어로 번역된 『*Kalpa Imperial*』(1983)로 포블레트상(Premio Poblet)을, 『*Floreros de alabastro, alfombras de Bokhara*』(1984)으로 코넥스상(Premios Konex)을 수상했으며 그 외에도 여러 차례 다른 문학상을 받았다. 또 다른 작품으로는 『*Cuentos con soldados*』(1965), 『*En verano, a la siesta y con Martina*』 등이 있다.

Delagdo, Rafael (라파엘 델가도) (1853~1914) 멕시코 출신으로 멕시코 사실주의의 대표적 작가로 불린다. 그는 삶의 다양한 측면을 천성적인 절제미로 자연주의를 남용하지 않는 작품들로 표현했다. 또한 지나친 감상주의와 의도적인 경향성을 배격했다. 대표작으로 『Angelina』(1893)가 있다.

Delgado, Leonel (레오넬 델가도)　(1965~) 니카라과의 작가이다. 20세기 후반 니카라과에서 가장 눈에 띄는 소설 작가이다. 1996년 작품 『Road movie』로 마리아노 피아요스 힐상(El premio Mariano Fiallos Gil)을 받았다.

Demare, Lucas (루카스 데마레)　(1910~1981) 아르헨티나의 영화감독 및 작가. 레오폴도 루고네스(Leopoldo Lugones, 1874~1938)의 소설을 원작으로 한 「La guerra gaucha」(1905)와 「Nunca te diré adiós」(1947), 「Zafra」(1958) 등 다수 영화를 감독했다. ⇒ El cine argentino(아르헨티나 영화)

Demetrio Korsi (데메트리오 코르시)　(1899~1957) 파나마의 시인으로 작품에서 언급하는 주제로는 파나마의 운하, 국가 현황, 흑인과 원주민의 융합 문화이다. 대표작품으로는 『Incidente de Cumbia』가 있으며 그 외에도 『Los poemas extraños』(1920), 『El viento de la montaña』(1926) 등이 있다.

Denevi, Marco (마르코 데네비)　(1922~1998) 아르헨티나 극작가이자 소설가이다. 아르헨티나 최고의 중고등학교인 부에노스아이레스 국립 중고등학교(Colegio Nacional de Buenos Aires)에 재학했으며, 부에노스아이레스 대학교(Universidad de Buenos Aires)에서 법학을 전공했다. 30세가 넘어서 작가 활동을 시작했지만, 첫 작품인 『Rosaura a las diez』(1955)로 크라프트상(Premio Kraft)을 수상했다. 그 외 『Ceremonia secreta』(1962), 『El amor es un pájaro revelde』(1993) 등의 작품이 있다.

Denis de Icaza, Amelia (아멜리아 데니스 데 이카자)　(1836~1911) 파나마의 첫 여자 시인이다. 작품에서 애국심이 묻어나고 사회적인 사건을 많이 다뤘다. 작품으로는 『Mi corazón y el suyo』(1884), 『Cansancio』(1882) 등이 있다.

Desierto de Atacama (아타카마 사막)　칠레 북부에 위치한 사막으로 18만km²에 달하는 규모를 자랑한다. 내륙으로 갈수록 지형의 굴곡이 심한 곳을 찾아 볼 수 있고 대서양으로 갈수록 완만하다. 세계에서 가장 건조한 사막 중 하나이며 안데스산맥 때문에 생기는 기류 현상들로 인해 발생했다. 광물질이 풍부하게 매장되어 있으며 사막스포츠를 즐기는 이들이 해마다 찾는 곳이기도 하다.

Desolación (데솔라시온)　칠레의 시인 가브리엘라 미스트랄(1889~1957)의 시집. 1922년 작으로 『Decálogo del Artista』, 『La maestra rural』, 『El ruego』 등의 시가 포함되어 모성애, 유년기, 라틴아메리카적인 것 등의 주제를 드러낸다. ⇒ Gabriela Mistral(가브리엘라 미스트랄)

Después de la tormenta (데스푸에스 데 라 토르멘타)　아르헨티나의 영화감독 트리스탄 바우에르(Tristán Bauer, 1959~)의 1991년 작품. 1980년대 아르헨티나 경제 위기 당시 도시 이주민의 삶을 그린 영화로 1992년 콘도르 데 플라타상(Premio Cóndor de Plata)을 수상했다.

Di Benedetto, Antonio (안토니오 디 베네데토)　(1922~1986) 아르헨티나 기자이자 근대문학 대표 작가 중 한 명이다. 프랑스 정부에서 학사과정 장학금을 받으며 신문학을 전공했다. <Los Andes> 신문사 부사장 직급을 맡았으며, <La Prensa>지의 특파원으로 근무했다. 여러 차례 문학상을 수상했으며, 국내와 해외에서 여러 표창장도 받았다. 대표

작품으로는 『*Zama*』(1956)가 있으며, 그 외에 『*Mundo animal*』(1953), 『*Los suicidas*』 (1969) 등이 있다. ☞ La literatura argentina a finales del siglo 20(20세기 후반 아르헨티나 문학)

Di Marco, Marcelo (마르셀로 디 마르코)   (1957~) 아르헨티나 단편소설가, 시인, 수필가, 선생이다. 다양한 미디어 매체로 알려진 작품들은 여러 상을 수상했으며, 대표작품으로는 『*El fantasma del Reich*』(1994)이 있다. 시집도 출판했으며, 그중 『*Una temporada en Babia*』, 『*El viento planea sobre la tierra*』 등이 있다. 소설작품으로는 『*Élida volvió para quedarse*』(1997), 『*Victoria entre las sombras*』(2011) 등이 있다.

Dia de la Batalla de San Jacinto (산하신토 전투기일)   매년 9월 14일 니카라과에서는 1865년에 일어난 니카라과 역대 전투 중에서 가장 잔혹한 전투를 기념한다. 북미 해적이 중미 통치를 위해 니카라과를 공격했지만 이들은 결국 물러났다. 공휴일은 아니다.

Día de la Liberación (자유의 날)   매년 7월 19일은 니카라과 공휴일이며, 산디노 혁명(revolución sandinista)의 기념일이다. 이 날은 독재정치를 하고 있었던 소모사(Somoza)가 니카라과에서 도망친 날이다.

Día de la primavera (봄의 날)   아르헨티나는 매해 9월 21일, 페루 9월 24일, 멕시코 3월 21일에 기념된다. 봄의 날은 젊음과 자연이 새롭게 바뀌는 것과 사람의 영혼이 독창성을 가졌다는 것을 기념하는 날이다. 이 날에는 친구들과 야외에서 지내는 것이 특징이다. 그래서 공연을 보고나 공원에서 모인다.

Día de la raza (인종의 날)   1492년 10월 12일에 크리스토발 콜론이 2개월의 항해 끝에 아메리카 대륙에 도착했음을 기념하는 날이다. 이 날을 공휴일로 지정한 국가도 있으며 그렇지 않은 국가도 있다.

Día de los Mártires (희생자의 날)   1월 9일 공휴일로, 파나마의 200명의 학생들이 파나마 운하 지역이었던 "운하 존(Zona del Canal)"에 국기를 게양하기 위해 비폭력적으로 운동을 벌였으나 수십 명의 학생들이 미군의 손에 죽고 100명가량은 부상을 입었던 사건에서 시작되었다.

Día del Bandoneón (반도네온의 날)   아르헨티나의 기념일. 매년 7월 11일로 반도네온(Bandoneón) 연주자 아니발 트로일로(Aníbal Troilo, 1914~1975)의 생일이기도 하며, 이 연주자를 기리기 위해 만들어졌다. 2005년 아르헨티나 정부가 법으로 제정하였다.

Dia del estudiante secundario (중학생 인권의 날)   아르헨티나 군부 독재하에 일어난 중학생 납치 및 불법 고문 사건의 진상이 밝혀지자 진실규명위원회 CONADEP에서 조사를 시작했다. 이른바 "Noche de los lapices"였던 9월 16일을 중학생 인권의 날로 1998년 공식 재정하였다.

Día del ñoquis (뇨키스의 날)   이탈리아 유래를 가진 파스타의 일종으로 19세기 말 이탈리아인 이민 붐이 일었던 아르헨티나와 우루과이에서 주로 먹는다. 매달 29일은 뇨키스를 먹는 날이며 많은 이들이 부와 행복을 기원하는 의미에서 이 전통을 지키고 있다.

Dia domingo (일요일)   페루의 소설가 마리오 바르가스 요사(1936~)의 단편. 1959년 출판된 단편집 『*Los gefes*』에 실린 이야기 중 하나이다. 남자들 간의 결투를 모티브로 하며, 한 여자를 얻기 위해 수영 시합을 하는 두 청년을 그리고 있다. ☞ Mario Vargas Llosa(마리오 바르가스 요사)

Diablos danzantes de Yare (야레의 춤추는 악마들)   베네수엘라의 산 프란시스코 데 야레(San Francisco de Yare)에서 행해지는 전통 춤. 다양한 악마 가면을 쓰고 추는 종교 의식 춤으로 원주민, 스페인, 흑인 문화가 섞인 형태이다. 2012년 유네스코 인류무형 문화유산으로 등록되었다.

Diaguita (디아구이타) 남미에 살았던 민족으로 8세기에서 16세기 사이에 아르헨티나와 칠레에서 발달한 문명이다. 15세기 잉카들이 제국을 확장하자 디아구이타들은 잉카 제국에 넘어갔다. 건축과 농업에 종사했고 특히 점토를 이용한 도자기와 벽돌 생산에 뛰어난 기술을 보유하고 있었다.

Diarios de motocicleta (모터사이클 다이어리) 쿠바의 혁명가 에르네스토 게바라(Ernesto Guevara)와 그의 친구인 알베르토 그라나도(Alberto Granado)의 라틴아메리카 여행기이다. 1951년 12월부터 1952년 8월까지 9개월 동안의 여정을 담았다. '포데로사(Poderosa)'라는 이름의 모터사이클을 끌고 아르헨티나를 떠나 칠레, 페루, 콜롬비아, 미국을 거쳐 다시 아르헨티나로 돌아오는 긴 여행을 통해 인간에 대한 연민과 라틴아메리카의 본질적인 모습을 담고 있다. 2004년 브라질의 월터 살레스(Walter Salles) 영화감독에 의해 영화화되었다.

Díaz Alfaro, Abelardo (아벨라르도 디아스 알파로) (1919~) 푸에르토리코의 소설가이자 인문주의 교육자이다. 그의 풍속주의적 작품들은 푸에르토리코 전원 풍경의 삶의 형식을 즐거움과 색채가 있는 묘사를 통해 그려 놓았다. 『*Terrazo*』(1947)라는 제목 아래 출판된 소설들은 당시 푸에르토리코인들의 정체성에 대한 근본적인 지표들 중 하나가 되었으며 이로 인해 그는 많은 상과 찬사를 받았다. 20년 후에 마찬가지로 중요한 소설집인 『*Mi isla soñada*』(1967)가 출판되었다.

Díaz del Castillo, Bernal (베르날 디아스 델 카스티요) (1496~1584) 스페인 출생의 정복자이며 인디오들의 연대기 작가였다. 1514년에 처음으로 중남미 지역 탐험에 참여하였고 그 이후에도 아즈텍 왕국 점령에 기여 하였다. 이후에는 과테말라에 정착하게 된다. 기억력이 뛰어나 탐험과 점령의 모든 에피소드를 서술하여 기록으로 남겼다. 84세가 넘어서 『*Historia Verdadera de la Conquista de la Nueva España*』를 완성하여 전쟁과 탐험에 관한 이야기들을 담았다.

Díaz Enciso, Adriana (아드리아나 디아스 엔시소) (1964~) 멕시코의 언론인이자 극작가이다. 라디오 아나운서, 록 그룹의 작사가 등 다양한 영역에서 활동하고 있다. 세 개의 시집을 출판하였고 소설로는 『*¡El amor!*』를 펴냈다. ⇒ La literatura mexicana del siglo 20(20세기 멕시코 문학)

Díaz Garcés, Joaquín (호아킨 디아스 가르세스) (1877~1921) 칠레의 작가이다. 문학작품뿐만 아니라 언론을 통해 연대기, 비평, 여행기 등의 글을 남겼다. 글의 특징은 깊이 있는 유머와 정곡을 찌르는 것이다. 작품으로는 『*Páginas Chilenas*』(1908)와 사후 출판된 여러 권의 책이 있다.

Díaz Lozano, Argentina (아르헨티나 디아스 로사노) (1912~1999) 온두라스의 언론인이자 작가. 소설 『*Mayapán*』(1943)으로 라틴아메리카 소설상(El Premio Latinoamericano de Novela)을 받고 큰 명성을 얻었다. 또 다른 대표작으로는 『*Peregrinaje*』, 『*Fuego en la ciudad*』가 있다.

Díaz Meza, Aurelio (아우렐리오 디아스 메사) (1879~1933) 칠레의 작가이자 연극 비평가, 역사가이다. 칠레의 독립과 식민화, 정복 역사에 대해 관심이 많은 작가이다. 대표작

으로 『*Leyendas y episodios chilenos*』(1925~1927), 『*Damas de moda*』(1914) 등이 있다.

Díaz Mirón, Salvador (살바도르 디아스 미론)　(1853~1928) 멕시코의 시인이자 정치가이다. 전 시대를 통틀어 히스패닉아메리카 문학에서 가장 위대한 시인들 중 하나로 여겨진다. 수많은 서정적 작품을 남겼으며 가장 순수한 모데르니스모(Modernismo) 운동에 참여하기도 했다. 극단적인 대조와 불친절함이 그의 작품의 특징이다. 대표작으로는 『*La Concordia*』, 『*Triunfos*』 등이 있다.

Díaz Mori, José de la Cruz Porfirio (호세 데 라크루스 포르피리오 디아스 모리)　(1830~1915) 1876~1880년, 1884~1911년에 멕시코의 대통령으로 재임하였다. 3세기에 걸친 식민통치에서 해방되고 근대 국가정부를 수립하는 과정인 멕시코 혁명의 도화선이 된 독재자이다. 그가 멕시코를 통치한 시대를 '포르피리아토(Porfiriato)'라고 한다. ➡ Revolución mexicana(멕시코 혁명)

Díaz Rodríguez, Manuel (마누엘 디아스 로드리게스)　(1871~1927) 베네수엘라의 소설가이자 수필가이다. 모데르니스모에서 중요한 인물 중 하나이다. 작품은 서정성과 심리학적 통찰력으로 유명하다. 대표작으로는 『*Confidencias de Psiquis*』(1897), 『*Ídolos rotos*』(1901), 『*Sangre patricia*』(1902) 등이 있다.

Díaz Valcárcel, Emilio (에밀리오 디아스 발카르셀)　(1929~) 푸에르토리코의 소설가, 드라마 작가이자 언론인, 대학 교수이다. 현대 푸에르토리코 문단의 가장 뛰어난 작가들 중 하나이며 소위 '45년 세대(Generación del 45)' 가운데 가장 눈에 띄는 소설가들 중 하나이기도 하다. 작품 경향은 전기와 후기로 나뉘는데 전기에서는 한국전쟁의 경험을 바탕으로 절제되면서도 역동적인 언어를 통해 사회적 특권계층과 정권에 저항하는 목소리를 높인다. 후기에서는 좀 더 생동감이 넘치며 반어적 언어를 통해 히스패닉 사회와 미국, 푸에르토리코의 영어권 사회 사이에 존재하는 갈등에 접근한다. 대표작으로는 『*El hombre que trabajó el lunes*』(1966), 『*Napalm*』(1971) 등이 있다.

Díaz Villamil, Antonio (안토니오 디아스 빌라밀)　(1897~1948) 볼리비아의 소설가, 극본가. 산문작품 『*La niña de sus ojos*』(1948)는 사실주의적 성격이 두드러진다. 연극작품들 중 가장 대표적인 작품은 『*La hoguera*』와 『*La Rosita*』이며 둘 다 1924년 작이다.

Díaz, Gregor (그레고르 디아스)　(1940~) 페루의 극작가. 60년대에 시작된 새로운 종류의 연극작품을 썼으며 현대 히스패닉아메리카 연극계에서 가장 중요한 인물들 중 하나로 여겨진다. 『*La huelga*』라는 제목으로 상연된 연극으로 "새로운 페루 연극"이라는 소개사를 받았다. 60~80년대 동안 뛰어난 작가들과 함께 이 경향의 세대를 이끌었다.

Dictablanda (딕타블란다)　1930년 스페인에서 생겨난 용어로 '독재'를 뜻하는 dictadura와 '무른'을 뜻하는 blado가 결합한 합성어이다. 프리모 데 리베라(Primo de Rivera)의 뒤를 이은 다마소 베렝게르(Damaso Berenguer)의 실없고 무능한 정권을 비꼬기 위해 생겨났으며 80년대 이후 라틴아메리카에서도 널리 쓰이는 용어가 됐다. Dictablanda del Dgeneral Berenguer라고 부르기도 한다.

Dictadura militar (군사독재)　삼권분립 체제가 아닌 한 사람에게 모든 권력이 몰려있는 통치 형태로 군사 쿠데타 이후 세워진다. 극우의 성향을 보이며 군사독재 기간 동안은 법보다 군대의 힘이 막강해진다. 라틴아메리카 국가들의 대다수가 군사 쿠데타와 독재체제를 거친 현상은 많은 역사학자들의 연구 대상이 되고 있다.

Dido (디도)　아르헨티나의 시인 후안 크루스 바렐라(Juan Cruz Varela, 1794~1839)의 극

작품. 1823년 작품으로 사랑과 의무 사이의 갈등이 드러난다. 스페인 국민연극(teatro nacional)의 고전적 형식인 3막으로 전개된다.

Diego Torres (디에고 토레스) (1971~) 아르헨티나 가수이다. 롤리타 토레스(Lolita Torres)로 알려진 아르헨티나 유명 가수이자 여배우의 아들이다. 배우로서 활동할 수도 있었지만 음악의 매력에 빠져 1992년에 첫 앨범을 발매했다. 대표 앨범으로는 『Tratar de estar mejor』(1994), 『Color esperanza』(2001) 등이 있다.

Diego, Eliseo (엘리세오 디에고) (1920~1994) 쿠바의 시인이자 수필가이다. 히스패닉 문화권에서 가장 명망 있는 상 중 하나인 라틴아메리카 및 카리브 후안 룰포 문학상(El Premio de Literatura Latinoamericana y del Caribe Juan Rulfo)을 1993년에 받았다. 1942년 첫 작품집 『En las oscuras manos del olvido』을 출판하였으며 많은 작품을 썼다. ➡ La literatura cubana del siglo 20(20세기 쿠바 문학)

Díez Canseco, José (호세 디에스 칸세코) (1904~1949) 페루의 소설가이자 언론인. 작품에는 페루의 다양한 인종 그룹이 존재하는 상황과 사회적 현실에 대한 염려가 드러나 있다. 1929년 작 『Suzy 19』와 같은 해 쓰였으나 34년 출판된 『Duque』, 그리고 짧은 단편들이 출판되었다. ➡ La narrativa peruana del siglo 20(20세기 페루 소설)

Diles que no me maten (그들에게 나를 죽이지 말라고 말해다오) 『Pedro Páramo』로 유명한 멕시코의 작가 후안 룰포(1917~1986)의 단편. 『El llano en llamas』에 속한 단편으로 사실적, 객관적 상황을 제시하며 룰포의 특징적 측면인 현재에서 과거 시점으로의 이동, 극적 대화, 주인공 위치까지 수용하는 관찰자적 화자의 시점이 드러난다. ➡ Juan Rulfo(후안 룰포)

Dios se lo pague (디오스 세 로 파게) 아르헨티나의 영화감독 루이스 세사르 아마도리(Luis César Amadori, 1902~1977)의 1948년 작품. 브라질의 조라시 카마르구(Joracy Camargo, 1898~1973)의 동명 연극작품을 토대로 한 영화로 1949년 콘도르 데 플라타상(Premio Cóndor de Plata)을 수상했다.

Discépolin (디세폴린) 아르헨티나의 작곡가, 음악가, 영화인이자 탱고의 거장인 엔리케 산토스 디세폴로(Enrique Santos Discépolo)에게 아르헨티나인들이 붙여준 별명. 이름에 '-lin', '-ito/a' 등을 붙이면 더욱 친근하고 애정이 담긴 표현이 된다.

Discépolo, Armando (아르만도 디세폴로) 아르헨티나를 대표하는 탱고 작곡가(1887~1971)로, 아르헨티나의 대표적인 극작가, 무대감독인 엔리케 산토스 디세폴로스의 형이기도 하다. 'Grotesco italiano'와 'sainete criollo'가 혼합된 연출 방식인 'grotesco criollo'의 창시자이다. ➡ Tango(탱고)

Distopia* (디스토피아) 20세기에 들어서면서 유럽인들은 19세기의 낙관적 신념을 상실하고 그들이 기대했던 진보의 목표가 하나의 환상이었음을 자각하게 되었다. 그 결과, 그들이 느끼게 된 실의와 좌절은 유토피아 문학의 부재와 유토피아 사상의 마비를 초래하였으며, 한 걸음 더 나아가 유토피아에의 꿈이 상실됨과 동시에 반유토피아, 즉 안타-유토피아(anti-Utopia) 혹은 디스토피아(Distopia)로 명명되는 또 다른 개념이 선보이게 된다. 디스토피아라는 말은 디스-유토피아(dis-Utopia)에서 온 말로, 유토피아가 '낙원'을 의미한다면 그 반대인 디스토피아는 '지상에 존재하는 지옥'을 의미한다고 할 수 있다. 대표적인 3대 디스토피아 문학으로는 예프게니 쟈마틴(Evgenii Zamyatin)의 『We』와 올더스 헉슬리(Aldous Huxley)의 『Brave New World』, 조지 오웰(George Orwell)의 『1984』를 꼽을 수 있다. 이 세 작품에서도 디스토피아 문학의 근간으로 여겨지는 작품이 바로 1920년대에 발표된 『We』이다. 29세기를 배경으로 하고 있는 이 작품 속에서는 공산 전체주의 사회를 통해 근대적인 디스토피아를 묘사하고 있는데, 이 작품 속의 세계는 유리로 된 건물 속에서 사생활을 보호받지 못하고 살아가는, 아니 사생활의 개념이 무엇인지조차 깨닫지 못한 사람들이 살아가는 공간이다. 말하자면, 개인의 자유라는 개념이 세뇌교육과 감시를 통해 완전히 사라져버린 세상이 펼쳐지는 것이다. 이 작품이 충격을 던져준 것은 섬뜩한 줄거리도 그렇지만, 인간의 '이성'이라는 이름으로 자행되는 행위가 얼마나 비인간적일 수 있는가를 적나라하게 보여주었다는 데 있다. 결국, 이성이나 과학과 같은 소위 합리적인 것만을 맹종하는 일이 매우 위험할 수 있음을 경고하고 있는 것이다. 1930년대에 발표된 소설 『Brave New World』역시 문명이 극도로 발달하여 과학이 모든 것을 지배하게 된 세계를 그린 반 유토피아적 풍자소설이다. 첫 장면에 런던의 중앙인공부화장, 즉 인간 태아가 기계적으로 부화하는 장소가 등장하는데, 이곳에서는 부모의 사랑을 통한 자연스런 출산은 축복이 아닌 저주일 뿐이다. 이런 사회에서는 안정이 가장 중요시되므로 인간의 존엄성이나 자유는 무의미하며, 출산 과정이 기계적이므로 당연히 부모와 형제가 없고, 그 결과 감정의 갈등 역시 극소화될 수 있는 것이다. 이곳에서는 하나님이 삶의 중심이 아니라 과학기술이 모든 가치의 중심이다. 야만인 지역 출신의 세비지 존은 우연한 기회에 문명사회로 진출하지만, 결국 적응하지 못하고 자살하게 되는 인물로, "나는 편안한 삶을 원치 않소 나는 신을 원하오 나는 시(詩)를 원하고, 현실적인 위험을 원하고, 자유를 원하고 선을 원하오 나는 죄악을 원하오"라고 역설한다. 즉, 부조리한 인간의 조건을 긍정하는 작가의 목소리가 묻어나고 있는 것이다. 영국의 오웰이 쓴 『1984』역시 오세아니아라는 곳에서 자행되는 전체주의의 지배를 그려내고 있다. 권력 집중이 자기목적화된 당에 의해 대중은 지배당하고 있다. 당은 지배의 수단으로서 늘 전쟁 상태를 유지하고, 거의 신격화된 지도자 빅 브라더에 대한 숭배를 생활화하며, 개인생활을 감시하고, 사상을 통제하기 위해 언어를 간략화하였으며, 역사를 개서하기도 한다. 이곳에서는 사상통제와 과거통제라는 정치철학이 철저하게 지켜지는데, 거리와 방은 물론 심지어는 화장실에까지 설치된 감시스크린과 신어(新語)체계를 통해 사상이 통제되며, 모든 기록을 날조함으로써 과거통제가 이루어지는 것이다. 주인공 위스턴 스미스는 모든 것을 통제하는 이러한 당의 독재에 무력하게 반항하다가 사랑도 잃고 스스로 세뇌되어 죽음을 기다리게 된다. 이처럼 20세기 인류가 맹신하던 과학의 발전은 기대와는 달리 전혀 유토피아적이지 못한 결론을 도출해내었다. 이상의 디스토피아 작품들도 원칙적으로는 '이성'이라는 모범을 제시하고 있으므로 기존의 유토피아 전통을 계승하고 있는 것으로 보이지만, 그 이면에 더 이상 '이성'이라는 것이 가장 좋은 상태의 꿈의 형상만을 보여줄 수는 없다는 메시지를 담고 있으며 한발 더 나가 절대화된 이성의 성과와 그 이성에 대한 맹종 앞에 경종을 울려주고 있기에 안타-유토피아라고도 불린다. 이런 디스토피아 작품들과 비교해볼만한 라틴아메리카 작가의 작품이 있다. 아르헨티나의 작가 보르헤스의 『Utopía de un hombre que está cansado』에 대해 이온 아그에아나(Ion T. Agheana)는 "그 작품에서는 헉슬리나 오웰의 유명한 소설 속에 나타나는 비관적 유토피아의 분위기가 물씬 풍겨난다. 그 이야기는 예언서이다. 그러나 보르헤스에게 있어서 모든 미래란 다가올 현재인 만큼, 얼마든지 현재에 일어날 수 있는 이야기이기도 하다"라고 지적했다. 상기한 영미 디스토피아 작품들과의 변별성을 드러낸 것이다.

Diuihet (디우이엣)　　아르헨티나 헷(Het) 민족의 3개 분류 중 하나로 산타페(Santa Fe) 지역 에서 발전한 민족이다. 이들은 구아라니(Guaraníes)족으로부터 많은 영향을 받았다. 또 한 부에노스아이레스(Buenos Aires) 설립 첫 시도를 실패로 만든 민족으로 기억된다.

Dobles Yzaguirre, Julieta (훌리에타 도블레스 이사기레)　　(1943~) 코스타리카 출신의 시인이다. 1990년부터 코스타리카 대학의 라틴아메리카 문학 교수로 재직하고 있으며 코스타리카 언어학회 회원으로 언어학을 깊이 있게 공부했다. 대표작으로는 『*Una viajera demasiado azul*』과 『*Reloj de siempre*』(1965)가 있다.

Dobles, Fabián (파비안 도블레스)　　(1918~1997) 코스타리카의 작가. 소설과 사회참여시 를 주로 썼으며 1942년 첫 소설작 『*Ese que llaman pueblo*』를 발표하였다. 『*En el San Juan hay tiburón*』으로 1967년 아킬레오 J. 에체베리아상(Premios Nacionales Aquileo J. Echeverría)을 받았으며, 1968년 마곤 문화상(Premio Nacional de Cultura Magón)을 받았다.

Doce cuentos peregrinos (이방의 순례자들)　　콜롬비아의 소설가 가브리엘 가르시아 마 르케스(1927~)의 단편집. 『*Buen viaje, señor presidente*』를 포함해 12편의 단편이 수록되 어 있다. 1992년에 출판되었으나 『*El rastro de tu sangre en la nieve*』와 『*El verano feliz de la señora Forbes*』는 1976년에 이미 출판되었던 작품이다. ⇒ Gabriel García Márquez (가브리엘 가르시아 마르케스)

Dogo argentino (아르헨티나 불 마스티프)　　아르헨티나의 수의사 안토니오 노레스 마르티 네스(Antonio Nores Martinez)가 교차 교배하여 만든 종으로 여우, 퓨마, 멧돼지 등을 사냥하기 위해 탄생했다. 뛰어난 신체적 조건을 가지고 있으며 다소 다혈질의 성격을 가 지고 있다. 교차 교배 후 생존한 유일한 종이며 법적으로 교배나 분양이 자유롭지 못하 며 견주들은 자신의 반려견을 시스템에 등록해야 한다.

Dolina, Alejandro (알레한드로 돌리나)　　(1945~) 아르헨티나 작가이자 음악가, 텔레비전 과 라디오 MC다. 법, 음악, 문학과 역사를 전공으로 공부했지만 졸업장은 없다. 1970년 에 작가로 활동을 시작했으며, 익살스러운 잡지 기사도 여러 잡지사에 실었다. 작품으로 는 『*Crónicas del Ángel Gris*』(1988), 『*El libro del fantasma*』(1999) 등이 있다.

Dolores (고통)　　19세기 쿠바의 극작가이자 소설가인 헤르트루디스 고메스 데 아베야네다 이 아르테가(Gertrudis Gómez de Avellaneda y Artega, 1814~1873)의 소설. 실제 사 건에 기초한 작품으로 주인공이 자신의 목적 달성을 위해 딸을 마쳐시켜 성에 가둔 이야 기로, 딸이 어머니에 대한 하늘의 용서를 구하기 위해 수도원에 은둔하게 된다.

Dominici, Pedro César (페드로 세사르 도미니시)　　(1872~1954) 베네수엘라의 소설가이 자 언론인. 외교관으로서도 유럽 각지와 중남미 여러 도시에서 활동하였다. 자연주의적 소설에서 모데르니스모 소설로 옮겨 가는 경향을 보인다. 대표작으로는 『*El triunfo del ideal*』(1901), 『*El Cóndor*』(1925) 등이 있으며 극본가로도 활동했다.

Don Segundo Sombra (돈 세군도 솜브라)　　아르헨티나의 작가 리카르도 구이랄데스 (Ricardo Güiraldes, 1886~1927)의 작품으로 1926년 출판하였다. 민족주의 소설이자 가우초 문학으로 분류된다. 세군도 라미레스(Segundo Ramíres)라는 실제 인물을 모델 로 하였으며 이 인물이 성장해 가면서 보이는 정신적, 육체적 발달을 화자 파비오 카세 레스(Fabio Cáceres)의 관점에서 기술하였다. ⇒ La literatura argentina a principios del siglo 20(20세기 초 아르헨티나 문학)

Don Segundo Sombra(película) [돈 세군도 솜브라(영화)]   아르헨티나 영화감독 마누엘 안틴(Manuel Antín, 1926~)의 1969년 작품. 리카르도 구이랄데스(Ricardo Güiraldes, 1886~1927)의 동명 가우초 소설 『*Don Segundo Sombra*』(1926)를 바탕으로 한 영화로 1970년 콘도르 데 플라타상(Premio Cóndor de Plata)을 수상했다.

Don Tadeo (돈 타데오)   아르헨티나의 의사이자 낭만주의 시인인 클라우디오 마메르토 쿠엔카(Claudio Mamerto Cuenca, 1812~1852)의 극작품. 돈 타데오가 조카를 돈 레오나르도와 결혼시키려 하나 돈 레오나르도가 계획을 포기하고 돈 타데오의 조카가 사랑하는 사람과 결혼을 돕는 이야기로, 풍자적 풍속주의를 따른 작품이다.

Doña Bárbara (도냐 바르바라)   베네수엘라의 소설가 로물로 가예고스(1884~1969)의 작품. 원제는 『*La Coronela*』로 1929년 현재의 제목으로 재출판되었다. 전설적 명성을 가진 용맹한 여성을 주인공으로 자연의 힘을 상징화하여 비평가와 독자들의 호평을 받았다. ➡ Rómulo Gallegos Freire(로물로 가예고스 프레이레)

Donoso Cortés, Juan(Marqués de Valdegamas) (도노소 코르테스, 발데가마스 후작)   (1809~1853) 아메리카 대륙 정복자인 에르난 코르테스(Hernán Cortés)의 후손이자 엑스트레마두라 출신으로 극단적인 보수주의의 자세를 취하였다. 특히 정치적 연설과 논쟁적인 수필에서 뛰어났다.

Dorado, Roberto Genta (로베르토 헨타 도라도)   (1957~) 우루과이 시인이다. 대표작으로 『*De puño y letra*』(1986), 『*Geometrías y elegías*』(1987), 『*Caída libre*』(1996), 『*Paraíso breve*』(1999)가 있다. ➡ La literatura uruguaya del siglo 20(20세기 우루과이 문학)

Dorfman, Ariel (아리엘 도르프만)   (1943~) 칠레의 작가, 비평가. 많은 작품이 여러 외국어로 번역되었다. 국제적으로 연극을 통해 명성을 얻었는데 영화감독 로만 폴란스키(Roman Polanski)가 영화한 작품 「*La muerte y la doncella*」가 바로 그것이다. 소설로는 『*Cría ojos*』(1979)가 있다. ➡ La literatura chilena del siglo 20(20세기 칠레 문학)

Doria, Alejandro (알레한드로 도리아)   (1936~2009) 아르헨티나의 영화, 연극 및 방송감독. 「*Las Manos*」(2006)로 명성을 얻으며, 고야 상을 비롯한 다양한 국제 영화제에서 수상하였다. ➡ El cine argentino(아르헨티나 영화)

Dorrego, Manuel (마누엘 도레고)   (1787~1828) 아르헨티나의 군인, 정치가. 칠레와 아르헨티나 독립 전쟁 당시 주요 인물 중 하나로, 부에노스아이레스(Buenos Aires) 지방의 장을 역임하기도 한다. 공화국 이상주의자이자 연방주의자이며, 현재 역사학자들 사이에서 의견이 분분한 인물이기도 하다.

Dos mujeres (두 여인)   19세기 쿠바의 극작가이자 소설가인 헤르트루디스 고메스 데 아베야네다 이 아르테가(Gertrudis Gómez de Avellaneda y Artega, 1814~1873)의 소설. 1842년 출판되었으며 프랑스 문학의 영향이 많이 드러난다는 평을 받는다. 행복한 결혼 생활을 하는 남편이 유산 상속을 하러 마드리드로 갔다가 다른 여자와 사랑에 빠지게 되는 이야기를 담고 있다. 자유로운 사랑에 대해 예찬하지만 부정적인 의견도 보이고 있으며 작가의 개인적, 자전적 모습도 보이고 있다.

Dos Pilas (도스 필라스)   스페인 침략 이전 마야 문명의 유적으로 과테말라의 페텐(Petén)에 위치한다. 라 파시온 강(Río La Pasión) 유역의 교역로를 관리하기 위해 629년 세워진 도시로 이곳의 역사는 스페인 침략 이전 시대의 부족 간 대립 관계와 정치적 분쟁의 온상이다. 1970년 6월 12일 과테말라의 국보로 지정되었다.

Dr. Atl (아틀 박사) 본명은 헤라르도 무리요(Gerardo Murillo, 1875~1964, Méxcio)이며 아틀이란 이름은 파리에서 귀국하여 노천 회화 학교를 설립하면서 별명으로 삼은 것이다. 일찍이 이탈리아와 프랑스 유학을 했고 무정부주의와 마르크스주의 운동에 연루되기도 했으며 파리에서는 아방가르드 예술을 주창했다. 토착 원주민과 멕시코의 역사적인 사건들을 강렬하면서도 때로는 비극적인 장면까지 가감 없이 담아내 라틴아메리카 모더니즘의 새로운 장을 개척했다.

Droguett, Carlos (카를로스 드로겟) (1912~1992) 칠레의 작가이자 문학비평가이다. 1970년에 칠레 국가 문학상을 받았다. 칠레 사회의 비극적인 면을 증언문학을 통해 담아냈다. 대표작으로는 『*Los mejores cuentos de Carlos Droguett*』(1967), 『*Sesenta muertos en la escalera*』(1953) 등이 있다. ⇒ La literatura chilena del siglo 20(20세기 칠레 문학)

Dujovne Ortiz, Alicia (알리시아 두호브네 오르티즈) (1940~) 아르헨티나 기자이자 작가이다. 아르헨티나, 멕시코, 스페인과 프랑스 신문사에서 기자로 활동했으며, 시집과 소설책을 여러 권 출판했다. 그 외에도 마리아 엘레나 왈스(María Elena Walsh), 디에고 마라도나(Diego Maradona)의 전기와 세계적으로 알려진 에바 페론(Eva Perón)의 전기도 출판했다. 1978년에 추방당하고 프랑스에서 살고 있다. 다른 작품으로는 『*El árbol de la gitana*』(1997)와 『*Mireya*』(1998)가 있다.

Dulce de leche (둘세 데 레체) 우유와 설탕으로 만들어진 아르헨티나 디저트이다. 따뜻한 우유와 설탕을 마테(Mate)에 타 마시는 사람들의 습관이 이 달짝지근한 소스를 실수로 개발했다. 그냥 먹기도 하며, 핫케이크에 꿀 대신 발라먹는다. 그 외에도 많은 디저트의 주재료이기도 하며, 라틴아메리카 전체에서 즐겨먹는다.

Durán Ballén, Sixto (식스토 두란 바옌) 1921년 미국 보스턴 출생의 건축가로, 1992년에 에콰도르 대통령에 당선되었다. 1996년 변호사 출신의 압달라 부카람의 대통령 당선으로 임기를 마쳤다. 재임기간 중 발생한 공공기관의 부패문제와 시대의 변화를 따라가지 못하는 등의 모습으로 한계를 보이기도 했다.

Durand, Mercedes (메르세데스 두란드) (1933~1999) 엘살바도르의 시인. 20세기 중앙아메리카의 중요한 여성작가 중 하나로 손꼽힌다. 사르트르의 영향을 받은 참여세대(Generación Comprometida) 구성원 중 하나이다. 작품으로는 『*Espacios*』(1955), 『*Poemas del hombre del alba*』(1960), 『*Las manos y los siglos*』(1970) 등이 있다.

Durante la Reconquista (두란테 라 레콩키스타) 칠레의 작가 알베르토 블레스트 가나(Alberto Blest Gana, 1830~1920)의 소설. 1897년 작으로 작가의 야심작으로 꼽힌다. 1864년 집필을 시작하여 약 30년 동안 자료를 모으는 등 세심한 작업 이후 민중 서사시적인 작품을 탄생시켰다.

Dussel, Enrique (엔리케 두셀) 1934년 아르헨티나 출신의 해방철학가이다. 레비나스(Levinas)의 타자의 윤리학을 기반으로 해방의 윤리를 주장하는 해방철학을 주창했다. 그는 서구 중심의 근대 사상을 주변 시각으로 비판했으며, 주요 저작으로는 『*1492. El encubrimiento del Otro*』가 있다.

Duverrán, Carlos Rafael (카를로스 라파엘 두베란) (1935~) 코스타리카의 눈에 띄는 시인이자 대학교수이다. 작품으로는 『*Paraíso en la tierra*』(1953), 『*Lujosa lejanía*』(1958), 『*Poemas del corazón hecho verano*』(1963), 그리고 『*Tiempo delirante*』(1963)가 있다.

E

Echazú, Roberto (로베르토 에차수)　(1937~) 볼리비아의 작가이다. 첫 번째 소설 『*1879*』 (1961)를 통해 초현실주의 경향의 한 지점에 안착하였으며 뛰어난 작품이었으나 다른 시인들과 구별 지을 만한 밀도 있는 작품은 아니었다. 두 번째 책 『*Akirame*』(1966)를 통해 시간과 망각의 힘에 대항하는 사랑시를 펼쳤다.

Echeverría, Aquileo (아킬레오 에체베리아)　코스타리카의 작가, 기자 및 정치인(1866~ 1909)이다. 과테말라의 후스토 루피노 바리오스(Justo Rufino Barrios)를 몰아내기 위한 군사 쿠데타에 참여했으며, 니카라과의 아단 카르데나스 델 카스티요(Adan Cardenas del Castillo) 대통령 밑에서 일하는 등 라틴아메리카 국가들의 정치활동에 관여했으며 미국에서 대사직을 지내기도 했다. 니카라과의 시인 루벤 다리오(Rubén Dario)와의 우정으로 유명하다. 대표작으로는 『*Romances*』, 『*Romances y misceláneas*』, 『*Crónicas y cuentos míos, Concherías*』 등이 있다.

Echeverría, Esteban (에스테반 에체베리아)　1805년 아르헨티나 부에노스아이레스에서 태어나 1851년에 우루과이의 몬테비데오에서 사망했다. 아르헨티나 낭만주의의 선구자이자 라틴아메리카 낭만주의에 대한 최초의 이론가이다. 주요작품으로는 『*La Cautiva*』, 『*El Matadero*』가 있다. ➡ La Generación del 37(Argentina)[37세대(아르헨티나)]

Echeverría, Luis (루이스 에체베리아)　(1922~) 1970년부터 1976년까지 멕시코 대통령을 지냈으며 1968년에 있었던 틀라텔롤코 대학살(Tlatelolco Massacre) 사건을 무마하고자 언론과 표현의 자유를 보장하는 등 이전까지의 억압 체제를 완화시키고 국민들의 신뢰를 회복하기 위해 노력하였다. 특히 영화 산업에도 관심이 많아 정부 주도 아래 영화산업을 진흥시켰다. 덕분에 영화 산업은 그의 정권하에서 근대화되고 우수한 작품들을 많이 생산하였다.

Economía del Imperio Inca (잉카 제국의 경제)　잉카 제국의 경제는 각각의 생산 공정 전(全) 단계에 대한 예측 및 계획에 근거해 구동되었다. 타완틴수요, 즉 잉카 제국에서는 모든 경제 시스템이 국가의 직접적인 통제하에 있었으며, 잉카 제국 수립 이전부터 전해져 내려온 다양하고 누적된 기술적, 문화적 경험들을 온전히 적용해 국가의 근간이 되는 생산체계를 완성했으니, 그것이 바로 농업이었다. 잉카 제국에서 농업은 점점 늘어가는 제국의 주민들을 먹이고 입히며, 살 곳과 사회 안전망을 제공해주는 원천이었다. 스페인인들이 신대륙에 발을 디뎠을 당시 잉카 제국의 주민 수는 대략 6백만에서 천만 정도에 이르렀던 것으로 추산된다.

노동: 잉카 제국의 구성원들에게 있어 노동은 그 누구도 피해갈 수 없는 사회적 기능이

었다. 즉 노동은 모든 개인의 의무였다. 다만, 잉카 제국의 주민이라면 남녀의 구분 없이 누구나 노동을 해야 했던 것은 사실이지만, 모든 이들에게 동일한 노동량이 주어진 것은 아니었다. 각 개인의 능력에 따른 노동량이 부여된 것이다. 20세기 페루의 역사가이자 인류학자인 루이스 발카르셀(Luis E. Valcárcel)의 표현을 인용하자면, 잉카 제국에서는 "그 누구에게도 할 수 있는 정도 이상의 노동이 요구되지는 않았다. 따라서 어린 아이들은 청소년보다 훨씬 적은 정도의 노동을 했고, 청소년은 또한 절정의 노동력을 발휘할 수 있는 성인에 비해서는 적게 노동했다. 성인의 경우에는 가장 고강도의 노동력이 요구되지만, 이 시기를 지나 점점 나이가 먹어 가면 그만큼 요구되는 노동의 양도 줄어들었다." 노동도 집단적으로 이루어져서, 통상 해당 지역사회의 구성원 전체가 공동으로 일했으며, 그들 구성원끼리도 상호 조력했다. 집단 노동의 형태도 다시 미타(la mita), 아이니(el ayni), 밍카(la minca) 세 가지로 나뉘었다.

농지의 분배: 잉카 제국의 농지는 다음 세 종류로 나뉜다.

- 태양신의 땅(tierras del Sol): 태양신의 땅은 태양신에 바치는 공물을 수확하거나, 신을 모시는 사제들의 생계유지에 필요한 농작물 재배를 위해 사용되는 토지다.
- 잉카의 땅(tierras del Inca): 잉카의 땅은 국왕과 국왕 일가, 귀족, 고위 관리들의 식량 공급을 위한 땅이다. 또한 국왕인 잉카의 시중을 드는 주변인들을 비롯해, 전쟁이 벌어졌을 때 군대를 먹일 군량과 자연재해로 인해 농사를 망쳐버린 일반 백성들의 주린 배를 채우는 데에도 역시 잉카의 땅에서 수확한 양식이 활용되었다. 잉카의 땅에서 수확한 작물들은 따로 마련된 곡물창고에 보관되었으며, 태양신의 땅에서와 마찬가지로 잉카의 땅에서도 농사를 짓는 것은 일반 백성들의 몫이었다.
- 백성의 땅(tierras del Pueblo): 전체 토지 중에서도 일반 백성들이 먹고살 수 있도록 하기 위해 분배된 백성의 땅이 가장 넓었다. 매년 남성들과 농사일을 할 수 있는 여성들을 대상으로 농지에 대한 재분배가 이루어졌는데, 결혼한 남성 일인당 1투푸(tupu), 결혼 안 한 아들에게도 1투푸, 결혼 안 한 딸에게는 1/2투푸가 배정되었다. 잉카 가르실라소(Inca Garcilaso)가 남긴 글에 따르면, 1투푸는 2.880m²에 해당되며, 이는 대략 옥수수 46kg 정도를 수확할 수 있는 면적이었던 것으로 확인된다. 결국, 바우딘(Baudin) 식 계산에 따를 때, 1투푸는 자녀가 없는 두 부부가 생계를 유지하는 데 꼭 필요한 정도의 토지 면적인 셈이다. 또한, 농지의 면적은 토양의 성질이나 등급에 따라서도 조정이 가능했다.

ECUARUNARI (에콰아루나리)　　에콰도르 원주민 단체의 약자. 전체 이름은 'Confederación de Pueblo de la Nacional Quichua del Ecuador'이며, 산악 고지대를 중심으로 활동하고 있다.

Editorial cartonera (카르토네라 출판사)　　우루과이의 시인 워싱턴 투쿠르토(Washington Tucurto)가 만든 출판사이다. 세계적인 작가들에게 원고를 무료로 받아 카르토네로(Cartonero)들이 구해온 재활용 마분지로 책의 표지를 만들고 직접 손으로 표지를 그려 넣어 출판한다. 정식 발매가 아니기 때문에 국제표준도서번호(ISBN)는 없다.

Eduardo Alberto Duhalde Maldonado (에두아르도 알베르토 두알데 말도나도)　　에두아르도 두알데(Eduardo Duhalde, 1941~)로 불리는 아르헨티나 페론주의자 변호사이자 정치인이다. 메넴 전 대통령의 임기 기간에 부통령직을 맡았으며, 2002년 아르헨티나 경제 위기 당시의 임시 대통령직을 역임했다. 그 후 부에노스아이레스 주지사와 상원 의원이 되었다.

Eduardo Galeano* (에두아르도 갈레아노) (1940~) 라틴아메리카를 대표하는 우루과이 작가이다. 만 14세의 나이로 "히우스(Gius)"라는 필명을 사용하며 정치 캐리커처를 그리면서 저널리즘의 길로 들어섰다. 이후 1961년부터 1964년까지 주간지 <Marcha>에서 편집장으로 활동하였으며, 1964년부터 1966년까지 일간지 <Época>을 맡았다. 1973년 부에노스아이레스로 망명하여 문화잡지 <Crisis>를 창설하였다. 1975년 작품 『La canción de nosotros』로 카사 데 라스 아메리카스(Premio Casa de las Américas)상을 수상하였다. 이 소설은 무장 투쟁, 서민문화와 소부르주아 좌파 활동가들 간의 관계를 다루는 동시에 기계가 지니고 있는 억압적 시스템을 고발한다. 1976년 아르헨티나에서 호르헤 비델라의 군사 쿠데타가 발생하면서 또다시 바르셀로나로 망명길에 오른다. 2년 뒤 라틴아메리카 역사에 대한 최근 20년간의 기억과 작가의 삽화가 담긴 『Días y noches de amor y de guerra』로 또다시 카사 데 라스 아메리카스상을 받는다. 1985년 우루과이에 민주주의가 정착되면서 그는 자국으로 돌아가 저술활동에 전념할 수 있게 된다. 갈레아노는 소설, 저널리즘, 에세이 등 다양한 장르의 작품을 발표했다. 무엇보다 이들 장르의 경계를 허물고 새로운 형태의 글쓰기를 하였는데 그의 작품은 픽션, 신화, 증언, 정치 비판, 역사적 현실, 사회 분석 등이 한데 어우러져 있다. 갈레아노는 아메리카 대륙이 주인과 종, 강자와 약자의 구도에서 벗어나지 못하고 있는 현실을 연대기와 같은 과거의 자료를 바탕으로 그려낸다. 사회적 부정과 심각한 불평등은 그가 글을 쓰는 이유이며, 문학은 사회의 부조리와 맞서 싸우는 데 필요한 하나의 무기이다. 작품은 1960년대부터 발표되기 시작했고 수많은 독자층이 형성되어 있지만 일각에서는 정치적인 요소가 다분하다는 평도 있다. 한편 가장 높이 평가받는 부분은 옛 텍스트들을 새로운 텍스트들로 만들어내는 열정과 재능이다. 대표작으로는 『Guatemala, país ocupado』(1967), 『Las venas abiertas de América Latina』(1971), 『Vagamundo』(1973)와 라틴아메리카의 역사, 시, 환상소설이 혼합된 『Memoria del fuego』 등이 있다. 『Memoria del fuego』는 3부작으로 『Los nacimientos』(1982), 『Las caras y las máscaras』(1991), 『El siglo del viento』(1991)로 구성되어 있다. 작가가 서정성과 비평적 열망으로 아메리카 대륙의 기원부터 현재까지의 역사를 새롭게 재조명한 『Memoria del fuego』는 1989년 미국도서상(American Book Award)을 수상한 이후 1992년 칠레 출신인 알레한드로 킨타나(Alejandro Quintana)의 감독하에 연극 작품으로 만들어졌다. 이 외에도 『Las palabras andantes』(1993), 『Patas arriba. La escuela del mundo al revés』(1999), 『Bocas del tiempo』(2004) 등이 있다. 갈레아노의 작품은 이탈리아의 체사레 파베세(Cesare Pavese), 바스코 프라톨리니(Vasco Pratolini), 미국의 윌리엄 포크너(William Faulkner), 존 더스 패서스(John Dos Passos), 스페인의 페데리코 가르시아 로르카(Federico Garcia Lorca), 미겔 에르난데스(Miguel Hernández), 루이스 세르누다(Luis Cernuda), 안토니오 마차도(Antonio Machado) 등의 영향을 받았다.

Eduardo Wild (에두아르도 와일드) 아르헨티나 작가로, 1844년에 출생하여 1913년에 사망했다. 유머와 아이러니를 작품에 잘 담아냈으며, 대부분의 작품을 즉흥적으로 썼다고 한다. 주요작품으로는 『Tiempo perdido』, 『páginas muertas』 등이 있다.

Eduardo, Gutiérrez (구티에레스 에두아르도) (1851~1889) 아르헨티나 출신으로 풍속적이고 가우초 문학의 특징을 가진 내용의 작품들로 유명하다. 대표작으로는 우화, 영화, 연극 등 다방면으로 보급된 『Juan Moreira』가 있다.

Educación laica (분리 교육)   가톨릭의 정치적, 교육적 영향이 막대한 라틴아메리카에서 교회와 분리된 자주적 교육 방식을 말한다.

Edwards Bello, Joaquín (호아킨 에드워즈 베요)   (1887~1968) 칠레의 발파라이소 (Valparaíso) 출신의 작가다. 1943년에 칠레 문학상(Premio Nacional de Literatura)을 수여받았지만 언제나 사회에 대한 비판적인 태도를 보유한 사람이었다. 2개의 잡지사를 창설했고 신문에 실은 여러 개의 글은 책에 수록된 것들이 많다. 대표작으로 자연주의에 영향을 받은 『*El inútil*』와 『*El monstruo*』가 있다. ➡ Jorge Edwards(호르헤 에드와르즈)

Edwards, Jorge (호르헤 에드워즈)   (1931~) 칠레의 작가이다. 소설과 자전 문학을 썼다. 『*Persona non grata*』(1971)라는 제목으로 쿠바에서 외교관으로 재직할 때 작가 자신의 경험을 담았으며 『*Adiós poeta*』에서는 네루다(Neruda)와의 관계를 이야기하고 있다. ➡ La literatura chilena del siglo 20(20세기 칠레 문학)

Eguren, José María (호세 마리아 에구렌)   1874년 7월 7일에 태어나 1942년 4월 19일에 생을 마감했다. 페루의 현대주의 시기에 상징주의의 대표 시인으로 인식된다. 건강이 약해서 사람들과의 만남이 적었기에 생전에 이름을 알리지 못했다. 시에서 공상주의와 낭만주의의 느낌을 볼 수 있으며, 그러한 특징으로 '아이 시인(El poeta niño)'이라고 불린다. 대표작품에는 『*Simbólicas*』(1911), 『*La canción de las figuras*』(1916), 『*Sombras*』(1929) 등이 있다.

Eielson, Jorge Eduardo (호르헤 에두아르도 아일슨)   (1924~2006) 페루의 시인이자 조형 예술가이다. 비평가들에 의해 히스패닉아메리카 현대 문단에서 가장 순수한 서정시인 중 하나이며 급진적인 시인으로 여겨진다. 인생의 후반기 약 50여 년 동안 이탈리아에서 거주하며 그곳에서 사망했다. 시인으로서 실험주의적이고 전위주의적인 그의 미학 세계를 단순한 요소가 결합된 서정적 작품으로 최대한 표현하였다. 40대에 문학 경력을 시작하였음에도 불구하고 여러 작품을 남겼다. 대표작으로 『*Canción y muerte de Rolando*』(1959), 『*Habitación en Roma*』(1951), 작가의 가장 중요한 작품으로 여겨지는 『*Noche oscura del cuerpo*』(1989) 등이 있다.

El Abra (엘 아브라)   콜롬비아에 위치한 고고학적 유적지다. 해발 2,570m에 위치했으며 물이 통하는 통로가 갈라지는 인디들의 주거지였다. 이 지역에 인가의 첫 흔적은 대략 기원전 10450년으로 추정된다.

El abuelo (엘 아부엘로)   페루의 소설가 마리오 바르가스 요사(1936~)의 단편. 1959년 출판된 단편집 『*Los gefes*』에 실린 이야기 중 하나이다. 헛소리 때문에 가족과 떨어지게 된 한 노인을 주인공으로 하여 자식들에 대한 복수로 자신의 손주를 놀래주는 이야기를 그린다. ➡ Mario Vargas Llosa(마리오 바르가스 요사)

El ahogado más hermoso del mundo (세상에서 제일 잘생긴 익사체)   콜롬비아의 소설가 가브리엘 가르시아 마르케스(1927~)의 단편소설. 1968년 작으로 『*La increíble y triste historia de la cándida Eréndira y de su abuela desalmada*』에 속한 이야기이다. 너무나도 작은 한 마을에 그 마을에는 맞지 않는 한 거대한 익사체가 떠내려 오면서 생기는 이야기를 담고 있으며, 마르케스의 주요 주제 중 하나인 죽음에 대해 다루고 있는 작품이다. ➡ Gabriel García Márquez(가브리엘 가르시아 마르케스)

El Aleph (알렙)   아르헨티나 작가 호르헤 루이스 보르헤스의 작품이다. 1945년에 처음으로 발간되었고 1949년에 다른 단편과 함께 발간되고 했다. 보르헤스의 다른 작품과 마찬가지로 유대교 사상과 신화를 배경으로 한다. 『*Ficciones*』에서 불가능한 세계를 언급했다면 이 작품에서는 현실 상식에서 조금 더 가능한 세계관을 언급한다. ➠ Jorge Luis Borges(호르헤 루이스 보르헤스)

El alma en los labios (엘 알마 엔 로스 라비오스)   메다르도 앙헬 실바(Medardo Ángel Silva)가 자살하기 전 자신의 여자 친구에게 남긴 작품이다. 1919년에 세상에 드러난 이 작품은 실바의 대표작으로 남아 있다.

El almohadón de plumas (깃털 방석)   우루과이의 모데르니스모 작가 오라시오 키로가 (Horacio Quiroga, 1878~1937)의 단편이다. 잡지 <Caras y Caretas>에 실린 단편으로 키로가 스스로가 '목적 소설(cuento de efecto)'이라 불렀으며 객관적 자연주의와 고답주의적 양태가 드러나는 작품이다.

El amor de la estanciera (엘 아모르 데 라 에스탄시에라)   아르헨티나 독립기 작가 미상의 극작품. 소극(sainete), 촌극(pasillo)의 일종으로 일컬어지는 이 작품은 가우초 양식의 전신이 된다. 신화적 암시, 스페인 연극적 시구, 18세기 연극에서 차용된 어휘 등이 드러난다. 가우초 시의 요소인 8음절 시구(octasílabo), 농부들의 어휘, 대초원적 분위기를 담고 있다.

El amor en los tiempos del cólera (콜레라 시대의 사랑)   1985년에 출간된 소설로, 1982년에 노벨 문학상을 수상한 콜롬비아의 작가 가브리엘 가르시아 마르케스의 작품이다. ➠ Gabriel García Márquez(가브리엘 가르시아 마르케스)

El año que viene siempre es azul (엘 아뇨 케 비에네 시엠프레 에스 아술)   니카라과의 모데르니스모 작가 루벤 다리오(Rubén Darío, 1867~1916)의 작품. 단편소설로 금발의 소녀가 한 청년과 사랑에 빠지게 되며 서로 멀어지게 되어 마음의 병에 걸리고, 끝내 죽음에 이르게 되는 낭만주의적 소설의 면모를 보이고 있다.

El apologético en favor de Don Luis de Góngora, príncipe de los poetas líricos de España (엘 아폴로헤티코 엔 파보르 데 돈 후안 루이스 데 공고라, 프린시페 데 로스 포에타스 리리코스 데 에스파냐)   페루 출신의 후안 데 에스피노사 메드라노(Juan de Espinoza Medrano, 1640~1688)의 저서. 공고라(Góngora) 시의 구문과 음운 분석을 하는 데 있어 지침이 되는 서적으로, 공고라 시에 대한 찬양과 아메리카 대륙에서의 공고라의 영향에 대해 설명하고 있다.

El Apóstol (사도)   아르헨티나의 만화가인 키리노 크리스티아니(Quirino Cristiani)와 제작자인 페데리코 바예(Federico Valle)에 의해 만들어진 만화영화다. 컷아웃 기법을 사용하였으며 세계 최초 장편 만화영화이기도 하다. 또한 비평가들에게 좋은 평가를 받았을 뿐더러 상업적인 성공까지 거둔 영화이다.

El árbol del bien y del mal (엘 아르볼 델 비엔 이 델 말)   에콰도르 참수세대 (Generación decapitada)의 일원인 시인 메다르도 앙헬 실바(Medardo Ángel Silva)가 쓴 시집 중 하나이다. 1918년에 발간되었고 시인의 유일하게 출판한 책이며 에콰도르 서적 중 모더니즘을 가장 뚜렷하게 나타낸 책으로 인정받는다.

El arpa y la sombra (엘 아르파 이 라 솜브라)   쿠바의 소설가 알레호 카르펜티에르 (Alejo Carpentier, 1904~1980)의 작품. 1979년 작으로 이 작품을 통하여 작가는 콜론 (Colón)이라는 인물을 신화적 요소에서 탈피하여 재평가하고 있다.

El arte de trabajar la prosa (엘 아르테 데 트라바하르 라 프로사)   과테말라의 모데르

니스모 작가 엔리케 고메스 카리요(Enrique Gómez Carrillo, 1873~1927)의 작품. 이 작품에서 작가는 자신의 작품의 출발점이 귀스타브 플로베르(Gustave Flaubert)를 비롯한 프랑스 산문 작가라고 소개하며, 이들 작품이 라틴아메리카 작가들에게 혁신과 새로운 언어 사용의 모범이 된다고 언급한다.

El Ateneo Grand Splendid* (엘 아테네오 그랜드 스플렌디드)　　아르헨티나 부에노스아이레스에 있는 대형 서점이다. 이 서점은 과거 그랜드 스플랜디드 극장이 있던 자리에 그대로 세워졌으며, 원래 극장의 원형적 건축 양식을 그대로 유지하면서도 서점의 기능을 갖춘 모던한 건물로 탈바꿈한 예다. 정확한 위치는 부에노스아이레스 레콜레타(Recoleta) 구역의 아베니다 산타페(Avenida Santa Fe) 1860번지로, 영국 <The Guardian>지는 이 건물을 세계에서 두 번째로 아름다운 서점으로 선정하기도 했다. 극장이던 당시로 거슬러 올라가면, 이 건물은 1917년 건축을 시작했으며 1919년 오스트리아 출신 사업가로 일명 "맥스(Max)"로 알려진 모르데차이 다비드 글뤽스만(Mordechai David Glücksman)이 극장으로 문을 열었다. 북부 국립 극장(Teatro Nacional Norte) 부지에 새로운 극장을 짓고자 했던 그의 꿈이 마침내 이루어지자, 그는 새 극장에 "그랜드 스플렌디드(Gran Splendid)"라는 이름을 붙였다. 건물의 설계는 페로(Peró)와 토레스 아르멘골(Torres Armengol)이라는 두 명의 건축가가 맡았고, 시공은 피조니(Pizoney)사와 팔코페(Falcope)사가 맡았다. 규모는 총 500명을 수용할 수 있으며 4열의 박스석을 갖추고 있다. 이 극장에서는 이그나시오 코르시니(Ignacio Corsini), 로베르토 피르포(Roberto Firpo), 카를로스 가르델(Carlos Gardel) 같은 탱고계 유명 인사들의 공연이 끊이지 않았다. 특히 카를로스 가르델은 1920년 글뤽스만이 극장 안에 설치한 나시오날 오데온(Nacional Odeón) 레이블(오늘날 EMI)에서 처음으로 녹음을 하기도 했는데, 일각에서는 이곳에서 글뤽스만이 가르델에게 녹음을 할 때 목소리에 더 힘을 싣는 방법을 가르쳤다고도 한다. 즉 흉강을 넓히기 위해 의자 뒤에 서서 손을 등 뒤로 하는 자세를 취하는 방식을 말한다. 가르델이 녹음을 하던 방은 아직도 건물 안에 남아 있지만 현재 일반인의 출입을 제한되고 있다. 한편, 1923년 5월 23일 라 라디오 스플렌디드(La Radio Splendid)가 극장 고층부에 스튜디오를 열게 된다. 라디오의 첫 소유주는 안토니오 데보토(Antonio Devoto)와 벤하민 가체(Benjamín Gaché)였다. 2000년 2월 일사그룹(Ilhsa)은 2010년까지의 임대 계약을 체결하고 리모델링을 위해 3백만 페소를 건축가 페르난도 만소네(Fernando Manzone)에게 투자했다. 그렇게 문을 연 엘 아테네오(El Ateneo) 서점은 원래부터 전통 있는 서점이다. 1912년에 설립되어서 현재 에니(Yenny)사와 협력 관계에 있으며 아르헨티나 내, 주로 부에노스아이레스에 34개의 지점을 보유하고 있다. 그랜드 스플렌디드 지점은 그중에서도 가장 많고 다양한 상품을 제공하는 것으로 유명한데, 대략 12만 종의 제품을 보유하고 있다. 2008년 통계자료에 따르면 하루 3,000명이 이곳을 방문했고 70만 개의 제품이 팔렸다. 특히 외국인들에게는 꼭 들려야 하는 관광 명소로 자리 잡았다. 이곳에는 지금은 사라진 극장의 아름다움이 고스란히 남아 있다. 채색된 돔 천장과 원형 그대로의 발코니, 훼손되지 않은 장식들부터 비단으로 만든 장막까지 그대로 유지되어 있는 것이다. 서점 내에 비치된 편안한 소파에서는 책을 꼭 사지 않아도 어떤 책이든 앉아서 읽을 수 있다. 극장의 관람석이나 오래된 박스석에서처럼 말이다. 물론 지금은 레스토랑과 제과점이 들어선 무대 위에서도 피아노를 통해 연주되는 음악이 곁들여진 독서를 할 수 있다. 지하층에서 에스컬레이터를 타면 아동용 음반과 도서를 판매하는 곳으로 곧장 연결된다.

El aura (엘 아우라)　　아르헨티나의 영화감독 파비안 비엘린스키(Fabián Bielinsky, 1959~2006)의 2005년 작품. 완전 범죄를 구상하는 박제사의 이야기를 그린 영화로 잡지 <Clarín>에서 호평을 받았으며 2006년 콘도르 데 플라타상(Premio Cóndor de Plata)을 수상했다.

El beso de la mujer araña (거미 여인의 키스)　　아르헨티나 작가 마누엘 푸익의 1976년 작으로 좌익 혁명가 발렌틴(Valentín)과 동성애자 몰리나(Molina)가 한 감방에 수감되면서 전개된다. 기존의 전지적 작가 시점이나 3인칭 관찰자 시점의 화자를 배제시키고 대화체의 새로운 문체로 높이 평가받는다. ➡ Manuel Puig(마누엘 푸익)

El Brujo(peru) (엘 브루호)　　페루 북서 해안의 가장 중요한 유적지 중 하나다. 이곳에서 모체족(Moche)의 지도자인 카오 여왕(Dama de Cao)의 미라가 발굴되었다. 5,000년 전부터 시작해 여러 시대와 문화를 거쳐 만들어진 유적지다. ➡ Pintura, musica y danza del Imperio Inca(잉카 제국의 미술, 음악과 춤)

El calamar opta por su tinta (오징어는 자기 먹물을 선택한다)　　아르헨티나의 소설가 아돌포 비오이 카사레스(Adolfo Bioy Casares, 1914~1999)의 단편소설. 1962년 『El lado oscuro de la sombra』에 속한 작품으로 환상문학으로 분류된다. 한 초원 마을에서 살수기와 관련된 알 수 없는 일에 대해 동네 사람들의 추론과 한 학생이 소설을 읽고 지어내는 이야기를 중심으로 작품이 전개된다.

El Calavera (엘 칼라베라)　　멕시코의 신문 이름으로 삽입된 캐리커처들의 특징으로 유명하다. 인물의 사실적인 외양을 유지하면서도 해골이라는 아이템을 빌려 완전히 다른 모습으로 변형시켰다. 해골을 통해 진실하고 정의롭게 정부의 위선을 단죄하겠다는 도덕·비평적 의지를 피력했다. 이 신문의 해골 캐리커처는 훗날 포사다 특유의 캐리커처 "Las calaveras"를 만들어낸 선례가 되었다.

El camino (길)　　아르헨티나 극작가이자 시인인 훌리오 임베르트(Julio Imbert, 1918~)의 첫 번째 시집. 1941년 작품으로 작가의 초기 서정시를 볼 수 있다. 1951년 『Número』를 마지막으로 시인으로서의 활동은 마감한다.

El camino de Santiago (엘 카미노 데 산티아고)　　쿠바의 소설가 알레호 카르펜티에르(Alejo Carpentier, 1904~1980)의 작품. 1904년 작으로 시시포스 신화에 대한 새로운 해석을 제시하고 있으며 라틴아메리카 유토피아 신화가 만들어진 과정이 드러난다.

El cencerro de cristal (엘 센세로 데 크리스탈)　　아르헨티나의 작가 리카르도 구이랄데스(Ricardo Güiraldes, 1886~1927)의 작품으로 1915년 출판되었다. 작가의 첫 시집으로, 모데르니스모와 아르헨티나의 극단주의(ultraísmo)로 발전하게 되는 전위주의 성향의 과도기적 작품이다. 전원적 주제를 부각시키기 위하여 전위주의적 이미지를 사용하는 시도가 드러나 있다. ➡ La literatura argentina a principios del siglo 20(20세기 초 아르헨티나 문학)

El Chulla Romero y Flores (엘 추야 로메로 이 플로레스)　　1958년 에콰도르 작가인 호르헤 이카사의 작품이다. 작가의 가장 중요한 작품 중에 속하고 가장 많이 번역되기도 했다. 주인공은 어머니와 인디오 사이에 태어나 인디오 혈육에 대해 수치심을 느끼며 어머니의 성을 내세우며 스페인 귀족 의식을 희구하는 내용이다.

El cine argentino* (아르헨티나 영화)　　아르헨티나 영화는 라틴아메리카 영화를 설명될 수 없을 정도로 매우 중요한 부분을 차지하고 있다. 언어와 사회적인 결속력 때문에 라틴아메리카뿐만 아니라 스페인에서도 중요한 결실을 맺었다. 아르헨티나에서 제작된 첫 영화는 「La bandera argentina」(1897)이다. 이탈리아 출신 마리오 가요(Mario Gallo)가 역사영화 「El fusilamiento de Dorrego」(1908)를 발표한 이후 기업인들과 감독들은 다큐멘터리 영화를 만들어내면서 다양한 분야로 확산되기 시작했다. 1910년 중반부터 아르헨티나에 촬영 스튜디오와 영화제작소가 생겨나면서 영화가 서서히 발전하시 시작했다. 이 시기에는 서민들의 사회적 문제를 다루며 인간애를 보여준 호세 아구스틴 페레이라(José Agustín Ferreyra) 감독의 활동이 두드러진다. 다른 국가들과 마찬가지로 아르헨티나 또한 외국영화에 상당 부분 의존하고 있었기 때문에 아르헨티나 영화감독들은 국가 정체성, 관습, 전통 등을 영화를 통해 보여주고자 했다. 아르헨티나 영화는 유성영화의 등장으로 탱고를 비롯한 익숙한 음악을 통해 관객과 공감대를 형성하게 되었다. 이후 "아르헨티나 소노 필름(Argentina Sono Films)"과 "루미톤(Lumitón)" 스튜디오가 생기면서 매년 40편의 장편영화들이 등장하며 양질의 영화가 제작되기 시작했다. 아르헨티나 영화에서 큰 성공을 거둔 첫 번째 영화는 루이스 모글리아 바르트(Luis Moglia Barth)의 「Tango」(1933)이다. 이후 음악뿐만 아니라 인간 개인의 문제, 풍속묘사, 탐정, 문학작품을 원작으로 한 영화 등 다양한 소재의 작품이 소개되었다. 하지만 아르헨티나 영화는 이러한 노력에도 불구하고 관객들이 국내 영화보다 할리우드 영화를 더 선호하고 미국이 제2차 세계대전 동안 정치적인 이유로 아르헨티나 영화에 제재를 가하면서 큰 성공을 거두지 못했다. 1940년부터 아르헨티나 영화계의 핵심인물로 떠오르게 되는 감독들이 등장하게 된다. 시인 레오폴도 루고네스의 텍스트를 각색한 「La guerra gaucha」(1942)의 루카스 데마레(Lucas Demare) 감독을 필두로 루이스 세사르 아마도리(Luis César Amadori), 마리오 소피시(Mario Soffici), 우고 프레고네세(Hugo Fregonese), 엔리케 카엘 살라베리(Enrique Cahen Salaverry) 등이다. 이후 레오폴도 토레 닐손(Leopoldo Torre Nilsson)과 페르난도 아얄라(Fernando Ayala)가 문화와 지식에 대한 욕구를 담아내며 국제적인 명성을 얻게 되었다. 1950년대 중반 정치적 변화로 영화감독들은 스페인이나 미국으로 떠났다. 이후 1960년대에는 젊은 감독들이 창작의 독립성을 추구하며 단편영화들을 만들어냈고 아르헨티나 영화가 새로운 바람을 일으키며 전 세계로 뻗어나가는 발판을 마련해주었다. 대표적인 영화로는 마누엘 안틴(Manuel Antín)의 「La cifra impar」(1961), 로돌포 쿤(Rodolfo Kuhn)의 「Los jóvenes viejos」(1961), 라우타로 무루아(Lautaro Murúa)의 「Alias Gardelito」(1961), 그리고 시몬 펠드만(Simón Feldman)의 「Los de la mesa 10」(1960) 등을 꼽을 수 있다. 1976년 군사 쿠데타 이후 아르헨티나 영화는 검열, 통제, 일관성 없는 정책 수립, 외국영화 개방 등으로 영화 제작이 어려운 현실에 처해졌다. 이러한 척박한 환경 속에서도 라울 데 라 토레의 「El infierno tan temido」(1980), 후안 호세 후싯(Juan José Jusid)의 「Espérame mucho」(1983), 엑토르 올리베라(Héctor Olivera)의 「No habrá más penas ni olvido」(1983), 알레한드로 도리아(Alejandro Doria)의 「Sofía」(1986), 아돌로 아리타라인(Adolfo Aristarain)의 「Tiempo de revancha」(1981) 등이 제작되어 베를린, 칸느, 우엘바, 라 하바나 등 다양한 국제영화제에서 수상하는 쾌거를 달성하기도 하였다. 라울 알폰신(Raúl Alfonsín) 정부의 영화증진정책으로 아르헨티나 영화감독들은 자유롭게 역량을 발휘할 수 있게 되었다. 정부의 이러한 노력은 루이스 푸엔소(Luis Puenzo) 감독의 「La historia oficial」(1984)이 할리우드의 최우수 외국영화상을 받게 되는 결실을 낳기도 했다. 1980년대 중반부터 아르헨티나 경제 상황이 악화되면서 아르헨티나 영화감독들은 다른 남미 국가들과 마찬가지로 영화 제작 비용에 부담을 느꼈고 유럽국가와의 공동제작에 의존할 수밖에 없게 되었다. 1980년대 이후 대표작품으로는 마리아 루이사 뱀베르그(María Luisa Bemberg)의 「Camila」(1984)와 「Yo, la peor de todas」(1990), 페르난도 솔라나스(Fernando Solanas)의 「Sur」(1987), 마누엘 페레이라(Manuel Pereira)의 「La deuda interna」(1987), 카를로스 소린(Carlos Sorin)의 「La película del rey」(1985), 호르헤 폴라코(Jorge Polaco)의 「En el nombre del hijo…」(1988), 엘리세오 수비엘라(Eliseo Subiela)의 「Hombre mirando al Sudeste」(1985), 「El lado oscuro del corazón」(1991) 등을 꼽을 수 있다.

El Clarín (엘 클라린) 1945년 8월 28일 로베르토 노블레(Roberto Noble)가 창설한 부에노스아이레스의 조간신문이다. 타블로이드판 신문이며 아르헨티나에서 가장 높은 발행 부수를 자랑한다. 이 신문사의 모토는 "아르헨티나가 안고 있는 문제에 대한 자주적 해결을 위해 경고하자"이며 슬로건은 "아르헨티나의 위대한 신문"이다.

El cóndor y la pastora [콘도르와 목자(여) 신화)] 칠레 북쪽지방 신화. 어느 목자가 불을 피우고 있는 동안에 어떤 젊은이가 나타나 산책을 함께 하는 것을 권했다. 순진한 목자는 승낙했지만, 그 젊은이가 사실은 그녀를 산에 있는 동굴로 납치하려고 하는 콘도르였다. 매일 그 콘도르는 목자에게 육회를 잡아 줬다. 그러나 처음에는 먹는 걸 거부했던 목자는 배고픔을 이기지 못하고 육회를 먹어보게 되었다. 하지만 그 육회 때문에 팔에 깃털이 낳기 시작했다. 지나가던 여우 한 마리가 이것을 보게 되었고, 목자는 그녀를 도와줄 수 있는 친오빠를 찾아달라고 부탁했다. 여우는 그 부탁을 들어줬고 오빠와 집으로 돌아갔다. 그녀의 오빠는 콘도르가 다시는 찾지 못하게 그녀를 숨기려고 했지만, 그녀가 이미 콘도르의 모습으로 변신이 되어 있었다. 그리고 그녀를 납치했던 콘도르 곁으로 되돌아갔다. 이 신화가 주는 교훈은 변화를 두려워하지 말고 맞서라, 특히 사랑이 있다면 더욱 피하지 말라 등이다.

El coronel no tiene quien le escriba (아무도 대령에게 편지하지 않다) 콜롬비아의 소설가 가브리엘 가르시아 마르케스(1927~)의 단편소설. 1961년 작으로 작품의 주인공인 대령은 가난한 삶 속에서도 자신이 애지중지하는 수탉을 팔지 않고 오직 연금에 관한 편지가 오기만을 기다린다. 이 인물상은 20세기 히스패닉 문학에 아주 친숙한 인물상이며, <El mundo>지는 2001년 이 소설을 '20세기 가장 뛰어난 스페인어 소설 100선'에 포함시켰다. ➡ Gabriel García Márquez(가브리엘 가르시아 마르케스)

El cruzado (엘 쿠르사도) 아르헨티나의 시인, 기자이자 정치인이었던 호세 마르몰(José Mármol, 1817~1871)의 극작품. 낭만주의풍의 작품으로 제2차 십자군 원정이 줄거리의 주를 이루며, 낭만주의답게 불행한 연인이 등장한다. 효과주의적 장면도 있으나 지나치게 화려한 표현으로 좋은 평은 얻지 못했다. ➡ La Generación del 37(Argentina)[37세대(아르헨티나)]

El cuervo del arca (방주 속의 까마귀) 아르헨티나 작가 콘트라도 날레 록슬로(Contrado Nalé Roxlo, 1898~1971)의 극작품. 부에노스아이레스 지역의 풍습에 관한 이야기와 성경의 노아의 방주 이야기를 자신만의 방식으로 재해석한 작품으로 1945년 아르헨티나 극문학상(Premio Nacional de Teatro)을 수상하였다.

El dependiente (엘 데펜디엔테) 아르헨티나의 영화감독 레오나르도 파비오(Leonardo

Favio, 1938~2012)의 1969년 작품. 한 작은 마을의 철물점을 배경으로 한 영화로 시적 묘사가 뛰어나다는 평을 받는다.

El desafío (결투)　페루의 소설가 마리오 바르가스 요사(1936~)의 단편. 1959년 출판된 단편집 『*Los gefes*』에 실린 이야기 중 하나이다. 남자들 간의 결투를 모티브로 하며, 자신의 아들이 죽는 상황에서도 항복으로 결투를 포기하지 않는 한 아버지를 그리고 있다. ➡ Mario Vargas Llosa(마리오 바르가스 요사)

El dia de los muertos (망자의 날)　멕시코의 전통 명절로 11월 1일과 2일에 걸쳐 있으며, 11월 2일은 '가톨릭 위령의 날'과 겹치기도 한다. 중미와 브라질에서도 기념하는 날이며, 유네스코에서 세계문화유산으로 지정했다.

El dorado (엘 도라도)　스페인어로 '금가루를 칠한 사람'이라는 뜻으로 황금가루로 덮인 인디언 마을의 추장을 가리켰다. 이 왕은 사제와 의식을 치른 후 구아타비타(Guatavita)라는 호수에 뛰어들어 가루를 씻어내고, 신하들은 보석과 금으로 된 물건들을 호수에 던졌다고 한다. 이후 '잃어버린 황금의 도시'라는 이름으로 스페인 정복자들 사이에 퍼지게 되어 찾아 나서지만 실패한다. 1541년 페루 키토(Quito)에서 프란시스코 데 오레야나(Francisco de Orellana), 곤잘로 피사로(Gonzalo Pizarro)가 키토의 총독(Gobernador)으로 임명되었다. 18세기까지 유럽인들은 남아메리카 오리노토강과 아마존 강 주변에 엘도라도가 있다고 믿었다. 이에 콜럼버스, 월터 롤리(Walter Raleigh) 등도 '황금의 제국'의 전설에 이끌려 탐험 길에 나섰다.

El fardo (엘 파르도)　니카라과의 모데르니스모 작가 루벤 다리오(Rubén Darío, 1867~1916)의 작품집 『*Azul*…』(1888)에 수록된 단편소설 중 하나. 가난 속에서 늙고 병든 아버지를 도와 일을 하는 소년의 이야기로, 노동에 삶이 눌려 결국 비극적 죽음을 맞이하게 된다.

El Gaucho Martín Fierro (엘 가우초 마르틴 피에로)　아르헨티나의 시인 호세 에르난데스(José Hernández)의 시로, 총 2,316행으로 이루어져 있다. 작품의 시어를 통해 가우초(Gaucho)의 삶과 사고방식, 토속어 등을 확인할 수 있다는 점에서 작품의 가치가 있으며, 정부로부터 소외받고 박해받는 가우초의 모습을 그렸다. ➡ La literatura argentina a finales del siglo 20(20세기 후반 아르헨티나 문학)

El gesticulador (제스처를 쓰는 자)　멕시코의 시인, 극작가인 로돌포 우시글리(Rodolfo Usigli, 1905~1979)의 극작품. 『*Corona de Sombra*』 이상의 성공을 거둔 이 작품은 멕시코 혁명에서 영감을 얻어 당시 멕시코의 사회정치적 조직체의 근본적 문제를 다루고 있다. 한 실패한 대학교수가 자신과 이름이 같은 혁명가로 위장하면서 겪는 사건들을 소재로 한 연극이다.

El gigante Amapolas (거인 아마폴라스)　낭만주의 시대 아르헨티나 시인, 소설가인 후안 바우티스타 알베르디(Juan Bautista Alberdi)의 희곡작품 중 하나. 발파라이소에서 1842년에 쓰인 이 작품은 연극적 측면보다 사상적 깊이로 인해 아르헨티나 극작품 중 가장 뛰어난 작품 중 하나로 손꼽힌다.

El Gran Chaco (그란 차코)　남미에 위치한 지역으로 아르헨티나, 브라질, 볼리비아와 파라과이를 포함하고 있다. 차코팜페아나 평야(Llanura Chacopampeana) 북쪽의 일부에 속해 있으며 이는 차코 보레알(Chaco Boreal), 차코 센트랄(Chaco Central)과 차코 아우스트랄(Chaco Austral) 3개의 지역으로 구분된다.

El grillo (귀뚜라미)　　아르헨티나 작가 콘트라도 날레 록슬로(Contrado Nalé Roxlo, 1898~1971)의 시집. 이 작품으로 록슬로는 시단에 등단하였으며 초기 시작품에서 보이는 진지함, 감정, 유머의 조화가 보이는 시집으로 레오폴도 루고네스(Leopolo Lugones)가 극찬하였다.

El hermano asno (엘 에르마노 아스노)　　칠레의 모데르니스모 작가 에두아르도 바리오스(Eduardo Barrios, 1884~1963)의 단편소설. 1922년 작으로 일기 형식을 취하며 두 수도사의 모습을 그리고 있다. 한 수사가 다른 수사의 옛 애인을 범하려 하는 데서 생기는 일을 보여준다.

El hermano menor (엘 에르마노 메노르)　　페루의 소설가 마리오 바르가스 요사(1936~)의 단편. 1959년 출판된 단편집 『*Los gefes*』에 실린 이야기 중 하나이다. 이 단편집에 속한 단편 중 유일하게 페루 산지 지역을 배경으로 하며, 두 형제의 대비되는 특징(형은 잔인함, 동생은 침착함)이 작품 내에 드러난다. ➡ Mario Vargas Llosa(마리오 바르가스 요사)

El hijo de la novia (엘 이호 데 라 노비아)　　아르헨티나의 영화감독 후안 호세 캄파네야(Juan José Campanella, 1959~)의 2001년 작품. 레스토랑을 물려받았으나 이혼을 비롯한 여러 가지 문제로 고민하는 인물의 이야기로 2002년 콘도르 데 플라타상(Premio Cóndor de Plata)을 수상했다.

El hogar* (엘 오가르)　　호르헤 루이스 보르헤스(Jorge Luis Borges)와 알폰시나 스토르니(Alfonsina Storni)가 작품을 투고했던 잡지이다. 1904년 '아이네스 출판사(Editorial Haynes)'에서 창간하였다. 당시 아르헨티나 중산층이 가장 많이 읽던 잡지였다. 다양한 사람들에게 사회적이고 정치적 이슈들 전달하는 매체였으며, 관습과 유행을 결정지을 정도의 파급력을 지녔다. 또한 아르헨티나의 전통, 예술, 민속학, 역사, 국가적 영웅 등을 자국 내뿐만 아니라 해외로도 전파하는 등 아르헨티나의 문학과 사상을 대내외적으로 알리는 역할을 수행하였다. 게다가 신진 작가를 탄생시키기도 하였기 때문에 문학계 진출을 희망하던 예비문인들에게 등용문 역할을 하기도 했다.

El infierno tan temido (엘 인피에르노 탄 테미도)　　아르헨티나의 영화감독 라울 델 라 토레(1938~2010)의 1980년 작품. 후안 카를로스 오네티(Juan Carlos Onetti, 1909~1994)의 동명 단편을 바탕으로 한 영화로 1981년 콘도르 데 플라타상(Premio Cóndor de Plata)을 수상했다. ➡ El cine argentino(아르헨티나 영화)

El jefe (엘 헤페)　　아르헨티나의 영화감독 페르난도 아얄라(Fernando Ayala, 1920~1997)의 1958년 작품. 아르헨티나 작가 다비드 비냐스(David Viñas, 1927~2011)의 청소년 범죄에 관한 단편을 바탕으로 한 영화로 1959년 콘도르 데 플라타상(Premio Cóndor de Plata)을 수상했다.

El juego de pelota de la cultura maya* (마야 문명의 펠로타 경기)　　마야인들은 펠로타 게임을 일종의 의식으로 행했다. 펠로타 게임은 우주의 근원을 형상화하고 있으며, 이 게임을 통해 마야인들은 옥수수 창조 신화와 수많은 천문 현상들을 재현하고자 했다. 펠로타 게임은 군사행위와 정치권력이 정당성을 인정하는 탄생과 죽음과 부활의 의식인 것이다. 게임에는 선수와 별을 상징하는 공이 있는데, 이 경기는 포폴 부 쌍둥이 형제와 지하세계 신들 간의 만남을 재현하는 것으로, 보통은 고무로 만든 공을 허리와 무릎, 어깨와 팔꿈치로 치면서 게임을 진행한다. 경기는 경기장 양쪽 벽에 붙어있는 가느다란 링

사이로 공이 지나가게 하여 득점하는 방식으로 진행되었는데, 지금도 과테말라에서는 일종의 의식으로, 멕시코에서는 관광 상품 또는 순수한 운동경기로 행해지고 있다. 일부 지역에서는 링을 설치하지 않는 경우가 있는데, 이때에는 통상 미식축구처럼 상대 진영의 특정 선까지 공을 몰고 가면 이기는 식으로 진행된다. 선수의 수는 가변적이며, 일부 경기에서는 라켓을 사용하기도 한다. 공을 강하게 타격해 선수들이 가슴이나 머리를 다치지 않도록 방지하는 노력이 병행되고 있으며, 경기는 하루 밤낮 동안 지속되는데, 경기를 통해 인신공양을 한다든지 패배한 진영 선수를 참수한다든지 하는 식의 역사 기록은 남아 있지 않다. 일부 역사가들은 더러 목숨을 잃은 선수도 있는데, 이들은 승자들을 위해 바쳐진 전쟁포로였던 것으로 파악하고 있다. 통상적으로 포로로 붙잡혀 온 선수는 건강도 좋지 않고, 지치고, 부상까지 입은 경우가 많아 경기에서 질 확률이 높고, 패배 후 인신공양의 제물이 되는데, 이러한 인신공양은 풍요를 기원하는 의식이 되었다. 그러나 모든 게임의 끝에 인신공양이 이루어진 것은 아니다. 아스테카 제국에서 전해 내려온 사료에 따르면, 통상적으로는 내기가 이루어져, 진다하더라도 판돈을 잃는 것이 전부였다는 것이다. 과테말라와 온두라스의 일부 마야 지역에서는 승리한 선수가 경기에 입회한 보좌 청년들을 취할 수 있었는데, 이는 규정에 따라 승리한 자는 패배한 자의 소유물 중에서 가장 갖고 싶은 것을 취할 수 있었기 때문이다.

El laberinto de la soledad (고독의 미로) 현대시와 수필 작가인 옥타비오 파스(Octavio Paz, 1914~1998)의 산문집. 시인으로서 활동하다가 이 작품을 시작으로 산문을 쓰기 시작하였다. 이 작품을 통해 옥타비오 파스는 사회와 개인의 이중적 관계 속에서 멕시코적인 것(mexicanidad)에 대한 해석과 분석 작업을 시행하였다.

El lado oscuro del corazón (엘 라도 오스쿠로 델 코라손) 아르헨티나 영화감독 엘리세오 수비엘라(Eliseo Subiela, 1944~)의 1992년 작품. 아르헨티나와 캐나다 공동 제작으로 부에노스아이레스를 떠도는 보헤미안 시인의 이야기로 마리오 베네데티(Mario Benedetti, 1920~2009), 후안 헬만(Juan Gelman, 1930~2014)의 이미지가 나타나는 영화이다. 1992년 몬트리올 영화제와 아바나 영화제에서 상을 수상했다. ➡ El cine argentino(아르헨티나 영화)

El lazarillo de ciegos caminantes (걸어가는 장님들의 라사리요) 라틴아메리카 식민 시대의 소설로 작가는 콘콜로코르보(Concolocorvo)이다. 잉카 가르실라소 데 라 베가(Inca Garcilaso de la Vega)의 작품 『Comentarios reales』와 더불어 회화적, 묘사적 에피소드가 들어간 소설적 성격의 전기적, 연대기적 소설이다.

El libro de los paisajes (엘 리브로 데 로스 파이사헤스) 아르헨티나의 시인 레오폴도 루고네스(Leopoldo Lugones, 1874~1934)의 시집. 1917년 작으로 아르헨티나 토착 조류 종이 작가에 영감을 제공하며 즐거운 분위기가 묘사된다. 색채, 묘사로 이루어진 간결한 시들로 구성된 시집이다.

El libro de los placeres prohibidos* (금지된 쾌락의 책) 『El anatomista』로 세계적 명성을 얻은 바 있는 아르헨티나 노벨라 네그라(novela negra)의 대표 주자 페데리코 안다아지(Federico Andahazi)의 작품이다. 3인칭 시점의 중세를 배경으로 한 스릴러 소설이다. 인류의 탄생 이후 사람을 "쾌락의 정수로 이끌 책"이 존재한다는 전제하에 스토리가 전개된다. 플롯은 두 개의 축을 중심으로 번갈아가며 전개되는데, 하나는 고급 사창가에서 벌어지는 연쇄살인사건 이야기이며, 또 하나는 인쇄술을 개발해 '책'의 대중화에 크게 기여한 구텐베르크의 이야기다. 사창가에서는 가장 어른격인 창녀 울바(Ulva)를 중심으로 바빌로니아 시대로부터 이어져 내려온 '쾌락의 서'를 대물림하는 일종의 제의 및 전통 이야기가 전개되고, 그로 인해 빚어진 잔혹한 연쇄살인 사건에 과감히 맞닥뜨려 사건을 해결해나가는 이야기가 펼쳐진다. 또 한 축에서는 인쇄술을 처음 개발해낸 구텐베르크의 이야기가 전개된다. 다만 구텐베르크가 처음 인쇄기를 만들어내는 과정보다는 귀한 도서들을 다량으로 찍어내게 되면서 '희대의 사기꾼'으로 몰려 체포되고 재판을 받는 과정이 훨씬 비중 있게 다뤄진다. 즉 당시 책을 대량으로 인쇄해내는 것이 어떤 의미를 갖는지가 여실히 드러나는 것이다. 구텐베르크를 재판한 재판소는 중세 종교재판소이며, 재판을 총괄한 재판관 지그문도를 통해 책의 대중 유포에 대한 종교재판소의 입장과 시각이 잘 드러난다. 더불어 근엄하고 정결할 것 같은 가톨릭 고위 사제들의 위선적인 모습, 쾌락에 탐닉하는 퇴폐적인 모습들도 그려냄으로써 작가는 작품의 재미를 배가시킴과 동시에 사회상에 대한 고발의 목소리도 드높인다. 소설은 1장에서부터 매우 잔혹한 살인 사건을 등장시키고, 그 과정을 세밀하게 묘사한다. 노벨라 네그라가 강세인 아르헨티나 작가의 작품임을 고려해보면 얼마든지 가능한 일이다. 질곡의 역사를 온몸으로 겪어온 아르헨티나라는 공간은 일종의 '느와르' 혹은 '하드보일드' 장르인 노벨라 네그라가 마음껏 꽃피울 수 있는 최적의 토양이기 때문이다. 인류의 탄생 이후 사람을 "쾌락의 정수로 이끌 책"이 존재한다고 전해지고 있다. 그 책의 진짜 존재 여부는 확인할 수 없지만, 일곱 개의 자물쇠로 튼튼히 잠긴 채 보관되어 있다는 설이 존재하며, 그 설을 전제로 작가는 상징적인 '수도원 사창가'를 탄생시켰다. 책은 인류의 역사이고 인류의 역사는 곧 매춘의 역사와 통한다. 매춘의 역사는 곧 책이기도 하다는 것이다. 인류사에 글이 탄생한 이후, 사람들은 돌이나 나무, 파피루스, 양피지, 종이, 더 나아가 사람의 피부에 이르는 다양한 재료들에 역사를 남겼다. 그러나 글을 남기려는 시도가 있었던 것만큼이나 글을 지우려는 시도 역시 반복되어 왔다. 중세에는 '검열'이라는 미명하에 글 지우기가 자행된 것이 그 예이다. 『El libro de los placeres prohibidos』는 바로 글쓰기와 글 지우기의 또 다른 변주인 셈이다. 사창가 여자들과 살인이 글쓰기와 글 지우기의 메타포로 작동하기 때문이다.

El libro fiel (엘 리브로 피엘)　　아르헨티나의 시인 레오폴도 루고네스(Leopoldo Lugones, 1874~1934)의 시집. 1912년 작으로 제목은 아내에게 바치는 헌사와 사랑을 암시한다. 작품 전체에는 낭만적이나 우울한 어조가 지배적이며 부부간의 사랑, 고독, 죽음 앞에서의 공포가 주요 주제이다.

El mismo amor, la misma lluvia (엘 미스모 아모르, 라 미스마 유비아)　　아르헨티나의 영화감독 후안 호세 캄파네야(Juan José Campanella, 1959~)의 1999년 작품. 작가를 주인공으로 하여 이 인물이 겪는 남녀관계를 그린 영화로 2000년 콘도르 데 플라타상(Premio Cóndor de Plata)을 수상했다.

El monte Aconcagua (아콘카구아 산)　　아르헨티나의 멘도사(Mendoza) 주에 위치한 해발 6,962m의 산으로 남반구 및 서반구에서 가장 높은 봉우리이며 히말라야 다음으로 세계에서 가장 높은 곳이다. 이름의 기원으로는 여러 가지가 있으나 가장 유력한 설은 '주변의 살피는 큰 바위'라는 케추아(Quechua)어에서 비롯된 것이다. 그 외에도 '눈 내린 산'의 뜻을 가진 아이마라(Aymara)어에서 나온 이름이라는 설도 있다. 첫 등반은 1897년 영국인 에드워드 피츠제럴드(Edward Fitzgerald)에 의해 이루어졌다.

El mundo es ancho y ajeno (세상은 넓고 멀다)　페루의 작가 시로 알레그리아(Ciro Alegría)의 소설이다. 인디헤니스타 문학을 대표하고 페루 모더니즘 문학의 시작과 함께 작가의 걸작이다. 가난한 루미(Rumi) 마을의 원주민들과 부패한 사회의 모습을 보여주고 있다. 사회적으로 인디오 마을들이 소멸되지 않도록 자극을 준 작품으로 이에 큰 기여를 했다.

El navegante vuelve a su patria (여행자가 자신의 조국으로 돌아가다)　아르헨티나의 소설가 아돌포 비오이 카사레스(Adolfo Bioy Cásares, 1914~1999)의 단편. 1991년 작으로 단편집 『*Una muñeca rusa*』에 속한 이야기이다. 1인칭 관찰자 시점으로 전개되다가 1인칭 주인공 시점으로 바뀌는, 짧지만 몽환적인 환상 문학성을 보여준다.

El Niño (엘 니뇨)　대기권 및 대양의 이상 변동으로 인해 페루의 태평양 연안을 흐르고 있는 훔볼트(Humboldt) 한류가 먼 바다로 밀려나고 이를 틈타 적도 부근의 난류가 에콰도르 및 페루 연안으로 하강하면서 이 지역에 강한 비바람을 일으키는 현상. 이 현상이 주로 '아기예수(El Niño Jesús)'가 태어난 즈음에 일어난다고 하여 엘 니뇨(El Niño)라고 부르게 되었다.

El niño que enloqueció de amor (엘 니뇨 케 엔로케시오 데 아모르)　칠레의 모데르니스모 작가 에두아르도 바리오스(Eduardo Barrios, 1884~1963)의 단편소설. 1915년 작으로 한 의사의 심리학적 연구라는 틀을 갖고 그 안에서 한 나이 많은 여성에게 사랑에 빠진 소년의 모습을 그리고 있다.

El niño y la niebla (소년과 안개)　멕시코의 시인이자 극작가인 로돌포 우시글리(Rodolfo Usigli, 1905~1979)의 극작품. 현대 신경학 임상이론에 근거한 작품으로 잔인함에 비해 극적 활력이나 등장인물들의 인간적 측면의 부족으로 인해 그다지 완성도가 높지는 않다는 평을 받고 있다.

El Pacto de Cristina (크리스티나의 계약)　아르헨티나의 작가 콘트라도 날레 록슬로 (Contrado Nalé Roxlo, 1898~1971)의 극작품. 1945년에 쓰였으며 아르헨티나 극문학에서 가장 훌륭한 작품의 하나라고 평을 받는다. 배경으로 설정된 환상의 세계와 현실을 탁월하게 조화시켰으며 극 중 대화 또한 높은 평을 받고 있다.

El pájaro azul (엘 파하로 아술)　니카라과의 모데르니스모 작가 루벤 다리오(Rubén Darío, 1867~1916)의 작품집 『*Azul···*』(1888)에 수록된 단편소설 중 하나. 젊은 시인인 주인공이 자신의 예술적 이상을 위해 살다가 결국 자살하여 파랑새가 되는 이야기이다. 시인의 예술적 이상세계를 상징적으로 드러낸다.

El palacio del sol (엘 팔라시오 델 솔)　니카라과의 모데르니스모 작가 루벤 다리오 (Rubén Darío, 1867~1916)의 작품. 단편소설로 주인공인 소녀가 알 수 없는 병으로 갈수록 심약해지는 모습을 보이며, 이는 주변 남성들의 커져가는 주인공에 대한 사랑으로 이어지게 된다.

El perro del ciego (엘 페로로 델 시에고)　니카라과의 모데르니스모 작가 루벤 다리오 (Rubén Darío, 1867~1916)의 작품. 단편소설로 맹인 안내견이 주인공으로 등장하며, 아이들이 저지른 장난으로 죽음을 맺는 줄거리를 보여줌으로써 우화적 교훈을 주는 작품이다.

El Poeta (엘 포에타)　아르헨티나의 소설가, 극작가인 호세 마르몰(José Mármol, 1817~1871)의 극작품. 1842년 상연되었으며 낭만주의풍 연극으로 비교적 낮은 평가를 받는다. 작가가 라틴아메리카적 주제를 담으려 노력하여 원주민적인 것을 무대에 담아내려는 시도를 하였다. ➡ La Generación del 37(Argentina)[37세대(아르헨티나)]

El pozo (엘 포소)　후안 카를로스 오네티의 첫 작품으로 1939년에 발간되었다. 현실에 입각한 작품으로 오네티가 스스로를 돌아보며 글 쓰는 것에 대한 즐거움을 확인한다. 중남미 근대 문학을 개막한 작품으로 평가된다. ➡ Juan Carlos Onetti(후안 카를로스 오네티)

El primer Nueva corónica y buen gobierno (엘 프리메르 누에바 코로니카 이 부엔 고비에르노)　페루의 작가 펠리페 구스만 포마 데 아얄라(Felipe Guamán Poma de Ayala)가 1615년 완성한 연대기다. 집필 목적은 당시 왕이었던 펠리페 3세(Felipe III)에게 잉카 시대부터 식민지까지의 역사를 보고하는 것이었지만 이 책은 스페인 왕에게 전해지지 않고 중간에 없어졌다가 300년 이후인 1908년에 처음으로 발견되었다. ➡ Literatura del Imperio Inca(잉카 제국의 문학)

El príncipe de Viana (비아나 왕자)　19세기 쿠바의 극작가이자 소설가인 헤르트루디스 고메스 데 아베야네다 이 아르테가(Gertrudis Gómez de Avellaneda y Artega, 1814~1873)의 극작품. 1844년 발표되었으며 비운의 왕자에 대한 일대기 연구를 바탕으로 만들어졌다. 여왕이 아들을 독살한 것을 중심으로 이야기가 전개되며 이는 전기적으로는 확신할 수 없으나 극적 효과를 위해 부여된 요소이다.

El Proceso de Reorganización Nacional (국가 재건)　1976년 아르헨티나에서 일어난 군사 쿠데타로, 페론(Perón)의 세 번째 아내 이사벨 페론(Isabel Perón) 정부를 축출하고 독재를 시작하였다. 그들은 신(新)경제주의를 받아들였지만 성공하지 못했다. 중심 인물로는 비델라(Videla), 마세라(Massera), 아고스티(Agosti) 등이 있다.

El puente (다리)　아르헨티나의 극작가 카를로스 고로스티사(Carlos Gorostiza, 1920~)의 작품. 초반부 갈등이 증대되고 동일 사건에 대한 인물들의 대조적 반응이 흥미를 이끌어내며 사실주의와 심오함이 드러나는 수준 높은 표현을 보여주는 작품이다.

El recurso del método (방법의 회귀)　쿠바의 소설가 알레호 카르펜티에르(1904~1980)의 작품. 1974년 작으로 개인 권력에 대한 주제를 담고 있다. 작품의 주인공은 비이성과 비슷한 힘의 기반에서 성장하나 학식이 있으며 데카르트적 특성을 가진 인간상을 보여준다. ➡ Carpentier, Alejo(알레호 카르펜티에르)

El rey burgués(Cuento alegre) (엘 레이 부르게스)　니카라과의 모데르니스모 작가 루벤 다리오(Rubén Darío, 1867~1916)의 작품집 『Azul …』(1888)에 수록된 단편소설 중 하나. 당시 중남미 근대화 진행으로 인한 실용주의적인 것을 추구하는 사회 내에서 순수창작인 예술의 인식을 우의적으로 보여주는 작품이다.

El río oscuro (엘 리오 오스쿠로)　아르헨티나의 작가 알프레도 바렐라(Alfredo Varela, 1914~1984)의 1943년 소설. 아르헨티나 북동부 플랜테이션 노동자들의 삶을 그린 작품으로 형식과 스토리텔링 면에서 큰 성공을 거뒀다고 평가받는다.

El rubí (엘 루비)　니카라과의 모데르니스모 작가 루벤 다리오(Rubén Darío, 1867~1916)의 작품집 『Azul …』(1888)에 수록된 단편소설 중 하나. 이 작품에서는 보석들이 넘쳐나는 곳에 사는 땅의 정령들 중 가장 나이 많은 정령이 루비가 탄생한 과정을 자신의 젊은 시절 사랑과 관련하여 이야기하고 있다.

El secreto de sus ojos* (그대 눈 속의 비밀)　2007년에 발표된 에두아르도 사체리(Eduardo Sacheri)의 장편소설로, 영화화되어 2011년에 아카데미 외국어 영화상을 수상하기도 했다. 에두아르도 사체리는 1967년 아르헨티나 부에노스아이레스 태생으로 현재 역사학과 교수로 재직 중이다. 90년대 중반부터 단편소설을 쓰기 시작해『Esperándolo a Tito y otros cuentos de fútbol』(1999), 『Te conozco Mendizábal y otros cuentos』(2001), 『Lo raro empezó después y otros cuentos』(2004), 『Un viejo que se pone de pie y otros cuentos』(2007)를 연이어 발표했다. 장편소설로는 『La pregunta de sus ojos』(2007)와 『Aráoz y la verdad』(2008)가 있으며, 그의 작품 중 일부는 아르헨티나, 콜롬비아, 스페인 등지에서 만화로 제작되었고, 아르헨티나 교육부가 정하는 청소년 권장도서로 선정되기도 했다. 『El secreto de sus ojos』는 범죄소설의 틀을 빌린, 감성소설로, 1인칭 화자를 내세워 주인공 벤저민의 감정을 세밀하게 전달하고 있다. 스릴러인 듯하지만, 20세기 말 라틴아메리카의 정치 상황이 배경인 일종의 역사소설이고, 그 속에서 숨죽이며 살아가는 인간군상의 모습을 적나라하게 담은 사실주의적 면모도 감지되는 소설이다. 무엇보다 벤저민과 이레네의 감성을 전달하는 멜로 소설이기도 하다. 플롯의 흐름은 크게 두 개로 대별된다. 즉 모랄레스의 아내 살인사건을 파헤치는 스토리와 그 속에서 엇갈리는 벤저민과 이레네의 사랑 이야기가 그것이다. 20대에 검사보로 근무하고 있던 어느 날 이른 아침, 사무실 전화벨이 울린다. 살인사건이 발생했다는 것이다. 살인사건 현장에서 그는 강간당한 뒤 교살당한 젊은 여인의 처절한 시신을 마주한다. 1967년 봄의 일이었다. 살인범을 목격했다는 이웃 여자 진술에 따르면, 가무잡잡한 피부에 짙은 갈색 머리, 작은 키의 남자가 문제의 집에서 나갔다고 한다. 벤저민은 우선 남편부터 의심했지만, 아내의 살해 소식을 듣고 세상이 무너져 내린 듯 망연자실한 남자를 보며 용의선상에서 제외한 뒤 반드시 범인을 잡아야겠다고 내심 다짐한다. 그런데 수사의 방향은 허술하게만 흘러간다. 대충 당시 아파트 내에서 내부 공사를 맡고 있던 인부들에게 화살이 돌아간 것이다. 애꿎은 인부들이 고문당하고 거짓 자백을 하는 일이 반복된다. 그러나 벤저민은 뭔가 아니라는 생각을 떨칠 수 없다. 결국 한참의 시간이 흐른 뒤, 당시 상관이던 이레네와 절친한 친구이자 사무실 동료인 파블로와 더불어 사건을 제대로 파헤쳐볼 생각을 한다. 그렇게 벤저민은 피해자의 남편을 다시 찾아가고, 앨범을 함께 뒤지다가 우연히 한 남자를 지목하게 된다. 죽은 아내 릴리아나의 열다섯 살 생일파티 사진에서부터 결혼한 후의 사진까지 거의 모든 단체사진에서 발견되는 동일한 남성이 있었던 것이다. 늘 시선을 릴리아나에게 고정시키고 있는 자그마한 키에, 가무잡잡한 피부, 짙은 갈색 머리의 주인공은 이시도로 고메스라는 남자였다. 이레네와 벤저민 팀의 혁혁한 공에 힘입어 이시도로 고메스가 살인범으로 잡히지만, 그러한 아르헨티나의 현실 속에서 정치 끄나풀로써의 활용도가 높은 이시도로는 정권의 은혜를 입고 방면되버리고 만다. 아니, 단순 방면뿐만 아니라 오히려 이레네와 벤저민, 파블로에게는 커다란 위협이 되어버리고 만다. 한편, 벤저민과 이레네는 감정의 소용돌이에 빠져든다. 유명 법조인 집안의 고명딸 이레네와 일개 검찰 직원인 벤저민은 애초부터 넘을 수 없는 신분의 격차를 보였지만, 각자 불행한 결혼생활을 하고 있었던 데다 다양한 사건을 함께 해결하며 정을 쌓아가게 된다. 그러나 넘을 수 없는 신분 차이로 두 사람은 눈동자로 수많은 이야기를 나누고, 숱한 아픔을 이야기하면서도 끝내 그 벽을 넘어 사랑을 확인할 수는 없었다. 그러던 중 이시도로 고메스의 보복으로 동료 직원이 죽임을 당하고 말았고, 또 다른 피해를 우려해 벤저민도 부에노스아이레스를 뜨기로 한다. 끝내 고백하지 못한 사랑을 각자의 가슴에 파묻은 채 두 사람은 그렇게 헤어지고 만다. 벤저민은 그렇게 1996년을 맞았다. 그러던 어느 날, 모랄레스로부터 우편물이 도착한다. 편지에는 오래 전 아내의 죽음을 계기로 그와 맺게 된 인연, 겨우 잡은 살인범을 놓아줄 수밖에 없다는 소식을 들었을 때의 좌절감, 그리고 끝까지 애써준 벤저민에 대한 고마움 등이 담겨 있었다. 모랄레스는 자신이 암으로 곧 죽게 될 것이며, 자신의 재산을 벤저민과 이시도로 손에 죽은 파블로의 유족에게 남기고 싶다며 모월모일에 자신의 집을 찾아달라는 요청을 하고 있었다. 그렇게 벤저민은 모랄레스의 집을 찾는다. 그러나 그가 찾았을 때, 모랄레스는 이미 침대에 똑바로 누운 채 숨져 있었고, 또 다른 편지가 남아 있었다. 편지에서 시킨 대로 뒷마당으로 가보니 널찍한 마당 한쪽 끝으로 작은 개인 숲이 있었고, 그 숲 속에 오두막이 있었으며, 그 오두막 한가운데 짐승을 가두는 우리가 하나 있었고, 그 우리 속에 얼마 전에 죽은 것으로 보이는 이시도로 고메스가 있었다. 오래 전, 그러니까 지금으로부터 23년 전, 모랄레스가 이시도로를 잡아다가 우리 안에 가두고 죽는 순간까지 지켜본 것이다. 법이 해결해 주지 못한 응징을 모랄레스가 직접 한 것이었다. 벤저민은 마당을 깊이 파고 이시도로의 시신을 파묻은 다음, 경찰에 신고한다. 벤저민은 이제 오랜 세월 동안 그의 마음에 짐으로 남아 있던 모랄레스-릴리아나 사건을 내려놓는다. 그리고 마지막으로 남아 있는 숙제를 처리하기로 한다. 이레네를 찾아 나선 것이다. 숙제를 마무리 해야만 그가 쓰고 있는 소설도 대단원의 막을 내릴 수 있는 것이다. 그렇게 나이 예순에, 마침내 그는 이레네의 사무실 문을 당차게 열고 들어선다. 이 작품은 1970년대 아르헨티나를 배경으로 한다. 독재와 군부 쿠데타가 반복되고, 하룻밤 사이에 주변의 수십수백 명의 지인들이 쥐도 새도 모르게 잡혀가고 살해당하는 상황이 비일비재한 무대 말이다. 이 작품 속에는 총칼을 손에 쥔 자들이 무소불위의 권력을 휘두르는 상황 속에서 목숨을 부지하기 위해서는 입을 다물고, 자신을 감추는 길밖에 없었던 수많은 힘없는 개인들의 모습이 적나라하게 드러나고 있다.

El siglo de las luces (엘 시글로 데 라스 루세스)   쿠바의 소설가 알레호 카르펜티에르 (Alejo Carpentier, 1904~1980)의 작품. 1962년 작으로 산문과 음악의 평행적 구조가 드러나며 프랑스 혁명시기와 대비되는 아바나(Habana)의 엔트레탄토(Entretanto)에서 일어나는 역사적 사건에 기반을 둔 역동적 전개를 보인다. 혁명사상, 자코뱅 당, 폭동 등이 이 요소를 뒷받침한다.

El signo y el garabato (엘 싱노 이 엘 가라바토)   멕시코의 시인이자 수필가인 옥타비오 파스(Octavio Paz, 1914~1998)의 산문 모음집. 1973년 작으로 기호로서의 상징을 나타내는 방향 표시의 화살표를 제목으로 하였다. 작가의 언어와 기호학에 대한 관심을 표명한다.

El sueño de los héroes (엘 수에뇨 데 로스 에로에스)   아르헨티나 작가 아돌포 비오이 카사레스(Adolfo Bioy Casares, 1914~1999)가 1954년에 발표한 작품이다. 크게 두 가지의 내용을 다루는데, 첫째는 청소년기에서 성숙한 사람으로 변화하는 불확실한 과정이며 둘째는 피할 수 없는 운명에 관한 것이다.

El Sur(revista) (엘 수르)   1931년 아르헨티나의 작가 빅토리아 오캄포(Victoria Ocampo)에 의해 창설된 잡지사로 동명의 출판사도 함께 창설되었으며 1992년까지 발행되었다. 보르헤스(Borges), 호세 비안코(José Bianco), 알폰소 레예스(Alfonso Reyes) 등의 문인들이 참여했으며, 반(反)페로니즘(Antiperonism)의 성향을 가졌다. ☞ La literatura argentina a principios del siglo 20(20세기 초 아르헨티나 문학)

El Tajin (엘 타힌)   멕시코의 베라크루스(Veracruz) 주에 있는 유적지. 식민 이전 시기의

9세기부터 13세기까지의 유적이 잘 보존된 가장 중요한 메소아메리카(Mesoamérica) 유적지 중 하나이다. 벽감 피라미드(Pirámide de los Nichos)를 비롯한 건축물들을 볼 수 있다. 1992년 유네스코 세계문화유산에 등재되었다.

El tiempo reversible* (가역적 시간)　　지구 상에는 다양한 문화만큼이나 다양한 시간 개념이 존재하고 있다. 서구적 관점에서 바라본 시간 개념이기는 하지만, 우선 헬라어에는 시간을 뜻하는 단어가 두 개 있다. 즉 '크로노스(chronos)'와 '카이로스(kairos)'가 그것이다. 크로노스는 단순히 흘러가는 연대기적 시간으로, 일련의 불연속적인 우연한 사건을 뜻하며, 카이로스는 때가 꽉 찬 시간으로 구체적인 사건의 순간, 감정을 느끼는 순간, 구원의 기쁨을 누리는 의미 있는 순간을 의미한다. '크로노스'가 양으로 규정되는 계량적 시간이라면 '카이로스'는 내용으로 규정되는 질적 시간이라는 것이다. 시간을 이렇게 둘로 구분하는 것은 사실 서구의 전통적인 기독교적 시간관에서 비롯된다. 기독교에서 상정하는 시간관을 이해하기 위해서는 크로노스(chronos)와 카이로스(kairos), 파루시아(parousia), 에스카토스(eschatos) 등의 개념을 이해해야하는데, 크로노스는 앞서 언급한 바와 같이 희랍의 시간 개념으로써 측정 가능한 물리적인 시간을 표현하는 말이며, 보통 자연적인 시간을 의미한다. 그런가 하면, 카이로스는 하나님의 목적에 의해 설정된 시간을 말한다. 즉 어떤 결정적 행동을 필요로 하는 의미의 기독교적인 시간 개념인 것이다. 이것은 자연적이고 물리적인 시간과는 달리 실존성을 의미하는 것으로, 역사의 위기점들이나 전환점들을 가리킨다. 성서 속의 그리스도의 도래는 바로 그 실례가 된다. 그 외에도 파루시아는 성서에 따르면 예수의 재림을 의미하며, 마지막을 뜻하는 에스카토스는 종말이 다가왔음을 뜻한다. 결국, 기독교적 역사관과 시간관에 따르면, 천지창조와 최후의 심판 사이에 예수 그리스도의 탄생이라는 사건을 삽입함으로써 역사는 '크로노스'적인 역사에서 '카이로스'적인 역사로 전환된다는 것이다. 기독교적 시간관이 크로노스적이고 카이로스적인 시간 개념을 상정한 바 있다면, 역사상의 수많은 철학자들과 과학자들은 또 다른 방법으로 시간의 개념을 명백히 하고자 노력해 왔다. 아리스토텔레스는 "시간은 전후와 관련하여 운동(motion)을 계측할 수 있는 척도다"라고 했으며, 로크는 시간을 '관념의 질서나 연속'으로 보았고, 이러한 기본개념은 라이프니츠나 뉴턴에서도 유지되었다. 즉 시간이라는 것이 사슬처럼 이어진 인과관계의 질서를 유지하고 있으며, 따라서 시간을 순차적 연속태의 척도로 보는 기본적 원칙에는 변화가 없었던 것이다. 성 아우구스티누스의 경우, 기본적으로 영원을 상정해놓고 그 속에 시간을 포진시켰던 플라톤과는 달리 시간을 먼저 설정해놓고 그 속에서 영원의 개념을 끌어낸 아리스토텔레스와 같은 생각을 지니고 있었다. 즉 고정불변의 영원과는 달리 어떤 길이를 가진 시간은 동일한 기간 안에서 더 이상 연장될 수 없는 "수많은 운동이 연속적으로 일어나는 동안 줄곧(ex multis praetereuntibus motibus)" 지속된다는 것이다. 그는 현재의 1초를 규명하려고 애쓰는 순간, 1초도 그보다 훨씬 짧은 단위로 무한히 나뉠 수 있다는 사실을 깨닫고, 이런 짧은 단위의 시간들은 미래에서 과거로 순식간에 넘어가 버리기 때문에 지속성을 전혀 갖지 못하리라는 것을 깨닫는다. 결국, 아우구스티누스는 과거도 현재도 미래도 측정할 수 없지만 시간을 측정할 수는 있으며, 시간을 측정하는 데 있어서 비계량적인 척도가 존재함을 주장한다. 이는 훗날 앙리 베르그송이 언급한 의식 속의 시간과 유사한 개념이다. 이처럼 기독교적 문화나 근대 이전 서구의 과학적 사고에서도 시간은 연속성을 지니고 있는 '어떤 것'으로 자리매김 해왔으며, 근본적으로 시간이 지암바티스타비코의 역사발전론처럼 일정한 방향으로 순환하고 있을 것이라는 믿음도 지속되어 왔다. 실재의 근원에 대한, 존재하는 것의 생성에 대한, 결과의 원인에 대한 인과법칙에의 믿음을 토대로 오랫 동안 질서 정연한 혹은 논리 정연한 코스모스에의 믿음을 가져왔었기 때문이다. 그리고 원인이 결과를 만든다는 인과율은 서구 경험주의 사유의 논리적 토대가 되어왔다. 그러다가 등장한, 단선적 시간 질서에서 원인이 결과를 만드는 것이 아니라 반대로 결과가 원인을 낳게 한다는 니체식의 '시간 전도(Die chronologische Umdrehung)'의 역설은 서구 형이상학의 총체적 토대인 인과율을 통째로 뒤집어 엎는 것이었다. 사실 가역적 흐름의 시간개념은 순환적 시간개념에서 어느 정도 암시되고 있는 게 사실이다. 순환하는 시간은 순환의 형태에서 이미 반대 방향으로의 움직임을 내포하고 있기 때문이다. 후안 누뇨(Juan Nuño)의 설명을 보면 이 사실이 좀 더 명확해진다. 그는 원형으로 회전하는 진자의 예를 들어 가역적인 시간을 다음과 같이 설명하고 있다. "우주 전체는 이상적인 진자의 운동 형태에 의해 지배되고 있다. A에서 B로의 진자의 운동은 역방향인 B에서 A로의 운동으로 인해 균형 상태를 회복한다." 즉 역행하는 시간은 암암리에 순환하는 시간의 범주 속에 자리 잡고 있다는 것이다. 일반적인 범신론에 따르면 각각의 사물은 모든 사물이고 모든 정체성은 하나의 정체성으로 수렴되는데, 순환하면서 동시에 가역적일 수 있는 시간관을 인과관계에 적용시켜보면, 모든 각각의 정체성은 그 원인으로부터 빚어지지만 동시에 각각의 결과는 또 다른 새로운 결과의 원인이 될 수 있는 것으로 풀이할 수 있다. 결국 세계는 끝없는 원인의 사슬이며, 각각의 원인은 또한 동시에 각각의 결과이기도 하다. 그 전의 무엇인가로부터 빚어진 각각의 상태는 또 다른 무엇인가를 빚어낼 수 있는 조건이 되는 것이다. 라틴아메리카의 많은 작가들은 역사적 특수성에 기반을 두어 문학작품 속에 다양한 시간관을 녹여내고 있으며, 그 대표적인 작가로 훌리오 코르타사르와 호르헤 루이스 보르헤스를 들 수 있다. 이들은 다양한 글쓰기 속에서 가역적 시간을 반영해냄으로써 리얼리즘의 인과율을 전도시키는 시도를 하고 있다.

El trueno entre las hojas (나뭇잎 사이의 천둥)　파라과이의 작가 아우구스토 로아 바스토스(1917~2005)의 작품. 1953년 이 작품으로 산문 부문에 등단하여 조국 파라과이의 극적이고도 서정적인 폭력적 현실을 드러내고 있다. ➡ Augusto Roa Bastos(아우구스토 로아 바스토스)

El Tunante (엘 투난테)　페루의 작가 아벨라르도 가마라(Abelardo Gamarra, 1852~1924)의 작품. 1876년 작으로 시대 경향성이 짙은 풍속주의 작품이라는 평을 받는다. 인디오를 착취하는 지배 권력뿐 아니라 인디오의 결점들까지도 지적하는 소설이다. 'Tunante'는 작가의 필명이기도 하다.

El túnel (터널)　아르헨티나 작가 에르네스토 사바토의 1948년 작품. 저명하지만 괴짜 같은 화가 후안 파블로 카스텔(Pablo Castel)이 1인칭으로 자신의 살인을 설명하는 구성으로 쓰였다. 이 화가는 소설의 시작부터 자신이 한 여인을 살해했으며 왜 그런 일이 벌어졌는가를 해명하려고 한다. 인간의 집착에 대한 심리와 모성의 결핍 등의 주제를 다루고 있고 불안을 잘 묘사한 작품으로 평가받는다. ➡ Sábato, Ernesto(에르네스토 사바토)

El velo de la reina Mab (엘 벨로 데 라 레이나 맙)　니카라과의 모데르니스모 작가 루벤 다리오(Rubén Darío, 1867~1916)의 작품집 『*Azul …*』(1888)에 수록된 단편소설 중 하나. 예술의 상징으로서 비유되는 맙 여왕이 비참한 현실을 살고 있는 예술가들에게 희망과 열정을 되찾아주는 이야기를 담고 있다.

Elena Walsh, María (마리아 엘레나 왈쉬) (1930~2011) 아르헨티나 시인, 저술가, 작작 곡 가수, 극작가, 작곡가이다. 아르헨티나 코르도바(Córdoba) 주립대학교 명예교수였으며, 아르헨티나 국민 가수 메르세데스 소사(Mercedes Sosa, 1935~2009)와 작업했다. 동요와 아동문학으로 유명했으며 여러 세대 아이들에게 영향을 줬다. 왈쉬의 죽음은 전 국에게 큰 충격을 주었다. 대표작품으로「*Manuelita*」,「*La tortuga*」가 있다. ⇒ Literatura juvenil latinoamericana(중남미 아동문학)

Elías Calles, Plutarco (플루타르코 엘리아스 카예스) (1877~1945) 멕시코의 장군이자 정치가이다. 알바로 오브레곤 대통령의 내무부 장관으로 토지개혁, 평등한 정의, 교육, 노동자의 권리 등의 공약을 내걸고 후대 대통령으로 출마하기도 했다. 하지만 기독교 전 쟁으로 이어지는 잔인한 기독교 탄압으로 인해 정치생활은 길지 못했다. ⇒ Revolución mexicana(멕시코 혁명)

Elizondo, Salvador (살바도르 엘리손도) (1932~) 멕시코의 시인, 소설가, 극본가, 수필 작가, 언론인이자 번역가이다. 모든 장르를 넘나드는 다양하고 풍부한 문학작품의 작가 이며 특히 소설에서 뛰어나다. 20세기 후반 멕시코의 실험적인 산문을 대표하는 인물 중 하나로 여겨진다. 작품 초기부터 전위주의, 특히 초현실주의의 미학을 계승하는 스타일 을 보여주며 에로티즘과 폭력이 자주 등장한다. 작품 속 상상적인 공간과 환경에서는 마 술적인 대기가 감싸고 있다. 1965년 작『*Farabeuf o la crónica de un instante*』는 멕시코 문학계에서 가장 칭송 받고 많이 읽힌 실험 소설 중 하나다. ⇒ La literatura mexicana del siglo 20(20세기 멕시코 문학)

Eloy Urroz (엘로이 우로스) ‘크랙 세대(La Generación del crack)’의 멕시코 작가. 멕시 코 국립자치대(UNAM)에서 스페인어 문학 학사학위, 캘리포니아대에서 박사학위를 취 득했으며 현재는 버지니아의 제임스 메디슨(James Madison) 대학교의 스페인-라틴아메 리카 문학과 교수로 재직 중이다. ⇒ Crack(크랙)

Elzaburu y Vizcarrondo, Manuel (마누엘 엘자부루 이 비스카론도) (1851~1892) 푸 에르토리코의 연설가이자 작가이다. 푸에르토리코 문화센터(Ateneo de Puerto Rico)와 푸에르토리코에서 가장 최초로 설립된 최고교육기관의 설립자이다. 자치 개혁 자유당의 당원으로 정치적 활동도 두드러진다. 대표적인 문학작품으로는 마누엘 페르난데스 훈코 스(Manuel Fernández Juncos)의 선집에 담긴『*El Mar*』등이 있다.

Ema de la Barra de Llanos (에마 데 라 바라 데 야노스) (1861~1947)는 아르헨티나 의 여성 작가이다. 소설『*Stella*』(1905)가 대표작이며 문학적인 가치보다는 아직 면모가 드러나지 않은 이념적이고 사회적인 세계에 대한 묘사를 하고 있다는 점에서 큰 의미를 가진다.

Emar, Juan (후안 에마르) (1893~1964) 칠레의 작가로 본명은 알바로 야녜스 비앙키 (Alvaro Yáñez Bianchi)이다. 총 4권의 책을 출판하였는데『*Miltín*』,『*Un año*』,『*Ayer*』, 『*Diez*』등이다. 모두 1935년과 1937년 사이에 출판되었다. 독특한 유머와 형이상학의 도입, 특이성이 시간과 망각에도 불구하고 여전히 그를 상기시키도록 만든다.

Emilio Pedemonte, Hugo (우고 에밀리오 페데몬테) (1923~1992) 우루과이의 작가이 다. 작품 세계는 시 창작과 시에 관련된 수필로 나뉜다. 대표작으로는『*Cuando la luz regresa*』(1959),『*Diario de Juandescalzo*』(1963),『*Cancionero de senda*』(1983) 등이 있다. ⇒

La literatura uruguaya del siglo 20(20세기 우루과이 문학)

Emir Rodríguez Monegal* (에미르 로드리게스 모네갈) 1921년 7월 28일 우루과이 세로 라그로의 멜로에서 태어나 1985년 11월 14일 미국 코네티컷 주 뉴 헤븐에서 영면했다. 학자이자 우루과이의 대표적 문학비평가, 에세이 작가로 활동했다. 1943년에 몬테비데 에서 주간 문예지 <Marcha>를 공동 창간해 1959년까지 운영했으며, 우루과이 <El País>지와 문예지 <Número>, <Anales de Ateneo>, <Escritura> 등에도 다수 기고했 다. 또한 자신이 속한 우루과이 작가 세대의 문학운동을 일컫는데 "45세대"라는 표현을 최초로 사용한 45세대 창시자이기도 했다. 이 무렵에 아르헨티나 작가이며 포스트모더 니즘의 선구자로 일컬어지는 호르헤 루이스 보르헤스를 알게 되었고, 훗날 보르헤스 전 문가로 인정받기에 이르렀다. 예컨대, 에미르 로드리게스 모네갈은 자신의 저서 『Borges por él mismo』에서 보르헤스의 사상은 '감각의 인상 이면에 객체가 존재함을 부정한 버클 리와 '변화의 인지 이면에 주체가 존재하지 않는다'고 한 흄으로부터 출발하여, '그 누구 도 과거에 살지 않았으며, 그 누구도 미래를 살지 않을 것이다. 현재만이 유일한 삶의 형상이며, 현재야말로 당신의 소유물로서 그 어떤 악도 당신으로부터 현재를 빼앗아갈 수는 없다'고 한 쇼펜하우어에 도달하게 된다고 정리한 바 있다. 또한 보르헤스와 함께 아르헨티나 국립 도서관 서가 사이를 걸었던 일화를 말하면서 당시의 경험을 플라톤의 동굴신화에 역으로 비유한 것은 매우 유명한 사건으로 남아 있다. 보르헤스는 내 손을 잡아끌고는 재빨리 기다랗고 구불구불하게 나있는 계단을 내려간다. 나는 멍한 상태로 어둠의 한가운데 남게 된 것이다. 순간, 복도의 저쪽 끝으로 불빛이 흘러나오고 있는 게 보인다. 그리고 그곳에서는 단조로운 현실이 나를 기다리고 있다. 친구 녀석을 골탕 먹 인 꼬마 아이의 얼굴에 떠오르는 그런 미소를 머금은 보르헤스의 곁에 선 채, 나는 시계 를 회복한다. 빛과 그림자로 이루어진 진정한 세계, 내가 인식하도록 훈련되어진 인습의 세계를. 그렇지만 나는 여전히 종이로 만든 미로 같은 (또 다른) 현실에 의해 산산조각 난 꿈속에서 깊은 물속에 잠겼다가 수면위로 올라온 사람과도 같은 경험을 하고 있는 것 이다. 보르헤스와 도서관을 다녀 온 이후에도 모네갈은 찬란한 빛을 바라보는 대신 여전 히 도서관이라는 꿈, 혹은 악몽 속에 잠겨 있는 듯해 보인다. 진정한 빛과 어둠의 세계는 하나의 환영으로 화했으며, 세계의 질서 역시 순간적으로 정지해버렸기 때문이다. 모네 갈은 당시 이미 실명 상태에 있던 보르헤스에게 일종의 낙원이었으며, 어느덧 모네갈에 게도 거부감을 줌과 동시에 매력을 발산하기도 하고, 백일하에 드러내는가 하면 어둠 속 으로 침잠하기도 하고, 지식을 전달하기도 하고 때로는 혼돈 속으로 빠져들기도 하는 공 간이 되어버린 것 같다. 한때 몬테비데오의 "Instituto de Profesores Artigas de Montevideo"에서 문학교수로 재직했으나 비평가 활동으로 갈등을 빚으면서 해직되었고, 다행히 저명 비평가임을 인정받아 1969년부터는 미국 예일대학교에서 라틴아메리카 문 학을 가르쳤다. 예일대 교수로 정착한 이후 그는 스페인어권 라틴아메리카뿐 아니라 브 라질 문학, 비교문학까지 연구의 영역을 넓혔다. 그리고 그 무렵부터 자전적 저서를 펴 냄과 동시에 스페인어, 포르투갈어, 프랑스어, 이탈리아어, 영어로 다양한 문학 비평서를 출간하기 시작했다. 뿐만 아니라 <Plurl>, <Vuelta>, <Jaque>와 같은 문예지 출간에도 깊이 관여했으며, 1977년에는 호르헤 루이스 보르헤스 연구에 대한 전문성을 인정받아 <브리태니커 백과사전>에 실을 보르헤스 관련 부분 기술을 맡기도 했다.

En este pueblo no hay ladrones (이 마을엔 도둑이 없지) 콜롬비아의 소설가 가브리

엘 가르시아 마르케스(1927~)의 단편. 『*Los funerales de la Mamá Grande*』(1962)에 속해 있는 작품으로, 당구공을 훔친 뒤 마을에 일어난 사건, 지루함과 반복되는 일상으로 인해 도둑이 당구공을 돌려줘야 하는지에 대해 고민하는 것으로 주요 이야기가 전개된다.

⇒ Gabriel García Márquez(가브리엘 가르시아 마르케스)

En las calles (거리에서)　　현대 에콰도르 문학계 거장으로 알려진 호르헤 이카사(Jorge Icaza, 1906~1978)의 작품. 이 소설로 1935년 에콰도르 문학상(Premio Nacional de Literatura del Ecuador)을 받게 된다. 아메리카의 사회적 단면을 사투리를 통해 보여준다는 평을 얻고 있다.

En qué piensas (엔 케 피엔사스)　　멕시코의 시인이자 수필가, 극작가인 하비에르 비야우루티아(Xavier Villaurrutia, 1903~1950)의 작품. 미스터리극으로 영속적 삶의 개념이 드러나는 작품이다.

En voz baja (낮은 목소리로)　　멕시코 모데르니스모 시인 중 하나인 아마도 네르보(1870~ 1919)의 작품. 1909년 발표되었으며 작가의 시 작품 단계 중 정신적이며 범신론적, 형이상학적 불안을 보이는 2단계로 분류된다. 이 작품은 미겔 데 우나무노(Miguel de Unamuno, 1864~1936)의 찬사를 받은 바 있다.

Encuentro en Rauch (로취에서의 만남)　　아르헨티나의 소설가 아돌포 비오이 카사레스 (Adolfo Bioy Cásares, 1914~1999)의 단편. 1991년 작으로 단편집 『*Una muñeca rusa*』에 속한 이야기이다. 날씨가 궂은 어느 날 한 범상치 않은 인물과 같이 차를 타게 되면서 벌어지는 이야기로, 환상 문학 장르에 속한다.

ENP(Escuela Nacional Preparatoria) (국립고등학교)　　멕시코의 가장 오래된 고등교육 시스템으로 UNAM에 속해 있다. 1868년 1월에 당시 대통령이었던 베니토 후아레스 (Benito Juárez)의 명령으로 설립되었다. 멕시코시티의 역사 중심부라 할 수 있는 구 산일덴폰소 대학에 위치하고 있다.

Enrigue, Álvaro (알바로 엔리케)　　(1969~) 멕시코 과달라하라(Guadalajara) 출신의 작가다. 1996년에 호아킨 모르티스상(Premio Joaquín Mortiz)을 수상했고 2013년에 에랄데상 (Premio Herralde)을 수상했다. 대표작으로는 『*La muerte de un instalador*』와 『*Muerte súbita*』가 있다.

Enriquillo (엔리키요)　　도미니카공화국 출신의 작가 마누엘 데 헤수스 갈반(Manuel de Jesús Galván)의 작품으로 1879년에 출간되었다. 스페인의 식민화 과정을 주제로 하기 때문에 연대기적 특성을 띠고 있으며, 이 작품으로 인해 작가는 역량을 인정받았다.

Época hispánica (스페인 식민지 시대)　　1492년 콜럼버스의 신대륙 발견 이후 1800년대 독립 전쟁에 이르기까지 라틴아메리카가 스페인의 식민지였던 시기를 일컫는다. 이 시기에 수많은 부족들이 학살과 고된 노동을 이기지 못하고 역사 속으로 사라졌으며 문화유산이 유실되었다.

Escalante, Constantino (콘스탄티노 에스칼란테)　　(1836~1868) 1890년대 초부터 풍자성 짙은 신문이 번창하기 시작했는데 당시 라틴아메리카에서 최고의 석판화가로 꼽히는 에스칼란테는 멕시코의 펀치로 불리는 신문 <La Orquesta>에 정치인을 신랄하게 풍자하는 캐리커처를 선보였다. 그 가운데 1821~1861년에 멕시코를 집권한 보수주의자 대통령들이 몽둥이로 한 원주민 여인을 구타하는 장면의 삽화를 그렸는데 이는 빈곤층에 대한 정부의 무자비한 만행을 고발한 것이었다.

Escanlar, Gustavo (구스타보 에스칸라르)　　(1962~) 우루과이의 작가. 우루과이에서 60년 대 이후 태어난 작가들 중에서 가장 두드러지는 인물 중 하나이다. 대표작으로는 『Oda al niño prostituto』(1993), 『No es falta de cariño』(1997), 『Estokolmo』(1997)의 세 작품이 있다. ▸ La literatura uruguaya del siglo 20(20세기 우루과이 문학)

Escarapela (휘장)　　각 나라 국기의 배색을 한 작은 브로치 형태의 장식품으로 보통 동그란 형태나 리본 모양을 하고 있다. 라틴아메리카 국가들은 독립기념일이나 혁명기념일 등 국경일에 국민들, 특히 학생들이 이 휘장을 달고 생활한다.

Escobar Galindo, David (다비드 에스코바르 갈린도)　　(1944~) 엘살바도르의 작가이다. 1970년대 이후 살바도르 문단에서 가장 두드러지는 작가로 손꼽힌다. 서정적인 형식의 작품을 쓰며 베네수엘라 안팎에서 많은 상을 수상했다. 작품의 주제는 주로 자전적이며 대표작으로는 시집 『Vigilia Memorable』(1972), 소설집 『Los sobrevivientes』(1980), 그리고 소설 『La estrella cautiva』(1985) 등이 있다.

Escobar, Ticio (티시오 에스코바르)　　(1947, Asunción~) 변호사, 학장, 큐레이터, 박물관 장 그리고 문화부 장관까지 역임할 정도로 다방면에서 활동했던 인물이다. 특히 "아르테 포풀라르의 독특한 미적 기능은 대중·사회·종교 측면과 더불어 여러 갈래에서 지탱하고 있기 때문에 어느 하나로 분류될 수 없다"고 언급하며 예술 방면으로도 많은 영향을 남겼다.

Escolta (de abanderado) [에스콜타(아반데라도의)]　　한국의 중학교 1학년과 고등학교 3학년 사이에 해당하는 학생들을 대상으로 투표를 통해 성적 우수자 중에서 2위와 3위를 각 학년의 아반데라도(abanderado)로 뽑는다. 투표 참가자는 같은 학년 학생들과 담임교사들이다. 이들은 1명의 '아반데라도'와 함께 국기를 들고 학교의 모든 행사에 참가한다.

Escoto, Julio (훌리오 에스코토)　　(1944~) 온두라스 작가이자 편집자이다. 코스타리카 대학(Universidad de Costa Rica) 출판사의 편집장으로 중미 작가로 이름을 알리며 작가로서는 새로운 소설 형식을 선보이고 있다. 작품으로는 『La balada del pájaro herido y otros cuentos』(1969), 『El árbol de los pañuelos』(1972) 등이 있다.

Escudero Moscoso, Gonzalo (곤살로 에스쿠데로 모스코소)　　(1903~1971) 에콰도르의 시인이자 수필가, 외교관이다. 뛰어난 포스트모더니즘 시인이며 난해한 형이상학과 표현주의적 이미지를 사용한다. 대표작으로는 『Los poemas del arte』(1918), 『Las parábolas olímpicas』(1922) 등이 있다.

Escudo de Tabasco (타바스코의 방패)　　타바스코 주를 상징하는 방패로 아메리카에서 가장 오래되었다. 스페인 왕이었던 펠리페 2세(Felipe II)가 1598년 산 후안 바우티스타 (San Juan Bautista) 도시를 '비야 에르모사(Villa Hermosa)'라고 칭하면서 만들어진 방패로 1892년부터 타바스코 주의 상징이 되었다.

Escuela de campeones (에스쿠엘라 데 캄페오네스)　　아르헨티나의 영화감독 랄프 파피에르(Ralph Pappier, 1914~1998)의 1950년 작품. 아르헨티나 축구계의 시초에 관한 영화로 1951년 콘도르 데 플라타상(Premio Cóndor de Plata)을 수상했다.

Escuela Politécnica Nacional (국립공예대학교)　　1869년 10월 27일에 가르시아 모레노 (García Moreno) 전 대통령이 건립한 대학교이며, 에콰도르에서 1~3위를 다투는 명문 대학교이다. 총 9개 단과대학으로 구성되어 있으며, 24개 학과로 구성되어 있다.

Escuela Quiteña (키토 학파)　　스페인 식민지 당시 키토 왕실 사법 행정원(Real Audiencia de Quito)에서 발전된 예술적 전통을 뜻한다. 예술적 생산은 도시의 주 경제 활동 중 하나였으며 특징으로는 원주민과 유럽적인 요소들의 결합이라고 할 수 있을 것이다. 스페인의 르네상스 요소들을 인디오식으로 다시 표현한 기술이다.

Escultura y cerámica del Imperio Inca* (잉카 제국의 조각과 도예)　잉카인들은 매우 뛰어난 조각 작품들을 다수 남겼다. 조각물의 대부분은 석조 작품이지만 금과 은 같은 금속과 경우에 따라서는 목재도 혼용해 썼다. 조각상의 대부분은 인간의 형상을 본 따거나 동식물의 형상을 옮긴 것으로, 크기는 손바닥 만한 작은 것부터 인간이나 동물의 실물 크기에 달하는 대형까지 매우 다양했다. 대부분은 마추픽추나 사이우이테(Sayhuite)처럼 대형 돌덩어리 위에 새긴 형태, 즉 대형 건축물 위에 새긴 것들이지만, 때로는 종교 제의적 상징물로 산등성이나 계단, 수도교 등에도 조각을 남기곤 했다. 일부 평평한 판형의 조각이 남아 있기도 한데, 그 용도는 아직까지 확인되지 않고 있다. 도자기는 제의용 도자기와 일상생활용 도자기의 두 종류로 대별된다. 일상생활용 도자기는 대부분 가정용 기물들로 보통 단순하고 다소 조잡한 솜씨로 만든 목제 용기다. 그러나 제의용 도자기들은 훨씬 제작기술도 뛰어나고, 장식도 화려하며, 무덤에서 많이 발견되는데, 이는 사람이 죽었을 때 저승길을 가는 길에 들 수 있도록 다양한 음식과 음료를 담은 채로 시신과 함께 묻었기 때문이다. 덕분에 오늘날의 각급 박물관에서는 완벽한 형태로 보존된 이런 도자기들이 소장·전시되고 있는 것이다. 특히 잉카 문명이 남긴 도자기들은 표면이 반들반들하며, 다양한 기하학적 무늬들로 장식이 되어 있고, 노랑과 검정, 흰색, 빨강, 주황 등의 염료를 사용한 것이 특징이다. 마름모꼴이나 직선, 동그라미 같은 무늬를 넣는가 하면, 양식화시킨 동물이나 식물의 형상을 새겨 넣기도 했다. 가장 많은 도자기는 항아리와 컵이다. 잉카 문명의 도자기 기법은 매우 발달되어 있어, 신대륙을 정복한 스페인 정복자들까지도 곳곳에서 그 형상과 장식기법을 흉내 낸 도자기들을 만들었는데, 그들이 만든 도자기들은 잉카 양식과 모국의 양식이 뒤섞인 혼합 양식의 도자기들로 주로 치무(Chimú) 등지에서 발견된다. 훗날 스페인 사람들이 고국으로 돌아가면서 들고 간 잉카 제국의 도자기들은 점차 주술적 성격은 상실하고 일상생활용품으로 사용되게 되었다.

Espalter, Mario Falcao (마리오 팔카오 에스팔테르)　(1892~1941) 우루과이의 비평가이자 역사가, 작가이다. 역사적 주제와 문학에 관한 주제로 쓴 기고문을 통해 언론계에서도 많은 활동을 했다. 대표작으로는 유명한 작품 『*Del pensamiento a la pluma*』(1914)와 또 다른 책 『*Entre dos siglos: el Uruguay alrededor de 1800*』이 있다.

Espino Najarro, Edgardo Alfredo (에두아르도 알프레도 에스피노 나하로)　(1900~1928) 엘살바도르의 작가이다. 짧은 생애 때문에 단 하나의 작품을 남겼다. 1930년 출판된 『*Jícaras tristes*』로 사후에 출판되었다. 중앙아메리카의 풍경을 섬세하게 해석해내고 있는 작품으로 엘살바도르의 문단에 참된 충격을 일으켰다.

Espínola, Francisco (프란시스코 에스피놀라)　(1901~1973) 우루과이 출신의 작가로 활동했으며 인문학부의 문학과 문학 구성 교수였다. 1961년에는 우루과이 대표 문학상 (Gran Premio Nacional de Literatura)을 수여하였다. 대표작으로는 『*Raza ciega*』와 『*El rapto y otros cuentos*』가 있다. 이 두 작품에서 전원 풍경을 중심으로 하는 이야기가 그의 문체적 기술과 연극적인 성격으로 특징지어진다.

Espinosa Medrano, Juan de (후안 데 에스피노사 메드라노)　1688년 11월 13일 페루에서 출생한 인디오 후손으로 신학교수, 극작가, 연설가, 수필가 등 여러 분야에서 활동하였다. 얼굴에 사마귀가 많아 『El Lunarejo』라고 불리기도 하였다. 17세기 최초로 문학 비평을 시도하였으며, 대표작인 『Apologético en favor de Luis Góngora』는 공고라 시를 옹호함과 동시에 바로크 문체의 진수를 보여준다.

Espinosa, Germán (헤르만 에스피노사)　(1938~2007) 콜롬비아 소설가, 시인이었다. 살면서 40여 개의 작품을 썼고 주로 역사적인 배경에 해적과 마녀들과 같은 등장인물들을 부각시켰다. 대표작으로는 『La Tejedora de Coronas』와 『La Balada del Pajarillo』가 있다. ➡ Nadaismo colombiano(콜롬비아 허무주의)

Esquivel, Laura (라우라 에스키벨)　(1950~) 멕시코 출신의 작가로 환상적 사실주의의 거장이다. 현실을 비현실과, 신비를 세속과 결합시켜 큰 인기를 끌었다. 대표작으로는 『Como agua para chocolate』와 『La ley del amor』 등이 있다. ➡ La literatura mexicana del siglo 20(20세기 멕시코 문학)

Este es el romance del Aniceto y la Francisca, de cómo quedó trunco, comenzó la tristeza y unas pocas cosas más… (에스테 에스 엘 로만세 델 아니세토 이 라 프란시스카, 데 코모 케도 트룬코, 코멘소 라 트리스테사 이 우나스 포카스 코사스 마스)　아르헨티나의 영화감독 레오나르도 파비오(Leonardo Favio, 1938~2012)의 1967년 작품. 줄여서 'El romance del Aniceto y la Francisca'로도 부른다. 멘도사(Mendoza) 지방에서 일어나는 남녀 관계에 관한 영화로, 1968년 콘도르 데 플라타상(Premio Cóndor de Plata)을 수상했다.

Estigarribia, José Félix (호세 펠릭스 에스티가리비아)　(1888~1940) 파라과이 군인이자 정치인이었다. 차코 전쟁(Guerra del Chaco)에서 지휘관으로 군대를 이끌었고 1939년에 있었던 전투를 승리하여 1940년에 파라과이 대통령직을 맡게 되었다.

Estrada Cabrera, Manuel (마누엘 에스트라다 카브레라)　(1857~1924) 과테말라 출신의 변호사이자 정치인으로 활동했고 1898년에 대통령으로 당선되었다. 법학 공부를 마치고 1892년부터 1898년까지 대법원 사법관과 법무부 장관직을 수행했고 1898년 전직 대통령이 살해되자 당선되어 대통령직을 수행하게 된다. 내부 안정을 우선으로 경제를 움직였고 특히 이때부터 과테말라 커피 산업이 발달하기 시작했다. 이 외에도 20세기로 들어서는 관문에서 과테말라 현대화를 이끌었던 인물이다. ➡ Asturias, Miguel Ángel (미겔 앙헬 아스투리아스)

Estridentismo* (과격주의)　멕시코의 시인 마누엘 마플레스 아르세(Manuel Maples Arce, 1898~1981)가 제1 선언서를 발표한 뒤인 1921년 12월 31일, 할라파(Xalapa)에서 처음 시작된 융화적 예술 운동이다. 아르세의 과격주의에는 아르켈레스 벨라, 헤르만 리스트 아르수비데, 살바도르 가야르도, 헤르만 쿠에토, 페르난도 레알, 페르민 레부엘타스, 라몬 알바 데 라 카날, 레오폴도 멘데스 등이 합류했다. 이뿐만 아니라 다양한 상황 속에서 다양한 수준의 과격주의를 지향한 많은 예술가들이 있었으니 장 샤를로, 티나 모도티, 가스통 이네르, 아르만도 세그리, 움베르토 리바스 파네다스, 루이스 오르다스 로차, 하비에르 이카사, 디에고 리베라, 실베스트레 이 페르민 레부엘타스 등이 있다. 1925년에는 핵심 과격주의자들이 힘을 합해 할라파에서 일명 '에스트리덴토폴리스'의 수립을 천명했다. 그들은 에스트리덴토폴리스(Estridentópolis)를 중심으로 출판 사업, 문화 사업, 교육 사업을 추진해나가고자 했으며, 이를 위해 베라크루스 대학의 설립에 힘을 모았다. 당시 베라크루스 연방 주지사였던 에리베르토 하라의 후원이 큰 힘이 되었는데, 결국 하라는 석유 개발 문제와 관련해 현지 근로자들의 인권을 유린한 미국과 영국의 거대 석유 회사와 맞서 노동자들의 권익 수호를 지지했다는 이유로 해임되고 말았다. 최대 후원자가 몰락하면서 과격주의 그룹은 결국 1927년에 해체되는 수순을 밟았다. 흩어진 과격주의 작가들은 각자 활동을 이어갔고, 덕분에 1980년과 1990년대까지도 그들의 과격주의적 작품활동이 가능했다. 과격주의 예술가들은 1920년대 멕시코 대중문화에 예술적 표현의 여지를 주었고, 이는 다시 미래주의, 큐비즘, 다다이즘 같은 아방가르드 사조의 영향도 수용했다. 그렇게 탄생한 절충주의 덕분에 과격주의는 다양한 아방가르드 사조 속에서도 공생을 통해 살아남을 수 있었으며, 더 나아가 멕시코 혁명의 파고 속에서 탄생한 사회 참여적 현실주의로까지 그 차원을 확장시킬 수 있었다. 현대로 접어들면서 과격주의는 미학적으로나 문화적으로 근대 문학과 세계주의적 문학으로의 발전을 지향하게 되었다. 과격주의 성향의 문예지들로는 <Ser>(1922)를 비롯 <Irradiador>(1923), <Semáforo>(1924), <Horizonte>(1926~1927) 등이 있었으며, 정기 간행물로는 <El Gladiador>가 있다.

Etimología del nombre Machu Picchu* (마추픽추의 어원에 대한 논란)　"Machu Picchu"의 의미는 '나이 든 봉우리'로, 잉카 원주민어, 좀 더 구체적으로는 남부 케추아어에서 나온 지명으로 알려지고 있다. 그러나 실제로 마추픽추의 경우, 표기법과 관련해서 Machu Picchu가 맞는지 Machupicchu가 맞는지는 여전히 논란의 대상이다. 스페인의 저명 역사학자인 마리 카르멘 마르틴 루비오(Mari Carmen Martín Rubio)에 따르면, 후안 데 베탄소스의 『Suma y narración de los Incas』에 마추픽추에 대한 언급이 있으며, 케추아어로는 'escalón[파타(pata)]'과 'ciudad o pueblo[야크타(llaqta)]'의 합성어인 '파타야크타(Patallaqta)'로 불렸다고 합니다. 그러다가 스페인 사람들이 신대륙으로 들어가면서 봉우리란 의미의 'pico'에서 파생된 '픽추(picchu)'라는 표현을 사용하기 시작했고, 결국 마추픽추(Machu Picchu)라는 이름으로 지금까지 전해지게 되었다. 따라서 마추픽추라는 지명의 근원을 거슬러 올라가자면 케추아어로 거슬러 올라가는 게 사실이지만 엄밀히 말해 케추아어라고 단정 지을 수도 없는 것이 사실이다. 결국 마추픽추는 사전에서 설명하고 있듯이 Machu Picchu라는 이름은 사전에도 나와 있듯이 남부 케추아어의 Machu Pikchu에서 나온 "나이 든 봉우리(Montaña Vieja)"라는 의미의 현대식 명칭으로, 본래 15세기 중반에 건설된 잉카 제국의 고대 도시인 야크타에 붙여진 이름이다. 다만, 수많은 원주민어가 카스테야니사시온(castellanización) 과정을 거쳐 스페인어로 정착한 바 있듯이, 마추픽추 역시 동일한 과정을 거친 것으로 사료된다.

Evaristo Ribera, Chevremont (세브르몽 에바리스토 리베라)　(1896~1976) 푸에르토리코의 시인. 대표작으로는 『Desfile Romántica』, 『El templo de alabastros』(1919) 등이 있다. 모데르니스모(modernismo), 울트라이스스모(ultraismo), 초현실주의(surrealismo) 기법 사용에 능숙했으며, 소네트와 같은 전통적 형식에서도 자유로운 운율(free verse)을 사용했다.

Examen de la obra de Herbert Quain (허버트 퀘인의 작품에 대한 연구)　아르헨티나의 작가 호르헤 루이스 보르헤스의 단편 소설로, 단편집 『Ficciones』에 수록되어 있다. 보르헤스가 서문에서 밝혔듯이 이 작품은 환상소설이며, 가상의 책에 대한 요약과 논평을 제공하는 방식으로 서술되어 있다. 허버트 퀘인이라는 가상의 작가와 그의 책에 대한 논평을 통해 잠재적 과거의 가능성을 보여주며, 잠재적 시간의 가능성을 보여준다는 점에서 보르헤스의 또 다른 단편 『*El jardín de senderos que se bifurcan*』과 상호텍스트성을 갖는다. ➡ Jorge Luis Borges(호르헤 루이스 보르헤스)

Exitoína (엑시토이나)　　스페인어의 'éxito(성공)'이라는 단어에 'heroína(헤로인)', 'cocaína (코카인)' 등의 마약 이름에 사용되는 접미사 '-ína'를 합친 단어로 '자신이 성공했다고 생각하게 만드는 마약'이라는 의미를 지니고 있다.

F

Fábrega, Demetrio (데메트리오 파브레가)　(1881~1932) 파나마 시인으로 미국과 보고 타에서 약학을 전공했다. 작품은 몇 개 쓰지 않았지만, 같은 시기의 시인들에 비해 새로운 시의 형식에 접근했다. 작품으로는 『*Poema llanto mudo*』, 『*El idilio de la montaña*』 등이 있다.

Facundo (파쿤도)　아르헨티나의 대통령이자 문인이었던 도밍고 파우스티노 사르미엔토 (Domingo Faustino Sarmiento)의 에세이집으로 독립 전후의 주요 인물들인 후안 파쿤도 키로가(Juan Facundo Quiroga)와 후안 마누엘 데 로사스(Juan Manuel de Rosas) 의 생애를 다루며 문명과 야만성에 대한 자신의 생각을 정리해놓은 책이다. 본 제목은 『*Civilización y barbarie. Vida de Juan Facundo Quiroga. Aspecto físico, costumbres y ámbitos de la República Argentina*』이다. ➡ Novela del dictador(독재자 소설)

Fadanelli, Guillermo J. (기예르모 J. 파다넬리)　(1962~) 멕시코의 작가이다. 잡지 <Moho>의 창립자이며 같은 이름의 출판사도 세웠다. 대표 소설작품으로는 『*La otra cara de Rock Hudson*』(1997), 『*Para ella todo suena a Franck Pourcel*』(1998) 등이 있다. ➡ La literatura mexicana del siglo 20(20세기 멕시코 문학)

Falcón, Juan Crisóstomo (후안 크리소스토모 팔콘)　(1820~1870) 베네수엘라의 군인 이자 정치인. 급진자유주의 성향을 띠고 있으며 1859년 반란을 주도했다. 호세 안토니오 파에스(José Antonio Páez, 1790~1873) 독재에 대항해 반대 운동을 펼치기도 했다. 1863년부터 1867년까지 대통령직을 수행하였다.

Fama y obras póstumas (명성과 유고집)　후아나 이네스 데 라 크루스 수녀(Sor Juana Inés de la Cruz, 1651~1659)의 저서이다. 후아나 수녀의 전기 연구를 위한 필수적인 기초 자료 중 하나이다. 특히 후아나 수녀의 친구였던 디에고 카예하 사제(Padre Diego Calleja)가 이 책 제3권에 수록한 『*Aprobación*』의 연구가 많이 이루어진다.

Familiar, El(Argentina) (엘 파밀리아르 전설)　아르헨티나 북부에서 공업이 발전하던 시기에 생긴 신화이다. 그 당시 부유한 집안은 모두 악마와 계약을 맺었다고 믿었으며, 악마는 계약을 감시할 큰 개를 집에 두고 간다고 전해진다. 그 개를 엘 파밀리아르라고 불렀는데 농장 혹은 공장에서 조금 떨어진 창고에서 산다고 한다. 1년에 한 번씩 노동자 1명을 잡아먹으며 두 사람 이상을 잡아먹으면 더 돈을 많이 버는 한 해가 될 거라고 믿었다. 엘 파밀리아르는 개, 머리 없는 사람, 뱀 등 여러 형태로 전해지며, 죽일 수 있는 대상이 아니므로 도망치는 것만이 유일한 방법이라고 한다. 염주나 십자가를 걸치고 있으면 잡아먹히지는 않는다고 한다.

FARC (콜롬비아 무장혁명군)   (Fuerzas Armadas Revolucionarias de Colombia) 콜롬비아의 가장 규모 있고 오래된 게릴라 움직임이다. 공식적으로 1966년에 결성되었지만 실제 움직임이 시작된 것은 1964년부터다. 1964년 콜롬비아 군대는 LASSO(Latin American Security Operation) 정책을 지방 반란군 위에 시행하면서 국가 내외적으로 부정적인 발언이 솟아올랐다. 같은 해 6월 20일 이에 반항하며 토지 개혁을 요구하는 게릴라 움직임이 일어났고 1965년에 첫 번째 게릴라 회의가 개최되고 1966년 두 번째 회의 당시 FARC가 언급된다. 현재 10,000명 가까이 되는 회원을 보유하며 주로 콜롬비아 남동부와 안데스 평원 지대에서 활약한다.

Fariña Núñez, Eloy (엘로이 파리냐 누녜스)   (1885~1929) 파라과이의 시인이자 소설가, 수필가, 드라마 작가, 언론가. 파라과이에서 가장 명성 있는 모데르니스모 시인 중 하나로 여겨진다. 부에노스아이레스에서 거주하며 모데르니스모의 정점을 경험했으며 그와 함께한 작가들이 파라과이 현대 문화의 기초를 세운 인물들로 여겨진다. 대표작품으로 『*Cármenes*』(1922), 『*Las vértebras de Pan*』(1914), 『*Rhodopis*』(1926), 『*Mitos guaraníes*』(1926) 등이 있으며 다양한 장르의 작품을 저술했다.

Farrel, Edelmiro Julián (에델미로 훌리안 파렐)   (1887~1980) 아르헨티나의 군인이자 정치가. 1944년 카스티요(Castillo) 정권을 무너뜨린 운동가 중 한 명이었으며 이후 대통령직에 오른다. 당시 나치 독일과 일본에 선전 포고를 한 바 있다.

Fausto (파우스토)   아르헨티나의 시인 에스타니슬라오 델 캄포(Estanislao del Campo)의 시로 1866년에 출간된 시집 『*Coreo del Domingo*』에 수록되어 있다. 독일의 대문호 괴테(Goethe)의 『*Faust*』를 주제로 한 오페라를 보고 이야기하는 내용으로 전개되는 시이다. ➡ La literatura guatemalteca del siglo 20(20세기 과테말라 문학)

Favio, Leonardo (레오나르도 파비오)   (1938~2012) 아르헨티나의 영화감독, 배우, 작곡가로 다양한 방면에서 활동했으며, 컬트 영화(Película de culto) 분야에서 특히 뛰어난 모습을 보여주었다. 영화 「*Crónica de un niño solo*」(1965)를 비롯하여 다수 영화제에서 수상하였다.

Fcciones (픽션들)   1944년 호르헤 루이스 보르헤스가 발간한 작품. 20세기 세계 문학의 방향을 정하는 것에 있어서 기준이 된 책 중 하나로 평가받는다. 2부로 나뉘어져 있으며 총 17개의 단편으로 이루어져 있다. ➡ Jorge Luis Borges(호르헤 루이스 보르헤스)

Feiling, Carlos Eduardo Antonio (카를로스 에두아르도 안토니오 페일링)   (1961~1997) C. E. Feiling 혹은 차를리 페일링(Charlie Feiling)으로 알려진 아르헨티나 문헌학자, 시인, 교수, 작가이다. 부에노스아이레스 대학교(Universidad de Buenos Aires)에서 문학을 전공했으며, 아르헨티나와 영국 그리고 볼리비아에서도 1990년까지 교수직을 역임했다. 그 후 아르헨티나에서 작가와 기자로서 활동을 시작했다. 작품으로는 『*Agua electrizada*』(1992), 『*Un poeta nacional*』(1993) 등이 있다.

Feinmann, José Pablo (호세 파블로 페인만)   (1943~) 아르헨티나 수필가, 소설가이다. 부에노스아이레스대학교(Universidad de Buenos Aires)에서 철학과를 졸업했으며, 70년대 초반에 동 대학 교수직을 역임했다. 대표작은 수필 『*Filosofía y Nación: estudios sobre el pensamiento argentino*』(1982)와 소설 『*La astucia de la razón*』(1990)이 있으며, 그 외 작품으로는 『*Últimos días de la víctima*』(1979), 『*La sangre derramada*』(1998) 등이 있다.

Feliciano Mendoza, Ester (에스테르 펠리시아노 멘도사)   (1917~1987) 푸에르토리코

의 시인, 소설가, 수필가이자 대학 교수이다. 푸에르토리코의 문화계와 지성계의 가장 대표적인 인물이며, 초기와 청년기 문학의 어려운 장르에서 선보인 그의 뛰어난 활동으로 크게 각인되었다. 20세기에 가장 뛰어난 히스패닉 아메리카 여성 작가들 중 하나로 여겨진다. 1962년 아메리카 여성 연합(La Unión de Mujeres Americanas)의 시 부문의 첫 수상자로 영광을 얻었다. 대표 시집으로는 『Nanas』(1945), 『Nanas de Navidad』(1959), 『Nanas de adolescencia』(1965), 수필집으로는 『Arco Iris』(1951) 등이 있다.

Felipe, Carlos (카를로스 펠리페)　(1905~) 쿠바 출신으로 진보적·혁신적 경향의 작가이다. 대표작으로 『El chino』, 『Capricho en rojo』, 『Ladrillos de plata』, 『Tambores』가 있다.

Félix Luna (펠릭스 루나)　(1925~2009) 아르헨티나 출신의 작가이자 정치인이다. <Todo es Historia> 잡지사의 창설자며 아우로라 그룹(Grupo Aurora)의 일원이었다. 코넥스상(Premio Konex)을 비롯해 여러 수상 경력이 있다. 대표작품으로 『Yrigoyen』, 『El 45』, 『Los caudillos』와 『Perón y su tiempo』가 있다.

Feria de Artesanos Nacionales (전국 수공예 박람회)　1월 첫째 주에 아르헨티나의 산타페(Santa Fe) 주의 레콘키스타(Reconquista)에서 열리는 축제. 이 축제에는 전국의 수공예자가 참여하며 뿔, 목재, 철, 세라믹, 황마 섬유 등 다양한 재료로 만들어진 수공예품이 전시된다.

Feria Internacional del Libro de Buenos Aires (부에노스아이레스 국제 도서 박람회)　아르헨티나 부에노스아이레스에서 매년 4월과 5월 사이에 3주간 열리는 국제 도서 박람회다. 1975년부터 열려 매년 천이백만 명이 넘는 사람들이 방문한다. 중남미에서 작가, 학자, 교육자 외에 여러 분야의 사람들이 만나는 곳으로 문화적 중심이 되는 행사 중 하나이다.

Feria Internacional del Libro de Guadalajara (과달라하라 국제 도서 박람회)　멕시코 과달라하라에서 열리는 도서 박람회다. 1987년에 시작된 박람회로 부에노스아이레스 도서 박람회 다음으로 세계에서 관심을 받고 있는 도서 관련 행사이다. 행사의 목적은 전문가들과 작가들과 만남을 허락하고 독자 또한 작가들을 만나 교류하는 것이다.

Feria Isidra de La Ceiba (이시드라 데 라 세이바 카니발)　온두라스의 가장 큰 카니발로 알려진 축제이며 중미 전체에서도 이미 잘 알려진 대축제이다. 1917년을 시작으로 라 세이바(La Ceiba)에서 매년 5월 셋째 주 혹은 넷째 주 토요일에 열린다. 축제의 이름은 산 이시드로(San Isidro) 수호신 이름과 라 세이바 지역의 이름을 따서 붙인 것이다. 축제 시작 2주 전에 여왕을 뽑으며, 여왕의 대관식 이후에 본격적인 축제를 시작한다. 2주라는 긴 시간 동안 카니발이 진행되는 것이 특징이다.

Fernández Guardia, Ricardo (리카르도 페르난데스 과르디아)　(1867~1950) 코스타리카의 작가, 정치인 및 외교관. 역사가 레온 페르난데스 보니야(Leon Fernandez Bonilla)의 아들이며 코스타리카 문학 사실주의의 시초로 꼽힌다. 연극과 역사 등 다양한 분야의 토대를 닦았으며 후에 올림포 세대의 일원이 된다. 그의 아들 리카도르 페르난데스 페랄타(Ricardo Fernandez Peralta) 또한 역사가로 명성을 떨쳤다. 대표작으로 『Hojarasca』, 『Cuentos Ticos』, 『Magdalena』 등이 있다.

Fernández Lizardi, José Joaquín (호세 호아킨 페르난데스 리사르디)　1776년 11월 15일에 태어나 1827년 6월에 생을 마감한 멕시코 신문기자이자 작가이다. 원래 신문기자였던 그는 대중에게 전달하기에는 한계가 있는 신문의 이면을 극복하기 위해 소설을 쓰기 시작하였으며, 1816년에 쓴 『*El Periquillo Sarniento*』는 라틴아메리카 최초의 소설이 되었다. 그 작품에서 피카레스크 형식을 통해 교훈적인 의도를 드러내며 당대 사회 문제점을 비판하였다.

Fernandéz Madrid, José (호세 페르난데스 마드리드) 콜롬비아의 극작가로 1789년에 태어나 1830년에 사망했다. 서정시를 쓰기도 했으며, 주요 극작품으로는 멕시코 정복 일화를 다룬 『*Guatemocín*』이 있다.

Fernández Moreno, Baldomero (발도메로 페르난데스 모레노) (1886~1950) 아르헨티나 출신으로 원래 직업은 의사이다. 1934년 아르헨티나 문학 아카데미의 회원으로 임명되면서 작가의 길을 걸었다. 작품에 섬세한 낭만주의적 요소들을 조화시킴과 동시에 주제와 언어에 있어 지속적인 개혁의 추구라는 특징을 담고 있다. 대표작으로는 『*Setenta balcones y ninguna flor*』가 있다.

Fernández Retamar, Roberto (로베르토 페르난데스 레타마르) 쿠바의 시인으로 1930년 라 하바나에서 출생했다. 회화와 건축학을 공부했으나 후에 자신의 적성을 깨닫고 인문학 및 문학을 공부하였으며 장학생으로 선발되어 프랑스 소르본느대학과 영국의 런던 대학에서 학문을 했다. 본국에 돌아온 후 <Nueva Revista Cubana>, <Casa de las Americas> 등의 잡지 편집장을 역임했으며 정치계에서도 활발한 활동을 했다. 쿠바 지성의 목소리로 평가받는다.

Fernández, Justino (후스티노 페르난데스) (1904~1972) 멕시코 출신의 작가이자 철학자다. 어문학을 전공한 이후에 역사학 박사 학위를 받았다. 공부를 마친 이후 대부분 역사 관련 책을 썼고 대표작으로 『*Morelia*』, 『*El arte moderno en México*』 등이 있다.

Fernández, Macedonio (마세도니오 페르난데스) (1874~1952) 아르헨티나 중요한 작가 중 한 명이다. 전통적인 규율에서 벗어나 판타지와 창의적인 상상력으로 이끈 작가이다. 주요작품에는 『*Papeles de recienvenido*』(1929), 『*Una novela que comienza*』(1941) 등이 있다. ➡ La literatura argentina a mediados del siglo 20(20세기 중반 아르헨티나 문학)

Fernández, Mario César (마리오 세사르 페르난데스) (1928~) 우루과이의 작가이며 50년 세대에 속한다. 언론인으로 많은 활동을 했으며 영화비평가로도 두각을 나타냈다. 1962년에 매우 다양한 해석을 이끌어 낸 『*Nos servían como de muro*』라는 단편소설을 출판하였으며 『*Industria nacional*』(1966)을 통해 우루과이 지성계를 신랄하게 다루었다. ➡ La literatura uruguaya del siglo 20(20세기 우루과이 문학)

Fernando de Szyszlo (페르난도 데 시슬로) 페루 최초의 추상주의 작가이다. 1925년 7월 5일 페루 리마(Lima)에서 태어났다. 인디오 문화에 관심을 가진 원시주의와 아방가르드 결합의 선두 주자로 평가된다. "Quipus"를 그림에 등장시키는 등 비형식적 기법을 통해 잉카 문명의 정취를 작품으로 표현하였다. 잉카의 마지막 왕 아타우알파(Atahuallpa)의 죽음을 소재로 13편의 연작을 제작하였으며, Instituto de Arte Contemporaneo를 통해 미술 시장을 형성하고, 국제 전시를 유치하는 등 페루의 미술 역사를 위해 힘쓰고 있다.

Fernando del Paso* (페르난도 델 파소) (1935~) 포스트 붐 세대에 해당하는 멕시코 작가이다. 다른 라틴아메리카 국가들과 마찬가지로 1940년대는 멕시코에게 있어 매우 중요한 시기였다. 멕시코에는 전통소설과 신소설과의 만남을 주도하는 우루과이의 후안 카를로스 오네티(Juan Carlos Onetti)와 같은 작가들이 없었다. 페르난도 델 파소는 대변혁의 선구자인 후안 룰포(Juan Rulfo)와 카를로스 푸엔테스(Carlos Fuentes)의 뒤를 잇

는 작가로 평가받고 있다. 화가이자 시인인 페로난도 델 파소는 멕시코에서는 소설가로
더 유명하다. 그는 수많은 야심작을 발표하며 1982년 로물로스 가예고상을 수상하는 등
소설로 수많은 국제 문학상을 거머쥐었다. 작가로 활동하기 이전에 생물학, 경제학, 광고
디자인 등을 공부하였는데 이러한 지식들은 그의 작품에 일부 반영되기도 한다. 멕시코
소설가이자 극작가인 호세 아구스틴에 따르면 멕시코 근대소설은 세 가지 부류로 구분
된다. 첫 번째는 "마피아 그룹"으로 "대형 마피아"와 "소형 마피아"로 나뉜다. 전자에는
옥타비오 파스, 카를로스 푸엔테스 등이 해당되며, 후자에는 후안 가르시아 폰세(Juan
García Ponce), 카를로스 몬세바이스(Carlos Monsiváis) 등이 포함된다. 두 번째는 "과
도기 그룹"으로 비센테 레피에로(Vicente Lefiero), 호르헤 이바르센고이티아(Jorge
Ibarguengoitia), 호세 에밀리오 파체코(José Emilio Pacheco) 등이 꼽힌다. 세 번째는
"스테판울프 그룹"으로 페르난도 델 파소, 아르투로 아수엘라(Arturo Azuela) 등이 해
당된다. 1966년에 발표된 페르난도 델 파소의 첫 소설 『José Trigo』는 독창적인 특징들을
보이며 당시 붐세대 소설에 혁신적인 바람을 일으킨 것으로 평가받았다. 소설의 배경은
멕시코시티 북부에 위치한 철도 지역의 야영지이다. 이 소설은 제임스 조이스(James
Joyce)의 기법을 사용하며 17세기에 세워진 교회의 역사를 비롯해 멕시코 철도, 1927년
부터 1928년 간 벌어진 크리스테로스 전쟁, 1960년의 헛된 시위 등을 다룬다. 비록 작
가는 작품에서 당시 멕시코의 특정 지역의 노동자 시위에 초점을 맞추었지만 스페인 정
복 이전의 아메리카 대륙까지 확장시키고 있다. 이후 1980년대에는 『Palinuro de México』
(1980)와 『Noticias del Imperio』, 오로지 두 작품만을 발표한다. 페르난도 델 파소는 박학
다재한 소설가로 작품에는 늘 미로 같은 요소들이 발견되면서 이야기의 다양한 줄거리
를 제공하기 때문에 소설을 발표하기까지 많은 시간과 노력을 기울이는 작가로 알려져
있다. 1968년 멕시코에서는 학생운동으로 틀라텔롤코에서 대학살이 이뤄지는데 이로 인
해 멕시코는 그토록 꿈꾸던 정치적 안정을 정착시키는 데 성공하지 못하고 새로운 긴장
의 시대를 맞게 되었다. 페르난도 델 파소의 두 번째 소설 『Palinuro de México』는 스페인
정복 이전의 라틴아메리카에서부터 1968년 학생운동까지 포괄적인 배경으로 문학, 예술,
성, 건강과 질병 등 육체적인 요소들이 주요 테마를 이루고 있다. 7년을 넘게 작품을 구
상하고 준비한 소설 『José Trigo』에 이어 『Noticias del Imperio』는 10년이라는 세월에 거쳐
작품을 완성시킨다. 『Noticias del Imperio』는 합스부르크 왕가의 막시밀리아노와 멕시코의
카를로타 왕비에 대한 역사적 주제를 다루고 있다. 이 소설은 역사는 신화, 상상, 변형이
라는 과정을 통해 필연적으로 주관적일 수밖에 없기 때문에 사실이 아니라 사실의 재구
성(re-presentación)이라는 개념을 제시하였다. 이 소설은 무력으로 탄압된 정치권력이라
는 상당히 무거운 주제를 풍자적으로 그려내며 제국의 개입과 멕시코에 세워진 프랑스
궁정에 대한 이야기가 다룬다. 페르난도 델 파소는 젊은 시절 가르시아 로르카(García
Lorca)의 『Poeta en Nueva York』 등에 매료되어 로르카의 문학작품을 널리 알리는 데 많
은 노력을 기울였다. 1998년 가르시아 로르카의 탄생 100주년을 기념하며 페르난도 델
파소는 운문으로 극작품 『La muerte se va a Granada』를 발표하였다.

Ferré, Rosario (로사리오 페레)　　(1942~) 푸에르토리코의 시인, 소설가, 수필가이자 언론인
이다. 문학작품과 기고문은 두드러지는 총명함과 앤틸리스 제도(Antilles)의 사회적 역할
에 대한 유용한 분석으로 특징지어진다. 이로 인해 그녀는 푸에르토리코 지성계의 여성
주의 문학의 창시자로 여겨진다. 대표작으로는 수많은 시 작품들을 묶어 여러 권으로 출

판한 전집 『*Fábulas de la garza desangrada*』(1982)와 여성주의의 불안을 다뤄 후에 푸에르토리코 소설에서 동일한 주제에 대한 굳은 기반이 되어준 소설 전집인 『*Papeles de Pandora*』(1976) 등이 있다. ➡ Literatura de Puerto Rico del Siglo XX y XXI[멕시코 정당 PRI(Partido Revolucionario Institucional)의 엠블럼]

Festival Cocolo (코콜로 축제)   도미니카공화국의 무용극으로 당시 흑인 노예를 비하하는 말로, 식민 시대 흑인 노예들이 이스파니올라(Hispaniola)로 건너와 유럽 문화와 혼합되면서 만들어져 전해 내려오는 극이다. 12월 25일부터 1월 6일까지 행해지며 유네스코 인류무형문화유산으로 등록되어 있다.

Festival Internacional de Cine de Mar del Plata (마르 델 플라타 국제 영화제)   아르헨티나 마르 델 플라타에서 매년 개최하는 국제 영화제. 1948년 처음 시작되었으며 1970년부터 매년 상을 수여해왔다.

Festival Nacional del Malambo (말람보 전국 축제)   1월 둘째 주에 아르헨티나의 코르도바(Córdoba) 주의 라보르데(Laborde)에서 열리는 축제. 참가자들의 경연으로 진행되며 전통에 기반에 두어 엄격한 규칙에 의거하여 전문가가 평가한다. 경쟁자와 함께 유명한 포크 음악가와 파라과이, 우루과이, 브라질, 볼리비아, 칠레의 외국인 대표단이 매일 밤 공연을 한다.

Fiallo, Fabio (파비오 피아요)   (1866~1942) 도미니카 공화국 출신으로 교수이자 외교관 편집자로 활동했다. 그의 자서전에 의하면 낭만적이고 연정을 불러일으키는 분위기를 가졌다고 한다. 대표작으로는 카라카스에서 쓴 『*Primavera sentimental*』(1902)과 베를린에서 쓴 『*Cantaba el ruiseñor*』(1910)가 있다.

Fierro, Enrique (엔리케 피에로)   (1941~) 우루과이의 시인이며 광범위하고 중요한 시작품들을 썼다. 작품에서는 언어적 실험이 항상 나타나 있다. 대표작으로는 『*De la invención*』(1964), 『*Entonces jueves*』(1972), 『*Trabajo y cambio*』(1977), 『*Contrahierba*』(1982), 『*La entonces música*』(1983), 『*Ristra*』(1984) 그리고 『*Calca*』(1986) 등이 있다. ➡ La literatura uruguaya del siglo 20(20세기 우루과이 문학)

Fierro, Humberto (움베르토 피에로)   (1890~1929) 에콰도르 키토(Quito) 출신의 시인이다. 에콰도르의 다른 모데르니스모 작가들과 함께 참수세대(generación decapitada)를 형성했고 생애를 시와 음악과 함께 보냈다. 대표작으로 『*El laúd del valle*』가 있다.

Fiesta de gala de egresados (졸업 성장무도회)   라틴아메리카에서는 졸업 성장무도회는 초등학교와 고등학교에서 주최하는 졸업식 파티이다. 정장을 입고 참석하는 이 파티는 졸업하는 학생과 직계가족만 참여하는 파티이다. 그 외 고등학교 학장과 선생님들이 참석하고 학생들에게 졸업장과 상장을 받는 식을 한다.

Fiesta de quince años (성인식)   라틴아메리카 국가에서 여자아이가 15세가 되었을 때 하는 파티로 Fiesta de quinceañera라고 불리기도 한다. 다른 생일과는 다르게 미사를 본 뒤 특별한 파티를 한다. 이 파티는 소녀에서 숙녀가 되었음을 의미하는 성인식과 같다. 라틴아메리카 국가마다 조금씩 다른 양상을 보인다.

Fiesta de zapote (사포테 축제)   코스타리카의 사포테에서 매년 12월 마지막 주와 1월 첫째 주 동안 열리는 축제이다. 가판대, 투우, 놀이기구 등을 운영하며 사람들로 북적거린다.

Fiesta Nacional de la Cereza (전국 버찌 축제)   1월 첫째 주에 아르헨티나의 산타 크

루스(Santa Cruz) 주의 로스 안티구오스(Los Antiguos)에서 열리는 축제. 산타 크루스는 경작을 풍요롭게 하는 독특한 국지 기후를 갖고 있기 때문에 과일 재배의 중심지로 여겨진다. 축제에서는 시식 및 시음회가 가지각색의 음악들과 함께 열리며, 수공예 전시회도 함께 이루어진다.

Fiesta Nacional del Chamamé (차마메 전국 축제)　　1월 첫째 주에 아르헨티나의 코리엔테스(Corrientes) 주의 코리엔테스(Corrientes)에서 열리는 축제. 4일 밤 동안 지역 및 전국의 유명 가수들이 마리오 원형 경기장(el Anfiteatro Mario del Tránsito)에서 자신들의 기타와 아코디언에 대한 열정, 그리고 음악과 춤 솜씨를 뽐낸다.

Fiesta nacional del Sol(Argentina) (태양 축제)　　1974년부터 아르헨티나 산 후안(San Juan) 주에서 열리는 축제이다. 매년 2월 마지막 주의 5일 동안 진행된다. 이 행사에서 뽑는 국립 태양의 여왕은 산 후안 주의 19개 구를 대표하는 여성들이다. 여왕은 산 후안 주의 유명인사, 경제와 문화 홍보대사로 1년간 활동한다.

Fiesta Tapati de Rapa Nui (라파 누이의 타파티 축제)　　온몸을 도화지 삼아 천연 색소로 고유의 상징을 그리는 칠레의 축제로, 파스쿠아(Pascua) 섬에서 열린다. 매년 2월에 젊은이들의 수영 시합과 작은 배와 부들 튜브를 타고 하는 카누 시합을 한 뒤 여왕을 선출한다. 시합에서 각 팀은 자신만의 의상과 춤, 노래를 준비하며, 구전으로 전해지는 그들의 신화와 전설을 공유한다. 아카 페이(hakapei)를 통해 사람들은 단련된 몸을 시험하고 더 무모한 젊은이들은 바나나 나무의 줄기를 타고 언덕의 경사진 면을 빠른 속도로 내려온다. 몸에 그린 그림은 타코나(takona)라고 불린다.

Filloyana (피요야나)　　아르헨티나 작가 후안 피요이(Juan Filloy)를 언급하는 형용사이다. 50권 넘는 책을 출판한 작가이며, 아르헨티나 근대문학 작품에서 그의 영향을 볼 수 있다고 한다. 하지만 이것을 부정하는 사람들도 받아들이는 사람들만큼이나 많다. 훌리오 코르타사르(Julio Cortázar)의 『La rayuela』에서 피요이에 대한 언급이 나온다.

Final del juego (피날 데 후에고)　　1956년에 발간된 훌리오 코르타사르의 작품집. 프랑스어, 독어, 영어와 포르투갈어로 번역되었다. 초판에는 9개의 단으로 구성되어 있었으며 이후에 9개의 단편이 추가되었다. 작품집은 「Contunuidad de los parques」, 「Los venenos」, 「La noche boca arriba」 등의 작품들을 수록하고 있다. ☞ Julio Cortázar(훌리오 코르타사르)

Fiorodo (피오로도)　　피오르드는 경사진 계곡면을 따라 생성된 깊고 좁은 빙하 집단이다. 칠레의 남쪽 해안은 피오르드로 이루어져 있다. 칠레의 남쪽 빙하들은 파타고니아(Patagonia)에 위치하여 아르헨티나와 자연적인 경계를 만들어주며, 교통 수로로도 사용되기 한다.

Flavio Recaredo (플라비오 레카레도)　　19세기 쿠바의 극작가이자 소설가인 헤르트루디스 고메스 데 아베야네다 이 아르테가(Gertrudis Gómez de Avellaneda y Artega, 1814~1873)의 극작품. 마리아나(Mariana) 신부의 이야기에서 영감을 얻어 쓴 작품으로 아리우스파 교도들과 가톨릭교도들 간의 갈등을 다루며 레카레도와 공주의 결혼으로 결말을 맺는다.

Flores, Juan José (후안 호세 플로레스)　　(1799~1864) 베네수엘라 출생의 군 지도자, 정치인이었으며 에콰도르의 첫 대통령이다. 그란 콜롬비아에서 에콰도르를 독립시켜 초대 대통령으로 취임하였다. 그란 콜롬비아 시대에 볼리바르로부터 남부지역(현 에콰도르) 총독을 발령받았으며 국가가 분리될 시기에 에콰도르를 독립시켰다.

Flores, Manuel M. (마누엘 M. 플로레스)　　(1840~1885) 멕시코의 낭만주의 시인이다.

실명한 채 가난으로 인해 생을 마감했다. 관능과 에로티즘의 시인이며 작품 속 배경의 분위기를 우거진 열대의 풍경으로 바꿀 줄 아는 작가였다. 대표작으로 첫 번째 작품 『Pasionarias』(1874)가 있으며 생전에 출판된 유일한 작품이다. 사후에 『Poesías inéditas』(1910), 『Rosas caídas』(1953)가 출판되었다.

Flórez, Julio (훌리오 플로레스) (1869~1923) 콜롬비아 출신의 낭만주의 작가로서 묘사 능력이 뛰어나며 개인적인 비관주의와 절망적인 어조를 가진 작가이다. 이런 특징으로 낭만주의의 주제에 새로운 활력을 부여했다고 평가된다. 대표작으로는 『Horas』, 『Cardos y lirios』가 있다.

Florit y Sánchez de Fuentes, Eugenio (에우헤니오 플로릿 이 산체스 데 푸엔테스) (1903~1999) 쿠바의 작가이다. 스페인에서 태어났으나 어머니의 고향인 쿠바로 이주했다. 첫 시집은 『32 poemas breves』(1927)로 고전적이고 상징적이며 낭만적인 요소들을 가진 전위주의적 성격을 띠고 있다. 후에는 좀 더 생동적인 면모를 보여주었는데 형식적으로는 공고라(Góngora) 스타일에 루이스 데 레온(Fray Luis de León)에게서 종교적인 것에 영향을 받았다. 일생동안 많은 작품을 썼다.

Fogwill, Rodolfo Enrique (로돌포 엔리케 포그윌) (1941~2010) 포그윌(Fogwill)로 알려진 아르헨티나 기자, 사회학자, 교수, 시인, 수필가, 작가이다. 부에노스아이레스대학교 (Universidad de Buenos Aires)의 전임교수였으며 미국, 스페인 등의 국가 선집에서 그의 글이 간행되었다. 작품으로는 『El efecto de la realidad』(1979), 『Música japonesa』(1982) 등이 있다.

Fontanarrosa, Roberto (로베르토 폰타나로사) (1944~2007) "검둥이 폰타나로사(El Negro Fontanarrosa)" 혹은 "검둥이"로 알려졌다. 아르헨티나 일간 신문의 연재 만화가이자 작가이다. 만화가 활동으로 시작했으며, 뛰어난 작품 수준으로 그의 이름을 알렸다. 주된 작품 인물 중 "느끼한 부기(El Aceitoso Boogie)"와 "인오도로 페레이라(Inodoro Pereyra)"가 있다. 모든 작품은 여러 책에 수집되어 출판되었으며 콜롬비아, 멕시코, 기타 라틴아메리카 국가에서도 알려졌다. 국민들의 마음을 사로잡은 폰타나로사의 사망은 전 아르헨티나를 큰 충격에 빠뜨렸다. 단편소설 중 『Los Trenes matan a los autos』, 『Best Seller』, 등이 있으며, 연재 만화 작품으로는 『¿Quién es Fontanarrosa?』, 『Fontanarrosa y la política』 등이 있다.

Formas de comunicación del Imperio Inca* (잉카 제국의 소통의 수단) 잉카인들은 줄과 매듭을 이용해 숫자를 표시하는 키푸스(quipus)라는 놀라운 수단을 만들어 썼다. 매듭은 각각 1에서 10까지의 숫자를 의미했고, 줄의 색깔을 비롯한 몇 가지 특성들로는 수치로 표현해야 하는 대상을 나타냈다. 다만, 이 대상을 표현하는 방식은 고정된 형태는 아니고 수시로 바뀔 수 있었다. 키푸스를 제작하고 읽어내는 사람은 '키푸카마요크 (quipucamayoc)'라 했다. 카랄(Caral)에서 오천 년 전의 키푸스가 발견된 것으로 미루어 보아, 키푸스는 수천 년의 역사를 지닌 문화유산일 것으로 평가되고 있다. 표의문자도 사용했는데, 표의문자로는 토카푸스(tocapus)와 킬카스(quillcas)가 있었다. 토카푸스는 토카포스(tocapos)라고도 불리는데, 사각형의 연속으로 이루어져 있다. 각각의 사각형은 나름대로의 독특한 디자인을 가지고 있다. 통상 물 컵이나 직물 등에서 발견된다. 일각에서는 각각의 사각형이 나름의 음가를 지닌 문자라고 주장하지만, 또 다른 일각에서는 식민지 시대의 산물로서 단순히 서구 문화의 유입에 영향을 받아 탄생한 예술적 디자인일 뿐이라고 주장하고 있다. 킬카스는 케추아어로 채색된 그림을 의미한다. 스페인 사람들은 처음에 킬카스를 하나의 문자로 해석했지만, 사실은 음가를 지닌 상징적 문자라기보다는 돌 위에 새겨진 일종의 암각화인 것으로 확인되고 있다.

Forner, Raquel (포르너, 라켈)　(1902~1987) 아르헨티나 출신으로, 나이가 들면서 표현주의로 선회한 화가이다. 그녀는 1950년대에 들어서 피카소의 사상에 매료되었고 1960년대에 이르러 표현주의적 성향을 보여주기 시작했다. 특히 스페인 내전을 주제로 대형 화폭에 그린 그림은 매우 환상적이고 극적인 화풍을 보여 준다.

Fortaleza de Ixiamas (이시아마스 요새)　볼리비아에 위치한 고대 유적지다. 이 요새는 300m가 넘는 성벽을 방어 용도로 보유하고 있다. 잉카 이전의 사람들이 이 요새를 세웠지만 잉카 시대까지 사용되었다.

Fortaleza de Jachaphasa (하찹파사 요새)　볼리비아 알토피아노(Altopiano)에 위치한 유적지다. 100m가 넘는 길이의 성벽과 수십 개의 출파스(Chulpas)가 있다. 티아우아나코(Tiahianaco) 이전에 세워진 것으로 추정된다.

Fortaleza de Paramonga (파라몽가 요새)　해안 지대에 위치한 잉카 이전의 건축물 중 하나로 치무(Chimú) 제국 시대에 만들어졌다. 페루의 리마(Lima)에서 그리 멀지 않은 곳에 위치한 파라몽가 요새는 치무 제국이 최전성기일 때 건설된 것으로, 수도인 찬찬(Chan Chan)은 지금의 트루히요(Trujillo) 지방 부근에 위치하고 있었는데 해와 달의 피라미드 등 주요 유적을 간직하고 있다.

Fortaleza de Sacsahuamán (사크사우아만 요새)　쿠스코를 방어하고 포위당했을 때 주민들을 기거하게 할 목적으로 15세기 후반 쿠스코 북쪽 2km 지점에 건설된 요새이다. 잉카의 석조 건축을 대표하는 것으로, 요새에 사용되었던 돌 하나의 크기는 높이가 8m, 두께가 3.6m로서 무게는 무려 200톤 정도에 달한다. 옥상 지역에는 비상시를 감안해 건물들과 저장소들을 지었다.

Fotonovela (포토노벨라)　짧은 문구들이 곁들여진 사진들을 연속적으로 배치하여 메시지를 전달하는 스토리텔링의 한 장르이다.

Francella, Guillermo (기예르모 프란셀라)　1955년 2월에 부에노스아이레스 주에서 태어났으며, 현재 유명한 아르헨티나 코미디언이자 배우이다. 2009년 아카데미상을 받은 아르헨티나 영화 「*El secreto de sus ojos*」에 출연했으며, 그 외에도 아르헨티나에서 히트한 여러 작품들이 있다. 2011년 아르헨티나 베스트 텔레비전 배우상을 받았다. 대표작 중 마르틴 피에로상을 받은 텔레비전 시리즈 「*Casado con hijos*」(2005), 「*La niñera*」(2004)와 「*Vidas robadas*」(2008)가 있으며, 영화 작품은 멕시코 아리엘(Ariel)상 대상이었던 「*Rudo y Cursi*」(2008)가 있다.

Francisco A., Sicardi (시카르디 프란시스코 A.)　아르헨티나 출신의 작가(1856~1927)로 의사로의 실험실 경험과 강단에서 확립한 이론을 문학에 접목시키고자 했다. 낭만주의와 자연주의의 결합이 작품 『*Libro extraño*』에서 잘 드러난다.

Francisco Javier Eugenio de Santa Cruz y Espejo (산타크루스 이 에스페호 프란시스코 하비에르 에우헤니오 데)　(1747~1795) 에콰도르 출신의 작가이다. 대표작 『*El nuevo Luciano o despertador de ingenios*』(1797)는 교육과 고전문화에 대한 날카로운 분석을 담고 있으며, 독립 이전 식민 시대의 최고 작품 가운데 하나로 꼽힌다.

Franco, José (호세 프랑코)　(1931~) 파나마 시인. 애국심이 담긴 『*Panamá Defendida*』

(1954)라는 시 작품으로 이름을 알렸다. 작품의 특징은 콜롬비아 구어체를 사용한다는 것이다. 주요작품으로 『Tiempo de ayer』(1964), 『Dormir con los muertos』(1974) 등이 있다.

Franco, Rafael (라파엘 프랑코)   (1900~1973) 파라과이의 군인, 정치가. 1933년 대령으로 진급하고 2월 혁명당(Partido Revolucionario Febrerista)을 창당하였다. 1936년 2월 혁명을 일으켜 집권한 뒤 이듬해 자리에서 내려오게 되었다.

Freire de Matos, Isabel (이사벨 프레이레 데 마토스)   (1915~2004) 푸에르토리코의 작가. 유년 시절부터 시와 산문을 썼으며, 푸에르토리코에서 교사로 일하며 기자로 활동하기도 했다. 『La poesía en la escuela elemental』(1962), 『Poesía menuda』(1965), 『Juegos para dedos』(1980) 등의 작품이 있다.

Freire y Serrano, Ramón (라몬 프레이레 세라노)   (1788~1851) 칠레 독립운동 영웅. 1823년부터 1826년까지는 독재를 통해 최고 권력을 누렸으며 1827년에는 대통령직을 수행한다. 1829년 칠레 내전에 참전하나 패배하였으며 1842년에는 사형 선고를 받았으나 정치생활 금지와 함께 사면되었다.

Frente Nacionalista Patria y Libertad (FNPL) (애국자유민족전선)   1970년 국민연합(Unidad Popular)이 선거에서 승리한 것을 계기로 칠레의 아옌데(Allende) 대통령 좌파정부에 대항하기 위해 만들어진 정치 연합이다. 이 연합의 이데올로기는 네오나치, 극단적 민족주의로 여겨진다.

Fresa y Chocolate (딸기와 초콜릿)   토마스 구티에레스 알레아(Tomás Gutiérrez Alea, 1928~1996)와 후안 카를로스 타비오(Juan Carlos Tabío, 1942~) 두 감독이 공동으로 제작하여 1993년에 발표되었다. 세넬 파스(Senel Paz)의 단편소설 『El Lobo, el Bosque y el Hombre Nuevo』(1990)를 원작으로 한 작품으로 동성애자와 공산주의자의 갈등과 우정을 그린 것으로 1993년 라틴아메리카 국제영화제에서 대상을 차지했다.

Fresán, Rodrigo (로드리고 프레산)   (1963~) 아르헨티나 기자이자 작가이다. 잡지, 신문 등 여러 매체에서 기자로 활동하였으며, 장르도 문학비평에서 음악까지 다양한 기사를 실었다. 첫 작품인 『Historia Argentina』(1991)가 6개월간 베스트셀러였으며, 스페인과 프랑스에서도 발행되었다. 작품으로는 『Esperanto』(1995), 『La velocidad de las cosas』(1998), 『Jardines de Kengsington』 등이 있다.

Freyre de Jaimes, Carolina (카롤리나 프레이레 데 하이메스)   (1844~1916) 페루의 작가이며 완전한 낭만주의로 표현되는1860년대의 첫 번째 작가군에 속하는 인물이다. 페루 상류층에 속하는 몇 안 되는 여성 작가였으며 문학작품과 신문에서 자신의 생각을 계속적으로 전개했다. 1872년에는 남성적인 언론의 영역에서 강한 비판을 하여 남성의 전유물로 여겨지던 영역의 전통적인 독점에 위협을 가하기도 했다. 아르헨티나 여성 작가 후아나 마누엘라 고리티(Juana Manuela Gorriti), 프랑스-페루 작가 플로라 트리스탄(Flora Tristán)과 문학적으로 교류하며 출판, 편집 등의 활발한 활동을 했다.

Frida Kahlo* (프리다 칼로)   멕시코 여류 화가로 코요아칸(Coyoacán) 지구의 멕시코시티에서 1907년 7월 6일 출생, 같은 장소에서 1954년 7월 13일에 사망. 멕시코 전 시대를 걸쳐 가장 유명한 화가 중 한 명으로 여겨지며, 그림들은 그녀가 거절했을지라도 초현실주의자 운동에 자주 가담되었다. 벽화가인 디에고 리베라(Diego Rivera)와 결혼했고, 두 사람은 레온 트로츠키(León Trotsky)와 앙드레 브르통(André Bretón)처럼 예술과 정치 안에서 아주 중요한 주축을 만들었던 "파란 집(Casa Azul)"이라 부르는 예술인의 발생지를 공유했던 거대한 소문의 커플을 멕시코에서 만들었다. 남편과 같이 멕시코 공산당의 당원이었고 그 나라의 노동 투쟁에서 적극적으로 참여했던 공산주의적 이데올로기에 헌신적이었다. 작품은 인간을 깊이 있게 다룬 만큼 기발하고, 에로티시즘, 절망, 사랑과 고통을 표현하는 많은 상징을 이용하면서 여성성, 공산주의적 이상과 멕시코 땅으로의 정착을 표현했다. 아버지는 기예르모 칼로(Guillermo Kahlo)이며 미국에서 그의 행복을 찾기 위해 태어났던 땅을 떠났던 헝가리-유대인 사진사이다. 그는 마틸데 칼데론(Matilede Caldeón)이라는 스페인-인도 혼혈인인 그 지역 여자와 결혼했고, 그가 스페인 식민지 이전과 식민지 시대의 건축 기념물들을 스페인 전역을 걸쳐 카메라로 찍으라는 독재자 디아스(Díaz)의 명령을 잘 수행했던 덕분에 그녀와 아주 번창한 삶을 누렸다. 그는 카르멜회의 예전 소유지인 코요아칸(Coyoacán)에 800m²의 땅을 얻을 수 있는 작은 행운이 있었다. 1913년 프리다가 아주 어렸을 때, 그녀는 소아마비에 걸렸었다. 그녀는 9개월간 문이 잠긴 채로 양육되었고 그녀의 인생에서 처음으로 감금을 당했다. 그 후유증이 그녀의 몸을 망가뜨리게 했다. 오른쪽 다리는 아주 말랐고 오른쪽 발은 성장하지 않았다. 학교에서 프리다는 문학과 예술 동아리에 들었고 그 동아리는 호세 바스콘셀로스(José Vasconcelos)라는 사회적 이상을 가진 교육부 장관과 동일시하려고 했다. 그 그룹은 후에 멕시코 좌파 지도자들을 남겼고 그들 사이에서 그녀는 젊은 시절의 첫사랑이었던 알레한드로 고메즈 아리아스(Alejandro Gómez Arias)를 만났다. 1925년 9월 17일, 그녀와 알레한드로는 학교에서 코요아칸으로 돌아가기 위해 버스를 타고 있었는데, 그 버스는 많은 승객의 죽음을 불러 일으켰던 거대한 사고가 났었던 버스였다. 알레한드로는 아주 조금 걱정할 만큼의 부상을 입었지만, 그녀는 심각한 부상을 입었다. 특히, 허리에 쇠막대기가 관통했고, 쇄골 등 여러 갈비뼈가 부러지고 오른쪽 발에 심각한 부상을 입었다. 그 사고는 그녀가 몇 달 동안이나 병원에서 시간을 보내게 만들었고 석 달의 침대에서 움직이지 못한 상태로 있어야 했으며, 그녀의 일생의 후유증으로 남아 있게 되었다. 사실, 사고가 난 일 년 후, 다양한 석고 코르셋(깁스 코르셋) 사용을 강요받은 이유로, 허리 척추골의 골절이 있었던 것이 발견되어 허리 X-ray 사진을 찍었다. 1927년 말쯤 그녀는 다시 정상적인 삶으로 돌아올 수 있었고 그녀의 예전 친구들이 계속 떠올랐다(대부분 이미 대학생이었다). 그때 좌파 지식인 그룹은 멕시코 토착 문화와 민중예술의 재평가와 사회 평등을 추구하기 위해 문화적 혁명에 지지했었다. 그녀는 1928년 이 운동에 동참했고 이때 모든 사람에게 성공적인 예술가로 알려진 정치적 성향의 화가인 디에고 리베라(Diego Rivera)를 알게 되었다. 그녀는 교육 사무국에 자신의 의견을 넣어 벽화를 그렸던 리베라를 방문하러 갔다. 그는 그녀가 자신의 집에 작품을 보러 오라고 요청해서 아주 반가웠다. 그래서 그들 사이의 아주 깊은 우정 끝에 둘 사이의 관계가 시작되었고 결국 1929년 8월 21일 결혼식을 올렸다. 그들의 결혼식은 멕시코 사회의 큰 스캔들이었는데, 나이 차이뿐만 아니라 페미니스트로서의 화가의 명성과 공산당원의 이데아를 가진 것 때문이었다. 얼마 후 리베라가 샌프란시스코, 뉴욕 그리고 디트로이트에서 다양한 벽화를 그리는 책무를 맡으면서 미국으로 떠났다. 거기서 1930년에 그녀는 유산으로 깊은 상심을 했고 그녀에게 마지막 도시에서의 체류 기간은 아주 힘든 시간이었다. 이후 리베라의 바람기가 그녀의 여동생 크리스티나(Cristina)와의 관계를 맺으면서 나타났다. 그녀는 리베라를 포기했고 그와 이혼을 생각하면서 시내에 있는 아파트에 정착했다. 비록 이혼하고 헤어졌지만, 계속 연락하고 지냈고 그녀가 병이 재발되어 샌프란시스코의 세인트루크(Saint Luke) 병원에 입원했을 때 리베라는 그녀의 건강을 돌보았다. 그래서 몇 년 동안 깨졌던 결혼 생활을 1940년 12월 8일에 다시 합쳤고 그녀가 결코 포기하지 않았던 "파란 집"에 다시 정착했다. 그곳은 구 유럽에서 온 몇몇 외국인들 및 멕시코 예술가들과 다양한 지식인들이 만나는 곳이었다. "파란 집"은 그녀의 남편인 리베라가 죽은 1957년 이후, 프리다 칼로 박물관으로 바뀌었다. 그녀의 그림은 그녀의 계속되는 육체적인 문제로 고통 받아 오랜 시간 감금당하면서 예술가가 느꼈던 고통과 외로움을 나타낸다. 그녀의 그림들에는 비록 끊임없이 그 고통에서 멀어지려는 이상과 정체성을 그녀의 작품에서 찾을 수 있지만 계속 그녀를 쫓아다녔던 상처에 대한 자신의 비참하고 끔찍한 몸을 반영한 것이 나타난다. 이것이 그녀가 청소년기부터 죽기 아주 직전까지 그려진 그녀의 작품 대부분이 자화상인 이유다. 특히, 어머니로서의 충족되지 못한 부분이 나타나는 작품들이 주목할 만하다. 2005년 6월에 런던 테이트 모던 미술관에서 유화 67점과 87개의 작품의 가장 큰 회고전이 개최되었다.

Frida y el alboroto (프리다와 낙태)　　(1932) 멕시코의 화가 프리다 칼로의 석판화이다. 그림 속에서 프리다는 자궁 속의 태아의 모습을 드러낸 채 아무것도 걸치지 않은 상태로 눈물을 흘리고 있으며 달 속에 숨겨진 얼굴에서도 눈물이 흐르고 있다. 그림 왼쪽에는 세포분열 초기 단계를 보여주고 있으며 낙태로 인해 흐르는 피가 대지에 스며들어 있다. 오른쪽에 보이는 남녀의 성기를 닮은 식물들과 프리다의 등에서 나온 팔이 팔레트를 들고 있는 것으로 보아 출산에 대한 욕망과 좌절을 그림으로 승화시키려는 의지를 보여준다고 해석된다. ➡ Frida Kahlo(프리다 칼로)

Fritada (프리타다)　　에콰도르의 대표 음식으로 삶은 돼지고기를 다시 한번 볶아 야핑가초(llapingacho), 삶은 감자, 고구마, 옥수수 또는 구운 플라타노(platano)와 함께 내어 먹는다. 19세기 식민 시대부터 먹었던 음식이다.

Frugoni, Emilio (에밀리오 프루고니)　　(1880~1969) 우루과이 출신으로 작가, 저널리스트 그리고 정치인으로 생활했다. 젊은 나이에 문학을 통해 사회 운동을 시작해 이후 우루과이에서 가장 뛰어난 시인 중 한 명으로 자리 잡고 사회주의를 지지했다. 대표작으로 『De lo más hondo』, 『El eterno cantar』, 『Bichitos de luz』 외 다수가 있다. ➡ La literatura uruguaya del siglo 20(20세기 우루과이 문학)

Fruto vedado (금지된 과일)　　아르헨티나의 작가 파울 그로우삭(Paul Groussac, 1848~1929)의 소설. 자전적인 사랑 이야기를 다룬 소설로 심리적 묘사와 이중 국적 문제를 설정하여 자신의 문제를 문학에 끌어들였다.

Fuente Benavides, Rafael de la (라파엘 데 라 푸엔테 베나비데스)　　(1908~1985) 마르틴 아단(Martín Adán)이라는 별명으로 더욱 알려진 페루 작가다. 첫 작품 『La casa de cartón』은 여러 면에서 부족해 산문으로 구분된다. 주로 작품에 은유법을 사용하며 그중에도 특히 장미를 사용한다. 형식에 있어서는 소네트 같은 전통적인 형식을 취한다.

Fuerte de Samaipata (사마이파타 요새)　　볼리비아의 산타 크루스(Santa Cruz) 지방 플로리다(Florida)에 위치한 유적. 요새(fuerte)라는 이름과는 달리 암벽화와 조각들이 남아 있는 구역과 주거 지역이 나뉘어 있는 형태로 남아 있다. 잉카 정복 이전 원주민 문명, 식민 이전 잉카 문명과 스페인의 흔적이 보존되어 있는 유적으로 유네스코 세계문화유산에 등재되어 있다.

Fuguet, Alberto (알베르토 푸겟)　　1964년에 태어난 칠레의 유명한 작가, 저널리스트, 영화

비평가 및 영화감독이다. 비록 산티아고(Santiago)에서 태어났지만 13년을 캘리포니아 엔시노(Encino)에서 지냈다. 1999년 <CNN>과 <Time>지에 의해 라틴아메리카 리더 50인에 선정되었고 2002년 <Newsweek>지의 앞면을 장식했다. 1996년 가브리엘 가르시아 마르케스에 의해 허구적 타운을 만들어 낸 『McDonalds with Macondo』를 제목으로 하여 세르히오 고메스(Sergio Gómez)와 같이 동시 편집한다. 대표적으로는 소설 『Mala onda』, 『Por favor rebobinar』, 『Tinta roja』, 『Las películas de mi vida』가 있으며 단편으로는 『Sobredosis』와 『Cortos』 그리고 만화 소설인 『Road Story』, 필모그래피 작품으로는 최근 『Música Campesina』(2011)가 있다. ⇒ La literatura chilena del siglo 20(20세기 칠레 문학)

Fundación Eva Perón (에바 페론 기금)   1948년 7월 8일 후안 페론(Juan Domingo Perón) 대통령의 부인 에바 페론(Eva Perón)에 의해 설립된 기금이다. 당시 대통령의 월급에 해당하는 1만 페소를 페론에게서 얻어 설립하였고 에바가 죽은 후에도 페론이 집권하는 동안 지속되어 1955년에는 그 기금의 액수가 10억 페소가 넘었다고 한다. 이 기금은 학교, 병원, 양로원 등을 건립하고 각종 자선사업을 하는데 쓰여 민중들의 지지를 받았지만 이로 인하여 상류층 및 군부와의 관계는 악화되었다.

Fusco, Nicolás (니콜라스 푸스코)   (1904~1969) 우루과이의 작가이다. 열정과 신선함이 돋보이는 작품들을 썼다. 대표작으로는 1925년 작 『La trompeta de las voces alegres』가 있으며 그의 작품들 중 가장 독창적이고 기억할 만한 것으로 여겨진다.

Futoransky, Luisa (루이사 푸토란스키)   (1939~) 아르헨티나 기자, 시인, 작가이다. 아르헨티나 부에노스아이레스 대학교(Universidad de Buenos Aires)에서 영미시를 전공했으며, 미국과 이탈리아에서도 근대시를 전공했다. 아르헨티나 '국가예술개발 기금(Fondo Nacional de las Artes)'과 스페인과 프랑스 문학상도 여러 번 수상했다. 작품으로는 『Trago Fuerte』(1963), 『El corazón de los lugares』(1964), 『Son cuentos chinos』(1983) 등이 있다.

Futurismo* (미래주의)   1909년 2월 20일 <Le Figaro>지에 '미래주의 선언'을 발표한 이탈리아 작가 필리포 토마소 마리네티(Filippo Tommaso Marinetti)에 의해 시작된 아방가르드 예술 사조이다. 필리포 토마소 마리네티를 구심점으로 해서 이탈리아 밀라노에서 시작된 미래주의는 전통과의 단절, 과거와의 단절, 그리고 틀에 박힌 예술사적 흐름에서 탈피하기를 원했다. 미래주의 예술가들은 도전적인 기운, 열기 가득한 불면, 역동적인 발걸음, 위험천만한 도약, 불순한 충동 같은 것을 지향했기 때문에 용기와 대담함, 혁명을 시에 있어서 가장 핵심적인 요소로 간주했다. 또한 미래주의 예술가들에게는 관능적인 것, 국가적인 것, 호전적인 것에 대한 찬양, 기계에 대한 경외감, 움직이는 현실의 초상, 문학적인 것의 객체화, 글로 써진 것들의 독특한 배치 등이 전제 조건이었다. 미래주의 예술가들은 전통적 심미주의를 거부하고, 기계와 움직임이라는 두 가지 주요 주제를 근간으로 하여 현대의 삶을 찬양하려 했다. 따라서 다시 한번 세계의 평화를 이루어낼 수만 있다면 그 어떤 표현의 도구라도 환영했다. 예를 들면 그들은 조형예술, 건축, 도시계획, 광고, 패션, 영화, 음악, 시를 구분하지 않고 전천후로 활약했다. 이탈리아의 필리포 토마소 마리네티가 1909년에 미래주의 선언을 대내외에 천명한 이듬해, 이탈리아 화가인 지아코모 발라(Giacomo Balla), 움베르토 보치오니(Umberto Boccioni), 카를로 카라(Carlo Carrà), 루이지 루솔로(Luigi Russolo), 지노 세베리니(Gino Severini) 등이 미래주의 화가들의 성명서를 채택했다. 미래주의는 직접적으로 큐비즘에서 비롯되었기 때문에 초기의 작품들은 큐비즘적 색채가 강했다. 그러나 미래주의는 속도에 집착했고, 실제로 자체의 진화 속도도 무척 빨라 나중에는 전혀 다른 미학을 추구하게 되었다. 한마디로 이탈리아의 가장 기본적이고 핵심적인 사고가 된 것이다. 동시에 미래주의는 늘 사건을 찾아다녔고, 속도와 기술을 숭상하였으며, 과거와의 단절의 추구했다. 그들에게 과거의 것이라면 그 어떤 것도 보존할 가치가 없었다. 그들은 일종의 무덤에 다름 아닌 박물관을 경멸했고, 독창성을 모든 가치 중에서도 최고의 궁극적 가치로 여겼다. 미래주의 작품들은 기하학적 색채와 형상, 움직임과 속도의 재현이라는 특징을 지니고 있다. 주로 순수 색을 사용했으며, 라요니즘을 통해 급기야 추상화화 되기에 이르렀다.

G

Gabo (가보) 콜롬비아 출신 작가 가브리엘 가르시아 마르케스의 애칭. 지인들과 그의 독자들이 이와 같이 불렀다고 한다. 가보는 그의 이름 가브리엘(Gabriel)의 스페인어식 줄임 표현이다. ➡ Gabriel García Márquez(가브리엘 가르시아 마르케스)

Gabriel García Márquez* (가브리엘 가르시아 마르케스) 가보(Gabo)라는 별명과 셉티무스(Septimus)라는 필명으로도 알려진 1927년 콜롬비아 출신 작가이자 기자. 작품에 등장하는 사실주의와 마술적 사실주의는 아르헨티나의 작가 보르헤스와 함께 중남미 문학의 새로운 장을 열었다고 해도 과언이 아닐 정도로 문학적 의의가 있다. 유년 시절을 전쟁영웅이었던 할아버지와 후에 그가 '상상력이 뛰어나고 미신적이었다'고 묘사한 할머니 밑에서 보낸 그는 수많은 친척들의 왕래 속에서 성장했다. 1936년 할아버지의 죽음 후 고향을 떠나 예수회 재단 학교를 다녔는데 이곳에서 처음 교지에 시를 싣는 등 문학에 눈을 뜨게 됐다. 졸업 후에 1947년 아버지의 권유로 산타페 데 보고타(Santa Fe de Bogota)국립대학교에 입학해 법률을 공부했으나 적성에 맞지 않아 중도에 그만두고 <El Espectador>사에 입사해 신문기자가 된다. 후에 르포 "Relato de un náufrago" 등으로 기자로서의 능력을 인정받아 파리 특파원으로 파견되었다. 그러나 갑작스런 신문사의 폐업으로 귀국하여 가난한 작가생활을 시작한 그는 1948년 자유당 대표 조지 엘리세 가이탄(Jorge Eliecer Gaitán)의 암살과 보고타소(Bogotazo) 사태를 겪으며 그동안 썼던 글과 책들이 모두 화재로 소실되는 불운마저 겪게 됐다. 국립대학들이 문을 닫기 시작하자 카르타고대학으로 편입했으나 학교생활에 흥미를 느끼지 못해 중퇴했다. 비록 성실한 학생으로 학위를 받진 않았으나 카르타고에서 Grupo de Barranquilla를 이루는 작가들에게 매료되어 <El Universal>, <El Heraldo>, <El Nacional>, <Cromos>, <Venezuela Grafica> 등 국제 출판에도 관심을 가졌고 당시 평론가들에게 호평을 받았던 『La hojarasca』(1955)를 쓰는 등 본격적인 문학 집필활동을 시작하게 됐다. 1958년 마르케스는 측근이었던 피델 카스트로로부터 쿠바의 캠페인 Operación Verdad에 참여할 것을 권유 받아 카스트로의 정치활동을 돕기도 했다. 당시 인정받은 기자였던 그의 도움으로 쿠바의 카스트로 정권은 초반부터 안정적으로 자리매김할 수 있었다. 같은 해 그는 미모가 매우 뛰어난 여인으로 알려진 메르세데스 바르차(Mercedes Barcha)를 만나 결혼했고 두 아들을 얻었다. 학창시절 무도회에서 그녀를 처음 만나 공부를 마치면 아내로 삼겠다고 마음먹었던 13세 때의 계획을 실천으로 옮긴 이 에피소드는 유명하다. 1967년 그는 작가로서의 명예를 안겨줬을 뿐 아니라 현재 37개 언어로 번역되고 2천만 부가 넘게 팔린 그의 대표작 『Cien anos de soledad』를 발표했다. 이 작품을 통해 마술적 사실주의 기법이 거의 최초로 소설에 도입되었으며 후대의 작가들에게 지대한 영향을 끼쳤다. 소설에 등장하는 수많은 인물과 몇 대에 걸친 세대 이야기는 어린 시절 그가 경험한 대가족 생활의 영향을 받은 것으로 보인다. 뿐만 아니라 후에 발표한 두 남녀의 사랑을 다룬 『El amor en los tiempos de cólera』(1985)는 부모님의 연애 이야기에서 모티프를 얻어왔다고 알려진 것으로 보아 가족이라는 존재가 그의 작품세계에 끼친 영향이 결코 작지 않다는 것을 알 수 있다. 또한 그는 주로 고독, 마콘도(Macondo), 폭력과 문화 등의 주제를 다뤘는데 이는 대부분 그가 결혼 전 가난한 기자생활을 할 때 겪었던 외로움과 젊은 시절 국가의 불안한 정세 등 그의 경험에서 발전한 모티프들이다. 마르케스는 그에게 영향을 준 문학가로 윌리엄 포크너, 소포클레스, 프란시스 카프카, 버지니아 울프, 조셉 콘라드 및 생텍쥐페리 등을 꼽았는데 그중 특히 카프카는 법률을 공부하던 대학 시절 문학가의 길을 택하는 데 결정적 영향을 끼친 인물로 알려져 있다. 그 외에도 그의 작품에서 당시 시대의 사상과 피델 카스트로와의 우정, 정치적 활동 등의 영향을 찾아볼 수 있다. 1982년 그는 뛰어난 상상력으로 환상적인 요소들과 일상생활 그리고 아메리카라는 대륙의 현실을 잘 빚은 작품들로 인정을 받아 노벨 문학상의 영예를 안게 됐다. 그 외에도 ESSO 소설상, 뉴욕 콜롬비아주립대의 명예 박사학위, Romulo Gallegos상, 파리 명예훈장 등의 상으로 작가 및 기자로 명성을 떨쳤다. 1999년 림프종 진단을 받은 뒤 치료를 위해 대외활동을 최소화 하고 집필활동을 그만 두는 위기가 찾아왔지만 인터뷰를 통해 그간 밀렸던 독서와 돌보지 못했던 삶의 영역을 살피고 있다고 전하는 등 특유의 긍정적 성격으로 세계 각국의 독자들에게 위안을 주었다. 한편 병마와 싸우는 중에도 『Vivir para contarla』(2002)를 발표해 작가로서 아직 건재함을 알리기도 했다. 가브리엘 가르시아 마르케즈는 남미 붐 소설의 선구자로 평가되며 문학계에서 쌓은 기반이 깊지 못하다는 비평을 받기도 하지만 영화, 문학, 언론, 정치 전반에 걸친 활동을 통해 넓은 영향력을 끼친 인물이다. 대표작으로 『La mala hora』(1962), 『El coronel no tiene quien le escriba』(1961), 『Los funerals de la Mama Grande』(1962), 『Cronica de una muerte anunciada』(1981), 『Doce cuentos peregrinos』(1992) 등이 있다.

Gabriel Julio Fernández Capello (가브리엘 훌리오 페르난데즈 카페요)　　(1964~) 비센티코(Vicentico)로 알려진 아르헨티나 록 뮤지션이다. 2001년까지 밴드 "로스 파불로소스 카딜라크스(Los Fabulosos Cadillacs)"에서 보컬로 활동했고 현재는 솔로 가수로 활동 중이다. 여배우 발레리아 베르투첼리(Valeria Bertuccelli)의 남편이다.

Gabriela Mistral* (가브리엘라 미스트랄)　　(1889~1957) 칠레 여성작가로 비쿠냐에서 태어나 뉴욕에서 생을 마감하였다. 본명은 루시아 고도이 알카야가(Lucila Godoy Alcayaga)이지만 필명 가브리엘라 미스트랄로 국제적인 명성을 얻게 되었고, 1945년 라틴아메리카 작가로는 처음으로 노벨 문학상을 수상하였다. 1906년 철도 노동자였던 로멜리오 우레타 카르바할을 만나 사랑에 빠졌지만 1909년 카르바할이 자살을 택하며 세상을 떠나게 되었다. 이로 인해 작가의 삶과 작품활동은 첫사랑을 잃은 고통의 감정들로 가득 채워진다. 1910년 초등교사 자격을 얻게 된 가브리엘라 미스트랄은 교직과 작품활동을 병행하며 첫 작품 『Desolación』을 쓰기 시작한다. 1914년 『Sonetos de la Muerte』가 칠레 백일장에서 수상작으로 선정되면서 전국으로 그녀의 이름이 알려진다. 이후 가브리엘라 미스트랄의 초기 대표작 『Desolación』이 1922년에 출간되는데 자연주의를 부인하며 불멸성, 신화적인 것이나 선험적인 것과 같은 정신적인 가치를 작품을 통해 나타낸다. 사고를 강하게 지배하는 감정과 종교적 감상이 공존하는 이 작품에서는 사랑하는 사람을 잃은 개인의 비극적인 사랑 이야기를 다룬다. 가브리엘라 미스트랄은 대중문화에 특별한 관심을 기울였다. 1924년에 발표한 시집 『Ternura』은 라틴아메리카의 자장가, 스페인 민요와 이탈리아 시가집을 토대로 만들어진 작품이다. 시인은 『Ternura』에서 모성애라는 주제를 통해 육체와 영혼의 합일을 실현시킨다. 성인이 되면서 잃게 되는 유년기는 언어를 통해 일부 복원된다. 1938년에 발표된 『Tala』에서는 원주민과 메스티소의 문화적 전통성에 대한 회복을 유음어로 표현하였다. 그녀의 마지막 작품인 『Lagar』(1954)에서는 가톨릭 세계관의 근본적 원리에 대립하는 모습을 힘의 이중성을 통해 표현한다. 작가는 사회적 현실을 비판적으로 표현하는 시를 쓰면서 라틴아메리카 국민들의 정체성, 수탈과 투쟁의 역사를 라틴아메리카 국민들과 함께 공유하였다. 그녀의 시는 강인하면서도 부드러운 특징을 가지고 있다. 작가가 어린이들을 위해서 쓴 시나 노래는 보편성을 띠고 있지 않다. 그녀의 동시에는 사회적 문제, 중요한 질문, 쓰디쓴 고통과 달콤한 행복이 섞여 있다. 그녀는 문학적 업적 외에도 교육과 외교적인 활동을 적극적으로 수행하였다. 1922년 당시 멕시코 교육부 장관이었던 호세 바스콘셀로스의 요청으로 멕시코의 교육개혁정책 수립에 참여하였다. 작가는 이후 대학에서 강의를 하고 라틴아메리카의 여러 국가들을 다니며 강연을 하면서 후학들과 젊은이들에게 가르침과 꿈을 주었다. 또한 과테말라, 프랑스, 미국 등 세계 곳곳을 다니며 외교관의 임무를 수행하였고, 1953년 뉴욕 주재 영사와 유엔총회 칠레 대표로도 임명되는 등 수많은 업적들을 쌓았다. 그녀가 교육, 문화, 외교 등 다양한 활동을 통해 획득한 경험적 요소들은 라틴아메리카 민족에 대한 사랑으로 작품에 고스란히 녹아 표현된다. 가브리엘라 미스트랄은 1957년 1월 10일 세상을 떠난다. 유해는 1월 19일 칠레로 호송되어 '중앙공동묘지(Cementerio General)'에 안치되었는데 작가의 유언에 따라 몬테그란데로 다시 옮겨진다. 소박한 시골 여선생님의 시는 라틴아메리카를 넘어 세계적인 위상을 떨쳤다. 가브리엘라 미스트랄처럼 큰 명성을 누린 여성은 결코 흔치 않다. 그녀는 뛰어난 지성인, 국민을 걱정하는 교육자, 훌륭한 시인으로 엄청난 영향력을 행사하며 칠레 문학사에 길이 남는 작가가 되었다.

Gagini, Carlos (카를로스 가히니)　코스타리카(Costa Rica)의 작가(1865~1925)로 스위스계다. 교육자로 명성을 떨쳤으며 코스타리카의 원주민 언어를 공부하고 에스페란토어를 홍보하는 등 어문계에도 관심을 보였다. 정치적으로는 친독일적 성향과 반미 입장을 취했다. 올림포 세대의 일원이었으며 대표작으로 『La caída del águila』, 『El árbol enfermo』, 『Cuentos grises』가 있다.

Gahona, Gabriel Vicente (가브리엘 비센테 가오나)　(1828~1899) 멕시코 정부의 장학금을 받아 이탈리아의 아카데미에서 캐리커처・회화・목판화를 배운 화가이다. 그의 나이 19세이던 1847년에 고향 메리다에 잠시 들렀다가 해학적이고 기괴스러움을 표방하는 신문인 <Don Bullebulle>를 공동 창간했다. 이 신문에서 가오나는 피체타(Picheta)라는 가명을 사용했다.

Galiffi, Juan (후안 갈리피)　(1892~1943) 1920~1930년대 아르헨티나의 로사리오(Rosario) 지역을 주름잡던 마피아. 이탈리아 출신으로 아르헨티나로 이주하여 치초 그란데(Chicho Grande) 또는 로사리오의 알 카포네(Al Capone de Rosario)라는 별명을 얻으며 납치, 성매매를 일삼았다.

Gallegos Lara, Joaquín (호아킨 가예고스 라라)　(1909~1947) 과야킬에 가난한 가정에

서 태어나 에콰도르 소설가, 수필가로 활동했다. 건강상의 문제로 육체적인 활동에 많은 제한을 받아 어린 시절 학교를 다니지 못했지만 책 보는 것으로 공부를 대체하고 여러 선생님들의 도움으로 프랑스어, 독어, 노어, 이탈리아어를 터득했으며 나중에는 맑시즘 공부에 빠져 그의 작품에 정치적이 색이 들어나기도 한다. 그는 에콰도르 공산당을 강력히 지지하는 자로서 죽을 때까지 이를 삶으로 보였다. 많은 작품들은 출판하지 않았지만 과야킬 그룹에서 『Los que se van』 단편소설집에 그의 몇 안 되는 작품들이 함께 출가되면서 유명세를 타게 되었다. 1947년 사망하기 전 대표작으로 남은 『La última erranza』(1947)가 출간된다.

Gallina(fútbol) (암탉)　　아르헨티나에서 "gallina"라는 별명은 "겁쟁이"로 사용된다. 그러나 아르헤니타 River Plate 축구팀을 응원하는 사람들도 가이나(gallina)라고 불린다. 하지만 "Millonarios(미쇼나리오스)"라고도 불리기도 하며, 이 의미는 "백만장자"이다.

Gallo pinto (가요 핀토)　　라틴아메리카에서 아침식사로 먹는 음식이며, 한국의 양념된 보리밥의 개념이다. 쌀과 빨간 콩을 마늘, 양파, 커민 등과 볶아서 먹는다. 보통 튀긴 바나나 혹은 라틴아메리카식의 푸딩(natilla)과 함께 먹는다.

Gálvez Barrenechea, José (호세 갈베스 베레네체아)　　(1885~1957) 페루에서 태어나 시인, 저술가, 저널리스트, 정치인으로 활동했다. 어린 시절부터 인문학에 많은 관심을 보였고 이후 「Posibilidad de una genuina literatura nacional」이라는 학위논문을 발표하며 1915년 산 마르코스 대학(Universidad de San Marcos) 어문학부 교수로 자리 잡게 된다. 첫 시집 『Bajo la luna』는 유럽 말기 모더니즘 형식을 취했고 두 번째 시집 『Jardín cerrado. Poemas y canciones』는 역사와 문학 수필에 중점을 두면서 시적인 장르도 함께 적용한 작품이다.

Gamarra, Abelardo (아벨라르도 가마라)　　(1857~1914) 페루 출신으로 시대 경향성이 굉장히 농후한 풍속주의 작품들을 다루었다. 대표작으로는 『El Tunante』가 있으며 이 작품을 통해 현실과 맞서면서, 비극적이고 적나라한 삶의 모습들을 작품에 그대로 담았다.

Gamarra, José (호세 가마라)　　(1934~) 우루과이의 대표적인 사실주의 화가로 1963년에 파리에 정착한 뒤 관념적 사실주의에 기반을 둔 풍경화를 그려 명성을 얻었다. 풍경화는 주로 정복 이전의 아메리카 대륙을 다루고 있으며 다른 한편으로는 중남미 대부분 국가들의 정치 상황을 비판하고 있다.

Gamboa, Federico (페데리코 감보아)　　(1864~1939) 멕시코 출신으로 회고록, 시, 드라마, 소설 등 방대한 문학작품을 남겼으나 그중 소설이 가장 뛰어나며 그로 인해 이 시대의 멕시코 최고의 작가로 꼽힌다. 『Suprema ley』(1896), 『Apariencias』(1892), 『Metamorfosis』(1899), 『Santa』(1903) 등의 작품이 있는데 모두 똑같은 치수에 의해 재단된 자연주의 작품들이다.

Gamonalismo (가모날리스모)　　각 지역의 인디언 추장들이 큰 힘을 가지고 정권을 장악하는 것, 즉 추장 정치 또는 족장 정치를 의미한다. 과거 라틴아메리카의 정치 체계 중 하나로, 주로 페루, 에콰도르, 볼리비아에서 행해졌다.

Gana, Federico (페데리코 가나)　　(1867~1926) 칠레의 작가. 모데르니스모(Modernismo)가 가미된 자연주의적 경향의 작품을 썼으며 주제적으로 크리올주의 작가군에 포함될 수 있다. 광산 노동자들의 고된 현실과 비극을 관찰하여 작품에 충실하게 옮겼다. 작품으로는 『Días de Campo』(1916) 등이 있다.

Gangotena Fernández-Salvador, Alfredo (알프레도 강고테나 페르난데스-살바도르)
(1904~1944) 에콰도르의 시인이다. 20세기 에콰도르의 가장 위대한 시인 중 하나로 여겨진다. 그의 작품 세계는 예민하고 섬세한 초기 시기와 좀 더 풍부하고 성숙해진 후반기로 나뉜다. 종교적 추구를 통해 이르는 심오한 감정이 작품의 특징이다. 대표작으로는 『*Orogenie*』(1928), 『*La tempestad secreta*』(1940) 등이 있다.

Garagay (가라가이) 페루 차빈 문화(Cultura Chavín)에 속한 유적지다. 리막 강(río Rímac) 인근에 위치하고 있으며 약 3,500년 된 것으로 추정된다. 3개의 중요한 언덕으로 구성되어 있다.

García Bernal, Gael (가엘 가르시아 베르날) (1978~) 멕시코의 배우, 영화감독. 멕시코 과달라하라(Guadalajara) 출생으로 『*Y tú mamá también*』(2001), 『*La mala Educación*』(2004), 『*No*』(2012) 등 스페인어권 유명 영화에 다수 주연을 맡았다.

García Calderón Landa, Francisco (프란시스코 가르시아 칼데론 란다) 프란시스코 가르시아 칼데론(1834~1905)으로 알려진 페루의 법률가, 군인, 정치가, 외교관. 『*Diccionario de la Lesgislación Peruana*』를 출판했으며, 1874년에 변호사회 선임자(decano) 직위를 수행했다. 1976년에 출생지인 아레키파(Arequipa)의 상원 의원직을 2년 동안 역임했다. 1880년에 칠레군이 페루에 입성한 후 1881년 임의 대통령직을 역임했다. 칠레와 종전에 합의했지만, 새로운 대통령이 취임하면서 약속이 무산됐다. 그 이유로 칠레로 추방당했다. 후에 부에노스아이레스와 유럽에서 지내다 1886년에 리마로 돌아왔으며, 7년 동안 상원 의원직을 역임했다. 그 후 상원 의원장을 역임하였고 푸노(Puno)의 상원 의원직을 역임했다.

García Calderón, Ventura (벤투라 가르시아 칼데론) (1886~1959) 페루의 작가로 파리에서 출생하였고 페루에서 법학, 행정학, 정치를 공부했다. 후에 프랑스로 돌아가 페루 영사관의 서기관으로 활동했으며 영국에서도 활동했다. 다시 페루 리마로 돌아와 당시 정권에 항의하는 학생 운동을 펼치던 리바 아게로(Riva-Agüero)의 수감에 항의하는 활동을 펼치기도 했다. 이후에도 중남미 여러 나라와 세계 각지에서 외교직을 수행했다. 1933년 노벨상 후보로 선정될 정도로 뛰어난 문인이며 페루 문학계에서 차지하는 위치가 매우 높다. 프랑스와 페루 두 곳의 문학세계를 받아들여 작품을 창작했으며 언급할 만한 대표작으로는 『*Nosotros*』(1946)가 있다. ➡ La narrativa peruana del siglo 20(20세기 페루 소설)

García Canclini, Néstor (네스토르 가르시아 칸클리니) 아르헨티나 출신 학자이자 교수로 1939년 출생했다. 나폴리(Nápoles), 오스틴(Austin), 스탠포드(Stanford), 바르셀로나, 부에노스아이레스(Buenos Aires), 상파울로(São Paulo) 등의 대학 강단에서 문화학을 가르쳤으며 "혼종성"의 개념을 제시하는 등 라틴아메리카 문화 연구에 힘썼다.

García Goyena, Rafael (라파엘 가르시아 고예나) (1766~1821) 에콰도르 출신으로 아메리카 대륙에서 가장 뛰어난 우화 작가로 꼽힌다. 1846년 발간된 『*América Poética*』에 라틴아메리카 신고전주의 시의 가장 훌륭한 예로 그의 작품이 실려 있으며 자신의 작품 속에 계몽주의의 혜택을 역설하면서 당대의 이론적 사상을 훌륭히 용해시켰다.

García Marruz, Fina (피나 가르시아 마루스) (1923~) 쿠바의 시인, 수필가, 비평가이다. 뛰어난 창작 능력과 섬세함, 분석력이 보이는 작품을 썼다. 20세기 중반 쿠바 지성계에서 가장 두드러진 인물들 중 하나로 여겨진다. 시 그룹 'Orígenes'의 멤버였다. 그녀의 시 세계는 크게 세 가지로 특징지어지는데, 종교적 고뇌, 시의 원천으로서의 기억의 탐험, 국가 정체성 탐색이 바로 그것이다. 대표 시집으로는 『*Transfiguraciones de Jesús en el Monte*』(1947), 『*Visitaciones*』(1970) 등이 있다. ⇒ La literatura cubana del siglo 20(20세기 쿠바 문학)

García Monge, Joaquín (호아킨 가르시아 몬헤) (1881~1958) 코스타리카의 작가이자 교육자. 칠레에서 학문을 했으며 여류작가 카르멘 리라(Carmen Lyra)와의 우정으로 유명하다. 1918년 군사 쿠데타 이후 교육직에서 강제로 물러나 <Repertorio Americano> 라는 잡지를 발행하기 시작한다. 그 외에도 국립 도서관장을 지내는 등 교육계에 기여했다. 올림포 세대의 일원이며 대표작으로는 『*El moto*』, 『*Las hijas del campo*』, 『*Abnegación*』, 『*La mala sombra y otros sucesos*』, 『*Tres novelas*』, 『*Una Extraña visita*』가 있다.

García Moreno, Gabriel (가브리엘 가르시아 모레노) (1821~1875) 에콰도르의 구아야 킬에서 태어나 작가, 변호사, 정치가로 활동하였고 에콰도르 대통령으로 두 차례 집권하였다. 1860년 국가가 분열된 시기에 후안 호세 플로레스(Juan José Flores)의 도움으로 다시 통합하는데 기여했다. 독재와 함께 교권을 확장하며 교회에 많은 권한을 부여하였다. 1875년 카론델렛에서 살해당했다.

García Nuñez, Julián (훌리안 가르시아 누녜스) 아르헨티나 현대 건축을 개척한 선구자로 바르셀로나에서 가우디, 도메네크(Domenech) 등과 더불어 수학했다. 1903년에 귀국한 뒤 아르누보와 제체션(Sezession) 양식으로 건물을 지었다.

García Terrés, Jaime (하이메 가르시아 테레스) (1924~1996) 멕시코의 작가. 여러 문학잡지의 편집장으로 일했다. 서정적 시 작품을 남겼는데 『*Los reinos combatientes*』(1962), 『*Todo lo más por decir*』(1971), 『*Corre la voz*』(1980) 등이 있다. 젊은 시절부터 그리스에서 대사직을 수행, 그리스어를 번역하기도 했다. 수필작품으로는 『*Sobre la responsabilidad del escritor*』(1949), 『*La feria de los días*』(1953), 『*El teatro de los acontecimientos*』(1988) 등이 있다. ⇒ La literatura mexicana del siglo 20(20세기 멕시코 문학)

García Valdés, Víctor Manuel (빅토르 마누엘 가르시아 발데스) 반(反)아카데미즘 정신으로 무장했던 쿠바의 빅토르 마누엘(1897~1969)은 산 알레한드로 아카데미의 공식적인 미 교육에 반기를 들고 모더니즘 예술을 주창하였다. 그의 미학적 이념이 급진적이었던데 반해 작품 전반은 진보적이기보다 원시미술의 성향을 보여 준다.

García, José Villagrán (호세 비야그란 가르시아) 포포틀라에 실험농장을 설계했다. 멕시코 국립대학교 출신으로 르 코르뷔지에나 그로피우스의 근대 건축 이념에 눈을 뜨게 되었으며 실제 창작보다는 20여 년에 걸친 교육을 통해 멕시코 현대건축을 선도했다.

Gardel, Carlos (카를로스 가르델) 아르헨티나의 탱고 가수이자 배우. 1890년 프랑스 툴루즈(Tolouse)에서 출생, 3세에 아르헨티나로 돌아왔다. 아르헨티나의 탱고음악 발전에 지대한 공헌을 한 예술가로 꼽히며 부에노스아이레스에는 그를 기리는 동네와 건물들, 동상들이 즐비하다. 대표곡으로 「*Volver*」, 「*Caminito*」, 「*Por una cabeza*」 등이 있으며 1935년 6월 24일 공연 투어 중 불운의 비행기 사고로 생을 마감했다. 매년 6월 24일은 "가르델의 날"로 그를 기억하는 예술가들과 팬들이 모여 추모식을 갖는다. ⇒ Tango(탱고)

Gardini, Carlos (카를로스 가르디니) (1948~) 아르헨티나 번역가이자 작가이다. 1982년에 문학 대회에서 1등상을 수상한 후 본격적으로 작가의 활동을 시작했다. 문학상을 여러 번 수상했지만 번역가로 더욱 많이 알려졌다. 윌리엄 셰익스피어와 헨리 제임스와 같은 작가의 작품을 번역했다. 작품으로는 『Mi cerebro animal』(1983), 『Primera Línea』 (1983) 등이 있다.

Garganta del diablo (악마의 목구멍)　　브라질 파라나(Paraná) 주와 아르헨티나 미시오네스(Misiones) 주의 국경에 위치한 이과수(Iguazu)국립 공원의 80m 높이의 폭포 여러 개로 이루어져 있으며 세계에서 가장 수량이 많다. 위에서 본 모습이 거대한 구덩이 같아서 악마의 목구멍이라는 명칭이 붙었으며 관광적 의의뿐 아니라 다양한 동식물군이 서식해 생태학적 가치 또한 가지고 있다.

Garífuna (가리푸나)　　중앙아메리카 해안 지역에 주로 분포한 아프리카 출신 부족. 아프리카어, 영어, 프랑스어, 스페인어가 혼합된 가리푸나어를 사용하며, 과테말라, 니카라과, 벨리스 등지에 거주한다. 이 부족의 언어와 춤, 노래는 유네스코 인류무형문화유산으로 등록되어 있다.

Garro Navarro, Elena (엘레나 가로 나바로)　　(1917~1998) 멕시코의 소설가, 드라마작가. 사회에서 가장 가난하고 약한 자들을 생각했던 여성이며 20세기 멕시코 문학에서 가장 성공적인 작품 중 몇몇을 남겼다. 그녀의 극작품들은 섬세하고 독창적이며 어느 정도의 초현실주의와 우화적 성격을 지니고 있다. 1957년 극작가로 알려지기 시작했으며 대표작으로는 『Un hogar sólido, fue La señora en su balcón』 등이 있다. 소설가로서는 두 권의 소설집과 다섯 편의 장편소설을 썼으며 1963년 하비에르 비야우루티아상(El Premio Xavier Villaurrutia)을 받았다.

Gaspar Blondín (가스파르 블론딘)　　에콰도르 낭만주의 작가 후안 몬탈보(Juan Montalvo, 1832~1889)의 작품. 1858년 작으로 낭만주의 시대 환상문학 작품으로 분류되며 산중 여관주인이 전하는 흡혈귀인 가스파르 블론딘의 이야기를 담고 있다.

Gastellanos, Jesús (헤수스 가스테야노스)　　(1878~1912) 쿠바 출신으로 라틴아메리카에서 가장 세련된 감수성과 수려한 문체를 가진 소설가들 가운데 하나로 평가된다. 무엇보다도 공식적인 가치들과 등장인물들의 내면세계에 관심을 가지고 있다. 가장 훌륭한 작품으로 염세주의적 경향의 『La conjura』가 있다.

Gatica, el mono (가티카, 엘 모노)　　아르헨티나의 영화감독 레오나르도 파비오(Leonardo Favio, 1938~2012)의 1994년 작품. 페론주의자(Peronista)였던 아르헨티나의 권투선수 호세 마리아 가티카(José María Gatica, 1925~1963)의 일생을 그린 영화로 1994년 콘도르 데 플라타상(Premio Cóndor de Plata)을 수상했다.

Gauchito Gil(Argentina) (가우치토 힐 전설)　　아르헨티나 코리엔테스(Corrientes) 주와 살타(Salta) 주에서 가장 유명한 전설이다. 가우초(gaucho)였던 안토니오 힐(Antonio Gil)이 주인공이며 이제는 거의 신격화되었다. 내용은 다음과 같다. 1850년경에 코리엔테스의 정치적 사상이 콜로라도스(colorados)와 셀레스테스(celestes)로 분할되었다. 힐은 착한 사람이었으며, 콜로라도스 편이었다. 그러나 같은 민족 사이에 분쟁이 일어나는 것을 반대하여, 암살을 당하리라는 것을 알면서도 탈영했다. 대령이었던 살라사르(Salazar)가 그를 체포해 죽이려 했지만, 벨라스케스(Velasquez) 대령이 그의 목숨을 구하려고 했다. 그는 재판소로 이송되게 되었지만 당시에는 경비들이 이송하기 귀찮다는 이유로 이송 중에 체포한 사람을 죽였다. 힐도 그렇게 죽었다. 그런데 힐은 죽임을 당하기 전에 경비에게 자기를 죽이면 그의 아들이 큰 병에 걸릴 것이며, 병을 치유하기 위해서는 경비가 그의 무덤에서 기도를 해야 할 것이라고 했다. 이 모든 일이 현실이 되자 그 경비인은 힐의 무덤 앞에 기도를 했다. 그러자 그의 아들의 병이 기적처럼 치유되었다고 한다.

Gaucho (가우초)　광활한 목초지였던 아르헨티나 팜파, 우루과이, 브라질 지역 거주자들(주민 또는 목동)을 일컫는 말이다. 초원 지대의 카우보이를 가리키며, 판초와 가우초 모자 등의 독특한 복장이 특징이다. 영어에서는 용감하고 대범한 사람을 일컫는 말로 사용되기도 한다. ➡ Literatura Gauchesca(가우초 문학)

Gelman Burichson, Juan (후안 헬만 부리촌)　(1930~) 후안 헬만(Juan Gelman)으로 알려진 아르헨티나 근대 시인이자 기자이다. 아르헨티나 대표 시인 중 한 명이며, 작품은 10개국 언어로 번역되었다. 아르헨티나 군사 독재시기에 멕시코로 추방되었으며, 현재 그곳에서 거주하고 있다. 아르헨티나 '국립 시 작품상(Premio Nacional de Poesía en Argentina)', '미겔 데 세르반테스 상(Premio Miguel de Cervantes)', '후안 룰포 중남미와 카리브 문학상(Premio de Literatura Latinoamericana y del Caribe Juan Rulfo)' 등의 문학상을 수상했다. 대표작품으로는 『Violín y otras cuestiones』(1956), 『En el juego en que andamos』(1959), 『Cólera buey』(1965) 등이 있다.

Generación 80* (아르헨티나 80세대)　절정의 시기, 즉 1880년에서 1916년의 보수주의 공화국 시절에 아르헨티나 공화국을 이끌었던 엘리트 집단을 지칭한다. 당시 아르헨티나는 세계적으로 가장 잘 사는 부국의 일원이었다. 부에노스아이레스와 인근 지역의 관료 가문 출신들은 먼저 주지사 동맹을 결성한 뒤, 다시 세를 키워 과거 통일당에서 분당되었다가 지배 세력으로 군림했던 자치당과 국민당의 세력들을 취합해 국민자치당을 수립했다. 1880년에는 일 년 전 'Conquista del Desierto' 작전을 이끌었던 훌리오 아르헨티노 로카(Alejo Julio Argentino Roca Paz, 1843~1914) 장군을 대통령 후보로 추대했다. 로카 후보는 80세대를 만들어낸 장인이자, 80세대가 구현한 국가모델의 수립자이기도 했다. 아르헨티나 80세대의 구성원들은 정치, 경제, 군사, 종교적으로 가장 핵심적인 요직을 도맡았으며, 부정선거를 통해 권력을 이어 갔다. 물론 La Unión Cívica Radical(UCR) 같은 정당이나 이민 노동자들로 구성된 일단의 무정부주의적 사회주의 세력의 저항이 점차 확산되어 갔지만, 그런 와중에도 80세대는 파르케 혁명이 있기까지 장장 30년 동안이나 권력을 이어갔다. 그러다가 훌리오 아르헨티노 로카 대통령 집권 2기에 들어서면서 대통령령 제4,144호가 발령되어 외국인 투자자들을 즉각 추방토록 하였으며, 1910년에는 무정부주의자로 의심되는 자들을 체포하는 일어 발생했다. 이미 곳곳에서 노동자들의 불만이 터져 나오기 시작했다. 정부는 처음에 이런 노동자들의 목소리에 미온적인 대처를 했지만 결국 노동법을 제정하지 않을 수 없었다. 그러나 그러한 조치도 급격한 경제 발전과 노동시장의 변화를 따라잡을 수 있는 수준은 아니었다. 따라서 노동자들의 파업 행위가 지속되었고, 의회와 언론은 정부를 비판했다. 결국 온건 노선의 국민자치당이 이끌던 아르헨티나 80세대는 새로운 현실에 부응해야 할 필요성을 절감하게 되었다. 1916년, 대선에서 보수 진영은 결국 패하고 말았다. 정권은 아르헨티나 중산층 대다수의 지지를 등에 업은 급진 성향의 이폴리토 이리고옌의 손으로 넘어갔고, 80세대는 몰락하고 말았다.

Generacion decapitada (참수세대)　20세기 초에 에콰도르의 젊은 시인들 메다르도 앙헬 실바(Medardo Angel Silva), 에르네스토 노보아 이 카마뇨(Ernesto Noboa y Caamaño), 아르투로 보르하(Arturo Borja) 그리고 움베르토 피에로(Humberto Fierro)가 주도한 문

학 그룹으로 에콰도르 모더니즘 사조를 이끌었으며 루벤 다리오(Ruben Dario), 보들레르(Baudelaire), 빅토르 위고(Victor Hugo) 등의 문인들의 영향을 받았다. 이 네 시인들이 모두 20, 30대에 절명했기 때문에 "참수의 세대"라고 불린다.

Generación del 50(Honduras) [50세대(온두라스)]　　온두라스의 1950년대 작가들을 칭한다. 이 세대는 국민문학이 자리를 잡았을 당시다. 은유를 짜임새 있게 사용하고, 언어의 돌파를 중심에 두었다는 특징이 있다. 멕시코에서는 '싸가지 없는 세대(Generación de la Espiga Amotinada)', 아르헨티나에서는 '근친살해 세대(Generación de los parricidas)'로 불렸다. 대표적인 인물로는 이그나시오 알데코아(Ignacio Aldecoa), 카를로스 바랄(Carlos Barral), 알폰소 코스타프레다(Alfonso Costafreda) 등이 있다.

Generacion del 60(Peru) [60세대(페루)]　　60년대에 페루에서 일어난 문화 전반에 걸친 개화 세대를 일컫는 표현. 산 마르코스(San Marcos) 국립대학의 "Patio de Letras"로 시작되었다. 시로 토론을 하기도 했으며 저항가요들이 음반으로 발매되는 등 페루의 현대 문학과 문화 흐름에 지대한 영향을 끼쳤다. 대표적인 인물로 하비에르 헤라우드(Javier Heraud), 세사르 칼보(Cesar Calvo), 로돌포 이노스트로사(Rodolfo Hinostroza), 안토니오 시스네로스(Antonio Cisneros), 마르코 마르토스(Marco Martos), 윈스턴 오리요(Winston Orrillo), 루이스 에르난데스(Luis Hernandez) 등이 있으며 칠레의 유명한 시인 파블로 네루다(Pablo Neruda) 또한 이 시절 페루에서 왕성한 활동을 했다.

Generación del desencanto o posmodernidad(costa rica) (코스타리카 포스트모더니즘 세대)　　(1980~) 이 시기에 코스타리카의 문학은 그간 특징이었던 사실주의를 벗어나 보다 다양한 문체로 쓰인 작품들이 발표되었다. 작품 주제는 정부와 국가에 대한 실망이라는 큰 틀로 통일될 수 있으며 대안을 제시하기 보다는 내면세계의 외부화를 도모한다. 대표적인 작가로 오스발도 사우마(Osvaldo Sauma), 카를로스 코르테스(Carlos Cortes), 바르가스 오르테가(Vargas Ortega), 다비드 크루스(David Cruz) 등이 있다.

Generación del olimpo o generacion del 900(costa rica) (올림포 세대 또는 900 세대)　　(1890~1920) 자유당이 코스타리카를 통치하던 19세기 말에서 22세기 초에 활동한 문인들을 일컫는 명칭으로 당시 격변하던 사회 구조와 노동 구조에 맞서 민족주의적 정신을 불어넣는 작품활동을 했다. 대표적 작가로는 호아킨 가르시아 몽헤(Joaquin Garcia Monge), 카를로스 가히니(Carlos Gagini) 등이 있으며 반자본주의적 성격을 띠었다.

Generación desencantada(colombia) (콜롬비아 포스트모더니즘 세대)　　콜롬비아의 1970년대 나다이즘(Nadaism) 이후 시기의 시인 및 작가들을 통칭한다. 대표적인 문인으로 지오반니 케셉(Giovanni Quessep), 해롤드 알바라도 테노리오(Harold Alvarado Tenorio), 후안 구스타보 코보 보르다(Juan Gustavo Cobo Borda), 엘킨 레스트레포(Elkin Restrepo), 후안 마누엘 로카(Juan Manuel Roca) 등이 있다.

Generación ochenta(puerto rico) (80세대)　　1980년데 푸에르토리코의 근대작가들을 통칭하는 표현. 초현실적인 문체에 고발성이 짙은 작품들이 지배적이었다. 푸에르토리코의 가장 훌륭한 작품들은 이 시기에 발표되었다. 대표적인 인물로 마이라 산토스 페브레(Mayra Santos Febres), 에드가르도 니에베스 미엘레스(Edgardo Nieves Mieles), 마리오 캔슬(Mario Cancel) 등이 있다. ➡ Literatura de Puerto Rico del Siglo XX y XXI[멕시코 정당 PRI(Partido Revolucionario Institucional)의 엠블럼]

Generación Posdesencanto(ecuador) (에콰도르 포스트모더니즘 세대) 에콰도르의 약 1955에서 1970년생의 작가들로 이루어진 세대를 일컬으며 전 세대인 신에콰도르문 학인들의 스타일을 계승했다. 도시를 배경으로 하며 인물의 심리묘사를 세밀하게 한 작 품들이 많으며 포스트모더니즘의 영향으로 혁신적인 문체의 시도도 있었다. 대표적 작가 로는 라울 바예호(Raul Vallejo), 파블로 예페스 말도나도(Pablo Yepez Maldonado), 레오나르도 발렌시아(Leonardo Valencia), 산티아고 파에스(Santiago Paez) 등이 있다.

Genocidio Guatemalteco (과테말라 학살) 과테말라 내전 시기인 1980년대에 일어난 마 야 민족 학살이다. 약 200,000명이 실종 또는 살해당했고 법행의 90%가 군인 범했다고 알려져 있다. 당시 1년에 6,000여 명이 살해 되었고 98% 이상이 처벌 받지 않은 상태에 서 끝났다.

Geoffroy Rivas, Pedro (페드로 헤오프로이 리바스) (1908~1979) 엘살바도르의 시인이 자 소설가, 인류학자, 언론인, 언어학자, 수필가. 논쟁적인 작품을 썼으며 방대한 인문학 적 지식의 깊이와 넓이로 인해 엘살바도르 문화계에서 가장 영향력 있고 뛰어난 지식인 중 하나로 여겨진다. 그의 대표작으로는 『*Rumbo*』(1934), 『*Yulcuicat*』(1965), 『*La lengua salvadoreña*』(1979) 등이 있다.

Giardinelli, Mempo (멤포 지아르디넬리) (1947~) 아르헨티나 수필가, 작가이자 기자이다. 아르헨티나, 스페인, 이탈리아와 브라질에서 여러 차례에 걸쳐 문학상을 수상했으며, 프 랑스 푸아티에 대학교(Université de Poitiers)의 명예박사 학위증을 취득했다. 작품들은 10개 이상의 언어로 번역됐으며, 대표작으로 『*Luna Caliente*』(1983), 『*Final de novela en Patagonia*』(2000) 등이 있다.

Girón Lozano, Marco Antonio (마르코 안토니오 히론 로사노) (1965~) 베네수엘라의 국민적인 투우사이다. 베네수엘라의 가장 명망 있는 투우사 가문의 일원이다. 젊은 시기 부터 두각을 나타내지는 못하여 1988년까지는 데뷔하지 못했으나 후에 엄청난 성공과 인기를 얻게 되었다.

Girondo, Oliverio (올리베리오 히론도) (1891~1967) 아르헨티나의 시인이며 노라 랑헤 (Norah Lange)의 배우자이다. 다다이즘과 초현실주의적 요소를 통합하여 어떤 관습적인 것도 없는 문학을 창조하고자 했으며 시와 내러티브의 층을 움직이는 데 성공했다. 마르 틴 피에로 그룹의 멤버였으며 잡지 <Martín Fierro>에서 국가 선전 선언문을 썼다. 대 표작으로는 『*Veinte poemas para ser leídos en el tranvía*』(1922), 『*Espantapájaros*』(1932) 등 이 있다.

Gironella, Alberto (히로네야, 알베르토) (1929~1999) 멕시코 출신으로 독창적으로 콜 라주와 삼차원의 효과를 이용하면서 포장지나 상표로 이용되기도 했던 인물화를 주로 그렸으며 전체적으로 중남미 특유의 블랙 유머를 구사하였다.

Girri, Alberto (아르베르토 기리) (1919~1991) 아르헨티나 번역가이자 시인이다. 영문 시 작품을 전공했으며, 주된 근대 작가 중 한 명이다. 작품에서 토머스 스턴스 엘리엇 (Thomas Sterne Eliot)과 호르헤 루이스 보르헤스(Jorge Luis Borges)의 영향을 볼 수 있다. 주요작품으로는 『*Playa sola*』(1946)이 있으며, 그 외 『*Escándalo y soledades*』(1952), 『*Lo propio, lo de todos*』 (1980) 등이 있다.

Góchez Sosa, Rafael (라파엘 고체스 소사) (1927~1986) 엘살바도르의 시인이자 교육 가, 문학비평가이다. 'Generación Comprometida'로 알려진 문학 그룹의 일원인 소설가

라파엘 프란시스코 고체스(Rafael Francisco Góchez)의 아들이다. 대표작으로 『Luna nueva』, 『Poemas circulares』, 『Cancionero de colina y viento』 등이 있다.

Goitia, Francisco (고이티아, 프란시스코)   (1882~1960) 멕시코 화가. 유럽에서 8년간 공부하였고 귀국한 뒤에는 과격한 표현주의 기법을 사용하였다. 이를 통해 벽화 화가들보다 더욱 직접적이면서 정치적으로는 비교적 관련이 적은 그림들을 그렸다. 특히 멕시코 혁명군의 전설적인 지도자인 판초 비야 군대의 공식 화가였으며 인디오들의 좌절, 고통 그리고 가난을 그려내 명성을 얻었다. 미국의 연구가 브레너(Anita Brenner)는 그의 대표 저서인 『Ídolos tras los altares』(1929)에서 "고이티아야말로 가장 멕시코적인 예술가이며 멕시코 미술의 신비주의자"라며 고이티아를 칭송했다.

Golpe de Estado (쿠데타)   프랑스어 'coup d'État'에서 그대로 차용된 표현으로 무장 조직, 대개의 경우 군부 세력이, 당대의 정권에 대항해 일어나는 것을 의미하며 이 군부 쿠데타는 독재정권의 시초가 된다는 특징이 있다. 라틴아메리카의 근대사에서 '쿠데타'는 주목할 만한 현상이며 군사 독제 체제로 인해 발생한 피해자 및 실종자들과 정계에 남아 있는 부패는 아직 미결의 과제이다.

Gómez Carrillo, Enrique (엔리케 고메스 카리요)   (1873~1925) 과테말라 출신으로 단순하고 자연스러워 보이는 경쾌함을 가진 산문계의 거장으로 불린다. 또한 모데르니스모의 원칙을 창조하고 보급시킨 주인공으로 유럽으로 모데르니스모를 전파시킨 역할을 한 인물이다. ➡ La literatura guatemalteca del siglo 20(20세기 과테말라 문학)

Gondra, Manuel (마누엘 곤드라)   (1872~1927) 파라과이의 정치가이자 작가. 젊은 시절부터 다양한 언론지에서 활동했다. 비범한 지식의 소유자임에도 불구하고 작품은 많이 남아 있지 않다. 자유주의 운동에 참여하였고 1908년에는 내무 장관에, 1910년에는 외무부 장관에 임명된다. 같은 해 대통령으로 선출되지만 알비노 하라(Albino Jara) 장군에 의해 몇 달 후 자리에서 내려오게 된다. 다시 1920년 대통령이 되나 압력에 의해 물러난다. 계속해서 정치 활동을 이어가 1923년 자신의 이름을 딴 아르헨티나-파라과이 경계에 관한 국제 조약에 서명했다.

Gonzáles Martínez, Enrique (엔리케 곤살레스 마르티네스)   (1871~1952) 멕시코의 시인으로 후기 모데르니스모의 특징 중 하나인 '직접적인 경관 묘사'를 주도했다. 『Los senderos ocultos』에서 그의 이런 특징을 엿볼 수 있다.

González Huguet, Carmen (카르멘 곤살레스 후겟)   (1958~) 엘살바도르의 현대 여성 시인. 대표작으로 『Nosotros y otras cuestiones』(1981), 『Rápido tránsito』(1982), 『Soledades』(1986) 『Locuramor』(1999) 그리고 소설집으로 『El acecho』(1985) 『Mujeres』(1997) 등이 있다.

González Lanuza, Eduardo (에두아르도 곤살레스 라누사)   (1900~1984) 스페인에서 출생한 아르헨티나 시인이자 비평가, 언론인이다. 유년 시절부터 아르헨티나에서 살았다. 잡지 <El Sur>와 일간지 <La Nación>에 참여했으며 1928년 소설집 『Aquelarre』를 선보였는데 당시의 사실주의 경향에 대한 반동이었다. 다른 작품으로는 『La degollación de los inocentes』(1938), 『Transitable cristal』(1943) 등이 있다.

González León, Adriano (아드리아노 곤잘레스 레온)   (1931~2008) 베네수엘라의 작가로 1968년 작 『País portátil』로 인해 베네수엘라 문학계의 개혁자들 한가운데 위치하게 된 인물이다. 소설은 카라카스(Caracas)로의 여행을 떠난 도시 게릴라인 주인공이 베탕쿠르(Betancourt) 정권 아래 행해진 60년대 폭력의 수행자이자 방관자라는 내용이다. 작가는 서술을 구조화하는 방법을 사용하는 데 성공한다. ➡ Novela contemporánea de Venezuela(베네수엘라 현대 소설)

González Prada, Manuel (마누엘 곤잘레스 프라다)   (1848~1918) 페루의 시인이자 수 필가, 언론인, 사상가, 정치인, 그리고 급진 개혁주의자이다. 인디오와 노동자와 같은 취 약 계층의 열렬한 수호자였으며 사회 부정의에 대항하여 투쟁했다. 이전 시기의 생기 없 는 낭만주의와 같은 미학적 경향에 급진적으로 반대하면서 모데르니스모로 대변되는 새 로운 예술 경향에 힘을 불어넣었다. 뛰어난 문학활동뿐 아니라 사회정치적 활동으로도 명망이 높으며 전 시대를 통틀어 라틴아메리카 최고 지성 중 하나로 여겨지는 인물이다. 대표작으로는 수필인 『*Anarquía*』(1936), 『*Nuevas páginas libres*』(1937) 등이 있다. ➡ Indigenismo(인디헤니스모)

González Suárez, Manuel (마누엘 곤살레스 수아레스)   (1964~) 멕시코의 작가로 1998년 작『*El libro de las pasiones*』를 통해 힐베르토 오웬상(El premio Gilberto Owen)을 수상 했다. ➡ La literatura mexicana del siglo 20(20세기 멕시코 문학)

González Tuñón, Raúl (라울 곤살레스 투뇬)   (1905~1974) 아르헨티나의 시인이자 극본 가. 1922년 몇 권의 시를 문학잡지에 기고하면서 작가로서의 삶을 시작했다. 대표적 시 로는 『*El violín del diablo*』(1926), 『*Miércoles de ceniza*』(1928), 『*La calle del agujero en la media*』(1930)가 있다. 시는 부유하고 다채로운 부에노스아이레스의 풍경을 보여주는데 작품에서는 가장 비천한 자들을 포함하여 모든 종류의 사람들이 등장한다.

González Vera, José Santos (호세 산토스 곤살레스 베라)   (1897~1970) 칠레 출신의 작가로 젊은 나이부터 여러 일을 해보게 되었다. 일찍 학교를 포기하고 독학으로 모든 문화적 지식을 가졌다. 저널리스트로 글을 쓰기 시작했고 첫 작품 『*El conventillo*』는 칠레 의 고전 작품으로 평가를 받았다. 작가의 대부분의 작품들은 풍속 묘사를 기본으로 하고 있으면 대표작으로 『*Vidas mínimas*』가 있다. ➡ La literatura chilena del siglo 20(20세 기 칠레 문학)

González Zeledón, Manuel (마누엘 곤잘레스 셀레돈)   (1864~1936) 코스타리카의 작 가이자 자국 내 문화, 문학 확산에 기여한 인물로 마곤(Magón)이라는 필명 아래 활동했 다. 코스타리카의 작가 아키레오 에체베리아(Aquileo Echeverria, 1866~1909)가 창단 한 <La Patria> 신문의 기자로 집필활동을 시작했다. 19세기 산 호세(San José) 시의 풍경을 세밀하게 담아낸 작품들로 유명하다. 올림포 세대(La generación del Olimpo)의 일원이며 대표작으로 『*Benemerito de la patria*』가 있다.

González, Fray Diego Tadeo (프라이 디에고 타데오 곤살레스)   (1732~1794) 아나크 레온풍과 복고풍의 시에 치중한 그는 감미로움이 담긴 부드러운 시로써 순수한 정신적 사랑을 표현하고 있다. 『*Salmos*』를 번역한 작품들에서는 활기가 엿보이는데 이는 프라이 루이스의 영향으로 여겨진다.

González, José Luis (호세 루이스 곤살레스)   (1926~1997) 푸에르토리코의 시인이자 수필 가. 마르크스주의 활동가이자 푸에르토리코 독립의 활발한 지지자였다. 작가로서는 푸에 르토리코의 가장 혜택을 적게 받는 계층의 문제를 생생하고 깊이 있으며 섬세하게 다룬 대단히 많은 작품을 썼다. 20세기 히스패닉아메리카의 지성계에 가장 영향력 있는 인물 들 중 하나이다. 정치적 이유로 1950년대에 멕시코에 정착했다. 대표작으로는 소설집

『El hombre de la calle』(1948), 『En este lado』(1954), 수필 『El país de cuatro pisos y otros ensayos』(1980) 등이 있다. ⇒ Literatura de Puerto Rico del Siglo XX y XXI[멕시코 정당 PRI(Partido Revolucionario Institucional)의 엠블럼]

González, Juan Natalicio (후안 나탈리시오 곤살레스)　(1897~1966) 파라과이의 정치인 이자 작가. 파라과이 적색당(El Partido Colorado)의 일원으로 1926년 대표로 선출되었 고 여러 외교직을 수행했다. 1948년 마침내 파라과이의 대통령으로 선출된다. 군부의 지 배에서 당이 이끄는 평행적인 이중 체제 구조로 대체하고자 했다. 그러나 당 내부의 의 견 불일치로 인해 군부가 그를 실각시키도록 만들었다. 파라과이의 문화와 사회에 대한 많은 역사적 연구 저작이 남아 있으며 『El drama del Chaco』(1938)가 대표적이다. 스페인 어와 과라니어(guaraní)로 여러 시 작품도 썼다.

González, Juan Vicente (후안 비센테 곤살레스)　(1810~1866) 베네수엘라의 시인, 작가, 정치가이다. 작가의 비판적 저널리즘 사상은 이후 큰 영향을 끼쳐 베네수엘라 낭만주 의 문학에서 민족성을 형성하는 계기가 된다. 산문시인 『Mis exequias a Bolívar』 (1842)와 『Mesenianas』(1865)가 대표적이다.

González, Otto Raúl (오토 라울 곤잘레스)　(1921~2007) 과테말라 출신의 작가로 60여 개가 넘는 작품을 발표했다. 곤잘레스는 호르헤 우비코(Jorge Ubico) 독재 당시 학생운 동의 지도자로 활동했고 이후 "Generación del 40"의 일원이 된다. 작품들은 독재 시대 를 배경으로 하고 있으며 대표작으로 『Voz y voto del geranio』, 『Huitzil uan tuxtli. Colibrí y Conejo』 등이 있다. ⇒ La literatura guatemalteca del siglo 20(20세기 과테말라 문학)

González, Pedro Antonio (페드로 안토니오 곤살레스)　(1863~1903) 칠레의 작가이다. 생애에 대해 많은 자료가 남아 있지 않지만 알코올 중독과 비관주의로 마흔의 나이에 불 행한 삶을 마친 것으로 알려져 있다. 칠레의 첫 번째 모데르니스모(Modernismo) 시인으 로 정의되며 시는 울림이 있고 화려하다. 생전에 출판된 책으로는 『Ritmos』가 유일하다.

Gonzalo de Oyón (곤살로 데 오욘)　콜롬비아의 정치가, 군인이자 시인인 훌리오 아르볼레 다의 작품으로, 낭만주의 시대에서 최고 중 하나로 꼽히는 서사시이다. 정복시기의 일화 를 전설과 같은 형식에 맞추어 쓰는 방식으로 쓰였다.

Gorostiza, José (호세 고로스티사)　(1901~1973) 멕시코의 시인으로 문학 그룹인 "현대 인들(Los Contemporáneos)"의 일원으로 활동했으며 20세기 멕시코에서 가장 뛰어난 작가 중 하나이다. 1927년부터 유럽의 여러 도시에서 외교직을 수행했으며 1955년 멕 시코 한림원의 멤버가 된다. 대표 시집으로는 『Canciones para cantar en las barcas』 (1925), 『Muerte sin fin』(1939), 『Poesía』(1964) 등이 있다. ⇒ La literatura mexicana del siglo 20(20세기 멕시코 문학)

Gorostiza, Manuel Eduardo de (마누엘 에두아르도 데 고로스티사)　(1789~1851) 19 세기 스페인어권에서 가장 뛰어난 극작가 중 한 명. 멕시코인으로 부모가 스페인인이며 네 살 때 스페인으로 이주했다. 주요작품으로는 『Indulgencia para todos』, 『Las costumbres de antaño』 등이 있다.

Gorriti, Juana Manuela (후아나 마누엘라 고리티)　(1818~1892) 아르헨티나와 페루의 작가이다. 대농장을 소유한 집안에서 지방의 귀족 가문에서 태어났으나 아르헨티나 내전 동안 볼리비아로 이민을 가게 되면서 집안의 부를 잃게 된다. 후에 리마에 거주하면서 여러 잡지에 작품을 기고한다. 개인사와 시대적 상황이 얽혀 페루, 볼리비아, 아르헨티나

세 나라를 옮겨 다니게 되는데, 특히 페루와 아르헨티나에서 작품활동을 이어나갔다. 대부분의 소설은 아르헨티나 내전과 독립 전쟁 동안의 시대의 분위기를 담고 있다. 무엇보다 인정할 만한 공로는 페루 거주 동안 여성 문학의 기초를 형성한 것이며 21세기 모든 페루 여성 작가들에게 실질적인 스승으로 여겨지고 있는 인물이다.

Gramoko, Ida (이다 그라모코)　(1924~1994) 베네수엘라 출신으로 서정시의 대가로 알려진 섬세한 여류시인이다. 대표적인 작품인 『*Belén Silvera*』와 『*La hija de Juan Palomo*』는 음악성과 시적 감흥으로 가득한 분위기를 표현한, 이다 그라모코 연극의 상징적 성격을 잘 나타낸다.

Gran Buenos Aires (그란 부에노스아이레스)　아르헨티나의 수도인 부에노스아이레스 시와 주변 대도시를 포함하는 아르헨티나의 수도권을 일컫는 명칭이며 수도와의 거리에 따라 1차, 2차, 3차로 나뉜다.

Gran Colombia (그란 콜롬비아)　1819년부터 1831년까지의 콜롬비아 공화국을 뜻한다. 당시 콜롬비아, 에콰도르, 베네수엘라, 파나마 전역과 코스타리카, 페루, 브라질, 파나마, 가이아나를 부분적으로 포함하고 있었다. 시몬 볼리바르(Simón Bolívar)에 의해 중남미에서 연방제로 운영되던 국가이다. 1830년 분열이 일어나 탈퇴에 대한 투표가 진행되었지만 지도자들로 인해 계속 유지되었으나 볼리바르의 죽음과 함께 독립운동이 거세지고 1831년 해체되었다.

Grandmontagne, Francisco (프란시스코 그랑몽테뉴)　(1866~1936) 스페인 출신으로 아르헨티나에서 시간을 보내며 많은 작품을 남겼다. 작품에서는 주로 사회의 어둡고 비천하고 야비한 측면을 부각시키려는 경향을 볼 수 있는데 대표적인 작품으로 『*Teodoro Foronda*』와 『*Evoluciones de la sociedad argentina*』가 있다.

Granma (그란마)　쿠바 공산당 중앙위원회의 공식 기관지이다. 신문의 이름은 피델 카스트로(Fidel Castro)와 혁명 동지들이 1956년 멕시코에서 쿠바로 건너갈 때 타고 갔던 배의 이름에서 따온 것이다.

Gravina, Alfredo Dante (알프레도 단테 그라비나)　(1913~) 우루과이의 작가로 연극 활동에 참여했으며 수많은 저작물에 참여했다. 쿠바에 거주하는 동안 중요한 문학과 문화 작업을 해냈다. 대표작으로는 『*Sangre en los surcos*』(1938), 『*El extraordinario fin de un hombre vulgar y otros cuentos*』(1942), 『*Historia de una historia*』(1944), 『*Macadam*』(1948), 『*Tiempo arriba*』(1964), 『*La isla*』(1970) 등이 있다. ⇒ La literatura uruguaya del siglo 20(20세기 우루과이 문학)

Gravina, Alfredo Dante (알프레도 단테 그라비나)　(1913~) 우루과이의 작가이다. 많은 작품을 출판했고 연극활동에도 참여했다. 쿠바에 거주하면서 중요한 문학적이고 문화적 활동을 하기도 했다. 대표 단편소설 작품으로는 『*Sangre en los surcos*』(1938), 『*Despegues*』(1974)가 있으며 장편소설로는 『*Macadam*』(1948), 『*La isla*』(1970) 등이 있다. ⇒ La literatura uruguaya del siglo 20(20세기 우루과이 문학)

Greiff Haeusler, Otto de (오토 데 그레이프 해슬러)　(1903~) 콜롬비아의 작곡가이자 토목 기사, 작가이다. 번역과 라디오 프로그램, 음악 비평을 주로 썼다. 콜롬비아에서 가장 중요한 음악 비평가가 되었다. 루벤 다리오에 관한 에세이를 써서 히스패닉 문화상(El Premio del Instituto de Cultura Hispánica)을 받았으며 1986년에는 시몬 볼리바르 문화 언론상(El premio Simón Bolívar de periodismo cultural)을 받았다. 『*Músicas* *exóticas, Canción*』, 『*Sonata en Do menor*』, 『*El yelmo*』, 그리고 『*Los alineados*』와 같은 시들이 잘 알려져 있다.

Greiff, León de (레온 데 그레이프)　　(1895~1976) 콜롬비아의 시인이다. 상징적이며 풍자적이면서도, 상상력이 뛰어나고 음악적인 서정주의가 작품의 특징이다. 콜롬비아를 대표하는 작가들 중 하나로 국가적으로 공식적인 명성을 지녔으며 국제적으로도 잘 알려졌다. 고전주의에서 서정성의 모델을 삼으며 모데르니스모에도 개방적인 시풍을 가지고 있다. 대표작으로는 『*Tergiversaciones*』(1925), 『*El Libro de los signos*』(1930), 『*Variaciones alrededor de nada*』(1936), 『*Fárrago*』(1954), 그리고 『*Nova et vetera*』(1973)가 있다.

Grez Yavar, Vicente (비센테 그레스 야바르)　　(1847~1909) 칠레의 작가이다. 자연주의 계열에 속하는 작품을 썼으며 한 쌍의 남녀를 통해 당시 시대상을 드러내는 『*El ideal de una esposa*』(1887)가 대표작이다. 다른 작품으로는 『*Viaje de destierro*』(1893) 등이 있다.

Grez, Daniel Barros (다니엘 바로스 그레스)　　(1834~1904) 칠레 출신으로 도덕적이고 정감어린 어조를 가진 풍속주의를 지향한 작가였다. 대표작인 『*Pipiolos y pelucones*』에서는 자유주의자와 보수주의자들 간에 투쟁에서 있던 다양한 삽화들을 그려냈는데 이는 역사적 사건보다는 매우 세부적인 풍속 묘사에 더 관심을 가졌던 그의 경향을 잘 나타낸다.

Gringo Viejo (그링고 비에호)　　멕시코의 작가 카를로스 푸엔테스(1928~2012)의 소설. 1985년 작으로 외국인에게 주인공의 면모를 부여하였다. 남북전쟁 이후 여생을 멕시코에서 보내려는 한 퇴역 군인의 이야기를 멕시코 혁명 당시를 배경으로 하여 그려낸다.
　　➥ Carlos Fuentes(카를로스 푸엔테스)

Grito de dolores (고통의 절규)　　멕시코 독립기 시인인 웬세슬라오 알푸체(Wenceslao Alpuche, 1804~1841)의 작품. 1830년 출간되었으며 이 작품 외에도 『*Hidalgo*』 등을 통해 정치성 찬가를 발전시켰다.

Grito de Yara (야라의 외침)　　1868년 쿠바의 야라(Yara)라는 마을에서 일어난 소요 사태. 이 사태를 시작으로 쿠바의 독립 전쟁인 십년 전쟁(Guerra de los Diez Años)이 시작된다. 카를로스 마누엘 세스페데스(Carlos Manuel Céspedes, 1819~1874)가 이끄는 독립단체가 일으킨 후 여타 독립 단체들과 통합하게 되는 계기가 된다.

Grondona, Mariano (마리아노 그론도나)　　(1932~) 아르헨티나의 언론인. 국립 저널리즘 학술원(Academia Nacional de Periodismo)의 회원이다. 군사 쿠데타를 옹호하고 군부 독재자들을 지지하는 발언 및 언행으로 논란의 대상이 되었으나 후에 90년대에 이르러 자신이 저지른 역사적 과오를 인정하며 아르헨티나 언론 발전을 위해 많은 공헌을 했다.

Grotesco criollo (그로테스코 크리올요)　　연출가 및 극작가 아르만도 디세폴로(Armando Discépolo)가 아르헨티나에서 시작한 연극의 한 장르로 이탈리안 그로테스크, 스페인의 Teatro por horas 등이 라틴아메리카 연극과 결합하면서 등장하게 됐다.

Grousac, Paul (파울 그로우삭)　　(1848~1929) 프랑스에서 아르헨티나로 입양된 다양한 면모를 갖춘 작가이다. 비평, 역사, 수필로 유명하며 소설과 희곡도 남겼다. 작품에서는 주제적인 면과 심리적인 면이 두드러지며 대표작으로는 『*Fruto vedado*』와 『*El hogar desierto*』이 있다.

Grupo andino(Comunidad Andina de Naciones) (안데스 그룹)　　1969년 5월 카르타헤나(Cartagena) 협정 성명국 콜롬비아, 칠레, 페루, 에콰도르 그리고 볼리비아가 맺은 정치 및 경제 교류협정 공동체의 이름. 1973년 베네수엘라가 합류하였으며 1966년

Comunidad Andina de Naciones로 명칭을 정정했다.

Grupo boedo (보에도 그룹) 1920년대 아르헨티나 전위 예술가들의 비공식 모임의 이름이다. 보에도(Boedo) 거리 837에 위치한 Claridad 출판사가 주요 접견지였기 때문에 '보에도 그룹(Grupo Boedo)'이라고 불리어졌으며 좌익 사상과 노동계층과의 깊은 연대를 지향하는 색체가 특징이다. 이 모임의 멤버들은 <Los Pensadores>, <Extrema Izquierda> 등의 잡지를 통해 자신들의 생각을 알리려는 노력을 했다. 플로리다 그룹(Grupo Florida)과 대립관계를 이뤘다.

Grupo de contadora (그루포 데 콘타도라) 1983년 파나마에서 중앙아메리카의 평화를 목적으로 설립된 국제단체. 멕시코, 파나마, 베네수엘라, 콜롬비아 4개국이 합동 설립하였으며, 이후 중앙아메리카 국가들이 가입하였다. 자국의 문제는 자국이 해결해야 한다는 것을 기본 골자로 하였으며, 당시 과테말라와 엘살바도르 내전, 미국과 니카라과 간의 분쟁에 종지부를 찍는 것이 주된 목적이었다. 1990년 이후 그루포 데 리오(Grupo de Río)라는 이름을 사용하고 있다.

Grupo de Guayaquil (구아야킬 그룹) 1930년대에 형성된 에콰도르 작가 그룹이다. 5명으로 구성되어 있었으며 그들은 사회 문학과 현실주의 문학을 표현한 일원들이다. 이 그룹은 과야킬에서 먼저 데메트리오 아귈레라 말타(Demetrio Aguilera Malta)와 호아킹 가예고스 라라(Joaquín Gallegos Lara)로부터 시작되었으며 이후에는 호세 데 라 쿠아드라(José de la Cuadra), 엔리케 힐 힐베르트(Enrique Gil Gilbert)와 알프레도 파레하 디에스칸세코(Alfredo Pareja Diezcanseco)가 합류하였다. 대표작으로는 『La tigra』, 『Las cruces sobre el agua』, 『Los que se van』이 있다.

Grupo florida (플로리다 그룹) 1920~1930년대 아르헨티나 전위예술가들의 비공식 모임이었다. 접견지가 플로리다(Florida) 거리에 있었기 때문에 '플로리다 그룹'의 이름으로 불리게 됐으며 보에도 그룹(Grupo Boedo)과는 대립관계였다. 사회적 참여보다는 예술활동에 전념했으며 초현실주의, 다다이즘 등의 사조를 지지했다.

Grupo guajana (구아하나 그룹) 1980년대 이전의 푸에르토리코 근대 문인들을 통칭하는 표현으로 높은 수준의 시가 특징이다. 대표적 인물로 비센테 로드리게스 니체(Vicente Rodriguez Nietzsche), 에드윈 레예스(Edwin Reyes), 마리나 아르솔라(Marina Arzola), 카를로스 노리에가(Carlos Noriega) 등이 있다.

Guacamole (과카몰레) 중미 전통 소스 나우아틀어의 'Ahuacatl(아보카도 소스)'에서 이름이 유래되었으며 아보카도를 주재료로 하여 양파, 토마토, 라임 즙을 넣고 만든다.

Guadalupe Posada, José (호세 과달루페 포사다) (1851~1913) 멕시코 삽화가이다. 망자의 날인 11월 1일을 주제로 그린 『Calavera』라는 작품으로 유명한 만화가이기도 하다. 이 작품은 정치가들을 풍자하고 있다. 뛰어난 상상력과 깊은 영감에 바탕을 둔 그의 그림은 속되지 않으면서도 대중적인 인기를 얻을 수 있었다는 점에서 리베라와 오로스코 등의 후배 화가들에게 시사하는 바가 많았다. 체계적인 교육을 받지는 않았지만 포사다는 고이티아, 아틀 박사(Dr. Atl), 훌리오 루엘라스(Julio Ruelas)와 함께 20세기 모더니즘의 선구자로 평가받는다.

Guajiros(Wayú) [과히로족(와유족)] 콜롬비아 과히라 반도에 위치하고 있는 부족이다. 6만 명에 이르는 이 부족은 계절에 따라 노동이나 목축 등을 하며 식량을 구한다. 한 마을에서 함께 살지 않고, 외가 친척인 여섯 가구가 같은 동네에서 산다. 그러나 목축을 하기 때문에 집과 집 사이에 거리를 둔다. 집 형태는 사각형이며, 지붕은 삼각형 모양으로 짓는다. 스페인어를 유창하게 구사하는 사람이 많지만, 언어를 정체성을 나타내는 큰 요소로 인식하기 때문에 일상생활에서는 그들의 언어를 사용한다.

Guamuhaya, macizo de (과무아야 산악 지대)　　쿠바 남쪽 지방에 위치한 산악 지대로 상티 스피리투스(Sancti Spiritus), 비야 클라라(Villa Clara), 시엔푸에고스(Cienfuegos) 지방에 걸쳐 있다. 원주민어에서 이름이 유래했으며 고원지대를 포함하고 있다. 수많은 반혁명 활동이 이루어진 장소이다.

Guaraní (과라니)　　스페인인들이 도착하기 전, 아마존에서부터 리오 데 라 플라타(Río de la Plata) 강 유역 부근에 살았던 과라니 족, 또는 과라니 족이 사용한 언어를 지칭하는 말이다. 스페인어와 함께 파라과이의 공식어로 지정되어 있다.

Guardapolvos (교복)　　라틴아메리카 대부분의 국가들의 국립 초등 및 중학교에서 입는 일종의 가운으로 분필 가루로부터 보호해준다는 뜻의 이름을 가지고 있다. 국립학교는 교복이 없기 때문에 학생들에게 공동체 의식을 심어주기 위해 도입되었다.

Guardianes de Santa María, Los (산타 마리아의 보호자)　　콜롬비아 전설 중 하나이다. 태평양 쪽 땅에 처음으로 도착한 스페인인 발보아(Balboa) 대장이 현 보고타 지역의 일부를 산타 마리아 델 다리엔(Santa Maria del Darien)이라고 명명했다. 현재 그곳의 정확한 위치 파악되지 않지만, 전설에 따르면 보호자들은 산타 마리아 델 다리엔의 숲에서 발보아 대장이 숨긴 금이 있다고 한다. 그 금의 위치는 특별한 사람에게 알려질 것이라고 보고타 주민들이 믿고 있으며, 보호자들은 그 위치를 못 찾도록 자신의 모습을 나무로 위장하여 이동을 하기에 숲의 길이 항상 변형이 된다고 한다. 또한, 금을 찾는 자는 금이 있는 깊은 숲속에 도착하려면 맨발이어야 한다고 하며, 그 이유는 보호자에게 자신의 용기와 대담함을 증명해야 금을 준다고 하기 때문이다.

Guatemala, las líneas de su mano (그의 손금)　　과테말라 현대 시단의 주요 인물 중 하나인 루이스 카르도사 이 아라곤(Luis Cardoza y Aragón, 1901~1992)의 작품. 역사의 비평적 순간들을 다루는 과테말라 시 전통을 계승한다는 측면에서 우고 린도(Hugo Lindo, 1917~1985) 등의 시인들과 맥락을 같이 한다. ⇒ La literatura guatemalteca del siglo 20(20세기 과테말라 문학)

Guatimozín, último emperador de México (구아티모신, 울티모 엠페라도르 데 멕히코) 쿠바의 시인이자 극작가, 소설가인 헤르트루디스 고메스 데 아베야네다(Gertrudis Gómez de Avellaneda, 1814~1873)의 소설. 1846년 발표된 역사소설로서 멕시코 정복 시기를 배경으로 하여 사건이 전개되며, 주인공들은 낭만주의적 색채를 띠고 있다. 심리묘사는 뛰어나지는 않다는 평을 받고 있다.

Guatitas (과티타스)　　칠레와 에콰도르의 전통 음식이다. 지역에서 먹는 스튜 요리로 주재료는 "과티타스"로 알려진 소 창자가 사용된다. 고기를 다른 채소와 함께 볶아 감자와 곁들여 먹는 음식이다.

Guayaquil (구아야킬)　　에콰도르의 도시로 구아야킬 만의 내부에 위치한다. 최대 인구가 살고 있으며 1535년 세바스티안 데 베날카사르에 의해 세워졌다. 1820년에 독립했다. ⇒ José de San Martín(호세 데 산 마르틴)

Guayasamín, Oswaldo (오스왈도 과야사민)　　(1919~1999) 에콰도르 출신으로서 예술은 자기 조국의 옛 인디오들의 도자기에서 영감을 얻어 모래와 대리석 가루를 사용해 조형

예술의 형태로 빛을 포착하는 데 성공한 그의 독특한 기법을 선보였다.

Guaycurú (구아이쿠루)　　중남미 엘 차코(El Chacho) 지역에 거주하는 여러 민족을 뜻하며 대략 7,000명이 이를 구성한다. 처음에는 므바야족(Mbayá)만 일컬었지만 지금은 같은 계열의 민족을 모두 포함시킨다. 이 중에는 토바족(Toba), 모코비족(Mocoví), 파야구아 족(Payaguá) 등이 있다. 구아이쿠루에 속한 민족들은 유목생활을 하였다. 스페인인들과 의 만남 이전에는 이동 수단으로는 걸어 다니거나 카누를 이용했지만 이후로는 말을 타 면서 그들의 생활 방식이 급격하게 변한다. 말을 타기 시작하면서 그들의 전사적인 모습 이 나타나게 되었다.

Guebel, Daniel (다니엘 궤벨)　　(1956~) 아르헨티나 시나리오작가이며 기자이자 소설작가 이다. 『*La perla del emperador*』(1991)로 '에메세상(Premio Emecé)'을 수상했으며, 1997 년에 텔레비전 영화 『*Tesoro mío*』의 대본으로 '아르헨티나 국립영화협회 대본상(Mejor Guión para Telefilm del Instituto Nacional de Cine Argentino)'을 수상했다. 작품으 로는 『*Matilde*』(1994), 『*Derrumbe*』(2007) 등이 있다.

Güegüense (구에구엔세)　　니카라과의 풍자극. 디리암바(Diriamba) 지역 수호성인의 날에 상연하며, 식민지 시대부터 이어져 내려온 니카라과 최초의 극으로 여겨진다. 나우아틀 (Náhuatl)어와 스페인어로 쓰였고 춤과 노래가 혼합된 형태를 보인다. 유네스코 인류무 형문화유산으로 등록되어 있다.

Güemes Martín, Miguel de (마르틴 미겔 데 구에메스)　　(1785~1821) 아르헨티나의 독립주의자. 크리오요(Criollo) 태생이며 기병으로 구성된 가우초 민병대를 조직하여 게 릴라 전술로 스페인군과 맞서 싸웠으며, 살타(Salta) 지역의 장을 역임하기도 했다.

Guerra Civil de El Salvador (엘살바도르 내전)　　1980년부터 1992년까지 엘살바도르에 서 정부군과 파라분도 마르티(Farabundo Marti)가 이끈 사회주의 세력인 파라분도 마르 티니 민족해방전선(FMLN) 간의 내전이었다. 이 사건으로 75,000명의 사상자와 실종자 가 발생했고 1990년 유엔의 협의를 받아들여 1992년 양쪽 간의 평화 협정을 맺게 된다.

Guerra civil de Guatemala (과테말라 내전)　　1960년부터 1996년까지 과테말라 정부와 원주민과 가난한 농민들의 지원을 받은 좌익 세력 간의 전쟁. 이 전쟁 중에 과테말라 학 살(Genocidio Guatemalteco)이 일어나게 되었다. 내전 기간 중 초교파 교회의 목사 이 었던 에프라인 리오스 몬트(Efraín Ríos Montt)는 1982년 쿠데타를 일으켜 대통령이 되 어 이것은 신의 뜻이라고 선언하고, 주위의 정치세력을 없애고 의회를 소멸시켰으며 자 기와 뜻을 함께 하지 않을 원주민은 죽일 것을 선포했다. 내전 중 200,000명이 넘는 사 상자가 있었으며 대부분은 원주민이었다.

Guerra civil incaica (잉카 내전)　　잉카 제국이 막을 내리게 되는 계기 중 하나이다. 1529 년에 시작된 것으로 추정되는 이 내전은 우아이나 카팍(Huayna Cápac)이 세상을 떠나 자 잉카의 자리를 두고 우아스카르(Huáscar)와 그의 동생이었던 아타우알파(Atahualpa) 간의 분쟁이었다. 내전은 아타우알파의 승리로 1532년에 끝났다.

Guerra de la Triple Alianza* (삼국동맹 전쟁)　　(1865~1870) 아르헨티나, 브라질, 우루과 이가 연합하여 파라과이를 상대로 1865년부터 1870년까지 벌인 전쟁으로 라틴아메리카 최대의 유혈 전쟁으로 꼽힌다. 당시 파라과이는 인구는 적었지만 보호무역을 내세우면서 외국의 힘에 의존하지 않고 독자적으로 철도를 건설하고 공장을 가동시킬 정도로 남미 에서는 공업화가 잘 이루어져 있는 국가에 속했다. 하지만 독립 이후 파라과이의 통치자들은 유럽이나 미국을 비롯한 라틴아메리카 국가들과의 대외관계를 안정적으로 이끌지 못했다. 당시 파라과이는 우루과이에 대한 영향력을 놓고 브라질과 아르헨티나와 경쟁하고 있었다. 1863년 우루과이에서 중앙집권주의 정책을 펼치던 아르헨티나의 바르토로메 미트레(Bartolomé Mitre) 대통령과 유사한 정치적 성향을 보이던 콜로라도당(Partido Colorado)의 베난시오 플로레스(Venancio Flores) 장군이 블랑코당(Partido Blanco)의 베르나르도 프루덴시오 베로(Bernardo Prudencio Berro) 대통령에게 반란을 일으키자 파라과이의 솔라노 로페스(Solano López) 대통령은 베로 대통령을 돕는다. 이에 따라 파라과이가 우루과이의 내정에 간섭함에 따라 양국은 전쟁을 치르기에 이른다. 삼국동맹 전쟁은 파라과이의 솔라노 로페스 대통령이 1864년 5천 7백 명의 군사를 출전시킨 마토 그로소(Matto Grosso) 전투를 시작으로 발전된다. 이 전투에서 파라과이는 브라질의 히우 그란지 두 술(Río Grande do Sul)을 침공하기 위해 아르헨티나의 코리엔테스 지방을 통과할 수 있도록 아르헨티나에 도움을 청하지만 거절당한다. 화가 난 파라과이는 아르헨티나 선박을 나포하고 코리엔테스 지방을 침공하기에 이르자 중립을 유지했던 아르헨티나의 미트레 대통령은 브라질과 연합하여 파라과이에 선전포고를 한다. 그 사이 브라질과 아르헨티나의 지원을 받았던 우루과이의 내전은 콜로라도당의 승리로 플로레스가 정권을 장악함에 따라 우루과이까지 동맹에 가담하게 된다. 1865년 5월 1일 아르헨티나, 브라질, 우루과이는 비밀리에 삼국동맹조약을 체결하여 파라과이에 전쟁을 일으킨다. 파라과이는 삼국동맹의 집중 공격을 받아 1868년 12월에 파라과이의 수도 아순시온이 함락하게 되었지만 로페스 대통령이 전사한 1870년에 이르러서야 비로소 삼국동맹전쟁이 끝이 난다. 비밀리에 이루어졌던 삼국동맹조약에는 전쟁 승리 후 브라질과 아르헨티나가 파라과이의 일부 영토를 서로 분배하고 파라과이가 전쟁으로 발생된 비용과 보상금을 지불하기로 하는 조항이 포함되어 있었다. 이에 따라 파라과이는 한반도 영토의 규모에 달하는 15만 5천 400km^{2}의 영토를 잃게 되었을 뿐만 아니라 전비 보상금까지 지불해야 했다. 인구의 절반 이상이 전쟁에서 목숨을 잃음에 따라 전쟁 이후 남녀 성비는 1대 9가 되었고 로페스 대통령이 구축해왔던 파라과이의 경제 기반은 완전히 파괴되는 등 파라과이의 현실은 참으로 참혹했다. 6년간의 전쟁으로 12세에서 60세의 이르는 남성이 거의 사망하게 되면서 전쟁 이전 52만 5천 명의 인구는 전쟁 후 22만 명으로 줄었다. 22만 명 중 남자는 대다수 노인과 어린 남아로 이루어져 있었고 그 수는 2만 8천 명밖에 되지 않았다. 삼국동맹 전쟁으로 파라과이는 전체의 인구의 60%를 잃게 되었고 그 결과 대부분 여성과 아이들로 구성된 인구 형태에 따라 파라과이는 공업화에서 농업화로 선회하고 라틴아메리카에서 가장 낙후된 국가가 되는 안타까운 결과를 낳았다. 하지만 로페스 대통령은 강대국의 사주에 저항하여 국가를 지키기 위해 목숨을 바쳐 싸운 국민적 영웅으로 아직까지 추앙받고 있다.

Guerra de las Malvinas (말비나스 전쟁)   1820년에 아르헨티나 땅이었던 말비나스 섬(Isla Malvinas)에 영국이 침투해서 식민지화했다. 섬에 거주하는 아르헨티나 사람이 없었기 때문이다. 150년 가까이 영국 정부가 관리하던 말비나스를 되찾기 위해 1982년 아르헨티나가 그곳으로 갔다. 이에 맞서 영국은 전쟁을 일으키고 승리를 거뒀다. 하지만 현재까지도 섬의 소유권에 대해 서로 논쟁하고 있다.

Guerra de los Diez Años (십년 전쟁)   1868년부터 1878년까지 쿠바에서 일어났던 전쟁. 1868년 야라의 외침(Gritos de Yara)에서 농민들과 농장 소유주들이 일으킨 반란에서 시작되어 바야모(Bayamo)를 탈취, 혁명정부를 세우게 된다. 이후 스페인군에 의해 무너지나 아바나(Habana)와 쿠아트로 비야스(Cuatro Villas) 등지에서 소요가 일어나게 되고, 1878년 산혼의 평화(la Paz de Zanjón)로 끝을 맺으며 쿠바가 독립하게 된다.

Guerra de los Mil Días* (천일 전쟁) 천일 전쟁 발발의 기본적인 원인은 1886년 헌법의 폐지를 불러일으킨 19세기 콜롬비아의 정치적 불안정이라 할 수 있다. 1880년 선거에서 당선된 라파엘 라파엘 누녜스(Rafael Núñez)는 급진주의 시기에 약화된 교회의 권위를 회복시키고자 하였다. 1882년 호세 에우세비오 오탈로라(José Eusebio Otálora)가 집권 하였는데 이 시기는 급진주의 세력이 몰락의 시작을 보여준다. 이후 1884년 라파엘 누 녜스가 재선되어 1863년의 헌법의 폐지를 단행한다. 새로운 헌법 제정은 콜롬비아 공화 국(República de Colombia)으로 국명을 개명하고, 삼권분립과 단원제 의회 제도를 채택 하여 중앙정부의 권한을 강화시키는 내용이 포함되어 있었는데, 이는 정치적 불안정을 더욱 악화시키는 역할을 했으며 당시 정치적 결정은 경제적 불안정으로 이어졌다. 무엇 보다 천일 전쟁의 결정적인 원인은 자유주의자들과 보수주의자들의 대립이었다. 1892년 에는 1886년 헌법 제정에 참여했던 미겔 안토니오 카로(Miguel Antonio Caro)가 집권 하였는데, 보수자들은 민족주의파(nacionales)와 권력 집중과 언론 통제에 반대하는 역 사주의파(históricos)로 분열되다. 이렇게 1898년 선거에서 민족주의 보수파인 마누엘 안토니오 산클레멘테(Manuel Antonio Sanclemente)가 승리를 거머쥔다. 산클레멘테가 승리하자 자유주의자들과 역사주의 보수파는 부정 선거라고 비난하고 나섰다. 산클레멘 테는 이후 1899년 부통령 호세 마누엘 마로킨(José Manuel Marroquín)에게 권력을 위 임한다. 하지만 마로킨이 자유주의자들과 역사주의 보수파가 선호하는 개혁 정책을 펼치 는 것을 못마땅하게 여긴 산클레멘테는 대통령직에 복귀하여 마로킨의 개혁 정책안을 전면 거부하고 나선다. 산클레멘테(Sanclemente) 대통령에 대한 지속적인 반란과 경제 적 불안정은 양 진영 간의 갈등과 분열의 골이 깊어지는 결과를 초래하며 1899년 8월 자유주의자들의 도전으로 천일 전쟁이 시작되어 1902년 11월까지 이어진다. 현대화된 무기를 지닌 정부 측과 구식 무기로 무장한 자유주의자들 간의 페라론소(Peralonso)와 팔로네그로(Palonegro) 전투는 전쟁으로 인한 손실이 얼마나 막대한지를 명확히 보여주 는 계기가 되었다. 페라론소에서는 자유주자들의 승리로 끝이 났지만 1900년 5월 25일 팔로네그로에서는 보수주의자들이 승리를 거두었고 양 진영에게는 큰 의미 없는 전투로 남는다. 자유주의자들은 어떻게든 승리를 거머쥐기를 원했지만 지속되는 유혈 참극으로 자유주의자들 또한 평화주의자(pacifistas)와 주전론자(belicistas)로 분열된다. 민족주의 파 보수주의자들은 전투가 파나마와 카리브 해까지 확장되기 시작하는 것을 지켜보며 전쟁을 막는 것이 옳다고 믿었다. 이러한 결정으로 시프리아노 카스트로 대통령의 지휘 하에 전투를 준비 중이었던 베네수엘라까지 전쟁이 확대되는 것을 막았다. 1900년 호세 마누엘 마로킨이 다시 대통령직을 수행하게 되자 자유주의자들에 대한 베네수엘라의 지 원을 끊는 데 성공한다. 1902년 벤하민 에레라(Benjamin Herrera)가 반란군을 이끌고 파나마를 공격하였지만 마로킨 정부가 파나마 지역에 파견되어 있던 미국 해병대에 지 원을 요청하면서 미군이 반란군의 무장을 해제하자 위기에 직면한 자유주의자들은 1902 년 평화협정을 체결한다. 일찍이 파나마 운하 지대의 소유를 원했던 미국은 콜롬비아 정 부에 파나마 운하 지대 매입에 대한 조약 체결을 제안하였다. 하지만 미국은 파나마 운 하 건설 조약 체결에 관한 비준안을 통과시켰지만 콜롬비아 측은 이에 대한 비준을 거부함에 따라 미국은 파나마 지역의 분리주의자들을 지원하고 나섰다. 이렇게 원래 콜롬비아의 영토였던 파나마가 1903년 3월 독립 선언을 하도록 도우면서 천일 전쟁은 10만여 명 인명 피해와 파나마운하까지 잃게 되는 막대한 경제적, 국가적 손실을 입었다.

Guerra del Chaco* (차코 전쟁)　　볼리비아가 파라과이 차코(Chaco) 지역을 가로질러 파라과이 강(Río Paraguay)으로의 자유로운 접근을 요구하면서 일어난 볼리비아와 파라과이의 전쟁. 볼리비아는 태평양 전쟁(1879~1884)에서 칠레에 패하면서 태평양 해안의 영토를 상실하게 되었고, 바다로 진입하기 위한 유일한 출구는 차코를 거치는 방법밖에는 없었다. 양국 간의 긴장이 차츰 고조되면서 결국 1932년 6월 전쟁이 발발했고, 파라과이 공격부대가 볼리비아의 석유지대까지 접근하게 되면서 1935년에는 석유 전쟁으로 바뀌었다. 1928년 차코 지역 서쪽 안데스 산기슭에서 석유가 발견되면서 차코 전쟁에는 경제적 및 전략적 이유가 추가되었다. 볼리비아는 이미 송유관을 관리하고 있었지만 항구를 관리하는 것 또한 중요하게 여겼다. 양국은 차코 영토에 큰 관심이 쏠릴 수밖에 없는 형국이었다. 또한 양국의 배후에는 석유자원에 대한 기대를 갖고 서로 대결하는 두 개의 거대한 석유회사가 있었다. 미국의 스탠더드오일(Standard Oil)은 볼리비아와 로열 더치 셸(Royal Dutch Shell)은 파라과이와 이해관계를 두고 있었다. 볼리비아는 파라과이에 비해 인구가 3배나 더 많았지만 정부는 허약하고 불안정했을 뿐만 아니라 군사들은 열대우림에서 전투를 벌이는 것이 익숙하지 않았다. 한편 파라과이는 유능한 대통령 에우세비오 아얄라(Eusebio Ayala)와 호세 펠릭스 에스티가리비아(José Féliz Estigarribia) 장군의 우수한 지휘하에 동기 부여되어 싸우는 병사들을 비롯해 용이한 무기 공급을 갖추고 있었다. 전쟁 초기부터 양국은 기후, 지리적 거리, 질병 등으로 병참학적으로 힘든 전쟁을 치러야만 했다. 전쟁 초기에는 볼리비아가 공군 군사 장비에서 우세했다. 또한 볼리비아 육군은 현대적인 장비를 갖췄는데 습하고 무더운 기후를 가지고 있는 차코에 맞지 않았고 파라과이군은 수류탄, 박격포, 가벼운 총을 갖추는데 그쳤는데 이로 인해 전투 과정에서 우위를 점할 수 있었다. 양국의 군에는 외국인 용병과 사관들도 포함되어 있었지만, 특히 파라과이군은 현지 군인들이 주를 이루었다. 분쟁지역은 과라니족(볼리비아인 또는 파라과이인)이 거주하고 있었으며 똑같은 언어를 사용하고 누가 적군인지도 제대로 구분하지 못한 채 거주민들은 서로 다른 편에 서야만 했다. 파라과이군은 농기구 대신 총을 잡은 결식 농민들이 주를 이루었다. 한편 볼리비아군은 고원지대의 케추아와 아이마라족이었는데 이들은 전투에 대한 아무런 관심도 없이 낯선 땅에서 싸웠다. 국가에 대한 개념 없이 전쟁에 참여한 이들 원주민들은 전쟁터에서 가뭄과 홍수, 말라리아와 이질, 벌레와 뱀에 물려 약 8만에서 10만 명이 목숨을 잃었다. 차코 지역에 대한 영토분쟁은 다른 국가들의 중재로 다양한 조약을 통해 해결이 시도되었지만 양국 관계자들은 합의에 이르지 못했다. 이후 1935년 6월 12일 부에노스아이레스에서 평화협정을 맺은 후 1938년 7월 21일 양국은 '평화, 우호 및 국경 조약(Tratado de Paz, Amistad y Límites)에 합의하면서 차코 전쟁에 종지부를 찍었다. 하지만 차코 전쟁은 양국의 사회와 정치에 큰 파문을 일으켰다. 휴전 조건에 불만을 품은 젊은 장교들은 석유개혁을 실현하고 석유 기득권자들의 지배에 대항하기 위해 1936년 기존 정치세력을 축출시켰다. 파라과이에서는 군과 퇴역군인협회의 지지를 받아 라파엘 프랑코 대령(Rafael Franco)이 1936년 정부를 전복시키고 독재체제를 수립하였다.

Guerra del Pacífico* (태평양 전쟁)　　1879년부터 1883년까지 페루와 볼리비아 연합군과 칠레 사이에서 벌어진 전쟁이다. 남미의 태평양 전쟁의 발발은 태평양 연안 국가의 세력 판도가 확연하게 변화하는 계기가 되었다. 이 전쟁으로 칠레가 남아메리카의 아타카마 사막 일대를 소유하게 되면서 새로운 강국으로 발돋움하게 되는 반면 볼리비아는 태평양 연안 지대를 잃게 되면서 내륙국으로 남게 된다. 세계에서 가장 척박한 땅으로 알려진 칠레 북부에 위치한 아타카마 사막(Desierto de Atacama)의 소유권 분쟁은 태평양 전쟁의 시발점이 되었다. 1860년대 이전, 약 1천km에 달하는 아타카마 사막은 칠레, 페루, 볼리비아 3국에 의해 공동 관리되고 있었고 이 불모의 땅에 특별한 관심을 기울이는 나라는 없었다. 하지만 1860년대 이후 초석(질산나트륨)과 구아노(guano)가 아타카마 사막에서 발견되었고 이곳에 광물자원이 풍부하게 매장되어 있다는 사실이 밝혀지면서 중요한 지역으로 급부상하게 된다. 1866년 볼리비아의 마리아노 멜가레호(Mariano Melgarejo) 대통령은 칠레와 조약을 체결하여 남위 24도를 경계로 볼리비아와 국경선을 설정하고 23도와 25도 사이에서 양국의 기업이 광산개발을 할 수 있도록 하며 초석으로 얻어진 이윤을 동등하게 배분하기로 한다. 하지만 볼리비아 주민들이 불리한 조약이라며 반란을 일으키면서 멜가레호 대통령이 정권에서 물러나게 되면서 볼리비아의 정치적 혼란이 가중되기 시작한다. 볼리비아는 재정난 해소를 위해 칠레의 광산회사들에 높은 과세를 부과한다. 이에 따라 칠레의 광산회사들은 1874년 25년간 세금 인상을 단행하지 않겠다던 볼리비아와의 합의 내용을 내세워 세금 납부를 거부한다. 결국 칠레는 1879년 안토파가스타 시를 무력으로 점령한다. 볼리비아는 멜가레호 대통령 실각 이후 아돌포 바이비얀(Adolfo Ballivián) 대통령이 당선되면서 페루와 비밀리에 군사동맹조약을 체결한다. 이러한 이유로 칠레가 1879년 4월 5일 공식적인 전쟁을 선언하게 되면서 태평양 전쟁이 시작되었다. 페루와 볼리비아 연합군의 병력은 칠레보다 훨씬 유리했음에도 불구하고 영국, 프랑스, 이탈리아 등 유럽과 미국의 개입을 포함한 동맹국 내부의 정치적 혼란으로 전쟁은 오랜 기간 지속되었다. 1879년에서 1880년 사이 칠레는 아타카마 사막을 비롯한 서부 연안 일대를 시작으로 1881년 페루의 수도 리마까지 장악하게 되면서 전쟁에서 승리를 거둔다. 이후 칠레는 1883년에는 페루와, 1884년에는 볼리비아와 평화협정을 맺는다. 칠레는 평화협상을 통해 볼리비아 소유하에 있던 해안 지역의 사막과 페루의 영토였던 타크나(Tacna), 타라파카(Tarapaca), 아리카(Arica)를 차지하게 되었다. 1929년 미국의 중재로 타라파카와 타크나는 페루에 반환되었지만 아리카는 여전히 칠레의 영토로 남아 있다. 칠레가 태평양 전쟁을 승리로 이끌면서 지하자원이 풍부한 북부지역의 영토를 차지하게 됨에 따라 칠레는 경제적 번영을 비롯한 정치 및 군사적 강국으로 부상하게 되었다. 한편 볼리비아는 아타카마 지역을 잃게 되면서 내륙국가가 되면서 태평양으로의 진출이 어려워졌고 결국 1932년 파라과이와 차코 전쟁(Guerra del Chaco)을 벌이기도 한다. 하지만 다시 패하게 되면서 내륙국가에서 벗어나지 못한다. 페루 역시 전쟁에서 주요 수입원 역할을 했던 아타카마 지역을 빼앗기면서 막대한 경제적 타격을 입는다.

Guerra Grande (대전)　　1839년부터 1851년까지 리오 델 라 플라타(Río de la Plata) 지역에서 일어났던 전쟁을 일컫는다. 아르헨티나 연방주의자들과 합세한 마누엘 오리베(Manuel Oribe, 1792~1857) 장군의 백색군(blancos), 아르헨티나 통일주의자들과 합세한 적색군(colorados)이 대립하였다.

Guerra Guaranítica (구아라니티카 전쟁)　　파라과이에서 구아라니(guaraní) 원주민들과 예수회 선교사들이 스페인 포르투갈 연합군과 전쟁을 치룬 사건이었다. 1750년 1월 13일 마드리드 조약(Tratado de Madrid)은 스페인과 포르투갈 사이에 아시아와 아메리카의 영토 경계선을 새로 정하면서 스페인은 27,000명에 해당하는 7개의 구아라니족 마을을 콜로니아 델 사크라멘토(Colonia del Sacramento)로 맞바꾸기로 하였다. 이전에 한 번도 반란을 일으킨 적이 없었던 구아라니들이 이 조약에 반대하여 전쟁을 일으켰다.

Guerra Sucia (더러운 전쟁)   다양한 나라에서 사용되는 용어로 군부 세력 또는 준군사세력이 민중에게 폭력을 행사하며 정치적 상황에 간섭을 하는 것을 의미한다. 군사적 목적이 있다는 점과 경제적 난황을 겪는 시기에 발생한다는 점에서 일반 전쟁과는 차별된다.

Guerra Sucia(Argentina) [더러운 전쟁(아르헨티나)]   1976년에서 1983년까지 아르헨티나에서 군사정권이 국가에 의한 테러, 조직적인 고문, 강제 실종, 정보 조작을 자행한 시기를 말한다. 학생·기자·페론주의 혹은 사회주의를 추종하는 게릴라 및 동조자가 주요 피해자였다. 약 1만 명 정도의 몬토네로스와 인민혁명군의 게릴라가 실종됐고, 최소 9천에서 최대 3만에 달하는 사람들이 실종되거나 살해된 것으로 추정된다. 더러운 전쟁은 콘도르 작전의 일부로 시작됐다.

Guerra Trigueros, Alberto (알베르토 게라 트리게로스)   (1898~1950) 니카라과의 시인, 수필가, 언론인. 엘살바도르에서 새로운 미학을 전파하는 데 역할을 하였다. 자유시를 주창하며 "통속(vulgar)"시를 주로 썼다. 작품으로 『*Poesía versus arte: artículos y conferencias*』(1942), 『*Minuto de silencio*』(1951), 『*El libro, el hombre y la cultura*』(1948) 등이 있다.

Guevara, Nacha (나차 게바라)   (1940~) 아르헨티나의 배우, 가수이자 정치인. 마르 델 플라타(Mar del Plata)에서 출생했다. 저항 가요를 불러 검열이 심하던 70년대에 스페인과 미국 등에서 망명생활을 하였으며 1984년 민주주의가 시작되자 귀국하였다. 영화 작품으로 상을 받는 등 배우로서 성공도 거두었으며 2009년 하원 의원이 되었으나 얼마 후 사임하였다.

Guido y Spano, Carlos (카를로스 기도 스파노)   아르헨티나 출신의 시인으로 1827년에 부에노스아이레스에서 출생하여 1918년에 사망했다. 낭만주의 시인으로서 전성기를 누렸으며, 1871년에는 자신의 시를 모두 모은 시집 『*Hojas al viento*』를 출간했다.

Guillén Batista, Nicolás (니콜라스 기엔 바티스타)   (1902~1989) 쿠바의 카마구에이(Camagüey)에서 태어나 아바나(La Habana)에서 사망한 쿠바의 시인으로 많은 비평가들과 학자들에 의해 쿠바에서 가장 위대한 시인으로 여겨진다. 살아 있는 동안 많은 서정적인 작품을 썼고 풍부하고 다양한 주제와 문제가 돋보인다. 특히 흑인시와 사회 참여시, 민속성의 뿌리에서 나온 신민중주의의 길을 걸었다. 대표적 작품으로는 첫 번째 시집 『*Motivos del son*』(1930)과 『*West Indies, Ltd.*』(1934), 『*Cantos para soldados y sones para turistas*』(1937), 『*Tengo*』(1964) 등이 있다.

Guillermo Cabrera Infante* (기예르모 카브레라 인판테)   (1929~2005) 쿠바를 대표하는 소설가 중 한 명으로 언어에 대한 끊임없는 사유와 실험적 글쓰기로 작품활동을 펼쳐나갔다. 영문학의 오랜 전통인 동음이의어를 이용해 사물을 비난하는 '펀(pun)'을 차용하였다. 이런 언어유희는 작품에서 두드러지게 나타나는데 유쾌하고 재치 있는 언어유희는 쿠바에서 농담조로 하는 조롱인 '초테오(choteo)'에 지적인 분위기를 가미한 느낌을 준다. 그는 패러독스와 난센스를 즐겼다. 영화에도 큰 열정을 갖고 있었는데 이런 열정은 문학작품에도 잘 반영되어 나타난다. 1949년 잡지 <Nueva Generación>을 창설하였고 유명 잡지 <Carteles>의 영화평론가로 활동하였다. 1952년 잡지 <Bohemia>에 글을 실어 투옥되어 이후 필명 'G. Caín'을 사용하였다. 작가의 첫 작품 『Así en la paz como en la guerra』(1960)는 쿠바의 독재자 풀헨시오 바티스타(Fulgencio Batista)의 정권을 배경으로 하고 있다. 카브레라 인판테는 당시 문학을 정치적 사건을 증언하기 위한 도구로 사용하였기 때문에 작품은 현실적인 성향이 강하게 나타났다. 『Tres tristes tigres』는 1958년 라 아바나를 배경으로 젊은 쿠바인들의 문화를 다루는데 이 젊은이들의 대부분이 밤 문화를 즐기는 사람들이다. 등장인물들은 재즈의 은어, 아프리카계 쿠바와 프티부르주아적 언어를 사용한다. 이 소설은 쿠바의 언어는 존재하지 않기 때문에 쿠바의 문화 또한 존재하지 않으며 오로지 존재하는 것은 외국어의 영향과 은어뿐이라는 사실을 보여준다. 이외에도 1974년에는 『Vista del amanecer desde el trópico』(1974), 『O』(1975), 『La habana para un Infante difunto』(1979), 영화 에세이 『Cine o sardina』(1997), 『El libro de las ciudades』(1999), 『Puro humo』(2000) 등을 발표했다. 카브레라 인판테는 지적 독립 성향이 강했기 때문에 피델 카스트로(Fidel Castro)와 잦은 마찰을 빚었고 카스트로는 이런 껄끄러운 상황을 피하기 위해 1963년 카브레라 인판테를 브뤼셀 주재 쿠바 대사관의 문화 담당관으로 파견한다. 그럼에도 불구하고 카스트로 체제와 카브레라 인판테의 의견 충돌이 점점 악화되면서 1965년 어머니의 사망으로 쿠바를 찾은 카브레라 인판테는 결국 카스트로와 완전한 결별을 선택한다. 이에 따라 카브레라 인판테는 마드리드를 거쳐 부인과 함께 런던으로 건너가 그곳에서 생을 마감할 때까지 거주하게 된다. 이런 이유로 그의 작품은 대부분 쿠바 밖에서 쓰였지만 그의 머릿속은 온통 쿠바 생각뿐이었으며 마음은 오로지 쿠바를 향해 있었다. 자신만의 언어로 쿠바를 재구성하고 새롭게 만들어낸 카브레라 인판테는 쿠바의 서민들이 쓰는 언어를 사용하고, 여러 장르를 넘나들며 이중 언어유희를 사용하고, 스페인어가 아닌 영어로 소설을 발표하며 육체적 망명뿐만 아니라 언어적 망명을 선택한다. 카브레라 인판테의 육체와 언어가 모두 망명 상태에 놓이게 되면서 자신의 것과 타인의 것이 서로 만나게 되면서 작가는 새로운 문학적 토대를 구축시킨다. 카브레라 인판테는 1997년 10월 세르반테스상을 수상하게 되는데, 쿠바와 일부 라틴아메리카 국가들은 이런 결정을 카스트로 정권을 경멸하는 것으로 여기고 냉혹한 비난을 쏟아 부었다.

Güiraldes, Ricardo (리카르도 구이랄데스)　　(1886~1927) 아르헨티나의 지방귀족 출신으로 어려서부터 파리 생활을 몸에 익혔기 때문에 아르헨티나 시골의 전원적 생활과 파리의 지적 생활의 양면이 작품에 나타난다. 대표작은 『Don segundo sombra』(1926)로 가우초 문학(Novela Gaucha)의 혁신인 동시에 20세기 아르헨티나 문학에 한 획을 그었다. ➡ La literatura argentina a principios del siglo 20(20세기 초 아르헨티나 문학)

Guirao, Ramón (라몬 기라오)　　(1908~?) 쿠바의 시인이다. 흑인시를 썼으며 아프로쿠바노 학술 협회(La Sociedad de Estudios Afrocubanos)의 창립 멤버이다. 작품들 중 대표작으로는 『Bongó, poemas negros』(1934), 『Órbita de la poesía afrocubana』(1938) 등이 있다. ➡ La literatura cubana del siglo 20(20세기 쿠바 문학)

Güiro (구이로)　　건조하고 속이 비어 있는 악기로 공명 현상이 탁월하다. 긴 타원형의 형태로 마치 빨래판처럼 홈이 파인 공명기 표면을 나무막대로 긁어서 소리를 내는 몸 울림 악기이다. 멕시코에서는 나무로 만든 물고기 모양을 만들어 연주하기도 한다.

Gusmán, Luis (루이스 구스만)　　(1944~) 아르헨티나 소설가, 수필가이자 기자이다. 뛰어난 산문가로 알려졌다. 소설 『El frasquito』(1973) 데뷔작으로 이름을 알렸으며, 아르헨티나 유명한 신문지 <El Clarín>과 <El cronista comercial>에 여러 차례 기사를 실었고 수필가로도 유명하다. 주된 작품은 『Villa』(1995), 『Hotel Edén』(1999) 등이 있다.

Gutiérrez Alea, Tomás (토마스 구티에레스 알레아)　　(1928~1996) 쿠바의 영화감독으로 다큐멘터리와 단편영화를 포함해 20여 개가 넘는 작품을 만들었다. 특히 멕시코 혁명 후기에 대한 날카로운 통찰력을 지닌 것으로 잘 알려져 있으며, 혁명에 대한 헌신과 국가의 사회, 경제, 정치에 대한 비판 사이에서 정교한 균형을 유지하였다. 또한 문화비평가 그룹인 '누에스트로 티엠포(Nuestro Tiempo)'의 일원이었다.

Gutiérrez Nájera, Manuel (마누엘 구티에레스 나헤라)　　(1859~1895) 멕시코 출신의 시인이며 멕시코 모데르니스모의 창시자이다. 주로 죽음과 같은 철학적인 주제의 시를 썼으며 이미지, 메타포, 비교법 등의 수사법에서 독창성을 보여준다.

Gutiérrez, Ernesto (에르네스토 구티에레스)　　(1929~1988) 니카라과의 작가이다. 1953년 장시 『Yo conocía algo hace tiempo』를 통해 작가가 되었다. 니카라과의 문화적 융합을 도모하는 잡지 <Cuadernos Universitarios>의 편집장이었다. 다른 작품으로 『Temas de la Hélade』(1973) 등이 있다.

Gutiérrez, Juan María (후안 마리아 구티에레스)　　(1809~1878) 아르헨티나 출신으로 풍속 묘사, 소설, 문학 비평, 과학 등의 다양한 장르를 다룬 작가이다. 19세기 아르헨티나에서 자유주의를 이끈 주도자들 중 한 명이었고 동시에 아르헨티나의 과학·기술 분야를 발전시킨 선구자이다.

Gutiérrez, Lucio (루시오 구티에레스)　　(1957~) 군인 출신으로 에콰도르의 전 대통령. CONAIE(Confederación de Nacionalidades Indígenas del Ecuador) 및 파차쿠텍(Pachacutec) 정당의 지지를 받아 대통령에 당선되었다. 이후 의회탄핵으로 축출되어 구속영장 및 출국금지령을 받았으나 브라질로 비공식적 망명을 했다.

Gutiérrez, Ricardo (리카르도 구티에레스)　　아르헨티나의 의사이자 작가로 1836년에 출생하여 1896년에 사망했다. 1860년에 발표한 『La fibra salvaje』를 통해 명성을 얻었다. 가장 널리 알려진 시로는 『El Angelus』, 『El misionero』 등이 있다.

Guzmán Blanco, Antonio (안토니오 구스만 블랑코)　　(1829~1899) 베네수엘라의 자유당 출신 정치인. 1870년부터 1877년, 1879년부터 1884년, 1886년부터 1888년까지 총 3번 대통령직을 수행하였다. 법학 학위를 받은 후 국외 외교직으로 전전하다가 "푸른 혁명(Revolución Azul)"으로 명명된 전투에서 승리하면서 대통령직을 수행하게 되었다.

Guzmán Huerta, Rodolfo (로돌포 구스만 우에르타)　　(1917~1984) 멕시코 출신의 엘 산토(El Santo)라는 별명을 가진 21편의 영화에 출연한 전설적인 레슬러이자 영화배우였다. 가면을 쓴 이 레슬러는 곧 엄청난 인기를 얻었고, 인기에 힘입어 만화작가들이 그를 주인공으로 한 만화를 그리기 시작했다. 만화는 오랜 인기를 끌고 몇 년 후엔 영화로 제작되었다. 그 후로 수십 편의 영화에 출연하였다. 레슬러와 배우활동을 그만두고 2년 뒤 심장마비로 사망하였다.

Guzmán, Antonio Leocadio (안토니오 레오카디오 구스만)　　(1801~1884) 베네수엘라의 기자, 정치인. 호세 안토니오 파에스(José Antonio Páez, 1790~1873) 독재에 대항하여 1839년 자유당(Partido Liberal)을 창당하였다. 1847년 사형을 선고받았다가 1년 뒤 사면 받은 후 내무부 장관직을 수행한다.

Guzmán, Martín Luis (마르틴 루이스 구스만)　(1887~1976) 멕시코의 기자, 외교관이자 작가이다. 특히 마리아노 아수엘라(Mariano Azuela)와 함께 멕시코 혁명소설의 선구자로, 멕시코 혁명에서 함께 싸웠던 프란시스코 비야(Fransico Villa)라는 인물에 대한 작품인 『El águila y la serpiente』(1928)가 대표작이다. ➡ La literatura mexicana del siglo 20(20세기 멕시코 문학)

Guzmán, Nicomedes (니코메데스 구스만)　(1914~1964) 칠레의 작가이다. 도시 프롤레타리아 그룹에 대한 매우 예리한 시선을 작품 속에 담아냈다. 고단한 삶을 산 작가이다. 대표작으로는 『Los hombres oscuros』(1939), 『La sangre y la esperanza』(1943), 『La luz viene del mar』(1951) 등이 있다.

H

Hacienda (아시엔다)　　대지의 농장 혹은 목장을 가리키며, 일반적으로 대토지소유 제도의 특성을 갖는다. 아시엔다의 내부에는 교회, 상점, 학교 등이 있으며, 스페인 안달루시아 지방에서 기원을 두고 중세의 봉건영지와 유사한 성격을 갖는다. 아메리카 식민화 시기 때, 아메리카 대륙에도 이 제도가 정착되었다.

Haití (아이티)　　카리브 해 라 에스파뇰라(La española) 섬 서쪽에 위치한 국가이다. 동쪽으로는 도미니카 공화국이 위치하며, 수도는 푸에르토 프린시페(Puerto Príncipe)이다. 면적은 27.750 km², 인구는 8,121,622명(2005년)이다. 아이티어와 프랑스어를 공용어로 사용하고 인구의 95%가 흑인, 80%가 가톨릭교다.

Hanan Pacha (하난 파차)　　잉카 전설에 의하면 하늘의 세상을 말하며 모든 신들이 있는 곳을 뜻한다. 상징은 콘도르로 표시되었다. ⇒ Religión del Imperio inca(잉카 제국의 종교)

Hatunruna (아툰루나)　　잉카 사회의 가장 많은 인구를 차지하는 계층. 주로 목축, 농업, 어업과 공예에 종사했다. 경우에 따라 군대에도 참여할 의무가 있으며 많은 인원은 미티마에(Mitimae) 또는 야나코나(Yanacona) 계층으로 바뀌곤 했다. ⇒ Organización social del Imperio Inca(잉카 제국의 사회 조직)

Hau-maka (아우마카)　　이바(Hiva)라는 전설의 땅에서 살던 아우마카라는 지식인이 있었다. 꿈에 마케마케(Make-Make) 신이 나타나 이스터 섬을 그에게 보여줬다. 그 섬에 있는 라노 카우(Rano Kau) 화산 위에서 흰 모래로 깔린 해변을 보게 되었고, 그곳이 살기에 적합하다고 그에게 신이 말했다. 그는 그 꿈을 모두 마투아(Hotu Matúa) 당시 부족장에게 알렸으며, 그 땅의 존재를 확인한 후 그곳으로 부족이 이주했다.

Hector Abad Faciolince* (엑토르 아바드 파시올린세)　　콜롬비아 메데인 태생으로, 누이만 다섯 있는 집에서 유일한 아들로 태어났다. 어린 시절에는 안티오키아 대학에서 의학교수로 재직했던 부친의 영향을 받았고, 아버지를 통해 시인 포르피리오 바르바 하콥(Porfirio Barba Jacob), 레온 데 그레이프(León de Greiff) 등을 접할 수 있었다. 대학에서는 의학과 철학, 저널리즘을 공부했다. 2008년까지는 <Semana>라는 잡지사에서 칼럼니스트로 일했고, 그 후로는 일간지 <El Espectador>에서 일했다. 이미 1994년에 단편소설로 여러 개의 상을 수상했고, 1998년과 2006년에는 시몬 볼리바르 저널리즘상 Premios Simón Bolívar de Periodismo de Opinión을 수상한 바 있다. 스페인에서도 2000년에 소설 『*Basura*』로 혁신적인 소설가에 수여하는 아메리카 하우스상을 수상했으며, 2005년에는 중국에서 소설 『*Angosta*』로 올해의 최고 외국어 소설상(Premio a la

Mejor Novela Extranjera del Año)을 수상했다. 2010년에 소설 『El olvido que seremos』로 포르투갈 아메리카 하우스상을 수상했다. 또한 움베르토 에코(Umberto Eco), 람페두사(Lampedusa), 이탈로 칼비노(Italo Calvino) 같은 작가들의 작품을 번역해 라틴아메리카의 다양한 잡지에 실었으며, 많은 나라의 문학 학술대회 등에 초청연사로 참가하곤 했다. 전술한 번역 작품 이외에도 『Malos Pensamientos』(1991), 『Asuntos de un hidalgo disoluto』(1994), 『Tratado de culinaria para mujeres tristes』(1996), 『Fragmentos de amor furtivo』(1998), 『Palabras sueltas』(2002), 『Oriente empieza en El Cairo』(2002), 『El olvido que seremos』, 『El amanecer de un marido』(2008), 『Traiciones de la memoria』(2009) 등을 번역했다. 현재 콜롬비아 보고타에 거주하면서 작가 겸 칼럼니스트로 활동하고 있다.

Heiliger Nicolaus (하일리거 니콜라우스)   니카라과의 소설가 세르히오 라미레스(Sergio Ramírez, 1942~)의 단편. 독일 베를린에서 크리스마스 때 산타클로스로 변장하는 일을 맡게 된 베네수엘라인의 경험을 그린다. 작가는 사회 고발적 성격이 강한 성향을 띠고 있어 이 작품에서도 유럽의 인종차별을 그려내고 있다.

Heker, Liliana (릴리아나 헤케르)   (1943~) 아르헨티나 단편소설가이자 기자이다. 아르헨티나의 문학잡지인 <El escarabajo de oro>와 <El ornitorrinco>의 사장이었으며, 서평과 수필을 통해 많은 문학 논쟁에 관해서 다루었다. 23세에 출판한 『Los que vieron la zarza』(1966)로 이름을 알렸으며, 여러 작품이 영어, 독일어, 러시아어, 기타 언어로 번역되었다. 모든 작품을 『Los bordes de lo real』(1996)에 출간했으며, 『Las peras del mal』(1980), 『El fin de la historia』(1996) 등이 있다.

Henestrosa, Andrés (안드레스 에네스트로사)   (1906~2008) 멕시코의 작가, 언어학자. 인디헤니스모 작가들 중 가장 중요한 인물 중 하나로 여겨진다. 구겐하임(Guggenheim) 기관의 장학금을 받아 미국에서 다양한 언어학 연구를 수행했으며, 대표적인 저작으로는 『Alfabeto y vocabulario zapoteco』가 있다. 또한 『Los hombres que disperso la danza』를 들 수 있다. ☞ La literatura mexicana del siglo 20(20세기 멕시코 문학)

Henríquez, Camilo (카밀로 엔리케스)   1769년에 태어나 1825년에 사망한 신부이자 작가이다. 교회를 등지고 자유로운 작품을 썼으나, 세속적인 엉터리 시인으로 평가받았다. 대표작으로는 『La Camila, o La patriota de Sudamérica』가 있다.

Heraud, Javier (하비에르 헤라우드)   (1942~1963) 페루의 시인이다. 헤라우드는 현대 히스패닉아메리카 시문학 전체에서 상징적인 발자국을 찍은 인물이다. 시 작품은 내밀한 어조와 단순명료하고 친숙한 언어로 표현된다. 마지막 작품은 주로 사회적 함의가 있는 주제를 다루고 있으며 전쟁, 그리고 죽음이 가져온 정치적 경험의 산물이다. 게릴라 전투에서 총살당해 사망했다.

Heredia y Heredia, José María de (호세 마리아 데 에레디아 이 에레디아)   올메도(Olmedo), 베요(Bello)와 함께 루벤 다리오(Ruben Dario) 이전에 유럽에서 알려지고 읽혔던 쿠바의 시인으로, 1803년에 쿠바에서 출생하여 1839년에 멕시코에서 사망했다. 대학에서 인문학과 철학 및 법학을 공부했다. 정치적 이유로 망명생활을 해야 했다.

Herencia (에렌시아)   페루 작가 클로린다 마토 데 투르네르(Clorinda Matto de Turner, 1854~1909)의 1895년 작품. 작가의 가장 성공적이었던 소설 중 하나로, 사회의 병폐를 교육으로 해결할 수 있었다고 생각한 작가의 생각을 바탕으로 쓰였다. 성격이나 행동과 관련된 유전적 요소를 교육적 요소를 통해 대체하는 모습을 보이는 내용을 담았다.

Hernández Aquino, Luis (루이스 에르난데스 아키노)　(1907~) 푸에르토리코의 언론인, 평론가이자 작가이다. 20세기 모든 장르, 즉 소설, 시, 문학 비평, 수필 그리고 언론에서 활동한 푸에르토리코의 가장 중요한 작가들 중 하나이다. 특히 시에서 두각을 나타냈으며 20~30년대의 전위주의 운동에서부터 라틴아메리카인의 뿌리를 찾는 경향으로 나아갔다. 스페인어 작가 협회상(La Asociación de Escritores Españoles)을 포함하여 지금까지 수많은 상을 받았으며 작품으로 『*Niebla Lírica*』(1931), 『*Isla para la angustia*』(1943), 『*Memorias de Castilla*』(1956), 『*Del tiempo cotidiano*』(1960) 등이 있다.

Hernández Catá, Alfonso (알폰소 에르난데스 카타)　(1885~1940) 쿠바의 작가로 소설, 기사, 시 그리고 연극을 주로 썼다. 초기에 영향을 받았던 트리고의 관능주의와 오스카 와일드의 비도덕주의를 극복하며 언어의 깔끔함과 간결한 서술을 특징으로 하는 『*El placer de sufrir*』 등의 작품을 썼다.

Hernández, Felisberto (펠리스베르토 에르난데스)　(1902~1964) 우루과이의 작가. 우루과이에서 가장 위대한 작가들 중 하나로 여겨진다. 음악을 공부했으며 초기 작품 속에 그 영향이 들어 있다. 언론인으로서 많은 잡지 활동에도 참여했다. 대표작으로는 유년의 경험을 담은 『*El caballo perdido*』(1943), 『*Fulano de tal*』(1925), 『*La casa inundada*』(1960) 등이 있다. ➡ La literatura uruguaya del siglo 20(20세기 우루과이 문학)

Hernández, Felisberto (펠리스베르토 헤르난데스)　(1902~1964) 우루과이의 위대한 작가들 중 한 명으로 여겨지는 인물로 음악을 공부했으며 여러 잡지와 신문에 기고했다. 초기의 단편소설 『*Fulano de tal*』(1925), 『*Libro sin tapas*』(1929), 『*La cara de Ana*』(1930), 『*La envenenada*』(1931) 등의 작품에서 과거의 노스탤지어적인 기억에 몰두한다. 이후에는 새로운 시기로 접어들어 『*Nadie encendía las lámparas*』(1947), 『*La casa inundada*』(1960)에서와 같이 유년기의 체험을 재창조하고 둘러싼 세계의 미스터리를 탐구한다. ➡ La literatura uruguaya del siglo 20(20세기 우루과이 문학)

Hernández, José (호세 에르난데스)　아르헨티나 출신의 군인, 기자, 정치가이자 시인으로, 1834년에 출생하여 1886년에 사망했다. 신문 <El Río de la Plata>를 창간하였으나 사르미엔토(Sarmiento) 정부에 의해 폐간되었다. 시인으로서 1872년에 『*El Gaucho Martín Fierro*』를, 1879년에 『*La vuelta de Martín Fierro*』를 발표했다.

Hernández, Luisa Josefina (루이사 호세피나 에르난데스)　(1928~) 멕시코의 극작가, 소설가, 번역가이다. 멕시코의 40년대 작가군에서 가장 뛰어난 인물 중 하나로 여겨진다. 백여 편에 가까운 작품을 썼으며 거의 40여 년 동안 교편을 잡았다. 대표작으로는 1957년 작 『*Los huéspedes reales*』가 가장 의미 있는 작품으로 여겨진다.

Herrán Guinchard, Saturnino (사투르니노 에란 긴차르드)　(1997~1918) 대중문화에 관심을 가졌던 멕시코의 화가로 원주민을 존엄한 존재로 표현하였다. 주로 인종들의 다양한 모습과 풍습을 그려냈다. 그의 「*La Tehuana*」는 중남미 미술의 고전이 된 작품이다. 항상 가볍고 긍정적인 시각을 가지고 있었으며 벽화가를 꿈꾸어 「*Nuestros Dioses*」라는 벽화 시리즈를 시작했으나 요절로 인해 완성시키지는 못하였다.

Herrasti, Vicente (비센테 에라스티)　(1967~) 멕시코 작가로 크렉 세대의 일원이다. 멕시코 대학에서 법률을 공부했으며, 장학생으로 해외 유학을 하였고 그곳에서 학문을 닦았다. 번역가로 활동했을 뿐 아니라 하버드 대학에서 문학을 가르치기도 했다. 대표작품으로 『*Taxidermia*』(1995), 『*Diorama*』(1998), 『*La muerte del filosofo*』(2012) 등이 있다.

Herrera Campins, Luis (루이스 에레라 캄핀스)   (1925~2007) 베네수엘라의 정치인. 1979년부터 1984년까지 대통령을 역임했다. 1958년 사회기독당(PSC)에 가입하였으며 이와 합세한 독립선거정치단체위원회(COPEI)에서 출마하여 당선된 이후 베네수엘라 문화정책에 크게 기여하였다.

Herrera y Obes, Julio (홀리오 에레라 이 오베스)   (1842~1912) 우루과이에서 가장 뛰어난 변호사 중 하나로 두각을 나타냈다. 삼국동맹전쟁(Guerra de Triple Alianza) 중 베나시오 플로레스(Venacio Flores) 대통령 비서로 일하였고 1872년에는 외교부 장관의 직무를 받게 되었다.

Herrera y Reissig, Julio (홀리오 에레라 이 레이시그)   (1875~1910) 우루과이 출신의 시인이다. 1889년 <Revista>를 1907년에는 <Nueva Atlántida>를 창간했다. 자신의 집에서 Torre de los Panoramas이라는 문학 모임을 주도했으며 이를 통해 첫 책『Las Pascuas del Tiempo』(1900)를 발표하고 이후의 작품들에는 시골생활과 풍경에 관한 표현들을 나타냈다. ➡ La literatura uruguaya del siglo 20(20세기 우루과이 문학)

Hershey Sugar Town (허쉬 슈거 타운)   쿠바에 위치하고 있으며, 주거시설, 학교, 의료시설, 오락 및 여가시설을 갖추고 있으며 전용 철도망과 전차까지 구비되어 있다. 쿠바가 세계 최대의 설탕 수출국이었음을 보여주는 도시에 가까운 거대한 규모의 마을이다.

Het (헷)   아르헨티나에 생활하던 민족으로 동부에 넓게 퍼져 있었다. 1774년 토마스 팔크네르(Thomas Falkner)는 헷 민족을 탈루엣(Taluhet), 디우엣(Diuhet), 체체엣(Chechehet) 등 3개의 세부 계열로 나눴다.

Heterotopia* (헤테로토피아)   인간은 늘 자신이 소유하고 있는 것에 대해 불만족하며 결핍된 것을 추구하고자 하는 기본적인 욕망을 지니고 있는 바, 이 결핍된 것을 충족시키기 위해 부단히 노력해 왔으며 현실을 초월한 이상향 유토피아를 꿈꿔왔다. 결국 유토피아라는 것은 사회적 상황에 따라, 즉 시대에 따라 그 색깔을 달리할 수 있는 가변적인 시대정신인 것이다. 유토피아의 어원을 살펴보면, 고대 그리스어로 거슬러 올라가는데 Utopía=Ou(없는 것)+topos(장소), 즉 실재하지 않는 장소(no-where)에서 유래하는 것으로 알려져 있다. 결국 유토피아란 '어디에도 없는 곳'이란 뜻으로, 현실에는 존재하지 않는 이상향(理想鄕)이 바로 유토피아인 것이다. 이처럼, 유토피아 사상은 한 시대의 비판정신과 개혁사상의 발로로서 새로운 사회상을 수립하고 이를 실현하려는 인간 욕구의 표현으로 볼 수 있다. 그것은 기본적으로는 현실 초월의식이지만 또 한편으로는 현실에 대한 철저한 인식에서 출발하고 있어서 그 시대성과 역사성을 잘 반영하고 있다. 유토피아 사상은 특히 격변하는 시대에 더욱 활발히 나타나므로 종교개혁·르네상스·신대륙의 발견·과학혁명·산업혁명 등의 급물살을 타고 있던 16~18세기 유럽사회 전반에서 강하게 나타났었다. 토마스 모어의『Utopia』에서도 그렇듯이, 로고스 중심주의적 사고에서 이상향은 코스모스 적인 질서가 유지되고 있는 유토피아였다. 그러나 20세기에 들어서면서 유럽인들은 19세기의 낙관적 신념을 상실하고 그들이 기대했던 진보의 목표가 하나의 환상이었음을 자각하게 되었다. 그 결과, 그들이 느끼게 된 실의와 좌절은 유토피아 문학의 부재와 유토피아 사상의 마비를 초래하였으며, 한 걸음 더 나아가 유토피아에의 꿈이 상실됨과 동시에 반유토피아, 즉 안티-유토피아(anti-Utopia) 혹은 디스토피아(Distopia)로 명명되는 또 다른 개념이 선보이게 된다. 디스토피아라는 말은 디스-유토피아(dis-Utopia)에서 온 말로, 유토피아가 '낙원'을 의미한다면 그 반대인 디스토피아는

'지상에 존재하는 지옥'을 의미한다고 할 수 있다. 디스토피아 작품들은 원칙적으로는 '이성'이라는 모범을 제시하고 있으므로 기존의 유토피아 전통을 계승하고 있는 것으로 보이지만, 그 이면에 더 이상 '이성'이라는 것이 가장 좋은 상태의 꿈의 형상만을 보여줄 수는 없다는 메시지를 담고 있으며 한발 더 나아가 절대화된 이성의 성과와 그 이성에 대한 맹종 앞에 경종을 울려주고 있다. 이처럼 사고의 변천 과정을 거치고 더욱이 양차 세계대전을 겪으면서 극심한 정체성의 혼란을 겪게 된 20세기 중반 이후, 인류는 더 이상 로고스 중심적인 사고를 유지할 수 없었으며, 그러한 사고는 포스트모더니즘이라는 시대적 정신으로 형상화되면서 시대정신의 산물이었던 유토피아 개념 역시 해체주의적 시각을 반영한, 즉 기존의 이상향을 해체하는 혼재향(heterotopía)의 개념으로 대체되기에 이른다. 물론, 포스트모더니즘이 모더니즘과의 단절을 꿈꾸면서도 다른 한편 그 연장선상에 있을 수밖에 없었던 것처럼, 헤테로토피아 개념 역시 디스토피아와 동일한 관계에 있다고 볼 수 있다. 즉 과학의 발전을 통해서도 인류가 꿈꾸던 유토피아는 달성할 수 없으며, 따라서 인간의 '이성'이 빚어낼 수 있는 긍정적 결과에 대한 신뢰는 더 이상 유지할 수 없다는 측면에서는 디스토피아와 헤테로토피아가 공통된 관점을 보여주고 있으나, 반면 디스토피아가 '이성'의 부정적 모습을 부각시키고 있음에도 불구하고 기본적으로 '이성'이라는 모범을 지향하고 있기에 선과 악의 이분법적 사고의 틀에서 벗어나지 못한다면, 그러한 사고의 틀을 초월하여 이항대립적 개념들의 대립관계를 청산하고 그 개념들의 공존을 수용하는 헤테로토피아는 탈중심주의적 사고의 새로운 틀을 형성하고 있다는 점에서 변별점을 찾아볼 수 있다는 것이다. 앞서 언급했듯이 유토피아라는 명칭의 어원은 그리스어로 거슬러 올라가며 그 뜻은 실재하지 않는 장소인 '이상향'이라 했는데, 이에 비해 '혼재향'을 의미하는 어휘 '헤테로토피아(Heterotopía)'는 '헤테로클리(hetéroclife)'의 '헤테로(hetero)'와 '토포스(topos, 장소)'를 결합시킨 말로, 한 덩어리 내부에서 얼마간 다른 성질의 요소들이 있는 장소를 의미한다. 이 같은 헤테로토피아가 반영된 문학세계를 후대의 학자들은 다양한 이름으로 규정하고자 했다. 데리다는 초월적인 본질이나 중심, 그것의 현현에 대해 그 내부에 존재하는 균열을 드러내는 방식으로 대결하면서 로고스 중심적 사고에 정면 도전장을 내밀었다. 그는 해체철학의 기치하에 중심을 허물어뜨리고 더 나아가 확고한 체계로 이루어진 구조체의 중심은 사실상 존재하지도 않는 허상이라면서 중심과 주변의 혼재적 양상을 '파르마콘'이라는 이름으로 불렀다. 그런가 하면, 푸코는 자신의 저서 『Les Mots et les choses』에서 '헤테로토피아'라는 명칭을 사용한다. 그는 이 명저가 아르헨티나 작가 보르헤스의 한 작품에서 영감을 얻어 쓰인 것이라고 공공연히 밝힘으로써 많은 비평가들이 보르헤스 문학을 20세기 후반부에 전 세계를 풍미했던 포스트모더니즘의 출발점으로 간주하게 되는 계기가 되었다. 푸코는 기존의 정렬된 표층적 구조를 '유토피아'라고 상정하고, 이에 비유해 해체된 상태를 설명하면서 '헤테로토피아'라는 개념을 상정한다. 또한, 푸코는 '말과 사물'의 핵심을 이루는 수백 년간 서구 사상을 지배해 온 '자아(lo Mismo)'와 '타자(lo Otro)'의 구분에 대한 문제를 언급하면서, 이러한 절대적 사고의 붕괴를 지적하고 있다. 결국 헤테로토피아는 인간의 언어능력을 불신하고, 이것과 저것의 이분법적 고정관념을 거부하는 등 기존 인식론적 틀을 철저히 붕괴시키고 있다. 특히 문학적 의미에서의 '헤테로토피아'는 무엇보다 현실과 허구를 이분법적으로 분리하는 기존의 인식론을 해체하여 존재와 비존재가 그 경계를 허물어버린 문학의 공간을 말한다. 또한 그것은 자아성과 타자성을 구분하는 절대적 사고가 붕괴된 문학공간이며, 신과 피조물 사이에 존재하던 수직적 위계질서가 해체됨으로써 피조물 또한 신이 될 수 있고 신 또한 피조물일 수 있는 문학공간을 의미한다. 그리고 기독교적인 선형시간의 개념이 해체되고 현재가 과거와 미래로 무한히 확장될 수 있는 문학공간을 의미하기도 하며, 로고스 중심적 언어관이 해체되고 무한한 변주로서의 미결정적 언어관이 담긴, 즉 허구의 현실을 담아내는 허구로서의 메타픽션적 언어로 이루어진 문학공간을 말하는 것이기도 하다. 요약하면 '헤테로토피아'란 상반되고 이질적인 요소들이 공존하고 있는 관념의 공간, 즉 문학세계를 의미한다고 하겠다.

Hibridez(Hibridación) (혼종성)   아르헨티나 출신의 인류학자 가르시아 칸클리니(Néstor García Canclini, 1939~)가 제시한 개념으로 세계의 글로벌화와 그에 따르는 각 문화권의 정체성 및 변화의 문제를 설명하기 위한 것이다.

Hidalgo, Alberto (알베르토 이달고)   (1897~1967) 아르헨티나의 부에노스아이레스에서 활동한 미래주의 경향의 페루 시인. 페루 아레키파에서 태어났으며 1916년 알베르토 기엔(Alberto Guillén), 후안 파라 델 리에고(Juan Parra del Riego), 아브라함 발데로마르(Abraham Valdelomar)와 함께 콜로니다 그룹(el grupo Colónida)를 결성하였다. 단순주의(Simplismo)라는 이름의 새로운 사조를 주창하였으며 대표작품으로는 『Química del espíritu』(1923)와 『Simplismo』(1925)가 있다.

Hidalgo, Bartolomé (바르톨로메 이달고)   아르헨티나에 위치한 라 플라타 강(La Plata) 유역 최초의 가우초 시문학 시인이다. 1788년에 몬테비데오(Montevideo)에서 출생하여 1822년에 부에노스아이레스(Buenos Aires)에서 사망하였다. 작품세계는 조국의 독립을 방해하는 세력을 비웃는 내용의 첫 번째 시기와, 가우초의 눈을 통해 바라본 혁명 이후 비판이 담긴 두 번째 시기로 나뉜다. ⇒ Literatura Gauchesca(가우초 문학)

Hijitus (이히투스)   아르헨티나 풍자만화가 마누엘 가르시아 페레(Manuel García Ferré)의 작품이다. 1967년에 방송이 되었으며, 신청률이 매우 높았다. 이히투스는 희극 영웅이었으며, 우루과이, 칠레와 파라과이에서도 유명했다. 1955년에 <Billiken> 아동잡지에서 처음으로 등장했으며, 1990년과 2010년에 재방송이 되었고 시청률도 여전했다.

Hijo de hombre (이호 데 옴브레)   파라과이의 작가 아우구스토 로아 바스토스(1917~2005)의 작품. 1960년 작으로 어느 곳에서나 보편적으로 존재하는 화자의 기억을 통해 독립적으로 전개되는 7개 챕터에 역사적, 신화적 층위를 상호 결합시킨다. 작가는 이 작품을 "사회적 현실의 내적 역사"라 명명한 바 있다. ⇒ Augusto Roa Bastos(아우구스토 로아 바스토스)

Hijo de ladrón (도둑의 아들)   칠레의 전위주의 소설가 마누엘 로하스(Manuel Rojas, 1896~1973)의 작품. 1951년 작으로 지역주의적 배경을 바탕으로 아니세토 에비아(Aniceto Hevia)라는 악당을 창조하여 몰염치한 사회 안에서 살아가는 인간의 고난과 절망을 드러내 보이며, 이를 통해 실존적 초경험주의의 바탕 위에 보편적 '천민(roto)'의 삶을 형상화했다.

Himno nacional (국가)   나라를 대표하는 노래로 라틴아메리카의 국가들은 독립과 자유, 혁명을 노래하는 것이 많다. 대부분 독립 전쟁 전후로 생긴 것들로 혁명가들이 민중을 선동하기 위해 만든 것으로 보이며 공식 국가 외에도 국기애찬가 등 수많은 애국가들이 있다.

Historia de un sobretodo (이스토리아스 데 운 소브레토도)   니카라과의 모데르니스모 작가 루벤 다리오(Rubén Darío, 1867~1916)의 작품. 칠레를 배경으로 하는 단편소설로 외투라는 사물이 주인공의 동선, 작품 내 배경을 묘사하는 모습을 보인다.

Historia general de las cosas de la Nueva España (누에바 에스파냐 문물 총사) 스페인 식민지 시대의 역사가인 프라이 베르나르디노 데 사아군(Fray Bernardino de Sahagún, 1499~1590)의 저서. 아메리카 원주민들의 관습과 문화에 대한 최초의 증언 집이라는 평을 받고 있다.

Historia Verdadera de la Conquista de la Nueva España (누에바 에스파냐 정복의 진정한 역사) 스페인 식민지 시대 정복자 베르날 디아스 델 카스티요(Bernal Díaz del Castillo, 1498~1585)의 저서. 아메리카 원주민들이 남긴 그림책에 대한 보고서들 중 하나이자 스페인 문학사에서 가장 위대한 작품들 중 하나로 꼽히는 책이다.

Historias mínimas (이스토리아스 미니마스) 아르헨티나의 영화감독 카를로스 소린 (Carlos Sorín, 1944~)의 2002년 작품. 파타고니아(Patagonia)를 배경으로 하며 광활한 자연과 대비되는 인물들의 소소한 이야기를 그려낸 영화로 2003년 콘도르 데 플라타 상(Premio Cóndor de Plata)을 수상했다.

Hogar y patria (가정과 국가) 1800년대 말 라틴아메리카와 스페인에서 인기를 누렸던 시인 후안 데 디오스 페사(Juan de Dios Peza)의 작품. 고전주의와 낭만주의를 동시에 보여주며 가정의 행복을 노래하는 시로 교훈적인 내용을 담고 있다.

Hojas al viento (오하스 알 비엔토) 아르헨티나의 후기 낭만주의 시인 카를로스 기도 이 스파노(Carlos Guido y Spano, 1827~1918)의 시집. 1871년에 출판되었으며, 자신의 생애 전반부에 쓴 시들의 모음집이다. 광범위한 시적 경향이 유쾌한 언어를 통하여 드러나 있는 작품이다.

Hombre mirando al sudeste (옴브레 미란도 알 수데스테) 아르헨티나의 영화감독 엘리세오 수비엘라(Eliseo Subiela, 1944~)의 1986년 작품. 자신이 다른 행성 사람이라고 믿으며 현실을 의심하는 인물을 그린 이야기로 1988년 콘도르 데 플라타상(Premio Cóndor de Plata)을 수상했다. ☞ El cine argentino(아르헨티나 영화)

Hombres de Maiz (옥수수 인간) 과테말라 작가 미겔 앙헬 아스투리아스(899~1974)가 1949년에 발표한 작품으로 작가의 대표작품 중 하나이다. 작품은 인디오들의 전통적인 문화와 관습과 근대화 과정에 있는 사회를 다루고 있다. ☞ Asturias, Miguel Ángel(미겔 앙헬 아스투리아스)

Horacio Quiroga* (오라시오 퀴로가) 1878년 우루과이의 살토에서 태어나 1937년 아르헨티나의 부에노스아이레스에서 영면했다. 그는 우루과이 태생의 단편소설가이자 극작가, 시인이었으며, 라틴아메리카 단편소설의 대가였고, 생동감 넘치는 서사시를 쓰는 자연주의자이자 모데르니스타였다. 작품은 주로 두려움의 대상으로서의 자연, 인간과 대적하는 적으로서의 자연을 묘사하고 있어 곧잘 미국 작가 애드가 알렌 포(Edgar Allan Poe)와 비교되곤 한다. 퀴로가는 23세까지 조국 우루과이에 살았지만, 엉겁결에 절친한 친구를 살해한 뒤 아르헨티나로 도주해 그곳에서 사망할 때까지 35년을 살았다. 두 번의 결혼생활을 통해 세 자녀를 두었으며, 결혼생활 중에 대부분의 작품을 써냈다. 작품을 통해 아르헨티나 미시오네스(Misiones)와 인근 밀림을 향한 뜨거운 열정을 표출했으며, 두어 번 그곳에 정착한 바 있었고, 정착한 동안에는 주변에 많은 작가들이 모여들곤 했다. 갖가지 비극과 사고, 자살 등의 사건으로 점철된 그의 삶은 결국 자살을 결심하고 부에노스아이레스의 한 병원에서 극약을 삼킴으로써 막을 내렸다. 전립선암에 걸린 사실을 알고 자살로 생을 마감했을 당시 나이는 58세였다. 루벤 다리오의 모데르니스모를 추종하고, 애드가 알렌 포와 기 드 모파상의 열렬한 독자이기도 한 퀴로가는 때로는 호러가 감돌고, 인간에게는 병적 고난의 대상이기도 한 기이한 자연 현상들에 매료되었고, 그 때문에 그러한 주제들을 글 속에 담아냈다. 따라서 그의 작품들은 거의 사랑과 광기와 죽음의 컬렉션이라 해도 부족함이 없을 정도이다. 문체적 특성을 좀 더 부각시키는 차원에서 퀴로가는 미시오네스 주변의 거친 자연을 매우 현실주의적 시각으로 묘사한다. 따라서 문체는 항상 고뇌와 절망이 묻어날 수밖에 없었다. 작품에 등장하는 주역들은 정글, 강, 야생동물, 척박한 기후와 토양 등이며, 그 속을 움직여 다니는 사람들은 늘 병에 걸리거나 죽음을 맞는다. 특히 퀴로가는 척박한 자연환경 속에 노출되어 시달리며 위험한 삶을 이어가는 불쌍한 일꾼들에게 벌어지는 비극을 예술적이고 휴머니즘적 시각에서 묘사한다. 뿐만 아니라 퀴로가는 20세기 사회 속에서 터부시되고 있는 주제들을 과감하게 건드려 적나라하게 까발리는 용감하고 두려움 없는 작가의 모습을 여과 없이 드러내기도 한다. 그리고 그런 그의 특성을 현재의 독자들도 명쾌하게 읽어낼 수 있다.

Horchata de arroz (오르차타 데 아로스) 멕시코를 포함한 중미 국가들에서 마시는 멕시코의 전통 음료 중 하나이다. 쌀(arroz)로 만들기도 하며 코코넛 등의 과일로 만들기도 한다. 하얀 빛깔을 띠며 계피가루가 들어간다. 가난한 농민들이 유아들에게 우유 대신 먹이는 음료수이기도 하다.

Hospital Garrahan (가라한 병원) 1987년에 설립한 아르헨티나 소아과 국립병원이다. 현재 가라한 병원은 "Hospital de Niños(아이들의 병원)"의 프로젝트였으며, 본 병원의 의사들이 연구와 실습생들을 위한 프로젝트였다. 이들의 목표는 최고의 치료를 제공하는 것이었으며, 국내 소아과의 모범 시스템을 갖는 것이다.

Hospital Italiano (이탈리아 병원) 1836년에 이탈리아 이민자들에 의해서 설립된 아르헨티나 사립병원이다. 본사는 부에노스아이레스 주에 위치하며, 그 외에도 5개의 지사들이 다른 주에도 있다. 이 병원은 로널드 맥도날드 하우스(Ronald McDonald Houses) 자선 재단과 4천 명이 넘는 아이들을 도왔으며, 한 달에 5만여 명의 환자들을 진찰한다.

Hotu Matúa (오투 마투아) 부족장은 이바(Hiva)라는 전설 속 땅에서 살았다. 하지만 지식인들이 그 땅이 곧 물에 잠길 거라는 예언을 했다. 그러자 아우마카(Hau-Maka)라는 지식인의 꿈 덕에 오늘의 이스터 섬으로 이주하게 되었고, 그 섬의 첫 왕이 되었다. 그는 여동생과 땅을 나눴으며, 죽기 전 그의 땅을 자신의 아들들에게 나누었다.

Huaca Huallamarca (우아야마르카 무덤) 페루 리마(Lima) 지역에 위치한 잉카 이전의 유적지다. 건축 양식과 연구에 따르면 기원전 1세기에 만들어진 것으로 추정된다. 3세기 때 무덤으로 변했고 동시에 문명으로부터 버림받았을 것으로 여겨진다.

Huacas del Sol y de la Luna (태양과 달의 우아카) 페루 북부 해안 쪽에 위치한 유적지다. 모치차 문명을 대표하는 곳으로 그들의 성지로 여겨진다. 두 개의 중요한 건물로 구성되어 있으며 하는 태양의 장소와 달의 장소로 나뉜다. 태양의 장소는 43m 높이의 피라미드이며 행정적인 목적을 가지고 있었고 달의 장소는 종교적인 행위를 위한 것으로 보인다.

Huachipaeri (우아치파에리) 페루 아마존 지역의 원주민들이 사용했던 언어로 아라크음벳(Harákmbet)에서 파생된 언어다.

Huaconada (우아코나다) 1월의 첫 삼일 동안 진행되는 축제이다. 페루 콘세프시온 데 후닌

(Concepción de Junín) 주(州) 미토 지역에서 진행된다. 왕카족이 식민지 시대 이전에 진행했던 의식이었다. 채찍을 들고 나무 가면을 쓴 노인들과 화사한 색의 의상을 입은 젊은이들이 춤을 춘다. 의상과 마스크, 그리고 춤이 대대로 전해 내려오고 있다.

Huallaga (우아야가 강)   아마존 강으로 흐르는 페루의 강으로 1,300km에 달한다. 1534년 후안 데 로하스 장군이 발견했으며 이곳에서 "엘 도라도" 원정대가 출발했다. 강 유역을 중심으로 활발한 선교활동이 이뤄지기도 했다.

Huánuco Pampa (우아누코 팜파)   페루 잉카 시대의 유적지다. 큰 광장 주변으로 높이가 10m에 달하는 거대한 우수누(Ushnu)가 자리 잡고 있다. 약 4,000개의 건축물을 보유하고 있으며 잉카 행정의 중심지이기도 했다.

Huaorani(Waorani) [우아오라니 (와오라니)]   에콰도르 아마존 북서쪽에 정착한 아메리카 토착민족이며 가장 잔인한 민족 중 하나이다. 전체 인구는 약 2,200명이며 와오 테레로(Huao terero)라는 언어를 사용한다. 역사적으로 이 민족은 그들의 폭력성으로 알려져 왔으며 최근까지 "Aucas('난폭한, 거친 사람'이라는 의미를 가진 키추아 단어)"라고 불렸지만 그들의 언어로는 '사람' 또는 '인간'이라는 의미를 가진 단어이다. 사용하는 주무기는 길이가 2m나 되는 창이며 사냥을 위해서 불어서 화살을 쏠 수 있는 관이다. 관습 중에는 귀를 뚫어 나무 원반을 귀에 달고 다님으로써 그들의 민족성을 보였다. 뛰어난 사냥 실력을 보였으며 접근하기 어려운 곳에서 생활하였고 또한 폭넓은 자연에 대한 지식을 보유하고 있으며 애너미스트(animist) 시각으로 자연을 대한다. 1956년에 5명의 미국 선교사가 와오라니와 처음으로 접촉하여 아우카 작전(Operación auca)을 시도하지만 모두 사망하게 되었다. 이후 5명의 선교사 아내들이 다시 접촉해 대부분의 와오라니들이 지금은 기독교로 개종한 상태이다. 현재(2012년) 6,800km²의 땅을 보유하고 있으며 아이들의 반은 학교 다니며 스페인어를 배우고 나머지는 아직도 사냥하며 생활한다.

Huarochiri (우아로치리)   페루에 위치한 지역이다. 과거 잉카 제국의 영토였으며 그 풍요로움으로 인해 스페인 침략을 받았다. 정복자들은 이곳에 엔코미엔다 제도를 도입했다. 두 차례의 원주민 봉기의 현장이 되기도 했다.

Huarpe (우아르페)   아르헨티나 쿠요(Cuyo) 지역의 원주민들이다. 15세기에는 산 루이스(San Luis), 산 후안(San Juan), 네우켄(Neuquén)과 주변 지역에서 생활하고 있었다. 알렌티악(Alentiac), 밀카약(Milcayac), 치키야네스(Chiquillanes), 구아나카체(Guanacache) 등 4개의 민족으로 나뉜다. 18세기가 되자 유럽에서 넘어온 질병들로 대부분 사망하게 되었다.

Huáscar (와스카르)   (1491~1533) 중남미 페루의 잉카 제국의 왕자로 11대 황제 와이나 카팍(Huayna Cápac)의 아들이다. 아버지와 그의 후계자가 죽자 13대 황제로 즉위하였다. 하지만 황제가 되자 이복 형제 아타우알파(Atahualpa)가 반란을 일으켜 5년간의 내전에 휩싸이게 되고 이후 살해당한다.

Huasipungo (우아시풍고)   인디헤니스모 문학을 대표하는 작품 중 하나로 에콰도르 작가 호르헤 이카사 코로넬(Jorge Icaza Coronel)의 소설이다. 1934년에 출간된 이 소설은 20세기 중반의 에콰도르 역사를 배경으로 하여 우아시풍고에 사는 인디오에 관한 작품이다.

Huaycán de Cieneguilla (우아이칸 데 시에네길야)   페루 루린 강(río Lurín) 인근에 위치한 유적지다. 페루 잉카들로부터 카팍 난(Capac Ñan)의 행정을 위해 만들어졌다. 건축에는 돌과 진흙이 사용되고 특별한 형식보다는 미로처럼 만들어졌다.

Huayna Cápac (와이나 카팍)   11대 잉카 황제이며 15세기 중반에 태어났다. 16살 때 황제가 되었으며 키토 지역을 정복하고 토메밤바에 행정 도시를 건설했다. 와스카르(Huáscar)과 아타우알파(Atahualpa)의 아버지였으며 1527년 전염병으로 사망했다.

Huayna Picchu (우아이나 픽추)　페루에 마추픽추(Machu Picchu) 지역에 위치한 산이다. 잉카인들은 우아이나 픽추 옆으로 길을 만들어 정상에는 신전과 계단식 밭을 만들었다. 그곳에는 성직자들이 살았으며 매일 해 뜨기 전 그들이 마추픽추로 내려와 새로운 날이 시작됨을 알렸다고 전해진다.

Huayno (우아이노)　페루에서 발생한 음악과 춤 장르이다. 스페인 식민지 전부터 시작되었으며 비록 페루에서 시작되었지만 현재 칠레, 아르헨티나, 볼리비아, 에콰도르를 포함한 안데스 지역의 전통 음악으로 자리 잡았으며 여러 인종과 케추아들과 아이마라들도 연습하는 장르이다.　→ Literatura del Imperio maya(마야 제국의 문학)

Huaytará (우아이타라)　잉카 시대에 세워진 건물이다. 기록에 의하면 잉카 유판키(Inca Yupanqui)가 건축을 시행했다고 알려져 있다. 사다리꼴의 형태를 가지고 있고 길이는 74m, 폭은 53m로 모나게 가공한 돌로 세워졌다. 이후 성 요한 세례 성당(Iglesia San Juan Bautista)의 기초가 되었다.

Huehuetenango (우에우에테낭고)　과테말라 북서부 지방으로 멕시코와 국경이 맞닿아 있다. 스페인 침략 이전에는 마야 부족인 맘(Mam)족, 키체(Quiché)족, 칵치켈(Kakchiquel)족들의 영토 분쟁이 있었던 지역 중 하나이며 1524년 곤살로 데 알바라도(Gonzalo de Alvarado)에 의해 세워진 도시로 현재 과테말라에서 유명한 커피 생산지 중 하나다.

Huellas de Acahualinca (아카우알링카의 발자국)　니카라과 마나구아(Managua)에 있으며 기원전 232~238년경 새겨진 것으로 추정된다. 2,120년 전 마나구아에 서식하던 원주민들이 화산재를 밟아 생긴 것으로 니카라과에서 발견된 선사 시대 인간의 흔적 중 가장 오래된 것이다.

Huerta Romero, Efraín (에프라인 우에르타 로메로)　(1914~1982) 멕시코에서 태어난 시인이자 저널리스트였다. 포스트모더니즘 작가로서 주제와 양식의 다양성을 보여주어 20세기 멕시코 문학에 개성과 의미 있는 여러 작품을 남겼다. 대표작으로는 『Línea del alba』와 『Los hombres del alba』 등이 있다.

Huezo Mixco, Miguel (미겔 우에소 믹스코)　(1954~) 엘살바도르의 시인, 수필가, 언론인이다. 1999년 중앙아메리카에서 가장 중요한 상 중 하나인 로헬리오 시난(Rogelio Sinán)상을 대표작 중 하나인 『Comarcas』로 수상했다. 1995년 『Memorias del cazador furtivo』를, 1997년 『El ángel y las fieras』를 출판했다.

Hugo Mayo (후고 마요)　(1898~1988) 에콰도르의 시인이다. 실제 이름은 미겔 아우구스토 에가스 미란다(Miguel Augusto Egas Miranda)지만 필명으로 더 잘 알려져 있다. 형식과 주제의 실험과 불경함이 시의 특징이다. 대표작으로 『El zaguán de aluminio』(1982) 등이 있다.

Huidobro, Vicente (비센테 우이도브로)　(1893~1948) 칠레의 유복한 가정 출신으로서 1916년에 파리로 가서 유럽의 아방가르드 시인들과 교류하였고 프랑스어로 시를 썼다. 특히 "장미를 노래하지 말고 시 속에서 꽃피게 하라. 시인은 작은 신이다"라고 외치며, 현실의 모방이 아니라 또 하나의 현실을 창조케 하는 자족적인 시를 주장했다.　→ La literatura chilena del siglo 20(20세기 칠레 문학)

Huíllac Uma (우이약 우미)　잉카 제국의 최고위 성직자 또는 가장 중요한 성직자였다. 태양을 향한 제사를 드리고 별을 통해 축제를 정하는 역할도 있었다. 망코 인카(Manco Inca) 황제와 함께 스페인군에 맞서 싸워 1539년에 체포되어 1540년대에 처형으로 세상을 떠났다.

Huitlacoche (위틀라코체)　　멕시코의 전통 음식 중 하나로, 옥수수에 기생하는 버섯을 일컫는 말이다. 다른 국가에서는 옥수수에 버섯이 나면 버섯과 옥수수 모두를 버리지만, 멕시코에서는 버섯은 먹는다. 미국, 프랑스, 독일과 같은 국가들의 미식가들이 최고의 음식 중 하나로 꼽는다. 흔하지 않은 재료이기 때문에 가격이 고기 값보다 비싸다. 마늘, 에파조테 그리고 소스와 같이 먹기도 하며, 타코, 오믈렛, 케사디야 등의 재료로 사용되기도 한다.

Huixtocíhuatl (우익스토시우아틀)　　고대 멕시카(mexica) 신화에서 풍요의 여신. 소금이나 소금물에서 살며, 소금을 발명한 여신으로 알려져 있다. 비의 신 틀랄록(Tláloc)과 남매지간이다.

Hunab Ku (후납 쿠)　　마야 신성으로도 번역할 수 있다. 마야를 창조한 신성으로 일곱 번째 하늘에 거주하며 형체가 없다.

Hunza (운자)　　무이스카 문화(Muisca)의 주요 행정 도시 중 하나였다. 스페인 식민지 이전 자케(Zaque)로부터 통치를 받았으며 현재 콜롬비아 툰하(Tunja)에 해당한다.

I

Ibáñez, Jaime (하이메 이바녜스) (1919~) 콜롬비아 출신으로 소설, 단편, 비평 그리고 극문학을 다루면서 문학적으로 다재다능한 작가로 평가받고 있다. 대표작으로는 비극인 『*La siliva de Dios*』(1949)가 있다.

Ibáñez, Sara de (사라 데 이바녜스) (1909~1971) 우루과이의 시인이다. 본명은 사라 이글레시아스 카사데이(Sara Iglesias Casadei)로 남편의 성을 따라 필명을 삼았다. 그녀의 시는 비밀적인 성격으로 종종 특징지어지는데 언어 사용에 있어서 완벽성과 대단한 전문성을 보여준다. 파블로 네루다(Pablo Neruda)의 서문에 힘입은 첫 책 『*Canto*』(1940)는 대단한 성공을 거두었다. 이 밖에 작품으로는 『*Canto a Montevideo*』(1941), 『*Hora ciega*』(1943), 『*Pastoral*』(1948), 『*Artigas*』(1952), 『*Las estaciones y otros poemas*』(1957), 『*La batalla*』(1967), 『*Canto póstumo*』(1970), 『*Apocalipsis XX*』(1970) 등이 있다. ➡ La literatura uruguaya del siglo 20(20세기 우루과이 문학)

Ibarbourou, Juana de (후아나 데 이바르부루) (1892~1979) 우루과이 출신. 'Juana de América'로 더 잘 알려진 시인으로 1950년 우루과이 작가 협회(La Sociedad Uruguaya de Escritores)의 의장을 맡으면서 우루과이 문학에 지대한 영향을 주었다. 대표작으로는 『*Las lenguas de diamnte*』와 『*Raíz salvaje*』가 있다. ➡ La literatura uruguaya del siglo 20(20세기 우루과이 문학)

Icaza, Jorge (호르헤 이카사) 본명은 호르헤 이카사 코로넬(Jorge Icaza Coronel, 1906~1978)이며, 에콰도르의 소설가이다. 20세기 문학사조인 '코리엔테 인디헤나(Corriente indigena)'의 대표 소설가 중 한 명으로, 집필한 모든 작품의 주제는 당시 원주민들의 상황이었다. 예술활동은 극작가 겸 감독으로 시작되었다. 『*Barrios de la sierra*』(1933)로 이름을 얻었고, 『*En las calles*』(1935)로 전국문학상을 받았다. 대표작으로는 『*Huasipungo*』(1934), 『*El Chulla Romero*』(1958), 『*Flores, Relatos*』(1969) 등이 있다.

Idioma acateco (아카테코어) 과테말라에 거주하는 마야 원주민인 아카테코인들이 사용하는 언어로 우에우에테낭고(Huehuetenango)를 포함한 서쪽 산지에서 약 5만 명의 인구가 사용하는 언어이다. 과테말라 내전 당시 멕시코로 이주한 아카테코인들로 인해 멕시코에서도 약 1만 명의 인구가 사용하며 과테말라 마야어 학술원(Academia de Lenguas Mayas de Guatemala)에서 연구하는 언어 중 하나이기도 하다.

Idioma achí (아치어) 마야어족 계통의 언어 중 하나로 키체어(dioma quiché)와 상당히 가까운 연관성을 보이는 언어이다. 아치 부족이 대부분 거주하는 바하 베라파스(Baja Verapaz)에서 많이 쓰이며 아치어의 방언(dialecto) 또한 나타난다.

Idioma allentiac (아옌티악어)   남미에서 사용되던 언어로 우아르페(Huarpe) 어군의 언어다. 우아르페족이 사용하던 언어로 밀을카악(Millcayac)어와 깊은 연관성이 있다. 현재는 더 이상 사용자가 없다.

Idioma gününa këna (구누나 케나어)   푸엘체(Puelche)들이 사용하는 언어로 아르헨티나 파타고니아(Patagonia)와 칠레 남부에서 사용되었다. 이 언어는 다른 원주민 언어와 달리 독립적인 언어로 다른 어군에 속해 있지 않지만 촌(Chon)과 테우엘체(Tehuelche) 언어와 관련이 있을 수 있다고 추정된다. 이 언어의 마지막 사용자들은 1960년에 모두 사라졌다.

Idioma Itzá (이사어)   마야어족의 언어 중 하나로 과테말라와 벨리세의 이사인들 사이에서 사용되었으나 현재는 거의 사멸하였다. 과테말라 마야어 학술원(Academia de Lenguas Mayas de Guatemala)에서 이 언어를 보존하기 위해 노력하고 있다.

Idioma kaqchikel (칵치켈어)   과테말라 중서부에서 사용되는 원주민 언어 중 하나이다. 키체족의 한 부분이며 마야어를 모체로 하고 있다. 약 50만 명이 이 언어를 구사하며 과테말라에서 사용되는 마야어에서 파생된 가장 중요한 원주민어 중 하나이다.

Idioma mopán (모팡어)   유아테카(yucateca)에서 나오는 이사(itzá)와 함께 마야어 어군 언어이다. 벨리스에 톨레도, 스탠크리크, 카요 지역의 마야 인구, 과테말라 페텐 주의 모국어로 사용되고 있으며 벨리스에는 6,093명 과테말라에는 대략 2,000명의 사용자가 있다.

Idioma pipil (피필어)   피필족과 엘살바도르인들은 나우앗(náhuat)이라고도 칭하며 아스텍 문명의 나우아틀과 연관이 있는 언어로, 피필족(Pipil)의 언어이나 현재는 극소수만이 사용하여 소멸될 위기에 처해 있다.

Idioma pocomam (포코맘어)   포콤치어와 관련 있는 언어로 과테말라 여러 지역에 30,000명의 사용자가 있으며, 특히 알타 베라파스 주에서 많이 사용되고 있는 언어이다.

Idioma poqomchí (포콤치어)   포코맘어와 관련 있으며 과테말라의 포콤치족이 사용하는 언어이다. 서쪽과 동쪽, 두 개의 방언으로 구분되며 알타 베라타스와 키체 주에서 상대적으로 많이 쓰인다. 표음식 표기법은 모음 5개와 자음 25개로 이루어져 있으며 스페인어에서 차용된 단어를 제외하고 모든 단어는 마지막 음절에 강세가 있다.

Idioma quekchí (켁치어)   과테말라의 켁치족이 사용하는 언어로 모국어 사용자가 400,000명, 그 외에 벨리스, 엘 사라바도르와 멕시코에서 21,000명의 사용자가 있다. 마야어 어군 언어이며, 과테말라 공용어로 인정된다.

Idioma Quiché (키체어)   마야어족 언어 중 하나로 키체 부족민들의 대부분이 사용한다. 키체 부족은 과테말라에 주로 분포하고 있으나 1980년대 과테말라 내전(Guerra civil de Guatemala) 당시 멕시코 남부로 이주한 부족민들 또한 사용한다. 약 백만 이상 인구가 사용하며 과테말라에서 스페인어 다음으로 많이 쓰이는 언어이다.

Idioma wayú (와유어)   콜롬비아와 베네수엘라에서 사용되는 원주민 언어로 400,000명의 사용자가 있는 것으로 확인되었다. 아라왁(Arawak) 가족군의 언어에 속하고 그중에서도 마이푸레아나(Maipureana) 계열이다.

Idioma yagán (야간어)   아르헨티나 티에라 델 푸에고(Tierra del Fuego)에서 사용되는 언어다. 야간(Yaganes) 민족이 사용했으며 7개의 자음과 16개의 모음으로 이루어졌다.

Iglesia de la Merced (메르세드 수도원)   에콰도르 키토에서 18세기 초반에 건축되었다. 키토에서 가장 높은 종루를 가진 것으로 유명하다. 1773년 대지진으로 프란시스코회 건물과 예수회 건물들이 많은 피해를 받았지만 메르세드 성당에는 별 피해가 없었다.

Iglesia de San Francisco (산 프란시스코 수도원)　페루 우아이나 카팍(Huayna Cápac) 잉카 소유의 넓은 대지 3만 1천m^2 넓이에 정원, 과수원, 성당 그리고 두 개의 소성당이 있는 세계에서 가장 큰 수도원이다. 수도원 정면은 바로크 양식과 이슬람 사원을 연상케 하는 아치가 가미된 후기 이탈리아 르네상스식으로 디자인되었다.

Iglesia y Convento de Nuestra Señora de La Merced (라 메르셋 성당)　안티구아 과테말라(Antigua Guatemala) 북부에 위치한 성당이다. 후안 데 디오스 에스트라다 (Juan de Dios Estrada)가 책임을 맡아 1749년 건설을 시작하여 1767년 완공되었다. 바로크 양식으로 성당 외벽에는 성모 마리아의 조각을 비롯하여 메르셋 기사단(Orden de la Merced)의 창립자 산 페드로 놀라스코(San Pedro Nolasco) 등 여러 성인의 조각을 볼 수 있다.

Illapa(Apu Illapu) (이야파)　잉카족의 날씨의 신이다. 가장 많이 알려진 신 중 하나로 이 신은 은하수에서 비를 내리게 한다고 믿었으며, 가뭄의 시기에는 신이 그들을 불쌍히 여기도록 검은 개들을 굶주릴 때까지 묶어놓았다고 한다. ➡ Religión del Imperio inca (잉카 제국의 종교)

Imbert, Julio (훌리오 임베르트)　(1918~) 아르헨티나 극작의 대표자들 중 한 사람으로 가장 순수한 사랑에서부터 가장 천박한 본능에 이르는 인간의 열정과 감성의 풍부한 모든 영역에서 인간을 형상화하고자 했다. 대표작으로 『Este lugar tiene cien fuegos』가 있다.

Imperio azteca* (아스테카 제국)　스페인 정복기 이전에 메소아메리카 중부 지역에 존재했던 문명이다. 원래는 3국 동맹을 맺은 테스코코(Texcoco), 틀라코판(Tlacopan), 멕시코-테노치티틀란(México-Tenochtitlan)의 3국으로 이루어져 있었지만, 실제로 대부분의 영토는 메시카 왕국에 속해 있었다. 삼국동맹의 확장은 멕시코 계곡 지역에서 지배적인 정치 세력으로 자리 잡았던 아스카포잘코(Azcapotzalco)의 몰락 이후에 이루어졌다. 아스카포잘코는 1430년에 메시카인들과 아콜우아스인들의 동맹군 손에 함락되고 말았다. 그리고 그 이후, 아스테카 제국의 영토는 멕시코 중부지역, 와하카 중앙지역, 멕시코만 해안지역, 게레로, 소코누스코에 이를 정도로 널리 확장되다가, 1521년 스페인 정복자들의 등장과 더불어 막을 내렸다. 구체적인 아스테카 제국의 멸망은 스페인인들이 틀락스칼테카인들과 토토나카 부족과 연합하여 테노치티틀란의 메시카 부족을 괴멸시킨 1521년 8월 13일로 기록되고 있다. 아스테카 제국은 멕시코 계곡 한가운데 위치한 테노츠티틀란에 세워졌으며, 점차 그 세력을 현재의 멕시코와 베르크루스, 푸에블라, 와하카, 게레로, 치아파스 해안, 이달고 주와 과테말라 일부 지역까지로 확장시켜 나갔다. 이처럼 광대한 지역으로 그 영역이 확장되면서 기후도 다양하게 나타나 고산기후로부터 열대성기후까지 모두 아우르게 되었다. 생태계적 특성도 다채로워, 열대 밀림에서부터 바위 사막, 낙엽송 숲, 맹그로브 숲, 열대성 숲, 침엽수림 등의 다양한 생태현상을 볼 수 있다. 아스테카 부족은 유목민족으로, 불과 200년 만에 콜럼버스 이전 아메리카 대륙에서 가장 웅대하고 주요한 제국 가운데 하나가 되었다. 수로와 궁궐, 피라미드, 신에 대한 숭상의 상징이자 권력의 상징인 사원 등으로 미루어 볼 때 매우 발달된 기술을 보유하고 있었던 것으로 보인다. 18세기 무렵, 아스테카인들은 차풀테펙(Chapultepec)에 정착한 뒤, 과거 연합전선을 펼쳤던 적군을 몰아내고, 이들을 완전히 퇴출시킨 뒤 1325년 테노츠티틀란에 정착했다. 훗날 테노츠티틀란은 이 지역 최고의 지요도시가 되었으며, 아콜와케

(Acolhuaque)와 틀라코판(Tlacopan) 등과 연합전선을 폈고, 이 동맹은 막강한 군사력을 자랑하게 되었다. 1502년에서 1520년까지 통치한 모크테수마 2세(Moctezuma II)의 치세 이래로 아스테카 제국은 광대한 영토를 확보하고 수백만의 거주민을 거느린 주요 제국으로 성장했다.

Iñakuyu (이냐쿠유)　볼리비아 코아티 섬(isla Koati)에 위치한 유적지다. 마마 키야(Mama Quilla)와 아크야우아시(Acllahuasi)와 관련이 있는 것으로 보이며 잉카 시대에 달에게 바쳐진 신전 중 큰 중요성을 가지고 있다.

Inca Roca (잉카 로카)　쿠스코(Cuzco)의 6번째 지도자였으며 하난 쿠스코(Hanan Cuzco) 계보의 첫 번째 잉카다. 잉카 카팍 유판키(Cápac Yupanqui) 정권에 반란을 일으켜 정권은 하난 쿠스코에게 남기고 사제직을 우린 쿠스코(Hurin Cuzco) 가문에 남겨두었다.

Incallajta (잉카야히타)　볼리비아에 위치한 가장 중요한 유적지 중 하나이다. 15세기 말에 완성된 것으로 추정된다. 투팍 잉카 유판키(Tupac Inca Yupanqui) 당시에 세워지고 우아이나 카팍(Huayna Cápac) 때 재건되었다. 잉카야하타는 방어 요새로 잉카인들이 다른 족들로부터 방어하기 위해 만들어졌다.

Incawasi (잉카와시)　페루에 위치한 잉카 유적지로 투팍 유판키(Tupac Yupanqui)의 군사 기지였다. 과르코(Guarco) 점령 당시 군대를 수용하기 위해 건축되었다. 잉카 지역(Barrio Incaico), 종교 지역(Barrio Religioso)과 잉카 궁(Palacio del Inca)으로 크게 3개의 지역으로 나뉘어져 있다.

Indianidad (원주민성)　16세기 스페인 정복자들의 침략으로 인해 중남미 원주민의 삶은 무참히 짓밟혔다. 정복자들의 도착 후 백 년이 채 지나지 않아 원주민의 수는 급격히 줄었으며 그들의 문화와 언어는 점차 소멸되어갔다. 인디아니스모는 이러한 원주민의 정체성을 회복하고 사회 내에서 목소리를 가지고자 하는 원주민 후손들의 사회적 운동이라고 할 수 있다.

Indias (인디아스)　콜럼버스의 아메리카 발견으로 인해 아메리카를 부르게 된 명칭이다. 이와 같은 명칭은 신대륙의 첫 항해자 및 탐험가들이 1492년에 아시아의 맨 끝(중국, 일본, 인도)에 도착한 것으로 착각했기 때문이다. 이후에 아메리코 베스푸시오(Américo Vespucio)의 이름을 따라 신대륙을 아메리카로 불렀지만, 스페인은 18세기까지도 아메리카라는 명칭 대신 인디아스를 선호했다. 이에 많은 문학작품 및 법률에는 아메리카 대신 인디아스라는 명칭이 사용되었다.

Indígenas pampeanos (팜파스 원주민)　남미 팜파스 지역에 거주하는 원주민 민족들을 말한다. 이 그룹에는 헷(Het)족과 테우엘체(Tehuelches)족이 속해 있었으나 19세기 이후에는 마푸체(Mapuches)족과 푸엘체(Puelches)족도 포함되었다.

Indigenismo* (인디헤니스모)　인디오에 대한 차별과 편견의 메카니즘에 대해 문제를 제기하고, 인디오 문화에 대해 연구하여 그 가치를 조명하고자 하는 문화적, 정치적, 인류학적 사조를 말한다. 인디헤니스모가 가장 중요시하는 문제는 인디오에 대한 '차별'이다. 인디헤니스모의 첫발을 뗀 건 1511년 12월에 있었던 안토니오 데 몬테시노스(Antonio de Montesinos, 1475~1540)의 설교였다. 그리고 1940년, 제1차 인터아메리카 인디오 총회가 개최되면서 인디헤니스모는 바야흐로 아메리카 대륙 모든 국가의 공식적 정책으로 자리 잡게 되었다. 그러나 인디헤니스모라는 개념이 중요성을 확보하게 된 건 20세기 말이었다. 20세기 인디헤니스모 적 시각에서 볼 때, 인디오들은 여전히 인종적으로 부수적이고 하위적인 존재로 취급받고 있었고, 늘 소외되어 있어 문명의 혜택을 누리지 못하고 있었다. 대신 늘 편견에 시달리고, 핍박당하고, 착취당하며, 폭력의 희생양이 되고, 인권을 유린당하며, 영양실조와 질병과 빈곤에 시달리는 존재였다. 따라서 인디오들에게는 도시 사회에 적극 동참할 필요성이 제기되었다. 인디오들 역시 현재의 상황을 극복하고 문명세계의 일원이 될 수 있도록 격려하고 자극하는 외부적 지원이 절실했던 것이다. 정치적 인디헤니스모 사조는 예술, 특히 문학에도 그대로 반영되었다. 예술에서의 인디헤니스모는 1930년에서 1950년 사이에 꽃을 피웠다. 문학에서는 호세 마리아 아르게다스(José María Arguedas), 사진에서는 마르틴 참비(Martín Chambi), 회화에서는 호세 사보갈(José Sabogal), 음악에서는 다니엘 알로미아 로블레스(Daniel Alomía Robles)가 대표 주자였다. 이렇게 예술에서 1950년까지 인디헤니스모가 꽃을 피웠는데, 그렇다고 해서 50년대 이후로 예술사에서 그 움직임이 완전히 사라진 것은 아니었다. 인디헤니스모는 20세기 전반을 관통하는 예술 사조로서 그 생명을 유지하였으며 다른 예술 사조와 더불어 오랜 발전을 구가했기 때문이다. 실제로 라틴아메리카 문학사의 전반적 흐름 속에 드러난 인디헤니스모적 발자취를 더듬어 보자면, 먼저 '정복문학' 시기에도 잉카 가르실라소 데 라 베가(Inca Garcilaso de la Vega)의 『*Cronistas Indígenas y Mestizos*』를 비롯해 바르톨로메 데 라스 카사스(Bartolomé de las Casas)의 작품 속에서 인디헤니스모적 흔적을 찾아볼 수 있다. '해방문학' 시기에도 마리아노 멜가르 등의 작가들이 인디오를 주제로 작품을 썼으며, 19세기 페루 문학에서는 마누엘 곤살레스 프라다(Manuel González Prada) 등이 리얼리즘 양식을 빌어 인디헤니스모의 원형적 모습을 드러냈고, 모데르니스모가 풍미하던 20세기 초반에는 호세 산토스 초카노(José Santos Chocano) 등이 아메리카의 혼혈주의를 주제로 문학작품을 창조해낸 바 있다. 그리고 마침내 1920년에 『*Cuentos andinos*』가 출간되면서 인디헤니스모란 이름으로 그 모습을 전면에 드러내기에 이르렀다. 주요 인디헤니스모 작가로는 호세 마리아 아르게다, 루이스 에두아르도 발카르셀 비스카라(Luis Eduardo Valcárcel Vizcarra), 시로 알레그리아(Ciro Alegría), 엔리케 로페스 알부하르(Enrique López Albújar), 가말리엘 추라타(Gamaliel Churata), 엘레오도로 바르가스 비쿠냐(Eleodoro Vargas Vicuña) 등을 들 수 있다.

Indulgencia para todos (모두를 위한 관용)　　마누엘 에두아르도 데 고로스티사(Manuel Eduardo de Gorostiza)의 극작품으로 1818년에 발표되었다. 단순한 구성을 통해 인간적인 이해와 관용이라는 교훈을 전달하고 있는 작품이다.

Infante, Pedro (페드로 인판테)　　(1917~1957) 멕시코 영화 황금 시대의 유명한 가수 배우 중 한 명이며, 남미 사람들의 우상이었다. 1939년에 영화에 출연하여 60개가 넘는 작품에 참여했으며, 약 350곡을 녹음하였다. 영화 「*Tizo*」를 통해 베를린 국제 영화제에서 은곰상을 수상하였다.

Infrarrealismo (내재적 현실주의)　　1975년 후안 바뉴엘로스(Juan Bañuelos)로 시작된 멕시코의 문학운동으로 다다이즘의 영향을 받았으며 공식 문화를 거부하는 진보적 성향을 띠고 있다. 대표적인 인물로는 로베르토 볼라뇨(Roberto Bolaño), 마리오 산티아고 파파키아로(Mario Santiago Papaquiaro), 브루노 몬타네(Bruno Montane), 에드가르 아르타우드(Edgar Artaud) 등이 있다.

Ingapirca (잉가피르카)　　(잉카 장벽) 요새는 에콰도르 카냐르 지역에 위치한 복잡한 유적지다. 에콰도르에 남아 있는 잉카 유적지 중 가장 큰 것으로 가장 중요한 건축물은 태양의

신전(Templo del Sol)이며 해와 달을 관찰하는 천문대이다. 건물은 잉카 방식으로 세워
졌으며 돌들이 서로 완벽하게 끼어들 수 있도록 깎여 있다. 카냐르 지역에 잉카가 첫 문
명이 아니었기에 잉카-카냐리 건축물로 추정되며 와이나 카팍이 잉카 제국을 북쪽으로
늘리는 과정에서 건축을 지시했을 것으로 추정된다.

Inocentes y culpables (이노센테스 이 쿨파블레스)　　아르헨티나의 자연주의 소설가 후안
안토니오 아르헤리치(1840~1905)의 작품. 1885년 작으로 서문에서 과학적, 사회학적
문제들에 대한 관심을 표명하며, 특정 문제와 그 전개, 해결이 소설의 내용이 된다. 당시
이민정책에 부합하는 우생학적 교리를 담고 있다.

Instituto Guatemalteco de Turismo (과테말라 여행 협회)　　1967년 9월 8일에 설립된
과테말라 여행 협회는 국가의 관광과 관련하여 가장 높은 권한은 가지고 있으며 국내 관
광을 담당하고 있다. 주목적은 관광지의 중요성에 따라 평가 및 개발, 관리, 보존하고 과
테말라 문화를 알리는 것이다.

Instituto Nacional de Bellas Artes (국립 예술 연구원)　　1946년 멕시코 예술 교육과
진흥을 위해 설립되었다. 멕시코시티에 기반을 두고 있는 이 기관은 박물관과 연구기관
을 중심으로 많은 전시회와 모임을 가지며 멕시코 국내외의 예술가들을 소개하고 있다.
1988년 예술적 가치가 국내외적으로 인정을 받아 국립문화예술평의회(Consejo Nacional
para la Cultura y las Artes, CNCA)가 설립되면서 국립 예술 연구원의 가치는 더욱 견
고해졌다. 박물관 전시, 연극, 포럼 등 다양한 예술 활동을 장려하고 있다.

Instrucción del estanciero (농장주의 가르침)　　아르헨티나의 정치가이자 작가였던 호세
에르난데스(José Hernández, 1834~1886)의 작품. 1880년 국회의원에 당선되고 1년
후 시골 영농생활에 대한 경험과 가우초를 옹호하는 정치적 사상을 바탕으로 하여 작품
을 발표하였다.

Inti (인티)　　잉카 부족 신화의 신. 태양이 그의 에너지로 땅을 풍요롭게 한다고 믿었기에 잉카
족은 태양을 신으로 모셨다. 그들은 태양이 자기 여동생인 달과 결혼했다고 믿었다. 달
의 이름은 마마 키야(Mama Quilla)였다. 페루에 아직 인티신을 믿는 사람들이 있으며,
그의 신전이 몇 개 남아 있다. ➡ Viracocha(비라코차)

Inti Raymi (인티 라이미)　　잉카족이 태양의 신인 인티(Inti)에게 매년 6월에 바치는 축제. 현
재에도 진행하며 쿠스코(Cusco)에서 가장 큰 축제 중 하나이다. 축제의 가장 중요한 부
분인 제물로 바치는 동물의 희생은 현재에는 흉내만 내는 것으로 대신한다. ➡ Pintura,
musica y danza del Imperio Inca(잉카 제국의 미술, 음악과 춤)

Intihuatana (인티우아타나)　　잉카 제국의 종교적 건축물이다. 하나의 암석으로 만들어진 조
각이며 1~2m의 높이를 가지고 있다. 케추아어로 "해가 묶이는 곳"이라는 의미를 가지
고 있고 사계절을 측정하는 달력으로 보인다. 가장 잘 보존되어 있는 인티우아타나는 피
삭(Pisac)과 마추픽추(Machu Picchu)에 있다. ➡ Matemáticas y Astronomía del
Imperio Inca(잉카 제국의 수학과 천문학)

Iparraguirre, Sylvia (실비아 이파라기레)　　(1947~) 아르헨티나 작가이며 교수이자 연구
자이다. 1976년에 카스티요(Abelardo Castillo) 작가와 결혼을 했으며, 10년 후 부에노
스아이레스대학교(Universidad de Buenos Aires) 교수직을 역임하였고 사회언어학에
대한 연구를 지속하고 있다. 여러 이름난 신문과 문학잡지에 수필과 소설작품을 실었다.
작품으로는 단편집 『*En el invierno de las ciudades*』(1988)와 『*Probables lluvias por la noche*』

(1993)를 출판했으며, 『El Parque』(1996)와 같은 소설을 출판했다.

Ipuche Riva, Rolina (롤리나 이푸체 리바)　(1922~) 우루과이의 작가. 많은 문학상을 수상했다. 프랑스에서 문화적이고 문학적인 중요한 활동을 펼쳤기 때문에 1974년에는 프랑스로부터 공로 훈장(La Ordre National du Mérite)을 받았다. 작품집으로 『Arroja tu pan sobre las aguas』(1950), 『Cuentos uruguayos』(1965), 『Circuito de rutina』(1981) 등이 있다.

Ipuche, Pedro Leandro (페드로 레안드로 이푸체)　(1889~1976) 우루과이의 작가. 페르난 실바 발데스(Fernán Silva Valdés)와 함께 토착주의(nativismo)의 선구자 중 하나로 여겨진다. 1933년 국가 문학상(El Gran Premio Nacional de Literatura)을 받았으며 1968년부터 우루과이 한림원의 회원이 되었다. 시는 형이상학적 고뇌를 드러내며 인간 존재의 출현과 창조의 미스터리에 대한 불안감을 보여준다. 그의 대표작품으로 『Cantos al Centenario』(1910), 『Engarces』(1918), 『Alas nuevas』(1922), 『Tierra honda』(1924), 『Júbilo y miedo』(1926), 『La llave de la sombra』(1949) 등이 있다. ➡ La literatura uruguaya del siglo 20(20세기 우루과이 문학)

Irresponsable (이레스폰사블레)　아르헨티나의 자연주의 소설가인 마누엘 T. 포데스타(Manuel T. Podestá, 1853~1918)의 작품. 작가는 의사로서의 자신의 지식을 소설에 옮기곤 했는데, 이 작품 내에서는 유전적 신경증의 사례를 세밀히 분석하였다. 과학성이 너무 짙어 소설이라기보다 이론서에 가깝다는 평을 받는다.

Isaacs, Jorge (호르헤 이삭스)　콜롬비아의 군인, 정치가이자 작가로, 1837년에 출생하여 1895년에 사망했다. 1867년에 『María』를 출간하면서 각국의 언어로 번역되는 등 세계적인 명성을 얻게 되지만, 자유주의 운동의 투쟁가로 활동하게 되면서 문학활동은 사실상 중단되었다. 『María』는 국내에도 번역되어 있다. ➡ Canones en America Latina(라틴아메리카의 정전)

Iskanwaya (이스칸와야)　볼리비아에 위치한 잉카 문명 전의 유적지다. 모요 문화(cultura Mollo)에 속한 이 유적지는 두 개의 집이라는 의미를 지니고 있다. 크게 두 개의 지역으로 나뉘어 수백 개의 건물들이 있다. 기원전 800년에 건축이 시작되었고 1425년까지 인류가 지배한 것으로 추정된다.

Isla Koati (코아티 섬)　달의 섬(Isla de la Luna)이라고도 하며 볼리비아 티티카카 호수(lago Titicaca)에 위치한 섬이다. 이 섬에 아크야우아시(Acllahuasi)로 이용되었던 이냐쿠유(Iñakuyu) 신전이 있다. 섬에는 잉카를 섬기기 위해 선택된 여성들이 살았고 섬의 출입은 잉카에게만 허용되었다.

Isla Titicaca (티티카카 섬)　태양의 섬(Isla del Sol)이라고도 하며 볼리비아 티티카카 호수(lago Titicaca)에 위치한다. 잉카 시대에 태양의 신에게 바쳐진 신전이 있으며 이곳에서 태양의 신이 태어났다고 한다. ➡ Arquitectura del Imperio Inca(잉카 제국의 건축)

Ismael Enrique, Arciniegas (아르시니에가스 이스마엘 엔리케)　(1865~1938) 콜롬비아의 시인이다. 작품은 운율적인 문체를 보여주며, 전통적인 스페인어뿐만 아니라 고전적 형식의 구사도 뛰어나다. 대표작으로는 『Mi musa』, 『En colonia』, 『A solas』 등이 있다.

Isolda Pradel (이솔다 프라델)　본명은 에르네스티나 데 라스 메르세데스 주니가 베르두고(Ernestina de las Mercedes Zúñiga Verdugo, 1915~2012)이다. 칠레 시인이자 작가이다. 칠레작가인 오스카르 카스트로 수니가(Óscar Castro Zúñiga)와 결혼했다. 남편의 이름으로 "오스카르 카스트로 기금(Fundación Óscar Castro)"을 창설했다. 작품으로는 『*Raíces de la poesía y prosa de Óscar Castro*』(1999)가 있으며, 오스카르 카스트로와 생전에 주고받은 연애편지도 출판했다.

Ituzaingó, Batalla de (이투사잉고 전투)　　1827년에 일어난 전투로 아르헨티나의 이투사잉고 지역에서 일어났다. 카를로스 마리아 데 알베아르(Carlos María de Alvear) 장군의 아르헨티나 군대와 바르바세나(Barbacena) 후작의 명을 따르는 브라질 제국의 군대 사이에 일어난 전투이다. 1825년 브라질과 아르헨티나 사이에 위치한 반다오리엔탈(Banda Oriental) 지역의 소유권에 불거진 전쟁의 연장선상에 있다.

Itzá (이사)　　멕시코 유카탄(Yucatán) 반도 마야 문명의 부족 중 하나로 과테말라의 페텐(Petén)과 페텐 이사 호수(Lago Petén Itzá) 등지에 거주한다. 약 2천 명의 소수만이 남아 있으며 이사어(Idioma Itzá)는 현재 거의 사멸하였다. ➡ Cultura maya(마야 문명)

Itzamna (잇삼나)　　삼나(Zamná)라고도 한다. 마야 신화에서 세상을 창조했으며 천상에 살고 있는 전지전능한 신으로 달과 사랑, 의술 등의 신 익첼(Ixchel)과 결혼했다. 마야인들이 살았던 중미 국가들의 도자기나 여러 장신구, 벽화 등에 늙은 신으로 자주 묘사된다.

Ixchel (익첼)　　마야 신화에서 사랑, 잉태, 직물, 달과 의술의 신이다. 토끼와 같이 표현되는 경우도 있으며 창조주 잇삼나(Itzamná)와 결혼하였다. 술을 세상에 쏟아 부어 콜레라를 일으킨 신으로도 표현되며 익첼(무지개의 여인)이라는 이름은 칠람 발람(Chilam Balam)에 표기되어 있는 것으로 상형문자로는 착 첼(Chak Chel)로 표기되어 있다.

Ixil (익실)　　과테말라 마야 원주민으로 엘 키체(El Quiché) 지방의 북부 지역에 주로 거주하며 익실어와 스페인어를 구사한다. 1980년대 초반 과테말라 내전 동안 익실 부족은 대학살과 집단 강간, 강제 이주의 주요 타깃이 되었다. 이로 인해 에프라인 리오스 몬트(Efraín Ríos Montt) 대통령은 2013년 익실 부족 1,771명을 사형시킨 죄로 유죄 판결을 받았다. ➡ Chilam Balam(칠람 발람)

Iximché (익심체)　　과테말라의 치말테낭고(Chimaltenango)에 있는 유적이다. 1470년에 건설되어 1524년 스페인인들에게 정복당할 때까지 칵치켈(Kakchikel) 족의 수도였다. 칵치켈족의 신전들이 다수 남아 있으며 1960년 과테말라의 국보로 지정되었다.

Ixtacíhuatl (이스탁시우아틀)　　아스텍어로 '누워있는 하얀 여자'라는 의미를 가진 멕시코시티 동남쪽의 멕시코 고원의 휴화산이다. 해발 5,286m이며 주로 안산암으로 구성되어 있다. 만년설로 뒤덮인 세 개의 봉우리로 이루어져 있으며 포포카테페틀(Popocatépetl) 화산과 연결되어 있다.

Izquierdo, María (마리아 이스키에르도)　　(1902~1955) 멕시코의 화가로 활동했으며 1920년에 멕시코시티로 이사하면서 그녀의 전문적인 작품활동이 시작되었다. 혼자서 새로운 기술을 익히는데 시간을 보냈으며 미국에 작품이 전시된 멕시코의 첫 여성 화가로 널리 알려져 있다.

J

Jacalteco (하칼테코)　　과테말라 우에우에테낭고의 쿠추마탄 고원에 거주하는 마야 원주민으로 하칼테코어를 구사한다. 오랜 기간 교통의 불편함으로 문명화가 진행되는 속도가 가장 느려 가장 전통적 특색이 많이 남아 있는 부족이기도 하다.

Jaimes Freyre, Ricardo (리카르도 하이메스 프레이레)　　(1868~1933) 볼리비아 출신 작가이다. 한편으로는 서정적이고 이국적인 풍경을, 다른 한편으로는 새로운 시 형식을 도입했으며 이로 인해 자유시 선구자로 인정받는다. 대표작으로 『*Leyes sobre la versificación castellana*』(1912)가 있다.

Jara, Víctor (빅토르 하라)　　본명은 빅토르 리디오 하라 마르티네스(Víctor Lidio Jara Martínez)이며, 1932년 9월 23일에 태어나 1973년 9월 16일에 사망하였다. 칠레의 누에바 칸시온(Nueva cancion) 운동의 중심에 있었던 인물로, 대학에서는 연극을 전공했으나 칠레의 민속 문화와 현실에 눈을 돌려 노래를 하기 시작했다. 칠레 민요 보컬그룹 '쿤쿠멘'의 단원으로 활동했고, 칠레 대학교 연극 연구소 상임연출가를 역임했으며, 민속 예술학교를 설립하기도 했다. 피노체트 정권에 의해 살해되어 손목이 부러진 채 발견되었다. ➡ Nueva canción latinoamericana(라틴아메리카 누에바 칸시온)

Jardín de senderos que se bifurcan, El (두 갈래로 갈라지는 오솔길들의 정원)　　아르헨티나의 작가 호르헤 루이스 보르헤스의 단편소설로, 단편집 『*Ficciones*』에 수록되어 있다. 보르헤스가 서문에서 밝히듯 이 작품은 탐정 소설이며, '시간의 미로'에 대해 다루고 있다. 작품 속 시간의 미로는 잠재적 미래, 즉 여러 개의 미래가 존재할 수 있다는 상상을 기반으로 구성된다. 잠재적 시간의 가능성을 보여준다는 점에서 보르헤스의 또 다른 단편 『*Examen de la obra de Herbert Quain*』와 상호텍스트성을 갖는다. ➡ Jorge Luis Borges(호르헤 루이스 보르헤스)

Jerarquía imperial del Imperio Inca* (잉카 제국의 계층 구조)　　잉카 제국은 콜럼버스의 신대륙 발견 이전에 아메리카 전역에서 가장 발달된 정치 조직을 보유하고 있었다. 절대 신정 군주제를 채택한 잉카 제국은 동서남북의 사방에 각각의 지역을 발전시킨다는 의미에서 '타우안틴수요(Tahuantinsuyo)'라 국호를 채택한 바 있다. 잉카 제국의 계층 구조는 5개 계층으로 구성되어 있다. 1) 잉카 사파 잉카(Sapa Inca) 또는 단순히 잉카라는 이름으로 불리는 군주는 잉카 제국 최대 권력을 지닌 통치자로, 정치권력과 더불어 종교적 권한까지 쥐고 있었다. 빨간 술이 달린 모자 형태의 마스카파이차(mascapaicha)는 잉카 권력의 상징물이다. 잉카는 통상적으로는 쿠스코에 세운 궁에 거주하면서 사람들을 알현하고, 심판을 내리는 등 군주권을 행사했지만, 가끔씩은 제국 각지를 직접 돌아보기도 했다. 이렇게 외부로 나갈 때에는 남자 여럿이 어깨에 들춰 멘 일종의 가마인 '안다 (anda)'에 올라 앉아 주민들의 목소리를 직접 듣곤 했다. 2) 아우키(El Auqui) 왕권을 이어받을 왕세자로서, 부왕이 살아 있는 동안에는 제국의 통치 기술을 연마하기 위해 조력자로서 부왕을 도와서 정치에 기여하였다. 3) 타우안틴수요 카마칙(Tahuantinsuyo Camachic) 4인의 아푸스(apus)로 구성된 일종의 황실 자문위원회로, 4인의 아푸스는 동서남북 사방의 지역을 대표하는 인물들이다. 일부 사가들은 이들을 일컬어 '수유유 아푸 (Suyuyuc Apu)'라고도 한다. 4) 아푼칙(Apunhic) 정권과 군권을 한 손에 쥔 일종의 집정관으로, 주로 각 지방의 질서유지를 위해 헌신했다. 5) 투쿠이리쿡(Tucuiricuc) 모든 것을 볼 수 있는 '천리안'의 의미를 지닌 투쿠이리쿡은 일종의 제국 통치를 위한 감사의 역할을 했다. 지방 관리들을 통제하고, 필요한 경우에는 권력을 행사하기도 했으며, 잉카 로부터 일종의 마패처럼 권한의 상징으로 수여받은 모자를 쓰고 다녀 일반인들과 한눈에 구분이 되곤 했다. 6) 쿠라카(Curaca) 아일류(Ayllu)라고도 부르며, 단위 지역의 수장으로 카시케(cacique)에 버금가는 직위다. 통상적으로는 각 부족에서 가장 연장자이자 대표적 현자로 추앙되는 인물이 쿠라카가 되었지만, 왕권에 저항하는 부족의 경우에는 잉카가 직접 자신의 사람 중에 임명하기도 했다. 쿠라카는 질서를 관장하고, 판결권을 행사했으며, 잉카에게 바치는 조공을 책임지기도 했다.

Jesús del Tavarangué, Misión de (타바랑게 예수교회)   1685년 파라과이 예수회 교단이 세운 교회. 몬다이 강(Río Monday) 변두리에 세웠다가 이바레티 강(Río Ybarety) 근처로 옮겨지고, 만디요비 강(Río Mandiyoby) 근처로 옮겨졌다가 다시 지금의 헤수스 시(ciudad de Jesús)에 세워졌다. 석회와 돌로 지어진 건물로서 당시 건축물 양식을 엿볼 수 있으며 유네스코 세계문화유산으로 지정되었다.

Jesús Galván, Manuel de (마누엘 데 헤수스 갈반)   (1834~1910) 산토도밍고 출신의 정치가, 언론가, 외교관, 소설가. 도미니카 공화국의 근대 소설의 선구자 중 한 명으로 평가되며, 대표작으로는 『Enriquillo』가 있다.

Jesús Jiménez, Manuel de (마누엘 데 헤수스 히메네스)   (1854~1916) 코스타리카의 정치인이자 작가. 헤수스 히메네스 사모라(Jesus Jiménez Zamora, 1823~1897) 대통령의 아들이다. 유서 깊은 가문 출신으로 역사, 지리, 문학 교수로 재직하기도 했으며 정치계의 다양한 직책을 수행했다. 역사 단편소설과 당대의 사회상 및 문화를 상세히 묘사한 저서들로 유명하며 대표작으로는 『Noticias de antaño』가 있다.

Jiménez Huete, Max (막스 히메네즈 우에테)   (1900~1947) 코스타리카 작가, 시인, 기자, 조각가, 미술가이다. 1921년 미술과 조각가 활동을 파리에서 시작했지만 1925년에 경제적인 문제로 코스타리카로 돌아왔다. 코스타리카에서 예술활동을 하는 동시에 기자 활동을 시작했다. 1926년에 『Arte y proletariado』로 알려졌으며 그 외에도 <Diario de Costa Rica>와 <Repertorio Americano>에도 기사를 실었다. 대표작으로 『El domador de pulgas』(1936)가 있으며, 그 외 『Unos Fantoches』(1928), 『El Jaul』(1937) 등이 있다.

Jiménez, Domingo Moreno (도밍고 모레노 히메네스)   (1894~1986) 도미니카 공화국 출신 시인. 포르투미스모(Portumismo)라는 이름으로 알려진 도미니카 공화국의 전위주의의 시조로 알려져 있으며 그의 작품세계는 매우 광범위하다. 대표작으로는 『Promesas』 (1916)와 『Vuelos y duelo』(1916)가 있다. ➡ Los Nuevos(신인들)

Jitanjáfora* (히탄하포라)   대부분이 실질적으로 아무런 의미도 없는 창작 어휘들을 이루어진

낱말들 혹은 표현들을 일컫는 언어학적 명칭이다. 문학, 특히 시(詩)에서 나름의 의미를 가질 수 있다. 원래의 의미는 없지만 음가를 발휘함으로써 텍스트와의 관계 속에서 나름 의 의미를 형성해낼 수 있기 때문이다. 히탄하포라라는 명칭이 처음 사용된 것은 1929 년에 발표된 알폰소 레이예스(Alfonso Reyes Ochoa)의 글에서였다. 알폰소 레이예스는 쿠바의 시인 마리아노 브룰(Mariano Brull Caballero)의 시구를 인용하면서, 그 시구 속 의 무의미한 언어유희가 의미를 형성해낼 수 있음을 지적한 바 있다. 히탄하포라의 대표 적 예를 들자면 다음과 같다. "Filiflama alabe cundre ala olalúnea alífera alveolea jitanjáfora liris salumba salífera." Mariano Brull, 『Leyenda』. 마리아노 브룰는 1891년 에 태어나 1956년에 사망한 쿠바의 시인이다. 그는 주로 프랑스 상징주의의 영향을 받 아 작품활동을 했으며, 특히 말라르메(Mallarmé)와 폴 발레리(Paul Valery)의 영향을 많이 받았다. 마리아노 브룰의 시는 20세기 전반부 쿠바 시에서도 남다른 작품으로 평가 되는데, 다른 시인들이 주로 사회문제를 다루거나 아프리카 쿠바 흑인의 문화에 심취한 데 반해 시 자체에 대한 사랑을 형상화시켰기 때문이다. 직업 외교관으로 유럽과 아메 리카 여러 나라에서 생활했던 마리아노 브룰은 말들이 빚어내는 '음'에 관심이 많았으 며, 마침내 의미는 없지만 음가 자체만으로도 시에서 큰 의미를 갖는 어휘들을 이용해 소위 '히탄하포라'라는 유형의 시를 창조해내기에 이르렀다. 이렇게 탄생한 히탄하포라 는 방과르디아 사조, 특히 다다이즘 계열의 일부 예술가들에 의해 점차 확산되었다. 소 설가인 미겔 앙헬 아스투리아스(Miguel Ángel Asturias)는 자신의 장편소설 『El señor Presidente』서, 알레한드라 피사르니크(Alejandra Pizarnik)는 『La bucanera de Pernambuco』 에서 히탄하포라의 실례를 보여준 바 있다.

Jitrik, Noé (노에 히트리크)　　(1928~) 아르헨티나의 문학비평가이자 소설가, 수필가이다. 1953년에 문학잡지 <Contorno>에서 활동을 시작했으며, 1960년 코르도바 국립대학교 (Universidad Nacional de Cordoba)의 강사직을 역임했다. 당시 학생이었던 작가 닐다 메르카도(Nilda Mercado)와 만나 1년 후 결혼한다. 부에노스아이레스에서 인생의 절반 이상을 보냈지만 멕시코와 유럽에서도 생활했다. 많은 역사와 문학, 수필, 문학비평 작 품, 소설 등을 집필했다. 대표작으로는 『Historia Crítica de la Literatura Argentina』(1999) 가 있으며, 그 외 『Los grados de la escritura』(2000), 『Línea de flotación』(2002), 『Cálculo equivocado: Poemas 1983-2008』(2010)과 같은 시집 등이 있다.

Jocotenango (호코테낭고)　　"Xocotenango"라고 쓰기도 하며 안티구아 과테말라(Antigua Guatemala) 북쪽에 있는 도시이다. 명칭은 원주민 언어로 '자두 마을'이라는 뜻이며, 과 테말라에서 그래미상(Premios Grammy)을 받은 싱어송 라이터인 리카르도 아르호나 (Ricardo Arjona)의 출생지이기도 하다.

Jorge Edwards* (호르헤 에드와즈)　　(1931~) 칠레 작가이자 외교관으로 산티아고에서 태 어났다. 대학에서 철학과 법학을 공부하고 졸업 후 1958년 미국 프린스턴대학으로 건너 가 대학원에서 정치학을 공부했다. 칠레의 사실주의 학파로 문학의 길로 접어들면서 영 국과 프랑스 문학 등 세계문학에 매료된다. 작품에서 나타나는 주요 주제는 예의범절과 전통적 교양의 탈은 쓴 부르주아에 대한 고발이다. 또한 정치와 문학에 뛰어난 가문에 속하였기 때문에 그 또한 부르주아의 전통 코스인 법학을 공부하고 외교관의 길을 걸었 다. 첫 단편 『El patio』(1952)와 첫 장편소설 『El peso de la noche』(1964)는 파리에서 외교 관으로 활동하면서 쓴 작품들이다. 또한 대표작 중 하나인 『Las máscaras』는 1967년에 발표하였다. 1973년까지 파리, 리마, 라 아바나 등을 돌며 중요한 외교직책을 맡았다. 1970년대 발생한 하나의 역사적 사건은 라틴아메리카 지식인들의 위상을 변화시킨다. 당시 사회주의 정권이었던 칠레의 살바도르 아옌데(Salvador Allende) 대통령은 쿠바 주재 칠레 대사관의 개소를 목적으로 그를 라 아바나로 파견한다. 하지만 카스트로는 그가 일부 카스트로 정권을 반대하는 쿠바 작가들과 접촉하는 것에 노여움을 표했고 급기야 그를 쿠바에서 떠나게 만든다. 1973년 바르셀로나에서 발표된 『Persona Non Grata』는 작가가 쿠바에서 생활하면서 겪은 경험의 결과물이었다. 같은 해 칠레에 군사 쿠데타가 발생하고 살바도르 아옌데가 사망하게 되면서 그는 파리 주재 칠레대사관에서의 직책에서도 물어나게 된다. 이에 따라, 1978년 칠레로 다시 돌아가기까지 바르셀로나에서 수년 동안 거주하면서 세익스 바랄(Seix Barral) 출판사에서 근무하게 된다. 에드와르즈는 단편소설 『El patio』(1952), 『Gente de la ciudad』(1961), 『Las máscaras』(1967) 등을 비롯해 장편소설 『El peso de la noche』(1964), 『Los convidados de piedra』(1978), 『El museo de cera』(1981), 『La mujer imaginaria』(1985), 『El anfitrión』(1987) 등을 남겼다. 또한 『Desde la cola del dragón』(1973), 『Adiós poeta』(1990) 등의 수필을 출간하였다. 그의 작품에서 나타나는 핵심 주제는 칠레 부르주아의 퇴폐적 문화에 대한 고발이다. 호르헤 에드와르즈는 문학활동을 통해 1999년 12월 14일 칠레작가로는 처음으로 세르반테스상을 수상하였다. 2000년 3월에 발표한 소설 『El sueño de la historia』는 칠레의 현재와 과거와의 만남을 보여주는 실험적 작품으로 구분된다. 작가는 이 소설에서 17세기 말 칠레의 식민시대와 피노체트 독재정권의 말기라는 두 가지의 역사적 사실을 전개시켜 나간다. 이 두 개의 역사적 지점은 망명 끝에 고국으로 돌아온 주인공이 복잡한 현실에 직면하는 모습에서 하나로 합해진다. 2005년에는 1968년 자살로 세상을 떠난 삼촌 호아킨 에드와르즈 베요(Joaquín Edwards Bello)의 삶을 토대로 『El inútil de la familia』라는 소설을 출간한다. 작가였던 삼촌 에드와르즈 베요의 모습을 통해 환상과 현실을 교차시키면서 다시 한번 칠레의 강력한 부르주아 세력을 고발한다.

Jorge Luis Borges* (호르헤 루이스 보르헤스) 본명은 '호르헤 프란시스코 이시도로 루이스 보르헤스(Jorge Francisco Isidoro Luis Borges)'이며, 아르헨티나의 부에노스아이레스 태생(1899년 8월 24일~1986년 6월 14일)이다. 영국계 할머니의 영향으로 어려서부터 영어와 스페인어를 함께 익혔으며, 아버지의 서재에서 다양한 책을 접하며 자랐으며, 평생을 어머니와 누이와 함께 살았다. 1914년 스위스의 제네바로 이주한 후, 유럽의 여러 국가들에서 생활하면서 다양한 언어와 작가들을 접했고, 1921년에 부에노스아이레스로 돌아왔다. 1938년에 아버지가 죽었고, 보르헤스도 계단에서 굴러 떨어지는 사고로 인해 폐혈증으로 사경을 헤매었다. 이 경험으로 인해 새로운 형식의 단편소설을 쓰기 시작했다. 1937년부터 부에노스아이레스 시립 도서관에서 근무하였으나 1946년 페론 집권 후 정권 비판을 이유로 도서관장 자리에서 박탈당하고, 1955년 페론 정권이 물러난 후에 다시 아르헨티나로 돌아와 도서관장직을 맡았으며 이즘엔 시력을 거의 상실했다. 1973년, 페론 정권이 다시 들어서자 보르헤스는 도서관장 자리에서 물러나 유럽과 미국의 대학들에 초빙되어 문학 강연을 하였다. 보르헤스는 두 번 결혼했다. 1967년에 소꿉친구인 엘사 아스테테 미얀(Elsa Astete Millan)과 했던 첫 결혼은 3년 만에 끝났고, 1986년에 마리아 코다마(María Kodama)와 2개월간의 결혼 생활을 했다. 시, 소설, 에세이 등 다양한 분야에서 활동하였으며 특히 주목받는 것은 소설이며, 주로 단편소설에서 두각을 드러냈다. 대표작으로는 『Ficciones』, 『El Aleph』 등의 소설집과 『Fevor de Buenos Aires』, 『La cifra』 등의 시집, 『Inquisiciones』, 『Otras Inquisiciones』 등의 에세이집 등이 있다. 1944년의 『Ficciones』와 1949년의 『El Aleph』으로 세계적인 명성을 얻기 시작했으며, 작품들은 포스트모더니즘 문학의 발전에 지대한 영향을 미쳤다. 문학의 본질이나 신, 죽음, 시간 등의 형이상학적 주제들을 소설로 형상화하면서 나타난 '책에 대한 책 쓰기' 등의 독특한 형식적 구조들은 후기구조주의와 현상학, 데리다의 해체주의 등의 현대 사상의 형성과 발달에도 큰 영향을 끼쳤다. 프랑스의 철학가 미셸 푸코는 자신들의 글에 보르헤스를 직접적으로 언급하기도 했다. 수상 경력으로는 1961년, 보르헤스는 사무엘 베케트와 공동으로 세계의 출판인들이 수여하는 포멘터상을 받았다. 1980년 세르반테스 문학상을 받았다. 노벨 문학상에 여러 번 거론되었으나 상을 받지는 못하였다.

Jorge Volpi* (호르헤 볼피)　　(1968~) 멕시코 소설가이자 수필가이다. 볼피의 현란한 소설 작품은 멕시코를 넘어 서구의 주요 포럼과 문화 동호회로 널리 확산되고 있다. 볼피는 "크랙 세대"의 구성 멤버이다. 크랙 세대는 1960년대에 태어나고 작품의 형식과 테마에서 라틴아메리카 "붐 소설" 세대의 작가들로부터 강력한 영향을 받아 탄생한 그룹이다. 어려서 이과계에 관심을 가졌지만 볼피의 말을 빌리자면 "최악의 선생님"을 만나 자연 과학을 싫어하게 되었고 자연스럽게 인문계를 택하게 되었다. 이후 멕시코 대학에서 법학, 철학, 문학을 공부한 뒤 스페인으로 건너가 살라망카 대학에서 스페인어 어학박사를 받았다. 주 파리 멕시코 대사관 문화담당관을 역임했지만 머지않아 교직과 창작활동에 전념하기 위해 그만두었다. 24세의 젊은 나이에 첫 소설을 발표했고 크랙 세대를 형성하는 리카르도 차베스(Ricardo Chávez), 비센테 에라스티(Vicente Herrasti), 잉나시오 파디야(Ignacio Padilla), 페드로 앙헬 팔로우(Pedro Ángel Palou), 엘로이 우로스(Eloy Urroz)와 함께 20세기 말과 21세기 초의 멕시코 문학에서 두각을 나타내는 작가로 여겨지고 있다. 1990년대 초 『A pesar del oscuro silencio』(1992)로 이름을 알렸다. 볼피에 따르면, 이 작품은 『En busca de Klingsor』(1999)와 일정 부분 연결되는 "역사와 전기"가 담긴 소설이다. 『En busca de Klingsor』는 비평가와 독자들이 만장일치로 볼피의 대표작으로 꼽히는 소설이다. 이후 『Días de ira』(1994), 『La paz de los sepulcros』(1995), 『El temperamento melancólico』(1996), 『Una historia intelectual de 1968』(1998) 등을 발표했다. 『En busca de Klingsor』에 대해 볼피는 31세의 나이에 소설 『En busca de Klingsor』로 스페인의 세익스 바랄(Seix Barral) 출판사에서 주최하는 권위 있는 상인 간이 도서관상(Premio Biblioteca Breve)을 수상하면서 라틴아메리카 전역의 주요 뉴스로 매스컴을 타면서 이름을 널리 알렸다. 당시 심사위원을 담당한 쿠바 소설가이자 수필가인 기예르모 카브레라 인판테는 이 작품을 다음과 같이 평가한다. "나는 이 소설을 사이언스 퓨전이라는 이름을 붙이고 싶다. 이 작품은 사이언스 퓨전의 모범 작품이다. 우리가 문화라고 부르는 것을 형성하기 위해 과학에 역사, 정치, 문학을 융합한 것이다. 이 작품은 스페인어로 쓰인 독일소설이다. 호르헤 볼피는 때로는 역사적이고 때로는 허구적인 등장인물을 만드는 데 절대 실수하지 않는다. 영화, 소설, 희곡의 주요 요소인 서스펜스와 모두 연결된다. 앞으로 어떤 일이 전개될지에 대해 우리의 흥미와 호기심을 일깨운다. 이런 의미에서 이 소설은 걸작이다." 『En busca de Klingsor』는 나치 시대에 원자력 실험을 관리한 과학자를 추적하는 명을 받는 프랜시스 베이컨이라는 젊은 중위의 역경을 그린다. 클링조르라는 암호명을 사용하는 이 과학자는 핵개발, 특히 원자폭탄 제조에 깊이 관여했다고 알려졌다. 프랜시스 베이컨 중위는 클링조르를 찾아가는 과정에서 나치 시대에 사회적 엘리트들과 독일 지식인들이 가담한 사실을 발견한다. 하지만 이외에도 사랑, 폭정, 섹스의 즐거움, 거짓의 힘, 도덕적 상대성 등 다양한 면들도 함께 경험하게 된다.

Joropo (호로포)　베네수엘라 전통 음악과 춤이다. 아프리카와 유럽음악의 영향을 받아 생긴 이 장르는 전통 크리오요(Criollo) 음악이다. 18세기에 파티나 춤을 뜻하는 판당고 (Fandango)를 대신해 등장한 이 단어는 1882년 베네수엘라 공식 춤으로 인정되었다. 대표 곡으로 「*Alma Llanera*」는 베네수엘라 비공식 애국가이다.

José Campanella, Juan (후안 호세 캄파넬라)　(1959~) 아르헨티나의 영화감독. 1979년 「*Prioridad nacional*」로 데뷔하였다. 2009년 「*El secreto de sus ojos*」로 오스카 외국어영화상을 받았으며 현재는 주로 미국 텔레비전 프로그램 분야에서 활동하고 있다.

José Cecilio del, Valle (바예 호세 세실리오 델)　(1780~1834) 온두라스 출신의 작가. 새로운 과학과 교육에 관련된 최초의 『*Enciclopedia*』의 저자로 『*Soñaba el abad de San Pedro y yo También sé soñaba*』라는 제목하에 라틴아메리카 통합을 구상하는 초안을 썼다.

José Cid, Pérez (페레스 호세 시드)　쿠바 출신의 작가(1906~1994)로 탁월한 작품을 인간적 감정과 교감으로 채울 줄 알았다. 작품으로는 『*Altares de sacrificio*』, 『*Cardenas de amor*』, 『*Hombres de dos mundos*』 등이 있다.

José de San Martín* (호세 데 산 마르틴)　(1778~1850) 아르헨티나 태생으로 아르헨티나, 칠레, 페루의 해방자이다. 스페인 지배하에 놓인 라틴아메리카 지역의 해방을 현실화시키는 데 중요한 역할을 한 사리사욕 없는 대범한 인물로 평가된다. 22세의 나이에 스페인 군대의 장교로 활동하며 총 31건의 전투에 참여하였다. 자유주의와 프리메이슨의 영향을 받아 리오 델 라 플라타 지역에서 5월의 혁명이 발발한 소식을 듣고 고향의 해방을 위해 독립운동에 가담하게 된다. 부에노스아이레스의 도착한지 얼마 되지 않아 라틴아메리카의 독립을 쟁취하고 자유주의제도를 도입하기 위해 집회를 가지며 칠레와 페루를 해방시키기까지 지속적으로 모임을 유지하였다. 1814년 8월 쿠조(Cuyo)의 주지사로 임명된다. 알토 페루(지금의 볼리비아)의 탐험이 실패로 돌아가면서 스페인의 핵심 지역이었던 페루를 침입하려 하지만 계획을 바꿔 칠레의 해방을 먼저 지원하게 된다. 또한 칠레의 독립 운동가들이 쿠조에 몸을 피신하는 것을 돕고 라틴아메리카 해방을 위해 투쟁하는 사람들과 협조하면서 안데스 지역의 군사를 소집하여 베르나르도 오이긴스 (Bernardo O'Higgins)와 함께 칠레와 페루의 독립 계획을 구체화시킨다. 산 마르틴과 군사들은 안데스의 험난한 자연적 장애물을 극복하고 아콩카과 산을 넘어 차카부코 (Chacabuco)에서 스페인군과 결전을 벌인 끝에 1817년 산티아고의 해방을 쟁취한다. 그는 산티아고의 시민들로부터 칠레 정부의 수반으로 추대 받지만 이를 거절했고, 베르나르도 오긴스가 칠레를 통치하게 된다. 이후 오긴스를 도와 1818년 마이푸 전투에서 군사작전을 수행하며 승리로 이끌면서 칠레의 독립을 공식화했고 뛰어난 전략가로 다시 한번 인정받게 된다. 이후 스페인군의 남미 거점지였던 페루에 침입하여 페루의 독립 선언을 위해 공격을 시도한다. 오긴스의 지원으로 군대와 함대를 갖춘 뒤 1820년 페루 부왕령에 도착한다. 그는 더 이상의 유혈 사태를 겪지 않기 위해 독립문제를 외교와 대화의 통로를 이용해 풀어갔다. 협상은 성공적이지 못했고 전쟁을 이어가는 방법 밖에는 다른 도리가 없었다. 산 마르틴은 1821년 7월 9일 리마로 진격하여 28일에 페루의 독립을 선언하였고 '보호자'로 인정받았다. 스페인의 마지막 보루였던 알토 페루의 독립을 위해서 그는 과야킬(Guayaquil) 회담에서 볼리바르와 만나 전쟁의 지원, 정치 제도, 콜롬비아와 과야킬의 통합 문제 등을 다룬다. 외면상으로 볼리바르가 협의를 하지 않은 것으로 간주되는데, 그 이유는 그가 심각한 딜레마에 맞서게 되기 때문이다. 한편으로는 볼리바르와의 회담 목적은 독립 전쟁 참여의 끝을 의미했고, 다른 한편으로 볼리바르가 그에게 가려져 전면에서 밀려나는 것을 원하지 않은 것처럼 보였기 때문이다. 의견의 일치를 보지 못했기에 산 마르틴은 페루 의회에서 보호자 자리에서 물러날 것임을 밝히고 볼리바르에게 페루의 독립을 맡기고 발파라이소로 떠난다. 산티아고와 멘도사를 거쳐 가면서 그는 사람들이 페루에서의 자신의 군사적, 정치적 개입을 잔혹하게 비난하는 것을 목도하였다. 상황은 낙관적으로 보이지 않았다. 산티아고에서 오긴스를 타도하려는 분위기가 감지되었고 군사적인 상황도 완전한 통제에서 벗어난 것처럼 보였기 때문이다. 1824년 산 마르틴은 유럽으로 떠날 수 있는 여권을 받게 되었고 초기 공화국의 시대를 알리는 정치적 내분에서 잠시 떨어져 있고자 유럽행을 결정한다. 산 마르틴은 정치와 군사 전투의 참여를 지속적으로 요청받았지만 런던과 브뤼셀에 계속 머물렀다. 불화의 원인이 되고 싶지 않았던 그는 정치와 군사 작전에 일체 참여하지 않은 채 생을 마감할 때까지 유럽에서 은둔 생활을 했다. 이후 그의 유해는 1880년 부에노스아이레스로 옮겨져 안장되었다.

José Donoso Yáñez* (호세 도노소 야녜스)   (1924~1996) 칠레 작가로 칠레 상류층 가정에서 태어났다. 가정교사의 지도와 10년간의 그랜지 스쿨(The Grange School) 생활로 그의 초등교육과 초기 독서는 영어와 밀접한 관계가 있을 수밖에 없었다. 어려서부터 미국, 아르헨티나, 멕시코, 스페인 등 다양한 국가를 방문하면서 체득한 경험들은 작품세계에 고스란히 반영되어 있다. 1960년대 미국에서 거주한 뒤 1970년대에는 스페인에서 생활하였기 때문에 작품은 칠레가 아닌 외국에서 먼저 알려졌다. 그는 호르헤 에드와르주와 마찬가지로 근본적으로는 사실주의 작가였고 두 작가 모두 사실주의에서 완전히 벗어나지 않았다. 도노소는 형식과 주제 등 사실주의가 갖지 못한 요소들을 작품에 추가하고 이에 변화를 주면서 사실주의를 더욱 풍요롭게 만들었다. 그는 보다 복합적이고 다양한 미학을 탐구하기 위해 사실주의의 경계를 넘나들었을 뿐이다. 주요 관심사는 충돌과 긴장의 핵심인 가정, 되돌릴 수 없는 과거에 대한 향수, 잃어버린 환상에 대한 이유, 영원할 것이라 믿었던 가치들의 불가피한 추락, 단순하게 보이는 모습 뒤에서 현실을 왜곡하는 알 수 없는 존재 또는 힘에 대한 관찰 등이다. 처녀작 『*Veraneo y otros cuentos*』 (1955)과 『*Coronación*』(1957)은 광기와 도덕적 모순으로 점철된 몰락하는 상류층 가정을 다룬다. 도노소에게 명성을 안겨준 『*Coronación*』에서는 그로테스크하고 바로크적인 요소를 담고 있던 그의 작품들과는 달리 사실주의가 비사실주의적 경계까지 이르게 되는 것을 볼 수 있다. 이 작품에서 광기는 도덕적이고 육체적인 붕괴의 세계를 상징하는데 주인공이 살고 있는 정신적 감옥을 반영하면서 사실적이기보다는 몽환적인 필치가 강하게 나타난다. 도노소는 사실주의 전통적 틀 안에서 작품활동을 하지만 모방과 실제성을 거부했다. 즉 사실주의의 마지막 경계선과 사실주의의 가장 깊숙한 곳까지 탐구하면서 현실이 관습적인 인지에 도전하는 생각, 변형된 모습 등으로 나타나는 것이다. 이외에도 도노소는 『*El charlestón*』(1960), 『*Este domingo*』(1966), 『*El lugar sin límites*』 (1967), 『*El obsceno pájaro de la noche*』(1970), 『*Tres novelitas burguesas*』(1973), 『*Casa de campo*』(1978), 『*La misteriosa desaparición de la marquesita de Loria*』(1980), 『*El jardín de* *al lado*』(1981), 『*Cuarto para Delfina*』(1982), 『*La desesperanza*』(1986) 등을 발표하였다. 사후 1997년에 출간된 『*El Mocho*』은 도노소의 문학적 증언이다. 또한 1972년 발표한 『*Historia personal del "boom"*』에서는 1960~1970년대 라틴아메리카 소설의 현상을 분석 하였다. 이 작품에서 1960년대 초반 붐소설이 칠레 문학에 미친 영향에 대해 저술하 였을 뿐만 아니라 자신이 붐세대의 자식임을 선포하였다. 도노소와 같은 작가들은 칠 레 문학의 유일한 표출구가 되었던 단순함과 사실주의적 장벽을 넘어 아이러니를 표 현하기 위해 투명하고 명확한 언어의 필요성에 대한 견해를 타파하는 데 많은 어려움 을 겪었다.

José Emilio Pacheco* (호세 에밀리오 파체코)　　시인으로 1939년 멕시코에서 태어났다. 멕 시코 자치대학에서 수학한 뒤, 잡지사 <Medio Siglo>에서 근무하면서 작가생활을 시작 했다. '50세대' 작가의 한 사람으로, 19세기 멕시코 문학 전문가였다. 특히 호르헤 루이 스 보르헤스의 작품세계에 조예가 깊어 1999년에는 보르헤스를 추모하는 시리즈 학회를 개최한 바 있다. 수십 년에 걸쳐 '국립 인류학 역사연구센터(INAH)'에서 연구했으며, 멕시코 자치대학과 미국과 캐나다 영국의 여러 대학에서 강의했다. 작품활동을 통해 다수의 상을 수상한 바 있는데, 2001년에는 호세 도노소상, 2003년에 라몬 로페스 벨 라르데상, 2004년에 옥타비오 파스상과 국제 알폰소 레예스상, 파블로 네루다상, 2005 년에 가르시아 로르카상, 2009년에는 세르반테스상과 이베로아메리카 시 부분 소피아 왕비상을 수상했고, 2011년에는 멕시코대학에서 수여하는 알폰소 레예스상을 수상한 바 있다. 2006년에는 멕시코 언어한림원의 명예회원이 되었으며, 멕시코 문화세미나 명예 회원이기도 하다. 문체는 수사적이지 않은, 대화체 위주의 편안하고 명쾌한 스타일이며, 주된 주제는 '시간'이다. 메타포를 즐겼으며, 주로 잔인한 세상의 면면을 들춰내는 다양 한 시 속에서 비관적이고 우수에 젖은 감성을 여과 없이 드러내곤 했다. 시집으로는 1958년에서 2000년 사이에 발표한 6권의 시집을 한데 엮은 『*Tarde o temprano*』가 있다. 소설은 『*Morirás lejos*』와 『*Las batallas en el desierto*』 단 두 작품이 있으며, 단편집도 『*La sangre de Medusa*』, 『*El viento distante*』, 『*El principio del placer*』 등 세 권이 있다. 그런가 하면 엘리어트와 사무엘 베케트, 테네시 윌리암스, 마르셀 슈보브, 오스카 와일드 같은 시인들의 시집을 번역하기도 했으며, 『*Antología del Modernismo*』를 비롯하여 『*Ederico Gamboa*』, 『*Salvador Novo*』 같은 작가들의 작품을 편집해 내기도 했다.

José Gaulberto, Padilla (파디야 호세 구알베르토)　　(1829~1896) 푸에르토리코 출신의 시인이다. 전투와 관련된 대중시, 조국의 아름다움을 그린 묘사시를 선보였고, 많은 비평 가들은 그를 당대 최고의 시인으로 평가한다.

José Gautier, Benítez (베니테스 호세 가우티에르)　　(1850~1880) 푸에르토리코의 시인. 유 럽 낭만주의 이론과 표현 양식을 혼합시킨 시인들 가운데 가장 유명했으며 조국 푸에르 토리코의 아름다움을 찬양한 수많은 시를 씀으로써 '국민시인'으로 인식되었다.

José Joaquín, Palma (팔마 호세 호아킨)　　(1844~1911) 쿠바 출신의 시인이다. 시들은 유혈 충돌 없이 획득한 자유를 반복해서 축하하고, 평화와 행복으로 가득 찬 서정적 어 조가 지배적이다. 또한 그가 작사한 과테말라 국가는 스페인과 멕시코로부터 독립한 후 인 1823년에 쓰였다.

José Lezama Lima* (호세 레사마 리마)　　(1910~1976) 쿠바 작가. 수많은 작품을 남기며 라틴아메리카 작가들에게 많은 영향을 미쳤다. 대표작은 『*Paradiso*』(1966)와 『*Oppiano*

Licario(1977)를 꼽을 수 있다. 『*Paradiso*』를 발표하기 이전 시인, 수필가, 비평가 외에도 문학잡지를 창간하여 편집자로 활동하는 등 다양한 이력을 가진 작가였다. 1947년부터 1957년까지 총40호를 간행한 문학잡지 <Orígenes>에 후안 라몬 히메네스(Juan Ramón Jiménez), 루이스 세르누다(Luis Cernuda), 알폰소 레예스(Alfonso Reyes), 알레호 카르펜티에르(Alejo Carpentier), 옥타비오 파스(Octavio Paz) 등 당시 스페인어권 문학계의 중요한 작가들이 작품을 투고하였다. 한편 레사마 리마의 이름은 거의 알려지지 않은 상태였다. 소설 『*Paradiso*』의 발표는 문학계에 큰 반향을 불러일으켰고 당시 훌리오 코르타사르와 바르가스 요사 등과 같은 작가들을 비롯한 수많은 비평가들은 『*Paradiso*』을 걸작으로 평가했다. 그 이후 카르펜티에르와 함께 전통 리얼리즘과의 단절을 대표하는 쿠바 작가로 급부상하였다. 『*Paradiso*』의 마지막 부분에서 주인공 호세 세르미(José Cermí)가 부차적인 등장인물인 리카리오의 입에서 내뱉는 "이제 시작합시다"라는 말은 곧 이미지, 일치의 길로 떠날 준비를 갖추고 일시성, 죽음과 존재적 고뇌를 이겨내며 청소년기를 끝냈다는 의미를 지니고 있다. 『*Paradiso*』의 이야기는 이후 발표된 『*Oppiano Licario*』에서 연장된다. 작가는 독자가 호세 세르미의 발자취를 따라가게 하기보다는 『*Paradiso*』의 끝부분에서 전개되는 리카리오의 죽음 이전으로 독자를 다시 되돌려 보내 보편적인 테마를 점검하도록 만든다. 레사마 리마의 작품에서 이미지는 중요한 요소이다. 이미지는 두 가지 의미를 내포하고 있는데 하나는 사실에 대한 시적 요소와 언어의 재창조이다. 이는 우리를 둘러싸고 있는 다양한 현실을 독창적이면서도 이중적인 의미를 표현하면서 그 현실의 의문을 제기한다.

José María Arguedas* (호세마리아아르게다스)　(1911~1969) 페루 작가로 안데스 문화의 기원을 둔 원주민 문화에 접근하여 이를 라틴아메리카 문학에 편입시킨 중요한 인물이다. 단편들로 구성된 『*Agua*』(1935)을 발표하면서 첫 작품활동을 시작했으며, 『*Yawar fiesta*』(1941)를 통해 소설가로 데뷔한다. 이후 『*Los ríos profundos*』(1956)와 『*La agonía de Rasu Ñiti*』(1963) 등의 대표작을 남긴다. 그가 세상을 떠나고 2년이 지난 후 1971년에 발표된 『*El zorro de arriba y el zorro de abajo*』는 구조의 독창성이 두드러진다. 페루의 원주민 문제에 대한 사회정치적 및 문화적 약속을 작품에 반영한 시로 알레그리아(Ciro Alegría)의 길을 이어갔다. 작품의 주요 테마는 원주민과 메스티소의 문화가 유럽에 뿌리를 두고 헤게모니의 장악을 노리는 문화와의 조화로운 공존을 위한 문화적 공간의 회복이다. 작가는 소설뿐만 아니라 시에서도 우주 세계와 자연과 연결된 반(半)인간적이고, 반(半) 신화적인 인물들이 케추아어의 표현으로 두드러지는 메스티소적인 언어를 사용한다. 대학에서 인류학을 공부하면서 호세 카를로스 마리아테기(José Carlos Mariátegui)의 글을 읽고 사회주의적인 사상을 키워나갔고 이를 바탕으로 정치적 활동을 실천해 나갔고 1937년에는 투옥되기까지 했다. 정치, 문학과 종교적 신비주의는 그의 삶과 문학에 고스란히 녹아 있다. 그는 파라과이의 아우구스토 로아 바스토스(Augusto Roa Bastos)와 마찬가지로 원주민 문화의 인식을 회복하고자 하는 정치, 문화, 문학적 노선을 택했다. 페루의 통속문화 연구를 주도한 인물 중 한 명으로 작가 외에도 번역가로 활동했으며, 페루의 교육부 산하 기관장을 역임하고 대학에서 학생들을 가르치기도 하였다.

José María Esteva (호세 마리아 에스테바)　멕시코의 시인이자 보수당 정치가로, 1818년에 태어나 1904년에 사망했다. 1850년에는 멕시코 중동부에 있는 항구인 베라크루스(Veracruz)의 상원 의원으로 선출되기도 했다. 작품으로는, 지방색을 담은 『*Poesías*』,

『*Tipos veracruzanos y composiciones varias*』, 『*El pandango*』 등이 있다.

José maría, Vargas Vila (바르가스 빌라 호세 마리아)　(1863~1933) 콜롬비아 출신 작가로 난폭하고 자유분방하며 엉뚱하다. 자연주의와 모데르니스모의 영향을 받았다. 자연주의로부터는 노골적이면 악취미적인 주제를, 모데르니스모로부터는 황당하고 병적이며 엉뚱한 언어를 물려받았다. 대표작은 『*Aura o las violetas*』(1887)와 『*Ibis*』(1900)이다.

José Milla y Vidaurre (호세 미야 이 비다우레)　(1822~1882) 과테말라에서 출생한 작가이다. 살로메 길(Salomé Gil)로도 알려져 있으며 과테말라 소설 문학의 창시자로 여겨지기도 한다. 가장 유명한 작품으로는 『*El canosto de Sastre*』, 『*La hija del Adelantado*』, 『*Historia de un Pepe*』 등을 저술하였다.

José Rivera (호세 리베라)　(1955~) 푸에르토리코의 시나리오 작가이다. 가브리엘 가르시아 마르케스(Gabriel García Márquez)의 제자이며, 『*Diarios de motocicleta*』(2004)의 시나리오 작가이다. 그 외 『*Marisol*』(1992), 『*Cartas a Julieta*』(2010) 등 여러 언어로 번역된 13개 작품의 시나리오 작가이다.

Joya de Cerén (호야 데 세렌)　엘살바도르의 라 리베르타드 주엘 데파르타멘토 데 라 리베르타드(El Departamento de La Libertad)에 있는 마야 농경 시대의 고고 유적이다. 이탈리아의 폼페이처럼 로마 칼데라(Loma Caldera) 화산 분출로 인해 화산재로 뒤덮여 있어 당시 의식주 생활 모습이 그대로 보존되어 있다. 이 때문에 '아메리카의 폼페이(La Pompeya de América)'로도 불린다. 1993년 유네스코 세계문화유산으로 지정되었다. ➡ Vivienda del Imperio maya(마야 문명의 주거 형태)

Juan Carlos Onetti* (후안 카를로스 오네티)　(1909~1994) 우루과이 문학의 거장 중 한 명으로 꼽히며 몬테비데오에서 태어났다. 카를로스 푸엔테스는 저서 『*La nueva novela hispanoamericana*』에서 오네티의 단편과 소설은 "라틴아메리카 모더니즘의 주춧돌"임을 주장한다. 이와 더불어 1972년 주간잡지 <Marcha>가 실시한 설문조사에서 35명의 작가 그룹에 의해 우루과이 문학의 최근 50년을 대표하는 최고의 작가로 선정된다. 소설 11작, 단편 47작, 수필 116작, 시 3작 등 엄청난 양의 작품을 남겼다. 다양한 장르를 오가며 글을 썼지만 소설 분야에서 뛰어난 두각을 나타냈다. 초기 소설은 오늘날 얻고 있는 국제적인 명성에는 이르지는 못했지만 당시 우루과이 독자들에게 많은 사랑을 받았다. 초기 소설은 『*El pozo*』(1939), 『*Tierra de nadie*』(1941), 『*Para esta noche*』(1943), 『*La vida breve*』(1950), 『*Los adioses*』(1954) 등이 있다. 이 중에서 『*La vida breve*』는 오네티의 작품에서 전반적으로 나타나는 개인의 고독이라는 모티프가 사용되지만 뛰어난 작품으로 평가된다. 이 외에도 『*La cara de la desgracia*』(1960), 『*El astillero*』(1961), 『*Juntacadáveres*』(1964), 『*Dejemos hablar al viento*』(1979), 『*Cuando entonces*』(1987) 등이 있다. 단편으로는 『*Un sueño realizado y otros cuentos*』(1951), 『*El infierno tan temido*』(1962), 『*Jacob y el otro*』(1965), 『*Cuentos completos*』(1967), 『*La novia robada y otros cuentos*』(1968), 『*Presencia y otros cuentos*』(1986) 등이 있다. <Marcha> 잡지 외에도 로이터 통신사, 유수의 아르헨티나 신문과 일간지 <El Pais>와 같은 스페인 신문사에서 기자로 활발한 활동을 했다. 억압적인 환경 속에서 불법 행위가 난무하는 사회를 비판적으로 바라보는 그의 시선은 작품에서 등장하는 냉정하고 비정한 작중인물과 연관되어 있다. 사회적 부패가 개인에게 미치는 영향과 그 부패의 척결의 어려움은 그의 작품들에서 나타나는 핵심 주제이다. 이러한 요소들은 『*La vida breve*』에서 두드러지는데, 작가는 이 작품에서 처음으로 후안 롤포의 '코말라(Comala)'와 가브리엘 가르시아 마르케스의 '마콘도(Macondo)'와 유사한 '산타 마리아(Santa María)'라는 상상의 도시를 만들어내면서 환상성을 나타낸다. 『El astillero』에서는 관료주의의 폐해에 빠져 있는 우루과이에 신랄한 비판을 가하는 정치적 주제를 다룬다. 좌파 이데올로기를 가진 오네티는 1929년 소련을 방문하는데 이후 이런 그의 행보로 인해 1973년 투옥을 경험하기도 하며, 우루과이에 군사 쿠데타가 발발하면 서 스페인으로 추방되어 그곳에서 생을 마감하게 만든다. 유럽에서 1979년 제1회 국제 스페인어권작가학회를 주재하는 등 활발한 지식활동을 펼쳤다. 같은 해 『Dejemos hablar al viento』가 출간되는데, 이 작품으로 1980년 세르반테스상을 수상한다.

Juan Cruz, Varela (바렐라 후안 크루스)　　(1794~1839) 아르헨티나의 시인으로 낭만주의 이전 아르헨티나 문단의 마지막 거장이다. 『Dido』(1823)와 『Argía』(1824)는 그 성격이 완전히 다른 비극으로 고유한 문학적 가치를 인정받으며 대표작으로 손꼽힌다.

Juan de Dios Filiberto (후안 데 디오스 필리베르토)　　(1885~1964) 아르헨티나의 유명한 탱고 작곡가로 '라 보카(La Boca)의 모차르트'라는 별명을 가지고 있다. 탱고가 세계 전역에서 인정받는 데 큰 기여를 했으며 「Caminito」(1926) 같은 명곡을 남기기도 했다.

Juan de la Rosa (후안 데 라 로사)　　나타니엘 아기레(Nataniel Aguirre)가 쓴 볼리비아 역사소설이다. 볼리비아에서 가장 중요한 소설로 꼽히는 책 중 하나이며 1885년에 발간되었다. 이 소설은 독립 전쟁 중 대령급의 군인 이야기를 담고 있으며 감정적인 관점을 통해 이원론을 말하는 작품이다. 볼리비아 낭만주의 문학 중 가장 뛰어난 작품으로 호평을 받고 있으며 볼리비아 문화부에서 볼리비아공화국 시대를 대표하는 작품 중 가장 적합한 작품으로 선정되었다.

Juan Filloy (후안 피요이)　　(1894~2000) 아르헨티나 사법관이자 작가이다. 이름을 알리지 못하고 세상을 떠난 아르헨티나 근대 작가 중 한 명이다. 끊임없이 글을 썼지만, 사법관직을 역임하고 있었기에 정치적인 사상을 드러내는 작품은 출판하지 못했다. 아르헨티나 근대 작품에 큰 영향을 주었다는 의견과 이를 부정하는 의견도 있다. 훌리오 코르타사르(Julio Cortázar), 호르헤 루이스 보르헤스(Jorge Luis Borges)와 우정을 나누었다. 50권이 넘는 모든 책의 제목은 알파벳의 일곱 글자만 사용했다. 주요작품은 영어로도 번역된 『Op oloop』(1934), 『Yo, yo y yo』(1971), 『Los ochoa』(1972)가 있다.

Juan Galo de Lavalle (후안 갈로 데 라바예)　　(1797~1841) 아르헨티나의 군인이자 정치가. 아르헨티나 독립 전쟁 당시 두드러진 면모를 보였으며 아르헨티나 내전 당시 지휘를 맡기도 했다.

Juan Gelman* (후안 헬만)　　(1930~2014) 아르헨티나 시인, 번역가, 신문기자이다. 우크라이나계 유대인 이민자 아들로 태어나 신문기자로 활동하기 이전 트럭운전사 등 여러 직업을 전전하며 살았다. 20세기 후반 가장 독창적이고 뛰어난 시인 중 한 명으로 평가받고 있는 헬만은 풍부하고, 기묘하고, 새로운 시언어를 창조해 나갔다. 그의 시언어는 공허한 표현이 아닌 인간에 대한 강한 애정과 거부할 수 없는 사회적 열정이 다른 곳까지 미칠 수 있도록 목소리를 가다듬는 시도를 통해 창안된 것이다. '사회적 시인'이었지만 단순한 슬로건이나 형식을 추구하는 것이 아닌 이루 말할 수 없을 정도로 사회의 어둡고 고통스러운 곳까지 탐구하는 시인이었다. 비평적 사실주의로 알려진 헬만은 일상적인 것과 경이로운 것이 공존하는 시를 썼다. 그의 시는 대부분 사회의 부당한 행위에 대한 고발과 분노, 정치적 색채가 강하게 드러난다. 그의 창작활동은 페로니즘의 '몬테네로스

(Monteneros)' 집단과 연관되어 좌파 이데올로기를 표출하는 도구로 점점 변해갔다. 에두아르도 갈레아노(Edudardo Galeano)도 이 노선을 걷고 있었기 때문에 헬만 또한 갈레아노가 부에노스아이레스에서 창설한 잡지 <Crisis> 편집부의 구성원으로 활동하였다. 헬만은 저널리즘과 정치 활동으로 아르헨티나 반공주의자 동맹인 '트리플 A'로부터 죽음의 위협을 받게 되자 1975년과 1988년 사이 망명생활을 하게 된다. 아르헨티나 정치 상황이 급격하게 악화되면서 헬만은 작품을 쓰고 발표하는 데 어려움을 겪었다. 후안 헬만은 놀랍게도 망명 중에도 죽음의 위협을 받았는데 다름 아닌 작가가 탈퇴한 몬토네로스 집단에 의해서였다. 이에 따라 망명 기간 중 발표한 『Hechos y relaciones』, 『Si tan dulcemente』 등은 작가가 경험한 패배와 상실의 고통을 반영하고 있다. 또한 망명 중 헬만의 아들과 당시 임신 상태이었던 부인이 준군사조직에 의해 납치되는 상황이 벌어졌다. 아들의 유해는 1990년에 발견되었지만 부인과 배 속의 아이는 아직까지 '실종자' 리스트에 올라 있다. 조국에서 이런 슬픔을 겪은 헬만은 이후 1989년부터 생을 마감할 때까지 멕시코에서 거주한다. 시의 특징은 마치 시인이 독자와 대화하며, 서로를 알아가면서 친밀한 공간을 만들어가는 느낌을 주는 구술성이다. 또한 아르헨티나의 탱고와 길거리 언어에서 들을 수 있는 대중적이고 도시적인 필치가 돋보인다. 놀라운 사실은 헬만이 이렇게 소박하고 서민적인 요소들을 사용하며 자신만의 순수 창작으로 담아내는 표현력과 격조 높은 시적 언어를 만들어 낸다는 것이다. 창작시는 사랑, 죽음, 고독, 우정 등 인간의 삶에 있어서 가장 기본적인 경험을 마치 처음 일어나는 일처럼, 마치 온전하게 표현하기 위해서 새로운 언어를 창안해서 하는 것처럼 사람들에게 전하는 것이었다. 그의 대표 시는 『Violín y otras cuestiones』(1956), 『El juego en que andamos』(1959), 『Velorio del solo』(1961), 『Gotán』(1962), 『Cólera Buey』(1965), 『Sefiní』(1964~1965), 『Los poemas de Sidney West』(1969), 『Traducciones』(1969), 『Fábulas』(1970), 『Relaciones』(1973), 『Si tan dulcemente』(1980), 『Hechos y relaciones』(1980), 『Citas y comentarios』(1982), 『Hacia el sur』(1982), 『Exilio』(1984), 『Composiciones』(1986), 『Carta a mi madre』(1989), 『País que fue será』(2004) 등이 있다. 후안 헬만은 2000년에 라틴아메리카 문화계에서 가장 권위 있는 문학상 중 하나인 '후안 룰포 라틴아메리카 카리브 문학상'을 수상하였다. 이 외에도 2005년 시대를 증언하고 시대의 긴박함을 진술하는 능력으로 '소피아 여왕 이베로아메리카 시상', 2008년 '세르반테스상' 등을 수상하였다.

Juan Lamaglia y Sra. (후안 라마글리아 이 세뇨라)　　아르헨티나의 영화감독 라울 데 라 토레(Raúl de la Torre, 1938~2010)의 1970년 작품. 번듯한 직장과 가족이 있으나 만족하지 못하는 한 남자의 이야기를 그린 작품으로 1970년 마르 델 플라타(Mar del Plata) 국제영화제에서 수상하였으며 1971년 콘도르 데 플라타상(Premio Cóndor de Plata)을 수상했다.

Juan Manuel Rosas (후안 마누엘 데 로사스)　　(1793~1877) 아르헨티나의 군인이자 정치가. 후안 라바예(Juan Lavalle, 1797~1841) 정권을 무너뜨린 후 부에노스아이레스의 통치자가 되었다. 이후 아르헨티나 연방(Confederación Argentina)을 세우는데 성공한다. 루시오 빅토리오 만시야(Lucio Victorio Mansilla, 1831~1913)의 소설 『Rosas』의 배경이 되기도 하는 독재체제를 성립하였다.

Juan Moreira(novela) [후안 모레이라(소설)]　　아르헨티나의 소설가 에두아르도 구티에레스(Eduardo Gutiérrez, 1851~1889)의 소설. 가우초 소설로 1879년부터 1880년까지 2

년간 일간지 <La Patria Argentina>에 게재되었다. 후안 모레이라(?~1874)라는 실존 인물을 소재로 하였으며 후에 무언극으로 만들어지기도 한다.

Juan Moreira(película) [후안 모레이라(영화)] 아르헨티나의 영화감독 레오나르도 파비오(Leonardo Favio, 1938~2012)의 1973년 영화. 후안 모레이라(?~1874)라는 실존 인물을 소재로 한 동명소설을 바탕으로 한 영화로 1974년 콘도르 데 플라타상(Premio Cóndor de Plata)을 공동수상했다.

Juan Rulfo* (후안 룰포) (1918~1986) 멕시코 태생으로 스페인어권 문학의 최고봉 작가 중 한 명으로 평가된다. 룰포의 소설은 '혁명소설'의 종말과 멕시코 소설의 혁신을 의미한다. 대표작 『Pedro Páramo』(1955)는 20세기 라틴아메리카 문학의 기준점이 되었다. 룰포의 집안은 멕시코 혁명으로 몰락했다. 고향 할리스코를 떠나 멕시코시티로 가 멕시코 국립대학교에 입학하려 했지만 고등학교 학력이 인정되지 않아 청강생으로 수업을 들었다. 생활비를 벌기 위해 일반 행정 업무를 비롯해 영화와 TV 프로그램 대본을 쓰는 일까지 다양한 일을 했다. 많지 않은 저작을 남겼는데 이 중 대표작은 『El llano en llamas』(1953)와 『Pedro Páramo』(1955)이다. 궁극적인 시점에서 이 두 작품이 멕시코만의 본질적인 탐구만이 담긴 것이 아닌지 고민하게 됐다. 하지만 멕시코적인 작품은 인간의 보편적인 조건을 은유적으로 드러낸다는 점을 염두에 둘 필요가 있다. 일부 비평가는 룰포의 작품이 본질적으로 멕시코적인 것에 기초하고 있다고 평가하지만, 일각에서는 작품의 핵심은 현대인의 존재론적 고뇌라고 주장한다. 멕시코 혁명 후반기에 태어났고 멕시코 '크리스테로 전쟁(Guerra de Cristero, 1926~1929)' 중에 유년기를 보낸다. 아버지를 비롯한 일부 친척들이 피살되었다. 멕시코 혁명을 지켜보면서 황폐함을 경험했다. 인간과 지역의 황폐화는 『El llano en llamas』에서는 처참한 루비나 마을을 통해 보이고, 『Pedro Páramo』에서는 코말라 마을을 통해 드러난다. 삭막하고 비참한 광경 이면에는 황폐화에 대한 질문이 함축되어 있다. 황폐함을 어떻게 설명할 수 있는가? 인간이 만들어낸 것인가? 아니면 신의 벌인가? 룰포는 자신의 작품을 "나의 의식의 사실들을 옮겨놓은 곳"이라고 설명한다. 폭력, 죽음, 인간의 타락, 죄, 운명론, 동물적에 가까운 성욕 등은 작품에서 반복되는 테마들이다. 이러한 테마들과 특정한 순환적 모티프를 위주로 소설을 구성하는 뛰어난 능력과 더불어 룰포는 멕시코 농촌 생활의 다양한 양상, 특히 부정적인 측면들을 분석한다. 1970년에 멕시코의 국가문학상(Premio Nacional de Letras)을 수상하였고, 1983년에는 스페인에서 아스투리아스 왕자상(Premio Príncipe de Asurias)을 수상하였다. 문학작품 외에도 1980년 시나리오 『El gallo de oro y otros textos para cine』, 1981년 사진집 『Inframundo』, 2002년 서간집 『Aire de las colinas』 등을 남겼다.

Juan Villoro* (후안 비요로) 1956년 멕시코 수도 멕시코시티에서 태어났다. 메트로폴리타나 자치대학에서 사회학을 전공했고, 1977년에서 1981년까지는 교육라디오방송에서 PD로 활동했으며, 1981부터 1984년까지는 독일주재 멕시코 대사관에서 문화참사관을 지내는 등 다양한 이력을 자랑한다. 90년대에는 주로 잡지 발행 및 대학 연구소에서 일했으며 11988년에 차우테목 번역상을 수상했고, 1999년에는 하비에르 비야우티아상을 수상했다. 연대기와 수필 분야에서도 활발한 활동을 했지만, 특히 소설에서 두각을 나타냈다. 1991년에는 『El disparo de argón』을, 1997년에는 『Materia dispuesta』 등을 썼고, 2004년에는 『El testigo』로 '2004 프레미오 에랄다상'을 수상했다. 대표작인 『El testigo』는 매우 현실 고발적인 소설이다. 프랑스에서 24년간 생활하던 멕시코 태생의 대학교수 훌리오 발디비에소가 마침내 고향 땅으로 돌아온다. 돌아온 가장 큰 목적은 멕시코의 위대한 시인 라몬 로페스 벨라르데의 미출간 시작품들을 찾아보기 위한 것이었다. 그런데 오랜 시간만의 귀향은 그의 인생을 송두리째 뒤바꿔놓게 된다. 수십 년간 집권하던 집권당(PRI)이 마침내 실각하고 새로운 정권이 들어선 1998년의 멕시코 바깥에서만 바라보던 그 멕시코는 그가 생각하던 곳과는 전혀 다른 곳이었던 것이다. 그는 마침내 고향 땅에서 자기 자신의 과거와 가족의 과거사, 국가의 지난 역사를 돌아보게 된다. 소설 속에는 PRI당의 혁명적 집권 이후의 시대적 배경 속에 다양한 정치적 사안들이 불거지면서 멕시코의 지형을 드러내고, 작가는 여러 편의 우화를 들려주며 다각도로, 다층적으로 현실과 픽션을 뒤섞는 재주를 보여준다. 이를 통해 멕시코의 사회와 정치, 종교(가톨릭), 메스미디어, 마약밀매 등의 문제를 독특하게 해석하고자 한 것이다. 언뜻 지성으로 똘똘 뭉친 시인과 마약밀매업자, 정치가, 전쟁, 텔레비전, 유럽에서 라틴아메리카 문학을 가르치는 교수, 베스트셀러 작가, 이탈리아 태생의 아내, 멕시코의 평원 속에 무슨 공통점이 있으며, 이것들이 어떻게 서로 연관될 수 있는지 궁금해지겠지만, 작가 후안 비요로는 과장을 배제한 시적인 산문 속에서 이를 유기적으로 연결시키고, 적절한 캐릭터들을 등장시킴으로써 강렬한 독자 흡인력을 보여준다. 작가는 묻는다. 세상 모든 사람들이 신문 지상을 통해 멕시코의 마약밀매 문제를 알고 있다고 생각한다. 하지만 실제로 사람들이 알고 있는 건 과연 무엇인가? 작가는 유명한 카르텔의 보스들과는 달리 드러나지 않은 수많은 마약밀매업자들이 벌이는 그들만의 전쟁, 종교지도자를 제거하기 위한 음모 등을 들려준다. 또한, 멕시코의 마약시장 현황이 그럴진대 미국은 왜 그들을 쓸어버리지 않는 걸까라는 의문을 제기한다. 그는 결코 이러한 상황에서 미국도 자유로울 수 없다고 생각하는 것이다. 또한 TV는 어떤가? 거대 매스컴들이 지성까지도 상품화하는 이 시대에 TV 화면에 등장하지 않는 것들은 세상에 존재하지 않는 것과 다름없다고 말한다. 만인의 존경을 한 몸에 받는 대지성도 TV 사주 앞에서는 목소리를 낼 수 없는 현실을 고발하는 것이다. 또한 PRI당은 관연 국민을 위해 혁명했는가를 묻는다. 그는 실제로 국민들에게서 발견되는 것은 오로지 '분노'뿐임을 확인한다. 프리즘처럼 다양한 상을 다각도로 잡아내는 이 소설에서 작가는 주인공의 목소리를 통해 외친다. "세상에는 두 부류의 인간이 존재한다. 전진하는 인간과 정체하는 인간, 혹은 구태를 반복하는 인간과 새로움을 추구하는 인간 말이다"라고

Juana Inés de la Cruz, Sor (소르 후아나 이네스 델 라 크루스)   1651년 11월 12일 멕시코에서 출생한 식민지 시대의 중요 작가. 뛰어난 문학성에도 불구하고, 가톨릭 수녀라는 신분 때문에 절필을 강요당하기도 했다. 대표 시작품으로『*Primero sueño*』가 있으며, 역동적 시 형식과 복잡한 주제, 빈번한 수사법이 특징이다. 육체와 정신의 분리에서 비롯되는 인간적 고민을 다루는 바로크적 속성이 잘 드러나 있고, 라틴아메리카 최초 페미니스트라는 평가를 받기도 한다. ⇒ Canones en America Latina(라틴아메리카의 정전)

Juarroz, Roberto (로베르토 후아로즈)   (1925~1995) 아르헨티나 출신의 작가로 1958년부터 시를 쓰기 시작하였다. 그의 삶을 그린 첫 작품『*Poesía vertical*』을 발표하고 이어『*Segunda poesía vertical*』(1963), 『*Tercera poesía vertical*』(1965), 『*Cuarta poesía vertical*』(1975) 등의 작품을 발표하게 된다.

Juli (훌리)   페루의 한 도시로 해발 3,800m에 위치하고 있다. 16세기 후반 스페인 정복자들의 도착 이후 종교 활동의 중심지 역할을 했다. 후에 페루 부왕령의 부왕이 예수회 사제

들에게 마을의 책임을 넘겨주면서 이곳은 선교사를 육성하는 곳이 되었다.

Julio Cortázar* (훌리오 코르타사르)   아르헨티나 작가로 벨기에에서 1914년 8월 26일 출생해 프랑스 파리에서 1984년 2월 12일 백혈병으로 사망했다. 환상문학의 대가였으며 세계 문학계의 보배 중 하나로 꼽히는 『Rayuela』(1963)를 썼다. 아르헨티나인 부모 밑에서 태어나 1918년 처음 부에노스아이레스의 땅을 밟기까지 제1차 세계대전을 피해 스위스에서 지낸 그는, 9살이 되던 해에 소설 한 권을 완전히 이해했다고 전해질 정도로 어려서부터 문학에 대한 관심을 보였다. 주로 프랑스 문학에 흥미를 느꼈으며 전위예술과 초현실주의 등에 매료되어 다수의 시를 남겼다. 집안 사정으로 철학과 문학 공부를 끝내지 못한 코르타사르는 부에노스아이레스의 작은 도시들을 전전하며 교사로 일했다. 그러나 그런 중에도 문학비평, 시, 단편소설 등 작품활동을 멈추지 않았다. 교직을 그만둔 그는 문학뿐 아니라 언어에도 관심이 많아 영불 번역 자격증을 취득해 프랑스 정부 장학금으로 파리에 자리를 잡아 유네스코의 전임 번역가로 일했다. 번역가로 살며 여러 나라들을 다녔고 특히 쿠바의 카스트로의 혁명 정신에 감명을 받는 등 작가로서의 감성은 점점 깊어져 갔지만 1963년 대작 『Rayuela』를 발표하기 전까지 명성은 그를 따르지 않았다. 마침내 명성을 얻은 그는 1966년 정치계에 입성했다. 소수의 이익을 대변하고 좌익 사상을 옹호하며 라틴민족의 인권 보호를 위해 투쟁하고 남미의 혁명 정신을 알리는 등 활발한 활동을 하는 중에도 많은 소설과 에세이, 연설문, 단편소설 등을 남겼다. 작품들은 보르헤스와 어깨를 나란히 할 정도로 지적인 깊이와 문학적 아름다움이 깃들어 있다. 그러나 소설이 무겁거나 지루하지 않고 위트와 따스함을 느낄 수 있다는 것이 특징이다. 감정과 느낌의 세계를 사실적으로 묘사하는 것을 중시했으며 아르헨티나 서민의 말투부터 유럽 부유층 사회의 교양 있는 사람들의 말투까지 다양한 문체로 표현했다. 대표작으로 『La otra orilla』(1945), 『Bestiario』(1951), 『Final del juego』(1956), 『Las armas secretas』(1959), 『Historias de cronopios y famas』(1962), 『Todos los fuegos el fuego』(1966), 『Octaedro』(1974), 자서전 『Un tal Lucas』(1979), 『Deshoras』(1982) 등이 있다.

Junín (후닌)   페루의 아마존 지역 서쪽의 중앙고원에 위치하고 있는 지역이다. 우안카요(Huancayo)의 수도이며, 에바 페론(María Eva Duarte de Perón)의 고향이다.

Jusid, Juan José (후안 호세 후시드)   (1941~) 아르헨티나의 영화, TV 프로그램 감독. 광고 영상에도 뛰어난 면모를 보인다. 「Tute Cabrero」(1968)로 데뷔 후 「Un argentino en New York」(1998), 「Apasionados」(2002) 등으로 알려졌다. ➡ El cine argentino(아르헨티나 영화)

Justicia S.A. (정의)   멕시코의 극작가이자 영화감독인 후안 부스티요 오로(Juan Bustillo Oro, 1904~1989)의 극작품. 작품명과는 반대되는 불의를 드러내는 작품으로 한 추장에 의해 매수된 판사의 이야기를 보여주고 있다. 자신의 직위 유지를 위해 추장의 정적에게 사형을 내리는 등 추장에게 완전한 복종을 하는 모습을 보여준다.

Juvenilla (청년시절)   아르헨티나 80세대의 구성원으로 알려진 미겔 카네(Miguel Cané)의 주요작품 중 하나이다. 작가의 첫 문학작품으로 1882년 발표되었다. 학생시절을 소설의 형태로 쓴 것으로 전체가 하나의 시대적 기록이며 작품 내 인물 평가가 뛰어나다는 평을 받고 있다.

K

Kalasasaya (칼라사사야)　볼리비아에 위치한 유적지다. '서 있는 돌'이라는 의미를 가지고 있는 만큼 외벽과 내부 모두 돌로 세워졌다. 양력으로 정확하게 계절의 변화를 확인할 수 있으며 3개의 중요한 건축물이 있는데 그중 하나가 태양의 문(Puerta del Sol)이다.

Kallanka (카얀카)　잉카 제국의 건축 양식으로 주요 행정 건물들로 이루어져 있었다. 길이 70m까지 달하는 건물은 행사장, 많은 인원을 수용할 수 있는 관과 특히 지역 행정 관리들이 일하는 곳이기도 했다.

Kaminaljuyú (카미날후유)　과테말라의 과테말라시티(Ciudad de Guatemala)에 위치한 스페인 침략 이전 시기의 마야 유적이다. 'Kaminal Juyú'라고도 하며 이는 키체(Quiché)어로 '죽은 자들의 언덕'이라는 뜻이다. 기원전 1200년까지 거슬러 올라가는 긴 역사를 가진 곳으로 교역이 잦았던 테오티우아칸(Teotihuacan)의 영향을 많이 받았다.

Kancha (칸차)　잉카 제국의 가장 기본 형태의 건축물이다. 중앙 마당을 둘러싸는 3개 이상의 사각형 건물이다. 주거지, 신전, 궁 등의 가장 기본적인 형태다.

Kaqchikel (칵치켈)　과테말라 중서부의 마야 원주민 부족 중 하나. Cachiquel, Cakchiquel, Caqchikel이라고도 한다. 마야 고대 시대 후반 칵치켈족의 수도는 익심체(Iximché)였으며 이웃 부족인 키체(Quiché)처럼 네 명의 수장이 부족을 다스렸고 이들은 군사 관리와 종교 의식을 책임졌다. 칵치켈 부족은 자신들의 언어로 칵치켈 연대기(Anales de los Cakchiqueles)를 기록하였으며, 1524년 익심체가 스페인 사람들에 의해 점령당했다.

Kay Pacha (카이 파차)　잉카 전설에 의하면 인간들이 살아가는 세상을 의미한다. 상징은 퓨마로 표시되었다.

Khonkho Wankane (크온크오 완카네)　티아우아나코(Tiahuanaco) 문화에 속하는 고고학적 유적지다. 이 유적지는 두 개의 인공적인 동산으로 이루어져 있으며 만들어진 시기는 기원전 100년에서 500년 사이로 추정된다. 티아우아나코 문화 중 티와나쿠(Tiwanaku) 다음으로 중요한 도시였다.

Kinich Ahau (키니츠 아하우)　마야 신화에서 태양의 눈을 가진 신으로 태양의 신이며 음악과 시의 수호신이다. 후납 쿠(Hunab Ku)의 아들로 잇삼나(Itzamna)의 보호자로서 여겨지며 키니츠 캄코(Kinich Kamkó)와도 연관이 되어 있고 전쟁의 신이기도 하며 신들의 관리자이기도 하다.

Kinich Kakmó (키니츠 캄코)　마야 신화에서 나타나는 신이다. 태양과 불을 뜻하는 마야가 합성된 단어로 태양신의 면모를 갖추고 있으며 마야 신전의 신이다. 멕시코 유카탄(Yucatán)의 이사말(Izamal)에는 이 신을 위한 피라미드가 있다.

Kociancich, Vlady (블라디 코시안시츠)　　(1941~) 아르헨티나 작가, 기자, 번역가이다. 부에 노스아이레스대학교(Universidad de Buenos Aires)에서 문학과 고전 영어를 전공했으며, 호르헤 루이스 보르헤스(Jorge Luis Borges)와 공부했다. 3차례에 걸쳐 여러 문학상을 수상했으며 그중 아르헨티나 호르헤 루이스 보르헤스상이 있다. 많은 작품이 독일어, 프랑스어와 포르투갈어로 번역되었다. 작품 중에는 『*La octava maravilla*』(1982), 『*Amores Sicilianos*』(2004) 등이 있다.

Kolawaik (콜라와이크)　　아르헨티나 북부지역의 차코 주 남쪽에서 불어오는 바람이다.

Kotosh (코토스)　　페루 우아누코(Huánuco) 인근에 위치한 유적지다. 기원전 1800년 무렵에서 시작해 6개 시대 동안 현존한 유적지이며 이 중에서도 팔짱낀 신전(Templo de las Manos Cruzadas)이 가장 중요하며 모든 의식이 진행되었던 곳이다. 이 신전은 페루의 첫 번째 종교 건축물로 추정된다.

Kozameh, Alicia (알리시아 코사메)　　(1953~) 아르헨티나 작가이다. 로사리오와 부에노스아이레스대학교에서 철학과 문학을 전공했다. 군부 독재 시기에 정부에 의해 구금되었으며 이후 추방당하여 미국과 멕시코에서 지냈다. 1988년부터 미국 로스앤젤레스에서 지낸다. 작품 중에 『*Pasos bajo el agua*』(1987)가 영어와 독일어로 번역됐으며 『*Patas de avestruz*』 (2003) 등이 있다.

Kozer, José (호세 코제르)　　(1940~) 쿠바 출신의 시인이다. 언어의 간결함에 대한 관심과 인간의 일상적인 삶에 내재하는 무의미하고 사소한 것들에 대한 관념이 두드러진 뛰어난 시를 썼다. 20세기 중반 히스파노아메리카 서정시의 흐름에서 가장 뛰어난 인물 중 하나로 여겨진다. 피델 카스트로(Fidel Castro)의 쿠바 혁명 성공 이후에 쿠바를 떠나 뉴욕에 정착한다. 대표 작품집으로는 『*Poemas de Guadalupe*』(1974) 『*Jarrón de las abreviaturas*』(1980), 『*De donde oscilan los seres en sus proporciones*』(1990) 등이 있다. ▪ La literatura cubana del siglo 20(20세기 쿠바 문학)

K-pop (케이팝)　　한국의 대중가요를 지칭하는 말로 한국 팝(Korean pop) 또는 한국 대중음악(Korean Popular Music)을 뜻한다. 2000년대 중반 이후 한국 외의 나라에서 거주하는 외국인들이 한국 대중가요를 즐기기 시작한 후부터 케이 팝이라는 용어가 널리 쓰이기 시작했다. 단순하고 경쾌한 리듬과 따라 부르기 쉬운 멜로디가 특징이며, 흥미로운 노랫말과 댄스 등 시각적 즐거움을 준다.

Kuélap o chachapoya (쿠엘랍 또는 차차포야)　　800년 페루 우아야가 강(El río Huallaga)과 마라뇬 강(El río Marañón) 사이의 30,000km²의 영토를 차지했던 민족이다. 시체 매장 방식이 다른 문화들보다 독특해 미라 형태로 시체와 물품들이 함께 발견되었다.

Kuhn, Rodolfo (로돌포 쿤)　　(1934~1987) 아르헨티나의 영화 제작사이자 감독 겸 작가이다. 1957년에는 단편으로 브뤼셀 영화제에서 수상하였으며 1960년대 아르헨티나에서 주로 활동하였다. 「*Los jóvenes viejos*」(1962)로 콘도르 데 플라타상(Premio Cóndor de Plata)을, 「*Pajarito Gómez*」(1964)로 베를린 영화제에서 황금곰상(Oso de oro)을 수상했다. ▪ El cine argentino(아르헨티나 영화)

Kuna (쿠나, Cuna)　　우라바 만(golfo de Urabá)과 파나마 대서양 인근에 생활하는 민족이다. 1997년 인구 조사에 따르면 650명이 존재하고 이들은 쿠나 언어를 사용한다. 스페인어가 제2외국어로 자리 잡고 있으며 미국의 영향으로 영어 사용 빈도도 높다. 카리브 원주민 후손들로 여겨지며 지금까지도 전통과 고전의 종교를 지키고 있다.

L

La Argentina (라 아르헨티나)　　엑스트레마두라 출신의 신부 마르틴 델 바르코 센테네라 (Martín del Barco Centenera, 1535~1605?)의 서사시. 부에노스아이레스의 건설을 지 켜본 작가는 1602년 리스본에서 이 작품을 출판하게 되며, 이후 아르헨티나는 이 책에 서 국명을 따오게 된다.

La Boca (라 보카)　　아르헨티나의 부에노스아이레스(Buenos Aires) 시에 있는 작은 항구 동네로 라플라타 강(Río de la Plata)이 태평양과 만나는 지점에 위치한다. 탱고 (Tango)와 예술의 동네로 유명하며 1536년 페드로 데 멘도사(Pedro de Mendoza, 1487~1537)가 부에노스아이레스 시를 세운 곳이기도 하다.

La boina roja (라 보이나 로하)　　파나마의 시인이자 소설가, 극작가인 필명 로헬리오 시난 (Rogelio Sinán), 본명 베르나르도 도밍게스 알바(Bernardo Domínguez Alba, 1904~ 1994)의 단편소설. 1954년 작으로 이국적인 것과 환상적인 것을 입체파 기법과 초현실 주의 기법을 통해 결합시킨다.

La búsqueda del presente (현재를 찾아서)　　멕시코의 시인이자 수필가인 옥타비오 파 스(Octavio Paz, 1914~1998)의 노벨상 수상 연설문이다. 1990년 노벨 문학상을 수상 하면서 발표한 이 연설문에는 유럽인들의 중남미에 대한 시각의 비판과 중남미인들의 소외의식을 이야기하고 있으며, 현대성이라는 개념에 대한 비판적 시각을 담아낸다.

La calle de la vida y de la muerte (라 카예 데 라 비다 이 데 라 무에르테)　　아르헨 티나의 모데르니스모 작가 엔리카 라레타(Enrique Larreta, 1875~1961)의 시집. 작가 가 노벨 문학상 후보에 올랐던 1941년에 발표되었으며, 현실과 동떨어진 주제의 선정에 서 스페인어의 예술성이 보이는 문체까지 작가가 추구하는 '모데르니스모'의 모습이 드러 난다.

La canción del oro (라 칸시온 데 오로)　　니카라과의 모데르니스모 작가 루벤 다리오 (Rubén Darío, 1867~1916)의 작품집 『*Azul…*』(1888)에 수록된 단편소설 중 하나. 가 난하고 빈곤한 모습을 보이는 시인이 부잣집 부부에게 불러주는 시를 통해 물질부와 정 신·예술을 대조하며, 물질주의에 대한 비판이 담겨 있다.

La casa de los espíritus (영혼의 집)　　칠레 작가 이사벨 아옌데(1942~)가 1982년 발표 한 소설로 마술적 사실주의(Realismo mágico) 기법으로 쓰였으며 트루에바(Trueba) 가 문의 4대에 걸쳐서 일어나는 사건들과 당시 칠레 사회상을 담고 있다. 가브리엘 가르시 아 마르케스(Gabriel García Márquez, 1927~)의 『*Cien años de soledad*』와 늘 비교되는 작품이기도 하며 여성의 시각으로 역사를 재해석했다는 평을 받는다. 이 작품은 발표 즉

시 세계적인 성공을 거뒀으며 이사벨 아옌데를 베스트셀러 작가의 반열에 올려주었다. ⇒ Allende, Isabel(이사벨 아옌데)

La casa verde (녹색의 집)   1966년에 페루 작가 마리오 바르가스 요사의 두 번째 작품이다. 작품의 특징은 20세기 초반에 유럽과 미국 작가들이 개발한 소설 기법을 소화한 것이며, 로물로 가예고스상과 남미 비평상을 수상한 제3세계의 대표 소설이다. ⇒ Mario Vargas Llosa(마리오 바르가스 요사)

La Centinela (라 센티넬라)   페루의 남아 있는 유적지로 잉카 이전부터 잉카 시대까지 행정 중심지로 사용됐던 장소다. 칭카(Chinca) 왕국의 수도였으며 11개의 피라미드로 구성되어 있다. ⇒ Arquitectura del Imperio Inca(잉카 제국의 건축)

La ciudad oculta(película) [다 시우닷 오쿨타(영화)]   아르헨티나 영화감독 오스발도 안데차가(Osvaldo Andéchaga, 1954~)의 1989년 작품. 아르헨티나 독재 시기의 시우다드 오쿨타(Ciudad Oculta)라는 빈민가를 배경으로 하는 영화로 1990년 콘도르 데 플라타상(Premio Cóndor de Plata)을 수상했다.

La ciudad y los perros (영웅의 시대)   1963년에 발표된 페루 작가 마리오 바르가스 요사의 첫 작품이다. 당시 라틴아메리카 붐을 시작한 작품 중 하나이며 스페인 신문 <El Mundo>는 20세기 스페인어권 베스트 100개 작품 속에 포함시켰다. 작품은 표면적으로 현실주의적 특징을 드러내지만 그 안에 상징적인 의미를 내포하고 있다. ⇒ Mario Vargas Llosa(마리오 바르가스 요사)

La ciudad y los perros (도시와 개들)   페루의 소설가 마리오 바르가스 요사(1936~)의 작품. 1963년 출판되어 레온시오 프라도(Leoncio Prado) 사관생도들의 굴욕과 희생, 폭력의 수용 과정이 드러나 있다. 1962년 도서관상(Premio Biblioteca Breve), 1963년 스페인 비평가상(Premio de la Crítica Española) 등을 받았다. ⇒ Mario Vargas Llosa (마리오 바르가스 요사)

La civilización Maya* (마야 문명)   약 3000년간 현재 멕시코의 남서부, 과테말라, 벨리세, 온두라스, 엘살바도르 지역에 해당하는 메소아메리카 일대에서 그 역사를 꽃피운 문명이며, 잉카, 아즈텍과 함께 아메리카 3대 문명을 이룬다. 마야인들은 영토를 지형에 따라 열대림에 위치한 페텐 지구(과테말라 북부지방), 우수마신타 분지의 파시온 강 지구 그리고 유카탄 저지대 지구의 세 지구로 나누었으며 페텐 지구를 중심으로 도시와 문화가 발전했다. 부요한 강과 기름진 땅을 기반으로 성장한 다른 문명들과는 달리 그들의 도시는 주로 열대림 곳곳에 위치해 오늘날 학자들의 연구 대상이 되고 있다. 정확한 연대의 구분에는 의견이 분분하지만, 마야 문명의 역사는 시기적으로 마야 문명의 시작으로 보고 있는 기원전 2000년부터 기원전 300년까지를 형성기, 그로부터 3세기까지를 전고전기 32년부터 987년까지는 고전기, 그리고 그 후 몰락까지를 후고전기로 구분한다. 화전 농사를 생업으로 하던 촌락들이 모여 태양신과 달의 신을 숭배하는 신정 정치를 실시하는 도시 국가 형태로 발전한 마야 문명은, 8~9세기 유카탄을 중심으로 전성기를 맞이하지만 정확히 밝혀지지 않은 이유로 점차 쇠퇴의 길을 걷게 된다. 여러 가지 설이 있지만 탄탄대로를 걷던 한 문명이 어떤 이유로 830년경 세 개의 도시만을 남겨놓고 있었는지 설명하기란 역부족해 보인다. 그 후 수백 가지에 달하던 마야어 방언들이 다수 소실되었으며 10세기 이후 스페인 정복자들에 의해 도시의 터와 유물들이 역사 속으로 사라지고 말았다. 현재 발굴된 유적은 남아 있는 흔적의 80% 정도에 달한다고 고고학자들은 주장하며 방대한 영토에 걸맞은 다양한 마야어 중 몇 개만이 전해지고 있다. 아직 그 후손들이 아메리카에 남아 있지만 불완전한 계승으로 인해 사실상 그 문화가 소멸된 것으로 전문가들은 보고 있다. 이렇듯 수수께끼로 가득한 마야 문명이지만 그 흔적과 유산은 수학과 천문학에서 살펴볼 수 있다. 그들은 0 개념을 알았으며 20진법을 썼고 설형문자로 숫자를 나타냈다. 특히 마야력의 1년은 365.2420일, 오늘날의 365.2422일과 매우 흡사하다. 또한 달의 운행은 29.5320일, 금성의 주기는 580일로 계산했는데 현재 태양력과의 오차가 겨우 0.00039일(달)과 0.08일(금성)이다. 한편 놀라울 정도로 발전한 수학과 천문학과는 달리 건축 기술은 미흡했다. 불에 구운 벽돌로 만들어진 피라미드는 단 한 개만 전해지고 있으며 약한 석기 도구의 사용과 지형 탓에 수많은 노예와 평민들의 노동으로 대형 건축물들이 세워졌다. 게다가 천문학과 수학은 지배층의 전유물이었기 때문에 평민들을 다스리기 위한 도구로 쓰였고 미신을 믿었던 마야인들은 52년마다 세계가 멸망한다고 생각했기 때문에 도시를 허물고 다시 세우거나 거주지를 떠나 다른 도시를 재건하는 일이 빈번했다고 전해진다. 또한 신에게 인간의 심장, 특히 노예들 가슴을 산 채로 갈라 제물로 바치는 의식이 있어 제단에 올려질 노예를 확보하기 위한 전쟁이 빈번했던 것으로 보이는 기록들을 근거로 전문가들은 이러한 마야 사회의 구조 때문에 내부 반란에 의한 도시의 붕괴를 마야 문명 멸망의 가장 유력한 설로 보고 있다.

La clave encantada (라 클라베 엔칸타다)　　아르헨티나의 극작가 카를로스 고로스티사 (Carlos Gorostiza, 1920~)의 작품. 인간사와 관련된 문제를 심층적으로 고려한 작가의 아동극이다.

La cola de la sirena (인어의 꼬리)　　아르헨티나의 작가 콘트라도 날레 록슬로(Contrado Nalé Roxlo, 1898~1971)의 극작품. 1941년 쓰였으며 시적 감성을 극작품에서도 보여주는 이 작품은 복잡한 심리적 갈등이 사랑으로 인한 희생으로 귀결되는 줄거리를 담고 있다.

La Columna Rota (부러진 척추)　　(1944) 멕시코의 여류화가 프리다 칼로의 작품으로 버스 사고로 인한 고통을 처절하게 보여준다. 얼굴에 맺힌 눈물과 고통을 참고 있는 근엄한 표정은 사고 후 20년을 거치며 인내하는 강인한 그녀의 면모를 보여주고, 부서진 척추와 갈라진 땅으로 그 고통의 정도를 잘 표현하고 있다.　⇒ Frida Kahlo(프리다 칼로)

La Confederación Argentina (아르헨티나 연방)　　1835년부터 1852년까지 지속되었던 아르헨티나의 지역 연합이다. 후안 마누엘 데 로사스(Juan Manuel de Rosas, 1793~ 1877)가 부에노스아이레스 지방(La Provincia de Buenos Aires)의 통치자가 되면서 시작되었다. 아르헨티나 공화국(La República Argentina)을 구성하는 동안 유지된 이 체제는 각 주(estado)는 각자 통치권, 외교권을 갖고 연합하는 형태를 보였다.

La consagración de la primavera (라 콘사그라시온 데 라 프리마베라)　　쿠바의 소설가 알레호 카르펜티에르(1904~1980)의 작품. 1978년 작으로 히론(Girón) 해변의 사건을 다루면서 소비에트주의에서 카스트로주의로 변해가는 작가 자신의 혁명에 대한 소신을 그려낸 반영물이다. 스페인 내전과 세계대전이 작품 줄거리에서 큰 반향을 일으킨다.　⇒ Carpentier, Alejo(알레호 카르펜티에르)

La cueca larga (기나긴 쿠에카 춤)　　칠레의 시인 니카노르 파라(Nicanor Parra, 1914~)의 시집. 1958년 발표되었으며 작가가 명성을 얻는 데 크게 기여한 작품이다.

La cuesta de las Comadres (코마드레스의 언덕길)　　멕시코의 소설가 후안 룰포(1917~

1986)의 단편. 1948년 작으로, 『*Pedro Páramo*』에서처럼 농촌 지역의 죽음과 살인이 나타나며, 농촌 지역의 황폐함, 스산함을 보여준다. ➡ Juan Rulfo(후안 룰포)

La dama duende(película) [요정부인(영화)]　　아르헨티나의 영화감독 루이스 사슬라브스키(Luis Saslavsky, 1903~1995)의 1945년 작품. 흑백영화이며 동명의 페드로 칼데론 데 라 바르카(Pedro Calderón de la Barca, 1600~1681)의 작품을 각색하여 영화화하였다. 1946년 콘도르 데 플라타상(Premio Cóndor de Plata)을 수상했다.

La deuda interna (라 데우다 인테르나)　　아르헨티나의 영화감독 미겔 페레이라(Miguel Pereira, 1957~)의 1988년 작품. 아르헨티나 후후이(Jujuy) 지방을 배경으로 하며 말비나스 전쟁(Guerra de las Malvinas)을 소재로 한 영화로 1989년 콘도르 데 플라타상(Premio Cóndor de Plata)을 수상했다. ➡ El cine argentino(아르헨티나 영화)

La familia cena en casa (가족은 집에서 저녁 식사한다)　　멕시코의 극작가인 로돌포 우시글리(1905~1979)의 작품. 부유층에 관한 풍자를 다루고 있으며 서민적 용어와 말씨가 문장의 유머와 잘 이루어져 당시 악습을 풍자하고 있다. 부유한 집안의 청혼을 받은 술집 여자가 결국은 사회적 위선과 인습주의에서 벗어난 작가와 결혼한다는 줄거리를 담고 있다.

La fiesta del Chivo (염소의 축제)　　2010년 노벨 문학상을 수상한 페루 작가 마리오 바르가스 요사(1936~)가 2000년에 발표한 소설로 실존 인물인 도미니카 공화국의 독재가 라파엘 레오니다스 트루히요(Rafael Leonidas Trujillo, 1891~1961)의 죽음을 그 측근의 딸의 목소리로 서술하며 군사 독재하에 이루어진 살인과 학살을 그대로 묘사하고 있는 역사소설이다. ➡ Mario Vargas Llosa(마리오 바르가스 요사)

La Galgada (라 갈가다)　　페루 지역의 고고학적 유적지다. 기원전 2400년에서 기원전 2000년 사이 유적지로 추정되고 파야스카(Pallasca) 지역에 위치하고 있다. 두 개의 동산으로 구분되며 북쪽 동산에 높이 13m가 되는 피라미드가 자리 잡고 있다. 피라미드는 40차례의 구조 변경의 흔적을 가지고 있다. 종교 및 행정 위치로 중요 행사와 제사를 드리는 곳이었다.

La Generación del 37(Argentina)* [37세대(아르헨티나)]　　37세대는 에스테반 에체베리아(Esteban Echeverría), 도밍고 파쿤도 사르미엔토(Domingo Facundo Sarmiento), 후안 바우티스타 알베르디(Juan Bautista Alberdi), 호세 마르몰(José Mármol)을 지칭하는 아르헨티나 작가군이다. 1837년 부에노스아이레스의 마르코스 사스트리 서점에 문학 살롱이 생기면서 이곳은 에체베리아, 알베르디 등의 작가들이 작품을 낭독하는 공간으로 사용되었다. 37세대 작가들의 주요 관심은 조국의 미래이다. 이들은 관습의 변화, 입법과 헌법 체제의 구축을 비롯한 국민 문학 창조 등에 많은 고민을 한 지식인들이다. 이들 작가들은 국민을 교육하고 지도하기 위해 국민들을 살피고 무정부 상태와 비생산적 경제 상황을 종결짓기 위해 정부 체제에 예의주시 한다. 37세대 지식인들은 자신들을 "독립 영웅의 아들들"로 여기고 1810년 5월에 이룬 정치적 해방을 지적 해방으로 이끄는 과업을 달성하고자 했다. 후안 마누엘 데 로사스(Juan Manuel de Rosas) 정권에 대항한 37세대 작가들은 1840년부터 몬테비데오, 산티아고 데 칠레, 리우 데 자네이루, 볼리비아, 페루 등으로 망명길에 오르게 된다. 작가들이 망명을 하고 조국의 미래에 대한 논쟁을 시작으로 하나의 '세대'로 자리매김하게 되었다. 또한 이들 작가들이 한 세대로 결합할 수 있었던 주요 요소는 낭만주의 미학이었다. 신고전주의의 억압적인 표현

방법에서 벗어나 조국과 라틴아메리카의 문제에 집중하기 위해 문학의 자유 형식을 추구하게 된 것이다. 에스테반 에체베리아는 1830년 유럽에서 돌아온 후 슐레겔, 샤토브리앙, 라마르틴 등 유럽의 낭만주의자들의 작품을 아르헨티나에 알렸다. 그는 낭만주의 미학을 선보이며 작품활동을 하였고 대표작 『La cautiva』를 탄생시켰다. 호세 마르몰은 1940년대와 1950년대 몬테비데오에서 망명생활을 하던 중 신문과 작품집을 통해 『El peregrino』(1846~1847) 등 낭만주의 시를 발표하였다. 당시 작가들은 문학은 곧 운문이라 여겼기 때문에 대부분의 작가들은 산문을 쓰지 않았다. 하지만 에체베리아나 마르몰은 운문보다는 산문을 써서 사상을 표현하고 정치 투쟁의 도구로 사용하였다. 이들은 로사스의 독재를 고발하는 작품을 주로 썼는데 에체베리아는 대표작 『El matadero』(1871)을, 마르몰은 『Amalia』(1855)를 남긴다. 1838년 문학 살롱이 폐쇄된 이후 "Asociación de Mayo"가 창설되었고 에체베리아의 『Dogma socialista de la Asociación de Mayo』와 알베르디의 『Fragmento preliminar al estudio del Derecho』는 37세대의 기본 사상의 근간이 된다. 또한 알베르디는 희곡작품 『La revolución de Mayo』과 『El gigante de Amapolas』를 남겼다. 19세기 아르헨티나 문학에서 가장 중요한 인물로 꼽히는 사르미엔토는 알베르디와 에체베리아와는 사상과 글쓰기 면에서 비교적 다른 입장을 보였다. 사르미엔토의 작품들은 『Mi defensa』(1843), 『Recuerdos de Provincia』(1849), 『Vida de Dominguito』(1886) 등 총체적으로 자서전적 글쓰기에 해당한다. 사르미엔토의 가장 중요한 작품은 『Facundo』로 알려진 『Civilización y barbarie. Vida de Juan Facundo Quiroga』이다. 이 작품에서는 카우디요를 통해 아르헨티나의 역사가 전개되며 낭만주의적 색채를 짙게 나타난다. 1852년, 로사스 정권이 몰락한 해에 사르미엔토는 로사스를 격파한 카우디요 우르키사와의 관계를 다루는 『Campaña en el ejército grande』를 발표하였는데 이로 인해 알베르디와 19세기 세 간을 떠들썩하게 만드는 논쟁을 벌이게 된다. 이들의 논쟁은 사르미엔토의 『101 Las ciento y una』와 알베르디의 『Cartas quillotanas』를 통해 알려진다.

La generación del 40(costa rica) (40세대)　　(1940~1960) 자유당의 독재가 끝난 코스타리카에 사회 민주주의가 시작되고 사회 구조가 재정비되며 수많은 숙제들을 떠맡게 되자 사실주의 성향을 띤 사회적 이슈를 내용으로 한 작품들이 줄이어 발표된 시기를 일컫는다. 대표적 작가로는 이삭 펠리페 아소페이파(Isaac Felipe Azofeifa, 1909~1997), 파비안 도블레스(Fabián Dobles, 1918~1997), 카를로스 루이스 파야스(Carlos Luis Fallas, 1909~1966), 호아킨 구티에레스(Joaquín Gutiérrez, 1918~2000), 훌리안 마르체나(Julián Marchena, 1897~1985) 등이 있다.

La generación del repertorio americano o vanguardia(costa rica) (코스타리카 전위주의세대)　　(1920~1940) 코스타리카를 통치하던 자유당이 위기를 맞아 전위적 작품과 풍자성 짙은 문학이 성행하던 시기와 문인들을 말한다. 특히 시인들의 활약이 돋보였으며 대표적 인물들로는 호아킨 가르시아 몬헤(Joaquín García Monge, 1881~1958), 오마르 덴고(Omar Dengo, 1918~2012), 카르멘 리라(Carmen Lyra, 1887~1949), 마리오 산초(Mario Sancho, 1889~1948) 등이 있다.

La generación urbana(costa rica) (코스타리카 도시세대)　　(1960~1980) 코스타리카의 근대화 및 산업화가 진행되던 시기로 문학의 주된 주제는 도시였다. 대표적 인물로 카르멘 나랑호(Carmen Naranjo, 1928~2012), 헤라르도 세사르 우르타도(Gerardo César Hurtado, 1949~), 킨세 둔칸 (Quince Duncan, 1940~), 알폰소 차세(Alfonso

Chase, 1944~), 호르헤 차르펜티에르(Jorge Charpentier, 1933~) 등이 있다.

La gloria de Don Ramiro (돈 라미로의 영광)　아르헨티나의 모데르니스모 소설가 엔리케 라레타(Enrique Larreta, 1875~1901)의 소설. 1908년 마드리드에서 출판되었으며 아르헨티나 모데르니스모 최고의 소설로 평가받는다. 주인공 돈 라미로의 운명을 통해 당시 스페인 중산층의 정치적, 종교적 가치의 위기의식을 반영하는 소설로 인상주의적 이미지와 뛰어난 서사적 묘사를 보여주고 있다. ➡ La literatura argentina a principios del siglo 20(20세기 초 아르헨티나 문학)

La grandeza mexicana (라 그란데사 멕히카나)　바로크 시대의 작가 베르나르도 데 발부에나(1562~1627)의 작품. 라틴아메리카 풍경에 대한 찬양, 부왕령 수도의 아름다움과 풍요로움을 묘사하는 시 작품이다.

La guerra del fin del mundo (세계 종말 전쟁)　페루 작가 마리오 바르가스 요사가 1981년에 발표한 작품. 소설은 시작부터 마지막 장면까지 1897년에 브라질에서 일어난 카누도스 전쟁(Guerra de Canudos)을 문학적으로 해석한 것이다. ➡ Mario Vargas Llosa(마리오 바르가스 요사)

La Guerra Gaucha (라 게르라 가우차)　아르헨티나 소설가 레오폴도 루고네스(Leopoldo Lugones, 1874~1938)의 작품. 1905년 작으로 동명의 단편집에 수록되어 있는 단편이다. 라틴아메리카 독립 전쟁 당시의 모습을 그리고 있으며 가우초 은어로 쓰여 있다.

La guerra gaucho (가우초 전쟁)　레오폴도 루고네스(Leopoldo Lugones, 1874~1938)의 주요 저서 중 하나로, 1905년 발표되었으며 모데르니스모 산문의 전형을 보여주는 작품이다. 다양한 일화를 통해 작품의 핵심주제인 독립 전쟁에 대한 이야기를 풀어간다. ➡ El cine argentino(아르헨티나 영화)

La hija de las flores (꽃의 딸)　19세기 쿠바의 극작가이자 소설가인 헤르트루디스 고메스 데 아베야네다 이 아르테가(Gertrudis Gómez de Avellaneda y Artega, 1814~1873)의 극작품. 아베야네다의 최고 성공작 중 하나로 그 당시까지 사용했던 11음절이 아닌 8음절의 로만세와 레돈디야 등의 짧은 운율을 사용한다. 이 작품을 통해 도시적이고 풍속주의적인 전통 연극에 접근하는 모습을 보여주고 있다.

La hija del Adelantado (라 이하 델 아델란타도)　살로메 힐(Salomé Jil)이라는 가명으로 1866년 출판된 과테말라의 역사소설이다. 호세 미야 이 비다우레(José Milla y Vidaurre)가 16세기 과테말라의 옛 수도인 현재의 안티구아 과테말라(Antigua Guatemala)를 배경으로 쓴 소설이다.

La historia oficial (오피셜 스토리)　1985년 개봉된 아르헨티나 영화작품. 루이스 푸엔소(Luis Puenzo, 1946~) 감독. 어릴 적 친구 덕에 정치적 현실에 눈을 뜬 주인공이 양녀가 아르헨티나 독재정권 시절 부모가 수감되어 팔려간 것이라는 것을 알게 되면서 영화가 전개된다. 1985년 제58회 아카데미상 외국어영화 부문 수상작이자 아르헨티나 영화 사상 첫 아카데미상 수상작이다. ➡ El cine argentino(아르헨티나 영화)

La Iglesia de la Compañía de Jesús (예수회 성당)　에콰도르의 키토(Quito) 시에 있는 성당으로, 아메리카의 성당 중에서 가장 아름답다는 평을 듣는다. 1595년에 예수회의 선호 양식인 바로크식으로 건축되었으나, 17세기에 기존 구조를 헐고 새로 지어졌다. 로마의 산 이나시오 성당을 본떠 지어졌다.

La insolación (일사병)　우루과이 모데르니스모 작가 오라시오 키로가(Horacio Quiroga,

1878~1937)의 단편이다. 잡지 <Caras y Caretas>에 실린 단편으로 차코(Chaco)를 배경으로 하며 '산'을 주제로 하여 고독 속에서 망가지고 혹독한 기후 속에서 페인이 되어가는 주인을 지켜보는 개들의 시각을 통해 이야기가 전개된다.

La invención de Morel* (모렐의 발명)　스페인어권 환상문학의 고전으로 여겨지는 소설이며 아르헨티나 작가 아돌포 비오이 카사레스(Adolfo Bioy Casares)의 대표작으로 1940년에 발표되었다. 이 작품은 소설의 형식으로 환상성과 사랑이라는 주제로 완벽한 구조와 역설적인 유머를 사용한다. 카사레스의 절친으로 알려진 보르헤스는 이 소설의 서문에서 '심리소설과 사실주의 소설을 거부하고 체계적인 상상을 바탕으로 쓴 완벽한 작품'이라고 평가한다. 『La invención de Morel』은 사법당국에 의해 부당하게 체포되었던 한 도망자가 숨어 지내고 있는 빌링스라는 무인도에 관광인들이 도착하게 되면서 일기 형태로 이야기가 시작된다. 일기 형식으로 기술되었기 때문에 도망자나 모렐이 하는 말에 각주가 삽입되기도 한다. 도망자는 관광인들이 자신을 사법 당국에 신고를 할까 봐 두려워한다. 섬에 도착한 관광인 중에는 매일 절벽에서 해가 지는 것을 지켜보는 한 여성이 있었는데, 도망자는 이 여인을 사랑하게 된다. 수염이 덥수룩하게 난 모렐이라는 남성은 그녀를 파우스티네라고 불렀다. 모렐과 파우스티네를 비롯한 다른 관광인들은 도망자의 존재에 아무런 반응을 하지 않는다. 사람들은 갑자기 등장했다가 사라지기를 반복할 뿐 아니라 이전의 말이나 행동을 반복한다. 이 사람들은 모렐이 발명한 기계에 의해 만들어진 인물이며 영상물이다. 이 소설은 기계에 의해 창조된 인물과 시간에 대한 전통적인 개념을 통해 현실과 환상이 오버랩되는 특징을 보인다. 소설의 주인공은 현실 속의 인물인 반면 포스티네는 모렐이 발명한 기계에 의해 만들어진 인물이다. 도망자는 자신과 파우스티네가 서로 사랑하고 있는 것처럼 보이기 위해 기계를 작동시키는 방법을 배우고 이를 영상으로 녹화한다. 이 소설의 화자와 작중인물들은 계획한 대로 상호작용하며 허구 속의 허구를 만들어낸다. 이 소설에서 모렐의 발명은 영혼의 불멸에 대한 발명이다. 도망자는 죽음을 맞이하면서까지 자신의 영혼이 영상으로 옮겨가기를 희망한다. 모렐뿐만 아니라 도망자 또한 육체의 불멸을 원하고 있다. 도망자에게 고독은 죽음을 의미하며 사랑은 삶을 뜻한다. 모렐에게 또한 사랑하는 사람과 떨어져서 지내며 생긴 고독은 곧 죽음을 상징한다. 도망자는 빌링스로 도망친 이후 파우스티네에게 다가가려고 자신의 삶을 위험에 처하게 만들지만 결국 모두 부질없는 것이었다. 왜냐하면 섬은 모렐의 완전한 소유였기 때문이다. 도망자는 파우스티네를 향한 사랑으로 희망을 품지만 파우스티네는 모렐의 통제하에 놓인 인물이기에 결코 이루어질 수 없는 사랑이라는 사실을 깨닫는다. 이에 따라 누군가가 자신이 소유하지 못한 것을 갖게 해줄 수 있는 기계를 발명해 주기를 희망한다. 한편 모렐은 자신이 사랑하는 사람과 영원히 함께 위해 기계를 만들어내며 자신을 둘러싼 주변을 완벽하게 통제할 수 있는 전지전능한 인물이다.

La isla Española (에스파뇰라 섬)　카리브 해에 위치하는 섬으로 1492년 콜럼버스에 의해 발견되어 스페인의 첫 식민지를 건설한 곳이다. 서쪽으로 아이티, 동쪽으로 도미니카 공화국이 있으며, 세계에서 10번째로, 아메리카에서 첫 번째로 인구가 많은 섬이다. 면적 면에서는 세계에서 22번째이다. 인구 18,943,000명(2005년), 면적은 76.480km^{2}이다.

La literatura argentina a finales del siglo 20* (20세기 후반 아르헨티나 문학)
1960년대 출판 산업과 독자층에 많은 변화가 생기면서 라틴아메리카 문학은 '붐 시대'가 열리면서 활기를 띠기 시작했다. 아르헨티나에 경우 디 텔라 학교(Instituto Di Tella)

가 문학의 미학, 예술의 근대화 등을 연구하고 확산시키는 중심기관이 되었다. 사실주의 시학의 변화, 정신분석이나 저널리즘 등을 편입시켜 새로운 소설의 기법으로 사용하는 등 아르헨티나 문학의 미학은 근대화 과정을 거치게 되었다. 훌리오 코르타사르(Julio Cortázar, 1914~1984)는 『Rayuela』을 발표하면서 아르헨티나 소설사의 획을 그었다. 그는 초현실주의와 파타피직스, 메타담론, 상호텍스트성 등을 소설 기법으로 사용하면서 소설, 에세이 등 다양한 장르의 담론을 혼합시켰다. 이후 마누엘 푸익(Manuel Puig, 1932~1990)이 문학과 영화, 볼레로, 탱고 등 대중문화를 결합시킨 『La traición de Rita Hayworth』(1968)를 발표하면서 패러디를 통해 기존 이데올로기에 도전하고 소부르주아를 비난한다. 1960년대 안토니오 디 베네데토(Antonio Di Benedetto, 1922~1986), 다니엘 모야노(Daniel Moyano, 1930), 엑토르 티손(Héctor Tizón, 1929), 후안 호세 에르난데스(Juan José Hernández, 1940) 등 텍스트에 새로운 형식을 도입한 중요한 작가군이 등장하며 지역주의적 색채를 벗어 던진 문학을 추구하였다. 한편 후안 호세 사에르(Juan José Saer, 1937)는 가르시아 마르케스의 "경이로운 사실(lo real maravilloso)"이나 바르가스 요사의 "신현실주의(neo-realista)" 등 붐 세대 작가들과는 다른 노선을 고집하며 아르헨티나 문학의 대표 작가 중 한 명으로 자리매김하였다. 사에르는 라틴아메리카 작가들이 유럽인들이 원하는 방식이 아닌 작가 개인의 방식으로 작품을 써야 한다고 주장하며 모든 지역적인 형식을 거부하며 상상의 공간과 미학적인 풍경을 제시한다. 1970년대와 1980년대 아르헨티나 문학은 독재정권(1976~1983)으로 억압적인 분위기에 노출되어 있었다. 이에 따라 문학은 현실을 파편화시키고 불완전하게 그려낼 수밖에 없었다. 리카르도 피글리아(Ricardo Piglia)의 『Respiración artificial』(1982), 안드레스 리베라(Andrés Rivera)의 『En esta dulce tierra』(1984), 다빗 비냐스(David Viñas)의 『Cuerpo a cuerpo』(1979) 등은 과거의 정치와 문화에서 현재의 핵심 요소를 찾아내는 작품들이다. 한편 후안 마르티니(Juan Martini)의 『La vida entera』(1981), 다니엘 모야노(Daniel Moyano)의 『El vuelo del tigre』(1984), 오스발도 소리아노(Osvaldo Soriano)의 『No habrá más penas ni olvido』(1980)에서는 역사 내에서의 경험을 정리하고, 권력이 통제하는 공간과 역사를 재설계할 수 있는 방법을 다룬다. 독재정권이 막을 내리고 마르틴 카파로스가 잡지 <Babel>을 창간하면서 작가들의 창작활동이 재개된다. 작가들은 아르헨티나의 픽션을 위해 역사를 중심에 두고 역사에서 어떤 설명을 제시하거나 현재를 이해하기 위해 핵심 요소를 찾으려고 하지 않는다. 반면 현재에 의문을 제시하고 과거로 회귀한다. 과거 아르헨티나 문학에서 팜파스 지역은 공허하고 야만적인 장소이고 도시는 문명으로 그려졌지만, 80년대에는 그 반대로 묘사된다. 세사르 아이라(César Aira)의 『Ema la cautiva』와 『El vestido rosa』 그리고 마르틴 카파로스(Martín Caparrós)의 『Ansay o los infortunios de la gloria』(1984)는 신화를 전복시키고 빈 공간을 과하게 채워 넣으며 낯설게 하기를 시도한다. 또한 이 시기의 소설은 의심과 불확실성을 제시하기 때문에 명확하지 않은 담론 구조를 보여준다. 현재 아르헨티나의 젊은 세대 작가들은 역사소설이나 탐정소설과 같은 장르나 미국의 미니멀리즘이나 사회적 현실주의와 같은 미학이 아닌 실험적인 소설을 추구한다. 오늘날 아르헨티나를 대표하는 젊은 세대 작가로는 후안 호세 베세라(Juan José Becerra, 1965), 구사타보 페레이라(Gustavo Ferreyra, 1963), 마르코스 에레라(Marcos Herrera, 1966), 아니발 하르콥스티(Aníbal Jarkowski, 1960), 페데리코 장메르(Federico Jeanmaire, 1957), 마르틴 코안(Martín Kohan, 1967), 마르틴 러

트만(Martín Rejtman, 1961), 미겔 비타글리아노(Miguel Vitagliano, 1961) 등을 꼽을 수 있다.

La literatura argentina a mediados del siglo 20* (20세기 중반 아르헨티나 문학)

1939년 스페인 내전의 종식은 아르헨티나 문학 시장과 출판 시장에 많은 영향을 미친다. 스페인 이민자들이 출판사 설립에 참여하면서 아르헨티나 출판 산업이 빠른 속도로 성장한다. 아르투로 쿠아드라도(Arturo Cuadrado)는 에메세 출판사(Emecé Ediciones), 안토니오 로페스 야우사스tm(Antonio López Llausás)는 수다메리카 출판사(Editorial Sudamericana), 곤살로 로사다(Gonzalo Losada)는 로사다 출판사(Editorial Losada) 창립에 참여하였다. 출판 산업의 성장으로 독자들이 증가함에 따라 작가들의 활동 영역도 확장되었다. 작가들은 작품 활동 외에도 문학 자문, 총서 계획, 교열, 번역 등 다양한 활동을 겸하게 되었다. 에메세 출판사는 호르헤 루이스 보르헤스(Jorge Luis Borges), 에두아르도 마예아(Eduardo Mallea), Bioy Cásares(비오이 카사레스)가, 수다메리카 출판사는 라몬 고메스 데 세르나(Ramón Gómez de la Serna)가, 로사다 출판사는 프란시스코 로메로(Francisco Romero), 기예르모 데 토레(Guillermo de Torre), 아마도 알론소(Amado Alonso), 페드로 엔리케스 우레냐(Pedro Henríquez Ureña)가, 아셰트 출판사(Hachette)는 로돌포 왈쉬(Rodolfo Walsh)가 참여하였다. 1940년대는 탐정소설 장르가 인기를 누렸다. 보르헤스, 비오이 카사레스, 레오나르도 카스테야니(Leonardo Castellani), 마누엘 페이로우(Manuel Peyrou), 로돌포 왈쉬 등은 탐정소설 창작을 토착화시키고자 했다. 탐정소설과 함께 이 시기에는 수르 잡지의 구성원들에 의해 추진된 환상문학이 성행하였다. 호세 비안코(José Bianco), 다보베 마누엘 페이로우(Davobe Manuel Peyrou), 엔리케 안데르손 임베르트(Enrique Anderson Imbert) 등이 환상적인 요소를 문학에 도입하기 시작하였다. 보르헤스 또한 『El jardín de los senderos que se bifurcan』(1941), 『Ficciones』(1944), 『El Aleph』(1949)을 발표하였다. 보르헤스는 탐정, 해적과 범죄자들의 이야기를 패러디, 아이러니 등을 통해 독창성의 문제를 제기하는 '다시 쓰기' 형식을 사용한다. 비오이 카사레스 또한 보르헤스와 같이 유사한 미학적 근간을 유지하였고 인간의 카오스를 탐정과 환상적인 이야기로 풀어낸다. 한편 실비나 오캄포(Silvina Ocampo)는 보르헤스와 비오이 카사레스와는 달리 상류층의 도덕성과 그 이면의 잔혹함을 파헤친다. 작품의 화자들은 선과 악을 구별하지 못하고 도덕적 가치와는 무관한 사람들로 그려진다. 오캄포의 텍스트들은 현실주의에서 탈피한 전통적인 구조와 언어를 사용하며 상류층의 관습을 고발한다. 한편 1940년대 말에는 레오폴도 마레찰(Leopoldo Marechal, 1900~1970), 에르네스토 사바토(Ernesto Sábato, 1915) 등이 기존 작가들과 다른 글쓰기를 시도한다. 마레찰은 구어, 내적 독백, 목소리의 다원성, 형식과 장르가 반대되는 미학을 선보인다. 사바토는 전통적인 가치의 붕괴와 현대의 인간상을 그리는 실존주의 소설을 선보인다. 1950년대 초기에는 다빗 비냐스 (David Viñas, 1927), 후안 호세 세블레리(Juan José Sebreli, 1930), 아돌포 프리에토(Adolfo Prieto, 1928), 라몬 아칼데(Ramón Alcalde, 1922) 등이 참여하는 콘토르노(Contorno) 잡지가 창간된다. 콘토르노는 군사 쿠데타 이후 정치적 논쟁의 장으로 변하면서 페론주의에 예의주시하고 마르크스주의와 실존주의 사상이 어우러질 수 있는 대안을 모색하기 시작했다. 콘토르노의 주요 목표는 문학을 통해 아르헨티나의 정치를 폭로하고, 문학이 정치적 은유로 활용될 수 있도록 하는 것이었다. 이들 그룹에는 로베르토 아를트(Roberto Arlt),

에세키엘 마르티네스 에스트라다(Ezequiel Martínez Estrada)가 해당되며, 이후 에두아르도 마예아와 호르헤 루이스 보르헤스가 합류된다. 1950년대는 현실주의의 개혁으로 특징지어진다. 베르나르도 코르돈(Bernardo Kordon, 1915)은 교훈적인 메시지를 버리고, 베르나드로 베르비스키(Bernardo Verbitsky, 1907~1979)는 도시의 삶과 소외된 사람들의 일상을 묘사하고, 로헤르 플라(Roger Pla, 1912)는 시간과 내적 독백을 이용해 실험적인 글쓰기와 독자 참여를 적극적인 유도하는 문학의 열린 공간을 만들어낸다. 베아트리스 기도(Beatriz Guido)는 사회와 역사 탐구를 통해 부르주아 계급에 대한 비평적인 통찰을 제시한다. 1950년대 중반에는 아르헨티나 논픽션의 창시자인 로돌포 왈쉬가 신문 보도를 이용해 실제 사건을 픽션으로 풀어내는 작품『Operación Masacre』(1957), 『¿Quién mató a Rosendo?』(1969), 『El caso Satanovsky』(1973) 등을 발표하기 시작한다.

La literatura argentina a principios del siglo 20* (20세기 초 아르헨티나 문학)

19세기 후기 아르헨티나 문학은 미학적인 측면에서 많은 변화가 일게 된다. 부에노스아이레스를 중심으로 엄청난 이민 인구가 유입되고 도시화와 문맹교육 등이 급속하게 진행되면서 부에노스아이레스는 현대화된 도시민들이 거주하는 공간이 되었다. 이러한 변화로 수많은 신문과 잡지가 창간되었는데, 대표 잡지로 <Caras y caretas>(1898)를 꼽을 수 있다. 이 잡지는 국내외 사회적 이슈, 유행, 위생 정보를 비롯한 다양한 내용들을 담아냈다. 이와 함께 모더니즘, 풍속주의, 사실주의 등 다양한 미학을 선보이는 문학 텍스트들을 소개했다. 당시 풍속주의 문학이 지배적이었는데 아르헨티나의 첫 전문 작가인 프라이 모초(Fray Mocho)의『Esmeraldas. Cuentos mundanos』(1885),『Memorias de un vigilante』(1897),『Un viaje al país de los matreros; Cinematógrafo criollo』(1897) 등이 소개되었다. 프라이 모초는 관객의 입장에서 자신이 관찰한 것에 대해 이론화하고 사색하며 구어와 문어의 관계를 효율적으로 풀어낸 글을 선보였다. 1920년대 모더니즘이 니카라과의 시인 루벤 다리오(Rubén Darío)를 통해 빠르게 확산되면서 아르헨티나 미학에도 변화의 바람을 불러일으켰다. 아르헨티나의 대표적인 모더니즘 작가로는 레오폴도 루고네스(Leopoldo Lugones, 1874~1938)를 꼽을 수 있다.『Las montañas de oro』(1897)을 시작으로『Los crepúsculos del jardín』(1905),『Lunario sentimental』(1909) 등을 발표했다. 이후 레오폴도 디아스(Leopoldo Díaz, 1862~1947), 카를로스 알프레도 베쿠(Carlos Alfredo Becú, 1879~1924), 카를로스 오르티스(Carlos Ortiz, 1870~1910), 엔리케 반츠(Enrique Banchs, 1879~1924) 등의 시인들이 뒤를 잇는다. 모더니즘은 산문에도 영향을 미쳤는데 대표 작가로『La gloria de don Ramiro』를 쓴 엔리케 라레타의(Enrique Larreta)와 자연주의와 환상성의 특징을 함께 지닌 오라시오 키로가(Horacio Quiroga)를 꼽을 수 있다. 한편 산문은 운문보다 전통적인 미학을 따랐다. 로베르토 파이로(Roberto Payró, 1867~1928), 베니토 린치(Benito Lynch, 1885-1951)와 마누엘 갈베스(Manuel Gálvez, 1882~1962)는 사회와 정치적 현실을 보여주는 사실주의를 추구했다. 미국과 스페인의 전쟁이 발발되면서 1910년부터 이스파니즘(hispanismo)이 주요 이데올로기로 떠올랐다. 이스파니즘은 과거에서 새로운 비전을 찾고 인종의 신화에서 자양분을 얻는 것을 목적으로 한다. 이로 인해 리카르도 로하스(Ricardo Rojas)의『La restauración nacionalista』(1922), 마누엘 갈베스(Manuel Gálvez)의『El solar de la raza』(1913) 등이 등장하였다. 이스파니즘과 동시에 근대화, 세속화, 이민자 급증 등으로 문화 민족주의가 대두대면서 문학에서 민족적 전통을 찾고자 한다. 리카르도 로하스, 레오폴도 루고네스, 마누엘 갈베스가 이 작가군에 해당한다. 이러한 현상은 호세 에르난데스 (José Hernández)가 마르틴 피에로(Martín Fierro)를 창간하면서 구체화되었다. 마르틴 피에로가 등장하면서 문명을 향해 나가기 위해서는 야만의 표상인 가우초를 버려야 한 다는 움직임이 일었다. 1921년에는 호르헤 루이스 보르헤스(Jorge Luis Borges, 1899~ 1986)가 1907년 창간된 잡지 <Nosotros>를 통해 아방가르드 문예 사조인 울트라이스 모를 확산시켰다. 이후 마세도니오 페르난데스(Macedonio Fernández, 1874~1952)가 픽션과 비평적·이론적 사유를 문학에 담아내면서 사실주의를 거부하였고, 리카르도 구 이랄데스(Ricardo Güiraldes, 1886~1927)는 전원문학과 프랑스 상징주의를 결합시켰 다. 또한 로베르토 아를트(Roberto Arlt, 1900~1942)는 20세기 아르헨티나의 도시소설 과 근대소설을 탄생시켰다. 1930년대는 아르헨티나의 정치 및 경제적 위기는 아르헨티 나 문학에 큰 영향을 미쳤다. 에세키엘 마르티네스 에스트라다(Ezequiel Martínez Estrada), 에두아르도 마레아(Eduardo Mallea) 등을 필두로 아르헨티나 작가들은 문학 을 통해 역사를 고발하는 하였다. 1930년대에는 빅토리아 오캄포(Victoria Ocampo)에 의해 잡지 <Sur>가 창간되면서 유럽 작품들이 번역되어 소개되었고 이 잡지는 아르헨티 나 문화의 중심이 되었다. 이 잡지는 호세 오르테가 이 가셋의 사상을 소개하면서 외국 의 모델을 모방하는 것이 아닌 라틴아메리카의 고유문화 창조하기 위한 움직임을 보인 다. 한편 환상문학과 탐정문학을 추구하는 작가군이 존재하였다. 호르헤 루이스 보르게 스, 아돌포 비오이 카사레스(Adolfo Bioy Casares, 1914), 실비나 오캄포(Silvina Ocampo, 1903~1993), 호세 비안코(José Bianco, 1911~1986), 마누엘 페이로우 (Manuel Peyrou, 1902~1974), 산티아고 다보페(Santiago Davobe, 1889~1952), 엔 리케 안데르손 임베르트(Enrique Anderson Imbert, 1910) 등이 이 작가군에 해당한다.

La literatura chilena del siglo 20* (20세기 칠레 문학)　칠레 문학에서 중산층은 사회와 예술의 흐름에서 매우 중요한 역할을 하고 있다. 20세기 칠레 작가들은 칠레작가협회 (Sociedad de Escritores de Chile), 작가연합(Sindicato de Escritores), 희곡작가협회 (Sociedad de Autores Teatrales) 등 단체를 구성하며 활동하기 시작했다. 가브리엘라 미스트랄(Gabriela Mistral), 파블로 네루다(Pablo Neruda) 등 중산층과 서민층 출신 작 가들이 국민문학에 참여하게 되면서 노벨 문학상을 수상하는 등 칠레 문학은 세계적인 명성을 누리게 되었다. 칠레 작가들은 전통을 깨고 개인적인 성향을 보이며 창작의 자유, 환상성, 보편성 등을 추구하기 시작하였다. 마누엘 로하스(Manuel Rojas), 알베르토 로 메로(Alberto Romero), 호세 산토스 곤살레스 베라(José Santos González Vera), 살바 도르 레예스(Salvador Reyes), 마르타 부르넷(Marta Brunet), 루벤 아소카르(Rubén Azócar), 벤하민 수베르카세아욱스(Benjamín Subercaseaux)으로 구성된 초현실주의 세 대는 1935년에서 1949년 활동한 작가군으로 칠레의 국가 정체성, 인간의 내면 등의 주 제를 다루었다. 이후 1950년부터 1964년에 활동한 신사실주의 작가들은 문학의 정치, 사회적인 역할을 중요시하며 상당히 투쟁적인 문학적 민족주의를 추구하며 문도노비스 모(Mundonovismo)로 회귀하였다. 대부분 중하층민으로 이루어진 신사실주의 작가들은 서민들의 주거지, 파업, 노동자 학살 등과 같은 주제를 다루었다. 대표적인 작가로 다니 엘 벨마르(Daniel Belmar), 마리아 루이사 봄발(María Luisa Bombal), 프란시스코 콜 로아네(Francisco Coloane), 오스카르 카스트로(Óscar Castro), 카를로스 드로겟(Carlos Droguett), 니코메데스 구스만(Nicomedes Guzmán), 페르난도 알레그리아(Fernando

Alegría) 등을 꼽을 수 있다. 1965년에서 1979년 사이에 활동한 작가 세대는 실존주의를 추구하며 노년, 환멸, 폭력, 죽음, 무의미하고 단조로운 삶 등의 주제를 다루었다. 호세 도노소(José Donoso), 호르헤 에드워즈(Jorge Edwards), 후안 에마르(Juan Emar), 기예르모 블랑코(Guillermo Blanco), 엔리케 라포우르카데(Enrique Lafourcade), 루이스 리바노(Luis Rivano), 호세 마누엘 베르가라(José Manuel Vergara), 메르세데스 발디비에소(Mercedes Valdivieso), 클라우디오 히아코니(Claudio Giaconi), 카를로스 루이스 타글레(Carlos Ruiz Tagle) 등이 대표적인 작가들이다. 시에서는 알레르토 로하스 히메네스(Alberto Rojas Jiménez)가 주창하는 '아구(Agú)', 벤하민 모르가도(Benjamín Morgado)가 주창하는 룬루니스모(Runrunismo), 브라울리노 아레나스(Braulio Arenas)가 주창하는 만드라고라(Mandrágora)가 등장하였다. 이와 더불어 페드로 프라도(Pedro Prado), 후안 구스만 크루차가(Juan Guzmán Cruchaga) 등 앙티미즘(intimista)적인 성향을 보이는 작가들과 파블로 데 로카(Pablo de Rokha) 등 사회적인 성향을 보이는 작가들이 등장하였다. 과도기 과정에서 작가들은 모더니즘과 함께 자연주의적이고 사회적인 성향을 보였고 대표적인 작가로는 누엘 마가야네스 모우레(Manuel Magallanes Moure), 디에고 두블레 우루티아(Diego Dublé Urrutia), 카를로스 페소아 벨리스(Carlos Pezoa Véliz) 등을 꼽을 수 있다. 또한 인간의 내면과 삶과 죽음의 의미 등을 다룬 세대가 존재했다. 칠레뿐만 아니라 20세기 라틴아메리카를 대표하는 칠레의 첫 노벨 문학상 수상 작가인 가브리엘라 미스트랄(Gabriela Mistral), 페드로 프라도(Pedro Prado) 등이다. 이후 칠레 시의 큰 변화를 일으킨 시인들이 나타났다. 비센테 우이도브로(Vicente Huidobro)는 '시인의 조건은 창조하는 것'임을 주장하며 창조주의를 소개한다. 칠레의 두 번째 노벨 문학상 수상 작가인 파블로 네루다(Pablo Neruda)는 서정적이고 서사시적으로 사랑, 시대 또는 사회의 의미 등을 표현했다. 이후 과거를 그리워하며 시대를 걱정하며 구어적이고 풍자적인 언어를 사용하는 앙티미즘 시인과 몽환적인 시인 그룹이 등장하였다. 이들 그룹에는 니카노르 파라(Nicanor Parra), 곤살로 로하스(Gonzalo Rojas), 오스카르 카스트로(Óscar Castro), 브라울리오 아레나스(Braulio Arenas), 호르헤 미야스(Jorge Millas), 안드레스 사벨아(Andrés Sabella), 마리아 몬벨(María Monvel), 위네트 데 로카(Winett de Rokha), 미겔 아르테체(Miguel Arteche), 엔리키 린(Enrique Lihn), 호르헤 테이리에르(Jorge Teillier) 등이 해당한다. 안토니오 스카르메타(Antonio Skármeta)는 1980년대를 대표하는 칠레문학을 대표하는 작가이다. 작품의 등장인물들은 인간의 조건을 인지하면서 자신의 운명에서 벗어나고자 끊임없이 노력한다. 작가는 칠레 단편에 유머가 가미된 소설 형식을 도입하였다. '트리안굴로 데 오로(triángulo de oro)'로 불리는 폴리 델라노(Poli Délano), 루이스 세풀베다(Luis Sepúlveda), 프란시스코 콜로아네(Francisco Coloane)가 80년대 문학을 대표하는 작가군이다. 이외에도 아리엘 도르프만(Ariel Dorfmann), 이사벨 아옌데(Isabel Allende), 카를로스 세르다(Carlos Cerda), 디아멜라 엘팃(Diamela Eltit), 오스카르 한(Oscar Hahn), 라울 수리타(Raúl Zurita) 등이 있다. 1990년대 칠레문학에서 가장 두드러지는 작가는 알베르토 푸겟(Alberto Fuguet)이다. 그는 세르히오 고메스(Sergio Gómez)와 함께 이베로아메리카 단편 선집『Mc Ondo』를 펴냈다. 이 선집에는 1960년대 태어난 작가들의 작품이 실려 있고 "맥(Mac) 컴퓨터로 글을 쓰고 맥도널드(Mac Donald)에서 등장인물들을 만들어낸다"는 의미를 지닌 풍자적인 제목을 가지고 있다. 이 외에도 에르난 리베라 레테리에르(Hernán Rivera Letelier), 마르셀라 세라노(Marcela Serrano), 안드레아 마투라나(Andrea Maturana), 하이메 코리에르(Jaime Collyer), 피아 바로스 (Pía Barros), 곤살로 콘트레라스(Gonzalo Contreras) 등이 90년대 칠레문학을 대표하는 작가들이다.

La literatura colombiana del siglo 20* (20세기 콜롬비아 문학) 20세기로 접어들면서

콜롬비아 소설은 지역주의와 자연주의를 거부하기 시작했다. 이에 따라 두 가지 경향이 뚜렷하게 나타났다. 첫째, 낭만주의와 몽상주의로 회귀하고자 하는 현실 도피적인 경향이었다. 이런 성향을 보인 문학작품들은 호세 아순시온 실바 고메스(José Asunción Silva Gómez)의 『De Sobremesa』(1925)를 제외하고 대부분 성공을 거두지 못했다. 두 번째, 호세 마리아 리바스 그로트(José María Rivas Groot)와 클리마코 소토 보르다 (Clímaco Soto Borda)가 취한 모더니즘 노선이다. 하지만 이들 작품들은 모더니즘적인 성향보다는 아이러니와 풍자를 통해 사회를 비판하고 공간, 일반인, 지역적인 테마 등으로 회귀하는 모습을 보였다. 후기 낭만주의 작가로는 예술가 또는 종교인에게 박해당하고 추행당하는 여성을 주요 주제로 삼는 호세 마리아 바르가스 비아(José María Vargas Vila)를 꼽을 수 있다. 콜롬비아 소설에서 20세기는 대외적 위상이 높아지고 낭만주의와 풍속주의에서 벗어나 모더니즘으로 가는 시기다. 20세기 콜롬비아 문학은 호세 에우스타시오 리베라(José ustasio Rivera)의 『La vorágine』의 국제적인 성공, 폭력소설의 등장, 가브리엘라 가르시아 마르케스(Gabriel García Márquez)의 노벨 문학상 수상, 알바로 무티스(Álvaro Mutis)와 같은 콜롬비아 작가들의 국제적인 위상 제고로 함축될 수 있다. 20세기 콜롬비아 소설의 발전은 모더니즘을 근간으로 하고 있다. 호세 아순시온 실바 고메스의 『De Sobremesa』, 호세 에우스타시오 리베라의 『La vorágine』, 에두아르도 살라메아 보르다(Eduardo Zalamea Borda)의 『4 años a bordo de mí mismo』, 에두아르도 카바예로 (Eduardo Caballero)의 『El buen salvaje』, 안토니오 카바예로(Antonio Caballero)의 『Sin Remedio』, 알바로 피네다 보테로(Alvaro Pineda Botero)의 『Cárcel por amor』 등과 같은 포스트모더니즘 작품에서는 작가 또는 글이 핵심 요소가 되며 현실과 픽션이 서로 맞물리는 형식을 취하고 있다. 1950년대와 1960년대 콜롬비아는 정치 및 사회적 분파 간 발생한 폭력으로 순수 증언의 목적을 둔 글쓰기가 등장하며 새로운 내용과 형식을 지닌 하나의 미학으로 발전하게 되었다. 초기 폭력소설의 형태는 미학적인 가치가 부재한 신문의 시평이나 증언으로 씌어졌다. 이후 페드로 고메스 코레아(Pedro Gómez Correa)의 『El 9 de abril』(1951), 잉나시오 고메스 다빌라(Ignacio Gómez Dávila)의 『Viernes 9』 (1953), 카를로스 파레하(Carlos H. Pareja)의 『El Monstruo』(1955)이 책으로 출간되었지만 사망자, 학살 등의 사건 다시 쓰기 형태에 불과했다. 이후 작가들은 폭력에 대한 글쓰기 방법을 고안하며 폭력의 주제를 직접적으로 보여주지 않고 복합적이고 다채롭게 그려내면서 소설의 구조와 등장인물들의 출현이 보다 전문적으로 이루어진다. 대표적 작품으로 에두아르도 카바예로 칼데론(Eduardo Caballero Calderón)의 『El Cristo de espaldas』(1952)와 『Siervo sin tierra』(1954), 호세 오소리오 리사라소(José Osorio Lizarazo)의 『El día del odio』(1951), 호르헤 살라메아 보르다(Jorge Zalamea Borda)의 『El gran Burundú-Burundá』(1952), 아르투로 에체베리 메히아(Arturo Echeverry Mejía) 의 『Marea de ratas』(1960), 가르시아 마르케스의 『La Hojarasca』(1955)와 『El coronel no tiene quien le escriba』(1958) 그리고 『La mala hora』(1962), 마누엘 메히아 바예호(Manuel

Mejía Vallejo)의 『El día señalado』(1964), 알바로 세페다 사무디오(Álvaro Cepeda Samudio)의 『La Casa Grande』(1962) 등이 있다. 시간이 흐르면서 폭력의 형태와 공간도 변하게 되면서 분파 간 폭력은 1960년대와 1970년의 게릴라 폭력으로 이어지고, 1980년대와 1990년대는 대량 마약 거래의 폭력으로 이어진다. 게릴라 폭력에 관한 대표 작품으로는 아르투로 알라페(Arturo Alape)의 작품들을 꼽을 수 있으며, 도시의 길거리 폭력에 관한 소설로는 페르난도 메히아(Fernando Mejía)의 『La Virgen de los sicarios』(1994)를 들 수 있다. 1970년대 말 콜롬비아 소설은 가르시아 마르케스를 필두로 언어의 탐색, 새로운 현실에 관한 탐구, 전통과의 구분 짓기 등 다양한 모습을 보인다. 글쓰기의 한계를 넘어서 도시 공간의 증언, 역사 연구, 언어 개혁의 필요성이 대두되었다. 엑토르 로하스 에라소(Héctor Rojas Herazo), 마누엘 사파타 올리베야(Manuel Zapata Olivella), 마누엘 메히아 바예호(Manuel Mejía Vallejo), 페드로 고메스 발데라마(Pedro Gómez Valderrama), 알바로 무티스 하라밀요(Álvaro Mutis Jaramillo) 등과 같은 대표적인 작가들 외에 모레노 두란(R. H. Moreno Durán), 마르코 툴리오 아길레라 가라무뇨(Marco Tulio Aguilera Garramuño), 리카르도 카노 가비리아(Ricardo Cano Gaviria), 루이스 파야드(Luis Fayad), 헤르만 에스피노사(Germán Espinosa), 로드리고 파라 산도발(Rodrigo Parra Sandoval), 로베르토 부르고스 칸토르(Roberto Burgos Cantor), 오스카르 코야소스(Oscar Collazos) 등 뛰어난 작가들이 새롭게 등장하기 시작한다. 아울러 헤르만 에스피노사(Germán Espinosa)의 『La tejedora de Coronas』(1982), 알바로 미란다(Álvaro Miranda)의 『La risa del cuervo』(1992), 페르난도 크루스 크론플라이(Fernando Cruz Kronfly)의 『La ceniza del libertador』(01987) 등 새로운 역사소설이 등장하며, 안드레스 카이세도(Andrés Caycedo)의 『Que viva la música』(1977), 호세 루이스 디아스 그라나도(José Luis Díaz Granados)의 『Las puertas del infierno』(1985), 루이스 파야드(Luis Fayad)의 『Los parientes de Ester』(1979) 등과 같은 작품에서는 도시를 탐구하는 등 다양한 소설들이 소개된다.

La literatura cubana del siglo 20* (20세기 쿠바 문학) 1898년 쿠바는 완전한 독립을 달성하였지만 경제적으로 미국에 종속되면서 진정한 정부의 부재와 부정부패가 만연하게 되었다. 쿠바의 시는 1913년부터 1922까지 혁명의 시대를 경험하게 되고 이로 인해 쿠바는 라틴아메리카의 시를 대표하는 국가로 자리매김한다. 당시 대부분의 시인들은 잡지 <Cuba Contemporánea>를 통해 시를 발표하였고, 쿠바의 23세대 작가들의 작품은 잡지 <Revista de Avance> 또는 일간지 <Diario de la Marina>를 통해 발표되었다. 시에 대한 개념과 형식에 변화가 필요하다는 것을 인식한 첫 시인은 레히노 보티(Regino E. Boti, 1878~1958)였다. 쿠바의 순수시, 음악시 등을 대표하는 시인은 마리아노 브룰(Mariano Brull, 1891~1956)을 꼽을 수 있다. 23세대 작가군에는 호세 사카리아스 탈옛(José Zacarías Tallet, 1893~1989), 후안 마리넬요(Juan Marinello, 1898~1977), 루벤 마르티네스 비예나(Rubén Martínez Villena, 1899~1934), 아우로라 비야르 부세타(Aurora Villar Buceta, 1899-1977), 둘세 마리아 로이나스(Dulce María Loynaz, 1903~1997) 등이 해당한다. 1927년 레히노 페드로소(Regino Pedroso, 1896~1983)는 23세대와 30세대의 가교 역할을 하면서 사회시의 시대가 도래하게 된다. 1928년 <Revista de Avance>에 네그리스모 시들이 등장하게 된다. 하지만 네그리스모 시는 변화의 필요성을 알리는 하나의 수단으로 간주되었을 뿐 정착하지는 못했다. 이에 따라,

순수시와 사회시가 등장하게 된다. 순수시는 상징주의에 뿌리를 두고 있으며 사물, 열정, 실용성 등을 무시하고 언어, 지성, 환상이 중요시된다. 쿠바에 순수시를 정착시킨 인물은 마리아노 브룰이며 쿠바 시인들에게 가장 큰 영향을 미친 시인은 폴 발레리(Paul Valéry)이다. 쿠바의 순수시의 가장 대표적인 인물은 에우헤니오 플로릿(Eugenio Florit, 1903~1999)과 에밀리오 바야가스(Emilio Ballagas, 1908~1954)이다. 하지만 바야가스는 순수시가 아닌 네그리스모 시로 더 큰 명성을 얻었다. '네그리스모(negrismo)'는 1930년부터 정착하기 시작한다. 네그리스모의 개념은 흑인과 유럽 출신 백인들이 끊임없이 충돌하는 서인도 제도에서 탄생하였다. 전기 네그리스모의 대표 시인은 펠리페 피차르도 모야(Felipe Pichardo Moya)와 라몬 기라오(Ramón Guirao), 후기 네그리스모는 에밀리오 바야가스를 꼽을 수 있다. 또한 레히노 페드로소는 초기에 모더니즘적인 성향을 보였지만 네그리스모의 대표 작가로 거듭나게 되었다. 사회시를 대표하는 작가로는 마누엘 나바로 루나(Manuel Navarro Luna, 1894~1966)와 니콜라스 기옌(Nicolás Guillén)을 꼽을 수 있다. 니콜라스 기옌의 작품은 흑인의 구술 전통에서 기원한 서인도 제도의 리듬과 정치적 혁명의 메시지가 결합된 쿠바의 네그리스모와 사회시를 종합적으로 보여주고 있다. 쿠바 문학은 1937년부터 호세 레사마 리마(José Lezama Lima, 1912~1976)에 의해 많은 변화가 일어난다. 그는 문학잡지 <Verbum>(1937~1939), <Espuela de plata> (1939~1941), <Nadie parecía>(1942~1943), <Orígenes>(1944~1956)를 창간한다. '오리헤네스'는 문학 그룹으로 탄생하기도 했다. 오리헤네스 그룹에는 레마사 리마의 제자인 신티오 비티에르(Cintio Vitier, 1921)와 그의 부인 피나 가르시아 마루스(Fina García Marruz, 1923), 가스톤 바케로(Gastón Baquero, 1916), 엘리세오 디에고 (Eliseo Diego, 1920~1994), 옥타비오 스미스(Octavio Smith, 1921) 등이 속해 있다. 바티스타 정권이 종식되고 쿠바혁명이 승리를 거두면서 쿠바의 시는 1960년부터 새로운 형식을 찾기 시작했다. 이 시기에 쿠바의 시는 두 그룹의 시인들로 구분된다. 1925년과 1940년대에 태어난 시인 그룹과 1940년 이후에 태어난 '노비시모(novísimo)' 시인 그룹이다. 노비시모 그룹은 카브레라 인판테가 진두지휘하던 문학잡지 <Lunes de Revolución>이 폐간됨에 따라 카스트로 정권에 반기를 들고 나선다. 노비시모 그룹에는 미겔 바르넷(Miguel Barnet, 1940), 이셀 리베로(Isel Rivero, 1941), 초현실주의자 벨키스 쿠사 말레(Belkis Cuza Malé, 1952), 난시 모레혼(Nancy Morejón, 1944) 등이 있다. 후기 노비시모는 호세 마리오(José Mario)에 의해 발전되었다. 이 그룹에는 에베르토 파디야(Herberto Padilla), 롤란도 캄핀스(Rolando Campins), 마르타 파디야(Marta Padilla), 오를란도 로사르디(Orlando Rossardi), 마우리시오 페르난데스(Mauricio Fernández), 호세 안토니오 아르코차(José Antonio Arcocha), 욜란다 오르탈(Yolanda Ortal), 호세 코세르(José Kozer), 다빗 페르난데스(David Fernández), 돌로레스 프리다(Dolores Prida), 델핀 프라츠(Delfín Prats) 등이 해당한다. 쿠바의 마술적 사실주의를 대표하는 작가로는 20세기 최고의 라틴아메리카 작가로 손꼽히는 알레호 카르펜티에르(Alejo Carpentier)이다. 호세 레사마 리마(José Lezama Lima) 외에도 기예르모 카브레라 인판테(Guillermo Cabrera Infante), 도라 알론소(Dora Alonso), 오넬리오 호르헤 카르도소(Onelio Jorge Cardoso), 비르힐리오 피녜라(Virgilio Piñera) 등 쿠바에서 뛰어난 작가들을 많이 배출되었다. 또한 쿠바 안팎으로 명성을 누린 작가로는 세베로 사르두이(Severo Sarduy, 1937~1993)를 꼽을 수 있다. 사르두이는 카브레라 인판테와 유사한 성향을 보이지만 실험적인 면에서 훨씬 두드러진다. 작가의 대표작은 『Gestos』(1963), 『De donde son los cantantes』(1967), 『Cobra』(1971), 『Maytreya』(1978), 『Cocuyo』(1990) 등이 있다.

La literatura cubana del siglo 21* (21세기 쿠바 문학) 쿠바는 미국에 의한 경제적 봉쇄와 카스트로 정권에 의한 정치 및 사회적 제재에도 불구하고 문학에서 중요한 인물들을 배출시켰다. 쿠바의 수많은 작가들은 정치적인 이유로 문학활동을 하기 시작하였고 해외로 망명을 떠나지 않고 쿠바에 머무른 작가들은 스페인 등 외국에서 자신의 작품을 발표해야만 했다. 21세기 쿠바 문학을 대표하는 가장 중요한 작가들은 다음과 같다. 『El vuelo del gato』(1997)의 작가 아벨 프리에토(Abel Prieto, 1950), 『La caverna de las ideas』(2000)로 국제적인 명성을 얻은 호세 카를로스 소모사(José Carlos Somoza, 1959), 『Te di la vida entera』(1996)로 독자들로부터 큰 호응을 얻은 소에 발데스(Zoé Valdés, 1959), 롤란도 산체스 메히아스(Rolando Sánchez Mejías, 1959), 펠릭스 리카라가(Félix Lizárraga, 1959), 로베르토 우리아(Roberto Uría, 1959) 등이다. 이외에도 카를로스 카브레라(Carlos Cabrera, 1962), 호세 마누엘 프리에토(José Manuel Prieto, 1962), 에두아르도 델 야뇨(Eduardo del Llano, 1962), 밀레네 페르난데스 핀타도(Mylene Fernández Pintado, 1963), 『Contrabando de sombras』(2001)의 저자 안토니오 호세 폰테(Antonio José Ponte, 1964), 호엘 카뇨(Joel Cano, 1966), 『La bandada bandada』(2000)의 저자 호르헤 루이스 아르솔라(Jorge Luis Arzola, 1966), 앙헬 산티에스테반(Ángel Santiesteban, 1966), 로돌포 마르티네스(Rodolfo Martínez, 1966), 에로틱적인 특징이 강한 소설가 알베르토 가리도(Alberto Garrido, 1966), 아미르 바예 오헤다(Amir Valle Ojeda, 1967), 아나 리디아 베가(Ana Lidia Vega, 1968), 『Silencios』(1999)의 저자 카를라 수아레스(Karla Suárez, 1969), 미첼 페르도모(Michel Perdomo, 1969), 현실주의와 공상과학소설을 결합시키며 필명 '요스(Yoss)'로 활동하는 『Los pecios y los náufragos』(2000) 등의 저자 호세 미겔 산체스(José Miguel Sánchez, 1969), 『La piel de Inesa』의 저자 로날도 메넨데스(Ronaldo Menéndez, 1970), 페드로 데 헤수스(Pedro de Jesús, 1970), 단편집이자 소설인 흥미로운 작품 『En.trance』(1997)의 저자 다니엘 디아스 만티야(Daniel Díaz Mantilla, 1970), 『El puente sobre el río Cuál』의 저자 왈도 페레스 시뇨(Waldo Pérez Cino, 1972), 『El pájaro: tinta china y papel』(1999)와 『El viejo, el asesino y yo』(2001)의 저자 에나 루시아 포르텔라(Ena Lucía Portela, 1972) 등이 있다.

La literatura fantástica* (환상문학) 중남미의 환상문학하면 일반적으로, 가브리엘 가르시아 마르케스로 대표되는 마술적 사실주의를 이야기한다. 이 외에도 보르헤스, 카를로스 푸엔테스, 비오이 카사레스, 훌리오 코르타사르 등 수많은 작가들이 환상문학 작가로 분류된다. 일반적으로 환상문학이 초자연적인 일을 다룬다는 점에서는 의견을 모으고 있다. 하지만 다른 여느 문예사조가 그렇듯이, 환상문학의 범위를 어디까지 설정할 것이냐에 따른 논의는 학자마다 견해가 다르다. 기준은 환상문학 이론을 최초로 정립했다고 거론되는 토도로프의 『Introduction a la Litterature Fantastique』을 출발로 하여, 여러 학자로부터 제시되고 있다. 비교적 최근 이론인 다빗 로아스의 기준에 따르면, 초자연적 테마를 다룬 모든 문학을 환상문학(Literatura fantástica), 경이문학(Literatura maravillosa), 마술적 사실주의(realismo mágico), 기독교적 경이문학(lo maravilloso cristiano) 이렇게 네 가지로 분류된다. 환상문학은 초자연적인 질서가 우리의 일상세계 내에 삼투됨으로써 빚어지는 이성과 비이성 사이의 갈등이나 충돌을 다루며 따라서 독자에게 공포나 의심, 불안 같은 정서적인 효과를 야기한다. 이에 비해 경이문학에서의 불가해한 일은 논리적 세계의 밖에서 발생하므로 비정상적인 요소들은 정상적이고 자연스러운 것으로 인식되며 암묵적으로 작가의 의도와 타협하는 독자들은 지적인 반응을 보이게 된다. 마술적 사실주의는 이 두 장르 사이에 위치한 것으로서 초자연적인 현상은 이성적인 현실세계의 콘텍스트 내에서 벌어지지만 자연, 초자연의 질서는 마찰을 일으키지 않고 조화롭게 공존한다. 마술적 사실주의는 서로 모순되는 두 세력이 대립하지 않는다는 점에서 환상문학과 다르며 그것이 자연세계 내에서 전개된다는 점에서는 경이문학과도 구분된다. 마술적 사실주의를 하나의 경향으로 인식할 뿐 장르로 구분하지는 않는다. 한편 기독교적 경이문학은 인과율을 벗어난 초월적인 현상들이 최종적으로 신의 논리로 귀결되는 것을 말하며 대부분의 종교적인 신비주의 문학이 이에 속한다. 여기에서 우리는 장르 구분의 결정적인 기준이 초자연적 현상의 현존 자체가 아니라 그것이 현실세계와 맺는 관련성에 있으며, 환상문학의 기저에는 자연과, 초자연, 이성과 비이성 등 서로 다른 인식론적 흐름의 대립적 마찰이 공통의 함의로 깃들여 있음을 알 수 있다. 환상문학은 내부적으로 환시적 환상성[낭만주의적 환상성(lo fantástico visionario, lo fantástico romántico)]과 일상적 환상성[사실주의적 환상성(lo fantástio cotidiano, lo fantástico realista)], 그리고 신환상성[포스트모던적 환상성(lo neo-fantástico, lo fantástico posmoderno)] 등 크게 세 가지 유형으로 나눌 수 있다. 환시적 환상성은 유령, 흡혈귀, 늑대인간 등 주로 초자연적인 존재가 명확한 물리적인 형태로 등장하는 경우로 초월적이고 비실재적인 대상들까지도 언어의 상징적 특성에 의해 표현할 수 있다는 낭만주의 미학에 힘입은 것이다. 일상적 환상성은 초자연적인 힘이 우리의 일상생활에 은밀한 형태로 잠복, 병존하는 경우로, 19세기 후반 경험에 의한 진리를 중시하는 실증주의 철학과 함께 본격적으로 대두하였다. 환시적 환상성과의 차이라면 초자연적 존재의 현현이 아닌, 심리학, 병리학적 측면을 통해 현실에 대한 기존의 개념을 전복시키려 한다는 것이다. 신환상성의 포스트모더니스트들은 세계는 순수한 비현실이라고 느낀 데서 출발해, 자연세계에서 초자연적 요소의 부각을 통해서가 아니라 자연화된 초자연적 요소를 통해 현실의 비정상을 나타내고자 하는 것이다. 환상문학은 추리 소설과 상당부분 공통점을 갖고 있다. 서사 기법에서 매우 유사하지만, 추리소설은 소설을 다 읽고 난 뒤 의문점이 남지 않는데 비해, 환상문학은 여전히 의문점이 남는다는 것이 궁극적인 차이점이라고 할 수 있겠다. 기준에 따라 다르지만 단순히 초자연적인 일을 다룬다고 환상문학이라고 하지는 않는다. 대표적인 예로, 판타지 같은 경우는 현실에 대한 인식의 침투가 없다는 이유로 환상문학의 범주에 넣지 않기도 한다.

La literatura guatemalteca del siglo 20* (20세기 과테말라 문학)　　과테말라의 모더니즘은 니카라구아의 루벤 다리오(Rubén Darío)의 영향으로 새로운 미학을 수용하면서 더디게 발전했다. 모더니즘은 1900년대부터 1930년대까지 이어졌는데 루벤 다리오 외에 콜롬비아의 포르피리오 바르바 하콥(Porfirio Barba Jacob)과 페루의 호세 산토스 초카노(José Santos Chocano)가 과테말라 젊은 시인들에게 많은 영향을 미쳤다. 과테말라는 시에서는 두드러진 시인이 없었지만 산문에서는 엔리케 고메스 카리요(Enrique Gómez Carrillo, 1873)가 배출되었다. 모더니즘에 가장 처음 합류한 작가는 막시모 소토 홀

(Máximo Soto Hall, 1871~1944)이다. 이후 라파엘 아레바로 마르티네스(Rafael Arévalo Martínez, 1884), 라틴아메리카 모더니즘 미학의 대표적인 인물인 엔리케 고메스 카리요가 대표적인 작가로 부상하였다. 1920년에서 1940년 사이 새로운 작가와 작가 세대가 등장하기 시작하였다. 첫 번째 세대는 미겔 앙헬 아스투리아(Miguel Ángel Asturias), 세사르 브라냐스(César Brañas), 플라비오 에레라(Flavio Herrera), 알폰소 오란테스(Alfonso Orantes), 아르켈레스 벨라(Arqueles Vela), 로멜리아 알라르콘(Romelia Alarcón), 라몬 아세냐(Ramón Aceña), 루이스 가르도사 이 아라곤(Luis Cardoza y Aragón) 등이 해당한다. 이 시기에는 단연 고통과 고립무원 상태에 놓여 있는 라틴아메리카 국민을 섬세하게 그린 노벨 문학상 수상 작가인 미겔 앙헬 아스투리아스의 창작활동으로 특징지어지는 시기다. 호르헤 우비코(Jorge Ubico)의 독재 체제하에 1930년 유럽의 전위주의와 라틴아메리카 토착주의에 영향으로 'Grupo Tepeus'이 창설된다. 이후 1940년에는 'Grupo Acento'가 등장한다. 그루포 아센토는 과테말라 정치를 거부하며 폴 발레리, 릴케, 파블로 네루다, 로르카 등 외국 문학 작가들의 영향을 받은 작가들로 결성되었다. 구성원은 안토니 브라냐스(Antonio Brañas), 카를로스 이예스카스(Carlos Illescas), 오토 라울 곤살레스(Otto Raúl González), 라울 레이바(Raúl Leiva), 아우구스토 몬테로소(Augusto Monterroso)이다. 1941년에는 움베르토 알바라도(Humberto Alvarado)를 필두로 라파엘 소사(Rafael Sosa), 웨르네르 오바예(Werner Ovalle), 올가 마르티네스 토레스(Olga Martínez Torres), 멜빈 레네 바라오나(Melvin René Barahona), 호세 마리아 로페스 발디손(José María López Valdizón), 아벨라르도 로다스(Abelardo Rodas), 오스카르 아르투로 팔렌시아(Óscar Arturo Palencia)가 구성원으로 참여하는 '젊은 작가 협회(Asociación de Escritores Jóvenes)'가 형성되었고 이후 'Grupo Saker-ti'로 알려지게 된다. 1968년에는 미겔 앙헬 아스투리아스를 중심으로 'Grupo Nuevo Signo'가 탄생하였다. 주요 구성원은 훌리오 파우스토(Julio Fausto Aguilera), 루이스 알프레도 아랑고(Luis Alfredo Arango), 프란시스코 모랄레스 산토스(Francisco Morales Santos), 호세 루이스 비야토로(José Luis Villatoro), 오토 레네 가스티요(Otto René Castillo), 로베르토 오브레곤(Roberto Obregón)이다. 과테말라는 20세기 소설에서 몬테로소를 중심으로 카를로스 솔로르사노(Carlos Solórzano), 카를로 윌드 오스피나(Carlos Wyld Ospina), 플라비오 에레라(Flavio Herrera), 카를로스 발셀스(Carlos Balsells), 프란시스코 멘데스(Francisco Méndez), 리카르도 에스트라다(Ricardo Estrada), 호세 마리아 로페스 발디손(José María López Valdizón) 등 뛰어난 소설가들을 배출시켰다. 한편 과테말라 신소설에서 가장 두각을 나타낸 작가는 아르투로 아리아스(Arturo Arias)와 단테 리아노(Dante Liano)가 꼽힌다. 또한 마르코 아우구스토 키로아(Marco Augusto Quiroa), 아나 마리아 로다스(Ana María Rodas), 마르코 안토니오 플로레스(Marco Antonio Flores), 마리오 파예라스(Mario Payeras), 구스타보 아돌포 윌 페라테(Gustavo Adolfo Wyld Ferraté), 카르멘 마투테(Carmen Matute), 마리오 로베르토 모랄레스(Mario Roberto Morales), 엔리케 노리에가(Enrique Noriega), 프란츠 갈리츠(Franz Galich), 아이다 톨레도(Aída Toledo), 움베르토 아크아발(Humberto Ak'abal), 이본 리세노스(Ivonne Recinos), 라파엘 쿠에바스 몰리나(Rafael Cuevas Molina), 아돌포 멘데스(Adolfo Méndez), 로드리고 레이 로사(Rodrigo Rey Rosa) 등도 중요한 작가들로 평가된다. 아울러 후안 카를로스 레무스(Juan Carlos

Lemus, 1964), 프란시스코 알레한드로 멘데스 카스타녜다(Francisco Alejandro Méndez Castañeda, 1964), 에르윈 펠라예스(Erwin Peláez, 1964), 호안나 고도이(Johanna Godoy, 1968), 구스타보 아돌포 몬테네그로(Gustavo Adolfo Montenegro, 1971), 로날드 플로레스(Ronald Flores, 1973), 에스투아르도 프라도(Estuardo Prado, 1971) 등 1960년대 이후에 태어난 작가들도 과테말라 문학에 많은 기여를 하고 있다.

La literatura mexicana del siglo 20* (20세기 멕시코 문학)　　1909년 젊은 작가, 철학자 등으로 구성된 'Ateneo de los Juventud'가 공식적으로 창설되었다. 청년 협회는 멕시코 문화와 지식 등에 관심을 갖으며 멕시코 문학이 다양하게 발전할 수 있는 데 많은 기여를 하였다. 주요 구성원은 알폰소 레예스(Alfonso Reyes), 호세 바스콘셀로스(José Vasconcelos), 페드로 엔리케 우레냐(Pedro Henríquez Ureña) 등이다. 멕시코 소설에서 1910년 발생한 멕시코 혁명은 매우 중요한 요소다. 이에 따라 멕시코 혁명의 증언은 1910년부터 1917년까지 사색을 바탕으로 이루어졌고 시간이 흐르면서 증언의 다큐멘터리적 가치는 작가의 주관적인 비평과 평가로 변하였다. 혁명소설에서 가장 두드러지는 인물은 마리아노 아술에라(Mariano Azuela, 1873)이다. 이 밖에 마르틴 루이스 구스만(Martín Luis Guzmán, 1887), 그레고리오 로페스 푸엔테스(Gregorio López Fuentes, 1895), 호세 루벤 로메로(José Rubén Romero, 1890), 프란시스코 우르키뇨(Francisco Urquizo, 1894), 프란시스코 로하스 곤살레스(Francisco Rojas González, 1904), 넬리에 캄포베요(Nellie Campobello, 1909), 라파엘 무뇨스(Rafael F. Muñoz, 1899), 호세 만시시도르(José Mancisidor, 1894) 등도 대표적인 작가로 평가된다. 후안 룰포(Juan Rulfo)도 혁명소설(Novela de la Revolución)을 통해 중미국가들의 소설 혁신을 불러일으켰다. 카를로스 푸엔테스(Carlos Fuentes) 또한 혁명소설을 시작으로 멕시코 소설이 형식, 내용, 깊이 등에서 변화를 갖는 데 중요한 역할을 하였다. 이에 따라 아구스틴 야녜스(Agustín Yáñez, 1904), 호세 레부엘타스(José Revueltas, 1914), 안드레스 에네스트로사(Andrés Henestrosa, 1906), 리카르도 포사스(Ricardo Pozas, 1912), 후안 호세 아레올라(Juan José Arreola, 1918), 엘레나 가로(Elena Garro, 1920), 로사리오 카스테야노스(Rosario Castellanos, 1925~1974), 에밀리오 카르바리도(Emilio Carballido, 1925), 살바도르 엘리손도(Salvador Elizondo, 1932), 호르헤 이발구엔히티아(Jorge Ibargüengitia, 1928~1983), 비센티 레녜로(Vicente Leñero), 호세 에밀리오 파체코(José Emilio Pacheco, 1939), 페르난도 델 파소(Fernando del Paso, 1933), 레네 아빌레스 파빌라(René Avilés Fabila, 1940), 아르투로 아수엘라(Arturo Azuela), 에렐나 포니아토프스카(Elena Poniatowska, 1933), 앙헬레스 마스트레타(Ángeles Mastretta, 1949), 라우라 에스키벨(Laura Esquivel, 1950), 오메로 아리드지스(Homero Aridjis), 세르히오 피톨(Sergio Pitol, 1933), 에드라그로 베르메호(Edgardo Bermejo, 1967), 에바 보덴스테드(Eva Bodenstedt, 1967), 리카르도 차베스 카스타녜다(Ricardo Chávez Castañeda, 1961), 아드리아나 디아스 엔시소(Adriana Díaz Enciso, 1964), 기예르모 파다넬리(Guillermo J. Fadanelli, 1962), 아나 가르시아 베르구아(Ana García Bergua, 1960), 마누엘 곤살레스 수아레스(Manuel González Suárez, 1964), 빅토리아 아로(Victoria Haro, 1968), 호세 라몬 루이산체스(José Ramón Ruisánchez, 1971), 셀소 산타훌리아나(Celso Santajuliana, 1960), 호르디 소레르(Jordi Soler, 1963), 호르헤 볼피(Jorge Volpi, 1968) 등 뛰어난 작가들이 탄생하는 데 밑거름이 되어주었다. 멕시코는

20세기 스페인어권 국가 중에서 시 창작의 중심지 중 하나가 되었다. 1928년 창간된 잡지 <Contemporáneos>를 통해 유럽과 북미의 문학 사조를 접하며 이를 수용하게 되었다. 이 시기에 해당하는 대표적인 작가로는 카를로스 페리세르(Carlos Pellicer), 호세 고로스티사(José Gorostiza), 사비에르 비야루티아(Xavier Villarrutia), 베르나르도 오르티스 데 몬테야노(Bernardo Ortíz de Montellano), 엔리케 곤살레스 로호(Enrique González Rojo), 하이메 토레스 보데트(Jaime Torres Bodet), 살바도르 노보(Salvador Novo), 호르헤 쿠에스트(Jorge Cuesta), 힐베르토 오웬(Gilberto Owen) 등을 꼽을 수 있다. 옥타비오 파스(Octavio Paz, 1914)는 국내외적으로 가장 큰 명성을 누린 노벨 문학상 수상 시인이다. 'Taller' 그룹의 구성원으로는 에프라인 우에르타(Efraín Huerta, 1914)와 네프탈리 벨트란(Neftalí Beltrán, 1916)이 대표적인 작가이며, 'Taller'의 구성원은 아니지만 알리 추마세로(Alí Chumacero, 1918)는 옥타비오 파스와 함께 잡지 <Letras de México>(1937~1947)를 이끌며 멕시코 문학을 확산시키는 데 많은 노력을 기울인 작가로 높이 평가받고 있다. 20세기 멕시코 시에서는 중미 시인들과 다른 형식과 내용을 보여준 시인들이 많이 배출되었다. 대표적인 시인으로는 구아달루페 아모르(Guadalupe Amor, 1920), 루벤 보니파스 누뇨(Rubén Bonifaz Nuño, 1923), 하이메 가르시아 테레스(Jaime García Terrés, 1924), 마누엘 두란(Manuel Durán, 1925), 로사리오 카스테야노스(Rosario Castellanos, 1925~1974), 토마스 세고비아(Tomás Segovia, 1927), 마르코 안토니오 몬테스 데 오카(Marco Antonio Montes de Oca, 1932) 등이 꼽힌다.

La literatura post-crisis (포스트크라이시스 문학) 라틴아메리카 군부 독재 이후 밀려온 경제 위기 이후의 문학을 일컬으며 가난, 불평등, 사회의 부조리 등의 주제를 다룬다.

La literatura uruguaya del siglo 20* (20세기 우루과이 문학) 20세기로 접어들면서 우루과이 문학은 시인과 수필가들을 필두로 자연주의와 실증주의로 시작해서 모더니즘으로 이어지는 전성시대를 구가하였다. 우루과이 모더니즘은 서정시 위주로 발전하였고 훌리오 에레라 이 레이싱(Julio Herrera y Reissig, 18750)이 대표적인 작가이다. 레이싱은 상징주의와 고답파를 결합시켜 독창적인 작품을 내놓으면서 우루과이 문학에 변화를 가져다주었다. 이 외에도 우루과이 모더니즘의 대표 작가로 델미라 아구스티니(Delmira Agustini, 1886), 마리아 에우헤니아 바스 페레이라(María Eugenia Vaz Ferreira, 1875), 로베르토 데 라스 카레라스(Roberto de las Carreras, 1875), 아르만도 바세우르(Armando Vasseur, 1878) 등이 꼽힌다. 사회시에서는 앙헬 팔코(Ángel Falco, 1885), 에밀리오 프루고니(Emilio Frugoni, 1880), 훌리오 라울 멘딜라아르수(Julio Raúl Mendilaharsu, 1887) 등 뛰어난 시인들이 등장했다. 소설에서는 하비에르 데 비아나(Javier de Viana)와 카를로스 레이레스(Carlos Reyles)가 가장 대표적인 인물로 꼽힌다. 단편에서는 작가들이 많이 배출되지 않았지만 라틴아메리카 단편의 거장 오라시오 키로가(Horacio Quiroga, 1878)가 탄생하였다. 오라시오 키로가는 연대적으로는 모더니즘에 속하지만 이국주의와 심리주의 작가로 구분된다. 에세이에서는 『Ariel』(1900)의 저자 호세 엔리케 로도(José Enrique Rodó, 1871)와 카를로스 바스 페레이라(Carlos Vaz Ferreira, 1873)가 대표 작가에 속한다. 제1차 세계대전 발발과 훌리오 가레트 마스(Julio Garet Mas)의 『Fuego y mármol』(1925)의 발표로 우루과이에 미래주의적 경향이 싹을 틔우게 되면서 포스트모더니즘 시대가 열리기 시작했다. 시에서는 낭만주의, 고전주의, 사실주의와 상징주의 경향이 두드러졌다. 낭만주의 시는 카를로스 사바트 에르카스티(Carlos Sabat Ercasty, 1887), 고전주의 시는 에밀리오 오리베(Emilio Oribe, 1893), 사실주의 시는 토착주의의 창시자 페르난 실바 발데스(Fernán Silva Valdés, 1887)와 후아나 데 이바르보우로우(Juana de Ibarbourou, 1895), 상징주의 시는 훌리오 카살(Julio J. Casal, 1889) 등이 대표적인 시인들이다. 포스트모더니즘 소설에서는 아돌포 몬테일 바예스테로스(Adolfo Montiel Ballesteros, 1888), 알베르토 숨 펠데(Alberto Zum Felde, 1889)가 대표적인 소설가로 평가된다. 1925년부터 미래주의, 네그리스모, 형이상학적 경향 등이 두드러졌다. 미래주의는 엔리케 리카르도 가레트(Enrique Ricardo Garet), 네그리스모는 일데폰소 페레다 발데스(Ildefonso Pereda Valdés)와 아델라 보나비타(Adela Bonavita, 형이상학적 경향은 가스톤 피게이라(Gastón Figueira, 1905)와 후안 일라리아(Juan Ilaria)를 꼽을 수 있다. 1940년부터 여류 시인들이 대거 등장하며 사라 데 이바녜스(Sara de Ibáñez, 1905), 클라라 실바(Clara Silva, 1905), 이데아 빌라리뇨(Idea Vilariño, 1920), 사라 보료(Sarah Bollo, 1904), 이다 비탈레(Ida Vitale, 1926), 도라 이세야 루셀(Dora Isella Russel, 1925) 등의 활동이 두드러졌다. 20세기 후반에는 아메리코 아바드(Américo Abad, 1931), 우고 에밀리오 페데몬테(Hugo Emilio Pedemonte, 1923), 그레고리오 리베로 이투랄다(Gregorio Rivero Iturralda, 1929), 리카르도 파세이로(Ricardo Paseyro, 1924), 사란디 카브레라(Sarandi Cabrera, 1923), 움베르토 메게트(Humberto Megget, 1927), 카를로스 마리아 구티에레스(Carlos María Gutiérrez, 1926) 등 국내외적으로 중요한 시인들이 등장하였다. 1960년부터 2000년 사이 배출된 시인들은 와싱톤 베나비데스(Washington Benavides, 1930), 호르헤 메디나 비달(Jorge Medina Vidal, 1930), 엔리케 피에로(Enrique Fierro, 1941) 등이 대표적이이다. 또한 독재정권(1973~1984) 동안 부재했던 자유를 다루는 엑토르 로살레스(Héctor Rosales, 1958), 세르히오 아리아스 모레이라(Sergio Arias Moreira, 1965), 로베르토 헨타 도라도(Roberto Genta Dorado, 1957) 등 세기 말 시인들도 빼놓을 수 없다. 우루과이 소설은 페리스베르토 에르난데스(Felisberto Hernández, 1902)가 현실과 상상력을 결합시키면서 발전되기 시작한다. 우루과이 소설의 가장 중요한 작가로 후안 카를로스 오네티(Juan Carlos Onetti, 1909)가 꼽힌다. 이외에도 엑토르 우르단가린(Héctor Urdangarín), 마리오 아레기(Mario Arregui), 알프레도 그라비나(Alfredo Gravina), 카를로스 마르티네스 모레노(Carlos Martínez Moreno), 안토니오 라레타(Antonio Larreta), 호르헤 무스토(Jorge Musto), 마리오 세사르 페르난데스(Mario César Fernández), 마리아 이네스 실바 빌라(María Inés Silva Vila), 이베르 콘테리스(Hiber Conteris), 칸디도 트로보(Cándido Trobo), 롤리나 이푸체(Rolina Ipuche), 토마스 에스테파노빅스(Tomás Estefanovics), 페르난도 부타소니(Fernando Butazzoni) 등도 우루과이 소설을 대표하는 작가들이다. 한편 마리오 베네데티(Mario Benedetti)는 오네티와 함께 20세기 후반 우루과이 문학의 국제적인 위상을 드높인 작가로 평가된다. 1960년에서 2000년 사이 4명의 중요한 작가들이 탄생하였는데 바로 에두아르도 갈레아노(Eduardo Galeano, 1940), 크리스티나 페리 로시(Cristina Peri Rossi, 1941), 페르난도 아인사(Fernando Aínsa, 1937), 나폴레온 폰세 데 레온(Napoleón Ponce de León, 1947)이다. 1960년대 이후에 태어난 작가 중에서는 구스타보 에스칸라르(Gustavo Escanlar, 1962), 아미르 아메드(Amir Hamed), 가브리엘 페베로니(Gabriel Peveroni,

1969), 다니엘 메야(Daniel Mella, 1976) 등이 대표적이다.

La llama doble (이중 불꽃)　　멕시코의 시인이자 수필가인 옥타비오 파스(Octavio Paz, 1914~1998)의 저서. 1993년 출판되었으며 '사랑과 에로티즘'이라는 부제를 갖고 있다. 섹스와 에로티즘, 에로티즘과 사랑의 관계를 정립하며 시 또한 언어적 에로티즘이라는 내용을 담고 있다.

La Lotería en Babilonia (바빌로니아의 복권)　　아르헨티나의 작가 호르헤 루이스 보르헤스 (Jorge Luis Borges)의 단편소설로, 단편집 『Ficciones』에 수록되어 있다. 보르헤스가 서문에서 밝혔듯이 이 소설은 환상소설이며 세상이 우연의 무한한 놀이임을 보여준다. 작품에 등장하는 성스러운 화장실의 이름을 카프카(Qaphqa)로 함으로써, 이 작품이 독일의 작가 프란츠 카프카(Franz Kafka)의 작품과의 상호 텍스트적 관계에 있음을 직접적으로 암시한다.

La Luz Jiménez Ormeño, María de (마리아 데 라 루스 히메네스 오르메뇨)　　(1897~1965) 칠레의 멕시코 배우이자 극작가이다. 어렸을 때 목격한 에밀리아노 사파타가 일으킨 멕시코 혁명의 생생한 증언을 토대로 서술적 원시주의를 탄생시키는 데 크게 공헌했다.

La maffia (라 마피아)　　아르헨티나 영화감독 레오폴도 토레 닐손(Leopoldo Torre Nilsson, 1924~1978)의 1972년 작품. 납치, 성매매를 일삼는 마피아의 이야기를 그린 영화로 1973년 콘도르 데 플라타상(Premio Cóndor de Plata)을 수상했다.

La mañosa (교활한 여인)　　도미니카 공화국의 역대 대통령이기도 한 소설가 후안 보쉬(Juan Bosch, 1909~2001)의 작품. 자전적 작품으로 여겨지며 농민들의 무장 봉기에 대한 이야기를 통해 당대 역사의 일면을 엿볼 수 있다는 평이 있다.

La Mar, José (호세 라 마르)　　(1776~1830) 에콰도르 쿠엔카에서 출생하여 군인으로 독립 전쟁에서 이름을 알리고 시몬 볼리바르와 함께하였다. 비록 에콰도르에서 태어났지만 페루에 충성을 보이며 1827년 페루 대통령으로 취임했다. 군인으로서 독립 전쟁에 참여하였고 후에는 그란 콜롬비아와 전쟁을 일으킨다. 이때 히론 협정을 맺게 되고 1830년 산 호세에서 삶을 마감했다.

La Mona Jimenes (라 모나 히메네스)　　(1951~) 아르헨티나 투쿠만(Tucumán) 주에서 태어난 쿠아르테토(cuarteto) 가수이다. 그의 본명은 후안 카를로스 히메네스 루피뇨(Juan Carlos Jiménez Rufino)이며, 어릴 적 주위로부터 "La mona(원숭이)"라고 불렸다. 쿠아르테토 베마(Cuarteto Bema)의 보컬리스트로 15살 때 데뷔를 했으며, 21살에 외삼촌을 따라 쿠아르테토 데 오로(Cuarteto de Oro)의 멤버가 되었다. 대중의 사랑을 얻었으며, 현재는 솔리스트로 활동하고 있다. 대표작으로는 「Cortate el pelo cabezón」, 「Quien se ha tomado todo el vino」, 「Beso a beso」 등이 있다.

La muerte de Artemio Cruz (라 무에르테 데 아르테미오 크루스)　　1962년에 출간된 멕시코 작가 카를로스 푸엔테스의 작품이다. 멕시코 혁명을 배경으로 한 이 작품은 당시 미국화, 사회계급, 사회부패, 토지개혁 등을 보여줌으로 권력의 부패를 보여주고 있다.
➡ Carlos Fuentes(카를로스 푸엔테스)

La muerte de la emperatriz de la China (라 무에르테 데 라 엠페라트리스 데 라 치나) 니카라과의 모데르니스모 작가 루벤 다리오(Rubén Darío, 1867~1916)의 작품집 『Azul…』(1888)에 수록된 단편소설 중 하나. 조각가인 주인공이 신혼여행 중 친구에게 결혼 선물로 받은 중국 조각상에 사랑에 빠져버리는 이야기로, 미와 예술에 대한 집착이라는 주제가 드러난다.

La muerte en la religión maya* (마야 종교에서의 죽음의 의미)　마야의 종교에 따르면, 사람은 죽은 뒤 시발바(Xibalbá)라고도 불리고 메트날(Metnal)이라고도 불리는 지하세계를 향한 여정을 시작하게 되는데, 그 지하세계에 가기 위해서는 솔로이즈쿠인틀(xoloitzcuintle)이라는 개의 도움을 받아 강을 건너야 한다. 이때 옥 조각을 들고 가면 모든 여정이 수월해진다고 믿었다. 망자의 순례길은 망자의 영혼이 남쪽에 끝 지점에 도착하면서 끝나게 된다. 사실 아스테카인들과 잉카인들은 검은색을 띤 북쪽 끝 지점에서 여정이 끝난다고 여겼는데, 이에 비해 마야인들은 노란색을 띤 남쪽 끝 지점에서 끝난다고 본 것이다. 여하튼 천계의 끝 지점에는 낙원이 있고, 그곳에서는 전투 중에 성스럽게 전사한 전사들의 영혼이 태양신과 함께 노닌다고 했다. 메소아메리카에는 성스러운 죽음의 형태가 다양하게 존재했는데, 그 예를 보면 다음과 같다. 첫 번째 분만을 하던 중 사망한 산모도 성스러운 죽음으로 여겨졌고, 물에 빠진 익사자, 자살자, 나병에 걸려 숨진 자, 전투에서 사망한 전사자들도 성스러운 죽음으로 구분했다. 마야인들에게 죽음의 형태와 살아생전의 삶의 질 등은 문제가 되지 않은 것이다. 물론, 성스럽게 죽어간 영혼들 역시 지하세계로 내려가야 하는 것은 마찬가지였다. 마야인들은 지하세계로 내려간 영혼은 현세의 기억을 깨끗하게 지운 채 또 다른 인간의 형상으로 재탄생한다고 믿었다. 단순히 중부 멕시코 지역 사람들이라는 표현은 마야인임을 의미하는 것은 아니다. 따라서 중부 멕시코 사람들과 마야인들을 구분하기 위해서는 과연 그들이 마야적 사고방식을 지니고 있는지를 구분해내야 하는 것이다.

La mujer en el Imperio maya* (마야 사회의 여성)　마야 사회에서는 여성들이 사회적으로 높은 위상을 차지했고, 더러는 통치계급까지 올라가기도 했다. 여성들은 도자기를 직접 제작하고, 진흙을 빚어 용기를 만들고 조각 기법으로 장식까지 넣어 굽고, 또한 면사로 옷을 짓는 등 가정경제에서 매우 중요한 역할을 담당했다. 식용가축을 키우기도 하고, 애완용 가축을 돌보기도 했고, 종교 축일을 기념하기 위해 음식을 만들고 음료를 저장하기도 했다. 그러나 연로한 노파들이 꼭 참여해야 하는 일부 축제를 제외하고 여성들은 인신공양이 행해지는 모임에는 나가지 않았다. 마야인들에게 캄닉테(Kamnicté), 즉 결혼은 양가 부모의 주선으로 이루어졌는데, 이런 성혼 형태는 경제적 목적과 동시에 동맹관계 수립이라는 다소 정치적인 목적까지 한 번에 달성할 수 있는 기회였다. 대표적 예로는 통치계층인 토르투게로(Torguguero)와 팔렝케(Palenque)의 결혼을 들 수 있으며, 파칼 2세(Pakal II)와 토르투게로 붉은 왕비(Reina Roja)의 결혼 역시 대표적 예로 꼽을 수 있다. 파칼 2세의 경우, 왕비와의 결혼을 통해 가문의 세를 확대시키고자 하는 바람에 불을 지폈으며, 토르투게로를 견고히 세워 팔렝케를 막는 방패막이로 활용한 바 있다. 그런가 하면, 독특한 풍습 중의 하나로 갓 결혼한 남자가 일정 기간 장인 휘하에 있어야 한다는 풍습을 꼽을 수 있다. 장인 아래 있어야 하는 기간은 가변적이지만, 통상적으로는 결혼 후 5년간이 보편적이다.

La muñeca (라 무녜카)　파라과이 모데르니스모 작가 라파엘 바렛(Rafael Barrett, 1876~1910)의 작품. 공주가 가난한 사람들을 위한 선물로 인형을 준비했으나 정작 그 집에 가보니 사람들이 똑같은 인형을 만들고 있었다는 이야기로, 당시 사회상 고발 형식을 띠고 있다.

La muñeca reina (공주인형)　　멕시코의 소설가 카를로스 푸엔테스(1928~2012)의 단편. 1964년 작으로 멕시코 신화에 등장하는 달의 여신의 모티브를 사용하고 있다. 주인공은 푸엔테스 자신으로, 어린 시절의 기억과 자신의 현재에 대한 괴리감을 보여준다. ➡ Carlos Fuentes(카를로스 푸엔테스)

La Nación (라 나시온)　　스페인어로 '국가'라는 뜻으로 라 나시온 부에노스아이레스(La Nación Buenos Aires, 아르헨티나), 라 나시온 리마(La Nación Lima, 페루), 라 나시온 산티아고(La Nación Santiago, 칠레), 라 나시온 아순시온(La Nación Asunción, 파라과이), 라 나시온 산 호세(La Nación San José, 코스타리카), 라 나시온 멕시코시티 (La Nación Ciudad de México, 멕시코), 라 나시온 산 크리스토발(La Nación San Cristóbal, 베네수엘라) 그리고 라 나시온 네이바(La Nación Neiva, 콜롬비아)가 있다. 이는 지부가 아니라 각 국가에 존재하는 동명의 신문사들이다.

La nación(Argentina) [라 나시온(아르헨티나)]　　1870년 1월부터 시작된 아르헨티나 부에노스아이레스 시의 조간신문으로 당시 대통령이었던 바르톨로메 미트레(Bartolomé Mitre, 1862~1868)가 창단했다. 우익 보수 성향을 띠고 있으며 정치, 경제, 스포츠, 공연, 구직 등의 다양한 소식을 전하며 17개의 부록 잡지가 있다.

La nación(Chile) [라 나시온(칠레)]　　1914년 칠레의 산티아고 시에서 시작된 주간신문으로 자유당의 엘리오도로 야녜스(Eliodoro Yáñez, 1860~1932)가 창립했다. 70년대 군사 쿠데타 이후 아우구스토 피노체트(Augusto Pinochet, 1915~2006)의 홍보 언론으로 전락하기도 했으며 군사 정권이 무너지자 좌익 성향을 띠게 됐다. 2010년 우익 정권이 들어서면서 발간이 중단됐으며 현재 온라인 신문으로 계속해서 소식을 전하고 있다.

La nación(Costa Rica) [라 나시온(코스타리카)]　　1946년 코스타리카 산호세 시에서 시작된 일간신문으로 리카르도 카스트로 베에체(Ricardo Castro Beeche, 1894~1967)가 창단했다. 부정투표, 정부의 불법 탄압, 세금 횡령 등 정부에 대한 불신이 극에 달해 있던 때에 시작돼 극우의 성향을 띠고 있으며 1948년 내전에 결정적인 영향을 끼쳤다.

La nación(Paraguay) [라 나시온(파라과이)]　　1995년 5월에 시작된 파라과이의 일간신문으로 사업가 오스발도 도밍게스 딥(Osvaldo Dominguez Dibb, 1940~)이 창단했다. "객관성 있는 보도와 자유로운 의견 표출"이라는 표어로 계몽적 성향을 띠고 있으며 라디오 채널도 운영 중이다.

La nación(Peru) [라 나시온(페루)]　　1913~1914년 통치한 페루의 대통령 기예르모 빌링허스트(Guillermo Billinghurst, 1851~1915)의 재직 기간 동안 발간됐던 신문으로 "저녁의 소식지"라고도 불렸다. 문화에 대한 관심이 높아 단편소설상을 만들기도 했으며 군사 쿠데타로 정부가 무너지자 발간을 멈췄다.

La nación(Venezuela) [라 나시온(베네수엘라)]　　1968년 산 크리스토발(San Cristóbal) 시에서 시작된 일간신문으로 아르키메데스 코르테스(Arquimedes Costés, ?~?)가 창단했다. 베네수엘라에서 두 번째로 오래된 신문이며 자유당을 지지했으나 창설자의 죽음 이후 우고 차베스(Hugo Chavez) 대통령에 적대적인 입장을 보이고 있다. 1970년, 1984년 베네수엘라 언론상을 수상하였다.

La narrativa peruana del siglo 20* (20세기 페루 소설)　　페루의 소설은 1930년대부터 발전하기 시작했으며 소설의 내용보다는 언어의 사용과 독자 참여에 독창성을 보여주었다. 20세기 초에는 이국주의와 심리주의로도 불리는 신사실주의와 지역주의 사조가 큰 성공을 거두었다. 1920년대에는 벤투라 가르시아 칼데론(Ventura García Calderón, 1886-1960), 엔리케 로페스 알부하르(Enrique López Albujar, 1872), 호세 디에스 칸세코(José Díez Canseco, 1904~1949) 등 뛰어난 소설가들이 새로운 정치적, 사회적 이데올로기를 소설에 담아냈다. 아울러 1928년 마르틴 아단(Martín Adán)의 『La casa de cartón』은 소설의 혁신을 보여주는 대표적인 작품으로 꼽힌다. 당시 지역주의 사조는 안데스 지역 국가에서 중요성을 나타냈고 페루에 경우 『La serpiente de oro』(1935)의 저자 시로 알레그리아(Ciro Alegría, 1909~1967)가 대표적인 작가다. 1930년대와 1940년대에는 정신분석학적 테마가 다양하게 다루어졌고 표현의 형식이 다변화되면서 작품의 주요 주제는 인간의 존엄성과 조건을 제고하는 것에 초점이 맞춰졌다. 이에 따라 대중의 언어, 현실의 표현을 위한 상상력, 독자의 적극적 소설 참여 등이 중요시되었다. 1930년대 중반에는 페루 현대문학의 대표 작가 호세 마르이 아르게다스(José María Arguedas, 1911~1970)가 문학계에 등장하며 이국주의를 거부하고 '신소설(Nueva Novela)'의 토대를 마련한다. 한편 마리오 바르가스 요사(Mario Vargas Llosa, 1936)는 라틴아메리카 붐 소설의 대표 작가로 떠오른다. 1950년대 시에서는 마누엘 스코르사(Manuel Scorza, 1928~1983)가 『Las imprecaciones』(1955)를 발표하여 등장하지만 소설에서 두각을 더 나타낸다. 알프레도 브라이스 에셰니크(Alfredo Bryce Echenique, 1939)는 붐 세대 이후 등장한 페루문학의 대표 작가이다. 브라이스의 작품은 구술성으로 특징지어지며 그레고리오 마르티네스(Gregorio Martínez), 호세 아돌프(José Adolph), 에드문도 데 로스 리오스(Edmundo de los Ríos) 작가군에서 가장 뛰어난 소설가로 꼽힌다. 훌리오 라몬 리베이로(Julio Ramón Ribeyro, 1929~1994)는 페루 단편소설에서 가장 뛰어난 인물로 평가된다. 또한 20세기 후반 도시소설을 소개한 엔리케 콘그라인스(Enrique Congrains, 1932), 카를로스 사바레타(Carlos Zavaleta, 1928), 루이스 로아이사(Luis Loayza, 1934), 오스발도 레이노소(Osvaldo Reynoso, 1932) 등이 양질의 작품을 발표하며 위대한 작가로 부상한다. 도시의 테마 외에 시와 시산문이 혼재된 『El lienzo de sueño』(1959)와 『Cuarto de conversión』(1966) 등의 저자 마누엘 메히아 발레라(Manuel Mejía Valera, 1928) 등 소설의 새로운 형식을 보여준 작가들도 등장한다. 이 외에도 페루의 민간 설화의 작가 아르투로 히메네스 보르하(Arturo Jiménez Borja), 소설의 새로운 구조를 끊임없이 연구하는 페르난도 암푸에로(Fernando Ampuero, 대중의 언어를 소설에 반영하는 호세 안토니오 브라보(José Antonio Bravo), 기발한 신사실주의 작가 미겔 구티에레스(Miguel Gutiérrez), 공상과학소설 작가 호세 아돌프(José B. Adolph), 흑인들의 세계를 다루는 안토니오 갈베스 론세로(Antonio Gálvez Roncero)와 그레고리오 마르티네스(Gregorio Martínez), 환상적인 것과 사실적인 것을 기발한 기술로 결합시키는 해리 벨레반(Harry Belevan), 리마의 과두정치에 대한 논증을 펼치는 마리오 카스트로 아레나스(Mario Castro Arenas), 안데스 지역의 마술적인 세계를 그린 에두아르도 리베라 마르티네스(Eduardo Rivera Martínez), 여러 장르를 효율적으로 결합시키는 알폰소 데 라 토레(Alfonso de la Torre) 등의 작가들도 페루 문학에서 빼놓을 수 없는 인물들이다. 1980년대에는 『Caballos de medianoche』의 저자 기예르모 니뇨 데 구스만(Guillermo Niño de Guzmán), 『Las huellas del puma』의 저자 크롬웰 하라(Cromwell Jara), 『Tigre Blanco』의 저자 알론소 쿠에토(Alonso Cueto), 『Maní con sangre』의 알레한드로 산체스 아이스코르베(Alejandro Sánchez Aizcorbe) 등 4명의 작가들이 페루문학의 지배적인 인물로 자리매김하였다. 1990년대에는 페루 소설에 뛰어난 작가들이 대거 등장한다. 『Horas contadas』의 저자 호르헤 발렌수엘라(Jorge Valenzuela), 『El cómplice de Dios』의 저자 카를로스 에스피날 베드레갈(Carlos Espinal Bedregal), 『La cinta azul』의 저자 구스타보 가베스 파레하(Gustavo Gávez Pareja), 『Dilución』의 저자 호세 도나이레(José Donayre) 등이 그들이다. 또한 왈테르 카스타네다(Walter Castañeda, 1963), 후안 말파르티다(Juan Malpartida, 1964), 파트리시아 데 소우사(Patricia de Souza, 1964), 파울 야게(Paul Llague, 1965), 페드로 카스티예호(Pedro Castillejo, 1965), 이반 오르베고소(Iván Orbegoso, 1965), 알리시아 델 아길라(Alicia del Águila, 1966), 윌리암 에레라(William Herrera, 1968), 레이날도 산타 크루스(Reynaldo Santa Cruz, 1963), 이반 타이스(Ivan Thays, 1968) 등 1963년에서 1971년에 태어난 젊은 작가군도 활발한 창작활동을 펼치고 있다.

La Ninfa (라 닌파)　　니카라과의 모데르니스모 작가 루벤 다리오(Rubén Darío, 1867∼1916)의 작품집 『Azul…』(1888)에 수록된 단편소설 중 하나. 많은 이들이 원하지만 결코 닿을 수 없는 요정의 신비로운 아름다움이 드러나는 작품이다.

La noche boca arriba (라 노체 보카 아리바)　　훌리오 코르타사르의 단편이다. 그의 책 『Final del juego』에 수록되어 있는 작품이다. 특히 이 작품은 환상적 사실주의에 입각하여 모호하고 환상적인 장치 가운데서 자세한 묘사를 통해 사실성을 보여준다. ⇒ Julio Cortázar(훌리오 코르타사르)

La noche de los lápices (연필의 밤)　　1976년 9월 16일을 전후로 아르헨티나의 군사독재정부가 중학생 10명을 불법 납치, 감금, 고문 및 살해한 사건으로 대중교통 중학생 할인제를 위한 학생 시위가 발단이 됐다. 생존자 파블로 디아스(Pablo Díaz, 1978∼)의 진술로 1985년 세상에 알려졌으며 동명의 영화와 노래가 잇따라 발표되었다. 현재 아르헨티나는 중학생 대중교통 할인제를 실시하고 있다.

La Noche de los Lápices(película) [연필의 밤(영화)]　　아르헨티나의 영화감독이자 영화제작자인 엑토르 올리베라(Héctor Olivera, 1931∼)의 1986년 작품이다. 1976년 9월 16일 일어난 동명의 학생 납치 사건을 소재로 하고 있다.

La nueva novela latinoamericana (라틴아메리카 신소설)　　1940∼1960년대의 라틴아메리카의 문학 흐름을 가리키는 용어로, '라틴아메리카 지역주의 소설(La novela de la tierra hispanoamericana)'과 '붐소설(Boom)'의 사이에 위치한다. 이전 세대의 '지역주의 소설'과는 단절된 양상을 띠고 있으며, '쿠바혁명(Revolución cubana)'을 계기로 붐(Boom) 소설로 발전하였다. 특징으로는 전통적 소설 형식의 파괴, 지역적인 언어나 특정 지역의 언어 사용을 배제, 또 다른 가능성을 염두에 두는 무질서 추구, 완전한 허구로서의 소설 등으로 실험주의 성향이 강하다. 대표적인 작가로는 쿠바의 알레호 카르펜티에르(Alejo Carpentier, 1904∼1980), 멕시코의 후안 룰포(Juan Rulfo, 1917∼1986), 아구스틴 야녜스(Agustín Yáñez, 1904∼1980), 아르헨티나의 호르헤 루이스 보르헤스(Jorge Luis Borges, 1899∼1986), 에르네스토 사바토(Ernesto Sábato, 1911∼2011), 우루과이의 후안 카를로스 오네티(Juan Carlos Onetti, 1909∼1994) 등이 있다.

La Octava de San Jerónimo (산 헤로니모의 여덟 번째)　　10월 7일에 라 오크타바(Octava)라고 부르기도 하는 니카라과 마사야(Masaya) 지역의 기일이다. 라틴아메리카에서 가장 오래 진행되는 행렬로 22시간 동안 이어진다. 이날 신자 무리가 산 헤로니모성인의 영상을 들고 마사야 지역의 모든 길거리를 돈다.

La Oda al Niágara (나이아가라 찬가)　쿠바의 시인 호세 마리아 데 에레디아(José María de Heredia, 1842~1905)가 21세 때 쓴 작품이다. 작가의 개성이 잘 묻어난 작품으로 서정시로, 라틴아메리카 문학이 신고전주의에서 낭만주의로 이전하는 과정을 잘 보여주고 있다.

La Paloma (라 팔로마)　페루 리마(Lima) 남쪽에 위치한 유적지다. 기원전 6000년에서 기원전 3000년 사이에 만들어졌으며 주로 갈대나무의 원형 집들로 이루어져 있다.

La patria desconocida (라 파트리아 데스코노시다)　중남미 후기 모데르니스모 작가인 발도메로 페르난데스 모레노(Baldomero Fernández Moreno, 1886~1950)의 산문집. 작가는 부에노스아이레스에서 태어났지만 스페인 이민자였던 작가의 부모가 작가의 유년 시절에 스페인으로 돌아가 그곳에서 자라게 되고, 이를 바탕으로 하여 스페인의 추억과 아르헨티나에 대한 그리움을 표현한 작품이다.

La piedra del león (사자의 바위)　칠레 중부지역 신화이다. 어느 암사자와 그의 새끼 두 마리가 산 펠리페(San Felipe)시에 있는 예비데(Yevide) 언덕에서 살았다고 한다. 어느 날 암사자는 바위 위에 새끼들을 재우고 먹이를 구하러 갔다. 하지만 지나가던 마부들이 새끼들을 발견해 데리고 갔다. 사냥하고 돌아온 암사자는 새끼들이 없어졌다는 것을 발견하고 이들을 찾으러 나섰지만 찾지 못했다. 밤이 되자 암사자는 바위 위에서 울기 시작했고, 그러다 그곳을 떠났다고 한다. 이후 겨울 밤마다 암사자가 새끼들을 되돌려 달라는 울음소리가 들린다고 한다.

La Plata (라 플라타)　부에노스아이레스(Buenos Aires)의 주이다. 프로빈시아 데 부에노스아이레스(Provincia de Buenos Aires) 주와 부에노스아이레스 시(Ciudad Autónoma de Buenos Aires 혹은 C.A.B.A)로 나뉘어 있다. 부에노스아이레스 주와 부에노스아이레스 시의 권력 다툼 때문에 부에노스아이레스가 자치주로 독립했다. 1882년 당시 부에노스아이레스의 통치자였던 다르도 로차(Dardo Rocha)는 라 플라타 시를 부에노스아이레스 주로 설립을 하였다. 라 플라타의 명칭은 강 이름인 라플라타강 (Río de la Plata)에서 따왔다. 라 플라타 해안이 전국적으로 유명한 휴양지이다.

La pregunta de sus ojos (라 프레군타 데 수스 오호스)　아르헨티나 소설가 에두아르도 사체리(Eduardo Sacheri, 1967~)의 소설. 2005년 작이며 작가의 첫 소설로 이 작품을 토대로 에두아르도와 후안 호세 캄파네야(Juan José Campanella, 1959~)가 공동으로 시나리오 작업을 하여 2009년 「El secreto de sus ojos」가 개봉되었다. ➡ El secreto de sus ojos(그대 눈 속의 비밀)

La prodigiosa tarde de Baltazar (발타사르 최고의 오후)　콜롬비아의 소설가 가브리엘 가르시아 마르케스(1927~)의 단편. 단편집 『Los funerales de la Mamá Grande』(1962)에 속해 있는 작품으로, 자신이 여태까지 만들었던 모든 새장(jaula) 중 가장 최고의 작품을 만든 발타사르는 그것을 사려는 의사의 부탁을 거절한다. 주문 제작이었기 때문이나, 주문자가 값을 지불하지 않고 사라지게 된다. ➡ Gabriel García Márquez(가브리엘 가르시아 마르케스)

La protesta de la musa (라 프로테스타 데 라 무사)　콜롬비아의 모데르니스모 작가 호세 아순시온 실바(José Asunción Silva, 1865~1896)의 단편소설. 1890년 작으로 작품 내 등장하는 시인과 뮤즈의 대화를 통해 작가의 문학관을 엿볼 수 있는 작품이다. ➡ La literatura colombiana del siglo 20(20세기 콜롬비아 문학)

La Quintrala, doña Catalina de los Ríos y Lisperguer (라 킨트랄라, 도냐 카탈리나 데 로스 리오스 이 리스페르게르)　　아르헨티나 영화감독 우고 델 카릴(Hugo del Carril, 1912~1989)의 1955년 작품. 17세기 지금의 칠레 지역에서 있었던 지주 계층 여인을 주제로 하는 영화로 1956년 콘도르 데 플라타상(Premio Cóndor de Plata)을 수상했다.

La rebelión de Galatea (갈라테아의 반란)　　우루과이의 현대극작가 하코보 랑스네르 (Jacobo Langsner, 1927~)의 작품. 이 작품은 랑스네르의 작품 중 가장 잘 알려진 작품으로서 등장인물들이 작가에 대항해 궐기하는 모습을 보인다.

La región más transparente (가장 투명한 지역)　　붐 소설 4인방 중 한 명인 카를로스 푸엔테스(1928~2012)의 소설로, 1958년에 발표되었다. 멕시코 혁명과 관련하여 과거 와 현재의 모습을 살피면서, 멕시코가 어떻게 진실과 진정성을 상실하였는가를 보여주는 작품이다. 1954년에 발표된 동작가의 작품 『Los días enmascaradas』와 내용상 밀접한 연관성을 갖고 있다. ➡ Carlos Fuentes(카를로스 푸엔테스)

La Relación del gaucho Contreras (가우초 콘트레라스의 이야기)　　아르헨티나의 시인 바르톨로메 이달고(Bartolomé Hidalgo, 1788~1822)의 작품이다. 가우초의 시는 주로 자연을 배경으로 하는데, 이 작품에서는 가우초가 대도시에서 느끼는 놀람과 경탄을 다루고 있다. ➡ Literatura Gauchesca(가우초 문학)

La Salutación del optimista (낙관주의자의 인사말)　　루벤 다리오의 작품으로 제목에서 보이듯이 스페인 98세대의 비관주의를 반대하면서 오히려 스페인 민족에 대한 굳건한 믿음을 보여주고 있다.

La sangre devota (라 상그레 데보타)　　멕시코의 작가 라몬 로페스 벨라르데(Ramón López Velarde, 1888~1921)의 시집. 1916년 작으로 후기 모데르니스모의 노선을 따르는 모습을 보여준다. 일상적인 것, 시골에서의 소박함이 주요 주제이다.

La siesta del martes (화요일의 시에스타)　　콜롬비아의 소설가 가브리엘 가르시아 마르케스(1927~)의 단편. 1962년 작 『Los funerales de la Mamá Grande』에 속해 있는 작품으로, 도둑질을 하다가 죽은 아들을 찾으러 가는 어머니와 딸의 모습을 담담하게 그려내었다. ➡ Gabriel García Márquez(가브리엘 가르시아 마르케스)

La soledad de América Latina (라틴아메리카의 고독)　　콜롬비아의 소설가 가브리엘 가르시아 마르케스(1927~의 노벨상 수상 연설문이다. 1982년 노벨 문학상을 수상하며 발표한 이 연설문에는 라틴아메리카의 연대기적 문학, 경이로운 현실, 독재와 전쟁으로 고통받은 역사에 대해 풀어내고 있다. ➡ Gabriel García Márquez(가브리엘 가르시아 마르케스)

La tejedora de coronas (라 테헤도로 데 코로나스)　　헤르만 에스피노사(Germán Espinosa)의 대표작으로 1982년에 발간되었다. 주인공 헤노베바(Genoveva)의 모험과 카르타헤나 데 인디아스(Cartagena de Indias)의 역사적인 배경을 통해 문학과 역사 그리고 철학까지 함께 융합해서 보여주는 작품이다. ➡ Nadaismo colombiano(콜롬비아 허무주의)

La tercera resignación (라 테르세라 레싱나시온)　　콜롬비아의 소설가 가브리엘 가르시아 마르케스(1927~)의 단편. 1947년 작으로 작가는 자신이 프란츠 카프카(Franz

Kafka, 1883~1924)의 『*Die Verwandlung*』에 영향을 받았다고 말한다. 삼일열로 죽었으나 죽지 않고 살아 있는 "살아 있는 죽은 자(muerto viviente)"가 주인공이다. ⇒ Gabriel García Márquez(가브리엘 가르시아 마르케스)

La teta asustada (파우스타)　　페루 출신 여감독 클라우디아 요사(Claudia Llosa, 1976~현재)가 2009년 발표한 페루 배우 마갈리 소리에르(Magaly Solier, 1986~) 주연의 영화로 동일한 해에 베를린 영화제에서 금곰상을 받았다. 가난한 원주민 마을에서 태어난 파우스타(Fausta)가 어머니의 젖을 통해 물려받은 'teta asustada'를 앓는 내용으로 페루 사회의 아픔과 두려움, 수난사의 기억을 되짚는 작품이다. 케추아(Quechua)로 된 노래를 통해 스토리텔링을 하는 독창적인 방식을 취하고 있으며 스페인어와 케추아어를 대비시켜 두 언어가 가지는 사회적 상징에 대해서도 다루고 있다.

La Tolita(Cultura) (라 톨리타)　　에콰도르의 식민지 이전의 문화로 주 유적지들은 에스메랄다스 주 라 톨리타(La Tolita) 섬에 위치한다. 대략 기원전 700~600년 사이에 시작되어 4세기 때 전성기를 맞이했다. 이 지역의 환경은 비가 많고 습하고 우기에는 홍수가 발생하는 곳 또한 있지만, 강과 바다와 가까이 있어 이를 통한 이동을 통해 무역 활동에 유리한 점이 있었다. 주로 농사와 사냥, 낚시에 종사했으나 수공업과 원료 발굴에도 많은 진전을 보였다. 특히 점토, 금, 은, 백금 등으로 만들어진 예술품들을 많이 남겼으며 식물보다는 원숭이, 사슴, 아르마딜로 같은 동물 중심으로 형태를 만들었다.

La Torre, Raúl de (라울 데 라 토레)　　(1938~2010) 아르헨티나의 영화감독. 콘도르 데 플라타를 비롯해 5개 국제영화제 수상 경력을 가지고 있다. 『*Juan Lamaglia y Sra.*』(1981)와 『*El infierno tan temido*』(1971) 등으로 명성을 얻었다.

La traición de Rita Hayworth (라 트라이시온 데 리타 헤이워드)　　아르헨티나의 작가 마누엘 푸익(1932~1990)의 첫 소설. 원래는 시나리오를 쓰려 했지만 소설로 완성되었다. 스페인의 세익스 바랄(Seix Barral) 출판사 문학상 최종 후보에 오르나 검열에 걸려 출판되지 못하고 1968년에 비로소 출판되었다. 자신의 유년 시절을 형상화한 작품으로 영화가 현실이기를 바라는 코로넬 바예호스(Coronel Vallejos) 마을 사람들의 이야기를 그리고 있다. ⇒ Manuel Puig(마누엘 푸익)

La Tregua (라 트레구아)　　1959년 우루과이 작가 마리오 베네데티(Mario Benedetti)가 발표한 소설이다. 우루과이 몬테비데오(Montevideo)에서 전개되는 이 소설은 주인공의 일기 형식으로 그의 삶과 사랑 이야기를 담았다. 작품은 1974년과 2003년 두 번에 걸쳐 영화로 제작되었다.

La valija (라 발리하)　　아르헨티나의 영화감독 엔리케 카레라스(Enrique Carreras, 1925~1995)의 1971년 작품. 훌리오 마우리시오(Julio Mauricio, 1919~1991)의 1968년 동명 극작품을 바탕으로 한 영화로 중산층 가정의 부부관계를 그리고 있다. 1972년 콘도르 데 플라타상(Premio Cóndor de Plata)을 공동수상했다.

La verdad vence apariencias (진실이 외면을 이기다)　　19세기 쿠바의 극작가, 소설가. 헤르트루디스 고메스 데 아베야네다 이 아르테가(Gertrudis Gómez de Avellaneda y Artega, 1814~1873)의 극작품이다. 멜로드라마로 라 카스티야 데 페드로 엘 '크루엘'(La Castilla de Pedro 'el Cruel')과 돈 엔리케 데 트라스타마라(Don Enrique de Trastamara) 간의 전투를 배경으로 하고 있다.

La vida breve (짧은 인생)　　후안 카를로스 오네티의 가장 유명하고 중요한 작품이다. 1950

년에 발표된 이 작품은 소설가의 소설과 같은 삶을 풀어나가며 현실과 꾸며 낸 세상의 경계를 넘나든다. ➡ Juan Carlos Onetti(후안 카를로스 오네티)

La viuda de Montiel (몬티엘의 미망인) 콜롬비아의 소설가 가브리엘 가르시아 마르케스 (1927~)의 단편. 단편집 『*Los funerales de la Mamá Grande*』(1962)에 속해 있는 작품으로, 배신으로 부자가 된 남편의 죽음 이후 자신의 상상 속에서 살아가는 미망인을 그려 내었다. ➡ Gabriel García Márquez(가브리엘 가르시아 마르케스)

La Vorágine (소용돌이) (1924) 콜롬비아 출신 호세 에우스타시오 리베라(José Eustasio Rivera)의 유일한 소설로 대지소설의 원조이다. 콜롬비아의 밀림에서 고무재배 농장주에 의해 납치된 연인을 찾아나서는 주인공을 그리며, 가진 자의 폭력을 고발할 뿐만 아니라 인간을 집어삼키는 대자연의 힘과 횡포를 사실주의적 문체로써 묘사하고 있다. ➡ La literatura colombiana del siglo 20(20세기 콜롬비아 문학)

La vuelta de Martín Fierro (라 부엘타 데 마르틴 피에로) 아르헨티나 작가 호세 헤르난데스(José Hernández)가 1879년 『*El Gaucho Martín Fierro*』의 후속작으로 발표한 가우초 작품이다. 전작에 반항적인 자세를 보였던 주인공은 신중한 모습이 보여주고 이야기는 그의 자녀들 가운데 전개된다. ➡ Literatura Gauchesca(가우초 문학)

Labrador Ruiz, Enrique (엔리케 라브라도르 루이스) (1902~1991) 쿠바의 시인이자 소설가, 수필가, 언론인이며 문학비평가이다. 전통적 이야기 구조의 단절과 시간의 갑작스러운 이동, 현실의 왜곡과 같이 형식과 주제의 급진적 혁신을 통해 새롭고 독창적인 소설 작품을 쓰는 작가이며, 현대 쿠바 문학계의 위대한 선구자들 중 한 명으로 여겨진다. 『*El laberinto de sí mismo*』(1933), 『*Cresival*』(1936), 『*Anteo*』(1940)의 삼부작을 완성했으며 이는 그를 쿠바의 가장 뛰어난 작가들 중 하나로 만들었다.

Ladrón de Guevara, Matilde (마틸데 라드론 데 게바라) (1908~?) 칠레의 작가이자 언론인이다. 가브리엘라 미스트랄(El Premio Gabriela Mistral)상과 칠레 작가 협회상 (El Premio la Sociedad de Escritores de Chile)을 수상하였다. 대표시로는 「*Amarras de luz*」(1947) 등이 있으며 소설로는 『*Celda 13*』(1960), 『*Madre soltera*』(1966) 등이 있다.

Laferrere, Gregorio de (그레고리오 데 라페레레) (1867~1913) 아르헨티나의 작가, 언론인, 정치가이다. 아르헨티나 연극의 "황금시대(época de oro)"를 열었다고 평가받는 작품을 썼다. 대표작으로는 『*¡Jettatore!*』(1905), 『*Bajo la garra*』(1906) 등이 있다.

Lafinur, Melián (멜리안 라피누르) (1850~1939) 우루과이 출신으로 다른 나라들보다 우루과이에 더 깊게 뿌리내린 낭만주의의 대표적인 작가이다. 자연주의와 사실주의 흐름이 대두되자 적대적인 태도로 대항함으로써, 문학적 이상주의의 대변자로서 낭만주의적 이상주의를 적극적으로 옹호했다.

Lafourcade, Enrique (엔리케 라푸르카드) (1927~) 칠레의 작가. 칠레 문학계에서 가장 논쟁적인 작가들 중 하나로 유명하다. 소위 50년대 세대(la generación del 50)를 만드는 데 일조했으며 이 이름은 그의 책 『*Antología del nuevo cuento chileno*』(1954)에서 나왔다. 문학인으로서 가장 영예로운 여러 상을 받거나 노미네이트되었다. 대표작으로 『*Mano bendita*』(1992) 등이 있다. ➡ La literatura chilena del siglo 20(20세기 칠레 문학)

Lago de Atitlán (아티틀란 호수) 과테말라의 솔롤라(Sololá)에 있는 호수이다. 넓이는 130km²에 달하며 최대 깊이는 340m이다. 과테말라 내전 당시 반정부게릴라를 후원한다는 명목하에 정부로부터 이 지역 거주 주민들이 많은 핍박을 받았다.

Lago de Izabal (이사발 호수)　과테말라 이사발(Izabal)에 있는 호수로 면적이 약 590km²에 달하는 과테말라에서 가장 큰 호수이며 둘세 만(Golfo Dulce)로도 알려져 있다. 카리브 해로 흘러들어가는 이 호수에는 국제보호종인 매너티를 비롯해 여러 동식물이 서식하며 어업에 종사하는 켁치(Quekchí)족들 또한 거주한다.

Lago Petén Itzá (페텐 이사 호수)　과테말라 페텐 주에 위치한 호수이다.

Lago, Silvia (실비아 라고)　(1932~) 우루과이의 여성 작가이다. 1967년 소설집 『*Detrás del rojo*』를 선보였다. 후에 『*Tan solos en el balneario*』(1962)를 출판하였다.

Laguna del Inca (잉카 강)　볼리비아, 칠레 중부지방과 페루 남부지방 신화. 잉카족이 살던 마울레 강가 쪽에서 일리 유판키(Illi Yupanqui)라는 원주민이 코랄리에(Kora-llé) 공주를 사랑하게 됐다. 이 둘은 결혼하게 되었으며, 맑은 늪이 있는 산꼭대기에서 식을 치르기로 했다. 잉카족 관습에는 여성이 산을 내려가야 했으며, 공주는 그 관습을 따랐다. 하지만, 걷기 힘든 길에서 공주는 허공으로 떨어지게 되었다. 유판키는 공주를 위해 남다른 묘를 원했다. 그래서 그녀를 늪에 묻기로 했다. 하지만, 공주를 그곳에 묻은 직후, 강물이 그녀의 눈 색과 같은 에메랄드 색으로 변했다. 그 이후로 그 늪은 마법에 걸렸다는 소문이 돌게 되었고, 보름달이 있는 날에는 일리 유판키의 한탄을 들을 수도 있다고 한다.

Laiseca, Alberto (알베르토 라이세카)　(1941~) 아르헨티나 작가이다. 작가로서 활동을 시작하기 전에 <La Razón> 신문에서 원고 정리 담당자로 근무하는 등 여러 가지 일을 했다. 대표작으로는 16년간 작성한 『*Los Soria*』(1998), 그 외에도 『*Su turno para morir*』(1976), 『*Poemas chinos*』(1987) 등이 있다.

Lam, Wilfrado (윌프래도 램)　(1902~1982) 쿠바 출신으로, 로베르토 마타와 함께 초현실주의라는 유파를 중남미에 받아들이는 과정에서 중요한 역할을 한 화가이다. 주로 사람들을 그린 그의 그림은 큐비즘적 기하학을 보여주기도 하지만 동시에 아프리카의 탈과 이미지 등 원시적 에너지를 발산한다.

Lamborghini, Leónidas (레오니다스 람보르기니)　(1927~) 아르헨티나 기자이자 작가이자 시인이다. 대학교를 중퇴했으며, 이후에 직물공업 분야에서 일했다. 그러나 1956년부터 기자활동과 시인으로서의 활동을 동시에 시작했다. 페로니즘(Peronismo) 정치사상으로 멕시코로 추방당했지만 몇 년 지나지 않아 다시 아르헨티나로 돌아갔다. 작품 중 『*Al público*』(1957), 『*El saboteador arrepentido*』(1955) 등이 있으며, 소설 작품으로는 『*Un amor como pocos*』(1993) 등이 있다.

Lamborghini, Osvaldo (오스발도 람보르기니)　(1940~1985) 아르헨티나 작가이다. 작가로서의 활동은 활발하지 않았다. 병을 앓고 있었던 그는 스페인에서 사망했다. 1960년대 아르헨티나의 정치적인 상황을 다루는 『*El fiord*』(1969) 작품으로 시작했으며, 이는 부에노스아이레스에서 한 곳에서만 비밀리에 판매했다. 미국 잡지에서 출간된 『*Los Tadeys*』와 『*Die Verneinung*』의 시작품이 대표작이다. 다른 작품들로는 『*Las hijas de Hegel*』(1982)과 『*Novelas y cuentos*』(1988) 등이 있다.

Lanchitas (란치타스)　멕시코의 낭만주의 작가 호세 마리아 로아 바르세나(José María Roa Bárcena, 1827~1908)의 작품. 1880년 작으로 낭만주의 시대 환상문학 작품으로 분류되며 고해성사를 하기 위해 무덤에서 죽은 자들이 돌아오는 모습을 보인다.

Landívar, Rafael (라파엘 란디바르)　(1731~1793) 과테말라 출신의 풍경시인이다. 18세

기 전기 신고전주의의 대표적인 작품으로 자신의 조국 과테말라를 기리는 『*Rusticatio Mexicana*』를 썼으며 이 작품은 다른 유럽어들과 과테말라의 원주민어로도 번역될 만큼 높은 평가를 받고 있다.

Lange, Norah (노라 랑헤)   (1906~1972) 아르헨티나의 시인이자 작가이며 시인 올리베리오 히론도와 결혼했다. 마르틴피에리스타(martinfierrista) 운동에 참여하였으며 과격주의 경향에 활동적이었다. <La Nación>, <Nosotros>, <Proa>, <Alfar o Vértice>와 같은 아르헨티나 전위주의 잡지와 신문사에 기고했다. 1958년에 아르헨티나 작가 협회상(El Gran Premio de Honor de la SADE)을 받았으며 대표작으로는 『*La calle de la tarde*』 (1924), 『*Los días y las noches*』(1926), 『*La voz de la vida*』(1927), 『*El rumbo de la rosa*』 (1930)가 있다.

Langsner, Jaime (하이메 랑스네르)   우루과이의 극작가로, 현대 유럽 연극의 다양한 형식을 탐구하고 모방했다. 주요작품으로는 『*La rebelión de Galatea*』가 있다.

Lanza, Gregorio (그레고리오 란사)   (1760~1810) 볼리비아의 독립운동가로 라 파스(La Paz)에서 페루와 리오 데 라 플라타(Río de la Plata)로부터 독립할 것을 주창하였다. 이후 부왕군에 의해 체포당한 후 사형 선고를 받아 죽게 된다.

Lanzón monolítico (란손 비석)   페루 차빈 문화(Cultura Chavín)에 속한 조각상이다. 이것은 하나의 암석으로 되어 있으며 높이는 4.54m이다. 차빈 신전(Templo de Chavín) 안에 위치하고 있고 란손(스페인어로 짧고 굵은 창)이란 이름은 로켓 모양을 지니고 있기 때문이다. 3개의 면을 가지고 있으며 각 면에 신성을 의미하는 모티프가 새겨져 있다.

Lara, Agustín (라라, 아구스틴)   (1897~1970) 멕시코의 가장 유명한 가수 겸 작곡가. 처음에는 작곡가로서 음악활동을 시작하였고, 카바레에서 일하기도 했다. 후에는 「*Santa*」 등의 영화음악을 작곡함과 동시에 배우로서도 활동하였다. 남미 투어를 성공적으로 마치고, 새로운 작품들을 통해 명성을 얻었으며, 죽을 때까지 700곡 이상을 작곡하였다.

Lara, Jesús (헤수스 라라)   (1898~1980) 볼리비아 기자이자 시인이다. 코리엔테 인디헤니스타(corriente indigenista) 성향을 띠는 작가이다. 차코 전쟁(guerra del Chaco)의 참전 경험으로 주립문학상을 수상한 『*Repete*』(1937)를 출판했다. 또 다른 작품으로는 『*Cantigas de la Cigarra*』(1921), 『*Viaje a Inkallajta*』(1927) 등이 있다.

Larreta, Antonio (안토니오 라레타)   (1922~) 우루과이의 소설가, 드라마 작가, 번역가 그리고 비평가이다. 20세기 후반 우루과이와 히스패닉아메리카 무단의 경계 안과 밖에서 다양한 문학활동을 했다. 영화와 작은 단편 영상물의 시나리오를 성공적으로 집필하였으며 그의 단편 영상물은 가장 많이 상영된 예술 작품 중 하나이다. 많은 시기를 스페인에서 거주하며 작품활동을 했다. 1972년 『*Juan Palmieri*』라는 작품을 통해 아메리카의 집(Casa de las Américas) 상을 받음으로써 명실 공히 20세기 중반 주요한 히스패닉아메리카의 작가들 중 하나로 인정받았다. ➡ La literatura uruguaya del siglo 20(20세기 우루과이 문학)

Larreta, Antonio (안토니오 라레타)   (1922~) 우루과이 출신의 작가다. 어린 시절부터 문학 창작에 뛰어나 20대에 이르러서는 여러 잡지에 글을 싣게 되고 각본가로 성공해 대표작으로 『*Una familia feliz*』, 『*Oficio de tinieblas*』와 1972년에 카사 데 라스 아메리카스상(Premio Casa de las Américas)을 수상한 『*Juan Palmieri*』가 있다. ➡ La literatura uruguaya del siglo 20(20세기 우루과이 문학)

Larreta, Enrique (엔리케 라레타)　(1875~1901) 아르헨티나 출신으로 『*La gloria de Don Ramiro*』(1908)이라는 작품을 쓴 작가로 잘 알려져 있다. 이 작품은 순수한 미적 허구의 세계 속에 마술적인 분위기를 가미한 작품으로 평가되며 찬사를 받았다. 또한 모데르니스모 형식으로 쓰인 예술적 산문 최고의 전형이라 불린다. ➡ La literatura argentina a mediados del siglo 20(20세기 중반 아르헨티나 문학)

Larriva de Llona, Lastenia (라스테니아 라리바 데 요나)　(1848~1924) 페루의 여성 작가. 1860년대부터 리마의 낭만주의 문학과 지식인들의 그룹에서 활동했다. 페루 상류 층에 속하는 몇 안 되는 여성 작가였으며 남성들의 전유물로 여겨지던 언론 영역에서도 두각을 나타냈다. 카롤리나 프레이레 데 하이메스(Carolina Freyre de Jaimes)와 함께 쿠바의 첫 번째 여성 작가 세대를 형성하며 페루의 여성에 대한 편견에 강한 비판을 가 했다. 방대한 작품들은 여러 다른 언어로 번역되었다.

Lars, Claudia (클라우디아 라스)　(1899~1974) 엘살바도르 출신의 시인으로 자신의 작 품 속에서 지상낙원을 만난, 방랑하는 여류시인으로 불린다. 그녀의 혈통, 문학 세계 형 성과정 등 모든 것이 라스의 작품에 자전적인 어조로 반영되는 것이 큰 특징이며 그녀 의 대표작으로는 『*La casa de vidrio*』이 있다.

Las aguas bajan turbias (라스 아구아스 바한 투르비아스)　아르헨티나의 영화감독 우고 델 카릴(Hugo del Carril, 1912~1989)의 1952년 작품. 알프레도 바렐라(Alfredo Varela, 1914~1984)의 소설 『*El río oscuro*』를 영화화한 작품으로 1953년 콘도르 데 플라타상 (Premio Cóndor de Plata)을 수상했다.

Las albóndigas del coronel (라스 알본디가스 델 코로넬)　니카라과의 모데르니스모 작 가 루벤 다리오(Rubén Darío, 1867~1916)의 작품. 스페인 식민 시대 레온(León) 지방 의 통치자였던 아레차발라(Arrechavala) 대령의 고기단자(albóndigas)에 대한 탐욕을 주 제로 하는 작품이다.

Las Antillas (안틸리스 제도)　중미의 군도로 대서양과 카리브 해 사이에 위치하며 235,000km²에 달한다. 섬의 크기에 따라 대 안틸리스와 소 안틸리스라 부른다. 스페인, 네덜란드, 프랑스 등이 섬을 놓고 경쟁을 벌였으며 몇몇 섬은 아직 독립 국가가 아닌 종 속 지구로 남아 있다.

Las babas del diablo (악마의 침)　아르헨티나의 소설가 훌리오 코르타사르(1914~1984) 의 단편. 1959년 작으로 단편집 『*Las armas secretas*』에 속해 있다. 사진작가인 주인공이 사진기를 통해서 포착한 순간에 대해 말하는 것을 주제로 이야기가 전개되며, 현실의 다 면성에 대한 암시가 들어 있는 작품이다. ➡ Julio Cortázar(훌리오 코르타사르)

Las dos Fridas (두 명의 프리다)　(1939) 멕시코의 화가 프리다 칼로의 작품이다. 그림 속에는 두 명의 프리다 칼로가 그려져 있는데, 오른쪽의 원주민 의상을 입은 여인은 디 에고가 사랑하는 프리다이고 왼쪽의 빅토리아 시대의 신부복을 걸친 여인은 디에고가 사랑하지 않는 프리다라고 한다. 또한 두 명의 복장으로 보아 프리다 자신의 이중적 혈 통의 유산을 반영하고 있다고 해석되기도 한다. 즉, 왼쪽의 여인은 유대인 핏줄을 가진 유럽인이고 오른쪽의 여인은 아메리카 원주민 혈통의 여인이라는 것이다. ➡ Frida Kahlo(프리다 칼로)

Las dos fundaciones de Buenos Aires (라스 도스 푼다시오네스 데 부에노스아이레스) 아르헨티나의 모데르니스모 작가 엔리카 라레타(Enrique Larreta, 1875~1961)의 극작품. 인상주의적 요소가 강하게 묻어 있으며, 작가의 최고 작품으로 평가되는 『La gloria de Don Ramiro』의 극적 요소가 엿보인다는 평이 있다. 화자의 다각적 시점과 시간적 초점이 다른 것도 이 작품의 특성이다.

Las montañas del oro (라스 몬타냐스 델 오로)　아르헨티나의 시인 레오폴도 루고네스 (Leopoldo Lugones, 1874~1934)의 시집. 1897년 작으로 작가의 첫 저서이다. 14음절 시로 고답주의와 상징주의의 영향이 드러나며, 시인의 범우주적 메시지 속에 담긴 거대한 충동과 신념을 드러낸다.

Las venas abiertas de América Latina (라스 베나스 아비에르타스 에 아메리카 라티나)　우루과이 작가 에두아르도 갈레아노(1940~)가 1971년에 발표한 작품이다. 작품에서 작가는 중남미 역사를 분석하며 식민지 시대부터 지역에 발생했던 잔혹성을 묘사하고 빈곤과 여러 문제를 언급하였는데, 이는 중남미 정치문학의 필독서로 자리 잡았다.
　➡ Eduardo Galeano(에두아르도 갈레아노)

Las venganzas de Beto Sánchez (라스 벤간사스 데 베토 산체스)　아르헨티나의 영화 감독 엑토르 올리베라(Héctor Olivera, 1931~)의 1973년 영화. 아버지의 죽음에 대한 복수를 하려는 한 인물의 이야기를 그린 영화로 1974년 콘도르 데 플라타상(Premio Cóndor de Plata)을 공동 수상했다.

Lasso, Ignacio (이그나시오 라소)　(1911~1943) 에콰도르의 작가이다. 네오상징주의 작가들의 그룹인 "Grupo de Elan"의 일원이었다. 유럽의 여러 문학 경향과 멕시코의 서정시 경향에 영향을 받았으며 대표작으로 『Escafandra』(1934)가 있다.

Lastarria Santander, José Victorino (호세 빅토리노 라스타리아 산탄데르)　(1817~1888) 칠레의 역사가이자 비평가, 언론인, 그리고 정치가이다. 1842년의 중요한 문학 운동(el Movimiento Literario de 1842)을 대표하는 인물이며 칠레의 첫 번째 근대 소설가라 부를 만하다. 양적으로나 질적으로나 대단히 중요한 텍스트들을 남겼다. 대표작으로 『Don Guillermo』(1860)가 있다.

Latifundio (대규모 농장)　수만 헥타르의 대지를 농업을 목적으로 사용하는 것으로 라틴아메리카의 경우 소수의 대지주(latifundista)들이 다수의 땅을 소유해 빈부 격차를 심화하는 결과를 초래했다. 대규모 농장으로 인해 발생하는 소작농의 몰락과 자원의 과도한 개발을 막기 위해 농업 개혁(Reforma agraria) 등의 정책이 시행되었다.

Latino (라티노)　원래 라틴어족의 언어를 사용하는 민족을 지칭하는 표현이었으나 현대 언어에서 라티노는 히스패닉(hispano)과 마찬가지로 라틴계, 특히 북미에 거주하는 라틴아메리카 출신의 이민자들을 일컫는 말이다. 영어를 사용하지 않고 스페인어를 고집하며 거주국의 기성문화와는 상이한 문화권을 형성하는 것이 특징이다.

Latorre Yampen, Lorenzo (로렌소 라토레 얌펜)　(1840~1916) 우루과이 출신의 군인이며 정치인이다. 1876년부터 우루과이 군부독재 시대를 개막했고 1880년까지 4년간 자리를 지켰다. 군사독재의 시대로 많은 억압과 압박이 있었지만 경제적으로 철도 건설, 통신 사업 그리고 교육 개혁 등의 공약을 시행하므로 국가에 기여한 인물이다.

Latorre, Mariano (마리아노 라토레)　(1886~1955) 칠레의 작가이다. 칠레의 동·식물과 칠레 사람들에 대한 관심이 작품 속에 재창조되어 잘 반영되어 있다. 거의 모든 장르의 작품을 썼다. 작품으로는 『Zurzulita』(1920), 『La sombra en el caserón』(1919) 등이 있다.

Lavalleja, Juan Antonio (후안 안토니오 라바예하)　(1780~1853) 우루과이의 군인.

1836년 마누엘 오리베(Manuel Oribe, 1792~1857) 장군의 편에서 우루과이를 침략했으나 적색당(Partido Colorado)의 승리로 아르헨티나로 이민했으며, 1853년 우루과이 삼두정치의 대표자 중 하나이다.

Lavardén, Manuel José de (마누엘 호세 데 라바르덴)　(1754~1801) 아르헨티나 출신으로 최초로 상연된 라틴아메리카 연극작품인 『Siripo』를 남긴 작가이다. 또한 18세기 최고의 시작품이라 불리는 『Oda al majestuoso río Paraná』를 남겼다.

LEAR(Liga de Escritores y Artistas Revolucionarios) (혁명문인예술가연맹)
멕시코에서 1933년에 발족했으며 1935년에 벽화-그래픽 학교를 세웠는데 이것을 기반으로 1937년에 TGP로 재조직되었다. LEAR 회원의 대부분은 프롤레타리아를 위해 투쟁했던 지식인들로 대표 잡지로는 <Frente a Frente>가 있다. 이 잡지는 당대의 미술 흐름에 민감하게 반응한 미술잡지에 가까웠다.

Leduc, Renato (레나토 레두크)　(1897~1986)멕시코의 시인이자 외교관이다. 레두크는 영국의 초현실주의 화가인 캐링턴을 멕시코로 이끌었다. 캐링턴의 연인이었던 아른스트가 제2차 세계대전 때 체포되고 정신질환을 앓았으나 레두크가 멕시코로 데려와 달리와 함께 멕시코의 초현실주의를 발전시켰다.

Legarda, Bernardo de (베르나르도 데 레가르다)　1700년 무렵 키토에서 태어나 18세기의 에콰도르 예술가, 미술가, 조각가로 활동하였으며 널리 알려진 키토 학교(Escuela Quiteña) 출신이며 에콰도르 바로크 최대의 예술가다. 그의 작품들을 종교적인 색깔을 띠며 성녀 조각들이었다. 대표적으로 바로크 특징이 특출하고 가장 알려진 『Virgen de Quito』는 1734년 산 프란시스코 성당을 위해 만들어진 작품이며 이후에 키토 파네시쬬(Panecillo)에 있는 동상의 모델이 된다. 그는 1773년에 생을 마감하게 되었으며 그로 인해 키토 학교가 18세기에 조각술에 뛰어들 수 있었다.

Leñero, Vicente (비센테 레녜로)　(1933~) 멕시코의 극작가, 소설가, 시나리오작가, 비평가이다. 소설과 극작품 모두에서 상을 받았다. 방대한 양의 소설을 써 왔는데 대표작으로는 『La polvareda y otros cuentos』(1959), 『Puros cuentos』(1986), 『Redil de ovejas』(1992), 『La vida que se va』(2000) 등이 있고, 수필로는 『Viaje a Cuba』(1974), 『Vivir del Teatro』(1982)가 있다. 수많은 극작품을 썼으며 많은 상을 받았다. 정확하고 구어적인 그의 글은 멕시코의 사회, 정치적 상황을 고발한다. ⇒ La literatura mexicana del siglo 20(20 세기 멕시코 문학)

Lengua Mataco (마타코어)　마타코-구아이쿠루어(Lenguas mataco-guaicurú)에서 파생된 계열의 언어로 아르헨티나 북부, 파라과이 동부와 볼리비아 남부에서 사용되었던 언어다. 위치(Wichí)어, 초로테(Chorote)어, 니바클레(Nivaclé)어와 마카(Maká)어를 포함하고 있다.

Lenguas arahuacas (아라우아카어)　아메리카 원주민 계통의 언어로 파라과이, 베네수엘라, 페루, 볼리비아, 수리남 등의 남미지역과 카리브에서까지 사용되는 계열의 언어다. 대표적으로 메이나쿠(Mehináku)어와 아라왁(Arawak)어를 포함하고 있으며 688,000명의 사용자가 있다.

Lenguas barbacoanas (바르바코아나어)　남미 원주민 어군 중 하나. 콜롬비아와 에콰도르에서 사용된다. 아우아노(Ahuano)와 코코누카노(Coconucano) 2개의 계열로 나뉘며 약 57,000명의 사용자가 있다. 현재 사용되는 바르바코아나어는 차팔라아치(Cha'palaachi)

어, 트사피키(Tsáfiqui)어, 아와(Awá)어 그리고 구암비아노(Guambiano)가 있다.

Lenguas betoi (베토이어)   베네수엘라와 콜롬비아에서 사용되었던 언어로 18세기부터 사용자가 없다. 이 언어는 적은 인구의 베토이(Betoi)족이 사용했지만 18세기 질병으로 대부분 사망해 언어 또한 함께 사라졌다.

Lenguas charrúas (차루아어)   현재 사용되지 않는 4개의 남미 원주민 언어를 말한다. 아르헨티나와 우루과이에서 사용된 언어들로 차루아(Charrúa)들과 차나(Chaná)들이 사용한 언어 계열이다. 차루아어 계열은 차루아(Charrúa)어, 차나(Chaná)어, 구에노아(Güenoa)어와 발로마르(Balomar)어가 확인되었다.

Lenguas chibchenses (치브첸세어)   남미 북부지역의 폭넓은 언어 가족군을 말한다. 온두라스, 니카라과, 코스타리카, 파나마, 콜롬비아와 베네수엘라에서 사용되는 언어로 약 250,000명의 사용자가 있다. 이 어군은 렌미치(Lenmichí)군에 속하고 파야(Paya)어, 보티코(Vótico), 이스트미코(Ístmico)와 마그달레니코(Magdalénico) 4개의 계열로 나뉜다.

Lenguas chon (촌어)   남미 파타고니아(Patagonia)의 원주민들이 사용했던 언어의 계열 중 하나다. 아르헨티나와 칠레에서 사용되었던 이 언어는 테우엘체(Tehuelche) 언어도 포함하고 있다.

Lenguas harákmbet (아라크음벳어)   페루 쿠스코(Cuzco) 지역에서 사용되는 원주민 어군이다. 약 1,500명의 사용자가 있으며 크게 우아치파에리(Huachipaeri)어와 아마라카에리(Amarakaeri)리로 나뉜다.

Lenguas hibito-cholón (이비토-촐론어)   페루에서 사용되었던 이비토(Hibito)어와 촐론(Cholón)어를 말한다. 20세기 중반까지 사용자가 있었지만 현재는 사용자가 없는 것으로 알려졌다.

Lenguas huarpes (우아르페어)   아르헨티나 중앙 지역에서 사용되던 언어로 다양한 우아르페(Huarpe) 민족들의 언어였다. 이는 아옌티악(Allentiac)과 밀카약(Millcayac) 2개의 방언으로 나뉜다.

Lenguas jirajaranas (히라하라나어)   베네수엘라 팔콘(Falcón)과 라라(Lara) 지역에서 사용되었던 언어다. 20세기 들어오면서 사라진 이 언어는 다른 어군에 속해 있지 않고 독립적으로 분류된다.

Lenguas lule-vilela (룰레 비엘라어)   아르헨티나 북부에서 룰레(Lule) 민족이 사용했던 언어다.

Lenguas mataco-guaicurú (마타코 구아이쿠루어)   아르헨티나, 브라질, 파라과이와 볼리비아에서 사용되는 12개의 원주민 언어를 뜻한다. 크게 과이쿠루(Guaicurú)와 마타코(Mataco) 2개의 계열로 나뉘며 약 10만 명의 상용자가 있다.

Lenguas mosetenas (모세테나스어)   볼리비아에서 사용되는 작은 어군이다. 치마네(Chimané)어와 모세텐(Mosetén)어로 이루어져 있고 약 5,000명에서 9,000명의 사용자가 있다.

Lenguas pano (파노 어족)   페루, 브라질, 볼리비아 등지의 인디오(indio)어족. 이 어족에 속하는 언어로는 쉬피보-코니보(shipibo-conibo)어, 카쉬나우아(cashinahua)어, 마트세스(matsés)어 등이 있으며, 현재 2만 명 이상이 이 어족에 속하는 언어를 쓰고 있다.

Lenguas pano-tacanas (파코-타카나스어)   페루, 볼리비아와 브라질에서 사용되는 언어다. 타카나(Tacana)어와 파노(Pano)어로 나뉘며 약 51만 명의 사용자가 있다.

Lenguas timote-cuica (티모테-쿠이카어)　　베네수엘라 서부지역에서 사용되었던 언어로 현재는 사용자가 더 이상 없다. 이 언어는 모타탄 강(Río Motatán)과 차마 강(Río Chama) 주변에서 사용된 티모테(Timote)와 라라(Lara) 지역에서 사용된 쿠이카(cuica) 두 개의 언어를 포함하고 있다.

Lenguas ye-tupí-caribe (예-투피-카리브어)　　아메리카 마르코-예(Lenguas macro-yê)어군, 투피(Lenguas tupí)어군과 카리베(Lenguas caribe)으로 이러진 어군을 말한다. 볼리비아, 페루, 콜롬비아, 베네수엘라, 과야나, 프랑스 과야나, 수리남, 브라질과 파라과이에서 사용되고 약 5백만 명의 사용자가 있다.

Lenguas zamucanas (사무카나어)　　파라과이와 볼리비아에서 사용되는 2개의 원주민 어군을 말한다. 아요레오(Ayoreo)어와 차마코코(Chamacoco)어로 나뉘며 약 5,000명의 사용자가 있다.

León Viejo (레온 비에호)　　니카라과 푸에르토 모모톰보(Puerto Momotombo) 마을 내에 레온 도시가 있었던 곳이다. 시의회를 거친 후에 주민들이 서식지를 다른 곳으로 옮기면서 유적화가 되었고, 레온 비에호라는 이름이 붙여졌다.

León, Carlos Augusto (카를로스 아우구스토 레옹)　　(1914~) 베네수엘라 카라카스(Caracas) 출신의 작가이자 과학자와 정치가로 활동했다. 그는 당시 사회에서 인문학적인 지식을 키우는 과정에서 민중과 여성을 변호하는 목소리를 높였다. 첫 작품 『*Los pasos vivientes*』에 이어 『*Canto de mi país en esta guerra*』, 『*Los nombres de la vida*』 등의 작품들을 발표하면서 그의 정치적 성향을 들어내고 20세기 중남미에서 뛰어난 작가로 자리를 잡았다.

Leonardo Padura* (레오나르도 파두라)　　1955년에 쿠바의 아바나에서 태어났다. 아바나대학에서 문학 석사학위를 취득한 뒤 시나리오 작가, 신문기자, 비평가 등으로 활동했다. 소설을 주로 썼는데, 시인 호세 마리아 에레디아(José María Heredia)를 주인공으로 한 소설 『*La novela de mi vida*』와 트로츠키(Trotsky)와 라몬 메르카데르(Ramón Mercader)의 삶을 재현해 전 세계적인 반향을 이끌어냈던 『*El hombre que amaba a los perros*』가 대표작이다. 다양한 소설 장르에서도 레오나르도 파두라가 특히 두각을 드러냈던 장르는 추리소설 장르로, 마리오 콘데(Mario Conde) 형사가 등장하는 시리즈물이 유명하다. 대표작으로는 『*Paisaje de otoño*』, 『*Adiós*』, 『*Hemingway*』, 『*La neblina del ayer*』 등을 들 수 있으며, 이 작품들은 다수의 외국어로 번역되어 해외에서 출간되었다. 또한 이들 작품을 통해 1995년에 '카페 히혼상(el Café Gijón)', 1997년과 1998년, 2005년에 각각 '햄메트상(el Premio Hammett)', 2000년에 프랑스에서 '이슬라스상(el Premio de las Islas)', '브리가다21상(el Brigada 21)' 등 다수의 상을 수상하기도 했다. 뿐만 아니라 마리오 콘데 형사 시리즈 제7권 『*La cola de la serpiente*』를 발표하여 독자들로 하여금 익숙한 마리오 꼰데 형사와의 재회를 실현시키기도 했다. 『*La cola de la serpiente*』에서 독자들은 여자들과 각종 위험 속에서 종횡무진 활약을 펼치는 마리오 형사를 만날 수 있다.

Leoncia (레온시아)　　19세기 쿠바의 극작가이자 소설가인 헤르트루디스 고메스 데 아베야네다 이 아르테가(Gertrudis Gómez de Avellaneda y Artega, 1814~1873)의 극작품. 1840년에 발표된 작가의 첫 연극 성공작으로서 당시 연인과의 급작스런 관계 단절로 인한 감정 속에서 쓰였다. 과도한 멜로드라마적 성격을 띠고 있어 문학적으로는 가치가 떨어지나 감성의 표현력을 통해 성공할 수 있었던 작품이다.

Leoni Otero, Raúl (라울 레오니 오테로)   (1905~1972) 베네수엘라의 제40대 대통령. 1964년 임기를 시작하였으며 당해 8월 1일 대통령령 제83호를 통해 로물로 가예고스 상(Premio Rómulo Gallegos)을 설립하였다. 대학생 시절에는 28세대(Generación del 28)의 일원이기도 하였다.

Ley Iglesias (이글레시아 법)   헌법 제정(Leyes de reforma)의 법으로 1857년 4월 11일에 통과되었다. 교회 교구에서 세금을 조절하여 소득에 따라 세금을 걷는 법이다.

Ley Juárez (후아레스 법)   개혁법(Ley de reformas)으로 1855년 11월 23일 통과되었다. 군사, 종교 법원을 폐지하여 군인 또는 성직자들이 일반 법정에서 재판을 받도록 하는 법이다. 헌법 제정(Leyes de reforma) 중 처음으로 통과된 법이기도 하다.

Ley Lerdo (레르도 법)   헌법 제정(Leyes de reforma)의 법으로 1856년 6월 25일에 통과되었다. 이 법의 목적은 국가의 경제를 회복하고 조세제도를 보강하는 것이다. 천주교가 가지고 있는 많은 부동산을 국가 소유로 돌리기 위해 국가가 헐값에 이것들을 매입할 수 있도록 허락했다. 또한 이 법으로 인해 국가와 교회가 분리되었다. 이 당시 많은 부동산 이 외국인들에게 넘어가는 일도 발생했다.

Leyenda del ceibo (세이보의 신화)   아르헨티나 신화. 아나이(Anahí)라는 토착민 소녀가 있었다. 아름답게 생기지는 않았으나 목소리는 너무 아름다웠고, 노래로 부족을 기쁘게 했다. 그러나 하얀 피부를 가진 자들이 침입해 토착인들은 포로가 되었다. 아나이는 밤을 새다가 보초가 잠들었을 때 도망을 시도했다. 보초가 깨어나 아나이는 그를 칼로 찌른 뒤 밀림으로 도망갔다. 비명소리가 다른 백인들을 깨웠고, 이들은 아나이를 잡으러 나섰다. 죽은 보초의 복수로 잡힌 아나이를 나무에 묶은 다음 불을 피웠지만, 불길이 아나이를 향하지 않았다. 그녀는 나무로 변신하기 시작했으며, 나무와 하나가 되는 기적을 보였다. 그 이후로 고통 앞에서 용감함과 용기를 의미하는 빛날 정도의 파란 나뭇잎과 반들반들한 빨간 꽃이 그 나무에서 자라난다.

Leyes de Reforma (헌법 제정)   1855에서 1863년 사이 멕시코에서 통과된 법들을 뜻한다. 1854년 아유틀라 계획(Plan de Ayulta)이 진행되면서 혁명이 성공에 이르자 자유주의자들로 의회가 설립되었다.

Liano Quezada, Dante José (단테 호세 리아노 케사다)   (1948~) 과테말라 치말테낭고 (Chimaltenando) 출신의 작가다. 리아노는 과테말라와 이탈리아에서 문학 학위를 받고 이테리에서 문학 교수 생활을 하고 있다. 1991년 과테말라 문학상을 수여받았고 대표작으로 『El lugar de su quietud』와 『El misterio de San Andrés』가 있다.

Libertad bajo palabra (리베르탓 바호 팔라브라)   멕시코의 시인이자 수필가인 옥타비오 파스(Octavio Paz, 1914~1998)의 시집. 1949년 작이나 이후 1935년부터 1957년까지 쓴 시를 묶어 개정 증보되었다. 『Bajo tu clara sombra』, 『Piedra de sol』 등의 작품이 속해 있다.

Libres del Sur (리브레스 델 수르)   1839년 말 부에노스아이레스 지역에서 후안 마누엘 데 로사스(Juan Manuel de Rosas, 1793~1877) 정부에 대항하여 일으킨 반정부 운동 단체. 초기에는 중요 거점들을 차지하는 등의 성과를 보였으나 당해 차스코무스 전투 (Batalla de Chascomús)에서 정부군에 패하여 종결되었다.

Liceaga Guevara, Mauro (마우로 리세아가 게바라)   (1942~) 멕시코의 투우사로 마타도르(Matador)이다. 1960년에 피카도르(picador)로 데뷔하였고 그의 모험은 바다를 건너 스페인에까지 소개되었다. 후에 스페인에서도 투우 경기를 펼쳤으며 1965년 멕시코에서 마타도르로 임관했다.

Liga de Mayapán (리가 데 마야판)　마야의 깃발이라는 뜻으로 메소아메리카 시대의 군사적 목적이 있는 마야 민족의 연합을 말한다.

Lillo Figueroa, Baldomero (발도메로 리요 피게로사)　(1867~1923) 칠레의 작가이다. 모데르니스모(Modernismo)가 가미된 자연주의적 경향의 단편소설을 주로 썼으며 주제적으로는 크리올주의 작가군에 포함되기도 한다. 짧은 작품에도 불구하고 칠레 문학사에서 중요한 작가이다. 작품으로는 『Sub-Terra』(1904) 등이 있다.

Lillo Robles, Eusebio (에우세비오 리오 로블레스)　(1824~1910) 칠레의 작가이자 정치가이다. 베르나르도 베라(Bernardo Vera)에 의해 쓰인 국가의 가사를 개작한 것으로 유명하다. 태평양 전쟁(la Guerra del Pacífico)에서 기밀 임무에 참여한 적이 있다.

Lillo, Samuel (사무엘 리요)　(1870~1958) 칠레 로타(Lota) 출신의 시인이자 변호사였다. 리요는 칠레 어학원의 일원이었고 스페인 한림원의 시 부문상과 칠레 문학상(Premio nacional de Literatura)을 수여받았다. 대표작으로 『Antes y hoy』, 『Canciones de Arauco』, 『La Concepción』 등이 있다.

Lindo, Hugo (후고 린도)　(1917~1985) 엘살바도르의 시인이자 소설가, 외교관. 수많은 국내외의 콩쿠르에서 수상하였으며 작품은 20세기 라틴아메리카 문단에서 가장 기여도 높은 작품으로 여겨진다. 엘살바도르 한림원(La Academia Salvadoreña de la Lengua)의 멤버였으며 대표작으로는 『Libro de horas』(1948), 『Navegante río』(1963), 『Fácil palabra』(1985) 등이 있다.

Líneas de Nazca (나스카 라인)　페루 인헤니오(Ingenio) 평지에 펼쳐져 그려진 동물 또는 도형으로 이루어져 있다. 이는 나스카 문화의 발전과 매우 밀접한 관계를 가지고 있다. 전체 크기는 520km²로 수백 개의 선으로 거대한 도형들이 형성 되어 있다. 45m에 달하는 거미, 25m에서 275m까지 크기의 조류들이 그려져 있다.

List Arzubide, Germán (헤르만 리스트 아르수비데)　(1898~?) 멕시코의 시인이자 평론가이다. 마누엘 마플레스 아르세(Manuel Maples Arce)와 함께 이탈리아의 마리네티가 주창한 미래주의 이론을 토대로 과격주의(estridentismo)를 주창하였다. 그의 저작으로는 『El movimiento estridentista』(1926), 『Esquina』(1925), 『El viajero en el vértice』(1927) 등이 있다.

Literatura colonial latinoamericana (라틴아메리카의 식민지 시대 문학)　아메리카 발견 이후 스페인과 원주민들 간의 정치적 권력 싸움에 관한 연대기들을 일컫는다. 스페인의 르네상스와 종교 의식이 라틴아메리카 식민지 시대의 문학에 큰 영향을 미쳤으며, 이를 계기로 자유와 독립의식을 담은 작품들이 많이 나왔다. 이들은 식민지 시대 이후에 쓰인 작품들이지만, 식민지 시대 문학으로 분류된다. 대표 작가로 프라이 바르톨로메 데 라스 카사스(Fray Bartolomé de las Casas), 베르날 디아스 델 카스티요(Bernal Díaz del Castillo) 등이 있다.

Literatura de Onda* (파동 문학)　1960년대 하반기에 멕시코에서 태동한 문학 사조다. 최대한 솔직하고 자유분방한 언어 사용을 통해 전통적인 문학과의 단절을 시도하려는 젊은 예술가들이 그 전면에 섰다. 그들은 전제 정권인 일명 'PRI 정권(PRI-gobierno)'에 깊은 반감을 가지고 있었지만 그런 반감을 대놓고 표현할 수는 없었다. 그래서 불경 문학을 방편으로 삼아 베트남 전쟁이나 마약, 록앤롤, 섹스 등의 주제를 건드리기 시작했다. 그 당시로써는 완전히 터부시되던 주제들이었다. 이런 문학적 움직임은 당시로써는 지독한 '반문화적' 움직임으로 치부되었으며, 동시에 틀라텔롤코 집단 학살사건이나 프리 당의 철저한 독재 탄압 같은 심각한 문제를 향해 치닫기 위한 일종의 출구 역할을 담당했다. 파동의 문학은 근본적으로 매우 도회적인 주제를 다뤘으며, 젊은이들의 파란만장한 삶의 우여곡절을 전혀 새로운 형태의 사실주의적 언어를 통해 그려내고 있으며, 팝 음악과 록앤롤, 심지어는 마약의 사용을 포함한 인습에 얽매이지 않은 자유분방한 삶을 묘사해낸다. 파동이 문학이 발전시킨 사실주의적 언어라는 것은, 사실은 이미 멕시코시티 곳곳의 소외된 청년들 사이에서 널리 사용되던 언어였으며, 상류 사회에서 사용하는 고급언어를 신랄하게 비판하면서 어느덧 그 고급언어에까지 침투하기 시작한 소외계층의 언어였다.

Literatura de Puerto Rico del Siglo XX y XXI* [멕시코 정당 PRI(Partido Revolucionario Institucional)의 엠블럼] 20~21세기 푸에르토리코 문학사에서 가장 두드러진 인물로는 안토니오 페드레이라(Antonio S. Pedreira), 레네 마르케스(René Marqués), 호세 루이스 곤살레스(José Luis González), 루이스 라파엘 산체스(Luis Rafael Sánchez), 로사리오 페레(Rosario Ferré), 히아니나 브라치(Giannina Braschi), 에드가르도 로드리게스 훌리아(Edgardo Rodríguez Juliá), 루이스 로페스 니에베스(Luis López Nieves), 마이라 산토스-페브레스(Mayra Santos-Febres) 등을 꼽을 수 있다. 시인으로는 훌리아 데 부르고스(Julia de Burgos), 클라라 라이르(Clara Lair), 루이스 팔레스 마토스(Luis Palés Matos), 후안 안토니오 코레트헤르(Juan Antonio Corretjer), 프란시스코 마토스 파올리(Francisco Matos Paoli)가 대표적이다. '그룹포 과하나(Grupo Guajana)' 역시 수준 높은 시를 발표하는 대표적 시인들이다. 리오 피에드라스에 소재한 푸에르토리코 대학에 둥지를 튼 '80세대(Generación Ochenta)'는 푸에르토리코 현대문학의 가장 대표적 문인들로 손꼽아도 손색이 없다. 이들 80세대는 한 목소리로 사회고발적이고 시에 대한 열정이 절절이 베어나는 초현실주의적 색채 가득한 시를 썼다. 80세대의 주요 작가들은 수준 높은 시 외에도 다수의 작품집을 출간한 것으로도 유명하며, 국내외의 수많은 상을 수상했고, 많은 외국어로 번역 출간되기도 했다. 해외로 망명한 추방 작가들도 많아 푸에르토리코와 관련된 영감과 동시에 조국에의 향수가 깃든 작품을 많이 썼다. 그 대표적인 예가 브라스치(Braschi)의 작품으로, 그는 스페인어, 스펭글리시, 영어의 세 언어로 작품을 썼으며, 주로 미국으로 이주한 라틴아메리카인들의 애환과 푸에르토리코의 정치 상황을 그린 작품을 주로 썼다. 브라스치는 푸에르토리코의 독립을 'wishy'라는 단어로, 자유 국가를 'wishy wishy'로, 미국과 같은 안정된 상태로의 변화를 'washy'라는 단어로 표현하곤 했다. 그런데 푸에르토리코 땅에 발을 붙이고 산 작가들의 작품과 디아스포라를 선택한 작가들의 작품 간에는 큰 차이가 존재한다. 다시 말해 푸에르토리코에 살고 있는 작가군과 해외로 망명한 작가들 간에 공통적으로 사용하는 스페인어와 그 사용법, 다루는 주제, 사회적 관심, 정치 고발, 주변 환경, 사회적 현상, 인류학적 현상, 철학적 현상들에서 큰 간극이 발생한 것이다. 이러한 극명한 차이를 규정하기 위해 스페인어 대문호 오르떼가 이 가셋(Ortega y Gasset)이 한 말이 있다. "나는 나이자 내 환경이다. 내 주변의 환경이 없었더라면 나도 없었을 것이다." 디아스포라 대열에 합류한 주요 문학비평가로는 에프라인 바라다스(Efraín Barradas), 마리아 메르세데스 카리온(Maria

Mercedes Carrión), 후안 플로레스(Juan Flores), 아셀라 로드리게스 데 라구나(Asela Rodríguez de Laguna) 등이 있다.

Literatura del Imperio Inca* (잉카 제국의 문학)   신대륙 정복사와 잉카 제국의 연대기를 보면 구전 형태로 전해 내려온 케추아 문학 또는 잉카 문학이 존재했었음을 확인된다. 문학의 구전에 주로 활용된 언어는 케추아어라고도 불리는 루나 시미(runa simi)어였으며, 바로 이 언어가 잉카 제국 전역에서 공식어로 사용되던 언어였다. 당대의 문학은 궁정문학과 대중문학의 두 종류로 대별된다. 궁정문학이라는 이름은 잉카 제국의 궁정에서 탄생했기 때문에 붙여진 이름이다. 잉카 문명의 공식문학은 바로 이 궁정문학이었으며, 이 문학의 생산을 담당한 자들은 철학자, 교사, 도서관 사서 등으로, 이들은 밧줄에 매듭을 지어 만든 키푸스(Quipus)라는 니모닉 시스템을 사용했다. 이들이 주로 생산해 낸 3대 문학 장르는 서사시와 교훈시, 극시였다. 서사시는 주로 안데스 세계의 우주관을 담아내고 있는데, 주로 창세신화나 홍수신화 등을 이야기하며, 때로는 아야르 형제(los hermanos Ayar)의 전설이나 망코 카팍(Manco Cápac), 마마 오클료(Mama Ocllo) 신화와 같은 잉카의 뿌리에 대한 이야기를 들려주기도 한다. 교훈시는 우화와 격언, 짧은 이야기 등을 담고 있는데, 그중 일부는 현대 학자들에 의해 수집 및 보존되고 있다. 잉카 가르실라소 데 라 베가(Inca Garcilaso de la Vega)에 따르면, 잉카 제국의 극시에는 서구 문명 전반에서 발견되는 것과 마찬가지로 희극과 비극 두 종류가 혼재했으며, 실제 극시는 춤과 노래, 예배가 어우러진 연극을 통해 듣고 볼 수 있었다. 라틴아메리카 식민시대에 쓰인 유명한 극작품 *Ollantay*의 경우가 대표적 극시로, 그 기원을 잉카 문화에서 찾을 수 있으며, *Ollantay* 외에도 잉카 제국 당시 탄생한 상당수 극작품들이 스페인 극장에서 무대에 올려졌던 것으로 확인되고 있다. 잉카 제국의 민중문학은 농촌지역 민중들 속에서 자생적으로 탄생한 문학으로, 주로 춤과 음악이 결부된 서정시들이다. 특히 음악의 경우, 남성과 여성의 목소리가 번갈아 등장하는 대규모 합창 형태가 주를 이루었으며, 이런 음악과 춤은 일반 대중들에게는 일상생활의 일부로써 장례식, 축제, 결혼 예식 등지에서 널리 활용되었다. 뿐만 아니라 전쟁과 전투 등지에서도 일종의 의식으로 행해지기도 했다. 구체적인 민중문학에는 '아라위(harawi)'와 '아일리(haylli)' 등 두 종류의 서사시가 존재했다. '아라위'는 사랑과 후회, 기쁨 등을 주제로 하는 다양한 종류의 노래들을 의미하는데, 매우 친근한 느낌의 노래로, '아라웨크(harawec)' 또는 '아라비쿠(haravicu)'라 불리는 음유시인들이 노래 불렀다. 스페인 식민기를 겪으며 아라위는 '와이노(huayno)'와 '야라비(yaraví)'로 세분되었다. '아일리'는 일종의 기쁨의 송가로 주로 종교제의로서의 축제나 전승을 기념하는 기념식에서 불렀다. 이들 서정시 대부분은 초기 연대기 작가들로 손꼽히는 잉카 가르실라소 데 라 베가와 펠리페 과만 포마 데 아얄라(Felipe Guaman Poma de Ayala) 등이 각각 전한 케추아 시와 신화 등을 통해 다소 변화된 형태로 오늘날까지 전해지고 있다.

Literatura del Imperio maya* (마야 제국의 문학)   마야의 문학은 별로 남아 있는 것이 없다. 상당수 마야의 문헌들이 세월의 흐름 속에서, 또는 습기와 스페인 선교사들에 의해 파괴되고 지구 상에 단 네 권만이 남아 있기 때문이다. 드레스덴에서 발견된 *El Códice de Dresde*, 스페인 마드리드에서 발견된 *El Códice Tro-Cortesiano*, 프랑스 파리에서 발견된 *El Códice Peresiano*, 멕시코 멕시코시티에서 발견된 *El Códice Grolier*가 그것이다. 이 고서본과는 달리 *Los Libros de Chilam Balam*, *Popol Vuh*, *Los Anales de* *los Cakchiqueles*』 등의 책들은 스페인 정복자들이 들어온 후 라틴식 알파벳을 이용해 쓰인 책들이다. 따라서 이 책들의 '순수성'에 대해서는 논란의 여지가 남게 되는 것이다. 어떤 식으로든 스페인 사람들의 영향력이 반영되었을 것으로 보이기 때문이다. 그러나 그 어떤 이유를 막론하고라도 이 책들 역시 마야의 책들임에는 틀림이 없다. 『*Popol Vuh*』의 경우, 치아파스의 토니나(Toniná)에 남아 있는 높이 75m의 피라미드 아크로폴리스(Acrópolis)에서 발견된 천오백 년 전 부조물에 포폴 부가 새겨져 있어 당시에도 책이 존재했었음이 확인된다. 부조의 내용을 보면, 마야 시대의 4신이 그려져 있는데, 각각 지하세계의 신과 전쟁의 신, 농업의 신, 상업의 신들로, 이들 신에 대한 인간의 숭상이 담겨 있다. 토니나 유적의 발굴 총책임을 맡았던 후안 야데운(Juan Yadeun)에 따르면, 포폴 부를 비롯한 고대 마야 제국의 각종 문헌들에서 4신성에 대한 다양한 묘사들이 남아 있다고 한다. 그 외에도 스페인 정복 시절에 쓰인 마야 책으로『*Códice de Calkiní*』등이 남아 있다.

Literatura del Paraguay* (파라과이 문학)　파라과이 문학은 라틴아메리카 전역에서도 가장 덜 알려져 있다. 국경 너머 해외로 이름이 알려진 작가는 매우 드물어 겨우 호세피나 플라(Josefina Pla), 가브리엘 카사시아(Gabriel Casaccia), 엘비오 로메로(Elvio Romero), 루벤 바레이로 사기에르(Rubén Bareiro Saguier), 아우구스토 로아 바스토스(Augusto Roa Bastos) 등이 있는 정도다. 그나마도 1940년대 이후에 태어난 작가들은 전무한 실정이다. 19세기는 파라과이 문학에서 불모의 시대였다. 프랑스 독재정권의 검열은 문학에의 시도조차 가로막는 걸림돌이었다. 그나마 오늘날까지 이름이나마 알려진 일부 문필가들이 있었다면, 나탈리시오 탈라베라(Natalicio Talavera)를 포함한 시인 몇이 전부다. 나탈리시오 탈라베라는 문학지 <La Aurora>를 창간한 공만으로도 문학사에서는 이정표적인 존재로 남게 되었다. 문제는 삼국동맹전쟁이 심화되면서 이러한 문학적 움직임마저도 방해받게 되었다는 점이다. 결국 19세기 말엽은 국가의 재건 기간이 되었고, 그 후 문단이 움직임은 20세기에 완전히 접어든 뒤에야 나타나기 시작했다. 파라과이 태생 작가가 쓴 최초의 소설은 후안 크리소스토모 센투리온 대령(Coronel Juan Crisóstomo Centurión)이 쓰고 1871년에 뉴욕에서 출간된『*Viaje Nocturno de Gualberto o las Reflexiones de un Ausente*』이다. 그 사이 파라과이 문학도 더디지만 조금씩 성장을 이뤄나가기 시작해 '40세대' 시인들에 이르러 그 정점을 이루었다. 이들 40세대 시인 중에는 아우구스토 로아 바스토스가 있는데, 그는 파라과이가 배출한 가장 세계적인 작가이다. 로아 바스토스와 더불어 1960년대에는 점차 많은 작품들이 나오기 시작했고, 80년대에 이르러서는 처음으로 일단의 출판사들이 새로운 작가들의 작품을 기꺼이 출판해주기에 이르렀다. 그렇게 80년대 말이 되자 그간 거의 맥을 상실했던 소설계에 새로운 작품들의 등장이 눈에 띄게 증가하게 되었다. 스트로에스네르(Stroessner) 독재정권 이후, 파라과이에서는 많은 작가들이 등장하면서 파라과이 현대문학에 중대한 변화를 가져온다. 이즈음 가장 활발한 활동을 한 시인들은 브라질-파라과이 태생의 더글라스 디에게스(Douglas Diegues)가 오마도르 데 하카레스(Domador de Jacarés), 크리스티노 보가도(Cristino Bogado), 에드가르 포우(Edgar Pou), 호르헤 카네세(Jorge Canese) 등과 더불어 설립한 P3F(3국 시인들Poetas de las Tres Fronteras) 소속 시인들이었다.

Literatura Gauchesca* (가우초 문학)　가우초 언어로 가우초의 삶을 노래한 고유의 마이너적 장르다. 주요 등장인물은 가우초이며, 아르헨티나의 대초원과 같이 도시화의 과정을

겨지 않은 드넓고 광활한 장소들을 배경으로 하는 특징을 지니고 있다. 또한 가우초가 핵심이라는 특징 외에도, 일반적으로 가우초 문학은 사회경제적으로 상위의 작가들에 의해 씌었다는 점도 이채롭다. 가우초 문학에서는 크리오요(Criollo)와 인디오, 메스티소(Mestizo), 흑인, 백인 등 다양한 인물들의 시골생활을 묘사하면서 그들의 풍습을 전해준다. 통상적으로는 그들만의 민속적이고 문화적인 요소들에 대한 찬양이 내포되어 있으며, 이런 점은 사회에 대한 비판과 저항의 목소리로 기능한다. 넘치는 은유와 신조어 및 고어, 토착어의 사용도 두드러지는 특징이다. 가우초 문학은 이미 18세기부터 파편적으로 등장했지만, 하나의 문학 장르로 확고하게 자리매김한 것은 19세기의 일이다. 19세기 가우초문학의 전형이라면 뭐니 뭐니 해도 시를 들 수 있다. 바르톨로메 이달고의 정치시, 일라리오 아스카수비와 산토스 베가 데 라파일 오블리가도의 망명시, 에스타니슬라오 델 캄포와 안토니오 루시치의 시가 대표적이다. 그러나 가장 널리 알려진 가우초 시는 호세 에르난데스의 『Martín Fierro』다. 『Martín Fierro』의 제1부는 1872년에 소개되었고, 후에 속편 『La vuelta de Martín Fierro』가 1879년 출판되었다. 에르난데스는 『Martín Fierro』 속에서 모든 가우초들의 면면을 한 몸에 수렴시킨 듯한 대표적 인물을 등장시키며, 그의 생활 방식, 행동거지, 사고방식, 상황에 대처하는 방식 등이 가우초를 대변했다

Literatura juvenil latinoamericana* (중남미 아동문학) 19세기 쿠바의 시인이자 독립 운동가였던 호세 마르티(Jose Marti)는 최초의 중남미 아동문학가로 평가된다. 그는 "아동문학이란 도덕성과 미학성이 균형을 이루는 양질의 텍스트"이어야 한다고 주장한다. 그가 말하는 도덕성은 인격형성을, 미학성은 즐거움을 의미하는데, 이 두 가지 요소가 동일한 무게를 지녀야 한다고 생각한 것이다. 쿠바 독립의 아버지이자 사상가인 호세 마르티는 중남미에서 아동문학을 독자적인 문학형태로 여기고 이에 기여하였다. 마르티는 어린이들에게 독서와 문화에 대한 관심을 심어 주기 위해 월간지 <La Edad de Oro>를 창간했다. 편집자가 종교적 선전이나 교육적인 면을 부각시키려고 하는 의도를 고집하는 가운데 갈등이 불거져 결국 <La Edad de Oro>는 총 4회 출간을 마지막으로 폐간되었다. 이러한 호세 마르티의 노력을 이어 받은 아르헨티나는 중남미 지역에서 아동문학을 하위문학이 아닌 독자적인 문학으로 발전시키는데 많은 노력을 기울인 국가 중 하나이다. 그리고 이 노력의 선구자의 자리에 마리아 엘레나 왈시가 있다. 19세기 중반까지 아동문학은 예절바른 행동의 모범을 보여주는 문학으로 간주되었고, 이야기를 매개로 해서 구성된 판타지가 결여된 교육용 문학에 불과했다. 이런 아동문학 책들은 주로 가정이나 학교에서 주인공이 어떻게 모범적인 행동을 보이는가를 묘사하는 것이 특징이다. 중남미에서는 20세기 초반이 되어서야 아동문학을 자율적인 문학으로 간주하기 시작했다. 19세기에 쿠바의 호세 마르티(Jose Marti)와 콜롬비아의 라파엘 폼보(Rafael Pombo)가 유럽이 이미 거쳤던 발자취를 따라가면서 아동문학의 새로운 변화를 시도하려고 했던 것을 제외하고는 아동문학에 관한 한 중남미 지역에서 괄목할 만한 움직임이 보이지 않았다. <La Edad de Oro>로 중남미 아동문학의 새로운 획을 그은 마르티와 어린이들에게 문학의 즐거움을 선사해준 폼보는 20세기 이전의 아동문학 선구자로 꼽힌다. 안타깝게도 마르티와 폼보 이후에 괄목할 만한 작가가 탄생하지 않은 이유는 학교가 국민 의식 형성 과정에 직접적으로 관여했기 때문에 창의적인 활동이 불가능했던 상황과 관련되어 있다. 신대륙의 신생국가에서 젊은 국민들에게 자국의 정체성을 형성시키려고 했기에, 애국적이거나 교육적인 색채가 두드러지는 책만이 아이들 손에 쥐여졌다. 학교 안팎으로

이런 현상은 한동안 이어졌다. 1950년까지 중남미 아동문학은 샤를 페로, 그림형제, 안데르센, 이리아르테(Tomas de Iriarte)2), 사마니에고(Felix Maria Samaniego), 이솝, 라퐁텐 등 유럽의 고전 아동문학을 각색해서 소개한 책들로 구성되어 있었다. 하지만 이런 책들의 일부는 중남미의 현실과 무관한 이야기에 관한 것이었거나, 일부는 미학적이거나 유희적인 면에서 아동들을 충족시키지 못했으며, 일부는 감정적이고 교육적인 면을 부각시킬 뿐만 아니라 극한 애국심을 불러일으켰다. 1950년대 칠레 노벨 문학상 수상 작가 가브리엘라 미스트랄(Gabriela Mistral)은 아동문학에 향토문학을 접목시키면서 중남미 아동문학에 많은 기여를 한 작가이다. 그리고 오스카르 알파로(Oscar Alfaro), 파펠루초 시리즈를 쓴 마르셀라 파스(Marcela Paz), 오라시오 키로가(Horacio Quiroga)가 그 뒤를 이어 중남미 아동문학의 혁신적인 역할을 했다. 이들 작가들은 1965년까지 중남미 아동문학의 새로운 변화에 물꼬를 터주었다. 1970년대 후반부터 중남미 아동문학계에는 괄목할 만한 작가와 작품이 쏟아져 나왔다. 그 선두에는 콜롬비아, 멕시코, 아르헨티나, 쿠바, 우루과이, 칠레가 있었다. 이런 현상에는 여러 아동문학상과 대회, 다양한 잡지와 회보, 각종학회, 도서박람회가 결정적인 역할을 했다. 또한 유네스코와 유니세프 산하 국제 어린이 도서협의회 IBBY(1953, 스위스) 등 국제적인 아동문학 기관이 중남미에 개설되었고, 국제적으로 가장 중요한 아동 문학상이자 아동노벨 문학상이라고도 불리는 안데르센상이 1956년에 제정되면서 아동문학 연구의 토대가 마련되었다. 하지만 중남미 아동문학은 개인과 기관의 아동문학 발전 증진에도 불구하고 커다란 구조적인 문제를 지니고 있었다. 불공평한 부의 분배와 불충분한 교육 환경도 문제였지만 출판사, 서점, 도서관 등도 턱없이 부족했다는 점이 바로 그것이다. 아동문학 토대의 물적 결핍은 아동·청소년의 문학이 창작, 생산과 더불어 독서까지 이어지는 최상의 조건을 제공하지 못하는 원인이 되었다. 여러 정치 및 역사적 상황은 문화적인 면에서 새로운 혁신의 기반을 마련하기 어렵게 만들었다. 중남미 사회에서의 정치와 경제의 불안정은 아동도서의 생산 조건을 결정지었다. 20세기 중반부터 이어진 중남미 국가들의 독재정권은 문학활동에 많은 악영향을 미쳤고 아동문학 또한 예외일 수 없었다. 중남미 아동문학의 연구와 확산은 정치·사회·경제적인 이유로 앵글로색슨과 유럽 국가들보다 더디게 진행될 수밖에 없었다는 것은 주지의 사실이다. 19세기 중남미 국가들이 스페인으로부터 독립을 단행함에 따라 학교는 국가의식 형성 과정과 직접적인 연관을 맺게 된다. 자국의 정체성을 다룬 애국적이거나 교육적인 책만이 사회적으로 허용되었다. 이런 이유로 아동들은 예술의 즐거움이나 미학성이 결부된 작품을 접하지 못한 채, 오로지 강렬한 애국심을 불러일으키는 이데올로기적 환경에 노출되어 있을 수밖에 없었다. 19세기에는 독립운동으로 점철된 역사를 경험한 중남미 국가들은, 20세기 중반부터 독재정권이 속속 등장하게 되자 여전히 정치적인 풍파 속에 놓이게 되었다. 아르헨티나 또한 이런 여타 중남미 국가들의 경험과 동일한 역사적 맥락 속에 놓여 있었다. 수년간 자행된 아르헨티나의 독재정권은 성인작가들의 문학활동에도 많은 악영향을 미쳤으며 아동문학 또한 예외일 수 없었다.

Literatura nicaragüense* (니카라과 문학)   니카라과에서 1920년대에 거센 아방가르드의 기류가 형성되고 루벤 다리오(Rubén Darío)의 모데르니스모가 가미되면서 강렬한 시운동이 전개되었다. 대표 시인으로 파블로 안토니오 콰드라(Pablo Antonio Cuadra)를 들수 있다. 그는 1928년 이래로 아방가르드 잡지 <Vanguardia>를 펴냈으며, 『*Canciones de* *pájaro y señora*(1929~1931)를 시작으로 1970년대까지 『*Poemas nicaragüenses*』(1930~ 1933), 『*Canto temporal*』(1943), 『*Himno de horas a los ojos de Nuestra Señora*』(1946~ 1954), 『*Poemas con un crepúsculo a cuestas*』(1949~1956), 『*Cantos de Cifar*』(1971) 등의 많은 작품을 남겼다. 산디니즘 사제 에르네스토 카르데날(Ernesto Cardenal)은 혁명 이데올로기를 담아낸 시를 썼으며, 오라 세로(Hora Cero)와 살모스(Salmos)는 아메리카 원주민을 기리는 시를 주로 썼다. 그 외에도 니카라과 대도시를 배경으로 한 탐정소설인 『*Castigo Divino*』(1988)와 『*El cielo llora por mí*』(2008) 등을 썼고 많은 상을 수상한 바 있는 작가 세르히오 라미레스(Sergio Ramírez) 같은 작가가 활동했다. 히오콘다 벨리(Gioconda Belli)는 니카라과에서도 가장 인기 있는 최고의 여류작가로, 시와 소설을 두루 썼으며, 대표작으로는 『*Línea de fuego*』, 『*La mujer habitada, entre otras muchas*』 등이 있다.

Literatura precolombina (콜럼버스의 아메리카 발견 전의 문학) 콜럼버스가 아메리카에 도착하기 전에 존재한 원주민들의 문학. 대다수의 부족들은 문자가 없었기에 구전으로 문학을 전승했다. 아즈텍 문학, 잉카 문학, 마야 문학으로 분류되며, 특징은 세상을 이해하려는 관점으로 그들의 종교와 기술을 기록했다는 점이다. 아메리카에 온 스페인 사람들은 원주민들의 많은 작품들을 사라지게 했다. 원주민 문학의 대표작품으로는 마야족의 『*Popol Vuh*』, 아즈텍족의 『*Códex Xolotl*』과 잉카족의 『*Uska Paukar*』가 있다.

Literatura testimonial* (증언 문학) 60년대 중반에 멕시코, 아르헨티나, 쿠바를 중심으로 다양한 라틴아메리카 국가에서 증언문학이라는 새로운 장르가 출현하였다. 증언문학이라는 장르는 이미 존재하고 있었지만 라틴아메리카에서 새롭게 태어난 이 장르는 뿌리 깊은 사회적 문제를 새로운 방향으로 이끌면서 독자들로 하여금 많은 관심을 이끌어냈다. 증언문학은 전통적인 문학의 경계를 넘나든다는 점에서 하이브리드 문학과도 관련이 있다고 할 수 있을 것이다. 모든 증언은 저자와 독자가 공유하고 있는 동일한 공동체에서 벌어지는 실제적인 사건의 이야기이다. 상상과 개인적인 관점이 제외되지 않지만 그 현실에 충실을 다짐하며 많은 사람들이 그 사건을 깊이 알고 또 그 현실을 제대로 알 수 있도록 현실의 실상을 알리고자 하는 사회적 약속에 근거하고 있다. 신문 보도 기사, 저자의 잡문, 사회 연구, 기록 등이 한데 어우러져 있는 증언문학의 출현과 확산은 라틴아메리카의 대형 언론사들에 의해 퍼진 정보의 심각한 위기와 사람들이 자신을 둘러싼 과거와 현재의 주요 사건들을 인식하고자 하는 절박함을 반영하고 있다. 증언문학은 독재기간 동안 검열이 따로 필요 없을 정도로 언론에 대한 통제가 너무나 자연스러운 체계로 자리를 잡은 멕시코와 아르헨티나에서 이루어졌으며, 반면에 쿠바와 니카라과에서는 혁명 과정에서 중요한 도구로 사용되었다. 정치사회적 분석과 연구의 도구로 인식된 증언문학은 대중언론의 매체가 만들어 낸 정보의 빈 공간을 메우는 역할을 했다. 이런 방법으로 문학은 18세기와 19세기 사람들에게 교육적인 역할과 길잡이 역할을 수행했던 것과 마찬가지로 잊힌 자들의 기억이 되었다. 증언문학은 현대적 보도 기술, 미국의 뉴 저널리즘, 사회학의 현장연구 방법론을 빌려 구전역사와 인도주의적인 저널리즘의 형태로 재현되었다. 증언문학이란 장르가 사건의 실상을 이야기하는 데 제한되어 있다 하더라도 이의 역사적 및 사회적 중요성은 결코 부인할 수 없다. 증언문학은 익명의 영웅에게 주인공의 역할을 부여하면서 대중적이고 민주적인 숭고한 의미를 나타낸다. 뿐만 아니라 문학에서는 부차적이었던 풍요로운 언어를 문학으로 끌어들이면서 교양언어와 대중언어 간의 긴장을 완화시킨다. 라틴아메리카 증언문학의 대표적인 작가로는 멕시코의 엘레나 포니아토우스카(Elena Poniatowka), 아르헨티나의 로돌포 왈시(Rodolfo Walsh), 쿠바의 미겔 바르넷(Miguel Barnet) 등을 꼽을 수 있다.

Littín, Miguel (미겔 리틴)   (1942~) 칠레의 영화감독이자 시나리오 작가, 소설가로 칠레의 대표적인 반독재 운동권 감독이었다. 칠레에서 추방당한 후 멕시코에 망명하면서 당시 루이스 에체베리아(Luis Echeverría) 대통령의 지원을 받았다. 망명 중에 있는 다른 칠레 영화인들의 대변인 역할을 하였으며 칠레 민중의 삶과 농민들의 해방투쟁 현실을 찍은 작품 등을 만들었다.

Lituma en los Andes (리투마 엔 로스 안데스)   1993년 페루 작가 마리오 바르가스 요사가 발간한 소설이다. 작가는 안데스의 전통적인 제사, 원주민 영혼을 언급하면서 환상적 사실주의를 부각시킨 작품이다. ➡ Mario Vargas Llosa(마리오 바르가스 요사)

Lizaso y González, Félix (펠리스 리사소 이 곤살레스)   (1891~1967) 쿠바의 수필가이자 역사가이다. 호세 마르티(José Martí)와 그의 작품에 이끌려 수필가로서의 경력을 시작했으며 문학적 연구에 작업의 대부분을 바쳤다. 대표작품으로는 『*Pasión de Martí*』(1938), 『*Martí, místico del deber*』(1940), 『*Martí y la utopía de América*』(1942) 등이 있다. 쿠바 문학 연구에도 기여했다.

Llanero (야네로)   콜로비아와 베네수엘라 경계선에 사는 메스티소 주민들을 뜻한다. 항상 말을 타고 손에는 창을 들고 있다. 이들은 독립 과정에서 큰 역할을 했으며 또한 카우디요(Caudillo)가 생기기 전 군사 권력으로 많은 영향력과 권위를 지고 있는 사람들이었다. 20세기 초기부터 야네로들은 사라지기 시작했고 현재는 거의 남아 있지 않다.

Llanos Orientales(de Colombia y de Venezuela) (야노스 오리엔탈레스)   콜롬비아 북부지방과 베네수엘라 동북부지역에서 서중북부지역까지의 평지의 명칭이다. 오리노코(Orinoco) 강이 이 평지에 걸쳐 흐르며, 콜롬비아와 베네수엘라의 경계를 일부분 가르고 있다. 덥고 건조한 날씨 덕분에 이 지역에는 초원이 있으며 다양한 동식물이 분포하고 있다.

Llanura chacopampeana (차코팜페아나 평야)   남미에 위치한 평야로 아르헨티나, 볼리비아, 파라과이 지역에 위치한 것으로 파라과이 차코(Chaco paraguayo)와 볼리비아 차코(Chaco boliviano)를 포함하고 있다.

Llapingacho (야핑가초)   에콰도르의 음식으로 으깬 감자를 튀겨 내어 크로켓처럼 만들지만 튀김옷은 두껍지 않다. 콜롬비아에서도 소비되며, 카사바나 유카 등으로 만들 때도 있다. 땅콩 소스나 다른 음식과 함께 먹는다.

Llauto (야우토)   잉카가 착용하는 전통 복장이다. 타우안틴수요(Tahuantin-suyo)의 색을 지닌 터번의 종류이다. 마스카이파차와 코렌케케 깃털과 함께 머리에 착용되었다.

Llerena, José Alfredo (호세 알프레도 예레나)   (1912~1977) 에콰도르의 시인이자 소설가, 수필가이다. 네오상징주의 작가들의 그룹인 "Grupo de Elan"의 일원이었다. 에콰도르 시 문단에 단절과 개혁을 가져온 대표적인 작가이다. 대표작으로 『*Agonía y paisaje del caballo*』(1934)가 있다.

Llona Echeverri, Numa Pompilio (누마 폼필리오 요나 에체베리)   (1832~1907) 에콰도르 과야킬(Guayaquil)에서 태어난 낭만주의 작가다. 본명 마누엘 폼필리오(Manuel Pompilio)에서 개명했다. 11살부터 시를 쓰기 시작했고 성장할수록 놀라운 발전을 보였다. 주로 종교적, 애국적, 철학적인 내용을 담았고 주요작품 중에는 『Los clamores de Occidente, Cantos Americanos』(1865), 철학적인 내용을 담은 『Interrogaciones』(1881), 종교와 애국심에 관한 『Himnos, dianas y elegías』(1882)가 있다.

Llona Echeverri, Numa Pompilio (누마 폼피요 요나 에체베리)　　(1832~1907) 에콰도르의 낭만주의 시인이다. 종교적이고 민족적, 애국적, 철학적 주제의 작품을 썼다. 대표작으로는 『Los clamores de Occidente』, 『Cantos Americanos』(1865) 등이 있다.

Lloréns Torres, Luis (루이스 요렌스 토레스)　　(1876~1944) 푸에르토리코의 시인, 수필가이다. 20세기 초반에 푸에르토리코 지성계에 넘쳐흐르던 애국주의적이고 국가적인 감성과 관련된 풍속주의 이후에 서정적인 모더니스트를 길러냈다. 1913년에 창설한 잡지 <Revista de las Antillas>는 푸에르토리코 모더니즘의 공식 기관이 되었다. 대표작으로는 『Visiones de mi musa』(1913), 『Grito de Lares』(1917)가 있다.

Llosa, Claudia (클라우디아 요사)　　페루 출신 여감독으로 노벨 문학상 수상자 마리오 바르가스 요사(Mario Vargas Llosa)의 조카이며 저명한 감독인 루이스 요사(Luis Llosa)의 딸이다. 1976년 리마(Lima)에서 태어나 미국 및 스페인에서 연출 공부를 하였으며 그녀가 발표한 몇 안 되는 영화들 중 대다수가 아바나 영화제, 말라가 영화제, 베를린 영화제, 고야 시상식 등에서 후보에 오르거나 상을 탔다. 작품으로는 『Madeinusa』(2006), 『La teta asustada』(2009), 『El niño pepita』(2010) 그리고 『Loxoro』(2011)가 있다.

Lo real maravilloso (경이로운 현실)　　경이로운 현실 개념이 첫 선을 보인 것은 1948년 <El Nacional>지에 실린 한 칼럼에서였다. 그리고 '경이로운 현실'과 '마술적 사실주의' 사이에 과연 명백한 차이가 존재하는가에 대해서는 여전히 학계에서도 이견이 존재하는 상황이다. 알레호 카르펜티에르(Alejo Carpentier y Valmont)는 자신의 저작 서문에서 경이로운 현실을 이렇게 묘사한 바 있다. "나는 애타게 자유를 갈망하면서 매캔달이 늘 대인간이라고 믿는 수천의 사람들이 살고 있는 대지를 걷고 있었다. 한 걸음 한 걸음을 내디딜 때마다 경이로운 현실을 발견할 수 있었다." 카르펜티에르는 그 서문 말미에서 미래의 독자들을 향해 질문을 하나 던진다. "아메리카 대륙의 역사라는 것은 일련의 경이로운 현실의 연대기가 아닐까?" 결국 그가 말하는 경이로운 현실이란 그가 속한 한 나라가 아닌, 아메리카 대륙 전체를 아우르는 개념이다. 세상이라는 우주 속에서 경이로운 현실은 픽션이 아닌 또 하나의 역사적 관점을 형성해낸다. '마술적 사실주의'는 독일의 예술비평가 프란츠 로(Franz Roh)가 1925년에 발표한 에세이 『Nach Expressionismus: Magischer Realismus: Probleme der neuesten europäischen Malerei』에서 처음 사용한 말이다. 이 에세이는 라틴아메리카의 문학 생산과 관련한 논쟁 끝에 호세 오르테가 이 가셋(José Ortega y Gasset)이 창간한 <La Revista de Occidente>에 실린 글이다. 경이로운 현실은 초현실주의와의 관계 속에서 탄생한 산물로, 라틴아메리카 현실과 그 끝이 닿아 있다. 경이로운 현실이라는 표현을 사용함으로써 알레호 카르펜티에르는 라틴아메리카 초현실주의와 차별성을 확고히 하고자 한다. 다시 말해, 문학이라는 창작물을 통해 도출되는 초현실이라는 것이 라틴아메리카 사람들에게는 그야말로 언제 어디서나 만날 수 있는 일상이라는 것이다. 카르펜티에르의 경이로운 현실 속에 자리 잡고 있는 가장 핵심적인 요소는 바로 다른 뭔가를 창조해낼 필요조차 없이 라틴아메리카 대륙의 일상 속에서 빚어지고 만나게 되는 기적이다. 즉 라틴아메리카에서 매일 매일 살아가면서 접하게 되는 모든 것이 바로 창조의 경이라는 것이다.

Loayza y Elías, Luis (루이스 로아이사 이 엘리아스) (1934~) 페루의 소설가, 수필가, 언론인이자 번역가이다. "50년대 세대"의 멤버였다. 1955년 『El avaro』의 출판으로 선보인 짧으면서 시적이고 아름다운 산문집은 비평가, 독자의 관심을 이끌어 그를 즉각 현대 페루 문단에서 가장 우아하고 섬세한 산문 작가로 만들었다. 다른 작품으로는 『Una piel de serpiente』(1964), 『El sol de Lima』(1974) 등이 있다.

Locro (로크로) 아르헨티나, 페루, 에콰아도르 그리고 콜롬비아 남부지방 토착인들의 스튜 요리이다. 요리의 주재료는 호박, 콩 그리고 옥수수이지만, 각 지역마다 조금의 차이가 보인다. 감자, 만디오카 혹은 바나나가 주재료인 지역이 있으며, 쇠고기 혹은 돼지고기가 있고 없는 지역도 있다. 그 외의 재료는 양파, 파프리카 등의 재료가 들어 있다. 하층민의 음식으로 인식되었지만, 오늘날은 상류 계급도 즐겨 먹는다. 나라마다 즐겨 먹는 날이 다르다. 아르헨티나는 독립기념일과 첫 정부수립일에 먹으며, 볼리비아는 성주간 (Semana Santa)에 먹는다.

López Albújar, Enrique (엔리케 로페스 알부하르) (1872~1966) 페루 시인이자 작가이다. 코리엔테 인디헤니스타(corriente indigenista)의 주창자 중 한 명으로, 작품들의 주된 내용은 원주민들에 대한 왜곡된 시선이다. 1899년에 산마르코스 마요르 국립대학교 (Universidad Nacional Mayor de San Marcos) 법학과를 졸업했다. 1916년에 "Sansón Carrasco"과 "León de Cobos"라는 가명으로 기자활동을 했으며, 1년 뒤 페루의 여러 지역에서 판사직을 수행하게 되었다. 1920년에 그의 첫 작품 『Cuentos Andinos』(1920)를 출판했다. 그 외 『De mi casona』(1924), 『Matalache』(1928) 등이 있다. ➡ Indigenismo (인디헤니스모)

López Vallecillos, Ítalo (이탈로 로페스 바예시요스) (1932~1986) 엘살바도르의 시인, 수필가, 극작가, 언론인. 일간지 <El independiente>의 편집장으로 활동했으며, 군사정부 시절에는 정부로부터 비난을 받기도 했다. 작품으로는 시집 『Biografía de un hombre triste』(1954), 『Imágenes sobre el otoño』(1962) 등이 있다.

López Velarde, Ramón (라몬 로페스 벨라르데) (1888~1921) 레오폴도 루고네스 (Leopoldo Lugones)의 절대적인 영향을 받은 후기 모데르니스모의 대표적인 멕시코 시인이다. 직설적인 감정 표현을 심오한 시적 형상으로 옮기는 빼어난 면이 돋보이며 모델니스모의 전형적인 현란한 수사를 피하면서 구어체 표현법을 택했다. 주요작품으로 『La sangre devota』(1916), 『Zozobra』(1919) 등이 있다. ➡ Juan Villoro(후안 비요로)

López y Fuentes, Gregorio (그레고리오 로페스 이 푸엔테스) (1892~1966) 멕시코의 소설가이다. 학업을 중단하고 잡지 활동을 통해 문학 경력을 시작했다. 1943년 잡지 <El Universal Gráfico>의 편집장이 된다. 소설에서는 멕시코 농부들의 좌절과 혁명의 기간을 묘사하고 있다. 대표작으로는 『DestacanCampamento』(1931), 『El indio』(1935), 『Los peregrinos inmóviles』(1944)가 있다.

López, Estanislao (에스타니슬라오 로페스) (1786~1838) 아르헨티나의 군인, 정치가. 산타페(Santa Fe) 지역 연방주의자들의 우두머리였으며 1818년부터 사망 때까지 약 20년간 이 지역의 장으로 역임했다. 아르헨티나 내전 당시 참전하였다.

López-Portillo y Rojas, José (호세 로페스 포르티요 이 로하스) (1850~1923) 멕시코 출신으로 사실주의 혹은 낭만주의 작가로 분류될 수 있다. 가장 특징적인 면으로는 진보에 대한 맹목적 믿음, 인물과 상황의 이상화, 세부적 묘사, 약자와 비천한 계급에 대

한 동정심 등이 있다. 대표작으로는 『La parcela』(1898)와 『Novelas cortas』(1900)가 있다.

Lorenzo, Victoriano (빅토리아노 로렌소)   (1867~1902) 콜롬비아와 파나마에서 활동했던 게릴라. 촐로(cholo)로서 콜롬비아 중앙정부에 대항하여 일어난 원주민 운동의 지도자였으며 콜롬비아 천일 전쟁(Guerra de los Mil Días)에도 참가하여 끝까지 저항하다가 투옥되었고, 파나마의 분리와 함께 감옥에서 풀려났다.

Los arrecifes de coral (로스 아레시페스 데 코랄)   우루과이의 작가 오라시오 키로가(Horacio Quiroga, 1878~1937)의 최초 저서. 1901년 작으로 산문과 운문이 어우러졌으며, 작가의 시 여러 곳에서 모데르니스모의 외형적 수사 양식이 드러난다.

Los cachorros (로스 카초로스)   페루의 작가 마리오 바르가스 요사(1936~)의 작품. 1967년 작으로 거세당한 소년의 이야기가 남성 중심적 세계로부터 소외된 곳으로 옮겨지며, 집단적 개성의 반영을 발견할 수 있는 작품이다. ➡ Mario Vargas Llosa(마리오 바르가스 요사)

Los cálices vacíos (로스 칼리세스 바시오스)   우루과이의 시인 델미라 아구스티니(Delmira Agustini, 1886~1914) 의 작품. 1913년 작으로 루벤 다리오의 작가에 대한 찬사문이 서문으로 쓰였다. 그리스의 에로스(Eros) 신이 작품 전체에서 중심적 주제로 떠오르며, 작가는 에로스의 무녀로 등장한다.

Los chicos de la guerra (로스 치코스 데 라 게르라)   아르헨티나의 시나리오작가이자 영화감독인 베베 카민(Bebe Kamin, 1943~)의 1984년 작품. 1982년 일어났던 말비나스 전쟁(포클랜드 전쟁)을 다루고 있다.

Los crepúsculos del jardín (로스 크레푸스쿨로스 델 하르딘)   아르헨티나의 시인 레오폴도 루고네스(Leopoldo Lugones, 1874~1934)의 시집. 1905년 작으로 작가의 시가 새로운 단계에 진입했음을 보여준다. 11음절 또는 8음절 시들이 수록되어 있으며 에로틱한 감정, 친근감 등이 지배적이나 퇴폐적, 신화의 삽입, 목가적 주제 또한 드러난다. ➡ La literatura argentina a principios del siglo 20(20세기 초 아르헨티나 문학)

Los de abajo (로스 데 아바호)   1916년에 출간된 멕시코 작가 마리아노 아수엘라(Mariano Azuela)의 소설이다. 멕시코 혁명을 다루는 이 소설은 혁명 당시 신문에 실려 부분적으로 전해졌고 1916년에 한 권의 소설로 나왔다. ➡ Novelas de la Revolución Mexicana(멕시코 혁명소설)

Los de abajo (로스 데 아바호)   멕시코의 작가 마리아노 아수엘라(Mariano Azuela, 1873~1952)의 멕시코 혁명소설. 보병 데메트리오 마시아스(Demetrio Macias)를 주인공으로 당대 혁명의 이중적 이미지, 경제 현실 등을 여실히 드러내는 작품이다. ➡ La literatura mexicana del siglo 20(20세기 멕시코 문학)

Los enanitos verdes (로스 에나니토스 베르데스)   1984년에 데뷔한 아르헨티나 록 밴드로 1979년에 활동을 시작했다. 여러 번 멤버가 교체되었으나 꾸준한 인기를 끌었다. 아르헨티나는 물론 다른 남미지역에서도 유명하며, 그래미상 후보에도 올랐다. 대표곡으로 『Lamento boliviano』, 『La muralla verde』, 『Mejor no hablemos de amor』, 『El extraño de pelo largo』 등이 있다.

Los evadidos (로스 에바디도스)   아르헨티나의 영화감독 엔리케 카레라스(Enrique Carreras, 1925~1995)의 1964년 작품. 실제로 일어났던 교도소 폭동과 은행 강도 도주를 그린 영화로 1965년 콘도르 데 플라타상(Premio Cóndor de Plata)을 수상했으며 베를린 국제영화제 황금곰상에 노미네이트되었다.

Los funerales de la Mamá Grande (마마 그란데의 장례식)   콜롬비아의 소설가 가브리엘 가르시아 마르케스(1927~)의 단편. 1962년 작으로 동일 명칭의 단편집에는 『*La siesta del martes*』, 『*En este pueblo no hay ladrones*』를 포함한 7개의 단편이 실려 있다. 작품에서는 마마 그란데의 장례식과 발인을 마마 그란데 삶의 추억과 연계지어 보이고 있다.
　➡ Gabriel García Márquez(가브리엘 가르시아 마르케스)

Los gefes (로스 헤페스)   페루 소설가 마리오 바르가스 요사(1936~)의 단편. 1959년 출판된 동명의 단편집 『*Los gefes*』에 실린 이야기 중 하나이다. 선생에게 반항하려는 중학교(escuela secundaria) 5학년 학생의 이야기가 전개된다. 교사들의 복수로 이어질까 두려워 학생들의 수업 거부는 무효화된다. ➡ Mario Vargas Llosa(마리오 바르가스 요사)

Los Heraldos Negros (검은 사자들)   페루의 현대시 작가인 세사르 바예호(César Vallejo, 1892~1938)의 시집. 1918년 발표되었으며 바예호의 작품 세 단계 중 첫 번째 단계를 대표하는 작품집이다. 상징주의적 이미지와 토속적 색채감이 비이성적, 몽상적 시각과 충돌을 일으킨다는 평이 있다.

Los hijos del limo (흙의 자식들)   멕시코의 시인이자 수필가인 옥타비오 파스(Octavio Paz, 1914~1998)의 시집. 1972년 작으로 현대시의 의미와 숨겨진 인간의 목소리로서 한 시대를 살았던 시인들에게 가지는 의미를 담고 있다.

Los hombres del hombre (로스 옴브레스 델 옴브레)   칠레의 모데르니스모 작가 에두아르도 바리오스(Eduardo Barrios, 1884~1963)의 단편소설. 1950년 작으로 아버지가 진짜 아버지인지 의심하는 다중인격 주인공 화자 속 여러 인격의 제각각의 목소리가 소설의 전개를 이끌어나간다.

Los isleros (로스 이스렐로스)   아르헨티나의 영화감독 루카스 데마레(1910~1981)의 1951년 작품. 파라나 강(Río Paraná)의 홍수로 인한 주민들의 척박한 삶을 그린 영화로 1952년 콘도르 데 플라타상(Premio Cóndor de Plata)을 수상했다.

Los jóvenes viejos (로스 호베네스 비에호스)   아르헨티나의 영화감독 로돌포 쿤(Rodolfo Kuhn, 1934~1987)의 1962년 작품. 실존주의 철학에 영향을 받아 도시민의 실존이라는 문제를 다룬 영화로 1963년 콘도르 데 플라타상(Premio Cóndor de Plata)을 수상했다. ➡ El cine argentino(아르헨티나 영화)

Los Nuevos* (신인들)   1935년 3월 5일 도미니카 공화국 라 베가에서 출범한 문학그룹의 이름이다. 주요 예술가로는 루벤스 수로(Rubens Antonio Suro García-Godoy, 1916~2006), 마리오 A. 콘셉시온(Mario A. Concepción), 루이스 마누엘 데스프라델(Luís Manuel Despradel), 트루히요 독재정권하에서 암살당한 반 엘데르 에스피날(Van Elder Espinal), 마누엘 바티스타 클리산테(Manuel Batista Clisante), 다리오 수로(Darío Suro), 아르투로 카벤티 이호(Arturo Carventi hijo), 훌리오 세사르 마르티네즈(Julio César Martínez), 오스카르 모야(Oscar Moya), 마누엘 산체스 아코스타(Manuel Sánchez Acosta), 호세 A. 로드리게스(José A. Rodríguez), 마리오 보베아 빌리니(Mario Bobea Billini), 라몬 A. 에스피날(Ramón A. Espinal) 등을 들 수 있다. 그러나 그중에서도 가장 중요한 역할을 담당하고, 그의 역할에 힘입어 '신인들'이 20세기 도미니카 시문학사에 길이 남게 된 인물은 바로 루벤스 수로다. 라 베가는 예로부터 도미니카 공화국의 문화 중심지였다. 어쩌면 그 덕분에 '신인들'처럼 음악가, 화가, 언론인, 작가를 비롯한 다양한 지성들로 이루어진 이질적인 그룹이 등장할 수 있었던 것인지도 모른다. 다만, 그들 예술가들 속에 똬리를 튼 지역주의가 '신인들'이 국내뿐 아니라 세계적인 예술 집단으로 커져가는 데 걸림돌이 되었다. 사실 도미니카 공화국에서는 지방 출신 작가들의 작품활동이 수도 출신 작가들에게 늘 직간접적으로 평가절하되곤 했다. '신인들' 역시 이런 평가절하의 희생양이 되었다. 특히 활동무대를 국외로 넓히려는 시도는 번번이 좌절되고 말았다. 이런 현상을 결국 '신인들'의 예술적 열정을 꺾는 계기가 되었고, 결국 '신인들'은 급속히 그 세가 약해지다가 해체의 수순을 밟게 되었다. 그러나 '신인들'이 후대로 길이 이어지지는 못했지만 그 영향력만은 남아서 20세기 초반에 도미니카공화국 시문학에 팽배하고 있던 이데올로기적 보수주의 성향에 종지부를 찍는 중대한 역할을 담당했다. '신인들'이라는 명칭은 일견 전 세대 예술과의 단절이나 배격을 내포하는 듯이 보이지만 실제로 '신인들'이 그런 태도를 갖지는 않았다. 오히려 모레노 히메네스(Domingo Moreno Jimenes)의 경우에는 '신인들'의 정신적 지주 역할을 담당했으며, 전 세대 예술가들과 '신인들'의 관계는 결코 적대적이지 않아 상호 협력하고 교류했다. 루벤스 수로는 이런 모레노 히메네스를 일컬어 '신인들' 그룹의 키케론이라 했다. '신인들'은 자신들의 저작이 더 많이 판매되고 유포될 수 있도록 모레노 히메네스를 적극 지원하였으며, 동시에 그들 역시 히메네스의 저작을 널리 알리는 데 힘썼다. '신인들'을 양면으로 후원한 것은 수모 폰티피세(Sumo Pontífice), 즉 교황이라는 별명을 가진 모레노 히메네스였으며, '신인들'은 자신들의 예술을 대중에 유포하기 위한 나름의 채널을 마련하고 있어, 처음에는 신문을 주 채널로 활용했고, 추후에는 점차 잡지의 형태로 그 틀을 바꾸게 되었다.

Los pasos perdidos (잃어버린 길) 쿠바 작가 알레호 카르펜티에르의 소설이다. 1953년에 출간된 작품은 환상적 사실주의에 입각하여 이를 완벽하게 표현한 작품이다. 주인공의 두 명의 사랑 사이에서 벌어지는 갈등을 풀어나가며 함께 있을 수 없는 두 개의 세계를 보여준다. ➡ Carpentier, Alejo(알레호 카르펜티에르)

Los prisioneros (로스 프리시오네로스) 1979년 칠레의 산티아고에서 결성된 록 밴드로 칠레 록 분야에 큰 영향을 준 것으로 평가받는다. 군사 독재, 사회적 탄압 등 정치적인 색채가 강한 음악으로 저항의식을 가지고 활동했으며 해체와 재결합을 반복하며 멤버 교체가 종종 있었다. 한편 록 분야의 권위 있는 시상식에서 수상경력을 자랑하며 4장의 음반이 있다.

Los que se van (로스 케 세 반) 문학 사회로 알려진 구아야킬 그룹(Grupo de Guayaquil)에 속하는 데메트리오 아귈레라(Demetrio Aguilera), 호아킨 가예호스(Joaquín Gallegos), 엔리케 힐 힐베르트(Enrique Gil Gilbert)가 1930년 출간한 책이다. 34개의 짧은 이야기로 구성되어 있으며 에콰도르 해안을 배경으로 하여 여러 인물들의 빈곤과 생활을 그린 책이다. 에콰도르 문학의 획을 그은 책으로 문화부는 이 책은 에콰도르 도서관에 꼭 배치되어야 하는 작품이라고 전했다.

Los que vuelven (돌아온 이들) 멕시코의 극작가이자 영화감독인 후안 부스티요 오로 (Juan Bustillo Oro, 1904~1989)의 극작품. 자본주의의 희생자가 되어 본국으로 송환되는 노동자들이 드러내는 비극적 분위기 속에서 나타나는 희망의 상실을 보여주는 작품이다.

Los relatos de viaje en Colombia* (콜롬비아 여행기) 콜롬비아 문학사에서는 하나의

문학 장르로 자리매김하고 있으며, 유럽과 미국이라는 서구세계에 대한 경험을 들려주는 19세기 특유의 장르다. 탄생 배경을 보면, 주로 서간문, 일기문 형식으로 남아 있던 여행기가 어느 시점에 주로 미국인들의 관심을 끌게 되었고, 이것이 결국 활자화되어 출간되기에 이른 것이다. 원래 여행기들은 통상적으로 애초에 저자의 문학적 의도를 담고 있지 않았기 때문에 매우 진솔하고 진정성이 담겨 있기 마련이었다. 실제로 프랑스의 역사학자 프레데릭 마르티네스(Frédéric Martínez)는 "당대의 여행가들이 유럽을 접하면서 겪었던 개인적 체험들은 스페인혈통의 아메리카 인들의 시각을 강력하게 담아내고 있다"고 주장한다. 남아 있는 기록물들에 따르면, 당시의 유럽이라는 공간이 아메리카 태생의 여행가들에게 그리 편안함을 주는 공간은 아니었던 것으로 보인다. 물론, 기록의 주체가 아메리카 인이었고 기록의 대상이 유럽이었기 때문에 상당히 '민족주의적 시각'에서 바라본 감상이 담겨 있을 수밖에 없는 것은 당연한 결과일 것이다. 반면, 같은 맥락에서 볼 때, 유럽을 묘사하는 어조는 기술자가 따르는 정치적 노선에 의해 얼마든지 달라지는 것 또한 당연한 현상이다. 일례로, 매우 보수적인 성향의 기록자는 유럽에서의 성당의 교리문답 교육경험을 바탕으로 가톨릭 교수법에 대해 호감을 갖게 되고, 결국 유럽의 가톨릭을 부각시키는 글들을 쏟아내는 것이다. 그런가 하면 자유주의 성향의 기록자들은 유럽의 근대적 발전상에 대한 기록들을 주로 내놓았다. 그리고 이런 상반되는 성향은 일종의 경쟁으로 작용하여 유럽 소개라는 주제를 놓고 논쟁을 벌이는 계기가 되었다.

Los ríos profundos (깊은 강들)　　페루의 소설가 호세 마리아 아르게다스(1911~1969)의 작품. 주인공 에르네스토(Ernesto)가 백인과 원주민 세계의 경계점에서 회상하는 추억을 통해 다양한 층위의 이야기들이 조화를 이루고 있어 작품의 서정성을 드러내고 있다. ➡ José María Arguedas(호세 마리아 아르게다스)

Los Senderos ocultos (감춰진 작은 길들)　　후기 모데르니스모 작가인 엔리케 곤살레스 마르티네스(Enrique González Martínez, 1871~1952)의 시집. 직접적 경관 묘사와 단순한 형식의 순화된 표현을 구사하였으며 장식주의(decorativismo)를 거부한 당시 흐름을 따라 모데르니스모의 상징인 백조가 아니라 주변 경치를 볼 것을 권하고 있다.

Los tallos amargos (로스 타요스 아마르고스)　　아르헨티나 영화감독 페르난도 아얄라(Fernando Ayala, 1920~1997)의 1956년 작품. 사기범죄에 관한 영화로 1957년 콘도르 데 플라타상(Premio Cóndor de Plata)을 수상했다.

Los trasplantados (로스 트라스플란타도스)　　칠레 작가 알베르토 블레스트 가나(Alberto Blest Gana, 1830~1920)의 소설. 1904년 작으로 고향과 조국을 떠난 아메리카 출신의 이주자들에 대한 풍자를 정확히 보여주고 있다.

Lotería Nacional(Argentina) (국가복권)　　1893년 정부 허가하에 설립된 복권이다. 아르헨티나 자선로또시스템 개념의 국민 생활조건을 높이기 위한 수단이었다. 6개 숫자를 맞춰야 하는 게임이며, 매해 크리스마스 시점에 가장 큰 상금을 추첨한다.

Loveira, Carlos (카를로스 로베이라)　　(1882~1928) 쿠바 출신의 자연주의 소설가이다. 활동할 당시 쿠바 소설의 주류를 이루고 있던 에로틱한 요소를 무시하지 않으면서도 사회적인 문제를 최우선의 관심사로 제기했다. 대표작으로는 『Los inmorales』(1919)와 『Los ciegos』(1922)가 있다.

Loynaz, Dulce María (둘세 마리아 로이나스)　　(1903~1997) 쿠바 출신의 시인이다. 법학을 전공했으나 젊은 시절부터 시 활동을 했다. 포스트모더니즘적 성격으로 특징지어지

는 시 작품은 페미니즘적 화자의 표현과 고도로 상징화된 세계를 창조해냄으로써 내면
적 성격을 지닌다. 대표 시집으로는 『*Versos 1920~1938*』(1950), 『*Poemas sin nombre*』
(1953), 『*La novia de Lázaro*』(1991)가 있다. ➡ La literatura cubana del siglo 20(20세
기 쿠바 문학)

Lozano y Lozano, Carlos (카를로스 로사노 이 로사노)　(1944~1952) 콜롬비아의 정치
가이자 외교관, 통계학자. 하원 의원, 상원 의원, 국회 의장직을 거쳐 여러 중요한 정치
외교적 직책을 수행했다. 1930년 자유주의가 힘을 얻는 데 기여한 인물로 알려져 있다.

Lozano y Lozano, Juan (후안 로사노 이 로사노)　(1902~1980) 콜롬비아의 작가, 경제
학자, 자유주의 정치가이다. 1932년 페루와 국경 문제가 불거지자 군인으로 활동하며 전
투에 참여하기도 했다. 하원 의원과 상원 의원을 거쳐 장관직에 올랐다. 여러 잡지에 기
고하여 사상을 펼치기도 했으며 유머와 아이러니가 결합된 비평을 통해 그는 콜롬비아
에서 가장 뛰어난 언론인 중 하나로 여겨지기도 한다. 시 작품도 썼다.

Lucha social (사회 투쟁)　시위운동, 프로파간다 등을 통해 공동의 유익과 사회적 개선을
도모하는 것으로 아르헨티나의 "마요 광장 어머니회"가 그 예이다.

Lugo Filippi, Carmen (카르멘 루고 필리피)　(1940~) 푸에르토리코의 작가이다. 소설가
페드로 후안 소토(Pedro Juan Soto)와 결혼했으며 여러 언론 저작물에 참여했다. 아나
리디아 베가(Ana Lydia Vega)와 함께 쓴 소설집 『*Vírgenes y Mártires*』(1981)는 푸에르
토리코 사회의 다양한 면을 여성주의적 관점에서 보여주는 비판적 증언으로 평가된다.

Lugones, Leopoldo (레오폴도 루고네스)　(1874~1938) 아르헨티나 출신 작가 및 정치인.
본국 신문사 라 나시온(La nación)에서 기자로 활동하기도 했으며 모더니즘 사조에 매
료되어 수많은 작품을 남겼다. 보르헤스(Jorge Luis Borges, 1899~1986)는 아르헨티나
문학사를 축약한다면 레오폴도 루고네스가 될 것이라고 말하기도 하였으며, 대표작으로
는 『*Los mundos*』(1893), 『*Las fuerzas extrañas*』(1906), 『*Cuentos fatales*』(1926) 등이 있다.
➡ La literatura argentina a mediados del siglo 20(20세기 중반 아르헨티나 문학)

Lule (룰레)　우아르페(Huarpe) 문화의 성향을 보유한 아르헨티나 민족이다. 아르헨티나 북부
에서 발전한 이 민족은 초창기에는 살타(Salta)와 파라과이와 볼리비아 근처에서 시작되
었지만 17세기 말에는 차코(Chaco) 지역에 포함되었다.

Lunario sentimental (루나리오 센티멘탈)　아르헨티나 시인 레오폴도 루고네스(Leopoldo
Lugones, 1874~1934)의 시집이다. 1909년 작으로 작가의 시의 방향이 라포르그
(Laforgue)의 영향으로 바뀌게 된다. 대담한 운율, 반어법, 독창적 언어유희를 구사하
여 도전적, 풍자적 태도를 취한다. 수학용어, 의학용어, 그리스 신화에서 따온 어휘들
이 도입되어 있다. ➡ La literatura argentina a principios del siglo 20(20세기 초 아르
헨티나 문학)

Luvina (루비나)　멕시코의 소설가 후안 룰포(1917~1986)의 단편. 1952년 작으로 『*El llano
en llamas*』에 수록된 이야기들 중 하나이다. 『*Pedro Páramo*』와 상호 텍스트적 관련성을
보이며, 황폐함과 삭막함, 슬픔과 죽음이 드러난다. ➡ Juan Rulfo(후안 룰포)

Luz mala(El farol de mandiga) (악한 불빛)　아르헨티나 북부지역의 전설이다. 식민지
시대에 백인이 원주민들한테 살해를 당한 후 그들의 보물이 묻혔다고 하며, 보물이 있는
장소로 지나가는 사람에게 불빛으로 보물이 묻힌 위치를 보여준다고 한다. 하지만 그 보
물을 찾으러 불빛을 따르는 사람은 욕심으로 인해 악마한테 영혼을 빼앗긴다고 전해진

다. 다른 버전에 의하면 불빛은 보물의 전 주인들의 영혼이라고 하며, 영혼을 본 사람은 겁에 질린다고 한다. 영혼들은 버전에 따라서 그들의 사죄를 구하기 위한 기도를 부탁한 다는 설과 부당한 죽음을 당한 그들의 복수를 구하러 돌아온다는 설도 있다. 이 전설은 '만딩가의 등불(El farol de mandiga)'이라고도 한다.

Luzuriaga, Toribio de (토리비오 데 루수리아가)   (1782~1842) 페루 출신의 군인으로 페 루와 아르헨티나 독립 전쟁에 참여했다. 1801년부터 군인생활을 시작했고 1810년에 는 전쟁 사령관으로 참여했다. 여러 성과를 이룬 후 1821년 장군으로 승진하고 같은 해 페루에서 군대 총수로 임명된다.

Lyra, Carmen(María Isabel Carvajal) (카르멘 리라)   (1887~1949) 본명이 마리아 이사벨 카르바할(María Isabel Carvajal)인 코스타리카 출신의 작가이다. 과격한 정치성 향을 가졌던 그녀는 작품에서는 유년 세계와도 소통이 가능할 만큼 간결한 표현을 사용 해 환상과 상상을 전개시켰다. 대표작으로는 코스타리카 동화의 고전인 『*Los cuentos de mi Tía Panchita*』가 있다.

M

Machaquilá (마차킬라)　　마야 시대의 유적으로 칸쿠엔(Cancuén) 북동부에 위치하며 기념비, 제단, 상형문자 등이 두드러진다. 마야 의식을 집행하는 건물들이 있으며, 특이하게도 틀라츠틀리(Tlatchtli) 경기장이 있다.

Macho (마초)　　지나치게 남성성을 과시하는 사람을 지칭하는 말. 이들은 남성이 여성보다 우위에 있고, 여성은 집안에서 어머니와 아내의 역할을 한다고 생각한다. 남성으로서의 권리는 위험한 모험을 즐기는 것이라고 생각하기도 한다.

Machu-picchu* (마추픽추)　　페루에 있는 잉카 유적지로, 세계에서 가장 유명하고 높은 관광 수요를 가진 곳 중의 하나이다. 동시에 잉카는 건축과 기술에 아주 뛰어난 도시이다. 해발 2.700m 봉우리에 숨겨져 있고 우르밤바 계곡에서는 400m 위에 있으며, 남위 13° 0 7′, 서경 72° 35′으로 수도 쿠스코에서 서쪽으로 철도로 113Km 떨어져 있다. 잉카는 1911년 미국의 역사학자 하이럼 빙엄(Hiram Bingham)에 의해 발견되고 난 이후 연구되고 복구되었다. 지형상 마추픽추의 도시계획은 다른 어떤 곳보다 도시 배열이 산지 지형에 맞게 잘 배열되어 있다. 중심부는 의식을 행하는 신전으로 크고 긴 공간으로 되어 있고 양쪽에는 긴 계단으로 둘러싸여 있으며 고산지대이지만 관개 시설이 중앙 광장을 중심으로 모든 도시로 통하도록 완비되어 있다.

1) 물리적 환경: 아열대 지역 고도 2,350m 우르밤바 계곡에 위치하였으며, 온화한 기후, 따뜻하고 습하며 낮 기온은 13도 아래로 내려가지 않고 12~3월까지 우기기간이다. 또한 모험을 좋아하는 사람에게는 "잉카 길(Camino de Inca)"로 불리는 체험을 할 기회도 가질 수 있다. 이것은 77km에 있는 올란타이탐보(Ollantaytambo) 사원, 88km에 있는 코리우아이라치나(Qorihuayrachina)를 둘러보는 잉카 트레킹이다. 잉카 트레킹은 2~3일 정도 걸리는 여정이다. 마추픽추의 폐허는 발견된 35개의 동명의 신전 가운데 가장 중요한 고고학적 유산이다. 이 도시는 남쪽을 제외하고 모든 면이 둘러싸여 있는 300~500m 깊이의 절벽을 기반으로 있어 자연스럽게 도시가 보호된다. 약 5m 높이와 1.80m 두께의 용벽에 많은 축대를 더하여 강력한 군대의 면을 보여주고 도시 보호를 강화시켰다. 내부는 150개의 건물들이 있으며 여전히 3,000개의 층계가 보존되어 있다.

2) 역사: 스페인 침략자들의 작가들 중 어느 누구에게도 언급되지 않았고 성채는 스페인 사람들에 의해 알려지지 않았다고 생각되며, 그들이 페루에 도착했을 때는 이미 파괴되었을 것이라 짐작된다. 진실은 상대적으로 잘 보존될 가능성이 있었던 최소 4세기 동안 식물들에 의해 감춰진 채로 있었다는 것이다. 마추픽추는 1911년 6월 24일, 우

연히 미국 항해자 하이럼 빙엄 때문에 현재 알려지게 되었다. 사실, 빙엄은 잉카 제국의 마지막 요새인 빌카밤바(Vilcabamba)의 잔재를 찾고 있었다. 그들이 마추픽추를 발견했을 때 그것을 발견했다고 생각했지만, 오늘날 우리는 옛 빌카밤바가 깊은 우림 안에 위치한 팜파족의 유적에서 발견되었다고 알고 있다. 마추픽추는 케추아어로 '나이 든 봉우리'라는 뜻이며, 잉카인들이 스페인의 공격을 피해 산속 깊이 세운 도시라고도 하고, 스페인의 공격을 위해 군사 양성을 목적으로 세운 비밀도시라고도 한다.

Macro-Chibcha (마르코-치브차)   중미와 남미 일부에서 사용되는 어군 중 하나다. 에콰도르, 콜롬비아, 파나마, 코스타리카, 니카라과, 온두라스와 엘살바도르에서 사용되고 치브차(Chibcha)어, 파에스(Páez)어, 초코(Chocó)어, 바르바코아노(Barbacoano)어를 포함해 여러 언어를 포괄하고 있다.

Macuahuitl Azteca (아즈텍 마쿠아우일트)   멕시코 전사들이 사용했던 무기다. 스페인 식민지와 그 이전의 전투에 널리 사용되었다. 칼로 구분되는 무기이지만 전투용 곤봉에 가깝다. 길이는 약 91cm에서 120cm이며 넓이는 약 8cm 정도이다.

Madero González, Francisco Ignacio (프란시스코 이그나시오 마데로 고메즈)   (1873∼1913) 멕시코의 사업가이자 정치인의 여정을 걸어왔다. 1910년 멕시코 혁명을 시작한 인물이며 이 사건 당시 멕시코 대통령직을 위임받다. 3년간 집권하고 임기가 끝난 3일 후 부통령과 함께 살해당했다.

Mafalda (마팔다)   아르헨티나 연재 만화가인 키노의 작품이다. 마팔다는 초등학교 3학년생 소년이다. 이 아이는 중상층 집안에서 자라는 진보주의자이며, 인류와 세계의 평화를 걱정하며, 어른들의 세계를 못마땅해 한다. 마팔다는 라틴아메리카와 여러 유럽 국가에서 유명하다. 현재 30개 이상의 언어로 번역됐으며, 움베르토 에코(Umberto Eco, 1932∼)는 아르헨티나를 이해하기 위한 중요한 작품으로 소개했다.   ➡ Quino(키노)

Magallanes Moure, Manuel (마누엘 마가야네스 모우레)   (1878∼1924) 칠레 라 세레나(La Serena) 출신의 시인이다. 모더니즘 흐름에 속하는 광범위한 작품들을 출간했다. 페드로 프라도(Pedro Prado)가 이끄는 "Grupo de los diez"의 일원이었다. 대표작으로 시집 『*Facetas*』와 『*La jornada*』가 있다.   ➡ La literatura chilena del siglo 20(20세기 칠레 문학)

Magariños Cervantes, Alejandro (알레한드로 마가리뇨스 세르반테스)   (1825∼1893) 우루과이 출생의 작가로 가장 성공을 거둔 대표작 『*Caramurú*』(1865)는 라틴아메리카 자연과 사회의 참된 표현을 있게 한 문학을 추구하는 데 결정적인 영향력을 행사했다. 작품들은 영감이 부족하지만 방대한 저작들은 그를 우루과이 낭만주의의 두드러진 작가들 중 하나로 만들었다. 수필 장르에서도 두드러진다. 대표작품으로는 멜로드라마인 『*Las plagas de Egipto*』(1850), 희극 『*No hay mal que por bien no venga y Percances matrimoniales*』(1850), 풍자적 작품으로 『*El Rey de los Azotes*』(1855), 시집 『*Horas de melancolía*』(1858) 등이 있다.

Magdaleno, Mauricio (마우리시오 막달레노)   (1906∼1986) 멕시코 출신의 극작가, 비평가, 소설가이다. 대농장 제도와 제국주의에 반대했으며 작품에서 토지 소유권에 관한 문제를 과감히 다루었다. 대표작으로는 미국 기업에 적대적인 성향이 잘 드러난 『*Pánuco, 137*』이 있다.   ➡ Novelas de la Revolución Mexicana(멕시코 혁명소설)

Magic Kids (매직 키즈)   1995년에 방송된 아르헨티나 어린이 채널이다. 시청률이 낮았으며,

2006년에 경제적인 문제로 인해 종영됐다. 매직 키즈 채널은 「Zona Virtual」, 「A jugar con Hugo」 등의 여러 채널을 기획하여 방송했으며, 방송사 이름과 같은 이름의 잡지가 출간되고, 방송사 로고가 프린트된 요요 등의 제품이 출시되기도 했다.

Magnotexto (마그노텍스토)　우루과이의 첫 번째 헌법으로, 1830년 7월 18일에 제정되었다.

Mahuad, Jamil (하밀 마우앗)　변호사 출신의 정치가로, 51대 에콰도르 대통령이다. 1998년 대통령에 당선되었으나 1998년의 금융 위기와 부정부패로 인해 대규모 시위가 일어나고 군부로부터의 압력이 강해졌고, 결국 임기를 마치지 못하고 자리에서 물러났다.

Makatampu (마카탐푸)　페루에 위치한 가장 넓은 유적지 중 하나였으나 리마(Lima)의 확장 공사로 손상되었다. 1세기부터 15세기 유물과 약 800개의 무덤이 발굴되었다.

Make-Make (마케-마케)　칠레 이스터 섬 사람들의 신이다. 신이 세상을 창조한 후에 자신의 모습과 새의 모습을 합쳐서 신의 첫 아들인 조인(鳥人)을 만들었다. 하지만 신은 자기의 모습과 흡사하며, 말할 줄 아는 존재를 원했다. 그래서 두 번째 시도에 결과물인 물고기가 생겼다. 그러나 원하는 결과가 아니었기 때문에 붉은 흙이 있는 돌을 수정해보았다. 그 결과로 사람이 창조되었고 신은 매우 기뻐했다.

Maldición eterna a quien lea estas páginas (말디시온 에테르나 아 키엔 레아 에스타스 파히나스)　아르헨티나의 작가 마누엘 푸익(1932~1990)의 소설. 1980년 출판되었으며 작가의 심장병으로 인해 뉴욕에 머물던 당시의 한 청년과의 대화를 소설화한 작품이다. 아르헨티나 망명자와 역사 선생의 대화를 통하여 기억에 의존하여 정치와 문화를 결론내리는 것의 위험성을 보여주고 있다. ➡ Manuel Puig(마누엘 푸익)

Mallea, Eduardo (마예아, 에두아르도)　(1903~1982) 아르헨티나의 외교관이자 작가이다. 진정한 아르헨티나 정신에 대한 깊이 있는 탐구, 근대인의 소외와 고독을 주제로 작품을 만들었으며, 중남미 심리소설의 대가로 꼽힌다. 대표작으로 『Todo verdor perecerá』(1941), 『Chaves』(1953)가 있다.

Mam (맘)　과테말라 북부 고원에 대부분 거주하는 마야 원주민 부족 중 하나로 약 64만 명의 인구가 맘어(Mame)와 스페인어를 구사한다. 64만 인구 중 약 62만 명이 과테말라의 우에우에테낭고(Huehuetenango), 산 마르코스(San Marcos), 케찰테낭고(Quetzaltenango)에 거주하며 약 2만 명이 멕시코 남부에 거주한다. 마야 시대 맘족의 수도는 사쿨레우(Zaculeu)였다.

Mama Ocllo (마마 오크요)　잉카 제국의 첫 번째 황제 망코 카팍(Manco Cápac)과 남매이자 아내였다. ➡ Literatura del Imperio Inca(잉카 제국의 문학)

Mama Quilla(Quilla 혹은 Mama Kilya) (마마키야)　잉카족에서 달이자 신으로 여기는 신의 명칭이다. 인티(Inti) 신의 여동생이자 아내이다. 창공을 보호하는 신이며 여성의 생리현상을 감시하고 기혼녀를 보호하는 신이라고 한다.

Mama Sara(Maíz Madre) (마마사라)　잉카족 식물의 신이다. 케추아어로 "옥수수의 어머니(Maíz Madre)"라는 의미이다. 식물의 신들 중에서 가장 주된 신이다.

Mama-Cocha(Mama Kocha) (마마코차)　잉카족의 바다의 어머니이며, 여자다운 모든 것을 상징하는 신이다. 마마코차는 어부들이 각별히 숭배한 신이다.

Mañach y Robato, Jorge (호르헤 로바토 마냐체)　(1898~1961) 쿠바의 수필가, 극작가, 언론인이자 정치인이다. 작품의 방대함과 다양함은 그를 20세기 쿠바의 위대한 사상가 중 하나로 여겨지게 했다. 1934년과 1955년 두 차례 망명길에 올랐으나 두 번 모두 쿠바로 돌아온다. 그러나 1959년 이후 다시 정치적 이유로 망명길에 올라 푸에르토리코에서 생을 마감한다. 대표 작품집으로는 『Glosario』(1924), 『La crisis de la alta cultura』(1925) 등이 있다.

Mancisidor Ortiz, José (호세 만시시도르 오르티스)　(1895~1956) 멕시코의 작가이자 역사가이다. 마르크스주의 사상에서 출발하여 멕시코 혁명에 참여했다. 제1차 독립 전쟁에 관한 많은 역사적 작품의 작가이며 후아레스(Juárez)와 혁명에 대해 다루고 있다. 소설들은 민족주의와 혁명의 주제로도 잘 알려져 있으며 대표작품으로는 『La asonada』(1931), 『La ciudad roja』(1932), 『El alba en las simas』(1953), 『Frontera junto al mar』(1953) 등이 있다.

Manco Capac (망코 카팍)　잉카족의 전설에 등장하는 잉카의 초대 지배자이다. 잉카족의 기원 중 가장 유력한 전설에 따르면 1200년경 현재 쿠스코 시 남동쪽 30km 지점의 한 동굴에서 잉카인들의 조상이 태어났다. 그들은 총 네 형제와 네 자매였으며, 이 중 망코 카팍이 중심이 되어 쿠스코 계곡에 정착을 하고 점점 잉카 제국을 형성해 나간다.

Manco Inca (망코 잉카)　(Manco Inca, 1515~1545) 또는 망코 카팍 2세(Manco Cápac II)는 첫 번째 빌카밤바의 잉카(Inca de Vilcabamba)였다. 그는 아타우알파(Atahulpa) 군대에서 빠져나와 스페인인들에게 도움을 청했다. 스페인인들로부터 잉카 왕으로 임명받았지만 여러 차례의 약탈 이후 1536년 반역을 일으켜 쿠스코(Cuzco) 해방을 성공할 뻔했지만 전쟁이 길어지자 실패하고 1545년 사형에 처한다.

Mandinga (만딩가)　라틴아메리카에서 악마를 만딩가(Mandinga)라고도 한다. 전설에 따르면, 사람들이 많은 곳에 나타나는 만딩가는 사람들이 죄를 짓도록 유도한다. 사람들은 이 전설을 초자연적인 사건에서부터, 술 취한 마부 때문에 발생하는 사고, 미혼모 또는 불륜의 변명으로 사용하기도 하며, 아이들에게 만딩가가 있다고 하여 위험한 곳에 가지 못하도록 하기도 한다.

Manifestación (시위 운동)　경제, 정치, 사회 집단의 의견을 공개적으로 표현하는 수단 중 하나로 거리 집회의 형태로 주로 행해진다.

Mansilla, Lucio Victorio (루시오 만시야)　(1831~1913) 아르헨티나 출신으로 재주 있는 이야기꾼이며 경쾌한 작가의 전형적인 예로 들 수 있다. 작품들은 모두 19세기 후반의 아르헨티나 풍습과 정치 상황을 연구하는 데 귀중한 자료가 되고 있다. 대표작으로는 『Retratos y recuerdos』, 『Entre nos』, 『Mis memorias』 등이 있다.

Manuel de Zequeira y Arango (마누엘 데 세케이라 이 아랑고)　쿠바 출신의 시인 (1760~1846)으로 아메리카 자연을 묘사하는 시를 많이 남겼다. 교훈적인 서정이 가득 담긴 그의 작품 『Las Silvas Americanas』의 머리말에는 조국의 풍광과 그 땅이 빚어낸 풍성한 결실을 순수한 신고전주의 기법으로 묘사하고 있다.

Manuel Puig* (마누엘 푸익)　(1932~1990) 라틴아메리카 문학에 새로운 담론을 제시한 아르헨티나 작가이다. 1950년대 아르헨티나의 수도 부에노스아이레스에서 대학에 입학하지만 영화감독의 길로 접어들기 위해 장학금을 받아 이탈리아로 떠난다. 이런 계기로 푸익은 영화와 연극 대본을 비롯한 소설까지 활동 영역을 넓혀간다. 작품에서 영화와의 상호텍스트성과 문학 담론에 영화기술을 접목시키고자 하는 끊임 없는 시도가 이루어지는 것을 쉽게 목도할 수 있다. 대표작은 『La traición de Rita Hayworth』(1968), 『El beso de la mujer araña』 등이 있다. 『La traición de Rita Hayworth』은 1969년 프랑스 <Le

Monde>지에 의해 1968~1969년의 최고의 소설로 선정되었다. 푸익은 영화적인 요소 외에도 특정 문화로 간주될 수 있는 다양한 요소를 자신의 문학작품에 편입시켰다. 다시 말해, 19세기의 대중소설과 이로 인해 파생된 소위 연애 소설, 라디오와 TV소설, 솝 오 페라(soap opera)의 회복을 바탕으로 현 시대의 사회적, 심리적, 정치적 양상들을 비판 적으로 재구성하는 성향을 보인다. 푸익의 소설은 대부분 독백, 편지, 일기 등으로 문학 담론을 구성하고 있고 몽상과 환상의 세계와의 관계와 근거를 제시하면서 근본적인 소 통의 부재와 존재조건의 공허함과 단조로움을 드러낸다. 이런 특성이 두드러지는 작품으 로 『La traición de Rita Hayworth』과 『Boquitas Pintadas』(1969)를 꼽을 수 있다. 푸익의 세 번째 소설인 『The Buenos Aires Affair』(1973)는 탐정 구조로 작품을 구성하면서 성적 인 좌절감의 문제를 패러디한다. 『El beso de la mujer araña』(1976)는 세계적인 명성을 얻 은 작품으로 꼽을 수 있을 것이다. 이 작품은 당시 아르헨티나와 라틴아메리카의 정치적 인 현실을 텍스트에 편입시키면서 텍스트의 다양성을 통해 폭력과 고문이라는 주제를 다룬다. 푸익의 나머지 작품 『Pubis Angelical』(1979), 『Maldición eterna a quien lea estas páginas』(1980), 『Sangre de amor correspondido』(1982), 『Cae la Noche Tropical』(1988)에서 도 다양한 색채가 텍스트에 가미되어 대화 담론이 상호작용하는 특징이 작품에서 두드 러진다. 푸익은 반어적이고 감상적인 표현을 이용하여 사회적으로 소외된 이들과 사회적 약자들의 목소리를 대변한다.

Manuel T., Podesta (포데스타 마누엘 T.)　　(1853~1918) 아르헨티나 출신의 정신과 전 문의로서 자신의 지식과 임상 경험을 소설을 통해 드러냈다. 1889년에 『Irresponsable』을 출간하는데, 이 작품은 유전적인 신경증의 사례를 매우 세부적으로 분석해 놓은 것이다.

Manuel, Acuña (아쿠냐 마누엘)　　(1849~1873) 멕시코 출신의 시인이다. 시 『La ramera』 는 낭만주의의 주제가 넘치고 어린 나이로 인한 경험 미숙이 드러나는 작품이었다. 반면 작품 『Borrascas de un sobretodo』는 경쾌하고 코믹한 대화로 이루어진 소희극으로 인물과 상황에서도 웃음을 자아낸다.

Manuelita (마누엘리타)　　아르헨티나의 시인 마리아 엘레나 왈쉬(María Elena Walsh, 1930~ 2011)의 대표 동요곡이다. 1962년 『Doña Disparate y Bambuco』 앨범에서 수록되었다. 『Manuelita』의 인기로 만화연재, 여러 차례의 연극들과 영화까지 생겼다. 그 외에도 마 누엘리타의 캐릭터 제품도 다양하게 만들어졌다. 동요의 내용은 사는 마누엘리타 거 북이가 지나가던 수컷 거북에게 반해 마음을 빼앗으려 예뻐지고 싶어 하고, 파리로 떠 났다가 돌아온다는 내용이다. ➡ Literatura juvenil latinoamericana(중남미 아동문학)

Manzana de las luces (빛의 블록)　　아르헨티나 부에노스아이레스 시의 역사적 전통을 자랑하는 블록을 일컫는다. 대통령 관저를 비롯한 주요 건물들이 있는 곳이며 식민지 시 대 때부터 역사적 사건들의 중심지가 된 곳이다.

Maples Arce, Manuel (마누엘 마플레스 아르세)　　(1898~1981) 멕시코 출신으로 에스트 리덴티스모의 주장이 담긴 선언문인 「Actual Numero 1」(1921)를 평론지 <Actual>에 발 표했다. 그 선언문에서 운동의 목적을 부르주아적 소비사회와 독창성의 부재, 정치적 타 락을 공격하는 것이라고 밝혔다. ➡ Estridentismo(과격주의)

Mapuche (마푸체)　　칠레에서 수적으로 가장 큰 원주민 민족이다. '땅의 사람들'이라는 뜻을 가지고 있는 마푸체족은 약 50만 명의 인구가 이루고 있고 칠레 남부 아라우카 지역 (región de la Araucanía)에서 발전했다.

Mar del Plata (마르 델 플라타)　　대서양 해안에 접해 있는 아르헨티나의 도시이다. 부에노스아이레스(Buenos Aires)로부터 남쪽으로 약 400km 남쪽에 위치한다. 부에노스아이레스 주에서 두 번째로 큰 도시이다. 지명의 뜻은 은의 바다라는 뜻이다.

Maracas (마라카스)　　씨 말린 표주박 2개를 양손에 쥐고 흔들어서 울리는 몸 울림 악기이다. 박에 나무 손잡이를 대고 박 안에는 작은 돌, 씨앗 또는 둥근 구슬들을 채워 흔들어 소리를 낸다. 일반적으로 두 개가 짝을 이루는데 오늘날에는 박 대신에 가죽, 코코넛 껍질, 플라스틱, 섬유 유리 등을 사용하기도 한다. 볼레로와 살사의 춤곡에 사용된다.

Maradona, Diego Armando (디에고 아르만도 마라도나)　　1960년 10월 30일, 아르헨티나 부에노스아이레스에서 태어났다. 옛 축구선수이며, 은퇴 후 축구감독이 되었다. "El Diez(10번)"라고 불리며, 1986년 월드컵 결승전에서 아르헨티나 축구대표팀과 우승을 차지했다. 아르헨티나 "Boca Juniors" 축구팀과도 많은 경기를 이겼지만, 마약사건들로 많은 논란을 일으켰다. "Argentino Juniors" 축구팀에서 데뷔를 했다.

Maranga (마랑가)　　페루 리막(Rímac)의 가장 중요한 도시로 자리 잡고 있었으며 1535년 스페인 식민지 시작과 함께 페루의 수도가 되기도 한 도시다. 총 14개의 대형 피라미드가 있고 최초 문명은 200년부터 시작된 것으로 추정된다.

Marechal, Leopoldo (레오폴도 마레찰)　　(1900~1970) 아르헨티나 소설가, 시인, 극작가이자 수필가였으며, 중고등학교 선생직도 역임했다. 그의 어린 시절 부에노스아이레스를 작품 속에서 만날 수 있으며, 그의 확고한 성격도 느낄 수 있다. 대표작으로는 『*Adán Buenosayres*』(1948)가 있으며, 그 외에 『*Los Aguiluchos*』(1922), 『*Días como flechas*』(1926), 『*Narración con espía obligado*』(1966) 등이 있다.

María (마리아)　　콜롬비아의 소설가 호르헤 이사악스(Jorge Isaacs, 1837~1895)의 작품으로, 1867년에 출간되자마자 대성공을 거두었다. 전 세계적으로도 많은 인기를 누려 19세기에만 20판이 넘는 인쇄를 기록하기도 했다. 이 작품은 자전적인 요소가 많이 포함된 낭만주의 소설로, 사실주의적인 양상도 띠고 있다. ⇒ Canones en America Latina(라틴 아메리카의 정전)

Mariachi* (마리아치)　　1. 멕시코의 다른 지역들과 할리스코(Jalisco) 지역에서 나온 유명한 춤과 음악, 2. [넓은 의미로는] 기본적으로 25현 기타와 바이올린, 트럼펫, 비우엘라, 기타로 구성되어 있고, 유명한 멕시코 음악을 연주하는 밴드 [환유적으로] 음악 그룹을 구성하는 멤버들 각각을 의미, 3. (형용사) [멕시코 가정에서 사용] 얼빠진 또는 덜 능숙한이라는 뜻으로 사용.

1) 어원: 수년간 음악연구들과 민속학자들은 지금까지 어떠한 결론에 도달하지 못했지만 마리아치 용어의 기원에 대해 아직까지 논의하고 있다. 가장 많이 받아들여지는 이론 중 하나는 '결혼식'이라는 의미의 프랑스어 'meriage' 단어에서 유래되었고 이것은 이러한 결혼식에서 연주하기 위해 구성된 음악의 한 형태였다. 하지만 이 설명은 프랑스인들이 한 번도 방문하지 않았던 멕시코 지역에서 출현했다고 고려된다면 전적으로 신뢰가 가지 않는 설명이며, 1864년 막시밀리아노 1세(Maximiliano I)를 왕위에 올리기 위해 프랑스인들이 멕시코를 침략했을 때는 마리아치가 나타나고 난 훨씬 이후이다. 아마도 원주민의 근원을 가질 수도 있는 용어일 수 있겠다. 나무로 만들어지는 악기들의 원래 이름이거나 그들이 추었던 춤의 이름일 수 있다. 이 경우, 마리아치라는 단어는 악기에 적용될 수 있고, 환유적으로 그것을 연주하는 사람에게 적용될

수 있다. 다른 가능성들은 'María H.'라 불리는 처녀를 기념하기 위하여 마리아 의식을 여는 데서 유래한 것이라고도 한다.

2) 발생: 초기 멕시코 거주자들은 종교 의식을 행하는 부분으로 달그락 거리는 소리가 나는 장난감, 북, 사탕수수(줄기), 점토로 만든 피리, 조개 뿔로 자신들의 음악을 연주하였다. 스페인 사람들이 멕시코에 왔을 때, 기독교가 퍼지는 대로 원주민들에게 강요했던 바이올린, 기타, 비우엘라, 하프 등 자신들의 악기를 가져왔다. 인디언들과 혼혈(인디언 여자와 백인 남자 사이에 태어난)들은 그것을 연주하는 것을 배웠고, 많은 경우 특별한 방법으로 그들 자신이 악기를 만들었다. 이런 악기들 중 많은 것들이 대체적으로 가톨릭 미사 동안 사용되었고, 이후 풍자적이나 반교권주의 문제에 대한 유명한 음악을 만들기 위해 침입자들에 반대하는 열망에 의해 이끌린 토착민들에 의해 이후 사용되었다.

3) 변천: 오늘날 우리가 알고 있는 마리아치 형태는 대략, 할리스코(Jalisco) 지역에서부터 퍼지기 시작했고, 코쿨라(Cocula) 도시에서, 그리고 전국적으로 빠르게 퍼져 나갔다. 전통적인 스페인, 멕시코, 아프리카의 음악을 섞은 손(쿠바의 민속음악)의 형태였고, 초기 마리아치들은 목장과 농장에서 일거리를 찾고 있던 집 없는 음악가들이었다.

4) 특징: 오늘날 마리아치라 불리는 그룹의 형태는 6~8명이 바이올린을 연주하고 두 명은 트럼펫 그리고 한 명은 기타를 연주하는 구성으로 되어 있다. 여기에 마리아치만의 리듬과 활기를 주는 기타의 특별한 형태인 비우엘라가 추가되고, 전체 합주의 아래에서 연주를 돕는 25현 기타와 멕시코 하프는 오늘날 멕시코의 유산의 한 부분을 형성한다. 보통 남성우위적, 사랑, 배신, 죽음, 혁명적 영웅과 심지어는 식물, 동물 등에 대한 노래를 부르고 마리아치 노래 중 가장 잘 알려진 노래는 "라 쿠카라차 (La cucaracha)"가 있다.

Mariani, Roberto (로베르토 마리아니)　(1892~1946) 아르헨티나의 작가이다. 사회 참여적인 작품을 썼으며 정치적으로도 활동했다. 소위 "Grupo de Boedo"라고 불리는 문학 그룹에 참여했다. 대표작으로 『Regreso a Dios, Las acequias』 등이 있다.

Mariano, Brull (브룰 마리아노)　쿠바의 시인(1891~1956)으로 1928년 파리에서 발표된 『Poemas en menguante』를 시발점으로 하여 소위 '순수시'라 불리는 전위주의 사조를 자국에 도입하였다. 대표작 『jitanjáfora』를 통해 언어의 유희를 가장 극명하게 보여주었다.

Mariátegui, José Carlos (호세 카를로스 마리아테기)　(1894~1930) 페루의 작가, 기자이자 라틴아메리카의 주된 마르크스주의 사상가이다. 10살에 다리를 크게 다쳐 학교를 다니지 못하고 어머니와 누나 밑에서 공부를 했다. 신문사 <La Prensa>에서 일을 시작하면서 당시 정치적인 현황을 알게 되며 몇 개의 기사를 싣게 되었다. 그 후 신문사 <El Tiempo>, 연달아 <Colónida> 잡지에서 일했으며, 사상적인 기사로 인해 유럽으로 추방당했다. 1919년 하반기부터 1923년 초까지 유럽의 유명 작가들과 어울리며 견문을 넓혀, 다시 페루로 돌아갔을 때는 이전과 전혀 다른 성향의 잡지 <Amuta>를 창간했다. ➡ José María Arguedas(호세 마리아 아르게다스)

Marín Cañas, José (호세 마린 카냐스)　(1904~1980) 코스타리카의 소설가, 극작가, 수필가이자 기자이다. 13세에 마누엘 벨라스케스(Manuel Velázquez)와 편집 작업을 하며 작가의 길을 시작했다. 1년 후에 <La República> 신문에 그의 첫 서신을 실었다. 코스타리카에서 뛰어난 기자로 알려진 후 23세에 『Los bigardos del ron』(1929) 첫 작품 출판했다. 주된 작품으로는 『*El infierno verde; la guerra del Chaco*』(1935)이 있다.

Marinello, Juan (후안 마리네요)   (1898~1977) 쿠바의 시인, 수필가, 문학비평가이자 정치인이다. 개인의 자유에 대한 수호와 쿠바 해방을 위한 투쟁을 그린 뛰어나고 다양한 작품을 썼다. 20세기 히스패닉아메리카의 가장 뛰어난 예술가이자 지성인으로 여겨진다. 1959년 쿠바 혁명 때 피델 카스트로(Fidel Castro) 정부에 직접적으로 공조하였으며 후에 사회당 중앙위원회의 위원으로 임명되었고 국가 연합 의장 등의 정치직을 맡았다. ➡ La literatura cubana del siglo 20(20세기 쿠바 문학)

Marinera (마리네라)   해안지역에서 태동된 음악으로, 인디오와 스페인의 혼합적인 음악이다. 이중적인 의미와 약자적인 내용으로 구성된 가사를 사용한다. 크리오요 왈츠(Criollo Waltz)는 아마도 오늘날 페루에서 가장 인기 있는 음악으로서 19세기에 등장해 제2차 세계대전까지는 주로 페루 북쪽지방에서만 유행했다. 그러나 오늘날 통신과 교통수단의 발달로 인해 전국적으로 인기가 확산되었다.

Mariño, Santiago (산티아고 마리뇨)   (1788~1854) 베네수엘라의 군인이자 정치인. 시몬 볼리바르(Simón Bolívar, 1783~1830)의 독립 전쟁 당시 주요 인물 중 하나이다. 1834년 대통령 선거에 출마했으나 호세 마리아 바르가스(José María Vargas, 1786~1854)와의 경합에서 패배했다.

Mario Benedetti* (마리오 베네데티)   우루과이 태생의 작가로 80여 작품을 쏟아내고, 20여 작품이 번역되어 해외에서 출간된, 우루과이 문학계의 거두다. 1920년 우루과이의 파소 데 로스 토로스(Paso de los Toros)에서 태어나 어린 시절을 수도 몬테비데오에서 보냈으나, 70년대 독재기를 겪으면서 정치적 망명을 떠나 부에노스아이레스, 아바나, 마드리드 등지를 제2의 고향 삼아 떠돌았다. 처음 문단에 발을 들인 것은 주간잡지 <Marcha>의 편집 일을 맡으면서였고, 이 일은 1945년에서 1974년까지 지속되었다. 또한 <Marginalia>, <Número>, <La Mañana> 등지에 문학비평을 발표하기도 했다. 작품은 모든 장르를 아우르는 것으로, 단편소설에서부터 장편소설, 시, 에세이, 희곡에 이른다. 최초의 단편집은 『*Esta mañana y otros cuentos*』(1949)였고, 뒤를 이어 『*Montevideanos*』(1959), 『*Con y sin nostalgia*』(1977), 『*Geografías*』(1984), 『*Despistes y franquezas*』(1989) 등을 선보였다. 첫 소설은 『*Quién de nosotros*』(1953)였는데, 반응이 매우 좋아 결국에는 『*La Tregua*』(1960)가 나오는 토대가 되었고, 『*La Tregua*』는 훗날인 1974년에 영화화되어 오스카 최우수 외국어 영화상을 수상하기도 했다. 그 외에도 『*Gracias por el fuego*』(1965), 『*El cumpleaños de Juan Ángel*』(1971), 『*Primavera con una esquina rota*』(1982), 『*La borra del café*』(1992), 『*Andamios*』(1996) 등이 줄지어 출간되었고, 하나같이 큰 반향을 이끌어낸 바 있다. 시집도 30권 넘게 발매되었는데, 그중에서도 『*Cotidianas*』, 『*Poemas de otros*』, 『*Viento del exilio*』, 『*Las soledades de Babel*』, 『*Inventario Uno*』(1963), 『*Inventario Dos*』(1994), 『*Inventario Tres*』(2003) 등이 대표적이다. 그의 문학에 항상 등장하는 주제는 몬테비데오의 일상, 망명, 타인과의 약속 등이다.

Mario Vargas Llosa* (마리오 바르가스 요사)   (1936~) "권력 구조도와 개인의 저항에 대한 신랄한 이미지와 이에 따른 반란과 패배"를 작품 속에 그려내며 2010년 노벨 문학상을 수상한 페루 작가이다. 바르가스 요사는 볼리비아 코차밤바에서 유년 시절을 보내고 이후 페루로 귀국해 레온시오 프라도 군사학교에서 소년시절을 보냈다. 군사학교의 경험을 바탕으로 바르가스 요사의 첫 소설 『*La ciudad y los perros*』가 출간된다. 또한 1954년

18세의 나이로 삼촌의 미망인과 결혼을 하면서 집안에 큰 물의를 일으킨다. 이런 경험을 소설 『La tía Julia y el escribidor』의 소재로 활용하지만 오늘날 작품과 연관 지어서 회자되지는 않는다. 바르가스 요사는 당시 페루 사회의 현실적인 비전을 고민하던 '50세대(Generación del 50)' 작가들 옆에서 문학적 기반을 다져간다. 따라서 초기 작품들은 후안 라몬 리베이로(Julio Ramón Ribeyro)의 영향을 받았지만 점차 혁신적인 소설 기법들을 사용하게 된다. 이렇게 바르가스 요사는 사르트르와 플로베르를 비롯한 초현실주의 미학에 관심을 갖게 된다. 바르가스 요사의 작품 세계는 세 단계로 나뉠 수 있다. 첫 번째 단계에 속하는 작품은 다음과 같다. 초기 단편을 수록한 『Los Jefes』(1959), 『La ciudad y los perros』(1963), 『La Casa Verde』(1966), 『Conversación en la Catedral』(1969). 바르가스 요사는 이 단계에서 다양한 기법과 사건을 이용해 실험적인 글쓰기를 하면서 똑같은 기법이 반복되지 않고 더 복잡한 소설 세계를 기교적으로 다루는 데 뛰어난 능력을 보인다. 이런 의미에서, 바르가스 요사는 단위적인 개념에서부터 보편적 개념으로 이어지는 진보적인 발전을 보인다. 이들 작품들의 공통점은 소외되거나 사회에 적응하지 못한 인물들의 등장이다. 두 번째 단계에는 『Pantaleón y las visitadoras』(1973), 『La tía Julia y el escribidor』(1977), 『La guerra del fin del mundo』(1981), 『Historia de Mayta』(1984), 『¿Quién mató a Palomino Molero?』(1986), 『El hablador』(1987), 『Elogio de la madrastra』(1988)가 해당된다. 이 단계에서 라틴아메리카 사회와 세계에 대해 두 가지 면모를 드러낸다. 『Historia de Mayta』와 『La guerra del fin del mundo』에서 명백히 드러나는 정치 상황에 대한 고찰이다. 바르가스 요사의 이런 고민은 행동으로도 나타나는데 목표 달성은 못 했지만 1990년 페루 대통령 선거에 출마하기에 이른다. 이후 바르가스 요사는 후지모리 전 대통령의 쿠데타로 인해 페루를 떠나 1994년 스페인 국적을 신청하게 된다. 이 단계에서 드러나는 또 다른 요소는 자신의 경험에 대한 고찰이다. 『Pantaleón y las visitadoras』는 연극적인 경향을 보이고, 『¿Quién mató a Palomino Molero?』에서는 다소 과장되고 뒤틀린 탐정소설 기법을 사용하면서 비판의 대상과 거리를 두고자 한다. 세 번째 단계에서는 이전 단계와 마찬가지로 정치적 관심과 작가의 개인적 관심이 작품에 녹아나는데 여기에 추가되는 요소는 인간에 대한 고찰이다. 이후 2006년에 『Travesuras de la niña mala』을 출간하는데 바르가스 요사의 말을 빌리면 "모든 낭만주의 신화에서 벗어난 사랑의 탐구"에 관한 작품이다.

Mármol, José (호세 마르몰) 아르헨티나의 시인이자 소설가, 정치가, 언론인으로, 1817년에 출생하여 1871년에 사망했다. 그는 로사스(Rosas)의 독재정치에 반대하는 운동에 참여하였고, 이로 인해 망명생활을 하기도 했다. 로사스 정권이 물러난 후에는 국립도서관장을 역임하기도 했다. 주요작품으로는 『Amalia』와 시 『Cantos del peregrino』가 있다. ➡ La Generación del 37(Argentina)[37세대(아르헨티나)]

Marqués de Torre Tagle (토레 타글레 후작) (1779~1825) 크리오요 귀족 출신의 페루 군인이자 정치가. 독립운동을 지지했으며 트루히요, 리마 등을 다스렸다. 그중 페루에서는 1823년 대통령직을 수행하기도 했다.

Marqués, René (레네 마르케스) (1919~1979) 푸에르토리코의 소설가, 수필가, 극본가이다. 푸에르토리코 문단에서 실존주의적 흐름의 대변자들 중 하나로 여겨진다. 가장 소외된 계층을 대변하는 그의 열정과 그의 조국을 계속해서 위협하는 미국의 식민화에 대한 대항으로 특징지어진다. 푸에르토리코의 과두 지배 계급에 대한 비판적 관점을 옛 신화의 개작을 통해 풀어내었다. 대표작으로는 희곡『El sol y los MacDonald』(1952), 『Otro día nuestro』(1956), 자적전 소설『La víspera del hombre』(1959) 등이 있다.

Marquéz, Rene (레네 마르케스)　(1919~1979) 푸에르토리코 출신. 극작품들뿐만 아니라 신문 기사와 소설, 수필로도 유명한 작가이다. 대표적인 작품으로는 실존적인 경향이 짙은『Hombre perdido』와 오이디푸스 콤플렉스를 재구성한『El sol y Macdonald』가 있다.

Martell Caminos, Ricardo (리카르도 마르텔 카미노스)　(1920~) 엘살바도르의 작가로 순수한 포스트모더니즘 스타일의 뛰어난 작품을 썼다. 대표작으로는 서정적 시집『Media luz』(1953), 희곡『A falta de pan』(1953), 소설집『Un número cualquiera』(1967)가 있다.

Marti Pérez, José Julián (호세 훌리안 마르티 페레스)　(1853~1895) 쿠바 하바나 (Habana) 출신의 시인, 수필가, 기자, 사상가이자 정치인. 스페인에 대항해 싸우다가 순국한 쿠바 독립운동의 상징이자 쿠바의 국부로 추앙받는다. 많은 라틴아메리카 지성인들이 찬사를 아끼지 않는 인물이다.

Martí Pérez, José Julián (호세 훌리안 마르티 페레스)　본명은 호세 훌리안 마르티 페레스(José Julián Martí Pérez)이며, 1853년 1월 28일에 태어나 1895년 5월 19일에 전투에서 사망하였다. 쿠바의 시인이자 수필가인 그는 라틴아메리카 문학에서 중요한 위치를 차지하고 있으며, 정치가로서 쿠바 독립운동에 가담하기도 하였다.

Martín(Hache) (마르틴)　아르헨티나 영화감독 아돌포 아리스타라인(Adolfo Aristarain, 1943~) 감독의 1997년 영화. 아르헨티나와 스페인 공동 제작으로 마르틴이 본명이지만 아체(H)라고 불리는 한 소년의 이야기를 담고 있다. 1998년 콘도르 데 플라타상(Premio Cóndor de Plata) 감독상을 수상했으며 하바나 국제영화제를 비롯하여 여러 영화상에 노미네이트되었다.

Martín Fierro (마르틴 피에로)　아르헨티나의 작가 호세 에르난데스(José Hernández, 1834~1886)의 서사시로 당시 만연하던 모더니즘 사조에 대항하기 위해 쓰인 가우초(Gaucho) 문학이다. 역사적 자주성을 회복할 것과 가우초의 역사적 의의를 호소하는 내용으로, 『El Gaucho Martín Fierro』(1872)와 『La Vuelta de Martín Fierro』(1879)로 두 번에 걸쳐 발표됐다. ⇒ La literatura argentina a mediados del siglo 20(20세기 중반 아르헨티나 문학)

Martín Fierro(película) [마르틴 피에로(영화)]　아르헨티나의 영화감독 레오폴도 토레 닐손 (Leopoldo Torre Nilsson, 1924~1978)의 1968년 작품이다. 호세 에르난데스(José Hernández, 1834~1886)의 동명 가우초 시『Martin Fierro』(1872)를 바탕으로 한 영화로 1969년 콘도르 데 플라타상(Premio Cóndor de Plata)을 수상했다.

Martínez de Perón, Isabel (이사벨 마르티네스 데 페론)　아르헨티나의 무용수 출신 여성 정치인이다. 후안 도밍고 페론(Juan Domingo Perón)의 세 번째 부인으로, 남편의 러닝메이트로 대통령 선거에 출마하여 부통령이 되었다. 후안 대통령의 사망으로 대통령직을 승계했으나, 경제 파탄과 정치 혼란으로 국민들의 반감을 사다가 1976년 쿠데타로 실각했다.

Martínez Estrada, Ezequiel (에제키엘 마르티네스 에스타라다)　(1895~1965) 아르헨티나의 시인, 수필가, 소설가, 극작가. 방대하고 다양한 저작을 했으며 주요 문학 장르를 발전시켜 나갔다. 결정적으로 아르헨티나의 포스트모더니즘 작가군 세대에 영향을 주었다. 초기엔 시를 쓰다가 수필과 소설로, 이후에는 새로운 종류의 수필을 쓰는 데 몰두했다. 작품으로는 시집『Nefelibal』(1922), 『Humoresca』(1929), 에세이『Muerte y transfiguración *de Martín Fierro*(1948), 소설 『*La tos y otros entretenimientos*』(1957)가 있다.

⇒ La literatura argentina a mediados del siglo 20(20세기 중반 아르헨티나 문학)

Martínez Moreno, Carlos (카를로스 마르티네스 모레노)　(1917~1986) 우루과이의 논쟁적인 작가이다. 『*El paredón*』(1963)으로 사랑과 증오에 대하여, 『*La otra mitad*』(1966)로 쿠바 혁명의 성공에 대한 문학적 찬미를, 『*El color que el infierno me escondiera*』(1963)으로 게릴라를 테마로 다루고 있다. 언론과 문학 비평에서도 활동했으며 다양한 상을 수상했다. ⇒ La literatura uruguaya del siglo 20(20세기 우루과이 문학)

Martínez Moreno, Carlos (카를로스 마르티네스 모레노)　(1917~1986) 우루과이의 변호사이자 작가이다. 언론계와 연극 비평에 종사했다. 여러 문학상을 수상했으며 1977년 라틴아메리카 단편소설상을 받았다. 대표작으로는 『*Los días por vivir*』(1960), 『*El paredón*』(1963), 『*La otra mitad*』(1966), 『*Con las primeras luces*』(1966), 『*Coca*』(1970), 『*Tierra en la boca*』(1974) 그리고 『*El color que el infierno me escondiera*』(1981) 등이 있다. ⇒ La literatura uruguaya del siglo 20(20세기 우루과이 문학)

Martinez Peñaloza, Porfirio (포르피리오 마르티네스 페냘로사)　(1916~1992) 인류학 저술가로서 아르테 포풀라르에 대해 연구하는 학자들 중 하나였다. 학자들은 이 용어의 의미에 관심이 많았는데 페냘로사는 "비교적 최근부터 사용된 용어로서 진정한 시골 마을 예술가들을 정의하기 위한 사회학적 개념"이라고 언급했다. 현대미술의 세례를 받은 미술가와 지식인들이 특별한 가치를 부여했다는 새로운 관점을 제시했다.

Martínez Villena, Rubén (루벤 마르티네스 비예나)　(1899~1934) 쿠바의 시인, 혁명적 정치사상의 이념가이다. 짧은 생애에도 불구하고 뛰어나고 빛나는 문학적 유산을 남겼으며 사후 출판되었다. 20세기 첫 번째 분기의 히스패닉아메리카 마르크스주의 사상의 가장 뛰어난 지성 중 하나로 여겨진다. 유고 시집이 사후 2년 뒤 『*La pupila insomne*』라는 제목으로 1936년 출판되었다. ⇒ La literatura cubana del siglo 20(20세기 쿠바 문학)

Martínez, Guillermo (기예르모 마르티네스)　(1962~) 아르헨티나 작가이다. 남부대학교 (Universidad del Sur)에서 수학을 전공했다. 부에노스아이레스에서 석사과정을 밟으면서 동시에 글을 썼다. 그의 첫 작품인 『*La jungla sin bestias*』가 주니어급 로베르토 아를트(Roberto Arlt) 문학상을 받았다. 『*Infierno Grande*』(1988)라는 작품은 'Fondo de las Artes' 대회에서 1등상을 수상하여 출판하게 됐으며, 스페인, 캐나다, 스위스 등의 국가에서 높은 평가를 받았다. 다른 작품으로는 『*La mujer del maestro*』(1998), 『*Acerca de Roderer*』(1993) 등이 있다.

Martínez, Luis A. (루이스 마르티네스)　(1869~1909) 에콰도르 출신으로 작가로의 삶을 하나의 소명으로 여겼으며 교육적 열정과 조국의 정치적·사회적·문화적 발전에 강박관념을 느꼈다. 그의 이런 성향과 풍부한 경험을 바탕으로 그의 대표작 『*A la costa*』를 썼다.

Martínez, Tomás Eloy* (토마스 엘로이 마르티네스)　(1934~2010) 토마스 엘로이 마르티네스는 아르헨티나 소설가, 수필가, 신문기자이다. 인문학에 대한 관심과 예술적 감성을 가진 엘로이 마르티네스는 영화로 사회에 첫발을 내딛는다. 그는 영화 대본 작가로 두각을 나타내며 10개의 작품을 남기는데 그중 작품 3개는 파라과이 소설가 아우구스토 로아 바스토스(Augustro Roa Bastos)와 공동으로 작업한 것이다. 1961년 『*Estructuras del cine argentino*』라는 에세이를 발표한다. 2008년에는 아르헨티나의 영화비평과 저널리즘의 풍요로움에 기여한 노고로 '콘도르 데 플라타상'을 수상한다. 엘로이 마르티네스는 여러 장르를 넘나들며 작품을 활동을 하였는데 단편과 시를 통해 수많은 상을 수상하였고 그가 작가로 유명해지기까지 많은 시간이 걸리지 않았다. 그는 짧은 글을 쓰는 것에 만족하지 못하였고 소설을 쓰기로 결심하면서 보다 많은 명성을 얻었다. 1969년 첫 소설 『Sagrado』를 발표하며 문학 비평계에서 큰 호응을 받으며 1991년 발표된 걸작 『La mano del amo』와 함께 작가의 대표작으로 부상한다. 엘로이 마르티네스는 산문 픽션에도 특별한 재능을 보이며 픽션과 저널리즘이 혼재된 『La pasión según Trelew』(1974)과 픽션과 역사가 혼재된 『La novela de Perón』(1985)을 발표한다. 이 작품은 비평계의 찬사를 받았으며 다양한 언어로 번역되어 21세기 초기를 기준으로 15만부가 판매되며 아르헨티나현대문학 작품 중 가장 널리 확산된 소설이 되었다. 이후에도 역사소설 『Santa Evita』(1995)와 『Las memorias del General』(1996)을 발표하며 큰 반향을 일으켰다. 부패와 비도덕적인 사회적 현실에서 사랑, 에로티즘, 배신을 다루는 『El vuelo de la reina』을 출간하였다. 이전 라틴아메리카 작가들은 험악한 사회적 과정을 경험하면서 소설을 통해 정치적 사실을 증명하고자 했다. 한편 새롭게 등장한 역사소설 작가들은 단순히 역사를 다시 언급하는 것을 넘어 정확한 자료를 바탕으로 역사적 진실에 도달하는 것이 불가능하다는 전제하에 역사를 창조한다. 엘로이 마르티네스는 역사소설가로 유명한 스카르메타(Skármeta)나 피글리아(Piglia) 등과는 조금은 다른 역사소설을 썼다. 그는 시대의 가장 뛰어난 역사소설 『Santa Evita』를 발표하였는데, 작가는 이 소설에서 아르헨티나 정치적 전설을 호소력 있게 파헤치고, 해석하고, 비평한다. 그의 역사소설은 역사는 소설로 변하고 현실은 점점 환상 속으로 빠져든다. 역사와 픽션을 구분 지을 수 없는 이유는 등장인물들은 역사적 증거와 자료를 바탕으로 이야기를 전개시켜나가는데 놀랍게도 각 인물에 맞게 또 다른 이야기들이 추가되기 때문이다. 그는 <Primera Plana> 잡지사에서 기자로 근무할 당시 라틴아메리카의 붐세대의 현상을 예측할 정도로 소설과 저널리즘에 오랫동안 몸을 담은 베테랑이었다. 그의 오랜 경험과 뛰어난 재능으로 아르헨티나 문학과 영화에 많은 기여를 하였다. 이 외에도 엘로이 마르티네스는 주요 국제문학포럼에 활발하게 참여하며 미국 뉴저지의 러트거스대학교의 라틴아메리카 연구 프로그램의 책임자를 역임하였다.

<연대별 작품>

1961년 『Estructuras del cine argentino』

1974년 『La pasión según Trelew』

1978년 『Los testigos de afuera』

1979년 『Lugar común la muerte』

1982년 『Ramos Sucre. Retrato del artistaenmascarado』

1985년 『La novela de Perón』

1991년 『La mano del amo』

1995년 『Santa Evita』

1996년 『Las memorias del General』

1999년 『El suelo argentino』

2000년 『Ficciones verdaderas』

2002년 『El vuelo de la reina』

2003년 『*Réquiem por un país perdido*』

2004년 『*Las vidas del General*』

2004년 『*El cantor de tango*』

2008년 『*Purgatorio*』

Martinfierrismo (마르틴피에리스모)　　아르헨티나에서 발생한 전위주의의 한 형태이다. <Martín Fierro>라는 잡지와 뜻을 같이 하는 작가군을 'Martinfierristas'라고 한다. 이들은 즉각적인 현실에 대해 무관심했으며, 첨단 신기술의 수용을 통해 예술적 혁신을 시도했다. 기존의 문학적 가치에 대항하는 무기로서 '유머'를 사용한다.

Martini, Juan (후안 마르티니)　　(1944~) 아르헨티나 편집자, 소설작가이자 기자이다. 정치적인 문제로 스페인으로 추방됐으며, 그곳에서 9년간(1975~1984) 거주했다. 구겐하임기금 장학금(1986)을 받았으며 1991년에는 부에노스아이레스 국립문학상(Premio Municipal de Literatura)을, 1977년에는 바르바스트로 도시 문학상(Premio Novela Ciudad de Barbastro) 등 여러 상을 받았다. 작품들은 프랑스어, 이탈리아어, 독일어 등의 언어로 번역됐으며, 대표작품으로는 『*Los asesinos las prefieren rubias*』(1974), 『*La máquina de escribir*』(1996) 등이 있다. ➡ La literatura argentina a finales del siglo 20(20세기 후반 아르헨티나 문학)

Masas (대중)　　멕시코의 극작가, 영화감독인 후안 부스티요 오로(Juan Bustillo Oro, 1904~1989)의 극작품. 레덴토르(Redentor) 교파에 신심을 바친 한 남자가 동료의 배신으로 희생되는 비극적 이야기를 담고 있다. 대농장 제도의 폐지를 주장하는 노동자 계급의 폭동과 악덕한 폭정의 반복을 보여주는 작품이다.

Mascapaicha (마스카파이차)　　잉카 제국의 황제 권력의 상징이다. 잉카만이 착용할 수 있는 마스카파이차는 얇은 빨간 양털에 여러 개의 금실로 짜인 술이다. 잉카는 마스카파이차를 야우토(Llauto)와 함께 사용했다. ➡ Jerarquía imperial del Imperio Inca(잉카 제국의 계층 구조)

Masferrer, Alberto (알베르토 마스페레르)　　(1868~1932) 엘살바도르의 작가, 언론인, 자유사상가. 문학작품을 통해 기여한 바와 중앙아메리카 언론에 기여한 바가 커 19세기 말과 20세기 초 중요 지식인 중 하나로 꼽는다. 작품으로 『*Ensayo sobre el desenvolvimiento político de El Salvador*』(1901), 『*Leer y escribir*』(1915), 『*Pensamientos y formas*』(1921) 등이 있다.

Mastretta, Ángeles (앙헬레스 마스트레타)　　(1949~) 멕시코의 소설가, 수필가, 시인이자 언론인이다. 매우 이른 나이에 문학과 언론에 눈을 떴다. 『*La pájara pinta*』(1978)라는 시집을 통해 멕시코 문학계에 입문했다. 소설로는 데뷔작 『*Arráncame la vida*』(1985)를 통해 본국에서뿐만 아니라 스페인을 포함한 미국의 라틴계, 히스패닉어권에서 커다란 문학적 성공을 거두었다. 이 소설은 멕시코 정치인과 결혼한 지방의 한 여인의 이야기를 다루고 있다. ➡ La literatura mexicana del siglo 20(20세기 멕시코 문학)

Matadero (도살장)　　아르헨티나 낭만주의 이론가이자 시인. 에스테반 에체베리아(Esteban Echeverría, 1805~1851)의 작품. 1840년 쓰였으나 사망 후 20년이 지난 1871년 잡지 <Revista del Río de la Plata>에 실려 처음 세상에 알려지게 되었다. 고통과 피로 물든 아르헨티나 현실을 빗댄 소설로 잔인한 장면들을 거침없이 묘사하였다. ➡ Canones en America Latina(라틴아메리카의 정전)

Mataraes (마타라에)　아르헨티나 차코에 거주했던 민족이다. 토코노테(Tonocoté)족에 포함
되었던 민족으로 베르메호 강(Río Bermejo)가를 차지했다. 1584년 스페인 식민지가 확
장되자 스페인들로 인해 마타라에족의 많은 인구가 살라도 강(Río Salado)의 노예 시장
으로 옮겨졌다.

Mate (마테)　라틴아메리카 토착인들이 식민지 시대 전부터 파라나, 파라과이 그리고 우루과
이의 북쪽 유역에서 자라는 풀을 말린 후 물에 우려 마시는 차였다. 이 풍습을 스페인
사람들이 바로 받아들이게 되었으며, 아르헨티나, 파라과이 그리고 우루과이에서는 문화
자산으로 전개되었다. 볼리비아의 몇몇 지역과 칠레 남쪽 그리고 브라질 남쪽에서도 유
지되고 있다. 마테 잔에 차 가루를 듬뿍 담아 뜨거운 물을 부어 봄비야(bombilla)라는
쇠 빨대로 여러 명이 같이 마시곤 한다.

Matemáticas y Astronomía del Imperio Inca* (잉카 제국의 수학과 천문학)　잉카인들
은 십진법을 사용했으며, 이를 적용한 키푸스 시스템을 통해 통계를 낼 줄 알았다. 또
한 잉카인들은 토지 측정을 위해 측량기술을 발달시켰으며, 사크사이와만이나 마추픽
추를 통해 볼 수 있듯이 건축기술 또한 매우 발달해 물리학적 지식을 바탕으로 한 면밀
한 수학적 계산을 해 세심하게 설계하고 빈틈없이 맞물린 대규모 건축물을 세울 수 있었
다. 또한 잉카인들에게 농경은 식량의 안정적 공급이라는 측면에서 매우 중요한 사안이
었기에 천문학에 큰 관심을 지녔으며, 천문학적 지식을 근간으로 한 절기에 맞춰 특별한
축제를 벌이곤 했다. 항시적으로 태양의 관찰하였으며 태양의 움직임에 따라 동지와 춘
분을 계산해냈다. 절기 계산을 위해서는 쿠스코 최고 지점에 세운 석주들을 활용했으며,
일명 '인타와타나(Intihuatana)'라 불리는 태양관측소들을 설치 운영하기도 하는데, 실제
로 인타와타나들은 사원이나 종교 관련 건물의 앞뜰에 있는 불룩하게 튀어나온 원형의
바위 위에 서 있으며, 사시사철 이십 사 시간 태양 빛에 노출되도록 설계되어 있다. 잉카
인들의 일 년은 모두 열두 달로 구성되었으며, 각각의 달은 30일로 한 뒤, 별도로 몇 날
들을 추가로 첨가했다. 매월에는 특정한 축제일들이 배정되었는데, 과만 포마 데 아얄
라에 따르면, 잉카 달력에 따른 열두 달은 다음과 같다.

1월: 카팍 라이미(Cápac Raymi), 2월: 파우카르 바라이(Paucar Varay),

3월: 파차푸쿠이(Pachapucuy), 4월: 잉카 라이미 키야(Inca Raymi Quilla),

5월: 아모라이 키야(Amoray Quilla), 6월: 인티 라이미(Inti Raymi),

7월: 차크라코나쿠이(Chacraconacuy), 8월: 차크라야푸이 키야(Chacrayapuy Quilla),

9월: 코야 라이미(Coya Raymi), 10월: 우마 라이미 키야(Uma Raymi Quilla),

11월: 아야 마르카이 키야(Aya Marcay Quilla),

12월: 카팍 인티 라이미(Cápac Inti Raymi)

Mateo Magariños, Solsona (솔소나 마테오 마가리뇨스)　(1897~1925) 우루과이 자연주의
의 선구자로 평가받는다. 대표작으로는 서정성과 시적매력이 넘치는 『*Pasar*』(1920)와
『*Valamar y las hermanas de Flamaris*』(1893) 등이 있다.

Matta Echaurren, Roberto (로베르토 마타 에차우렌)　(1911~2002) 칠레 출신으로 처
음에는 건축을 공부하기 시작했으나 초현실주의적이고 형이상학적인 추상화가로 전향하
였다. 1948년 초현실주의 그룹에서 추방당한 후 로마로 가는데 이 시기에 그는 중남미
의 정치 현실에 대해 눈을 뜨게 되고 좌익의 입장에서 고문과 불의, 베트남 전쟁 등을
고발하고 쿠바혁명을 지지했다.

Matta y Goyenechea, Guillermo (기예르모 마타 이 고예네체아) (1829~1899) 칠레 출신의 작가이자 정치인이었다. 독일에서 공부를 마친 후 모국으로 돌아와 1847년부터 1858년까지 의회에서 정치 활동을 했다. 1859년 혁명 당시 마드리드로 추방되고 저널리스트로서의 인생을 시작한다. 대표작으로는 『*Buena Semilla*』, 『*Filósofos y Buitres*』, 『*La Mujer Misteriosa*』 등이 있다.

Mauricio, Julio (훌리오 마우리시오) (1919~1991) 아르헨티나의 극작가이자 영화 시나리오 작가. 1964년 『*Motivos*』로 데뷔하였으며 이후 『*La valija*』(1968)로 성공을 거두었다.

Mayorga Rivas, Román (로만 마요르가 리바스) (1862~1925) 엘살바도르의 시인이자 소설가, 언론인이다. 진실하고 뛰어난 문학작품을 썼다. 19세기 후반과 20세기 초 살바도르 문화계와 정치 발전에서 가장 중심적인 인물 중 하나이다. 무엇보다 기여한 작품으로는 선집 『*Guirnalda salvadoreña*』가 있으며 1915년 엘살바도르 한림원(la Academia Salvadoreña de la Lengua)의 일원이 되었다.

Mayoruna (마요루나) 페루와 브라질 국경인근 아마존 지역에 거주하는 원주민 부족. 스스로는 마트세(matsé)라 부르며, 브라질에서는 마티스(matis), 마이우루나(maiuruna)라고도 알려져 있다. 파노 어족(Lenguas pano)에 속하는 언어를 구사하며 현재 페루어는 약 1,200명, 브라질에는 700명 정도가 거주하고 있다.

Mayra Santos-Febres* (마이라 산토스-페브레스) 1966년 푸에르토리코의 카롤리나에서 태어났다. 푸에르토리코의 대표적 여류작가 중 한 명인 마이라는 1984년에 쿠바 아메리카 하우스(Casa de las Américas de Cuba), 아르헨티나의 <Página doce>, 프랑스 <Revue Noire>, 뉴욕 라틴아메리카 문학 예술 저널 등 다양한 잡지와 해외판 신문 등지에 시작품을 실으면서 시인으로서의 활동을 시작했다. 2010년에 멕시코의 'Trilce' 출판사에서는 그의 세 번째 시집 『*Tercer Mundo*』가 나왔다. 마이라는 시인이기도 했지만, 수필가이기도 했고, 소설가이기도 했다. 단편소설 『*Pez de vidrio*』로는 1994년에 미국의 황금문학상(Premio Letras de Oro)을 수상했고, 2000년에는 스페인 출판사 그리할보 몬다도리(Grijalbo Mondadori)에서 그의 첫 소설 『*Sirena Selena*』가 출간되었고, 영어와 이탈리아어, 프랑스어 등으로 번역 출간되었으며, 2001년 로물로 가예고스 소설상(Premio Rómulo Gallegos de Novela) 최종 후보로 노미네이트되기도 했다. 그리할보 몬다도리는 2002년에 두 번째 소설 『*Cualquier miércoles soy tuya*』를 펴냈다. 2005년에는 도서출판 카예혼(Ediciones Callejón)을 통해 수필집 『*Sobre piel y papel*』, 시집 『*Boat People*』이 나왔는데, 두 작품 모두 비평가들로부터 대단한 호평을 받았다. 2006년에는 소설 『*Nuestra Señora de la Noche*』가 출판사 에스파사 칼페(Espasa Calpe)에서 수여하는 '새봄상'을 받았고, 2009년에는 소설 『*Fe en disfraz*』이 나왔다. 미국 하버드대학과 코넬대학에서 방문교수로 재직한 바 있으며, 현재는 푸에르토리코대학에서 교수로 재직 중이다.

Mazamorra (마사모라) 옥수수를 주재료로 한 라틴아메리카의 음료. 콜롬비아, 파라과이, 페루, 코스타리카 등 여러 나라에서 약간씩 다른 재료와 스타일로 제조하여 마신다. 콜롬비아에서는 파넬라(panela)나 반데하 파이사(bandeja paisa)와 같이 마시기도 한다.

Mbayá (므바야) 차코(El Chaco) 지역에 살던 민족이다. 그들의 전성기 시절 당시에 필코마요(Pilcomayo) 강과 베르메호(Bermejo) 강까지 퍼졌다고 한다. 구아이쿠루(Guaycurú)족에 포함되어 있으며 여기에 포함된 여러 민족과 같은 언어를 사용했다. 이들의 특징으로는 남자들은 주로 맨몸으로 다니고 머리에 원형의 모양으로 머리카락을 남겨두고 아래 입술에 고리를 하고 다녔다.

McOndo (맥콘도) 라틴아메리카의 문예사조. 마술적 사실주의(Realismo mágico)의 문학적 전통으로부터 멀리하려는 것을 그 특징으로 한다. 맥콘도라는 용어 또한, 마술적 사질주의의 대표주자격인 가브리엘 가르시아 마르케스(Gabriel Garcia Márquez, 1927~)의 상상의 도시 마콘도(Macondo)에서 기인한 것으로 알려져 있다.

Me alquilo para soñar (꿈을 빌려드립니다) 콜롬비아의 소설가 가브리엘 가르시아 마르케스(1927~)의 단편. 1980년 작으로 마르케스의 1인칭 시점에서 이야기가 전개되며, 가정부이나 집안일이 아닌 예지몽을 꾸는 것으로 일을 대신하는 여인의 이야기가 드러난다. 파블로 네루다의 모습도 단편적으로 언급되며 꿈이라는 모티브를 통해 약간의 환상적 면모도 갖고 있다. ▪ Gabriel García Márquez(가브리엘 가르시아 마르케스)

Me llamo Rigoberta Menchú y así me nació la conciencia (메 야모 리고베르타 멘추 이 아시 메 나시오 라 콘시엔시아) 베네수엘라의 역사학자이자 인류학자인 엘리자베스 부르고스(Elizabeth Burgos, 1941~)가 인터뷰했던 과테말라의 여성인권운동가 리고베르타 멘추(Rigoberta Menchú, 1959~)의 일대기. 1982년 출판된 이후 영어를 비롯한 5개 국어로 번역되었고, 이 자서전 형식의 작품을 통해 과테말라 내부 분쟁이 국제적으로 알려지는 계기가 되었다.

Medalla Belisario Domínguez del Senado de la República (벨리사리오 도밍게스 메달) 1953년 1월 3일 당시 멕시코 대통령 아돌포 루이스 코르티네스(Adolfo Ruiz Cortines, 1889~1973)가 대통령령으로 선포하여 설립한 멕시코 최고의 훈장. 1913년 10월 7일 암살당한 벨리사리오 도밍게스(1863~1913) 시장을 기리기 위하여 그의 이름을 붙였다. 매년 10월 7일 국회의 동의를 받아 대통령이 수여하는 훈장이다.

Medialunas (반달빵) 아르헨티나식 반달모양 크로아상이다. 대중이 즐겨먹는 빵이며 두 종류가 있다. 지역별로 호칭은 다르지만 짭짤한 것과 달콤한 종류로 구분이다 된다. 아르헨티나 바에서는 커피와 반달빵 3개로 아침식사 메뉴로 정해져 있다.

Medianeras (부에노스아이레스에서 사랑에 빠질 확률) 2011년 개봉된 아르헨티나 영화 작품. 구스타보 타레토(Gustavo Taretto, 1965~) 감독. 현대의 삭막한 도시를 부에노스아이레스를 배경으로 하여 표현해냈고, 그 안에서 살아가는 두 남녀의 이야기를 그려낸다.

Medicina del Imperio Inca* (잉카 제국의 의학) 잉카 제국은 매우 발달된 과학기술을 자랑했다. 특히 실용적인 분야에서의 과학 발전을 이루었으며, 주변의 천연자원에 이를 적용시켜 실생활에 활용할 줄 알았다. 잉카 제국의 의학 기술은 사실 주술 및 종교와 긴밀하게 연결되어 있었다. 잉카인들에게 모든 질병은 저주와 공포, 죄악으로 인해 영혼이 신체로부터 박리되면서 빚어진 결과물이었다. 의학자인 에밀리오 발디산(Hermilio Valdizán)은 잉카인들이 어떤 질병에 대해 파악하고 있었으며, 각각의 질병에 대해 어떤 치료법을 적용했는지에 대해 연구한 바 있다. 실제로 잉카 제국에서 병을 치료하는 이들은 사고를 당하거나 전투의 결과로 두개골 속에 박히게 된 뼈 조각이나 무기의 파편 등을 제거하는 목적으로 두개골에 구멍을 뚫는 천공 기술 등을 적용해 머리에 대해 수술을 시행하곤 했다. 이때 사용한 수술 도구로는 투미(tumi)와 "T"자형 금속제 칼 등을 들 수 있다. 또한 잉카인들은 대용량의 코카(coca)와 차차(chichi) 등을 마취제로 사용하였으며, 붕대도 사용했다. 잉카 가르실라소 데 라 베가에 따르면, 잉카인들은 통증완화를 목적으로 피를 뽑아내는 사혈 기술을 적용하기도 했으며, 기생충 퇴치나 기타 질병 치료를 위해 관장을 시행하기도 했다. 잉카 제국의 약제사들은 다양한 약초들을 다룰 줄 알았으며, 환각성분이 들어 있는 식물들에 대해서도 알고 있었다. 특히 코카 잎과 담배 잎 등은 매우 널리 사용되었다. 또한 당시의 약제사들은 식물 뿐 아니라 우지 같은 동물성 의약품과 수은 같은 광물성 의약품들도 사용했다. 페루 상당 지역에는 지금도 치료사와 약제사들이 활동하고 있는데, 이들은 여전히 민간요법이라는 이름으로 잉카 제국 당시에 사용되었던 약초 등을 사용하는 치료비법을 적용하고 있다.

Medina Vidal, Jorge (호르헤 메디나 비달)　　(1930~) 우루과이의 시인이다. 문학 작문과 분석, 미학 분야의 대학 교수로서의 작업과 문학활동을 병행했다. 시집들 중 대표작으로는 『*Cinco sitios de poesía*』(1951), 『*Para el tiempo que vivo*』(1955), 『*Las puertas*』(1962), 『*Por modo extraño*』(1963), 『*Las terrazas*』(1964), 『*Harpya destructor*』(1969), 『*Situación anómala*』(1977) 그리고 『*Poemas poemenos*』(1981)가 있다. ⇒ La literatura uruguaya del siglo 20(20세기 우루과이 문학)

Medina Vidal, Jorge (호르헤 메디나 비달)　　(1930~) 우루과이의 시인. 문학 창작과 분석 등으로 대학 교수도 겸임하고 있다. 대표 시집으로 『*Cinco sitios de poesía*』(1951), 『*Para el tiempo que vivo*』(1955), 『*Las puertas*』(1962), 『*Harpya destructor*』(1969), 『*Situación anómala*』(1977), 『*Poemas poemenos*』(1981) 등이 있다. ⇒ La literatura uruguaya del siglo 20(20세기 우루과이 문학)

Medina, José Ramón (호세 라몬 메디나)　　(1921~) 베네수엘라의 시인, 수필가, 언론인이자 법률가이다. 그의 시는 형이상학적 성격과 애수성을 가지고 있는 것이 특징적이다. 1953년 『*Texto sobre el tiempo*』로 상을 받았다. 다른 작품으로 『*Edad de la esperanza*』(1947) 등이 있다.

Medinaceli, Gustavo (구스타보 메디나셀리)　　(1923~1957) 볼리비아의 작가이다. 모데르니스모(Modernismo)의 언어를 전위주의의 상상력으로 전환시킨 시 세계를 보여준 작가이다. 대표작으로 『*Cuando su voz me dolía*』(1958)가 있다.

Medio tono (중간 톤)　　멕시코의 시인이자 극작가인 로돌포 우시글리(Rodolfo Usigli, 1905~1979)의 극작품. 반어와 유머가 자연스럽게 드러나는 이 작품은 중산층을 배경으로 한 사실주의 희극으로 한 가족이 사소한 문제들을 복잡하게 만들다가 더 큰 문제가 발생하여 서로를 돕는 이야기를 다루고 있다.

Megget, Humberto (훔베르토 메겟)　　(1927-1951) 우루과이의 시인이다. 매우 이른 시기에 요절했으며 그의 나이 25세에 지나지 않을 때였다. 그의 책 『*Nuevo sol partido*』(1949)는 7개의 시를 담고 있으며 그가 살아 있을 때에 유일하게 출판된 책이다. 그의 시는 그가 겪어 온 지병의 시기에도 불구하고 억누를 수 없는 활기와 시들을 가로지르는 넘쳐흐르는 상상력으로 특징지어진다. ⇒ La literatura uruguaya del siglo 20(20세기 우루과이 문학)

Megget, Humberto (움베르토 메겟)　　(1927~1951) 우루과이의 시인이다. 매우 이른 시기에 요절하여 불행히도 단 한 권의 책 『*Nuevo sol partido*』(1949)을 남겼다. 일곱 개의 시 작품을 포함하고 있는 이 책에서는 깊이가 있으면서도 유머를 보여주고 있다. ⇒ La literatura uruguaya del siglo 20(20세기 우루과이 문학)

Mejía Sánchez, Ernesto (에르네스토 메히아 산체스)　　(1923~1985) 니카라과의 작가이다. 독재자 카르데날(Cardenal)에 저항하였고 자유를 노래한 시인이다. 멕시코로 망명했다. 대표작으로는 『*Ensalmos y conjuros*』(1947), 『*Prosemas del Sur y del Levante*』(1968) 등이 있다.

Mejía Vallejo, Manuel (마누엘 메히아 바예호)　　(1923~1998) 콜롬비아의 작가이다. 아메리카의 여러 국가에서 언론에 종사하다가 콜롬비아로 돌아와 문학활동으로 생계를 이어나갔으며 후에 국립대학의 교수직을 맡았다. 그의 작품은 그를 둘러싼 환경들과 그가 내부에 품고 있는 것들의 재건을 표현한다. 농장과 마을, 교외의 공간이 주를 이루며, 전원적 인간의 뿌리 뽑힘에 관한 놀라움과 도시의 모순 등을 나타낸다. 대표작으로는 『*El día señalado*』(1963), 『*La casa de las dos palmas*』(1989) 등이 있다. ➡ La literatura colombiana del siglo 20(20세기 콜롬비아 문학)

Meléndez, Carlos (카를로스 메넨데스)　　(1861~1919) 엘살바도르의 정치인이다. 1913년과 1914년에 엘살바도르 공화국의 대통령직을 수행했으며 1915년과 1918년에 다시 대통령에 임명된다. 정치적 동지인 알폰소 퀴뇨네스(Alfonso Quiñones)와 함께 엘살바도르 정치에 한 획을 그은 인물이다.

Meléndez, Concha (콘차 멜렌데스)　　(1895~1983) 푸에르토리코의 대학 교수, 문학비평가, 수필가, 그리고 시인이다. 그의 20세기 안티야스 문화에서 그녀가 보여 준 지속적으로 많은 기여는 그녀를 푸에르토리코 한림원에 속한 첫 번째 여성 인물이 되게 했고 지성사에서 큰 명성을 차지하게 했다. 문학 창작과 더불어 언어학적으로 가치 있는 연구를 수행했는데, 특히 시와 수필 장르에서 뛰어났다.

Meléndez, Jorge (호르헤 멜렌데스)　　(1861~1919) 엘살바도르의 정치인이자 농경제학자이다. 그의 형 카를로스 멜렌데스(Carlos Meléndez) 대통령이 사망하자 독재적으로 정권을 잡아 1919년과 1923년 사이 엘살바도르의 대통령직을 수행했다. 알폰소 퀴뇨네스(Alfonso Quiñones) 대통령과도 밀접한 정치활동을 했으며 형에 이어 이른바 멜렌데스-퀴뇨네스 왕조 정치를 이어나갔다.

Melgar, Mariano (마리아노 멜가르)　　(1791~1815) 페루 출신으로 신고전주의 문학이라는 유럽식 모델을 거부하고 새로운 주제와 형식의 시를 통해 아메리카의 지적 독립을 추구한 작가이다. 잉카의 전통을 되찾은 시 '야라비(yaraví)'와 같은 새로운 형식을 선보이면서 시 형식의 혁신가라고 불린다.

Mella, Daniel (다니엘 메야)　　(1976~) 우루과이의 소설가. 우루과이에서 60년대 이후 태어난 작가들 중 가장 두드러지는 작가 중 하나이다. 1997년에 첫 번째 소설 『*Pogo*』를 출판하였으며 1년 후에 『*Derretimiento*』(1998)를 세상에 선보였다. ➡ La literatura uruguaya del siglo 20(20세기 우루과이 문학)

Memoria del fuego (메모리아 델 푸에고)　　우루과이 작가 에두아르도 갈레아노(1940~)의 대표작 중 하나로 1982년과 1986년에 발간됐다. 작품은 3부작으로 이루어져 있고 중남미 역사를 세계가 창조된 시점부터 20세기까지 다루고 있다. ➡ Eduardo Galeano(에두아르도 갈레아노)

Memorias del subdesarrollo (저개발의 기억)　　쿠바 작가 에드문도 데스노에스(Edmundo Desnoes, 1930~)가 1965년 발표한 소설로 쿠바의 사회주의 혁명 성공 직후의 쿠바를 배경으로 한다. 라틴아메리카 소설 대다수의 환상적 서술 기법이 아닌 사실적이고 현실적인 묘사로 차별되며 1968년 작가가 제작과정에 참여한 영화도 만들어졌으나 큰 관심을 받지 못하다가 2010년 영화제에서 상을 받으며 세상에 알려졌다.

285

Méndez Pereira, Octavio (옥타비오 멘데스 페레이라)　(1887년~1945) 파나마 시인. 명
문대학교인 파나마대학교(Universidad de Panamá)의 공동 건립자이다. 프랑스, 영국,
칠레 특명전권대사였다. 작품으로는 『Panamá, Universidad y la Cultura』(1953), 『Justo
Arosemena』(1919) 등이 있다.

Méndez, Evar (에바르 멘데스)　(1888~1955) 아르헨티나의 지식인이다. 아르헨티나 전위
주의에 가장 영향을 끼친 것들 중 하나인 잡지 <Martin Fierro>의 편집장이었으며 보르
헤스(Borges)가 그의 작품이나 강연 등에서 가장 많이 인용한 인물이다.

Méndez, Gervasio (헤르바시오 멘데스)　(1848~1897) 아르헨티나 출신의 시인이다. 군
인으로 복무하던 중 전신마비가 되었는데 이런 신체적 불행으로 인해 그의 시는 주로 고
통을 노래했고 기독교적 숙명성을 내비치기도 했다. 대표작으로는 『Desencanto』, 『Sueño』,
『A Dios』 등이 있다.

Méndez, Gonzalo Vásquez (곤살로 바스케스 멘데스)　(1928~2000) 볼리비아의 작가
이다. 작품에서 지배적 정조는 노스탤지어와 멜랑콜리이다. 대표작으로 『Alba de ternura』
(1957)와 『Del sueño y la vigilia』(1965)가 있으며 두 작품에서 사랑하는 존재를 상실한
것에 대한 슬픔이 드러난다. 또한 현존과 침묵, 언어와 부재 사이의 관계를 밝히고 있다.

Méndez, Leopoldo (레오폴도 멘데스)　(1902~1969) 멕시코의 가장 유명한 그래픽 아티
스트 중 하나이며 동시에 20세기의 가장 중요한 예술가 중 한 명이다. 작품은 주로 자신
의 정치와 사회 활동에 초점을 맞춘 일러스트이다. 대표작인 『Homenaje a José Guadalupe
Posada』에서는 독재의 탄압에 맞서 정부의 부조리를 세상에 알리겠다는 포사다의 강직함
이 잘 나타난다. ➡ Estridentismo(과격주의)

Mendiburu, Manuel de (마누엘 데 멘디부루)　(1805~1885) 페루의 군인, 역사가, 정치
가. 청년 시절 시몬 볼리바르를 돕기도 하였으며 고위 군직에 있다가 페루 대통령직을
제안받으나 거절하였다. 저서로는 『Diccionario Histórico Biográfico del Perú』(1879)가 대표적
이다.

Menem, Carlos Saúl (카를로스 사울 메넴)　아르헨티나의 전 대통령 라울 알폰신(Raúl
Alfonsín)에 대한 국민의 반감으로 인해 대통령에 당선되었으며, 1989년부터 1999년까
지 대통령을 역임하였으며, 1995년에 재선에 성공하였다. 1,200%였던 인플레이션을
12%까지 낮췄지만 일시적인 현상에 불과했으며, 사회적인 문제들을 야기하기도 했다.

Menéndez Leal, Álvaro (알바로 메넨데스 레알)　(1931~2000) 엘살바도르의 시인이자
소설가, 수필가, 드라마작가이다. 거의 모든 영역에 걸쳐 뛰어난 작품을 남겼으며 특
히 극작품은 20세기 후반 히스패닉아메리카 연극계에 개혁적이고 역동적인 힘을 불어
넣었다. 대표작으로는 『La llave』(1962), 『Los vicios de papá』(1978) 등이 있다.

Menjívar, Rafael (라파엘 멘히바르)　(1959~) 엘살바도르의 언론인이자 드라마 작가, 시
인이다. 대표 시집으로는 『Algunas de las muertes』(1986)가 있고 소설로는 『Los héroes
tienen sueño』(1998)가 대표작이다.

Menteur (멘테우르)　식민지 시대 극작가 후안 루이스 데 알라르콘(Juan Luis de Alarcón,
1580~1639)의 작품. 작가의 최고 걸작으로 평가받는 작품 중 하나인 『La verdad
sospechosa』를 각색한 작품이다. 작품 안에서 사기꾼 돈 가르시아(Don García)의 성격을
창조하는 재능을 보인다.

Mepén (메펜)　아르헨티나 코리엔테스(Corrientes) 지역에서 발전한 민족이다. 차나 팀부

(Chaná-timbú) 군의 원주민으로 분류되며 아라왁(Arawak) 언어 계통에 속해 있다. 반 유목민족으로 사냥과 어업에 종사한 민족이다.

Mera Martínez, Juan León (후안 레온 메라 마르티네스) (1832~1894) 에콰도르 출신 의 작가다. 에콰도르 국가(himno nacional)를 작사하였고 원주민들을 향한 감명이 남달 랐으며 이것이 작품을 완성시키는 요소 중 하나였다. 특히 대표적인 작품 『*Cumandá*』에 서 이를 확인할 수 있다. 정치적으로는 가르시아 모레노(García Moreno)의 완고한 지지 자였으며 가톨릭 사회 공화당(Sociedad Católica Republicana)을 세워 가르시아의 정치 적 이념들을 이어받았다.

Mera, Juan León (후안 레온 메라) 에콰도르 출신의 정치가, 수필가, 화가, 소설가이다. 1832년에 출생하여 1894년에 생을 마감했다. 본명은 후안 레온 메라 마르티네스(Juan León Mera Martínez)로 낭만주의 원주민 소설의 선구자로 평가 된다. 대표작으로는 소 설 『*Cumandá*』가 있다.

Mercado, Sergio Ramírez (세르히오 라미레스 메르카도) (1942~) 니카라과 작가. 현 대 중앙아메리카 문학계에서 가장 뛰어난 작품을 쓰는 작가들 중 하나다. 1977년 소모 사(Somoza) 독재에 반대하는 일군의 지식인 그룹에서 활동했다. 대표작으로 『*Tiempo de fulgor*』(1970) 『*¿Te dio miedo la sangre?*』(1977), 『*Castigo divino*』(1988)의 삼부작이 있다.

Mercurio Peruano(prensa) [메르쿠리오(신문사)] 페루 신문사. 1743년 설립된 <Gaceta de Lima>를 전신으로 1791년에 이름이 바뀌게 되었다. 3일에 한 번씩 출간하였으며 역 사, 문학, 의학, 부왕령 지리에 관한 뉴스를 보도하였다. 1794년 절판되었다.

Merengue (메렝게) 도미니카에서 행해지는 대중적인 무곡으로 노래도 수반한다. 1950년대 중반 세계적으로 인기를 끌었다. 리듬은 2박자로 2마디를 한 단위로 하며 두 번째 마디 후반에 특색 있는 드럼 연타가 나타난다. 무곡에 사용되는 악기는 아코디언, 색소폰, 기 로(Guiro), 탐보르(Tambor)가 사용된다. 춤은 공간을 이동하지 않으며 그 자리에서 추 고, 남성이 파트너를 8회의 스텝에 맞춰 다양한 형태의 우아하고 느린 턴을 할 수 있도 록 리드한다. 음악은 탕부르(tambor)라고 불리는 북으로 연주된다. ➡ Salsa(살사)

Mérida, Carlos (카를로스 메리다) (1891~1984) 과테말라 출신의 벽화가. 원주민 혈통을 타고난 그는 인디오를 주제로 그림을 그리기 시작했다. 비록 벽화가이긴 했지만, 마야 원주민의 형식과 근대예술, 특히 기하학적 추상주의를 혼합한 것으로 유명하다. LEAR 를 리베라, 오로스코와 함께 설립했고 1922년에 리베라를 도와 국립예비학교에 「*La Creación*」을 그렸다. "Little Red Riding Hood and the Four Elements"라는 이름의 교 육부 어린이 도서관을 시작으로 과테말라에 수많은 작품을 남겼다.

Mérou, Martín (마르틴 메로우) (1862~1905) 아르헨티나 출신으로 19세기 후반 아르헨 티나의 낭만주의를 이끌었던 시인 중 하나다. 좋은 시를 남기지는 못했지만 자신의 작품 에 대해 정확한 기록물을 남겼다는 점에서 높게 평가된다. 대표작으로는 『*Confidencias literarias*』, 『*Recuerdos literarios*』 등이 있다.

Mesapatac (메사파탁) 페루에 위치한 고고학적 유적지. 중요성은 남겨져 있는 벽화 때문이 다. 다른 지역 벽화와는 달리 벽에 조각을 내어 그림이 입체 형태를 지니고 있다.

Mesoamérica (메소아메리카) 멕시코 북부지역에서 중부 아메리카와 남아메리카의 경계까 지 이르는 지역에 해당한다. 이는 오늘날 멕시코, 엘살바도르, 과테말라, 온두라스, 코스 타리카 등을 포함하는 지역을 역사 및 문화적 관점에서 분류한 것이다. 마야 문명과 아스텍문명을 비롯한 문명의 발상지이기도 하다. ⇒ Artesanías y Cerámica del Imperio maya(마야 문명의 수공예품과 도자기)

Mestizaje* (혼혈)　스페인령 아메리카의 경우 대륙의 발견과 정복이 있게 되면서부터 시작된 스페인 사람들과 아메리카 원주민들 간의 접촉이 인종적·문화적 혼혈을 수반하였다. 이는 상이한 개인들과 문화 집단들 간의 지속적이고 직접적인 교류를 통해 생겨난 것으로 고고학적인 문화변용의 현상이라고 할 수 있다. 스페인 사람들은 다른 주민들과의 육체적인 관계를 동반하는 인종적인 혼혈에 대해서는 편견이 없었고 오히려 그들이 터부시 하였던 것은 문화적인 것이었다. 한편 16세기부터 혼혈은 여하한 법적 한계를 뛰어 넘어서 아메리카성의 결정적인 요소로 자리 잡게 되었으며, 내연관계, 일부다처제, 동거 등의 인종적 혼혈 형태는 일반적인 현상이었다고 할 수 있다. 스페인 여성들의 수적 결여는 식민지 개척자들과 원주민 여자들 간의 육체적인 결합을 야기했고 이를 통해 광범위한 혼혈이 일어나게 되었다. 18세기에는 이미 스페인령 아메리카의 주요한 지역들에서 이들이 대다수의 집단을 이루게 되었고 그들의 법적인 취약성은 사회 내 불안 요소로서 나타나게 되었다. 그 시대의 분류 기준에 따라 혼혈은 다수의 계층을 만들어 내었으며 그들의 가치는 백인성과 얼마만큼 근접하는가 여부에 따라 결정되었다. 즉 분류를 해보면 다음과 같다.

- 이베리아 반도 남자와 이베리아 반도 여자의 결합은 크리오요(criollo)
- 크리오요와 크리오야(criolla, 크리오요의 여성형)의 결합은 크리오요
- 스페인 남자와 원주민 여자의 결합은 메스티소(Mestizo)
- 스페인 남자와 흑인 여자의 결합은 물라토(mulato)
- 흑인 남자와 원주민 여자의 결합은 삼보(zambo)
- 메스티소와 원주민 여자의 결합은 촐로(cholo)
- 메스티소와 스페인 여자의 결합은 카스티소(castizo)
- 물라토와 스페인 여자의 결합은 모리스코(morisco)
- 스페인 남자와 모리스카(모리스코의 여성형)의 결합은 알비노(albino)
- 흑인 남자와 삼바(zamba, 삼보의 여성형)의 결합은 삼보 프리에토(zambo prieto)

독립 전쟁의 시기에 스페인령 아메리카가 메스티소성으로 특징 지워진다는 것은 부인할 수 없는 사실이었다. 19세기와 20세기 동안에 이러한 과정은 다른 대륙들로부터의 대대적인 이민과 아메리카 대륙 내의 이주 현상으로 더 확연해지고 다양해질 수밖에 없었다.

Mestizo (메스티소)　16세기 스페인 제국에 의해 만들어진 말로서, 아메리카 대륙에서 백인과 원주민 사이에서 태어난 사람을 일컫는 말이다. 메스티소로 분류되었던 사람들은 하층계급으로 보아, 교육과 관직의 제한을 받았었다. ⇒ Mestizaje(혼혈)

Metropolitana (메트로폴리타나)　스페인어로 대주교, 철도, 지하철이라는 의미. 멕시코시티에 위치한 대성당의 이름이기도 하며, 아르헨티나의 철도회사 이름이기도 하며, 아르헨티나 부에노스아이레스의 5월의 광장에 있는 대성당 이름이기도 하다.

Mi nena y yo (유모와 나)　(1937) 멕시코의 여류화가 프리다 칼로(Frida Kahlo)의 작품. 대지를 여성성으로 인식하고 있는 프리다 칼로의 의식을 보여주는 작품이다. 이 그림은 서양 사람들에게는 즉각적으로 성모가 예수를 안고 있는 피에타를 떠올리게 하기 때문에 제단에 바쳐지는 희생물이나 순교적 이미지를 준다. 유모는 가면을 쓰고 있는데 이 가면은 고대 아메리카에서 죽은 자의 얼굴 위에 씌우는 것으로 이 여인이 상징하는 대지

가 생명과 죽음의 이중성을 가지고 있음을 나타내기도 한다.

Mi tía Rosa (미 티아 로사) 니카라과의 모데르니스모 작가 루벤 다리오(Rubén Darío, 1867~1916)의 작품. 단편소설로 주인공 로사(Rosa)가 조카에게 자신의 젊은 시절 죽은 연인에 대한 사랑 이야기를 들려주는 교훈적 구조를 갖고 있다.

Michelena, Leopoldo Ayala (레오폴도 아얄라 미첼레나) 베네수엘라 출신으로 소재들을 자신의 삶에서 찾아내는 연극작가이다. 특유의 관찰력을 바탕으로 유머와 날카로운 필치로 사회 곳곳의 단면을 완전히 담아냈다. 대표작으로는 『La taquilla』와 『Al dejar las muñecas』가 있다.

Mieres (미에레스) 스페인 북부 아스투리아스 자치주(Comunidad autónoma de Asturias)의 도시이다. 공식 언어는 스페인어이고 약 4만 명의 인구가 살고 있다. 19세기부터 스페인 탄광 산업의 주요도시였으며 제철업이 발달한 곳이기도 하다.

Mieses Burgos, Franklin (프랭클린 미에세스 부르고스) (1907~1976) 도미니카 공화국의 변호사이자 극작가, 시인. 짧지만 매우 강렬한 시 작품을 썼으며 특히 뛰어난 기교를 통해 서정주의와 실존저긴 문제를 보여준다. "놀란 시(La Poesía Sorprendida)"라고 이름 붙여진 도미니카공화국 문학 그룹의 일원이었다. 이 그룹은 동명의 잡지에서 활동하였으며 초현실주의적 경향으로 미학적 태도를 취했고 이데올로기적으로는 독재자 트루히요에 저항했다. 작품으로는 『Sin mundo ya y herido por el cielo』(1944), 『Seis cantos para una sola muerte』(1948) 등이 있다.

Mignogna, Eduardo (에두아르도 미뇨냐) (1940~2006) 아르헨티나의 영화감독. 소설과 시나리오 작가로도 활동하며 극작품을 쓰기도 했다. 『El faro』(1998), 『La fuga』(2001) 등이 유명하며, 고야 스페인어 외국영화상(Premio Goya a la mejor película extranjera de habla hispana), 콘도르 데 플라타상(Premio Cóndor de Plata) 등을 수상하였다.

Miguel Barnet* (미겔 바르넷) 1940년 1월 28일에 쿠바의 수도 아바나에서 태어났다. 시인이자 소설가이며, 수필가이자 정치가이기도 한 바르넷은 쿠바 작가예술가협회(Unión de Escritores y Artistas de Cuba) 장과 페르난도 오르티스 재단(Undación Fernando Ortiz) 이사장을 역임했다. 또한 쿠바 공산당 중앙위원회 위원이며, 국회의원이자 국가자문위원회 위원이기도 하다. 1966년에 발표한 증언문학 『Biografía de un cimarrón』(1966)로 작가로서의 이름을 알리기 시작해, 세계적 명성을 얻은 쿠바 최고의 작가 대열에 들어섰다. 그의 작품은 수많은 언어로 번역되어 세계무대에 소개되었으며, 1994년에는 쿠바 전국 문학상(Premio Nacional de Literatura de Cuba)을 수상하기도 했다. 알레호 카르펜티에르(Alejo Carpentier)와 더불어 쿠바 국립 인쇄소 일을 함께 했고, 니콜라스 기옌(Nicolás Guillén)과는 자신이 설립자로 참여한 바 있고 선출직 부회장을 맡기도 한 쿠바 작가예술가협회에서 동고동락했다. 대표 시작품으로는 『La piedra fina y el pavorreal』, 『Isla de güijes』, 1967년에 아메리칸 하우스상을 수상한 시선집 『La sagrada familia』, 『Orikis y otros poemas』, 『Carta de noche』, 『Mapa del tiempo』, 『Viendo mi vida pasar』 등이 있다. 소설로는 『Biografía de un cimarrón』와 『Canción de Rachel』, 『Gallego』, 『La vida real』, 『Oficio de ángel』 등이 대표적이며, 시나리오 작업에도 열심을 내어 다양한 장편영화의 대본 작업을 해냈다. 자신의 소설과 같은 제목의 『Gallego』의 대본을 썼는가 하면, 자신의 소설 『Canción de Rachel』에서 열감을 받아쓰셨고 아바나 영화제에서 수상한 바 있는 『La Bella del Alhambra』도 언급할 만하다. 『La Bella del Alhambra』는 1990년에 스페인에서 스페인어로 된 최고의 외국 영화에 수여하는 고야상(Premio Goya)을 수상하기도 했다. 그 외에도 바르넷은 다수의 문학관련 학술대회, 행사, 시낭송회 등에 참여했으며, 유럽과 미국, 라틴아메리카와 아프리카 대륙의 각 대학에서 강연을 하기도 했다. 작가로서 뿐만 아니라 미겔 바르넷은 쿠바 음악에도 조예가 깊어 쿠바 음악에 대한 글을 쓰기도 하고 강연을 통해 이를 전 세계에 널리 알리는 일에도 앞장서고 있다.

Miguel Piñero* (미겔 피녜로)　　1946년 12월 19일, 푸에르토리코의 구라보에서 태어났다. 네 살 때 가족들이 뉴욕 로워 이스트 사이드로 이주했지만, 1954년에 아버지가 가족을 떠나버리자 어머니 성을 따 피녜로란 성을 갖게 되었다. 가세가 기울자 그의 가족은 어느 건물 지하실로 이사해 그곳에서 사회보장 기금으로 힘겹게 살아가야 했다. 열한 살 어린 나이에 절도죄로 브롱크스의 소년원에 수감되었고, 그곳에서 '더 드래곤스'라는 조직폭력단에 가입했는데, 그때 나이가 겨우 열 셋이었다. 그 후 그는 갖가지 범법행위에 연루되었고, 마약 중독으로 유치장 신세를 지는 일이 반복되었다. 1972년에는 무장 절도 행각으로 싱싱 교도소에 수감되었는데, 그때 교도소 수감생활을 바탕으로 교도소 내에서 쓴 희곡 원고가 바로 『*Short Eyes*』다. 『*Short Eyes*』는 교도소에서 겪은 일상의 경험들, 재소자들 간의 사랑과 죽음 등이 적나라하게 묘사되고 있으며, 이 대본은 1974년에 맨해튼 리버사이드 교회에서 상연되기에 이르렀다. 그런데 마침 조셉 팝(Joseph Papp)이라는 극단주가 연극을 보고는 그 작품을 브로드웨이에 올리기로 했다. 그리고 곧바로 작품은 토니상 6개 부분의 후보로 노미네이트되었고, 뉴욕 드라마 비평가상(New York Drama Critics Circle Award)과 오프 브로드웨이상(Premio Obie)을 수상했다. 동 작품은 유럽에서도 대성공을 기록했다. 바야흐로 피녜로는 작가로서의 명성을 드높이게 된 것이다. 그의 『*Short Eyes*』는 힐 앤 왕 출판사를 통해 책으로도 출간되었고, 1977년에는 로버트 영(Robert M. Young) 감독의 영화로도 재탄생했다. 이 영화에는 피녜로가 직접 출연하여 제소자 고-고(Go-Go) 역을 연기하기도 했다. 피녜로는 여전히 마약중독자의 딱지를 떼지 못하고 살았지만, 그래도 사회악을 묘사하는 데에는 천재적이었다. 출옥 후에도 지속적으로 글을 쓰면서 가끔씩 영화에 단역으로 출연하기를 멈추지 않았다. 1970년대에 미겔 피녜로는 미겔 알가린(Miguel Algarín)을 비롯한 몇몇 아티스트들과 함께 '뉴요리칸 시 카페(Nuyorican Poets Café)'를 열기도 했다. 이 카페는 뉴욕 생활을 해본 푸에르토리코 인들이 시와 희곡 작품을 소개하는 장의 역할을 했다. 그리고 이 카페 운영의 경험을 토대로 하여 1975년에는 공동 편집인 자격으로 『*Nuyorican Poetry: An anthology of words and feelings*』라는 시집을 내기도 했다. 1988년 6월 19일, 피녜로는 간견병으로 병원에 입원했다가 불과 며칠 만에 41세의 젊은 나이로 요절하고 말았다. 그리고 그의 유분은 이주민들이 모여 사는 로어 이스트 사이드, 즉 'Loisaida'에 뿌려졌다.

Mihrab (감실)　　이슬람 메스키타(Mezquita)의 벽에 반원형의 모양을 갖춘 작은 공간. 방향은 주로 메카(La Meca)를 향하고 있으나 남쪽이나 남동쪽을 향한 것도 있다. 마호메트가 있다고 여겨 성스러운 공간으로 인식되었다.

Milanés y Fuentes, José Jacinto (호세 하신토 밀라네스)　　(1816~1863) 쿠바 출신으로 당대 최고의 극작가로 꼽히는 서정 시인이다. 대표작 중 하나인 『*El conde Alarcos*』와 세르반테스를 훌륭히 표현한 『*A buen hambre no hay pan duro*』, 완성도 높은 풍속주의적 장면을 담아낸 『*El mirón cubano*』 등을 남겼다.

Milonga (밀롱가)　　아르헨티나 탱고의 전신이라 일컬어지기도 하는 2/4박자의 무곡이다. 19

세기 후반 쿠바의 하바네라(Habanera)가 아르헨티나로 전해지면서 아르헨티나의 색채가 가미되어 발전한 것으로 알려져 있다.

Mina Perdida (미나 페르디다)   페루 루린(Lurín) 지역의 가장 크고 오래된 유적지 중 하나이다. 시기적으로는 기원전 1800년에서 기원전 800년 사이에 발전 했으며 "U" 형태의 전통 건축물들로 구성되어 있다.

Minuán (미누안)   아메리카 대륙의 차루아(Charrúa) 계통의 민족이다. 구에노아(Guenoa)들과 유사하지만 발전한 모습이 다르다. 1702년에는 스페인인들과 마찰이 생겨 300여 명이 사망하고 500명이 체포되어 1730년에 차루아들과 동맹을 맺었다.

Mirador, El (엘 미라도르)   과테말라 페텐(Petén)에 위치한 마야 초기 시대 도시이다. 이 유적이 처음 발견된 것은 1926년이며, 1930년 항공사진으로 촬영되었다. 엘 미라도르가 번성하기 시작한 것은 대략 기원전 10세기부터이며, 전성기는 기원전 3세기부터 기원후 2세기에 걸친 시기로, 인구는 8만 명에 이르렀다고 한다.

Miranda, Francisco de (프란시스코 데 미란다)   (1750~1816) 베네수엘라 카라카스(Caracas)에서 출생한 군인, 중남미 독립 선구자였다. 1771년 군인이 되고자 하여 스페인으로 떠나 다음 해인 1772년에 군인으로 생활을 시작한다. 1806년 베네수엘라 깃발(노랑, 파랑, 빨강)을 제작하고 스페인군과 전쟁을 치루지만 당시 패배하게 된다. 1810년 베네수엘라로 돌아와 중령급의 직책을 맡게 되며 국가 건설을 위한 기반들을 마련하지만 1811년 아메리카는 아직 독립할 준비가 되지 않았다는 결론을 내리게 되고 1813년에는 스페인군에 체포됐다.

Miró, José (호세 미로)   (1867~1896) 훌리안 마르텔(Julián Martel)이라는 필명으로 활동했던 아르헨티나의 작가이다. 자신의 소설을 서술과 교훈으로 생각했고 사회계층을 묘사하면서 건전한 교훈을 찾았다. 『La bolsa』(1891) 외에는 다른 작품이 없지만 뜨겁게 달아오르던 시기의 혼탁한 금융시장을 다루었다는 점에서 높게 평가된다.

Mirta, de Liniers a Estambul (미르타, 데 리니에르스 아 에스탐불)   'Sentimiento'라고도 불린다. 호르헤 코시아(Jorge Coscia, 1956~)와 기예르모 사우라(Guillermo Saura, ?~?)가 공동 감독하여 1987년 개봉한 영화이다. 1976년 아르헨티나 쿠데타를 소재로 하고 있다.

Misión del colibrí, La (벌새의 임무)   페루에서 알려진 케추아족의 신화이다. 심각한 가뭄을 겪고 있었던 케추아족 땅에서 모든 동물과 풀들이 죽고, 칸투(qantu)라는 식물만이 살아남았을 때 풀이 변화하기 시작했다고 한다. 다음 날 아침에 칸투의 마지막 새싹이 떨어져 나가 땅에 닫기 전에 벌새로 변했다. 벌새는 산맥에 있는 와이타파야나(Waitapallana) 신에게 도움을 청하기 위해 그곳으로 향했으며, 먼 거리를 간 벌새는 그곳에서 죽었다. 와이타파야나 신은 죽은 벌새를 보며 케추아족의 상태를 알게 됐고, 그 슬픔으로 눈물 두 방울을 흘리게 됐다. 눈물이 땅에 닿았을 때 땅이 흔들렸고, 와크라코차(Waicracocha) 호수로 흘러내려가 호수에서 깊은 잠에 빠져 있었던 아마루뱀을 깨웠다. 깨어난 아마루뱀은 물고기 꼬리가 있었으며, 꼬리에서부터 땅에 우박이 내리게 했다. 날개도 있던 아마루는 날갯짓을 하며 며칠 동안 비가 내리게 했고, 케추아 땅은 전보다 더욱 풍요롭게 됐다. 그렇게 벌새의 임무는 완료되었고 전해져 온다.

Misiones jesuíticas de Chiquitos (치키토스 예수회 선교단)   볼리비아의 산타 크루스(Santa Cruz) 지방에 있는 마을. 17세기 식민 시대에 예수회 선교단이 세운 마을로 당시

행정구역상으로는 볼리비아가 아니었으며, 지금의 파라과이 지역에 머물렀던 예수회에
속한 선교단이었다. 성당을 비롯하여 당대 건축물이 보존되어 있는 지역으로 유네스코
세계문화유산에 등재되어 있다.

Mita (미타)　　엔코미엔다(Encomienda)와 유사한, 안데스 지역에서 행해지던 일종의 노동제도
였다. 엔코미엔다와는 달리 적은 임금을 원주민들에게 지불하였다. 특히, 광산에서 필요
한 노동력을 확보하기 위해서 이용되었다. 이와 같은 고된 노동력은 많은 사상자들을 발
생시켰으며 이는 스페인 왕국이 흑인 노예들을 신세계로 데리고 가게 된 계기가 되었다.
미타는 카를로스 3세(1716~1788)의 행정 개혁이 이루어지기 전인 1781~1784년까지
시행되었다.　➡ Economía del Imperio Inca(잉카 제국의 경제)

Mitimae (미티마에)　　잉카 사회에서 경제, 사회, 문화, 정치, 군 활동을 위해 가족 또는 공동
체에서 떨어진 사람들을 뜻한다.　➡ Organización social del Imperio Inca(잉카 제국의
사회 조직)

Mito de Inkarrí (잉카리 신화)　　'잉카리'의 '리'는 스페인어의 '레이(rey)', 즉 '왕'에서 유래
한 것으로 '잉카리 신화'는 '잉카의 왕' 신화라는 뜻이다. 이 신화의 주된 내용은 죽은
잉카의 왕이 다시 귀환하여 최후의 심판을 내린다는 것으로, 신화가 수백 종에 이른다.

Mito(revista) (미토)　　1956에 출간된 콜롬비아 잡지로 많은 사람들을 모아 특별히 콜롬비
아 문학에 큰 영향을 미친다. 정치, 경제, 철학과 같은 분야에서 중요한 역할을 하였지만
그중에서도 콜롬비아 문학을 이끈 잡지 중 하나이다.

Mitología Mapuche (마푸체 신화)　　칠레의 여러 부족들 중 마푸체 족에 속하는 우이리체
(Huilliche), 마푸체(Mapuche), 페우엔체(Pehuenche), 피쿤체(Picunche)의 신화를 뜻한
다. 이들 신화는 식민지 시대 토착민들의 기독교화로 인해 대다수의 전설과 신화들이 변
형되고 오역되기도 하였다. 따라서 신화 내용이 각 나라와 지역별로 조금씩 변화된 모습
을 띠고 있다.

Mitología Pascuense (파스쿠엔세 신화)　　태평양에 위치하는 칠레 파스쿠아(Pascua) 섬
사람들의 신화와 전설들을 뜻한다. 대표적인 파스쿠엔세 신화들 중에는 이바(Hiva), 아
우~마카(Hau-Maka), 오투 마투아(Hotu Matu'a), 마케-마케(Make-Make), 탕가타 마누
(Tangata Manu)와 우오케(Uoke)가 있다.

Mitre, Bartolomé (바르톨로메 미트레)　　아르헨티나 부에노스아이레스(Buenos Aires) 출
신의 시인, 역사학자, 군인 및 정치인(1821~1906)이다. 1865년부터 3년간 대통령직을
수행했으며 독립을 이룬지 얼마 안 된 국가의 정체성과 문화 사업에 많은 관심을 가진
인물로 평가된다. 권위 있는 신문 <La Nación>의 창설자이기도 한 그는 역사학자, 문인
으로 저서활동도 했으며 생가는 현재 박물관(Museo Mitre)으로 변모하였다.　➡ Guerra
de la Triple Alianza(삼국동맹전쟁)

MNER, MNFR (복구된 회사와 공장 운동)　　아르헨티나의 사회운동으로, 실업자들의 운동
(El Movimiento de los Trabajadores Desocupados)보다 더 적극적이고 조직적인 형태
로 나타났다. 정치, 경제, 노동을 하나로 통합한 형태로, 문을 닫은 공장과 회사, 학교 및
병원을 점거하고 복구시키는 활동을 한다. 불법적임에도 불구하고, 생존을 위한 일자리
창출이 시민들의 손에서 자발적으로 이루어지고 있다는 점에서 의미를 갖는다 할 수 있다.

Moche (모체족)　　페루 원주민 부족의 이름이다. 1세기에 트루히요(Trujillo) 시에 있는 모체
계곡(Valle de Moche)에서 거주했다가, 7세기경에 소멸되었다. 이 부족 사람들은 도예

명인으로 알려져 있으며, 건축과 예술이 발달했다. 사회 구조는 계급체제이다. 이들 부족이 사라지기 전에 치무(Chimú)족이 그들의 언어를 배우고 그들의 땅을 이어받았으며, 그 후 잉카족이 치무족을 정복하게 되었다. ➡ Pintura, musica y danza del Imperio Inca(잉카 제국의 미술, 음악과 춤)

Mocoví (모코비)   아르헨티나 구아이쿠루(Guaycurú) 가족군의 민족이다. 이 민족은 차코 (Chaco)에서 룰레(Lule)족과 아비포네스(Abipones)족 사이에 있었다.

Moctezuma (목테수마)   목테수마 1세(1440~1469). 이츠코아틀의 왕위를 계승한 몬테주마 1세는 아스텍(Aztec)의 왕으로, 즉위 초기 최대 위기를 맞고 있던 아즈텍의 군사를 정비하고, 쿠에르나바카(Cuernavaca)와 코익스트란우아카(Coixtlanhuaca)까지 영토를 확장하는 등 강력한 중앙집권 체제를 형성하였다.

목테수마 2세(1466~1520). 아즈텍족의 최후의 황제. 재임기간 동안 재판소, 병원 등 공공건축물을 많이 신설하며 사회를 안정시키려 하였다. 1519년 테노치티틀란 (Tenochititlán)을 점령한 스페인 에르난 코르테스(Hernán Cortés, 1485~1547)에 의해 사망하고, 아스텍은 역사에서 사라지게 된다. ➡ Imperio azteca(아스테카 제국)

Moctezuma II (목테수마 2세)   (1467~1520) 스페인 식민지에 맞선 아스텍(Aztec) 황제였다. 상위 계층을 더욱 튼튼하게 만들어 귀족에 맞추어 혁명을 했다. 선조들이 일깨워둔 흔적들을 모두 지우고 자신의 아버지가 사용하던 거처에서 나와 자신을 위한 궁을 새로 지었다. 1519년 코르테스(Cortés)와 맞서지만 정복을 막지 못했다. ➡ Imperio azteca (아스테카 제국)

Modelo agroexportador (농목수출 체제)   아르헨티나 1850년에서 사용된 농목경제 체제이다. 양모 목축업과 양털 수출 확장으로 시작됐으며, 1880년과 1914년 사이 절정에 달했다. 아르헨티나에서 식품과 원료를 수출하되 공업 제조품, 자본, 노동자는 수입하는 체제를 의미한다.

Moglia Barth, Luis José (루이스 호세 모글리아 바르트)   (1903~1984) 아르헨티나 영화산업 초기 대표적 인물로 영화감독을 주로 맡았다. 아르헨티나 유성영화 중 가장 처음 작품으로 꼽히는 「*¡Tango!*」(1933)를 감독했다. ➡ El cine argentino(아르헨티나 영화)

Moises (모세)   (1945) 멕시코의 여류화가 프리다 칼로(Frida Kahlo)의 작품이다. 출산이란 행위가 우주에서 가장 신성한 일임을 말하고 있다. 기독교의 모세 탄생 이야기를 소재로 한 이 그림에는 생명의 부여자로서 온갖 신들과 인류 역사상 온갖 인물들의 엄호를 받으며 새 생명의 탄생을 도와주는 우주를 표현했다.

Molina, Juan Ramón (후안 라몬 몰리나)   (1875~1908) 온두라스 출신으로 정치인이자 편집자, 작가로 활동했다. 다른 작가들이 그의 작품을 산문과 운문으로 편집하여 발표할 만큼 칭송을 받은 작가이며 온두라스 문학의 '고전주의 작가'로 불린다. 대표작으로 『*El chele*』와 『*Salutación a los poetas brasileños*』가 있다.

Molinari, Ricardo (리카르도 몰리나리)   (1898~1979) 아르헨티나의 시인. 전위주의에 참여하였으나 작품은 형식적 실험이나 정치적 투신과는 거리가 멀다. 시에서, 행에서, 단어에서 시간을 고정시키고 포착한다. 그 영원성의 조각에서 아메리카 풍경이 투영되며 시 세계는 노스탤지어, 죽음, 사랑 등으로 이루어져 있다. 스페인 27세대와 관련을 맺었으며 중남미 대륙의 위대한 시인들과도 교류했다. 대표작으로 『*El imaginero*』(1927), 『*Esta rosa oscura del aire*』(1949), 『*Una sombra antigua canta*』(1966) 등이 있다.

Momostenango (모모스테낭고)　　과테말라 토토니카판 주에 위치한 도시이며 면적은 305km²이다. 약 87,340명의 인구가 있으며 인구의 70%가 농촌 인구이다.

Monagas, José Tadeo (호세 타데오 모나가스)　　(1785~1868) 베네수엘라의 군인이자 정치인. 1817년에는 시몬 볼리바르(Simón Bolívar, 1783~1830)와 합동 작전을 시행하기도 하였다. 1834년 선거에서 호세 마리아 바르가스(José María Vargas, 1786~1854)가 당선하자 군부에서 반발을 일으켰고, 이듬해 반란으로 이어지게 된다. 1847년부터 1851년, 1855년부터 1858년까지 두 번 대통령직을 수행하였다.

Moncayo y Esparza, Pedro (페드로 몬카요 에스파르사)　　(1807~1887) 에콰도르 이바라(Ibarra)에 태어난 변호사, 정치인, 작가였다. 당시에 가장 강하게 권력 악용, 불공평과 부패에 저항하며 자유주의를 앞세웠다. 대표작으로는 에콰도르와 페루 경계선에 관한 『Cuestión de límites』(1858)가 있고 가르시아 모레노(García Moreno)에 반대하는 내용으로 『El tiranicidio』(1876)가 있다.

Moneda y propiedad de la tierra del Imperio maya* (마야 문명의 통화와 토지 소유)　　마야 제국에는 교역을 위한 통화 자체는 존재하지 않았다. 다만, 물물교환을 하거나 필요한 경우에 코코아 씨앗을 화폐처럼 활용하곤 했다. 예를 들어 토끼의 경우, 구체적인 가격이 매겨진 건 아니지만, 한 마리 가격이 대략 코코아 씨앗 열 개에 해당된 것이다. 그러나 코코아 씨앗이 화폐로써 기능한 기간은 스페인이 마야 제국을 통치했던 짧은 기간 동안이었다. 1555년 6월 17일, 누에바 에스파냐 부왕의 명령에 따라 카카오 씨앗 140개를 스페인 화폐 1레알과 등가로 정하게 되었는데, 레알화의 평가 절하로 1575년 당시에는 레알 당 카카오 씨앗 100개, 1600년에는 80개로 1레알의 가치를 인정받을 수 있었다. 고위 위정자인 '아아우(ahau)'들은 신하들의 사회적 신분과 역할, 그리고 실제 경작 능력에 따라 신하들의 일가가 생계를 유지하고 조세를 납부하고 필요한 물품들을 구매할 수 있도록 소출이 나오는 농토를 분배해줄 수 있었다. 그러나 이 분배 시스템은 분배 대상인 토지가 아아우의 소유이므로 공유지의 분배와는 엄격히 구분된다. 다시 말해, 국가의 재산이 아닌 사유지 분배의 경우, 아아우의 결정에 따라 언제든지 분배되었던 토지를 거둬들여 다른 용도로 사용할 수 있다는 뜻이다.

Monsiváis, Carlos (카를로스 몬시바이스)　　(1938~2010) 멕시코의 소설가, 연대기작가, 수필가이다. 2006년에 후안 룰포상(El Premio Juan Rulfo)을 수상했다. 매우 젊은 시절부터 문화적으로 풍부한 경험의 세례를 받았으며 다방면의 뛰어난 성취는 그를 20세기 멕시코 문화와 정치, 사회의 근간을 이루게 한 사상가들 중 하나로 여겨지게 한다. 1970년대 멕시코의 여론을 주도하는 중심인물들 중 하나였다. 많은 작품을 남겼으며 대표 저작으로는 『Principios y potestades』(1969), 『Entrada libre』(1987), 『Nuevo catecismo para indios sumisos』(1999) 등이 있다. ➡ Premio de Literatura Juan Rulfo o Premio de Literatura Latinoamericana y del Caribe Juan Rulfo(후안 룰포 문학상)

Montalvo, Juan (후안 몬탈보)　　(1832~1889) 에콰도르의 작가로, 당대의 두 독재자 가르시아 모레노(García Moreno)와 이그나시오 데 베인테미야(Ignacio de Veintimilla)에 대해 활발한 저항 운동을 펼쳤다. 이로 인해 두 번에 걸쳐 망명생활을 하고 끊임없는 박해를 받았다. 12편의 에세이로 이루어진 『Las Catilinarias』(1880~1882)는 자신의 도덕적·자유주의적·기독교적 그리고 저항적인 사상을 유려한 문체로 펼쳐놓은 걸작이다.

Monte Verde (몬테 베르데)　　칠레에서 발견된 고고학적인 유적지다. 이 유적지가 중요한 것은 아메리카의 첫 토착민 클로비스(Clovis) 문화 이전의 인간의 흔적이기 때문이다. 약 14,800년 전에 형성된 것으로 클로비스보다 1,000년 앞섰다.

Monteforte Toledo, Mario (마리오 몬테포르테 톨레도)　(1911~2003) 과테말라 출신의 작가이자 정치가이다. 1946년에 국제연합 과테말라 대표로 활동했고 이후 본국 부대통령직도 수행했다. 작가로서는 인간과 자연의 조화를 그리는 소설과 시를 발표했고 1993년에 국내 문학상을 수여받았다. 대표작으로 『La isla de las navajas』와 『La Puerta Blanca』가 있다.

Montenegro Quiroga, Carlos (카를로스 몬테네그로 키로가)　(1903~1953) 볼리비아 1952년 혁명(Revolucion boliviana de, 1952)의 중요한 사상가이자 이론가이었으며 수필작가와 저널리스트로 활동하였다. 대표작인 『Nacionalismo y coloniaje』는 1952년 혁명에 기초하여 쓰였고 이에는 볼리비아 역사를 국가와 반국가적인 새로운 관점에서 보여준다. 작가뿐 아니라 정치인으로 큰 활약을 펼쳤으며 민족 혁명 운동(Movimiento Nacionalista Revolucionario)의 핵심인물 중 한 명이었다.

Montenegro, Roberto (로베르토 몬테네그로)　(1885~1968) 멕시코 혁명 이후 벽화운동을 처음 시도한 화가이자 벽화가이다. 가장 유명한 작품으로는 「San Pedro y San Pablo College」와 「La Fiesta de la Santa Cruz」(1924)가 있으며 그의 기법은 디에고 리베라(Diego Rivera) 같은 다른 벽화가들과는 달랐다. 산타크루즈 축제에서는 원주민의 민속적 복식과 일상에서 구한 소재를 르네상스 거장들의 화법에 따라 새롭게 구성했다는 점이 특징이다.

Monterde, Francisco (프란시스코 몬테르데)　(1894~1985) 멕시코에서 태어난 작가이자 문학 평론가다. 작가로서 시, 동화, 소설, 수필 등의 장르를 표현했고 이후 멕시코 한림원(Academia Mexicana de la Lengua)의 원장으로 생을 마감했다. 대표작으로 『El madrigan de Cetina』, 『Moctezuma, el de la silla de oro』 등이 있다.

Montero Bustamante, Raúl (라울 몬테로 부스타멘테)　(1881~?) 우루과이의 시인이다. 잡지 <La Revista Literaria>와 <Vida Moderna>를 창간했다. 대표작으로는 『Versar, Antologia de poetas uruguayos』와 『Historia crítica de la literatura uruguaya』가 있다.

Monterroso, Augusto (아우구스토 몬테로소)　(1921~2009) 과테말라 출신의 작가다. 20세기의 대표 작가 중 한 명으로 당시 흥행하기 시작했던 신화와 우화, 단편소설을 잘 소화한 작가다. 대표작으로는 『La oveja negra y demás fábulas』와 『Movimiento perpetuo』 등이 있다. ➡ La literatura guatemalteca del siglo 20(20세기 과테말라 문학)

Montes de Oca, Marco Antonio (안토니오 마르코 몬테스 데 오카)　(1932~) 멕시코의 작가이다. 40년대를 대표하는 작가 중 하나로 초현실주의와 창조주의와 관련된 작품을 썼다. 대표작으로는 『Delante de la luz cantan los pájaros』(1959), 『Cantos al sol que no se alcanza』(1961), 『Fundación del entusiasmo』(1963), 『La parcela en el Edén』(1964) 등이 있다. ➡ La literatura mexicana del siglo 20(20세기 멕시코 문학)

Montiel Ballesteros, Adolfo (아돌포 몬티엘 바예스테로스)　(1888~1971) 우루과이의 작가로 거의 모든 문학 장르에서 작품활동을 했다. 풍부한 뉘앙스와 정제된 문체를 가지고 있었으며 시인으로 문단에 데뷔했다. 이후 단편소설 분야에서 큰 두각을 나타내며 여러 편의 장편도 썼다. 대표작으로 시집 『Las primaveras del jardín』(1912), 소설집 『Los cuentos uruguayos』(1920) 등이 있다. 아동문학 작품으로는 『Cuentos uruguayos』(1920), 『Alma *nuestra*(1922), 『*La isla de oro*』(1966) 등이 있다. ⇒ La literatura uruguaya del siglo 20(20세기 우루과이 문학)

Moock, Armando (아르만도 모크)　(1894~1943) 칠레 출신으로 현대연극 장르에서 대표적인 작가이다. 초기에는 뚜렷한 지역주의를 극복하고 이후에는 세계를 표현하는 측면까지 성장했다는 점에서 그의 진가가 드러난다. 대표작으로는 『*Isabel Sandoval, modas*』(1914)와 『*Alzame en tus brazos*』가 있다.

Morales, Armando (아르만도 모라레스)　(1927~2011) 니카라과의 대표적인 사실주의 화가로 다른 사실주의 화가들과 마찬가지로 조국을 떠나 코스타리카, 미국, 파리 등 외국에서 주로 활동하였고 1983년 이래 대부분의 작품은 고향인 항구도시 그라나다에 대한 기억을 바탕으로 그렸다고 한다.

Morazán Quezada, José Francisco (호세 프란시스코 모라산 케사다)　(1792~1842) 온두라스 출신의 정치가로 중앙아메리카 연방공화국(República Federal de Centroamérica) 대통령을 1830년부터 1839년까지 역임했다. 온두라스(1827~1830), 과테말라(1829), 엘살바도르(1839~1840), 코스타리카(1842)의 국가 수반을 역임하기도 했다.

Moreau de Justo, Alicia (알리시아 모레아우 데 후스토)　(1885~1986) 영국에서 태어나 5살 때 아르헨티나키나로 이민을 가 정착하게 된다. 그녀는 21살 때 여성 해방주의와 사회주의를 기초한 운동을 만들고 1918년에 아르헨티나 여성 연합을 창설했고 이후 지속적으로 여성 복지와 법을 위해 싸웠다.

Moreira, Juan (후안 모레이라)　(?~1874) 아르헨티나의 부에노스아이레스에 살았던 인물로 아르헨티나 민요에도 등장하며, 소설과 영화로도 만들어진다. 당시 가우초들의 고통스런 삶을 대변하는 인물로 평가된다.

Morelos, José María (호세 마리아 모렐로스)　(1765~1815) 멕시코의 성직자이자 정치인. 원주민 출신의 아버지와 크리오요였던 어머니 사이에 태어났다. 페르난도 7세를 지지했던 그는 1815년 종교재판소에서 성직자의 도리를 저버렸다는 이유로 사형당했다.

Moreno, Mariano (마리아노 모레노)　칸틴플라스(Cantinflas)라는 예명으로 더욱 잘 알려진 마리아노 모레노(1911~1993)는 멕시코의 코믹 배우이자 프로듀서, 시나리오 작가 등으로 활동하였다. 그는 유랑극단의 광대 출신으로서 정치적 의도가 다분히 깔린 풍자를 하였고 다양한 표정과 몸짓 연기로 즐거움을 선사했다. 특히 코믹 배우로는 중남미 출신 최초로 세계적인 명성을 얻었다.

Moríñigo, Higinio (이히니오 모리니고)　(1897~1983) 파라과이의 군인, 정치가. 차코 전쟁(Guerra del Chaco)에서 공로를 거두어 대령으로 진급했으며 1940년 에스티가리비아 장군(José Félix Estigarribia, 1888~1940)이 사망한 후 대리로 대통령직을 행사하다 1943년 당선되어 1948년까지 유혈독재로 집권하였다.

Moro, César (세사르 모로)　(1906~1956) 페루의 시인이며 진짜 이름은 알프레도 퀴스페스 아신(Alfredo Quíspez Asín)이다. 앙드레 브레통의 친구이자 조력자였으며 프랑스어로 네 권의 책을, 스페인어로 세 권의 책을 썼다. 파리에서 오랜 기간 거주했다. 대표작으로는 『*Los anteojos de azufre*』(1958), 『*La tortuga ecuestre*』(1958), 그리고 『*La tortuga ecuestre y otros textos*』(1967)가 있다. 비평가들은 그의 뛰어난 시가 『*Viaje hacia la noche, Carta de amor*』, 『*Vienes en la noche con el humo fabuloso de tu cabellera*』라는 데에 동의한다.

Morosoli, Juan José (후안 호세 모로솔리)　(1899~1957) 우루과이 미나스(Minas)에서

출생한 작가다. 그의 작품 특징으로는 풍경과 등장인물이 그의 이야기의 대상이 되며 일상생활에서의 다양한 사건들을 통해 사람의 문제점을 표현했다. 작품 중에는 『Hombres』, 『Hombres y mujeres』, 『Tierra y tiempo』 등이 있다.

Motivos de Proteo (모티보스 데 프로테오) 모데르니스모 시기의 우루과이 수필가 호세 엔리케 로도(José Enrique Rodó, 1871~1917)의 작품. 1909년 작품으로 로도의 사사인 아리엘주의(arielismo)가 수려한 문체와 깊은 통찰력을 통해 절정에 이르는 작품이다.

Motivos del son (모티보스 델 손) 쿠바의 시인 니콜라스 기옌(Nicolás Guillén, 1902~1989)의 시집. 1930년 작으로 작가의 첫 시집이며, 당시 스페인 비평가들에게 호평을 받았다. 페데리코 가르시아 로르카(Federico García Lorca, 1898~1936)가 이 작품에서 대중성과 아프로-쿠바시의 원류적인 면을 발견하여 마드리드에 소개하였다.

Movimiento de los cartoneros (카르토네로들의 운동) 아르헨티나의 철도회사인 메트로폴리나타(Metropolitana)에 의해 시작된 운동으로, 부에노스아이레스 변방의 카르토네로들이 도시 중심으로 이동하여 재활용 물건을 찾는 것을 돕기 위해 하루에 두 번씩 무료로 기차를 타게 해주었다.

Movimiento Democrático Nicaragüense(MDN) (니카라과 민권운동) 사회민주주의 사상의 중도좌파 당파로 1978년 알폰소 로벨로(Alfonso Robelo)와 파비오 가데아 만티야(Fabio Gadea Mantilla)가 소모사(Somoza) 독재에 대항하여 설립하였다. 전국야당연합(UNO)을 형성하여 1990년 대선에 비올레타 차모로(Violeta Chamorro)를 대통령 후보를 지지하여 승리하였다.

Movimiento estridentista, El (과격주의 운동) 멕시코 과격주의 운 시대(1920~1925)의 헤르만 리스트 아르수비데(Germán List Arzubide, 1898~1998)의 작품. 이 작품은 당시 과격주의 운동의 논점과 주장, 쟁점을 잘 드러내는 작품이라는 평을 받고 있다.

Movimiento Hora Zero (제0시 운동) 1970년대 페루의 가장 중요한 전위시 운동으로 자본주의로 물든 문화를 해방하는데 목적이 있었으며 시의 대중화와 그로 인한 인간성의 회복을 도모했다. 호르헤 피멘텔(Jorge Pimentel, 1944~), 후안 라미레스 루이스(Juan Ramírez Ruiz, 1946~), 툴리오 모라(Tulio Mora, 1948~), 엔리케 베라스테기(Enrique Verastegui, 1950~), 호르헤 나하르(Jorge Najar, 1946~), 카르멘 오예(Carmen Ollé, 1947~) 등이 대표적 시인으로 꼽힌다.

Movimiento Latinoamericano Los Poetas del Cinco ('로스 포에타스 델 싱고' 라틴아메리카 운동) 2004년 칠레에서 시작된 운동으로 라틴아메리카 시인들의 작품을 알리고 대중에게 신인 문인을 소개하는 것을 목적으로 하고 있으며 3개월마다 잡지를 발간한다. 창시자로는 베네수엘라의 글라디스 멘디아(Gladys Mendía, 1975~), 엘살바도르의 네스토르 오테로(Nestor Otero, 1955~) 등이 있다. 협회의 상징은 활짝 펴진 손이며 행동하는 문인을 상징함과 동시에 모든 방향으로 열린 다양성을 상징한다.

Movimiento Peronista Montonero (몬토네로스) 60~70년대 아르헨티나에서 후안 페론(Juan Domingo Perón) 지지활동을 한 도시 게릴라 단체이다. 모토는 "우리는 승리하리라(Venceremos)"이다. 이들은 주요 인사를 납치하거나 다국적 기업을 테러했고 은행을 털어 무장했다. 초기 목표는 아르헨티나 혁명정부를 불안정하게 만들고 망명한 후안 페론이 귀환할 수 있게 하는 것이었다. 초기에는 후안 페론의 지원 아래 활동했지만, 페론의 재선 이후 페론주의 좌익 세력으로부터 결별한 후안 페론으로부터 '국가반란 기도 세력'이라는 비난을 받고 1974년 정의당에서 축출됐다. 이후 이사벨 페론 정부에 의해 반정부단체로 규정되고 1976년 쿠데타로 집권한 호르헤 라파엘 비델라(Jorge Rafael Videla Redondo)가 이 그룹을 완전히 해체했다. ⇒ Juan Gelman(후안 헬만)

Moya, Horacio (오라시오 모야)   (1957~) 엘살바도르 소설가로 온두라스에서 태어났으나 아버지를 따라 엘살바도르로 이주했다. 그의 두 작품 『El asco』와 『El gran masturbador』로 엘살바도르 비평계에 스캔들을 일으켰다.

Muiscas (무이스카)   무이스카(Muiscas) 또는 칩차(Chipchas)는 기원전 6세기부터 콜롬비아 산탄데르(Santander) 지역에서 생활했고 언어는 무이스쿠분(muyskkubun)을 사용했다. 식민지 시대에 들어서 옥수수, 감자, 목화를 비롯한 농사를 지었고 뛰어나 금은 세공 기술을 보유한 부족이었다.

Mujía, María Josefa (마리아 호세파 무히아)   (1812~1888) 볼리비아의 초기 낭만주의의 시인들 가운데 한 명으로 최고의 3대 낭만주의 시인으로 이름을 떨쳤다. 14살에 장님이 되었지만 그로 인해 누구보다 섬세한 감정을 가지게 된 그녀는 아름다움의 내면을 다루는 대표적인 자전적 시 『La Ciega』을 남겼다.

Mújica Láinez, Manuel (마누엘 무히카 라이네스)   (1910~1984) 아르헨티나 부에노스아이레스(Buenos Aires) 출신의 소설가, 에세이 작가. 프랑스와 영국에서 공부를 했으며 작품들은 지난 시대에 몰두한다. 대표작으로 이탈리아 르네상스를 다루는 『Bomarzo』, 17세기 라 플라타(La Plata) 도시를 다루는 『Don Galaz de Buenos Aires』 등이 있다.

Mújica, Cecilia (세실리아 무히카)   (?~1813) 베네수엘라 독립사에서 여성 영웅이다. 애국적인 노래를 작곡하여 불렀으며 선전활동에 참여했다. 총살로 목숨을 잃었다.

Mulato (물라토)   중세 식민지 시대에 생긴 표현으로 흑인과 백인 사이에 태어난 사람을 지칭한다. 'Mulato'의 어원은 'mula(당나귀)'로, 말과 당나귀 사이에 태어난 노새이다. 이들을 일컫는 은어로 'café con leche(카페 콘 레체)'가 있다. ⇒ Mestizaje(혼혈)

Muñeca Brava (무녜카 브라바)   1998~1999년 상영된 아르헨티나의 드라마. 스페인, 파나마, 온두라스, 칠레, 콜롬비아 등등 라틴아메리카 국가들과 러시아, 루마니아, 미국, 이탈리아 등 외국에서도 알려진 작품이다. 부잣집 아들인 파쿤도 아라나(Facundo Arana)와 그 집안에서 도우미로 일하게 되는 나탈리아 오레이로(Natalia Oreiro)의 이야기이다.

Muños, Eduardo (에두아르도 무뇨스)   아르헨티나의 복구된 회사(Empresa Recuperada) 운동을 만들어낸 사람 중 한 명이다. 공장을 점거하여 경찰의 진입을 막으면서 수익을 창출하고 공장 안에 교육시설, 의료시설 및 문화시설을 갖추기도 하였다. 이후 운동의 모델이 되었다.

Muñoz Marín, Luis (루이스 무뇨스 마린)   (1898~1980) 푸에르토리코의 정치인이다. 1948년부터 1964년까지 푸에르토리코의 대통령을 역임했다. 1952년 미국 정부로부터 받은 자유 연합주(Estado Libre Asociado) 승인을 계획한 중심인물이다. 1970년까지 상원 의원직을 맡다가 정치에서 은퇴했다.

Muralismo* (벽화주의)   멕시코 혁명 이후 멕시코에서 처음 시작된 예술운동이다. 사회주의 색채가 짙은 벽화주의는 이젤에 캔버스를 펼쳐놓고 그리는 전통적이고 부르주아적인 회화를 배격하고, 민중의 현실을 그대로 담아내는 대규모 민중 지향적 그림의 생산을 지지했다. 같은 맥락에서 그림에는 원주민적 색채가 농후했다. 벽화주의는 거대한 반향을 일으키며 라틴아메리카는 물론 유럽에까지 퍼져나갔다. 벽화주의의 근간이 된 것은 1910~

1917년의 멕시코 혁명이었다. 멕시코 벽화주의 화가들은 민주정부의 등장과 함께 민중을 중시하는 문화교육과 교육개혁에 동참했다. 따라서 벽화주의는 사회주의 이데올로기가 밑바닥에 깔린 원주민적 토양에서 태동한 운동임과 동시에 매우 정치 지향적인 운동이라 할 수 있다. 그들이 추구하는 것은 아스테카와 잉카 고대문명의 숨결이 오롯이 깃든 근대화된 국가의 수립이었다. 벽화주의 화가들이 선택한 방법은 고대 문명과 같은 방식, 즉 벽화를 그리는 것이었다. 도해는 주로 민중예술과 식민지 시대 멕시코 민속예술에서 따왔다. 한편 멕시코 벽화주의 화가들은 자신들의 취지와 맥을 같이하는 유럽의 근대사조, 즉 독일의 표현주의 및 러시아 아방가르드와의 접촉을 시도했다. 이런 멕시코 벽화주의의 대표적 작가로는 디에고 리베라와 호세 클레멘테 오로스코를 들 수 있다. 리베라는 한동안 유럽에 체류한 경험이 있었고, 그 시기에 야수파 화가인 피카소와 모딜리아니를 알고 지냈다. 브레통의 초현실주의의 영향도 받은 그는 아내이자 화가였던 프리다 칼로와 함께 파리와 뉴욕에서 열정적인 작품활동을 했다. 수많은 벽화로 남아 있는 리베라의 그림 속에서는 뿌리 깊은 인디오적 전통과 모던함이 공히 발견된다. 대표작으로는 <Escuela Preparatoria de México>, <Escuela Nacional de Agricultura de Chapingo> 등의 학교 벽에 그린 벽화「창조」, 그리고 <Palacion Nacional>, <Hotel del Prado> 벽에 그린 멕시코 역사화, 1920~1934년 미국 체류 중에 샌프란시스코 증권거래소와 디트로이트 예술원 등에 그린 작품들이 있다. 뉴욕 록펠러 센터에도 벽화를 그렸었지만, 그림 속 레닌 초상화를 빼달라는 요구를 리베라가 거절함으로써 결국 완성되지 못하고 지워지는 사건도 있었다. 사실 리베라는 멕시코 공산당 창당 멤버이기도 하며, 그가 가장 꿈꾸었던 일이 다름 아닌 소비에트 사회주의 리얼리즘의 이상을 예술작품을 통해 형상화하는 것이었으니, 레닌의 초상화 삭제를 거부한 것은 당연한 일이었을 것이다. 오로스코는 처음에는 건축을 공부했지만 1909년부터 그림으로 방향을 틀었다. 화가로 전향한 뒤 그린 초기 작품들은 표현주의적 색채가 매우 짙었으며, 소외된 하층민들의 모습을 주로 담았다. 처음 벽화에 손을 댄 것은 1922년으로, <Escuela Nacional Preparatoria de México> 벽화를 그리면서였다. 당시 그는 벽화에 캐리커처를 담아냄으로써 사회에 대한 통렬한 풍자를 실현했다. 미국에 체류하는 동안에는 캘리포니아의 포모나 칼리지에 <프로메테우스>를, 뉴햄프셔의 다트머스 칼리지에는 <아메리카 역사>를, 뉴욕 현대예술박물관에는 모빌 패널을 남겼다. 그의 최고의 전성기는 1930년으로, 당시 그는 과달라하라 주정부 청사와 대학 등에 벽화를 남겼다. 이들 외에도 시케이로스와 장 샤를로트, 파블로 오히긴스, 후안 오고르만 등이 있으며, 멕시코 벽화주의는 미국에도 영향을 미쳐 토마스 하트 멘튼 같은 화가들이 동참한 바 있다.

Murga (무르가)　　칠레, 콜롬비아, 우루과이, 아르헨티나, 파나마 그리고 스페인의 대중음악이다. 무르가는 심플한 리듬이며, 춤과 연극이 섞여 있다. 카니발, 국경일 혹은 주말에 공원에서 모여 이 춤을 추며, 밝은 의상을 입고, 광대처럼 화장하는 것이 특징이다. 아르헨티나에서는 한 동네에서부터 다른 동네로 이동하면서 춤을 춘다. 춤을 추기 위해 모이는 사람들을 콤파르사(comparsa)라고 부르며, 인원 제한이 없다. 여러 나라에서 이루어지는 것만큼 그들의 의상, 리듬 등이 다양한 편이다.

Murillo, Pedro Domingo (페드로 도밍고 무리요)　　(?~1810) 볼리비아의 정치가로 라파스(La Paz)에서 볼리비아의 자치권과 독립을 주창하였다. 당시 부왕에 대항하여 반란을 일으키지만 체포당해 사형을 당한다.

Murúa, Lautaro (라우타로 무루아)　(1927~1995) 아르헨티나의 영화감독이자 영화배우. 칠레 태생으로 후에 아르헨티나 국적을 얻었다. 살바도르 아옌데(Salvador Allende, 1908~1973)의 친구였으며 아우구스토 피노체트(Augsto Pinochet, 1915~2006) 정권이 들어선 이후 아르헨티나로 추방되었다. 「*Alias Gardelito*」(1961)가 대표작품이다. ⇒ El cine argentino(아르헨티나 영화)

Museo Almafuerte (알마푸에르테 박물관)　아르헨티나 라 플라타(La Plata) 시에 위치한 박물관. 알마푸에르테(Almafuerte)로 더 잘 알려진 페드로 보니파시오 팔라시오스(Pedro Bonifacio Palacios, 1854~1917)의 생가를 박물관으로 만들어 작가의 여러 작품을 전시해놓고 있다.

Museo de los niños(Guatemala) [어린이 박물관(과테말라)]　2000년 2월에 교육적인 목적으로 시작하게 되었다. 어린이들을 위해 활동적이고 재미있는 경험들을 제공함으로서 인성 교육을 주목적으로 두고 있다.

Museo Mitre (미트레 박물관)　아르헨티나 산마르틴가 336번지에 위치한 바르톨로메 미트레(Bartolomé Mitre, 1821~1906) 생가를 개조해 박물관으로 민간인에게 공개한 곳이다. 내부에는 6만여 권의 도서와 잡지 및 시청각 자료를 소장하고 있는 "아메리카나 도서관(Biblioteca Americana)"이 있으며 이 건물의 정면은 아르헨티나 2페소 지폐의 밑그림과 같다.

Música Sentimental (감정 음악)　아르헨티나 자연주의 소설가인 에우헤니오 캄바세레스(Eugenio Cambaceres, 1843~1888)의 작품. 노골적인 묘사를 시도하여 "오르가즘 뒤의 나른함"을 주제로 다양한 묘사 방법을 보여주며 부에노스아이레스의 과도기 모습을 엿볼 수 있는 작품이다.

Música, pintura y matemáticas del Imperio maya* (마야 문명의 음악과 미술과 수학)　마야 문명의 음악은 기본적으로 두 종류의 악기를 바탕으로 하는데, 첫째는 바람소리를 내는 악기들로 휘파람, 피리, 달팽이 껍질로 만든 악기가 그것이며, 두 번째는 타악기로 나무나 돌로 만든 실로폰, 거북 등껍질, 나무 막대기 등이 그것이다. 여기서 나무 막대기는 속이 비어 내부에 공간이 생긴 막대기를 의미하는데, 통상 그 속에 씨앗을 넣어 소리가 나게 했다. 기타 같은 현악기는 사용되지 않은 것으로 파악되며, 나무를 활용해 제작한 악기들의 경우는 세월과 습기 속에 거의 사라져버려 남아 있는 것이 거의 없다. 그림과 관련해, 마야인들은 프레스코 기법으로 그림을 그렸으며, 치아파스의 보남팍(Bonampak) 회화들에서 볼 수 있는 것과 같은 순교당한 전쟁포로들의 모습 같은 장면들을 그려냈다. 결국 상당수의 회화 작품들은 인물화에 치중했던 것이다. 이때, 작게 그려진 사람들은 멀리 있는 사람, 또는 노예와 같이 사회적 신분이 낮은 사람들을 의미했다. 가끔 회반죽을 벽면에 여러 차례 입힌 것을 볼 수 있는데, 그림 위에 다시 덧입혀 그림을 그린 것으로 해석되지는 않는다. 그런가 하면 건물 벽에 사람의 손 모습이 등장하기도 하는데, 그 정확한 목적이 무엇인지는 확인되고 있지 않다. 당시 채색의 기본색은 빨강과 파랑이었다. 여타 메소아메리카 문명들과 마찬가지로 마야 문명 역시 숫자를 알았으며, 이십진법 또는 오진법을 활용했다. 뿐만 아니라 마야 이전부터 존재했던 올메카(Olmecas) 문명 등에서는 이미 기원전 37년 무렵부터 0의 개념을 독자적으로 발전시켜왔던 것으로 확인된다. 물론 바빌로니아에서 0을 대체할 수 있는 다른 개념을 훨씬 전부터 사용했다고는 하지만, 현재 사료 상으로는 올메카 문명에서 최초로 0의 개념을 사용

했던 것으로 확인된다. 이렇게 0의 개념을 도입함으로써 마야 시대에 이미 사람들은 억 단위를 표기할 줄 알았다. 마야인들은 매우 정교한 천문관측을 실행했는데, 마야인들이 달과 별들의 움직임을 관측해 그려낸 천문도는 당대의 그 어떤 문명과 비교해도 손색이 없을 만큼 빼어나고 정교했다.

Mutis, Albaro* (알바로 무티스) 1923년 보고타에서 출생한 콜롬비아의 시인이자 소설가이 며 대표적인 현대 라틴아메리카 작가 중 한 명이다. 1988년 하비에르 비야우루티아상 수상을 시작으로, 1997년 아스투리아스 왕세자 문학상, 1997년 소피아 여왕상, 2001년 세르반테스상, 2002년 인테르나시오날 네우스타트상을 수상한 바 있다. 알바로 무티스 는 "최고의 빛남은 최고의 절망이며, 최고의 절망은 빛날 수 있는 최고의 가능성이다"고 말한다. 그가 세계 문학과 특히 라틴아메리카 문학에 남긴 가장 중요한 유산은 바로 역사와 인간을 보는 독창적 관점이다. 그만의 독창적 관점이 있었기에 경이롭고 이색적인 모험의 작가가 될 수 있었기 때문이다. 1965년에 알바로 무티스는 멕시코에서 '절망'에 대한 자신의 견해를 설명하는 콘퍼런스를 개최했다. 그 콘퍼런스를 통해 사람들은 진정한 시인 하나가 망명생활을 이어가고 있음을 추측할 수 있었다. 망명의 한은 그로 하여금 외로움과 고립감을 느끼게 했으며, 그만의 역사 이해 방식과 무상한 삶에의 인식은 그런 외로움을 더욱 깊게 했다. 회귀선, 그 지역의 길들여지지 않은 자연, 그 지역에서 서식하는 동식물들, 그곳에 서식하는 모든 것들의 부패는 시간에 흐름에 굴복하지 않을 수 없는 인간에 대한 비유였다. 절대적으로 순수한 표현들로 이루어진 그의 시 작품들은 읽는 이에게 일종의 성스러운 기쁨을 안겨 주며, 충만했던 지난 시간이 부여하는 기쁨을 누리게 해준다. 그래서 우리는 무티스를 파멸의 시인이라고 부르는 것이다. 그의 시가 인간의 위대함을 노래하지 않고, 반대로 인간 행위의 덧없음을 노래하고 있기 때문이다.

Muyucmarca (무이욱마르카) 사크사이와만(Sacsayhuamán) 상층에 있는 성루 중 하나이며 페루 유적 중 하나로 남아 있다. 원형의 잉카 건축물이며 태양의 신전으로도 사용된 곳이다. 탑과 성전은 스페인 식민 시대에 붕괴되었다. 1536년 이곳에서 삭사유아만 전투가 일어났다.

Muza (무사) 아르헨티나 낭만주의 시기의 극작가인 클라우디오 마메르토 쿠엔카(Claudio Mamerto Cuenca, 1812~1852)의 작품. 무슬림의 스페인 침공을 떠올리게 하는 이 작품은 사랑의 이중구조와 유대인의 배신 등을 통해 당시 시대상을 보여준다.

N

Nacionalismo latinoamericano* (라틴아메리카의 민족주의)　　민족주의는 1930년대 이후 1929년 위기와 이로 인해 발생한 산업화의 움직임으로 힘을 얻기 시작했다. 라틴아메리카 국가에서는 아르헨티나, 브라질과 멕시코가 산업화를 발전시켰기 때문에 이들 국가에서 민족주의가 두드러졌다. 아르헨티나의 페론주의(peronismo), 브라질의 바르가스주의 (varguismo), 멕시코의 제도혁명당(PRI)은 라틴아메리카 민족주의의 대표적인 상징이라 할 수 있다. 멕시코의 민족주의는 에밀리오 사파타(Emilio Zapata)와 판초 비야(Pancho Villa)가 경제적 착취와 농촌에 가하는 정치적 탄압에 항거하며 농민들의 반발로 이루어진 1910년 혁명으로 시작된다. 1917년 멕시코에서는 민족주의적 정책의 일환으로 새로운 헌법이 공표되었는데 이에 농지 개혁이 포함되어 있었다. 이러한 과정에서 PRI가 창설되었고 1934년 라사로 카르데나스(Lázaro Cárdenas)가 대통령으로 선출되면서 멕시코의 민족주의는 완전한 모습을 갖추게 되었다. 1929년 대공황은 노동자와 농민들의 거대한 시위로 이끌었고 카르데나스 정부는 사회적 권리의 보장을 내세우며 새로운 민족주의의 바람을 일으키기 시작했다. 카르데나스는 국가를 경제성장의 지렛대로 삼고 철도, 석유 개발 등 국유화정책을 펼치며 경제 분야의 중요한 위치를 차지하게 되었다. 멕시코 민족주의는 1940년대부터 점차 힘을 잃기 시작하여 정부의 신자유주의 표방으로 1990년대 끝내 막을 내리게 된다. 브라질은 제툴리오 바르가스(Getúlio Vargas)가 1930년 군의 지원으로 권력을 장악하면서부터 민족주의가 첫 걸음을 내딛기 시작하였다. 정부는 수입대체산업전략을 추진하여 노동의 권리를 규정하고 1941년 국영제철회사를 건설하며 제철업을 중심으로 사업을 펼쳐나갔다. 또한 국영석유회사인 페트로브라스 (Petrobras)를 필두로 다양한 국영회사들을 설립하여 튼실한 기반을 구축하면서 산업화와 정부의 역할을 강화시켜나갔다. 또한 라틴아메리카 민족주의의 특징 중 하나였던 노동자운동을 관리하는 기관을 구축하였는데, 브라질에 경우노동부가 이를 관리하게 하였고 노동법을 강화시키고 사회보장정책을 실현시켰다. 1964년 군사 쿠데타가 발발하면서 브라질은 국가안보주의와 외국인투자 개방 확대로 방향을 틀어 민족주의에서 벗어나게 되었다. 페론주의의 동의어로 여겨지는 아르헨티나의 민족주의는 1944년 후안 도밍고 페론(Juan Domingo Perón)이 부통령 및 노동부 장관으로 임명되면서 시작되었다. 페론주의는 국가적 프로젝트로 구축되어 반제국주의적 연설을 통해 서민들에게 부의 분배를 실현시키고자 했다. 페론은 서민들의 소비 시장을 확대하는 동시에 산업화를 추진하였고 페론주의와 직결된 노동조합운동을 강화시키는 한편 도시화의 확대, 정계에 산업 부르주아와 노동계급의 참여를 도모해나갔다. 바르가스와 페론은 다른 라틴아메리카 국가에도 영향을 미쳤는데 이들의 도움으로 파라과이에서는 알프레도 에스트로스네르(Alfredo Stroessner)가, 칠레에는 카를로스 이바녜스(Carlos Ibañez)가 정권을 잡게 되었다. 1952년 볼리비아 혁명은 라틴아메리카 좌파의 민족주의 과정에서 중요한 시기를 차지한다. 주석광산의 국영화, 농지 개혁의 실현, 민병들로 대체된 정규군의 동원 해제로 특징지어진다. 라틴아메리카의 민족주의는 바르가스와 페론 정부의 몰락과 급증하는 외국인투자자본의 유입으로 점차 힘을 잃어갔다. 이로 인해 브라질과 아르헨티나에서는 자동차 산업이 부상하게 되었고 외국인투자자본의 확대로 점철된 새로운 산업화 시대가 열리게 된다. 라틴아메리카의 민족주의 시대는 다국적 회사의 입지 강화로 인한 경제 국제화가 시작되면서 1960년대 내리막길을 걷게 되었다.

Nadaismo colombiano* (콜롬비아 허무주의) 아방가르드적 문예사조로 인간의 실존에 대한 나름의 해석을 제시하고 있다. 따라서 혹자는 허무주의를 실존주의의 라틴아메리카식 버전으로 보기도 한다. 즉 즉각적 경험을 통해 존재라는 현실에 대한 지식을 습득하고자 하는 철학적 움직임으로 보는 것이다. 콜롬비아 허무주의는 콜롬비아 전통과 교회, 아카데미아가 주도하는 문화에 대한 문학적·철학적 반작용으로 60년대에 처음 등장했다. 따라서 허무주의는 당시에 라틴아메리카를 위시해 세계 전역에서 유행하고 있던 아방가르드 예술운동과 그 맥을 같이 하고 있었다. 실제로 허무주의가 등장하기 전에 콜롬비아 시문학 세계에 팽배했던 사조는 '피에드라 이 시엘로(Piedra y Cielo)', 즉 1939년에 등장한 '석천주의(piedracielismo)'였다. 기예르모 발렌시아(Guillermo Valencia Castillo)가 이끄는 이러한 고답파적 시운동에 반기를 든 허무주의는 당대로서는 획기적이고 신선한 이미지와 메타포 등을 적용해 새로운 서정적 열의가 묻어나는 시를 창조해냈다. 곤살로 아랑고(Gonzalo Arango Arias, 1931~1976)가 이끄는 허무주의 그룹에는 콜롬비아 전역에서 찾아온 많은 젊은 예술가들이 합세하였으며, 자신들의 견해와 제안을 담아낸 많은 선언서들을 발표했다. 그러나 콜롬비아 허무주의의 창시자인 곤살로 아랑고가 비극적인 죽음을 맞이하고, 다른 구성원들 역시 그 전철을 밟아가자 허무주의는 급속히 쇠락하기 시작하더니 결국 사라지고 말았다. 그러나 그 족적만은 콜롬비아 문학사에 길이 남아 있다. 주요 허무주의 예술가로는 우선 곤살로 아랑고를 들 수 있다. 그 외에도 작가군으로는 페르난도 라린데(Fernando Lalinde), 페르난도 곤살레스(Fernando González), 마리오 리베로(Mario Rivero), 에두아르도 에스코바르(Eduardo Escobar), 헤르만 에스피노사(Germán Espinosa), 호세 마누엘 아랑고(José Manuel Arango), 알레한드로 코테(Alejandro Cote), 지오반니 케세프(Giovanni Quessep) 등이 있는데, 이들은 모두 허무주의 작가로 분류되기는 하지만 그들의 작품 속에서는 저마다의 미학적·문학적 특성들이 드러나고 있으며 삶의 궤적 역시 독자적이었다.

Náhuatl (나우아틀) 멕시코 최대의 인디오 집단인 나우아족(náhua)의 언어를 지칭하는 말로 뜻은 '명료한 소리'이다. 아스테카(Azteca)족이 썼던 언어이며 아직도 인디오의 일상어로 많이 사용되고 있다. 발음은 스페인어와 유사하며, 성(性)이 존재하지 않는 등 문법적으로는 다소 차이가 있다. ⇒ Quetzalcoatl(케찰코아틀)

Nalé Roxlo, Conrado (콘트라도 날레 록슬로) (1898~1971) 아르헨티나 출신 작가로 그의 문학은 진지함, 감정, 유머 이 세 가지 요소로 특징지어진다. 아르헨티나 극문학에서 가장 훌륭하고 완성도가 높다고 평가받는 작품인『El pacto de Cristina』를 썼다.

Nanauatzin (나나와트진) 아즈텍(Aztec) 민족의 신이다. 못생긴 얼굴로 다른 신과 달리 오

만하게 보였지만 말수가 적은 겸손한 신이라고 한다. 이는 아즈텍족 신화에 따르면 태양
이 되는 것을 모든 신들이 거부했을 때 나나와트진 신은 용기 있게 그 역할을 맡게 됐다
고 한다.

Narcocorrido (나르코코리도) 1960년대 멕시코에서 발생한 음악의 한 장르로 코리도의 일
종이며 마약운반 산업과 멕시코 마약 조직들에 대한 내용의 가사가 많다. 나르코코리도
는 이들의 무용담, 인생의 허무함 등을 다루며 시민들의 의식에 악영향을 끼친다 하여
정부가 금지하기도 했으나 곧 부활하는 등 멕시코 북부지역의 문화로 자리 잡았다.

Nariño, Antonio (안토니오 나리뇨) (1765~1823) 콜롬비아 출신으로 작가이자 정치가 그
리고 콜롬비아의 독립에 앞장섰던 인물이다. 독립을 향한 염원 외에도 대중주권론, 원주
민의 수탈당한 토지의 회복, 크리오요들의 정치·경제적 자유에 대한 관심이 깊었다.

Narrativa regionalista, La (지역주의 소설) 20세기 초기 30년간 중남미에서 소설계를
주도한 지역주의 소설은 심리적 묘사가 주를 이루며 동시에 사회적 문제점을 반영한다.
또한 시적 리듬을 가지고 인상적인 자연 경관을 묘사하는 작가들의 미적 고뇌를 표현하
기도 한다. 이렇게 자연과 밀접하게 위치한 인물과 향토색이 짙은 정경이 작품의 주된
분위기를 형성하면서 종래의 유럽 추종주의에서 벗어나 중남미적인 테마를 다루는 최초
의 소설 장르가 된다.

Nasa/Paez (파에스 또는 나사) 콜롬비아 원주민 민족. 현재 약 164,000명이 카우카(Cauca)
지역에 생활하고 있으며 이 외에 12,000명은 푸투마요(Putumayo)를 비롯해 인근 지역
에 산다. 1970년 나사와 지역 원주민들은 카우카 원주민 지역 위원회(Consejo Regional
Indígena del Cauca)를 설립해 원주민 영토와 문화를 유지하는 데 힘을 쏟았고 이를 시
작으로 1991년 헌법을 통과시켜 원주민 인권과 자치권 보호를 법적으로 받고 있다.

Nataniel, Aguirre (아기레 나타니엘) (1843~1888) 당시 볼리비아가 낳은 가장 뛰어난
작가로 평가받는다. 낭만주의적 경향을 가진 연극 『Represalia de héroe』와 『Visionarios y
mártires』 사회학적이고 역사학적인 성향을 지닌 『Biografía de Bolivia』와 『Historia del
Pacífico』 등 흥미 있는 작품들은 썼지만 불행하게도 오늘날 큰 주목을 받지 못하고 있다.

Navarrete Cáceres, Carlos (카를로스 나바레테 카세레스) (1931~) 과테말라 출신의
작가로 2005년에 과테말라 문학상을 수여받았다. 멕시코에서 고고학을 전공해 마야 문명
과 치아파스(Chiapas)에 대한 연구를 했다. 이런 지식을 바탕으로 작품을 집필하였고 대
표작으로 『Luis Cardoza y Aragón y el Grupo Saker-Ti』와 『Las Rimas del peregrino』가 있다.

Nazoa, Aquiles (아킬레스 나소아) (1920~1976) 베네수엘라의 시인이자 극작가, 수필가,
언론인이다. 언론인으로서 유명하며 아름다운 언어를 통한 시적 표현이 작품의 특징이
다. 대표작으로 『Método práctico para aprender a leer』(1943), 『Aniversario del color』(1943)
등이 있다.

Nenia (네니아) 아르헨티나 후기 낭만주의 시대 시인인 카를로스 기도 스파노(Carlos Guido
Spano, 1827~1918)의 시. 평소 스타일과는 다르게 고답파적 기술로 쓴 시이며 전쟁의
여파로 한 마을이 사라져 버린 슬픔에 대한 노래이다.

Neptuno Alegórico (포세이돈 신 비유) (1680) 토마스 데 라세르다 이 아라곤(Tomás de
la Cerda y Aragón)과 마르케스 데 라라구나(Marquéz de la Laguna) 부왕의 멕시코시
티 입성을 축하하기 위한 후아나 이네스 데 라크루스 수녀(Sor Juana Inés de la Cruz)
의 산문체의 장문이다. 이 글은 크게 'La Dedicatoria', 'Razón de la fábrica' 그리고

'Explicación del arco' 세 부분으로 나뉜다. 후아나 수녀는 이 글에서 새로운 부왕의 미덕을 포세이돈에 비유하고 있다. 포세이돈은 노동과 지혜를 상징하기도 하며 많은 덕을 지니고 있고 또한 전쟁의 화신이기도 하다. 또한 하늘의 왕인 제우스의 형제이며 대양의 왕이기도 한 이 신을 부왕과 일치시켜 부왕을 맞이했다.

Nervo, Amado (아마도 네르보)　멕시코 자연주의 작가(1870~1919)로 대표적인 모데르니스모 서정 시인이기도 하다. 대표작 『El bachiller』(1896)는 자연주의의 틀을 벗어나지 않은 채 다른 요소를 끌어들인다. 네르보가 받은 신학교육의 산물임에 틀림없는 신비주의가 작가의 많은 시에서처럼 관능적인 것과 기묘한 결합을 이루고 있는 것이다.

Neuman, Andrés (안드레스 네우만)　(1977~) 아르헨티나 부에노스아이레스(Buenos Aires) 출신의 시인이자 소설가이다. 작가로서 막을 열어준 작품은 『El viajero del siglo』(2009)이다. 이 소설은 여러 개의 상을 비롯해 <El País> 일간지와 <El Mundo>가 선정한 당해의 스페인어권 5대 작품에 포함되었다.

Neurosis (노이로제)　쿠바의 모데르니스모 1세대 시인 중 한 명인 훌리안 델 카살(Julián del Casal, 1863~1893)의 작품. 이국적 대상과 시각적 이미지가 만들어내는 문학적 형상의 화려한 모습을 내포하고 있으며 퇴폐주의적 욕구로 가득 찬 한 여인의 모습을 그려내고 있다.

Nevado del Huila (네바도 델 우일라)　콜롬비아에 위치한 화산이며 해발 5,620m로 안데스 산맥 중간 지점의 정상이다. 거대한 양의 눈으로 덮인 이 지역은 7개의 강이 시작되는 곳이다. 화산의 마지막 활동은 2008년 11월에 폭발로 이어졌고 5,000명이 고립되는 등 피해가 잇따랐다.

Nevado del Ruiz (네바도 델 루이즈)　콜롬비아에 위치한 화산이다. 안데스(Andes) 산맥의 가장 높은 화산 중 하나이며 해발 5,389m를 자랑하고 3개의 분출구가 있다. 아레나스(Arenas) 화구는 현재 활동 중인 분출구로 약 900m의 지름을 가지고 있다. 이 화산은 분출마다 피해가 잇따랐다.

Nevado Pariacaca (네바도 파리아카카)　페루에 위치한 안데스 산맥에 자리 잡고 있는 산이다. 파리아카카는 타우안틴수요(Tahuantinsuyo)의 중요한 신성 중 하나이며 이러한 이유로 잉카의 길(Camino del Inca)이 이를 지나간다.

No (노)　2012년 개봉된 칠레 영화. 파블로 라라인(Pablo Larraín, 1976~) 감독. 안토니오 스카르메타(Antonio Skármeta, 1940~)의 상연되지 않은 극작품 『El Plebiscito』를 토대로 하여 만들어진 영화이다. 광고에 사용되는 기술이 정치 광고에 사용되는 역사적 순간을 그려낸 작품으로 제85회 아카데미상 외국어영화상에 노미네이트되었다.

No habrá más penas ni olvido (노 아브라 마스 페나스 니 올비도)　아르헨티나의 소설가 오스발도 소리아노(Osvaldo Soriano, 1943~1997)의 두 번째 소설. 1978년 출판되었으며 페론주의자(peronista) 좌파와 우파 간의 충돌을 그려낸 작품이다. 1983년 엑토르 올리베라(Héctor Olivera, 1931~)가 감독한 동명의 영화가 개봉되었다. ➡ El cine argentino(아르헨티나 영화)

Noble, Roberto Jorge (로베르토 노블레)　(1902~1969) 아르헨티나의 기자, 정치인 및 기업가이다. 청소년 시기에 대학 혁명운동에 동참했으며 청소년 사회당의 대표를 역임했다. 부에노스아이레스 시 하원 의원으로 정계활동을 시작했으나 펠릭스 우리부루(Felix Uriburu)의 군사 쿠데타로 인해 물러났으며 1945년 아르헨티나의 권위 있는 신문인

<Clarin>을 창단했으며 그의 죽음 이후 딸 에르네스티나 에레라(Ernestina Herrera)가 신문사를 이어받았다.

Noboa y Caamaño, Ernesto (에르네스토 노보아 이 카아마뇨)　(1889~1927) 에콰도르 출신의 작가다. 과야킬(Guayaquil)에서 태어나 참수세대(Generación Decapitada)의 구성원이 된다. 대표작으로 1922년에 출판된 『*Romanza de las Horas*』가 있다.

Noboa, Álvaro (알바로 노보아)　1950년 생으로, 본명은 알바로 페르난도 노보아 폰톤(Álvaro Fernando Noboa Pontón)이다. '바나나 재벌'로, 에콰도르 최대 갑부이다. 2006년 대선에 나왔지만 당선되지 못했다.

Noche Triste* (슬픈 밤)　에르난 코르테스가 이끌던 스페인 정복군과 틀락스클라테카스 동맹군이 피비린내 나는 전투 끝에 1520년 7월 1일 밤, 아스테카 제국의 수도 테노츠티틀란을 철수한 사건을 말한다. 이날의 혈전으로 스페인군은 병력의 절반 이상을 잃었다고 한다. 보병 1,300명, 기마병 96명, 궁수 80명, 소총병 80명으로 이루어진 스페인 정복군은 틀락스클라테카스 병사 2,000명과 힘을 합해 1520년 초 테노츠티틀란에 입성했다. 당시 아스테카의 목테수마 황제는 이들을 따뜻하게 환대했다. 하지만 나중에 목테수마 황제는 스페인군에 포로로 잡혔고, 페드로 데 알바라도는 아스테카 사원에서 다수의 아스테카인들을 살육하는 참상을 저지르고 말았다. 결국 아스테카군이 일어나 스페인 병사들과 틀락스클라테카스 병사들이 점령하고 있는 궁성과 사원들을 에워싸기에 이르렀다. 그리고 스페인군 선발대를 공격해 16명을 죽이고 더불어 보급로를 차단해버렸다. 급해진 코르테스 측에서는 볼모로 사로잡혀 있던 목테수마 황제를 겁박해 부하들을 설득해 군을 물리도록 했다. 하지만 황제는 자신이 중재에 나서봐야 모두 헛일일 거라며 아스테카 민중의 타오르는 복수의 열망을 잠재울 길은 없다고 선언했다. 이제 이 시점부터 전해지는 이야기에는 두 개의 판본이 존재한다. 우선 하나는 코르테스가 목테수마의 등을 떠밀어 발코니로 나가 백성들을 달래려 했으나 성난 군중이 던진 한 돌멩이에 맞아 그만 목테수마가 숨지고 말았다는 이야기다. 그리고 또 다른 판본은 보아하니 아무런 쓸모가 없을 것 같아 보이자 스페인군 쪽에서 황제를 암살하고 말았다는 이야기다. 여하튼 목테수마 황제의 죽음은 전장에 종지부를 찍는 것과는 전혀 반대로 그동안 억눌러왔던 아스테카 인들의 분노를 폭파시키고 마는 효과를 가져왔다. 아스테카 동맹은 목테수마 황제의 후임으로 쿠이틀라우악을 황제로 추대했고, 신임 황제는 점령군에 대한 포위전을 지속했다. 식량과 보급품이 점차 바닥을 드러내자, 코르테스는 6월 30일 밤에 기습 소개를 감행키로 계획을 세웠다. 포대 이동도 해야 했지만 그동안 아스테카 유적지 곳곳을 약탈해 모은 전리품도 많았기 때문에 이동식 교량을 이용해 화물을 옮기며 타쿠바 쪽으로 돌아 나가기로 한 것이다. 교량 엄호에는 틀락스클라테카스 병사 400명과 스페인군 150명이 동원되었고, 포 엄호에는 틀락스클라테카스 병사 200명과 스페인 병사 50명이 배치되었다. 곤살로 데 산도발고 디에고 데 오르다스, 프란시스코 사우세도를 선두로 해 100명의 병사들로 구성된 선발대가 앞서 나가면서 포대가 이동할 수 있도록 길을 텄다. 그 뒤로는 틀락스클라테카스 병사 300명이 에워싼 가운데 코르테스와 알론소 다빌라가 섰다. 그리고 맨 후위에 페드로 데 알바라도와 후안 벨라스케스가 이끄는 나머지 군 병력이 섰다. 에르난 코르테스가 지정한 당일 한밤중에 군부대 철수가 시작되었다. 스페인 군은 조심스럽게 요새를 빠져나왔다. 마침 비도 내리고 안개까지 자욱했다. 그런데 물을 건너기 위해 막 이동식 교량을 놓고 선발대가 지날 무렵, 아스테카 보초병들이 신호를 보냈고, 신호와 동시에 물 위로 아스테카 병사들이 올라탄 쪽배들이 새까맣게 나타나서 활을 쏘아대기 시작했다. 스페인 병사들은 예상치 못했던 기습 돌격에 손써볼 겨를조차 없이 추풍낙엽으로 쓰러졌다. 이동식 교량마저 아스테카 군 수중에 떨어지면서 후미에 따라오던 스페인 병사들과 틀락스클라테카스 병사들에 대한 도륙이 시작되었다. 그날 밤 타쿠바 대로로 무사히 들어선 병력은 선발진의 산도발과 일부 군인들, 그리고 중앙 진의 코르테스를 비롯한 일부 군인들이 전부였다. 7월 1일 새벽까지 지속된 '슬픔의 밤' 동안 내내 수백 명의 스페인 병사들과 수천의 틀락스클라테카스 병사들이 죽거나 생포되었다. 물론 생포된 자들도 나중에 처형당했고, 스페인군이 갖고 있던 보물들과 포 대부분도 아스테카 군 손에 넘어갔다. 코르테스에게 포로로 잡혀있던 목테수마 황제의 아들도 그날 목숨을 잃었고, 기지를 빠져나가 운하를 건너려다가 다시 요새로 돌아와 문을 걸어 잠근 스페인 병사들은 사흘 밤낮을 버틴 끝에 결국 항복하고 말았다. 베르날 디아스 델 카스티요의 기록에 따르면, '슬픔의 밤' 전투로 코르테스의 병력은 절반으로 줄어 보명 400명, 기마병 23명, 궁수 12명, 소총병 7명만 남게 되었다고 한다. 한편, 아스테카 군은 오툼바 계곡까지 코르테스를 뒤쫓아 가 결국 1520년 7월 7일에 최후의 일전을 벌였으나 코르테스가 승리하며 멕시코 정복전에 종지부를 찍었다.

Nocturno de Chile (칠레의 밤)　칠레 작가 로베르토 볼라뇨(1953~2003)의 1999년 작품으로 임종을 앞둔 사제이자 문학도인 세바스티안 우루티아 라크루아(Sebastián Urrutia Lacroix)의 고백체로 아옌데(Salvador Allende, 1908~1973)와 피노체트(Augusto Pinochet, 1915~2006) 정권하에서 보낸 세월을 회고한다. 단 두 단락만으로 구성되어 있으며 실제 인물의 이름을 거의 그대로 사용하여 현실감과 고발성을 더했다. ➡ Roberto Bolaño Avalos(로베르토 볼라뇨 아발로스)

Noriega Moreno, Manuel Antonio (마누엘 안토니오 노리에가 모레노)　(1934~) 파나마의 군부지도자이자 방위군사령관이다. 1989년 12월에 미국의 부시 대통령이 마약매매 혐의로 체포했으며, 파나마시티 전역이 공격 대상이 되었다. 이때 국민 3천여 명에게 폭탄을 퍼부었다.

Norte (북바람)　멕시코 해변의 동북지역에서 불어오는 차가운 강풍을 칭한다.

Nosotros los monos (노소트로스 로스 모노스)　아르헨티나의 영화감독 에드문드 바야다레스(Edmund Valladares, 1932~?)의 1970년 작품. 마리오 엑토르 팔라디노(1944~1969)라는 실제 권투 선수의 이야기를 다큐멘터리 형식으로 하여 찍은 영화로 1972년 콘도르 데 플라타상(Premio Cóndor de Plata)을 공동수상했다.

Novela contemporánea de Venezuela* (베네수엘라 현대 소설)　구조에서나 플롯에서나 서정성을 강조하던 1970년대의 서정시가 1980년대 중반 들어 일화 중심의 시로 전환을 시도했다. 그리고 그러한 시도에 힘을 실어준 사건이 바로 프란시스코 에레라 루케(Francisco Herrera Luque)와 덴실 로메로(Denzil Romero)의 작품이었다. 이러한 문단의 변화는 다른 작가들에게도 영향을 미쳐 많은 작가들의 심미적 기준이 작품 속 일화의 회복에 맞춰졌고, 또 다른 많은 작가들은 플롯을 전달하는 방식과 사용 언어에 대해 고민을 멈추지 않았다. 90년대 들어서는 이런 경향이 미약해지기 시작했다. 많은 작가들이 작품 속에 서로 상반되는 두 가지 경향을 뒤섞어 드러내기 시작했고, 그러한 시도를 통해 심미적이거나 문학적인 부분을 간과한 채 일화만 회복하고자 하는 극단적 몰이해에 빠지는 현실을 극복하고 시적 재창조를 이루어내게 했다. 이러한 새로운 경향의 선두에

섰던 작가들로는 살바도르 가르멘디아(Salvador Garmendia), 아드리아노 곤살레스 레온(Adriano González León), 알프레도 아르마스 알폰소(Alfredo Armas Alfonzo), EN HAA 그룹 등이 있다. 이때부터 전원이라는 주제가 전면으로 등장하기 시작했고, 이러한 주제를 다룬 대표적 작가와 작품으로는 오를란도 치리노스(Orlando Chirinos)의 『주신 은혜 덕분에』(1987), 아나 테레사 토레스(Ana Teresa Torres)의 『Las sagas familiares: El exilio del tiempo』(1991), 밀라그로스 마타 히야스(Milagros Mata Gillas)의 『Memorias y la narrativa de los cambios petroleros』, 카예타니아(Calletania)의 『La mirada sobre el mundo de la violencia y la marginalidad』(1992) 등이 있다. 그 외에도 비센테 울리베-슈넬(Vicente Ulive-Schnell), 리카르도 아수아헤(Ricardo Azuaje), 에드노디오 킨테로(Ednodio Quintero), 에두아르도 리엔도(Eduardo Liendo), 덴실 로메로(Denzil Romero), 후안 카를로스멘데스 게데스(Juan Carlos Méndez Guédez), 페데리코 베가스(Federico Vegas), 후안 카를로스치리노스(Juan Carlos Chirino), 마르가리타 벨란드리아, 알베르토 바레라 티스카(Alberto Barrera Tyszka), 히셀라 코사크(Gisela Kozak), 밀라그로스 소코로(Milagros Socorro), 프란시스코 수니아가(Francisco Suniaga), 구스타보 바예(Gustavo Valle), 에두아르도 산체스 로헬레스(Eduardo Sánchez Rugeles) 등이 있다.

Novela de la selva (밀림 소설)　　보통 볼리비아에서 브라질에 이르는 지역과 그 인근의 밀림을 배경으로 한 문학의 장르이다. 라틴아메리카 고유의 문학으로, 밀림이라는 물리적인 공간에서 벌어지는 사건들을 삶에 대한 은유로 풀어놓은 것이다. 오라시오 키로가(Horacio Quiroga, 1878~1937), 호세 에우스타시오리베라(José Eustasio Rivera, 1888~1928), 마리오 바르가스 요사(Mario Vargas Llosa, 1936~) 등의 작가가 있다.

Novela del dictador* (독재자 소설)　　라틴아메리카 여러 나라의 군사독재 역사를 그려내는 역사소설의 하위 장르다. 주로 카우디요주의(caudillismo)를 주요 주제로 삼으면서, 권력과 독재, 문학의 관계를 조명하고, 경우에 따라서는 독재의 한마당이랄 수 있는 라틴아메리카 사회에서 작가가 감내해야 할 역할에 대해 알레고리적으로 토로하기도 한다. 라틴아메리카 붐 소설과 밀접하게 연관되어 있기도 하지만, 사실 그 뿌리는 1845년에 출간된 도밍고 파우스티노 사르미엔토(Domingo Faustino Sarmiento)의 소설 『Facundo』에서 찾을 수 있다. 『Facundo』는 카우디요인 파쿤도 키로가와 손잡고 독재를 휘두른 후안 마누엘 데 로사스(Juan Manuel de Rosas) 카우디요 정권에 대한 간접적인 비판의 목소리다. 『Facundo』는 독재자 소설의 선구자적 작품으로 평가되고 있으며, 사르미엔토 자신의 목소리를 빌자면, 소설 『Facundo』는 독재정부를 역사적으로 조명하여 분석하는데 그 목표가 있지 않고, 그보다는 로사스와 키로가라는 두 인물의 성향과 일반적 의미에서의 권력을 속성을 파악해보는 데 궁극적 목표가 있다. 통상 한 권의 소설이 독재자 소설로 분류되기 위해서는 우선 주제가 매우 정치적이되, 특히 중요한 역사적 컨텍스트를 바탕에 깔고 있어야 한다. 또한 독재자 소설이라면 전제주의적 독재자의 권력 행사에 대해 분석함으로써 궁극적으로는 일반적인 독재 전반에 대한 연구가 이뤄져야 한다. 그때문에 대다수의 독재자 소설은 더러 허구의 인물을 등장시키기도 하지만 보편적으로는 구체적인 실존 독재자를 다룬다. 또한 독재 체제하의 법률, 정치, 경제 등에 대해서는 직접적인 분석을 시도하지 않는다. 그 일은 역사소설이 담당해야 할 영역이라고 생각하기 때문이다. 이러한 독재자 소설의 대표적인 예로 파라과이 작가 아우구스토 로아 바스토스(Augusto Roa Bastos)가 파라과이의 독재자 가스파르 로드리게스 데 프란시아(José

Gaspar Rodríguez de Francia y Velasco)를 소재로 쓴 『Yo el supremo』(1974), 페루 작가 마리오 바르가스 요사(Mario Vargas Llosa)가 도미니카공화국의 독재자 라파엘 레오니다스 트루히요(Rafael Leonidas Trujillo Molina)를 등장시킨 『La fiesta del chivo』(2000) 등이 있다. 그런가 하면 완전한 허구의 인물을 등장시켜 동일한 소설적 목표 달성을 시도한 작가도 있었다. 예를 들어 쿠바 작가 알레호 카르펜티에르(Alejo Carpentier y Valmont)는 자신의 저작 『El recurso del metodo』(1974)에서 여러 독재자의 성향을 한데 모아 탄생시킨 소설 속 독재자를 등장시키고 있다. 그 밖에도 미겔 앙헬 아스투리아스(Miguel Angel Asturias Rosales)의 『El Señor Presidente』(1946), 바르가스 요사의 『Conversación en La Catedral』(1969), 가브리엘 가르시아 마르케스(Gabriel García Márquez)의 『El otoño del patriarca』(1975), 도미니카 출신 미국 작가 주노 디아스(Junot Díaz)의 『La maravillosa vida breve de Óscar Wao』(2007), 멕시코 작가 호르헤 이바르구엔고이티아(Jorge Ibargüengoitia Antillón)의 『Maten al león』(1969), 스페인 작가 라몬 마리아 델 바예-잉클란(Ramón María del Valle-Inclán)의 『Tirano Banderas』(1926) 등을 대표적인 독재자 소설로 부를 수 있다. 독재자 소설은 라틴아메리카 문학 전통에 거대한 영향을 미쳤다. 독재자 소설을 쓴 수많은 작가들이 전통적인 네러티브 양식을 거부하고 독자와 작가의 경계를 흐리게 하고, 시점과 등장인물, 심지어 플롯까지도 뒤섞는 시도를 했다. 뿐만 아니라 독재자 소설 작가들은 독재자의 권력에만 관심을 집중한 게 아니라 작가는 지식을 전수하는 일종의 '가장'과 '족장'으로서의 역할을 담당해야하며, 그런 역할의 수행이야말로 독재에 대한 일종의 도전이자 항거라는 데 인식을 같이 했다.

Novela indigenista (인디오소설)　근대화의 미명 아래 남아메리카로 넘어간 유럽의 식민주의자 또는 제국주의자들의 원주민에 대한 만행을 그린 소설이다. 토착 원주민들의 삶의 터전의 상실과 자유가 억압된 삶을 사실적으로 표현하였다. 대표적인 작품으로는 에콰도르의 작가 호르헤 이카사(Jorge Icaza, 1906~1978)의 『Huasipungo』(1934)와 시인인 시로 알레그리아(Ciro Alegría, 1909~1967)의 『El mundo es ancho y ajeno』(1941)가 있다.

Novela negra* (노벨라 네그라)　레이몬드 챈들러는 에세이 『El simple arte de matar』(1950)에서 범죄세계를 그려낸 소설을 '노벨라 네그라', 일명 '하드보일드'라 명명한 바 있다. 원래 '검은색'을 의미하는 '네그라'라는 이름은 미국의 <Black Mask>라는 잡지와 프랑스 갈리마르 출판사의 <Serie Noir> 컬렉션에서 따온 것이지만, 작품이 빚어내는 어두운 분위기와도 관련이 있다. 노벨라 네그라는 추리소설과 유사해 보이지만, 미스터리의 해결이 주이기보다는 플롯 그 자체가 잔혹함을 담고 있다는 게 특징이다. 악인과 선인 간의 경계가 모호해지는가 하면 주인공 대부분은 진실 혹은 진실의 편린이나마 찾아가는 과정에서 지쳐버린다. 노벨라 네그라의 분위기는 숨 막히는 공포감으로 상징되고, 제1차 세계대전 이후 촉발된 경제위기와 1929년의 대공황, 금주법과 그에 따른 폭력조직의 활성화 등으로 힘겨웠던 20세기 초반의 미국 현실이 그랬던 것처럼 폭력과 부당함, 불안감, 부패한 공권력 등을 담아낸다. 원래 노벨라 네그라는 주로 값싼 종이나 '펄프' 재질로 만든 싸구려 잡지를 통해 노동자들을 포함한 프롤레타리안 계층 독자들 사이에 널리 유통되었기 때문에 표현상의 화려함 같은 것은 애초부터 없었고, 대신 사회 전반에 대한 우울한 시선이 엿보이고, 건달들이나 빈민가 사람들 같은 소외계층에 대한 묘사, 그리고 겉으로는 화려해보이지만 정치적이나 도덕적으로 부패한 상류 계층에 대한 적나라한 묘사가 담겨 있다. 스토리는 매우 빠른 속도로 전개되며, 폭력적인 경우가 다반사다. 영국식 추리소설과는 달리 지적 유희나 명석한 추리를 요하는 대신, 범죄가 또 다른 범죄를 불러일으키며 빈번히 발생할 뿐이다. 더욱이 주목표는 범죄의 해결이 아니라 범죄를 야기시킨 윤리적 동인에 대한 암시적 표출일 뿐이다. 따라서 범인뿐 아니라 범인을 쫓는 형사도 선과 악의 경계를 수시로 넘나들며, 특히 형사는 시니컬하고 패배의식에 찌든 유형으로 등장하는 게 다반사다. 범죄의 원인을 살펴보면 거의 인간의 나약함에서 비롯된다. 예컨대 분노, 권력에의 욕망, 질투, 증오, 탐욕, 색욕과 같은 것들이 그것이다. 이 때문에 등장인물들 사이에 거친 대화가 오가고, 은어와 속어가 범람하며, 범죄에 대한 분석보다는 액션이 압도적이게 된다. 노벨라 네그라의 시조로 손꼽히는 작가로는 캐롤 존 델리(Carroll John Daly)와 대실 해밋(Dashiell Hammett), 레이먼드 챈들러(Raymond Chandler) 등을 들 수 있으며, 중남미 작가로는 프란시스코 에스테반(Francisco Esteban), 어구스틴 사에즈 도밍고(Agustín Sáez Domingo), 호세 마리아 무뇨즈(José María Muñoz) 등이 있다.

Novelas de la Revolución Mexicana* (멕시코 혁명소설)　1910년과 1917년 사이에 있었던 멕시코 혁명을 소재로 한 일련의 소설들이 있다. 이들 혁명 소설들은 멕시코 혁명과 관련된 그림이나 이야기 체의 사진들 속에 담긴 장면들을 되살려 혁명 당시 실존했던 사람들의 경험담을 직접적으로 묘사해내고 있다. 아울러, 멕시코 혁명소설은 멕시코 혁명의 도화선이 되었던 무장혁명의 발단 과정을 설명하고 혁명의 과정 속에서 파생된 다양한 문제들을 분석적으로 탐색하기도 한다. 멕시코 혁명소설의 대표 주자는 마리아노 아주엘라(Mariano Azuela)로, 그는 최초의 멕시코혁명 소설인 『Los de abajo』를 썼으며, 라파엘 M. 무뇨스(Rafael M. Muñoz), 호세 바스콘셀로스(José Vasconcelos), 호세 루벤 로메로(José Rubén Romero), 마르틴 루이스 구즈만(Martín Luis Guzmán) 등도 혁명소설 작가에 속한다. 물론 마리아노 아주엘라 같은 몇몇 작가는 일찍이 혁명소설을 쓰기 시작했지만 공식적으로 혁명 소설 장르가 문을 연 것은 1928년부터이고 1940년대 중반에 절정기를 맞이했다. 멕시코 혁명소설의 대표작으로는 앞서 언급한 마리아노 아주엘라의 『Los de abajo』, 마르틴 루이스 구스만의 『Memorias de Pancho Villa』, 『La sombra del caudillo』, 『El águila y la serpiente』, 마우리시오 막달레노(Mauricio Magdaleno)의 『El resplandor』, 호세 바스콘셀로스의 『Ulises criollo y La tormenta』 등이 있다.

Novo, Salvador (살바도르 노보)　(1904~1974) 멕시코의 시인이자 극본가, 연대기작가이다. 연극배우, 감독으로 다양한 활동을 했다. 오닐(O'Neill), 싱(Synge) 등의 작품을 번역, 개작하였으며 『La señorita Remington』(1924), 『Divorcio』(1924), 『Cuauhtémoc』(1963), 『In Ticitezcatl o El espejo encantado』(1966)와 같은 극작품을 썼다. 하비에르 비야우루티아(Xavier Villaurrutia)와 함께 1928년 울리세스(Ulises) 극장을 설립하고 멕시코 연극계를 변화시켰다. "현대인 그룹(los Contemporáneos)"에서는 시인으로 활동했으며 시집으로는 『Antología, 1925-1965』(1966)가 있다. 1946년 이후부터 완전히 연극에 전념했다. ⇒ La literatura mexicana del siglo 20(20세기 멕시코 문학)

Nuestra Señora de Guadalupe (과달루페의 성모)　16세기 멕시코 과달루페에서 발현했다고 전해지는 성모 마리아. 1531년 12월 9일에 테페약 언덕에서 원주민 후안 디에고에게 성모 마리아는 발현하여 나우아틀어로 말했다고 전해진다. '아메리카의 수호자'로 공인되었으며 멕시코 독립 전쟁 당시부터 멕시코의 국가적 상징물로 인식되었다.

Nueva canción latinoamericana* (라틴아메리카 누에바 칸시온)　최근 수십 년간 중남미

에서는 '누에바 칸시온(새로운 노래운동, 음유시 운동)'이라는 사회 현실을 표현한 혁명적인 음악운동이 확산되었다. 소위 중남미 지역에서 '누에바 칸시온'이라는 것은 미적 가치보다 대중 투쟁에 대한 관심을 우선시하며 예술과 정치를 단일화하려는 시도를 지닌 것이었다. 누에바 칸시온은 칠레와 아르헨티나에서 태동하여 중남미 전체로 확산되었다. 특히 칠레의 비올레타 파라(Violeta Parra)와 아르헨티나의 아타우왈파 유팡키(Atahualpa Yupanqui)는 1950년에 태동해 1960년대에 본격화된 중남미의 '누에바 칸시온'의 선구자로서 중남미의 대륙적 정서를 노래에 담으려고 노력했던 가수다. 비올레타 파라는 가톨릭 정서와 휴머니즘 입장에서 서정적인 감성으로 군사독재 치하의 고통받던 칠레 민중을 노래로 위로했다. 또한 유팡키는 가우초들의 서정성을 민중적 정서에 담아 보편적으로 승화시킨 음유시인으로 평가된다. 1960년에서 1970년대 라틴아메리카에서 일어난 '누에바 칸시온'은 라틴아메리카의 여러 음악인이 참여해 안데스 지역의 전통 민속음악을 발굴하고, 이를 현대적으로 재해석함으로써 착취 받는 민중의 입장에서 제국주의의 문화침략에 저항하고 맞서 싸운 노래운동을 말한다. '누에바 칸시온' 외국문화를 거부하는 입장만을 표명한 것이 아니라 노동자, 농민 그리고 원주민들의 삶을 존중하는 사회적 불평등까지 포괄한다. '누에바 칸시온'은 중남미 국가들마다 태동의 배경과 이름에 있어 약간의 차이를 보인다. 아르헨티나에서는 1963년 민속음악의 어머니라고 불리는 메르세데스 소사(Mercedez Sosa)와 아르만도 테하다 고메스(Armando Tejada Gómez)가 대표하는 '누에보 칸시오네로(Nuevo Cancionero)'라는 문화 운동에 의해 형성되었다. 한편 쿠바는 쿠바혁명 정부의 지원으로 '누에바 트로바(Nueva Trova)'라는 이름으로 태동하였다. 뿐만 아니라 누에바 칸시온은 칠레의 살바도르 아옌데(Salvador Allende) 전 대통령이 정권 실각 이전 노래 없는 혁명은 없다고 단언할 정도로 아옌데 정권의 출범에 많은 기여를 하였다. 라틴아메리카 '누에바 칸시온'은 1960년대에서 1980년대의 중남미 국가들의 독재정권에 의해 검열과 금지령에 시달렸다. 따라서 이 새로운 노래운동에 참여한 수많은 예술가들은 망명을 떠나기도 했고 살해되기도 하였다. 칠레의 상징적인 기타리스트이자 가수였던 빅토르 하라(Víctor Jara)가 아우구스토 피노체트 독재정권에 의해 목숨을 잃었고, 아르헨티나의 메르세데스 소사는 군사정권 시절의 독재와 폭력에 저항하고 인권과 민주주의를 옹호하는 노래로 아르헨티나 민중의 지지를 얻었지만 군부에 걸림돌이 되어 죽음의 위협을 피해 프랑스로 망명했다. 독재정권의 종식과 더불어 고국에 돌아온 아르헨티나의 메르세데스 소사, 칠레의 킬라파윤(Quilapayún), 우루과이의 시타로사(Zitarrosa)와 같은 '누에바 칸시온' 가수들은 소사는 인권을 위한 투쟁과 라틴아메리카의 독자적인 정체성에 대한 끊임없는 추구를 위해서 '누에바 칸시온'에 적극 참여했다.

Nnueva narrativa ecuatoriana (신에콰도르 산문) 2000년대 최근 일어나고 있는 에콰도르 문학 붐을 일컫는 표현으로 새로운 문체와 고유한 스타일을 자랑한다. 대표적 작가들로는 루이스 알베르토 브라보(Luis Alberto Bravo), 루크레시아 말도나도(Lucrecia Maldonado, 1962~) 등이 있다.

Nueva Trova Cubana (신음유시 운동) 1960년대에 쿠바에서 일어난 운동이다. 쿠바의 신음유시 운동은 유팡키와 파라의 음유시 운동에 절대적인 영향을 받았다. 이는 카스트로 혁명정권의 지원을 받음으로 인해 가능한 것이었다. 1972년에 쿠바 영화예술기구 내에 최신시설을 갖춘 음향실험소가 설립되어 뛰어난 음악가들이 모이기 시작했다.

Nueve reinas (누에베 레이나스)　　아르헨티나의 영화감독 파비안 비엘린스키(Fabián Bielinsky, 1959~2006)의 2000년 작품. 신용 사기를 소재로 한 영화로 28개 상에 노미 네이트되었으며 21개 상을 수상했고, 그중 하나로 2001년 콘도르 데 플라타상(Premio Cóndor de Plata)을 수상했다.

Nuevo Luciano o despertador de ingenios, El (누에보 루시아노 혹은 영혼을 일깨우는 자)　　라틴아메리카 독립시기 정치가이자 교육가인 프란시스코 하비에르 에우헤니오데 산타 크루스 이 에스페호(Francisco Javier Eugenio de Santa Cruz y Espejo, 1747~ 1795)의 저서. 교육과 고전문화에 대한 날카로운 분석을 담고 있으며 독립 이전 식민시 대의 최고 작품 중 하나라는 평을 받고 있다.

Nunca más (두 번 다시는)　　아르헨티나의 작가 에르네스토 사바토(Ernesto Sabato, 1911~ 2011)가 1976~1983년의 독재하에 발생한 실종자들의 생존 여부 및 진상 규명을 촉구 하기 위해 당시 대통령 라울 알폰신(Raúl Alfonsín, 1927~2009) 정부에 제출한 보고서 이며 동명의 책으로 출간되었다. 이 문서의 공개로 인해 CONADEP(Comisión Nacional sobre la Desaparición de Personas)이 개설되어 본격적인 실종자 진상 조사가 시작되 었다.

Nunca te hablé (나는 너에게 말하지 않았다)　　콜롬비아의 낭만주의 작가 훌리오 아르볼레 다(Julio Arboleda, 1817~1862)의 작품. 사랑과 정치라는 두 가지 주제를 주로 다루었 던 작가의 작품들 중 사랑을 주제로 한 작품이다.

Núñez de Vela, Blasco (블라스코 누녜스 데 벨라)　　(?~1546) 아빌라 출신의 페루 부왕 령의 통치자이자 감찰자. 카를로스 5세의 명을 받아 엔코미엔다를 폐지하려 하자 피사로 를 선두로 조직된 엔코멘데로들의 반란군에 맞서 싸우다 참수형을 당했다.

Núñez Murúa, José Abelardo (호세 아베라르도 누녜스 무루아)　　(1842~1920) 칠레의 뛰어난 교육자이다. 이른 시기부터 교육에서의 사명을 깨달았으며 1866년 고등 교육 협 회(La Sociedad de Instrucción Primaria)의 설립자 중 한 사람이 되었다. 새로운 교육 법과 개혁을 실행했으며 여러 권의 교육법을 출판했다. 잡지와 일간지를 통해 그의 생각 을 설파했다.

Obaldía, María Olimpia de (마리아 올림피아 데 오발디아)　(1891~1985) 파나마 출신
의 시인이다. 중남미 포스트모더니즘 시인으로 여성의 관점에서 부부의 삶, 결혼, 자연,
사회 불균형 등을 보여준다. 대표작으로 『*Orquídeas*』, 『*Breviario líricos*』, 『*Visiones eternas*』
가 있다.

Obligado, Rafael (라파엘 오블리가도)　아르헨티나의 소설가이자 시인으로, 1851년에 출생
하여 1920년에 사망했다. 『*Santos Vega*』를 통해 아르헨티나 문학사에 이름을 남기게 됐
다. 동료 시인들로부터 'Poeta de la patria(조국의 시인)', 'Poeta nacional por
exelencia(위대한 국민시인)'이라고 불렸다.

Obras completas de Bello (오브라스 콤플레타스 데 베요)　신고전주의 시인, 철학자, 언어
학자, 작가인 안드레스 베요(Andrés Bello, 1781~1865)의 전집. 1872년 15권으로 출간
되었으며 다음과 같이 분류된다. 1) Filosofía del entendimiento, 2) Estudios sobre el
poema del Cid, 3) Poesías, 4) Gramática castellana, 5) Opúsculos gramaticales, 6~
8) Opúsculos críticos y literarios, 9) Opúsculos jurídicos, 10) Derecho internacional,
11~13) Proyectos y estudios para el Código civil, 14) Opúsculos científicos, 15)
Miscelánea.

Obras Completas en Colaboracion de Borges (보르헤스 공저 전집)　보르헤스 전
집만큼이나 널리 읽히는 보르헤스 공저 전집은 보르헤스가 일곱 명의 저자와 함께 쓴 다
양한 글들이 묶여 있다. 에메세 에디토레스(Emece Editores)에서 펴낸 1,050쪽 분량의
전집에는 다음과 같은 저자들과의 작품들이 수록되어 있다.

1) 아돌포 비오이 카사레스와 공저

　『이시드로 파로디에게 주어진 여섯 가지 사건』(1942) 총6편: 픽션. <북하우스>에서
번역 출간됨. 감옥에 갇힌 이시드로 파로디에게 제소자들이 찾아와 온갖 난해하고 잡
다한 문제들을 풀어달라고 청하면서 벌어지는 이야기들을 다룸.

　『두 가지 놀라운 환상』(1946) 총2편: 픽션. 단편 2편으로 구성. 15쪽짜리 짧은 추리
물로 초자연적 요소들이 등장함.

　『죽음의 모범』(1946) 총2편: 픽션. 수아레스 린츠라는 필명으로 발표. 기이한 느낌의
픽션으로, 전작의 주인공인 이시드로 파로디가 등장하며, 이시드로 파로디가 해결한
6건의 사건을 패러디해서 재등장시킴. 픽션 전반의 중심에는 미스터리가 자리 잡고
있지만, 그 주변으로는 풍자적 감성이 팽배한 글.

　『변두리 사람들/믿는 자들의 낙원』(1955) 총2편: 영화용 스크립트. 1900년대 부에노

스아이레스 슬럼가에서 살아가는 사람들을 통해 인간애 그려내고자 함. 필명을 쓰지
않고 보르헤스와 비오이 카사레스 두 작가 공동명의로 발표

『부스토스 도메크의 연대기』(1967) 총21편: 문학비평. 비오이 카사레스와의 공저 역
사가 어느덧 25년에 이르렀고, 초기작에 비하면 많이 좋아진 것으로 평가됨. 일종의
문학비평 모음.

『부스토스 도메크가 쓴 새로운 단편들』(1977) 총9편: 픽션. 패러디와 풍자로 가득함.
형이상학적 어조와 고통을 감추기 위한 조소 등이 엿보임. 배신과 기만으로 가득한
뒤틀린 세상에 대한 이야기.

2) 베티나 에델베르그와 공저

『레오폴도 루고네스』(1965) 총12편: 문학비평. 아르헨티나 시인 레오폴도 루고네스
를 되짚어보며 쓴 아르헨티나 문학론.

3) 마르가리타 게레로와 공저

『마르틴 피에로』(1953) 총17편: 문학비평. 아르헨티나 시인 마르틴 피에로를 되짚어
보며 쓴 아르헨티나 시론.

『상상 속 존재들에 대한 책』(1967) 총116편: 에세이. <까치>에서 번역 출간됨. 용이
나 스핑크스 같은 상상의 산물들에 대한 단상들.

4) 알리시아 후라도와 공저

『불교란 무엇인가』(1976) 총14편: 종교 에세이. <여시아문>에서 번역 출간됨. 서양의
대학자 눈으로 바라본 동방의 불교에 대한 성찰이 담겨 있음.

5) 마리아 코다마와 공저

『앵글로색슨 간략 선집』(1978) 총7편: 베오울프로부터 시작해 11세기 앵글로색슨 문
학에 이르는 문학사 속 선집.

6) 마리아 에스테르 바스케스와 공저

『영국문학 개요』(1965) 총11편: 문학사 및 문학비평. 중세 이전에서 20세기까지의
영국문학.

『중세 독일문학』(1966) 총47편: 문학사 및 문학비평. 세 부분으로 나뉘며, 1부는 색슨
계 영국문학, 2부는 독일문학, 3부는 스칸디나비아 문학을 소개하고 있다. 3부는 평소
보르헤스가 즐겨 언급하곤 하는 에다와 사가 등에 대한 자세한 소개를 담고 있음.

7) 에스테르 셈보라인 데 토레스 두간과 공저

『미국문학 개요』(1967) 총15편: 문학사 및 문학비평. <청어람>에서 번역 출간. 미국
문학의 근원으로부터 역사가들, 호돈과 포로부터 20세기 추리소설과 SF문학에 이르
는 문학사에 대한 작가의 시각이 돋보이는 작품.

이 전집은 전체가 픽션과 에세이, 문학비평 등으로 꾸며져 있으며, 공저자별로 묶여
있지만, 전체적인 틀을 본다면, 40년대와 50년대에는 주로 픽션과 아르헨티나 문학
에 대한 글들을 쓰고, 60년대에는 픽션에서 벗어나 세계문학에 대한 나름의 문학론
을 주로 펼쳤으며, 70년대에는 종교에 대한 성찰을 하고 있다. 마지막 1,049쪽에 있
는 에필로그에서 보르헤스는 말한다. "1884년, 헨리 지킬 박사는 '모두스 오페란디'
를 통해 하이드로 변신했다. 이들은 원래는 하나였지만 이제 둘이 된 것이다. 문학작
품을 공저한다는 것은 이러한 '모두스 오페란디'를 거꾸로 실천하는 행위이다. 원래
는 둘이었던 것이 하나가 되는 행위 말이다."

Obregón Salido, Álvaro (알바로 오브레곤 살리도)　(1880~1928) 1920년 멕시코 혁명의 소용돌이 끄트머리에 정권을 잡은 대통령으로 맑시즘에 입각한 민족주의 이데올로기라는 수정된 국가관을 내세웠다. 이를 부각시키기 위해 원주민미술을 활용했다. 원주민미술을 민심을 잠재우기 위한 민족 이데올로기를 선전할 수 있는 최고의 도구로 여겼다.

Obregón, Alejandro (알레한드로 오브레곤)　(1920~1992) 페르난도 보테로와 함께 국제적으로 가장 널리 알려진 콜롬비아 화가이다. 특히 1958년 이후 활발한 작품활동을 펼치는데, 일부는 사실적이고 일부는 추상적으로 중남미 현실을 표현함으로써 당시 비평가들을 매료시켰다. 풍경화는 에로틱한 분위기를 자아내기도 하고 냉소주의로 가득 찬 정치적 메시지를 담고 있다.

Ocampo, Silvina (실비나 오캄포)　(1903~1993) 아르헨티나의 소설가이자 시인이다. 잡지 <Sur>의 설립자이자 작가인 빅토리아 오캄포(Victoria Ocampo)의 동생이며 작가 아돌포 비오이 카사레스(Adolfo Bioy Casares)의 아내이다. 처음에는 회화로 예술에 입문하였으나 곧 붓을 놓고 『*Viaje olvidado*』(1937)라는 작품을 통해 문학에 입문한다. 소설뿐 아니라 수필, 선집의 형식을 통해 의미 있는 저작을 남겼다. 비오이 카사레스와도 공동으로 작업하였으며 추리소설 『*Los que aman odian*』(1946) 등이 있다. ➡ La literatura argentina a mediados del siglo 20(20세기 중반 아르헨티나 문학)

Ocampo, Victoria (빅토리아 오캄포)　아르헨티나 출신 작가이며 1891년 부에노스아이레스에서 태어나 1979년 사망했다. 그녀의 언니 실비나 오캄포(Silvina Ocampo) 또한 작가였다. 여행과 문화를 좋아했던 그녀는 1931년 잡지 <Sur>와 동명의 출판사를 창단해 국내 문학인뿐만 아니라 유럽의 문학을 알리는 데 힘썼다. 에밀리 블론테와 버지니아 울프의 연구에 관심이 많았으며 숱한 영미 문학을 스페인어로 옮기는 번역가로서 일하기도 했다. 아르헨티나 언어학회의 회원이었으며 가장 중요한 저술로 『*Testimonios*』(1939~1977)가 꼽힌다. ➡ La literatura argentina a mediados del siglo 20(20세기 중반 아르헨티나 문학)

Ocarina (오카리나)　흙과 뼈로 만들어진 현악기이다. 나무, 도자기나 플라스틱으로도 만들 수 있다. 남미지역에서 흔한 악기이며, 2005년에 문화유산으로 선정됐다. 폭이 넓은 호루라기의 개념이지만 여덟 개의 구멍으로 소리를 낸다는 것이 특유의 특징이다.

Ochún (오춘)　아프리카 요루바교(Yoruba religion)가 숭배하는 신들 중 하나이며 사랑, 여성성, 강의 여신이다. 브라질, 쿠바 등 아프리카 문화의 영향을 받은 곳에서 찾아볼 수 있고 특별히 쿠바의 오춘은 흑인이 아닌 물라타(mulata)로 묘사된다. 전설에 따르면 오춘은 달팽이를 점성술의 도구와 화폐로 사용하도록 인간에게 하사했다고 한다.

Odas seculares (오다스 세쿨라레스)　아르헨티나의 시인 레오폴도 루고네스(Leopoldo Lugones, 1874~1934)의 시집. 1910년 작으로 고대 그리스 전통 시 형식으로 쓰였으며, 아르헨티나 독립 100주년을 기념하는 시집이다. 서사적, 서정적 반향의 아르헨티나 시의 도래를 보여주며 대지의 결실, 인간의 노동을 찬양한다.

Odría, Manuel Arturo (마누엘 아르투로 오드리아)　(1897~1974) 페루의 군인이자 정치인이다. 1950~1956년 동안 대통령직을 역임했다. 1948년 대통령 호세 루이스 부스타만테(José Luis Bustamante)가 군부에 의해 쫓겨나게 되는데 인민 혁명 동맹당(Alianza Popular Revolucionaria Americana; APRA)을 불법으로 간주한 일 때문이었다. 1950년까지 군부가 국가를 통치했으며 그해에 오드리아가 유일한 후보자로 나선 대통령 선거가 열렸으며 56년까지 그의 APRA 노선의 행보를 이어나가며 집권했다.

Ojos del Salado (오호스 델 살라도)　칠레 아타카마(Atacama) 지역에 위치한 화산이다. 해발 6,893m 높이로 칠레의 지붕이라고도 불린다. 세계에서 가장 높은 화산이며 중남미에서 두 번째로 높은 산정이다.

Olivari, Nicolás (니콜라스 올리바리)　(1900~1966) 아르헨티나의 시인, 소설가, 극본가, 언론인. 창조자의 생동하는 감각과 그를 둘러싼 평범한 현실 사이의 대조를 표현하는 데 일가견이 있다. 자주 거칠고 다듬지 않은 어휘를 사용하며 20세기 아르헨티나 문학에서 가장 흥미로운 작품 중 하나를 창조했다. 1926년 시집 『*La amada infiel*』을 출판하여 즉각 독자와 비평계에 주목을 받았으며 후에 다른 훌륭한 작품들인 『*La musa de la mala pata*』(1927), 『*El gato escaldado*』(1930), 『*Dan tres vueltas y se van*』(1937) 등도 출판하였다.

Olivera, Héctor (엑토르 올리베라)　(1931~) 아르헨티나의 영화감독, 영화 제작자. 1967년 「*Psexoanálisis*」의 감독을 맡게 되며 데뷔하였다. 이후 장편영화에 몰두하며 「*La Patagonia rebelde*」(1974)와 「*El muerto*」(1975) 등으로 명성을 얻게 되었다. ➡ El cine argentino(아르헨티나 영화)

Olla de carne (고기 솥)　한국 부대찌개와 비슷한 개념의 코스타리카 음식이다. 물, 쇠고기와 당근, 옥수수, 감자, 바나나와 티키스케(tiquisque) 등의 재료를 한 솥에 넣고 끓여서 먹는다.

Ollantay (오잔타이)　18세기에 발견된 잉카 시대의 사랑 이야기다. 케추아어로 되어 있어 케추아 문학으로 분류하며 이를 비롯해 여러 문학작품들이 나오게 되었다. 사랑을 위해 잉카 군사 쿠데타를 일으키는 이야기로 전개되고 1868년에 스페인어로 번역되어 출판되었다. ➡ Civilización incaica(잉카 문명)

Olmeca (올메카)　전기고전주의 시기에 성장한 마야 문명의 이름이다. 이 문명의 흔적은 여러 곳에 남아 있지만 집중적으로 생활했던 곳은 멕시코의 베라크루스 주의 동쪽과 타바스코 주의 서쪽에 위치했을 것이라 추정된다.

Olmedo, Dolores (돌로레스 올메도)　(1908~2002) 멕시코의 사업가이자 음악가로 활동했고 박애주의자였다. 프리다 칼로와 그의 남편인 디에고 리베라의 친구로 더 잘 알려져 있으며 실제로 리베라의 그림에 나타나 있다. 리베라가 죽은 후 당시 대통령이었던 아돌포 로페즈 마테오스에게 리베라와 오로스코의 작품들을 역사적인 기념물로 남겨달라고 요청했다.

Olmedo, José Joaquín (호세 호아킨 올메도)　에콰도르 출신의 변호사, 정치가, 작가로, 1780년에 출생하여 1847년에 사망했다. 대학에서 철학과 법학을 공부하고 박사학위를 받았으며, 정부 평의회 활동 및 영국 주재 대사로 활동하는 등 정치활동을 했다. 1845년에 대통령 선거에 출마하였으나 당선되지는 못했다. 또한 문학에서도 번역, 시, 산문 등 다양한 분야에서 활동하였으며, 주요작품으로는 『*Canto a Bolívar*』가 있다.

Ometeotl (오메테오틀)　아스텍 문명을 창조한 신이다. 이중성의 신으로 '이중성의 곳'인 오메요칸(Omeyocán)의 13번째 하늘에 거주한다. 남성과 여성의 근원이며 모든 것의 시작이며 인간들은 이의 후손들의 자녀라고 정의한다.

Omeyocan (오메요칸)　아스텍 신화에 등장하는 신성한 장소이다. 여성적 요소인 오메시우아틀(Omecíhuatl)과 남성적 요소인 오메테쿠틀리(Omete Cutli)의 두 신이 함께 거주하고 있다. 이 두 신으로부터 신들과 세상의 인간들이 탄생했다고 한다.

Omeyocán (오메요칸)　　멕시코 신화에 따르면 13층의 하늘(Trece Cielos) 가운데서 13층에 해당하는 가장 높은 곳이다. 이곳에 모든 것의 창조자인 이중의 신이 거주한다.

Ona(Selk'nam) (오나)　　티에라 델 푸에고에서 살던 부족 중 하나이며 푸에기노(Fueguino)에 속하는 민족 중 하나이다. 가족 단위의 공동체를 형성하여 생활하였고 사냥하기 위해서는 지역을 정해 친척끼리 모여 40명에서 120명까지 파를 이루어 주로 야생 야마나 여우같은 작은 동물들을 사냥하였다. 카위(Kawi)라 불리는 반달 모양의 초막을 지어 살았고 하나의 동물 가죽을 입고 생활하였다.

Oña, Pedro de (페드로 데 오냐)　　(1570~1643) 칠레 출신으로 사상가이자 시인이다. 영웅적이고 역사적인 서사시로 잘 알려져 있는데 대표작으로는 『El arauco domado』가 있다. 또한 작품은 식민지 아래의 원주민들의 문화적 요소를 보여주는 중요한 자료로 활용된다는 점에서 높이 평가받는다.

Onetti, Juan Carlos (후안 카를로스 오네티)　　(1909~1994) 우루과이 문학 거장 중 한 명이다. 1962년에 우루과이 문학상(Premio Nacional de Literatura de Uruguay)을 수여 받았고 1980년 세르반테스상(Premio Cervantes), 1985년 우루과이 문학 대상(Gran Premio Nacional de Literatura de Uruguay) 그리고 1990년에 중남미 연합 문학상(Premio de la Unión Latina de Literatura)을 수여 받았다. 대표작으로는 『El pozo』와 『La vida breve』가 있다. ➡ La literatura uruguaya del siglo 20(20세기 우루과이 문학)

Operación Condor (콘도르 작전)　　1975년 남아메리카의 코노 수르의 정부들이 자행한 암살과 첩보 등의 정치적 탄압 활동을 일컫는다. 활동이 은밀하게 진행된 탓에 콘도르 작전으로 목숨을 잃은 정확한 인명을 알 수는 없지만, 6만 혹은 그 이상으로 추측되고 있다. 이 작전의 주요 가담자는 아르헨티나, 칠레, 우루과이, 파라과이, 볼리비아, 브라질 정부이며, 에콰도르와 페루도 주변적인 역할을 했다.

Oráculo sobre Managua (오라쿨로 소브레 마나구아)　　니카라과의 시인 에르네스토 카르데날(Ernesto Cardenal, 1925~)의 작품. 작가는 40세대(generación del 40)의 일원으로서 라틴아메리카의 현실을 모태로 발생한 역사적 사실들을 구체적으로 담아냈다. ➡ Literatura nicaragüense(니카라과 문학)

Orden Mexicana del Águila Azteca (아스텍 독수리 훈장)　　1932년 9월 13일 멕시코에서 수립하여 멕시코 외무성(Secretaría de Relaciones Exteriores)에서 인류에 공헌한 자들에게 주는 훈장으로, 외국인에게만 주는 훈장이다. 멕시코 자국인들에게는 벨리사리오 도밍게스 메달(Medalla Belisario Domínguez del Senado de la República)을 수여한다.

Oreiro, Natalia (나탈리아 오레이로)　　(1977~) 우루과이 몬테비데오 출생 배우 겸 가수. 아르헨티나에서 활동한다. 1993년에 「Alta Comedia」라는 드라마에서 데뷔했으며, 1998년에 「Un argentino en Nueva York」에서 유명세를 탔다. 그 후로 드라마 「Muñeca Brava」, 「Kachorra」, 「Sos mi vida」 등 작품을 촬영했으며, 아르헨티나의 마르틴 피에로상(Martín Fierro)을 수상했다. 또한 볼리비아, 헝가리, 폴란드, 이스라엘, 칠레, 체코슬로바키아, 러시아에서도 여러 상을 받았다.

Organización económica del Imperio azteca* (아스테카 제국의 경제 구조)　　아스테카 제국의 경제는 매우 번성했다. 무엇보다 타 부족에 대한 장악 능력이 뛰어나 노동력을 충분히 동원할 수 있었던 것이 경제발전의 핵심요인이었다. 경제 구조의 제일 상단에 위치한 그룹은 거대한 농지를 지닌 카푸이(Calpulli) 계층으로, 이들은 이들 소유의 경작지에서 나오는 소출을 가족들에게 나눠줄 뿐 아니라, 국가에도 바치고, 사제들에게도 나눠주었으며, 칼푸이 수장에게도 헌납했다. 한편, 아스테카 제국에서는 세금을 징수해, 이 세금으로 경제발전에 필요한 원재료를 사들이기도 하고, 필요한 제품을 구매하기도 했다. 아스테카 제국의 경제발전을 가져온 두 번째 요인으로는 발달된 영농기술을 들 수 있다. 아스테카의 수도 테노츠티틀란(Tenochtitlán)은 원래 텍스코코(Texcoco) 호수 한가운데 있는 섬 위에 지어진 도시였는데, 아스테카인들은 치수 기술을 발달시켜 농지로 물을 끌어오는 훌륭한 체계를 구축했다. 뿐만 아니라 사악지대에는 계단식 농지를 개간했고, 식물성 퇴비와 동물성 거름도 사용할 줄 알았다. 그런가 하면 교역도 매우 활발했는데, 주로 물물교환 방식을 근간으로 했다. 특히 잉카 제국에서 그랬던 것처럼 아스테카 제국 역시 일종의 박람회 같은 시장 체계를 구축하기도 했다. 통상적으로 포츠테카(pochteca) 상인들은 테노츠티틀란에서 나오는 물품들을 사들인 후, 다른 도시나 외국의 사치품들과 맞바꾸곤 했다. 인구가 워낙 많았기 때문에 테노츠티틀란이 당시 전역에서 가장 큰 시장이었고, 틀라텔롤코 중앙광장에서는 전쟁포로를 사고파는 노예시장도 열렸을 뿐 아니라, 카카오를 비롯해 다양한 이국적 과실을 구할 수도 있었다. 수공예품도 다수 등장했는데, 주로 금은 세공품을 비롯해 도자기, 깃털을 활용한 장신구, 면직물 등이 주를 이뤘다. 산업 부분에서는 광산업이 발달했는데, 특히 화산지대인 시에라 마드레 수르 이 옥시덴탈(Sierra Madre Sur y Occidental)에서는 화산지대라는 특성상 흑요석이 많이 나와 무기를 제작하거나 칼, 접시 등의 일상용품을 만드는 데에도 널리 활용되었다. 직물업도 매우 중요한 산업으로, 아스테카 인들 상당수가 직물업에 종사했다. 주로 생산된 제품은 면제품과 용설란의 섬유질을 이용해 만든 피륙이었다.

Organización económica del Imperio maya* (마야 문명의 경제 조직) 마야 제국에서는 농경이 주요 경제활동이었으며, 추정하기로는 제초-두엄 쌓기-화전으로 이어지는 조방농업 형태와 계단형 농지에 관개시스템을 적용한 집약농업 형태가 공히 사용되었던 것으로 보인다. 뿐만 아니라 모꼬지나 가내 텃밭 가꾸기, 이랑 재배, 수목 재배 같은 또다른 대안적 영농방식도 적용되고, 수렵과 어업도 병행되었을 것으로 추정된다. 아울러마야인들은 열대 우림 생태계를 통해 양식을 얻기도 했지만, 지역별 기후와 토양의 특성, 산출되는 농작물의 종류가 워낙 다양하여 지역마다 소출 결과가 상이했고, 또한 지역마다 적용되는 영농 시스템에도 차이가 있었다. 결국 해당 지역의 토양 성질이나 면적에 따라 서로 다른 영농기술을 적용한 것이다. 마야 제국에서는 지역별로 특정한 산물이 소출되고 또 특정 산물은 부족하거나 전혀 나지 않았기 때문에 지역 간 교역은 마야 경제를 유지하기 위해 꼭 필요한 필수불가결한 요소였다. 따라서 도심을 중심으로 일명 '폴롬(p'polom)'이라 불리는 대규모 장이 발달했고, 이것이 점차 훗날의 시장형태로 자리잡게 되었다. 상인들은 제국 곳곳을 돌며 소상인들에게 물품을 공급했고, 소상인들은 다시 공급받은 물품을 개개 소비자들에게 판매했다. 당시 상인들이 사고 판 물품은 과테말라의 바예 델 모타과(Valle del Motagua)에서 나오는 옥으로부터 고원지대에서 나는 흑요석, 깃털, 북동지방 산 면, 해안지대에서 난 조개류와 생선 등에 이르는 다양한 것들이었다. 뿐만 아니라 알타 베라파스의 칙소이 강(río Chixoy)이나 북부지방의 특산물인 소금, 타바스코와 과테말라, 온두라스의 카카오, 푸우크 지역에서 나는 규석 등도 교역 물품 리스트에 올랐다. 예술 작품 또한 귀족들이 즐겨 찾는 물품이었으며, 과테말라 고원지대인 차마(Chamá)와 네바이(Nebai) 등지에서 제작된 채색 도자기 역시 서로 다른 각지에서 출토되고 있다. 거상들은 마야 귀족들 사이에서 상당한 유명세를 얻고 살았으며, 때로는 국왕의 밀정 역할을 하기도 했다.

Organización militar del Imperio Inca* (잉카 제국의 군사 조직) 잉카 제국은 확대정책을 강하게 추진했기 때문에 필요에 의해 강력한 군대를 형성했다. 잉카 제국의 군대에는 기본적으로 전문 전사들이 상존했고, 전쟁이 발발하며 그때마다 징병 체계를 가동시켜 병사들을 모았다. 잉카 제국의 강력한 군대가 가능했던 것은 무엇보다 남성의 수가 많았던데 기인했지만, 그 외에도 효율적인 물류 관리, 엄격한 규율, 확고한 전투정신, 탄탄한 군사 요새의 축성 등에 힘입은 바 크다. 아울러 잉카 제국이 벌이는 전쟁에는 종교적 성격이 매우 강했음이 확인되고 있다. 잉카 제국 군대의 몇 가지 특징적 요소들을 살펴보면 다음과 같다.

1) 요새: 잉카 제국은 늘 이웃 부족에 대한 정복 계획을 추진했으며, 동시에 제국의 국토 방위에도 주의를 기울였다. 강력한 군사력의 기본은 뭐니 뭐니 해도 빼어난 전투력을 지닌 타고난 병사들을 들 수 있으며, 군대의 철수를 용이하게 해주는 잘 구비된 도로망과 잠재적인 외부로부터의 공격과 봉쇄를 억제하는 기제로 작용하는 거대한 요새의 축성 역시 주요 요소로 작용했다

2) 병사: 군주인 잉카를 호위하는 호위 무사들은 귀족 출신으로 잘 훈련된 정예 전사들로 구성되어 있었지만, 대부분의 일반 병사들은 농민 출신이었다. 각 지방을 지역민의 수에 비례한 병력을 차출해 중앙 군대에 공급해야하는 의미를 지고 있었다.

3) 군사전략: 잉카 제국의 군대는 일단 수적으로 우세해 타 부족의 군사력을 압도했다. 잉카의 병사들은 대인전에서도 뛰어났으며, 무기를 다루는 솜씨와 방어능력도 탁월해 그 능력이 타의 추종을 불허했다.

4) 무기: 기본적으로 가장 선호하는 무기는 작대기 끝에 묵직한 돌덩어리를 고정시켜 만든 해머 형태의 손망치였으며, 그 외에도 손도끼, 창, 투석기 등도 사용했다.

5) 보호복: 전사들은 몸에는 강화 면으로 짠 갑옷을 입었고, 머리에는 나무 또는 갈대 사이사이에 양털을 끼워 넣으며 엮어 만든 투구를 썼다. 또한 등에는 판자로 만든 보호 판을 부착했고, 방패도 들었다.

6) 훈련: 전투 시기에 남성들은 통상적인 교육의 일환으로 군사훈련을 받았으며, 훈련은 군사 요새에서 이루어졌다.

Organización política y social del Imperio azteca* (아스테카 제국의 정치 및 사회조직) 아스테카 제국은 '우에이-틀라토아니(huey-tlatoani)'가 통치했는데, 틀라토아니는 제국 내 20개 주요 가문 또는 혈통의 대표들로 이루어진 대표단에서 선출했다. 틀라토아니는 전쟁을 선포한다든지 하는 중요한 결정과 선언을 담당했으며, 고문단을 두어 조언을 얻을 수 있었다. 틀라토아니에게 조언을 하며 함께 국사를 이끌어가는 대표적인 인물을 '시와코아틀(Cihuacóatl)'이라 불렀고, 이 사람은 틀라토아니 유고시 틀라토아니 직을 대리할 수 있었다. 시와코아틀 외에도 고문관으로는 틀라토아니의 법규 준수 여부를 감시하고 무기고의 관리를 책임지는 등 다양한 책임을 맡은 이들이 있었다. 구체적인 정치조직은 다음과 같다.

1) 틀라토아니: 일종의 세습 군주로, 톨테카의 후손이며, 귀족들의 조언을 받아 국정을

운영했다. 통상 틀라토아니는 신이 정한 대리인으로 여겨졌다.

2) 시와코아틀: 군주의 조력자로, 세무를 관장했고, 종교, 사법 청원관련 업무도 총괄했다.

3) 틀라코츠칼카틀(Tlacochcálcatl), 틀라카텔카틀(Tlacatécatl): 군부대의 수장

4) 우이츤카와틀라이로틀락(Huitzncahuatlailótlac), 티조시와카틀(Tizociahuácatl): 대법관

5) 틀라토케(Tlatoque): 지방 집정관

6) 테쿠틀릴(Tecuhtli): 지방 사법관이자 세무관

아스테카 사회는 일명 칼푸이스(calpullis)라 불리는 20개의 씨족으로 구성되어 있었는데, 이들 가문은 당초에 지역적 구분, 외모에 따른 구분, 숭배하는 신에 따른 구분 등의 다양한 척도를 적용해 구성되었다. 각각의 씨족에게는 토지와 사원이 주어졌고, 가문을 이끌어 갈 씨족장 칼푸엑(calpullec)이 임명되었다. 각각의 씨족 내에도 다시 3단계로 신분이 나뉘었다.

1) 귀족 계급 '피필틴(pīpiltin)': 종교와 정치 모두를 관장하는 최고 지도자 그룹에 붙여진 이름이다. 세금을 냈으며, 농지를 보유했다. 자체 경작이 아닌 농민들이 경작했다.

2) 평민 계급 '마세우알틴(Mācēhualtin)': 주로 장인, 상인, 농민 같은 평범한 서민들이 이 계급에 속했다.

3) 노예 계급 '틀라틀라코틴(Tlātlācohtin)': 전쟁포로나 범죄자, 과도한 빚을 졌으나 단기간에 상환할 수가 없어 스스로 채권자에게 노동으로 갚기를 자처하고 나선 이들이 노예 계급에 속한다.

Organización social del Imperio Inca* (잉카 제국의 사회 조직)   타완틴수요, 즉 잉카 제국 사회 조직의 기본은 아일류(ayllu)다. '아일류'라는 명칭은 케추아어와 아이마라어에서 파생되어 나온 말로, 지역사회, 혈통, 족보, 계급, 성별, 친척 등을 의미한다. 따라서 아일류는 연대성을 근간으로 하여 공동 경작을 하며 살아가는 실존하는 또는 가상의 선조에서 비롯되어 나온 후손들을 통칭하는 말로 해석할 수 있다. 잉카 제국의 모든 일들은 아일류들에 의해 수행되었다. 예컨대, 아일류들은 작은 단위 부족에서나 중앙 제국에서나 공용 농지에서 공동으로 경작을 했고, 길을 닦거나 다리를 놓거나 신전을 건축하는 대형 공사에도 참여했으며, 군대에도 참여하는 등 다양한 일들을 감당했다. 쿠라카라고도 불리는 아일류의 수장은 평소에는 가장 올곧고 지혜로운 노인이 맡게 되며, 그 수장은 또한 여러 명의 노인들로 구성된 자문기구의 자문을 얻었다. 그러나 위험이 닥치면, 군사권은 아일류 중에서도 가장 용맹스러운 아일류로 선발된 노련하고 용감한 전사인 신치(sinchi)에게로 넘어갔다. 잉카 제국의 사회구조는 귀족과 평민이라는 완전히 차별화된 양대 계급으로 구분된다. 물론, 귀족사회와 평민사회 내부에도 다시 다양한 계층이 존재한다.

1) 귀족(Nobleza)

- 왕실: 잉카, 즉 군주와 잉카의 정실부인인 왕비 코야(la Coya), 그리고 적통 왕자들인 아우키(auqui)들로 구성된다.

- 노블레사 데 상그레(Nobleza de Sangre): 잉카의 혈통을 이어받은 직계 후손으로, 고위 관리, 황실 관리, 집정관, 군 장성, 최고위 사제 직분 등 제국의 요직을 도맡았다.

- 노블레사 데 프리빌레히오(Nobleza de Privilegio): 평민 태생으로 잉카의 혈통을 직접 이어받지는 못했지만 전투에서 혁혁한 공을 세우거나 종교적으로 또는 대형 공사에서 탁월한 공훈을 세워 그 공을 인정받은 경우, 이 등급으로 사회적 신분이

격상될 수 있다. 주로 군부대에서 부대장 직을 맡거나 사제가 될 수 있으며, 여성의 경우 태양신을 모시는 시녀 등으로 선발되기도 한다.

2) 평민(Pueblo)

- 아툰루나스(hatunrunas): 대규모 주민들이 여기에 해당된다. 주로 농업에 종사하는데, 일부는 공사에 부역하기도 한다. 무리를 지어 생활하며 아일류의 일부를 형성하는데, 이들이야 말로 잉카 제국의 유지될 수 있도록 진짜로 일을 해내는 사람들이다.

- 미티마에스(mitimaes) 또는 미트막쿠나스(mitmacunas): 이들은 잉카에 충성을 맹세했지만, 케추아 문화에 매우 동화되어 있는 지역민들로, 통상 또 다른 영토와의 정복전을 치를 때 식민을 위해 파견되곤 했다. 한편, 반역을 도모한 자들은 고향에서 멀리 떨어진 타지로 유배를 보내기도 했는데, 주로 고원지대로 보내곤 했으며, 오늘날 아푸리막(Apurímac)에 위치한 아이마라에스(Aymaraes) 지방 같은 곳이 대표적인 예다.

- 야나쿠나스(yanacunas) 또는 야나코나스(yanaconas): 그 어떤 아일류에도 속하지 않는 신분 불변의 계층으로, 대대손손 국왕인 잉카나 세력이 큰 대영주를 모시는 하인으로 일했다.

Oribe, Emilio (에밀리오 오리베) (1893~1975) 우루과이의 시인, 철학자. 철학적인 글뿐만 아니라 모데르니스모(Modernismo) 계열의 서정적인 시작품이 두드러지며 고전적인 서정성의 경향을 띤다. 그의 철학의 중심 개념은 Nous로 우주의 컴퓨터로 이해된다. 최상의 범주로써 플라톤의 일자와 비슷한 개념이다. 대표작으로는 『*Alucinaciones de belleza, Letanías extrañas, El nardo del ánfora o El castillo interior*』(1919), 『*El nunca usado mar*』(1922), 『*Avión de sueños*』(1933), 『*La serpiente y el tiempo*』(1936), 『*La esfera del canto*』(1948) 등이 있다. ⟹ La literatura uruguaya del siglo 20(20세기 우루과이 문학)

Oribe, Manuel (마누엘 오리베) (1792~1857) 본명은 마누엘 세페리노 오리베 비아나(Manuel Ceferino Oribe y Viana). 우루과이의 군인, 정치가. 우루과이 국민당(Partido Nacional)의 창립자. 1835년부터 1838년까지 우루과이 대통령을 역임했다.

Orinoco (오리노코) 브라질, 콜롬비아, 베네수엘라를 지나는 강으로 중남미 북부지역의 가장 수량이 풍부한 강 중 하나이다. 1498년 콜럼버스가 발견했으며 1531년에는 디에고 데 오르다스가 강을 따라 탐사를 하기도 했다.

Orlando Fresedo (오를란도 프레세도) (1932~1965) 엘살바도르의 시인이다. 알코올 중독의 희생자로 이른 나이에 사망했다. 오랜 기간 공식 비평계에서 잊혀져 있었지만 뛰어난 작품으로 인해 현대 엘살바도르 문단에서 가장 혁신적이고 뛰어난 작품을 쓴 작가로 여겨진다. 다른 이름으로 오를란도 아니발 볼라뇨스(Orlando Aníbal Bolaños)를 사용했다.

Orol, Juan (오롤, 후안) (1897~1988) 멕시코의 배우, 극작가이자 영화감독이다. 어릴 적부터 할리우드 갱스터 영화의 팬이었고 1927년 배우로 경력을 쌓기 시작했다. 1933년에는 멕시코 영화사 ASPA(Asociación de Pilotos Aviadores de México)를 설립하였고 그의 작품 「*Allá en el Rancho Grande*」(1936)는 그에게 성공을 가져다주었다. 이 영화는 멕시코의 목가적인 삶을 환상적으로 그렸으며 목가(canción ranchera)가 불린다. 이후 멕시코 영화에서 노래는 필수적인 것이 되었고 노래하는 배우들이 중남미 전역에 알려지게 되었다.

Orozco, José Clemente (호세 클레멘테 오로스코) (1883~1949) 과달라하라 태생이지만 멕시코시티에서 성장한 화가이다. 이데올로기를 떠나 보편적 차원에서 인간의 부패와 타락, 그리고 양심의 의미를 되새기게 한 화가였고, 독창적인 표현기법은 후세 화가들에게 많은 영향을 끼쳤다. ➡ Muralismo(벽화주의)

Orrego Espinoza, Antenor (안테노르 오레가 에스피노사) 안테노르 오레고(1892~1960)로 알려진 페루 철학자, 기자, 정치가, 사상가. 페루 '트루히요 국립대학교(Universidad Nacional de Trujillo)'에서 정치학, 법학, 경영과 문학 전공으로 졸업했으며, 산 마르코스 마요르 대학교(Universidad Mayor de San Marcos)의 철학과를 졸업했다. 세계적으로 알려진 페루의 첫 철학자이다. 여러 신문사에서 기자활동을 했으며, 1923년에 신문 <El Norte>를 창간했다. 주요작품으로는 『Notas marginales』(1922), 『El monólogo eterno』(1929), 『Pueblo-Continente』(1937) 등이 있다.

Orrego Luco, Luis (루이스 오레고 루코) (1866~1948) 칠레의 작가, 언론인이다. 1940년에 칠레 한림원(La Academia Chilena de la Lengua)의 멤버로 임명되었다. 다양한 장르의 작품과 글을 썼다. 작품에서는 당시 칠레 시대 상황을 잘 엿볼 수 있다. 대표작으로 『Casa Grande』(1908), 『Playa Negra』(1947) 등이 있다.

Ortega, Daniel (다니엘 오르테가) (1945~) 본명은 호세 다니엘 오르테가 사아베드라(José Daniel Ortega Saavedra)로 2013년 현재 니카라과의 대통령이다. 중산층 집안에서 태어났으나 어렸을 적부터 소모사(Somoza) 독재에 반대하는 반정부 활동을 해왔다. 산디니스타 민족해방전선(FSLN)을 조직, 산디니스타 혁명(Revolución Sandinista)을 지도하여 성공하였다. 2006년 대선에서 산디니스타 민족해방전선(FSLN) 정당 후보로 입후보하여 당선되었다.

Ortega, Francisco (프란시스코 오르테가) (1793~1849) 멕시코 출신으로 훌륭한 정치적, 종교적 작품을 쓴 시인이다. 정치시로는 『Aniversario de Tampico』라는 제목의 찬가가 있다. 종교시는 세비야 학파(la escuela sevillana)의 시 형식을 발전시킨 형태로 나타난다.

Ortiz de Montellano, Bernardo (베르나르도 오르티스 데 몬테야노) (1899~1949) 멕시코의 작가로 잡지 <Contemporáneos>의 창립자 중 한 명이며 1929~1931년까지 편집장을 역임했다. 나우아틀어(náhuatl) 시를 번역하여 멕시코 인디언 시에 대한 소책자를 만들기도 했다. 몇 권의 전기를 썼고 수필작품이 특히 흥미로우나 가장 두각을 나타낸 영역은 시 문학이다. 대표작으로는 『Figura, amor y muerte de Amado Nervo』(1943)와 『Literatura indígena y colonial mexicana』(1946), 『Sueños』(1931) 등이 있다.

Ortiz Fernández, Fernando (페르난도 오르티스 페르난데스) (1881~1969) 쿠바 출신의 에세이스트, 종족음악학자, 아프로-쿠바 문화학자. 유럽 문화와 아프리카 문화가 만나 상호 동화작용과 상호반작용을 겪은 후에 탄생한 것이 쿠바 문화라고 규정하고, 라틴아메리카의 문화 전체를 통문화 개념에 의거해 설명하는 것이 좋겠다는 의견을 제시했다.

Ortiz Quiñónez, Adalberto (아달베르토 오르티스 퀴뇨네스) (1914~) 에콰도르의 작가로 시를 통해 흑인들을 찬사하고 정의 내리는 흑인들의 위대한 음유 시인이다. 첫 번째 흑인 시를 엮은 책은 『Tierra, son y tambor』로 1938~1939년 사이에 쓰였으나 1945년에야 출판되었다. 많은 문학활동 외에도 교사, 멕시코 주재 영사, 파리 주재 에콰도르 문화부 고문 등 요직을 맡았다. 많은 작품들이 외국어로 번역되었다. 대표작으로는 『Juyungo』

(1940), 『El animal herido』(1961), 소설 『El espejo y la ventana』(1963) 등이 있다.

Ortiz, José Joaquín (호세 호아킨 오르티스)   (1814~1892) 콜롬비아 출신으로 애국적 감성의 시인이다. 호세 에우세비오 카로와 <La Estrella Nacional>이라는 잡지를 창간하여 자신의 대표작인 『Los Colonos』등을 실었다.

Ortiz, Manuel Jesús (마누엘 헤수스 오르티스)   (1870~1945) 칠레의 작가이다. 풍속주의적 작품과 글을 잡지에 기고했으며 『Pueblo Chico』를 1904년 발표했다. 다른 작품으로는 『El Maestro』(1914), 『Caricaturas』(1916) 등이 있다.

Otero Silva, Miguel (미겔 오테로 실바)   (1908~1985) 베네수엘라의 작가이자 언론인, 정치가이다. 1925년 첫 번째 시 작품을 잡지에 출판했으며 여기에서 그의 삶 전체에서 두드러지는 유머가 보인다. 아르투로 우슬라르 피에트리(Arturo Uslar Pietri), 호세 안토니오 라모스 수크레(José Antonio Ramos Sucre) 등과 함께 베네수엘라의 첫 번째 전위주의 잡지를 만들었다. 1930년 국제공산당(Del Partido Comunista Internacional)에 가입하여 사상적 토대를 찾았다. 후에 공산주의자로 분류되어 멕시코로 망명하기도 했다. 고국에 돌아와 계속해서 활동을 이어나갔으며 대표작으로 『La piedra que era Cristo』(1984) 등이 있다. ➡ Rómulo Gallegos Freire(로물로 가예고스 프레이레)

Otero, Gustavo Adolfo (구스타보 아돌포 오테로 베르티스)   (1896~1958) 볼리비아 저술가, 역사학자, 정치인, 외교관으로 활동하였다. 허구와 역사 분야에서 뛰어났고 볼리비아 20세기 초의 지식인으로 남은 인물이다. <El comercio>와 <El diario> 같은 신문과 함께 협력했고 1915년에는 <El Fígaro> 신문을 창설하고 이후 1921년에 <La Revista Boliviana>, 1923년에 <La Nueva Era>를 설립했다.

Otra primavera (또 다른 봄)   멕시코의 시인, 극작가인 로돌포 우시글리(Rodolfo Usigli, 1905~1979)의 극작품. 시적이고 섬세한 구성을 엿볼 수 있는 작품으로 부부간의 사랑에 대한 예찬을 다루고 있다. 한 가족이 재산 손실과 아버지의 정신병으로 고통을 겪게 되나 어머니가 자식들을 도와 이겨내는 모습을 그리고 있다.

Otredad (타자성)   쿠바 시인 로베르토 페르난데스 레타마르(Roberto Fernandez Retamar, 1930~)가 제시한 시각으로 라틴아메리카 문학을 유럽인의 관점에서 해석하고 연구할 것이 아니라 라틴아메리카 내부적 시각으로 바라볼 것을 촉구한다. 프랑스와 영국에서 각각 유학생활을 한 시인이 그곳에서 가르치는 라틴아메리카 문학에 대한 오해와 편견을 없애고자 한 것으로 보인다.

Oyuela, Galixto (갈릭스토 오유엘라)   (1857~1935) 아르헨티나에서 활동했으며 시론을 통해 고전주의를 옹호했던 시인이다. 『Cantos』와 『Nuevos cantos』를 통해 가장 순수한 형태의 고전주의적 전통을 추구했다.

P

Pablo Neruda* (파블로 네루다)　　(1904~1973) 칠레 시인으로 1971년 노벨 문학상 수상
자이다. 칠레의 민중 시인이자 저항시인으로 평가받고 있으며 본명은 리카르토 엘리에세
르 네트탈리 레예스 바수알도(Ricardo Eliecer Neftalí Reyes Basualdo)이다. 그는
1920년 고등학교를 졸업하고 "파블로 네루다"라는 필명을 사용하기 시작했다. 1923년
에 『*Crepusculario*』를, 1924년에 『*Veinte poemas de amor y una canción desesperada*』를 발표하
면서 국내외적으로 유명한 시인의 반열에 오른다. 이후 1927년 카를로스 이바녜스
(Carlos Ibáñez) 정부 시절 버마 주재 칠레 영사로 임명된 후 바타비아, 싱가포르, 스페
인 등을 돌며 외교관으로 활동한다. 파블로 네루다의 초기 작품 『*Veinte poemas de amor
y una canción desesperada*』에 나타나는 주제는 출산과 대지의 상징인 사랑하는 여인이다.
라틴아메리카 현대시에 나타난 초현실주의의 영향을 극명하게 보여주는 작품 『*Residencia
en la Tierra*』에서 그는 세상에 대한 파괴적 시각을 보여주며 전통적인 틀에서 벗어나고
자 한다. 파블로 네루다는 스페인 내전이 한창 진행 중이었을 때 스페인 주재 칠레 영사
로 근무하면서 새로운 전환점을 맞게 된다. 외교관 신분으로 반(反)프랑코 성명서에 서
명하고 반(反)파시스트 활동을 벌이다가 파면을 당했다. 이런 이유로 네루다의 시는 참
여시의 성격을 띠며 사회와 인간의 관계를 고찰하고 끊임없이 사회의 부정을 고발하기
시작한다. 또한 칠레 공산당에 입당하여 정치적인 이유로 망명길에 오르는 등 고초의 시
간을 겪는다. 네루다의 시는 정치적인 색채가 강한 서사시를 비롯해 사회의 부정을 신랄
하게 비판하는 초현실주의적 시를 쓴다. 그의 시집 『*Canto general*』는 라틴아메리카의 역
사를 서사적 연대기로 묘사한 15단락으로 구성되어 라틴아메리카인들의 목소리를 대변
한다. 1952년에는 고국으로 돌아가 다층적인 작품활동을 하면서 『*Las uvas y el viento*』
(1952), 『*Odas elementales*』(1954), 『*Cientos sonetos de amor*』(1959), 『*Cantos ceremoniales*』,
『*Nixonicidio*』 등 수많은 작품들을 발표했다.

Pachacamac(Pacharurac) [파차카마크(파차루락)]　　잉카족의 지진의 신이며, 세상을 만들
고 페루의 융카(Yunca)족의 창조자라고 전해진다. 이는 마마파차(Mama Pacha)의 남편
이자 비라코차(Viracocha)와 망코카팍(Manco Capac)의 형제이다.

Pachacutec (파차쿠텍)　　'파차'는 '대지(tierra)' 또는 '우주(universo)'를 뜻하며, 쿠텍은 '회
귀하다(regresar)', '흔들림(temblor)'을 뜻한다. 따라서 파차쿠텍은 '대지의 뒤흔들림'
또는 '우주의 회귀'를 뜻한다. 상징적인 의미로는 '개벽(開闢)'이라는 긍정적인 의미와
'우주적인 대재앙'이라는 부정적인 의미를 동시에 갖고 있다. 지역에 따라서 '파차쿠티'
혹은 '파차쿠틱'이라고 발음된다.

Pachamama (파차마마)　　안데스 인들이 모든 것에 생명을 부여하고 양육하는 '어머니이신 자연', 혹은 '대지의 신'을 일컫는 말이다. 자연과의 공존을 주장하는 수막 카우사이 (Sumak Kawsay) 모델과 일맥상통하며, 안데스 원주민 사회에서 모든 생명의 어머니로 이해되는 용어이다.

Pachamanca (파차만카)　　페루의 대표적 음식이다. 달군 돌들을 쌓아놓고 그 속에 소고기, 돼지고기, 쿠이(cuy) 고기와 고구마, 감자, 유카(yuca) 등 채소들을 넣어 흙으로 덮은 뒤 기다렸다가 먹는 음식으로, 케추아(quechua)어와 아이마라(aimara)어에서 그 이름이 유래하였다고 여겨진다.

Pacheco, José Emilio (호세 에밀리오 파체코)　　(1939~) 멕시코의 시인이자 소설가, 번역가, 비평가이다. 비평가들은 그를 그가 속한 세대에서 가장 중요한 작가로 여기고 있다. 초현실주의 경향에 부합하여 그의 시는 아이러니와 블랙 유머, 패러디로 가득 차 있으며 계속적인 형식적 실험을 보여준다. 그에게 시인은 형이상학과 시간의 비평가이다. 수많은 상을 받았으며 대표작품으로는 호세 도노소상(El Premio José Donoso)을 수상한 1958년부터 42년 동안 쓴 시들을 모아 출판한 『*Tarde o temprano*』(2000)가 있다. ➡ La literatura mexicana del siglo 20(20세기 멕시코 문학)

Pacheco, Ramón (라몬 파체코)　　(1845~1888) 칠레의 작가이자 언론인이다. 태평양 전쟁 (La Guerra del Pacífico)의 영향으로 전쟁과 국가 수호를 주제로 작품을 쓰게 되었다. 언론인으로서는 성공을 거두었으나 문학적으로는 그다지 뛰어난 작가는 아니다. 작품으로는 『*El Puñal y la Sotana*』(1874), 『*Una beata y bandido*』(1875) 등이 있다.

Pacto de Zanjón (산혼 조약)　　1878년 스페인 군과 쿠바의 혁명위원회 사이에 맺어진 조약. 10년 전쟁의 마침점이 되는 조약으로 쿠바군의 무장해제와 스페인이 쿠바에 정치적 권리를 양도해 주는 것으로 끝을 맺었다.

Padial y Vizcarrondo, Félix (펠릭스 파디알 이 비스카론도)　　(1838~1880) 푸에르토리코의 언론인이다. 푸에르토리코의 뛰어난 몇몇 신문사들을 이끌었으며 개혁과 자유에 대한 의지를 표명했다. 언론의 자유를 보장했던 1868년의 혁명과 관련하여 일간지 <El Progreso>를 운영하여 개혁 자유당의 주장을 지지했다.

Padilla, Ignacio (이그나시오 파디야)　　(1989~) 멕시코 출신의 작가. 크랙세대(Generación del Crack)의 일원이다. 작품은 환상적 사실주의를 배경으로 하고 있으며 단편소설부터 장편, 에세이까지 다양하다. 대표작으로 『*El año de los gatos amurallados*』와 『*La gruta del toscano*』가 있다. ➡ Crack(크랙)

Padre Almeida (알메이다 신부)　　에콰도르의 신화이다. 키토(Quito)에 위치하는 산 디에고 (San Diego) 수도원에 술과 노름을 좋아하는 알메이다 신부(padre Almeida)가 있었다고 한다. 수도원 뒤편에 있는 작은 창으로 밤마다 나가는 신부는 높은 창을 넘기 위해 그리스도 조각을 올라탔다고 한다. 어느 새벽, 술에 취한 신부는 장례 행렬을 보게 됐으며, 늦은 시간이라 이상하다는 생각이 들어 어떤 분인가 보러 다가갔다가 관 안에 자신의 시체가 있어 기겁한 신부는 두 번 다시 노름과 술을 하기 위해 수도원을 떠나지 않았다고 한다.

Páez, Gumercinda (구메르신다 파에스)　　(1910~1991) 파나마 출신의 작가다. 파나마 정치 문화 관련 여러 활동을 하였고 파나마 20세기의 가장 두드러진 인물 중 한 명으로 국회 부의장의 직책까지 수행했다.

Páez, José Antonio (호세 안토니오 파에스)   (1790~1873) 베네수엘라의 군인이자 정치인. 시몬 볼리바르(Simón Bolívar, 1783~1830)와 독립 전쟁 당시 파블로 모리요(Pablo Morillo, 1775~1837)에 대항해 싸웠으며, 1838부터 1843년까지 대통령직을 수행했다.

Pagaza, Joaquín Arcadio (호아킨 아르카디오 파가사)   (1839~1918) 멕시코의 종교인이자 시인이다. 1895년 베라크루스(Veracruz)의 주교로 임명되었으며 19세기 멕시코 문학계에서 그리스-라틴 인문주의를 대표하는 작가 중 하나이다. 대표작으로는 『*Murmurios de la selva*』(1887), 『*María*』(1890) 등이 있다.

Pajarito Gómez (파하리토 고메스)   아르헨티나의 영화감독 로돌포 쿤(Rodolfo Kuhn, 1934~1987)의 1965년 작품. 파하리토(Pajarito)라는 별명을 가진 인물의 성공 신화 이면에 나타난 어두운 모습을 보여준다. 현실을 노골적이고 풍자적으로 나타낸 영화로 베를린 국제영화제 황금곰상에 노미네이트되었다.

Palacio de los Capitanes Generales(Cuba) [팔라시오 데 카피타네스 헤네랄레스(쿠바)]   쿠바 아바나에 위치하고 있으며 현재는 박물관으로 개방하고 있다. 쿠바 바로크 건축물 중 가장 중요한 것 중 하나이며 1776년에 공사가 시작되었다. 그 후 쿠바를 통치할 65명의 스페인 지휘관들이 생활한 곳이며 1920년까지 대통령 관저로 사용되었다.

Palacio de los Capitanes Generales(Guatemala) [팔라시오 데 카피타네스 헤네랄레스(과테말라)]   현재 과테말라 수도에 위치하고 있으며 과테말라 관광 사무소, 경찰서 외 여러 단체들이 자리 잡고 있다. 첫 공사는 1558년에 시작되었으며 당시 스페인 중앙 정부, 관리 사무소와 군사 사무소 등이 있었다. 1717년에 개축되었고 1755년에 다시 공사되어 1764년에 마무리되었다.

Palacio de Taurichumpi (타우리춤피 궁)   페루 파차카막(Pachacamac)에 위치하고 있는 궁이다. 잉카들은 1450년에 파차카막에 도착해 타우리춤피를 당시 마지막 지도자 이름을 본 따 짓게 되었다.

Palacio de Torre Tagle (토레 타글레 궁)   식민지 시대의 페루의 국보급 건축물로서 당시 유행했던 츄리게라 건축양식과 아울러 동양적인 요소와 크리오요(아메리카에서 태어난 스페인계 백인)의 요소를 가미한 무데하르 건축양식을 보여주고 있다. 비대칭적인 정면의 구조는 중국의 탑을 연상케 하는 장식으로서 바로크 양식을 페루식으로 소화해 낸 것이다.

Palermo, Martin (마르틴 팔레르모)   (1973~) 아르헨티나 라 플라타(La Plata) 주에서 태어난 축구선수이다. 2010년 아르헨티나 축구대표팀 월드컵 경기에 뛰었다. 에스투디안테스(Estudiantes)축구팀에서 데뷔했으며, 2001년에서 2004년까지 스페인에서 활동을 했다. 그의 마지막 팀은 아르헨티나 보카 주니어스(Boca Juniors) 팀이며, 2011년에 은퇴했다. 총 417경기를 뛰었으며, 227개의 골을 넣었다. 아르헨티나에서 득점을 얻은 선수 중 5위이다.

Palés Matos, Luis (루이스 팔레스 마토스)   (1899~1959) 푸에르토리코 출신. 아프로・안티야스 시의 주요 시인 가운데 한 명이다. 대표작인 『*La Danza Negra*』에서 의성어와 전위주의 시인들이 사용하던 히탄하포라 식의 무의미한 시어들을 나열해 흑인 특유의 분위기를 그려냈다. ☞ Literatura de Puerto Rico del Siglo XX y XXI[멕시코 정당 PRI(Partido Revolucionario Institucional)의 엠블럼]

Palma, Ricardo (리카르도 팔마)   페루 출신의 언론인, 정치가, 소설가로, 1833년에 출생하여 1919년에 사망했다. 언론인, 정치가로서의 활동은 그다지 빛을 보지 못했고, 문학, 역사, 언어학에 전념하여 스페인 왕립 한림원(Real Academia Española)의 회원이 되었다. 대표작으로는 『*Tradiciones peruanas*』가 있다.

Palo de lluvia (팔로 데 유비아)　라틴아메리카에서 유래한 타악기다. 정확한 기원은 알 수 없으나, 멕시코, 페루, 칠레, 아즈텍족, 또는 아프리카에서 유래했다는 설이 있다. 속을 비운 방망이 모양의 말린 선인장이나 대나무에 선인장 가시나 대나무로 만든 못 여러 개를 중간중간에 박아 두고, 그 사이로 씨앗이나 작은 돌들을 넣어, 서로 부딪히는 소리를 이용한 악기다. 소리가 빗소리와 비슷하여 팔로 데 유비아(비방망이)라고 불린다.

Palomas blancas y garzas morenas (팔로마스 블랑카스 이 가르사스 모레나스)　니카라과의 모데르니스모 작가 루벤 다리오(Rubén Darío, 1867~1916)의 작품집 『*Azul…*』(1888)에 수록된 단편소설 중 하나. 작가의 자전적 요소가 드러나는 작품으로, 유년 시절을 함께 보냈던 사촌의 아름다움에 사랑에 빠지는 이야기를 담고 있다.

Palou García, Pedro Ángel (페드로 앙헬 팔로우 가르시아)　(1966~) 푸에블라(Puebla) 출신 멕시코 작가. 크랙세대(Generación del crack)의 대표적 문인들 중 한 명으로 푸에블라의 문화부장을 맡기도 했으며 대학 교수 및 총장 등 여러 활동을 했다. 사회학과 역사를 전공했으며 대표작으로 『*Malheridos*』, 『*Memoria de los dias*』, 『*Zapata*』, 『*Pobre Patria mia*』 등이 있다.

Pampa húmeda (습한 팜파)　600,000km²에 달하는 지역으로 우루과이와 아르헨티나 일부에 위치한 팜파다. 19세기와 20세기에 아르헨티나에 이민 오는 유럽인들이 이 지역을 농업 지역으로 발전시켜 100년이 넘는 기간 동안 농업의 중심지다.

Pampero(Viento Pampero) (팜파바람)　아르헨티나 식민지 시대 때 스페인 사람들은 차갑고 건조한 강풍이 대륙 내에서 해변으로 분다는 것을 신기하게 여겼다. 팜페로는 남쪽 혹은 남서 방향으로 분다. 계절에 따라 따뜻할 수 있다. 습한 팜페로(Pampero Humedo)는 끝날 무렵을 칭한다. 마지막 단계에 비가 내리며 번개까지 치기 때문이다. 더운 팜페로(Pampero Sucio)는 강풍에 먼지를 날릴 때를 뜻한다.

Pámpidos (팜피도스)　남미 차코팜페아나(Chacopampeana) 지역과 14세기 이후에는 티에라 델 푸에고(Tierra del Fuego)에 생활했던 여러 민족을 뜻한다. 팜피도스 가족군 안에 헷(Het)족, 총크(Chonk)족, 사나라비온(Sanaraviones)족, 모코잇(Mokoit)족 등이 속해 있다. 주로 사냥으로 생활을 유지 했으며 16, 17세기에 홍역과 천연두 같은 병으로 대부분 사망했다.

Panamá la Vieja (고대 파나마도시)　2003년에 유네스코에서 고대 파나마도시를 인류역사 유산으로 선정했다. 1519년에 건립된 고대 파나마도시는 남미와 스페인에서 유통하는 제물로 부유해졌지만, 1671년에 미국 해적 핸리 모르간(Henry Morgan)에 의해 거의 파괴됐다. 8월 15일은 고대 파나마 도시 개척일을 기념하는 날이다.

Panamericanismo* (범아메리카주의)　아메리카 통합을 지향하는 외교·정치·경제·사회 운동으로, 각자의 이해관계가 서로 다른 아메리카 대륙 모든 국가들의 상호 협력과 결속을 촉진시키고 그런 상호 관계를 설정하는 것을 목표로 하고 있다.

<범아메리카주의의 발전>

시작부터 상업적 거래를 자유롭게 하려는 목적이 주어진 것은 아니었다. 협력은 다음과 같은 다양한 영역으로 뻗어나갔다. 보건(범아메리카 보건 기구: Organización Panamericana de la Salud), 지리 및 역사(nstituto Panamericano de Geografía e Historia), 아동의 보호와 권리(Instituto Panamericano de Protección a la Infancia), 여성 인권(Comisión Interamericana de Mujeres), 원주민 정책(Instituto Indigenista Interamericano), 농업 (Instituto Interamericano de Ciencias Agrícolas), 대륙 합동 방어(Tratado Interamericano de Asistencia Recíproca), 경제 원조(Banco Interamericano de Desarrollo), 스포츠 (Organización Deportiva Panamericana). 각 나라들 간의 이해관계가 있는 일련의 농업 및 정치적 권고에서 그렇듯이 정당들 간의 중재, 갈등에 있어서 평화적 해결, 비간섭, 다수결에 의한 결정, 각 나라들의 관계나 그들이 모인 조직에서 각 국가마다 가지는 동등함 같은 것들은 항상 지켜지거나 수행되지 않는다. 범아메리카주의의 역사적 이정표 중하나는 미주기구(los Estados Americanos: OEA)이다. 이 지역 기구는 통합, 양측 간협조, 다양한 분야에서의 지속가능한 발전(에너지, 공기, 보건 등), 민주주의 증진, 대륙 내의 공화국과 군주국의 시민들을 위한 권리의 동등성 및 평화 증진을 목적으로 삼는다. 미주기구는 아메리카의 가장 주요한 조직이다.

Pancalismo (판칼리스모)　푸에르토리코에서 일어난 라틴아메리카 전위주의의 한 경향으로, "모든 것은 아름답다", "모든 것은 시다"라는 뜻을 가진 새로운 미학개념이다. 루이스 요렌스 토렌스(Luis Lloréns Torres, 1876~1944)는 판칼리스모 계열의 작품을 실은 잡지 <Revista de la Antillas>를 창간하였다.

Papagayo(Tehuantepecer) (파파가요)　태풍의 기압 같은 힘으로 과테말라와 니카라과로 지나간다.

Pappier, Ralph (랄프 파피에르)　(1914~1998) 아르헨티나의 중국계 영화감독. 총10편의 영화를 감독했으며, 「Escuela de campeones」(1951)로 콘도르 데 플라타상을 수상했다.

Paradiso (낙원)　쿠바의 작가 호세 레사마 리마(1910~1976)의 소설. 1966년 단행본 형식으로 발표되었으며 작가의 실험주의적, 네오 바로코적 시작점으로 인정받게 만들어준 작품이다. 이 소설은 성장소설이며 하나의 역사이자 죽음의 관념과 화해를 시도하는 노력이며 글 쓰는 행위에 대한 인식이라는 평을 받고 있다. ➡ José Lezama Lima(호세 레사마 리마)

Pardo (파르도)　스페인 및 포르투갈 식민지의 흑인 노예와 유럽인 또는 아메리카 원주민 사이에 태어난 사람을 가리킨다. 17세기 라틴아메리카 곳곳에 존재했던 노예시장 부근에 주로 많이 살았으며 흑인과 백인의 중간 정도 되는 피부색을 가지고 있다.

Pardo Lavalle, Manuel (마누엘 파르도 라바예)　(1834~1878) 페루의 정치인으로 재무부 장관을 역임했으며 최초의 민간인 출신 대통령으로 1872년부터 1876년 동안 재임했다. 페루 시민당을 창건하고 경제정책에 관한 책을 펴냈으며 상원 의원장을 역임하다가 암살 당했다.

Pardo y Aliaga, Felipe (펠리페 파르도 알리아가)　(1806~1868) 페루의 시인이자 기자, 극작가, 정치가. 19세기 초반 문학적으로나 정치적으로나 의견을 가장 많이 피력한 인물 중 하나이다. 그의 작품에는 보수적인 목소리가 드러나며 시민 정신에 대한 의견을 주로 피력한다.

Parece mentira (거짓말 같아)　20세기 라틴아메리카 극문학을 이끌며 대표격으로 여겨지는 멕시코의 극작가 하비에르 비야우루티아(Xavier Villaurrutia, 1903~1950)의 작품 중 하나. 분량은 짧으나 인물의 이름이 나타나지 않는 것, 빛의 대비, 시간 파괴 등 전위주의적인 측면이 드러나는 작품이다.

Paredes, Rigoberto (리고베르토 파레데스)　(1948~) 온두라스의 시인이다. 생의 비극과 내밀한 희망을 표현하기 위해 섬세하고 소박한 시 작품을 썼다. 대표시로는 『*En el lugar de los hechos*』, 『*Las cosas por su nombre*』 등이 있다.

Pariacaca (파리아카카)　잉카족 지배 이전의 신이다. 물, 비, 바람과 창조신이다. 매로 태어난 이 신은 시간이 흘러 인간이 됐다고 한다.

Paricia (파리시아)　잉카족의 신 중 하나이다. 감사하는 마음이 없는 신으로, 악한 인간을 벌주기 위해 지구를 침수시킨 신이라고 한다.

Parnasianismo (파르나시아니스모)　라틴아메리카의 모더니즘 운동에 큰 영향을 미친 문학운동이다. 한국어로는 고답파로 알려진 이 문학운동은 19세기 프랑스에서 시작되었다. 낭만주의에 반대하는 문학운동으로, 감정적인 내용보다는 미(美)에 관한 내용들을 다루었다. 시의 형식을 매우 중시했으며, 예술지상주의(l'art pour l'art)를 슬로건으로 내걸었다. 영향을 받은 대표 작가로는 루벤 다리오(Rubén Dario)가 있다.

Parque Nacional de Darién (다리엔 국립공원)　파나마의 다리엔 지역 동부에 위치한 국립공원. 1980년 국립공원으로 지정되었으며 중앙아메리카 지역에서는 가장 큰 국립공원이다. 생태학적으로 동식물군의 다양성 뿐 아니라 문화인류학적으로도 원시 부족의 존재로 인해 그 가치를 인정받고 있다. 유네스코 세계문화유산에 등재되어 있다.

Parque Nacional de Huascarán (우아스카란 국립공원)　페루의 안카쉬(Áncash) 지역에 위치한 국립공원. 코르디예라 블랑카(Cordillera Blanca) 지역을 거의 포함하고 있으며 세계에서 가장 높은 열대 산악 지대이다. 우아스카란 산을 대표로 하며 다양한 지형의 특성을 갖추고 있으며 1985년 유네스코 세계문화유산으로 지정되었다.

Parque Nacional de Iguazú (이과수 국립공원)　브라질의 파라나 주와 아르헨티나 미시오네스 주에 걸쳐진 자연 보호 구역이다. 1939년 1월 10일 법령 1035번으로 제정되었으며 1986년 UNESCO에 의해 문화유산으로 책정되었다. 양 국의 국립공원 면적을 합하면 2500km²에 달하며 다양한 동식물의 서식지이다.

Parque Nacional de la Amistad (라 아미스타드 국립공원)　탈라만카(Talamanca) 화산지대에 위치하며 파나마와 코스타리카가 공동 소유, 관리하는 국립공원. 1982년 국립고원으로 지정되었으며 과학적 가치뿐만 아니라 잘 보존된 자연의 아름다움을 인정받아 1983년 유네스코 세계문화유산으로 지정되었다. 치리포 국립공원(Parque Nacional Chirripó), 라스 타블라스 보호구역(Zona Protectora Las Tablas), 바르비야 보호구역(Zona Protectora Barbilla), 이토이 세레레 생태보호구역(Reserva Biológica Hitoy Cerere), 원주민 거주지로 구성되어 있다.

Parque Nacional de Palenque (팔렌케 국립공원)　멕시코 치아파스(Chiapas) 팔렌케(Palenque)에 위치한 국립공원. 다양한 열대 동식물군 분포를 보이며 식민 이전 시기의 마야 유적 또한 남아 있다. 1981년 국립공원으로 지정되었으며 유네스코 세계문화유산에 등재되어 있다.

Parque Nacional Isla Coiba (코이바 섬 국립공원)　파나마의 베라구아스(Veraguas) 지역 태평양 연안에 위치한 제도 1971년 국립공원으로 지정되었으며 열대우림기후를 보인다. 식물군이 특히 잘 보존되어 있으며 멸종위기 동물들 또한 분포하고 있다. 유네스코 세계문화유산에 등재되어 있다.

Parque Nacional los Glaciares (로스 글라시아레스 국립공원)   아르헨티나 산타크루스 지방 남동부 파타고니아의 최극단 지역. 안데스 남부지역 대부분을 포함하고 있으며 만 년설로 뒤덮여 있다. 빙하가 떨어져나가는 모습을 볼 수 있으며 남극 근방 동식물군이 분포되어 있다. 1937년 국립공원으로 지정되었으며 유네스코 세계문화유산에도 등재되어 있다.

Parque Nacional Noel Kempff Mercado (노엘 켐프 메르카도 국립공원)   볼리비아의 산타 크루스 북동부에 위치한 국립공원. 브라질과 국경을 맞대고 있으며 1979년 우안차카(Huanchaca) 국립공원으로 처음 설립되었다가 1988년 다시 재명명했다. 우림과 열대림을 포함해 선캄브리아기 때부터 내려온 자연을 잘 보존하고 있다는 평을 받는다. 유네스코 세계문화유산에 등재되어 있다.

Parque Nacional Rapa Nui (라파누이 국립공원)   칠레의 파스쿠아 섬(isla de Pascua)에 위치한 국립공원. 1935년 섬 전체가 국립공원으로 지정되었다가 이후 일부분으로 축소하였다. 모아이 석상을 비롯해 높은 고고학적 가치를 지니고 있을 뿐 아니라 자연 환경의 보존 상태 또한 뛰어나 유네스코 세계문화유산으로 지정되었다.

Parque Nacional Sangay (상가이 국립공원)   에콰도르의 동부 안데스 지역 침보라소(Chimborazo), 퉁구라우아(Tungurahua), 모로나 산티아고(Morona Santiago)에 걸쳐 있는 국립공원. 상가이 화산, 알타르(Altar)화산, 퉁구라우아 화산이 있으며 케추아(Quechua), 수아르(Shuar) 등의 부족이 살고 있다. 유네스코 세계문화유산에 등재되어 있다.

Parra, Nicanor (니카노르 파라)   (1914~) 칠레의 수학자이자 시인이다. 작품은 근대 세계에 대한 혹독한 비판이었으며 부르주아 사회를 풍자하였다. 또한 시의 관례에서 벗어나려고 노력하고, 작가와 시의 사회적 기능과 역할을 폄하하며 '반시(反詩, antipoesía)'를 주창하였다. ➡ La literatura chilena del siglo 20(20세기 칠레 문학)

Parra, Teresa de la (테레사 데 라 파라)   베네수엘라의 가장 중요한 여성 작가들 중 한 명(1889~1936). 파리에서 태어나 마드리드에서 사망했다. 1891년 가족이 있는 베네수엘라로 돌아와 아버지의 임종 후에 스페인 발렌시아에서 거주했다. 1915년 프루프루(Frufrú)라는 필명으로 초기 소설들을 발표하기 시작한다. 1922년에는 단편 『Mamá X』를 통해 국가 소설 콩쿠르(El concurso El Cuento Nacional)에서 특별상(El Premio Extraordinario)을 받았다. 1931년에는 시몬 볼리바르에 관한 전기를 쓰는 작업에 착수하나 잇따른 우울증과 결핵으로 1936년 스페인의 요양소에 머물게 되지만 같은 해 사망한다. 대표작으로는 『Ifigenia』(1924), 『Souvenirs of Mamá Blanca』(1929)가 있다.

Parra, Violeta (비올레타 파라)   본명은 비올레타 델 카르멘 파라 산도발(Violeta del Carmen Parra Sandoval)이며, 1917년 10월 4일에 태어나 1967년 2월 5일에 사망했다. 칠레의 유명한 민속음악 가수로, 칠레의 민속음악을 재발견했으며, 누에바 칸시온(새로운 노래 운동, 음유시 운동)의 기반을 다졌다. 비올레타 파라의 음악은 칠레뿐만 아니라 라틴아메리카 전역에 영향을 끼쳤으며, 칠레의 사회현실과 경제 불균형이 주된 주제이다. ➡ Nueva canción latinoamericana(라틴아메리카 누에바 칸시온)

Partido Anexionista Cubano (쿠바 합병당)   쿠바의 미국 합병을 주창했던 정치조직. 1847년 아바나에서 조직된 단체로 쿠바의 노예적 관계 지속, 미국식 민주주의 정착과 그로 인한 이점들을 강조하였다.

Partido Autonomista Cubano (쿠바 자치당) 1881년 조직된 정치단체로 쿠바의 자주 정치를 주장하였다. 이 주장은 완전한 독립이 아닌 황제령 내에서 주장한 부분적 자치이기는 하나 이를 계기로 향후 쿠바 정치운동에 영향을 주었다.

Partido Colorado(Paraguay) [적색당(파라과이)] 1887년 파라과이의 베르나르디노 카바예로(Bernardino Caballero, 1839~1912) 장군이 창당한 정당. 보수주의, 국가주의, 반공산주의를 표방하며 창당 이후 1904년까지 집권하였다가 1948년부터 1989년까지 다시 집권하였다.

Partido Colorado(Uruguay) [적색당(우루과이)] 우루과이의 가장 오래된 정당 중 하나로 1836년 창당하였다. 우파 계열로 공화주의를 표방하며 자유주의적 성격을 띠고 있다. 20세기 말까지 국민당(Partido Nacional)과 양당 체제를 구축해왔다.

Partido Comunista de Nicaragua (니카라과 공산당) 처음 1967년에 사회당(Partido Socialista Nicaragüense)에서 떨어져 나온 후안 로리오(Juan Lorio) 등에 의해 사회노동당(Partido Obrero Socialista)이라는 이름으로 설립되었다. 1970년 현재의 이름으로 당명을 바꾸었으며 후에 전국야권연합(UNO)를 형성하는 당이 되기도 한다.

Partido Conservador(Nicaragua)(PC) [보수당(니카라과)] 1851년에 세워진 우익 성향의 정당이다. 이 당을 상징하는 색은 초록색이며 "신, 질서, 정의"라는 표어를 가지고 있다. 니카라과 현 정당 중 가장 오래된 정당이다.

Partido Conservador Demócrata de Nicaragua(PCDN) (니카라과 민주보수당) 1979년 클레멘테 기도 차베스(Clemente Guido Chávez)가 설립한 보수정당이다. 1984년 대선에서 기도 차베스와 메르세디타스 로드리게스 데 차모로(Merceditas Rodríguez de Chamorro)가 입후보하여 산디니스타 민족해방전선(FSLN) 다음으로 높은 득표율을 보였다.

Partido de Acción Nacional(Nicaragua)(PAN) [민족주의행동당(니카라과)] 기독 사회주의 사상의 중도 우파로 1985년 기독사회당(Partido Social Cristiano)에서 분리되어 에두아르도 리바스 가스테아소로(Eduardo Rivas Gasteazoro)가 설립하였다. 1989년에 정당 지위를 획득하였고, 전국야권연합(UNO)을 형성하여 1990년 대선에 참여한 14개 정당 중 하나이다.

Partido Democrático de Confianza Nacional(PDC) (국민신탁민주당) 기독 사회주의 사상의 니카라과 정당으로 1986년 기독사회당(PSC)에서 분열되어 설립되었다. 아구스틴 하르킨(Agustín Jarquín)과 아당 플레테스(Adán Fletes)가 설립하였으며 1989년 지위를 취득하였고, 다니엘 오르테가를 중심으로 조직된 산디니스타 민족해방전선(FSLN)에 대항하기 위하여 전국야권연합(UNO)을 형성하였다.

Partido Justicialista (정의당) 페론주의를 추구하는 아르헨티나의 정당이다. 1947년 후안 페론(Juan Domingo Perón)과 에바 페론(Eva Perón)이 노동당을 기반으로 설립했다. 1956년 쿠데타로 페론이 망명한 뒤부터 한동안 정의당의 이름으로 정치활동이 이루어지는 것이 금지되다가 70년대부터 가능하게 됐고 1973년 후안 페론이 대통령 선거에서 승리해 집권당이 되었다.

Partido Liberal Constitucionalista(PLC) (호헌파 자유당) 2006년까지 니카라과를 통치한 당파이다. 1968년 당시 노동부 장관이었던 라미로 사카사 게레로(Ramiro Sacasa Guerrero)에 의해 헌법자유주의운동(Movimiento Liberal Constitucionalista)이라는 이름으로 설립되

었으며 소모사(Somoza) 독재에 대항하기 위해 자유국민당에서 분리되었다.

Partido Liberal Independiente(PLI) (독립자유당)　니카라과에서 1944년에 설립된 중
도우파 정당이다. 자유국민당의 이념에 반하는 이들이 모여 세운 당으로 독립자유당의
기는 빨간색 바탕에 가운데 흰색 별이 그려져 있고 별 가운데에 PLI라고 적혀져 있다.

Partido Liberal Nacionalista(PLN) (자유국민당)　1912년부터 1979년까지 니카라과에 있
었던 정당으로 1929년 자유당에서 이름을 바꿔 자유국민당으로 출범하였다. 소모사
(Somoza) 일가가 권력의 핵심이었으며 산디니스타 민족해방전선(FSLN)이 이끄는 산디
니스타 혁명(Revolución Sandinista)로 인해 해체되었다.

Partido Nacional Antirreeleccionista (반재선거국민당)　1909년 수립된 멕시코의 정
당. 1910년 멕시코 선거에 출마하기 위해 수립되었으며 프란시스코 마데로(Francisco
Madero, 1873~1913)가 포르피리오 디아스(Porfirio Díaz, 1830~1915)에 대항하고
민주주의를 수호하기 위해 설립하였다.

Partido Nacional(Uruguay) [국민당(우루과이)]　우루과이의 가장 오래된 정당 중 하나로
1836년 창당하였다. 마누엘 오리베(Manuel Oribe, 1792~1857)가 설립자이며 백색당
으로도 알려져 있다. 우파 계열 정당으로 민족주의적, 자유주의적 성향을 띠고 있으며
20세기 말까지 적색당(Partido Colorado)과 양당 체제를 구축해 왔다.

Partido Popular Social Cristiano(Nicaragua)(PPSC) (기독사회인민당(니카라과))　1976
년 기독사회당에서 분리되어 설립된 기독교 사회주의 정당이다. 이들은 공산주의 게릴라
를 지지하며 소모사(Somoza) 독재와 자유국민당(PLN)에 대립하여 1979년 7월 19일
산디니스타 혁명(Revolución Sandinista)을 성공시킨다.

Partido Social Cristiano(Nicaragua)(PSC) [기독사회당(니카라과)]　중도좌파당이다. 1959
년 소모사 독재에 반하여 설립되었고 기(旗)에 물고기 그림이 있어 당원들을 페스카디토
스(Pescaditos)라고 부르기도 한다.

Partido Social Demócrata de Nicaragua [사회민주당(니카라과)]　1979년 9월 23일에
설립되었다. 중도 우파 성향의 사회민주당은 기예르모 포토이 앙굴로(Guillermo Potoy
Angulo) 등의 민주주의적 사상이 뚜렷한 정치인들에 의해 설립되었다. 1990년 당선된
대통령 비올레타 차모로(Violeta Chamorro)가 속한 당이었다.

Partido Socialista Nicaragüense(PSN) [사회당(니카라과)]　좌파 성향의 당으로 1944년
마리오 플로레스 오르티스(Mario Flores Ortiz) 박사에 의해 설립되었다. 산디니스타 민
족해방전선(FSLN) 출범 이후 서서히 쇠퇴하였다.

Paseyro, Ricardo (리카르도 파세이로)　(1924~) 프랑스계 출생의 우루과이 시인이다. 멜
랑콜리가 그의 작품의 주요한 특징이며 대표작으로는 『*Árbol en ruinas*』(1961), 『*Onfalo*』
(1947), 『*De nacer y morir*』(1948) 등이 있다. ➡ La literatura uruguaya del siglo 20(20
세기 우루과이 문학)

Pasión y la muerte del cura Deusto (데우스토 신부의 열정과 죽음)　칠레의 소설가
아우구스토 달마르(Augusto D'Halmar, 1880~1950)의 최고 걸작 중 하나로 평을 받는
작품. 1924년 발표된 이 작품은 세비야의 산 후안 데 라팔마 성당에 데우스토 신부가
새로 주임하면서 일어난 이야기를 담고 있다. 고대 그리스의 남색에 대한 주제가 드러나
있다.

Paso de San Francisco (산 프란시스코의 길)　남미 안데스 산맥의 가장 중요한 길 중 하나

이며 아르헨티나와 칠레를 연결하고 있다. 역사적으로 중요한 역할을 가진 이 길은 과거에는 디아구이타족(Diaguitas)과 이후에는 잉카 제국의 중요한 대로였다.

Paso, Fernando del (페르난도 델 파소) (1935~) 멕시코 작가로 모더니즘 개혁 세대에 속한다. 다른 중남미 나라들처럼 멕시코도 40년대는 비평적으로 중요한 시기이며 언급할 만한 작가로 1953년의 룰포(Rulfo)와 1958년의 푸엔테스(Fuentes), 대변화의 선구자인 페르난도 델 파소를 들 수 있다. 첫 번째 장편 소설 『*José Trigo*』(1966)로 하비에르 비야우루티아상(El Premio Xavier Villaurrutia)을 받았다. 두 번째 소설 『*Palinuro de México*』(1977)는 68 학생 운동이 끝나고 새로운 거대한 긴장이 도래한 당시를 반영하면서 내러티브의 정점을 찍었다. ⇒ La literatura mexicana del siglo 20(20세기 멕시코 문학)

Pastelitos criollos (달콤한 파이) 아르헨티나의 첫 정부수립을 기념하는 5월 25일에 먹는 디저트이다. 속은 잼과 비슷하지만, 그 보다 견고한 마르멜로(marmelo) 열매로 만든 잼으로 채우거나, 고구마로 만든 잼으로도 채우기도 한다. 겉은 바삭하게 익힌 밀가루 반죽으로 만든다.

Patacon (파타콘) 2001년과 2002년에 부에노스아이레스에서 사용 되었던 지폐형 교환권이다. 페소를 사용하는 아르헨티나는 자금 부족으로 파타콘을 발행했으며, 1파타콘은 1페소와 같은 가치가 있었다. 이 외에도 그 당시 부에노스아이레스에서는 레콥(lecop)이라는 명칭의 교환권도 사용되었으며, 아르헨티나 각 주마다 교환권의 이름이 다르다. 파타콘이나 레콥의 사용이 대중에게 그리 달갑지 않았지만 위기 상황이었기에 이 교환권을 받아들였다.

Patagonia (파타고니아) 아메리카 대륙 최남단부 아르헨티나와 칠레 영토의 남부를 아우르는 지역이며 약 1.043.076 km²의 면적을 가지고 있다. 과거 이 지역에 살았던 파타곤 부족(Patagones)의 이름을 따 파타고니아라고 불리며 다양한 동식물군과 낮은 인구 밀도로 인해 해마다 수많은 관광객들이 찾는다.

Paula cautiva (파울라 카우티바) 아르헨티나의 영화감독 페르난도 아얄라(Fernando Ayala, 1920~1997)의 1963년 작품. 미국으로 이민한 아르헨티나인의 이야기를 담은 영화로 1964년 콘도르 데 플라타상(Premio Cóndor de Plata)을 수상했다.

Pauls, Alan (알란 파울스) (1959~) 아르헨티나 작가이자 칼럼니스트이다. 어린 나이부터 글에 소질을 보였으며, 영향 받은 작가 중에서 훌리오 코르타사르(Julio Cortazar)가 있다. 작품에는 『*El pudor del pornógrafo*』(1984), 『*Wasabi*』(1994) 등이 있다.

Payaguá (파야구아) 파라과이 차코 보레알(Chaco Boreal)에 거주했던 민족이다. 구아이쿠루(Guaycurú) 계열에 포함 되어 있고 식민지 시대에 파라과이 강(Río Paraguay)을 따라 생활했다.

Paz Lozano, Octavio (옥타비오 파스 로사노) (1914~1998) 멕시코 시인이자 저술가, 저널리스트, 번역가, 문학 평론가, 외교관 등 여러 직책을 수행했다. 1981년 세르반테스상(Premio Cervantes)을 수상했고 1987년 메넨데스 펠라요상(Premio Internacional Menéndez Pelayo), 1990년에 문학노벨상(Premio Nobel de Literatura)을 이어 받았다. 대표작으로는 『*El laberinto de la soledad*』가 있다. ⇒ La literatura mexicana del siglo 20(20세기 멕시코 문학)

Paz, José María (호세 마리아 파스) (1791~1854) 아르헨티나의 군인이자 정치인. 알토 페루(Alto Perú)의 군대에 가담했으며 마누엘 벨그라노(Manuel Belgrano) 장군의 반 (反) 브라질 운동에도 참여했다. 1828년 라바예(Lavalle) 정권의 전쟁 장관에 임명되었 으며 독립 전쟁에서 싸웠다.

Pedro Páramo (페드로 파라모)　멕시코 작가 후안 룰포(1917~1986)가 1955년 발표한 소 설로 주인공 후안 프레시아도(Juan Preciado)가 자신의 친부로 추정되는 페드로 파라모 (Pedro Páramo)를 찾아 어머니의 고향을 방문하면서 일어나는 일련의 사건과 만나게 되는 인물들을 다룬다. 시공간의 해체를 형상화한 파격적인 문체로 발행 당시 아무런 관 심도 끌지 못했으나 현재 마술적 사실주의의 시초로 평가받는다. 30여개의 언어로 번역 되어 세계적으로 120만부가 팔렸다. ⇒ Juan Rulfo(후안 룰포)

Pedroso, Regino (레히노 페드로소)　(1896~1983) 쿠바의 시인. 학업을 중단하고 목공소의 견습생으로, 농업에 종사하기도 했다. 1919년과 20년에 첫 시집을 출판하였는데 오리엔 탈적이고 모데르니즈모적인 시를 썼다. 후에 사회 저항적인 시로 발전한다. 쿠바에서 노 동자를 주제로한 사회시의 시작을 알리는 시 『*Salutación fraterna al taller mecánico*』를 1927년 발표하였다. ⇒ La literatura cubana del siglo 20(20세기 쿠바 문학)

Pehuenche (페우엔체)　남미에 거주한 원주민 민족으로 마푸체(Mapuche) 문화에 속해 있다. 아르헨티나와 칠레 남부에서 생활했던 민족이며 16세기부터 여러 차례 스페인인들과 전 투를 버렸다. 1783년 페우엔체들은 스페인과 평화 협정을 맺었고 1800년대에는 아르헨 티나와 칠레 독립 과정에서 전투를 벌였다.

Peláez del Casal, Amelia (아멜리아 펠라에스 델 카살)　(1897~1968) 쿠바의 모더니즘 화가이다. 그녀는 파리와 뉴욕에서 공부하였고 전시회를 열었다. 모더니즘 화가였으나 소재로는 쿠바적인 것, 특히 과일을 주제로 한 추상 정물화를 즐겨 택하였다.

Películas de la Revolución Mexicana* (멕시코 혁명영화)　멕시코 혁명기에 수많은 카 메라맨들이 카메라를 들고 혁명 관련 사건들을 따라다녔다. 특히 살바도르 토스카노 (Salvador Toscano Barragán)는 자신의 영사기로 단편 영화들을 촬영했는데, 토스카노 의 딸이 훗날 이 영화들을 모아 1950년에 「*Memorias de un mexicano*」라는 영화를 완성시 켰다. 또 다른 카메라맨인 알바 형제는 프란시스코 I. 마데로(Francisco I. Madero)를 따 라다니며 그를 일거수일투족을 촬영했다. 헤수스 H. 아비티아는 라 디비시온 델 노르테 (la División del Norte)를 따라 종군하며 알바로 오브레곤(Álvaro Obregón)과 베누스 티아노 카란자(Venustiano Carranza)의 모습을 렌즈에 담아 멕시코 혁명의 대서사시를 기록하기도 했다. 이들의 기록영화는 멕시코 국방부가 유일하게 공식적으로 허가한 종군 기록 작품이다. 이런 과정을 거쳐 1930년대부터는 소위 "멕시코 영화의 황금기"가 시작 된다. 물론 이 당시 영화에서 반복적으로 등장하는 소재는 바로 '멕시코 혁명'이었다. 당시에 촬영된 대표적인 멕시코 혁명 영화로는 「*Viva Villa*」(1935), 「*Vámonos con Pancho Villa*」(1935), 「*La Adelita*」(1937), 「*Con los Dorados de Villa*」(1939), 「*Si Adelita se fuera con otro*」(1948), 「*¡Viva Zapata!*」(1952), 「*La Escondida*」(1955), 「*Así era Pancho Villa*」 (1957), 「*Pancho Villa y la Valentina*」(1958), 「*Cuando ¡viva Villa! es la muerte*」(1958), 「*La Valentina*」(1966), 「*La soldadera*」(1966), 「*Zapata, el sueño del héroe*」(2004) 등을 들 수 있다.

Pellicer, Carlos (카를로스 펠리세르)　(1899~1977) 멕시코의 작가로 그의 시는 멜랑콜 리와 단절하고 존재의 마술적 의미를 드러낸다. 역사와 예술, 그리고 라틴아메리카에 대한 그의 전문적 지식을 통해 그는 심도 있는 작품을 썼다. 대표작으로는 『*Esquemas para una oda tropical*』(1933), 『*Discurso por las flores*』(1946), 『*Cueros, percusión y aliento*』(1976) 등이 있다. 문학 그룹 "현대인들(Contemporáneos)"의 일원이며 1964년 국가 시 문학상(El Premio Nacional de Poesía)을 수상했다. 후에 국립 미술 박물관의 관장을 역임했다.
⇒ La literatura mexicana del siglo 20(20세기 멕시코 문학)

Peña, Concha (콘차 페냐) (1906~1960) 이베리아 반도에서 태어나 파나마에서 생을 보낸 수필가이자 교육자이다. 20세기 파나마 지협의 지식인 파노라마와 가장 관련이 깊은 여성 인물 중 하나로 여겨진다. 공화주의의 필사적인 수호자였으며 좌파 연합에서의 너무나도 분명히 보여 준 투지와 그녀의 저작 때문에 생애 내내 위협을 받기도 했다. 의미 있는 저작으로는 『*La libertadora del Libertador*』(1941), 『*Estampas de Santa Ana*』(1957) 등이 있다.

Peña, Horacio (오라시오 페냐) (1936~) 니카라과의 작가이다. 1970년 『*La espiga en el desierto*』로 주목을 받았다. 다른 작품으로는 『*Ars moriendi*』(1967), 『*El enemigo de los poetas y otros cuentos*』(1976)가 있다.

Península de Yucatán (유카탄 반도) 멕시코 남동부에 있는 반도로 마야 문명이 번성했던 곳이며, 황금이 많다는 소문으로 인해 수차례 약탈당했다. '시우탄'(그들이 이렇게 말하는데)이라는 마야어가 유카탄으로 불리게 되었다고 한다.

Pepián de cuy (페피안 데 쿠이) 페루의 잉카 제국 시대부터 내려온 전통 음식이다. 양념된 모르모트 고기와 옥수수, 양파 등을 넣고 끓인다.

Pepián de Pollo (페피아 데 포요) 과테말라의 대표 음식 중 하나로 닭고기와 귀스킬(Güisquil), 감자, 양파, 토마토와 향신료를 넣고 끓인 음식이다. 한국의 맵지 않은 닭도리탕과 비슷한 맛이 난다.

Peralta Barnuevo, Pedro (페드로 페랄타 바르누에보) (1664~1743) 페루의 식민지 시절 리마에서 태어난 스페인 태생의 페루인으로 당대의 지성인이었다. 스페인 왕의 총애를 받아 참모의 역할도 수행했으며 과학, 문학, 건축 등 다양한 분야에서 업적을 남겼다.

Pereda Valdés, Ildefonso (일데폰소 페레다 발데스) (1899~1996) 소재를 다루는 데 있어서 진정한 전문가로 여겨지는 우루과이의 작가이다. 대표작으로는 『*La guitarra de los negros*』(1926), 『*Raza negra*』(1929), 『*la Antología de la poesía negra americana*』(1936) 등이 있다. ⇒ La literatura uruguaya del siglo 20(20세기 우루과이 문학)

Pérez Bonalde, Juan Antonio (후안 안토니오 페레스 보날데) (1846~1892) 베네수엘라의 시인. 당대 낭만주의문학의 대표격으로 여겨지는 인물이다. 1870년 국외 추방 이후 뉴욕을 거쳐 라틴아메리카뿐 아니라 아시아까지 여행한 경험을 바탕으로 당시 가장 이국적인 작품들을 써낸 시인이다. 『*Estrofas*』(1877)가 대표적이다.

Pérez Jiménez, Marcos (마르코스 페레스 히메네스) (1914~2001) 베네수엘라 군인, 정치인, 독재자였다. 1934년 베네수엘라 육군사관학교를 졸업하고 1941년에 대위까지 승격하게 된다. 1945년에 이사이아스 메디나(Isaías Medina) 정부에 대항하는 쿠데타에 참여하였고 1948년 국방부 장관으로 임명받았으며 같은 해 중령으로 승진하고 로물로 가예고스(Rómulo Gallegos) 향한 쿠데타에 참여했다. 이후 1953년 대통령직을 맡게 되고 1957년 장군으로 임명 받는다. 1958년 다시 대통령으로 당선되었지만 민주주의 세력으로 정부가 타도되었다.

Pérez Prado, Dámaso (다마소 페레스 프라도)　(1916~1989) 일명 맘보(Mambo)의 왕인 페레스 프라도는 쿠바에서 출생하여 멕시코에서 사망하였다. 30년대 중반부터 작은 오케스트라를 지휘하기 시작했으며 감독과 편곡자로서 얻은 직업적 명성 덕에 여러 큰 오케스트라를 맡아 라디오 방송에 생방송으로 공연하기도 했다. 40년대 중반에 이르러 그는 쿠바 오케스트라에 미국 빅 밴드(Big Bands)의 재즈와 스윙을 소개하였고 카리브 전통의 리듬을 이어 나갔다. 후에 멕시코에 정착하여 자신만의 밴드를 만들고 국제적 명성을 얻게 한 장르를 전파했다. 그의 독창성이 돋보이는 곡으로 「Mambo nº 5」, 「Patricia o Cerezo Rosa」가 있다.

Pérez Rosales, Vicente (비센테 페레즈 로살레스)　(1807~1886) 칠레 출신의 모험적이고 논쟁적인 작가로 알려져 있다. 『Recuerdos del pasado』라는 그의 대표작에서 자전적 요소와 소설적 요소, 사회정치적 연대기와 풍속주의적 보고서를 기술적으로 잘 혼합시켰다고 평가되며 훌륭한 기억력의 소유자이자 글을 쉽게 술술 써나가는 재능을 가지고 있었다.

Peri Rossi, Cristina (크리스티나 페리 로시)　(1941~) 우루과이 몬테비데오(Montevideo)에서 출생한 여성 작가로 작품에서 인간 존재의 취약함을 주로 다루고 있다. 문학 스타일에서 가장 두드러지는 성격은 뛰어난 상상력과 언어를 암시적인 환기로 바꾸는 것이다. 2002년에 라파엘 알베르티 시 상(Premio de Poesía Rafael Alberti)을 수상했으며 대표 시집으로 『vohe』(1971), 『Descripción de un naufragio』(1974), 『Diáspora』(1976), 『Los amores』(1978), 『Lingüística general』(1979), 『Babel Bárbara』(1991)가, 소설로는 『La tarde del dinosaurio』(1976), 『La rebelión de los niños』(1980), 『El museo de los esfuerzos inútiles』(1983), 『El libro de mis primos』(1970) 그리고 『La nave de los locos』(1984) 등이 있다. ⇒ La literatura uruguaya del siglo 20(20세기 우루과이 문학)

Periódicos Asociados Latinoamericanos(PAL) (라틴아메리카 신문사 연합)　PAL은 라틴아메리카 신문, 일간지 및 잡지사 연합으로 각 언론사 간의 정보 및 인력 교류와 상품 수출 증대를 목적으로 2008년 미국 마이애미에서 맺어졌다. 현재 10개의 가입국의 15개 언론사가 활동하고 있다.

Periodo formativo (형성기)　아메리카 대륙의 기원전 1200년부터 기원까지의 시기를 뜻하고 이때 생산 경제를 시작한 문화가 등장했다. 이 시기에 사람들은 동물 사냥에 의존하기 보다는 농경 생활에 발을 디디게 되고 이와 함께 야금술과 수공업이 발달한 시기다.

Periquillo sarniento (페리키요 사르니엔토)　멕시코 독립 전쟁기에 발표된 호세 호아킨 페르난데스 데 리사르디(Jose Joaquin Fernandez de Lizardi, 1776~1827)의 1816년 작품으로 당대 멕시코의 문화와 식민지적 상황을 잘 나타내고 있다. 주인공 페리키요 사르니엔토의 모험담으로 구성되어 있으며 총4권으로 구성되어 있다. 마지막 책은 노예제도를 비판한다는 이유로 검열의 대상이 되었다가 작가 사후에 출판되었다.

Perón, Juan Domingo (후안 도밍고 페론)　(1895~1974) 아르헨티나의 군인 출신 정치인으로 1943년의 군사 쿠데타에 참여하여 군사정부의 내각에 입각, 노동부 장관을 지냈다. 1944년부터 1946년까지 부통령을, 1946~1955년과 1973~1974년에 대통령을 지냈다. 그의 두 번째 부인은 에비타라는 별칭으로 유명한 에바 페론(Eva Perón)이다. 후안 페론은 정치적으로 페론주의 운동을 창시했으며, 아르헨티나 현대사에서 가장 큰 논란을 불러일으키는 인물이다. ⇒ Nacionalismo latinoamericano(라틴아메리카의 민족주의)

Peronismo (페로니즘)　1940년대 아르헨티나 정치계 명사였던 후안 페론(Juan Domingo

Perón, 1895~1974)의 지지 세력이 주를 이룬 운동이다. 후에 노동계층의 사회적 참여, 사회 정의, 경제적 자주성에 대한 페론 선언서(Doctrina Peronista)가 발표되었으며 페론 당(Partido Peronista o Partido Justicialista)이 등장했다. 이 운동은 페론의 하락 후에도 신페로니즘(Neoperonismo)의 이름으로 아르헨티나 근대 정치의 중요한 요소로 남아있다. ➡ Juan Gelman(후안 헬만)

Pesado, José Joaquín (호세 호아킨 페사도)   멕시코의 시인으로 1801년에 태어나 1860년에 사망하였다. 일부 비평가들에게 천재로 평가되기도 했으나, 그의 작품 대부분이 표절이나 다름없다는 평가를 받기도 한다. 또 한편으로는 표절이라기보다 독창적인 해석이라고 평가받기도 한다.

Petexbatún (페텍스바툰)   과테말라의 페텐(Petén)에 위치하며 면적 5.4km²의 작은 호수로 마야 문명의 유적이 위치해 있어 역사학자들이 에스타도 데 페텍스바툰(Estado de Petexbatún)이라고 명명하였다. 이후 마야 문명의 붕괴로 이 지역이 버려졌다가 고고학 자들에 의해 발견되었다.

Pettoruti, Emilio (에밀리오 페토루티)   (1892~1971) 아르헨티나의 화가로 정부 장학금으로 이탈리아 유학을 떠나 르네상스 걸작을 연구했으며 그곳의 미래파 예술가들과 함께 잡지를 펴냈다. 그는 특히 미래파의 단순화 양식과 큐비즘의 정태주의, 그리고 마술적 요소를 도입함으로써 이탈리아 형이상학파 화풍에 접근하였다. 1924년 귀국한 뒤 본격적인 활동을 펼쳤으며 생애 후반의 마지막 20년은 파리에서 보냈다.

Peveroni, Gabriel (가브리엘 페베로니)   (1969~) 우루과이의 극작가이자 시인, 소설가이다. 60년대 이후 우루과이에서 태어난 작가군에서 가장 두드러지는 인물 중 하나이다. 대표 극작품으로 『Rojo』, 『Groenlandia』가 있으며 시 작품으로는 『Princesa deseada』, 『Poemas religiosos』, 『El bordado eterno』 등이 있다. 소설로는 『La cura』(1997)가 있으며 전위주의 잡지에서 기고하기도 했다.

Peyrou, Manuel (마누엘 페이로우)   (1902~1974) 아르헨티나의 작가, 언론인, 연극 비평가이다. 문학적인 특별한 순수성을 지닌 문체의 소유자이며 사실주의적이고 뛰어난 산문을 쓰는 작가이다. 그의 글에는 형식적 아름다움과 풍부함, 대화의 정확성, 자연스러움과 신선함이 두드러지는 동시에 유머가 있다. 초기에는 호르헤 루이스 보르헤스(Jorge Luis Borges)의 영향을 받았으며 대표작으로는 『El estruendo de las rosas』(1948), 『Las leyes del juego』(1959), 『Se vuelven contra nosotros』(1966) 등이 있다. ➡ La literatura argentina a principios del siglo 20(20세기 초 아르헨티나 문학)

Peza, Juan de Dios (후안 데 디오스 페사)   1852년에 태어나 1910년에 사망한 멕시코 시인. 고전주의와 낭만주의적인 특성을 모두 가진 다작 시인이다. 어렵지 않은 내용이어서 일반 독자들이 접하기 쉬웠으며, 십계명을 기반으로 한 교훈적인 내용이 특징이다.

Pezet, Juan Antonio (후안 안토니오 페셋)   (1810~1879) 페루의 군인, 정치인. 1863년부터 1865년까지 대통령직을 역임하다가 물러나게 되었다. 페루 독립 전쟁과 독립의 기틀을 세운 인물 중 하나이다.

Piazzolla, Astor (아스토르 피아솔라)   (1921~1992) 아르헨티나의 반도네온(bandoneón) 연주자 및 작곡가. 유년기를 뉴욕에서 보내고 프랑스에서 수학했다. 아르헨티나로 돌아온 이후 전통 탱고에서 벗어나 20세기 탱고 음악에 혁신을 꾀하여 새로운 조류를 이끌었다. ➡ Tango(탱고)

Pichardo Moya, Felipe (펠리페 페차르도 모야)　(1892~1957) 쿠바의 시인, 변호사, 대학 교수이다. 스무 살에 모데르니스모적 성격의 서정적이고 뛰어난 작품을 써서 시인으로 알려졌다. 그의 시집 『*Alas que nacen*』(1923)에서 대중적인 독자층에게 접근하기 쉬운 모데르니스모 시를 보여준다. 또 다른 시집으로는 『*La ciudad de los espejos*』(1925)가 있다.
　⇒ La literatura cubana del siglo 20(20세기 쿠바 문학)

Picón Febres, Gonzalo (곤살로 피콘 페브레스)　(1860~1918) 베네수엘라 출신으로 수필가, 학자, 시인, 소설가, 웅변가, 인문학자로서 다양한 활동을 했다. 작품에서 인간적 요소를 식물적이고 대지적인 요소에 편입시켜 버리는 특징이 있다. 대표작으로는 라틴아메리카 소설사에서도 두각을 나타내는 『*El sargento Felipe*』(1899)가 있다.

Picón Salas, Mariano (마리아노 피콘 살라스)　(1901~1965) 베네수엘라의 작가. 대학 교수, 문학비평가, 외교관 등의 많은 역할을 하였으며, 20세기 라틴아메리카의 대표적인 비평가로 평가받는다. 그는 일생동안 많은 장르의 문학을 다루었지만 그중, 역사에 관한 수필과 문학 비평 부분에서 큰 찬사를 얻고 있다. 대표적인 저서로 『*Hispanoamérica, posición crítica*』(1931), 『*Formación y proceso de la literatura venezolana*』(1941)가 있다.

Piedra del sol (태양의 돌)　하나의 현무암으로 된 원형 석조로, 고대 멕시코 문명인 아스테카의 달력이다. '아스테카의 역'이라고도 불린다. 멕시코 국립인류학 박물관에 소장되어 있다.

Piedra Museo (피에드라 무세오)　아르헨티나에 위치한 고고학적 유적지다. 20세기 초에 발견된 이 유적지는 아메리카 대륙에 인간이 도착한 시기를 의심하게 만들 정도로 오래된 인간의 흔적들이 남아 있다. 무려 11,560년 전의 화석이 발견되어 아르헨티나 문명의 시초와 아메리카 대륙에서도 가장 오래된 인간의 흔적 중 하나이다.

Piedra y cielo (피에드라 이 시엘로)　1939년 콜롬비아서 등장한 시적 운동이며 이름은 1919년 후안 라몬 히메네즈(Juan Ramón Jiménez) 시집 제목에서 따온 것이다. 1939년 9월부터 1940년 3월 사이에 출판된 피에드라 이 시엘로(Piedra y cielo) 구성원들의 작품들로 인해 이 운동은 알려지기 시작했다. 구성원들을 "피에드라시엘리스타(Piedracielista)"라고 부르며 1910년에서 1915년 사이에 출생한 시인들의 모임이었다. 그들은 후안 라몬 히메네즈(Juan Ramón Jiménez)와 파블로 네루다(Pablo Neruda)의 영향을 극적으로 받았으며 이들은 가브리엘 가르시아 마르케스(Gabriel García Márquez) 같은 작가들에게 영향을 주었다. ⇒ Nadaismo colombiano(콜롬비아 허무주의)

Piglia, Ricardo (리카르도 피글리아)　(1941~) 아르헨티나 수필가이자 근대문학 작가 중 한 명이다. 그의 첫 작품인 『*La invasión*』(1967)이 '아메리카 가족상(El Premio de Casa de las Américas)'을 수상했다. 아르헨티나 대표 근대문학 작품 중 하나인 『*Respiración artificial*』(1980)의 작가이며, 영화로 제작된 『*Plata quemada*』(1997) 작품의 작가이기도 하다. 그 외 작품으로는 『*Prisión perpetua*』(1988), 『*La ciudad ausente*』(1992) 등이 있다.
　⇒ La literatura argentina a finales del siglo 20(20세기 후반 아르헨티나 문학)

Piñera Llera, Virgilio (비르힐리오 피녜라 예라)　(1912~1979) 쿠바의 극작가이자 소설가, 시인일뿐만 아니라 번역가, 잡지의 애니메이터로도 일했다. 30세에 연극 운동에 관계하였으며 1941년 『*Electra Garrigó*』를 썼다. 쿠바 연극계는 피녜라에게서 극작활동을 위한 끊임없는 연구와 풍부한 원천을 찾는다. 작품들 중 『*Aire Frío*』는 현대 쿠바 연극의 기초로 여겨지는 작품이다.

Pino Suárez, José María (호세 마리아 피노 수아레스)　(1869∼1913) 멕시코의 정치가이자 작가. 프란시스코 마데로(Francisco Madero, 1873∼1913)와 정치적 동반자였으며 유카탄(Yucatán) 주지사로 활동하다가 이후 멕시코의 부통령 자리를 차지한다. 프란시스코 마데로와 함께 암살당했다.

Pinochet, Augusto (아우구스토 피노체트)　칠레의 군인, 정치가(1915∼2006)이다. 본명은 아우구스토 호세 라몬 피노체트 우가르테(Augusto José Ramón Pinochet Ugarte)이며, 1973년 군부 쿠테타로 살바도르 아옌데 정권을 몰아내고 정권을 잡아 독재 체제를 수립했다. 인권유린 등의 이유로 300여건이 넘는 기소를 당했으나 처벌 전에 사망하였다. ➡ Nueva canción latinoamericana(라틴아메리카 누에바 칸시온)

Pintura, musica y danza del Imperio Inca* (잉카 제국의 미술, 음악과 춤)　미술잉카인들의 미학적 표현물로서의 회화 작품들은 주로 벽화 형태로 남아 있거나 망토 위에 그린 형태로 남아 있다. 이탈리아 태생의 고고학자인 두치오 보나비아(Duccio Bonavia)는 단색 또는 다채색으로 칠을 한 벽과 다양한 장면들을 그려낸 벽화들 간의 차이점을 지적한 바 있다. 벽화는 암각화와는 달리 우선 회반죽으로 칠을 한 벽 위에 그린다는 특성이 있다. 잉카 시대 초기에만 해도 회칠을 한 벽 위에 바로 그림을 그렸지만, 초중반기에는 회칠을 한 벽 위에 먼저 흰 물감을 도포하고, 그 위에 원하는 형상을 그려 넣는 방식이 적용되었다. 물론 동일한 시기에 회반죽을 칠한 벽면에 반죽이 채 마르기 전에 원하는 그림을 스케치 형태로 그려 넣었다가 나중에 색을 칠하는 기법도 사용되었다. 모체(moche) 시대에는 치카마(Chicama)의 우아카 데 라 루나(Huaca de la Luna)나 우아카 델 브루호(Huaca del Brujo) 등지에서 발견되듯이 높은 양각 형태의 부조를 활용한 것도 눈에 띈다. 무명으로 만든 망토 위에 그림을 그리는 기법은 모든 계층에서 널리 사용되던 방식은 아니며, 지역적으로도 주로 북쪽 지방에서 사용했다. 1570∼1577년 사이에 망토에 그림을 그려주는 화가들이 활동했는데, 이들 화가들은 한 곳에 머물지 않고 각지를 떠돌며 그림을 그렸다. 따라서 특정 시기에는 이들 화가들이 아무런 제약 없이 곳곳을 넘나들며 작품활동을 하기 위해 당시 판관들에게 허가증을 발급해줄 것을 요청하기도 했다. 이 망토들은 박물관이나 개인 소장가들에 의해 일부 소장·보존되고 있기도 한데 이런 망토들은 아무런 장식이 없는 실내의 벽을 장식하거나 영주들이 실제로 착용하는 의복으로 사용되었을 것으로 추정된다.

〈음악과 춤〉

잉카 시대에 사용된 악기는 주로 관악기로, 매우 다양한 형태의 관악기를 사용했다. 케나(quena)는 갈대, 뼈, 진흙 등으로 만든 길이 약 50cm의 피리였고, 안타라(antara)는 팬파이프 형태의 관악기며, 푸투토(pututo)는 바다 조개로 만든 일종의 나팔이었다. 물론 티나(tinya)라는 북을 사용하기도 했다. 음계는 오늘날 우리가 사용하는 7음계가 아닌, 5음계를 사용했다. 농사를 지을 때에는 자연스럽게 악기 소리와 사람들의 노랫소리가 어우러져 노동에 율과 박자를 부여하곤 했다. 종교 의식에서는 대규모로 모여 군무를 추는 춤이 발달했다. 토템신앙에서 출발한 춤은 토템의 상징물이나 조상신을 숭배하는 활동의 일환으로 행해졌다. 구체적으로는 대규모 종교 제례에서 행해지는 장엄한 군무는 인티 라이미(Inti Raymi)라 했고, 망자들을 위해 추는 춤이나 역사적 과업을 기리며 추는 춤, 전사들을 위한 춤과 단순히 즐기기 위해 추는 춤은 카슈아(Kashua)라 했다.

Pipil (피필족)　엘살바도르의 중부와 서부에 분포하는 원주민이다. 멕시코에서 5세기경 이주하

여 현재의 엘살바도르 지역에 정착하였다. 피필족은 과테말라, 니카라과와 온두라스 등
지에도 거주하다가 1200년경 현재 엘살바도르의 중부와 서부의 방대한 지역을 포함하는
쿠스카틀란(Cuzcatlán)을 세웠으나 1528년 스페인인들에게 점령당한다.

Piquetero (피케테로)　자본주의에 대한 대항 헤게모니로 출발한 아르헨티나의 사회운동으
로, 거리를 점거하고 시위하는 실업자 운동조직을 일컫는 말이다. 피켓을 들고 나와 시
위하는 일이 잦아지자 생긴 신조어로, 아르헨티나의 포퓰리즘 정책의 폐혜를 보여주는
단상이기도 하다.

Pirámide del Sol (태양의 피라미드)　건축과 조각에 뛰어난 재능을 보인 고대 아메리카인
들의 예술에 대한 개념과 건축설계 기술이 전형적으로 드러난 건축물이다. 평평한 재를
이루고 있는 피라미드의 정상은 높이가 66m이고 올라가는 계단은 45도로 경사져 있으
며 피라미드 밑변은 220x230m로 정사각형에 가깝다. 멕시코 중앙고원 테오티와칸의
'사자(死者)의 큰 거리' 동쪽에 위치한다.

Pisco (피스코)　칠레와 페루의 대중적인 브랜디이다. 피스코는 페루에서 스페인산 포도로 만
든 것과, 칠레에서 칠레산 포도로 만든 두 종류가 있다. 각각의 제품은 생성하는 과정과
알콜도수에서 차이를 보인다. 현재 이 두 나라는 서로가 피스코의 원조라고 주장하고 있다.

Pitol, Sergio (세르히오 피톨)　(1933~) 멕시코 작가이자 번역가, 외교관이다. 그의 개혁적
성격의 작품은 쉽게 분류되지 않으며 수필, 자서전, 여행기와 소설과 같은 장르들이 혼
합되어 있는 것이 특징이다. 1999년에는 후안 룰포 카리브 라틴아메리카 문학상(El
Premio de Literatura Latinoamericana del Premio del Caribe Juan Rulfo)을 받았으
며 2005년에는 세르반테스상(El Premio Cervantes)을, 그 외에도 많은 상을 받았다. 대
표작품으로는 『Los climas』(1966), 『Asimetría』(1980), 『El desfile del amor』(1985), 『La
vida conyugal』(1991), 『El arte de la fuga』(1997) 등이 있다. ➡ La literatura mexicana
del siglo 20(20세기 멕시코 문학)

Pizarnik, Alejandra (알레한드라 피사르닉)　알레한드라 피사르닉(Alejandra Pizarnik,1939~
1972)은 아르헨티나 부에노스아이레스(Buenos Aires) 출신의 시인이자 저술가였다. 그
녀는 짧은 생애 동안 중남미 현대 문학 정상에 이르는 자신의 여러 작품을 발표했다. 그
녀의 대표작으로는 『El infierno musical』, 『Textos de sombras y últimos poemas』 등이 있다. ➡
Jitanjáfora(히탄하포라)

Pizza, birra, faso (피사, 비라, 파소)　아르헨티나의 영화감독 브루노 스타그나로(Bruno
Stagnaro, 1973~)와 우루과이의 영화감독 아드리안 카에타노(Adrián Caetano, 1969~
현재)의 1998년 작품. 저예산으로 촬영했음에도 뛰어난 작품으로 선정 받아 아르헨티나
영화계에 좋은 영향을 주었으며, 1999년 콘도르 데 플라타상(Premio Cóndor de Plata)
을 수상했다.

Pla, Josefina (호세피나 플라)　(1909~1999) 시인, 각본가, 저널리스트, 비평가로 활동한 스
페인계 파라과이 여성이다. 시와 여러 개의 소설을 통해서 파라과이 미래 세대에 큰 영
향을 미쳤다. 특히 남녀평등이라는 주제를 작품을 통해 부각시킨 작가다. ➡ Literatura
del Paraguay(파라과이 문학)

Plan de San Luis (산 루이스 안)　1909년 8월 8일 멕시코 혁명가 프란시스코 마데로
(Francisco Madero)가 발표한 것이다. 포르피리오 디아스(Porfirio Díaz)의 독재를 반박
하고 선거를 부인하는 내용을 담고 있다. 또한 독재를 멈추기 위해 무장투쟁을 제시하였

다. ➡ Revolución mexicana(멕시코 혁명)

Plantación (플랜테이션) 식민지였던 라틴아메리카 곳곳에 위치한, 단일 작물을 재배하는 대 농장을 지칭하는 용어이다. 수출을 위해 항구 근처에 위치하였으며, 주로 사탕수수, 카카오, 커피 등을 재배하였다. 주 노동력은 아프리카에서 수입해 온 아프리카 흑인이었다.

Plata dulce (플라타 둘세) 아르헨티나의 영화감독 페르난도 아얄라(Fernando Ayala, 1920~1997)의 1982년 작품. 아르헨티나 국가재건 시대(Reorganización Nacional)의 사회상을 그린 영화로 1983년 콘도르 데 플라타상(Premio Cóndor de Plata)을 수상했다.

Platano (플라타노) 바나나의 일종으로 기름에 튀겨 먹거나 물에 삶아 먹는다. 수프 같은 음식에도 다른 식재료와 함께 넣어 먹기도 한다.

Plaza de Armas del Cuzco (쿠스코 광장) 잉카 제국의 행정, 종교, 문화의 심장으로 세워졌으며 그 주위에 파챠쿠텍(Pachacúte), 우아이나 카팍(Huayna Cápac)과 비라코차 잉카(Viracocha Inca)의 궁이 위치해 있었다. 이후 스페인들이 쿠스코에 도착하자 잉카들이 세운 궁위에 성당과 예배당들을 세우고 이후 쿠스코 성당이 건축되었다.

Plaza de mayo (마요 광장) 아르헨티나 대통령 관저 앞에 위치한 광장으로 독립 기념탑이 있으며 1884년 두 개의 광장 사이에 있던 건물을 헐고 하나로 통합하며 생겼다. 역사적 인물들의 동상이 세워진 곳이며 시민 단체의 시위가 종종 이루어지는 곳이기도 하다. 마요 광장의 어머니회가 유명하다.

Poemas Humanos (포에마스 우마노스) 페루의 시인 세사르 바예호(César Vallejo, 1892~1938)의 시집. 1927년부터 1937년까지 작가가 쓴 시들이 담겨 있다. 인간적 고뇌, 진지함, 방해받지 않는 교감을 이야기하며, 감상적 침묵의 미학, 죽음의 상처와 고뇌의 차별성을 부각시킨다. 바예호의 독창성이 잘 드러나는 시집이다.

Poesía negra (검은 시) 20세기 예술의 새로운 경향은 원초적인 문화의 재평가였다. 유럽의 예술가들은 아프리카 예술에 관심을 기울이기 시작했고, 그들의 시를 '검은 시'라고 명명했다. 중남미에서의 검은 시는 스페인 문화와 아프리카 문화가 결합되어 독특한 형태의 시를 낳았는데 1930년경 쿠바, 푸에르토리코, 도미니카는 흑인들의 검은 혼을 표출하는 중심무대가 되었고, 여기에서 검은 시가 출현하였다.

Pollo Campero (포요 캄페로) 과테말라 사업가 디오니시오 구티에레스 구티에레스(Dionisio Gutiérrez Gutiérrez)가 시작한 패스트푸드 체인점이다. 현재는 중미국가들 뿐 아니라 스페인, 중국, 미국에도 지점을 두고 있으며 총 300개 체인점을 운영하고 있다.

Poma de Ayala, Felipe Huamán (펠리페 우아만 포마 데 아얄라) 1615년에 식민 시대 기본서로 꼽히는『*Nueva corónica y buen gobierno*』을 쓴 연대기 작가이다. 정확한 출생연도는 밝혀지지 않았으며 1534년경 페루 부왕령에서 태어난 것으로 알려져 있다. ➡ Literatura del Imperio Inca(잉카 제국의 문학)

Poniatowska, Elena (엘레나 포니아토프스카) (1932~) 멕시코의 작가이자 언론인으로 멕시코에서 가장 영향력 있는 비판적 목소리 중 하나로 여겨진다. 1953년 언론인으로 활동을 시작하여 후에 다양한 주제, 특히 멕시코의 인권, 여성, 부패 문제를 다루는 언론 기고문들을 모아 출판하였다. 이후에도 문학활동과 함께 저널리즘 활동을 계속 이어나갔다. 1954년 소설집『*Lilus Kikus*』로 문학계에 데뷔했다. 여러 문학상을 수상하였으며 대표작으로는『*La noche de Tlatelolco*』(1971),『*Querido Diego, te abraza Quiela*』(1978),『*Tinísima*』(1992),『*La piel del cielo*』(2001),『*cabritas*』(2001) 등 현재까지도 작품활동을

하고 있다. ⇒ La literatura mexicana del siglo 20(20세기 멕시코 문학)

Popocatépetl (포포카테페틀)　멕시코 평원 남쪽 가장자리에 있는 멕시코 화산 중심축에 있으며, 이 산과 쌍둥이 산을 이루는 이스탁시우아틀(Ixtacíhuatl) 화산에서 남동쪽으로 16km 떨어져 있다. 북서쪽으로 72km 떨어진 곳에 멕시코 시가 있다. 늘 눈에 덮여 있고 균형 잡힌 원뿔형 모양의 이 화산의 이름은 나우아틀어(Nahuatl)로 '연기를 뿜는 산'이라는 뜻이다. 높이 5,465m로 시틀랄테페틀(Citlaltepetl) 산에 이어 멕시코에서 2번째로 높은 화산이다. 최초로 등정한 스페인인은 1519년 코르테스 탐험대원이었을 것으로 추측된다. 1802년 이래 분출하지는 않았지만 이 화산은 때때로 많은 양의 연기를 뿜어낸다.

Popol-Vuh*　(포폴 부)　포폴 부는 마야의 신화집으로 스페인 정복 이전 시대 아메리카 대륙 원주민에 대해 남아 있는 유일한 정보이다. 포폴 부는 17세기 기독교로 개종한 한 과타말라인이 키체어로 필사한 형식 그대로 보존되었고, 프란시스코 히메네스(Francisco Jiménez) 신부가 과테말라 치치카스테낭고(Chichicastenango) 교구의 주임사제로 근무하면서 스페인어 번역을 추가한다. 히메네스가 필사한 포폴 부의 사본은 과테말라 산 카를로스 대학에서 발견되었고 현재 시카고의 뉴베리 도서관에 소장되어 있다. 포폴 부는 테마별로 세 부분으로 구분되어 있다. 첫 번째 부분에서는 세상의 기원, 두 번째는 쌍둥이 두 쌍의 신화적인 무용담과 옥수수 문명, 세 번째는 키체족들의 전설적인 역사와 함께 1550년까지의 키체족 왕들에 대한 정보가 포함되어 있다. 포폴 부의 첫 장에서는 천지만물이 어떻게 만들어졌는지에 대해 묘사하고 있다. 창조물은 특정한 이유로 만들어지고 파괴되는데, 포폴 부에 따르면 인간은 기도와 제물을 바치는 방법으로 신에게 식량을 제공해주기 위해 창조되었다. 신들은 4개의 면으로 구성된 옥수수밭을 줄로 재면서 완성하는데, 옥수수 인간은 우주를 나타내는 이 옥수수밭의 산물이고 인간은 신에게 양식을 제공하게 되는 것이다. 포폴 부의 창조신화는 광활하고 고요한 바다와 하늘에서 시작된다.

"아직 단 한 사람의 인간도, 한 마리의 짐승도, 새도, 물고기도, 게도, 한 그루의 나무도, 돌멩이고, 구덩이도, 협곡도, 초원도, 숲도 존재하지 않는다. 오로지 하늘만이 홀로 있을 뿐, 땅의 표면은 아직 완전한 모습을 드러내지 않았다. 하늘 아래 놓인 바다만이 물로 가득 차 있다. 아직 짝을 이룬 것은 아무것도 없다. 단 하나의 움직임도 없이 모든 것이 고요히 놓여 있다. 하늘 아래는 온통 적막이 흐르고 있다."

"Aún no existe ni una persona, ni un animal, pájaro, pez, cangrejo, árbol, roca, hoyo, cañón, pradera, bosque. Sólo el firmamento en su soledad existe, la faz de la tierra no está definida. Sólo los mares en su soledad se reúnen bajo todos los cielos; no hay nada en absoluto que hermanar. Todo está en reposo; ni una sola cosa se mueve. Todo está detenido, inmóvil bajo el cielo".

바다 아래 칭칭 감겨 있는 깃털 달린 뱀 '구쿠마츠(Gucumatz)'와 하늘 심장 '우라칸(Hurakan)'이 적막을 깨고 서서히 대화하기 시작하면서 여러 종류의 동물과 나무 등을 만들고 이에 생명을 불어넣으면서 천지만물이 하나씩 창조하기 시작한다. 신들은 동물들에게 자신들을 찬양하고 기도를 올려주길 원했지만 동물들은 말을 할 줄 몰랐기에 결국 자신들을 섬기는 사람의 먹이로 만들어버리고 인간을 만들기 시작했다. 신들은 진흙을 빚어 인간을 만들었는데 의미가 통하지 않는 말을 하며 몸도 약해서 곧 망가졌기에 다시 새롭게 인간을 만들어 보았지만 결국 완성시키지 못했다. 결국 점쟁이부부에게 자문을 구해 나무로 인간을 만들었지만 얼굴에는 표정도 없고 창조자를 섬기지도 않았기에 신들은 홍수를 일으켜 이들을 멸망시킨다. 두 번째 부분에서는 새롭게 창조되는 쌍둥이 두 쌍에 대한 내용을 다루고 있는데, 이들을 옥수수를 갈아 만든 반죽으로 빚어진다. 이렇게 Balam-Quitze(다정한 웃음을 가진 호랑이), Balam-Agab(밤의 호랑이), Mahacutah(품위를 가진 호랑이), Iqi-Balam(달의 호랑이)가 만들어진다. 하지만 우라칸 신은 지식과 능력에서 신들과 유사한 이들을 못마땅하게 여겼고 회의를 소집하여 이들이 가진 능력을 빼앗아 깊은 어두움 속에 몰아넣는다. 그리고 Cahá-Paluma(흐르는 물), Chomihá(아름다운 물), Tzununihá(물의 집), Caquixahá(앵무새의 물 또는 찬란한 물)이란 이름을 가진 4명의 여자를 창조하여 쌍둥이 두 쌍에게 짝을 지어주었다. 이들은 키체족의 선조들이다. 마지막으로 세 번째 부분은 키체 왕들의 역사이다. 이 부분은 많은 혼돈을 안겨주는데, 포폴 부의 원본과 포폴 부를 처음으로 엮은이가 한 부분을 추가 또는 창작해 만든 사본은 네 개의 부분으로 나뉘어져 있기 때문에 경계를 명확히 구분하기 어려움이 있다. 또한 서사시와 역사, 신과 군주, 현실과 허구의 경계가 분명하게 드러나지 않는다.

Porfiriato o porfirismo (포르피리아토 또는 포르피리스모)　멕시코가 포르피리오 디아스 (Porfirio Diaz, 1830~1915) 치하에 있었던 역사적 시기를 일컫는 표현이며 1876년에서 1910년에 해당한다. 이 시기 동안 멕시코는 비약적 발전을 이룩하였지만 빈부 격차가 심해지고 인디언들이 노예로 전락하는 결과를 낳았다. 뿐만 아니라 언론의 자유가 탄압당해 수많은 언론인들이 실종되기도 했다. ⇒ Revolución mexicana(멕시코 혁명)

Porras Barrenechea, Raúl (라울 포라스 바레네체아)　(1897~1960) 페루 출신으로, 외교관, 대학 정교수, 역사가, 변호사, 수필자이자 상원 의원이다. 1956년 리마 상원 의원직을 역임했으며, 1936년과 1938년에 UN에서 페루의 전권 공사직을 역임했다. 1948~1949년에는 주 스페인대사관 페루 대사직을 역임하기도 했다.

Porteño (포르테뇨)　아르헨티나 부에노스아이레스수도에서 태어난 사람들을 포르테뇨라고 한다. 항구를 의미하는 "puerto" 단어에서 파생된 porteño는 부에노스아이레스 라 보카 (La Boca)구의 항구 지역 사람들을 가리킨다.

Posorja (포소르하)　에콰도르 신화이다. 산타 엘레나(Santa Elena) 지역 해변의 작은 나무배에서 어린 여자 아이를 발견한 뒤 그곳에서 자라게 된 아이는 나이가 들어서 마을의 참변을 예측할 수 있는 능력을 보였다. 와이나 카파크(Huayna Capac)와 아타우알파 (Atahualpa)의 왕정의 끝을 예측했으며, 해변에서 수염이 있는 백인들이 도착할 때 잉카족을 죽일 것이라는 예측을 한 후 자신의 임무를 끝마쳤다고 하면서 사라졌다고 한다.

Post-Boom* (포스트붐)　모더니즘 시대가 거하면서 60년대 말 포스트모더니즘의 새로운 지류로 탄생한 라틴아메리카 서사의 한 사조이다. 주로 정치적 주제를 다루거나 신기술과 관련된 주제를 다루는 특징도 드러낸다. 곤살레스 에체바리아에 따르면, 붐이란 곧 모던함과 통하며, 포스트붐이란 라틴아메리카 붐 소설이 정점을 찍은 뒤 뒤이어 나타난 문학사조이다. 일부 학자들과 작가들은 외국어 사용을 지양하는 차원에서 포스트붐을 '극 신문학(Novisima' literatura)', 혹은 '포스트모던 문학(Literatura postmoderna)'이라는 이름으로 부르기도 한다. 하지만 포스트붐을 한 마디로 정의하기는 어렵다. 같은 포스트붐 내에서도 작가들은 저마다의 제안을 하고 있고 그래서 매우 이질적인 작품들이 공존하기 때문이다. 예컨대, 일부 작가들은 붐에 대해 반대하면서 과도한 테크닉을 비판하고 경계한다. 그러나 또 다른 한편으로는 붐과 유사한 측면들도 결코 적지 않은 것이다. 결국 포스트붐은 붐에 뒤이은 사조이며, 붐에서 출발해 변화를 꾀하거나 진화한 사조인 셈이다. 물론 이름 자체로만 보아도 포스트붐은 붐과 관계가 있는 게 분명하다. 그렇지만 아무래도 두 사고 간에는 공통점보다는 차이점이 더 많은 게 사실이다. 그 차이점을 일별해보면 다음과 같다. 첫째, 포스트붐 소설은 훌리오 코르타사르(Julio Cortázar), 바르가스 요사(Vargas Llosa), 가르시아 마르케스(Gabriel García Márquez), 카를로스 푸엔테스(Carlos Fuentes)의 작품에서 볼 수 있는 것과 같은, 새로운 문학 유형(메타-문학)의 창조에 대한 고민이 더 이상 나타나지 않는다. 둘째, 문체가 훨씬 직접적이어서 읽기 쉽다는 이점이 있다. 또한 코르타사르의 작품에서 발견되는 실존주의적 고민은 더 이상 없다. 포스트붐 소설은 그에 비해 훨씬 사실주의로의 회귀가 돋보인다. 셋째, 포스트붐 소설은 역사소설을 선호한다. 한 마디로 실재 사실에 근거한 작품들이 많다는 것이다. 넷째, 시대와 공간에 대한 심도 있는 연구를 거쳐 역사적 사실을 매우 정교하게 그려낸다는 특성이 있다. 다섯째, 상당수 작품들이 망명이라는 주제를 다루는데, 이는 관련 작가들이 그 시대를 호흡하며 살았기 때문이다. 여섯째, 여성 문학의 급부상이 두드러진 특징이다. 포스트붐 세대의 주요 작가들로는 알프레도 브라이스 에체니케(Alfredo Bryce Echenique), 마누엘 푸익(Manuel Puig), 세베로 사르두이(Severo Sarduy), 이사벨 아옌데(Isabel Allende), 레이날도 아레나스(Reinaldo Arenas), 안토니오 스카르메타(Antonio Skármeta) 등을 들 수 있다.

Postumismo (포스투미스모)　　포스투미스모라는 이름으로 알려진 도미니카 공화국의 전위주의의 시조는 시인 히메네스 도밍고 모레노(Domingo Moreno, Jiménez)였다. 그의 시는 20세기 새로운 전위주의의 흐름을 총체적으로 선보이는 최초의 시도였다.

Potosí (포토시)　　볼리비아의 도시로 해발 3,976m에 위치해 있다. 1545년 후안 데 비야로엘과 함께 도착한 정복자들에 의해 건립되었으며 은이 대량 매장되어 있는 광산으로 인해 많은 착취를 경험했다. 볼리비아의 산업 중심지이다.

Poveda, José Manuel (호세 마누엘 포베다)　　(1888~1926) 쿠바의 시인이자 언론인이다. 짧은 생애에도 불구하고 흥미로운 시적 유산을 남겼으며 그 유산은 흑인 시나 산문체, 대화적 어조의 서정성과 같은 측면에서 후에 쿠바 문학에서 꽃피운 미학적 경향을 예감한 것이었다. 20세기 쿠바 문단의 위대한 혁신가 중 하나로 여겨진다. 생전에 『*Versos precursores*』(1917)라는 한 권의 시집을 남겼으며 사후에 미출간작을 포함하여 거듭 재출판되었다.

Pozole (포솔레)　　전통적인 멕시코 스프의 한 가지로 일반적으로 고기류와 옥수수가 들어가는 요리이다.

Prado, Mariano Ignacio (마리아노 이그나시오 프라도)　　(1826~1901) 페루의 군인, 정치인. 1865년에는 후안 안토니오 페셋(Juan Antonio Pezet, 1810~1879) 대통령이 물러나게 하고 자신이 대통령직을 1867년까지 수행하였으며, 1876년에는 선거를 통해 당선되었으나 칠레와의 전쟁이 발발하자 국외로 도망가는 모습을 보인다.

Prado, Pedro (페드로 프라도)　　(1886~1952) 칠레 출신의 작가다. 그는 카를로스 페소아(Carlos Pezoa)와 함께 20세기 초기의 가장 중요한 작가로 평가받는다. 작품 특징으로는 자유로운 형식에 짧은 교훈이 포함되어 있다. 그의 가장 중요한 작품은 『*Alsino*』이다. 이 외에도 대표작으로 『*Las Copas*』, 『*Un Juez Rural*』 등이 있다. ➡ La literatura chilena del siglo 20(20세기 칠레 문학)

Precolombino (콜롬버스 발견 이전의 라틴아메리카)　콜럼버스 신대륙 발견 전부터 존재했던 문화, 문명, 종교, 언어, 등을 수식하는 형용사. 'Pre'는 '이전의' 라는 뜻을 가진 접두사이며 라틴아메리카적 관점을 가진 단어이다.

Prehispánico (스페인 정복 이전의 라틴아메리카)　스페인 정복기 전부터 존재했던 문화, 문명, 종교, 언어, 등을 수식하는 형용사. Pre는 '이전의' 라는 뜻을 가진 접두사이며 라틴아메리카적 관점을 가진 단어이다.

Preludio al Mamoré (프레루디오 알 마모레)　볼리비아 최초의 낭만주의 시인 리카르도 호세 부스타만테(Ricardo José Bustamante, 1821~1886)의 작품. 이 시는 작가의 시선집들에 속한 작품 중 특히 높은 평을 받는데, 조국으로 돌아오는 망명자에 대한 희망을 상징하는 마모레(Mamoré)에 대한 은유, 향토적 요소가 드러나 있다.

Premio Cervantes o Premio Miguel de Cervantes* (세르반테스 문학상)　스페인과 라틴아메리카 문학계의 중요한 작가에게 매년 수여하는 스페인어권 문학 중 가장 권위 있는 상으로 작가의 개별 작품이 아닌 전체 작품을 대상으로 수상이 결정된다. 세르반테스 문학상은 1971년 알프레도 산체스 베야(Alfredo Sánchez Bella) 스페인 정보관광부 장관이 스페인어권의 노벨 문학상을 제안하게 되면서 첫 발을 내딛었다. 이후 1975년에 제정되어 1976년 스페인어 27세대에 해당하는 호르헤 기옌(Jorge Guillén)이 첫 수상의 영예를 안았다. 기옌은 수상 당시 스페인 내전으로 미국에서 망명 중이었는데 이를 계기로 스페인으로 영구귀국을 하였다. 1979년에는 스페인 시인 헤라르도 디에고(Gerardo Diego)와 아르헨티나의 호르헤 루이스 보르헤스(Jorge Luis Borges)의 공동 수상 이후, 공동 수상을 피하기 위해 새로운 규정을 신설하며 오로지 한 작자만이 수상의 영예를 안을 수 있도록 했다. 세르반테스 문학상의 수상 후보는 스페인 한림원(Real Academia Española) 총회, 스페인어권 사용국가들의 학술원과 이전 수상 작자들의 제안을 받아 이루어진다. 심사위원단은 스페인과 라틴아메리카 국가들의 문학과 학계 등 유명 인사들로 구성된다. 수상일은 미겔 데 세르반테스가 세상을 떠난 4월 23일이며, 스페인 국왕 후안 카를로스 1세가 직접 상을 수상한다. 세르반테스 문학상은 수상자 선정 과정에서 정치적인 개입이 있었다는 논란을 일으키기도 하였다. 1976년 프랑코 체제에서 벗어나 미국에서 망명 중이었던 호르헤 기옌이 세르반테스 문학상 수상에 대해 "민주주의를 향한 스페인의 진보"라는 말을 하면서 기옌이 수상자가 될 것이라는 추측을 낳았다. 또한 1979년에는 헤라르도 디에고와 호르헤 루이스 보르헤스의 공동 수상으로 스페인어권 문학계가 거부감을 드러내기도 했다. 물론 이들 작가들이 수상자로 선정되는 데 충분한 자격이 있다는 것은 그 누구도 부인할 수 없는 사실이었지만 말이다. 머지않아 보르헤스를 공동 수상자로 선정한 이유가 스웨덴 한림원이 보르헤스에게 노벨 문학상을 수여하지 않는 것에 대한 불만을 표출하는 것으로 풀이되었다. 1992년 둘세 마리아 로이나스 델 카스티요(Dulce María Loynaz del Castillo)에게 상을 수여하면서 또 다른 논란이 휩싸이게 되었는데, 그 이유는 이 쿠바작가에게서 이전 수상 작가들만큼 뛰어난 부분이 발견되지 않았기 때문이다. 이외에도 쿠바의 카스트로 정치에 대한 반감으로 1997년 기예르모 카브레라 인판테(Guillermo Cabrera Infante)에게 상을 수여하면서 세르반테스 문학상은 쿠바를 비롯한 라틴아메리카 국가들과 스페인 좌파 지식인들 사이에서 많은 비난을 받았다.

<세르반테스 문학상 수상 작가(1976~2013)

1976년(스페인): 호르헤 귀엔(Jorge Guillén)

1977년(쿠바): 알레호 카르펜티에르(Alejo Carpentier)

1978년(스페인): 다마소 알론소(Dámaso Alonso)

1979년(스페인, 아르헨티나): 게라르도 디에고(Gerardo Diego), 호르헤 루이스 보르헤스
    (Jorge Luis Borges)

1980년(우루과이): 후안 카를로스 오네티(Juan Carlos Onetti)

1981년(멕시코): 옥타비오 파스(Octavio Paz)

1982년(스페인): 루이스 로살레스(Luis Rosales)

1983년(스페인): 라파엘 알베르티(Rafael Alberti)

1984년(아르헨티나): 에르네스토 사바토(Ernesto Sábato)

1985년(스페인): 곤살로 토렌테 바예스테르(Gonzalo Torrente Ballester)

1986년(스페인): 안토니오 부에로 바예호(Antonio Buero Vallejo)

1987년(멕시코): 카를로스 푸엔테스(Carlos Fuentes)

1988년(스페인): 마리아 캄브라노(María Zambrano)

1989년(파라과이): 아우구스토 로아 바스토스(Augusto Roa Bastos)

1990년(아르헨티나): 아돌포 비오이 카세레스(Adolfo Bioy Casares)

1991년(스페인): 프란스스코 아얄라 가르시아 두아르테(Francisco Ayala García-Duarte)

1992년(쿠바): 둘세 마리아 로이나스 델 카스티요(Dulce María Loynaz del Castillo)

1993년(스페인): 미겔 데리베스 세티엔(Miguel Delibes Setién)

1994년(페루): 마리오 바르가스 요사(Mario Vargas Llosa)

1995년(스페인): 카밀로 호세 셀라 트룰록(Camilo José Cela Trulock)

1996년(스페인): 호세 가르시아 니에토(José García Nieto)

1997년(쿠바): 기예르모 카브레라 인판테(Guillermo Cabrera Infante)

1998년(스페인): 호세 이에르로(José Hierro)

1999년(칠레): 호르헤 에드위스(Jorge Edwards)

2000년(스페인): 프란시스코 움브랄(Francisco Umbral)

2001년(콜롬비아): 알바로 무티스(Álvaro Mutis)

2002년(스페인): 호세 히메네스 로사노(José Jiménez Lozano)

2003년(칠레): 곤살로 로하스(Gonzalo Rojas)

2004년(스페인): 라파엘 산체스 페르로시오(Rafael Sánchez Ferlosio)

2005년(멕시코): 세르히오 피톨(Sergio Pitol)

2006년(스페인): 안토니오 가모네다(Antonio Gamoneda)

2007년(아르헨티나): 후안 헬만(Juan Gelman)

2008년(스페인): 후안 마르세(Juan Marsé)

2009년(멕시코): 호세 에밀리오 파체코(José Emilio Pacheco)

2010년(스페인): 아나 마리아 마투테(Ana María Matute)

2011년(칠레): 니카노르 파라(Nicanor Parra)

2012년(스페인): 호세 마누엘 카바예로 보날드(José Manuel Caballero Bonald)

2013년(멕시코): 엘레나 포니아토스카(Elena Poniatowska)

Premio Clarín de Novela (클라린 소설상)   스페인어권 문학상으로 매년 아르헨티나 클라

린 그룹(Grupo Clarín)이 수여하는 상이다. 1998년에 만들어졌으며 첫 수상자는 페드로 마이랄(Pedro Mairal)이다.

Premio Cóndor de Plata (콘도르 데 플라타상)　아르헨티나의 영화상. 아르헨티나 영화기자 연합(ACCA, Asociación de Cronistas Cinematográficos de la Argentina)에서 주는 상으로 1943년 처음 시작되어 매년 시상한다.

Premio de Literatura Juan Rulfo o Premio de Literatura　Latinoamericana y del Caribe Juan Rulfo* (후안 룰포 문학상)　후안 룰포 문학상 또는 후안 룰포 라틴아메리카와 카리브 문학상은 스페인어권 문학계의 권위 있는 문학상 중 하나로 노벨 문학상이나 세르반테스 문학상과 같은 국제문학상을 스페인어 사용국가의 작가들에게 수여하기 위해 제정되었다. 이에 따라 멕시코의 중요한 12개의 기관들이 참여하여 국제적으로 중요한 문학상의 규모와 명성에 비견한 후안 룰포 문학상을 매년 수여하고 있다. 후안 룰포 문학상의 공동 제정자로 참여하는 해당 기관들은 과달라하라 본부에서 명성과 필력으로 자국 멕시코를 넘어 스페인어권 국가로 널리 문학을 확장시킨 『*Pedro Páramo*』의 저자 후안 룰포를 기념하기 위해 탄생한 후안 룰포 문학상의 자금 조달, 운영, 관리 및 지속성의 보장을 약속한다. 후안 룰포 문학상은 멕시코 문화예술위원회의 후원 하에 과달라하라 대학에 의해 수상식이 거행된다. 라틴아메리카 작가들의 문학작품의 명성을 높이기 위한 일환으로 제정된 후안 룰포 문학상은 스페인어를 사용하는 작가들에만 국한시키지 않고 포르투갈어, 영어, 프랑스 등 아메리카 대륙에서 쓰이는 다른 언어 사용 작가들도 수상이 가능하다. 또한 스페인어로 쓰인 작품을 대상으로 하는 의미까지 포괄하여 후안 룰포 문학상은 라틴아메리카와 카리브 해를 비롯한 이베리아 반도의 작가들까지 수상 대상에 포함된다. 심사위원단은 스페인어권 국가의 문화 또는 교육 관련 위원회, 협회, 단체 등에 의해 추천된 후보 작가들의 특정 작품이 아닌 전체 작품을 고려하여 수상자를 결정한다. 후안 룰포 문학상의 상금은 약 10만 달러에 달하며 스페인어권 지역과 문화 관련 분야에서 상금이 가장 많은 문학상 중 하나이다. 후안 룰포 문학상의 규정에 따라 심사위원단은 국적이 서로 다른 7명의 뛰어난 문학 전문가들로 구성되는데, 이는 스페인과 라틴아메리카의 모든 영토에서 골고루 수상자가 나오도록 하는 목적을 지니고 있기 때문이다.

<후안 룰포 문학상 수상 작가>

1991년(칠레): 니카노르 파라(Nicanor Parra)

1992년(멕시코): 후안 호세 아레올라(Juan José Arreola)

1993년(쿠바): 엘리세오 디에고(Eliseo Diego)

1994년(페루): 훌리오 라몬 리베이로(Julio Ramón Ribeyro)

1995년(브라질): 넬리다 피뇬(Nélida Piñón)

1996년(과테말라): 아우구스토 몬테로소(Augusto Monterroso)

1997년(스페인): 후안 마르세(Juan Marsé)

1998년(아르헨티나): 올가 오로스코(Olga Orozco)

1999(멕시코): 세르히오 피톨(Sergio Pitol)

2000년(아르헨티나): 후안 헬만(Juan Gelman)

2001년(멕시코): 후안 가르시아 폰세(Juan García Ponce)

2002년(쿠바): 신티오 비티에르(Cintio Vitier)

2003년(브라질): 루벰 폰세카(Rubem Fonseca)

2004년(스페인): 후안 고이티솔로(Juan Goytisolo)

2005년(멕시코): 토마스 세고비아(Tomás Segovia)

2006년(멕시코): 카를로스 몬시바이스(Carlos Monsiváis)

2007년(멕시코): 페르난도 델 파소(Fernando del Paso)

2008년(포르투갈): 안토니오 로보 안투네스(Antonio Lobo Antunes)

2009년(베네수엘라): 라파엘 카데나스(Rafael Cadenas)

2010년(멕시코): 마르고 글란츠(Margo Glantz)

2011년(콜롬비아): 페르난도 바예호(Fernando Vallejo)

2012년(페루): 알프레도 브리세 아체니케(Alfredo Bryce Echenique)

2013년(프랑스): 이브 본느푸아(Yves Bonnefoy)

Premio Eugenio Espejo (에우헤니오 에스페호상) 에콰도르 국가에서 수여하는 상이다. 문화, 예술, 문학, 과학, 제도 5가지 영역에서 심사되어 매년 국가 문화 이사회의 추천으로 대통령으로부터 상을 수상한다. 수여 장과 함께 메달과 일정 액수의 봉급을 받게 된다.

Premio FIL de Literatura en Lenguas Romances (과달라하라 국제 도서 박람회 로망스어 문학상) 1991년 창설된 상으로 과달라하라 국제 도서 박람회(Feria Internacional del Libro de Guadalajara) 중에 수여되는 상이다. 첫 수상자는 1991년에 니카노르 파라(Nicanor Parra)다.

Premio Literario Casa de las Américas (카사 데 라스 아메리카스상) 쿠바에서 수여하는 문학상으로 1960년에 시작되었다. 1960년에 중남미 문학 대회로 시작해 1965년에 현재의 이름이 되었다.

Premio Mazatlán de Literatura (마사틀란 문학상) 1964년 멕시코의 시날로아(Sinaloa)주의 지도자 레오폴도 산체스 셀리스(Leopoldo Sánchez Celis, 1916~?)에 의해 처음 만들어진 상이다. 멕시코 내의 훌륭한 문학작품을 선별하기 위해 만들어졌으며, 일 년 중 카니발 시기에 시노아주의 마사틀란(Mazatlán)에서 수여된다.

Premio Nacional Aquileo J. Echeverría (아킬레오 J. 에체베리아상) 코스타리카 문화청년부(Ministerio de cultura y juventud)에서 각 문학과 예술 분야에 수여하는 상. 코스타리카의 동명 작가의 이름을 따 1961년 처음 만들어졌으며 시, 단편, 소설, 수필, 연극, 역사와 음악 등 분야에서 선발해 수여한다.

Premio nacional Pío Víquez (피오 비케스상) 코스타리카의 언론상으로 저명한 언론가이자 시인이었던 피오 비케스(Pío Víquez, ?~?)의 이름을 따서 지었으며 매년 언론계에 공헌을 하고 정직한 보도에 앞선 언론인에게 수여된다.

Premio Omar Dengo (오마르 뎅고상) 코스타리카 국립 대학교의 철문학 대학에서 수여하는 상으로 집필활동 또는 다른 업적을 통해 코스타리카의 사회적 발전에 기여하거나 교육계에 좋은 영향을 끼친 사람에게 주어진다.

Premio Rómulo Gallegos o Premio Internacional de Novela Rómulo Gallegos*
(로물로 가예고스 국제소설상) 1964년 베네수엘라의 소설가이자 정치가였던 로물로 가예고스를 기리기 위해 당시 베네수엘라의 대통령이었던 라울 레오니(Raúl Leoni)에 의해 제정되었다. 라울 레오니 대통령은 1964년 8월 1일 "뛰어난 소설가 로물로 가예고스의 작품을 영원히 기리고 스페인어권 작가들의 창작활동을 고무시키기 위한 목적"으로

로물로스 가예고스 국제소설상 제정에 대한 법령 제83호를 공표하였다. 법령이 공표되고 3년이 지난 1967년에는 첫 수상자가 선정되었다. 라틴아메리카 출신의 13명의 비평가들이 총 17개의 작품을 심사한 끝에 첫 수상자로 마리오 바르가스 요사의 『La casa verde』을 선정하였다. 로물로 가예고스 국제소설상은 초기에 라틴아메리카 소설에만 상을 수여하는 것을 목적으로 하였지만, 1990년대 이후 스페인어권 국가까지 확대되었다. 이렇게 라틴아메리카 작가가 아닌 스페인 출신 작가로는 처음으로 하비에르 마리아스(Javier Marías)가 로물로 가예고스 국제소설상을 받게 되었다. 로물로 가예고스 국제소설상은 제정 초기 라틴아메리카 붐 소설 시대와 맞물려 스페인어권 소설분야에서는 가장 중요한 상으로 여겨졌고, 이에 따라 초기 수상자들은 붐 세대를 대표하는 마리오 바르가스 요사(Mario Vargas Llosa), 가브리엘 가르시아 마르케스(Gabriel García Márquez)와 카를로스 푸엔테스(Carlos Fuentes)에게 돌아갔다. 이 상은 초기에는 5년마다 수여되었으나 1987년 하이메 루신치(Jaime Lusinchi) 대통령이 법령 제1271호를 제정하면서 2년마다 수여되는 것으로 바뀌었다. 수상식은 로물로 가예고스 라틴아메리카 연구센터(Centro de Estudios Latinoamericanos Rómulo Gallegos)를 통해 베네수엘라 정부가 상을 수여하고 있으며, 수상식은 로물로 가예고스가 태어난 8월 2일에 거행된다. 2000년도 초기에는 로물로 가예고스 국제소설상의 목적과 지속성에 대한 국제적인 논쟁이 일었다. 2003년에 상이 폐지될 것이라는 소문이 떠돌았고, 2005년에는 프랑스 갈리마르 출판사의 비평가이자 편집가인 구스타보 게레로(Gustavo Guerrero)가 스페인 일간지 엘 파이스(El País)를 통해 쿠바체제를 지지하는 이사악 로사(Isaac Rosa)를 편애한 친차베스적이고 친카스트로적인 심사위원단의 선정을 비난하고 나섰다. 베네수엘라 정부 측에서 주관하는 비평가들의 참여와 위촉 과정은 여러 번 바뀌었다. 초기 심사위원단은 13개의 라틴아메리카 국가의 13명 비평가로 구성되었지만, 2007년에는 4개국(베네수엘라, 쿠바, 칠레, 에콰도르)의 5명의 비평가로 변경되었고, 2013년에는 두 명의 스페인권 문학 전문가인 베네수엘라의 루이스 두노 고트베르그(Luis Duno-Gottberg)와 푸에르토리코의 후안 두체스네 윈테르(Juan R. Duchesne Winter)와 2001년 로물로 가예고스 국제소설상 수상자인 아르헨티나의 리카르도 피글리아가 심사위원단으로 위촉되었다.

<로물로 가예고스 국제소설상 (1967~2013)>

1967년 마리오 바르가스 요사, 『La casa verde』

1972년 가브리엘 가르시아 마르케스, 『Cien años de soledad』

1977년 카를로스 푸엔테스, 『Terra Nostra』

1982년 페르난도 델 파소 『Palinuro de México』

1987년 아벨 포세, 『Los perros del paraíso』

1989년 마누엘 메히아 바예호, 『La casa de las dos palmas』

1991년 아르투로 우슬라르 피에트리, 『La visita en el tiempo』

1993년 멤포 지아르디넬리, 『Santo oficio de la memoria』

1995년 하비에르 마리아스, 『Mañana en la batalla piensa en mí』

1997년 앙헬레스 마스트레타, 『Mal de amores』

1999년 로베르토 볼라뇨, 『Los detectives salvajeS』

2001년 엔리케 빌라 마타스, 『El viaje vertical』

2003년 페르난도 바예호, 『El desbarrancadero』

2005년 이사악 로사, 『El vano ayer』

2007년 엘레나 포니아토우스카, 『El tren pasa primero』

2009년 윌리암 오스피나, 『El país de la canela』

2011년 리카르도 피글리아, 『Blanco nocturno』

2013년 에두아르도 랄로, 『Simone』

Premio Sor Juana Inés de la Cruz (소르 후아나 이네스 데 라 크루스 상)　중남미와 카리브 지역의 스페인어권 여성 작가들에게 수여되는 상이다. 과달라하라 국제 독서 박람회에서 수여하는 상이며 100,000페소의 상금을 지급하고 선정된 책은 영어로 번역이 된다.

Premios Martín Fierro (마르틴 피에로 상)　아르헨티나의 대상인 텔레비전 방송과 라디오 방송 탤런트상이다. 1959년에 처음으로 수상대상자들을 선발했으며, 매해 시상식이 열린다. 상은 Martín Fierro de Oro(금 마르틴 피에로상)와 Martín Fierro Platino(은 마르틴 피에로상)가 있다.

Prieto de Landázuri, Isabel (이사벨 프리에토 데 란다수리)　　(ca. 1828~1876) 콜롬비아의 인문주의자, 정치가, 작가이다. 그 시기 대표적 콜롬비아인의 전형으로, 다방면에 능했다. 법학으로 자신의 경력을 시작했으며 후에 의학도 전공했는데 좋은 변호사가 되기 위해 과학 지식이 필수불가결한 것이라 여겼기 때문이었다. 언론인, 문학인, 정치가로도 활동했으며 특히 정치 영역에서 자신의 생각과 사상에 수확을 거두었다.

Prieto Vial, Joaquín (호아킨 프리에토 비알)　　(1786~1854) 칠레의 군인, 정치가. 1829~1830년 칠레 내전에 참전했으며 1831년 칠레의 대통령이 되면서 그동안의 사실상 무정부 상태에 종지부를 찍었다. 1836년 재선하여 1841년까지 역임하였다.

Prieto, Abel E. (아벨 E. 프리에토)　　(1950~) 쿠바의 소설가, 수필가, 정치인이다. 작품의 매우 짧은 길이에도 불구하고 초단편 소설이라는 어려운 장르 내에서 현대 히스패닉아메리카 문학의 위대한 거장들 중 하나로 여겨진다. 『Los bitongos y los guapos』(1980)을 내놓으면서 80년대 초반부터 알려지기 시작했다. ➡ La literatura cubana del siglo 21(21세기 쿠바 문학)

Prieto, Guillermo (기예르모 프리에토)　　멕시코의 시인이자 정치가로, 1818년에 출생하여 1897년에 사망하였다. 멕시코 낭만주의에 많은 영향을 미친 그는, 전통적인 경향과 대중성을 적절히 소화해낸 작가로 평가된다. 대표작으로는 『Musa callejera』, 『El Romacero』가 있다.

Principista (프린시피스타)　　1870년대에 등장한 우루과이 지식층이다. 지식인들과 대학생들로 이루어진 이들은 종교, 교육의 자유와 지방 분권 제도를 주장했다. 또한 프린시피스타들이 1875년 우루과이 3색 혁명을 일으켰다.

Prosas profanas (세속적 영송)　　루벤 다리오의 작품으로 새로운 시적 감수성, 즉 루벤 미학의 결정적인 승리를 의미한다. 이 책에서 우리는 풍부한 색채 감각과 장식적 요소들을, 또 이국적인 모티브들을, 그리고 감각적 요소와 14음절과 같이 프랑스에서 비롯된 새로운 리듬을 쉽게 발견할 수 있다.

Provincias Unidas del Río de la Plata (리오 델 라 플라타 연합주)　　아르헨티나의 5월 혁명(Revolución de Mayo) 이후 성립된 연합 주를 일컫는다. 리오 델 라 플라타 부왕령(Virreinato del Río de la Plata)의 거의 모든 지역을 포함하고 있었으며 부에노스아이레스를 수도로 하고 있었다.

Pubis angelical (천사의 음부)　아르헨티나의 작가 마누엘 푸익(1932~1990)의 소설. 1979
년 출판되었으며 공상과학 소설의 양식으로 성에 대해 언급하고 있다. 세 여자를 주인공
으로 하여 전개되는 이 소설은 각기 다른 서술 형식을 보이고 있다. ☞ Manuel Puig(마
누엘 푸익)

Pucará (푸카라)　케추아 지역에 원주민들이 지어놓은 요새를 뜻한다. 인디오들은 안데스 고
산지대에 돌을 이용해 성벽을 세웠다. 주로 높고 접근하기 어려운 곳에 요새를 만들었고
지형에 따른 방어와 그들이 설치한 방어막으로 보호되었다.

Pueblo del Sol (태양의 부족)　멕시코의 저명한 고고학자 알폰소 카소(Alfonso Caso)가
아스테카(Azteca) 족을 지칭하면서 사용한 표현이다.

Puelche (푸엘체)　남미 마푸체(Mapuche) 가족군으로 칠레와 아르헨티나에 거주하던 민족.
18세기에는 유럽으로부터 넘어온 질병에 살아남은 사람들이 아라우카화(Araucanización)
를 진행했고 이로 인해 햇(Het)과 테우엘체(Tehuelche)족이 마푸체의 영향을 받았다.

Puelche (Viento Puelche) (푸엘체 바람)　칠레에 남쪽 중부지역에 부는 바람이다. 안데
스산맥에서 일어나는 바람이지만, 건조하고 따뜻하다.

Puenzo, Lucía (루시아 푸엔소)　(1976~) 아르헨티나 부에노스아이레스(Buenos Aires) 출
신의 작가이자 영화 각본가이다. 2004년에 첫 작품 『El niño pez』을 발표하고 이후 영화
로 연출했다. 국제무대에서 20여개의 상을 수상했으며 그중 고야상(Premios Goya)과
아리엘상(Premio Ariel)이 있다. 대표작으로 『El niño pez』와 『Wakolda』가 있으며 이 두
작품은 영화로 제작되었다.

Puenzo, Luis (루이스 푸엔소)　(1946~) 아르헨티나 감독이자 시나리오 작가이다. 사관학
교에 재학했지만 불량 학생으로 퇴학당했다. 광고회사에서 디자이너로 일을 했으며, 알
레한드로 카스트로(Alejandro Castro)와 만나게 된 계기로 영화에 관심을 갖게 됐다. 대
표작품으로는 「La historia oficial」(1985)가 있으며, 그 외에도 「La peste」(1991), 「Abuelas
Plaza de Mayo 30 Aniversario」(2007) 등이 있다. ☞ El cine argentino(아르헨티나 영화)

Puerta de la Luna (달의 문)　태양의 문(Puerta del Sol)과 함께 볼리비아 티와나구 문화
의 아치형 거석이다. 높이는 2.23m, 두께는 26cm에 달한다. 하나의 거석으로 만들어진
것이며 퓨마의 머리형이 여러 개 그려져 있다. 2000년도에는 유네스코 세계 유산으로
기록되었다.

Puerta del Sol(Tiwanaku, Bolivia) [태양의 문(티와나쿠, 볼리비아)]　1500년 전 볼리비아
의 고대 티와나쿠(Tiwanaku) 문화에서 만든 아치형 또는 문 형태의 거석이다. 티티카카
호수와 수도 라 파스와 가까이 위치하고 있다. 높이는 3m, 넓이는 4m이며 하나의 거석
으로 만들어진 것으로 무게는 약 10톤에 달한다. 볼리비아 문명의 기술과 문화를 보여주
는 중요한 기념물이다. 문 중심부에는 24개의 선으로 둘러싸인 사람의 형상이 있다. 선
이 광선으로 해석되어 고대 문명이 태양의 신을 표현한 것으로 추정된다.

Puerto Cabello(Venezuela) (푸에르토 카베요)　베세수엘라 카라보보(Carabobo)에 위치한
도시다. 17세기 중에는 네덜란드가 지배했으며 이후에는 스페인인들이 식민지 삼았다.
이 도시가 베네수엘라에서 마지막으로 독립된 도시로 스페인인들의 마지막 거주지였다.

Pueyrredón, Juan Martín de (후안 마르틴 데 푸에이레돈)　(1776~1850) 아르헨티나
의 군인. 1810년 5월 혁명(revolución de mayo)에 참가하였으며 1812년에는 삼두정치
를 맡기도 한다. 1816년 리오 델 라 플라타 연합군(Provincias Unidas del Río de la

Plata)의 총사령관을 잠시 맡았다가 호세 론데아우(José Rondeau, 1773~1844)에게 넘겨주게 된다.

Punta del Este (푼타 델 에스테)　　우루과이의 해변으로 라틴아메리카 최고의 해변 중 하나이다. 말도나도(Maldonado) 구역 남쪽 지역에 위치하고 있으며, 라 플라타강(Río de la Plata)과 가깝다. 약 7만 5백여 명이 거주 하고 있다. 많은 연예인들이 자주 방문하는 곳으로 유명하며, 매해 7십만여 명의 관광객이 이곳으로 휴가를 떠난다. 독일 잡지 <Bunte>에서도 이곳을 독일의 유명인사들로부터 각광 받는 휴양지로 소개했다.

Pupusa (푸푸사)　　엘살바도르의 전통 음식 중 하나로 옥수수 가루로 만든 반죽 안에 치즈, 고기 간 것 또는 프리홀(frijol)을 속으로 만들어 채워 넣어 굽는다. 엘살바도르의 원주민인 피필(Pipil)족이 오래전 처음 만들었으며, '엘살바도르의 폼페이'라고 불리는 호야 데 세렌(Joya de Cerén)에서 화산재로 덮힌 조리법과 재료들이 수천년 간 보존되어 있다가 발굴되었다. 1940~1950년대에는 일부 지역에 제한되어 그리 널리 알려지지 않았으나 1960년대부터 인구 이동으로 인해 전국적으로 퍼진 음식이다.

Puquina (푸키나)　　잉카 문명이 상용했던 언어로 현재는 사용자가 없다. 쿠스코(Cusco)와 티티카카(Titicaca) 호수 주변 지역에서 사용되었다. 푸키나어의 흔적은 아직 주변 지역의 지명에서 확인할 수 있다.

Putún (푸툰)　　마야 민족의 이름 중 하나이다. 과테말라 우수마신타 강과 그리할바 강 주위에서 생활하는 민족으로 추정된다.

Pututo (푸투토)　　안데스에서 유래된 관악기이며, 케추아어를 사용하는 부족들이 사용했다. 큰 바다 달팽이 껍질을 입으로 불면서 소리를 낸다. 마을에서 모임이 있을 때 혹은 알려야 할 공지가 있을 때 주로 사용했다. ➡ Pintura, musica y danza del Imperio Inca(잉카 제국의 미술, 음악과 춤)

Q

Q'anjob'al(Kanjobal) (칸호발)　과테말라와 멕시코 일부에서 사용되는 마야어 어군 언어
이다. 1998년 기준 77,800명이 모국어로 사용하고 있으며 우에우에테낭고 주에서 주로
사용되고 있다.

Qoichi(Koichi 혹은 Ccuichi) (코이치)　　잉카어로 무지개라는 의미이다. 잉카족은 무지개
를 신으로 삼았으며, 인간과 신들의 관계의 상징으로 여겼다. 또한, 좋은 일이 있을 거라
는 예견으로 받아들였으며, 왕족의 상징물로 사용했다.

Qoyllor Riti (코이유르 리티)　　케추아어로 "눈(雪)의 별"이라는 뜻이며, 페루 남부지방 빌카
노타(Vilcanota) 산맥에서 진행되는 순례 의식이다. 식민지 시대에 시작된 이 의식은, 원
주민 사이에서 가톨릭교를 전파하면서 잉카족의 종교의식과의 혼합으로 생긴 독특한 숭
배의식이다. 매년 부활절이 끝나고 58일 후에 진행하여 6월 중순경에 기린다.

Quebrada de Humahuaca (우마우아카 협곡)　　아르헨티나 후후이(Jujuy) 지역에 위치한
협곡. 후후이 강을 끼고 있으며 인근 지역 마을이름에서 이름을 따왔다. 수렵채집 시기
부터 인류가 거주했던 것으로 알려져 있으며, 잉카 제국 시기의 교역로로 쓰였고 식민시
기 페루 부왕령의 주요 거점지 중 하나였다. 유네스코 세계문화유산에 등재되어 있다.

Quechua (케추아)　　페루의 식민지 시절 쿠스코(Cuzco) 지역에 거주했던 부족과 그 부족이
사용했던 언어를 총칭하는 말이다. 이들은 잉카 제국을 세우고 볼리비아, 에콰도르, 칠
레, 아르헨티나의 안데스 지역까지 영토를 확장하였으며, 문화를 꽃피웠다. 따라서 케추
아어는 8세기 잉카 제국의 출현과 함께 공식 언어가 되었다. 케추아어는 원주민 말로 루
나시미(runa-simi)라고 하는데 '인간의 언어, 사람의 언어'라는 뜻을 지니고 있다. ➡
Formas de comunicación del Imperio Inca(잉카 제국의 소통의 수단)

Quena (케나)　　페루에서 식민지 시대 전부터 사용되던 관악기이다. 나무, 뼈 혹은 줄기로 만
든 파이프는 5~6개 구멍이 뚫려 있다. 각 지역마다 길이가 다르다. ➡ Pintura, musica
y danza del Imperio Inca(잉카 제국의 미술, 음악과 춤)

Querandí (케란디)　　아르헨티나 팜파스(Pampas) 지역에 거주했던 헷(Het) 민족 중 하나이다.
16세기 스페인인들이 도착할 당시 케란디들은 사냥에 종사하는 민족으로 볼레아도라스
(Boleadoras)들과 같은 기구를 사용했다.

Quesada, José Luis (호세 루이스 케사다)　　(1948~) 온두라스 시인이자 단편소설가이다.
코스타리카에서 스페인어를 전공했으며, 중남미 '후안 라몬 몰리나 시작품상(Premio
Centroamericano de Poesía Juan Ramón Molina)'을 받았다. 대다수의 시작품은 『La
voz convocada』(1967) 시집에 출판됐다. 그 외 작품으로 『Porque no espero nunca más volver』

(1974), 『*Cuaderno de testimonios*』(1981) 등이 있다.

Quetzal(ave) [케찰(새)]　　과테말라의 국조이다. 과테말라를 비롯한 중미 일부에 서식하는 새로 1871년 11월 18일 과테말라의 국조로서 선정되었다. 마야 문명에서 높이 평가되는 새로서 자유를 상징하며, 과테말라의 화폐 또한 이 새의 이름을 따서 '케찰'이라고 명명되었다. ☞ Quetzalcoatl(케찰코아틀)

Quetzal(Moneda) [케찰(화폐)]　　과테말라의 화폐이다. 1케찰은 동전과 지폐가 사용되고, 케찰부터 200케찰까지는 지폐이며 1센타보(centavo)부터 50타보까지는 동전이다. 1925년 호세 마리아 오레야나(José María Orellana) 대통령 때에 이 화폐 제도를 만들었다.

Quetzalcoatl* (케찰코아틀)　　'깃털 달린 뱀'이란 의미의 나우아틀어(quetzalcōāt)에서 나온 이름으로 스페인 정복 이전부터 메소 아메리카 문명에서 숭배하던 주요 신 중의 하나이다. 알프레도 로페즈 오스틴은 케찰코아틀의 자기 분신 복제 기능을 기반으로 후에 다양한 신들이 파생되고 탄생했다고 주장한다. 그러나 미겔 레온-포르티야는 오히려 테츠카틀리포카 신이 주신이라고 주장하며, 일부 학자들은 생명의 신, 광명의 신, 지혜의 신, 다산의 신, 지식의 신, 낮의 신, 바람의 신, 서방 통치의 신과 같이 고유의 영역을 담당하는 신들이 따로 있으며, 이들을 모태로 해서 케찰코아틀이 탄생한 것이라고 주장하기도 한다. 케찰코아틀은 인간의 조건 중 본성적인 이중성을 상징한다. 깃털 달린 뱀의 형상에서 뱀은 한계를 지닌 물리적 육체를 상징하며, 무수한 깃털은 영적인 근본을 상징하기 때문이다. 반면 케찰코아틀이라는 이름 속에 숨어 있고 엿보이는 다른 이름이 있는데, 그 첫째는 나우아족 왕자의 이름 '나우알피친틀리(Nahualpiltzintli)'다. 그런가 하면 '케찰코아틀'이라는 이름은 메소아메리카 예언자의 나우아틀식 이름이기도 하고, 톨테카 신앙에서 최고 사제를 맡은 이의 직위 역시 케찰코아틀이었다. 뿐만 아니라 역사를 살펴보면 기독교도 중에도 예언자들이 있었는데, 그중에 툴라의 왕 '세 아카틀 토필친(Cē Ācatl Topiltzin, 947~999)'이 있었고, 그 이름 역시 케찰코아틀에 반영되어 있다. 케찰코아틀 이야기는 우에우에틀라톨리(Huehuetlahtolli)라는 문건 속에 일부 기록되어 있으며, 대부분은 구전되다가 스페인 정복자들이 들어오면서 연대기 작가들에 의해 기록으로 남게 되었다. 케찰코아틀은 여섯 번째 태양과 관련 있으며, 마야력에서 말하는 2012년 세상의 종말과도 연관되어 있다. 세상의 자연계는 이원화되어 있다고 믿고 있던 톨테카 인들에게 지존의 존재인 신에게는 두 가지 속성이 깃들어 있었다. 신의 첫 번째 속성은 세상을 창조하는 속성이었고, 두 번째 속성은 세상을 파괴하는 속성이었다. 케찰코아틀 역시 이중성을 지니고 있어서, 특히 파괴자로서의 속성이 발현될 때에는 테츠카틀리포카로 불렸다. 사람들은 테츠카틀리포카가 모든 이의 생각을 꿰뚫을 줄 알았고, 도처에 존재하며, 사람들의 마음을 읽어낸다고 믿었고, 그래서 '전지전능한 존재'라는 의미의 '모요코야(Moyocoya)'라는 이름으로 부르기도 했다. 이렇게 케찰코아틀과 테츠카틀리포카는 동일한 존재로 간주되기도 하지만, 신화학적 측면에서 접근해보면 둘 사이에 모순되고 대치되는 차이점이 분명히 존재하는 것으로 알려지고 있다.

Quetzaltenango (케찰테낭고)　　과테말라에서 두 번째로 큰 도시로서 '셸라(Xela)'라는 원주민 언어로도 불린다. 해발 약 2,300m에 위치하며 마야 문명의 맘(Mam)족이 살았던 도시로 스페인 침략 당시에는 쿠마르카흐 키체 왕국(Reino K'iche' de Q'umarkaj)에 편입되어 있었다. 케찰테낭고는 국조 '케찰(Quetzal)'과 원주민 언어로 마을이라는 '테낭고(Tenango)'가 합쳐져 만들어진 단어이다.

Quezada, José Luis (호세 루이스 케사다)　(1948~) 온두라스의 작가이다. 20세기 말 온두레스 시단에서 가장 의미 있는 작가 중 하나로 여겨진다. "La voz convocada"라는 문학 그룹에 속해 있으며 풍부한 서정성을 가지고 있다. 80년대부터 대조적인 성격의 작품들을 출판했다. 대표작으로 『*Cuaderno de testimonio*』(1980), 『*Jardín de las furias*』(1994) 등이 있다.

Quiché (키체)　과테말라의 주 키체(Quiché)의 이름이기도 하며 이곳의 원주민으로, 스페인 침략 시대 이전 마야 부족의 하나이다. 키체는 원주민어로 '많은(qui)'과 '숲 또는 나무들(che)'의 합성어이며, 키체어를 구사한다. 테쿤 우만(Tecún Umán)이 마지막 왕이었으며 1524년 페드로 데 알바라도(Pedro de Alvarado)가 이끄는 스페인인들에게 점령당하였다. ➡ Popol-Vuh(포폴 부)

Quichua norteño (키추아)　케추아의 변종 언어로 콜롬비아, 페루와 에콰도르에 원주민들이 사용한다. 콜롬비아와 에콰도르에는 공용어로 등록되어 있다.

Quién mató a Palomino Molero? (누가 팔로미노 몰레로를 죽였는가?)　페루의 소설가 마리오 바르가스 요사(1936~)의 작품. 1986년 작으로 신병 팔로미노 몰레로의 미스터리한 죽음을 중심으로 한 이야기 전개를 통해 인간 본성의 어두운 면과 1950년대 페루 사회의 부패, 사회계층에 대한 선입견을 보여준다. ➡ Mario Vargas Llosa(마리오 바르가스 요사)

Quijada (키하다)　당나귀나 말의 턱뼈를 사용하는 라틴아메리카 타악기이다. 어금니가 물러질 때까지 턱뼈를 물에 끓인 뒤 햇빛에 말린다. 악기를 치는 방식에 따라 두 가지의 소리를 낸다. 주로 카니발, 종교의식에서 사용된다.

Quijada Urías, Alfonso (알폰소 키하다 우리아스)　(1940~) 엘살바도르의 시인이자 소설가이다. 현대 중앙아메리카 문화계에서 가장 중요한 문학 그룹 중 하나인 'Generación Comprometida'의 일원이었다. 20세기 후반 히스패닉아메리카에서 가장 독창적이고 개혁적인 목소리를 가진 작가 중 하나로 여겨진다. 대표작으로는 『*Historias famosas*』(1974), 『*Lujuria tropical*』(1996) 등이 있다.

Quilapayún (킬라파윤)　칠레의 민속음악 그룹이다. 이름은 쿤쿠멘보다 인상 깊은 이미지를 찾던 중 아라우카족어로 세 수염이라는 뜻을 갖고 있는 킬라파윤으로 했다고 한다. 1965년 말에 알티플라노 지방의 음악에 매료된 젊은이들에 의해 칠레 산티아고에서 결성됐으며, 35년간 25장에 가까운 음반을 발표하는 등 누에바 칸시온에 많은 영향을 끼쳤다. ➡ Nueva canción latinoamericana(라틴아메리카 누에바 칸시온)

Quiloaza (킬로아사)　아르헨티나의 원주민 민족으로 17세기 스페인 탐험가들이 도착했을 때 산타페(Santa Fe) 지역에서 발견됐다. 이 민족은 차나 팀부(Chaná-timbú) 군에 속해 있는 족이다.

Quini6 (키니세이스)　1988년에 생긴 아르헨티나의 로또 개념 숫자 맞추기 게임이다. 실시간으로 텔레비전에서 당첨자를 확인 할 수 있는 시스템이다. 초반에는 아르헨티나 산타페 주와 엔트레 리오스 주에서만 실행되었다. 하지만 큰 인기를 갖은 이 게임은 얼마 안 지나서 전국에서 실행되었다.

Quino* (키노)　(1932~) 호아킨 살바도르 라바도(Joanquín Salvador Lavado)는 키노(Quino)라는 필명으로 아르헨티나뿐만 아니라 라틴아메리카를 대표하는 유머작가이자 삽화가이다. 키노는 만화 『*Mafalda*』를 통해 사회적 현실을 신랄하게 비판하는 카툰작가로 널리 알려져 있다. 키노는 스페인 안달루시아 지방에서 아르헨티나로 이주한 이민자 부모의 슬하에서 자랐다. 1945년에 어머니가 세상을 떠난 지 3년도 채 되지 않아 아버지마저 세상을 떠나면서 키노는 말수가 점점 줄고 혼자 있는 시간이 많아지면서 자연스럽게 그림에 몰두하게 된다. 전문 삽화가였던 삼촌 호아킨 테혼(Joaquín Tejón)의 도움으로 그림에 전념한다. 13살에 미술학교에 입학하여 그림을 공부했지만 석고상을 그리는 것에 질려 카툰작가를 꿈꾸며 1949년 자퇴를 결심한다. 그는 18살에 신문사와 잡지사의 일자리를 구하기 위해 부에노스아이레스로 떠난다. 하지만 취직을 하지 못하고 일주일 만에 고향 멘도사로 돌아간다. 이후 1954년 군대를 제대하고 부에노스아이레스에서 삽화가로 정착한다. 키노의 카툰은 주간지 <Esto es>에 처음 실렸고 이후 자국뿐만 아니라 다른 라틴아메리카와 유럽 국가까지 확산된다. 이후 1963년 키노는 유명카툰작가 미겔 브라스코(Miguel Brascó)의 프롤로그가 담긴 첫 카툰집『*Mundo Quino*』를 발표한다. 브라스코는 블론디(Blondie)와 피너츠(Peanuts)가 섞인 카툰을 그려줄 삽화가를 찾고 있던 광고회사 아헨스(Agens)에 키노를 소개시켜주는데 그 회사는 맨스필드(Mansfield)라는 전자제품을 광고하고자 했기 때문에 카툰에 등장하는 인물들의 이름을 'M'으로 시작할 것을 요청했다. 하지만 아헨스는 광고 캠페인을 하지 못하게 되었고 키노는 광고를 위해 그렸던 그림을 모아두었다가 마팔다라는 인물을 만들어낸다. 마팔다는 전형적인 부에노스아이레스 중산층에서 태어난 호기심 많고 덜렁대는 성격을 지닌 여자아이다. 마팔다는 정치적인 사건이나 일상적으로 일어나는 일을 그냥 넘기지 않고 의문을 품고 비판을 가한다. 마팔다의 말과 생각은 60년대 사회 및 정치적 불안을 그대로 반영하고 있다. 비틀즈, 평화, 인권, 민주주의를 사랑하고 부정행위, 전쟁, 핵무기, 인종차별, 어른들의 부조리한 관습을 거부하는 이 검은 단발머리 소녀 마팔다는 부에노스아이레스의 일간지 <Primera Plana>에서 첫 선을 보인다. 그 이듬해 키노는 마팔다를 <El Mundo> 신문에 연재하게 되면서 마팔다는 국경을 넘어 남미 국가와 유럽에까지 널리 퍼지면서 엄청난 인기를 구가하게 된다. 이러한 성공과 국제적인 명성에도 불구하고 키노는 1973년 마팔다를 더 이상 연재하지 않기로 하지만 마팔다의 인기는 수그러들지 않고 계속해서 증쇄될 뿐 아니라 유니세프, 스페인 적십자, 아르헨티나 외교부 등과 같은 다양한 기관에서 사회적인 캠페인을 진행할 때 지속적으로 등장하고 있다.

Quiñones Molina, Alfonso (알폰소 퀴뇨네스 몰리나)   (1874~1950) 엘살바도르의 정치인이다. 두 시기(1914~1915, 1918~1919) 동안 엘살바도르의 대통령 임시직을 수행한 바 있으며 1923년 공화국의 대통령으로 선출되어 4년 동안 집권했다. 카를로스 멜렌데스(Carlos Meléndez)와 함께 정치활동을 했다.

Quintana Roo, Andrés (안드레스 킨타나 로오)   (1787~1851) 멕시코 출신으로 부왕 시대 말엽에 등장한 뛰어난 시인이다. 매우 강직하고 엄격한 성품을 지닌 멕시코 독립기 문학의 첫 번째 작가로, 대표작으로는『*Al 16 de septiembre de 1821*』가 있다.

Quintero, Mercedes (메르세데스 킨테로)   (1898~1924) 요절한 엘살바도르의 시인이다. 대자연에 대한 노래를 멜랑콜리한 시적 감성으로 노래한 시인으로 여러 잡지와 신문에 시 작품을 기고했다. 1961년에 이르러서야 책으로 작품집『*Oasis*』가 출판되었다.

Quinua (키누아)   안데스 산맥에서 자라는 고단백 곡물로 차세대 식량이라고 불리며, 수수와 비슷하게 생겼다. 다국적 식품 회사 네슬레는 이미 키누아를 아침식사로 애용되는 시리얼의 대용식품으로 개발하는 중이며, 아르헨티나 등 안데스 산맥 인접 국가에서 많은 관심과 연구가 진행되고 있다.

Quipus (키푸스)　　고대 잉카 제국의 결승 문자이며, 케추아어로 '매듭'을 뜻한다. 즉 키푸스는 매듭져 있는 일련의 끈 또는 줄의 다발이다. 문자가 존재 하지 않았던 잉카 제국은 매듭의 색깔, 수, 모양 등을 다르게 하여 사건 및 역사를 기록하였다. ⇒ Formas de comunicación del Imperio Inca(잉카 제국의 소통의 수단)

Quiriguá (키리구아)　　과테말라 남동쪽 이사발(Izabal) 현에 위치한 고대 마야 문명의 유적으로 200~900년대에 매우 중요한 무역 경로의 중심지였다. 주변 도시인 코팡과 같은 건축술과 조각술을 사용한다. ⇒ Cultura maya(마야 문명)

Quiroga Santa Cruz, Marcelo (마르셀로 키로가 산타 크루즈)　　(1931~1980) 볼리비아 출신의 시인, 저술가, 저널리스트, 정치인이었다. 강한 좌익 사상을 가져 혜택 받지 못하는 사회계층을 위해 많은 노력을 기울였다. 이에 대한 결과로 작품 『Los deshabitados』는 볼리비아 전통 저술에서 중요한 단절로 인식된다.

Quiroga, Horacio (오라시오 키로가)　　우루과이 출신 작가로 살토(Salto)에서 1878년 출생했다. 아버지의 갑작스러운 죽음과 첫 부인의 자살, 경제난 등 개인적 삶에 행운이 많이 따르지 않았던 그의 작품에서는 '죽음'이라는 주제를 자주 찾아볼 수 있다. 한 때 레오폴도 루고네스(Leopoldo Lugones)의 영향으로 기 사보르(Gay Saber) 문학연구소를 창단하는 등 모더니즘 풍의 작품활동을 하였으나 아르헨티나 미시오네스(Misiones) 주의 정글에서 4년을 사진작가로 보낸 후 본성과 죽음, 폭력과 공포 등을 다룬 작품을 내놓았다. 그 무렵 두 번째 부인과의 이혼의 충격과 그에게 찾아온 병마와 싸우다가 1937년 자살로 생을 마감했다. 대표작으로 『Los arrecifes de coral』(1901), 『El crimen del otro』(1904), 『Los perseguidos』(1905), 『Cuentos de amor, de locura y de muerte』(1917), 『Cuentos de la selva』(1918), 『Anaconda』(1921), 『El desierto』(1924), 『Los desterrados』(1926) 등이 있다. ⇒ La literatura uruguaya del siglo 20(20세기 우루과이 문학)

Quiroga, Juan Facundo (후안 파쿤도 키로가)　　(1789~1835) 스페인으로부터의 독립 이후 19세기 아르헨티나 내전 시절 연방 정부의 일원이었으며 지방 세력의 지도자였다. 1823년 라 리오하(La Rioja) 주의 임시 주지사를 지내기도 했으며 "평야의 호랑이"라는 별명으로 불릴 정도로 용맹한 군인이었다. 로사스(Rosas) 정권 밑에서 일했으며 1835년 레이나테(Reinafe) 형제에 의해 암살당했다. ⇒ La Generación del 37(Argentina)[37세대(아르헨티나)]

Quiteño, Serafín (세라핀 키테뇨)　　(1906~1987) 엘살바도르의 작가이자 언론인이다. 다정한 성격이 드러나는 그의 작품은 아이러니를 배제하지 않는다. 신문 <Diario de Occidente>를 이끌었으며 사회의 전통 규범에 반기를 드는 여러 언론에서 활동했다. 대표작으로는 『Corazón con S』(1941)와 『Tórrido sueño』(1957)가 있다.

Quito (키토)　　에콰도르의 수도로 해발 2,879m에 위치해 있다. 스페인 정복자들이 도착하기 전부터 잉카 제국의 내전이 있었던 곳으로, 마지막 왕인 아타우알파의 보물이 숨겨져 있다는 소문을 듣고 도착한 스페인 정복자들의 착취를 당했으며 아마존 강 탐사의 입구 역할을 했다.

Quizquiz (키스키스)　　잉카 제국의 장군으로 우아이나 카팍(Huayna Cápac)과 아타우알파(Atahualpa)의 명을 받으며 잉카 군대를 이끌었다. 루미냐우이(Rumiñahui)와 찰쿠치막(Chalcuchímac)과 함께 잉카 내전에 참여해 아타우알파에게 승리를 걷어주었다.

R

Rabanal, Rodolfo (로돌포 라바날)　(1940~) 아르헨티나 기자이자 작가이다. 아르헨티나 대표신문 <El Clarin>과 <Primera Plana>, <Panorama> 잡지에도 기사를 실었으며, 그 외에도 해외 신문사와 잡지사에서 일했다. 파리 유네스코에서 아르헨티나 전 대통령 라울 알폰신(Raul Alfonsin)의 통역사로도 활동했다. 유명 작품으로는 『*Un día perfecto*』 (1978), 『*En otra parte*』(1982), 『*La vida privada*』(2011) 등이 있으며, 영어, 프랑스어와 폴란드어로 번역됐다.

Rabasa, Emilio (에밀리오 라바사)　(1856~1930) 멕시코 출신으로 멕시코에 사실주의를 도입한 작가로 간주된다. 특별하지 않은 주제를 가지고도 멕시코 사회의 역동적인 모습을 그렸고, 특히 정치적 출세주의와 언론의 문제를 곧잘 다루었다. 대표작으로는 『*La bola*』, 『*El cuarto poder*』 등이 있다.

Rabinal achí (라비날 아치)　15세기 라비날(Rabinal), 바하베라파스(Baja Verapaz), 과테말라(Guatemala) 등지에서 행해진 마야의 가면 춤과 연극, 음악을 일컫는다. 마야어로는 'Xajooj Tun'이며, '북의 춤'이라는 뜻이다. 16세기 라틴아메리카 정복 이후 1월 25일 세인트 폴 데이 축제의 행사로 행해지며, 현대와 과거 조상들의 연결이라는 의의를 가지고 있다. 2005년 유네스코 세계무형유산으로 선정이 되었다.

Ráfaga (라파가)　아르헨티나 콜롬비아 밴드이다. 1994년에 10명의 멤버들이 이 그룹을 만들고, 1996년 'Soplando fuerte'라는 앨범 발매로 인기를 얻었다. 라틴아메리카 여러 국가와 스페인에서도 인기를 얻었다. 2001년에는 미국 투어를 하게 되면서 캐나다까지 갔다. 루마니아, 스웨덴, 스위스, 노르웨이와 호주에서도 콘서트를 했으며, 그들의 대표작 중에는 「*Mentirosa*」, 「*Baila para mi*」, 「*Agüita*」 등이 있다.

Rago, Pablo (파블로 라고)　(1972~) 아르헨티나 배우이다. 아르헨티나의 아카데미상을 받은 『*La historia oficial*』(1985)과 『*El secreto de sus ojos*』(2009) 작품에 출연을 한 유일한 배우이다. 그 외에도 많은 연극, 영화 그리고 드라마에 출연 했다.

Raíces (뿌리)　(1943) 멕시코의 여류화가 프리다 칼로의 작품이다. 그림 속에서 자연과 본인의 경계가 사라져 버림을 표현했다. 프리다의 가슴과 배에서 나무 넝쿨이 사방으로 뻗어나와 자라고 있으며, 그 식물의 물관이 핏줄로 되어 있어 그녀와 넝쿨이 서로 동일시되어 한 몸으로 이루어져 있음을 표현했다. ➡ Frida Kahlo(프리다 칼로)

Rama, Angel (앙헬 라마)　우루과이 몬테비데오(Montevideo) 출신의 작가, 기자, 문학비평가 및 교수(1926~1983)이다. 잡지뿐만 아니라 <El País>, <Marcha> 등의 신문에 수많은 글을 발표했으며 몬테비데오 대학에서 문학 교수를 겸임했다. 대표작으로 『*Rubén*

Darío y el Modernismo』(1970), 『*Los gauchipolíticos rioplatenses*』(1976), 『*Transculturación narrativa en América Latina*』(1982), 『*La ciudad letrada*』(1984), 『*Las máscaras democráticas del Modernismo*』(1985) 등이 있다. ⇒ B156

Ramírez, Francisco (프란시스코 라미레스)　　　(1786~1821) 아르헨티나의 군인, 정치가. 엔트레리오스(Entre Ríos) 지역의 장을 역임하다가 부에노스아이레스(Buenos Aires)에서 군대가 쳐들어오자 그 자리를 빼앗겼다.

Ramos Martínez, Alfredo (알프레도 라모스 마르티네스)　　　(1871~1946) 멕시코의 몬테레이에서 태어나 멕시코와 파리 그리고 LA에서 화가, 벽화가 그리고 교육자로 활동했다. 멕시코 모더니즘의 아버지라 불리며 1913년 멕시코 미술학교의 교장으로 선출된 후 자연과 더불어 그림을 그리자는 취지로 '야외'라 불리는 야외 미술학교를 설립했다. 이 학교는 원주민 전통 위에 아방가르드를 접목한 조형실험의 장이 되었다.

Ramos, José Antonio (호세 안토니오 라모스)　　　(1885~1946) 쿠바 출신으로 사회화된 경향을 가진 작가이다. 주로 도시나 농촌을 배경으로 여성의 자유와 해방에 대한 내용을 다루었다. 대표작으로는 『*El hombre fuerte*』, 『*La leyenda de las estrellas*』 등이 있으며 그의 모든 작품에는 풍자적 요소가 지배적이라는 강한 특징이 있다.

Ranquel (랑켈)　　　아르헨티나에서 생성된 민족으로 마물체 연합족(Nación Mamülche)을 이루었지만 이후 마푸체(Mapuche)족으로 인해 정체성을 잃고 마푸체화된 민족이다.

Rapa Nui (라파 누이)　　　폴리네시아 지역에 있는 일천여 개의 섬들 중 라파누이족이 거주하는 섬, 민족과 언어를 가리키는 단어이다. 그들의 언어는 두 개로 구분 된다. 새로운 기술 등장으로 스페인어, 영어 등 언어들의 용어를 그대로 받아드리게 되었고, 그 결과로 옛 라파누이어와 현재 라파누이어를 구분한다.

Rasgos físicos de los mayas* (마야인의 외형적 특성)　　　고고학적 자료와 인종학적 자료에 따르면, 마야인들은 머리가 컸고 코는 매부리코였으며, 머리카락은 검고 직모였다. 또한 광대뼈가 돌출되어 있었고 이마는 넓고 평평했으며, 눈동자는 검은색이었고 목은 짧고 어깨는 넓었다. 이들은 주술 또는 종교적 영향으로 외모를 바꾸는 시도를 하기도 했다. 디에고 데 란다(Diego de Randa)에 따르면, 예컨대 마야인들은 사시 교정을 위해 부모가 아이 눈앞에 양초를 세워놓는 방식으로 눈동자의 위치를 바꾸는 시도를 했다. 두개골 형태의 변형은 아직 아이가 어려 머리뼈가 단단히 굳어버리기 전에 시도되었다. 예컨대 출생 후 일주일부터 두 둘이 지나기 전에 시행된 것이다. 만일 머리 길이를 늘이고 싶다면 이마 쪽에 판을 대고 머리 뒤편에 또 다른 판을 대 강압적으로 늘였는데, 이런 교정술은 남아와 여아 모두에 행해졌으며, 사회적 계층의 구분 없이 신생아 모두에 적용되었다. 그런가 하면 유행과는 전혀 상관없이 주술적이고 영적인 목적으로도 교정술이 해해졌는데, 대부분은 팔과 다리, 가슴 등에 문신을 새긴다거나 흉터를 일종의 장식으로 활용하기 위해 일부러 찰과상을 입히거나 상처를 내는 식의 방식도 채용했다. 그런가 하면 장신구를 매달기 위해 이에 구멍을 내기도 했다. 다만, 문신이나 상처를 내는 것은 귀족계층이나 사제들, 혁혁한 공을 세운 전사들에게만 허용되어 있었다. 이런 정보들은 하나같이 스페인 태생으로 스페인 식민 기간 동안 마야 현지에 거주했던 디에고 데 란다 신부를 통해 유입되었다. 실제로 신부는 마야 제국에 머무는 동안 상당수의 문헌들을 파기시킨 장본인이기도 한데, 훗날 관련 사항들을 본인의 저작으로 남긴 사람이다.

Rastafarismo (라스타파리즘)　　　1930년대 자메이카에서 일어난 종교적, 음악적 운동으로 라스

타파리아니즘이라고도 한다. 에티오피아의 황제 하일레 셀라시에의 본명 라스 타파리에서 이름이 유래되었다.

Raucho (라우초) 아르헨티나의 작가 리카르도 구이랄데스(Ricardo Güiraldes, 1886~1927)의 작품. 1917년 출판. 작가의 첫 소설로 등장인물의 파리(París)와 전원생활이 드러나 있으며, 최종적으로는 주인공이 농장으로 돌아오는 모습을 보인다. ⇒ La literatura argentina a principios del siglo 20(20세기 초 아르헨티나 문학)

Rawson, Eduardo Belgrano (에두아르도 벨그라노 라우손) (1943~) 아르헨티나 작가이자 기자, 아르헨티나 현대문학 작가 중 한 명이다. 법학을 전공했지만 중간에 기자활동을 하면서 중퇴하고 영화 공부를 시작했다. 작품으로는 『No se turbe vuestro corazón』 (1974), 『El náufrago de las estrellas』(1979) 등이 있다.

Rayuela (팔방놀이) 아르헨티나 작가 훌리오 코르타사르가 1963년에 발표한 소설로 라틴아메리카 붐 소설 중 가장 중요한 작품으로 꼽힌다. 155개의 장을 순서대로 읽을 수도 있고 제목이 말하듯이 팔방 놀이의 형태로 Tablero de dirección이 추천하는 순서를 따라 감상이 가능한 실험적인 작품이다. ⇒ Julio Cortázar(훌리오 코르타사르)

Real Audiencia de Guatemala (레알 아우디엔시아 데 과테말라) 1542년에 과테말라(수도)에 설립 되었다. 당시 과테말라, 벨리스, 엘살바도르, 온두라스, 니카라구아, 코스타리카와 멕시코의 치아파스(Chiapas) 주에 가장 권력 있는 재판소이며 정부와 재판을 관리하는 목적으로 세워진 기구이다.

Real y Pontificia Universidad de México (교황부속대학교) 16세기 누에바 에스파냐 부왕령의 부왕이 설립한 교육 기관으로 엘리트와 관료들의 양성 기관이었다. 후에 독립과 함께 관할권이 멕시코로 넘어가면서 오늘날 UNAM의 시초가 되었다.

Realismo mágico* (마술적 리얼리즘) 20세기 중반에 일어난 라틴아메리카 문학 사조로, 작가들이 19세기 실증 철학에 근거하여 사실주의적 기법으로 라틴아메리카의 사회를 역동적으로 그려내는 데 한계가 있음을 깨닫고 사실주의와 지역주의 전통에서 벗어난 실험주의적 글쓰기를 시도하면서 첫 발을 내딛는다. 마술적 사실주의는 1925년 독일 역사가이자 예술비평가인 프란츠 로(Franz Roh)가 저서 『Nach Expressionismus: Magischer Realismus: Probleme der neusten europäischen Malerei』에서 사실적인 것에 마술적 요소를 편입시킨 회화 운동을 지칭하기 위해 처음 사용된 표현이다. 이후 이탈리아에서 마시모 본템펠리(Massimo Bontempelli)의 회화를 지칭하기 위해 사용되면서 1930년 유럽에서 생겨난 예술 사조이다. 이후 아르투로 우스라를 페이트리(Arturo Uslar Pietri)가 사실과 환상이 공존하는 라틴아메리카 문학의 새로운 풍조를 언급하기 위해 사용하였다. 마술적 리얼리즘은 1930~1940년대에 출현하여 1960~1970년대 최절정에 달했다. 마술적 리얼리즘은 유럽의 정신분석과 초현실주의의 영향을 받아 꿈, 무의식, 비논리적 사실, 콜럼버스의 아메리카 발견 이전 원주민들의 전설과 신화적인 전통 문화의 영향이 환상적 사실을 만들어낸다. 마술적 리얼리즘은 사실주의, 지역주의, 인디헤니즘, 저항 문학 이후에 생겨난 운동이지만 이전의 특징들이 작품에서 완전히 자취를 감춘 것은 아니다. 예를 들면, 가브리엘 가르시아 마르케스가 1982년 노벨 문학상을 수상한 『Cien Anos De Soledad』 (1967)은 마술적 리얼리즘이 가장 완벽하게 형상화된 소설이다. 이 작품은 기존의 사실주의의 틀을 깨고 신화와 환상의 세계를 넘나들며 인간의 운명이 함축하고 있는 의미를 그려낸다. 환상, 마술, 신화 등의 요소가 가미된 초자연적인 요소들을 사용하며 라틴아메리카의 문화와 사회를 사실적으로 그려내며 사회적 고발까지 담아냈기 때문이다. 마술적 리얼리즘을 대표하는 작가군에는 미겔 앙헬 아스투리아스(Miguel Ángel Asturias), 호르헤 루이스 보르헤스(Jorge Luis Borges), 후안 룰포(Juan Rulfo), 훌리오 코르타사르(Julio Cortázar), 아르투로 우스라를 피에트리(Arturo Uslar Pietri) 등이 있다. 일부 비평가들은 이 작가군에 알레호 카르펜티에르(Alejo Carpentier)를 추가하기도 한다. 카르펜티에르는 소설 『El reino de este mundo』(1949)에서 자신이 고안한 새로운 미학을 표현하기 위해 "경이로운 현실(real maravilloso)"이라는 용어를 사용한다. 카르펜티에르가 마술적 리얼리즘에 완전히 편입되지 않는 이유는 "경이로운 현실"이 가끔 "마술적 리얼리즘"의 동의어로 쓰이기 때문이다. 하지만 일각에서는 이 두 개의 사조는 서로 다르기 때문에 다르게 봐야 한다고 주장한다. 예를 들면, 명확하고 간결한 문체를 사용하는 마술적 리얼리즘과는 달리 카르펜티에르는 바로크 양식처럼 장식과 기교적인 문체를 사용한다. 또 다른 차이는 마술적 리얼리즘은 유럽에서 처음 출현한 국제적인 사조인 반면 경이로운 현실은 아메리카 대륙의 원주민과 아프리카인들의 문화에 뿌리를 더 두고 있다는 것이다.

Recuerdo, El (기억) (1937) 멕시코의 여류화가 프리다 칼로의 작품이다. 여성의 몸을 남성의 색욕적인 시선에서 해방시키기 위해 일상적이지 않은 방법으로 자신을 표현한 작품들 중 하나이다. 그녀는 이 그림에서 정장 차림의 전신 모습을 그렸지만 팔이 아예 없고 가슴이 뚫려있으며 발아래에는 동맥을 잘린 채 뿌리 뽑힌 심장이 내동댕이쳐진 섬뜩한 모습으로 자신을 표현했다. ⇒ Frida Kahlo(프리다 칼로)

Recuerdos del pasado (과거의 회상) 칠레에서 낭만주의와 사실주의의 과도기에 출현한 비센테 페레스 로살레스(Vicente Pérez Rosales, 1807~1886)의 작품. 작가의 생 말엽에 출간된 이 작품은 자전적 요소와 소설적 요소, 사회 정치적 연대기와 풍속주의적 보고서를 기술적으로 잘 혼합시켰다는 평을 받고 있다.

Reforma universitaria (대학 개혁) 대학 교육의 목표와 방법의 변화를 도모하는 일련의 정치-문화적 개혁으로 일정 기간에 거쳐 일어난다. 일반적으로 가톨릭교와 종교계의 영향권에서 벗어나려는 시도의 일환이며 무종교적 또는 초종교적 교육환경을 추구한다. 라틴아메리카의 경우 가톨릭교회의 간섭에 강하게 맞서는 등 저항적 입장을 취했다.

Reggaeton (레게통) 레게에서 나온 음악 장르로 힙합의 영향을 받았다. 1980년대 중후반에 라틴아메리카에서 처음으로 시작되었으며, 1990년대에 초에 확실히 자리 잡았다. 20세기에 파나마에 이주한 자메이카인들과 앤틸러스 제도 이주민들로부터 비롯되었다.

Región Orinoquía(Colombia) (오리노키아 지역) 콜롬비아의 야노스 오리엔탈레스의 또 하나의 명칭이다. 오리노코(Orinoco) 강이 콜롬비아와 베네수엘라의 경계를 일부분 가른다. 주된 경제활동은 목축업과 석유 추출이다.

Rein, Mercedes (메르세데스 레인) (1931~) 우루과이 몬테비데오(Montevideo) 출신의 작가다. 레인의 작품들은 우루과이 정치사회를 드러내며 우루과이에서 가장 영향력 있는 여성 중 한 명으로 꼽힌다. 대표작으로 『Zoologismos』, 『Casa vacía』와 『Bocas de tormenta』 세 권이 있다.

Reino K'iche' de Q'umarkaj (쿠마르카흐 키체 왕국) 13세기 초에 키체 마야들이 세운 주권국이었다. 스페인 식민지 전 당시 가장 강한 주권국 중 하나였다. 1524년 페드로 데 알바라도(Pedro de Alvarado) 지휘 아래 정복되었다.

Relato de un náufrago (레라토 데 운 나우프라고)   콜롬비아의 소설가 가브리엘 가르시아 마르케스(1927~)의 기사문. 1955년 <El Espectador>지에 20일간 실렸다. 콜롬비아 해군 당국(Armada de la República de Colombia)이 폭풍우로 난파당했다고 했으나 후에 이것이 사실이 아닌 것이 밝혀진 한 조난자의 이야기로 당시 콜롬비아에 큰 반향을 일으켰다. ➡ Gabriel García Márquez(가브리엘 가르시아 마르케스)

Religión de la cultura maya* (마야 문명의 종교)   마야인에게 있어서 종교는 생활의 대부분을 지배하는 기준이었으며, 일상생활 속에 늘 내재되어 있었으며, 농사 관련 의식이나 공공 의식, 예술과 문화 모든 면에서 종교의 영향이 짙게 드러나고 있다. 마야인들에게 종교가 갖는 중요성은 지대했으며, 정책과 이데올로기와도 긴밀하게 연결되어 있었고, 학문과도 직결되어 있었다. 종교를 다루는 이들은 사제로, 마야의 종교는 기본적으로 세 가지 특성을 지니고 있었다. 첫째, 마야의 종교는 다신교였다. 마야인들은 동시에 여러 신을 숭배하곤 했다. 둘째, 자연주의적 측면이 있었다. 마야인들이 숭배하는 신들은 뭔가를 이루고 있는 요소일 수도 있지만, 동시에 대기 현상일 수도 있고, 천체 그 자체일 수도 있기 때문이다. 셋째, 이원론적이다. 마야의 종교는 기본적으로 선도 악도 모두 신성하다는 원리에서 출발하고 있다. 선한 신들은 지속적으로 악한 신들과 대치하고 있지만, 동시에 이 둘은 밤과 낮처럼 떼려야 뗄 수 없는 사이기도 하다고 믿었다. 밤낮 외에도 선악처럼 불가분의 있는 다른 예를 찾자면 수태시키는 부성과 수태한 모성, 삶과 죽음, 음과 양 등이 있을 것이다. 마야인들은 인류의 운명이 항상 이 선과 악의 투쟁 속에서 영향 받고 있다고 믿었다. 선한 신들은 천둥과 번개, 비, 옥수수, 풍요 등의 긍정적 영향력을 발생시키지만, 악한 신들은 반대로 허리케인과 가뭄을 몰고 와 기아와 궁핍을 발생시키고 전쟁을 불러와 죽음과 파괴를 발생시키기 때문이다. '만물의 창조자'라는 의미의 '우납 쿠(Hunab Kú)'는 조물주를 지칭한다. 우납 쿠 개념은 상대적으로 최근 개념인데, 이 이름이 등장한 가장 오래된 판본은 식민 시대의 것으로 확인되고 있다. 동시대의 기록에 따르면 마야인들에게 가장 널리 추앙받은 주요 신은 세상을 만들고 옥수수로 인간을 창조한 조물주였다. 도밍고 마르티네스 페레데스(Domingo Martínez Paredes)는 이 사실과 관련하여 자신의 저서 『Hanab Ku: Síntesis del pensamiento filosófico maya』에서 이렇게 밝히고 있다. "남아 있는 작품들을 읽어보고 사람들과 이야기를 나누어보며, 마야인들의 윤리학적, 미학적 개념을 면밀히 분석해본 결과, 언어분석과 철학적 분석을 통해 야눕 쿠라는 표현 속에 '움직임과 측정을 할 수 있는 자'라는 진리가 숨어 있음을 파악할 수 있었다. '운(hun)'은 '유일하게', '오직'을 의미하며 '납(nab)'은 측량, 움직임 등을 의미하고, 'dador'는 뭔가를 지닌 자를 의미하기 때문이다.

Religión del Imperio inca* (잉카 제국의 종교)   잉카인들은 '인티(Inti)'라는 태양신과 달의 신을 비롯해 다양한 자연현상들을 신성화했다. 근본적으로 잉카인들은 다신교를 숭상했으며, 정령숭배와 토템 신앙을 지니고 있었다. 안데스 지역의 신앙 형태는 매우 다양했으며, 각각의 종교에는 민족적 요인들이 자리 잡고 있었다. 잉카인들은 세 개의 세상이 존재한다고 생각했는데, 그중에서 가장 상위의 세계를 '아난 파차(Hanan Pacha)', 중간계를 '카이 파차', 하위의 세계를 '우쿠 파차(Uku Pacha)'라 불렀고, 세상을 창조한 조물주를 '비라코차(Viracocha)'라 했다. 케추아 부족에서 제의를 관장하는 임무는 잉카가 졌는데, 이는 잉카를 태양의 아들이라 여겼기 때문이다. 잉카를 옆에서 보필하는 임무를 지닌 사람들로는 다음과 같은 자들이 있다.

-대사제 잉카 '위야크-우마(Willaq-Uma)': 일명 '우이야크-우마(Huíllac-Uma)'라고 불리기도 한다. 위야크-우마는 케추아어로 '예언자의 수장'을 의미하며, 종교 제의를 관장하고, 예식의 정통성을 감시하거나 잉카에 조언하는 일을 맡았다.

-아크야스: 이들은 가족들로부터 격리되어 타완틴수요 각지에서 조공으로 바쳐진 여인들을 지칭한다. 통상적으로 이 여성들은 국가와 종교를 위해 헌신했으며, 페루 전역에 흩어져 있는 아크야우아시스(Acllahuasis)라는 곳에 살았다. 가장 대표적인 아크야우아시스는 쿠스코와 파차카막(Pachacámac)에 있는 것들이다.

잉카인들이 숭상한 신들로는 다음과 같은 것들이 있다.

-비라코차: 위라코차(Wiracocha)라고도 불리며, 잉카 제국 이전부터 안데스 전역에서 숭상해온 신으로, 쿠스코 귀족층에서 숭상하던 신이다.

-태양신 인티: 인티는 잉카 파차쿠텍(Inca Pachacútec)에 의해 널리 포교된 타완틴수요의 공식적인 신이다.

-달 신: 마마 키야(Mama Killa)라고도 불리는 달의 신이다. 달의 신은 또한 하늘의 여신으로도 추앙받았으며, 별의 여신, 여인들의 수호신으로 여겨졌고, 태양신 인티의 아내이기도 하다.

-파차카막(Pachacámac): 중부 해안지역에서 가장 중요하게 숭배 받은 신이다.

-이야파(Illapa): 빛의 신이다.

-파차마마(Pachamama): 대지의 어머니다.

-마마 코차(Mama Cocha): 호수의 어머니다.

-코이유르(Coyllur): 별의 여신을 지칭한다.

-아푸스(Apus): 산의 신이다.

이러한 신들의 존재와 더불어 '인티 라이미(Inti Raymi)', '카팍 라이미(Cápac Raymi)', '카팍 코차(Capac cocha)' 등의 다양한 축일들도 있었다.

René-Moreno, Gabriel (가브리엘 레네 모레모) (1836~1908) 볼리비아 출신의 다양한 문학 장르를 쓰는 작가 중남미 인문학에 기여한 사람 중 한 명이다. 특히 19세기 문화를 일깨운 자로 역사와 문학 평론에 많은 관심을 기울였다. 대표작 중에는 『Últimos días coloniales en el Alto Perú』가 있다.

Rengifo, Manuel (마누엘 렌히포) (1793~1845) 칠레의 정치가. 1814년 칠레 군대가 해산된 이후 아르헨티나로 망명했다가 재입국하여 1831년 재무부 장관이 된다. 1841년에 재무부 장관으로 재임명되었으며, 당시 칠레 사회안정에 기여한 인물 중 하나이다.

Residencia en la Tierra (땅에 머물기) 칠레의 시인 파블로 네루다(1904~1973)의 작품. 라틴아메리카 초현실주의의 영향의 절정이라는 평을 받고 있으며 작가는 이 시집에서 세상을 바라보는 파괴적 시각과 외계의 현실을 규정하는 전통적 틀을 깨뜨리고 있다.
⇒ Pablo Neruda(파블로 네루다)

Resistencia fiscal (세금 반대) 비폭력 시위 수단으로 마하트마 간디의 인도 독립 투쟁으로 시작되었으며 양심적 문제 등으로 한 사업체나 단체가 세금을 내는 것을 거부하는 시위를 뜻한다.

Resonancias del camino (길의 울림) 우루과이의 작가 후안 소리야 데 산 마르틴(Juan Zorrilla de San Martín, 1855~1931)의 작품. 이 책은 유럽을 돌아보며 아내에게 보냈던 편지들을 묶어 출간한 것으로, 책에 드러난 비평들이 날카롭다는 평을 받고 있다.

Respuesta a Sor Filotea de la Cruz (필로테아 수녀에게 보내는 답장)   (1691) 후아나 이네스 데 라 크루스 수녀(Sor Juana Inés de la Cruz)가 1691년에 푸에블라의 주교인 마누엘 페르난데스 데 산타크루스(Manuel Fernández de Santa Cruz)가 그녀에게 한 비난에 대한 답장으로써 쓴 글이다. 주교는 어떤 여성도 철학적인 주제에 대해 공부하면 안 된다고 경고했는데 이에 대해 후아나 수녀는 415년에 기독교인들에 암살된 신플라톤주의 철학자 히파티아(Hipatia)와 같은 많은 여성 지식인들을 예시로 들었다.

Resumen de la historia de Venezuela (레수멘 데 라 이스토리아 데 베네수엘라)   신고전주의 시인, 철학자, 언어학자이자 작가인 안드레스 베요(Andrés Bello, 1781~1865)의 산문집. 1810년 발간된 작가의 첫 산문집으로 베네수엘라의 역사를 고대, 중세, 근대로 나누었다. 콜론(Colón)의 아메리카 발견 이전부터 정복시기를 고대, 식민 시대를 중세, 독립 이후를 근대로 분류하였다.

Reverón, Armando (아르만도 레베론)   베네수엘라의 화가이자 조형예술가인 아르만도 레베론(1889~1954)은 마드리드, 바르셀로나, 파리 등지에서 공부했으며 귀국한 뒤 카리브 해안의 빛을 탐구했는데, 이 시기를 '청색' 시기라고 한다. 그러나 1921년 도시를 등지고 카리브 연안의 작은 마을로 거처를 옮기는데 이때 '백색 시대'를 개막한다. 1937년 파리만국박람회에서 입상하는 등 국제적인 성공을 거두었으나 정신병원에서 세상을 떠났다.

Revista Contorno (콘토르노 잡지)   아르헨티나 작가 다비드 비냐스(David Viñas, 1927~2011)가 1953년 창간한 잡지. 좌파 지식인들의 문학과 사회를 주제로 한 글을 주로 실었다. 호수는 몇 되지 않으며, 1959년 폐간하였다.

Revista Moderna (레비스타 모데르나)   멕시코에서 시작된 이 정기간행물은 모데르니스모 운동을 대변했고, 스페인어로 말하는 모든 국가에서 높이 평가되었다. 이 간행물은 개념 면에서는 유럽의 평론지와 유사했으며, 그 가운데 그래픽 편집 디자인 영역에서 유럽의 영향력이 뚜렷하게 나타났다. 훌리오 루엘라스(Julio Ruelas)가 이 간행물에서 탁월한 도안가로 인정을 받았다.

Revolución Boliviana de 1952 (1952년 볼리비아 혁명)   1952년 4월 9일부터 1964년 11월 4일 쿠데타 전까지 민족혁명운동(Movimiento Nacionalista Revolucionario)이 정권을 잡은 역사적인 기간을 말한다. 혁명은 대공황과 함께 차코 전쟁(Guerra del Chaco)에서의 패배로 인해 시작되었다. 혁명은 국가에 근본적인 변화를 가져왔으며 특히 토지분배, 자원관리와 경제 분야에서 많은 변화가 생겨 이전 세기에 볼리비아를 지배했던 빈곤으로부터 탈출할 수 있었다. 이때 모든 국민에게 인종과 성차별 없이 투표권이 주어졌고 군대는 해체되었다. ➡ Nacionalismo latinoamericano(라틴아메리카의 민족주의)

Revolución cubana* (쿠바 혁명)   1910년의 멕시코혁명, 1979년의 니카라과의 산디니스타 혁명과 함께 20세기 라틴아메리카의 3대 혁명으로 꼽히는 사건이다. 쿠바혁명은 미국의 대 라틴아메리카 정책이 획기적으로 선회하는 데 중요한 사건이 되었다. 쿠바혁명 이전 미국은 자국에게 유리한 정책을 시행하기 위해 대토지 소유제를 유지하고 정치적인 안정을 확보하기 위해 독재정권을 지원했다. 쿠바혁명은 쿠바 청년들이 1953년 7월 26일 풀헨시오 바티스타 독재정권에 대한 거국적인 궐기를 촉구하며 몬카다 병영(Cuartel Moncada)을 습격하였으나 실패로 끝나면서 시작된다. 카스트로는 민주주의, 자유선거와 표현의 자유를 촉구하며 혁명을 이끌었지만 미국의 개입으로 실패하고 카스트로는 체포되었다. 카스트로는 재판에서 15년 형을 받았지만 1955년 5월 5일 대통령 선거 전날 정치 특사로 석방되어 멕시코로 건너가 바티스타 정권을 무너뜨리기 위한 새로운 전략을 세웠다. 이후 피델 카스트로는 "7월 26일 운동"이라는 반(反)바티스타 투쟁 단체를 소집하여 아르헨티나 태생의 혁명 운동가 체게바라와 함께 게릴라 전략을 펼치면서 민족주의와 반제국주의 정부를 수립하고자 하는 목적을 달성하면서 1959년 1월 혁명을 성공으로 이끌어 바티스타 정권을 몰아낸다. 혁명에 참여한 구성원을 살펴보면 대학생들을 주축으로 하는 중산층과 바티스타 정부에 실망한 유명 인사들도 포함되어 있었다. 노동자와 농민들도 혁명에 가담한 것은 분명하지만 소수에 불과했다. 피델 카스트로는 혁명정권의 수장이 되면서 쿠바의 정치와 경제 체제는 소비에트 공산권을 지향했다. 피델 카스트로의 혁명 정권은 초기에는 토지 개혁, 임금 인상, 농업의 생산 구조 개편 등을 통해 해외 의존도를 낮추고자 했지만 점차 급진적인 성향을 보이면서 농지 개혁법의 제정이 추진되면서 물의를 빚었다. 이후 피델 카스트로는 동생 라울 카스트로(Raúl Castro)를 참모총장으로 임명하고, 체게바라를 국립 은행 총재로 임명하며 쿠바의 실권을 장악하였다. 또한 바티스타 소유의 농장을 환수하고 대농장주들의 토지 소유를 일부만 인정하고 농지를 비롯한 언론사, 산업체, 은행 등을 국유화시켰다. 특히 1959년 10월에는 미국의 이권을 폐기하고 이듬해 미국계 기업의 자산까지 국유화했다. 이후 1961년 카스트로는 쿠바의 사회주의 성격을 드러내면서 사회주의 국가가 탄생하게 된다. 1962년부터 현재까지 쿠바혁명은 다양한 단계를 거쳤다. 이는 네 가지 단계로 요약된다. 1) 사회주의 국가로 진입하는 단계(1962~1985), 2) 정책적 착오에 대한 시정 단계(1986~1990), 3) 특별 정책 단계(1991~1994), 4) 경제혁명 단계(1995부터 현재). 사회주의로 접어드는 첫 번째 단계는 카스트로의 혁명정권의 최절정의 시기에 해당한다. 네 번째 단계는 1992년 시작된 경제개방과 수출 분산책으로 발생한 변화에 대한 미묘한 대응에 불과하다.

Revolución de las Lanzas (창의 혁명)   우루과이에서 티모테오 아파리시오(Timoteo Aparicio)가 이끈 무장 운동이다. 1870년 9월 12일부터 1872년 4월 6일까지 진행된 이 반란은 정부와 국민당(Partido Colorado) 사이에 일어났다. 이 혁명은 2년간의 투쟁 끝에 콜로라도 정당과 블랑코 정당(Partido Blanco)의 협약을 끝냈다.

Revolucion de Mayo (5월의 혁명)   당시 라플라타 스페인 부왕령의 수도였던 부에노스아이레스 시에서 일어난 일련의 독립 운동들로 1810년 5월에 일어났기 때문에 이러한 이름이 붙여졌다. 혁명의 결과로 시네로스(Baltasar Hidalgo de Cisneros) 부왕이 추방되고 Primera Junta라는 첫 의회가 세워졌다. 혁명을 주도한 인물로는 코르넬리오 사아베드라(Cornelio Saavedra), 마누엘 벨그라노(Manuel Belgrano), 후안 조세 카스텔리(Juan Jose Castelli) 등이 있다. ➡ José de San Martín(호세 데 산 마르틴)

Revolución Febrerista (2월 혁명)   1936년 2월 17일 파라과이의 에우세비오 아얄라(Eusebio Ayala, 1875~1942) 정권을 전복시킨 군사 쿠데타. 볼리비아와 치렀던 차코 전쟁(Guerra del Chaco) 이후 승리에 도취된 파라과이 사회 전반적 분위기가 불안정해지면서 나타난 결과로, 라파엘 프랑코(Rafael Franco, 1900~1973) 대령이 정권을 잡게 된다.

Revolución Federal (연방 혁명)   1859부터 1863년까지 베네수엘라의 역사적인 시기를 말한다. 스페인으로부터 독립한 이후 베네수엘라에서는 중앙집권체제의 헌법이 5번 개정되었다. 1858년 연방주의자들은 타데오 모나가스(Tadeo Monagas)의 사임을 기회로 삼아 회의를 열고 이를 비롯해 혁명이 시작되었다. 5년간 진행된 내전은 1863년 5월에 끝났고 1864년 연방 헌법이 제정되었다.

Revolución haitiana (아이티 혁명)　　1791년에 프랑스 식민지 생도맹그(Saint Domingue)에서 시작하여, 1084년에 아프리카인에 의한 최초의 공화국, 아이티를 세우기까지의 운동을 말한다. 라틴아메리카의 독립을 스페인 식민지배로부터 해방이라는 좁은 관점에서 기술하고, 독립 전개 과정을 낭만주의적 영웅에 초점을 맞추고 있기 때문에 아이티 혁명과 독립은 역사의 표면에 드러나지 못했다.

Revolución mexicana* (멕시코 혁명)　　1911년 포르피리오 디아스 대통령(Porfirio Díaz)이 축출되고 이에 따른 멕시코의 정치구조의 변화 과정을 말한다. 멕시코 혁명은 1917년 헌법의 공포로 끝이 났다고 주장하는 학자도 있는 반면 라사로 카르데나스 대통령이 혁명제도를 도입하고 제도혁명당(PRI)을 창설한 1940년에 멕시코 혁명이 일단락되었다는 주장도 있다. 포르피리오 디아스 독재정권 시절의 경제정책이 농민들에게는 부정적인 영향을 미쳤지만 외국회사에 시장을 개방하면서 다른 분야에서는 괄목할만한 변화도 수반되었다. 멕시코 북부의 지주 출신인 프란시스코 마데로(Francisco Madero)는 1908년 포르피리오 디아스의 재선을 반대하고 정치적 자유를 표명하는 책자인 『La sucesión presidencial en 1910』을 출간하고 곧이어 "재선 반대당(Partido antireeleccionista)"을 결성하지만 반역을 기도했다는 이유로 곧 체포된다. 이 사건은 멕시코 혁명으로 가는 첫 번째 반란이라 할 수 있다. 1910년 포르피리오가 대통령으로 취임하는 다음날 가석방된 마데로는 민주주의와 약탈당한 농민들에 대한 사회 정의를 담은 혁명선언문 산 루이스 포토시 성명(Plan de San Luis de Potosí)을 발표한다. 농민에 대한 권리 주장에 이끌려 멕시코 농민의 전설적인 영웅인 판초 비야(Pancho Villa)와 농민운동의 대부인 에밀리아노 사파타(Emiliano Zapata)가 혁명에 가담하게 되고 1912년에는 세계노동자회관(Casa del Obrero Mundial) 단체를 만든다. 포르피리오의 연방군은 혁명군의 공세에 밀려 결국 1911년 마데로에 정권이 넘어간다. 하지만 마데로는 농민의 토지분배를 비롯해 경제 및 사회적 문제에 대한 개혁을 실행에 옮기지 않았고 결국 사파타는 아얄라 성명(Plan de Ayala)을 통해 마데로 정권에 대항하고 나선다. 이렇게 노동자와 농민들은 마데로 정권에 등을 돌리게 되고 혁명세력은 분열하지만 반혁명세력은 강하게 결속하며 마침내 혁명정부를 전복시킨다. 1913년 반혁명세력이 마데로 정권에 대해 반란을 일으키자 마데로 대통령은 호위 총책임자인 빅토리아노 우에르타에게 반란군을 진압하라는 명을 내린다. 하지만 우에르타는 반란군과 결탁하고 마데로는 반혁명군에 의해 암살당한다. 이 사건은 10일간에 걸쳐 이루어졌는데 이를 "슬픔의 10일(Decena Trágica)"이라 부른다. 이런 상황에서 멕시코 북부의 코아우일라(Coahuila)주 출신의 혁명지도자 베누스티아노 카란사(Venustiano Carranza)가 과달루페성명(Plan de Guadalupe)을 발표하고 우에르타의 반혁명정권 타도에 나선다. 그동안 분열 상태에 놓인 혁명세력이 카란사를 축으로 재규합하여 1914년 우에르타를 축출시킨다. 이후 혁명세력연합은 계급갈등의 문제에 놓이게 되고 동년 10월 아구아스칼리엔테스(Aguascalientes)에서 개최된 혁명세력들의 집회에서 구체화된다. 판초 비야와 에밀리아노 사파타가 주축이 되어 토지분배를 포함한 경제 및 사회적 개력의 내용을 담은 성명서를 채택하였으나 카란사는 이를 인정하지 않았다. 결국 동년 12월 사파타가 이끄는 남부해방군(Ejército Libertador del Sur)

과 비야가 이끄는 북부사단(División del Norte)이 차례로 멕시코시티에 입성하면서 농민혁명군의 위세가 높아진다. 하지만 카란사가 지휘하는 부르조아 혁명군의 반격이 시작되면서 농민혁명군의 세력은 점진적으로 쇠퇴의 길로 접어든다. 카란사는 1915년 전술적인 차원에서 농지개혁법을 발표하며 일부 농민들을 자신의 진영으로 편입시키고 세계도농자회관의 노조들과 우호적인 협약을 맺으면서 노동자들과 공조체계를 형성한다. 이렇게 노동자들은 농민혁명군과 반목하게 되고 비야가 패배하게 되고 1916년 파업참여자들을 사형에 처하는 법령을 공포하면서 세계노동자회관을 해체시킨다. 이후 1917년 토지분재, 노동기본권보장, 지하자원의 국유화 등을 골자로 하는 개혁적인 내용을 담고 있는 헌법이 공표되고 카란사가 대통령직에 취임한다. 1918년 정부주도하의 새로운 노동단체인 멕시코노동자지역연합(Confederación Regional Obrera Mexicana)이 결성된 후 1919년 카란사 정권은 협상을 가장해 사파타를 암살한다. 이렇게 농민혁명군이 모두 암살로 생을 마감하자 부르조아 혁명 우두머리 간의 권력투쟁이 시작된다. 1920년 카란사의 2인자였던 알바로 오브레곤이 아구아 프리에타 성명(Plan de Agua Prieta)을 통해 카란사 정권에 궐기하고 1917년 헌법의 개혁 조항을 미온적으로 실행에 옮기면서 노동자와 농민계급을 끌어들인다. 오브레곤 후 1924년 플루타르코 엘리아스 카예스(Plutarco Elías Calles)가 대통령으로 취임한다. 하지만 오브레곤이 재선 의지를 비추면서 연속전이 재선이 아닌 재선을 허용하는 헌법을 개정하여 오브레곤이 다시 대통령에 당선되지만 암살당하게 된다. 이런 위기를 타개하기 위해 1929년 지금의 멕시코혁명당(Partido de la Revolución Institucional)인 국가혁명당(Partido Nacional Revolucionario(PNR)이 결성된다. 오브레곤의 암살 이후 임시정권을 수립되고, 1934년 카예스의 낙점을 받아 라사로 카르데나스(Lázaro Cardenas)가 대통령에 취임하게 된다. 하지만 카르데나스는 곧 그에 대항하고 임시정권 동안 부진했던 경제 및 사회개혁에 박차를 가하면서 토지분배를 실행하고 노동자 권익보호를 강화한다. 이후 카르데나스 정권은 전국노동자단체인 멕시코노동자연합(CTM)과 전국농민단체인 농민국가연합(CNC)의 결성을 주도하였다. 카르데나스는 '위로부터의 개혁'을 추진하면서 멕시코 사회의 각 주요 부문을 조합주의 형태의 위계질서를 갖추게 하면서 '부르조아 지배체계의 제도화'를 달성했다.

Revolución Tricolor (3색 혁명)   1875년 우루과이에서 호세 페드로 바렐라(José Pedro Varela) 정권에 대항하는 시민 무장 혁명이다. 1870년대를 기점으로 지식층과 대학생들이 "프린시피스타(Principista)" 운동을 진행했다. 1872년 프린시피스타들은 콜로라도(Colorado)들과 연맹을 맺어 1873년 대통령 선거에 호세 마리아 무뇨스(José María Muñoz)를 내보내지만 반대 세력인 네토스(Netos)가 정권을 잡는다. 1875년 1월 15명의 프린시피스타 지도자들을 추방되고 이들은 부에노스아이레스(Buenos Aires)에 모여 혁명을 준비한다. 10월에 대학생, 지식인, 직인들이 무기를 들어 혁명을 일으키지만 실패하고 만다.

Revueltas, José (호세 레부엘타스)   (1914~1976) 멕시코의 작가. 예술계 집안에서 태어나 대학을 가지 않았으나 멕시코의 뛰어난 지성인이 되었다. 특히 문학과 영화, 정치적 이론과 활동에서 뛰어났다. 1928년 멕시코 공산당에 입당하였으나 1943년 망명길에 올랐다. 그의 소설들 중 몇몇은 관료제와 당의 의견 불일치와 관련이 있는 이야기들로 구성되어 있다. 여러 번 감옥에 투옥되기도 했다. 이때의 경험으로 첫 소설 『Los muros de agua』(1941)을 썼다. 가장 유명한 소설은 『El luto humano』(1943)로 비평계에서 큰 성공을 거두었다. 극작품, 역사적 수필, 정치 수필 등도 썼다. 1967년 하비에르 비야우루티아 상(El Premio Xavier Villaurrutia)을 수상했다. ⇒ La literatura mexicana del siglo 20(20세기 멕시코 문학)

Rey Rosa, Rodrigo (로드리고 레이 로사) (1958~) 과테말라 출신의 작가다. 작품들은 남미 인디오들의 전설과 신화를 배경으로 하고 있다. 2004년에 과테말라 문학상을 수상했다. 대표작으로 『*El cuchillo del mendigo*』와 『*Ningún lugar sagrado*』가 있다. ⇒ La literatura guatemalteca del siglo 20(20세기 과테말라 문학)

Reyes Messa, Alfonso (알폰소 레예스 메사) (1909~1967) 칠레 출신의 작가 저널리스트 『*Los Tiempos*』와 『*La Hora*』의 국장으로 활동했고 칠레 작가사회상(Premio Sociedad de Escritores de Chile)을 수상했다. 대표작으로 『*La señorita de gamuza*』와 『*Cuatro largos pasos*』가 있다.

Reyes, Alfonso (알폰소 레예스) (1889~1959) 멕시코 출신의 시인이자 수필가였으며 외교관으로도 활동했다. 1913년에 법학 학위를 받고 외교관으로 프랑스와 스페인으로 이동하게 되었다. 1914년부터 작가로서의 삶을 시작해 1915년 가장 알려진 『*Visión de Anáhuac*』을 발간했다.

Reyes, José Trinidad (호세 트리니다드 레예스) (1797~1855) 온두라스 출신으로 광범위한 문화 창달과 다양한 예술활동에 힘쓴 작가이다. 음악과 시 분야에서 많은 창작활동을 했고 제도가와 논문 필자로 활동하기도 했다. 1847년에는 온두라스 국립대학을 설립하기도 했다.

Reyes, Salvador (살바도르 레예스) (1899~1970) 칠레의 시인이자 소설가, 수필가, 언론인, 극작가, 외교관이다. 다양하고 뛰어난 문학작품을 남겼다. 20세기 칠레 문학계에서 가장 중요한 인물 중 하나이다. 1967년 칠레 국가 문학상(El Premio Nacional de Literatura)을 수상했다. 작품마다 바다가 등장하는 것이 작가를 대표하는 특징 중 하나이다. 작품으로는 『*Piel nocturna*』(1936), 『*Norte y sur*』(1947) 등이 있다.

Reyles, Carlos (카를로스 레이레스) (1868~1938) 우루과이의 작가이다. 하비에르 데 비아나(Javier de Viana)와 함께 우루과이 모데르니스모(Modernismo) 소설의 정점을 찍은 것으로 평가된다. 대표작으로 『*El terruño*』(1916), 『*El embrujo de Sevilla*』(1922) 등이 있다. ⇒ La literatura uruguaya del siglo 20(20세기 우루과이 문학)

Riachuelo (리아추엘로) 루이스 호세 모글리아 바르트(Luis José Moglia Barth, 1903~1984)의 1934년 작품. 리아추엘로(Riachuelo), 리오 마탄사(Río Matanza) 지역을 일컬음)의 항구를 배경으로 하며 영상, 음향 등의 측면에서 뛰어나다는 평을 받았다.

Ribeyro, Julio Ramón (훌리오 라몬 리베이로) (1929~1994) 페루의 작가이다. 1994년 라틴아메리카 및 카리브 후안 룰포 문학상(El Premio de Literatura Latinoamericana y del Caribe Juan Rulfo)을 수상하는 등 많은 상을 받았다. "50년대 세대"에 속하는 작가로 페루 소설의 혁신을 추구했고 가속화된 근대화의 가정에 고통받기 시작하는 페루 사회의 변화를 묘사하는 데 관심을 보였다. 뛰어난 수준에 도달한 단편 소설로 히스패닉아메리카의 손꼽히는 소설가이자 페루 문학계의 대표로 여겨진다. 주요작품으로는 『*Los gallinazos sin pluma*』(1955), 『*Cuentos de circunstancias*』(1958) 등이 있다. ⇒ La narrativa peruana del siglo 20(20세기 페루 소설)

Ricardo Miró (리카르도 미로) (1883~1940) 파나마 시인이다. 보고타에서 예술을 수학하고 있었으나 천일의 전쟁으로 파나마로 돌아갔다. 바르셀로나에서 파나마 인사로 거주했다. 작품으로는 『Nuevos Ritos』(1907), 『Preludios』(1916) 등이 있다.

Ricardo Piglia* (리카르도 피글리아) (1941~) 아르헨티나 소설가이자 시나리오 작가, 문학 비평가이다. 아르헨티나 부에노스아이레스대학교에서 후학들을 가르치고, 미국 캘리포니아대학교와 프린스턴대학교에서 객원 교수를 역임하였다. 이외에도 수많은 강연회를 통해 아르헨티나 문학을 널리 알리고 있다. 작품은 대부분 현실적이고 지역적인 특성이 나타나지만 보르헤스의 영향이 두드러지는 단편소설들로 구성되어 있다. 『La invasión』, 『Nombre falso』, 역사와 허구가 뒤섞인 『Respiración artificial』(1980), 헤라르도 간디니(Gerardo Gandini)에 의해 오페라로 만들어진 『La ciudad ausente』(1992) 등을 발표하였다. 1997년 『Plata quemada』는 아르헨티나 플라네타상을 수상하였고 마르셀로 피녜이로(Marcelo Piñeyro) 감독에 의해 영화로 만들어졌다. 2000년에는 4편의 단편을 묶어놓은 『Prisión perpetua』을 발표하였다. 문학 비평서로는 『Crítica y ficción』(1986)이 있다. 피글리아는 추리소설을 읽으며 작가가 될 준비를 하였고 대중문학과 메타픽션을 구성하는 형식을 실험적으로 작품에 반영한 상당히 급진적인 성향을 가진 아르헨티나 작가로 평가받고 있다. 소설은 모호성을 나타내며 사색을 하게 만드는 중요한 이론적인 요소들이 담겨 있다. 이로 인해 작가는 이론과 실제를 구상하여 소설로 만들어낸다. 현실적인 요소가 전혀 존재하는 것은 아니지만 기본적으로 문학 위에 문학이 놓이게 만드는 것이다. 1976년부터 1983년까지 이어진 아르헨티나 군사정권으로 수많은 작가들이 해외로 망명을 떠났지만 그는 자국을 떠나지 않고 작품활동을 하였다. 독재정권 기간 동안 벌어진 문화적 황폐를 직접적으로 경험하였기 때문에 그의 작품은 극도의 억압과 공포의 분위기를 반영하고 있다. 피글리아의 대표작 『Respiración artificial』에서는 단편소설 『Nombre falso』에서도 등장하는 아를트를 필두로 보르게스, 카프카, 히틀러, 곰브로비치 등 중요한 실존인물들이 등장하게 된다. 피글리아는 실존 인물들을 소설 속으로 끌어들이며 현실과 허구를 결합시키는 매우 복잡한 구조를 만들어낸다. 이 소설에서는 또 다른 소설이 등장하는데 에밀리오 렌시가 행방불명된 그의 삼촌 마르셀로 마기에 대해 다루는 소설이다. 이 작품의 특징은 렌시가 쓴 소설이 아르헨티나 군사 쿠데타가 발생한 조금 뒤인 1976년 4월이라는 것과 저자의 이름이 『Respiración artificial』의 저자 이름과 동일하다는 것이다. 파라과이 부근 파라나 지역으로 이주를 한 삼촌 마르셀로는 삶은 조카 렌시와 주고받는 엄청난 양의 편지와 '엔리케 오소리오'라는 역사적 인물에 관한 다양한 연구 자료를 통해 전개된다. 소설은 이 19세기 아르헨티나의 역사적 인물이 『1979』이라는 제목으로 유토피아적 소설을 쓰던 시절 스스로 목숨을 끊게 되면서 점점 복잡하게 진행된다. 이 소설 속에 소설에서는 당시 아르헨티나에서 벌어지던 실종, 고문, 망명 등을 다루고 있다. 『Respiración artificial』은 대부분의 아르헨티나 실종자와 똑같은 일을 겪게 되었을지도 모르는 마르셀로의 마지막 운명에 대해 분명히 밝히지 않고 마무리 짓는다. 검열이 엄격하게 이루어지던 시절, 정치적인 문제를 다루기 위해서 이런 형식이 유일한 방법이었기 때문에 소설에서 나타나는 일부 장면이나 사건은 아르헨티나 독자가 아니라면 이해하기 힘든 부분이 존재한다. 또한 조카와 삼촌의 친구가 문학, 철학, 역사 등에 대해 끊임없이 나누는 대화는 쉽게 이해되지 않는다. 피글리아는 『Respiración artificial』 외에도 『La ciudad ausente』에서 아르헨티나 문학의 대표 작가인 마세도니오 페르난데스(Macedonio Fernández)와 그의 부인을 등장인물로 내세우며 허구를 만들어간다.

Rigoberta Menchú Tum (리고베르타 멘추 툼) 1959년 1월 9일 출생으로 과테말라 중좌익 인디오 여지도자이며 킨체 마야족 소속으로 인권 수호자이다. 현재 유네스코 영업권 대사로 활동하고 있으며 1992년 노벨 평화상을 수상하였고 2007년과 2011년에는 과테말라 대통령 선거에 출마하였다.

Río Cahabón (카아본 강) 세묵 참페이(Semuc Champey)를 흐르는 강으로 과테말라의 알타 베라파스(Alta Verapaz)에 위치하며 이 국가의 주요 강들 중 하나이다. 길이는 약 196km이며 '시에라 델 라스 미나스(Sierra de las Minas)'에서 시작하여 '폴로칙 강(Río Polochi)'과 합류하여 '이사발 호수(Lago de Izabal)'로 흘러 들어간다. 이 강은 마야 시대부터 이 지역 원주민 정착과 농업에 중요한 역할을 해왔다.

Rio de La Plata (라 플라타 강) 남아메리카의 남단에 흐르는 300km에 달하는 강으로 아르헨티나의 파라나 강과 우루과이의 우루과이 강이 합쳐진 것이다. 다양한 동식물군이 서식하며 스페인 정복자들이 아르헨티나에 은(plata)을 찾아 왔기 때문에 이러한 명칭으로 불리게 됐다. 수량이 매우 풍부해 바다 같은 강이라고도 알려져 있다.

Río Guainía (구아이나 강) 콜롬비아, 베네수엘라, 브라질을 지나는 강이다. 콜롬비아 구아이나 주(departamento de Guainía)에서 시작해 베나도 섬(Isla Venado)까지 북쪽으로 흐르다가 남쪽으로 방향을 바꾼다. 약 2,000km의 길이로 아마존 강으로 흐른다.

Río La Pasión (라 파시온 강) 과테말라 북부 알타 베라파스(Alta Verapaz)에서 시작하여 우수마신타 강(Río Usumacinta)으로 흘러들어가는 강이다. 차흐마익 강(Río Chajmaic)으로 불리기도 하며 길이는 약 350km에 달한다. 라 파시온 강 유역에는 도스 필라스(Dos Pilas), 타마린디토(Tamarindito) 등의 스페인 침략 이전 마야 문명의 유적이 다수 위치한다.

Río Paraná (파라나 강) 중남미의 가장 중요한 강 중 하나로 아마존 강 다음으로 4,000km으로 긴 강이다. 브라질, 우루과이, 아르헨티나를 거치며 우루과이 강과 합류하여 라플라타 강을 이룬다.

Río Samalá (사말라 강) 과테말라 남서쪽에 위치한 짧은 강이다. 길이는 145km이며 토토니카판 주에서 시작해 대서양으로 흘러간다.

Río Usumacinta (우수마신타 강) 과테말라의 키체(Quiché) 지방의 차마 계곡(Sierra de Chamá)에서 시작하여 멕시코 만(Golfo de México)으로 흘러들어가는 강으로서 길이는 1,100km에 달하며 멕시코와 과테말라에서 가장 유량이 많은 강이며 라틴아메리카 전체에서 6번째로 큰 강이다. 우수마신타는 원주민 언어로 '짖는 원숭이(mono aullador)'라는 뜻으로 이 강에는 짖는 원숭이를 포함하여 거미원숭이 등 여러 동식물이 서식하고 있다.

Riofrío y Sánchez, Miguel (미겔 리오프리오 이 산체스) (1822~1881) 에콰도르의 작가, 정치가이다. 에콰도르 공화국의 첫 번째 소설로 여겨지는 작품인 『La emancipada』(1863)의 작가이다. 풍속주의적이고 드라마틱한 작품으로 불합리한 윤리적 선입견과 규범에 대한 낭만주의적 작품이다.

Ríos Montt, José Efraín (호세 에프라인 리오스 몬트) 1926년 6월 16일 출생으로 전직 과테말라 대통령, 독재자, 군인이자 국회의장이다. 1982년부터 1983년까지 군사독재를 하였고 과테말라 내전 시기에 집권하며 대량학살과 인권 남용을 하였다. 그 이후 몇 차례 다시 대선 후보로 참여하였으나 승리는 거두지 못했다. 2013년 5월 10일에 과테말라 법원에서 재판을 받으며 80년 형을 받았으나 5월 20일 누락되었다.

Ríos, Francisco Laso de los (프란시스코 라소 데 로스 리오스) (1823~1869) 유럽에서 공부하고 페루로 돌아온 페루 최초의 아카데미 화가이다. 국립도서관 미술학원에 등록하여 이그나시오 메리노를 만나 유럽의 영향을 많이 받았다. 그는 초상화를 주로 그렸으며 유럽풍의 기법을 페루에 남겼다.

Riquelme, Daniel (다니엘 리켈메) (1857~1912) 칠레의 작가이다. 태평양 전쟁(la Guerra del Pacífico)에 대한 소설로 유명하며 풍속주의적이고 전기적인 작품을 썼다. 주로 언론에 작품을 발표하였으며 칠레 문학을 선도적인 자리에 놓이게 한 선구자적 글을 썼다. 대표작으로 『*Bajo la Tienda*』(1890) 등이 있다.

Rivano, Luis (루이스 리바노) (1933~) 칠레의 작가이다. 사회의 대중적인 측면을 건드리는 강렬하고 거친 성격의 소설, 극작품 등을 썼다. 대표작으로는 『*Esto no es el paraíso*』(1965), 『*La yira*』(1970) 등이 있다. ➡ La literatura chilena del siglo 20(20세기 칠레 문학)

Rivas Dávila, Andrés (안드레스 리바스 다빌라) (1892~1930) 니카라과의 시인이다. 20세기 초 니카라과에서 형성된 새로운 실험적인 길로 들어서서 포스트모더니즘의 전형적인 이론의 한 부분을 차지하는 뛰어난 시 작품을 썼다. 유럽에서 기원하는 문체적이고 주제적 측면에서 상당한 개혁을 시도하여 히스패닉아메리카 전위주의에서 가장 두드러지는 목소리들 중 하나로 여겨진다. 니카라과에서는 전위주의 운동을 도입한 인물이다. 요절로 인해 많은 출판물을 남기지 못했으며 작가 사후에서야 작품집 『*El beso de Erato*』(1941)가 출판되었다.

Rivas Mercado, Antonio (안토니오 리바스 메르카도) 테픽에서 태어난 메르카도(1853~1927)는 멕시코의 기술자이자 건축가이다. 그의 가장 주목할 만한 작업은 멕시코시티의 시내에 위치한 'El Ángel'이다. 1903년부터 1912년까지 국립미술학교의 교장으로 지내면서 학습법과 디자인의 새로운 방법을 제시함으로써 건축과 도시기술 분야의 교육과정을 바꾸어 놓았다.

Rivas, Martín (마르틴 리바스) 칠레 작가 알베르토 블레스트 가나의 대표작(1862)으로 매우 단순한 줄거리를 가지고 있다. 이 작품은 중산층 출신의 한 젊은이와 귀족 출신의 여인 사이의 결혼을 다루면서 19세기 중엽의 칠레 사회를 파노라마적으로 광범위하게 그리고 있다. 상류층의 파티, 대중 집회들, 정치 투쟁, 풍습 등이 작가에 의해 충실히 관찰되고 묘사되고 있다.

Rivera Indarte, José (호세 리베라 인다르테) (1814~1845) 아르헨티나의 시인이자 기자로 후안 마누엘 데 로사스(Juan Manuel de Rosas) 정권에 적대적인 입장을 취했다. 학생 시절부터 시에 대한 열정을 보였다. 로사스를 풍자하는 내용의 대자보를 길가에 붙이는 등 행동하는 지식인으로 살다가 젊은 나이에 요절했다. 그의 작품으로는 로사스 정권의 부패와 범행을 고발하는 『*Tablas de Sangre*』가 전해진다.

Rivera Salas, José Eustasio (호세 에우스타시오 리베라 살라스) (1888~1928) 콜롬비아의 작가이자 변호사이다. 1922년 아버지의 죽음 이후 소가모소(Sogamoso)로 옮겨가 그의 대표작 『*La Vorágine*』(1924)를 쓰기 시작한다. 이 작품은 그의 직업적 경험에서 비롯되었는데, 브라질과 페루, 베네수엘라의 국경에서 노예화된 고무 노동자들의 황폐한 역사를 서술하고 있다. 다른 대표작으로는 『*Oda a España*』(1910), 『*Tierra de Promisión*』(1921) 등이 있다.

Rivera, Diego (디에고 리베라)   (1886~1957) 어린 시절 산 카를로스(San Carlos) 미술학교를 그만 두고 멕시코 전역을 4년 동안 돌아다닌다. 이후 장학금을 타서 유럽 마드리드, 네덜란드, 벨기에, 영국을 거쳐 파리에 잠시 정착하면서 코로(Corot)와 세잔느(Cézanne)를 공부하고 1911년부터는 큐비즘의 영향을 받는다. 귀국 후 라틴아메리카의 원주민과 농민에 관련된 토착적인 작품을 창작한다. 특히 마르크스주의 이념에 영향을 받은 서사적 리얼리즘 회화를 지향했다. 1922년부터 1929년까지 리베라는 멕시코의 국립예비학교와 교육부 건물 벽화를 그렸다. 유명한 벽화 중 "5월 1일(El primero de mayo)"과 "땅을 점유하는 가련한 농민들(Los pobres campesinos tomando posesión de las tierras)"이 있다. ➡ Muralismo(벽화주의)

Rivera, José Eustasio (호세 에우스타시오 리베라)   (1888~1928) 콜롬비아 소설가이자 시인이다. <El Tropical> 신문에 160개 이상의 시와 소네트 출간했으며, 2권의 책에 모두 출판했다. 시집 『*Tierra de promisión*』(1921)과 히스패닉아메리카의 대표작품으로 꼽히는 단편소설 『*La vorágine*』(1921)가 있다.

Rivera, José Fructuoso (호세 프룩투오소 리베라)   (1778~1854) 우루과이의 군인이자 정치인이다. 우루과이의 독립을 주창한 인물 중 하나였으나 라바예하(Lavalleja)와의 의견 차이로 군대를 떠난다. 1829년에는 전쟁 장관으로 임명되며 일 년 후에 동우루과이(La República Oriental del Uruguay)의 대통령이 된다. 1836년 그의 계승자 오리베(Oribe) 대통령과 마찰을 일으키고 두 번째로 대통령에 임명된다.

Robertis, Carolina de (카롤리나 데 로베르티스)   (1974~) 우루과이 출신의 현대 여성 작가다. 영국, 스위스 그리고 현제 거주하는 미국에 자랐지만 차루아(Charrúa) 전통이 그대로 작품에 드러난다. 대표작으로 『*La montaña invisible*』가 있다.

Roberto Bolaño Avalos* (로베르토 볼라뇨 아발로스)   (1953~2003) 칠레 태생으로 라틴아메리카 문학의 가장 영향력 있는 작가 중 한 명이다. 15세 때 부모님을 따라 멕시코로 이주한다. 16세에 학교를 그만 둔 이후 교육시설에서 교육을 받은 적이 없다. 멕시코에서 거주하면서 당시 위대한 멕시코 시인 중 한 명이었던 에프라인 우에르타(Efraín Huerta)와 칠레 작가 엔리케 린(Enrique Lihn)을 만나게 되었고 이후 이 두 사람은 볼라뇨의 삶에 결정적인 영향을 미치게 되었다. 1972년 멕시코 언론에서 칼럼니스트로 일하며 모은 돈으로 칠레로 귀국한다. 귀국 후 1973년에 아옌데 대통령에 맞서 피노체트 장군의 쿠데타가 일어났다. 이후 1974년 볼라뇨는 다시 멕시코로 돌아가 멕시코 문화계 활동에 참여하게 된다. 그는 20세의 나이로 작품을 출간하기 시작했고 칠레 시인 마타(Matta)와 함께 '인프라레알리스모(infrarealismo)' 전위주의 운동을 이끌었다. 인프라레알리스모에는 젊은 시인만 참가한 것이 아니라 화가, 음악가 등 다양한 예술가들이 포함되어 있었다. 당시 시를 썼던 볼라뇨는 '멕시코 인프라레알리스모 시인들'이라는 선집을 내놓았다. 이후 1977년 스페인 바르셀로나로 떠난다. 스페인에서는 문학계 인사들과 만남을 갖지 않고 오로지 여행만을 즐긴다. 이후 헤로나 지역에서 거주하면서 첫 소설을 발간하기 이전까지 야간경비와 상인 등 다양한 일을 한다. 보르헤스와 칠레 작가 니카노르 파라(Nicanor Parra)를 추앙한 볼라뇨는 1984년 안토니 가르시아 포르타(Antoni García Porta)와 공동으로 첫 소설 『*Consejos de un discípulo de Morrison a un fanático de Joyce*』를 출간한다. 이 소설로 볼라뇨는 다양한 문학상을 거머쥐었고 이를 통해 스페인 출판사와 일할 수 있는 기회가 열렸다. 이후 1996년 아나그라마(Anagrama) 출판사에 의해 『*Estrella distante*』가 출간되었다. 이 작품은 아옌데 정권에 맞서 발발한 쿠데타 기간 동안 벌어지는 한 시인과 공군장교의 이야기를 다룬다. 1997년 『Llamadas telefónicas』를 발표하면 칠레에서 가장 권위 있는 상 '산티아고 데 칠레 도시상(Premio Municipal de Santiago de Chile)'을 수상했다. 1998년 『*Los detectives salvajes*』을 발표했고 1999년에는 라틴아메리카 문학상으로는 가장 권위 있는 상인 로물로 가예고스상(Premio Internacional Rómulo Gallegos)을 수상한다. 1999년에는 『*Amuleto*』를 출간한다. 이 작품에서는 『*Los detectives salvajes*』에서 등장하는 화자이자 주인공인 우루과이 시인 아욱실리오 라쿠투레가 재등장하면서 이전 에피소드를 확장시켜 나간다. 2000년에는 아우구스토 피노체트 독재정권을 비유적으로 묘사하는 『*Nocturno de Chile*』이 세상의 빛을 보게 된다. 2001년 볼라뇨는 자서전과 픽션을 새롭게 결합한 『*Putas asesinas*』를 발표하는데, 이 작품에 등장한 인물들은 대부분 혼자이고 고달픈 삶을 살아가는 극단적인 사람들이다. 2003년에는 『*El gaucho insufrible*』을 출간했고, 이듬해 볼라뇨의 유작 소설인 역작 『*2666*』을 발표했다. 『*2666*』은 5장으로 구성되어 있는데 각 권은 비평가 부분, 아말피타노 부분, 파테 부분, 범죄자 부분, 아르침볼디 부분으로 나눠지면서 이야기가 완벽하게 이어진다.

Roberto José, Payró (파이로 로베르토 호세)　　(1867~1928) 아르헨티나 출신 작가. 『*El casamiento de Laucha*』, 『*Las divertidas aventuras del nieto de Juan Moreira*』 등의 작품들을 통해 중남미 문학사에서 풍속주의를 더욱 발전시킨 인물이다. ➡ La literatura argentina a mediados del siglo 20(20세기 중반 아르헨티나 문학)

Roca, Julio Argentino (훌리오 아르헨티노 로카)　　(1843~1914) 아르헨티나의 군인이자 정치가였으며, 1898년부터 1904년까지 아르헨티나의 대통령을 역임했다. 파타고니아 지역의 인디오를 토벌하고, 대초원 지대의 식민 정책을 펴기도 했다.

Rocafuerte y Bejarano, Vicente (비센테 로카푸에르테 이 베하라노)　　(1783~1847) 에콰도르 정치가이자 1835년에 대통령으로 취임했다. 구아야킬에서 태어나 스페인 마드리드에서 학업을 마쳤다. 1807년 모국으로 돌아와 스페인 식민지에서 국가를 해방하는 데 크게 기여하고 이후 그란 콜롬비아로부터의 독립에 참여한다. 당시 영향력 있는 인물 중 한 명으로서 피친차 주의 의원이 되고 후안 호세 플로레스(Juan José Flores) 정부에 반발하게 된다. 이후 에콰도르 두 번째 대통령이 되어 아메리카 태생 사람들을 보호하는 법을 통과시켰다. 1847년 페루 리마에서 외교관으로 활동 중 사망하게 되었다.

Rodas, Ana María (아나 마리아 로다스)　　(1937~) 과테말라 출신의 시인, 문학 평론가다. 작품들은 국제무대에서 영어, 독어를 비롯한 다양한 언어로 번역되었고 2000년에는 미겔 아우스트리아스 문학상(Premio Nacional de Literatura "Miguel Ángel Asturias")을 수상했다. 대표작으로 『*Poemas de la izquierda erótica*』, 『*La insurrección de Mariana*』 등이 있다. ➡ La literatura guatemalteca del siglo 20(20세기 과테말라 문학)

Rodó, José Enrique (호세 엔리케 로도)　　우루과이 출신 작가로 1882년 몬테비데오에서 출생했다. 1900년 세대의 대표적인 문인 및 라틴아메리카 최고의 산문가로 꼽히며 부유한 가정에서 태어나 문학을 공부했고 국립 도서관장을 지냈다. 콜로라도(Colorado)당에 들어가 의원으로 정치활동을 펼쳤으며 국립 문학 및 사회학 잡지를 마르티네스 비힐(Martínez Vigil), 페레스 페티트(Pérez Petit)와 창간하는 등 대외활동을 활발히 했다. 1916년 카라스 이 카레타스(Caras y Caretas)사의 전쟁특파원으로 유럽을 다녀온 후 병을 얻어 1917년 사망했다. 대표작으로는 『*La novela nueva*』(1897), 『*El que vendrá*』 (1897), 『*Ariel*』(1900), 『*Liberalismo y Jacobinismo*』(1906), 『*Motivos de Proteo*』(1909) 등이 있다. ➡ Arielismo(아리엘리스모)

Rodríguez Lozano, Manuel (마누엘 로드리게스 로사노)　(1896~1971) 멕시코시티 출생의 화가이다. 본래 군사 교육을 받고 군대에서 외교 업무를 시작했지만 장군의 딸과 결혼하면서 파리로 여행을 가서 아방가르드 운동에 영향을 받아 스페인에서 미술을 공부했다. 멕시코로 돌아와서 미술을 계속하면서 아르테 포풀라르에 흥미를 느꼈고 그로 인해 서민들의 생활 모습을 작품에 담는 경향이 생겨났다.

Rodríguez Mendoza, Emilio (에밀리오 로드리게스 멘도사)　(1873~1960) 칠레의 작가이자 언론인, 외교관이다. 수필과 전기에서 좋은 작품들을 남겼다. 칠레 한림원의 멤버로 1954년 선정되었다. 대표작으로는 『*Última esperanza*』(1899), 『*Como si fuera ayer*』(1919) 등이 있다.

Rodríguez Ruiz, José Napoleón (호세 나폴레온 로드리게스 루이스)　(1910~1987) 엘살바도르의 소설가이자 법률가이다. 20세기 엘살바도르 법조계에서 가장 위대한 인물 중 하나로 여겨지며 소설에서도 뛰어난 인물이다. 유명한 소설 『*Jaraguá*』(1950)를 통해 문학계에 업적을 이루었다.

Rodríguez Saá, Adolfo (아돌포 로드리게스 사아)　아르헨티나의 정치인으로 2001년 12월 23일에 임시 대통령으로 임명되었으나 2001년 12월 31일에 사임하였다. 경제를 재건하기 위해 새로운 고정 환율제를 실시하고 공무원 임금지급 유보를 통해 빈민 구제를 하려 했으나, 아르헨티나의 경제 위기를 극복하기에는 역부족이었다.

Rodríguez, Luis Felipe (루이스 펠리페 로드리게스)　(1884~1947) 쿠바의 소설가이다. 히스패닉아메리카 문단에서 크레올주의(Criollismo)의 선구자 중 한 명이며 현대 쿠바 문학의 첫 번째 단편소설 작가이다. 대표작으로는 『*La pascua de la tierra natal*』(1928), 『*Ciénaga*』(1937) 등이 있다.

Rodríguez, Simón (시몬 로드리게스)　(1771~1854) 베네수엘라 출신의 작자이자 번역가였다. 샤토브리앙(Chateaubriand)의 소설 『*Atala*』를 번역하였고 장 자크 루소의 교육법을 중남미 국가에 도입하려고 노력하였다. 미국과 유럽에서 20년 이상의 생활 접고 다시 돌아와 그의 제자 시몬 볼리바르(Simón Bolívar)와 함께 하며 사무엘 로빈슨(Samuel Róbinson)으로 개명했다. 교육을 향한 그의 욕심으로 여러 효과적인 교육법을 도입했으며 교육에 큰 변화가 일어났다.

Rodríquez Galván, Ignacio (이그나시오 로드리게스 갈반)　멕시코의 기자이자 정치가, 극작가, 서정 시인이다. 1816년에 출생하여 1842년에 생을 마감했다. 여러 주제의 극작품 『*Fábulas*』, 『*El bardo de Acolhuacán*』 등의 극작품을 남겼지만, 극작가로서보다 서정 시인으로 더 인정받았다. 시로는 『*Adiós, oh patria mía*』 등이 있다.

Roffé, Reina (레이나 로페)　(1951~) 아르헨티나 작가이자 기자. 아르헨티나 <El Clarín>, <Página 12> 등 여러 신문사에서 기자활동을 했다. 첫 작품인 『*Llamado al Puf*』(1973) 작품으로 '폰달 리오스상(Premio Pondal Ríos)'을 수상했으며, 풀브라이트(Fulbright) 장학금을 받았다. 다른 작품으로는 『*Monte de Venus*』(1976), 『*La rompiente*』(1987) 등이 있다.

Rogelio Sinán (로헬리오 시난)　(1902~1994) 파나마 시인이자 작가. 칠레에서 학사과정을 수학했으며, 파블로 네루다(Pablo Neruda)와 가브리엘라 미스트랄(Gabriela Mistral)
을 만났다. 작품으로는 『Todo un conflicto de sangre』(1946), 『Los pájaros del sueño』(1957)
등이 있다.

Rojas Paz, Pablo (파블로 로하스 파스)   (1896~1956) 아르헨티나 출신의 작가다. 그의
작품은 아르헨티나 시골 사회의 상태를 소재로 하여 대표작으로 『Arlequín』, 『El patio de
la noche』, 『Hombres grises』 등이 있다.

Rojas, Ángel Felicísimo (앙헬 펠리시시모 로하스)   (1909~2003) 에콰도르의 작가이자
정치가이다. 1930년대의 사실주의 작가로 분류된다. 1950년대 정치계의 부패와 공작에
환멸을 느껴 이후 문학활동에 전념했다. 대표작으로는 『El Éxodo de Yangana』(1949) 등
이 있다.

Rojas, Jorge (호르헤 로하스)   (1911~1995) 콜롬비아 출신의 변호사, 각본가, 경제학자이
며 시인으로 활동하였다. 1939년에 피에드라 이 시엘로(Piedra y cielo) 운동을 창설하
였다. 콜롬비아 20세기 중에서 뛰어난 시인으로 꼽히며 첫 작품 『La forma de su huida』
는 스페인 시인 후안 라몬 히메네스(Juan Ramón Jiménez)에게도 많은 감명을 주었다
고 알려져 있다. 뿐만 아니라 유능한 변역가로도 인정받았으며 여러 시와 작품들을 번역
하였다.

Rojas, Manuel (마누엘 로하스)   (1896~1973) 칠레 출신의 시인으로 칠레 소설의 전통적
인 풍속주의 및 토착주의와의 단절을 표명했다. 『Hijo de ladrón』이라는 중요한 작품을
썼는데, 이 작품에서 몰염치한 사회에 존재하는 몰염치한 인간의 고난과 절망을 그렸으
며 실존적 초경험주의의 바탕 위에 '천민(roto)'의 삶을 형상화했다는 점에서 높게 평가
된다. ➡ La literatura chilena del siglo 20(20세기 칠레 문학)

Roma (로마)   아르헨티나 영화감독 아돌포 아리스타라인(Adolfo Aristarain, 1943~)의
2004년 작품. 아르헨티나와 스페인 공동 제작이며 아리스타라인의 자전적 영화로 자신
이 시나리오를 썼다. 2005년 콘도르 데 플라타상(Premio Cóndor de Plata) 감독상을
수상했다.

Romances del Río Seco (로만세스 델 리오 세코)   아르헨티나의 시인 레오폴도 루고네
스(Leopoldo Lugones, 1874~1934)의 시집. 역사, 전설, 가우초 시, 전통 등의 다양한
요소에서 국가에 대한 총체적 시각이 드러난다. 조상들의 땅에 대한 반향과 시각적, 청
각적 효과가 드러나며 민족적, 지역적 주제를 다룬다.

Romanticismo latinoamericano (라틴아메리카 낭만주의)   낭만주의 제1세대(1830~
1860)의 "사회적 낭만주의"와 주관주의라는 내적 요소를 수용한 "감상적 낭만주의(1860~
1890)로 이양된다. 낭만주의의 제2세대에서는 사랑과 풍경에 대한 신격화가 이루어지면
서 이전 단계의 투쟁적 작품의 자를 메꿔나간다. 라틴아메리카 낭만주의의 몇몇 기본적
인 특성을 정리한다면 다음과 같다. 민족적 요소나, 정치적 자유라는 주제, 그리고 시에
서 특이한 면은 있지만 유럽 낭만주의와 동일한 원칙을 기반으로 같은 기법을 수용한다.
낭만주의 이전의 라틴아메리카 문학, 특히 시는 거의 절대적으로 스페인을 모범으로 삼
았다. 그러나 낭만주의는 프랑스와 영국을, 그리고 동시에 그리스, 로마를 추종한다. 고
전주의적인 것과 낭만주의적인 것의 대립 없이, 때로는 한 작가에게서 두 가지 성향이
공존한다. 자유는 최고의 가치를 지니며, 그 결과 기법 면에서 불완전하고 주제 면에서
독창적인 시가 나타난다. 보편적이고 폭넓은 주제를 상실하고, 개인 혹은 가정에 국한된

시가 많아진다. 시는 낭만주의의 약 80%에 달하는 소재를 제공한다. ⇒ La literatura uruguaya del siglo 20(20세기 우루과이 문학)

Romero Bosque, Pío (피오 로메로 보스케) (1892~1964) 엘살바도르의 정치인, 변호사로 그를 따르는 이들 사이에서는 "Don Pío"로 더 잘 알려져 있다. 1927년과 1931년 엘살바도르의 대통령직을 수행했다. 이전 대통령인 알폰소 퀴뇨네스(Alfonso Quiñones) 정권에서부터 여러 중요한 직책을 수행하였으며 퀴뇨네스의 도움을 받아 당선되었으나 멜렌데스-퀴뇨네스 정치 가문과는 다른 독자적 방식으로 정치를 이끌어나갔다.

Romero, Elvio (엘비오 로메로) (1926~2004) 파라과이 출신으로 독자들에게 많은 사랑을 받은 작가이다. 파블로 네루다와 라파엘 알베르티 등 위대한 시인들부터도 찬사를 받았으며 『*Días roturados*』(1947), 『*Destierro y atardecer*』(1962) 등 많은 작품을 남겼다. ⇒ Literatura del Paraguay(파라과이 문학)

Romero, Manuel (마누엘 로마노) (1891~1954) 아르헨티나 출신의 영화감독, 극작가, 작곡가 등으로 활동하였으며, 고전 아르헨티나 영화 시대의 가장 영향력 있는 감독 중 한 명으로 꼽힌다. 1931년부터 1951년까지 수많은 영화와 음악을 만들었으며, 주로 탱고를 타이틀곡으로 삼아 음악적인 멜로영화를 만들었다.

Rómulo Gallegos Freire* (로물로 가예고스 프레이레) (1884~1969) 베네수엘라 출신 작가, 교육자, 정치가이다. 라틴아메리카를 대표하는 사실주의 작가로 베네수엘라의 풍경, 국민의 관습, 열정 등을 생생하게 묘사한 작가로 유명하다. 카라카스 대학에서 법학을 공부했지만 1년 후 그만둔다. 당시 가예고스는 이미 작품활동을 하고 있는 상태였다. 1912년 카라카스 연방학교 교감으로 부임 받아 교육자로 활동하였고, 6년 뒤 사범학교를 거쳐 1922년부터 1930년까지 카라카스 문학회장을 역임하면서 이후 베네수엘라의 행동당의 주요 당원들이 되는 대부분의 인사들을 이곳에서 만나게 되었다. 당시 문학회에서는 로물로 베탄코우르트(Rómulo Betancourt), 라울 레오니(Raúl Leoni), 호비토 비알바(Jóvito Villalba), 미겔 오테로 실바(Miguel Otero Silva), 엘리아스 토로(Elías Toro), 안토니오 안솔라(Antonio Anzola) 등을 공부하였다. 가예고스는 1913년 첫 단편 『*Los aventureros*』을, 1920년에 첫 장편소설 『*El último solar*』을 발표하였다. 이후 1929년에는 대표작 『*Doña Bárbara*』를 발표한다. 『*Doña Bárbara*』는 상징적인 인물들을 등장시켜 문명과 야만을 묘사한다. 이 소설은 평원에서 문명을 상징하는 도냐 바르바라와 야만을 상징하는 산토스 루사르도의 운명적인 이야기를 다룬다. 가예고스는 『*Doña Bárbara*』의 발표 이후, 후안 비센테 고메스 정부를 피해 유럽에 정착하기로 결정한다. 이렇게 가예고스는 유럽에서 중요한 작품으로 꼽히는 『*Cantaclaro*』(1934)와 『*Canaima*』(1935)를 쓴다. 1936년 비센테 고메스 대통령이 세상을 떠나자 다시 베네수엘라로 돌아간다. 1937년 교육부 장관으로 임명되고, 국회의원을 거쳐 1941년 행동당(Acción Democrática) 대표로 베네수엘라 대통령 후보로 선출되지만 이사이아스 메디나 앙가리타(Isaías Medina Angarita)에게 패배한다. 이후 1947년 대선에 재출마한 끝에 대통령에 당선되었다. 1948년 1월 대통령에 취임하였지만 그해 11월에 군사 쿠데타가 일어나면서 실각하고 10년 동안 망명 생활을 해야만 했다. 정치와 행정 참여로 인해 가예고스의 문학작품 활동은 하향곡선을 그리고 있었다. 소설 『*Pobre negro*』(1937)와 『*Sobre la misma tierra*』(1941)는 이전 작품들의 중요성에 미치지 못한다. 베네수엘라의 정치적 상황으로 자국과 타국을 오가며 살다가 1958년 페레스 히메네스 정권에 몰락하자 귀국하여 국가문학상

(Premio Nacional de Literatura)을 수상하는 등 다시 영예를 누리다가 1969년 고향에서 삶을 마감한다. 베네수엘라 정부는 그를 기리기 위해 1965년에 로물로 가예고스 국제소설상을 제정하였다. 이후 1972년에는 카라카스에 로물로 가예고스 라틴아메리카 연구센터(Centro de Estudios Latinoamericanos Rómulo Gallegos, CELARG)가 설립되었다.

Roncagliolo, Santiago (산티아고 론카글리올로)   (1975~) 페루 출신의 현대 작가다. 어린 시절은 멕시코에서 보내고 2000년대 들어와서는 스페인에서 활동하고 있는 작가는 동화부터 시작해 소설까지 다양한 장르에서 활동했다. 대표작으로 첫 소설 『*Pudor*』와 2006년에 발표된 『*Abril Rojo*』가 있다.

Rondador ecuatoriano (에콰도르 론다도르)   에콰도르 전통 삼포냐. 부들 나무와 콘도르 깃털 관으로 제작된다. 두 개의 펜타토닉 스케일을 교대하여 사용자는 두 개의 음을 동시에 낼 수 있다. 주로 에콰도르 전통 음악 산 후아니토(Sanjuanito)를 위해 사용된다.

Rondeau, José (호세 론데아우)   (1773~1844) 아르헨티나 출신의 우루과이 군인, 정치가. 1807년부터 독립 전쟁에 참가, 1814년에 사령관이 되었다. 이후 리오 델 라 플라타 연합군(Provincias Unidas del Río de la Plata)의 총사령관이 되었으며 1828년부터 2년간 대통령직을 수행하기도 하였다.

Rosa de Jamaica (로사 데 하마이카)   말린 히비스커스(Hibiscus sabdariffa) 잎을 달여 차갑게 해서 설탕을 넣어 마시거나 따뜻한 상태로 마시는 차의 일종이다. 멕시코를 비롯한 중미 라틴 국가와 자메이카, 남미 일부 국가에서 흔히 볼 수 있다. 찻물의 색은 히비스커스의 색깔처럼 검붉은 색을 띠며 맛은 시고 텁텁하다.

Rosales, Héctor (엑토르 로살레스)   (1958~) 우루과이의 시인이다. 독재 기간(1973~1984) 동안 망명하여 바르셀로나에서 작품활동을 이어나갔다. 대표작으로는 『*Visiones y agonías*』(1979), 『*Desvuelo*』(1984), 『*El manantial invertido*』(1994) 등이 있다. ⇒ La literatura uruguaya del siglo 20(20세기 우루과이 문학)

Rosario Ferré* (로사리오 페레)   (1942~) 푸에르토리코 출신 시인, 소설가, 기자이다. 푸에르토리코에 정치 및 경제적으로 영향력을 행사하는 집안에서 태어났다. 아버지는 푸에르토리코의 '새진보당'을 창설한 정치인이다. 이러한 배경으로 작가는 가부장적인 사회가 요구하는 결혼을 해서 아이를 낳고 키우는 전통적인 여성으로 성장하는 교육을 받았다. 하지만 페레는 전통 여성의 역할에 반기를 들며 문학의 길로 들어선다. 이런 이유로 '반항심'은 그녀의 초기 작품에서 나타나는 중요한 요소이며, 푸에르토리코의 페미니즘 문학의 선구자로 자리매김할 수 있었다. 페레는 우루과이의 작가이자 기자인 앙헬 라마(Angel Rama)와 페루의 소설가 마리오 바르가스 요사(Mario Vargas Llosa)의 영향을 받아 창작의 길로 접어들었다. 푸에르토리코의 대학에서 공부를 마친 후 메릴랜드 대학에서 앙헬 라마의 지도하에 훌리오 코르타사르(Julio Cortázar)에 대한 논문으로 박사학위를 받았다. 페레는 1972년부터 1975년까지 문학잡지 <Zona de carga y descarga>를 운영하며 새로운 세대의 작가를 소개하고 지식 문화를 확산시키는 중요한 역할을 수행하였다. 작가의 첫 저서는 1976년 시와 단편들을 엮어 출간된 『*Papeles de Pandora*』을 시작으로 『*La muñeca menor*』을 발표하면서 본격적으로 작품활동을 하였다. 『*La muñeca menor*』은 전통에 의해 구축된 관습과 의식을 지닌 가정의 이야기를 다루지만 환상적이고 엉뚱한 요소들이 등장하며 일반적으로 사람들이 수용하는 도덕적 가치에 격렬하게 부정하는 모습을 드러낸다. 페레는 동화 『*El medio pollito*』(1976), 『*La mona que le pisaron la cola*』(1980), 『*Los cuentos de Juan Bobo*』(1981) 등을 발표하며 공공복지, 사회정의, 양성평 등과 같은 오래된 사회적 문제들을 다루었다. 이 동화들은 사실상 어린이의 가면을 쓰고 전통 사회의 도덕적 가치에 의문을 제기하고, 여성의 존엄성을 지키고, 모든 억압적인 구조와 전통적 가치를 파괴시키는 모습을 그리고 있다. 또한 1984년 페레는 중요한 에 세이 『*La cocina de la escritura*』를 발표하는데, 이 책은 영국의 버지니아 울프(Virginia Woolf), 미국의 아네스 닌(Anaïs Nin), 프랑스의 시몬느 드 보브와르(Simone de Beauvoir) 등 현대 페미니즘 이론가들의 저서를 읽으며 작가가 기반을 형성한 문학비평 이론서이다. 1986년에 발표한 『*Maldito amor*』의 특징은 미국과 스페인간의 전쟁 발발로 미국이 푸에르토리코를 침공한 역사적인 해인 1898년부터 앞으로 전개될 수 있는 푸에 르토리코의 정치 및 문화적 미래까지 다룬다는 것이다. 이외에도 식민화된 푸에르토리코 와 가정에 종속된 여성을 동일 선상에 놓고 이를 재치 있게 비교한다. 작가는 또한 『*Sitio a Eros: trece ensayos literarios*』(1980)와 『*Fábulas de la garza desangrada*』(1982)에서 여성의 시각에서 사랑의 열정을 표현한다. 페레의 작품은 1990년대부터 큰 변화를 보이기 시작 한다. 가 나타난다. 『*Coloquio de las perras*』(1990)와 『*Las dos Venecias*』(1992)에서 증언적 인 요소가 첨가된 페미니스트적 비평과, 유년 시절을 거쳐 인간과 작가 그리고 푸에르토 리코인으로서의 정체성을 찾아가는 과정을 그린다. 이 두 작품 모두 작가의 지적 및 이 데올로기적 과도기를 보여주고 있다. 페레는 미국 출간을 위해 자신의 작품을 영어로 번 역하였는데 이를 계기로 이후 영어로 창작활동을 하며 이중 언어 문학 작가로 변모하게 된다. 이렇게 소설 『*The house on the Lagoon*』(1995)과 『*Eccentric Neighbourhoods*』(1998)은 영어판과 스페인어판으로 함께 출간된다. 독자들은 페레의 작품을 통해서 가부장적인 사 회의 푸에르토리코가 미국의 대도시의 영향 아래 근대화되고 있는 모순적이고 회의적인 모습을 발견하게 된다.

Rosas (로사스)　　아르헨티나의 80세대(generación de 80) 소설가인 루시오 빅토리오 만시야 (Lucio Victorio Mansilla, 1831~1913)의 작품. 아르헨티나의 독재정권 당시 국민들을 묘사한 작품이다. 작가의 삼촌이자 독재자였던 후안 마누엘 데 로사스(Juan Manuel Rosas, 1793~1877)를 찬양한다기보다는 당시 사회를 역사가적 관점에서 그려냈다.

Rosas artificiales (인조 장미)　　콜롬비아의 소설가 가브리엘 가르시아 마르케스(1927~) 의 단편. 단편집 『*Los funerales de la Mamá Grande*』(1962)에 속해 있는 작품으로, 눈먼 할머니인 주인공이 손녀가 무엇을 하는지 알 수 있고 느낄 수 있는 모습을 보이는 아주 짧은 단편이다. ➡ Gabriel García Márquez(가브리엘 가르시아 마르케스)

Rosas Moreno, José (호세 로사스 모레노)　　(1838~1883) 멕시코의 작가이다. 당대에 가 장 "위대한" 인물들 중 겸손한 인물이었다. 대단한 이야기꾼이었으며 시는 다정함과 친 절함으로 가득 차 있다. 대표작으로는 『*El valle de mi infancia, Ramo de violetas*』(1891) 등이 있다.

Rúa, Fernando de la (페르난도 데 라 루아)　　아르헨티나의 정치가로 1999년에 대통령으 로 당선되었다. 페르난도 데 라 루아 역시 이전 대통령들과 마찬가지로 아르헨티나의 경 제위기를 해결하지는 못했다. 2000년 국제구제금융 지원요청 후 2년 만에 대통령직에서 사퇴했다. ➡ Salsa(살사)

Rubalcaba, Manuel Justo de (마누엘 후스토 데 루발카바)　　(1769~1805) 쿠바 출신으

로 전원적이고 자연을 묘사하는 시를 많이 썼다. 대표작으로는 『*A la noche*』와 시 『*La muerte de Judas*』, 소네트 『*A Nise bordando un ramillete*』가 있다.

Rubini, Tomás Miró (토마스 미로 루비니)   (1800~1881) 파나마 출신의 시인이다. 중남미 낭만주의의 초기 작가 중 한 명이었고 파나마 독립과 연관된 언론 및 운동에 참여했다. 대표작 『*Oda al 18 de noviembre de 1840*』은 파나마 국민성과 확신에 대해 말한다.

Ruelas, Julio (훌리오 루엘라스)   쿠바의 훌리오 루엘라스(1870~1907)는 멕시코 상징주의의 전형적인 방식을 개척한 인물이다. 독일 단치히의 아카데미에서 화가 마이어베어(Giacomo Meyerbeer) 밑에서 수학했는데 그의 상징주의 표현은 학력의 배경보다는 마음속의 생각을 겉으로 나타내지 않는 내성적인 성격에서 찾아볼 수 있다. 그는 심하게 말수가 적고 자유분방한 생활을 즐기는 보헤미안 기질의 소유자였다. 또한 매우 주관적인 화가로서 우상 파괴적이고 여성 혐오적인 태도를 가지고 짧은 인생을 불꽃처럼 살다가 간 사람으로 알려져 있다. 1898년 아방가르드 성향의 잡지 <Revista Moderna>의 삽화가로서 잘 알려졌는데 특히 멕시코 정서의 한 특색을 이루는 죽음에 관심을 가지고 해골을 빈번히 등장시켰다.

Rugeles, Manuel Felipe (마누엘 펠리페 루겔레스)   (1904~1959) 베네수엘라의 시인이자 수필가. 20세기 베네수엘라의 가장 중요한 시인들 중 하나로 여겨진다. 후안 비센테 고메스(Juan Vicente Gómez) 정부에 대한 비판으로 투옥되었으며 1929년 콜롬비아로 망명하였고 1936년 고국으로 돌아온다. "금요일(Viernes)" 그룹의 일원으로 베네수엘라 전위주의 문학의 중심 역할을 했던 잡지를 만들었다. 에로틱하고 범신론적인 주제의 초기 작품 경향에서 후에 종교성이 짙은 작품이 나타난다. 대표작으로는 『*Memoria de la tierra*』(1948), 『*Plenitud*』(1966) 등이 있다.

Ruinas circulares, Las (원형의 폐허들)   아르헨티나의 작가 호르헤 루이스 보르헤스의 단편 소설로, 단편집 『*Ficciones*』에 수록되어 있다. 서문에서 밝혔듯이 환상소설이며, 작품의 모든 내용이 공상적이다. 원형의 반복적인 심상이 두드러지며 작가는 이 작품을 통해 존재의 기원의 기원에 대한 의문을 던짐으로써, 한 존재는 다른 이가 꾸는 꿈의 투영에 다름 아님을 보여준다. ➡ Jorge Luis Borges(호르헤 루이스 보르헤스)

Ruisánchez, José Ramón (호세 라몬 루이산체스)   (1971~) 멕시코의 작가이다. 1996년 작 『*Novelita de amor y poco piano*』를 통해 후안 룰포 신인 소설상(El Premio Juan Rulfo de Primera Novela)을 수상했다. 후에 『*Y por qué no tenemos otro perro*』(1997), 『*Remedios infalibles contra el hipo*』(1998)를 출판했다. ➡ La literatura mexicana del siglo 20(20세기 멕시코 문학)

Ruiz Cortines, Adolfo (아돌포 루이스 코르티네스)   (1889~1973) 1952~1958년까지 멕시코의 대통령이었으며, 벨리사리오 도밍게스 메달(Medalla Belisario Domínguez del Senado de la República)을 대통령령으로 공표하였다.

Ruiz-Tagle Gandarillas, Carlos (카를로스 루이스-타글레 간다리야스)   (1933~1991) 칠레의 소설가, 언론인, 비평가. 20세기 후반 칠레 문화계에서 뛰어난 인물이며 여러 중요한 직책을 수행하였고 칠레 한림원(La Academia Chilena de la Lengua)의 일원이 되었다. 기예르모 블랑코(Guillermo Blanco)와 함께 실리에 우테르눗(Sillie Utternut)이라는 필명으로 활동했다. 많은 상을 받았으며 대표작으로 『*Después de la campana*』(1967), 『*El cementerio de Lonco*』(1988) 등이 있다.

Rumba (룸바)　쿠바의 민속춤과 음악을 모두 가리키는 말이다. 타악기로 연주되는 2/4박자의 경쾌한 리듬에 엉덩이를 움직여 추는 것이 특징이다. 음악으로서의 룸바는 1930년대부터 유행하였으며, 춤으로서의 룸바는 플라멩코의 한 유형이라고 할 수 있다.

Rumiñahui (루미냐위)　(1490~1535) 잉카 제국의 장군이었으며 와이나 카팍(Huayna Cápac)의 뛰어난 용사 중 한 명이었다. 와이나 카팍이 죽자 그와 아들 아타우알파(Atahualpa) 위해 일하였고 잉카 제국의 내전에서도 아타우알파 군대를 지휘했다. 아타우알파가 스페인군에 끌려간 후 세바스티안 데 베날카사르(Sebastian de Benalcázar)가 키토에 있는 금을 찾으려고 하였으나 루미냐위 장군이 스페인군이 도착하자 금을 숨겼고 도시를 태운 후 도주를 하였지만 군사들과 함께 체포된다.

Rusticatio Mexicano (루스티카티오 멕히카노)　독립기 과테말라의 시인 라파엘 란디바르(1731~1793)의 작품집. 조국 과테말라를 기리며 자연인으로서의 인간을 등장시켰으며, 신세계 자연의 특징을 표현해냈다. 영어, 이탈리아어, 독일어뿐 아니라 키체어와 칵치켈어로도 번역되었다.

S

Sab (삽) 19세기 쿠바의 극작가이자 소설가인 헤르트루디스 고메스 데 아베야네다 이 아르테가(Gertrudis Gómez de Avellaneda y Artega, 1814~1873)의 소설. 주인의 딸을 사랑하는 물라토 노예의 삶을 그린 작품으로 1841년에 출판되었다. 이 소설은 노예제 폐지론적인 성격을 띤다기보다는 묘사와 상황설정이 뛰어난 수필적 작품으로 간주해야 한다는 평이 있다.

Sábado de Gloria (글로리아의 토요일) 우루과이의 소설가이자 시인인 마리오 베네데티(Mario Benedetti, 1920~2009)의 단편. 붐 세대에 속하나 사실주의적인 면모가 더 많이 드러나는 단편이다. 주인공의 아내가 갑작스레 복통을 호소하여 병원으로 가게 되면서 사건이 전개된다. ➡ La literatura uruguaya del siglo 20(20세기 우루과이 문학)

Sabat Ercasty, Carlos (카를로스 사밧 에르카스티) (1887~1982) 우루과이의 작가이다. 우주 발생론의 개념이 드러나는 작품을 썼다. 언론인에서 출발하여 대학교수직도 역임했으며 우루과이 한림원의 회장이 되기도 했다. 1912년 그때까지 쓴 모데르니스모(Modernismo) 계열의 시들을 모두 파기하고 고전과 철학의 시기를 새로이 시작했다. 대표작으로는 『*Poemas del Hombre*』(1921), 『*Libro del mar*』(1922) 등이 있다. ➡ La literatura uruguaya del siglo 20(20세기 우루과이 문학)

Sábato, Ernesto* (에르네스토 사바토) 1911년에 태어나 2011년에 사망한 아르헨티나의 작가, 수필가, 물리학자, 화가였다. 주로 인간의 조건에 관한 에세이를 즐겨 써서 『*Uno y el Universo*』, 『*Hombres y engranajes*』, 『*El escritor y sus fantasmas*』, 『*Apologías y rechazos*』 등을 발표했으며, 『*El túnel*』을 비롯해 『*Sobre héroes y tumbas*』, 『*Abaddón el exterminador*』 등 세 권의 소설, 그리고 1998년 그의 회고록 『*Antes del fin*』이 출판되었다. 현대 아르헨티나 문학에서 가장 두드러지는 작가 중 한 명이었으며, 백세 장수한 덕분에 전세기와 현세기에 걸쳐 작가생활을 할 수 있었다. 처음에 물리학자로 활동하며 그 분야를 연구해왔지만 초현실주의와 몇몇 작가들과 예술가들과의 접촉은 그의 인생을 바꾸어 놓았고, 작가로의 전향에 대한 불안감은 빠르게 해소되었다. 그렇게 작가로 전업한 사바토는 빼어난 수사능력과 탁월한 인간 심리 묘사 능력을 발휘해 현대 아르헨티나를 대변하는 작가로 우뚝 서게 되었다. 대표 소설 『*El túnel*』은 일종의 심리소설이다. 등장인물인 마리아 이리바르네(María Iribarne)는 화가 후안 파블로 카스텔(Juan Pablo Castel)을 온전히 이해하는 완전한 여인인 동시에, 남자로 하여금 살인을 유발하게 만드는 미스터리한 여인이기도 하다. 파블로 카스텔의 심리적 망상은 살인이 아닌 그 어떤 다른 선택도 할 수 없다. 이 파괴적이기까지한 플롯의 전개는 파블로 카스텔이 살인을 저지르는 동기에 대

한 분석을 집중하게 한다. 작품 『El túnel』을 통해 우리는 그가 현실을 바라보는 명백한 관점을 이해하게 된다. 단락 하나하나와 주인공들의 언행 하나하나에서 독자들은 작가의 비관주의를 만나기 때문이다. 1948년에 『El túnel』이 출간되면서 사바토는 토마스 만, 알베르 까뮈 등의 찬사를 받으며 세계적으로 인지도를 높이게 되었다.

Sabines, Jaime (하이메 사비네스)　(1925~1999) 멕시코 출신의 시인이자 정치인이었다. 초기에 아버지로부터 문학적인 영향을 받았으며 이것이 이후 성공할 수 있었던 이유 중 하나이다. 19살 때 의학 공부를 시작하지만 많이 지나지 않아 자신의 문학적인 소질을 발견한다. 대표작으로는 자신의 아버지를 향한 사랑이 담긴 『Algo sobre la muerte del mayor Sabines』가 있다.

Sabogal, José (호세 사보갈)　인디헤니즘의 대표적인 페루 화가이다. 1888년 3월 19일 페루의 카하밤보(Cajabamba)에서 태어나 1956년 12월 15일 생을 마감했다. 1920년 유럽의 모더니즘을 거부하고 인디헤니즘의 부흥을 위해 원주민 문제를 회화적으로 표현한 많은 작품을 남겼다. '우리는 인디언족에 대한 우리의 지지를 나타낸다'고 강조한 평론잡지 '아마투아(Amatua)'를 발행하였으며, 리마(Lima) 예술 학교를 운영하였다. ➡ Indigenismo(인디헤니스모)

Sacapulteco (사카풀테코)　마야어 어군 언어로 키체어와 매우 관련되어 있으며, 키체 주의 사카풀라스 지역에서 약 10,000명이 사용하고 있다.

Sacatepéquez (사카테페케스)　1542년 설립된 과테말라 중간에 위치하고 있는 주 (Departamento)이다. 북쪽과 서쪽은 치말때낭고 주와 경계하고 남쪽은 에스쿠인틀라 동쪽은 과테말라 주와 경계한다. 해발 1,524m에 위치하고 있으며 465km²의 면적으로 248,019명의 인구가 살고 있다. 16개의 구로 구성되어 있다.

Saccomanno, Guillermo (기예르모 사코마노)　(1948~) 아르헨티나 시나리오작가, 시인, 기자이자 작가. '국립단편소설상(Premio Municipal de Cuento)' 1등과 2등상, '라틴아메리카 화술 위기(Premio Crisis de Narrativa Latinoamericana)'와 '13세대의 모임 (Premio Club de los XIII)' 상을 수상했다. 대표작품으로는 『Situación de peligro』 (1986), 『Bajo bandera』(1991), 『Animales domésticos』(1994) 등이 있다.

Sacrificios humanos en la cultura maya* (마야 문명의 인신공양)　인신공양 관습은 메소아메리카 부족들에게는 매우 일반적인 관습이었다. 이런 인신공양 풍습의 기원을 파악하기 위해서는 『Popol Vuh』라는 마야 문명의 성서 속 인간창조 과정에 대한 이해가 선행되어야 한다. 『Popol Vuh』를 보면 태초에 신이 인간이 살아갈 땅을 필요로 하여 이 세상을 창조했다고 이야기하고 있다. 인간들은 옥수수를 주식으로 살아갔고, 신들에게 양식을 공급해야 할 책무도 지니고 있었다. 그런데 신들은 원래 초자연적인 존재인 관계로 초자연적인 양식을 섭취했고, 인간의 피와 심장 속에 깃든 우주의 에너지를 섭취하는 것이 필요했다. 마빈 해리스(Marvin Harris)를 비롯한 일부 학자들은 메소아메리카 지역에서 행해진 인신공양 풍습이 이 지역 주민들에게 단백질 섭취가 필요했기 때문이라는 주장을 한다. 그러나 그 지역에서 식인풍습이 행해졌다 하더라도 그러한 풍습이 주민 전체속으로 파급된 것도 아니며, 일상적인 행위도 아니었음을 기억해야 한다. 식인행위는 일종의 의식 행위였으며, 사회 하층부는 특히 배제되어 있었다. 아울러, 메소아메리카 지역에서 행해진 인신공양 방식은 매우 다양했고, 목숨까지 내놓게 하는 인신공양 방식은 그러한 다양한 방식 중의 하나에 불과했음도 인식해야 한다. 실제로 보남팍(Bonampak)의

그림을 보면, 사회 지도급 남녀 인사들이 혀끝을 찔러 살짝 피를 내게 하는 정도의 인신
공양을 하는 것이 확인된다. 결국, 인신공양이 취지하는 바는 자신의 피를 공양해 신이
좀 더 높이 평가하는 값진 피조물이 되고자 하는 것이다.

Sacsayhuamán (사크사이와만)　페루 쿠스코 북쪽으로 2km 떨어진 지점에 위치한 잉카 의
식 요새다. 15세기 파차쿠텍 황제 때 공사가 시작되었으며 16세기 와이나 카팍 때 완공
되었다. 공사는 거석으로 이루어졌으며 놀랍게도 거의 완벽하게 맞추어져 있다. 상층에
는 3개의 성루가 있다. 중간에 원형 하나와 사각형 모양을 가진 2개가 있다. 1983년 유
네스코세계유산에 기록되었다. ➡ Arquitectura del Imperio Inca(잉카 제국의 건축)

Sacuanjoche (사쿠안호체)　니카라과 국화이다. 5월의 꽃(flor de mayo)이라고도 칭한다.
원주민들은 노란색을 신과 관련지었으며, 이 꽃이 선조들과 관련된 이야기를 해준다고
생각했다. 꽃의 색상은 10개 이상이지만 노란색과 흰색만이 국화이다.

Sáenz Guzmán, Jaime (하이메 사엔스 구즈만)　(1921~1986) 볼리비아 출생의 작가, 시
인이다. 라파스에서 생활하였고 그곳에서 작품들이 탄생하였다. 그의 삶과 함께 작품 또
한 20세기 볼리비아 문화에 큰 흔적을 남겼다. 작품들을 특정하게 분류하는 부분에 있어
서 어려움이 있지만 초현실주의 문학과 매우 밀접하다. 심각한 알코올 중독 문제도 있었
으며 이에 대한 몸부림도 여러 작품에서 드러난다.

Saer, Juan José (후안 호세 사에르)　(1937~2005) 아르헨티나 수필가이며 교수이자, 작
가이다. 연안 국립대학(Universidad Nacional del Litoral)에서 영화의 역사와 평가 그리
고 영화미학 강의를 했다. 20세기의 주된 아르헨티나 작가들 중에서 뛰어난 서술로 이름
이 알려졌으며, 작품 중『El arte de narrar』(1977)이 영어, 프랑스어, 포르투갈어, 이탈리
아어와 독어로 번역됐다. 그 외에도 4권의 단편소설과 10권의 장편소설을 썼으며, 그중
『En la zona』(1960), 『Nadie nada nunca』(1980) 등의 유명작이 있다. ➡ La literatura
argentina a finales del siglo 20(20세기 후반 아르헨티나 문학)

Sáinz, Gustavo (사인스, 구스타보)　(1940~) 멕시코 출신으로 '온다(la Onda)' 그룹에 속
한 소설가이다. 작품『Gazapo』(1965)의 전통적인 언어구사와 가치체계에 도전하는 실험
성은 온다 그룹의 기본적인 규범을 보여준다. 다른 작품으로는『La princesa del Palacio
de Hierro』(1974) 등이 있으며 현재 잡지의 편집장을 지내고 있다.

Salamandra (살라만드라)　멕시코의 시인, 수필가인 옥타비오 파스(Octavio Paz, 1914~
1998)의 시집. 1961년 작으로 전위주의적, 실존주의적 면모를 보이며 아스테카(azteca)
적인 것을 통해 멕시코적인 것을 찾는 모습이 드러난다.

Salaverry, Carlos Augusto (카를로스 아우구스토 살라베리)　(1830~1891) 그의 작품
『Acuérdate de mí』와 더불어 페루를 대표하는 낭만주의 문학 거장이다. 이 외에도
『Diamantes y perlas』와『Albores y destellos』와 같은 작품을 발표했고『Poemas』라는 제목하에
아직 편집이 완료되지 않은 작품 시리즈도 존재한다.

Salazar Arrué, Salvador Efraín (살바도르 에프라인 살라사르 아루에)　(1899~1975)
엘살바도르의 시인, 소설가, 화가, 극본가, 작곡가이다. 이름에서 두 개의 성을 결합하여
필명을 만들었는데 바로 "Salarrué"이다. 다양한 방면에 재능이 있어 국제적으로 명성을
얻었으며 20세기 살바도르 문학계와 예술계에서 가장 뛰어난 인물 중 하나로 여겨진다.
대표작으로『El cristo negro』(1926), 『Eso y más』(1940), 『Catleya luna』(1974)가 있다.

Salazar Bondy, Augusto (아우구스토 살라사르 본디)　(1925~1974) 페루의 철학자이다.

처음에는 현상학에 관심을 가졌으나 후에는 오히려 윤리학의 공리주의 영역에서 활동하였으며 마찬가지로 교육계에서 활동했다. 페루의 교육 개혁의 기초를 세운 인물로 여겨지며 페루 혁명 과정에서 이론적 지지대가 된 인물 중 하나로 여겨진다. 수많은 작품을 저술했다.

Salsa* (살사)   아프로 아메리카에 뿌리를 두고 쿠바, 푸에르토리코, 파나마, 베네수엘라, 콜롬비아, 에콰도르 등 라틴아메리카 국가에서 발전된 음악이다. 또한 미국의 스페인어 사용인구 사이에 널리 퍼진 음악이기도 하다. 1930년 말부터 미국에 라틴아메리카 인구가유입되기 시작하였고 1950년에서 1960년대 사이 전례 없는 많은 수의 이민자들이 뉴욕으로 몰려들면서 절정을 이루었다. 이들 중에는 수많은 살사 음악가들이 포함되어 있었다. 특히 세실리아 크루스(Cecila Cruz)와 티토 푸엔테(Tito Puente)와 같은 쿠바 음악인들이 미국으로 대거 이동했다. 이들 세대 이후 살사 음악을 대표하는 음악인으로 루벤블라데스(Rubén Blades)와 윌리 콜론(Willie Colón)을 꼽을 수 있다. 미국으로 건너간이들 이민자들은 자신의 현실에 맞게 살사를 재창조해 낸다. 당시 라틴 음악을 대표했던빅 밴드와 맞서며 흑인재즈 뮤지션들이 변화의 노력을 기울인 것처럼 음악의 형식을 새롭게 만들고자 했다. 레이 바레토(Ray Barreto), 에디 팔미에리(Eddie Palmieri), 윌리콜론은 살사음악 창조에 핵심적인 역할을 하였다. 이들은 흑인재즈 뮤지션들과 함께 오랜 기간 동안 연주를 하였다. 이는 살사와 재즈가 다양한 유사성을 공유하고 있다는 사실을 보여주고 있다. 살사는 빅 밴드의 라틴의 정체성이란 개념과 흑인과 물라토에서 기인한 독창적인 요소들을 차용했다. 살사의 주요 특징은 구아라차, 룸바, 쿰비아, 구아히라, 차차차, 볼레로, 삼바, 메렝게 등과 마찬가지로 형식과 리듬, 그리고 장르가 자유롭고자연발생적인 요소들로 버물어져 있다. 살사는 독창적이고 불특정한 즉흥 연주와 노래형식을 낳았다. 이로 인해 살사는 트롬본, 트럼펫, 피아노, 콘스라베이스, 플루트, 다양한타악기 등으로 연주되며 경직된 형식에서 벗어나 상당히 풍요로운 음악을 만들어냈다. 살사의 가사에도 많은 변화가 있었다. 1960년대에서 1970년대 사이 살사는 라틴과 라틴아메리카 민족의 정체성과 통합, 사회적 차별과 불평등에 대한 고발, 자유와 정의를 향한 갈망 등의 글을 담고 있었다. 1980년대 라틴음악의 거대 음반 제작사였던 뉴욕의 파니아 음반사(Fania Records)의 설립자 제리 마수끼(Jerry Masucci)의 도움으로 살사는미국의 여러 주와 쿠바, 푸에르토리코, 도미니카 공화국, 콜롬비아, 멕시코, 베네수엘라등 라틴아메리카 국가로 확산되었고 1980년대에는 아르헨티나, 유럽, 일본으로 널리 퍼져나갔다. 1980년대 로맨틱 살사와 에로틱 살사가 출현하였지만 도미니카의 메렝게에밀려 인기를 누리지 못했다. 한편 1990년대 살사를 새롭게 변화시킨 쿠바 뮤지션들이등장하면서 판세가 바뀌었다. 푸에르토리코의 작곡가 오르티스(Ortiz)와 '티테(Tite)'로알려진 쿠렛 알론소(Curet Alonso), 파나마 출신 오마르 알판노(Omar Alfanno)를 제외하고 살사 음악은 악단의 연주가들, 특히 오케스트라 지휘자들에 의해 만들어졌다. 살사는 수많은 유명 뮤지션들을 탄생시켰는데 그중에서도 엑토르 라보에(Héctor Lavoe), 앙헬 카날레스(Ángel Canales), 루벤 블라데스(Rubén Blades), 이스마엘 리베라(Ismael Rivera), 이스마엘 미란다(Ismael Miranda), 에디 팔미에리(Eddie Palmieri), 조니 파체코(Johnny Pacheco), 세실리아 크루스(Cecilia Cruz), 윌리 콜론(Wille Colón), 티토 푸엔테(Tito Puente), 더 라틴 브로더스(The Latin Brothers), 프루코 이 수스 테소스(Fruko y sus Tesos), 이삭 비야누에바(Isaac Villanueva), 라 소노라 마탄세라(La

Sonora Matancera), 하이로 발레라(Jairo Valera), 그루포 니체(Grupo Niche) 등이 두드러진다.

Salto Unión (살토 우니온) '악마의 목구멍(la Garganta del Diablo)'을 이루는 절벽으로 아르헨티나와 브라질의 국경에 걸쳐져 있다. 이 절벽을 따라 떨어지는 폭포는 약 80m에 달하며 7km 거리에서도 보이는 증기를 형성한다.

Salvador Elizondo* (살바도르 엘리손도) (1932~) 멕시코 시인, 소설가, 극작가, 수필가, 저널리스트, 번역가, 대학교수 등 다양한 분야에서 활동하고 있다. 그는 문학의 여러 장르를 넘나들며 다양하고 풍요로운 작품을 썼고 20세기 후반 멕시코의 실험적 산문의 대가 중 한 명으로 평가받고 있다. 유복한 집안에서 태어난 엘리손도는 어려서부터 뛰어난 인문학적인 소질을 보였고 초등과 중등교육을 모두 유럽의 주요 대학에서 받았다. 영국, 프랑스, 이탈리아에서 고등교육을 마친 후 멕시코의 '라 에스메랄다'와 '산호세' 학교에서 미술을 공부하고 멕시코국립자치대학(Universidad Nacional Autónoma de México)으로 옮겨가 철학과 문학을 공부하였다. 1963년부터 1964년까지 중국어를 공부한 뒤 1964년 멕시코국립자치대학의 교수로 임용된다. 엘리손도는 멕시코의 지식계와 예술계의 중요한 인물로 부상이 되면서 문학 관련 기관 또는 행사에 활발하게 참여하였다. 그는 멕시코의 주요 문학포럼이나 학회에 참여하면서 스페인어권 문화계에서 개최하는 '하비에르 비야우루티아상', '로물로 가예고스상' 등 각종 중요 행사에서 심사위원단으로 활동하게 된다. 또한 1976년에는 '멕시코국어원(Academia Mexicana de la Lengua)', 1981년에는 멕시코국립학교(Colegio Nacional de México)의 구성원으로 선출되었다. 엘리손도는 특히 초현실주의적인 경향을 보이며 전위주의적인 미학을 추구하였다. 그는 상상의 공간의 마술적인 분위기 속에서 관능적이고 격정적인 내용을 주로 다루었다. 1965년 멕시코 전위주의 문학에서 가장 뛰어난 실험적 소설 『Farabeuf o la crónica de un instante』를 발표하였다. 엘리손도는 사진과 영화 언어의 영향과 현대철학을 지속적으로 흡수하고 중국어를 배우면서 접하게 된 수많은 동양 문화적 요소를 작품에 반영시키면서 계속해서 첫 소설과 같은 방향으로 나아간다. 엘리손도는 현재 멕시코 산문에서 가장 혁신적인 소설가로 인식되는 동시에 그의 소설 『Farabeuf o la crónica de un instante』는 영어, 프랑스어, 독일어, 이탈리아어 등 서양의 주요 언어로 번역되어 국제적인 인지도를 얻고 있다. 교묘하고 특별한 그의 창작세계는 늘 한결같다. 『Farabeuf o la crónica de un instante』의 주요 모티프는 희열, 격렬함, 사디즘 또는 기타 도착적인 요소들이다. 한편 1968년에 발표된 『El hipogeo secreto』와 1972년 『El grafógrafo』는 마치 텍스트, 작가, 독자가 한 상자 안에 사이즈만 다른 같은 모양의 상자가 들어있는 것처럼 유아론적인 특징을 보여준다. 엘리손도는 현대소설에서 가장 기발하고 인습타파주의적인 작가임이 분명하다. 작가는 앞서 언급한 작품 외에도 『Narda o el verano』(1966), 『El retrato de Zoe y otras mentiras』(1969), 『Camera Lucida』(1983), 『Poemas』(1960), 『Luchino Visconti』(1963), 『Cuaderno de escritura』(1969), 『Robinsón』(1971), 『Contextos』(1973), 『Antología personal』(1974), 『Miscast』(1981), 『La luz que regresa』(1985), 『Elsinore』(1988), 『Teoría del infierno y otros ensayos』(1992) 등을 발표하였다. 또한 1966년 일찍이 자신의 유년기와 청년기를 다루는 자전소설 『Salvador Elizondo』와 1974년 『Museo poético』란 제목으로 멕시코를 대표하는 현대 시를 선별하여 훌륭한 선집을 출간하였다.

Salvador, Sanfuentes y Torres (산푸엔테스 이 토레스 살바도르) (1817~1860) 칠레 출

신의 작가로서 신고전주의 극에서 낭만주의 극으로의 이행을 보여주는 대표적인 인물이다. 『Caupolicán III』, 『Caupolicán III』, 『Carolina, o venganza』 등이 그의 대표작이다.

Samba* (삼바)　　장르에 대한 다양한 논쟁이 있지만 음악으로 분류되며, 아프리카에 기원을 두고 브라질 문화를 나타내는 요소 중 하나로 자리매김하고 있다. '셈바(semba)'라는 단어는 앙골라에서 사용되는 킴분두어로 '복부 치기(umbigada)'를 뜻하는데 루안다에서 추는 춤의 한 종류를 일컫는다. 이 춤은 한 사람이 사람들에 둘러싸여 타악기의 연주와 사람들의 손뼉 치기와 합창의 리듬에 맞춰 춤을 추다가 다른 사람에게 춤을 권하면 서로의 배를 맞대어 치면서 추는 방식이다. 앙골라 출신 노예들이 브라질로 팔려가게 되고 경제·사회·문화적 요인들이 작용하면서 셈바는 수많은 융합과 각색이 이루어져 삼바로 발전되었다. 삼바는 초기 리우 데 자이네이루의 사우데와 감보아 지역에서 발전하여 이후 브라질 전역으로 확산된다. 19세기 말과 20세기 초 커피생산량이 하락하면서 노예와 이전 노예들이 리우 데 자네이루로 대거 이주하게 된다. 이들은 길거리 축제와 "티아스 바이아나스(tías bahianas)"로 불리는 여성댄서들과의 축제 문화를 리우 데 자이네로에 확산시키기 시작하였다. 삼바는 이렇게 초기에는 춤으로 시작하여 음악과 노래로 발전하였다. 악기는 탬버린과 작은북 등의 타악기, 기타와 카바킨호 등의 현악기를 사용하였다. 가사는 주로 리우 데 자네이루의 빈민들의 일상적인 경험들을 담고 있다. 최빈민층이 도심에서 쫓겨나기 시작하면서부터 삼바는 브라질 판자촌에서 즐겨 추는 춤이 되었다. 삼바의 첫 음반은 '전화로(Pelo Telefone)'로 간주되는데 동가(에르네스토 두스 산토스 Ernesto dos Santos)와 마우로 데 알메이다(Mauro de Almeida)의 공동 저작권이었던 것이 동가의 개인 저작권으로 넘어가면서 큰 논란이 일었다. 이후 음반 산업과 특히 라디오가 발달하면서 삼바는 리우 데 자네이루의 중산층까지 퍼져나갔다. 노엘 로사(Noel Rosa)와 아리 바로스(Ari Barroso)와 같은 뮤지션들은 1920년에서 1930년대 사이 삼바에 새로운 요소들을 가미시켜 상당한 변화를 주었다. 이 시기에 카니발을 위한 삼바가 등장하였는데, 이로 인해 첫 삼바학교인 '데이샤 팔라르(Deixa Falar)'가 1929년 리우 데 자이네이로의 에스타시오에 설립되었다. 삼바학교는 브라질 전역으로 퍼져 운영되고 있지만 아직까지도 그 메카는 16개의 삼바학교가 설립된 리우 데 자네이루이다. 삼바의 파급력이 커지면서 카니발의 삼바 행렬에 참여하는 수가 급증하였다. 삼바는 삼바 엔레두(samba-enredo), 삼바 데 모루(samba de morro), 삼바 초루(samba- choro), 삼바 칸사오(samba-canção) 등 다양한 종류가 있다. 삼바는 보사 노바(bossa nova)와 파고지(pagode)와 같은 음악에 영향을 미쳤다. 삼바의 거장들로 거론되는 인물은 다음과 같다. 삼바의 첫 세대 도리바우 카이미(Dorival Caymmi)와 그 뒤를 잇는 클라라 누네스(Clara Nunes), 엘리제치 카르도주(Elizeth Cardoso) 등이 있다. 또한 현대 삼바의 거장 말지뉴 다 빌라(Martinho da Vila), 파울링뉴 다 비올라(Paulinho da Viola), 이스마엘 실바(Ismael Silva), 에이토르 두스 프라세레스(Heitor dos Prazeres), 노엘 로자(Noel Rosa), 카르톨라(Cartola), 아리 바호주(Ary Barroso), 클렌티나 디 제수스(Clementina de Jesus), 픽싱기냐(Pixinguinha), 카르멘 미란다(Carmen Miranda), 엘릿 레지나(Elis Regina) 등이 있다. 삼바 음악이 큰 인기를 누리는 것은 여러 가지 요소들이 더해져 발생한 결과이다. 무엇보다 리우 데 자네이루 카니발과 1960년대 이후 브라질 뮤지션들이 세계적인 인기를 누리게 되면서 안토니오 카를로스 호빔(Antonio Carlos Jobim), 조아오 힐베르토(João Gilberto), 비니시우스 지 모라에스(Vinicius de Moraes)

를 필두로 보사노바가 등장한 것이다. 한편 삼바가 세계적으로 널리 확산될 수 있었던 것은 시인이자 뮤지션인 비니시우스 지 모라에스와 시코 부아르케 지 홀란다(Chico Buarque de Holanda)와 밀톤 나시멘토(Milton Nascimento)가 재즈와 보사노사 간의 교류를 이어갔기 때문이다.

Samper Agudelo, José María (호세 마리아 삼페르 아구데로)　(1828~1888) 콜롬비아의 인문주의자, 정치가, 작가이다. 그 시기 대표적 콜롬비아인의 전형으로, 다방면에 능했다. 법학으로 자신의 경력을 시작했으며 후에 의학도 전공했는데 좋은 변호사가 되기 위해 과학 지식이 필수불가결한 것이라 여겼기 때문이었다. 언론인, 문학인, 정치가로도 활동했으며 특히 정치 영역에서 자신의 생각과 사상에 수확을 거두었다.

San Carlos de Bariloche (산 카를로스 데 바릴로체)　'바릴로체(Bariloche)'라고 칭하는 아르헨티나 남쪽 지방의 유명한 휴양지이다. 스키장과 초콜릿으로 유명하고 아르헨티나의 스위스로 알려져 있다. 산과 나우엘 우아피(Nahuel Huapi) 호수의 매력만이 아닌, 모든 건축물이 스위스식이다.

San Miguel de Nepantla (산 미겔 데 네판틀라)　멕시코시티의 작은 마을. 멕시코 테페틀릭스파(Tepetlixpa) 주에 위치하고 있으며, 산 미겔 네판틀라 혹은 네판틀라 데 소르 후아나 이네스 데 라 크루스(Nepantla de Sor Juana Inés de la Cruz, 1651~1659)라고 불린다. 궁정 바로크식 누에바 에스파냐 문학에서 가장 두드러진 인물들 중의 하나인 후아나 이네스 데 라크루스 수녀(Sor Juana Inés de la Cruz)가 이 마을에서 태어났다.

San Román, Miguel (미겔 산 로만)　(1802~1863) 페루의 군인, 정치인. 군인으로서 재능과 정치인으로서 뛰어난 면모를 보였으며, 1861년부터 사망까지 대통령직을 역임했으며 재임 당시 페루의 화폐를 솔(Sol)로 개혁하였다.

Sanavirón (사나비론)　아르헨티나 중앙에 거주한 민족으로 팜피도스(Pámpidos) 가족군의 민족이다. 토코노테(Toconoté)족과 유사한 이 민족은 살라비나(Salavina)에서 발전했다. 생활은 사냥, 어업과 농업을 통해 유지되었으며 도자기 만드는 기술도 보유하고 있었다.

Sánchez borbón, Guillermo (기예르모 산체스 보르본)　(1924~) 파나마의 작가. 필명 트리스탄 솔라르테(Tristán Solarte)로 활동하며 사실주의 성격의 작품을 쓴다. 죽음, 사랑, 신화에 관한 주제로 글을 쓰며 시집 *Voces y paisaje de vida y muerte*(1950), 소설 *El Ahogado*(1957) 등이 있다.

Sánchez Sánchez, Luis Alberto Félix (루이스 알베르토 펠릭스 산체스 산체스)　루이스 알베르토 산체스(1900~)로 알려진 페루 작가, 변호사, 역사가, 문학비평가, 정치가. 문학사조 코리엔테 인디헤니스타(Corriente indigenista)의 주된 작가 중 하나다. 1922년에 산 마르코스 마요르국립대학교(Universidad Nacional Mayor de San Marcos) 학사 과정에서 역사와, 문학과 철학을 동시에 전공했다. 또한 석사과정 법학전공으로 1926년에 졸업했다. 대표작으로 *Los poetas de la revolución*(1919), *Se han sublevado los indios*(1928), *Escritores representativos de América*(1957) 등이 있다.

Sánchez, Florencio (플로렌시오 산체스)　(1875~1910) 우루과이의 극작가이다. 아나키즘과 사회주의 사상에 영향을 받았으며 이탈리아 연극과 보헤미즘에도 영향을 받았다. 작품으로는 *Barranca abajo*(1905), *Moneda falsa*(1902) 등이 있다.

Sánchez, Luis Alberto (루이스 알베르토 산체스)　(1900~1994) 페루의 작가, 정치가이자 교육계에서 두드러진 인물이다. 20세기 페루 문학에서 가장 중심에 있는 인물 중 하나

인 동시에 당시 가장 문제적이고 논쟁적인 지식인 중 하나이기도 하다. 1989년에는 페루 국회 의장을 역임했다. 그의 작품은 스타일에 있어서 매우 다양하고 복잡하며 자가증식적인 측면을 가지고 있다. 젊은 시절부터 페루 아프리스타당(el Partido Aprista peruano)에 가입하였으며 끊임없이 정치 활동을 해왔다. 매우 다양한 종류의 문학작품을 남겼다. 대표작으로 『Góngora en América』(1927), 『Historia general de América』(1944), 『Valdelomar o la belle epoque』(1969, 『La juramentación del diario Beltrán』(1977) 등이 있다.

Sánchez, Luis Rafael (루이스 라파엘 산체스)　　(1936~) 푸에르토리코의 소설가, 수필가, 영화 시나리오 작가, 극본가. 소위 '60년대 세대(Generación del sesenta)'의 가장 중요한 작가들 중 하나로 여겨진다. 시간을 다루는 데 있어 뛰어난 작가인 그는 인물을 지속적으로 짧은 시간 속에 위치시킴으로써 우리 시대의 난파된 인간의 실존적 고뇌를 상징적으로 보여주는 데 성공한다. 대표작으로는 『La guaracha del Macho Camacho』(1976) 등이 있다. ➡ Literatura de Puerto Rico del Siglo XX y XXI[멕시코 정당 PRI(Partido Revolucionario Institucional)의 엠블럼]

Sancocho (산코초)　　라틴아메리카 전역에 걸쳐 널리 퍼진 스튜 형식의 음식. 스페인의 코시도(cocido)에서 유래된 형태로 알려져 있다. 고깃덩이와 야채를 넣어 묽은 수프를 만들어 내놓는다.

Sancti Spiritu (산크티 스피리투)　　현재 아르헨티나 지역에 첨으로 정착한 스페인인들을 뜻한다. 세바스티안 가보토(Sebastián Gaboto)로부터 1527년 2월 27일 카르카라냐 강(Río Carcarañá)에서 시작되었다.

Sandino, Augusto César (아우구스토 세사르 산디노)　　20세기의 중앙아메리카의 영웅으로 기억되는 아우구스토 세사르 산디노(1895~1934)는 니카라과의 게릴라 지도자로 미군이 니카라과에 주둔하는 것에 대항해 싸웠으며 결국 몰아내는 데 성공한다. 1979년에 니카라과 정부를 장악한 혁명 단체 '산디니스타(Sandinista)'의 명칭이 그의 이름에서 유래되었다.

Sangre de amor correspondido (상그레 데 아모르 코레스폰디도)　　아르헨티나의 작가 마누엘 푸익(1932~1990)의 소설. 1982년 작으로 브라질을 배경으로 하여 등장인물의 독백과 대화를 통해 인물들의 문제를 다루고 있으며 장면이 지속적으로 바뀐다. 기억과 언어를 통한 진실 밝히기가 어렵다는 것을 보여주는 작품이다. ➡ Manuel Puig(마누엘 푸익)

Sangre Patricia (상그레 파뜨리시아)　　베네수엘라의 모데르니스모 작가 마누엘 디아스 로드리게스(Manuel Díaz Rodríguez, 1868~1927)의 단편소설. 1902년 작으로 신경증에 대한 시적 묘사를 보여주고 있다. 주인공은 연인의 죽음으로 후반부에 가서는 꿈과 현실의 경계를 구분 짓지 못하게 된다.

Sanín Cano, Baldomero (발도메로 사닌 카노)　　(1861~1957) 콜롬비아의 작가이자 교육자, 비평가이다. 호세 아순시온 실바(José Asunción Silva)와 우정을 나누었으며 수학, 언어, 자연 과학 등 다양한 방면에 능통했다. 그의 재능은 언론과 문학 비평, 연극 비평에서 두각을 나타냈으며 여러 잡지와 신문에 기고했다. 20세기 초 레예스(Reyes) 정권이 실각하자 콜롬비아로 돌아오지 못하고 유럽에서 오랫동안 거주하였다. 국가주의의 근시안적 비전과 크리오요주의에 대항하여 보편적이고 전 세계적인 예술 경향을 수호했으며 그로 인해 20세기 콜롬비아의 가장 중요한 사상가로 여겨진다. 대표작으로는 『La *civilización manual y otros ensayos*(1925) 등이 있다.

Santa Cruz de la Sierra (산타 크루스 데 라 시에라)　볼리비아의 도시로 안데스와 동부 평야 사이에 위치해 있다. 1561년 뉴플로 데 차베스에 의해 건립되었다. 역사적으로 밀 려난 곳이었으나 1917년 석유가 발견되면서 볼리비아 제2의 도시가 되었다.

Santa Cruz y Espejo, Francisco Javier Eugenio de (프란시스코 하비에르 데 산타 크루 스 이 에스페호)　1747년 에콰도르 키토에서 인디오와 물라타 사이에서 태어나 의학, 법학, 신학, 변역, 언론, 과학을 공부하였고, 사상가와 정치가로 활동하였다. 에콰도르의 독립을 이끌었다고 할 만큼 중요한 역할을 하였다. 그의 모든 책들은 18세기의 문학사에 서 중요한 위치를 차지하며 키토에는 그의 이름을 딴 학교도 세워졌다.

Santa Cruz, Andrés (안드레스 산타 크루스)　(?~1865) 페루 공화국 초기 정치인으로 1835 년 대통령으로 선출되었다. 1836년 페루-볼리비아 연방(Confederación Peruano-Boliviana)의 창시자로 유명하다.

Santa María la Antigua del Darién (산타 마리아 라 안티구아 델 다리엔)　바스코 누녜스 데 발보아의 파견단이 1510년 아메리카 대륙에 처음으로 세운 도시. 그러나 불과 5년 만 에 해체됐으며 현재 스페인 정복자들이 세웠던 작은 예배당의 흔적만이 남아 있다.

Santa María, Andrés de (안드레스 데 산타 마리아)　콜롬비아의 안드레스 데 산타 마리 아(1860~1945)는 대부분 유럽에서 활동했던 후기인상주의 화가이다. 색감이 풍부하고 물감을 두껍게 사용했으며 내적 의식에 의해 굴절된 인공적인 빛을 탐구했다.

Santa Marta (산타 마르타)　콜롬비아의 도시로 카리브해안에 위치해있다. 1525년 로드리 고 데 바스티다스에 의해 건립된 이 도시는 콜롬비아의 가장 오래된 도시이며 누에바 그 라나다 부왕령 내부 탐사의 입구 역할을 했다.

Santafé de Bogotá (산타페 데 보고타)　콜롬비아 공화국의 수도로, 보고타 사바나의 남서 부에 위치한다. 1991년 이래로 국가의 행정적 수도의 역할을 수행하며 시장이 통치한다.

Santajuliana, Celso (셀소 산타훌리아나)　(1960~) 멕시코의 소설가이다. 후안 룰포 신인 소설상(el Premio Juan Rulfo de Primera Novela)을 포함하여 수많은 상을 수상했다. 대표작으로 『*Palabras que sueñan como si vuelves*』(1994), 『*Historias de Lorea*』(1990) 등이 있다. ➡ La literatura mexicana del siglo 20(20세기 멕시코 문학)

Santiván, Fernando (페르난도 산티반)　(1886~1973) 칠레의 작가. 실제 이름은 페르난도 산티바녜스 푸가(Fernando Santibáñez Puga)이다. 톨스토이를 찬양하는 문학 그룹인 "La Colonia tolstoyana"의 일원이었다. 많은 작품을 남겼으며 1952년 칠레 국가 문학 상(El Premio Nacional de Literatura)을 수상했다. 작품으로는 『*Palpitaciones de vida*』 (1909), 『*Robles, Blume y Cía*』(1923) 등이 있다.

Santo Domingo de Guzmán (성인 도밍고 데 구스만)　매해 8월 1일과 10일은 니카라과 의 성인 도밍고 데 구즈만(Santo Domingo de Guzmán) 공휴일이다. 가톨릭교의 기념 일이며 19세기 말에 시작된 축제이다. 도밍고의 애칭인 민기토(Minguito)는 성인을 칭 한다. 마나과(Managua)에서는 이 공휴일에 축제 분위기 아래 성인의 행렬 그리고 퍼레 이드가 열린다.

Santos Atahualpa, Juan (후안 산토스 아타왈파)　1532년 스페인의 정복자 프란시스코 피사로(Francisco Pizarro)에게 생포되어 이듬해 처형된 잉카 본 왕조의 마지막 군주 이 름이다. 또한 안데스 유토피아의 왕의 귀환 모티브처럼, 1742년 안데스 동쪽에 위치한 아마존 지역을 근거지로 봉기한 지도자의 이름이기도 하다.

Santos Discépolo, Enrique (엔리케 산토스 디세폴로)　　아르헨티나의 음악인 및 작곡가로 1901년 부에노스아이레스에서 태어났으며 1951년 사망했다. 20년대부터 탱고를 작곡하기 시작했으며 비판적인 가사의 처녀작 「¿Que vachache?」가 성공을 거두면서 나라를 대표하는 탱고 작곡가의 반열에 들어서게 된다. 평범한 사람들의 목소리를 전하는 가사가 특징이며 시대의 애환을 잘 담아냈다는 평을 받는다. 기타 대표곡으로는 「Yira, Yira」가 있다.

Santos Vega (산토스 베가)　　아르헨티나의 후기 낭만주의 시인 라파엘 오블리가도(Rafael Obligado, 1851~1920)의 작품. 1883년 작으로 작가는 이 작품으로 국가적 시인의 명성을 얻게 된다. 전설을 모티브로 썼으며, 음유시인 산토스 베가가 악마에게 패한 후 초원을 방랑하게 된다는 내용이다.

Santos, Carlos (카를로스 산토스)　　(1966~) 엘살바도르의 작가이다. 대표작으로 소설집 『El jinete』(1982), 『La descarnada』(1992), 그리고 『Fastos del recuerdo』(1997) 등이 있다.

Saraguro (사라구로)　　에콰도르 원주민 마을 이름이다. 그들은 에콰도르 시에라(Sierra) 지역 키추아 혈통의 민족이며 주로 로하주에 살아가고 있다. 로하 지역에 민족 중 유일하게 스페인 식민지 시대 가운데 소멸하지 않고 살아남은 민족이다.

Saravia, Aparicio (아파리시오 사라비아)　　(1856~1904) 우루과이의 군인이자 정치인. 우루과이 국민당(Partido Nacional)이 주창하는 바를 실현하고자 했던 정치가로 우루과이 내전 당시 일어났던 1904년 마소예르 전투(Batalla de Masoller)에서 패한 후 브라질로 도피, 사망하였다.

Saravia, Juan Ramón (후안 라몬 사라비아)　　(1951~) 온두라스의 작가이다. 20세기 후반 온두라스 작가들의 고유한 자산인 한계 없는 아이러니가 그의 작품에서 두드러진다. 20세기 후반 온두라스 시단의 개혁에 있어서 진정한 일등 공신이며 이전의 좀 더 비판적이고 풍자적인 시들과 일종의 단절을 이루었다. 대표작으로 『Paisajes bíblicos』(1985) 등이 있다.

Sarduy, Severo (사르두이, 세베로)　　(1937~1993) 쿠바의 시인, 작가, 극작가, 문학예술 비평가로 활동하였다. 후기 구조주의의 많은 영향을 받았고 특히 이를 자신의 네오바로크 연구에 적용하였으며 이밖에도 많은 소설 작품을 남겼다. 같은 쿠바 작가인 호세 레사마 리마(José Lezama Lima)의 후계자라고도 할 수 있는 그의 소설은 언어 소설을 지향하였다. ➡ La literatura cubana del siglo 20(20세기 쿠바 문학)

Saúl (사울)　　19세기 쿠바의 극작가이자 소설가인 헤르트루디스 고메스 데 아베야네다 이 아르테가(Gertrudis Gómez de Avellaneda y Artega, 1814~1873)의 극작품. 1846년 쓰였으며 1849년에 공연되었다. 성경의 사울을 작가의 의도대로 변형시켜 항거, 자유의지, 억압에 대한 정신적 독립이 형상화된 하나의 상징적 인물로 창조해 내었다.

Schaerer, Eduardo (에두아르도 차에레르)　　(1873~1941) 파라과이의 군인, 정치가. 1차 세계대전으로 이익을 많이 얻은 시기에 집권하여 상업과 산업발전에 주력하였으며 1904년 반란 주요 인물 중 하나로 1912년부터 1915년까지 대통령직을 역임했다.

Scorza, Manuel (마누엘 스코르사)　　(1928~1983) 페루의 작가. 오랜 기간 멕시코, 우루과이, 스페인 등지에서 망명을 겪어야 했다. 1954년 시집 『Canto a los mineros de Bolivia』를 통해 데뷔했으며 후에 혁명과 독재가 공존하는 혼란기의 농민들의 현실을 고발하기 위해 인디오 문학과 안데스 서사에 전념했다. 이와 관련한 대표작으로는 플라네타상의 최종 후보로 오르기도 한 『Redoble por Rancas』(1970)과 『El Invisible』(1972) 등이 있다. ⇒ La narrativa peruana del siglo 20(20세기 페루 소설)

Sechín (세친)　페루 카스마(Casma) 지역에 위치한 고고학적 유적지다. 시기적으로 기원전 2400년에서 2300년 사이에 세워졌고 기원전 1500년까지 사용된 것으로 확인 되었다. 차빈 문화(cultura Chavín)보다 오래된 유적지이며 돌에 새겨진 여러 개의 그림이 발굴된 곳이다.

Segovia, Tomás (토마스 세고비아)　(1927~2011) 스페인 출신의 멕시코 여성 시인. 2005년에 유서 깊은 상인 후안 룰포 카리브 라틴아메리카 문학상(El Premio de Literatura Latinoamericana del Premio del Caribe Juan Rulfo)을 수상했다. 스페인 내전 이후로 멕시코로 망명하여 프랑코 사후 마드리드와 남부 프랑스에 정착했다. 그녀의 시는 인간의 고독을 표현하지만 사랑할 수 있는 능력 또한 찾아내려고 한다. 라틴아메리카의 많은 문학상을 받았으며 대표 시로는 『La luz provisional』(1950), 『Anagnórisis』(1967), 산문 작품으로는 『Contracorrientes』(1973), 『Alegatorio』(1997) 등이 있다. ⇒ La literatura mexicana del siglo 20(20세기 멕시코 문학)

Selknam (셀크남)　칠레 남쪽과 아르헨티나 티에라 델 푸에고(Tierra del Fuego)에 거주하는 민족이다. 이 민족은 파타고니아(Patagonia)에 거주하는 아오니켄크(Aonikenk)와 가까우며 외형, 언어와 관습도 유사하다. 19세기 말에 셀크남 인구가 2,000명으로 확인되었고 1974년에 순수혈통들은 모두 사라졌다.

Selva, Mauricio de la (마우리시오 데 라 셀바)　(1930~) 엘살바도르의 작가. 젊은 시절부터 멕시코에 거주하여 통찰력 있는 문장과 아름다운 소리를 가진 언어를 사용한 작품이 특징적이다. 생생한 이미지와 희망을 염원하는 내용을 담고 있다. 대표작으로 『Nuestro canto a Guatemala』(1954)가 있다.

Selva, Salomón de la (살로몬 데 라 셀바)　(1893~1958) 니카라과의 작가이다. 모데르니스모(Modernismo)의 타성의 시기와 새로운 시 경향의 도래 사이의 시기에 작품활동을 했던 작가 중 하나이다. 대표작으로 『El soldado desconocido』(1922), 『Horacio』(1949) 등이 있다.

Semana de la dulzura (사탕주기 주간)　1989년 아르헨티나의 제과 브랜드 아르코르의 슬로건 "사탕 하나 주면 키스해 줄게"를 계기로 시작된 연간 행사로 7월 첫째 주에 해당하며 주변인들에게 사탕이나 초콜릿 등 단 것을 선물하는 관습이 있다.

Semana Santa (세마나 산타)　쿠바의 시인이자 극작가, 소설가인 헤르트루디스 고메스 데 아베야네다(Gertrudis Gómez de Avellaneda, 1814~1873)의 작품. 작가가 스페인으로 돌아간 후 세비야에 머물면서 쓴 책으로, "스페인의 경건한 믿음과 문예적 감흥이 창출해낸 가장 훌륭한 신앙서적"이라는 평을 받았다.

Semana Trágica(Argentina) (비극의 주간)　아르헨티나 부에노스아이레스 주에서 1919년 1월 7일에서 14일까지 있었던 7백 명이 사망하고 4천 명이 넘는 부상자가 나온 주간을 의미한다. 세계 1차 대전 시기였던 1918년 12월경에 아르헨티나의 야금공업이 손해를 보기 시작하고 있었기에 가격을 인하하였으나 노동자들은 월급 인상과 근무시간 감소를 요구하는 파업을 진행했고, 길거리 파업에 참여한 자는 정부로부터 사살당했다.

Semuc Champey (세묵 샴페이)　과테말라의 알타베라파스(Alta Verapaz) 지방 랑킨

(Lanquín) 근처의 천연 관광 명소로서 이름은 마야어로 '물이 숨겨진 산'을 뜻한다. 카아본 강(Río Cahabón)이 지나며 과테말라의 관광 명소 중 하나이다. 초록빛 물의 색이 대표적인 이 관광지는 1999년 과테말라 천연기념물로 지정되었다.

Señor de Qoyllur Riti al niño indígena, El (원주민 아이와 코이유르 리티님)   잉카족의 전설이다. 1780년경 페루의 시나카라(Sinakara) 지역에서 가축을 키우는 원주민 형제가 있었다. 형과 동생이 가축을 돌보다가 형은 일을 그만두게 되었다. 혼자서 고생한 동생은 떠나려고 산맥으로 향했지만, 그 길에서 같은 나이의 백인 친구를 만나게 됐으며, 그 친구와 시나카라에서 일을 계속하면 지냈다. 어느 날 친구의 옷이 찢어져서 아이는 옷을 만들기 위해 똑같은 천을 구하러 마을로 갔다. 천을 찾는 과정에서 이것이 주교만 입는 천이라는 것을 알게 되었으며, 대주교가 이를 수상하게 여겨 아이와 함께 성직자를 그의 집으로 보냈다. 그러나 백인 아이에게서 쳐다보지 못할 정도로 빛이 발했었고, 다른 날 다른 성직자와 주교들이 다시 찾아갔다. 그날도 역시 아이를 보지 못한 성직자는 아이를 만지려고 손을 앞으로 뻗었지만 손이 타얀카(Tayanca) 나무에 닿았다. 성직자가 눈을 뜨자 나무 위에 매달려 있는 예수와 그의 몸에서 피가 나는 모습을 보게 되었다. 친구가 죽는 광경을 본 아이는 심장마비로 죽었으며, 오늘 날 숭배하는 바위 밑에 그를 묻었다고 한다.

Señor de Sipán (세뇨르 데 시판)   3세기 페루 지역의 지도자. 잉카 시대 이전 유적지 중 처음으로 훼손되지 않은 채로 발견된 시체로 남아 있다. 통치를 시작한지 3개월 만에 세상을 떠난 것으로 추정되고 무덤과 함께 금, 은과 여러 종류의 보석이 함께 발견되었다.

Señor Presidente, El (대통령 각하)   과테말라의 소설가 미겔 앙헬 아스투리아스(1899~1974)의 작품. 1946년 출판된 이 작품은 작가의 가장 훌륭한 작품들 중 하나로 평가된다. 특정 국가를 지칭하지 않고 있으며 제목을 통해 시사된 중심 인물도 작품에서 거의 드러나지 않고 있는 이 작품은 범죄로 고통 받는 중앙아메리카의 한 국가를 지배하는 권력, 고발, 음모와 등장인물들의 도덕적 몰락을 보여주고 있다. ➡ Asturias, Miguel Ángel(미겔 앙헬 아스투리아스)

Señorío de Cuzcatlán (세뇨리오 데 쿠스카트란)   스페인 식민지 시대 이전 엘살바도르 서쪽과 중간을 차지하며 거주하던 피필 민족의 국가였다. 75개의 주로 나누어져 있었고 주 경제적인 활동을 위해 옥수수를 농사를 했다. 1524년 페드로 데 알바라도(Pedro de Alvarado y Contreras)의 원정으로 인해 정복이 시작되고 1528년 완전히 정복되어 그곳에 산 살바도르가 세워졌다.

Separación de Panama (파나마 분리)   파나마는 콜롬비아의 천일전쟁 이후 1903년 11월 3일 독립을 맞게 된다. 1821년부터 콜롬비아의 속국이었던 파나마는 분리 이후 '파나마 공화국'이라는 이름으로 독립, 분리된다.

Septimus (셉티무스)   콜롬비아 출신 작가 가브리엘 가르시아 마르케스(Gabriel García Marquez)의 필명. 그가 작가로 대뷔하기 전 <El Espectador> 신문사에서 기자로 활동할 때 그는 그의 기사 하단에 이와 같이 사인했다.

Serenidad (고요)   멕시코 모데르니스모 시인 아마도 네르보(Amado Nervo, 1870~1919)의 작품. 세 단계로 나뉘는 그의 시 작품 단계 중 두 번째 단계에 속하는 작품집으로 정신적이며 범신론적인 모습, 형이상학적 불안이 보이며 작가를 실존적 열반으로 이끌어 준 동양철학을 구체적으로 언급하고 있다.

Serere (세레레) 아르헨티나 동북부에서 사용되는 악기로, 원시 플루트의 한 종류이다. 2음의 음계만 연주할 수 있다는 것이 특징이다.

Sergio Ramírez* (세르히오 라미레스) 1998년에 『*!Margarita, está linda la mar*』로 알파과라 소설상을 수상한 세르히오 라미레스는 1942년 니카라과의 마사테페에서 태어났다. 라틴 아메리카 붐 세대 작가 군에 해당되는 세르히오 라미레스는 코스타리카와 독일로의 오랜 자발적 망명기를 거치는 동안 잠시 작가 생활을 중단하고 산디니스타(sandinista) 혁명군에 동참하여 소모사(Somoza) 정권을 무너뜨리는 데 일조하기도 했다. 다시 펜을 집어 든 그는 1988년, 소설 『*Cstigo divino*』로 문단으로 복귀했으며, 같은 작품으로 스페인에서 해미트상을 수상했다. 1998년에는 프랑스에서 최고의 외국어 작품에 수여하는 로르 바타이용상(Premio Laure Bataillon)을 수상하기도 했다. 알파과라에서는 1998년에 그의 단편전집을 출간한 바 있는데, 이때 마리오 베네데티(Mario Benedetti)가 서문을 써준 것이 화제가 된 바 있다. 그 외에도 대표작으로 2001년에 쓴 문예창작을 주제로 한 에세이집 『*Mentiras verdaderas*』, 『*Cuentos Catalina y Catalina*』(2001), 『*El reino animal*』(2007), 『*Sombras nada más*』(2002), 『*Mil y una muertes*』(2005), 『*El cielo llora por mí*』(2008), 『*La fugitiva*』(2011), 『*Adiós muchachos*』(2007) 등이 있다. 한편, 아길라르(Aguilar) 출판사에서는 2008년에 그의 에세이집 『*Tambor olvidado*』를 출간했으며, 『*!Margarita, está linda la mar*』는 아바나에 있는 '아메리카 하우스(Casa de las Américas)'에서 수여하는 호세 마리아 아르게다스 라틴아메리카 소설상(Premio Latinoamericano de novela José María Arguedas)을 수상하기도 했다.

Serrano, Marcela (마르셀라 세라노) (1951) 칠레 출신의 소설가다. 38세부터 글을 적기 시작했으며 1991년에 첫 작품을 발표했다. 언제나 정치 현실과 맞대며 좌익 성향을 내세워 여성주의를 부각시켰다. 이런 경향이 그대로 작품에 드러나 주로 여성에 관한 이야기와 함께 사회 정치 문제를 다룬다. 대표작으로는 『*Nosotras que nos queremos tanto*』와 『*El albergue de la mujeres tristes*』가 있다. ➡ La literatura chilena del siglo 20(20세기 칠레 문학)

Servidor autogestionado (자동관리 서버) 일반적인 정보 제공 서버와는 차별되는 대안 정보를 제공하는 사이트로 상업화와 이윤 창출을 지양한다. 정부의 검열을 피할 수 있는 장점이 있어 간혹 정치적 성향을 띠기도 한다.

Shimose, Pedro (시모세 페드로) (1940~) 볼리비아의 작가이다. 초기작 『*Triludio en el exilio*』(1961)부터 『*Reflexiones maquiavélicas*』(1980)까지 사회적이고 정치적인 차원의 작품을 쓰는 작가이다. 그의 작품은 역사의 결핍과 권력의 탐욕에 대항하는 가치로 사랑과 시를 내세우고 있다.

Shincal (신칼) 신칼(Shincal) 또는 엘 신칼(El Shincal)은 아르헨티나 벨렌(Belén)에 위치한 고고학적 유적지다. 이 고적은 벨렌 문화(Cultura Belén)의 소유였으나 잉카들의 침략 이후 이곳은 투쿠만(Tucumán)과 키리키리(KiriKiri)를 잇는 곳으로 잉카의 길(Camino del Inca)을 이루었다. 이런 이유로 당시에 작은 우슈누(Ushnu)도 세워졌다.

Shipibo-conibo (쉬피보-코니보) 페루의 아마존 지역인 우아누코(Huanuco), 로레토(Loreto), 우카얄리(Ucayali), 마드레 데 디오스(Madre de Dios)에 분포한 원주민 부족. 약 2만 명이 현재 분포하고 있으며 밀림과의 교감을 중시하는 부족이다. 어업과 농업으로 살아가고 있으며 대다수 도시로 이주하여 현재 그 수는 많지 않다.

Shuar (수아르)　에콰도르와 페루 셀바즈 지역에 사는 아마존 민족이며 그중에서도 약 80,000
명으로 수적으로 가장 많은 민족이다. 그들의 영토는 명확하게 정해져 있지는 않지만 에
콰도르 파스타사 강과 사모라 강 근처일 거라 추정된다. 잉카 제국도 스페인군도 이 지
역을 장악하지 못하였다. 1490년 잉카들을 내쫓고 1599년 스페인군에 대항했다. 수아르
는 트잔트자(Tzantza) 의식을 치뤘기 때문에 스페인으로부터 지바로(jíbaros)라는 호칭
을 받았으며 이것은 '잔인한'이라는 의미를 가진다.

Shunko (순코)　호르헤 워싱턴 아발로스(Jorge Washington Ábalos, 1915~1979)의 소설.
1949년 작으로 케추아족 어린이를 주인공으로 내세워 아르헨티나에 거주하는 원주민들
의 소외 실태를 그려내고 있다. 동명의 영화는 1959년 콘도르 데 플라타상(Premio
Cóndor de Plata)를 수상했다.

Sian Ka'an (시안 카안)　멕시코의 유카탄(Yucatán) 반도 킨타나 로(Quintana Roo) 동부 해
안에 위치해 있는 동식물 보호구역. 구역명은 마야어로 '천국의 문(Puerta del Cielo)'이
라는 뜻을 갖고 있다. 300종 이상의 다양한 동식물군이 분포하는 습지 지역으로 1987년
유네스코 세계문화유산에 등재되었다.

Sierra de los Cuchumatanes (쿠추마타네스 고원)　과테말라 서쪽에 위치한 유명한 산
맥으로 우에우에테낭고 주와 키체 주를 동쪽에서 서쪽으로 지나간다. 400km에 가까운
길이를 가지고 있으며 정상은 해발 3,837m에 이른다.

Silva Gómez, José Asunción (호세 아순시온 실바 고메스)　(1865~1896) 콜롬비아의
시인이자 산문 작가이다. 시 영역에서 그는 히스패닉아메리카 낭만주의의 마지막에 위치
해 있으며 상징주의에서는 첫 번째에 위치하고 있는 인물이다. 내면적이고 진실한 성격
으로 인해 그의 작품은 많지 않지만 높은 서정성을 보여주며 명확하고, 조화로운 관념을
보여준다. 주요 시들을 모은 책으로 『El libro de versosa』, 자전적 성격의 소설 『De
sobremesa』(1887~1896) 등이 있다. ➡ La literatura colombiana del siglo 20(20세기
콜롬비아 문학)

Silva Rodas, Medardo Ángel (메다르도 앙헬 실바 로다스)　(1898~1919) 에콰도르 과야
킬에서 태어나 참수세대(Generación decapitada)의 에콰도르 시인으로 인정 받았다. 그
는 에콰도르 시 중에서 모더니즘의 거장으로 남았으며 1918년 첫 시집 『El árbol del bien
y del mal』을 출간하였다. 자원 부족으로 100부 밖에 인쇄하지 못하였고 당시 큰 인기도
끌지 못했다. 실바의 작품은 후에 문학 부문에서 자리를 잡기 시작하였고 이후에는 시인
뿐만 아니라 음악가로서 작곡, 작사 활동도 하였다. 그는 21살의 어린 나이에 머리에 총
을 맞아 사망하게 되었다.

Silva Valdés, Fernán (페르난 실바 발데스)　(1887-1975) 우루과이의 작가이며 토착주의를
소개한 인물이다. 한림원의 회원이었으며 1970년에 국가 문학상(El Gran Premio
Nacional de Literatura)을 받았다. 페드로 레안드로 이푸체(Pedro Leandro Ipuche)와
함께 크레올(Criollo) 미학을 대체하는 토착주의의 창시자 중 한 명으로 여겨진다. 대표
작으로는 『Ánforas de barro』(1913), 『Humo de incienso』(1917), 『Agua del tiempo』(1922),
『Poemas nativos』(1925), 『Los romances chúcaros』(1933), 『Ronga catonga』(1951) 등이 있다. ➡
La literatura uruguaya del siglo 20(20세기 우루과이 문학)

Silva Vila, María Inés (마리아 이네스 실라 빌라)　(1929~1991) 우루과이 여류 작가로 여
러 다양한 잡지에서 기고했다. 작품에서 고통과 사회를 다루고 있으며 죽음이 강조된다.

대표작으로는 『*La mano de nieve*』(1952), 『*Felicidad y otras tristezas*』(1964), 『*Salto Cancán*』(1969) 등이 있다. ➡ La literatura uruguaya del siglo 20(20세기 우루과이 문학)

Silva Vildósola, Carlos (카를로스 실바 빌도솔라)　(1871~1939) 칠레의 작가, 언론인, 외교관이다. 다양한 장르에 걸쳐 작품활동을 했다. 뛰어난 언어 사용으로 칠레 한림원(La Academia Chilena de la Lengua) 멤버로 지명되었다. 대표작으로는 『*Del Dolor y la Muerte*』(1930), 『*Páginas Selectas*』(1969) 등이 있다.

Silva, Clara (클라라 실바)　(1905~1976) 우루과이의 여성 작가이자 비평가이다. 대표 시집으로는 『*La cabellera oscura*』(1945), 『*Los delirios*』(1954)가 있다. 소설로는 삼부작을 형성하는 『*La sobreviviente*』(1951), 『*El alma y los perros*』(1962), 『*Habitación testigo*』(1967)가 있다. 이 삼부작에서 개인적 탐구와 실존적 문제들이 이야기의 구조를 이룬다. ➡ La literatura uruguaya del siglo 20(20세기 우루과이 문학)

Silva, Clara (클라라 실바)　(1905~1976) 우루과이의 작가이자 비평가이다. 수많은 문학상을 수상했으며 히스패닉아메리카의 다양한 잡지에 기고했다. 『*La cabellera oscura*』(1945), 『*Las bodas*』(1960), 『*Juicio final*』(1971)과 같은 여러 시집을 펴냈다. 소설로는 『*La sobreviviente*』(1951), 『*El alma y los perros*』(1962), 『*Habitación testigo*』(1967)의 삼부작을 통해 실존적 문제와 개인적 추구를 이야기의 근본 요소로 다루고 있다. 그 외에 『*Prohibido pasar*』(1969)가 있다. ➡ La literatura uruguaya del siglo 20(20세기 우루과이 문학)

Silva, Ludovico (루도비코 실바)　(1937~1988) 베네수엘라의 시인이자 수필가, 언론인이다. 다방면에 능통한 인문주의자이며 현대 베네수엘라 사상계의 수장격에 위치한 인물이다. 그의 사상에 중심적인 테마의 축은 정신적 열정과 물질적 이성 사이의 갈등이다. 이는 그의 다른 언론 저작물이나 시 작품과 마찬가지로 정치적 수필에도 드러난다. 마르크스주의에 관한 많은 저작물을 남겼으며 대표작으로는 『*El estilo literario de Marx*』(1971), 『*Humanismo clásico y humanismo marxista*』(1982) 등이 있다.

Silva, Víctor Domingo (빅토르 도밍고 실바)　(1882~1960) 칠레의 작가이다. 그의 작품은 소금기 가득하고 건조하며 황폐한 칠레 북쪽 지방을 묘사하고 있다. 대표작으로는 시집 『*La nueva Marsellesa*』(1903), 소설 『*La pampa trágica*』(1921) 등이 있다.

Simón Bolívar* (시몬 볼리바르)　(1783~1830) 카라카스 태생으로 베네수엘라, 콜롬비아, 에콰도르, 페루, 볼리비아, 파나마의 해방자이다. 라틴아메리카 역사의 최강의 인물로 천부적인 재능을 가진 행동가이자 사상가이다. 볼리바르는 어린 시절 부모님을 모두 잃었고 할아버지와 외삼촌들의 보살핌을 받으며 자랐다. 볼리바르는 엄청난 부와 거대한 농장을 상속받았지만 행복한 유년기도 체계적인 교육도 받지 못했다. 1799년 할아버지가 사망하자 외삼촌들은 볼리바르를 스페인으로 보내 교육을 시킨다. 볼리바르는 외국어, 수학, 역사, 승마 등 당시 상류층에 해당하는 교육을 받았다. 스페인에서 마리아 테레사 로드리게스를 만나 결혼해 베네수엘라로 돌아가지만 결혼한 지 8개월 만에 부인이 세상을 떠난다. 절망에 빠진 볼리바르는 유럽으로 다시 돌아가게 되고 파리에서 나폴레옹 전쟁을 지켜보면서 라틴아메리카의 독립 투쟁에 참여를 결정한다. 볼리바르는 1810년부터 독립 전쟁에 참여하게 되는데, 독립 총사령관인 미란다 장군을 비롯한 다른 애국지사들과 함께 독립과 공화국 사상을 확산시켜 나갔다. 이후 1812년 누에바 그라나다(지금의 콜롬비아)를 시작으로 군사적 행동을 단행한다. 볼리바르는 군사작전을 수행한지 3개월 만에 신속한 의사결정과 함께 뛰어난 기동성과 엄청난 저력을 보이며 총사령관 자리에 오르게 되고 1819년에는 콜롬비아를, 1821년에는 베네수엘라와 에콰도르를 해방시킨다. 이후 수크레 장군의 협조와 아르헨티나, 칠레, 페루 군대의 지원으로 가장 힘들고 위험한 전투를 치루면서 1824년 아야쿠초(Ayacucho) 전투의 승리와 함께 페루의 독립을 이끌어낸다. 볼리바르가 자신이 관할하고 있는 라틴아메리카 지역을 스페인으로부터 독립시키기 위해 진두지휘했던 14년간의 독립 투쟁은 이로써 끝이 났다. 이후 볼리바르는 지역적인 성향을 뛰어넘어 멕시코, 중미, 콜롬비아, 페루, 알토 페루를 아우르는 라틴아메리카 국가의 새로운 정치 통합을 원했다. 여기에 볼리비아와 칠레를 포함시켜 미래의 새로운 권력의 중심으로 부상하고 있는 미국과 브라질을 비롯한 유럽의 위협에 대처하기 위해 새로운 권력 통합을 이뤄야 한다고 믿었다. 이를 목적으로 1824년 12월 7일 리마에서부터 파나마 회의를 소집하고 1826년에 회의를 개최시킨다. 하지만 전쟁으로 현지에서 권력을 획득한 자들은 볼리바르의 영향력이 장애물처럼 느껴진다. 심상치 않은 분열과 불화의 조짐이 여러 국가들에서 나타나게 된다. 볼리바르는 여러 파벌 간의 화해를 이끌지 못하였고 거센 반(反)볼리바르 세력이 등장하며 볼리바르를 민족의 행복을 저해하는 폭군으로 몰아세운다. 볼리바르는 이런 상황을 체념하고 콜롬비아로 돌아간다. 1828년 9월 25일에는 볼리바르가 암살될 뻔한 사건이 발생했다. 오랜 기간 동안 진행된 전투로 쌓인 피로와 상황을 살피지 않고 목표만을 위해 달린 행동은 볼리바르의 족적을 보여준다. 페루에는 반란이 일어나고, 볼리비아는 침략 당하고, 호세 데 라 마르(José de La Mar)는 과야킬에서 군사 쿠데타를 일으키고, 콜롬비아 파스에서는 호세 마리아 오반도(osé María Obando)와 호세 일라리오 로페스(José Hilario López)가 정부에 맞서는 사태가 이어진다. 볼리바르는 군사들을 이끌고 다시 과야킬로 향했다. 볼리바르가 과야킬에 도착하기 이전 볼리비아의 수반 자리에서 사임한 수크레 장군의 사건이 1829년 2월 27일 타르키(Tarquí)에 영향을 미쳤고 페루 정복은 완전한 패배로 끝이 났다. 이러는 사이에 보고타 의회에서부터 정치적 안정을 위해 군주제 수립에 대한 협상 소식이 흘러나왔다. 볼리바르는 자신의 사상을 지지하지 않는 모든 당국과는 이별을 고할 것이라는 의지를 되풀이하였는데, 이를 두고 사람들은 권좌에 이르기 위한 의도라며 악의적으로 소문을 퍼트리기 시작했다. 이러한 상황은 해결의 실마리를 찾지 못할 것처럼 보였고 결국 1830년 보고타에서는 공화국의 미래를 결정하는 헌법 제정 의회를 소집하였다. 이를 계기로 볼리바르는 권력에서 물러나 의회의 결의 사항에 전혀 개입하지 않겠다는 의지를 표명하고 콜롬비아 카르타헤나를 떠난다.

Simplismo (단순주의)　　페루의 전위주의 사조이다. 페루의 시인 알베르토 이달고(Alberto Hidalgo)가 주창하였으며, 사물을 그 자체로 단순하게 바라보는 사조이다. 따라서 단순주의자들은 개인적인 관점을 배제하고 사물이나 현상의 보편성을 있는 그대로 표현하려 한다.

Sin amor (신 아모르)　　멕시코의 작가 마리아노 아수엘라(Mariano Azuela, 1873~1952)의 소설. 당시 사회 하층민 계층을 개혁가, 혁명가로서의 시선으로 예리하게 묘사한 작품으로, 사회 풍자, 노골적 사실주의 표현, 고전적 작품 구성이 특징이다. ☞ La literatura mexicana del siglo 20(20세기 멕시코 문학)

Sinchi Roca (신치 로카)　　망코 카팍(Manco Cápac)의 아들로 잉카 제국의 두 번째 지도자였다. 대략 1230년부터 1260년까지 잉카 제국을 이끌었고 자신의 아버지가 세운 도시에 쿠스코(Cuzco)라는 명칭을 붙인 지도자다.

Sincronismo (동기화) 　두 개의 문화가 한 문화의 강압적 침입으로 인해 서로 충돌하다가 시간이 흐름에 따라 혼합되면서 고유한 제3의 문화를 형성하게 되는 현상이다.

Sipacapense (시파카펜세) 　마야어 어군 언어이며 산 마르코스 주의 시카파 지역에 사는 마야 인구가 사용하는 언어이다.

Siqueiros, David Alfaro (시케이로스, 다비드 알파로) 　다비드 알파로 시케이로스(1898~1974)의 회화 작품은 인상적인 대조와 혁명적인 내용을 즐겨 사용하여 호세 클레멘테 오로스코(José Clemente Orozco)보다도 더욱 극적이고 거칠다는 평을 받는다. 그는 인디오 원주민들에게서 기인한 인간 모습의 조각품을 다루는데 천부적인 재능을 보였다. ➡ Muralismo(벽화주의)

Siripo (시리포) 　아르헨티나의 시인 마누엘 호세 데 라바르덴(Manuel José de Lavardén)의 극작품으로, 라틴아메리카에서 공연된 최초의 연극작품이다. 총 5막으로 구성되어 있으나 현재 남아 있는 것은 제2막뿐이다.

Sistema de Escritura del Imperio maya* (마야 문명의 문자 체계) 　마야의 문자 체계는 기본적으로 표음문자와 표의문자의 혼합 형태라고 보면 된다. 인류는 길고도 고된 노력 끝에 마야 문자를 해독하기에 이르렀는데, 일부는 19세기 말, 그리고 일부는 20세기 초에 이르러서야 해독이 가능했으며, 해독해낸 문자의 대부분은 숫자, 달력, 천문학과 관련된 것들이었다. 그러나 마야어 해독과 관련한 괄목할만한 발전이 이루어진 것은 1960년대와 1970년대의 일이었다. 당시 마야어 해독은 급진전을 이뤄, 현재는 마야어로 기록된 문헌의 대부분을 거의 완벽하게 읽어낼 수 있는 수준에 이르렀다. 스페인 출신의 선교사들은 마야 부족에게 기독교 신앙을 전파시키고 뿌리내리기 위해, 그리고 가톨릭 전파 과정에 좀 더 속도를 내기 위해 정복 직후 마야어로 쓰인 모든 책들을 태워버리도록 했다. 이는 고대 마야어에 대한 지식 보존 문제와 관련해서는 엄청난 충격이 아닐 수 없었다. 물론 돌에 새겨진 텍스트들은 화마에 소실되지 않고 살아남았으나, 종이에 쓰인 자료는 겨우 책 세 권과 종이 몇 장에 불과하다. 마야 유적지 곳곳에서 사각형 석고 덩어리 같은 게 자주 발견되는데, 추정하건대 한 때는 책이었던 것들이 오랜 세월 속에서 부패되어 덩어리로 화한 것이 아닌가 판단된다.

Skarmeta, Antonio (안토니오 스카르메타) 　칠레의 작가로, 1940년 11월 7일에 태어났다. 칠레 대학교 철학과를 졸업하였으며, 콜롬비아 대학에서 문학 강의를 하기도 했다. 영화 '일포스티노'로 유명한 원작 '네루다의 우편배달부'의 저자이며, 2003년에는 '빅토리아의 발레'로 스페인의 권위 있는 문학상인 플라네타상(El Premio Planeta)을 수상하기도 했다. ➡ La literatura chilena del siglo 20(20세기 칠레 문학)

Sobre héroes y tumbas (영웅들과 무덤에 관해서) 　아르헨티나 작가 에르네스토 사바토의 두 번째 소설이다. 이 소설은 여러 개의 각색을 가지고 있으며 초현실주의 요소를 갖추고 있는 작품이다. ➡ Sábato, Ernesto(에르네스토 사바토)

Socapamba (소카팜바) 　에콰도르에 위치한 고고학적 유적지다. 이 지역에서 30개의 고분이 발견되었고 코차스키(Cochasquí) 시대의 유물로 추정되는 카란키스(Caranquis) 인디오들의 묘지가 위치한다.

Sociedad Argentina de Escritores (아르헨티나 작가 연합) 　1928년 아르헨티나에서 레오폴도 루고네스(Leopoldo Lugones), 호라시오 키로가(Horacio Quiroga), 호르헤 루

이스 보르헤스(Jorge Luis Borges) 외 2명으로 인해 창설된 시민 단체다. 아르헨티나의 가장 중요한 작가들을 포함하고 있고 부에노스아이레스를 중심으로 하여 전국에 퍼져 있으며 1944년부터 매년 단체의 이름으로 상을 수여하고 있다.

Sociedad de Escritores de Chile(SECH) (칠레의 작가연맹)　　1931년에 맺은 시, 소설, 수필, 극작작가들의 동맹이며, 현재는 2,500명이 넘는 회원이 가입되어 있다. 곤살로 로하스(Gonzalo Rojas), 니카노르 파라(Nicanor Parra), 라몬 디아스(Ramón Díaz) 등이 회원이며, 노벨 문학상을 받은 파블로 네루다(Pablo Neruda)와 가브리엘라 미스트랄(Gabriela Mistral)도 이 동맹에 소속되어 있다. 이 연맹에서는 매년 자체적으로 문학상을 수여한다.

Soffía Argomedo, José Antonio (호세 안토니오 소피아 아르고메도)　　(1843~1886) 칠레의 작가이다. 그의 시 세계는 감각적이고 섬세하며 멜랑콜리가 담겨 있다. 종교성과 자연에 대한 명상이 눈에 띈다. 대표작으로는 『*Exequias del candidato popular*』(1876) 등이 있다.

Sol de otoño (솔 데 오토뇨)　　아르헨티나의 영화감독 에두아르도 미뇨냐(Eduardo Mignogna, 1940~2006)의 1996년 작품. 사랑을 이미 지나버린 과거의 것으로 인식하는 두 남녀의 이야기를 그린 영화로 1997년 콘도르 데 플라타상(Premio Cóndor de Plata)과 고야상(Premio Goya)을 수상했다.

Sol y la Luna, El [태양과 달(멕시코 신화)]　　아즈텍(Azteca)족의 신화이다. 지구에 빛이 있기 전에 신들이 태양과 달로 변하여 지구의 빛이 될 신을 찾고 있었다. 테쿠시즈테카틀(Tecuciztécatl) 신이 이 역할을 맡겠다고 나섰으며, 달의 역할은 나나와트진(Nanauatzin) 신이 떠밀려 맡게 됐다. 그들은 4일 동안 그들을 위해 만들어진 탑에서 순순한 제물이 되기 위한 의식을 갖게 되었다. 마지막 밤에 다른 신들과 함께 4일간 타오를 화롯불을 피웠다고 한다. 넷째 날에 두 신들은 불꽃에 들어가야 했지만, 테쿠시즈테카틀 신이 불꽃에 들어가는 것을 겁내서 나나와트진 신한테 먼저 들어가게 하였다. 나나와트진 신이 불속에서 타들어가는 모습을 본 테쿠시즈테카 신도 용기를 내어 같이 들어갔다고 한다. 그후, 모든 신들은 두 신이 어느 방향에서 나타날 것인지 기다리고 있었을 때 나나와트진 신이 서쪽에서 떠올랐다고 하며, 뒤따라 테쿠시즈테카틀 신이 달이 되어 나타났다고 한다.

Solanas, Fernando Ezequiel (페르난도 에제키엘 솔라나스)　　(1936~) 아르헨티나의 영화감독으로 "Pino"라는 별명을 가지고 있다. 60~70년대에 그는 아르헨티나 영화계에서 생산하는 급진 좌파 운동의 형성과 전개, 국제 선전에 있어서 가장 영향력 있고 중요한 인물들 중 하나였다. 1962년에 첫 단편 『*Seguir andando*』를 시작으로 2000년대 이후에도 활동하고 있다. 최근작은 『*La dignidad de los nadies*』(2006)로 최근 십년 사이에 아르헨티나에서 일어난 경제 위기에 대한 사회적 저항을 담고 있다. ⇒ El cine argentino(아르헨티나 영화)

Sologuren, Javier (하비에르 솔로구렌)　　(1921~) 페루의 시인, 편집자이다. 잡지 <Rama Florida>의 편집자였으며 페루의 시 문단의 창작을 독려하는 데 기여했다. 그의 작품 세계는 고전주의와 상징주의, 그리고 매우 독특한 초현실주의의 결합으로 이루어져 있다. 1947년 작 『*Detenimientos*』와 『*Dédalo dormido*』(1949)에서는 형이상학이 강조된 시 세계를 보여준다. 다른 작품으로는 『*Vida continua*』(1946), 『*Recinto*』(1967) 등이 있다.

Sololá (솔롤라)　　과테말라 서쪽에 위치한 주(Departamento)이다. 북쪽으로 킨체, 남쪽은 수치테페케스, 동쪽은 치말테낭고, 서쪽은 케찰테낭고와 토토니카판과 경계한다. 19개의 구로 구성되어 있으며 총 260,360명(1999년 기준)이 살고 있다.

Sombrerón, El (엘 솜브레론)　　라틴아메리카 전설이며 두 가지 버전이 있다. 큰 모자를 쓰고 다니는 키가 크고 마른 남성으로 그를 묘사하는 전설에서는 술주정뱅이들과 밤 늦게 돌아다니고 싸움과 도박을 좋아하는 남성들을 따라다니면서 그들을 응징한다는 전설이다. 또 다른 판에서는 눈이 크고 긴 검은색 생머리 여성들을 좋아하는 키 작고 못 생긴 남성이 기타를 치며 여자의 마음을 사로잡는다고 한다. 이 마법에 걸린 여성들을 살리기 위해 머리카락을 잘라내서 그를 쫓는다는 전설이다.

Somers, Armonía (아르모니아 소메르스)　　(1917~) 우루과이의 작가 아르모니아 에체파레 데 에네스트로사(Armonía Etchepare de Henestrosa)의 필명. 제약이 없는 그녀의 언어는 우루과이에 충격을 던져주었다. 대표작 중 하나인 『*La mujer desnuda*』(1950)는 우루과이 문학계의 주목을 끌었으며 종교와 사회에 대한 강력한 비판적 성격을 띠고 있다. 『*El derrumbamiento*』(1953)라는 제목 아래 펴낸 작품집으로 확실한 명성을 얻었다.

Somers, Armonía (아르모니아 소머스)　　(1917~) 우루과이의 여성 작가이다. 관습에 얽매이지 않는 언어를 사용하여 우루과이 문단에 스캔들을 일으켰다. 필명을 사용하며 진짜 이름은 아르모니아 엣체파레 데 에네스트로사(Armonía Etchepare de Henestrosa)이다. 1950년 소설 『*La mujer desnuda*』를, 1965년에는 『*De miedo en miedo*』, 그리고 다른 많은 소설들을 발표했다.

Somoza Garcia, Anastasio (아나스타시오 소모사 가르시아)　　니카라과의 정치가(1896~1956)로, 1936년에 군대를 동원하여 정권을 장악하고 1956년에 암살당하기 전까지 20년간 독재정치를 했다.

Somoza, José Carlos (호세 카를로스 소모사)　　(1959~) 쿠바 출신의 스페인 작가이다. 그가 한 살 때 가족이 정치적 이유로 추방당하여 스페인에 정착했다. 1994년에 첫 작품 『*Planos*』를 출판했다. 여러 상을 수상하였는데 국제적인 인지도를 얻게 된 것은 『*La caverna de las ideas*』(2000)의 출판 이후로, 여러 나라에서 대단한 성공을 거둔 작품이다. 간결한 문체에도 불구하고 그는 독자들에게 철학과 메타문학 사이의 유희를 제공하며 이중적 해석과 허구의 다양한 층위, 무엇보다 경계 없는 상상이 풍부한 작품을 선보이고 있다. ➡ La literatura cubana del siglo 21(21세기 쿠바 문학)

Sóngoro Cosongo (손고로 꼬송고)　　쿠바의 시인 니콜라스 기옌(Nicolás Guillén, 1902~1989)의 시집. 1931년 작으로 작가 자신의 첫 번째 작품에서 두드러진 사실주의적 회화주의와 길거리 문화적 요소들을 극복하며, 이를 통해 혼혈 민족과 안티야스 제도 주민들을 대변한다.

Sor Filomela (소르 필로멜라)　　니카라과의 모데르니스모 작가 루벤 다리오(Rubén Darío, 1867~1916)의 작품. 단편소설이며, 성공한 소프라노 가수인 주인공이 사촌과 사랑에 빠지고, 이어 사촌의 죽음으로 인한 절망감으로 수녀가 되는 길을 택하는 이야기가 전개된다.

Soriano, Osvaldo (오스발도 소리아노)　　(1943~1997) 아르헨티나의 소설가이자 언론인. 언론에서 출발하여 영화, 텔레비전의 극본을 쓰는 데 참여했고 1973년 첫 번째 소설 『*Triste solitario y final*』을 출판하여 아메리카의 집 문학상(Casa de las América)에서 주목받았다. 1976년 아르헨티나의 군부 쿠데타 이후 그의 책들은 금지되었고 그는 파리로 망명해 작품활동을 이어나갔다. 고국에 돌아와 계속해서 작품활동을 했으며 영화화되기도 했다. 문학활동 외에도 스포츠, 특히 아르헨티나 축구와 관련된 그의 기고문이 명성을 얻었다. ➡ La literatura argentina a finales del siglo 20(20세기 후반 아르헨티나 문학)

Sosa, Roberto (로베르토 소사)　(1930~2011) 온두라스의 시인이다. 온두라스에서 유명한 시인이었으며 스페인, 쿠바, 멕시코에서 좋은 평을 받았고 중미에서 편집자로 활동했다. 그의 작품은 영어, 중국어, 독일어, 러시아어, 일본어 등의 언어로 번역됐다. 작품으로는 『Los pobres』(1968), 『Hasta el sol de hoy』(1987) 등이 있다.

Soto, Pedro Juan (페드로 후안 소토)　(1928~) 푸에르토리코의 소설가, 드라마 작가이자 언론인이다. 사회적 반항과 미국 이민자들에 대한 그의 염려가 담긴 그의 작품 속 깊이와 양질은 그를 20세기 후반 앤티야스권의 가장 뛰어난 작가들 중 하나로 여기게 만든다. 『Los Inocentes』(1954)를 통해 소위 '40~50년대 세대(Generación del cuarenta y cinco)'의 뛰어난 단편 소설 작가들 중 하나가 되었다. 그는 특히 미국으로 건너 간 이민자들이 겪는 소외에 관한 이야기를 다루었다.

SOTPE(Sindicato de Obreros Técnicos, Pintores y Escultore) (기술자·화가·조각가 노조)　예술과 정치 사이에서 일어나는 혁명의 유기적인 단합을 주요하게 여긴 라틴아메리카의 몇몇 아방가르드 운동은 『El Machete』에 자신들의 주장을 담은 SOTPE에서 그 영향을 엿볼 수 있다.

Soundy, Yanira (야니라 사운디)　(1963~) 엘살바도르의 작가이다. 다비드 에스코바르 갈린도(David Escobar Galindo)가 찬사를 바친 작가로 그의 작품은 감정의 깊은 깊이를 드러내고 있다. 대표작으로는 『Los amigos verdes』(1996)가 있다.

Spanglish* (스펭글리쉬)　스펭글리쉬는 에스팡글리쉬, 잉글레스파뇰, 에스팡글레스 등의 이름으로 불리며, 코스타리카와 멕시코 일부 지역에서는 포초(Pocho)라는 이름으로 불리기도 한다. 스페인어와 미국의 영어가 형태론적·통사론적으로 혼합되어 태어난 스펭글리쉬는 지브롤터 지역에서 사용되는 야니토(Ilanito)와 유사한 언어현상을 드러낸다. 가장 보편적인 형태는 스페인어 사용 중에 영어의 차용 현상이 발생하는 형태인데 일종의 하이브리드 언어, 즉 혼종언어인 스펭글리쉬 같은 경우에는 공식적인 언어사용에서보다는 일상의 구어 사용에서 훨씬 빈번히 등장한다. 그러나 히스패닉 인구가 많은 미국 일부 지역의 영어사용자들에게 있어 스펭글리쉬란 영어 속에 스페인어 단어를 섞어가며 말하는 현상을 지칭하기도 한다. 이런 지역의 대표 격은 캘리포니아 지역, 플로리다, 뉴멕시코, 텍사스 등을 비롯해 뉴욕의 라티노 구역과 푸에르토리코 등지다. 그런가 하면 사이버스펭글리쉬(Ciberspanglish)의 존재도 눈여겨 볼만 하다. 사이버스펭글리쉬는 인터넷 사용의 폭발적 증가와 더불어 전 세계적으로 퍼져 나간 현상 중의 하나이다. 사이버스펭글리쉬에는 browser, frame, link, cookie, chat, mail, surfear 같은 인터넷 용어들이 주로 포함되는데, 이러한 용어들이 그대로 사이버스펭글리쉬로 자리 잡은 이유는 첫째, 적절한 스페인어 번역어가 존재하지 않거나 나태로 인해 번역하지 못했기 때문이며, 둘째, chatroom을 스페인어로 sala de charla라고 부르는 경우에서 보듯이 스페인어 번역어를 만들어 쓰는 것보다 영어 그대로 쓰는 게 훨씬 짧고 부르기 편하기 때문이었다. 물론 경우에 따라서는 영어 동사를 스페인어식으로 동사변화를 시켜 사용하기도 한다. 예를 들어 영어의 chat을 스페인어 동사 chatear로 바꾼 뒤 chateo / chateas / chatea / chateamos / chateáis / chatean식으로 사용하는 것이다. 그리고 실제로 이러한 현상은 널리 확산되어 일부 어휘의 경우 한림원에서 정식 어휘로 수용·등재하기도 한다. 그러나 일부 어휘의 경우, 원래의 영어식 표현이 완전히 사라지고 적절한 스페인어로 대체되기도 한다. 예를 들어 browser의 경우, 스페인어로는 navegador를 사용하며, frame 은 marco로, link는 liga로, surfear는 navegar로 완전히 정착된 것을 볼 수 있다.

Stella (스텔라) 아르헨티나의 작가 에마 델 라 바라 데 야노스(Ema de la Barra de Llanos, 1861~1947)의 소설. 1905년 작으로 처음에는 세사르 두아엔(César Duayen)이라는 가명으로 출판되었다. 문학적 가치보다는 이념적, 사회적 세계를 묘사하였다는 것이 특이점이다.

Storni, Alfonsina (알폰시나 스토르니) (1892~1938) 아르헨티나 모더니즘 여성주의 작가이자 시인이다. 현대 여성의 문제점을 심도 있게 파헤쳐 젊은 여성들의 열렬한 지지를 받았다. <Mundo Rosarino>와 <Mundo Argentino>와 같은 잡지사에서도 일했다. 대표작으로 『La inquietud del rosal』, 『Mundos de siete pozos』, 『Mascarilla y trébol』 등이 있다. 초기 시에서 볼 수 있는 낙관주의와 활기는 후기 시로 갈수록 고뇌의 표현으로 대체되며 암에 걸린 후 결국 자살을 택한다. ⇒ El hogar(엘 오가르)

Stroessner Matiauda, Alfredo (알프레도 스트뢰스네르 마티아우다) (1912~2006) 파라과이의 군인, 정치가. 파라과이 적색당(Partido Colorado) 당원이었으며 페데리코 차베스 카레아가(Federico Chávez Careaga, 1882~1979)가 대통령을 역임하고 있던 1954년 쿠데타를 일으켜 집권하게 되고, 이후 35년간 독재정치를 시행했다.

Stroessner, Alfredo (알프레도 스트뢰스너) (1912~2006)은 파라과이 출신의 정치인, 독재자였다. 그는 1954년 쿠데타를 일으켜 그때부터 1989년까지 35년간 파라과이 대통령으로 독재했다. ⇒ Nacionalismo latinoamericano(라틴아메리카의 민족주의)

Su mejor alumno (수 메호르 알룸노) 아르헨티나의 영화감독 루카스 데마레(Lucas Demare, 1910~1981)의 1944년 작품. 흑백영화이며 도밍고 파우스티노 사르미엔토 (Domingo Faustino Sarmiento, 1811~1888)의 실화를 바탕으로 당시 라틴아메리카의 혼란상태를 보여주는 영화이다.

Suárez de Figueroa, Gómez(Inca Garcilaso de la Vega) (고메스 수아레즈 데 피게로아) (1539~1616) 페루에서 태어났다. 작가이자 역사학자이다. 스페인계 아버지와 원주민계 어머니 사이에서 태어나 라틴아메리카의 첫 메스티조라고도 불린다. 작품들은 르네상스 시대에 해당되며 뛰어난 어휘력과 스페인어 구사능력을 자랑한다. 아버지는 스페인 황금세기 시인 가르시라소 델 라 베가의 조카였다. 1609년에 잉카 문화, 역사, 전통을 담은 책 『Comentarios Reales de los Incas』를 출간했다. 이 외에도 페루 정복 과정과 식민지의 초기 내용을 담은 책들을 집필했다.

Suárez de Rondelo, Joaquín (호아킨 수아레스 데 론데로) (1781~1868) 우루과이의 정치인이자 군인이다. 아르티가스(Artigas) 장군의 명령에 따라 1810년 혁명(la Revolución de 1810)에 참여했다. 1841년 상원 의원에 선출되었고 같은 해에는 임시적으로 우루과이의 대통령직을 수행했다.

Subercaseaux, Benjamín (벤하민 수베르카소) (1902~1972) 칠레의 작가. 다양한 장르의 많은 작품을 썼다. 칠레의 자연 환경, 칠레 사람들과 그들의 삶에 대한 통찰력 있고 섬세한 묘사가 특징이다. 대표작으로는 『*Quince poemas directos*』(1936), 『*Chile o una loca geografía*』(1940) 등이 있다. ➡ La literatura chilena del siglo 20(20세기 칠레 문학)

Subiela, Eliseo (엘리세오 수비엘라)　　(1944~) 아르헨티나의 영화감독. 「*La conquista del paraíso*」(1980)로 데뷔했으며, 「*El lado oscuro del corazón*」(1993)과 「*Últimas imágenes del naufragio*」(1991)를 발표하며 명성을 얻었다. ➡ El cine argentino(아르헨티나 영화)

Sucre, Antonio José de (안토니오 호세 데 수크레)　　(1795~1830) 베네수엘라, 콜롬비아, 에쿠아도르 등의 군대를 이끈 군인이자 중남미 독립 전쟁의 영웅으로 시몬 볼리바르와 함께 1824년 후닌 전투에 참전하기도 했다.

Sumak Kawsay (수막 카우사이)　　케추아어에 어원을 두고 있는 말로, 스페인어는 'El buen vivir' 자연친화적인 삶, 잘살기, 또는 'Vida en plentud' 충만한 삶이라는 뜻을 갖고 있다. 인간과 자연의 공존을 의미하는 말이다. 발전주의를 비판하며 발전의 대안으로 제시되며 에콰도르 헌법에도 반영되었다.

Supay (수파이)　　페루와 볼리비아에서 악마를 뜻하는 단어. 잉카족에서 케추아어를 사용하는 모든 악한 신을 지칭하는 말이었으며, 저승과 고인의 신이라고 했다.

Surazo (수라조)　　칠레의 바람 이름이다. 남쪽 지역을 가리키는 말이다. 차갑고 강한 바람이 기에 '차가운 바람이 오고 있다'라는 뜻으로 '수라조(Surazo)'라고 한다.

Surrealismo* (초현실주의)　　무의식과 비이성에 대한 탐구를 통해 현실을 초월하고자 하는 것을 목적으로 20세기 초 프랑스에서 시작된 예술·문화 운동을 지칭하는 말이다. 따라서 초현실주의는 아방가르드 미학의 무의식과 비이성을 지향하며, 다다이즘을 출발점으로 사진, 영화 기법 등을 수용하였다. 초현실주의자의 기본 이념은 통상적인 세계보다 더 참된 세계가 존재한다는 것, 즉 이 세계는 무의식적인 정신세계라는 것이다. 1919년 브레통(Bretón), 필리프 수포(Philippe Soupault), 아라곤(Aragon), 폴 엘뤼아르(Paul Eluard) 등의 시인들이 주도하여 창간한 잡지 <Litteratura>가 초현실주의 운동을 잘 대변해 주었으며, 1924년, 『*Manifiesto Surrealista*』가 발간되면서부터 기틀을 마련하기 시작한다. 이 책에서 브레통과 수포는 '초현실주의'라는 용어를 정의한다. 초현실주의자들은 자동서술법을 사용하는데, 이것은 의식적인 수정을 최대한 피하면서 그때그때 떠오르는 단어나 이미지들을 순수하게 표출해 나가는 방법이다. 그럼으로써, 현실에 의해 가려져 있는 것들을 드러낼 수 있다고 생각했다. 'Litteratura'의 시인들도 그들이 경험하고 있던 자동기술법을 정의하기 위해 '초현실주의'라는 단어를 받아들인다. Andre Bretón은 1928년 『*El Surrealismo y la Pintura*』를 발간하면서 초현실주의 미학을 정의하였으며, 1929년에 『*Segundo Manifiesto Surrealista*』을 발간하면서 초현실주의를 단순한 예술사조로부터 정치, 사회와 연결된 혁명으로 전개되기를 바라게 되며, 초현실주의는 정치·사회적 성격을 지니게 된다. 사실상 초현실주의에 있어서 무의식 세계에 대한 사상은 지그문트 프로이트(Sigmund Freud)의 정신분석학에 힘입은 것이라 할 수 있다. 실제로 브레통은 프로이트의 무의식에 대한 이론을 연구하였으며, 이 이론들이 초현실주의 탄생에 영향을 미쳤다. 이를 기반으로, 브레통은 초현실주의를 통해 경험의 의식의 영역과 무의식적 영역을 완벽하게 결합시키는 수단이며, '절대적 실재, 즉 초현실 속에서는 꿈과 환상의 세계가 일상적인 이성의 세계와 결합할 수 있다고 했다. 스페인에서는 1980년대에 초현실주의가 등장하였으며, 아방가르드인 측면이 아닌, 상징주의와 대중 미술의 혼합으로 나타났다. 호안 미로(Joan Miró,) 살바도르 달리(Salvador Dalí) 외에도 마루하 마요(Maruja Mallo), 그레고리오 프리에토(Gregorio Prieto), 모레노 비야(Moreno Villa), 벤하민 팔렌시아(Benjamín Palencia) 등이 있다. 알베르토 산체스(Alberto Sánchez)와 앙헬 페란트(Ángel Ferrant) 등의 신입체파가 초현실주의자로 바뀌기도 한다. 중남미에도 레메디오스 바로(Remedios Varo), 레오노라 카링톤(Leonora Carrington) 등의 많은 초현실주의자가 있지만, 특히 멕시코를 주목할 만하다. 브레톤이 말했듯이 멕시코는 그 자체로 초현실주의적인 색채가 강한 나라로서 중남미에서 가장 먼저 초현실주의를 받아들였을 뿐만 아니라 많은 독창적인 예술가들을 배출해 냈다.

T

Tabaré (타바레)　　우루과이 작가 소리야 데 산 마르틴(Zorrilla de San Martín)의 작품으로, 1879년에 작품을 쓰기 시작하여 1886년에 탈고, 1887년에 출간되었다. 이 작품은 총 세 권으로 이루어져 있으며 타바레라는 주인공을 통해 전개되는 시로 이루어져 있다.

Tabasco (타바스코)　　멕시코 남동쪽에 위치하는 타바스코 주는 멕시코의 31개 주 중 하나이다. 주의 면적은 25,000 km²에 달하고 면적 크기로는 24번째이다. 현재 220만 명 정도가 거주하고 있다.

Tablada, José Juan (호세 후안 타블라다)　　(1871~1945) 멕시코의 시인, 저널리스트, 외교관이다. 모데르니스모(Modernismo)의 영향을 받아 시를 쓰기 시작하였으나 곧 결별하고, 정련된 기법으로 울트라이즘(Ultraismo) 운동에 참여하기도 하였다. 문학에서 가장 큰 공적은 일본의 시 형식인 하이쿠를 중남미 문학에 도입한 것을 꼽을 수 있다.

Tahuantinsuyo (타우안틴수요)　　잉카 제국을 뜻하는 말로 케추아(Quechua)로 4개의 지역이란 의미를 가지고 있다. 잉카 제국은 남미 안데스 지역에서 15세기에서 16세기 사이에 번성하고 발전했다. 1438년에 파차쿠텍(Pachacútec) 아래에서 제국이 건립되고 이어 투팍 유팡키(Túpac Yupanqui)와 우아이나 카팍(Huayna Cápac) 때 전성기를 맞이하게 되었다.　➡ Jerarquía imperial del Imperio Inca(잉카 제국의 계층 구조)

Taíno (타이노)　　식민지 이전에 바아마스에 거주하던 민족이다. 남미의 아라왁(Arawak)족의 사람들이었으며 타이노어(Lengua Taíno)도 아라왁 어군(Lenguas Arawak)에 속한다. 타이노들은 귀족층과 평민층으로 나뉘고 카시케(Cacique)로 불리는 지도자가 있었다. 매우 발전한 문명으로 농업에 뛰어났으며 사냥과 어업, 일부 금속 다루는 기술을 보유했다.

Taironas (타이로나)　　식민지 시대 이전의 콜롬비아 문명으로 800년에서 1600년까지 진행되다 지금은 잃어버린 도시(Ciudad Perdida)로 알려져 있다. 이 문명은 독립적인 단위로 부족에서 족장을 세워 중남미의 여러 지역에서 활동했다. 스페인 식민지가 시작되면서 스페인은 족장들을 비롯하여 부족민들을 사냥했다. 당시 식민지가 시작될 무렵의 인구가 1,000,000명이었지만 현재 순 혈통 후손은 50,000명 정도이다.

Taita Boves (타이타 보베스)　　루이스 알베르토 라마타(Luis Alberto Lamata, 1959~) 감독의 영화. 2010년 개봉되었으며 베네수엘라 독립 전쟁 당시 스페인 장군 호세 토마스 보베스(Jose Tomás Boves, 1783~1814)의 이야기를 다루고 있다. 라틴아메리카 독립 전쟁 중 가장 잔인했던 전쟁인 베네수엘라 독립 전쟁을 여실히 묘사한 영화이다.

Takalik Abaj (타칼릭 아바흐)　　과테말라 남쪽에 위치한 스페인 정복 이전의 마야 문화의 고고학 유적지다.

Tala (탈라) 칠레의 시인 가브리엘라 미스트랄(1889~1957)의 시집이다. 1938년 작으로 인간에 대한 희망, 향수, 믿음 아래 세속적인 주제를 거부하는 시들이 집약되어 있다. ➡ Gabriela Mistral(가브리엘라 미스트랄)

Talavera, Natalicio (나탈리시오 탈라베라) (1839~1867) 파라과이 최초의 낭만주의 시인이다. 애국적 성향이 짙은 작품을 주로 썼으며 열광적인 독백을 기반으로 한 조국에 대한 열정적인 사랑을 잘 표현한 것이 작품의 특징이다. 대표작으로는 『*Reflexiones de un centinela en la víspera del combate*』가 있다.

Tallet, José Zacarías (호세 사카리아스 탈렛) (1893~?) 쿠바의 시인이자 언론인이다. 알프레도 자야(Alfredo Zaya) 대통령에 맞선 'Protesta de los Trece' 그룹에 참여했다. 니콜라스 기옌(Nicolás Guillén), 라몬 귀라오(Ramón Guirao), 레히노 페드로소(Regino Pedroso)와 함께 쿠바의 흑인 시 선구자들 중 한 명이다. 대표작으로는 『*La semilla estéril*』(1951)이 있다. ➡ La literatura cubana del siglo 20(20세기 쿠바 문학)

Talud-tablero [탈루드-타블레로(계단식)] 중미 건축 양식의 명칭으로, 피라미드와 관련지어 자주 쓰인다. 테오티우아칸 문화에서 가장 많이 나타나는 이 양식은 경사(Talud)와 판(Tablero)이 드러나는 2단 계단의 모양을 하고 있으며, 여러 가지 변화된 형태가 있다.

Taluhet (탈루엣) 아르헨티나 헷(Het) 민족의 3개 분류 중 하나이다. 이들은 유목민족으로 사냥에 종사 했으며 소이추(Soychu)라는 신을 섬겼다. 17세기 말부터 18세기 초에 마푸체(Mapuche)족과 접촉하면서 문화가 다방면으로 발전하기 시작했다.

Tamal (타말) 옥수수 가루를 넣고 플라타노(Platano) 잎으로 싼 후 쪄서 만든 중미의 전통 음식으로 고기를 비롯한 여러 가지 재료를 넣은 다수의 타말 종류가 있다. 크리스마스 등 명절에 주로 타말을 먹는다.

Tamarindito (타마린디토) 과테말라의 페텐(Petén)에 위치한 스페인 침략 이전 시기의 마야 유적으로 페텍스바툰(Petexbatún) 지역의 중심지였으며 이후 도스 필라스(Dos Pilas)의 중심지가 되었다. 8세기에는 도스 필라스가 파괴되어 혼란에 빠졌으며 9세기에 이 지역은 버려졌다.

Tamayo Solares, Franz (프란츠 타마요 솔라레스) (1879~1956) 볼리비아 라파스 출신의 시인, 정치가, 외교관이었으며 20세기 볼리비아 문학을 대표하는 인물 중 한 명이다. 1911년 볼리비아 급진당(Partido Radical)을 설립하였고, 1914년에 의원으로 활동하고 1917년 대통령 선거 후보까지 올랐다. 시인으로서는 볼리비아 모더니즘 문학의 거장으로 인정받으며 철학, 환각, 시간으로부터 여러 주제를 담은 작품들을 남겼으며 대표작으로는 『*Los nuevos rubayat*』(1927), 『*Scherzos*』(1932), 『*Scopas*』(1939) 등이 있다.

Tamayo, Rufino (루피노 타마요) (1899~1991) 화면에 유화를 그리면서 벽화운동에 반기를 든 모더니즘의 기수였다. 1926년 첫 전시회에서 원주민주의의 경향을 보여주지만 점차 브라크의 강한 영향을 받은 구성주의, 그리고 초현실주의로 그 관심 영역이 이동하고 있다. 대표적인 그림으로 「*Cuerpos celestes*」(1946), 「*El cantante*」(1950) 등이 있다.

Tambo Colorado (탐보 콜로라도) 잉카 제국 당시 해안에 세워진 가장 중요한 중심부 중 하나이다. 페루 벽돌 유적지 중 가장 잘 보존된 상태이며 북쪽 지역, 중앙 지역, 남쪽 지역으로 구분한다. ➡ Arquitectura del Imperio Inca(잉카 제국의 건축)

Tangata Manu (탕가타 마누) 칠레 이스터 섬 신화에 등장하는 인물이다. 탕가타 마누는 매해 열리는 전통 시합에 승리하는 조인(鳥人)을 가리켰다. 이스터 섬의 화산을 전면하고 있는 모투 누이(Motu Nui), 모투 카오카오(Motu Kaokao), 모투 이티(Motu Iti) 섬들에서 사는 제비갈매기를 찾아 가야 했다. 이 의식은 제비갈매기의 첫 알을 갖기 위해 화산 절벽을 내리고 올라야 했으며, 수영하면서 섬과 섬을 건너가야 했다. 이것은 마케 마케신에게 받치던 식이다.

Tango* (탱고) 탱고의 기원에 대한 정확한 증거는 없지만 대부분의 연구자들에 의하면 1880년대 아르헨티나의 부에노스아이레스에서 탄생하였다. 당시 백인 사회는 마주르카, 폴카와 왈츠를 즐겼고, 아프리카계 소수집단은 우루과이에서 유래된 칸돔베(candombe)를 듣고 춤을 추었다. 탱고의 기원을 알기 위해서는 두 가지 시대 배경을 살필 필요가 있다. 하나는 당시 아르헨티나의 대도시들이 산업성장을 경험하고 있었고 프롤레타리아 계급은 일상생활에 맞게 문화를 형성하고 있었다. 레코드 산업이 발달하면서 음반시장 또한 서서히 대중화되기 시작했다. 노동인구에 음반 산업이 스며들게 되면서 프롤레타리아 음악의 확산으로 이어진다. 또한 농촌에서 도시로 이주하는 인구가 기하급수적으로 증가하는 동시에 해외에서 아르헨티나로 이주하는 이민자들이 새로운 음악과 함께 유입되었다. 탱고의 기원에 대해서 이견을 보이는 연구자들도 있는데, 이들은 탱고가 쿠바와 아프로카리브 리듬에 뿌리를 두었다고 주장한다. 탱고는 초기에 바이올린, 플롯, 기타로 구성된 작은 그룹에 의해 연주되었다. 탱고의 특징을 잘 드러내는 반도니온은 1900년대에 이르러서야 추가되었다. 초기 탱고 뮤지션들은 이미 존재하던 노래와 멜로디를 사용하였지만 이후 새롭게 창조해 나갔다. 탱고 춤은 볼레로와 함께 빈민가에 빠르게 확산되었고, 에로틱한 분위기를 물씬 풍기며 교외의 성매매 업소에서 즐겨 추게 되었다. 이로 인해 탱고는 도덕과 행동 규범과 서로 충돌하게 된다. 탱고 음악에 가사가 붙여질 때도 이와 똑같은 현상이 나타났다. 이후 탱고의 가사는 실연과 배신을 이야기하면서 사랑과 고통을 연상시켰다. 시인 파스쿠알 콘투르시(Pascual Contursi)가 「*Mi noche Triste*」를 작사한 이후 수많은 시인들이 탱고 음악 작사에 합류하기 시작했다. 1930년대를 대표하는 탱고 작사가는 에스테반 셀레도니오 플로레스(Esteban Celedonio Flores)로 알려져 있다. '네그로 셀레(Negro Cele)'라는 애칭을 가진 플로레스의 대표 탱고 곡은 「*Mano a Mano*」와 「*Corrientes y Esmeralda*」이다. 이 두 곡은 도시를 배경으로 과거에 대한 회상과 그리움을 표현하고 있다. 이 외에도 「*Viejo Smoking*」, 「*Atenti Pebeta*」 등 수많은 탱고 곡을 남겼다. 한편 국제적으로 가장 많이 알려진 탱고 작사가는 엔리케 산토스 디스세폴로(Enrique Santos Discépolo)일 것이다. 그의 주제는 현실에 대한 비관적인 테마를 주로 다루지만 세계 곳곳에서 많은 사랑을 받고 있다. 20세기 초반 탱고는 전문적으로 발전하여 도시 외곽의 보헤미안적인 한계를 뛰어넘어 유럽으로 퍼져나갔다. 프랑스에서 큰 호응을 얻었고 대부분의 지배 문화에서는 탱고에 큰 거부감을 드러냈지만 그럼에도 불구하고 1920년대부터 탱고학교가 생겨나기 시작했다. 이에 따라 탱고는 아르헨티나 국민들을 비롯해 다양한 국가에서 문화를 표현하는 데 있어 중요하고 풍요로운 음악으로 점차 인식되게 되었다. 탱고 거장에는 카를로스 가르델(Carlos Gardel, 1890~1935), '엘 카차파스' 호세 베니토 오비디오 비안켓(José Benito Ovidio Bianquet, 1885~1942), '파초' 후안 마글리오(Juan Maglio, 1880~1934), 파스쿠알 콘투르시(Pascual Contursi, 1888~1932), 오스발도 프레세도(Osvaldo Fresedo, 1897~1984), 훌리오 데 카로(Julio de Caro, 1899~1980) 등을 꼽을 수 있다. 20세기 후반에는 아스토르 피아졸라(Astor Piazzolla)의 영향력이 크게 두드러졌다.

Tango! (탱고)   아르헨티나 영화감독 루이스 호세 모글리아 바르트(Luis José Moglia Barth, 1903~1984)의 1933년 작품. 흑백영화로 아르헨티나 유성영화의 시초로 여겨지며 파리로 떠나는 탱고 가수의 이야기를 그렸다.

Tangos, el exilio de Gardel (탱고스, 엘 엑실리오 데 가르델)   아르헨티나의 영화감독이자 정치인인 피노 솔라나스(Pino Solanas, 본명 Fernando Ezequiel Solanas, 1936~)의 1986년 작. 아르헨티나와 프랑스 합작영화로 1976~1983년의 독재 시기 동안 파리로 추방당했던 아르헨티나인들의 삶을 그렸다.

Tarjeta Monedero (모네데로 교통카드)   2005년에 아르헨티나에서 처음으로 생긴 교통카드이다. 그 당시 표값을 지불하기 위한 동전 구하기가 어려워지면서 이 카드를 높은 가격에 사는 사람들이 있었지만, 모네데로 카드 사용이 금전적인 혜택이 없기에 많은 사람들이 사용하지 않았었다. 2012년에 Tarjeta SUBE의 공식적인 교통카드로 등장했다.

Tarjeta SUBE (수베 교통카드)   아르헨티나 교통카드이다. SUBE의 약자는 유일한 전자표 시스템(Sistema Único de Boleto Electrónico)을 의미한다. 2011년에 사용하기 시작되었으며, 2012년부터 국가에서 보조금을 제공하기 때문에 사용하면 요금이 저렴해진다. 처음에는 이 교통카드가 무료였으며, 주민등록번호, 성함 그리고 자택주소를 기재해야만 받을 수가 있다. 현재에는 15페소를 지불해야 한다.

Tarka (타르카)   안데스 지역과 볼리비아에서 사용되는 관악기이다. 나무로 만들어졌으며 카니발에서 주로 사용한다.

Tatu y su capa de fiesta (타투와 파티 망토)   칠레 북부지방 신화. 하늘에 보름달이 아직 빛나고 있을 때 모든 동물들이 티티카카 호수에서 열리는 대축제에 초대됐다고 한다. 모든 동물들은 대축제 참가하기 위해 준비를 했다. 하지만 타투라는 아르마딜로는 특별히 공을 들이며 준비를 했다. 이전 축제에서 공동체의 매우 중요한 인물로 선발되었기 때문이다. 그래서 큰 망토를 공들여서 만들기 시작했다. 하지만 여우가 축제는 오늘 밤이라고 거짓말을 했고, 타투는 이 말을 믿고 망토를 대충 짜기 시작했다. 망토는 처음보다 아름답지 않게 됐지만 타투는 특별하기만 하면 됐기 때문에 상관없어 했다. 그러나 밤이 되자 아직 상현달밖에 안 되었다는 것을 보고 분해했지만, 망토는 훌륭했다. 그러자 축제날에 여우가 원했던 것과는 반대로, 타투는 멋지게 참가하게 되었다. 교훈: 자기 자신을 믿으며, 나쁜 사람들의 말에 영향을 받지 않도록 자신감을 높여야 한다.

Teatro Colón (콜론 극장)   아르헨티나의 수도 부에노스아이레스(Buenos Aires) 도시에 위치한 극장으로 남미에서 가장 크다. 1908년 베르디의 오페라 '아이다'로 막을 올렸으며 그 후 상업적인 이유로 여러 번의 경영권 교체를 겪은 후 1925년 국립 극장이 되었다. 현재의 건물은 50년대에 리모델링한 것으로 부에노스아이레스의 문화의 중심지에서 그 역할을 감당하고 있다.

Teatro Nacional de México (멕시코 국립극장)   현 멕시코 예술박물관. 이탈리아의 아다모 보아리(Adamo Boari)가 건축했다. 유럽의 근대 양식에 멕시코적인 요소를 가미시켰으며, 이는 특히 건물 정면의 조각 장식에서 두드러진다. 오늘날에도 중남미 건축의 본보기가 되고 있다.

Teatro Teresa Carreño (테레사 카레뇨 극장)   베네수엘라 카라카스에 위치한 극장. 라틴아메리카에서 두 번째로 큰 극장이다. 1973년에 준공을 시작해 1983년에 완공되었으며 베네수엘라의 피아니스트 테레사 카레뇨(Teresa Carreño, 1853~1917)의 이름을 따

만들었다.

Tectiteco (텍티테코) 마야어 어군 언어 중 맘어와 관련이 있다. 우에우에테낭고 주의 텍티탄 지역의 소수 마야 인구가 사용하고 있다. 모음 5개, 자음 27개와 서기소 32개로 구성된 언어이다.

Tecuciztecatl (테쿠시즈테카틀) 아즈텍(Azteca)족의 신이다. 지구의 태양이 되려고 했지만 다른 신들의 시험을 통과하지 못한 탓으로 달이 됐으며, 태양만큼 밝았던 빛도 빼앗겼다고 한다.

Tecún Umán (테쿤 우만) (1500?~1524) 현재의 과테말라 고지대에 존재한 마야 문명의 키체(Quiché)족의 마지막 왕이다. 칵치켈 연대기(Anales de los Cakchiqueles)에 따르면 정복자 돈 페드로 데 알바라도(Conquistador Don Pedro de Alvarado)에게 엘 피나르 전투(Batalla de El Pinar)에서 살해당했다. 이 왕은 스페인인에 대항해 자신의 왕국과 백성을 지키려 싸운 용기와 위엄으로 마야 문명에서 대표적인 인물로 여겨진다.

Tehuelche (테우엘체) 아르헨티나와 칠레의 파타고니아(Patagonia) 지역에서 발전한 여러 민족을 일컬어 말한다. 테우엘체 문명은 이 지역에서 14,500년이 넘는 시간 동안 자리를 지켜왔다. 스페인식민지 시대에도 스페인인들은 테우엘체 땅은 취하지 않았고 아르헨티나 정부 소속으로 가입 될 때까지 300년이 걸렸다. 인구는 약 10,000명 정도다.

Teitelboim, Volodia (볼로디아 테이텔보임) (1916~2008) 칠레 출신의 작가, 변호인, 정치인으로 활동했다. 칠레에서 가장 뛰어난 작가 중 한 명으로 평가받고 "1938세대(Generación de 1938)"에 속한다. 소설, 수필, 자서전 등 여러 형태의 글을 남겼으며 2002년에 칠레 문학상을 받았다. 대표작으로 『La semilla en la arena』와 『La guerra interna』가 있다.

Tejera, Vicente (비센테 테헤라) (1848~1903) 쿠바 출신으로 다양한 톤의 서정적 열정이 가득한 시를 쓴 작가이다. 작품으로 감상적인 시 『En la sombra』, 『Armonía』, 『Elisa』와 베케르와 하이네풍의 유머시 『Un ramo de violetas』, 애국시 『La estrella solitaria』 등이 있다.

Telenovela (텔레노벨라) 텔레비전 소설이라는 뜻으로, 스페인 및 라틴아메리카 국가에서 제작되는 일일 연속극을 말한다. 60년대 이전의 라디오 연속극을 대체하며 세계적으로 선풍적인 인기를 끌고 있다.

Telenovela; Impacto económico* (텔레노벨라; 경제적 효과) 멕시코, 콜롬비아, 베네수엘라, 에콰도르, 칠레, 페루, 아르헨티나, 브라질 등의 라틴아메리카 국가들에서는 텔레노벨라의 제작에 천문학적 규모의 자금을 쏟아 붓고, 동시에 텔레노벨라를 통해 벌어들이는 수익의 규모 역시 막대하기 때문에 경제적인 효과 측면에서 미국의 솝 오페라보다는 헐리웃 영화와 비교하곤 한다. 예를 들어, 1997년 한 해에만도 멕시코의 텔레비사(Televisa)가 텔레노벨라를 판매해 거둔 수익이 약 1억 달러였으며 2008년에는 수익의 규모가 4억 달러를 넘어 선 바 있다. 이는 영국 BBC의 연간 수익에 거의 근접한 수치이며, 미국의 워너브라더스와 파라마운트, 유니버설 사가 거둬들인 수익 5억 달러에 필적할만한 수치이다. 대부분의 채널들에서 텔레노벨라는 다양한 방송사 프로그램 중에서도 핵심적 역할을 담당하고 있다. 텔레노벨라만 성공하면 시청자들을 끌어 모을 수 있기 때문이다. 그리고 이런 이유로 방송사들은 텔레노벨라에 막대한 예산을 투입하는 것이다. 또한 방송사들은 텔레노벨라 그 자체를 판매해 수익을 창출하기도 하지만 전 세계 각국에 각색용으로 저작권을 판매해 수익을 올리기도 하는데, 그 액수 역시 만만치 않다. 라틴아메리카에서 텔레노벨라를 가장 많이 수출하는 나라는 멕시코, 브라질, 콜롬비아, 베네수엘라, 칠레, 아르헨티나를 들 수 있고, 칠레의 TVN, 브라질의 TV Globo 등은 텔레노벨라로 막대한 수익을 올린 대표적인 방송사들이다. 특히 콜롬비아 텔레문도(Telemundo)의 경우 미국 자본이 투자된 회사로, 전 세계 각지에 성공적으로 텔레노벨라를 판매하고 있다. 과거에는 텔레노벨라 자체를 그대로 판매하는 게 주된 판매 방식이었지만, 80년대부터 멕시코에서 저작권을 판매하기 시작하고 이러한 판매방식이 90년대에는 라틴아메리카 전역으로 확산되면서 현재까지 매우 활성화되고 있다. 수많은 텔레노벨라들이 각국의 현지 각색을 위해 성공적으로 수출된 바 있으며, 가장 대표적인 예로는 콜롬비아 텔레노벨라인 「Yo soy Betty la fea」를 들 수 있다. 콜롬비아의 「Yo soy Betty, la fea」는 텔레노벨라 중에서도 가장 성공적인 작품으로, 스페인, 멕시코, 러시아, 네덜란드, 인디아, 독일, 미국 등 세계 각국에 꽤 높은 가격으로 수출되었으며, 2010년에는 기네스북에도 가장 성공한 텔레노벨라로 오른 바 있다. 특히 미국에서는 세계적인 배우 셀마 헤이엑이 주인공 역을 맡아 ABC에서 방영된 바 있다.

Templo de las Manos Cruzadas (팔짱낀 신전)　　페루에 위치한 신전으로 기원전 1800년대에 세워진 것으로 추정된다. 길이는 9.5m, 넓이는 9.3m, 높이는 2.4m에서 2.8m 사이다. 코토스(Kotosh) 유적지에 자리 잡고 있으며 이곳에서 종교 의식이 진행되었다. 이 신전은 페루뿐만 아니라 남아메리카 대륙에서 첫 번째 종교 건축물로 추정된다.

Templo Pintado (핀타도 신전)　　페루 파타카막(Pachacamac) 유적지에 위치한 신전이며 파차카막의 가장 중요한 건축물이다. 길이는 100m, 넓이는 50m에 달하며 정상에는 파차카막 신이 거주했다고 한다.

Ten Ten Vilu y Cai Cai Vilu (텐텐빌루와 카이카이빌루)　　칠레 신화이다. 카이카이빌루는 물의 신인 뱀이었으며, 텐텐빌루는 땅의 신이었다. 그런데 어느 날 갑자기 카이카이빌루가 땅을 물에 잠기게 하려고 했다. 그러자 신의 명령을 따르던 물은 점점 높이 오르기 시작했다. 하지만 텐텐빌루신이 이것을 보고, 땅에 사는 모든 동물들을 살리려고 땅의 높이를 더욱 올렸다. 이렇게 신들의 전투는 몇천 년을 걸쳤다. 그러나 끝에는 카이카이빌루 신이 지게 되었다. 전투 후 칠로에(Chiloe) 다도해가 생겼다고 한다.

Tenochtitlan (테노츠티틀란)　　현재의 멕시코에 위치했던 아스테카 제국의 수도로 약 30만의 인구가 살고 있었다. 도시에는 신전, 왕궁, 광장, 공원, 시장 그리고 동물원까지 있었다. 스페인 연대기 작가들은 스페인의 어떤 도시도 테노츠티틀란에 비교될 수 없다고 기술하고 있다. ➡ Imperio azteca(아스테카 제국)

Teodoro Foronda (테오도로 포론다)　　아르헨티나 작가 프란시스코 그랑몽테뉴(Francisco Grandmontagne, 1866~1936)의 작품. 1896년 작품으로 사실주의적 색채가 드러난다. 아르헨티나의 여러 계층의 생활상이 묘사되며 사진적 사실성이 드러난다.

Terrazas, Francisco de (프란시스코 데 테라사스)　　멕시코 출신으로 16세기 라틴아메리카에서 가장 훌륭한 시인으로 알려져 있다. 사랑을 속삭이는 듯한 어조의 서정시와 지방색이 배제된 이탈리아풍의 소네트들로 감성이 넘치는 작품들을 주로 썼다. '새로운 아폴로(Nuevo Apolo)'라고 칭해질 정도로 초기 멕시코의 문화계를 이끌었던 주역이었다.

Terremotos de Santa Marta (산타 마르타 지진)　　1773년 7월 29일 일어난 대지진으로, 산티아고 데 로스 카바예로스(Santiago de los Caballeros), 현재의 안티구아 과테말라

(Antigua Guatemala)에서 발생하였다. 이 지진으로 500명 이상의 사상자와 안티구아의 건물들 다수가 붕괴되어 인디아스 자문회와 당시 스페인 왕 카를로스 3세(Carlos III)에게도 보고되었으며, 이 후 과테말라는 수도를 과테말라시티(Ciudad de Guatemala)로 옮기게 된다.

Testa, Clorindo (클로린도 테스타)　(1923~) 아르헨티나의 건축가이자 화가이다. 런던 앤드 사우스 아메리카 은행(1960~1966)을 설계했으며, 이 건물은 중남미의 야수주의의 전형적인 예로서 20세기 후반의 가장 중요한 건축물 중의 하나로 꼽힌다.

Tezcatlipoca (테스카틀리포카)　아스테카족 신화에 나오는 신으로, 젊고 검은 모습의 장난꾸러기 신이다. 그의 이름은 '연기 나는 거울(el espejo humeante)'이라는 뜻을 지니고 있다. 다른 신들을 꼬드겨서 케찰코아틀(Quetzalcoatl)에게 거울을 선물하게 하였다고 한다.

TGP(Taller de Gráfica Popular) (민중그래픽작업실)　멕시코에서 1937년에 멘데스, 아레날, 오이긴스에 의해 발족되었으며, 벽화운동을 강력하게 비판하며 정부로부터 독립적임을 선언했다. 석판화와 목판화기법을 중심에 두고 현대적인 기법을 섭렵해나갔으며, 이 단체의 모태가 LEAR에서 출발하고 있기 때문에 프롤레타리아 투쟁에 그 이념을 두고 있다. 또한 LEAR과 연계해 당시 활동하던 그룹 가운데 가장 진취적으로 투쟁하며 판화작업을 위한 중심적 집합소로서 입지를 굳혀 나갔다.

Thanatopia (타나토피아)　니카라과 모데르니스모 작가 루벤 다리오(Rubén Darío, 1867~1916)의 작품. 단편소설로 자신의 아버지를 뱀파이어라 여기는 주인공 제임스(James)의 이야기를 다룬다. 주인공의 신경증, 정신착란증 증세와 실제 작품 속 현실의 경계가 모호하게 그려진다.

The Buenos Aires Affair (부에노스아이레스 어페어)　아르헨티나의 작가 마누엘 푸익(1932~1990)의 소설. 1973년 작으로 탐정 소설의 형태를 취하며 문학 외적 요소인 영화와 회화가 등장한다. 각 장마다 영화 대사를 제시(epígrafe)로 사용하며 장면들을 인용한다. ➡ Manuel Puig(마누엘 푸익)

The Making of Social Movements in Latin America: Identity, Strategy and Democracy (라틴아메리카 사회운동의 등장: 정체성, 전략 그리고 민주주의)　아르투로 에스코바르(Arturo Escobar)와 소니아 알바레스(Sonia Álvarez)가 공저한 책으로 1992년에 출판되었다. 기존의 평가와 다르게, 다양한 사회운동이 있었던 라틴아메리카의 1980년대를 '수확의 10년'으로 해석한 데에 의미가 있다.

Tibol, Raquel (라켈 티볼)　(1923~1953) 대중미술의 표상이라 할 수 있는 캐리커처가 유행하던 당시 멕시코의 미술비평가로 활동했다. 호세 과달루페 포사다(José Guadalupe Posada)를 가리켜 '멕시코 미술사에서 전무후무한 미술가'라고 평가했다. 그 까닭은 판화노동자라는 사회 신분에서 오롯이 강직한 신념과 성실한 태도만으로 유례를 찾아보기 힘들 만큼 멕시코 최고의 판화미술을 그가 배양해냈기 때문이라고 한다.

Ticuna (티쿠나)　페루의 로레토(Loreto) 지역, 브라질과 콜롬비아의 아마존 지역에 분포한 원주민 부족. 고립어족에 속하는 티쿠나어를 사용한다. 어업에 주로 종사하며 현재 약 2만 7천 명 정도가 남아 있다.

Tiempo de revancha (티엠포 데 라벤차)　아르헨티나의 영화감독 아돌포 아리스타라인(Adolfo Aristarain, 1943~)의 1981년 작품. 아르헨티나 국가재건(Reorganización

Nacional) 당시 상영된 영화로 정치범들과 실종자들에 관한 사건을 우의적으로 다루고 있다. 1982년 콘도르 데 플라타상(Premio Cóndor de Plata)을 수상했다. ☞ El cine argentino(아르헨티나 영화)

Tiempo, César (세사르 티엠포)   (1906~1980) 아르헨티나의 시인이다. 우크라이나계 태생으로 본명은 이스라엘 제틀린(Israel Zeitlin)이다. 아르헨티나-이스라엘 관련 주제의 작품을 썼다. 대표작으로 『*Clara Beter*』, 『*Versos de una …*』 등이 있다.

Tierra del fuego [티에라 델 푸에고 (불의 땅)]   아르헨티나 최남단에 위치한 군도로, 마가야네스 해협에 의해 대륙에서 분리되어 있다. 7만km²에 달하는 면적을 가진 저온 다습한 지역이다. 수도는 우수아이아(Ushuaia)이며 이곳에 다수의 인구가 밀집되어 있다. '불의 땅'이라는 뜻을 가진 이름과는 달리 평균 기온 섭씨 2도에서 10도인 추운 지방이며 세계에서 가장 남극에 가까운 땅이다. 국립자연공원이 있어 해마다 관광객들이 찾는 곳이기도 하다.

Tikal (티칼)   과테말라의 페텐(Petén)에 위치한 스페인 침략 이전 시기의 마야 유적이다. 1979년 유네스코 세계문화유산에 등재된 티칼 국립공원(Parque Nacional Tikal)의 한 부분을 구성한다. 티칼은 옛 마야인들의 수도였으며 기원전 4세기까지 이르는 긴 역사를 가지고 있다. 3세기부터 10세기까지 전성기를 맞은 마야 문명의 수도로서 군사, 경제, 행정 중심지의 역할을 수행했으며, 현재는 무덤과 신전 등이 남아 있다. ☞ Cultura maya(마야 문명)

Timbales (팀발레스)   두 개의 금속판의 드럼이 지지대에 붙어 있다. 아랫 부분에 구멍이 있는 막울림 악기로 아프리카에서 전래되었다. 종도 함께 연주된다. 쇠막대로 치면서 연주하지만 가끔은 왼손으로 치기도 한다. 전통적으로 저음을 내는 드럼을 왼쪽에 놓는다. 단손(Danzón)과 차랑가(Charanga)를 연주하는 빼놓을 수 없는 악기이다.

Timbú (팀부)   아르헨티나 지역에서 발전한 문명으로 카르카라냐 강(Río Carcarañá), 코론다 강(Río Coronda) 그리고 엔트레 리오스(Entre Ríos)에서 생활한 민족이다. 차나 팀부(Chaná-timbú)군에 속하고 구아이쿠루족(Guaycurúes)과 유사성이 있는 문명이다.

Tinajero, Fernando (페르난도 티나헤로)   (1940~) 에콰도르의 작가. 잡지 <La bufanda del sol>에서의 활동과 예술 서클 활동을 통해 60년대 운동에서 활발히 활동했다. 대표작으로 『*El desencuentro*』(1976)가 있다.

Tin-Tin (틴틴)   에콰도르 신화에 나오는 난쟁이이다. 작은 키에 큰 머리, 음경의 길이가 큰 것이 특징이다. 미혼과 기혼녀를 강간하지만, 당한 여성은 사건을 기억 할 수 없었다고 한다. 기혼녀만 틴틴의 아이를 가질 수 있다고 전해졌으며, 그 아이는 골격이 없이 태어나 얼마 살지 못하고 죽는다고 한다.

Tinya (티냐)   안데스산맥에서 사용되는 타악기로 나무와 가죽으로 만든 휴대용 북이다. 주로 여성들이 사용하며, 노동자의 삶과 관련된 의식에 주로 사용된다. ☞ Pintura, musica y danza del Imperio Inca(잉카 제국의 미술, 음악과 춤)

Tiradito (티라디토)   페루의 음식으로, 생선을 날것으로 회를 쳐서 그 위에 매운 소스를 곁들여 차갑게 먹는 음식이다. 레몬즙과 마늘소스를 쳐서 먹기도 하며, 페루로 이민한 일본 문화의 영향이 드러난다.

Titicaca (티티카카)   안데스 고원에 위치한 호수이다. 페루와 볼리비아 영토에 걸쳐져 있으며 라고 마요르(Lago Mayor)와 라고 메노르(Lago Menor)로 이루어져 있다. 내부에 많은 섬들이 있으며 과거 잉카 제국의 성스러운 호수였다. 매년 수많은 유물들이 발견되고 있다. ☞ Arquitectura del Imperio Inca(잉카 제국의 건축)

Tlatchtli(Juego de pelota mesoamericano) (틀라츠틀리 또는 메소아메리카식 공놀이) 중앙아메리카에서 스페인 침략 이전에 행해진 경기로 틀라츠틀리는 나우아틀(Náhuatl) 어 이름이다. 기원전 1400년대부터 행해져 2500년 이상 지속되었던 이 경기는 멕시코 중부에서부터 니카라과에 이르는 방대한 지역에서 행해졌다. 큰 고무공을 주장 이외의 사람들은 허리 아래만을 사용하여 옮겨야 했으며 참가자들은 심한 부상을 입기도 했다. 인간을 제물로 바치는 종교적 의미가 내포된 이 경기는 올메카(Olmeca) 문명에서 유래 된 것으로 알려져 있으며 기원과 의미는 마야의 전설에 관한 책『Popul Vuh』에서 찾아볼 수 있다. 치첸 이싸(Chichen Itzá)의 구기장이 가장 큰 틀라츠틀리 경기장이다.

Tlatelolco Massacre (틀라텔롤코 대학살) 1968년 10월 2일 멕시코 정부의 군대가 발포 하여 민간 시위대 및 학생들과 구경꾼까지도 사망하게 한 사건이다. 사건 당일 1만여 명 의 대학생과 고등학생들은 정부의 정책에 항의하고 평화롭게 연설을 듣기 위해 3문화 광장(Plaza de las Tres Culturas)에 모였다. 이 집회는 평화집회로 예정되어 있었으나 군사들이 주변에 배치되기 시작하였고, 헬리콥터에서 울린 한 발의 총성과 함께 학살이 자행되었다.

Tlön, Uqbar, Orbis Tertius (틀뢴, 우크바르, 오르비스 테르티우스) 아르헨티나의 작가 호르헤 루이스 보르헤스의 단편소설로, 단편집 『Ficciones』에 수록되어 있다. 보르헤스가 서문에서 밝혔듯이 이 작품은 환상소설이며, 가상의 책에 대한 요약과 논평을 제공하는 방식으로 서술되어 있다. 세상을 관념적으로 바라보는 관점을 통해 상상이 곧 현실이며 현실이 곧 상상임을 보여준다. ☞ Jorge Luis Borges(호르헤 루이스 보르헤스)

Toba (토바) 구아이쿠루(Guaycurú)군에 속한 남미 원주민 민족이다. 이들은 차코(El Chaco) 에서 생활했으며 20세기까지 문화와 관습을 지켜왔다. 토바 문명의 경제는 사냥과 어업 으로 지탱되었으며 후기에는 농업활동도 했다.

Tobar, Carlos Rodolfo (카를로스 토바르) (1854~1920) 에콰도르 출신으로 의사이면서 교수, 정치가, 외교관, 작가로 활동했다. 전문적이고 인문학적인 작품인 『Memorias sobre la hipocondría』 외에 학교에서 기숙사생활을 하는 학생들의 삶을 그린 소설 『Timoleón Coloma』(1888)를 남겼다.

Tocornal, Joaquín (호아킨 토코르날) (1788~1865) 칠레의 정치가. 호아킨 프리아토 비 알(Joaquín Prieto Vial, 1786~1854)의 대통령직 재임 당시(1832~1841) 내무부 장관 과 재무부 장관을 역임하였으며 1840년에는 부통령에 임명되었다.

Tomebamba (토메밤바) 현재 에콰도르의 도시 쿠엔카이다. 잉카 제국의 북부 행정도시였 다. 잉카인들이 도착하기 전에는 카냐리 족의 땅이었다. 잉카 제국의 북쪽 개발과 함께 쿠스코에서 행정에 어려움이 있어 이 지역에 토메밤바의 이름으로 행정 도시를 세웠다.

Tonacacihuatl (토나카시와틀) 아즈텍(Azteca)족의 토나카테쿠틀리(Tonacatecuhtli)와 동 등한 신으로 지구 만물을 창조한 여신이며, 이름은 '양식의 어머니'라는 뜻이다. 토나카 테쿠틀리와 4명의 아이를 낳았다.

Tonacatecuhtli (토나카테쿠틀리) 아즈텍(Azteca)족의 토나카시와틀(Tonacacihuatl)과 지 구 만물을 창조한 신. 토나카테쿠틀리(Tonacatecuhtli)는 '양식의 아버지'라는 뜻이다. 두 신들은 붉은 테즈카틀리포카(Tezcatlipoca Rojo), 검은 테즈카틀리포카(Tezcatlipoca

Negro), 케찰코아틀(Quetzalcóalt)과 위트질로포츠틀리(Huitzilopochtli)라는 자녀들을 낳았으며, 아즈텍족의 중요한 신들이기도 하다.

Tonatiuh (토나티우)   아스텍의 태양의 신이다. 보편적으로 무장한 전사가 태양광 안에 있는 모습으로 표현한다. 전쟁 중 가장 중요한 신으로 여겨졌지만 유일한 태양의 신으로 여겨지지는 않았다.

Tonocoté (토코노테)   아르헨티나 산티아고 델 에스테로(Santiago del Estero)와 투쿠만 (Tucumán) 지역에서 발전했다. 경제는 농업, 어업과 사냥으로 유지되었으며 룰레(Lule) 족과 사나비론(Sanavirones)족과 경계하고 있다. 1480년 잉카 제국이 아르헨티나 북부를 침략하자 토코노테의 일부가 잉카에 포함되었다.

Torre Nilsson, Leopoldo (레오폴도 토레 닐손)   (1924~1978) 아르헨티나의 영화감독. 당시 아르헨티나 영화 산업에서 가장 영향력 있는 인물로 알려졌다. 아르헨티나의 대중영화(Cine popular)의 선구자격인 레오폴도 토레 리오스(Leopoldo Torre Rios, 1899~1960)의 아들로, 「*El muro*」(1947)로 데뷔하였다. ➡ El cine argentino(아르헨티나 영화)

Torres Bodet, Jaime (하이메 토레스 보뎃)   (1902~1974) 멕시코의 시인이자 외교관, 소설가. 호세 바스콘셀로스(José Vasconcelos)의 비서관으로 일하면서 삶의 여정에 필요한 것들을 배운 그는 여러 공직을 역임하며 여러 문학잡지의 출판에도 참여했다. 대표 수필로는 『*Tres inventores de la realidad*』(1955), 『*Balzac*』(1959), 『*Abismo y cima*』(1966)가 있으며 소설로는 『*La educación sentimental*』(1929), 『*Estrella de día*』(1933)가 있다. 시집으로는 『*Fervor*』(1918), 『*Biombo*』(1925), 『*Cripta*』(1937), 『*Sonetos*』(1949) 그리고 『*Sin tregua*』(1957)가 있다. ➡ La literatura mexicana del siglo 20(20세기 멕시코 문학)

Torres García, Joaquín (호아킨 토레스 가르시아)   (1874~1949) 우루과이 출신으로 중남미에 구성주의를 소개한 인물이다. 1934년 조국에 돌아온 그는 구성예술협회와 후계자 양성을 위해 실습학교를 설립하고 여생을 기존의 벽화운동에 대한 도전으로 보냈다. 이 시기에 남긴 걸작이 몬테비데오의 로도 공원 안에 있는 「*Monumento Cósmico*」(1938)이다.

Torres, Carlos Arturo (카를로스 아르투로 토레스)   (1867~1911) 콜롬비아에서 출생하여 작가, 수필가, 정치가, 언론가, 외교관 그리고 시인으로 활동했다. 1909년 가장 중요한 작품 『*Obra Poética*』, 『*Estudios Ingleses*』, 『*Idola Fori*』를 발표했다. 작품에서 작가는 중남미 국가의 사회적 개발을 비평하며 이와 함께 전반적인 세계를 비판한다. 콜롬비아 어 학원(Academia Colombiana de la Lengua)의 일원이었으며 이후 베네수엘라에서 사망했다.

Torrijos Herrera, Omar Efraín (오마르 에프라인 토리호스 에레라)   (1929~1981) 파나마의 산티아고 출신으로 군인을 거쳐 대통령을 지냈다. 파나마 운하와 운하 지대를 파나마의 주권 하에 두는 것을 주된 목표로 삼아 1977년 9월 7일 미국의 지미 카터 대통령과 협정에 조인했다.

Tortilla(América Latina) [토르티야(라틴아메리카)]   밀가루나 옥수수 가루 또는 둘을 혼합하여 한국의 전병처럼 굽는 라틴아메리카의 주식 중 하나. 마야 문명에서부터 전해져 내려오는 음식으로 1520년 스페인 정복자 에르난 코르테스(Hernán Cortés)의 카를로스 5세(Carlos V)에게 보내는 서신에도 등장한다. 다른 음식에 주로 곁들여 먹지만 토르티야만 먹는 경우도 있으며 공장에서 대량생산하기도 하고 손으로 직접 만들기도 한다.

Totonicapán (토토니카판)　과테말라 중간에 위치하고 있는 주(Departamento)다. 1,061km²의 면적을 보유하며 324,217명의 인구가 있다. 북쪽으로는 우에우에타낭고, 동쪽은 킨체, 서쪽은 케찰테낭고와 남쪽은 솔롤라와 경계한다.

Tovar, Juan de (후안 데 토바르)　(1540~1623) 멕시코의 예수회 사제, 역사가. 1572년 예수회 사제가 되었고 부왕 마르틴 엔리케스(Martín Enríquez)의 명령에 의해 알려지지 않은 인디오들의 문서를 수집하여 부왕령 이전의 고대 역사를 편찬했고『*Historia antigua de México*』라는 이름으로 출판했다. 이는 "Códice Ramírez"라는 이름으로도 알려져 있다. 다른 유명한 예수회 사제인 호세 데 아코스타(José de Acosta) 신부의 책『*Historia de los chichimecas*』와 상호 의존하는 책이다.

Tradiciones peruanas (페루의 전통)　페루 출신의 작가 리카르도 팔마(Ricardo Palma)의 대표작품으로, 1872년에 시작해 1918년까지 이어진 11편의 연속 작품으로 이루어져 있다. 500여 개의 소제목이 붙을 정도로 방대한 양으로 되어 있으며, 세계 각국의 언어로 번역되었다.

Traducción: Literatura y literalidad (트라둑시온: 리테라투라 이 리테랄리닷)　멕시코의 시인이자 수필가인 옥타비오 파스(Octavio Paz, 1914~1998)의 수필. 1971년 작으로 동양문학을 번역했던 파스 자신의 경험을 토대로 쓴 번역 이론서이다. 파스는 이백, 두보 등의 한시와 일본의 단가와 하이쿠를 스페인어로 번역한 바 있다.

Transporte del Imperio maya* (마야 문명의 교통수단)　마야 제국의 해운 시스템은 교역의 활성화와 이에 따른 국가 경제의 활성화에 매우 큰 역할을 담당했다. 초기 선박의 형태는 돛을 사용할 줄 몰라 전적으로 노에 의존하는 형태였다. 따라서 이동 시에는 유카탄 반도의 해안을 따라 이동했고, 사고 방지를 위한 육지와의 거리 확인을 위해 등대를 활용했다. 한편, 타바스코와 치아파스, 과테말라, 온두라스의 강들을 따라 이동하기도 했는데, 통상적으로 선박 내에는 화물 외에 20~40명이 승선했다. 현재 남아 있는 자료에 따르면 마야 제국의 선박이 온두라스에 입항했었으며, 더 나아가 파나마에까지 이르렀던 것으로 확인되고 있다. 초기 선박들은 강을 따라 이동하는 담수용 선박으로 건조되었지만, 점차 뱃머리와 선미의 설계 차이를 깨닫고 적용하게 되면서 바다로까지 나갈 수 있게 되었다. 육로는 매우 다양하고 복잡하게 얽힌 수많은 도로와 길들이 있었다. 특히 '사크베오브(sacbeob)에 집중해볼만 한데, 사크베(sacbé)는 '흰색'을 의미하는 '사크(sak)'와 '길'을 의미하는 '베(beh)'의 합성어이다. 도로의 건설은 힘겨운 논의 과정을 거친 종합적 판단의 결과로 이루어진다. 도로를 닦을 때에는 먼저 당초의 길을 제거한 뒤 거대하고 육중한 바위를 이용해 땅을 평평하게 고른다. 그리고 그 위에 잡초가 자라는 걸 방지하기 위해 석회질이 포함된 모래를 덮고, 마지막으로 회반죽을 부어 길을 완성한다. 널리 알려진 유명한 사크베로는 코바(Cobá)와 야수나(Yaxuná)를 잇는 길이 100km에 달하는 도로를 들 수 있다. 마야인들은 바퀴의 사용법을 알고 있었지만 실제로 실생활에서 사용하지는 않았고, 단지 장난감에 매달아 활용하는 정도였다. 이는 바퀴를 운송수단으로 활용하기 위해서는 바퀴 그 자체의 개발도 필수적이지만 바퀴살의 발명 없이는 바퀴도 제 기능을 발휘할 수 없기 때문이다. 물론 수레를 끌만한 동물이 없었다고 해서 수레나 바퀴살 자체가 존재하지 않았던 거라고 확인할 수는 없지만 말이다.

Tratado de Ancón (안콘 조약)　칠레, 페루 그리고 볼리비아 사이에서 벌어진 '태평양 전쟁'에서 잃어버린 평화를 되찾기 위해 페루와 칠레가 1883년 10월 20일에 맺은 조약이다. 페루 영토인 타라파카(Tarapacá)를 칠레에게 영구적으로 양도를 하며, 10년 동안 페루의 탁나(Tacna) 주와 아리카(Arica) 주에서의 칠레 주권을 인정해 준다는 조약이다.

Tratado de Girón (히론 협정) 1829년 그란 콜롬비아와 페루가 맺은 협정이다. 그란 콜롬비아와 페루가 전쟁을 치루면서 안토니오 호세 데 수크레(Antonio José de Sucre) 장군과 페루의 호세 라 마르(José La Mar) 장군이 2시간 동안 협약한 협정이다. 내용은 침략군이 키토를 20일 안에 퇴거한다는 내용과 함께 최종 협정은 구아야킬에서 갖는다는 내용을 담았다.

Treinta años de mi vida (트레인타 아뇨스 데 미 비다) 과테말라의 모데르니스모 작가 엔리케 고메스 카리요(Enrique Gómez Carrillo, 1873~1927)의 회고록. 이 책에는 작가가 경험한 모험과 사건이 풍부하게 기술되어 있으며, 페루 전 대통령의 딸을 포함한 세 번의 결혼에 대해 언급하고 있다.

Treinta y tres orientales (트레인타 이 트레스 오리엔탈레스) 후안 안토니오 라바예하 (Juan Antonio Lavalleja, 1780~1853) 장군을 필두로 한 우루과이 무장단체. 1825년 당시 브라질 치하에 있던 반다 오리엔탈(Banda Oriental) 지역을 되찾기 위해 토벌대를 구성하였으며, 우루과이 독립에도 기여하였다.

Tren de la alegría (행복한 기차) 아르헨티나에서 고등학교 졸업생들이 그들의 졸업 파티 (Fiesta de egresados)에 가는 교통수단이었다. Tren이라는 단어는 기차를 뜻 하지만 사실은 긴 자동차이다. 이 차의 종류는 많지만, 크리스마스 조명으로 장식돼 있는 것이 특징이다. 학생들은 차 위에서 춤을 추며, 술을 마시고 놀았다. 하지만 벽이 얇아서 사고가 많았다. 따라서 2005년부터 금지되었다.

Tren de las Nubes (구름열차) 아르헨티나 안데스 산맥을 지나는 관광 열차로 시우다드 데 살타(ciudad de Salta)역에서 비아둑토 라 폴보리야(viaducto La Polvorilla)역까지 왕복 434km를 달린다. 해발 4220m에 위치해 매우 느린 속도로 달리기 때문에 장정 16시간이 걸린다. 열차 내에는 숙박시설과 편의시설 등이 있다.

Tres tristes tigres (트레스 티그레스 티그레스) 쿠바의 작가 기예르모 카브레라 인판테 (1929~2005)의 작품. 1967년 작으로 라틴아메리카 신소설의 실험적 작품으로 여겨진다. 제목은 유아기에 발음하기 어려운 말의 형식을 취한 것으로, 독특한 감각과 유머가 돋보인다. ➡ Guillermo Cabrera Infante(기예르모 카브레라 인판테)

Tribu Kogui(Kaggabba 혹은 Yogui) [코기족(카바가족 혹은 요기족)] 콜롬비아에서 사는 원주민 부족 중 하나이다. 산타마르타(Santa Marta) 주에 위치한 시에라 네바다 (Sierra Nevada) 산맥 남쪽에 거주하며, 대다수의 코기족은 라 과히라(La Guajira), 세사르(Cesar)과 막달레나(Magdalena) 주에 위치한다. 이들 부족은 시에라 네바다 산맥이 지구의 중심이라고 생각한다. 그곳에 처음 도착한 코기는 큰 형이라고 불리며, 그 후에 도착한 코기는 동생이라고 불린다. 형은 세상의 안정을 책임져야 한다는 생각을 하였으나 동생들이 자연에 신경을 쓰지 않기 때문에 지구 멸망이 가까워진다고 생각한다. 식민지 시대에 코기족은 고원으로 보내졌지만 많은 사람이 산맥으로 도망을 갔으며, 그곳에서 지냈다. 코기족의 인구는 대략 만 명으로 추정되고 있다.

Tribu urbana (얼반 트라이브) 어떤 사람들이 같은 사상과 취미를 갖고, 특정한 행동관습들을 하는 공동체를 가리킨다. 예를 들어 히피와 오타쿠, 얼반 트라이브가 생기는 이유를 설명하는 여러 개의 이론들이 있다. 하지만 몇몇의 학자들은 사춘기를 겪고 있는 청년들이 정체성을 찾는 시기라고 본다.

Trilce (트릴세)   페루의 시인 세사르 바예호(César Vallejo, 1892~1938)의 시집. 1922년 작으로 전통적인 구문 형태와의 단절을 꾀한 작가의 시 작품들이 드러난다. 현실에서는 의미를 갖지 않는 단어 사용, 지역색이 강한 어법, 철자법의 변용 등을 볼 수 있다.

Troilo, Aníbal (아니발 트로일로)   (1914~1975) 아르헨티나의 작곡가이자 반도네온 (Bandoneón) 연주자. 밀롱가(Milonga)와 탱고(Tango)음악을 작곡했으며 오케스트라를 만들어 지휘하기도 한다. 아스토르 피아졸라(Astor Piazzolla, 1921~1992), 카툴로 카스티요(Cátulo Castillo, 1906~1975) 등과 함께 연주하기도 했다.

Trouillot, Michel Rolph (미셸 롤프 트루요트)   1949에 태어나 2012년에 사망한 아이티 학자이자 인류학자이다. 주요 저작으로는 아이티에 대한 학술서적『과거 침묵시키기』가 있다. 그는 이 책에서 1804년 아이티혁명 담론의 망각에 대해 다루고 있다. 시카고 대학에서 인류학 교수를 역임하기도 했다.

Truco (트루코)   스페인과 라틴아메리카에서 하는 카드 게임의 한 종류이다. 참가 인원은 2명, 3명, 또는 6명이며 두 팀으로 나누어 게임을 진행한다. 무슬림으로부터 54장의 카드가 전파되었지만 40장의 트럼프 카드만을 갖고 새로운 규칙을 만들어 게임을 했으며, 그 게임을 트루코라고 부른다.

Trujillo Molina, Rafael Leonidas (라파엘 레오니다스 트루히요 몰리나)   (1891~1961) 도미니카공화국의 독재자로 31년간(1930~1961) 정권을 장악했으며, 20년 동안 (1930~1938, 1942~1952) 대통령을 했다. 마리오바르가스 요사(Mario Vargas Llosa)가 소설『La Fiesta del Chivo』(2000)를 통해 트루히요의 독재를 그려내기도 했다. 염소라는 뜻의 치보는 트루히요의 별명이다. ⇒ Novela del dictador(독재자 소설)

Trutruca (트루트루카)   마푸체족이 사용하는 트럼펫 종류의 관악기로, 알파인 호른과 모양이 비슷하다. 여러 예식에서 사용되며, 최대 길이는 6m이다.

Tsuchiya, Tilsa (틸사 추치야)   (1932~1984) 페루의 일본계 여성 화가로, 오랜 기간 파리에 머물면서 초현실주의에 입문하였으며 조그마한 화폭에 순수하고 화려한 색채로 상상의 존재들을 창조해 놓은 인내심 있는 화가로 평가받는다. 특히 본질적인 문제를 찾아나서면서 인간의 신체, 특히 여성의 신체를 뒤틀어 표현했다.

Tumbadora (툼바도라)   아프리카 흑인들이 사용한 북을 개조한 라틴아메리카의 북인 공가 드럼에 속하며, 원통형의 드럼으로 맨손으로 연주한다. 전통적으로 단단한 나무를 원통형으로 만들었지만 요즈음은 섬유 유리를 사용하기도 한다. 일부 연주가들이 5~6개의 툼바도라를 가지고 연주하지만 초기에는 특히 룸바 춤곡을 연주할 때 1개를 가지고 연주했다.

Tunel del Cristo Redentor (구세주 그리스도 터널)   안데스 산맥을 통해 아르헨티나와 칠레를 연결시키는 터널이다. 1980년에 개설됐으며, 트라스안디노 열차(Ferrocarril Trasandino)의 경로 옆에 개설됐다.

Tungurahua(Volcán) (퉁구라우아 화산)   에콰도르에 위치한 활화산이다. 최고 높이는 해발 5,016m에 달하며 지름 300m의 분화구를 가지고 있다. 큰 폭발 사건은 1773년, 1781년, 1886년과 1918년에 일어났다. 마지막 분출 이후 활동이 중지되었다가 1999년부터 활동이 다시 시작되어 최근 2006년과 2008년에 활동이 포착되었고 2012년과 2013년에 폭발이 일어났다.

Tunupa(Taguapaca 또는 Tuapaca) (투누파)　볼리비아 지역 화산과 번개의 신이다. 안데스 지역에서 가장 오래된 신 중 하나이며 볼리비아 아이마라 왕국(Reinos Aimaras) 당시 절정에 달했으며 잉카 제국 때도 존재했지만 비라코차와 혼동된 것으로 보인다.

Tupac Amaru II (투팍 아마루 2세)　1740년 페루에서 태어나 1781년 5월에 처형당했다. 1780년에 아메리카 식민지 시대에 가장 중요한 인디오 혁명(Gran Rebelion)을 이끈 사람이다. 혁명은 실패했지만 페루 독립을 위한 몸부림과 원주민들의 인권을 위한 운동을 이끈 사람으로 기억된다.

Turcios, Froilán (프로일란 투르시오스)　(1875~1943) 온두라스 출신으로 국가적 시인으로 알려져 있다. 자신의 고향인 후티칼파(Juticalpa)의 풍경을 담은 시 『*Mariposas*』 외에 <Ariel>과 <El Heraldo> 등의 잡지와 신문을 창간하기도 하였다.

Turcios, Froylán (프로이란 투르시오스)　(1875~1943) 온두라스의 소설가, 시인. 루벤 다리오(Rubén Darío)의 친구이자 그를 따르는 추종자였다. 1894년 첫 작품 『*Mariposas*』를 출판했다. 다른 작품으로는 『*El vampiro*』(1910) 등이 있다.

Turner, Clorinda Matto de (클로린다 마토 데 투르네르)　(1854~1909) 페루 출신으로 사회정의와 여성권리에 대한 열렬한 수호자였다. 그녀의 작품 가운데 가장 뛰어난 작품으로 평가되는 『둥지 없는 새』(1889)는 원주민에 대한 옹호와 식민지와 기독교 등 스페인의 전통과 관련된 모든 요소를 추방하자는 내용을 담고 있다.

U

Ugarte, Manuel (마누엘 우르가테)　(1878~1951) 아르헨티나의 작가이자 외교관이다. 거의 모든 장르에서 활동했으며 작품은 러시아어, 이탈리아어, 영어, 프랑스어로 다수 번역되었다. 대표작으로 『*Visiones de España*』(1904), 『*Paisaje parisiense*』 등이 있다.

Uku Pacha (우쿠 파차)　잉카 전설에 의하면 죽은 이들의 세상, 저승세계를 뜻한다. 우쿠파차의 상징은 큰 뱀으로 표현되었다. ➡ Religión del Imperio inca(잉카 제국의 종교)

Últimas imágenes del naufragio (울티마스 이마헤네스 델 나우프라히오)　아르헨티나의 영화감독 엘리세오 수비엘라(Eliseo Subiela, 1944~)의 1990년 작품. 1989년 아르헨티나의 인플레이션이 발생하면서 나타난 사회적 문제를 그린 영화로 1991년 콘도르 데 플라타상(Premio Cóndor de Plata)을 수상했다.

Últimos días de la víctima (울티모스 디아스 델 라 빅티마)　아르헨티나의 작가 호세 파블로 파인만(José Pablo Feinmann, 1943~)의 소설. 1979년 출판된 아르헨티나 국가재건(Reorganización Nacional) 당시를 배경으로 한 청부살인자의 이야기를 그리고 있다. 동명의 영화는 1983년 콘도르 데 플라타상(Premio Cóndor de Plata)을 수상했다.

Un argentino en Nueva York (뉴여크에 아르헨티나 사람이 있다)　1998년에 개봉한 아르헨티나 코미디 영화이다. 미국에서 촬영한 이 영화는 아르헨티나뿐만이 아니라 외국에서도 알려진 영화이며, 주인공인 나탈리아 오레이로(Natalia Oreiro)를 알린 작품이다. 한 학기 동안 미국으로 유학을 가게 된 나탈리아 오레이로(Veronica역)는 아르헨티나로 돌아가지 않기로 결심하고 이것을 알게 된 그녀의 아버지 길레르모 프란첼라(Guillermo Francella; Franco역)는 딸을 찾으러 미국으로 간다. 그리고 안 좋았던 부녀의 사이가 새로 시작하게 된다.

Un día de éstos (요즈음의 어느 날)　콜롬비아의 소설가 가브리엘 가르시아 마르케스(1927~)의 단편. 단편집 『*Los funerales de la Mamá Grande*』(1962)에 속해 있는 작품으로, 치통을 앓고 있는 군인이자 시장이 이를 뽑으러 오는 데서 이야기가 전개된다. ➡ Gabriel García Márquez(가브리엘 가르시아 마르케스)

Un día después del sábado (토요일 다음 날)　콜롬비아의 소설가 가브리엘 가르시아 마르케스(1927~)의 단편. 단편집 『*Los funerales de la Mamá Grande*』(1962)에 속해 있는, 찌는 듯한 더위에 새들이 죽으려고 집 안으로 밀고 들어가는 약간은 환상적으로 보일 수 있는 이야기를 하고 있다. ➡ Gabriel García Márquez(가브리엘 가르시아 마르케스)

Un lugar en el mundo (운 루가르 엔 엘 문도)　아르헨티나 영화감독 아돌포 아리스타라인(Adolfo Aristarain, 1943~)의 1992년 작품. 농민들의 삶이 석유로 대변되는 자본에 위협받는 모습을 그리고 있다. 1993년 콘도르 데 플라타상(Premio Cóndor de Plata) 감독상과 각본상을 수상했다.

Un novio para mi mujer (아내의 애인)　　2008년에 개봉한 아르헨티나 영화이며, 영어로는 '어 보이프렌드 포 마이 와이프'라고 번역되었다. 한국판으로 2012년에 <내 아내의 모든 것>이라는 영화로 리메이크되었다. 아르헨티나 영화작품의 최고상인 Cóndor de Plata를 수상하였으며, 2008년 흥행집계기관 닐슨 EDI가 주관하는 골드릴어워드 수상작품이다.

Un perdido (운 페르디도)　　칠레 작가 에두아르도 바리오스(Eduardo Barrios)의 소설. 1918년에 출간된 것으로 다른 20세기 중남미 문학 소설과 비교할 수 없을 정도의 평가를 받았다. 문학적인 요소와 어학적인 요소를 모두 살려낸 바리오스의 최대 걸작이다.

Un retrato de Watteau (운 레트라도 에 와토)　　니카라과의 모데르니스모 작가 루벤 다리오(Rubén Darío, 1867~1916)의 작품. 사회 고위층으로 아름다운 외모의 마인테논(Maintenon) 부인의 모습이 일반 여성들의 이상적 모습으로 비춰진다. 비현실적이 아닌 현실적 여성의 아름다움이 이국적 색채를 통해 강조되는 모습을 보이는 단편소설이다.

Un señor muy viejo con unas alas enormes (날개 달린 노인)　　콜롬비아의 소설가 가브리엘 가르시아 마르케스(1927~)의 단편. 1968년 작으로 날개 달린 노인을 한 부부가 발견하면서 일어나는 이야기다. 마술적 사실주의가 드러나는 작품으로, 노인은 천사로 여겨지나 작중 인물들에게 있을 수 없는 일로 받아들여지지는 않는다. ⇒ Gabriel García Márquez(가브리엘 가르시아 마르케스)

Un tal Servando Gómez (운 탈 세르반도 고메스)　　아르헨티나 극작가 사무엘 에이첼바움(Samuel Eichelbaum, 1894~1967)의 작품. 1942년 작으로 남편에게 구타당하고 집에서 쫓겨난 한 여인이 옛 친구에게 돌아가 부부생활을 한다는 거친 줄거리가 세련되게 전개된다.

Un visitante (운 비시탄테)　　페루의 소설가 마리오 바르가스 요사(1936~)의 단편. 1959년 출판된 단편집 『Los gefes』에 실린 이야기 중 하나다. 자메이카인(Jamaiquino)라는 별명을 가진 한 흑인이 메르세데스(Mercedes)의 집에 방문하게 된다. 경찰은 누마(Numa)라는 범죄자를 잡는 조건으로 자메이카인에게 자유를 약속하는데, 누마는 메르세데스의 아들이다. ⇒ Mario Vargas Llosa(마리오 바르가스 요사)

Una caja de plomo que no se podía abrir (열 수 없었던 납상자)　　푸에르토리코의 소설가 호세 루이스 곤살레스(José Luis González, 1926~1996)의 단편. 1952년 작이며, 1950년 한국전쟁에 미군으로 참전하게 된 푸에르토리코인의 유해가 담긴 납상자가 바다에 떠내려 오게 된다. 전쟁에 대해 반대하는 작가의 목소리를 들을 수 있는 작품이다. ⇒ Literatura de Puerto Rico del Siglo XX y XXI[멕시코 정당 PRI(Partido Revolucionario Institucional)의 엠블럼]

Una excursión a los indios ranqueles (우나 엑스쿠르시온 아 로스 인디오스 랑켈레스)　　아르헨티나의 80세대 소설가인 루시오 V. 만시야(Lucio V. Mancilla, 1831~1913)의 작품. 리오 그란데(Rio Grande) 국경지대에 사령관으로 임명되었던 시절 랑켈족 영토를 점령하는 임무를 맡았던 작가의 경험에서 우러나온 소설이다.

Una familia lejana (우나 파밀리아 레하나)　　멕시코의 작가 카를로스 푸엔테스(1928~ 2012)의 소설. 1980년 작으로 중심인물 브랜리(Branly)를 통해 작가 자신의 유희를 드러내며, 우고 에레디아(Hugo Heredia), 빅토르(Víctor)를 통해 '이중 주제'를 추구하는 모습을 보인다. ☞ Carlos Fuentes(카를로스 푸엔테스)

¿Una mariposa? (우나 마리포사)　아르헨티나의 시인, 작가이자 수필가인 레오폴도 루고네스(Leopoldo Lugones, 1874~1938)의 작품. 1906년 작으로 환상문학으로 분류되며 곤충학자인 알베르토를 그리워하다 죽은 유학 간 연인이 알베르토가 잡은 나비와 연결되는 양상을 보인다. ☞ La literatura argentina a mediados del siglo 20(20세기 중반 아르헨티나 문학)

Una muñeca rusa (러시아 인형)　아르헨티나의 소설가 아돌포 비오이 카사레스(Adolfo Bioy Cásares, 1914~1999)의 단편. 1991년 작으로 동명의 단편집 『Una muñeca rusa』에 속한 이야기다. 한 호텔에 요양하러 갔다가 만난 친구의 이야기를 듣는, 이야기 속 이야기의 형식을 취하고 있다. 친구는 아버지의 환경 파괴적 사업에 대항하는 한 여자와 결혼하기 위하여 호수를 탐사하고 괴물이 있다고 말하나, 오히려 그 발언이 나중에는 역으로 작용하게 된다.

Una Viuda difícil (까다로운 과부)　아르헨티나의 작가 콘트라도 날레 록슬로(Contrado Nalé Roxlo, 1898~1971)의 극작품. 1944년 쓰인 작품으로 비정상적 상황을 배경으로 하는 비현실적 작품이라는 평을 받고 있으나 1810년 이전 부에노스아이레스에 대한 뛰어난 묘사를 보여주는 작품이다.

Unión de Estudiantes Secundarios(UES) (중학생 연합회)　아르만도 메네데스 산 마르틴(Armando Mendez San Martin) 교육부 장관이 페론(Peron) 치하 1953년에 만든 연합회로 포퓰리즘을 위한 것이었으나, 후에 학생들의 자발적인 참여로 활성화되어 점차 정치적 성향을 띠게 되었다. 70년대에는 대중교통 중학생 할인제 도입을 위해 투쟁하다 군부 정권의 탄압의 대상이 되기도 했다.

Unión Nacional Opositora(UNO) (전국야권연합)　1966년 자유국민당(PLN)의 아나스타시오 소모사(Anastasio Somoza) 장군의 대통령 취임을 막기 위해 니카라과 14개 정당이 모여 구성한 연합이다. 1967년에 사라졌다가 1989년 다니엘 오르테가(Daniel Ortega)를 중심으로 조직된 산디니스타 민족해방전선(FSLN)에 대항하기 위해 재구성되었다.

Universidad Católica de Chile (칠레 가톨릭 대학교)　1894년에 건립된 칠레의 대학으로, 수도에 위치하고 있다. 건립 당시에는 '예술 및 직업전문학교(Escuela de Artes y Oficios)'로 시작되었지만, 1952년에 '국립기술대학교(Universidad Técnica del Estado)'로, 그리고 1981년에 '칠레 가톨릭대학교'로 개명했다. 19개 단과대를 운영하고 있으며, 2012년 아르헨티나 대학 평가에서 전국 3위를 차지했다.

Universidad de Buenos Aires (부에노스아이레스대학교)　아르헨티나의 최고 명문대학교이다. 1821년에 설립된 국립대학교(UBA)는 2012년에 라틴아메리카 대학 중 11위를 도달했다. 13개의 단과대학으로 구성되어 있으며, 2만여 명의 교수들이 활동하고, 30만여 명의 학생들이 재학 중이다.

Universidad de Chile (칠레대학교)　1842년에 설립된 국립대학교이며, 산티아고 주에 위치한다. 2010년에 2만 7천 명이 넘는 학사과정 학생들과 8천 명 이상의 석·박사과정 학생들이 재학하고 있었다. 14개의 단과대학으로 구성되어 있다. 세계 상위 500위 대학 안에 진입했으며, 라틴아메리카 상위 4위에 속한다. ☞ Ariel Dorfman(아리엘 도르프만)

Universidad de Costa Rica (코스타리카대학교)　　코스타리카의 가장 명성 있고 오래된 대학교이다. 세계 상위 500위 안에 진입했으며, 라틴아메리카 국가 상위 20위에 속한다. 1940년에 정식으로 코스타리카대학교 명칭을 갖게 되었다. 현재 10개의 캠퍼스와 18개 단과대학으로 구성되어 있다. UCR(약자)은 입학시험을 봐야 한다.

Universidad de los Andes(Colombia) (로스안데스대학교)　　1948년에 설립된 콜롬비아 보고타 주에 위치하는 사립대학교이다. 콜롬비아의 첫 종교 없는 사립학교이며, 2012년 라틴아메리카 대학교 상위 6위에 속했다. 한 캠퍼스에서 12개 단과대학으로 구성되어 있다. 1천3백여 명 교수님과 1만 7천여 명 재학생들이 있다.

Universidad de Palermo (팔레르모대학교)　　하버드, 예일, 콜롬비아, 뉴욕 등 대학교들과 자매결합을 맺은 팔레르모대학교는, 디자인과로 우수하다. 1만 4천여 명의 학생들 중 3천여 명이 국제학생이다. UNESCO Chairs 주최자이며, 팔레르모대학교 건축과는 영국 건축학회에서 신용을 얻었다.

Universidad de Panamá (파나마대학교)　　1935년에 3월 25일에 건립됐으며, 파나마의 최고 대학교이다. 총 20개 단과대학으로 구성되어 있으며, 2012년에 세계 최고 대학교 랭킹에 이름을 올렸다.

Universidad de Santiago de Chile (산티아고 데 칠레 대학교)　　칠레 국내 대학교 중 2012년에 2위를 차지하게 된 대학교이다. 라틴아메리카에서는 2위를 차지하고 있으며, 매해 칠레대학교(Universidad de Chile)와 상위 3위를 경쟁한다. 1888년에 걸립되어 현재 7개 단과대학이 있으며 본 대학이 운용하는 건축 중고등학교도 있다.

Universidad Mayor de San Marcos (산 마르코스 마요르 대학교)　　1551년 5월 12일에 건립된 국립대학교로 리마에 위치하고 있다. 2012년 페루 국내 상위 3위 대학교로 선정되었다. 5개 단과대학의 20개 학과로 구성되어 있다. 아메리카뿐만 아니라 전 세계에서 가장 오래된 학교 중 하나로, 마리오 바르가스 요사(Mario Vargas Llosa), 하비에르 아브릴(Xavier Abril), 세사르 바예호(César Vallejo) 등 많은 연구자, 정치가, 작가, 사상가를 배출하였다.

Universidad Nacional Autónoma de México(UNAM) (우남대학교)　　16세기 누에바 에스파냐 부왕령의 Real y Pontificia Universidad de Mexico가 그 시초이며 멕시코 혁명 이후 분리 교육을 실시하게 됐다. 1929년 멕시코 정부가 대학의 자주성을 인정하면서 오늘날의 이름을 갖게 되었다. 노벨상 수상자를 배출한 명성 높은 교육 수준뿐 아니라 아름다운 대학 풍경으로 관광객을 끌어들이는 곳이기도 하다.

Universidad Nacional de Colombia (콜롬비아국립대학교)　　콜롬비아의 1위 대학교이며, 라틴아메리카 상위 12위 대학교이다. 또한, 2012년에 세계 상위 400위 안에 진입했다. 1867년에 오늘의 콜롬비아국립대학교가 공식적으로 활동하기 시작했지만, 1830년 이전에 설립됐다. 11개의 단과대학과 8개의 캠퍼스로 구성되어 있으며, 4만 4천 명이 넘는 재학생과 2천9백 명이 넘는 교수들이 활동하고 있다.

Universidad Nacional de Córdoba (코르도바국립대학교)　　아르헨티나의 가장 오래된 대학교이며, 전국 3위에 위치하는 명문대이다. 1610년에 예수회의 신학과 철학으로 시작한 학교였다. 종교적인 문제를 몇 번 겪었지만, 1856년에 국립대학교로 바뀌며, 현재 Universidad Nacional de Córdoba 명칭을 얻으면서 종교적인 사상들은 잃게 되었다.

Universidad Nacional de La Plata (라플라타국립대학교)　　1905년에 아르헨티나에 설

립된 라플라타대학교는 국내 대학교 중 2위를 차지하고 있다. 아르헨티나 라플라타 주에 위치하는 대학교이며, 17개 단과대학, 십만 명이 넘는 교수들과 9만 명이 넘는 학생들로 구성되어 있다. 교육, 확장과 연구를 계속하는 것을 중요시한다.

Universidad ORT Uruguay (우루과이 오르트대학교)   1942년경 건립된 오르트 명문대가 1985년에 오르트대학교(Universidad ORT Uruguay)의 이름을 얻었다. 4개 단과대학에서 16개 학과로 구성된 본 대학교는 세계 최고 대학 500위 내에 속한다. 유태계 대학교이며, 다른 중남미 국가에서도 명성이 있는 유명한 명문대학교이다.

Universidad Tecnológica de Panamá (파나마과학기술대학교)   파나마대학교의 단과대였지만 1975년에 분리, 1981년에 본격적으로 파나마과학기술대학교(Universidad Tecnológica de Panamá)로 이름 붙여졌으며 현재 파나마 국립 명문대학교 중 하나다.

Universidad Tecnológica Nacional (국립과학대학교)   아르헨티나에서 유일하게 공학기술교육과 연구를 우선으로 하는 대학교이다. 1953년부터 교육기관으로 활동을 하였으나, 1959년에 공식적인 대학교 허가를 받았다. 본 대학교 캠퍼스는 부에노스아이레스 주와 다른 여러 아르헨티나 주에도 있다.

Unos Cuantos Piquetitos (단지 몇 번 찔렸을 뿐)   (1935) 멕시코 여류화가 프리다 칼로(Frida Kahlo) 작품. 남편 디에고 리베라(Diego Rivera)와 자신의 여동생 크리스티나의 불륜관계를 알게 된 후 자신의 고통을 표현한 그림이다. 제목과는 달리 그림에 나오는 여인은 온몸이 칼에 난도질당한 모습이고 그림 속 남자는 무덤덤한 표정으로 서 있다.

Uoke (우오케)   칠레의 이스터 섬 신화이다. 우어께 신은 이스터 섬의 황폐의 신이라고 한다. 현재 이스터 섬의 지리는 우어께 신이 만들 것이라고 한다. 이스터 섬에 사는 라파누이(Rapa Nui) 족이 히바(Hiva)라는 전설의 땅에서 살았지만, 우어께 신이 자신의 뜻대로 땅을 움직이다 실수로 물에 잠기게 했으며, 같은 사건으로 라파누이 섬 땅이 갈라지게 되었다고 한다.

Urdangarín, Héctor (엑토르 우르단가린)   (1903~1983) 우루과이의 작가로 필명 가리니(L. S. Garini.)로 잘 알려져 있다. 배경과 인물을 창조해내는 뛰어난 능력과 독창성으로 유명하며 대표작으로 『*Una forma de la desventura*』(1963), 『*Equilibrio*』(1966) 등이 있다. ⇒ La literatura uruguaya del siglo 20(20세기 우루과이 문학)

Urdangarín, Héctor (헥토르 우르단가린)   (1903~1983) 우루과이의 작가로 필명 L. S. 가리니(L. S. Garini)로도 알려져 있다. 늦은 시기에 문학에 전념하여 첫 번째 책은 1963년에 출판되었다. 작품은 인물과 환경의 창조에 있어서 그가 보여주는 기지와 독창성으로 특징지어진다. 대표작으로는 『*Una forma de la desventura*』(1963), 『*Equilibrio*』(1966), 『*Equilibrio y otros desequilibrios*』(1979) 등이 있다. ⇒ La literatura uruguaya del siglo 20(20세기 우루과이 문학)

Ureña, Pedro Henriquez (페드로 엔리케스 우레냐)   (1884~1946) 도미니카 공화국의 작가이자 사상가. 어머니는 추앙받는 시인이었으며 아버지는 의사였다. 쿠바, 멕시코, 미국, 아르헨티나에서 장기간 거주하며 학문을 하였고 글과 사상은 당대뿐 아니라 현재까지 깊은 영향력이 있다. 그의 이름을 딴 대학이 있을 정도로 교육자로서 명성을 쌓았으며 1946년 아르헨티나에서 사망했다. 대표작으로는 『*Mi España*』(1922), 『*Seis ensayos en busca de nuestra expresión*』(1928), 『*Comienzo del español en América*』(1932), 『*La cultura y las letras coloniales en Santo Domingo*』(1936) 등이 있다.

Uribe Piedrahita, César (세사르 우리베 피에드라이타)　(1897~1951) 콜롬비아의 의사이
자 작가이다. 과학과 문학에서 지식인이었으며 르네상스 인문주의의 이상에 헌신했다.
국가적 문제에 대한 염려와 일련의 사회·정치·경제·문화적 개혁들의 지지로 그의
문학은 특징지어진다. 가장 취약한 계층의 삶의 질을 높이기 위해 그러한 개혁들이 기여
한다고 믿었다.

Uricoechea Rodríguez, Ezequiel (에제키엘 우리코에체아 로드리게스)　(1834~1880)
콜롬비아의 인문주의자, 언어학자, 과학자이다. 19세기 콜롬비아 지성계의 가장 대표적
인 문인이자 과학자 중 하나이다. 의학을 공부하기 위해 미국으로 건너갔으며 이후 독일
로 옮겨가 자연과학을 공부했다. 이후 유럽에서 더 많은 공부를 했다. 우리코에체아의
가장 큰 기여는 콜롬비아에 유럽 세계와 보편적인 문화를 가져왔다는 점이다. 언어학,
인문학과 관련된 많은 저작을 남겼으며 특히 중요한 인문 서적을 남겼다.

Urquiza, Concha (콘차 우르키사)　(1910~1945) 멕시코의 시인. 그녀 삶의 궤적은 매우
특이한데, 미국 캘리포니아에서 질식사했다. 열세 살에 잡지 <Revista de revistas>
에 첫 번째 시를 발표했고 1928년에서 1933년까지 뉴욕의 메트로 골드윈 메이어
(Metro Goldwyn Mayer) 영화사에서 근무했다. 후에 멕시코로 돌아와 1939년부터
1944년까지 대학에서 논리학과 기독교 철학의 역사를 가르쳤고 법학을 공부했다. 어떤
문학 그룹에도 소속되어 있지 않았다. 그녀의 시집 『Poemas』는 작가 사후인 1955년에 출
판되었고 같은 해 『El párroco ideal según yo lo había soñado』가, 이후 『Poesías y prosas』
(1971), 『Antología』(1979)가 출판되었다.

Urquiza, Justo José de (후스토 호세 데 우르키사)　(1801~1870) 아르헨티나의 군인,
정치가. 아르헨티나 연방의 대통령으로 추대된 후 프랑스와 영국의 힘을 빌려 권력 강화
를 꾀하다가 내전을 일으킨다. 이후 정치적 힘을 잃게 되고 대통령직을 내주었으며 암살
당해 죽게 된다.

Ushnu (우슈누)　잉카 양식의 계단식 피라미드다. 여러 층으로 이뤄져 정상은 중앙 계단으로
접근할 수 있다. 도시 행정이 이루어지고 종교 의식 외 여러 모임이 진행되는 장소였다.

Usigli, Rodolfo (로돌포 우시글리)　(1905~1979) 멕시코 출신으로 시인이자 극작가, 수필
가 그리고 비평가로 활동했다. 그의 주 장르는 극문학으로 『Corona de sombras』(1944)와
같은 역사적 비극부터 『El niño y la niebla』(1951)와 같은 신경임상학의 현대이론이 가
미된 드라마에 이르기까지 다양한 주제를 다루었다.

Uslar Pietri, Arturo (아르투로 우스라르 피에트리)　(1906~2001) 베네수엘라 시인, 저
술가, 저널리스트, 문학비평가, 정치인으로 활동하였다. 베네수엘라 정체성에 대한 많은
관심을 가져 역사적인 바탕으로 작품을 저술하였다. 1990년에는 현대 중남미 역사소설
의 창시자로 불리며 아스투리아스 왕자상(Premio Príncipe de Asturias)을 수상했다.

Uspanteco (우스판테코)　마야어 어군 언어로 킨체 주의 우스판탄과 치카만 지역에서 소수
인원이 사용하는 언어이다.

Utopía andina (안데스 유토피아)　유토피아 사상과 종말론, 천년왕국설 등이 뒤섞이면서
서구 상상 체계의 소산이었던 것이 안데스 상상 체계로 토착화된 것을 지칭한다. '왕의
귀환'이라는 독특한 모티브를 갖고 있다는 점에서 서구의 유토피아와 차이를 갖는다.

Uxmal (욱스말)　유카탄 반도 북서쪽에 위치한 고고학 유적지다.

V

Valcarcel, Luis E. (루이스 E. 발카르셀)　　(1891~1987) 페루의 인류학자, 정치가, 페루 인디헤니스모의 진정한 대변자이다. 페루 인류학계를 대표하는 인물인 동시에 대학교수, 교육과 문화 관련 부서의 장관, 중앙 박물관의 관리자로도 활동했다. 1964년까지 페루 문화 박물관의 관장이었으며 이 시기에 많은 저작물을 남겼으며 여러 잡지에 기고했다.

Valdelomar Pinto, Pedro Abraham (페드로 아브라함 발델로마르 핀토)　　아브라함 발델로마르(1888~1919)로 알려진 페루 시인, 기자, 수필가, 소설가이자 극작가이다. 페루의 대표 단편소설가 중 한 명이며, 페루 문학 사조인 '콜로니다(colónida)' 운동의 추진자이다. 1905년에 시인으로 활동을 시작했으며, 잡지와 신문에 출품했다. 『*La Ciudad Muerta*』(1911)와 『*La Ciudad de Los Tisicos*』(1911)의 두 편의 단편소설로 이름을 알렸다. 모든 작품을 『*El caballero Carmelo*』(1918)와 사후에 출판된 『*Los Hijos del Sol*』(1921) 두 권의 책에 담았다.

Valdés, Zoe (조에 발데스)　　(1959~) 쿠바 출신의 소설가이다. 파리에서 유네스코와 파리 주재 쿠바 대사관의 문헌정보가로 근무하였으며 1995년부터 쿠바에서 추방당해 파리에 정착했다. 90년대 소설 활동을 시작했으며 1996년에는 플라네타상(Premio Planeta)의 최종 후보자로 오르기도 했다. 많은 상을 수상했으며 대표작으로는 『*Sangre Azul*』(1993), 『*La nada cotidiana*』(1995), 『*La hija del embajador*』(1995), 『*Milagro en Miami*』(2001) 등이 있다.

Valencia Castillo, Guillermo (기예르모 발렌시아 카스틸로)　　(1873~1943) 콜롬비아의 시인이자 정치인. 젊은 시절 동시대 지식인들의 영향을 가까이서 받았으며 유럽, 특히 프랑스를 방문하여 첫 번째 시집 『*Rimas*』를 파리에서 출판하였다. 고국으로 돌아와 경제, 역사, 의학과 같은 다양한 공부에 매진했다. 시 세계는 파르나소주의와 프랑스 상징주의, 그리고 루벤 다리오(Rubén Darío)의 모데르니스모의 영향을 받은 세 가지 시기로 구분된다. 대표작으로는 1952년 출판된 『*Obra poética completa*』에 수록된 시 『*Ritos*』가 꼽힌다. 번역가로도 뛰어난 명성을 가지고 있으며 20세기 중반 콜롬비아의 가장 훌륭한 시인들 중 하나로, 문학과 정치를 아우르는 거의 전설적인 인물로 여겨진다. ⇒ Nadaismo colombiano(콜롬비아 허무주의)

Valentín (발렌틴)　　아르헨티나 영화감독 알레한드로 아그레스티(Alejandro Agresti, 1961~)의 2002년 작품. 우주비행사를 꿈꾸며 자신을 둘러싼 세상을 더 나은 것으로 만들려는 소년의 이야기를 그린 영화로 2004년 콘도르 데 플라타상(Premio Cóndor de Plata)을 수상했다.

Valle, Juvencio (후벤시오 바예)　　(1900~?) 칠레의 시인으로 진짜 이름은 힐베르토 콘차 리포(Gilberto Concha Riffo)이다. 젊은 시절 파블로 네루다를 알게 되어 깊은 우정을 쌓아 간다. 1970년부터 3년 동안 국립 도서관장을 지냈다. 수많은 상을 받았으며 특히 1968년에는 국립 문학상(El Premio Nacional de Literatura)을 수상했다. 작품으로 『La flauta del hombre Pan』(1929), 『Nimbo de piedra』(1941), 『El hijo del guardabosque』(1951), 『Del monte en la ladera』(1960), 『Estación al atardecer』(1971) 등이 있다.

Valle, Rafael Heliodoro (라파엘 엘리오도로 바예)　　(1891~1959) 온두라스의 시인, 수필가, 언론인, 역사가이자 외교관이다. 온두라스 문화 센터(El Ateneo de Honduras)와 온두라스 한림원(La Academia Hondureña de la Lengua)을 설립했다. 대표작으로는 『El rosal del ermitaño』(1911), 『Como la luz del día』(1913), 『Ánfora sedienta』(1922) 등이 있다.

Vallejo, César Abraham (세사르 아브라함 바예호)　　(1892~1938) 페루 출신의 작가이다. 실존주의 작가로 감성적이고 비극적인 시인이었다. 모든 문학 장르를 포괄하는 활동을 했으며 대표작으로 『Tungsteno』, 『Los heraldos negros』와 『Trilce』가 있다.

Vallejo, Fernando (페르난도 바예호)　　(1942~) 콜롬비아의 작가이자 영화인이다. 문학작품 경향은 콜롬비아 안티오키아(Antioquia) 전통의 인습 타파적이고 전복적인 성격을 띠고 있다. 교회, 관료제, 정치인에 대한 직접적인 공격은 그를 이베로아메리카 문학 파노라마에서 가장 비판적인 인물들 중 하나로 만들었다. 대표작은 자서전 연작으로 총 6권으로 이루어져 있다. 영화로는 「Crónica Roja」(1977), 「En la tormenta」(1980)가 있다. ➡ Premio de Literatura Juan Rulfo o Premio de Literatura Latinoamericana y del Caribe Juan Rulfo(후안 룰포 문학상)

Varela, Alfredo (알프레도 바렐라)　　(1914~1984) 아르헨티나의 작가. 주로 당시 사회적 테마를 주제로 한 작품을 남겼으며, 정치 관련 서적과 마르틴 미겔 데 구에메스(Martín Miguel de Güemes, 1785~1821)의 전기를 쓰기도 했다. 우고 델 카릴(Hugo del Carril, 1912~1989) 감독이 영화화하기도 한 소설 『El río oscuro』로 명성을 얻었다.

Varela, Blanca (블랑카 바렐라)　　(1926~) 페루의 여류 작가로이며 필명 세라피나 킨테라스(Serafina Quinteras)로도 알려져 있다. 소위 "50세대"로 불리는 문학 그룹으로 분류된다. 파리로 건너가 거주하며 프랑스의 실존주의 운동과 접촉하기도 했다. 1959년 첫 시집 『Ese puerto existe』(1959)를 발표하였다. 대표작으로 『Ese puerto existe』와 『Valses y otras falsas confesiones』가 있다.

Vargas Vicuña, Eleodoro (엘레오도로 바르가스 비쿠냐)　　(1924~1997) 페루 출신의 인디헤니스모 사상을 내세운 작가이며 작품들은 간략하면서도 조리 있게 원주민 문화와 환경을 드러낸다. 페루 1950년 세대 작가 중 한 명이며 이후 『Zora, imagen de poesía』를 통해 시 부문 국가 문학상(Premio Nacional de Poesía)을 수상했다. ➡ Indigenismo(인디헤니스모)

Varona y Pera, Enrique José de (엔리케 호세 데 바로나 이 페라)　　(1849~1933) 쿠바의 철학자, 문학 연구자, 정치인이다. 쿠바 독립을 위해 싸웠으며 쿠바에서 추방되어 독립에 관한 수많은 저작을 남겼다. 철학 사상으로는 아메리카의 긍정주의(Postivismo)를 대표하는 인물들 중 하나이다. 대표작품으로는 『La moral de la evolución』(1881), 『La evolución psicológica』(1881), 『El positivismo』(1882) 등이 있다.

Vasconcelos, José (호세 바스콘셀로스)　　멕시코 출신 철학가, 변호사, 정치인 및 교육자로 1882년 오아사카(Oaxaca)에서 태어나 1959년 멕시코시티에서 사망했다. 자국에 교육부를 만들고 멕시코의 교육 증진을 위해 평생을 바쳐 "아메리카 청춘의 스승"이라는 칭호를 얻었다. ➡ La literatura mexicana del siglo 20(20세기 멕시코 문학)

Vasseur, Álvaro Armando (알바로 아르만도 바쇠르)　　(1878~1969) 우루과이의 작가로 작품은 더 나은 미래를 이루려는 희망과 비관주의 사이의 갈등을 반영하고 있다. 그의 세대에 많은 영향을 주었으며 모데르니스모(Modernismo)와 사회의식에 기여했다. 대표작으로는 『*Primer Manifiesto del Sindicalismo Internacional*』(1909), 『*El vino de la sombra*』(1917), 『*La leyenda Evangélica*』(1933) 등이 있다. ➡ La literatura uruguaya del siglo 20(20세기 우루과이 문학)

Vaz Ferreira, Carlos (카를로스 바스 페레이라)　　(1873~1958) 우루과이의 철학가, 사상가이다. 우루과이 근대 수필 문학에서 위대한 두 인물 중 하나로 여겨지며, 다른 이로는 호세 엔리케 로도(José Enrique Rodó)가 있다. 대표작으로 『*Los problemas de la Libertad*』(1907), 『*Conocimiento y acción*』(1908), 『*Moral para intelectuales*』(1908) 등이 있다. ➡ La literatura uruguaya del siglo 20(20세기 우루과이 문학)

Vaz Ferreira, María Eugenia (마리아 에우헤니아 바스 페레이라)　　(1875~1924) 우루과이 몬테비데오(Montevideo) 출신의 작가이다. 작품은 낭만주의부터 시작해 모더니즘까지 이어진다. 작가로서 명성을 가져다준 작품은 1924년에 발표된 『*La isla de los cánticos*』이다. ➡ La literatura uruguaya del siglo 20(20세기 우루과이 문학)

Vega, Ana Lydia (아나 리디아 베가)　　(1946~) 푸에르토리코의 소설가, 시나리오 작가이자 대학교수이다. 이른바 '60세대(Generación del sesenta)'에 속하며 앤틸리스 제도(Antilles)에서 가장 뛰어난 단편소설을 쓰는 여성작가들 중 한 명으로 여겨진다. 다양한 구어적 표현과 속어, 스팽글리쉬(Spanglish)의 사용이 작품에서 두드러지며 1982년 쿠바의 하바나(Habana)에서 '아메리카의 집(Casa de las Américas)' 상을 수상했다. 대표작으로는 『*Vírgenes y mártires*』(1981) 등이 있다.

Vega, Ventura de la (벤투라 데 라 베가)　　(1807~1865) 아르헨티나의 부에노스아이레스에서 태어난 그는 『*El hombre de mundo*』(1845)라는 작품으로 고급 극 장르를 시작하였다. 작품의 섬세한 시작, 부르주아의 분위기와 그들의 문제를 다룬 극은 19세기 후반기의 스페인 희곡의 나아갈 방향을 제시해 주고 있다.

Velasco, José Miguel (호세 미겔 벨라스코)　　(1795~1859) 볼리비아의 군인, 정치인. 독립전쟁에 참가하였으며 1828년에는 볼리비아 부통령으로 임명받았고 이후 대통령직을 이어받았다. 1847년 반란을 주모했으나 실패하여 아르헨티나로 망명하였다가 볼리비아로 되돌아온다.

Vera, Pedro Jorge (페드로 호르헤 베라)　　(1915~1999) 에콰도르 출신의 시인, 저술가, 저널리스트. 다재다능한 그는 인문주의 부분에서 많은 결실을 보였다. 특히 사회 정치 문제들을 인식하여 혜택 받지 못하는 계층을 변호하는 여러 저서를 발표했다. 20세기 좌익 성향을 가진 라틴아메리카 작가로 알려져 있다. 쿠바 혁명의 열렬한 옹호자이며 피델 카스트로(Fidel Castro)와도 개인적 친분이 있었다. 대표작으로 『*Nuevo itinerario*』 (1937), 『*Este furioso mundo*』 (1992), 『*El asco y la esperanza*』 (1997) 등이 있다.

Verano del '98 (98년도 여름)　　아르헨티나에서 3년 동안 반영된 히트 일일드라마이다. 우루과이, 칠레와 콜롬비아까지 방영되었으며, 멕시코와 파나마에서는 리메이크를 했었다. 여러 명의 친구들이 "Costa Esperanza(희망의 해안)"라는 곳에서 캠프파이어를 하고 다시 만나기로 약속한다. 그 약속을 모두가 지킨다.

Verbitsky, Bernardo (베르나르도 베르비츠키)　　(1907~1979) 아르헨티나의 시인이자 작가, 언론인이다. 많은 뛰어난 작품을 남겼지만 소설에서 특히 그렇다. 아르헨티나의 인종과 사회 현실, 사회의 약한 자들이 처한 불행한 현실 등을 작품 속에 나타냈다. 대표작으로 『*Villa Miseria también es América*』(1957) 등이 있다.

Vestimenta del Imperio maya* (마야인들의 의복)　　인구의 대부분은 농경에 종사하였으므로, 일하기에 편한 옷을 주로 입었다. 또한 착용할 수 있는 의복은 사회적 신분에 따라 달랐다. 대부분의 서민들은 매우 단순한 형태의 의복을 착용해, 여자들은 소본(sovon) 또는 이필(hipil)이라 불리는 일종의 원피스 형태의 치마를 입고 그 위에 망토를 덧입었으며, 남자들은 파티(patí)라 불리는 일종의 바지를 입었다. 이에 비해 귀족들은 깃털이나 보석이 장식된 복잡한 디자인의 값비싼 의복을 착용했으며, 샌들을 신었고, 머리에도 깃털 장식을 썼다. 뿐만 아니라 목걸이를 착용하기도 했고, 가슴에도 장식을 부착했으며, 허리에도 자개나 조각된 돌멩이로 장식한 묵직한 허리띠를 두르기도 했다. 귀족들이 즐겨 착용했던 또 다른 의복으로는 치마, 길거나 짧은 형태의 망토, 재규어 가죽이나 면으로 만든 재킷 등이 있으며, 조개와 소라 장식, 기하학적 무늬를 널리 사용했다. 그 밖에도 일부 귀족층과 사제들은 귀와 아랫입술에 큼지막한 귀걸이 형태의 장식을 달았고, 비취와 금으로 만든 팔찌와 반지를 착용했으며, 아랫입술에 구멍을 뚫어 장식을 부착하기도 했다. 아울러 모자를 쓰거나 터번을 두르거나 원추형 머리장식을 쓰는 등 머리에도 장식을 했다. 일반적으로 기원전 900년까지는 장신구로 옥을 널리 사용했으며, 그 후로는 옥도 꾸준히 사용하기는 했지만 주재료가 금으로 바뀌었다. 보남팍(Bonampak) 벽화 등을 통해 볼 때, 당시 사람들은 종교 의식을 거행하거나 전투를 행할 때 부를 자랑하고 장엄함을 드러낼 수 있는 갖가지 장식들을 활용했음을 유추해볼 수 있다. 특히 전투에 임할 때에는 무기와 방패, 갑옷 등을 과도할 정도로 화려하게 장식했다. 뿐만 아니라 마야인들은 염료를 사용할 줄 알아 다채로운 색깔을 빚어냈다. 마야인들이 널리 사용한 색깔에는 다음과 같은 것들이 있다. 광물질에서 추출한 염료는 '팔리고르스키타(paligorskita)'라 부르며 회반죽 색을 냈다. 식물성 염료로는 우선 쪽빛을 내는 염료와 마야 특유의 푸른색인 마야 블루를 빚어내는 염료를 활용했다. 동물성 염료, 예컨대 연지벌레에서 빨강 염료를 추출해 활용했으며, 플리코푸르푸라 판사(Plicopurpura pansa)라는 달팽이에서는 보라색 염료를 추출해냈다. 그리고 이 모든 염료들은 재배나 양식 형태로 공급되며, 사고파는 것이 가능했다.

Viaje a la Habana* (아바나로의 여행)　　『해가 지기 전에』를 쓴 쿠바 태생의 레이날도 아레나스(1943~1990)의 대표작. 아레나스는 시인이며 극작가, 소설가로 활동한 바 있다. 청년기에는 쿠바 혁명운동에 직접 참여했지만, 후에는 오히려 혁명에 대해 신랄한 비판의 목소리를 높였다. '사회 부적응자'로 낙인 찍혀 수차례 수감생활을 했으며, 1969년에는 『찬란한 세상』으로 프랑스에서 최고의 외국 소설에 수여하는 메디치상을 수상했다. 대표작으로는 『여명 전의 셀레스티노』(1967), 『문지기』(1988), 『천사의 언덕』(1989) 등이 있다. 1980년에는 쿠바를 떠나 미국으로 망명해 뉴욕에 정착했지만, 동성애자였던 탓에 에이즈에 감염되었고, 뉴욕 정착 10년 만에 그곳에서 자살했다. 『해가 지기 전에』는 작가 스스로 '창의력으로 가득 찬 세계, 외로움을 달래기 위해 들판을 신비스럽고 초자연적인 인물들과 유령으로 가득 채운 시기'라고 묘사할 만큼 그의 인생에서 '가장 문학적인 순간'을 그려내고 있다. 『여명 전의 셀레스티노』에서는 글을 쓰는 한 어린아이를 등장시켜 작품이 만들어지는 과정을 묘사하고, 창작 행위에 대한 독자의 관심 끌어들이기를 이루어내려 했다. 기존의 서사적 문법들을 교란시키고 상투화된 소설적 상상력의 공간을 전복시켜버린 것이다. 『아바나로의 여행』은 3부작으로 구성되어 있다. 레이날도 아레나스의 작품이 다수 있지만 단 한 작품만 대표작으로 꼽으라면 첫손 꼽힐 수 있는 작품이 바로 이 『아바나로의 여행』이다. 그의 문학여정과 삶의 여정을 마무리하는 책이기 때문이다. 성은 첫 번째 여행: 에바여 노래하라, 두 번째 여행: 모나, 세 번째 여행: 아바나로의 여행 등 3개의 이야기로 구성되어 있는데, 그중 첫 번째 여행은 '아바나 탈출기'에 해당되며, 두 번째 여행은 '뉴욕 망명생활을 하면서 적응의 어려움을 겪었던 이야기', 세 번째 여행은 다시 '쿠바로의 귀환기'를 담고 있다. 외형적으로는 아바나로의 향수 어린 귀환을 담고 있지만 실질적으로는 자신의 정체성과 자기 파괴를 그려냄과 동시에 '대놓고' 카스트로 체제에 저항하는 목소리를 드높인 일종의 도전으로 받아들여진다. 온갖 불경스러움, 상호 상충되는 주제들, 현대적 인물상과 신화들로 가득 찬 이 소설은 모험소설, 추리소설, 정치적 증언 소설적 요소들이 뒤섞여 있고, 공포스런 플롯을 내포하고 있다. 늘 작가의 기억 속에 마치 유령처럼 각인되어 있는 '아바나'라는 존재는 삶과 사랑을 상징함과 동시에 죽음을 알리는 예고장이기도 하다. 아바나라는 장소를 마치 살아 있는 존재처럼 상정한 뒤 그에 대한 사랑을 절절히 표현하는가 하면, 종국에는 냉혈한 적이고 가차 없는 자기 파괴를 시도하기 때문이다. 뱀, 비극, 농담, 순례와 같은 일종의 상징물들이 다수 등장하는 것도 또 다른 특징이다. 작가 말년의 허구적 일기장처럼 느껴지는 레이날도 아레나스의 유작 『아바나로의 여행』은 독자를 끌어들이는 난해한 게임이자 마력이며, 현대 문학에서도 가장 모던하고 개성 강한 작품 가운데 하나로 평가할 만하다.

Viaje de egresados (졸업여행)　초등학교 졸업과 고등학교 졸업을 기념하기 위해 한 반 친구들과 하는 여행이다. 5박 6일로 떠나는 것이 일반적이다. 초등학교 때는 방학이 시작한 후에 떠난다. 하지만 고등학교 때는 학기 중에 가며, 여행을 가지 않는 학생들은 학교에 출석해야 한다. ➡ La literatura mexicana del siglo 20(20세기 멕시코 문학)

Viamonte, Juan José (후안 호세 비아몬테)　(1774~1843) 아르헨티나의 군인, 정치가. 영국 침략 당시 참전했으며 1810년 5월 혁명(Revolución de Mayo)에도 참가했다. 엔트레리오스(Entre Ríos) 지역의 장으로 역임하기도 했다.

Viana, Javier de (하비에르 데 비아나)　(1868~1926) 우루과이의 작가. 카를로스 레이레스(Carlos Reyles)와 함께 우루과이 모데르니스모(Modernismo) 소설의 정점을 찍은 것으로 평가된다. 우주를 마주한 인간의 실존적 고뇌와 운명, 자연주의의 영향을 받았다. 대표작으로 『Campo』(1896), 『Macachines』(1910) 등이 있다. ➡ La literatura uruguaya del siglo 20(20세기 우루과이 문학)

Vicente Gómez, Juan (후안 비센테 고메스)　(1857~1935) 베네수엘라의 27대 대통령이자 독재자로 임기는 1908년부터 1913년, 1922년부터 1929년, 1931년부터 1935년까지였다. 크리오요 집권체제를 붕괴시켰고 국가 채무불이행을 실행한 대통령이다.

Vicente López, Lucio (루시오 비센테 로페스)　(1848~1894) 아르헨티나 언론가, 정치가, 교육자, 국회의원, 변호사이자 작가. 다양한 활동들로 인해 작가로서 빛을 발하지는 못했지만, 뛰어난 자질을 가진 작가로 평가된다. 주요작품으로는 1884년에 출간된 『La gran aldea』이 있다.

Vicente Noble (비센테 노블레) 도미니카 공화국 바라오나 주에 속한 도시로 225.45km² 의 크기. 약 18,000여 명의 주민이 거주하고 있다.

Vicuña Cifuentes, Julio (훌리오 비쿠냐 시푸엔테스) (1861~1936) 칠레 라 세레나(La Serena) 출신의 작가. 칠레 역사 지리 협회(Sociedad Chilena de Historia y Geografía) 를 설립했고 칠레 민속 문화에 대한 연구를 했다. 1920년에 그의 작품을 담은 『La Cosecha de Otoño』를 발표하게 되었고 <La Libertad Electoral>, <Revista Nueva>와 같 은 잡지와 공동으로 일했다.

Vicuña Mackenna, Benjamín (벤하민 비쿠냐 마켄나) (1831~1886) 칠레의 역사학자 이자 정치인. 1851년 산티아고 혁명운동에 가담했다가 사형 선고를 받았으나 풀려났으 며 1863년에는 공식적으로 정치계에 몸을 담았다. 칠레의 중요한 역사학자들 중 하나로 꼽히며 저서로는 『Historia crítica y social de la ciudad de Santiago』(1869), 『La edad de oro en Chile』(1881)가 있다.

Vicuña Solar, Benjamín (벤하민 비쿠냐 솔라르) (1837~1897) 칠레 라 세레나(La Serena) 출신의 시인. <El Eco Literario> 신문을 창설하고 또 몇 년간 <El Demócrata> 에서 편집장으로 일했다. 1857년 대표작인 『Ensayos poéticos』가 출간되었다.

Vidales, Luis (루이스 비달레스) (1900~1990) 콜롬비아의 시인이자 수필가, 정치인이다. 공부를 마친 뒤 문학과 정치와 관련된 글을 여러 곳에 기고했다. 젊은 시절에는 콜롬비 아 공산당의 공동설립자가 되어 본격적인 정치활동을 시작한다. 이러한 활동으로 인해 최소 37번 이상 체포되기도 했다. 매우 젊을 적에는 루벤 다리오의 스타일인 모데르니스 모적인 운문을 썼으나 시집 『Suenan timbres』(1926)를 통해 당시 콜롬비아에서 엄밀히 말 해서 전위주의적이라 할 만한 유일한 작품을 선보였다. 이 책은 시적인 가치보다 역사적 으로 더 중요성을 가지며 이후 콜롬비아 문학사의 발전에 영향을 주었다.

Vieta, Ezequiel (에제키엘 비에타) (1922~) 쿠바의 수필가이자 소설가이다. 개혁적이고 실험주의적인 정신을 고취하면서 특히 인물의 심리 분석이 뛰어난 문학작품을 창작했다. 20세기 중반 쿠바 문단에서 가장 두드러지는 작가들 중 하나로 여겨진다. 그의 소설들 중 명백하게 가장 중요한 작품은 『Vivir en Candonga』(1966)이며 다른 작품으로는 『Aquelarre』(1954), 『Mi llamada es …』(1982), 『Baracutey』(1984) 등이 있다.

Vigil, José María (호세 마리아 비힐) (1829~1909) 멕시코의 시인, 역사가, 극작가이다. 의심할 여지없이 당대의 가장 저명한 인문주의자 중 하나이다. 젊은 시절부터 시작활동 을 했으며 1857년 작 『Realidades y quimeras』가 대표작이다.

Vignale, Pedro Juan (페드로 후안 비날레) (1903~?) 아르헨티나의 지식인. 아르헨티나 를 대표하는 전위주의 잡지 <Martín Fierro>에서 활동했으며 <Poesía>의 편집장이었다. 세사르 티엠포(César Tiempo)와 함께 선집 『Exposición de la Actual Poesía Argentina』를 만들기도 했다.

Vilalta, Maruxa (마룩사 비랄타) (1923~) 멕시코의 극작가, 소설가, 언론인이자 연극 감 독이다. 스페인에서 태어났으나 멕시코에서 거주하면서 작품활동을 했다. 정치적 힘에 관한 풍부한 분석과 통찰력이 돋보인다. 20세기 후반 히스패닉아메리카 연극계에서 가 장 두드러진 인물 중 하나이다. 1970년에 상연한 『Esta noche juntos amándonos tanto』가 대표적이며, 소설로는『El castigo』(1957) 등의 작품이 있다.

Vilariño, Idea (이데아 빌라리뇨) (1920~2009) 우루과이의 시인이자 문학비평가이다. 첫 번째 책『La suplicante』(1945)에서 죽음과 사랑, 에로티즘에 관련된 주제를 선보였다. 다른 대표작으로는『Cielo cielo』(1947),『Nocturnos』(1955),『Pobre mundo』(1966) 등이 있다.
  ➡ La literatura uruguaya del siglo 20(20세기 우루과이 문학)

Vilcabamba (빌카밤바) 1536년부터 1572년까지 마지막 잉카들이 거주했던 페루 도시다. 1531년 스페인 침략 이후 우아스카르(Huáscar)과 아파우알파(Atahualpa)의 죽음에 이어 스페인인들은 우아스카르 후손들을 처치하려고 노력하는 와중에, 망코 잉카(Manco Inca)가 빌카밤바엘(Vilcabambael)에 빌카밤바 주를 세웠다. 그 후로 이곳은 스페인군에 대항하는 심장부로 자리 잡고 함께할 많은 원주민들을 모았다. 1544년 망코 잉카가 살해당하자 그의 아들 사이리 투팍(Sayry Tupac)이 지도자가 되고 1558년 그는 항복한다.
  ➡ Civilización incaica(잉카 문명)

Vilcashuamán (빌카슈아만) 페루에 위치하고 있는 중요한 잉카 도시. 투팍 유판키(Tupac Yupanqui)와 우아이나 카팍(Huayna Capac) 시대에 중심 역할을 했던 행정도시이다. 30,000명을 수용하고 2개의 신전을 보유하고 있다. 중요한 제사와 의식들이 모두 이곳에서 진행되었다.

Vilela (빌렐라) 아르헨티나에서 시작된 민족으로 차코(Chaco) 지역에 거주하는 족이다. 룰레(Lule) 문화와 함께 우아르페(Huarpe) 문화의 성향을 가지고 있다. 스페인 식민지 시대에는 살타(Salta) 지역의 큰 부분을 소유하고 있었지만 17세기 말에는 차코 내에 작은 부족으로 남았다.

Villalobos, Héctor Guillermo (헥토르 기예르모 빌라로보스) (1911~1986) 베네수엘라의 시인, 언론인, 정치가, 베네수엘라인의 삶의 형식과 풍속에 기반을 둔 뛰어난 시 작품들의 작가이다. 20세기 베네수엘라의 가장 서정적 목소리를 가진 인물들 중 하나로 여겨진다. 다방면에 능통한 인문주의자이다. 여러 잡지에 글을 기고하며 활동했으며 볼리바르 지역(Estado Bolívar)의 장으로 선출되기도 했다. 대표작으로『En soledad y en vela』(1954),『Mujer: tu eres la madre tierra』(1963),『Barbechos y neblinas』(1973) 등이 있다.

Villamil, Soledad (솔레다드 비야밀) 1969년 6월 10일 라 플라타 주(La Plata)에서 태어난 아르헨티나 배우이자 가수이다. 연극, 영화와 드라마 활동이 풍부한 이 여배우는 아르헨티나 연기상(Premio Cóndor de Plata)을 받았으며, 그래미상을 받은 비밀의 눈동자 영화에 등장한다. 2006년에 시작한 가수활동은 탱고와 퍼우크로 가수로 데뷔했다. 그녀의 대표작품들 중「No sos vos, soy yo」(2004),「El mismo amor, la misma lluvia」(2009)이 있다.

Villaverde, Cirilo (시릴로 비야베르데) 1812년 10월 28일 출생한 쿠바의 토속주의 소설가이다. 초기에는 낭만주의로 시작하였지만, 후에는 쿠바의 현실을 토속적인 시각으로 묘사하는 작품을 쓰는 데 집중하였다. 대표적인 작품으로는『Cecilia Valdés』가 있으며, 이는 물라토 소녀의 불운한 사랑을 서술함과 동시에 당대 쿠바의 관습 및 풍속을 잘 표사한 작품으로 평가받는다.

Viracocha* (비라코차) 일명 '지팡이의 신(el dios de la Varas)'이라고도 불리는 비라코차(Viracocha, Wiracocha 또는 Huiracocha) 신은 안데스 지방에서는 가장 중요한 신이다. 비라코차라는 이름은 스페인의 가톨릭교도들이 원주민에게 신이라는 개념을 설명하기 위해 적절한 이름을 찾는 과정에서 비롯되었을 가능성이 있다. 또한 비라코차의 우월성을 강조하기 위해서 이름에 다른 수식어를 덧붙이고 또 덧붙이기도 했다. 이렇게 해서 탄생한 이름이 케추아어로 아푸 쿤 직시 비라쿠차(Apu Qun Tiqsi Wiraqucha)였다. 이 이름의 어원을 거슬러 올라가본다면, 케추아어로 'apu'는 남자, 주인(señor)을 의미하고, 'tiqsi'는 토대, 기초, 시작을 의미한다. 반면에 'wiraqucha'는 wira(지방)와 qucha(호수, 연못, 저수지)라는 두 단어가 합쳐진 것이다. 초기 스페인 연대기 작가들이 아메리카 대륙에 도착했을 때만 해도 스페인어가 아직 진화 단계에 있었고, 스페인어 알파벳도 아직 문법적으로 완전히 자리 잡지 못한 상태였다. 그래서 모음 [u]와 반자음 [w]를 구별 없이 나타내기 위해 'v'를 'u'처럼 사용하는 사례가 빈번했다. 오늘날은 이를 'u'나 'hu'로 표기한다. 이런 이유로 'Viracocha'로 표기하는 경우가 가장 많았고, 일부에서 'Huiracocha'나 'Huiraccocha'로 쓰는 사람도 있었다. 원래 이름이 wayra qucha(바다의 바람)라는 사실은 바다 옆에서 바람처럼 등장한 인물이라는 점에서 고개가 끄덕여질 만하다. 타우안틴수요 지역에서 비라코차 신에의 숭배의식은 매우 제한적이어서 키수아르 칸차(Quisuar Cancha) 신전을 제외하고 비라코차 신을 기리는 신전은 그 수가 매우 적었으며, 모두 쿠스코 지방에 위치해 있었다. 연대기 작가들에 따르면 비라코차 신을 숭배하는 자들과 태양의 신인 인티(Inti) 신을 숭배하는 자들 사이에 분명한 경쟁의식이 존재했다고 한다.

Viscachani (비스카차니)　볼리비아 라파스에서 조금 떨어진 지역에 위치한 고생물학적인 유적지이다. 이곳에서 삼엽충, 완족류와 데본기 이전 시대의 여러 화석이 발견되었다.

Vitale, Ida (이다 비탈레)　(1926~) 우루과이의 시인이다. 작품 속에 감수성의 단계를 내포하고 있다. 대표작으로는 『*La luz de esta memoria*』(1949), 『*Cada uno en su noche*』(1960) 등이 있다. ➡ La literatura uruguaya del siglo 20(20세기 우루과이 문학)

Vitier, Cintio (신티오 비티에르)　(1921~) 플로리다 출신의 쿠바 시인, 학자이다. 2002년에 라틴아메리카 및 카리브 후안 룰포 문학상(El Premio de Literatura Latinoamericana y del Caribe Juan Rulfo)을 받았다. 호세 레사마 리마(Lezama Lima)와 엘리세오 디에고(Eliseo Diego)와 함께 문학그룹 'Orígenes'를 형성했다. 그의 시에는 형이상학적 고뇌와 시어에 대한 근본적 고민이 담겨 있다. 대표시집으로 『*Vísperas(1938~1953)*』(1953), 『*Testimonio(1953~1968)*』(1968) 등이 있다. ➡ La literatura cubana del siglo 20(20세기 쿠바 문학)

Vivienda del Imperio maya* (마야 문명의 주거 형태)　마야인들은 툴룸(tulum)이나 코운리크(Kohunlich) 같은 주거용 건물에서 살았다. 이런 주거지의 벽과 지붕은 판자나 야자수를 쓰기도 했지만 돌이나 회반죽 같은 내구성 강한 재료를 사용하기도 했다. 일반적인 구조는 침실과 부엌, 창고가 구분된 형태로 되어 있었으며, 호야 데 세렌(Joya de Cerén)과 같은 경우에는 작업장, 목욕탕, 사우나 등의 공간이 따로 마련되어 있기도 하다. 잠은 벽 쪽에 붙여 배치한 납작한 평상 형태의 침대에 목화를 채워 넣은 매트리스를 깔고 잤다. 또한, 스페인 식민자들의 도래와 시기를 같이해 유카탄 반도로 들어온 아이티 원주민들의 창의력에 힘입어 어획용 그물을 차용해 만든 그물 형태의 해먹을 활용하기도 했다. 물론 그냥 바닥에 얄팍한 매트를 깔고 자는 경우도 많았다. 이러한 형태의 주거지는 창문이 거의 없어 환기가 잘되지 않고 별도 들지 않았다. 따라서 주거지는 주로 잠을 자거나 물건을 보관하는 용도로 사용되었고, 평상시에 거주민들은 집 밖에서 활동했으며, 가족들이 먹을 수 있도록 텃밭은 가꾸곤 했다. 서민들은 도시 주변 곳곳에 설치된 파라솔 형태의 거주지인 팔라파(palapa)에서 거주했는데, 지붕에는 야자수 같은 재활용 가능한 재료를 사용하고, 벽을 치는 데에는 판자, 진흙에 버무린 갈대, 회반죽 등을 사용했다. 도심 주변에는 사제들과 귀족들이 살았으며, 이들은 성채나 피라미드, 사원 등에서 살았다.

Vizcarrondo, Julio L. (훌리오 엘 비스카론도)　(1829~1889) 푸에르토리코의 정치인이자 작가이다. 푸에르토리코의 노예제 폐지를 위해 싸웠으며 1868년 스페인의 민주 혁명에도 활발히 참여했다. 교훈적이고 정치적인 내용의 많은 저작을 남겼으며 병원을 건립에 참여하는 등 사회에 기여하는 바가 컸다. 대표적인 문학작품으로는 1907년 마누엘 페르난데스 훈코스(Manuel Fernández Juncos)에 의해 출판된 푸에르토리코 선집의 풍속적인 글 조각으로 「*El hombre velorio*」가 있다.

Volcán Arenal (아레날 화산)　코스타리카 아레날 국립공원 안에 위치한다. 화산의 마지막 활동은 1968년에 포착되었고 이후에는 가스와 수증기 분출이 일어나고 있다. 현재 중남미 대륙의 중요한 활화산으로 자리 잡고 있다.

Volcán chimborazo (침보라소 화산)　에콰도르에 위한 가장 높은 산이며 화산이다. 지구 중심에서 가장 떨어진 곳이며 태양과 가장 가까운 곳이기도 하다. 대표적인 성층 화산이며 마지막 분출은 550년 사이에 일어난 것으로 보인다. 에콰도르 지구 물리학 연구소(Instituto Geofísico del Ecuador)는 잠재적으로 활동 중인 화산으로 분류하고 있다.

Volcán Cotopaxi (코토팍시 화산)　에콰도르 안데스 산맥에 위치한 활화산이다. 해발 5,897m로 세계에서 가장 높은 활동 중인 화산이다. 800m에 달하는 화구를 가지고 있으며 무려 50번 이상 폭발하였고 마지막 폭발은 1877년과 1904년에 일어났다.

volcán Incahuasi (잉카우아시 화산)　안데스 산맥의 화산으로 아르헨티나와 칠레 경계선에 위치하고 있다. 정상은 6,620m에 이르고 오호스 델 살라도(Ojos del Salado)와 함께 칠레 아르헨티나 화산 계열에 속하고 있다.

Volcán Llullaillaco (유야이야코 화산)　안데스 산맥 아르헨티나와 칠레 경계선에 위치한 화산이다. 이 화산에서 500년 가까이 된 세 개의 미라가 발견되었다. 이것은 잉카 시대의 의식으로 치러진 것으로 냉동된 미라로 남았다.

Volcán Quehuar (케우아르 화산)　해발 6,130m의 높이로 안데스 산맥 아르헨티나 살타(Salta)에 위치하고 있다. 이 화산에서 잉카 제국 시대의 제사 잔재들이 발굴되었고 정상 근처에는 두 개의 잉카 신전이 발견되었다.

Volcán Sangay (상가이 화산)　에콰도르의 동부 안데스 지역에 위치한 활화산. 상가이 국립공원(Parque Nacional Sangay) 내에 위치하고 있다. 수아르(shuar)족이 거주하고 있으나 이 부족에 해를 끼친 일이 없기에 상가이(Sangay, 선한)라는 이름이 붙었다고 한다. 1938년에 대폭발을 일으킨 기록이 남아 있다.

Voseo (보세오)　화자가 2인칭 단수를 대하며 말할 때 'Tú' 대신 'Vos'와 그에 맞는 동사 변형을 쓰는 방법. 'Tuteo'와 동일하게 목적어는 'te, ti'이지만, 'Voseo'의 현재형 동사와 명령형에는 맨 마지막 모음에 강세가 오며, '-ir' 현재형 동사의 경우 'vosotros'와 같은 변형을 보인다. [ex) Vos hablás, Vos comés, Vos vivís, hablá, comelo, escribilo] 중미의 과테말라, 엘살바도르, 니카라과, 코스타리카 등지, 남미의 에콰도르, 파라과이, 아르헨티나, 칠레 등지에서 쓰인다.

Wachiturros (와치투로스)　아르헨티나에서 2011년에 데뷔를 한 콜롬비아 가수 그룹이다. 댄서로 시작해 인터넷에 비디오를 올린 후 인기를 얻었고, 그 후 Susana Giménez TV 쇼에 출연을 하게 되었다. 같은 해 구굴검색어 2위가 되었지만, 표절 문제와 법적인 문제들이 계속 일어났다.

Walsh, Rodolfo (로돌포 왈쉬)　(1927~1976) 아르헨티나의 작가, 수필가. 근래 아르헨티나에서 가장 드라마틱한 경우 중 하나라 할 수 있다. 몇 권의 소설과 책으로 대성공을 거두었고, 가장 기본적인 연대와 공존이 존재하지 않는 현실에 대한 막대한 책임감을 느끼고 1974년 자신의 소설 『*Patagonia Rebelde*』를 영화화하기로 했다. 이로 인해 군부 독재의 미움을 샀으나 아르헨티나를 떠나지 않고 군사 정권에 대한 강도 높은 테러 공격을 한다. 후에 자신의 집에서 완력으로 끌어내졌으며 그가 죽었으리라는 것은 분명하다. 군사 독재 동안 사라진 3만여 명 가운데 한 명이다. ⇒ Literatura testimonial(증언 문학)

Watson Hutton, Alejandro (알레한드로 왓슨 휴튼)　(1853~1936) 스코틀랜드 태생으로 1936년에 아르헨티나로 귀화했으며, 아르헨티나 축구계의 아버지로 여겨진다. 아르헨티나 축구협회(Asociación del Fútbol Argentino)의 전신인 아르헨티나 축구리그협회(Argentine Association Football League)를 설립하였으며 초대 회장으로 선출됐다.

Wayuunaiki(periódico) (와유우나이키)　베네수엘라에서 매달 발간되는 신문이다. 스페인어와 와유(Wayú)어로 발간되며 와유(Pueblo wayú) 마을을 포함한 콜롬비아와 베네수엘라 원주민 마을 중심의 뉴스를 보도한다.

West Indies, Ltd. (서인도 주식회사)　쿠바의 시인 니콜라스 기옌(Nicolás Guillén, 1902~1989)의 시집. 1934년 작으로 시집에 수록된 작품들은 쿠바 흑인들의 종교 찬미가, 미신, 주술 등을 담고 있다.

Westphalen, Emilio Adolfo (에밀리오 아돌포 베스트팔렌)　(1911~2001) 페루의 작가. 대학 시절 문학활동을 시작해 여러 잡지에 시를 기고한다. 후에 몇 권의 시집을 출판하는데, 『*Abolición de la muerte*』(1935)를 통해 라틴아메리카 전위주의 문학의 대표 중 하나로 입지를 굳힌다. 1977년 페루 국가문학상을 수상하며, 이후에도 왕성한 작품활동을 했고 여러 문학상을 받았다. 언급할 만한 작품으로는 『*La Poesía los poemas los poetas*』(1995)와 『*Escritos varios sobre arte y poesía*』(1996)가 있다.

Wichí (위치)　아르헨티나와 볼리비아 강가에서 발전한 문명이다. 역사에서 위치들의 첫 등장은 17세기에 시작되었고 현재 4만 명이 이 문명을 이어가고 있다. 마타코(Mataco)어 계열의 언어인 위치(Wichí)어를 사용하고 있다.

Xochimilco (소치밀코)　멕시코의 멕시코시티(Ciudad de México)에 위치한 행정구역이
　　다. 생태공원(Parque Ecológico)과 소치밀코 고고학 박물관(Museo Arqueológico de
　　Xochimilco)이 있으며, 식민시기에 건립된 산 그레고리오 아틀라풀코(San Gregorio
　　Atlapulco), 산타 마리아 테페판(Santa María Tepepan), 산 베르나르디노 데 시에나
　　(San Bernardino de Siena) 성당을 대표로 하는 멕시코시티 내의 역사적 중심지로 여겨
　　지는 곳이다. 유네스코 세계문화유산에 등재되어 있다.

Xochipilli (호치필리)　고대 멕시카(mexica) 신화에서 사랑, 놀이, 미와 춤의 신이다. 나우아
　　틀어로 '꽃의 왕자'라는 뜻을 가지고 있다.

Xul Solar* (술 솔라르)　(1887~1963) 본명은 오스카르 아구스틴 알레한드로 슐츠 솔라리
　　(Óscar Agustín Alejandro Schulz Solari)이다. 이탈리아인 어머니와 독일인 아버지 사
　　이에서 태어난 아르헨티나 화가로 혁신적이고 독특한 기법과 형식을 선보였다. 1949년
　　보르헤스는 술 솔라르의 회화를 "신들이 만들어 내는 상상의 세계, 형이상학적 세계의
　　기록"이라고 말한다. 라틴아메리카에 초현실주의를 가장 적절하게 적용하고 발전시킨 인
　　물로 평가된다. 공과대학에서 건축을 공부하였는데 1년 만에 학업을 포기한다. 1912년
　　영국, 프랑스, 이탈리아 등 유럽을 전전하면서 베를린에서 다다이즘을 접하고 파울 클레
　　(Paul Klee)의 영향을 받는다. 철학, 오컬티즘, 다양한 문화의 신앙 등에 관심을 보이며
　　1919년부터 이러한 특징들을 작품에 반영하며 강렬한 색상, 기하학적 모양과 상징, 소박
　　한 기호, 문자 등을 표현하기 시작한다. 1920년 조각가 아르투로 마르티니(Arturo
　　Martini)와 함께 첫 전시회를 열고, 1924년에는 파리의 갈리에라 박물관에서 다른 라틴
　　아메리카 예술가들과도 작품을 전시한다. 이후 1924년 부에노스아이레스로 돌아가 당시
　　위트콤 갤러리에서 주관하던 살롱에 참여하게 된다. 이 계기로 호르헤 루이스 보르헤스
　　를 비롯한 올리베리오 히론도(Oliverio Girondo), 마세도니오 페르난데스(Macedonio
　　Fernández)와 우정을 쌓게 되면서 아르헨티나의 아방가르드 세력이 규합되는 <Martin
　　Fierro> 잡지에서 삽화가로 활동하게 된다. 1920년에서 1930년 사이에 아르헨티나와 우
　　루과이를 대표하는 예술가들과 함께 다양한 전시회를 가졌고, 1940년대에는 점성술과
　　"아메리카의 정신적 세계"와 "우리의 사고에 적용시킬 수 있는 북부 불교의 관습" 등을
　　주제로 강연 활동을 하였다. 1950년에는 화가와 사상가로 위상을 확립시키며 1954년 구
　　한 강 부근 델타로 이주하며 그곳에 아틀리에를 열어 생을 마감하는 날까지 그곳에서 작
　　품활동을 한다. 1962년 파리의 국립현대미술관은 술 솔라르의 작품 전시회를 개최한다.
　　술 솔라르가 '크리오리스모(criollismo)'라는 상형문자를 창조하여 표현한 언어적 기호는

큰 관심을 불러일으켰고 게오르게 그로스(George Grosz)와 마찬가지로 문자, 도형 등을 작품에 사용하였다. 솔라르는 7개 국어를 구사하며 이를 바탕으로 스페인어와 포르투갈어, 다른 언어들과 혼합시켜 라틴아메리카국가들을 위한 언어 '네오크리오요(neocriollo)'를 만들어 이 언어로 글과 시를 썼다. 또한 세계 모든 사람들이 서로 이해할 수 있는 보편적 언어 '판렝구아(panlengua)'를 창안하였다. 이와 더불어 체스와 유사한 '판호고(panjogo)', 변형된 타로게임, 음에 따라 건반을 달리 구성시킨 피아노 등을 만들었는데 이는 술 솔라르가 점성술에 기울인 관심과 관련이 있다. 또한 작품은 큐비즘, 야수파, 미래주의, 표현주의, 초현실주의 등 유럽의 아방가르드 예술의 특성이 다양하게 나타난다. 더불어 강렬한 색상을 사용하는 것을 비롯해 태양, 성, 산, 뱀, 점성술, 미로 등과 같은 몽환적인 요소들이 그림에서 두드러진다. 호기심 많고 기발한 상상력을 가진 그는 유럽의 아방가르드 양식을 사용했지만 다른 양식의 혼합하여 독창적으로 자신만의 고유한 양식을 선보였다. 주요작품은 성평등의 투쟁을 표현한 「Jefa」(1923), 「Vuell Villa」(1936), 「Rótulo」(1960), 델타의 모든 주민들의 주택 소유를 희망하며 건축학적인 요소를 살린 「Muros Biombo」(1948), 「Proyecto Fachada Delta」(1954) 등이 있다. 1963년 술 솔라르가 세상을 떠난 후 아르헨티나 국립미술박물관에서는 그의 회고전을 열었다. 그의 작품들은 "1920~1987 라틴아메리카의 환상 예술전", "1820~1980 라틴아메리카 근대 예술전" 등과 같은 공동 예술전에 전시되었고, 1989년에는 런던의 헤이워드 갤러리(Hayward Gallery)에 전시되었다.

XXY (XXY)   아르헨티나의 영화감독 루시아 푸엔소(Lucía Puenzo, 1976~)의 2007년 작품. 우루과이 어촌을 배경으로 하며 클라인펠터 증후군을 보이나 여자로 살아온 청소년의 이야기를 그린 영화로 2007년 칸 영화제에서 수상했으며 2008년 콘도르 데 플라타상(Premio Cóndor de Plata)을 수상했다.

Y

Y tu mamá también (이 투 마마)　2001년 개봉된 멕시코 영화로 알폰소 쿠아론(Alfonso Cuarón, 1961~)의 작품이다. 멕시코에서 성에 한창 관심 많을 나이의 두 청소년과 한 유부녀가 천국의 입(Boca del cielo)이라는 지어낸 장소로 여행을 가는 이야기이다.

Yacimiento arqueológico de Cajamarquilla (카하마르키야)　페루 리막 강(Río Rimac) 근처에 위치한 유적지이다. 80ha에 달하는 유적지로 600년과 800년 사이에 번영했다. 전 지역보다는 중심지 위주로 발전했고 와리 문명(Huari)의 영향을 받았다.

Yacimiento arqueológico de Espíritu Pampa (팜파 영혼 유적지)　페루 잉카 시대와 그 이전의 고고학적 유적지이다. 잉카 양식의 여러 건축물들로 인해 예전의 빌카밤바 (Vilcabamba)로 추정되는 곳이다. 최근에는 우아리(Huari, Wari) 문명의 흔적도 발견되었다.

Yacimiento arqueológico de Kuélap (쿠엘랍 유적지)　페루 차차포야스(Chachapoyas) 주에 위치한 고고학적인 유적지이다. 여러 개의 유적들이 세워져 있으며 차차포야스로 인해 건설되었다. 이후 15세기 우아이나 카팍(Huayna Capac)에 의해 점령당했다. 유적지 안에는 약 400개의 잘 보존된 건축물이 존재하고 모두 작은 돌과 점토로 이루어져 있다.

Yacimiento arqueológico de Pisac (피삭 유적지)　쿠스코 지역에 위치한 잉카 유적지다. 가장 잘 보존된 유적지 중 하나이며 도시의 종교적인 장소로 불린다. 산 중앙에 상대적으로 고른 곳에 있다. 일반적인 사각형 모양을 가지고 있지 않고 삼각형의 형태며 남쪽에 입구가 있다. 그 안에는 태양의 신전(Templo del Sol)이 존재하며 50개의 동굴이 있는 묘지도 함께 있다. ➡ Civilización incaica(잉카 문명)

Yagán (야간)　약 6,000천 년 전부터 칠레 티에라 델 푸에고(Tierra del Fuego)에 거주한 민족이다. 이들은 유목민족으로 카누로 이동했고 특별한 지도 계층 없이 각자에게 부여된 역할을 수행하는 방식이었다. 언어는 야간어(Idioma yagán)를 사용했다.

Yámana (야마나)　오나(Ona)와 알라카루페스(Alakalufes)와 함께 fueguino족을 이루는 민족이다. 티에라 델 푸에고(Tierra del Fuego)에 사는 소수 민족으로 19세기에 2,500명에서 3,000명을 확인할 수 있었다. 주로 바다에서 사냥 생활을 하는 민족이며 남극에 가까이 산다. 이들은 낮은 온도이지만 작은 동물 가죽을 어깨에 감싸는 방식으로 겨우 체온을 유지하였다. 다른 부족들과 다르게 지도자가 없었으며 가족 단위로 정치적·사회적·경제적 활동을 하였고 이동하면서 생활하였다.

Yaminahua (야미나우아)　페루의 마드레 데 디오스(Madre de Dios)와 우카얄리(Ucayali)

지역, 브라질의 아크레(Acre) 지역, 볼리비아의 판도(Pando) 지역에 거주하는 원주민 부족이다. 시쿠리(Sicurí)라는 신을 믿으며, 뱀들을 조상이 환생한 것으로 믿는다. 현재 약 1,400명 정도가 남아 있다.

Yanacona (야나코나)　잉카 제국에서 잉카의 필요에 따라 일하는 계층이다. 특종의 직장이 요구되기보다 필요에 따라 농업, 공예, 행정, 쿠라카(Curaca)까지 있다. ⇒ Organización social del Imperio Inca(잉카 제국의 사회 조직)

Yanez Cossio, Alicia (알리시아 야녜스 코시오)　1929년 에콰도르 키토에서 출생한 저술가, 시인, 저널리스트이다. 여자 주인공으로 이루어진 상당한 작품들을 발표했다. 특히 작품을 통해서 자신의 정체성을 드러내며 종교적·사회적·도덕적인 관습에 대립을 보여주었다. 중남미에서 인정받는 작가 중 한 명으로 소르 후아나 이네스 데 라 크루스 (Sor Juana Inés de la Cruz) 상을 수상했다. 현재 에콰도르 문학에서 가장 영향력 있는 여성으로 꼽힌다. 작품은 미래 이야기, 아동 이야기와 장편 서술로 이루어져 있으며 대표작으로는 『*Bruna, soroche y los tíos*』(1973)가 있다.

Yankas, Lautaro (라우타로 양카스)　(1902~?) 칠레의 작가 마누엘 소토 모랄레스 (Manuel Soto Morales)의 필명이다. 필명 아래 여러 작품을 출판했으며 라틴아메리카 문학상을 비롯하여 수많은 문학상도 받았다. 대표작으로 『*La bestia hombre*』(1924), 『*La llama*』(1939), 『*El cazador de pumas*』(1947), 『*Las furias y las vírgenes*』(1962) 등이 있다.

Yaro (야로)　우루과이 남부 네그로 강(Río Negro)과 산 살바도르 강(San Salvador) 주변으로 발전한 민족이다. 농업을 하지 않아 구아라니(Guaraní)에서는 제외되며 도예와 활 사용도 하지 않았다.

Yé-yé (예예)　프랑스에서 시작한 팝음악의 형태이다. 1960년대 스페인, 라틴아메리카 등지에 퍼지며 인기를 끌었다. 영어의 'yeah yeah!'에서 비롯된 이름이며, 소울, R&B, 팝 등의 영향을 받은 여성 그룹의 형태를 띠는 것이 특징이다.

Yerovi, Leónidas (레오니다스 예로비)　(1881~1917)는 페루 리마(Lima) 출신의 시인이자 저널리스트로 활동했다. 36세의 젊은 나이로 세상을 떠난 작가는 페루 20세기 모더니즘 문학의 미학을 남겼다. 대표작으로는 『*La de cuatro mil*』, 『*La casa de tantos*』 등이 있다.

Yo el Supremo (나, 지존)　파라과이의 작가 아우구스토 로아 바스토스가 1974년 발표한 소설로 프랑스 망명시절 쓴 작품이다. 19세기 초에 파라과이를 다스렸던 독재자 호세 가스파르 로드리게스 데 프란시아(José Gaspar Rodríguez de Francia)의 독백을 서기관이 받아 적어 놓은 부분과 역사 자료를 엮은 독특한 형식으로 쓰였다. 독재자 소설 중 가장 중요한 작품 중 하나로 꼽힌다. ⇒ Augusto Roa Bastos(아우구스토 로아 바스토스)

Yo soy Betty, la fea* (요 소이 베티, 라 페아)　페르난도 가이탄(Fernando Gaitán Salom)이 대본을 쓰고 RCN 텔레비시온이 제작한 콜롬비아의 대표적 텔레노벨라이다. 1994년 10월 25일에 첫 방송을 내보낸 뒤 2001년 5월 8일에 종영했으니 무려 5년 반 동안 방영된 셈이다. 남녀 주인공 역은 각각 아나 마리아 오로스코(Ana María Orozco Aristizábal)와 호르헤 엔리케 아베요(Jorge Enrique Abello)가 맡았고, 나탈리아 라미레스(Natalia Ramírez)와 로르나 파스(Lorna Paz), 루이스 메사(Luis Mesa), 훌리안 아랑고(Julián Arango) 등이 악역을 맡아 열연했다. 라틴아메리카 전역에 성공적으로 수출되어 대단한 시청률을 기록했으며, 2010년에는 사상 최대의 성공을 거둔 텔레노벨라로 기네스북에 올랐다. 실제로 15개 언어로 더빙되어 전 세계 100여 개 국가에서 방영되었으며, 각색해 재제작된 작품만도 22편이 넘는다.

<작품의 줄거리>

그리 예쁘지는 않지만 아주 영민한 아가씨 베아트리스 아우로라 핀손 솔라노(Beatriz Aurora Pinzón Solano), 일명 베티(Betty)는 학교 졸업성적도 우수하고 세무와 회계 쪽에 대단한 능력을 가지고 있지만 외모가 남들만 못하다는 이유로 구직 서류를 내면 늘 서류전형에서 떨어지곤 한다. 면접까지 올라가지도 못하는 것이다. 마침내 베티는 의류회사 '에코모다(ECOMODA)'에서 낸 구인광고를 보고 사진을 붙이지 않은 채 원서를 내 면접할 기회를 잡게 되고, 결국 비서실 취업에 성공한다. 그러나 취업 후에도 같은 회사 동료들은 이름만 동료일 뿐 못생긴 그녀를 무시하고 심지어 경멸하기까지 한다. 그러던 중 회사가 자금난에 빠지고 아르만도 멘도사(Armando Mendoza)가 신임 대표이사로 부임한다. 지금은 현직에서 물러난 회사 설립자의 아들로 교양 있고 지혜로우며 미남이기까지 한 아르만도는 회사를 위기에서 구해내는 막중한 책임을 지고 회사에 투입된 것이다. 바람둥이 기질이 다분한 그는 이미 타계했지만 부친과 공동 창업자였던 훌리오 발렌시아(Julio Valencia)의 딸이자 현재 에코모다의 이사로 있는 마르셀라 발렌시아(Marcela Valencia)와 약혼한 상태이다. 신임 사장으로 부임하면서 새로 비서를 뽑으려는 그에게 약혼녀는 자신의 절친한 친구인 파트리시아를 소개하지만 약혼녀의 스파이 노릇을 할 게 뻔하자 아르만도는 다른 비서를 면접하기로 한다. 그래서 인터뷰한 게 바로 베티였다. 워낙 바람둥이인 아르만도의 눈에도 베티는 그저 업무만으로 접할 수 있는 적절한 상대로 보였다. 물론 약혼녀 마르셀라의 눈에도 베티가 고와보일 리는 없다. 못생긴 외모로 구석자리에서 일하게 된 베티는 그러나 짧은 시간 안에 회계능력을 인정받기 시작한다. 그와 동시에 마르셀라의 오빠이자 대주주인 다니엘(Daniel Valencia), 그를 추종하는 디자이너 우고(Hugo Lombardi)의 견제를 받기 시작한다. 하지만 그녀를 도와주고 지원해주는 동료들도 생긴다. 아르만도는 자칫 잘못하면 회사가 완전히 쓰러질 수 있고, 성공하면 회사를 탄탄궤도에 올려놓을 수 있는 야심만만한 프로젝트를 준비한다. 바로 유령회사를 차려 자금 조달을 함으로써 에코모다를 회생시키고자 한 것이다. 이 문제에 베티는 깊이 관여하게 된다. 함께 일하는 시간이 길어지면서 어느덧 베티는 아르만도를 사랑하게 된다. 하지만 그녀는 자신의 감정을 철저히 숨긴다. 반면, 아르만도는 베티가 문제를 일으키지 못하게 하기 위해 연인관계를 가장하라는 동료 임원의 충고에 따라 베티에 연애감정을 불러일으키는데, 실은 함께 일하는 가운데 그리 예쁘지 않은 베티의 이면에 자리 잡고 있는 아름다움을 발견하게 되고 사랑을 느끼게 된다. 다만 자신의 감정을 감추고 작업을 진행할 뿐이다. 그 와중에 우연히 베티는 아르만도의 사랑이 사업상 필요에 의한 거짓임을 알고 회사를 떠난다. 회사를 떠난 뒤 우연히 유명한 디자이너 밑에서 일하게 된 베티. 베티는 그 과정 속에서 자신의 진가를 발견하고 변신을 도모한다. 두꺼운 안경을 벗어내고, 촌스러움을 탈피해 세련된 여성으로 거듭난 것이다. 그리고 다시 만난 두 사람. 그간 베티를 찾아 사랑을 고백하기 위해 뛰어다니던 아르만도는 그녀에게 진실한 사랑을 고백하고, 두 사람은 결혼해 행복한 삶을 살아간다.

Yungas (융가스)　　남미지역에 위치한 산림지역이다. 페루에서 시작해 안데스 산맥(Cordillera de los Andes)을 따라 아르헨티나 북부까지 이어진다. 페루, 볼리비아. 아르헨티나를 포함하며 북쪽에 위치한 안데스 산림과 함께 콜롬비아와 베네수엘라도 포함된다.

Yunque, Álvaro (알바로 윤케)   (1889~1982) 아르헨티나의 작가, 언론인, 역사가이다. 본
명은 아리스티데스 간돌피 에레로(Arístides Gandolfi Herrero)이다. 사회 참여 시부터
수필까지 다양한 장르에서 활동했다. 20세기 아르헨티나 진보 지식인 중 가장 의미 있는
인물 중 하나로 여겨진다. 대표작으로 『*Versos de la calle*』(1924) 등이 있다.

Yupanqui, Atahualpa (아타우알파 유판키)   인디오 출신 아르헨티나의 작곡가, 가수, 기타
리스트(1909~1992)이다. 본명은 엑토르 로베르토 차베로(Héctor Roberto Chavero)이
다. 파리에서 가수로서 명성을 얻기 시작하여 세계 주요 도시에서 공연을 하였다. 주된
주제는 외로움과 사회 부조리였다. ➡ Nueva canción latinoamericana(라틴아메리카 누
에바 칸시온)

Z

Zaid, Gabriel (가브리엘 자이드) (1934~) 멕시코의 여성 시인이다. 시는 아이러니와 조롱기가 섞인 유머의 성격을 띤다. 대표 시집으로는 『*Fábula de Narciso y Ariadne*』(1958), 『*Seguimiento*』(1964), 『*Campo nudista*』(1969), 『*Práctica mortal*』(1973), 『*Cuestionario*』(1976), 그리고 『*Sonetos y canciones*』(1982) 등이 있다. 수필 『*Leer poesía*』(1972)를 통해 하비에르 비야우루티아 상(El Premio Xavier Villaurrutia)을 수상했다.

Zalamea Borda, Jorge (호르헤 살라메아 보르다) (1905~1969) 콜롬비아의 작가이자 수필가, 시인, 외교관이다. 신인들(Los Nuevos) 그룹을 만드는 데 일조하였으며 콜롬비아의 정치와 문학의 혁신을 추구했다. 당시의 가장 논쟁적인 작가로 여겨지는데 "경제적으로 병약한 곳에서는 문화를 만들어 낼 수 없다"는, 즉 문화의 성립 조건을 물질적 측면에서 찾았다. 대표작으로는 『*La metamorfosis de su Excelencia*』(1949), 『*El regreso de Eva*』(1927) 등이 있다. ➡ La literatura colombiana del siglo 20(20세기 콜롬비아 문학)

Zaldumbide, Julio (훌리오 살둠비데) (1833~1887) 에콰도르의 정치가이자 시인. 에콰도르 최고의 낭만주의 시인으로 정치에도 참여하여 국회의원을 지냈고 대통령 후보에도 올랐었다.

Zambo (삼보) 아메리카 원주민과 흑인 사이에 태어난 사람을 지칭한다. 브라질, 아이티, 온두라스 등에 후손들이 많이 거주하고 있다. ➡ Mestizaje(혼혈)

Zamora, Ezequiel (에세키엘 사모라) (1817~1860) 베네수엘라의 군인이자 정치인. 식료품점 점원이었다가 자유주의 사상의 영향으로 호세 안토니오 파에스(José Antonio Páez, 1790~1873) 독재에 대항하게 된다. 이후 장군직을 얻으며 정치계에도 입문하여 사회적 불평등을 해소하기 위한 정책을 편다.

Zapata Olivella, Manuel (마누엘 사파타 올리베야) (1920~2004) 콜롬비아의 작가이자 의사, 인류학자, 민속학자이다. 콜롬비아의 흑인 정체성을 작품 속에서 나타낸 최초의 작가이다. 어머니가 메스티조 혼혈이었으며 아버지는 매우 교양 있는 진보주의자였다. 중앙아메리카, 멕시코, 미국 등지를 여행하면서 흑인 문화를 연구했다. 작품은 폭력과 억압을 주로 다루고 있는데, 대표작으로는 『*Tierra mojada*』(1947)와 『*Calle 10*』(1960)이 있다. 2002년 콜롬비아의 문화부에서 수여하는 상을 받았다. ➡ La literatura colombiana del siglo 20(20세기 콜롬비아 문학)

Zaque (사케) 무이스카 문화(Muiscas) 북부지역 지도자를 뜻하는 말이다. 근거지는 운자(Hunza)에 위치했으며 현재 콜롬비아 툰하(Tunja) 지역이다.

Zardoya, Concha (콘차 사르도야) 칠레 출신의 여류시인(1914~2004)이다. 스페인에서 일생의 대부분을 보냈다. 1950~1960년대 스페인 사회 현실을 기독교적 관점에서 묘사한 시를 주로 썼으며, 여성들에 의해 20세기 중후반 가장 훌륭한 시인 중 한 명으로 선정되었다. 대표작으로는 『El desterrado ensueño』(1955), 『La casa deshabitada』(1959) 등이 있다.

Zavala Vallado, Silvio (실비오 사발라 바야도)　　(1909~) 멕시코 출신의 역사학자. 1993년에 스페인의 아스투리아스 주 왕자 상(Premio Príncipe de Asturias)을 수상했다. 어문학과 법학을 전공했고 이후 잡지사 <Historia de América>를 설립했다. 1947년에는 멕시코 Colegio Nacional의 일원으로 가입되었다. 대표작으로는 『Ideario de Vasco de Quiroga』와 『La filosofía política en la conquista de América』가 있다.

Zavaleta, Carlos Eduardo (카를로스 에두아르도 사발레타)　　(1928~2011) 페루의 소설가, 수필가이자 외교관, 대학교수이다. 매끄럽게 다듬어진 언어와 사건의 전개에 있어서의 능력, 형식적 완벽함과 등장인물의 뛰어난 구성이 작품에서 나타난다. 페루의 다른 작가들과 함께 "50년대 세대"로 불리는 그룹의 초기 멤버 중 하나였는데 이 그룹은 페루 소설계의 "붐(Boom)"의 선구자들이었다. 대표작으로는 『El cínico』(1948), 『La batalla y otros cuentos』(1954), 『Vestido de luto』(1961) 등이 있다. ➡ La narrativa peruana del siglo 20(20세기 페루 소설)

Zaza, río (사사 강)　　쿠바의 강으로 160km에 이르는 길이를 가지고 있다. 구라카부야(Guracabulla) 평지 지역에서 시작하여 남쪽 해변에 있는 투나스 데 사사(Tunas de Zaza)까지 이른다.

Zenea, Juan Clemente (후안 클레멘테 세네아)　　쿠바의 서정시인으로, 1832년에 출생하여 1871년에 사망하였다. 다작 작가는 아니지만 뛰어난 감수성으로 감정을 전달하는 시인이었으며, 쿠바 주재 스페인 당국에 의해 총살당했다. 주요작품으로는 『Cantas de la Tarde』가 있다.

Zitarrosa, Alfredo (알프레도 시타로사)　　(1936~1989) 우루과이 출신의 작가이자 저널리스트 그리고 음악가다. 작품들은 자서전을 기반으로 작가의 삶의 이야기를 담고 있다. 중남미에서 인정받는 시인이자 음악가로 생을 마감했다. 대표작으로 『Por si el recuerdo』와 『Guitarra negra』가 있다.

Zócalo (소칼로)　　멕시코 도시들의 중심부에 위치한 광장의 이름이다. 멕시코의 심장부로, 역사가 살아 숨 쉬는 공간이라고도 할 수 있다. 그중에서도 수도인 멕시코시티에 있는 광장이 가장 유명하다.

Zogoibi (소고이비)　　아르헨티나의 모데르니스모 작가 엔리카 라레타(Enrique Larreta, 1875~1961)의 소설. 1926년 작으로 토착 아메리카풍의 소설이다. 『Don Segundo Sombra』와 같은 해인 1926년에 출판되어 비교의 대상이 되었다. 인상주의적 기법을 사용한 소설로 작품의 인물들이 현실성이 결여되어 있다는 비판을 받았다.

Zorrilla de San Martín (소리야 데 산 마르틴)　　우루과이 출신의 기자, 교사, 변호사, 정치가이자 작가로, 1855년에 출생하여 1931년에 사망했다. 국회위원에 당선되었으며, 세계 각국에서 외교관 생활을 했다. 대학에서 예술사 강의를 하는 등 창작활동을 했으며, 대표작으로는 1888년에 출간한 『Tabaré』가 있다.

Zozobra (소소브라)　　멕시코의 시인 라몬 로페스 벨라르데(Ramón López Velarde, 1888~1921)의 작품. 1919년 작으로 시골의 분위기가 시인의 내적 성찰을 거친 후 역사의 투

쟁으로 변모해 가는 모습이 드러난다. 지방적 요소, 죽음에 관한 주제가 드러나며 언어
의 축약에 의해 암시된 표현들이 구체화된다.

Zum Felde, Alberto (알베르토 숨 펠데)　(1889~1976) 우루과이의 시인, 극본가, 수필가,
언론인, 그리고 문학비평가이다. 뛰어난 문학과 수필작품을 남겼으며 초기 시와 연극에
서 드러나는 아나키즘부터 감정에 치우치지 않은 진지하고 객관적인 거리를 둔 비평까
지, 현대 우루과이 문화계에 영향을 준 가장 뛰어난 인물들 중 하나로 여겨진다. 뛰어난
산문시인 『El huanakauri』(1917) 이후 펴낸 『Proceso histórico del Uruguay』(1920)는 우루
과이에서 출판되자마자 가장 많이 언급되고 팔린 책들 중 하나가 되었다. 1958년에는
국가 문학상(El Premio Nacional de Literatura)을 받았다. ➡ La literatura uruguaya
del siglo 20(20세기 우루과이 문학)

Zurita y Haro, Fernando Hacinto (페르난도 아신토 수리타 이 아로)　(1561~1630)
라 임페리알(La Imperial) 태생. 칠레 종교학자이며 작가이다. 정복가 페드로 아길레라
(Pedro Aguilera)의 자식으로 태어났으며 예수회에서 교육을 받았다. 이후 성직자의 길
로 접어들었다.

중남미 문학과 문화

스페인어권 용어사전

2

초판인쇄 2015년 8월 31일
초판발행 2015년 8월 31일

지은이 정경원·김수진·나송주·윤용욱·이은해·김유진
펴낸이 채종준
펴낸곳 한국학술정보㈜
주소 경기도 파주시 회동길 230(문발동)
전화 031) 908-3181(대표)
팩스 031) 908-3189
홈페이지 http://ebook.kstudy.com
전자우편 출판사업부 publish@kstudy.com
등록 제일산-115호(2000. 6. 19)

ISBN 978-89-268-7022-8 94770
      978-89-268-7018-1 (전3권)